Hoff

DIE PREKÄRE IDENTITÄT DES CHRISTLICHEN

GREGOR MARIA HOFF

DIE PREKÄRE IDENTITÄT DES CHRISTLICHEN

Die Herausforderung postModernen Differenzdenkens für eine theologische Hermeneutik

FERDINAND SCHÖNINGH
Paderborn · München · Wien · Zürich

Als Habilitationsschrift auf Empfehlung der Katholisch-Theologischen Fakultät der Rheinischen Friedrich-Wilhelms-Universität Bonn gedruckt mit Unterstützung der Deutschen Forschungsgemeinschaft.

Die Deutsche Bibliothek – CIP-Einheitsaufnahme

Hoff, Gregor Maria:
Die prekäre Identität des Christlichen: die Herausforderung postModernen Differenzdenkens für eine theologische Hermeneutik / Gregor Maria Hoff. – Paderborn; München; Wien; Zürich: Schöningh, 2001
   Zugl.: Bonn, Univ., Diss., 1999
   ISBN 3-506-73948-4

Umschlaggestaltung: INNOVA GmbH, D-33178 Borchen

Gedruckt auf umweltfreundlichem, chlorfrei gebleichtem
und alterungsbeständigem Papier ⊗ ISO 9706.

© 2001 Ferdinand Schöningh, Paderborn
(Verlag Ferdinand Schöningh GmbH, Jühenplatz 1, D-33098 Paderborn)

Internet: www.schoeningh.de

Alle Rechte vorbehalten. Dieses Werk sowie einzelne Teile desselben sind urheberrechtlich geschützt. Jede Verwertung in anderen als den gesetzlich zugelassenen Fällen ist ohne vorherige schriftliche Zustimmung des Verlages nicht zulässig.

Printed in Germany. Herstellung: Ferdinand Schöningh, Paderborn

ISBN 3-506-73948-4

Inhaltsverzeichnis

Vorwort 11

TEIL I: HINFÜHRUNG:
ASPEKTE POSTMODERNER HERMENEUTIK 17

1. POSTMODERNE: SITUIERUNG 17
   1.1 Zeit-Index 17
   1.2 PostModerne als Begriff 20
   1.3 Unbehagen an der Moderne 22
   1.4 PostModerne Perspektivik 26
   1.5 PostModerne Positionen 28
     1.5.1 Eröffnung: Jean-Francois Lyotard 28
     1.5.2 Präzisierung: Wolfgang Welsch 32
     1.5.3 Konkretion: Jean Baudrillard 36
   1.6 PostModernität als Denkform 39

2. HERMENEUTIK ZWISCHEN IDENTITÄTS- UND DIFFERENZDENKEN 42
   2.1 PostModernes Differenzdenken als
        Fundamentalhermeneutik 43
   2.2 Auf dem Weg zu einer Hermeneutik der Differenz:
        Voraussetzungen 44
     2.2.1 Der Begriff „Hermeneutik" 45
     2.2.2 Konzepthistorischer Abriß 45
   2.3 Theoretische Stationen 53
     2.3.1 Hegels geistphilosophische Hermeneutik ... 55
     2.3.2 Schleiermachers Textverstehen 61
     2.3.3 Heideggers Differenzansatz 65
     2.3.4 Die universal-ontologische Hermeneutik Gadamers 68
   2.4 Die hermeneutische Problemstellung:
        Zwischen Identitäts- und Differenzdenken 74

3. PERSPEKTIVEN EINER DIFFERENZPHILOSOPHISCHEN HERMENEUTIK .. 78
   3.1 Hermeneutik der Macht: Michel Foucault 79
     3.1.1 Foucault suchen 79
     3.1.2 Grundmotive in Foucaults Denken 80
     3.1.3 Das Interesse am Anderen 83

3.1.4 Die Herrschaft der Episteme:
Differentiale des Wissens 86
3.1.5 Der genealogische Blick: Macht und Wissen 91
3.1.6 Aporetische Machtkritik 97
3.1.7 Foucaults Hermeneutik: Differenzmarke Macht 100
3.1.8 Theologische Anschlußreflexion 101

3.2 *Kritik des Identitätsdenkens: Gilles Deleuze* 106
3.2.1 Eine Philosophie der Differenz 109
3.2.2 Die Wiederholung der Differenz: Deleuze und
Nietzsche 114
3.2.3 Das neue Denken 118
3.2.4 Ein Bild des neuen Denkens: Rhizomatik 122
3.2.5 Jenseits von Identität 125
3.2.6 Theologische Perspektiven 126

3.3 *Interpretationistische Hermeneutik* 128
3.3.1 Der Ansatz: Radikale Interpretativität 129
3.3.2 Der Hintergrund: Nietzsches Perspektivismus 130
3.3.3 Der Kontext: PostModerne Affinitäten 133
3.3.4 Positionen 134
    3.3.4.1 Josef Simon: Zeichenphilosophie 134
    3.3.4.2 Günter Abel:
Die Unhintergehbarkeit von Interpretativität 140
    3.3.4.3 Hans Lenk: Interpretation – transzendental? 146
3.3.5 Interpretation und Differenz 150
3.3.6 Theologische Anschlußstellen 152

3.4 *Hermeneutik und Metaphorologie: Hans Blumenberg* 154
3.4.1 Kontingenzhermeneutik 156
3.4.2 Theoretische Unausweichlichkeit 159
3.4.3 Distanzierung des „Absolutismus der Wirklichkeit" 161
3.4.4 Hermeneutische Exerzitien 163
    3.4.4.1 Höhlenbilder 165
    3.4.4.2 Schiffbrüche 169
    3.4.4.3 „Lesbarkeit der Welt" 173
3.4.5 Sinn und Differenz 177
3.4.6 Theologischer Übertrag 183

3.5 *Verstehen in der Differenz: Paul Ricoeur* 184
3.5.1 Ricoeur als Existenzhermeneutiker 185
3.5.2 Vermitteltes Sprechen 187
3.5.3 Erzählzeiten, Zeiterzählungen 191
3.5.4 Differenzhermeneutischer Schaltpunkt:
Selbst und Anderes 199
3.5.5. Theologische Bedeutung:
Zur Dialektik von Identität und Differenz 204

4. VERSTEHEN ALS DIFFERENZGESCHEHEN 209

TEIL II: DIE THEOLOGISCHE HERAUSFORDERUNG DER POSTMODERNE: ZUR KRITIK THEOLOGISCHER IDENTITÄTSLOGIK

0.1 Thematische Einleitung 221
0.2 Hermeneutisch-methodische Einordnung 230

1. DAS THEOLOGISCHE PROBLEM DER IDENTITÄT:
   DIE PARADIGMATISCHEN WEICHENSTELLUNGEN DER ALTEN KIRCHE   232

   1.1 Die Kirche des Anfangs: Christliche Identitätsprobleme   232
       1.1.1 Personales Identitätsprinzip: Jesus, Apostel   233
       1.1.2 Abgrenzungsbemühungen   235
       1.1.3 Eine theologische Topographie:
           Frühe Christengemeinden in Rom   240

   1.2 Theologische Identitätsprogramme   243
       1.2.1 Theoretische Durchdringung   243
           1.2.1.1 Apologetik   243
           1.2.1.2 Regula fidei und Glaubensbekenntnisse   245
           1.2.1.3 Kanon   251
       1.2.2 Organisation des kirchlichen Lebens   253
           1.2.2.1 Liturgie   254
           1.2.2.2 Amt   256
           1.2.2.3 Synoden und Konzilien   259

   1.3 Paradigmatik   262
       1.3.1 Kritische Hermeneutik des Anfangs   263
       1.3.2 Pluralitätsverluste, Toleranzabbau   266
       1.3.3 Religiöse Sprachbarrieren   268
       1.3.4 Differenzhermeneutische Perspektive   271

2. ZWISCHENSTÜCK:
   KIRCHLICHE IDENTITÄTSPROBLEME IM STREIT UM DIE MODERNE ...   276

   2.1 Deutungen   278
       2.1.1 Position zwischen den Zeiten:
           Bernhard Weltes Deutung der Neuscholastik   278
       2.1.2 Thomas Ruster: „Die verlorene Nützlichkeit der
           Religion"   283
       2.1.3 Rainer Bucher: Konstitutionsprinzipien der Kirche in
           der Moderne   288
       2.1.4 Urs Altermatt: Antimodernismus und Säkularisierung   292
       2.1.5 Karl Gabriel: Moderne Spannungsverhältnisse im
           Katholizismus   295

   2.2 Hermeneutische Generallinie   300

3. DER GEGENWÄRTIGE PROBLEMHORIZONT:
   DIE UNABWEISBARKEIT DES PLURALISMUS   309

   3.1 Katholische Kirche und Pluralismus   309

8 Inhaltsverzeichnis

3.2 Theologische Vorgabe:
   Pluralismus-Reflexionen des Vaticanum II 314
   3.2.1 Das Problem des Konzils 315
   3.2.2 Das Konzilwerden des Konzils:
         Die Konstitution des Vaticanum II 316
   3.2.3 Die Hermeneutik des Konzils 319
   3.2.4 Die Pluralismus-Rezeption der Dokumente 323
         3.2.4.1 Pluralismus – ad intra 323
         3.2.4.2 Pluralismus – ad extra 330
   3.2.5 Eine implizite Hermeneutik der Differenz 335

3.3 Kirchliche Reaktion: Fundamentalismus 338
   3.3.1 Psychologische Deutung 339
   3.3.2 Zu Begriff und Geschichte des Fundamentalismus ... 339
   3.3.3 Strukturen 342
   3.3.4 Fundamentalismus und Sinnproblem 346
   3.3.5 Katholische Fundamentalismen 348

3.4 Fazit 351

4. ANSÄTZE EINER THEOLOGISCHEN HERMENEUTIK DER DIFFERENZ:
   THEOLOGISCHE REZEPTIONEN DER POSTMODERNE 355

4.1 Hinführung: Zwischen theologischer PostModerne-Skepsis
   und der Kritik theologischen Identitätsdenkens 356
   4.1.1 Die theoretisch-praktische Herausforderung der
         PostModerne 357
   4.1.2 Die Fragwürdigkeit des PostModernen für die
         Theologie 359

4.2 Grundlegende Positionen theologischer
   PostModerne-Rezeption 363
   4.2.1 A/Theologie: Mark Taylor 364
         4.2.1.1 Die postModerne Ausgangssituation:
                 Denken nach dem „Tod Gottes" 365
         4.2.1.2 Subjektkritik 367
         4.2.1.3 Logos-Kritik 368
         4.2.1.4 Christologie und „Tod Gottes" 371
         4.2.1.5 Kritische theologische Bilanz 373
   4.2.2 Ambiguität und Pluralität: David Tracy 374
         4.2.2.1 Der postModerne Kontext 375
         4.2.2.2 Das Konzept des „Klassikers" 378
         4.2.2.3 Analoges Verstehen und Glaubensrisiko 381
         4.2.2.4 Zur Kritik und Bedeutung Tracys 385
   4.2.3 Metaphorische/feministischeTheologie:
         Sallie McFague 389
         4.2.3.1 Der postModerne Kontext 390
         4.2.3.2 Die Metapher als Ausdruck eines offenen
                 Denkens 392
         4.2.3.3 Metaphorische Theologie und Hermeneutik der
                 Differenz 393

               4.2.3.4   Testfall: Feministische Theologie   397
               4.2.3.5   Das hermeneutische Hauptproblem:
                         Die Christologie   399
        4.2.4 Negative Theologie und Dekonstruktion:
               Kevin Hart   403
               4.2.4.1   Dekonstruktion und Interpretation   403
               4.2.4.2   Dekonstruktion und Theologie   406
               4.2.4.3   Negative Theologie als Dekonstruktion   408
               4.2.4.4   „Grundlose" Theologie?   410
               4.2.4.5   Theologischer Schattenriß   413
        4.2.5 Kritische Theologie aus postModernem Geist:
               Graham Ward   414
               4.2.5.1   PostModernes Denken als Kritische Theorie   415
               4.2.5.2   Motive kritischer theologischer Theorie   417
               4.2.5.3   Die „Wiederverzauberung der Welt" im
                         Zeichen des Anderen   419

4.3 Gegenwärtige theologische Weiterentwicklungen im
     deutschsprachigen Raum: Im Gespräch mit einzelnen
     Differenzphilosophen   421
        4.3.1 Im Anschluß an Derrida: Joachim Valentin   422
               4.3.1.1   Derridas Grundgedanke: Die *différance*   422
               4.3.1.2   Die jüdischen Wurzeln Derridas:
                         Denken des Anderen   424
               4.3.1.3   Die theologische Virulenz Derridas   428
               4.3.1.4   Das bleibende Problem: (Wie) Gott denken?   429
        4.3.2 Im Anschluß an Levinas: Susanne Sandherr   435
               4.3.2.1   Gesprächsvoraussetzungen:
                         Subjektdenken nach Auschwitz   436
               4.3.2.2   Zwischenfrage: Levinas – postModern?   437
               4.3.2.3   Das Subjekt bei Levinas:
                         Zwischen „Gebürtigkeit" und „Mündigkeit"   439
               4.3.2.4   Kritische Bilanz   443
        4.3.3 Im Anschluß an Foucault und Derrida:
               Johannes Hoff   449
               4.3.3.1   Verlustgeschichten: Zur Kritik der
                         Begründung und cartesianischer Sicherheit   450
               4.3.3.2   Die Frage nach der Konstruktion des Wissens:
                         Zur Kritik einer anthropozentrischen
                         Hermeneutik   453
               4.3.3.3   Eine kultsemiologische Grundlegung der
                         Theologie   457
               4.3.3.4   „Denken des Außen" (Michel Foucault)   460
               4.3.3.5   Kritische Bilanz: Das Problem einer
                         antihermeneutischen Hermeneutik des Glaubens ...   464

4.4. *Im Rückspiegel:*
     Theologie und PostModerne am Leitfaden ihrer Kritik   467
        4.4.1 Politisch-theologische Kritik   467
        4.4.2 Erkenntniskritische Motive und postModerne Gegenkritik ..   472

5. Zur erkenntnistheologischen Bedeutung einer Hermeneutik der Differenz ... 482

5.1 *Das Problem der Glaubensbegründung* ... 483

5.2 *Zum Programm einer erstphilosophisch begründeten Kriteriologie letztgültigen Sinns:*
Der Ansatz von Hansjürgen Verweyen ... 488
    5.2.1 Die postModerne Abgrenzung ... 489
    5.2.2 Erkenntnistheoretische Ortsbestimmung:
    Hermeneutik und Erste Philosophie ... 492
    5.2.3 Ein unhintergehbares Sinnkriterium ... 497
    5.2.4 Unbedingter Sinn in Geschichte:
    Traditio als Offenbarungslogik ... 501
    5.2.5 Frageanlässe ... 504

5.3 *Aspekte einer differenzlogischen Glaubensreflexion* ... 517

6. Schlussreflexion: Die prekäre Identität des Christlichen ... 525

6.1 *Rückblendung:*
Differenzhermeneutik und Fundamentaltheologie ... 526
    6.1.1 Motiv: Theologische Identitätskritik ... 527
    6.1.2 Logik: Differenzwahrnehmung ... 530
    6.1.3 Programm: Thesen zu einer postModernen
    theologischen Differenzhermeneutik ... 541

6.2 *Abblendung: „Ein fragmentarisches Ganzes"* ... 544

Literaturverzeichnis ... 547

Register ... 576

VORWORT

Das (westliche) Christentum befindet sich in einer der brisantesten Krisen seiner Geschichte. Es steht im Ganzen in Frage. Seine institutionellen Muster wie die theologischen Gehalte und ihre liturgisch-symbolischen Formen befremden. Mit der Abnahme von Kirchenmitgliedern verlieren die christlichen Kirchen der beiden großen westlichen Konfessionen ihren gesellschaftlich-politischen Einfluß. Dramatisch schwindet die kulturelle und ethische Prägekraft.

Dieser Traditionsbruch betrifft die Identität des Christlichen durchdringend. Das Christentum steht vor der Aufgabe, sie neu zu bestimmen – auf dem Grund ihrer Tradition. Diese Aufgabe nimmt sich – in Anlehnung an eine Metapherngeschichte Hans Blumenbergs – wie der Umbau eines auf stürmischem Meer in Seenot geratenen Schiffs aus, das aus seinem eigenen Material neu zu bauen ist.[1] Die Metapher vom Schiff „Kirche" scheint sie einzuholen.[2]

Thomas Meyer sieht unter modernen Bedingungen nur noch die Möglichkeit einer „äußerst prekären Identität"[3]: individuell wie institutionell. Identität gibt es nur auf Abruf, beweglich, irritiert. Die immer prekärer werdende Identität des Christentums wird in diesem Sinne von einer pluralistischen Wirklichkeit und einer sie theoretisch begleitenden Hermeneutik radikalisierter Differenz herausgefordert. Epochengeschichtlich bedeutet das, die kirchlich-theologisch kaum eingeholte Moderne unter den Bedingungen ihrer postModernen Infragestellung kritisch im Innenraum zu reflektieren. Das postModern forcierte pluralistische Paradigma erschüttert den christlichen Absolutheitsanspruch in der differenzbewußten Wahrnehmung, daß sie eine Religion neben anderen ist – ohne ein universal gültiges Kriterium ihrer einzigartigen Heilsgewißheit, das sich anders als im Glauben selbst absolut behaupten ließe.

Differenzbewußtsein fordert über den religionstheologischen Diskurs hinaus nach einer grundsätzlich veränderten hermeneutischen Denkform, die dem Anderen sein Eigenrecht gibt. Gerade unter modernitätskritischen Vorzeichen formuliert sich so ein eminentes subjekttheoretisches Problembewußtsein. PostModern wird indes nicht die Abschaffung des Subjekts betrieben, sondern die Ablösung jenes Paradigmas, das es erkenntnis- und machtbezogen *egozentrisch* inthronisierte.

Schon in diesem Kernbereich machen sich Schwierigkeiten fest, die eine theoretische Auseinandersetzung mit dem postModernen Differenzdenken erschweren. Immer wieder finden sich theologischerseits postModerne In-

---

[1] Vgl. H. Blumenberg, Schiffbruch mit Zuschauer. Paradigma einer Daseinsmetapher, Frankfurt a.M. ⁴1993, 70-74.
[2] Vgl. Gotteslob Nr. 114.
[3] T. Meyer, Fundamentalismus. Aufstand gegen die Moderne, Reinbek b. Hamburg 1989, 32.

vektiven, die ohne einen wirklichen argumentativen Austausch mit den Differenzphilosophen auskommen und sich z. T. lediglich auf Referate ihrer Positionen und Texte beziehen.[4] PostModernes Denken, das hier im Sinne eines differenzhermeneutischen „Programms" im theoretischen Rückraum radikalpluralistischer Wirklichkeitsauffassung gesehen wird, verlangt der Theologie statt dessen eine kritisch verantwortete Zeitgenossenschaft ab. Nur auf dieser Basis wird das (katholische) Christentum seiner hermeneutischen Inkulturationskrise wirkungsvoll begegnen können.

Ein solches Gespräch hat die historischen Probleme des Christentums mit einer Differenzkultur zu berücksichtigen. Sie sind von der tragenden Botschaft her alles andere als zwingend. Insofern bewegt sich die Rekonstruktion des christlichen Identitätsparadigmas von Beginn an im Rahmen einer kritischen Hermeneutik. Sie wird am Ende des Durchgangs in systematischem Interesse unter differenztheoretischen Vorzeichen bedacht. Das Ergebnis steht insofern zur Bewährung – und zwar methodisch wie inhaltlich. Der (kritische) Vorgang selbst hat Auskunft über die Leistungsfähigkeit des Ansatzes zu geben. Daß er nicht „anfanglos", sondern evidenz- und entscheidungsbestimmt ist, folgt dabei wiederum einer Einsicht, die vorab eingesetzt und im Prozeß ausgewiesen wird. Der hermeneutische Diskurs bewegt sich solange in seinen zirkulären Bahnen, wie ihm kein erstphilosophischer Grund überzeugend unterlegt wird. Daß dies nicht möglich sei, ist eine postModerne Grundüberzeugung, die philosophisch wie theologisch zu diskutieren ist. Nicht zuletzt dieser – begründeten – Basisannahme verdankt sich der Differenzgedanke.

Daß PostModerne mit der Differenzphilosophie zusammengeführt wird, nimmt Maß am pluralistischen Votum als ihrem emblematischen Kern.[5] Die mit besonderer Eindringlichkeit diskutierten Differenzdenker spielen dem Begründungsvarianten zu, die mit verschiedenen hermeneutischen Differenzmarken kenntlich gemacht werden sollen. Die Zurechenbarkeit des Gedankens läßt in diesem Sinne auch einige anonyme PostModerne neben einschlägig bekannten Vertretern nennen. Bereits diese Auswahl ist an einer konziseren Fassung des PostModernen interessiert – unter differenzhermeneutischen Vorzeichen. Erst auf dieser Grundlage, die zu einer gestärkten Differenzwahrnehmung jenseits ihrer Vereidigung auf eine eklektizistische Beliebigkeitskultur beitragen soll, läßt sich ein ernsthafter Dialog theologisch-postModern eröffnen.

---

[4] So Klaus Müller in seiner ansonsten ungemein literaturintensiven (und wichtigen) Studie: Wenn ich „ich" sage. Studien zur fundamentaltheologischen Relevanz selbstbewußter Subjektivität, Frankfurt a. M. 1994.– Im Literaturverzeichnis und an den einschlägigen Stellen wird auf keinen Text der postModernen Differenzphilosophen unmittelbarer Bezug genommen, obwohl sie eine Art Negativfolie bilden. Jacques Derrida begegnet z. B. fast ausschließlich in der Interpretation von Manfred Frank, die weder unpolemisch noch unanfechtbar ist.

[5] Vgl. K. Hedwig, Die philosophischen Voraussetzungen der Postmoderne, in: IkZ Communio 19 (1990) 307-318; besonders 311.– Ein Beitrag dieser Arbeit ist in der Ausarbeitung eines präzisen Konzepts des postModernen Differenzgedankens zu sehen. Anders als in einer sehr weit verbreiteten Interpretation ist Differenz „postModern" nicht generell und keineswegs zwingend als „absolut >differentiell<" (311) zu bestimmen.

In dieser Richtung sind die Aufgaben der Untersuchung zu bestimmen:

1. philosophisch ist ein kritisches Konzept von PostModernität zu erarbeiten, das am Differenzgedanken Maß nimmt;
2. damit soll polemischen Reserven und Theorieentstellungen sowohl philosophischer- wie theologischerseits begegnet werden;
3. theologisch läßt sich so ein dialogischer Kompetenzzuwachs im Blick auf das Denken der Gegenwart erhoffen;
4. in historischer Rekonstruktion mit systematischer Absicht läßt sich eine theologisch-kirchlich überzogene Identitätslogik herausfiltern und kritisieren, insofern sich die philosophische Tragfähigkeit des differenzhermeneutischen Gedankens als theologische Herausforderung erweist: nochmals in der unaufhebbaren Verbindung von kritischer wie produktiver Form, von historischer wie systematischer Perspektive;
5. in diesem Zusammenhang soll ein repräsentativer Einblick in den Stand der theologischen PostModerne-Diskussion gegeben werden;
6. über die Bezeichnung theologischer Leerstellen und Desiderate hinaus kann die Untersuchung zur Begründung und Stärkung einer legitimen kirchlich-theologischen Pluralität beitragen;
7. in der Theorieanlage, d.h. mit den methodischen Entscheidungen und in der konzeptionellen Durchführung, wird eine kritische Hermeneutik zu erproben sein, die dem differenzhermeneutischen Gedanken theologisch systematisches Gewicht geben kann;
8. schließlich legt sich mit diesem Ansatz eine Reflexionsform nahe, die sich im fundamentaltheologischen Begründungsdiskurs sowie in der Frage nach der Fassung des philosophisch-theologischen Subjektbegriffs zu bewähren hat.

Dazu wird der folgende Weg eingeschlagen:

1. Zunächst wird das Konzept der PostModerne genauer zu fassen sein. (Teil I, 1.)
2. PostModernität als Denkform ist im hermeneutischen Denken zwischen Identität und Differenz zu bestimmen. Die geschichtliche Vergewisserung muß den heuristischen Ansatz bei der Differenz präzisieren. (Teil I, 2.)
3. Perspektiven einer differenzphilosophischen Hermeneutik sind im folgenden nachzuzeichnen, die erneut zu einem vertieften Verständnis einer Hermeneutik der Differenz mit postModerner Signatur beitragen sollen. (Teil I, 3.)
4. In einem philosophisch-hermeneutischen Fazit sind die Erträge der theologischen Auseinandersetzung mit postModerner Differenzhermeneutik voranzustellen. (Teil I, 4.)
5. Der theologische Hauptteil hat zunächst seinerseits historisch vorbereitend die theologisch-kirchliche Identitätsgeschichte in groben Zügen zu skizzieren. Besondere Aufmerksamkeit hat hier der Alten Kirche zu gelten, insofern sie Weichen stellend vor der Aufgabe einer Herausbildung christlicher Identität stand. (Teil II, 1.)

6. Ohne eine vollständige christliche Identitätsgeschichte schreiben zu können, erscheint das Thema der Untersuchung christlich mit dem Einbruch der Moderne auf den problematischen Kern fokussiert. (Teil II, 2.)
7. Zeitgeschichtlich wie systematisch-theologisch läßt sich unter dem Vorzeichen des Pluralismus die Begegnung von PostModerne und Theologie vorbereiten. (Teil II, 3.)
8. Sie vollzieht sich mit der theologischen Rezeption und Kritik postModernen Denkens und zumal seiner differenzphilosophischen Dominante. (Teil II, 4.)
9. Differenzhermeneutik gibt theologischerseits zu einer subjekt- und begründungstheoretisch kritischen Nachfrage Anlaß. An ihr entscheidet sich die fundamentaltheologische Relevanz einer Theo-logik der Differenz. (Teil II, 5.)
10. Dies wird unter dem Kennwort einer „prekären Identität des Christlichen" zu bilanzieren sein. (Teil II, 6.)

Als These läßt sich heuristisch im Sinne des Erkenntnisinteresses festhalten: Christliche Identität ist in ihrer Selbstwahrnehmung und in ihrem wesentlichen Gegenstandsbezug nur mit grundlegenden Differenzeinträgen zu begreifen (Bezug: Systematische Theologie) und mit differenzhermeneutischen Mitteln aus dem Paradigma z.T. überzogener Identitätslogik zu lösen (Bezug: Historische Theologie). Darin liegen Chancen zur Vermittlung des christlichen Glaubens (Bezug: Praktische Theologie). Sie hat sich an der seinerseits prekären Identität des Evangeliums und seiner Tradition zu orientieren (Bezug: Biblische Theologie). Daß Glaubensidentität prekär bleibt, gehört zur christlichen Biographie und Nachfolgeidentität im Zeichen des Kreuzes.

Auf den *bedenklichen* Weg, dem Verhältnis von Identität und Differenz nachzugehen, hat mich mein Lehrer Hans Waldenfels gebracht: durch seine Theologie und nicht zuletzt durch die interkulturellen Begegnungen in seinem Doktorandenkolloquium, die eine hermeneutische Herausforderung darstellten und zugleich dem Differenzgedanken Konturen und – wichtiger – Gesichter gaben. Ich schulde allen dafür bleibenden Dank. Der Dank an Hans Waldenfels ist eigener Art; er verlangt anderen Ausdruck. Daß meine theologischen Arbeiten im Anschluß an seine Theologie geschrieben sind, gibt dem *eine* Form.

Herrn Prof. Dr. Karl-Heinz Menke danke ich für die Mühen des Zweitgutachtens; kritisch verpflichtet weiß ich mich ganz besonders seinen sachlich-fairen Einwendungen.

Ich schulde vielen Dank für ihren sehr persönlichen Einsatz: meinen Eltern, meiner Schwester; meinem Bruder Ansgar für eine Arbeit, die immer auch seine war und ist; Maria und Walter Bodenbenner; Edith Weyermann für viele gute Worte und mehr als Worte; Ute Rolf für geduldige und immer hilfsbereite bibliothekarische Unterstützung; meiner Heimatgemeinde St. Remigius für Glaubensräume; allen Freundinnen und Freunden. Meine zuverlässige und sehr engagierte Mitarbeiterin aus der Zeit meiner Aachener Lehrtätigkeit, Ruth Franzen, ist in diesen Dank ganz besonders einzuschließen.

Daß dieses Projekt durchgeführt werden konnte, verdanke ich in erheblichem Maße der großzügigen Förderung durch die Deutsche Forschungsgemeinschaft im Rahmen eines Habilitationsstipendiums. Darüber hinaus finanzierte die DFG die Buchpublikation.

Die Arbeit wurde im Mai 1999 abgeschlossen. Dem entspricht der Stand der verarbeiteten Literatur.

Dass auch mein zweites Buch beim Schöningh Verlag erscheinen kann, dafür ist vor allem Herrn Dr. H. J. Jacobs Dank zu sagen.

Einer eigenen Widmung bedarf das Buch nicht. Es *gehört* Birgit, Lucas und Jonas Hoff.

Gregor Maria Hoff *Viersen, 11.5.2001*

TEIL I:
HINFÜHRUNG: ASPEKTE POSTMODERNER HERMENEUTIK

Unterschiedliche Ebenen drohen bereits im Ansatz der Untersuchung miteinander vermischt zu werden: Zeit-Analytik und grundlagentheoretische Reflexion auf Hermeneutik. Daß PostModerne mehr als bloße zeitkritische Beanspruchung erlaubt, sondern im Kern eine Hermeneutik der Differenz formuliert, ist im folgenden auszuarbeiten.

Aus *zivilisations*kritischen Motiven entwickelt sich eine dezidiert *vernunft*kritische Philosophie, die ihre pluralistische Option gesellschaftspolitisch, kulturell, philosophisch in die Form einer fundamentalhermeneutischen Perspektive konsequenter Differenzwahrnehmung bringt. Von daher rührt ihre Herausforderung für jede kulturwissenschaftliche Disziplin. Für die Theologie muß sie nicht zuletzt darin bestehen, daß sie in den Verantwortungsraum ihrer Gegenwart(en) gestellt ist. Auch so überschneiden sich jene Perspektiven, die postModern als Zeithermeneutik gefaßt begegnen.

1. POSTMODERNE: SITUIERUNG

Die Schreibweise bezeichnet das Problem: PostModerne ist bis heute ein Begriff im Zwielicht, so oft verwendet wie abgelehnt, programmatisch aufgeladen, ohne immer theoretisch ausgewiesen zu sein; Initiator und Teil eines Verwirrspiels, das das eigene Konzept belastet. In jedem Fall wird die PostModerne uneinheitlich eingesetzt – als bestätigte sich so ihre pluralismusfreundliche Grundintuition.

Dem Vorläufigen des Konzepts trägt die veränderte Orthographie Rechnung. Das Vor-läufige trägt dabei einen Zeitakzent: PostModerne steht offen. Die Moderne ist ihr eingetragen, nicht einfach abgeschüttelt. In der Schrift wird sie ihr emblematisch eingesetzt. Eine gedoppelte Großschreibung markiert diese Bruchstelle, die offen hält, was sich nicht trennscharf auseinanderhalten läßt.

1.1 Zeit-Index

Keine Zeit kommt ohne Versuche ihrer theoretischen Selbstverständigung aus. Zeitenwenden erscheinen dabei besonders sensibel oder anfällig für Zäsuren, die mit dem kalendarischen Wechsel zugleich eine epochale Semantik bemühen. Das Interesse an der Zukunft wird prognostischer mit jedem Schritt auf ihre nächste Wende zu, um mit dem Futur das eigene Präsens zu *realisieren,* zu bewältigen, als sollte man es so für den einen Augenblick zwischen Unangebrochenem und noch nicht Verlassenem reflexiv eingeholt haben. Epochenschnitte helfen zu glauben, einmal ließe sich der Wettlauf zwischen Hase und Igel statt zeitlich mit dem vorgedachten Erreichen der Ziellinie gewinnen. Die zeitgenaue Wahrnehmung nie wirklicher Gegenwart wird aus dem Subjektiven ins Objektive gewendet.

Eine Logik unserer Zeit ist die immense Beschleunigung all ihrer Abläufe bis hin zur immer rascheren Abfolge ihrer titulierbaren Sequenzen. Noch bevor die Rede von der PostModerne sein kann,

> „ist als objektiver kulturgeschichtlicher Bestand eine progressive Verkürzung der Geltungsfristen dominanter Produktionsstile festzuhalten. Wir verdanken Hans Robert Jauß ein »Kalendarium zur Verkürzung der Epochenbegriffe«, das, zum Beispiel, für das knappe Halbjahrhundert zwischen 1855 und 1900 sieben kunsthistorisch vertraute Epochennamen vom Impressionismus bis zum Jugendstil verzeichnet, indessen allein für das eine siebte Jahrzehnt unseres Jahrhunderts die doppelte Anzahl, nämlich vierzehn vom magischen Realismus bis zum Environment."[1]

Dieser Vorgang entspricht modernen Rationalisierungsstrategien, mit denen sich das Gegenwart bestimmende Projekt der Moderne als „kinetische Utopie"[2] kenntlich macht. Diese Moderne, selbst wo sie als jüngst vergangen deklariert wird, wirkt sich, zumindest in ihren Problemüberhängen, noch aus und stellt so die Gegenwart zwischen die Zeiten oder Diskurse von Moderne und ihrem Danach. Gerade die Bestimmung der Jetzt-Zeit über das grundlegende „Phänomen kultureller Gegenwartsschrumpfung"[3] dechiffriert einen Grundzug jener Moderne, die nicht mehr für eine klare Zuordnung dieser Gegenwart taugt und an die ihre veränderte Terminierung als PostModerne doch anknüpft:

> Die Moderne ist „auf ein kinetisches Muster geprägt, das sich als das einer Mobilmachung identifizieren läßt...Im neuzeitlichen Grundprozeß der Mobilmachung, die inzwischen den gesamten Weltlauf an sich gezogen hat, lassen sich drei elementare Tendenzen oder Trendgruppen unterscheiden. Die große Selbstbewegung zur Mehrbewegung vollzieht sich, erstens, als Tendenz zur Motorisierung, zur Installation selbstläufiger Prozeßeinheiten und zur fortwährenden Beschleunigung derselben (Tachokratie); zweitens als Tendenz zur Entlastung, Analgetisierung und Ausschaltung der zu sensiblen, zu langsamen und zu wahr-

---

[1] H. Lübbe, Der verkürzte Aufenthalt in der Gegenwart. Wandlungen des Geschichtsverständnisses, in: P. Kemper (Hrsg.), >Postmoderne< oder der Kampf um die Zukunft. Die Kontroverse in Wissenschaft, Kunst und Gesellschaft, Frankfurt a.M. 1988, 145-164; hier: 153.– Vgl. ders., Zeit-Verhältnisse: Zur Kulturphilosophie des Fortschritts, Graz u.a. 1983.– Vgl. die Arbeiten von P. Virilio, Der negative Horizont. Bewegung – Geschwindigkeit – Beschleunigung, München-Wien 1989; ders., Rasender Stillstand, München-Wien 1992.
[2] P. Sloterdijk, Eurotaoismus. Zur Kritik der politischen Kinetik, Frankfurt a.M. 1989, 24.
[3] H. Lübbe, Der verkürzte Aufenthalt, 154.

heitsorientierten Subjektfunktionen (Automation durch Desensibilisierung oder Kontextausschaltung); drittens durch die progressive Tilgung von Entfernungen und Unwägbarkeiten in Tateinheit mit der strategischen Aneignung des Fremden (Logistik). In diesen drei Vollzugskomplexen wird die Welt als bisher träge Ressource für automobile System-Subjekte aufbereitet, codiert, verbrauchsfertig gemacht und entwirklicht."[4]

Mit der Fragwürdigkeit epochaler Zuschreibungen wird die Gegenwart als „Zeitalter der Beschleunigung"[5] selbst fragwürdig, sofern sie von den Effekten einer enormen Zeitrationalisierung lebt, die im Verdacht rein instrumentellen Vernunftgebrauchs und unter Anklage planetarischer Destruktivität steht.

Für die Interpretation der Gegenwart bedeutet dies, daß sich Zeit nicht einfachhin auf einen Begriff bringen läßt, daß sich andererseits zumal *diese Zeit* jedem Zeitmaß entzieht, weil sie sich temporal in immer neuen Innovationen überbietet. In zeitkritischer Perspektive wird somit ein Diskurs um das Projekt der Moderne angebahnt, in dem ihre Angriffsfläche postModern freigelegt wird. Und sofern die Rede von einer PostModerne einen mehr als bloß modischen, nämlich kritischen Zuschnitt erhält, stellt sich die Frage nach ihrer *epochalen Bedeutung*. Ihr Nach kann dabei wiederum zeitlich verstanden werden, was eine spezifische Nähe zum Abzulösenden vor dem Hintergrund seiner Akzelerationslogik veranschaulichte. Oder es kann auf eine Verabschiedung ihrer Strategien deuten, also auf einen eher zivilisations- und rationalitätskritischen denn geschichtsphilosophisch-epochalen Diskurs hin. In jedem Fall vergegenwärtigt das >Post< die Krise des Vorhergehenden, indem es die Konturen des Neuen noch nicht nennt. Damit wird Gegen-wart in den Umbruch gesetzt.

Das Gefühl dieses Umbruchs läßt sich mit der Jahrtausendwende dramatisieren. Seine ureigene Dramatik findet es in den widersprüchlichen Erfahrungen, die das 20. Jahrhundert und die in ihm sich auszeitigende Moderne reflexiv aufgibt.[6] Der Fortschritt der Moderne hat Opfer ohnegleichen *gekostet*, vielleicht gar *verschuldet*[7] – und zugleich unbestreitbare humane Entwicklungen erlaubt. Atomares Ende und genetische Neuschöpfung des Menschen charakterisieren, hinsichtlich ihrer humanen Möglichkeiten wiederum (dialektisch?) gebrochen, ihr unfaßbares Ganzes.[8] Und dieses Unbegreifbare macht noch einmal einen Zeitzug aus.

---

[4] P. Sloterdijk, Eurotaoismus, 48; 69f.

[5] H.-J. Höhn, Im Zeitalter der Beschleunigung. Konturen einer theologischen Sozialanalyse als Zeitdiagnose, in: JCSW 32 (1991) 245-264.– Vgl. ders., Gegen-Mythen. Religionsproduktive Tendenzen der Gegenwart (QD 154), Freiburg u.a. 1994; besonders 75-97.

[6] Vgl. H.-L. Ollig, Der Streit um die Moderne. Positionen der deutschen Gegenwartsphilosophie, in: ThPh 63 (1988) 1-33, 26.

[7] Die Metaphorik bezeichnet den monetären Zug der Moderne im Sinne ihrer Rationalisierungsmechanismen: alles wird verrechenbar; Alltagssprache fügt sich dem.

[8] Fundamentalontologisch wendet dies H. Rombach: „Zeitkritik als *philosophische* Aufgabe rückt in den Vordergrund des gegenwärtigen Bewußtseins, weil man ganz allgemein die Erfahrung macht, daß mit dem Ganzen >etwas nicht stimmt<. An allen Brennpunkten gegenwärtigen Interesses zeigen sich paradoxe Situationen, durch die die Entwicklung nicht nur ge-

Die Rede von PostModernität greift diese Erfahrung auf. Unüberschaubarkeit dekliniert sie im Plural als Grundfigur, die zeitdiagnostisch wie erkenntnistheoretisch gilt. Dieser implizite Doppelanspruch illustriert die Bedeutung der Frage, was denn die PostModerne sei: Epochales Datum? *Posthistoire*[9]? Eschatologische Mode? Die Moderne selbst, als ihr Anderes maskiert? Veritable Philosophie?

Noch die terminologische Offenheit kann als erstes Indiz ihrer Interpretierbarkeit herangezogen werden: offenes, unabgeschlossenes, „schwaches" Denken[10] firmiert als eines ihrer Grundmomente. Offenheit als intellektuellvitale Haltung ist dabei Ausdruck pluraler Deutemöglichkeiten – eine univoke epochale Veranstaltung scheint dem zu widersprechen.

1.2 PostModerne als Begriff

Schon mit den ersten Verwendungen des Begriffs „PostModerne" zeigen sich Unklarheiten, verschwommene Vorstellungen, abweichende Einsätze.

> „Um 1870 spricht der englische Salonmaler John Watkins Chapman davon, daß er und seine Freunde zu einer >postmodernen Malerei< vorstoßen wollen. >Postmodern< meint dabei: moderner als die damals avancierteste Malerei, die des französischen Impressionismus."[11]

Anders 1917 bei Rudolf Pannwitz: sein „>postmoderner Mensch< ist eine nur wortschöpferisch erneuerte Reprise von Nietzsches >Übermensch<...Unter Postmoderne ist dieser Ankündigung zufolge also ein bevorstehender Höhenkamm nach dem Wellental der Moderne zu verstehen."[12] Ähnlich unterschiedlich lassen sich auch die nachfolgenden Kontextbezüge des frühen Begriffs anführen.[13] Erst im Rahmen einer literaturästhetischen Debatte in

---

hemmt, sondern geradezu gegen sich selbst gedreht wird...Es sieht so aus, als ob in den Grundlagen der Zeit etwas nicht stimme, so daß alles, was man auf diese Grundlagen stellt, die Widersprüche der Fundamente in sich aufnehmen und darum im Endeffekt scheitern muß."– H. Rombach, Philosophische Zeitkritik heute. Der gegenwärtige Umbruch im Licht der Fundamentalgeschichte, in: PhJB 92 (1985) 1-16; hier: 1.

[9] Vgl. J. Baudrillard, Der symbolische Tausch und der Tod, München 1982; ders., Agonie des Realen, Berlin 1978.

[10] Mit G. Vattimo / P. A. Rovatti (Hrsg.), Il pensiero debole, Mailand 1983.– Vgl. J. Früchtl, (Post-)Metaphysik und (Post-)Moderne. Zur Sache des >schwachen Denkens<, in: PhR 37 (1990) 242-250.

[11] W. Welsch, Unsere postmoderne Moderne, Weinheim ²1988, 12.

[12] Ebd., 13.

[13] Zur Orientierung vgl. grundlegend M. Köhler, „Postmodernismus": Ein begriffsgeschichtlicher Überblick, in: Amerikastudien 12 (1977) 8-18.– Weiterhin: H. Bertens, Die Postmoderne und ihr Verhältnis zum Modernismus. Eine Übersicht, in: D. Kamper / W. van Reijen (Hrsg.), Die unvollendete Vernunft. Moderne versus Postmoderne, Frankfurt a.M. 1987, 46-98; ders., The Debate on Postmodernism, in: ders. / D. Fokkema (Hrsg.), International Postmodernism. Theory and Literary Practice, Amsterdam-Philadelphia 1997, 3-14; besonders 4-8.

den USA Ende der 60-er Jahre bildet sich jener Begriff der PostModerne aus, wie er bis heute, wenngleich in diversen Variationen, die Diskussionen bestimmt.[14] Dabei war anfangs ein negatives PostModerne-Verständnis leitend: nach den innovativen Höhepunkten der Moderne tritt eine ästhetische Stagnation ein.

Dieser postModerne Dekadenz-Begriff wird in der Folge radikal verändert aufgenommen – Leslie Fielder fordert in seinem Aufsatz „Cross the Border – Close the Gap"(1969)[15] die Überwindung der elitären Kultur der Moderne durch Beanspruchung verschiedenster literarischer Traditionen, die intellektualistische Publikums-Distanzierungen aufhebt. Damit wird ein gegenmoderner Impuls von PostModernität sichtbar, der den rationalistischen Zwang der Moderne kritisiert.[16]

In dieser Richtung plädiert auch Susan Sontag. Wichtig für den vorliegenden Zusammenhang ist dabei ihr dezidiert antihermeneutischer Affekt: „Wir brauchen statt einer Hermeneutik der Kunst eine Erotik der Kunst".[17] Die semantischen Auflagungen moderner Kunst schließen diese vom Leben ab. Hohe Kunst und Alltagskunst haben sich postModern zu verbinden, um neue Ausdrucksqualitäten zu erzielen und Kunst lebensweltlich zu verankern. Das (formalistische) Spiel mit den Möglichkeiten initiiert eine polyglotte Literatur.

> „Damit ist...die fortan sich durchhaltende und dann auch für andere Bereiche verbindlich werdende Grundformel erreicht: PostModernes liegt dort vor, wo ein grundsätzlicher Pluralismus von Sprachen, Modellen, Verfahrensweisen praktiziert wird, und zwar nicht bloß in verschiedenen Werken nebeneinander, sondern in ein und demselben Werk, also interferentiell."[18]

Pluralität nennt den Brennpunkt der PostModerne. Pluralität war auch Modus und Postulat der Moderne. Eben an diesem Punkt nun gewinnt die Rede von PostModernität ihren Grund und ihre eigentliche Kontur. Als – terminologische – Anknüpfung ist sie zugleich Aufnahme, Radikalisierung. Sie ist das Hegelsche *tollere* als Verwandlung – und damit nicht einfaches „Nach". Die PostModerne zeitigt gegenüber der Moderne eine „Umstellung der ge-

---

[14] Der Abriß folgt hier W. Welsch, Unsere postmoderne Moderne, 14ff.– Vgl. C. Bürger, Das Verschwinden der Kunst. Die Postmoderne-Debatte in den USA, in: Dies./ P. Bürger (Hrsg.), Postmoderne: Alltag, Allegorie und Avantgarde, Frankfurt a.M. ⁴1992, 34-55

[15] Abgedruckt in: W. Welsch (Hrsg.), Wege aus der Moderne. Schlüsseltexte der Postmoderne-Diskussion, Weinheim 1988, 57-74.

[16] Vgl. ebd., 58: „Wir leben jetzt in einer sehr anderen Zeit – apokalyptisch, antirational, offen romantisch und sentimental".

[17] S. Sontag, Against Interpretation, New York 1966, 23; zitiert nach: H. Bertens, Die Postmoderne und ihr Verhältnis zum Modernismus, 52.– Sontags Begriff von Hermeneutik kann nur den interpretationistischen Anteil beschreiben, die „Wut des Verstehens" (F. Schleiermacher – vgl. J. Hörisch, Die Wut des Verstehens. Zur Kritik der Hermeneutik, Frankfurt a.M. 1988). In einem über die Texttheorie hinausweisenden, fundamentalhermeneutischen Sinn bedient sich Sontag selbst einer pluralistischen Hermeneutik. PostModerne ist danach nicht grundsätzlich antihermeneutisch zu fassen – vielmehr plädiert sie implizit bereits in ihren literaturästhetischen Diskursanfängen für einen veränderten Begriff von Hermeneutik.

[18] W. Welsch, Unsere postmoderne Moderne, 16f.

samten Optik".[19] Ihr Grund ist die plurale Verfaßtheit der Wirklichkeit selbst, eine „Gesamtsituation der Simultaneität und Interpenetration differenter Konzepte und Ansprüche".[20]

1.3 Unbehagen an der Moderne

Mit dem Namen erschließt sich das differenzierte Verhältnis zwischen Post- und Moderne: zwischen Nähe und Abgrenzung, nicht Bruch noch einfach Fortsetzung.[21] Das Prinzip des radikalen Pluralismus wird hier zum Scheidepunkt, zum Kriterium auch, das in konzeptioneller Durchklärung des PostModernen die Entwicklung gegenüber der Moderne illustriert.

Verbilligtem PostModernismus entgegen ist dabei auf die präzise Fassung des Problems zu achten, und diese kann nicht einen bloßen Relativismus oder glatte Beliebigkeit auf pluralem Grund anzeigen, vielmehr hat sie das postModerne Plädoyer „nicht für Orientierungslosigkeit, sondern für präzise Maßgaben"[22] im *modernen Kontrast* zu reflektieren.

Bereits mit der den Diskurs um die PostModerne anzettelnden amerikanischen Literaturdebatte wird ein „Unbehagen an der Moderne"[23] sichtbar, das als ihr Initialmotiv gelten darf. Über seine ästhetische Festschreibung hinaus bezieht es sich auf die Katastrophen des 20. Jahrhunderts als dem Fluchtpunkt ihrer desaströsen Tendenzen. Die Topographie des Schreckens mit den Namen unzähliger Gulags, mit Auschwitz, mit Hiroshima, fortführbar in schier endloser Kette, wird in den Obertitel der Moderne gebannt. Ihr rationalistischer Grundmodus wird verantwortlich gemacht – was PostModerne heißen wird, beginnt mit den vernunftkritischen Philosophien dieser Zeit[24],

---

[19] Ders., Einleitung zu: ders. (Hrsg.), Wege aus der Moderne, 1-43; hier: 15.
[20] Ders., Unsere postmoderne Moderne, 4.
[21] Vgl. H. Raulet, Vorwort zu: J. Le Rider / ders. (Hrsg.), Verabschiedung der (Post-)Moderne? Eine interdisziplinäre Debatte, Tübingen 1987, 7-20. Raulets „krisologische Begriffsbestimmung der Moderne soll sich archäologisch-typologisch an den periodisch wiederkehrenden Krisenkonstellationen orientieren; nicht um eine zyklische Zeitlichkeit zu legitimieren, vor der es vielmehr zu warnen gilt, sondern um das ebenfalls falsche Bewußtsein zu entlarven, das sich jedesmal anmaßt, eine radikale Wende zu erleben und zu verkündigen." (Ebd., 12). Festgehalten wird so eine „Untrennbarkeit von Bruch und Kontinuität" (13), die in der vorliegenden Arbeit mit der Schreibweise „PostModerne" interpretiert wird.
[22] W. Welsch, Unsere postmoderne Moderne, 3.
[23] Im Blick auf die verschiedenen Ansätze postModernen Denkens hält U. Fazis (>Theorie< und >Ideologie< der Postmoderne. Studien zur Radikalisierung der Aufklärung aus ideologiekritischer Perspektive, Basel 1994, 111) fest: „Als auffälligste Übereinstimmung gilt das Unbehagen in der modernen Kultur, der Nicht-Realisierung der verheissungsvollen Versprechungen der Moderne (Aufklärung, Wissenschaft, Technik) und die daraus hervorgerufene Motivation, diese geschichtlichen Prozesse in radikalisierter Weise zu hinterfragen."
[24] Vgl. W. Welsch, Vernunft. Die zeitgenössische Vernunftkritik und das Konzept der transversalen Vernunft, Frankfurt a.M. 1996, besonders Teil I, 53-424.

die das „Verlustkapital der Moderne"[25] liquidieren.[26] Ihre Allianz reicht pluriform von Heidegger bis zu seinem Widerpart in Gestalt der Kritischen Theorie.

Deren Urteilsspruch lautet auf eine einseitige, aber sachkonsequente Verengung der Rationalität in ihrem instrumentellen Einsatz.[27] Die Moderne als Aufklärung schlägt dialektisch unausweichlich in ihr Gegenteil, in Unheil um. Im Begriff als Zwang wird die Welt *totalisiert*. „Macht und Erkenntnis sind synonym."[28] Die rationale „Bemächtigung der Dinge"[29] vollzieht sich unter einem Vereinheitlichungsdruck, der logisch vorgeht und gesellschaftlich als Uniformierung wirksam wird. Sie wiederum ist ökonomisch im Markt mit seiner Kompatibilitätswährung grundgelegt. Wie gedacht wird, so wird auch gelebt: „Als Sein und Geschehen wird von der Aufklärung vorweg nur anerkannt, was durch Einheit sich erfassen läßt; ihr Ideal ist das System, aus dem alles und jedes folgt."[30]

Wenn alles gleichnamig gemacht wird, bedeutet dies einen Totalitarismus, der politisch das Jahrhundert brandmarkt. Die infizierte Vernunft läßt im Sinne der Kritischen Theorie nicht erneut einen *totalen* Befreiungsschlag denken. Indes sucht sie, die Zwänge totalitären Denkens zu unterlaufen. Ein anderer Denkstil wird kritisch gegen identifizierendes Denken aufgebracht, das sich seine Welt unterwirft, indem es sie im eigenen Apparat einfriert. Dieser Modus ist kritisch in seiner dialektischen Brechung, die das eigene Gebun-

---

[25] H. Timm, Wie modern ist die Welt? Ein theologischer Rückblick von außerhalb, in: G. Eifler / O. Saame (Hrsg.), Postmoderne – Anbruch einer neuen Epoche? Eine interdisziplinäre Erörterung, Wien 1990, 199-217; hier: 221.– In der Tradition der klassischen Vernunftkritik plädiert Timm mit dem Topos des „Postkopernikanismus" (206) einen Denkstil „irdischer Vernunft" (210), mit dem erneut „das Naturschema ins Zentrum des Interesses" (211) tritt. Hier zeigt sich eine gedankliche Nähe zu den Versuchen einer Neukonzeptionierung von Vernunft, die über ihre rationalistisch-instrumentelle Verengung hinweg stärker das „Andere der Vernunft" berücksichtigt (vgl. H. Böhme / G. Böhme, Das Andere der Vernunft. Zur Entwicklung von Rationalitätsstrukturen am Beispiel Kants, Frankfurt a.M. 1985). Hier erreicht Modernitätsverdrossenheit ihren populärsten Punkt (Umwelt, Natur als Hauptwörter).

[26] Vgl. W. Welsch, Vielheit ohne Einheit? Zum gegenwärtigen Spektrum der philosophischen Diskussion um die „Postmoderne". Französische, italienische, amerikanische, deutsche Aspekte, in: PhJB 94 (1987) 111-141; K.-O. Apel, Die Herausforderung der totalen Vernunftkritik und das Programm einer philosophischen Theorie der Rationalitätstypen, in: Concordia 11 (1987) 2-23; E. Angehrn, Krise der Vernunft? Neuere Beiträge zur Diagnose und Kritik der Moderne, in: PhR 33 (1986) 161-209.

[27] Vgl. M. Horkheimer, Zur Kritik der instrumentellen Vernunft, Frankfurt a.M. 1967.

[28] M. Horkheimer / T. W. Adorno, Dialektik der Aufklärung. Philosophische Fragmente, Frankfurt a.M. 1988, 10.

[29] Dieser Topos Kritischer Theorie zitiert Nietzsches macht-und erkenntnistheoretische Überlegungen: „Der ganze Erkenntnis-Apparat ist ein Abstraktions-und Simplifikationsapparat – nicht auf Erkenntnis gerichtet, sondern auf Bemächtigung der Dinge": F. Nietzsche, Aus dem Nachlaß der Achtzigerjahre, in: F.N.: Werke in drei Bänden, hrsg. v. K. Schlechta, Bd. III, München-Wien 1977, 449.– Konsequent ist Nietzsche als ein wesentlicher Bezugspunkt der PostModerne zu sehen. Vgl. dazu J. Habermas, Eintritt in die Postmoderne: Nietzsche als Drehscheibe, in: ders., Der philosophische Diskurs der Moderne. Zwölf Vorlesungen, Frankfurt a.M. ³1988, 104-129.

[30] M. Horkheimer / T. W. Adorno, Dialektik der Aufklärung, 13.

densein an das zu Kritisierende reflektiert. Damit stiehlt es sich ihm gleichsam davon, denn es läßt sich nicht seinerseits einebnen, verrechnen. Es ist widerständiges Denken:

> „Der Totalität ist zu opponieren, indem sie der Nichtidentität mit sich selbst überführt wird, die sie dem eigenen Begriff nach verleugnet. Dadurch ist die negative Dialektik, als an ihrem Ausgang, gebunden an die obersten Kategorien von Identitätsphilosophie. Insofern bleibt auch sie falsch, identitätslogisch, selber das, wogegen gedacht wird. Berichtigen muß sie sich in ihrem kritischen Fortgang, der jene Begriffe affiziert, die sie der Form nach behandelt, als wären es auch für sie noch die ersten."[31]

Bezogen auf die Idee einer PostModerne ist hier zweierlei bedeutsam: die Kritik des Identitätsdenkens und die Konstruktion der Kritik selbst. Letztere bleibt an die zentripetalen Mechanismen der Vernunft gebunden. Indem sie diese aber im Vorgang der Kritik modal hinter sich läßt, wird ein Zustand denkbar und als Kritik eingeübt, eingeholt, der im Diskurs der Rationalität *logisch* und in gesellschaftlicher Hinsicht prospektiv *zeitlich* ein „Post" vorstellen läßt.

Für ein kritisches Bild der Moderne ist aber auch an selbstreflexive kritische Potentiale in der Moderne zu erinnern, so daß sich ein komplexes Beziehungsgefüge von PostModerne und Moderne abzeichnet, denn

> „gegen die Aufklärung als Rationalisierungsprozeß hat die Moderne selbst schon früh und immer wieder starke Gegenkräfte mobilisiert; als deren Exponenten können etwa die deutschen Romantiker verstanden werden, der frühe Hegel, Nietzsche, der frühe Marx, Adorno, die Anarchisten; zu den Gegenkräften gehört schließlich ein großer Teil der modernen Kunst."[32]

Entsprechend wird als Gegendiagnose zu einer undialektischen Festschreibung der Moderne auf ihre „Allmachtsphantasien"[33], wie sie sich im „Totalmythos des Fortschritts"[34] exekutieren, das „Projekt der Moderne"[35] von seinen Apologeten auf seine Leistungsfähigkeit hin terminiert.

Die Moderne ist zwar mit ihren postModernen Kritikern als ein Rationalisierungsprozeß zu beschreiben, der jedoch nicht einlinig verläuft, vielmehr geprägt ist durch Interpenetrationsvorgänge verschiedener Diskurse und Subsysteme. Es gibt von daher nicht die eine totale Vernunft, sondern ein vernetztes Denken mit der Fähigkeit, Verbindungen zwischen den unterschiedlichen, ausdifferenzierten Realitätssphären herzustellen. Statt einer Totale entsteht mit diesem Bild der Moderne eine Perspektive kombinatorischer

---

[31] T. W. Adorno, Negative Dialektik, Frankfurt a.M. ⁶1990, 150.
[32] A. Wellmer, Zur Dialektik von Moderne und Postmoderne. Vernunftkritik nach Adorno, in: ders., dass., Frankfurt a.M. ⁴1990; 48-114; hier: 101.
[33] P. Koslowski, Die Prüfungen der Neuzeit. Über Postmodernität, Philosophie der Geschichte, Metaphysik, Gnosis, hrsg. v. P. Engelmann, Wien 1989, 11.
[34] Ebd., 13.
[35] Als ihr profiliertester Vertreter ist J. Habermas anzusehen; vgl. programmatisch seine Adorno-Preis-Rede von 1980: „Die Moderne – ein unvollendetes Projekt", in: ders., Kleine politische Schriften I-IV, Frankfurt a.M. 1981, 444-464.

Einheiten, die ein Gesamtsystem konfigurieren. Das wiederum ist perspektivisch nicht beherrschbar, sondern nur im Ausschnittsmuster zu haben. Der Hinweis auf diese systemkomplexe Dynamik der Moderne steht einem *totalisierenden* vernunftkritischen Angriff entgegen:

> „Die normative Idee, die hinter dem Konzept der Interpenetration steht, ist die Idee der Moderne, die sich selbst wiederum durch die Vereinigung von an sich gegensätzlichen Wertideen in einem zusammenhängenden Wertmuster auszeichnet. Die konstitutiven Ideen sind diejenigen der Solidarität, Freiheit, Rationalität und fiktiven Weltgestaltung. Erforderlich war und ist hierzu die Verknüpfung der Traditionsstränge der aufklärerischen Rationalität, der bürgerlichen Freiheit, des protestantischen innerweltlichen Asketismus und des angelsächsischen Konstitutionalismus. Die Verbindung von Solidarität und individueller Freiheit können wir als institutionalisierten Individualismus, diejenige von Rationalität und aktiver Weltgestaltung als methodisch-rationalen Aktivismus bezeichnen. Alle vier Wertideen zusammen stellen die Grundpfeiler des modernen Wertmusters dar."[36]

Somit wird die Moderne auch hinsichtlich ihrer ökonomischen Grundlagen nicht als radikal ausdifferenziert begriffen, sondern sie bleibt je verbunden mit ihren sozial-kulturellen Sphären, die wiederum in wirtschaftliche Systeme eingreifen, wie umgekehrt diese überlappen können. Zumal die Idee der Freiheit reguliert die verschiedenen Diskurse der modernen Gesellschaft, wird aber auch von ihnen je neu definiert. Eine rein negative Sichtweise auf die Leistungen der Moderne verbietet sich von diesem Beschreibungsansatz aus, ohne daß darum die „natürlich stets unzureichend bleibende Verwirklichung der normativen Ideen der Moderne völlig übersehen"[37] werden darf. Indes gilt:

> „Wer will bezweifeln, daß in den entwickelten westlichen Gesellschaften heute mehr Freiheitsrechte und Teilnahmerechte...garantiert sind als vor 100, 50 oder 20 Jahren? Will man behaupten, daß Bürgerrechtsbewegungen, Arbeiterbewegung, Frauenbewegungen und andere Bewegungen, die an den Ideen der Moderne orientiert sind, bis heute ohne jeden Erfolg geblieben sind? Will man ernsthaft die These vertreten, daß es in den entwickelten westlichen Gesellschaften noch möglich sei, die Legitimität von Freiheitsrechten und Teilnahmerechten argumentativ zu bestreiten?"[38]

Sofern in diesem Konzept der Moderne eine Tendenz zur Universalisierung enthalten ist, wird erneut die postModerne Kritik auf den Plan gerufen. Zum einen kann sie sich auf eine spezifisch moderne Kritik an der Vorherrschaft des ökonomisch-instrumentellen Diskurses über die sozialen und kulturellen Nebendiskurse im Sinne einer „Kolonialisierung der Lebenswelt"[39] berufen. Zum anderen wird die moderne Tendenz zur Globalisierung[40] zum Indiz ei-

---

[36] R. Münch, Die Struktur der Moderne. Grundmuster und differentielle Gestaltung des institutionellen Aufbaus der modernen Gesellschaften, Frankfurt a.M. 1992, 25.
[37] Ebd., 628.
[38] Ebd.
[39] J. Habermas, Theorie des kommunikativen Handelns, 2 Bde., Frankfurt a.M. 1988; hier: I, 566.
[40] Vgl. A. Giddens, Konsequenzen der Moderne, Frankfurt a.M. 1995; besonders 84-101.

nes Totalisierungsdrucks, der auch in einem systemtheoretisch-interpenetrativen Moderne-Begriff enthalten ist. In der Herausbildung der Moderne zu einer medialen Kultur wird diese Tendenz, nunmehr als sanfte Gewalt gegenüber vorherigen Totalitarismen purifiziert, greifbar. Erreicht ist die „endgültige(n) Weltherrschaft der westlichen Moderne auf der Entwicklungsstufe der Kommunikationsgesellschaft"[41]: „mit der weltweiten Kommunikation wird sich die moderne Kultur auch das Denken der anderen Kulturen der Welt nach ihrem eigenen Muster einverleiben und eine umfassende Weltkultur herausbilden."[42]

Dies muß den Blick nicht nur auf die Folgelasten der Moderne[43] lenken, sondern nach den Wurzeln fragen lassen, denn die angedeuteten Züge der Moderne lassen sich als ihre radikalen „Konsequenzen"[44] formulieren. Eben dies unternimmt die postModerne Kritik an der Moderne. Sie beharrt auf ihrem unterschwelligen Totalitätsprinzip, das sich in seiner systemischen Vernetzung nur als wirksamer, nicht als plural aufgehoben erweist.[45] Das bedeutet:

> „Es geht nicht darum, weiterzumachen wie bisher, nur nicht so unbedacht grenzenlos. Die Strategien der Moderne, die heute ihre zerstörerischen Tendenzen weltweit zeigen, sind im Kern expansiv."[46]

1.4 PostModerne Perspektivik

Von einer einheitlichen Programmatik der PostModerne läßt sich kaum sprechen. Grundlegende Übereinstimmungen zeichnen sich aber im Blick auf ihre modernitätskritischen Züge ab.

Ein wesentlicher problematischer Anknüpfungspunkt besteht in der modernen Tendenz zur Globalisierung, die postModern als Konsequenz ihrer totalisierenden Perspektivik interpretiert wird. Im Rahmen einer globalen Weltwahrnehmung werden indes auch die ethno- und eurozentrischen Anfänge

---

[41] R. Münch, Dialektik der Kommunikationsgesellschaft, Frankfurt a.M. 1991, 13.
[42] Ebd., 17.
[43] Vgl. U. Beck, Risikogesellschaft. Auf dem Weg in eine andere Moderne, Frankfurt a.M. 1986.
[44] Vgl. A. Giddens, Konsequenzen der Moderne, 11.
[45] Im Zusammenhang der Untersuchung kann keine eingehende Diskussion um das Projekt der Moderne geführt werden. Es geht an dieser Stelle um die Bezeichnung der PostModerne, wie sie sich selbst in Abhebung von der Moderne entwickelt. Zugesteuert wird auf einen operationalisierbaren Begriff von PostModernität, der wiederum in seinem harten Kern ein Differenz-Denken freigibt, das hermeneutisch von Bedeutung ist. In diesem eng gesteckten Rahmen bewegen sich auch die folgenden darstellenden Überlegungen zu postModernen Perspektiven und Positionen.
[46] R. zur Lippe, Sinnenbewußtsein – Postmoderne – Wiederholung des Verdrängten oder Entfaltung des Unterstroms?, in: G. Eifler / O. Saame (Hrsg.), Postmoderne – Anbruch einer neuen Epoche? Eine interdisziplinäre Erörterung, Wien 1990, 101-115; hier: 114.– Konservative Moderne-Kritik und postModernes Denken konvergieren hier.

der Moderne überwunden. In ihrem Ausdehnungszwang, der nicht zuletzt ökonomisch bedingt ist, wird die Moderne für das Andere ihrer selbst sensibilisiert, für den Plural verschiedener Welten in der einen Welt.

Dieser Logik folgend setzt sich Pluralisierung auch in gesellschaftlichen Innenbezirken durch: standen soziale, ökonomische und politische Ausdifferenzierungsprozesse bereits am Anfang der modernen Gesellschaften[47], so verwirklicht sich diese Pluralisierung am radikalsten in massiven Individualisierungsschüben zumindest in der westlichen modernen Welt.[48]

Zugleich aber schränkt sich diese Pluralisierung durch Uniformierungsmaßnahmen ein, wie sie durch Medien und Moden am sinnfälligsten in individuelle Lebenswelten eingreifen. Diese plural bedingten und anti-plural sich auswirkenden kulturellen Prozesse bestätigen sich gesellschaftlich in pluralismusfeindlichen Reaktionen auf die Moderne[49], so daß diese in sich gebrochen erscheint. Zum komplexen Bild der Moderne gehören auch ihre Auseinandersetzungen mit vormodernen Formationen, die ihr inhärieren.

PostModernität betont als Fortführung moderner Denk- und Gestaltungsmotive in radikalisierter Form eine Pluralität, die nicht noch einmal an Einheitskonzepte rückgebunden wird. Die bezeichneten Widersprüche der Moderne werden ihr dabei insofern angelastet, als sie sich nicht konsequent von ihrer ursprünglichen Rückbindung an die >*großen Erzählungen*<[50] hat freimachen können. Die Moderne ist zwar plural, aber sie ist nicht radikal plural, nicht plural genug.

Die argumentative Freisetzung des Pluralen als Grundwort postModernen Denkens läßt verschiedene Varianten zu. Ihre unerbittlichste Fassung findet sie in der sprachphilosophischen Begründung J.-F. Lyotards, der zugleich einer ihrer populärsten Protagonisten ist.

Die kommunikations-, rationalitäts- und gesellschaftstheoretischen Probleme eines radikalen Pluralismus à la Lyotard werden in der modifizierten PostModerne-Interpretation W. Welschs gefaßt und in das Konzept einer *transversalen Vernunft* überführt. Als Fazit bleibt auch hier ein unaufgebbarer, gegenüber seinen modernen Prämissen indes konsequenterer Pluralismus, der eine **differenzphilosophische Hermeneutik** freisetzt. Sie charakterisiert postModernes Denken grundlegend.

---

[47] Vgl. A. Giddens, Konsequenzen der Moderne, 28-42.– Nach H.-G. Vester (Modernismus und Postmodernismus. Intellektuelle Spielereien?, in: Soziale Welt 36 (1985) 3-26; hier: 5) ist die Moderne besonders gekennzeichnet durch „die *positive Einstellung gegenüber dem Prozeß der Ausdifferenzierung von Strukturen*, welche die segmentäre soziale Organisation durch funktionale Organisation ersetzt" sowie durch „die Vorstellung, daß diese Ausdifferenzierung die Entfaltung von Rationalität mit sich bringe". Weiterhin dokumentiert sich darin – im Sinne der postModernen Anwürfe – eine spezifische „Orientierung der Rationalität an der Zweck-Mittel-Rationalität".

[48] Vgl. U. Beck, Risikogesellschaft, 116.

[49] Vgl. T. Meyer, Fundamentalismus. Aufstand gegen die Moderne, Frankfurt a.M. 1989.

[50] Vgl. J.-F. Lyotard, Das postmoderne Wissen. Ein Bericht, Wien 1986.

1.5 PostModerne Positionen

> „>Die< Zukunft ist vielsprachig, schon jetzt. Wie bei so vielen anderen großen Begriffen werden wir auch bei diesem den Gebrauch des Singulars zurückdrängen und statt dessen einen klugen Plural einüben müssen."[51]

Damit ist unsere Zeit bezeichnet. PostModernes Denken als Denken dieser Zeit folgt ihrer Maxime. Folgerichtig kann sie selbst als Großbegriff nicht erneut anders als polyphon begriffen werden. Dem ist im Ansatz zu entsprechen: postModerne Positionen sollen kleinformatig ein Panorama von Post-Modernität öffnen, das mit der exemplarischen Analyse eines Textausschnitts von J. Baudrillard in der Miniatur ihrer wesentlichen Motive präzisiert wird.

1.5.1 Eröffnung: Jean-Francois Lyotard

Den vielleicht entscheidenden Durchbruch zu einer breiteren PostModerne-Diskussion markiert ein Text von Jean-Francois Lyotard: „La condition postmoderne", den der Autor im Auftrag der Regierung von Québec als „Bericht über das Wissen in den höchstentwickelten Gesellschaften"[52] 1979 erstmals veröffentlichte. Die vormals ästhetische Dominante im PostModerne-Begriff wird nunmehr philosophisch adoptiert und in die Form eines neuen Denkstils gebracht, der fortan immer wieder auch zur Bezeichnung einer neuen Epoche herangezogen wurde.[53]

> „Welche Art von Denken wäre imstande, ‚Auschwitz' zu ‚annullieren', im Sinne des deutschen aufheben, indem man dieses Ereignis in einen allgemeinen, empirischen, sogar spekulativen, auf die universelle Emanzipation gerichteten Prozeß einordnet?"[54]

Auschwitz steht bei J.-F. Lyotard für das Ende der „großen Erzählungen", der „Metaerzählungen" der Moderne: die Idee eines universalen Fortschritts ist im Zeitalter des Totalitarismus als ihrer Konsequenz „liquidiert" worden.[55] Die Idee einer „progressive(n) Emanzipation von Vernunft und Freiheit" wurde gerade mit den Mitteln des totalisierenden Fortschritts zerstört: „Wie können die großen Legitimitätserzählungen unter diesen Umständen noch glaubwürdig erscheinen?"[56]

---

[51] P. Sloterdijk, Vorwort, zu: ders. (Hrsg.), Vor der Jahrtausendwende. Berichte zur Lage der Zukunft, 2 Bde., Frankfurt a.M. 1990; hier: I, 9.
[52] J.-F. Lyotard, Das postmoderne Wissen, 17.
[53] Die Frage der epochalen Ansetzung der PostModerne wird hier noch ausgeklammert und erst abschließend behandelt.
[54] J.-F. Lyotard, Notizen über die Bedeutung von „post-", in: ders., Postmoderne für Kinder. Briefe aus den Jahren 1982-1985, Wien 1987, 99-105; hier: 102 f.
[55] Ders., Randbemerkungen zu den Erzählungen, in: ders., Postmoderne für Kinder, 32-37; hier: 32f.
[56] Ebd., 34f.– Vgl. ders., Das postmoderne Wissen, 112-122.

Der kulturellen und historischen Erfahrung entspricht die wissenschaftstheoretische Einsicht in die Perspektivität von Erkenntnis, die sich mit Kant Bahn bricht und mit Einstein, Gödel und Heisenberg für die Mathematik und die Physik das Weltbild verändert. Damit werden die modernen Einheits- als Legitimierungserzählungen obsolet: die spekulative Geschichtsphilosophie Hegels, die ökonomischen und freiheitsorientierten Ideen des Fortschritts lassen sich als umfassende, allgemeingültige, als totale Perspektiven auf Wirklichkeit nicht länger plausibilisieren. Und auch der Diskurs der Wissenschaft als Basisdiskurs, der die anderen Diskurse ausweist, rückbindet, rechtfertigt, begründet, verliert seine Überzeugungskraft in der Variante einer Rahmendefinition für alle anderen Diskurse.

„Diese allgemeine Disposition der Modernität, die Bedingungen eines Diskurses in einem Diskurs über diese Bedingungen zu definieren"[57], wird sprachtheoretisch unterminiert. Mit der Einsicht in die perspektivische Verfaßtheit aller Erkenntnis richtet sich das Interesse auf die Differenzräume, die mit der sprachlichen Vermittlung von Erkenntnis bereits Unterschiede in der Wahrnehmung und Darstellung implizieren. Was postModernes Denken gegenüber modernem auszeichnet, ist die Interpretation von Wirklichkeit als „ein instabiles System aus Sprachspielen".[58] PostModerne meint von daher eine besondere Sensibilität für die verschiedenen Perspektiven, die eigene Wirklichkeiten konstituieren. Sie formuliert eine Kritik jeder Totalen als Vorbotin des Terrors, der darin besteht, das Divergente einzupassen, zu unterdrücken im Vorrang *einer* Idee und Perspektive. Als Parole gefaßt: „Krieg dem Ganzen, zeugen wir für das Nicht-Darstellbare, aktivieren wir die **Differenzen**, retten wir die Differenzen, retten wir die Ehre des Namens."[59]

Dieses Projekt begründet Lyotard sprachtheoretisch, indem er eine „Paralogie"[60] entwickelt.

> „Das Erkennen der Heteromorphie der Sprachspiele ist ein erster Schritt in diese Richtung. Es impliziert offenkundig den Verzicht auf den Terror, der ihre Isomorphie annimmt und zu realisieren trachtet. Der zweite ist das Prinzip, daß, wenn es einen Konsens über die Regeln gibt, die jedes Spiel und die darin gemachten „Spielzüge" definieren, so muß dieser Konsens lokal sein, das heißt von gegenwärtigen Mitspielern erreicht und Gegenstand eventueller Auslösung. Man orientiert sich also an Vielfalten endlicher Metaargumentationen, wir wollen sagen: Argumentationen, die Metapräskriptionen zum Gegenstand haben und raum-zeitlich begrenzt sind."[61]

Lyotard geht in seiner Argumentation von der Gegebenheit von Sätzen aus. Jeder Satz aber bietet eine Vielfalt von Möglichkeiten zur Anknüpfung, wie er zugleich auf eine Vielzahl vorheriger Sätze zurückweist, für die er fak-

---

[57] Ders., Das postmoderne Wissen, 92.
[58] R. Clausjürgens, Sprachspiele und Urteilskraft. Jean-Francois Lyotards Diskurse zur narrativen Pragmatik, in: PhJB 95 (1988) 107-119; hier: 115.
[59] Ders., Beantwortung der Frage: Was ist Postmodern?, in: ders., Postmoderne für Kinder, 11-31; hier: 31. (Hervorhebung: G.M.H.)
[60] Vgl. ders., Das postmoderne Wissen 175ff.
[61] Ebd., 191.

tisch oder potentiell als Anknüpfung in Frage kommt. Jeder Satz steht im Kontext eines Diskurses und wird „nach einer Gruppe von Regeln gebildet...Es gibt mehrere Regelsysteme von Sätzen"[62], die kein Basis-Regelsystem erkennen lassen. Vielmehr bedient sich jede Diskursart in der ihr angemessenen Weise der Sätze hervorbringenden und variierenden Regelsysteme. Nun läßt sich aber auch keine einzelne Diskursart als alle anderen Diskurse implizierende oder bedingende bzw. normierende ausweisen. Vielmehr existiert eine Vielzahl unterschiedlicher Diskurse, die nicht aufeinander rückführbar sind. Die Divergenz der Diskurse und das Fehlen einer sie kontrollierenden Instanz folgert ein Denken, das immer mit dem Auftreten von Konflikten rechnen muß. Dies faßt Lyotard im Term des „Widerstreits":

> „Im Unterschied zu einem Rechtsstreit [*litige*] wäre ein Widerstreit [*différend*] ein Konfliktfall zwischen (wenigstens) zwei Parteien, der nicht angemessen entschieden werden kann, da eine auf beide Argumentationen anwendbare Urteilsregel fehlt. Die Legitimität der einen Argumentation schlösse nicht auch ein, daß die andere nicht legitim ist. Wendet man dennoch dieselbe Urteilsregel auf beide zugleich an, um ihren Widerstreit gleichsam als Rechtsstreit zu schlichten, so fügt man einer von ihnen Unrecht zu (einer von ihnen zumindest, und allen beiden, wenn keine diese Regel gelten läßt)."[63]

Die Begründung dieses agonistischen Sprach- und Wirklichkeitskonzepts[64] erfolgt letztlich typentheoretisch und findet ihre Plausibilität in der historisch ausgewiesenen Phobie gegen den Terror des Totalen:

> „Die Vorstellung, daß eine höchste Diskursart, die alle Einsätze umfaßt, eine höchste Antwort auf die Schlüsselfragen der verschiedenen Diskursarten liefern könnte, scheitert an der russellschen Aporie. Entweder ist diese Diskursart Teil aller Diskursarten, ihr Spieleinsatz ein Einsatz unter den anderen und ihre Antwort also nicht die höchste. Oder sie gehört nicht zur Gesamtheit der Diskursarten und umfaßt folglich nicht alle Spieleinsätze, da sie ihren eigenen ausnimmt. Der spekulative Diskurs erhob diesen Anspruch...Das Prinzip eines absoluten Sieges einer Diskursart über die anderen ist sinnleer."[65]

Die Irreduzibilität der abweichenden Diskurse verlangt nach einem veränderten Gerechtigkeitsbegriff, der sich den Differenzen stellt. Aus der Achtung vor den Unterschieden ergibt sich eine Haltung des Respekts, deren stärkste Valenz im Ausschalten einer Totalperspektive besteht, die alle Diskurse gleichschaltete. Noch die beste Absicht einer totalen Ethik verkommt im Prinzip und begünstigt ihr Gegenteil, arbeitet ihm zu: sie wird dem Pluralen nicht gerecht, das sich in den Sprachen als Weltsichten der unterschiedlichen Diskurse realisiert. Verantwortetes Denken besteht postModern von daher darin,

---

[62] Ders., Der Widerstreit, München ²1989, 10.
[63] Ebd., 9.
[64] Vgl. ebd., 53f.
[65] Ebd., 230.

"die Streitfälle zu entdecken, zu achten und ihnen Achtung zu verschaffen sowie darin, die Inkommensurabilität der den heterogenen Satzfamilien eigenen transzendentalen Forderungen festzustellen".[66]

Das bezeichnete Konzept von Gerechtigkeit ist ein sehr zurückgenommenes. Letztlich besteht es darin, unüberbrückbare Gegensätze anzuerkennen und darauf zu verzichten, ihnen in Form eines Obersatzes Gewalt anzutun. Damit entspricht Lyotards Differenzdenken einer Ethik nach dem Scheitern ihrer theoretischen Letztbegründbarkeit. Gerechtigkeit resultiert in diesem Differenzdenken aus einer formalen Haltung des Gerechtwerdens im Sinne einer genauen Berücksichtigung des jeweiligen Diskurses. Ungerechtigkeit wird darüber und also erneut nur formal beschreibbar.

Hier greift die Lyotard-Kritik von Manfred Frank ein:

"Die Kategorie des Unrechts impliziert einen *Geltungsanspruch*. Das bleibt auch dann richtig, wenn Lyotard uns versichert, dieser Geltungsanspruch sei mangels einer Entscheidungsinstanz uneinlösbar. Alle Aussagen, die sein Buch in Behauptungs- und Argumentationsform zugunsten seiner Grundthese vorbringt, nehmen – in Gestalt eines kontra-faktischen Vorgriffs – deren Geltung in Anspruch."[67]

Die vorgetragene Kritik zielt auf den Umstand, daß nach Lyotard keine Entscheidung über den Geltungsanspruch von Sätzen möglich ist, er aber mit seiner Theorie selbst einen starken Geltungsanspruch erhebt, von dessen Sinn er überzeugt zu sein scheint, weil er sonst kaum argumentierte.

Lyotard unterläuft nun konsequent auch diesen Einwand mit der Partialität der Sprachspiele. Der erhobene Geltungsanspruch ist ernst gemeint, aber aufzufassen innerhalb des von Lyotard bezeichneten Diskurses. Eine rationale Letztentscheidung etwa im Konflikt mit der Diskursethik ist nicht herzustellen, weil die Festlegung auf eine mögliche Entscheidbarkeit qua rationaler Argumentation aporetisch unausweisbar bleibt und letztlich dezisionistisch erfolgt. Lyotard argumentiert vor aporetischem Begründungshintergrund, Frank nicht. Lyotard beansprucht eine Evidenz, von deren letzter Absicherung er nicht ausgeht, weil er kritisch eingesteht, daß es nur vorläufige Einsichten gibt. Gerade das Beispiel der Diskursethik kann zeigen, daß von der einen Seite als universal gültig behauptete Ansprüche von der Gegenseite durchaus rational bestreitbar sind, ohne daß im Argumentationsvorgang selbst als zwingend angesehene Diskursprämissen ethisch bereits als instantiiert angenommen werden müßten.[68]

---

[66] Ders., Der Enthusiasmus. Kants Kritik der Geschichte, Wien 1988, 115.
[67] M. Frank, Die Grenzen der Verständigung. Ein Geistergespräch zwischen Lyotard und Habermas, Frankfurt a.M. 1988, 60.
[68] Frank setzt seinerseits die Geltung der Transzendentalpragmatik Apels bzw. die Universalpragmatik von Habermas voraus, was wiederum eine aporetische Gegenkritik erlaubt: vgl. R. Gebauer, Letzte Begründung. Eine Kritik der Diskursethik von Jürgen Habermas, München 1993.– Diese Diskussion intensiver zu führen, sprengt den Rahmen dieser Untersuchung. Hier geht es darum, die grundsätzliche Perspektive Lyotards für die Bestimmung postModernen Denkens einzuführen.

Die Aussagefähigkeit des differenztheoretischen Pluralismus im PostModerne-Konzept Lyotards bestätigt sich so. Dennoch fordert es zu Korrekturen auf, die sich aus dem Phänomen möglicher Anknüpfung von Diskursen untereinander ergeben, ohne die Verständigung nicht möglich wäre.

1.5.2 Präzisierung: Wolfgang Welsch

Wolfgang Welsch konzipiert an diesem Problempunkt einen pluralen Vernunfttyp, der zwischen den Polen radikaler Differenz und totalisierender Identität Übergänge erlaubt. Der Beschreibungsansatz Lyotards wird dabei zum Ausgangspunkt, wenn er ein mögliches gemeinsames und damit bereits potentiell regulatives Idiom zur Darstellung des Widerstreits ablehnt:

> „Muß nicht andererseits – irgendwie – auch ein solch gemeinsames (also das anscheinend >unmögliche<) Idiom im Spiel sein, damit ein Beobachter den Widerstreit überhaupt darstellen kann und damit die Parteien sich verständigen und zu einem Konsens über den Dissens gelangen können? Muß Lyotard nicht selbst über ein solches Meta-Idiom verfügen, wenn er solche Widerstreite exponiert?...Offenbar muß es zwischen den Diskursarten – bei aller Heterogenität – auch eine Vergleichs- und Übergangsmöglichkeit geben, sonst könnte man ihre Heterogenität nicht einmal feststellen, ja sonst vermöchten die Vertreter heterogener Optionen gar nicht miteinander zu sprechen."[69]

Welsch spielt in seiner Fragehaltung auf eine undeutliche Stelle in der agonalen Konzeption bei Lyotard an: in seiner Auseinandersetzung mit Kants Ausdifferenzierung der Vernunft in verschiedene Vernunftarten setzt Lyotard als Bild für die heterogenen Diskurse das eines „Archipels"[70] an:

> „Jede der Satzfamilien wäre gleichsam eine Insel; das Urteilsvermögen wäre, zumindest zum Teil, gleichsam ein Reeder oder Admiral, der von einer Insel zur anderen Expeditionen unternähme, die dazu bestimmt wären, der einen zu präsentieren, was man auf der anderen gefunden (erfunden, im alten Sinne) hat und das der ersten als >Als-ob<-Anschauung dienen könnte, um sie für gültig zu erklären. Diese Macht zu intervenieren, ob durch Krieg oder Handel, hat keinen Gegenstand und hat keine eigene Insel, aber sie erfordert ein Medium: das Meer, den *Archipelagos*, das Hauptmeer, wie man früher das Ägäische Meer nannte."[71]

Das somit gekennzeichnete Erkenntnisvermögen umfaßt „*überhaupt* den Verstand, die Urteilskraft und die Vernunft." [72]

Damit konterkariert Lyotard die eigene Theorie: die Vernunft als verbindendes und urteilendes Vermögen verläßt den Status eines besonderen Diskurses und wird zu einer Basisfigur, die sich im Richter personifiziert. Auch dessen Unabhängigkeit von den einzelnen Insel-Diskursen schwächt nicht den Eindruck, daß

---
[69] W. Welsch, Vernunft, 324.
[70] Vgl. J.-F. Lyotard, Der Widerstreit, 217ff.
[71] Ders., Der Enthusiasmus, 33.
[72] Ebd., 33f.

„der Richter eine Meta-Instanz genau der Art (ist – G.M.H.), deren Unmöglichkeit Lyotard ansonsten allenthalben decouvriert. Die eigentlich kritische Pointe dieser Feststellung liegt freilich erst in folgendem: Lyotard *bedarf* dieser Figur...Er muß sie einführen, weil er sie längst eingeführt hat. Denn der navigierende Richter tut, indem er die Eigenrechte der Inseln festsetzt, abgrenzt und verteidigt, im Kontext des Archipels gar nichts anderes als Lyotard selbst in seinem Text. Fortwährend statuiert Lyotard ja die Heteronomie der Diskursarten und plädiert für ihre Heterogenität."[73]

Totale Differenz funktioniert also hermeneutisch nicht. Das Verstehen selbst ist statt dessen über eine Vernunft einzurichten, die einerseits individuelle Züge besitzt, andererseits ein gemeinsames Niveau vorgibt. Diese hermeneutische Vernunft bleibt nun jeweils neu in ihren Ansprüchen zu kritisieren. Die konstitutive Möglichkeit ihres verfehlten Urteils über Diskursarten, auch über deren Heterogenität, ist in sie selbst eingepflanzt. So entsteht eine Denkform der gleichzeitigen Behauptung und Zurücknahme in der Beanspruchung eines Urteils, also einer fiktiven Metainstanz. Lyotard öffnet dafür den theoretischen Raum, ohne ihn selbst konsequent zu nutzen. Er argumentiert mit doppeltem Boden.

Gegenüber diesem Modell profiliert Welsch einen grundlegend pluralen Denktyp transversaler Vernunft[74], der die Übergänge in den Diskursarten und den jeweiligen Diskursparadigmen selbst ansetzt. Kognitiver, moralisch-praktischer und ästhetischer Diskurs sind nie trennscharf gegeneinander abgrenzbar, ohne daß sie widerstandslos ineinander überführbar wären. Jeder Diskurstyp folgt seiner eigenen Rationalität, die wiederum durch abweichende, z.T. konkurrierende, z.T. konludierende Paradigmen bestimmt sein kann. Diese Paradigmen lassen sich bausteinartig mit Paradigmen aus anderen Diskursen verbinden, so daß ein Bild von theoretisch-praktischer Wirklichkeit entsteht, das in seiner dialektischen Komplexität von einer radikalen Pluralität zeugt, die wiederum nur in Form einer übergreifenden, aber nicht die Diskurse und Paradigmen nach inhaltlichen Maßgaben beherrschenden Vernunft gefaßt werden kann.

Diese Vernunft ist transversal, d.h. hochgradig formal konstruiert. Damit unterscheidet sie sich von einer inhaltlichen Aufladung im Sinne der Transzendental- bzw. Universalpragmatik, andererseits löst sie sich nicht in eine unverbindbare Vielzahl von Diskursen auf wie bei Lyotard. Auch hier gilt die Aufmerksamkeit den Differenzen, die als mögliche Übergänge untersucht werden. Verbindungen ergeben sich nicht zwangsläufig. Zumindest aber wird ein Konzept von Differenz entfaltet, das diese Differenzen erst als solche erscheinen läßt. Genau hier mußte Lyotards Archipel ein aporetisches Perspektivenproblem aufgeben: nur aus der Sicht des einzelnen Insel-Diskurses war die Differenz beschreibbar. Mit Welschs transversaler Vernunft ändert sich dies: eine Differenz-Hermeneutik wird in Form dieser Vernunft theoriefähig.

---
[73] W. Welsch, Vernunft, 337.
[74] Vgl. ebd., Teil II, 427ff.

Im Sinne dieses Vernunfttyps läßt sich auch Welschs Konzept der Post-Moderne interpretieren. Erkenntnistheoretisch ist eine Rationalität gefordert, die der pluralen Verfaßtheit der Wirklichkeit genügt, ohne semantisch zu zerfallen, d.h. ohne sich in uneinholbaren, inkompatiblen Beschreibungsmodi von Pluralität aufzulösen.

> „Transversale Vernunft erweist sich gerade im Blick auf diese Herausforderungen als bedeutsam. Sie stellt das Grundvermögen einer postmodernen Lebensform dar. Denn die postmoderne Wirklichkeit verlangt allenthalben, zwischen verschiedenen Sinnsystemen und Realitätskonstellationen übergehen zu können. Diese Fähigkeit wird geradezu zur postmodernen Tugend. Sie ist jedenfalls die Bedingung gelingenden Lebens unter Auspizien der Postmoderne. Und diese Fähigkeit kongruiert mit transversaler Vernunft. Denn indem diese ein Vermögen gerade materialer Übergänge ist, trägt und leistet sie, was für die postmoderne Lebensform erforderlich ist: den Übergang von einem Regelsystem zum anderen, die gleichzeitige Berücksichtigung unterschiedlicher Ansprüche, den Blick über die konzeptionellen Gatter hinaus."[75]

In der Entwicklung einer transversalen Vernunft zeichnet sich das Bild der PostModerne als grundsätzlich pluraler Wirklichkeit(en) ab. Statt einer ersten Vernunft gibt es Vernunfttypen und -modi. Ihre Verbindungen sind vorbehaltlich gedacht. Unter der Maßgabe eines rein rational nicht mehr erreichbaren Letzten wird die Wahrheitsfrage zu einem Problem der ästhetischen oder funktionalen Passung.

Hier bietet sich eine erste fundamentaltheologische Zuordnung an, die *einen* Wegweiser für die theologische Relevanz postModerner Differenzhermeneutik angibt. Diesem Konzept ist nämlich implizit zu entnehmen, daß mit der Mehrzahl vernünftiger Erschließungsformen die religiöse Vernunft nicht abgewertet oder ausgeschlossen werden kann. In der Verbindung mit den anderen Diskursarten fehlt ihr ein übergreifendes Kriterium, das für alle (rational „zwingend") verbindlich einen spezifischen religiösen Wahrheitsanspruch vorlegen kann.[76] Im diskursiven Innenbereich ist dies jedoch durchaus möglich.[77] Die theologisch entscheidende Frage ist hier, wie sich dieses

---

[75] Ders., Unsere postmoderne Moderne, 317.
[76] So Welsch (vgl. seinen Aufsatz: Religiöse Implikationen und religionsphilosophische Konsequenzen >postmodernen< Denkens, in: A. Halder / K. Kienzler / J. Möller (Hrsg.), Religionsphilosophie heute. Chancen und Bedeutung in Philosophie und Theologie, Düsseldorf 1988, 117-129.) – Hier gibt es Übereinstimmungen mit der – ihrerseits postModern begreifbaren – pluralistischen Religionstheologie: vgl. J. Hick, Religion. Die menschlichen Antworten auf die Frage nach Leben und Tod, München 1996.
[77] Welsch sieht die Möglichkeit, einen Absolutheitsanspruch im Innenbereich zu vertreten, der sich *qualitativ* auch auf das Außen erstreckt, nicht klar genug (vgl. ders., Haus mit vielen Wohnungen. Der Pluralismus läßt Absolutismus zu, wenn er privat bleibt, in: Ev. Kommentare 27 (1994) 476-479). Er wittert hier ein aggressives Missionierungspotential. Statt dessen bedeutet die Gleichzeitigkeit eines auch für den anderen als letztes Heil Geglaubten im Innenbezug und die Relativierung im Außenbezug aufgrund der rein rational unentscheidbaren Wahrheitsfrage ein dialogisch auf Überzeugung setzendes Verständnis von Mission. Gäbe man sie preis, würde deutlich, daß man nicht wirklich glaubt. Verträte man diesen Glauben aggressiv nach außen, zeigte man, daß man nicht radikal rational den Bedingungen des Glaubensausweises nachgedacht hat.

Absolute denken lasse. Mit Levinas und Derrida hat sich das vorstellende Denken vom Anderen und der *différance* in jedem Bezeichnungsversuch unterbrechen zu lassen. Auch im Glauben gibt es keine letzte Identität seines *Sujets*.

Dieser verschobene Wahrheitsanspruch, seine Spannung von Außen- und Innenperspektive ist im Innenbereich theologischer Argumentation selbst auszutragen. Der Glaube an die absolute Heilswahrheit schließt den Vermittlungsanspruch ein, diese Wahrheit auch für den anderen anzunehmen.[78] Doch existiert in postModerner Sicht keine letzte Rationalitätsform, von der aus sich dieser Anspruch letztbegründen ließe und somit *unabweisbar* für alle gälte.[79]

Dies widerspräche mithin auch der Gestalt des Glaubens als einer freien Antwort auf einen Anruf, der rational nachvollziehbar, in seiner Möglichkeitsbedingung reformulierbar erscheinen muß, der sich jedoch nicht erdenken und ausdenken läßt.[80] Die religiöse Wahrheit gilt im Glauben absolut, ihr Zugang ist aber menschlich je perspektivisch, also vorläufig und kontingent, so lange ihre Erfüllung eschatologisch aussteht. Die christologische Dialektik der vollen Einlösung dieses eschatologischen Anspruchs, ihrer Identität und Präsenz, ist gleichzeitig gebrochen von der Parusieerwartung, vom Ausstehen des Gerichts, also von einer Differenz und Abwesenheit. Ihre Denk- und Erfahrungsform ist personal der Heilige Geist: unfaßbar anwesend. Wie diese Spannung gilt, so auch erkenntnistheologisch die von Absolutem und Vorläufigem, ineinander verschränkt, von rationalem Innen- und Außenbezug. Vernunft wird hier nicht theologisch-philosophisch vollkommen getrennt, sondern als reine Spannung begriffen: *übergängig*.

Eine gespannte Doppelperspektivik wird hier praktiziert, die sich im religiösen Innendiskurs als das Verhältnis von geglaubter Offenbarungswahrheit und ihrer rationalen Vergewisserung abspiegelt. PostModern ist im Sinne Welschs dieser letztere fundamentaltheologische Vorgang nur in einem Plural von Strategien der Anerkennung wie der Bestreitung vorstellbar, eben weil bei einem argumentativ gleichzeitig verbindenden wie trennenden Konzept diskursiver Vernunft jede mögliche Identität eines Einverständnisses differenztheoretisch unterwandert bleibt. Deutlich wird dabei im übrigen auch, wie sehr der vermeintliche Tod des Subjekts postModern individuellen Deutungsmustern – auch in Gestalt der unterschiedlichen Diskurse und ihrer Zugänge – einen eigenen Rang verleiht.

War Pluralität schon modern Thema, so nun in radikalisierter Form: in der PostModerne wird sie „zur allgemeinen Grundverfassung...Die Grunderfahrung der Postmoderne ist die des unüberschreitbaren Rechts hochgradig differenter Wissensformen, Lebensentwürfe, Handlungsmuster."[81] Damit kon-

---

[78] Vgl. K.-H. Menke, Die Einzigkeit Jesu Christi im Horizont der Sinnfrage, Einsiedeln 1995.

[79] Dies gilt unter den hier genannten Voraussetzungen einer letztlich aporetischen Letztbegründungsperspektive und wird etwa von Hansjürgen Verweyen energisch bestritten. Zur fundamentaltheologischen Begründungsfrage vgl. Teil II, 5.

[80] Das sieht auch H. Verweyen so: vgl. ders., Botschaft eines Toten? Den Glauben rational verantworten, Regensburg 1997, 115 f.

[81] Ebd., 5.

turiert sich auch das Bild einer **Hermeneutik der Differenz**, die sich zeitdiagnostisch und rationalitätskritisch schreibt. PostModernes Denken folgert von daher eine gesteigerte Empfindsamkeit für Differenzen, für das Abweichende, Irreduzible.

Eine solche Hermeneutik ist im weitesten Sinne eine ontologische: in ihr geht es ums Ganze, das nie zu haben ist. Im Ringen um Gestalt, Begriff und Legitimität der PostModerne begegnen Widerstände, die sich in ungebrochenem Einheits- als Identitätsdenken polar aufbauen. Die Relevanz ihres Konflikts ist im hermeneutischen Theorie-Durchgang zu erhellen.

1.5.3 Konkretion: Jean Baudrillard

In geraffter Form sind zwei wesentliche Fassungen von PostModernität dargestellt worden. Im folgenden werden sie um eine exemplarische Analyse erweitert, mit der elementare Motive postModernen Denkens vorgestellt werden.

Jean Baudrillard versteht die Moderne als eine Art Moloch, der verlangt, daß „wir ohne Ende anhäufen, summieren, überbieten."[82] Der Effekt: wir haben verlernt, die Bruch-Stücke der Welt wahrzunehmen, die Spuren ihrer Unwirklichkeit, die jene Logik des Beherrschens von allem als Logik der Perfektion kenntlich macht, in der alles verrechnet und verglichen und gleich gemacht wird. Diese Wahrnehmungsform sperrt sich gegen eine Welt ab, die nicht im Modus der Anwesenheit zu denken ist. Für Baudrillard entzieht sich die Welt vergegenständlichender Repräsentation: die Welt ist nicht zu haben.

Die Geschichte dieser Einsicht erzählt Baudrillard als die *„Geschichte eines Verbrechens – der Ermordung der Realität. Und der Vernichtung einer Illusion – der lebenswichtigen, radikalen Illusion der Welt"* (9). Für diese Ermordung läßt sich kein Grund anführen – sie gehört zur Welt, sie geschieht immer neu. Die Dinge sind nicht, wie sie sich vermitteln, wie sie scheinen – aber ihre Illusion ist unerläßlich. Daß die Welt so anders ist, als sie erscheint, anders als jede Theorie der Wahrheit über die Welt, mit der sie stillgestellt, besetzt werden soll, das wird in der Differenz der Dinge von sich selbst deutlich. Im Abstand zur Welt:

> „Die Abwesenheit der Dinge von sich selbst, die Tatsache, daß sie nicht stattfinden, obwohl sie so tun als ob, die Tatsache, daß alles sich hinter seinen eigenen Schein zurückzieht und deshalb nie mit sich selbst identisch ist, darin liegt die materielle Illusion der Welt. Sie bleibt im Grunde das große, entsetzliche Rätsel, vor dem wir uns durch die formelle Illusion der Wahrheit schützen.
>
> Um diesem drohenden Entsetzen zu entgehen, müssen wir die Welt entschlüsseln und damit die ursprüngliche Illusion vernichten. Wir ertragen weder die Leere, noch das Geheimnis, noch den reinen Schein. Doch warum sollten wir sie entschlüsseln, anstatt die Illusion als solche in all ihrem Glanz erstrahlen zu las-

---

[82] J. Baudrillard, Das perfekte Verbrechen, München 1996, 13.– Im Folgenden zitiert mit Seitenzahlen im Text.

sen? Nun, auch dies ist ein Rätsel: es gehört zum Rätsel, daß wir ihre Rätselhaftigkeit nicht ertragen können. Es gehört zur Welt, daß wir weder ihre Illusion noch ihren reinen Schein ertragen können. Ebensowenig würden wir, wenn sie denn existieren sollte, ihre radikale Wahrheit und ihre Transparenz ertragen." (13)

Baudrillard schreibt hier keinen Platonismus mit anderen Mitteln fort. Er formuliert eine negative Ontologie, die in allem Differenzeinträge als „Spur des Nichts" (14) wahrnimmt. Die Moderne interpretiert er als Denken der Identifizierung der Dinge im Dienst ihrer rationalen Beherrschbarkeit. Ihr hermeneutischer Urzwang, die Welt deuten zu sollen, entspricht dabei durchaus einem menschlichen Grundbedürfnis. Doch müßte jeder solche Versuch sich daran orientieren, daß die Welt in sich einen Zug jenes Nichts trägt, dem es entspringt. Die Realität ist die „Weiterführung des Nichts" (12) als Konsequenz ihres Ursprungs, der wiederum nicht zu bestimmen ist, ohne darum irreal zu sein. So verhalten sich die Dinge: sie verlangen nach einer Repräsentation im Symbol oder im Bild, die indes differentiell zu begreifen ist: sie ist nicht das Ding selbst. Medientheoretisch gewinnt die Moderne ihren Krieg gegen das Rätsel, gegen das Unbeherrschbare, das Andere in der Erzeugung erschlagender, perfekter Bilder, als totale „virtuelle Realität" (15) des Fernsehens. Diese Illusion ist keine kritisch gebrochene: nicht die wache Illusion des symbolischen Versuchs, Welt zu deuten im Abstand von sich selbst, deren Erkenntnis das Symbol je in sich verbirgt. Diese Illusion ist Verblendung „ohne jeden Zauber: die der Überflutung durch Bildschirme und Bilder" (15):

„Statt von sich selbst abwesend zu sein in der Illusion, sind sie gezwungen, auf tausenden von Bildschirmen zu erscheinen, von deren Horizont nicht nur das Reale, sondern sogar das Bild verschwunden ist. Die Realität wurde aus der Realität vertrieben." (15)

Die Abwesenheit der Dinge von sich dechiffriert Baudrillard dementgegen in der fehlenden Echtzeit-Erfahrung, in der Unmöglichkeit temporaler Identifikation.[83] Dies ist Signum der Wirklichkeit, insofern diese sich einer Vielzahl von Identifizierungen widerstandslos unterwirft und sie in ihrer Vieldeutigkeit entlarvt. Der hermeneutische Plural zeigt die beschworene „Spur des Nichts" und entlarvt ihre Identifizierungen als Illusionen; letztere als schlechte, weil ungebrochene.

Baudrillard profiliert ein **Differenz-Denken** gegen jede Hermeneutik der Identität. Seine PostModernität entwickelt sich aus dezidiert modernitätskritischen Vorbehalten:

„Die Identifizierung der Welt ist nutzlos. Man muß die Dinge in ihrem Schlaf erfahren oder in jedem anderen Zustand, in dem sie von sich selbst abwesend sind." (18)

Der bezeichnete Schlaf ist nicht der Goyasche *Schlaf der Vernunft* mit den überbekannten Folgen. Baudrillard geht es um eine *andere* Vernunft, die im

---

[83] Vgl. gerade an diesem Punkt grundlegend für das Differenzdenken J. Derrida, Die différance, in: ders., Randgänge der Philosophie, Wien 1988, 29-52.

Nach-denken der Dinge die Verrätselung der Welt mitzudenken erlaubt, statt sie aufzulösen in Formeln oder Bildern, die vorgeben, die Wirklichkeit, in Echtzeit eingefroren, präsentieren zu können. „Man muß der Sprache ihre Worte nehmen, der Realität ihre Dinge, das Gleiche dem Gleichen entreißen" (14). Noch die Sehnsucht nach Identität ist gebrochen – wir würden sie nicht ertragen. Nur durch und in Differenz ist Leben:

> „Zum Glück leben wir selbst nicht in Echtzeit. Was wären wir in »echter« Zeit? Wir wären in jedem Augenblick exakt uns selbst identisch. Eine Folter wie die des immerwährenden Tages – eine Art Epilepsie der Gegenwart, Epilepsie der Identität. Autismus, Wahnsinn. Keine Abwesenheit mehr von sich selbst, keine Distanz mehr zu anderen. Denn die Andersheit ist jene segensreiche Kluft, ohne die alle simultan ich selbst wären." (88)

Solches Denken der Differenz bedenkt, daß es je zu spät kommt. Es ist alles bereits geschehen – auch darin zeitigt sich die Inskription des Nichts in allem aus. Baudrillards PostModerne wird als Posthistoire lesbar.[84]

Mit dem Differenzdenken ist ein wesentlicher Grundzug postModerner Wahrnehmungs*form* beschrieben. Sie ist im Kern hermeneutisch bestimmt, und sie widersetzt sich jenen identifizierenden Erpressungen des Wirklichen, wie sie die ökonomisch-instrumentellen Anteile moderner Rationalität betreiben. Baudrillards Text konzentriert diese Motivlage: Modernitäts- qua Vernunftkritik, Differenzdenken[85] versus Beherrschung des Anderen im

---

[84] Zur Zeit-Auffassung Baudrillards vgl.: Zeit und Kommunikation. Jean Baudrillard im Gespräch mit Eckhard Hammel, in: Information Philosophie Hft. 5/22 (1994) 12-16.– Gegen Welschs Baudrillard-Interpretation bezeichnet gerade sein differenztheoretischer Ansatz ein Denken, das in der Anlage postModern ist. Seine Kritik an allen Identifizierungen ohne Differenzeintrag verdeutlicht dies. Noch wo die geschichtsphilosophischen Konsequenzen unterschiedlich sind, zeigen die Denkmotive grundlegende Verwandtschaft. Dabei kann es hier nicht um eine Einpassung in vorhandene Raster gehen, die erneut identifikatorisch wäre – es geht um die Bezeichnung einer theoretischen Emblematik, die mit Baudrillards Text Grundmotive postModernen Denkens faßt.– Vgl. W. Welsch, Unsere postmoderne Moderne, 149-154.

[85] Baudrillards Differenzdenken wird noch einmal konzentriert in seinen Überlegungen zur Subjekt-Objekt-Problematik. Baudrillard geht – indem er sich von der modernen Logik der Entdeckung abhebt – vom Konzept der Erfindung von Realität und damit je auch von Illusion aus. Die Erfindung ist im Kern auf das Rätsel, das Wirklichkeit bleibt. Sie hebt, anders als die Entdeckung, dieses nicht auf. „In dem Rätsel, in dieser Aktivität der Illusion hebt sich das Subjekt auf und ergreift gewissermaßen die Partei des Objektes. Das aber kann nie vollständig gelingen, und deshalb verharrt man immer im Bereich der Indifferenz zwischen Objekt und Subjekt." (Zeit und Kommunikation, 15.)– Gerade das bezeichnete Phänomen der „Indifferenz" ist letztlich eines, das Differenzen aktualisiert. Noch wenn sich das Subjekt im Vorgang der Imagination und Erfindung auf das Objekt hin transzendiert, bleibt ein Unterschied, der nur wieder nicht terminologisch exakt zu definieren ist. Die Unterscheidung kann nie so radikal sein, daß sie totale Differenz bedeutete. Hier ergibt sich auf subjekttheoretischer Ebene ein paralleles Konzept von „Transversalität" (W. Welsch). Daß es hier um eine dezidiert nach-moderne Denkform geht, macht der Anschlußsatz Baudrillards deutlich: „In der Entdeckung hingegen ist die Position, die Stellung des Subjekts einigermaßen sichergestellt, und damit entsteht das Problem der Entdeckung des Objekts. Das ist eine ganz andere Position." (Ebd.)– Zum Konnex von Moderne und „Entdeckung" vgl. T. Todorov, Die Eroberung Amerikas. Das Problem des Anderen, Frankfurt a.M. 1985.

identifizierenden Zugriff, der das Andere auf das Eine, d.h. das je Eigene reduziert; spezifisches Interesse an dem, was nicht aufgeht, gegen eine einseitige Festlegung auf die Errungenschaften der „Leonardo-Welt"[86] – all diese Motive spiegeln sich in Baudrillards Text wider. Und nicht zuletzt die Chiffre des *Rätsels*, des *Geheimnisses* (16) mit dem Verweis auf die Urspur des *Nichts* macht Baudrillards Version für eine theologische Dekonstruktion im Sinne Negativer Theologie interessant.[87]

Dachte die Moderne auf einer breiten Traditionslinie erklärtermaßen „nachmetaphysisch"[88] im religionskritischen Affekt, so zeigt die PostModerne in ihrer Sensibilität für das Denken des Anderen an dieser Stelle mehr Offenheit. Dies sollte theologisch nicht reaktionär-hämisch genutzt, sondern kritisch in Aufnahme des Differenzdenkens reflektiert werden.

1.6 PostModernität als Denkform

Mit dem Gesagten wird auch die Frage nach dem Spezifikum „PostModerne" deutlicher ausweisbar. Womit in einem festgehalten wird, daß sich die Frage selbst offen zu halten hat. Ob die PostModerne nicht letztlich doch einmal retrospektiv epochale Charakteristik sein wird, ist nicht zu entscheiden.[89]

Mit der ihr eigenen Skepsis gegen totalbegriffliche Identifikationen und das Tünchen der Abweichungen in der Fassung eines Epochenkonzepts, das seine Widersprüche und Widerstände zu überspielen geneigt ist, wird PostModernität als eine gegenüber der Moderne grundlegend veränderte *Denkform* zu begreifen sein. Als ein „Geisteszustand"[90], eine *Strategie*[91], eine „Philosophie"[92] – mit dem harten Kern einer Hermeneutik der Differenz, die sich darin dokumentiert, daß alle Aufmerksamkeit auf die – vernunfttheore-

---

[86] Dies am deutlichsten in den Bezügen auf die Medienwelt.– Zum Zitat vgl. J. Mittelstraß, Die Leonardo-Welt. Technologischer Fortschritt und Umwelt, in: ders., Leonardo-Welt. Über Wissenschaft, Forschung und Verantwortung, Frankfurt a.M. 1992, 11-31; besonders 12-17.

[87] Dies nur als Hinweis auf eine mögliche theologische Auseinandersetzung (nicht: Vereinnahmung); für den vorliegenden Zusammenhang ist die Herausarbeitung der Differenz-Hermeneutik das Sachentscheidende.

[88] Vgl. die einschlägige Formulierung von J. Habermas, Nachmetaphysisches Denken, Frankfurt a.M. 1988; kritisch dazu: H. Schnädelbach, Metaphysik und Religion heute, in: ders., Zur Rehabilitierung des *animal rationale*. Vorträge und Abhandlungen 2, Frankfurt a.M. 1992, 137-157, besonders 137-139. (Dort Literaturhinweise zur Diskussion.)– Das nachmetaphysische Denken der PostModerne ist *anders veranlagt* als das der Moderne.

[89] Solch einen Weg hat z.B. die Romantik hinter sich: in ihren Anfängen als Denkform bei Novalis und F. Schlegel begriffen, wurde sie zum Epochenkonzept gerade auf dem Umweg über ihre Kritiker.– Vgl. L. Pikulik, Frühromantik. Epoche – Werke – Wirkung, München 1992, 79.

[90] Z. Baumann, Ansichten der Postmoderne, Hamburg-Berlin 1995, 5.

[91] Vgl. H. U. Gumbrecht, Die Postmoderne ist (eher) keine Epoche, in: R. Weimann / ders. (Hrsg.), Postmoderne – globale Differenz, Frankfurt a.M. ²1992, 366-369.

[92] P. Koslowski, Die Prüfungen der Neuzeit, 12.

tische, semiologische – Unhintergehbarkeit von Pluralität gelenkt wird. Sie macht Front gegen die Bemächtigung des Anderen, wie sie historisch die Moderne *auch* bestimmte.[93]

Ihr hermeneutischer Zug, der sich u.a. als Zeitinterpretation ausweist, ist bestimmt durch die Nähe von PostModernität zum ästhetischen Denken.[94] Differenzdenken kann so etwa literarisch auf die verschiedenen Formen der Intertextualität referieren.[95] Sie gibt sich in Form der Dekonstruktion nicht zuletzt sinndifferentiell zu lesen: „das Gemeinte ist stets etwas anderes."[96] Auch in dieser Form wird Identitätsdenken ausgehebelt.

PostModernität ist multiperspektivisch veranlagt, sie verabschiedet rational zwingende Einheitsgründe[97] und unterläuft die Festlegung auf Letztbegründungen[98] wie auf allgemeingültige ethische, politische, kulturelle Impe-

---

[93] Vgl. T. Todorov, Die Eroberung Amerikas.– Hingegen sieht W. Schmid bereits in der Moderne selbst die Tradition der Alterität am Werk; dies ist jedoch eher als ein modernitätskritischer Zug in der Moderne zu begreifen, nicht als ihre Grunddynamik.– Vgl. W. Schmid, Auf der Suche nach einer anderen Moderne. Plädoyer für den Versuch, die Moderne zu modifizieren, in: A. Steffens (Hrsg.), Nach der Postmoderne, Düsseldorf-Bensheim 1992, 55-83; hier: 70.

[94] W. Welsch spricht von einem „aesthetic turn": ders., Vernunft, 508f. – Vgl. ders. (Hrsg.), Die Aktualität des Ästhetischen, München 1993.

[95] Vgl. der Sache nach G. Genette, Palimpseste. Die Literatur auf zweiter Stufe, Frankfurt a.M. 1993, besonders 9-21.

[96] P. de Man, Allegorien des Lesens, Frankfurt a.M. 1988, 111.

[97] Vgl. R. G. Renner, Die postmoderne Konstellation. Theorie, Text und Kunst im Ausgang der Moderne, Freiburg 1988, 9: „Sofern man die Moderne im Sinne einer ›Neuzeit‹ begreift, die noch an den Einheitsvorstellungen einer ›mathesis universalis‹ festhält, wäre ›postmodern‹ in der Tat als nachneuzeitlich zu verstehen. Bezeichnet man mit dem Begriff der Moderne dagegen das Heraufkommen einer universellen Pluralität der Wissenschaften, Methoden und Wissensgegenstände, so ist die Postmoderne Transformation der Moderne selbst, welche zwar die einheitsstiftenden Systembildungen grundsätzlich infrage stellt, andererseits aber auf die Extrapolation einer Problemlage drängt, die in der Moderne schon immer angelegt ist. Es spricht deshalb einiges dafür, die Postmoderne als eine Konstellation im Verständnis Adornos und als eine »kulturelle Dominante« im Sinne Jamesons zu begreifen, die beide zwar im Zusammenhang eines grundsätzlichen Paradigmenwechsels, aber zugleich aus je unterschiedlichen Voraussetzungen bestimmt werden müssen."

[98] Vgl. W. van Reijen, Die authentische Kritik der Moderne, München 1994, 20f.: „Die postmoderne Philosophie betrachtet die Wirklichkeit als durchaus vieldeutig, weil es keine übergreifenden sprachlichen oder vernunftmäßigen Standpunkte gibt, von denen aus die bestehenden Gegensätze (praktische und theoretische) zu vereinheitlichen wären." – Zur grundsätzlichen wissenschaftstheoretischen Einschätzung der Letztbegründungsproblematik vgl. das Fazit von C.F. Gethmann / R. Hegselmann, Das Problem der Begründung zwischen Dezisionismus und Fundamentalismus, in: ZfaW 8 (1977) 342-368; hier: 365f.: „Die Undurchführbarkeit der Letztbegründungskonzeptionen zeigt, daß es keine Konzeption von Begründung gibt, die einen radikalen Skeptiker zur Teilnahme an gemeinsamen Begründungsverfahren zwingen kann...Glaubt man, dem dezisionistischen Standpunkt durch eine Konzeption von Letztbegründung entgehen zu können, kann von ‚Fundamentalismus' gesprochen werden." – Auf dieser Grundlage verändert sich dann die vernünftige Anforderung an Begründungsverfahren, die sich nicht länger auf den aussichtslosen Versuch von Letztbegründungen im strengen Sinne bezieht, weil diese jeweils von Entscheidungen, also von Interpretationen und Evidenzen mitgesteuert sind, hin zu einem vorläufigen Begründungskonzept. In dieser Richtung bilanziert M. Gatzemeier, Die Abhängigkeit der Methoden von den Zielen der Wissenschaft. Überlegungen zum Problem der ‚Letztbegründung', in: Perspektiven der Philosophie. Neues Jahrbuch 6 (1980) 91-118; hier: 110f.: „Als *Ziel* wissenschaftlichen Tuns wird

rative. Aus ihrer rationalitätskritischen Perspektive ergibt sich auch ihre Einsicht in die Unmöglichkeit rationaler Ursicherheiten: sie ist Konzentration „endlicher Vernunft".[99] Daher rührt ihr Affekt gegen ursprungsphilosophische Konstruktionen.[100] Daß sie in sich nicht einheitlich ist, macht die eigene Veranlagung zur Plausibilitätsform.

---

häufig die ‚gesicherte Erkenntnis' angesehen. Das scheint auf den ersten Blick plausibel, erweist sich aber bei näherer Betrachtung als problematisch; denn: zur weiteren Bestimmung dessen, was als ‚gesichert' gelten soll, muß man auf *Methoden* zurück – oder besser gesagt *vor*greifen, die an dieser Stelle noch nicht zur Verfügung stehen, sondern erst gewonnen werden sollen. Ich schlage daher vor, als Zweck der Wissenschaft *nicht* die ‚gesicherte Erkenntnis' anzusetzen, sondern die (möglichst) ‚verläßliche Orientierung'. Das bedeutet, daß von den möglichen Sprachhandlungen nur *die* wissenschaftlich heißen soll, die zu einer (möglichst) verläßlichen Orientierung führen, d.h. solche, auf die (bzw. auf deren Ergebnisse) man sich in seinem Handeln verlassen kann." Dies läuft nicht auf blinden Dezisionismus hinaus, sondern erhebt den Anspruch, das Orientierungswissen kommunikativ auszuweisen, es kritischer Überprüfung auszusetzen und im Diskurs gegebenenfalls zu revidieren. Doch läßt sich dafür kein anderes als ein formales, nämlich prozedurales Kriterium angeben, eben weil ein inhaltlich letztbegründetes, also rational jeden zwingend bindendes Kriterium fehlt. Genau ein solches aber avisiert der strenge Begriff der Letztbegründung im Sinne rationaler Unhintergehbarkeit. Der interpretative Anteil postModernen Denkens steht mit seiner skeptischen begründungstheoretischen Einschätzung also nicht allein auf weiter Flur.– Vgl. zur Aporetik der (ethischen) Letztbegründungsproblematik: G.M. Hoff, Aporetische Theologie. Skizze eines Stils fundamentaler Theologie, Paderborn u.a. 1997, 69-81.

[99] H.-M. Baumgartner, Endliche Vernunft. Zur Verständigung der Philosophie über sich selbst, Bonn 1991.

[100] Mit O. Marquards geschichtsphilosophischer Skepsis und ihrem „Eindruck, daß erste Philosophien zwar penetrant, letzte Philosophien aber geradezu unausstehlich sind": Vgl. ders., Wie irrational kann Geschichtsphilosophie sein?, in: ders., Schwierigkeiten mit der Geschichtsphilosophie, Aufsätze, Frankfurt a.M. ³1992, 66-82; hier: 82.

2. HERMENEUTIK ZWISCHEN IDENTITÄTS- UND DIFFERENZDENKEN

Mit der Einführung der Grundchiffren *Identität* und *Differenz* stellt sich die Frage, ob eine Theorie über die Rekonstruktion ihrer wesentlichen Begriffe angegangen werden könne. Zu komplex erscheinen die zu diskutierenden Zusammenhänge, als daß sie so reduziert und festgeschrieben werden könnten.

Indes geht es dem Projekt um die Befragung von *Denkstrukturen*, wie sie hermeneutische Theorie bestimmen. Die Terme firmieren als Grundbegriffe, die zentrale Bauprinzipien meinen. Sie legen jene Grundspannung fest, die mit dem Konzept „Verstehen" fundamental verbunden ist – greifbar im Gegenpol des Un- und Mißverständnisses, des Nicht- und Falschverstehens.

Die in Frage stehende Relation betrifft – wie an späterer Stelle zu zeigen sein wird – problematisch auch die Theologie. Dies zumal angesichts der Suche nach dem, **wie sich christlich Identität denken und sichern** lasse; wie sie sich in einem theoretisch verantworteten Konzept im Rahmen fundamentaltheologischer Hermeneutik formulieren lasse; d.h.: wie sie denkbar sei, ohne hinter ein philosophisch kritisches Reflexionsniveau zurückzufallen; ohne aber auch sich seinen Insinuationen – etwa der Radikalauflösung von Identität – einfachhin zu überlassen.

Letztlich geht es um ein Denken in Spannungen: Identität und Differenz markieren dies Spannungsgefüge – als traditionsstarke Begriffe, als Leitfaden – im Kontext der PostModerne auch theologisch grundsätzlich.

Dabei werfen sie im genannten Zusammenhang postModernen, sich nachmetaphysisch begreifenden Denkens ein zusätzliches Problem auf: die Gegensatzverbindung steht unter dem Verdacht, sich dialektisch noch einmal synthetisieren zu lassen. Ein solcher Dualismus bliebe im Rahmen der Metaphysik, wie sie exemplarisch von Jacques Derrida kritisiert wurde.[1] Und immerhin entstammen die hermeneutischen Hauptwörter Identität und Differenz metaphysischem Denken. Sie haben eine unleugbare Nähe zum totalisierenden System, das alles begreift. Was das eine Konzept nicht faßt, schließt das andere ein. Dem gegenüber wird die Spannung selbst als entscheidend festzuhalten sein: ihr *Zwischen*. Daß dies in der hermeneutischen Tradition nicht klar genug herausgearbeitet wurde, macht den entscheidenden Unterschied in der Denkveranlagung von postModerner Hermeneutik und ihren Vorgaben aus: ihre spezifische Differenz.

---

[1] Derridas Ansatz begreift sich metaphysikkritisch, nicht aber nachmetaphysisch im Sinne der Möglichkeit, die metaphysischen Traditionen hinter sich lassen zu können. Noch seine Dekonstruktion des Begriffes Differenz als *différance* zehrt von seiner Herkunft, indem sie sich von ihr absetzt.– Vgl. dazu J. Valentin, Atheismus in der Spur Gottes. Theologie nach Jacques Derrida, Mainz 1997, 30-35.

2.1 PostModernes Differenzdenken als Fundamentalhermeneutik

PostModernes Denken wurde zuvor auf eine grundlegende Sensibilität für Differenzen, für das Abweichende und Unverrechenbare in aller Wahrnehmung hin interpretiert. Daraus ergibt sich die pluralistische Option in ihrer ganzen Radikalität, die wiederum zum Unterscheidungsmerkmal von Moderne und Postmoderne taugt (W. Welsch).

Dieses Denken von und in Differenzen erweist sich als optische Grundeinstellung; sie fungiert insofern als Fundamentalhermeneutik. Damit wird eine Idee von Hermeneutik bedient, die sie über ihre klassische Festschreibung auf Text und Sprache hinausführt und eine anthropologische Konstante anspricht: die „Deutungsnatur des Menschen".[2]

Diese Deutungsnatur gründet in der Fähigkeit des Menschen, alles in Frage zu stellen, eine interpretative Reserve gegenüber jedem Deutungsmuster von Welt aufzubauen und zu aktivieren: als Ausdruck seiner Freiheit. Der Mensch sucht nach Sinn, und indem er das tut, widerspricht er performativ seinem Vorhandensein, denn voller, gültiger Sinn ist fraglos. Dieser Vorgang ist ein Grundmodus von Rationalität, und er entstammt der ersten, der grundsätzlichen Differenz im Denken: über jede Lösung und Deutung ist der Mensch in einem heuristischen Gestus bereits je schon hinaus. Alles steht zur Disposition:

> „Schon die Geburt des Geistes ereignet sich als Geburt der Variablen, d.h. in einem Einbruch von Unbestimmtheit in das Reich naturwüchsiger Bestimmtheit, in das Reich der Benommenheit durch Instinktbindungen, die *nach* diesem Einbruch *als ein ehedem Geltendes* erst spürbar wurden und als für immer verlorene Heimat in der Sehnsucht nach unmittelbarer Sinnpräsenz wirksam bleiben."[3]

Quasi archetypisch ist Differenz ein Urerlebnis des seine Welt deutenden, begreifenden Menschen: was er sucht, findet er nie fraglos. Jede Frage aber ist Ausdruck von Differenz zwischen Gesuchtem und Gefundenem, ist Unterbrechung von Welt-, Sinn und (bzw. als) Textdeutung.

Dieses Deuten ist – mit Wolfram Hogrebe – Weltverhalten des Menschen, das über seine sprachlichen Möglichkeiten hinausragt. Besser: sie unterläuft. Denn der Mensch deutet handelnd seine Welt und macht dies noch, wo Sprache nicht mehr reicht. Er erfaßt in einer situationsbestimmten und zugleich -überschreitenden Gleichzeitigkeit, die visuell, haptisch, allgemein sinnenkomplex funktioniert. Die sprachliche Vermittlung der Deutungserfahrung als Interpretation verrät ihre grundlegende rationale Steuerung. Beseitigte der *linguistic turn* die Sprachvergessenheit in der Philosophie, so schuf er im Gegenzug eine neue Weltvergessenheit: „Über den sprachlichen Verhexungen unseres Verstandes treten unsere Einbindungen in die Verhexungen durch die Welt völlig in den Hintergrund."[4]

---
[2] Mit dem Untertitel von W. Hogrebes Buch: Metaphysik und Mantik, Frankfurt a.M. 1992.
[3] Ebd., 10.
[4] Ebd., 16.

Auch hier wird hermeneutisch Differenz eingeräumt: zeitlich als sprachliche Verspätung, semantisch als Unabgeltbarkeit von Erfahrung. „Die Bedeutungsfülle des Anblicks einer Rose erreicht ihre Beschreibung nie, davon zehrt die Möglichkeit der Kunst."[5]

Versteht man den Menschen – dies letztlich im Anschluß an Heideggers Existentialontologie – in seiner hermeneutischen Veranlagung *zur Disposition* unveränderlich[6], ist für den vorliegenden Zusammenhang zweierlei erreicht: (1.) ein allgemeiner, anthropologischer Begriff von Hermeneutik, der (2.) zugleich Differenzeinträge erkennen läßt.

Bevor diese in verschiedenen Perspektiven postModern ausgearbeitet werden, ist der Weg zu einer stärker differenzphilosophisch ausgerichteten Hermeneutik genauer zu fassen.

2.2 Auf dem Weg zu einer Hermeneutik der Differenz: Voraussetzungen

Die im folgenden sehr knapp nacherzählte Geschichte der Hermeneutik wird zum Anhaltspunkt, die skizzierte hermeneutische Unausweichlichkeit des Menschen zu fassen. Legitimiert wird ein derart weiter Begriff gerade aus seiner Genese heraus. Begründet wird zugleich die Bestimmung der Grundpole *Identität* und *Differenz* als Fluchtpunkte hermeneutischer Orientierung. Mit diesem Gegensatzpaar befindet man sich auf – postModern kritisiertem – metaphysischem Gebiet. Polare Begriffe vermessen das Ganze der Wirklichkeit. Dabei sprengt das beanspruchte Konzept der Differenz dies auf: es hält auf ein radikal verzweigtes Denken zu, auf eine Wahrnehmungsform, die sich nicht an der Identifizierung und Einordnung unter feststehenden Kategorien ausrichtet. Wenn alles im Unterschied zum anderen vorkommt, verbietet sich ein Zugriff auf ein Ganzes, weil die Vorstellungsmittel dafür fehlen. Es „ist" immer anders. Damit aber wird ein Konzept zum semantischen Stellvertreter des Ganzen, das seine Rolle übernimmt, indem es zugleich dessen Möglichkeit bestreitet. Die genannte Konstellation führt über metaphysische Denkstrukturen hinaus und kann ihnen doch nicht ganz entrinnen. Diese Einsicht macht noch einmal den kritischen Mehrwert der postModernen Differenzphilosophie – etwa Jacques Derridas – aus. Die Opposition von Identität und Differenz ist von daher heuristisch zu übernehmen.

---

[5] Ebd.
[6] Formallogisch hier in einem Widerspruch, der indes existenziell unausweichlich ist, womit die Faßbarkeitsgrenze von Logik gleichsam hinterrücks hermeneutische Differenzwahrnehmung aktiviert.

2.2.1 Der Begriff „Hermeneutik"

Etymologisch läßt sich das griechische Verb **hermeneuo** nicht genau ausweisen. Der Hinweis auf den Götterboten Hermes ist uneindeutig, weist aber bereits auf den religiösen Kontext einer Vermittlung zwischen göttlichem und menschlichem Wort hin. So sind bei Platon die Dichter „Hermeneuten der Götter".[7]

> „Historisch steht am Ursprung eine *religiös-metaphysische Verankerung* des Gesamtkomplexes. Diese Situation impliziert immer ein >Jenseits-Moment< im Gegebenen bzw. im unmittelbar Vorgegebenen. Das hermeneutisch Gegebene ist immer *mehr als* das konkret Erfahrungs-Gegebene."[8]

Damit wird Hermeneutik als Übersetzungsvorgang greifbar. Das Verb bedeutet nach G. Ebeling: (1.) aussagen (ausdrücken); (2.) auslegen (erklären); damit eng verwandt auch (3.) übersetzen (dolmetschen).[9] Faßt man die beiden letzten Bedeutungen zusammen, ergibt sich eine Doppelbewegung im hermeneutischen Geschehen:

> „Beim >Ausdrücken< gibt der Geist sozusagen seine inneren Gehalte nach außen hin zur Kenntnis, während das >Interpretieren< den geäußerten Ausdruck auf seinen inneren Gehalt hin zu durchschauen strebt. In beiden Richtungen geht es also um eine Verständlichmachung oder Sinnvermittlung."[10]

Der Gedanke der Vermittlung impliziert eine Differenz, die anzeigt, daß das Verstehen je zu spät kommt. So spiegelt sich die Differenz von innen und außen ab, die als Mediatisierung semantisch einen Abstand bezeichnet. An ihm richtet sich das Verstehen aus. Zugleich ist in jedem Ausdruck ein hermeneutischer Urprozeß zu vernehmen, der in der Selbstvermittlung an das Außen besteht und auf seine mögliche Rezeption hin geschieht.

2.2.2 Konzepthistorischer Abriß

Die geschichtliche Auskunft über die Konstitution der hermeneutischen Frage läßt Problemüberhänge ermitteln, die auch theologisch von Bedeutung sind. Der Erzählductus ist zielgerichtet und hochgradig unvollständig – er konzentriert sich auf Weichenstellungen in der Tradition, die es zulassen, den Weg zu einer „Hermeneutik der Differenz" philosophisch anzubahnen, post-Modern zu beschreiben und schließlich theologisch zu reflektieren.

Die Frage nach der angemessenen Auslegung von Texten zeigt sich in der **griechischen Antike** „bestimmt von dem Interesse an Aneignung anstößiger Stellen des autoritativen Textes"[11] und steht in mythisch religiösem Kontext.

---

[7] Ion 534 e.
[8] A. Diemer, Elementarkurs Philosophie: Hermeneutik, Düsseldorf-Wien 1977, 20.
[9] G. Ebeling, Art. Hermeneutik, in: RGG III, 242-262; hier: 243.
[10] J. Grondin, Einführung in die philosophische Hermeneutik, Darmstadt 1991, 25.
[11] G. Ebeling, Art. Hermeneutik, in: RGG III, 245.

Im weitesten Sinn wurde eine Verbindung methodischer Reflexion in Form von Textkritik mit grammatischer Interpretation entwickelt, zugleich aber der Ansatz von Interpretationsparadigmen, die auf ein der eigenen Zeit angemessenes Verstehen zielen. Der Ansatz beim Nicht-Selbstverständlichen zeigt an, daß die hermeneutische Gespanntheit von grundsätzlichem Rang ist. Zugleich wird das Interesse am Verstehen als Identifizierung von Sinn deutlich: das Nichtverständliche und das unterschiedlich Verstandene oder Verstehbare motivieren die Suche nach deren möglichem Ausschluß.

Bereits mit den ersten Ansätzen hermeneutischer Reflexion, zumal im religiösen Bereich, wird auch das exegetische Problem deutlich, einerseits die Gegenwart des Textes zu sichern und ihn mit einer Auslegung, die sich ganz auf die Literarizität bezieht, in seiner semantischen Dignität zu erhalten, andererseits diese Gegenwart durch den Bezug auf die historische Gegenwart zu durchbrechen und in seine bleibende Zeitlichkeit zu entlassen.

Problemscharf wird dies dort, wo unterschiedliche hermeneutische Paradigmen in – imperialistisch bestimmten – Inkulturationsprozessen einander konfrontiert werden. Antiker Imperialismus zeitigte immer auch einen hermeneutischen Kolonialismus. Eroberung gehört zur kulturellen Tiefenerfahrung. Die Macht vorherrschender, z.T. eminent herrschaftsgesteuerter Verstehensmuster als hermeneutischer Faktor tritt zutage.[12] Für das Judentum bedeutete exemplarisch der Hellenismus eine solche hermeneutische Krise, die am prominentesten mit Philo von Alexandrien in der Ausarbeitung einer eigenen Hermeneutik unter Heranziehung der griechischen Allegorese mündete. Aus dieser hermeneutischen Problemerfahrung resultieren die Übersetzungsaufgaben religiös kanonisierter Dokumente mit ihren spezifischen hermeneutischen Aporien (Unübersetzbarkeit von Sprachen).

Die Allegorese als hermeneutische Grundfigur läßt sich als Modell eines Verstehens heranziehen, das die eigenen Differenzeinträge spürt, sie aber identitätslogisch auszugleichen bzw. zu überspielen sucht – und zwar im Interesse von geistigem Überleben:

> „Der Sache nach beginnt die Hermeneutik mit der Zeit der Sophisten, in der die altgriechische, am homerischen Epos orientierte Adelswelt ihre selbstverständliche Geltung verlor. In diesem Zusammenhang entwickelte sich die allegorische, den Wortlaut rational umdeutende Interpretation, die dann in der Stoa ihre eigentliche Entfaltung erfuhr. Jüdische und christliche Autoren übernahmen die griechische Allegorese."[13]

Angesichts kulturell nicht länger plausibler Deutungsmuster besteht vor Texten mit autoritativer Geltung das Problem, sie mit den neuen Sichtweisen zu vermitteln. „Hermeneutik ist immer entwickelt und gepflegt worden, wenn eine Tradition, die lebenstragend war, brüchig wurde und nun eine Korrektur oder ein Neuanfang gesucht wurden."[14] In diesem Dienst steht die Allegorese. Sie setzt mit einer hermeneutischen Differenzerfahrung ein, sucht sie aber

---

[12] Vgl. dazu das Foucault-Kapitel (Teil I, 3.1.)
[13] G. Wieland, Art. Hermeneutik I, in: LThK³, 1.
[14] C. v. Bormann, Art. Hermeneutik II, in: TRE 15, 108-137; hier: 113.

2. Hermeneutik zwischen Identitäts- und Differenzdenken 47

durch ein Interpretationsverfahren zu glätten, das die überkommene Perspektivengeltung umdeutet. Hinter dem Text steckt ein anderer, tieferer Sinn. Diese Grundannahme verdankt sich der Autorität des Textes, der mehr ist als der Interpret. Der Text hat Anspruch auf Verständnis, religiös-politisch sogar auf Einverständnis. Von daher kann er unmöglich in seiner hermeneutischen Widerständigkeit gelassen werden. Darin zeichnet sich die klassische Konstellation der Hermeneutik ab:

> „Hermeneutik setzt also die Differenz von Eigenem und Anderem voraus, und ihre Aufgabe besteht grundsätzlich darin, den Sinngehalt des Fremden und Anderen in das eigene Verständnis zu übertragen."[15]

Hermeneutik übernimmt damit eine soziale Funktion, weil sie Verbindlichkeiten ermöglicht bzw. wiederherstellt, die gerade mit religiösen, ethischen, kulturellen und politischen Urkunden immer wieder zur Disposition stehen. Ohne eine in diesem weitesten Sinn sozio-kulturelle Verständigungsbasis wird gemeinschaftliches Leben unmöglich. Das Interesse an Identität ist ein höchst vitales. Unter seinem Vorzeichen wird das Differente reduziert: entweder wird es als Fremdes in die eigene Vorstellungswelt integriert oder auf den Begriff gebracht.

Ein solcher hermeneutischer Urbegriff ist der Barbar.[16] Der Barbar ist Chiffre für das unverständliche Andere und wird zum Fixpunkt hermeneutischer Krisen und Uminterpretationen. Er ist „eine Figur unseres symbolischen Repertoires"[17], Signum von Zeitenwenden und Krisenmanagement, sofern er immer wieder als Gegenbild zu einer Kultur herangezogen wird, die nicht mehr selbstverständlich ist. Erst ist er ihr Feind, die radikale Differenz; dann wird er zum Hoffnungsbild ungebrochener Vitalität, eines Neuanfangs – er wird integriert, systemlogisch identifiziert. Dieser Reflex ist ursprünglich: das Fremde begegnet als das bedrohliche Gegenüber[18], das letztlich nicht als solches stehen bleiben kann. Aus der Sicht einer gesellschaftlich begriffenen Hermeneutik ist Differenz das Schibboleth von Bedrohung.

Aufschlußreich, daß ein genetischer Erklärungsansatz von Hermeneutik mit ihrem Ansatz bei der Fremderfahrung dem Barbaren eine Schlüsselrolle zuweist, insofern es für die Griechen anfangs Barbaren waren, „die für das Amt des Dolmetschers zur Verfügung standen".[19] Auch hier: das Fremde im Dienst des Eigenen. Dieser Vorgang ist ein unausweichlicher; ohne Verständigung kein (Zusammen-)Leben. Die sich anschließende Frage ist jedoch,

---

[15] Ebd.
[16] Vgl. M. Schneider, Der Barbar. Endzeitstimmung und Kulturrecycling, München 1997.– Vgl. dazu G. M. Hoff, Wir Barbaren! Zu einer neuen christentumskritischen Eröffnung, in: ThG 41 (1998) 31-47.
[17] Ebd., 9.
[18] Phylogenetisch interpretiert dies die aggressionstheoretische Rekonstruktion von I. Eibl-Eibesfeldt, Krieg und Frieden. Zur Naturgeschichte der Aggression, in: Funkkolleg: Der Mensch. Anthropologie heute. Studieneinheit 29, Tübingen 1993, 1-48; besonders: 27f.
[19] C. v. Bormann, Art. Hermeneutik II, 110.– Dort der Beleghinweis auf Herodot, Historien II, 154, 2.

wie weit das Verständigungsinteresse das Zulassen von Differenzen erlaubt – postModerne Kulturkritik und Differenzhermeneutik intervenieren hier.

Damit ist als ein erstes Zwischenergebnis festzuhalten: das hermeneutische Identitätsbedürfnis betrifft zwei Dimensionen, die sich gegenseitig durchdringen: die Denkform und ihre praktische Organisation.

(1.) Die Hermeneutik entwickelte sich mit der Wendung zur **christlichen Antike** zunehmend bezogen auf die Auslegung der Heiligen Schrift. „Im kirchlichen Altertum spezialisierte sich *hermeneia* zu >Kommentar< als Wechselbegriff zu Exegese."[20] Dabei konnten philologisch orientierte und allegorisch bestimmte Ansätze nebeneinander laufen (antiochenische und alexandrinische Schule). Das Verhältnis von AT und NT wurde typologisch unter Berufung auf Paulus gedeutet, wie grundsätzlich eine christologische Hermeneutik praktiziert wurde. Das bedeutete aber auch: hermeneutische Probleme wurden oft ad-hoc statt mit der Ausarbeitung einer prinzipentheoretischen Hermeneutik beantwortet.

Bei Augustinus begegnet dann eine tiefergehende hermeneutische Reflexion, die historisch-kritische Momente einbezieht (Parallelstellen-Exegese, Betonung von Sprachkenntnissen, Berücksichtigung des historischen Kontextes bei dunklen Stellen). Die Mehrdeutigkeit der Schrift wird damit klar herausgearbeitet. Letztere hängt mit dem Grundproblem der Versprachlichung eines Innen zusammen, das in ein Außen übertragen wird. Augustinus setzt für jeden Sprechakt einen ihn bedingenden inneren Sprechvorgang an. Dieser ist das wahre Sprechen des Herzens: in ihm wird erfaßt, von ihm her ist zu verstehen, was sich sprachlich äußert. Die Sprache des Innen ist dabei notwendig anders als die vernommene: ein Überschuß wird sichtbar, der hermeneutisch zu erfragen ist:

„Was man zu erreichen strebt, ist das Verbum, das sich in keinem Ton propherieren läßt, das nichtsdestoweniger jedem Sprechen innewohnt und allen Zeichen, in dies es >übersetzt< werden kann, vorausgeht. Wenn dieses intime Wort (verbum intimum) der Seele oder des Herzens die sinnliche Gestalt einer konkreten Sprache annimmt, wird es nicht ausgesagt, wie es ist, sondern, wie es gerade durch unseren Körper gesehen werden kann".[21]

Diese Überlegung ist letztlich eine inkarnationstheologische: das Wort ist wirklich, wie Jesus wirklich Mensch geworden ist. Er ist aber zugleich in Wahrheit göttlich, wie das äußere auf das innere Wort verweist. Hier wird hermeneutisch-theologisch die Grundspannung von Identität und Differenz auf den Punkt gebracht.

In Jesus Christus nun ist geschehen, was menschlich nie gelingt: die volle Entsprechung. „Das Verbum Gottes meint die vollkommene Selbstkenntnis Gottes. Das menschliche Verbum verfügt nicht über einen vergleichbaren Selbstbesitz."[22] Das menschlich Ausgesagte ist nur approximativ zu fassen, weil es nie radikal gelingt, das Geistige auszudrücken. Das Geistige ist im

---

[20] G. Ebeling, Art. Hermeneutik, in: RGG III, 243.
[21] J. Grondin, Einführung in die philosophische Hermeneutik, 47.
[22] Ebd., 48.

Wort präsent, das Innen im Außen; aber es verweist auf Anderes, auf Mehr. Verstehen ist vorläufig, prozessual, unabschließbar, kontingent. Der Theologe Augustinus bleibt nun bei diesem Differenz-Eintrag nicht stehen: seine Folie ist mit dem inneren Wort die Identität, die letztlich göttlich ist. Dennoch hält Augustinus jene Problematik fest, die mit den Antipolen gefaßt wird und hermeneutische Theorie bestimmt.

(2.) „In hermeneutischer Hinsicht sind auf die Dauer von ca. einem Jt. nach Augustin keine grundlegend neuen Fragestellungen und Gesichtspunkte aufgekommen."[23]

Einige Tendenzen lassen sich aber für die **mittelalterliche Hermeneutik** als richtungsweisend festhalten:

1. Nach Augustinus wird im Übergang von Patristik und Mittelalter mit Vinzenz von Lerin die Autorität der kirchlichen Überlieferung in hermeneutischen Streitfällen entscheidend aufgewertet. Katholisch ist, was universell geglaubt, also was überall und von allen rezipiert wird. Dies ist synchron über Synodenbeschlüsse festzustellen und wird diachron in die kirchliche Überlieferung hinein verlängert, die wiederum durch vorhergehende Synoden und die breit als orthodox akzeptierten Väter repräsentiert wird. Diese Bedeutung der Autorität im hermeneutischen Prozeß ist im übrigen bereits von Augustinus reflektiert, wenn er den Glaubenszugang über die Unterwerfung unter eine Autorität begreift, die den Sinn des Glaubens erst erschließt und glaubwürdig ist.[24] Der Prozeß der Institutionalisierung christlicher Identität wird hier hermeneutisch greifbar.
2. Es kommt zu einer Aufwertung des Literalsinns, auf dem die geistliche Schriftauslegung basiert. Der bekannte Merkvers des Nikolaus von Lyra hält dies fest: *Littera gesta docet, quid credas allegoria, / Moralis quid agas, quo tendas anagogia.*
3. Diese hermeneutisch-methodische Arbeitsaufteilung wirkt theologiegeschichtlich folgenschwer nach: sie befördert eine Ausdifferenzierung der theologischen Disziplinen entsprechend der Reichweite der exegetischen Perspektive sowie darin zugleich die latente Trennung von theologischer Theorie und religiöser Praxis.
4. Die bereits in der antiochenischen Tradition festgestellte Akzentuierung des Literalsinns steht mittelalterlich im Zusammenhang mit der Aristoteles-Rezeption, zumal dem induktiv, empirisch-sinnlich bestimmten Anteil seines Beweisdenkens. Dem entsprechend hat jede theologische Interpretation zunächst vom genauen Schriftsinn als dem vorfindlichen Material auszugehen. Nicht zuletzt Thomas von Aquin argumentiert so.

---

[23] G. Ebeling, Art. Hermeneutik, in: RGG III, 249. Vgl. auch die Einschätzung von G. Wieland, Art. Hermeneutik I, in: LThK³, 1: „Die hermeneutischen Grundlösungen der Patristik blieben im MA maßgeblich." .– Vgl. zum Ganzen: H. Brinkmann, Mittelalterliche Hermeneutik, Tübingen 1980.
[24] Vgl. De utilitate credendi 25.– Vgl. die Ausführungen in Teil II, 1.2.1.2. zur *Regula fidei*.

5. Dieser Ansatz entspricht den scholastischen Standards wissenschaftlicher Argumentation. Sie bedingen allerdings auch wieder den Schritt weg vom ursprünglichen Text über seine Interpretation. Glossen und Sentenzen werden zu seiner Erklärung formuliert, die zugleich die Anbindung an die Tradition herstellen sollen. Die Heilige Schrift ist erkenntnistheologisch nach wie vor konstitutiv, in der theologischen Argumentation aber wirkt sie zunehmend wie angehängt an den rationalen Diskurs:

> „Contrary to its claim *sacra scriptura* moved quite independently from the biblical texts...Christian theology used the biblical texts to substantiate its own theological premises".[25]

Hier zeichnen sich die Probleme ab, die hermeneutisch den reformatorischen Konflikt betreiben. Zugleich wird die Logik theologischer Identitätsbildung über die hermeneutische Entwicklung kritisch nachvollziehbar. Sie dient der Feststellung einer Identität, die sich an der Heiligen Schrift ausrichtet und aus ihr die Prinzipien ihrer geschichtlichen Gestalt ableitet. Indem diese wiederum auf ihre Auslegung einwirken, wird hermeneutische Identität dialektisch in Bewegung versetzt. Dabei erweisen sich systemische Eigenlogiken immer wieder als Gefahrenmomente und kritische Auslöser von notwendigen Akzentverschiebungen, die theologisch wie kirchlich-institutionell greifen können. Der Ausbau einer hermeneutischen Perspektive zum theologischen System erweist sich dabei als besondere Herausforderung: bei richtigen Prämissen und schlüssigen Folgerungen können sich, wie am Beispiel der scholastischen Hermeneutik angedeutet, dennoch problematische Konsequenzen ergeben, weil kontextbedingt *Perspektiven* hermeneutisch überbetont oder vernachlässigt wurden.

(3.) „Im eigentlichen Sinn kann man von Hermeneutik, *der Theorie der Interpretation*, erst sprechen, nachdem sie als *neue Methode* ausgebildet war, die ganz grundsätzlich dazu diente, sich von bedrückenden Traditionen zu lösen und eine allgemeine Vernunft für alle, die lesen konnten, zur Sprache zu bringen, nämlich im Humanismus und in der Aufklärung."[26]

Damit ist der Horizont für die nachfolgende hermeneutische Auseinandersetzung auf philosophischer Basis geöffnet: Hermeneutik wird zur Methodenlehre. Und von dieser wird sich der universalhermeneutische Ansatz abheben.

Eine stärker inhaltlich bestimmte Hermeneutik ist die Martin Luthers, deren formale Dimension in der Ablösung der Schriftinterpretation von der Autorität der Tradition besteht. Dem einzelnen Leser und Hörer des Wortes kommt hier eine neue Bedeutung zu, weil er sich der Herausforderung des Gotteswortes zu stellen hat. Dabei steht er vor der Grundentscheidung, die Schrift nach den Maßstäben der Welt oder denen des Glaubens zu verstehen. Unter der Maßgabe des Glaubens kann dann auch davon die Rede sein, die Schrift lege sich selber aus – letztlich nämlich legt sie der Heilige Geist aus, der in ihr begegnet und den Christusgläubigen bewegt.

---

[25] W. G. Jeanrond, Theologial Hermeneutics. Development and Significane, New York 1991, 30.
[26] C. v. Bormann, Art. Hermeneutik II, 114.

Luther konstruiert hier erkenntnistheoretisch einen hermeneutischen Zirkel: die Schrift fordert zu dieser Entscheidung heraus, und nur mit der einmal gewählten Glaubensperspektive läßt sich die Schrift richtig auffassen. Den theologischen Rahmen gibt formal jeweils eine implizite Geisthermeneutik, die sich gnadentheologisch reformulieren ließe. Material ist Luthers Hermeneutik christologisch bestimmt und auf den rechtfertigenden Glauben konzentriert, der zum Basiskriterium rechter Auslegung avanciert.

Luther bringt eine Hermeneutik auf den Weg, die existenziell grundgelegt wird. Sie räumt dem individuellen Verstehen Rechte ein, die in der Übermacht von Autorität und Tradition verschüttet waren. Zugleich bindet Luther alles Verstehen an eine Glaubensentscheidung zurück, die, einmal getroffen, mit dem christozentrischen Prinzip ein Kriterium des Verstehens anbietet, das die individuellen Perspektiven wieder zurückbinden kann.

Die Ausbildung einer methodologischen Hermeneutik wird von J. K. Dannhauer vollzogen, der eine grundsätzliche wissenschaftliche Auslegungslehre verfaßt und bei dem wohl erstmals der Begriff Hermeneutik im Buchtitel erscheint.[27] Seine *Hermeneutica sacra sive methodus exponendarum sacrarum litterarum* von 1654 entsteht auf der Basis einer bereits zuvor erarbeiteten allgemeinen Hermeneutik, die klare methodische Auslegungsregeln formuliert.[28] Hier fällt auf, daß die Hermeneutik letztlich mit der Textanalytik verschmolzen wird und gleichsam zur empirischen Basis der Textrezeption wird. Der Komplex subjektiver Deutung wurde hier beschränkt. Es ging vielmehr um die Erhellung dunkler Stellen. Dem diente die Methode.

Dieser hermeneutikgeschichtliche Deutungsansatz gibt im übrigen den Gegensatz vor, wie er im Titel von Gadamers „Wahrheit und Methode" festgehalten wird. H.-E. Jaeger sieht in der methodologischen Ausarbeitung der Hermeneutik im 17. Jh. auch den Grund, die moderne Hermeneutik als ganz unabhängig von ihren Vorläufern zu sehen. Ausschlaggebend für dieses Urteil ist eben die wahrheits- und darin letztlich die subjekttheoretische Dimension im Verstehensprozeß:

> „Die Hermeneutik, die in den geistesgeschichtlichen Fakultäten des 19. und 20. Jahrhunderts entstand, ist ein Erzeugnis der *schöpferischen* Vernunft. Weil es kein an sich erkennbares Wahrheitsprinzip mehr gab, mußte diese Hermeneutik als ständig deutende Verstehenskunst und *Sinngebung* ein kritischen Einwänden entzogenes ‚Eigenleben' führen, als ‚konstruktive' Interpretation wurde sie zur Erkenntnisquelle."[29]

In der Folge der Reformation entsteht neben dem kirchlichen Wahrheitskriterium korrekter Schriftauslegung auch ein individueller Deutungsraum, der sich als Problemkonstante in der gesamten Neuzeit bis in die Gegenwart hält. Luther stand ein christologisches Wahrheitskriterium zur Verfügung, Dann-

---

[27] Vgl. H.-E. Jaeger, Studien zur Frühgeschichte der Hermeneutik, in: Archiv für Begriffsgeschichte 18 (1974) 35-84.
[28] Vgl. ebd., 45f.
[29] Ebd., 83f.

hauer versuchte es methodenkritisch und textimmanent vorzustellen. Sicherheit bieten die jeweiligen Kriterien nur unter den Voraussetzungen des gewählten Deutungshorizonts. Die Methode genügt, solange der Blickwinkel des Lesens erkenntnistheoretisch noch kein Problem bereitet. Nietzsche bereitet hier jeder hermeneutischen Naivität ein Ende. Und die theologische Hermeneutik büßt die Kommunikabilität ihres Wahrheitskriteriums ein, als sich der glaubens- und geistesgeschichtliche Gesamtrahmen verändert. Identität im Sinne wahren Verstehens steht von daher mit der Entwicklung der Hermeneutik als eigenständiger Disziplin am Beginn der Moderne und seither problematisch in Frage.

Unabhängig von dem Problem, ob die Hermeneutik nun aus den theologischen Differenzen der Reformation oder in der Folge der methodologischen Debatten des 16. Jh.'s hervorgegangen sei –

> „der *reale geschichtliche Hintergrund* für die Entstehung der Hermeneutik scheint ziemlich klar: Die Methodik der Hermeneutik wird entwickelt, als es darum geht, sich aus der Autorität der aristotelisch-scholastischen Methode zu lösen".[30]

Aufs Ganze gesehen beschleunigte dies die Entwicklung einer Hermeneutik, die mit einem grundlegenden Traditionsbruch auch die bezeichnete Verschiebung in der Wahrheitsproblematik des hermeneutischen Prozesses nach sich zog. Wo nicht länger außertextliche Momente über die Wahrheit und Angemessenheit der Auslegung entschieden, konnte sich eine radikal textimmanente Hermeneutik entwickeln, die folgerichtig in ihre methodologische Festschreibung mündete.

Zwei Grundzüge künftiger Hermeneutik zeichnen sich – ohne beide Perspektiven radikal voneinander trennen zu wollen – ab: ihre methodisch-technische Festschreibung und ihre problembestimmte Reflexion im Sinne fundamentalhermeneutischer Forschung nach der Konstitutivität des Phänomens „Verstehen". Die unterschiedliche Wahrnehmung der Kategorie Zeit in diesem Zusammenhang – präsenter Text, demgegenüber stets verspätete Rezeption – ist charakteristisch. Der eher technische Zugang nimmt die geschichtliche Differenz im Sinne verschiedener Werdestufen im Text wahr, droht jedoch strukturell die Zeitabstände im Verstehensvorgang zu unterschätzen.

Die hauptsächliche Frage, die sich stellt, betrifft die zugrundeliegende Logik, auch das Erkenntnisinteresse: wonach richtet sich das hermeneutische Bemühen aus? Welche Logik wird eingesetzt: eine identitäts- oder eine differenzlogische? Und wie machen sich die Prinzipien in den entsprechenden hermeneutischen Ansätzen fest?

An dieser Stelle wird die Geschichte der Hermeneutik eingefroren. Das theoretische Engagement zielt nicht darauf ab, sie historiographisch zu entfalten, sondern auf eine Grundkonstellation aufmerksam zu machen, die mit den Chiffren Identität und Differenz justiert wird. Im folgenden werden exemplarisch wesentliche Etappen hermeneutischer Reflexion auf dem Weg

---
[30] C. v. Bormann, Art. Hermeneutik II, 113.

zum Differenzdenken skizziert. Den Fluchtpunkt ihrer Darstellung gibt das Gespräch mit jenen PostModernen an, die hier differenzphilosophisch gelesen werden.

Identität und Differenz lassen sich als Spannungspole im hermeneutischen Prozeß markieren, insofern es im Verstehen um die aneignende Wiederholung von (gesprochenem oder geschriebenem) Text geht, d.h. um etwas wie einen Moment der Übereinkunft, der „Identität" zwischen Autor und Rezipient im Medium des Textes, wobei das Verstehen eben nicht unmittelbar ist, nicht sicher, nicht ein-deutig herstellbar bzw. garantierbar. Dem Versuch der Identifizierung von Sinn sind die Differenzmomente im Verstehensvorgang eingeschrieben.

Dies zeigte der Durchgang durch die Tradition bis hierher an. Dies wird problematisch mit den hermeneutischen Ansätzen von Hegel über Schleiermacher bis zu Heidegger und Gadamer. Auch diese Autoren werden nur kurz besprochen: als Problemanzeigen, die es erlauben, das postModerne Spektrum des Differenzdenkens zu erschließen. Erneut kann keine „Vollständigkeit" interessieren, sondern ausschließlich der als Problem zu fassende Gedanke, die hermeneutische Idee.

2.3 Theoretische Stationen

Diese hermeneutische Idee entwickelt sich in zweifacher Hinsicht: als zunehmend deutlicher ausgeprägter universalhermeneutischer Ansatz, den endgültig Gadamer auf den Punkt bringt, und mit einem immer schärferen Blick für die Differenzen, die Verstehen konstitutiv einschließt. Beides muß spätestens mit der Geschichtserfahrung dieses Jahrhunderts zusammenfallen. Das Scheitern geschichtsphilosophischer Totalperspektiven entspricht dem katastrophalen Untergang des politischen Totalitarismus im Faschismus und Kommunismus. Zugleich bleibt das Bedürfnis nach Zeitdeutungen, die sich an eben diesen Brüchen orientieren. Die bezeichneten Tendenzen führen ineinander über: alles zu verstehen, gerade weil sich die Welt nicht mehr als Ganzes erschließt, bedingt einen gleichsam universellen Partikularismus. In dieser Hinsicht führt die Hermeneutik zu einem impliziten Relativismus der Weltdeutungen. Das Kriterium des Verstehens wird einerseits dem Teilbereich entnommen, auf den sich das hermeneutische Interesse richtet, andererseits in die individuellen Sichtweisen verlegt, weil man kein metaphysisch Erstes mehr annimmt.

Die Entwicklung auf diesem Stand erreicht die Gegenwart. Der dergestalt gebrochene universalhermeneutische Zug läßt sich in den Anfängen unter identitätslogischen Voraussetzungen gegenlesen.

Mit Hegel wird der Höhepunkt einer geschichtshermeneutischen Totalsicht erreicht, die das Instrumentarium hermeneutischer Differenzwahrnehmung bereitstellt, selbst freilich noch dialektisch das Verschiedene auf die Identitätsform des absoluten Geistes zurückführt. Poppers luzide Kritik interpretiert Hegel entsprechend als „Quelle des gesamten zeitgenössischen Historizismus"[31] und zeigt ihn als einen Hermeneuten, der den Schlüssel der Geschichte bereit hält. Damit läßt sich rechtfertigen, daß Hegel in einen hermeneutischen Zusammenhang eingeführt wird, dem er in den meisten einschlägigen Arbeiten nicht zugerechnet wird. Hier wird gleichsam retrospektiv von Gadamer aus Hermeneutik auf einen erweiterten Begriff gebracht und mit dem Ansatz Hegels auf das geschichtsphilosophische Feld geführt. Dies, weil mit Gadamer „aller Welterfahrung die hermeneutische Dimension zugrunde liegt."[32]

Zugleich wird durch Hegels Geistdialektik ein Zusammenhang sichtbar, der für die vorliegende Auffassung von Hermeneutik Anknüpfungen bietet. Hegels Hermeneutik funktioniert rationalitätsanalytisch, was an postModerne Interpreten erinnert. Sie speist sich aus geschichtsphilosophischen Optionen, deren Optimismus postModern pessimistisch gebrochen erscheint und zu einem pluralistischen Votum führt. Das wiederum steht dem Hegelschen diametral entgegen, zugleich aber bezeichnet es den theoretischen Fluchtpunkt.

Hegel wird von daher als die erste markante Station auf dem Weg zu einer Differenzhermeneutik plaziert. Folgend wird mit Schleiermacher die klassische Ausbildung einer Texthermeneutik angesprochen, die zum einen die Schwelle des Differenzdenkens berührt, zum anderen mit ihrer Textausrichtung den universalhermeneutischen Ansatz ergänzt. Indem in beiden Grundanlagen hermeneutischer Theorie ihre Logik nach den metaphysischen Oppositionen von Identität und Differenz vermessen wird, bietet sich als Zwischenschaltung die – nicht zuletzt für postModerne Denker – traditionsstiftende Formulierung des Problems durch Heidegger an, der wiederum unmittelbar zu Gadamer überführt.

Ausgelassen sind bedeutende Protagonisten.[33] Zumal Nietzsches machttheoretische Hermeneutik schreibt ein wichtiges Vorwort aller Differenzhermeneutik. Sofern Nietzsche aber im Theorieumfeld Foucaults[34], Deleuzes[35] sowie des Interpretationismus[36] angesprochen wird, blenden ihn die exemplarischen Problemanzeigen aus.[37] Da es auch hier nur um die Ausarbeitung

---

[31] Vgl. K. R. Popper, Die offene Gesellschaft und ihre Feinde. Bd. II: Falsche Propheten. Hegel, Marx und die Folgen, München ⁶1980, 36; vgl. insgesamt 36-101.

[32] H.-G. Gadamer, Klassische und philosophische Hermeneutik, in: ders., Hermeneutik II. Wahrheit und Methode – Ergänzungen. Register, Tübingen 1993, 92-117; hier: 114.

[33] Die Bedeutung Fichtes für eine theologische Reformulierung des Problemkreises von Identität und Differenz wird besonders mit dem erstphilosophischen Ansatz von Hansjürgen Verweyen deutlich. Zur Auseinandersetzung damit vgl. Teil II, 5.2.

[34] Vgl. M. Foucault, Nietzsche, die Genealogie, die Historie, in: ders., Von der Subversion des Wissens, Frankfurt a.M. 1987.

[35] Vgl. G. Deleuze, Nietzsche und die Philosophie, Frankfurt a.M. 1985.– Vgl. J. Le Rider, Nietzsche in Frankreich, München 1997.

[36] Vgl. G. Abel, Nietzsche. Die Dynamik der Willen zur Macht und die ewige Wiederkehr, Berlin u.a. 1984.

[37] Aus Gründen ökonomischer Darstellung wird auch W. Dilthey als einer der wesentlichen Vermittler von Hermeneutik auf dem Weg zur eigenständigen, gar grundlegenden philosophi-

des Fragehorizonts geht, muß es bei einer Auswahl bleiben, die nie zwingend sein kann, sich aber über die Relevanz der Positionen ausweist, zumal bewußt auf eine entwicklungshistorische Analyse im eigentlichen Sinn verzichtet wird. Vielmehr wird der problemorientierte Abriß in systematischem Interesse in die Gegenwart verlängert.

2.3.1 Hegels geistphilosophische Hermeneutik

Hegels Dialektik wird im folgenden als Fundamentalhermeneutik interpretiert, wie er sie in seiner „Phänomenologie des Geistes"[38] über eine Rekonstruktion des sich selbst begreifenden Geistes in seinen verschiedenen Werdeformen entwickelt. Indem der Geist das Interpretationsprinzip abgibt und zugleich das zu Interpretierende vorstellt, erschließt sich bereits ein Spannungsgefüge, das Hegel selbst mit den Parametern von Identität und Differenz zu fassen sucht.[39]

Die Folie für Hegels Unternehmung ist die Identitätsspekulation in der Frühphilosophie Schellings.[40] Sah Schelling die Wahrnehmung von Differenz nur vor dem Hintergrund basaler Identität und letztlich also Identität konsequent absolut, *rein*, so setzte Hegel sie dialektisch und also geschichtlich vermittelt an. Dennoch braucht Identität auch hier Differenz auf, wenn der absolute Geist im Prozeß eigener Bewußtwerdung und Identifizierung zu sich selbst kommt. Formuliert wird damit eine universalgeschichtliche Hermeneutik der Identität, in deren Zuge Differenz nur Aspekt der identisch werdenden Selbstvermittlung (des Geistes) sein kann. Es ergibt sich das Konzept eines notwendig identischen Verstehens (von Geschichte und Natur[41]) im geschichtlichen Vorgang. Dies ist exemplarisch zu verdeutlichen.

> „Es ist die Absicht von Hegels Gedankensystem, die Abhängigkeit aller Teile der Wirklichkeit von einem Absoluten zu zeigen, das umgekehrt wiederum diese Teile der Wirklichkeit erzeugen muß. Dieser Standpunkt kennt keine Wirklichkeit – sei sie auch noch so anspruchslos und bruchstückartig –, die außerhalb des Systems liegt, und es gibt für ihn bei der Herausarbeitung und Bestimmung des Übergangs zwischen den verschiedenen Wirklichkeitsebenen keine, die als nebensächlich betrachtet werden könnte."[42]

---

schen Disziplin unterschlagen. Zur geschichtlich ausgerichteten und „der Grenzen des Verstehens durchaus bewußt(en)" Hermeneutik Diltheys vgl. im theologischem Zusammenhang F. Mußner, Geschichte der Hermeneutik. Von Schleiermacher bis zur Gegenwart (HDG I/3c, 2. Teil), Freiburg u.a. 1976 (2., erweit. Aufl.), 7-9. Das Zitat ebd., 8.
[38] Zitiert nach der Suhrkamp-Ausgabe: Werke in 20 Bänden, Bd. 3, Frankfurt a.M. ³1991.
[39] Vgl. ebd., 568f.
[40] Daß Schelling den Höhepunkt von Identitätsphilosophie markiert, ist vorauszusetzen. Wenn er mit Blick auf Hegel nur als Hintergrund angesprochen wird, hängt dies erneut damit zusammen, daß sich die Arbeit auf einige wesentliche Ausschnitte in der Geschichte der Hermeneutik zu beschränken hat.
[41] Vgl. ebd., 590.
[42] C. Taylor, Hegel, Frankfurt a.M. 1978, 177.

Hegels Position ist die des Absoluten. Und dieses Absolute ist selbstgesetzt.[43] Indem es unterstellt wird, läßt es sich in einer Hermeneutik der Erfahrung im Prozeß der Geschichte ermitteln. Diese Geschichte wird zum Erscheinungsort des Absoluten, sofern es sich an sie vermittelt. Das wird bereits daran ablesbar, „daß der Geist des Menschen sich aus dem Zufälligen, Zeitlichen, Endlichen zu Gott als dem Absolut-Notwendigen, Ewigen, Unendlichen erhebt".[44]

Hegels Hermeneutik ist demgemäß eine *absolute* Hermeneutik nach der Wahl des Standpunkts, der zugleich der Inhalt selbst ist und das Verfahren bestimmt: „Es kommt nach meiner Einsicht, welche sich nur durch die Darstellung des Systems selbst rechtfertigen muß, alles darauf an, das Wahre nicht als *Substanz*, sondern ebensosehr als *Subjekt* aufzufassen und auszudrücken."[45] Die grundlegende Einsicht bestimmt den Vorgang der Rekonstruktion, und sie wird ganz konsequent nicht selbst noch einmal ausgewiesen, weil sie sich im Erkenntnisweg als Erkennen des Geistes offenbart, der sich eben darin selbst erkennt. Jeder gegenüber dieser Logik exterritoriale Begründungsschritt dementierte die Wahrheit selbst. Das System ist logisch geschlossen, d.h. es funktioniert total und ordnet Geschichte als ganze ihrem Interpretationsmodus zu. Dies ist bereits Ausdruck einer Identitätslogik, die zunächst noch als bloßer Denkrahmen zu bestimmen ist.

Doch sie gelingt auch im Detail. Die Art der Aufbereitung des Materials folgt dem. Seine Wahrheit hat es final im absoluten Geist, der sich in vorläufigen Formen geschichtlich vermittelt und Geschichte als seine Verwirklichung aufhebt. Dieser Prozeß des Geistes ist danach „das Werden seiner selbst, der Kreis, der sein Ende als seinen Zweck voraussetzt und zum Anfange hat und nur durch die Ausführung und sein Ende wirklich ist."[46] Der Geist identifiziert sich, und alles wird auf ihn hin identifizierbar. Dies meint der von Adorno kritisch konterkarierte Satz, daß *das Wahre das Ganze sei.*[47]

Letztlich ist also alles in der Selbstbewegung des Geistes eingeholt bzw. geht aus ihr hervor, um zu ihm zurückzukehren. Dies ist nicht einfachhin eschatologisch zu denken, sondern als geschichtlicher Vorgang ist er zugleich ein Denkmodus, der wiederum seinen Ort in der Selbstverständigung des Geistes hat. Das läßt ihn von daher nicht als schlichte Einheit begreifen. Hegel setzt vielmehr in der Identität den Bruch der Differenz selbst an.

Seine Dialektik ist diese Vermittlung des Identischen an das von ihm Verschiedene, wobei sich ihr Geschehen noch einmal an den Geist zurückbin-

---

[43] „Das Absolute ist fraglos gegeben – das bleibt die letzte Wurzel seiner Philosophischen Theologie": W. Weischedel, Der Gott der Philosophen. Grundlegung einer Philosophischen Theologie im Zeitalter des Nihilismus, Bd. 1: Wesen, Aufstieg und Verfall der Philosophischen Theologie, München 1979, 377.
[44] G.W.F. Hegel, Vorlesungen über die Philosophie der Religion II. Vorlesungen über die Beweise vom Dasein Gottes (= Werke 17), Frankfurt a.M. 1986, 471.
[45] Ders., Phänomenologie des Geistes, 22f.
[46] Ebd., 23.
[47] Ebd., 24.– Vgl. T. W. Adorno, Minima Moralia. Reflexionen aus dem beschädigten Leben, Frankfurt a.M. [20]1991, 57.

2. Hermeneutik zwischen Identitäts- und Differenzdenken

det, der beides als ihre Wahrheit ist. Aber eben nur in dieser aufgebrochenen, nicht selbstzufriedenen, niemals statischen Form. So ist er als Wissen „die reine Sichselbstgleichheit im Anderssein".[48] Der Geist setzt sich im Anderen seiner selbst, in dem er sich weiß. Darin holt er zugleich das von ihm Verschiedene ein. Identität wird zur Folie des Gedankens, insofern der bezeichnete Vorgang der Selbstsetzung im Anderen als die „sich wiederherstellende Gleichheit oder die Reflexion des Andersseins in sich selbst"[49] begriffen wird.

Dies nimmt Hegel als Geschichtsdynamik: der Geist strebt über seine verschiedenen Werdeformen hinaus zu einer immer komplexeren Erkenntnis und damit Realisierung seiner selbst. Der Zielpunkt: das absolute Wissen seiner selbst, in dem der Geist den vollen Begriff von sich selbst erreicht hat. Er entwickelt sich anfanghaft über das Bewußtsein als primordiale Stufe. Dieser Zielpunkt wird über jene Dialektik des Werdens erreicht, die Hegels Identitätslogik als komplexe Zuordnung von Identischem und Differentem sieht.

Der grundlegende Differenzeintrag in allem Denken ist der einer möglichen Übereinstimmung von Wirklichkeit und Gedanke, der sich an ihr je bricht. Dies gilt als Baugesetz des Denkens über alle Stufen des werdenden Geistes so lange, wie er selbst als die Motorik des Ganzen im Begriff seiner selbst gestellt wird. Die zuvor auszumachende Dynamik ist aber die, daß in jeder Interpretation von Wirklichkeit eine Einheit gesetzt wird, die den Gegensatz selbst in sich aufnimmt, ohne ihn aufzuheben. Kein Gesetz identifiziert Wirklichkeit voll. Inneres und Äußeres etwa erscheinen als Differenz-Einheit: die Innenseite der Wirklichkeit läßt sich nur über ihre Außenseite nähern.

> „Zu dem einfachen *Unterschiede* wird die absolut wechselnde Erscheinung durch ihre Beziehung auf die Einfachheit des Innern oder des Verstandes. Das Innere ist zunächst nur das an sich Allgemeine; dies an sich einfache *Allgemeine* ist aber wesentlich ebenso absolut der *allgemeine Unterschied*, denn es ist das Resultat des Wechsels selbst, oder der Wechsel ist sein Wesen, aber der Wechsel als im *Innern* gesetzt, wie er in Wahrheit ist, in dasselbe hiermit als ebenso absolut allgemeiner, beruhigter, sich gleichbleibender Unterschied aufgenommen."[50]

Der Verstand zieht die Vielfalt des Wirklichen im Gesetz zusammen: er identifiziert in dem Bewußtsein, daß sich hier ein Gegensatz an ihm selbst vollzieht, der die Statik des Satzes und die Dynamik der Wirklichkeit als Differenz-Einheit im Gedanken selbst ist. In dieser Spannung wird das Gesetz selbst zum Begriff: es erscheint „das eine Mal als Gesetz, an dem die Unterschiede als selbständige Momente ausgedrückt sind, das andere Mal in der Form des *einfachen* Insichzurückgegangenseins", als „eine Abstraktion, welche die Unterschiede...selbst in sich zieht."[51]

---

[48] G.W.F. Hegel, Phänomenologie des Geistes, 53.
[49] Ebd., 23.
[50] Ebd., 120.
[51] Ebd., 122f.

Letztlich zeigt sich bei Hegel dieser Zusammenhang in der Einheit des Selbstbewußtseins aufgehoben. Doch auch dies ist in sich als Spannung begriffen, denn es ist „die Reflexion aus dem Sein der sinnlichen und wahrgenommenen Welt und wesentlich die Rückkehr aus dem *Anderssein*."[52] Damit ist ein Einheitsgrund bezeichnet, der im Selbstbewußtsein als „*Unterscheiden des Ununterschiedenen*"[53] gedeutet wird: „*Ich unterscheide mich von mir selbst, und es ist darin unmittelbar für mich, daß dies Unterschiedene nicht unterschieden ist.*"[54]

Diese Einheit besteht also in Differenzen, vermittelt sie aber an sich selbst und bindet sie. Indem diese Spannung für das Selbstbewußtsein reflex und endlich zum Begriff wird, erscheint als Einheitsgrund letztlich der Geist in seiner Selbstvermittlung durch die bezeichneten Momente von Identität und Differenz. Diese sind wirklich und stehen in ihrer Relation zugleich für sich. Aber sie werden im Geist zusammengefaßt. Dies geschieht über die Reflexionsleistung, hier des Selbstbewußtseins: „Indem ein Selbstbewußtsein der Gegenstand ist, ist er ebensowohl Ich wie Gegenstand.- Hiermit ist schon der Begriff des *Geistes* für uns vorhanden."[55]

Der sich selbst in seinen Vermittlungen – Differenzen – begreifende und so „sich bewußtwerdende(n) Weltgeist"[56] ist der absolute Identitätsgrund. Doch auch dies bricht Hegel noch einmal auf.

„Das Absolute ist das Wesen."[57] Dieses Wesen reflektiert sich als Geist[58], es setzt in sich seine eigene Vermittlung an das Andere; es ist relational. Nur darin hat es seine „*Identität mit sich.*"[59] In der Reflexion wird der Abstand zwischen sich Denkendem und seinem Gedanken deutlich, d.h. daß diese Identität nur im „Abstoßen seiner von sich selbst ist; es (das Wesen – G.M.H.) enthält also wesentlich die Bestimmung des *Unterschieds*."[60] Erneut wird jedoch diese Spannung auf eine Einheit reduziert, die einerseits ihren Differenzeintrag nicht wegleugnet, andererseits mit der Formulierung eines letzten Grundes eine bis zum Äußersten gespannte Identitätsform annimmt:

„Der *Grund* ist die Einheit der Identität und des Unterschiedes; die Wahrheit dessen, als was sich der Unterschied und die Identität ergeben hat, – die Reflexion-in-sich, die ebenso sehr Reflexion-in-Anderes und umgekehrt ist. Er ist *das Wesen als Totalität* gesetzt."[61]

Hegel spricht von diesem Grund im Singular und konzipiert ihn somit als Einheit jenseits des Pluralen und Differenten – als Identität. Zwar läßt sich auch in

---

[52] Ebd., 138.
[53] Ebd., 134.
[54] Ebd., 134f.
[55] Ebd., 145.
[56] Ebd., 181.
[57] G.W.F. Hegel, Enzyklopädie der philosophischen Wissenschaften I (= Werk 8), Frankfurt a.M. 1986, 231.
[58] Vgl. Phänomenologie des Geistes, 567.
[59] Enzyklopädie I, 236.
[60] Ebd., 239.
[61] Ebd., 247f.

dieser Einheit noch der „Unterschied der Identität und des Unterschiedes"[62] festhalten. Aber beides geht aus jenem Grund überhaupt erst hervor, der als das Wesen absoluter Grund bzw. jener Geist ist, der in sich selbst zurückreicht und in allen Differenzierungen als er selbst am Werk ist: „Der Grund ist nur Grund, insofern er begründet; das aus dem Grunde Hervorgegangene aber ist er selbst".[63] Genau so aber zeichnet sich Hegels Dialektik im letzten als identitätslogisch aus; Identität erscheint als der Fluchtpunkt aller Differenz.

Diese Identitätslogik ist nur konsequent. Hegel geht vom Absoluten aus, das sich selbst setzt und sich als Geist in seinen geschichtlichen Konkretionen als sein Anderes denkt, damit je sich selbst im Ganzen wirksam und als seine Wahrheit entdeckt. Die religiösen Voraussetzungen seines Projekts schreiben es auf ein Identitätsdenken fest, das in der Allwirksamkeit und Allgegenwart des absoluten Geistes dem Differenten im Grunde seine Eigenwirklichkeit nimmt.

Hegel denkt Gott als *Selbstbewußtsein* und macht Wirklichkeit einsinnig noch im Plural:

> Gott „weiß sich in einem von ihm verschiedenen Bewußtsein, das *an sich* das Bewußtsein Gottes ist, aber auch *für sich*, indem es seine Identität mit Gott weiß, eine Identität, die aber vermittelt ist durch die Negation der Endlichkeit."[64]

Indem Gott sich von sich unterscheidet, schafft er Wirklichkeit, die ganz auf ihn festgeschrieben ist, weil er sich in ihr selbst wiederfindet. Beide Seiten gehören zur Wahrheit Gottes in ihrer Geschichte. Alles kommt auf diesen Prozeß an. Hegel sucht mit diesem dynamischen Gottesbegriff beiden Dimensionen der Realität ihr Recht zu geben. Keines verschwindet einfachhin am anderen. Das Differente besteht: als Natur und Geschichte. Und damit das Identische als Differentes, das wiederum seinen Grund in ihm hat und nur in dieser Hinordnung qua Bewußtwerdung absolutes Wissen wird.

Am radikalsten wird die beschriebene Einheit in der Menschwerdung Gottes, „in der Entäußerung des göttlichen Wesens, das Fleisch wird."[65] Die Trennung der Sphären wird überwunden, das Absolute wird in der Wirklichkeit es selbst. Nun wäre es gerade mit der klassischen Formulierung der Gott-Mensch-Einheit in der Christologie etwa Chalkedons möglich, Einheit als reine Spannung zu fassen, die einer menschlich-erkenntnistheoretisch nicht nochmals aufhebbaren Differenz im Denken entspricht.[66] Hegels Logik funktioniert indes genau entgegengesetzt: letztlich wird alles auf den absoluten Geist identisch reduziert. Er ist jene Einheit, und es ist Hegels „Geistesmonismus"[67], der wie in der Christologie auch die Denkform im Ganzen dominiert:

---

[62] Ebd.
[63] Ebd.
[64] G.W.F. Hegel, Vorlesungen über die Philosophie der Religion II, 187.
[65] Ders. Phänomenologie des Geistes, 566f.
[66] Vgl. G.M. Hoff, Chalkedon im Paradigma Negativer Theologie. Zur aporetischen Wahrnehmung der chalkedonensischen Christologie, in: ThPh 70 (1995) 355-372.
[67] H. Küng. Menschwerdung Gottes. Eine Einführung in Hegels theologisches Denken als Prolegomena zu einer künftigen Christologie, Freiburg u.a. 1970, 139.

60 Teil I: Hinführung: Aspekte postModerner Hermeneutik

"Zwei unabhängige Willen, zwei Substanzen gibt es nicht; Gott und der Mensch müssen also eins sein – aber der Mensch der Sohn, und Gott der Vater; der Mensch nicht unabhängig und auf sich selbst bestehend, er ist nur, insofern er entgegengesetzt, eine Modifikation ist, und darum auch der Vater auch in ihm; in diesem Sohn sind auch seine Jünger; auch sie sind eins mit ihm, eine wirkliche Transsubstantiation, ein wirkliches Einwohnen des Vaters im Sohn und des Sohnes in seinen Schülern – diese alle nicht Substanzen, schlechthin getrennte und nur im allgemeinen Begriffe vereinigt, sondern wie ein Weinstock und seine Reben; ein lebendiges Leben der Gottheit in ihnen".[68]

Gott ist der Einheitspunkt als Geist. Doch wird Gott selbst dialektisch verstanden als Austrag der Differenzen in sich. "Dasselbe ist nur so dasselbe, daß es mit sich selbst dasselbe ist. Identisches ist also in Selbst-Differenz (mit sich) identisch."[69] Im trinitarischen Prozeß Gottes als Differenz-Identität ist Gott als Geist – "alle drei sind der Geist"[70] – das Moment einer Einheit, die voller Spannung und damit auch geschichtlich werdender Dramatik bleibt. Aber die entsprechende Spannung wird in der menschlichen Geschichte in diesem Einheitspunkt aufgelöst, weil es immer der absolute Geist ist, der sich selbst in der Geschichte findet. Denn "das endliche Bewußtsein weiß Gott nur insofern, als Gott sich in ihm weiß; so ist Gott Geist".[71] Noch einmal auf die gott-menschliche Einheit übertragen, bedeutet dies, daß prinzipiell vom Geist her die Einheit zu denken ist:

"Eben dies ist der Fall mit der *Dieselbigkeit* des göttlichen Wesens und der Natur überhaupt und der menschlichen insbesondere; jenes ist Natur, insofern es nicht Wesen ist; diese ist göttlich nach ihrem Wesen; aber es ist der Geist, worin beide abstrakte Seiten, wie sie in Wahrheit sind, nämlich als *aufgehobene* gesetzt sind".[72]

Bei aller Berücksichtigung von Differenz ist es der identische Geist, der sich gerade in seinen Vermittlungen geschichtlich wiedererkennt und den letztlich identischen Grund gibt, denn es ist seine "Kraft..., in seiner Entäußerung sich selbst gleich zu bleiben."[73] Hegels Geschichtshermeneutik tendiert also auf ein Identitätsdenken wie auf jenes Ziel hin, das Hegel als das absolute Wissen und darin als "die begriffene Geschichte"[74] vorstellt. Nicht zuletzt dieser Gedanke bestätigt die Festschreibung von Geschichte auf einen identischen Grund.[75] Und so sehr Hegel dem Differenzdenken zuarbeitet, es im absoluten als dem göttlichen Geist selbst zu verankern sucht: Differenz bleibt vor-

---

[68] G.W.F. Hegel, Theologische Jugendschriften, hrsg. v. H. Nohl, Tübingen 1907, 391.
[69] J. Splett, Gotteserfahrung im Denken, 74.
[70] G.W.F. Hegel, Vorlesungen über die Philosophie der Religion II, 234.
[71] Ebd., 187.
[72] G.W.F. Hegel, Phänomenologie des Geistes, 568.
[73] Ebd., 588.
[74] Ebd., 591.
[75] Das bestätigt Petra Kolmers Deutung der Philosophiegeschichtsschreibung Hegels: jedes andere philosophische Projekt wird in die Totale der eigenen Sicht auf das Absolute integriert und so *identifiziert*. Vgl. P. Kolmer, Philosophiegeschichte als philosophisches Problem. Kritische Überlegungen namentlich zu Kant und Hegel, Freiburg-München 1998.

läufig, wird schließlich, wenn nicht abgeschafft, so doch überholt. Und das gilt gerade für das Verhältnis des Ewigen zu sich selbst:

> „Das ewige Anundfürsichsein ist dies, sich aufzuschließen, zu bestimmen, zu urteilen, sich als Unterschiedenes seiner zu setzen; aber der Unterschied ist ebenso ewig aufgehoben, das an und für sich Seiende ist ewig darin in sich zurückgekehrt, und nur insofern ist es Geist... Es ist dies Unterscheiden nur eine Bewegung, ein Spiel der Liebe mit sich selbst, worin es nicht zur Ernsthaftigkeit des Andersseins kommt, zur Trennung und Entzweiung."[76]

PostModernes Differenzdenken hebt sich kritisch gerade aus geschichtshermeneutischen Überlegungen von einem *Versöhnungsdenken*[77] ab, das bei Hegel logisch funktioniert und religionsphilosophisch begründet ist: als *„Identität der Identität und Nichtidentität von endlichem und unendlichem Geist, Gott und Mensch (Welt)."*[78]

2.3.2 Schleiermachers Textverstehen

Schleiermachers Hermeneutik ist für die Textwissenschaften klassisch. Ihre *theologische* Reichweite ergibt sich aus der Perspektive des Projekts: als allgemeiner und universaler hermeneutischer Entwurf wird sie jeweils neutestamentlich überprüft und rückgebunden.

Die Anlage dieser Hermeneutik macht sie freilich auch im vorliegenden Zusammenhang interessant. Sie steht exakt auf der bezeichneten Problemschwelle: Schleiermacher entwirft ein Verstehensprogramm, das deutliche Züge einer Identitätslogik zeigt, sie aber zugleich aufbricht und grundlegende Differenzen im Verstehen selbst ansiedelt. Dies erfolgt im Rahmen einer methodisch detaillierten Leseanweisung, die grammatisch und psychologisch gegeben wird und eine genaue Texterfassung ermöglichen will. Konsequent gehört zu einer solchen Hermeneutik auch die Textkritik.

Schleiermachers Augenmerk gilt also dem *Text*verstehen. Damit ist ein gegenüber Hegel veränderter Gegenstandsbereich bezeichnet. Hegel ging aufs Ganze einer geschichtsphilosophischen Hermeneutik. Schleiermachers Ansatz funktioniert texttheoretisch, führt aber über eine bloße textimmanente Methodologie hinaus, insofern er eine Interpretation von Denken und Sprache vorlegt, die beide unmittelbar miteinander verbindet: „die Sprache ist die Art und Weise des Gedankens, wirklich zu sein."[79] Das Verstehen verfolgt den Gedanken zurück, es ist „die Umkehrung eines Aktes des Redens..., indem in das Bewußtsein kommen muß, welches Denken der Rede zum Grunde gelegen."[80]

---

[76] G.W.F. Hegel, Vorlesungen über die Philosophie der Religion II, 242.
[77] Vgl. H. Küng, Menschwerdung Gottes, 273.
[78] Ebd., 510.
[79] F. D. E. Schleiermacher, Hermeneutik und Kritik. Mit einem Anhang sprachphilosophischer Texte Schleiermachers hrsg. u. eingel. v. M. Frank, Frankfurt a.M. ⁶1995, 77.
[80] Ebd., 76.

Damit deutet sich eine zweifache Spur von Identitätsdenken an: zunächst erscheint Sprache als eine solche Fassung des Gedankens, daß sie seine genaue Filterung erlaubt. Darüber hinaus wird das Ziel des Verstehens als exakte Bereitstellung des Gedankens bestimmbar. Tatsächlich avisiert Schleiermacher das Programm eines „völlige(n) Verstehens".[81] Und es ist bemerkenswert, wie offensichtlich dieses Ziel mit den verschiedenen Differenzeinträgen in seiner Hermeneutik konkurriert. Es ist genau diese Spannung im hermeneutischen Theoriegrund, die Schleiermacher zum Gesprächspartner postModernen Differenzdenkens macht. Einerseits gibt er Differenzen Raum, andererseits vermittelt er sie mit einer Option, die ihn – bezeichnend, wenngleich hier zitativ isoliert – von einem „richtige(n) Totalblick"[82] sprechen lassen kann.

Alles Denken ist Sprache, und jeder Sprechakt „beruht auf einem früheren Denken."[83] Die Aufgabe des Verstehens besteht darin, über eine konkrete Äußerung den Gedanken herauszuschälen, was wiederum nach möglichst genauer Aufdeckung jener „Totalität der Sprache"[84] verlangt, die als Komplex von Zeit- und Ortsbestimmungen begegnet. Verstehen funktioniert auf zwei Ebenen, und es ist nur möglich als *„ein Ineinandersein dieser beiden Momente (des grammatischen und psychologischen)."*[85] Schleiermacher durchkreuzt seine Verstehensutopie an dieser Stelle durch den Differenzeintrag des *Unendlichen*: „die Sprache ist ein Unendliches"; „jede Anschauung eines Individuellen ist unendlich. Und die Einwirkungen auf den Menschen von außen sind auch ein bis ins unendlich Ferne allmählich Abnehmendes."[86] Kein abstraktes Regelwerk kann von daher Verstehen gewährleisten. Vielmehr geht es darum, möglichst genau den Bedingungen eines Textes nachzugehen, sie gleichsam virtuell nachzustellen und sich so dem Textsinn zu nähern. Dies wiederum kann durch „die Auffindung der Identität der Sprache mit dem Denken"[87] möglich werden. Das bedeutet: es gibt den genauen Ausdruck von Sinn in Sprache. Da aber Sprache als System nie voll beherrschbar ist und weiterhin jeder Sprecher Sprache unterschiedlich aktualisiert, nämlich im je eigenen *Stil*, bleibt Verstehen vorläufig.

Bedeutsam ist hier die theoretische Zuführung von Identitäts- und Differenzkonzepten. Identität ist die Basis, wie sie sich im ursprünglichen Konnex von Denken und Sprechen zeigt. Diese Identität greift aber noch über den einzelnen auf die Sprachgemeinschaft hin aus. Im Verstehensversuch überschreitet das Individuum den eigenen Denk- und Sprachstil und vermit-

---

[81] Ebd., 99 et passim.
[82] Ebd., 104.– Im Rahmen der „grammatischen Auslegung" geht es hier um die korrekte Erfassung der sprachlichen Kontextbedingungen eines Autors. Daß diese ermittelt werden, schwebt Schleiermacher zumindest als Ziel vor, so sehr er ein kritisches Gespür für den approximativen Vorgang im Verstehen entwickelt. Diese Spannung wird im folgenden genauer zu entwickeln sein.
[83] Ebd., 78.
[84] Ebd.
[85] Ebd., 79.
[86] Ebd., 80f.
[87] Ebd., 84.

telt ihn mit dem zu verstehenden Text: es kommuniziert. „Diese Kommunikation setzt voraus die identische Schematisierung von Gedanken für alle Teilnehmer einer Sprachgemeinschaft".[88] Identität besteht also zweifach: im selben Abrufmodus grammatischer Funktionen, d.h. auf der Ebene des Sprachsystems, und im selben Vernunftgebrauch, d.h. auf der Ebene der universalen rationalen Verfaßtheit des Individuums. Erst auf dieser Grundlage greifen die eigentlichen Differenzen.[89] Zwar verhindern sie identisches Verstehen – aber Schleiermachers Denken bleibt grundlagentheoretisch ein identitätslogisches. Und von daher kann er auch immer wieder das identische Verstehensziel ausschreiben. Dieser Vorgang verweist letztlich auf den theologischen Hintergrund Schleiermachers: aus identischem Grund differenziert sich eine unendliche Vielfalt des Werdens, die wiederum – eschatologisch – auf die Rückkehr in diesen identischen Grund zusteuert, ohne daß dieser menschlich herstellbar wäre. Theologie fungiert hier nicht material, sondern als Denkform.

Schleiermacher setzt für das Verstehen also durchaus Abstände ein, die „Ungewißheiten und Verschiedenheiten im Verstehen"[90] bedingen. Sie sind kontextueller Natur. Zugleich glaubt Schleiermacher an ein Verstehen qua „Annäherung".[91] Es gibt so etwas wie „die Sicherheit, daß man richtig verstanden und die Verbindung gemacht hat, die der Verfasser wollte"[92], auch wenn sich diese erst allmählich einstellt. Die pyschologische Auslegung steht dabei vor dem Problem, den Abstand zwischen Autor und Rezipient zu überbrücken. Das ist unproblematisch, wo „Denken und Gedankenverbindung in beiden ein und dasselbe" ist, denn dann „ergibt sich bei Gleichheit der Sprache das Verstehen von selbst."[93] Schleiermacher nimmt diese Möglichkeit nicht als Normalfall, aber er räumt sie zumindest als Orientierungspunkt ein, auch wenn er sie – genauso wie das Gegenteil der totalen Differenz zwischen Sprecher und Hörer bzw. Leser – nicht absolut verstanden wissen will:

> „Allein in dieser Schärfe oder Absolutheit ist der Gegensatz gar nicht vorhanden. Denn in jedem Falle ist immer eine gewisse Differenz des Denkens vorhanden zwischen dem Sprechenden und Hörenden, aber keine unauflösliche. Selbst im gewöhnlichen Leben, wenn ich bei vollkommener Gleichheit und Durchsichtigkeit der Sprache die Rede eines anderen höre und mir die Aufgabe stelle, sie zu verstehen, setze ich eine Differenz zwischen ihm und mir. Aber in jedem Verstehenwollen eines andern liegt schon die Voraussetzung, daß die Differenz auflösbar ist."[94]

Die Differenz im Verstehen läßt sich also prinzipiell ausräumen. Schleiermacher setzt dafür zwei Methoden an, die *divinatorische* und die *komparative*.

---

[88] M. Frank, Das individuelle Allgemeine. Textstrukturierung und Textinterpretation nach Schleiermacher, Frankfurt a.M. 1985, 157.
[89] Vgl. F. D. E. Schleiermacher, Hermeneutik und Kritik, 89.
[90] Ebd., 152.
[91] Ebd., 168.
[92] Ebd., 153.
[93] Ebd., 178.
[94] Ebd.

Sie entsprechen analog dem Identitätsprinzip einerseits, der Differenzlogik andererseits.

> „Die *divinatorische* ist die, welche, indem man sich selbst gleichsam in den andern verwandelt, das Individuelle unmittelbar aufzufassen sucht. Die *komparative* setzt erst den zu Verstehenden als ein Allgemeines und findet dann das Eigentümliche, indem mit andern unter demselben Allgemeinen Befaßten verglichen wird."[95]

Der Vergleich geht vom Differenten aus, bezieht sich darin auf ein allgemeines Moment, das als gemeinsames wiederum eine grundierende Identität bezeichnet und von daher Verstehen erlaubt. Auch hier gilt, daß Differenzen auf eine basale Identität verweisen.

Eine besondere Karriere hat Schleiermachers Begriff der *Divination* gemacht. Divination und Komparation gehen Hand in Hand. Ohne den abstützenden, kritischen Vergleich könnte die Divination „fantastisch"[96] sein und den Textsinn verfehlen. Indem sie in Beziehung zum Allgemeinen tritt, wird die divinatorische Deutung bestätigt oder abgewiesen. Die Divination wiederum erlaubt den Zugang zum einzelnen, so daß das Individuelle mit dem Allgemeinen vermittelt wird. Beides setzt sich gegenseitig voraus. Hier greift der hermeneutische Zirkel, daß das Ganze aus den Teilen, die Teile aus dem Ganzen verstanden werden müssen.

Die Divination faßt Schleiermacher als „das Erraten der individuellen Kombinationsweise eines Autors".[97] Es geht also weniger um die geniale Einfühlung als um die Rekonstruktion eines individuellen Stils. Indem dieser verstanden wird, läßt er sich als individuelles Prinzip im Text identifizieren. „Divination bezeichnet also im Rahmen der psychologischen Interpretation diejenige Bewußtseinshaltung des Interpreten, die der stilistischen Produktivität des Autors korrespondiert."[98] Der Stil korrespondiert mit der individuellen Sichtweise eines Autors, und ihn zu erfassen, fordert vom Interpreten, die unvermeidliche eigene Perspektive zugunsten der Fremdwahrnehmung zurückzustellen: um „die Gedanken eines andern als seine Produktion vollkommen zu verstehen, müssen wir uns von uns selber los machen."[99]

Das Individuum erscheint hier als Differenzmarke, denn wie es sich von sich selbst lösen kann, bleibt offen. Vielmehr rückt die Differenzreflexion mit der Gestalt des Rezipienten nachdrücklich in das hermeneutische Blickfeld:

> „Zum vollen Verstehen gehört offenbar beides zu wissen, sowohl was ich vermisse, als was ich im Schriftsteller mit meinen Gedanken über den Gegenstand im Widerspruch finde."[100]

---

[95] Ebd., 169.
[96] Ebd., 170.
[97] F.D.E. Schleiermacher, Über den Begriff der Hermeneutik mit Bezug auf F. A. Wolfs Andeutungen und Asts Lehrbuch, in: ders., Hermeneutik und Kritik, 309-346; hier: 318.
[98] M. Frank, Einleitung zu „Hermeneutik und Kritik, 7-67; hier: 47.– Nachdrücklich weist Frank jede Interpretation der Divination zurück, die – wie Gadamer – von einem Standpunktwechsel über die Zeiten hinweg ausgeht.
[99] F. D. E. Schleiermacher, Hermeneutik und Kritik, 213.
[100] Ebd., 216.

Die Erkenntnis des Anderen macht Hermeneutik relational und berücksichtigt den Verstehensabstand der Individuen[101], der sich noch einmal kontextuell dechiffrieren läßt. Da aber zugleich in jedem Text als einem „abgeschlossenen Ganzen"[102] ein „Keimentschluß"[103] des Autors als Textprinzip und semantisches Organisationszentrum identifizierbar ist, neigt sich Schleiermachers Hermeneutik zugleich wieder dem Identitätsdenken als der Basis des Ganzen zu. Letztlich nämlich ist die Intention eines Textes eben über die Divination erreichbar. Und gerade weil der *Text* in der Rezeption nicht als offen, sondern eben als durch den Autor abgeschlossen verstanden wird, gibt es mit dem fixierten Text auch die Möglichkeit, seinen *Sinn* in ihm auszumachen und festzuhalten. An dieser Stelle wird die kritische Reflexion des Differenzraumes der sich im Text begegnenden Individuen identitätslogisch zurückgeschaltet.

Damit zeichnet sich das Grundproblem der Hermeneutik Schleiermachers ab: sie eröffnet einerseits einen differenztheoretischen Spielraum, bringt ihn andererseits in das Konzept von Verstehen nicht konsequent ein. D.h.: die Spannung von Verstehen zwischen Identität und Differenz wird mit Schleiermacher formulierbar, sie wird aber nicht mehr als solche theoretisch auf den Begriff gebracht, sondern implizit transportiert. Volles Verstehen schließt für Schleiermacher Differenzerfahrungen ein. Wie sich indes die Feststellung der „eigentlichen Tendenz"[104] eines Textes mit dem individuellen historischen und kulturellen, personalen und zeichentheoretischen Abstand vereinbaren lassen könnte, bleibt aporetisch offen. Schleiermachers gleichzeitige Rede vom *Unendlichkeits*eintrag allen Verstehens und vom *völligen Verstehen* des *Eigentlichen* markiert diese Spannung.

2.3.3 Heideggers Differenzansatz

Die universale Bedeutung von Hermeneutik, wie sie sich unterschiedlich bei Hegel und Schleiermacher abzeichnete, wird bei Martin Heidegger radikalisiert. Verstehen ist für den Menschen als Dasein „fundamentales Existenzial", es ist „Grundmodus des *Seins* des Daseins".[105] Dies gilt insofern, als der Mensch sich selbst in einem unendlichen Spielraum von Handlungsmöglichkeiten und damit von Optionen seiner Selbstverwirklichung aufgegeben ist. Dieses Potential *wahrzunehmen*, bedeutet „das Verstehen als erschließendes Seinkönnen."[106] Weil der Mensch je schon in der Welt ist und somit im Horizont des Möglichen steht, versteht er je, denn er muß sich verhalten: „Zum Sein des Daseins gehört Seinsverständnis."[107] Als Dasein geht es ihm immer

---

[101] Vgl. die Feststellung ebd., 228, „daß in der Auslegung des Einzelnen noch so viel unausgleichbare Differenzen sind."
[102] Ebd., 183.
[103] Ebd., 196.
[104] Ebd., 208.
[105] M. Heidegger, Sein und Zeit, Tübingen ¹⁶1986, 143.
[106] Ebd., 144.
[107] Ebd., 85.

um das eigene Sein. Der Mensch entwirft seine eigene Existenz und deutet sie darin; in einem deutet er die Wirklichkeit, in der er lebt. Die Fassung, die er seinem Leben gibt, ist unmittelbar schon eine Wirklichkeitsinterpretation und letztlich als Verhalten im und zum Sein dessen Auslegung. Das „*Seinsverständnis ist selbst eine Seinsbestimmtheit des Daseins.*"[108] Verstehen ist damit mehr als ein technischer Begriff, z.B. im Sinne eines Sich-verstehens-auf-etwas; Verstehen ist menschlich unhintergehbar.

Genau in dieser Seinsart des Daseins erreicht die Hermeneutik grundsätzlichen und universalen Rang. Jede Lebensäußerung wird letztlich als hermeneutischer *Entwurf* lesbar, „als Dasein hat es sich je schon entworfen und ist, solange es ist, entwerfend."[109] In jedem biographischen Entwurf zeigt sich, daß Dasein auf seinem Wesensgrund seinen Möglichkeiten nach „ständig >mehr< (ist – G.M.H.), als es tatsächlich ist."[110] Es ergreift Möglichkeiten und läßt andere unrealisiert liegen, die dennoch zur Faktizität seines Seins als Dasein, d.h. als das „verstehende Sein zu Möglichkeiten"[111] gehören.

Bereits hier eröffnet sich ein Differenzraum in allem Verstehen, weil der Mensch unausweichlich hinter seinen Möglichkeiten zurückbleibt. Und er wird auch darin deutlich, daß Dasein als Verstehen sich je in einer „Vor-Struktur"[112] bewegt, die sich gleichermaßen zeitlich wie logisch im hermeneutischen Zirkel allen Verstehens abzeichnet. „Das Verstehen betrifft als die Erschlossenheit des Da immer das Ganze des In-der-Welt-seins. In jedem Verstehen von Welt ist Existenz mitverstanden und umgekehrt."[113] Verstehen kann aus diesem wechselseitigen Bedingungsverhältnis nicht aussteigen, weil es nicht aus der Welt kann. Differenzlogisch besagt dies: es gibt keinen objektiven, archimedischen Punkt der Erkenntnis. Alles Verstehen ist in diese Differenz als Relation in allem Verstehen, als Bewegung eingetragen.

Diese existenziale Interpretation von Verstehen bringt ein grundlegend anderes Konzept von Erkenntnis hervor, als jenes, auf das die Metaphysik die philosophische Tradition vereidigte. Heidegger kritisiert das „vorstellende Denken"[114] der Metaphysik, das in Bezug auf das Verstehen einen Bezug zwischen verstehendem Menschen und zu verstehendem Sein eröffnet, der sie miteinander verbindet und zugleich trennt, ohne das Wesen dieser Trennung, ihrer Differenz, wirklich wahrzunehmen. Heidegger sieht durch seinen Verstehensbegriff den Zusammenhang zwischen Mensch und Sein unmittelbar, das Dasein verhält sich ursprünglich verstehend in und zu seinem Sein, um das es ihm immer geht. Die Metaphysik konstruiert hingegen eine erkenntnistheoretische Subjekt-Objekt-Relation, in der das Subjekt das Objekt erkennt, es darin – mit Nietzsche – beherrscht. Der ursprüngliche Konnex von Dasein und Sein – gerade im Verstehen – wird übersehen.

---

[108] Ebd., 12.
[109] Ebd., 145.
[110] Ebd.
[111] Ebd., 148.
[112] Ebd., 152.
[113] Ebd.
[114] M. Heidegger, Identität und Differenz, Pfullingen ⁹1990, 20.

> „Dieses vorwaltende Zusammen*gehören* von Mensch und Sein verkennen wir hartnäckig, solange wir alles nur in Ordnungen und Vermittlungen, sei es mit oder ohne Dialektik, vorstellen. Wir finden dann immer nur Verknüpfungen, die entweder vom Sein oder vom Menschen her geknüpft sind und das Zusammengehören von Mensch und Sein als Verflechtung darstellen."[115]

Erst auf der Basis dieses Zusammengehörens wird dann die eigentliche, die „ontologische Differenz"[116] von Sein und Seiendem sichtbar. Gerade sie verkennt die Metaphysik in ihrer „Seinsvergessenheit"[117], indem sie das Sein als Anwesenheit denkt und über es in seiner Präsenz verfügt. „Als völlig Anwesendes ist das Sein der verfügbare Grund, über den die Vernunft Rechenschaft ablegt. Die Metaphysik gründet Seiendes in seinem Sein, dieses Sein aber in einem höchsten Seienden oder in einer letzten Selbstgewißheit."[118]

Genau diese Differenz aber ist die entscheidende, um sie kreist Heideggers Hermeneutik:

> „Für uns ist die Sache des Denkens das Selbe, somit das Sein, aber das Sein hinsichtlich seiner Differenz zum Seienden. Noch schärfer gefaßt: Für Hegel ist die Sache des Denkens der Gedanke als der absolute Begriff. Für uns ist die Sache des Denkens, vorläufig benannt, die Differenz *als* Differenz."[119]

Indem für die Metaphysik das Sein als der Grund des Seienden gedacht wird, verschwindet diese Differenz, denn das Seiende läßt sich auf das Sein zurückführen. Das Sein wird aber darin als Seiendes vorgestellt, als gegenständliche Ursache, und kann so in seinem Wesen nicht gefaßt werden. Eben in seinem Anwesen entzieht sich das Sein als abwesendes nämlich zugleich, es ist nicht quantifizierbar, nicht zu vermessen, nicht auf den Begriff zu bringen. Es ist nur über das Seiende zu erfahren, als das es „west", ohne daß es im Seienden selbst identifizierbar wäre. Man hat es nie distinkt und definitionsbereit vor sich.[120] „Sein des Seienden heißt: Sein, welches das Seiende ist. Das >ist< spricht hier transitiv, übergehend. Sein west hier in der Weise eines Überganges zum Seienden."[121] Auch darin konturiert sich die Differenz: das „ist" ist nicht statuierbar, nie präsent, dennoch wirklich, bleibend entzogen. Das Sein zeigt sich im Seienden, das so erst erscheint. Indem es erscheint, ist es seine Unverborgenheit, aber eine, in der sich das Sein zugleich wieder verbirgt. Nur in diesem Prozeß wird es wahrnehmbar. Das aber bedeutet letztlich, daß Sein und Seiendes nur in ihrem „Unter-schied"[122] zu denken sind: hier wird „Sein gedacht aus der Differenz."[123]

---

[115] Ebd., 19.
[116] Ders., Vom Wesen des Grundes, in: ders., Wegmarken, Frankfurt a.M. 21978, 123-173; hier: 123.
[117] Ders., Einleitung zu: >Was ist Metaphysik?<, in: Wegmarken, 361-377; hier: 366.
[118] O. Pöggeler / F. Hogemann, Martin Heidegger: Zeit und Sein, in: J. Speck (Hrsg.), Grundprobleme der großen Philosophen. Philosophie der Gegenwart V, Göttingen 1982, 48-86; hier: 71.
[119] M. Heidegger, Identität und Differenz, 37.
[120] Vgl. Sein und Zeit, 4.
[121] Identität und Differenz, 56.
[122] Ebd., 56.
[123] Ebd., 57.

Dieses Differenzdenken greift auch dergestalt, daß Sein als Differenz nie adäquat sprachlich gefaßt werden kann – wie es sich auch einem Denken entzieht, das es festhalten möchte. Von ihm denkend zu sprechen, vollzieht sich als „ein Kreisen, das Umeinanderkreisen von Sein und Seiendem"[124], das sich in diesem Prozeß selbst ereignet. Das Sein als Differenz zu nehmen,

> „verweist unser Denken in den Bereich, den zu sagen die Leitworte der Metaphysik, Sein und Seiendes, Grund – Gegründetes, nicht mehr genügen. Denn was diese Worte nennen, was die von ihnen geleitete Denkweise vorstellt, stammt als das Differente aus der Differenz. Deren Herkunft läßt sich nicht mehr im Gesichtskreis der Metaphysik denken."[125]

Heideggers Hermeneutik steuert von daher auf eine Sprachaporie zu, die durch keine Neuschöpfung überwunden wird, weil unser Sprechen traditional metaphysisch mitbestimmt bleibt. Dennoch ist in veränderter Denkform vom Sein zu sprechen – es entwindet sich identitätslogischer Festlegung. Heidegger erschließt eine geschichtshermeneutische wie ontologische Perspektive, die sich der Differenz öffnet.

Genau hieran haben die postModernen Hermeneutiken sich orientiert. Zumal J. Derrida verdankt seine Rede von der *différance* der Heideggerschen Urintuition. Differenz wird gleichsam zur unhintergehbaren Bedingung des Denkens. Einer Hermeneutik wird zugedacht, die sich aus der Perspektive der Differenz heraus dem Differenten selbst zuwenden kann, ihm eine eigene Dignität zuspricht, es zuläßt, statt einzuebnen. Solcherart identifizierendes Denken wird in der Denkform selbst verabschiedet, wird seinerseits *fragil*. Heideggers Differenzdenken hat dem zum Durchbruch verholfen, indem es die Perspektiven verschoben hat. Seine Metaphysikkritik mit ihren vernunftkritischen Vorbehalten konveniert von daher nur konsequent mit einem wesentlichen Motiv postModerner Differenzhermeneutik.[126]

2.3.4 Die universal-ontologische Hermeneutik Gadamers

Hans-Georg Gadamer nimmt diese differenzphilosophische Deklination der Hermeneutik auf. Seine Interpretation der Existenzialität von Verstehen im Sinne Heideggers belegt den inneren Denkzusammenhang.

Grundlegend findet sich auch hier die hermeneutische Spannung von Identität und Differenz im Verstehensprozeß. Einerseits wird im Verstehen ein „Einverständnis"[127] konzipiert, andererseits mit der Betonung der Geschichtlichkeit des Verstehens und seiner Traditionsverwiesenheit Zeit als herme-

---

[124] Ebd., 62.
[125] Ebd., 64.
[126] Vgl. J. Habermas, Die metaphysikkritische Unterwanderung des okzidentalen Rationalismus, in: ders., Der philosophische Diskurs der Moderne. Zwölf Vorlesungen, Frankfurt a.M. 1988, 158-190.
[127] H.-G. Gadamer, Wahrheit und Methode. Grundzüge einer philosophischen Hermeneutik (= GW I), Tübingen⁶1990, 276.

neutisches Differential bestimmt. Vorausgesetzt wird dabei je „das Funktionieren von Sprache"[128], d.h. seine >bloße< Verständlichkeit, „damit das Verständnis des Gesagten oder im Text Gesagten überhaupt möglich wird." Übereinkommen und Unterbrechung bewegen gleichermaßen den Verstehensvorgang.

Diese Spannung setzt sich in der gesamten Entwicklung der Gadamerschen Hermeneutik fest. Sie läßt sich als Gleichzeitigkeit eines „Verstehensoptimismus"[129] und einer reflexen Form von Differenzbewußtsein festmachen, wie es sich in Gadamers hermeneutischem Fazit abzeichnet, wonach „man *anders* versteht, *wenn man überhaupt versteht.*"[130] Das ist aus dem Gesamtentwurf heraus darzustellen.

Gadamers Ausgangspunkt ist die *Methodenfrage in den Geisteswissenschaften*, das Problem die Überfremdung der Geisteswissenschaften durch naturwissenschaftliche Methodik. Als ihr Kriterium erscheint das Ideal „fortschreitender Erkenntnis von Gesetzmäßigkeit"[131]. Demgegenüber orientieren sich die Geisteswissenschaften an einer anderen Wirklichkeitsdimension, faßbar als „Erfahrung der Wahrheit", „die den Kontrollbereich wissenschaftlicher Methodik übersteigt"[132]. Gadamer erwartet solche Wahrheitsbegegnung von der Kunst.

Mit Kants ästhetischem Subjektivismus wird die Wahrheitsfrage in der Kunst suspendiert. Erkenntnistheoretisch steht Kants kopernikanische Wende hier Pate – mit der Konsequenz für ästhetische Theorie, daß der Geschmack jeden wahrheitstheoretischen Objektivismus verabschiedet. Das erkenntnisleitende Interesse Gadamers richtet sich vor diesem Hintergrund auf eine Neuformulierung der Wahrheitsthematik. Sie findet Anhalt im objektiven Moment aller Kunst als Werk.

Kunst begreift Gadamer im Modell des Spiels als der „Seinsweise des Kunstwerkes"[133]. Beide spielen mit Möglichkeiten, strukturanalog: mit Interpretationen. Sie geben Regeln vor, die im Nachvollzug das Spiel erst realisieren, es je anders spielen lassen, wie das Kunstwerk je anders aufgefaßt wird. Das Spiel hat dabei seinen unverrechenbaren Sinn in sich selbst. Und es ist das eigentliche „Subjekt"[134], d.h. es führt über die reine Subjektivität hinaus ins Objektive. So formuliert es seinen eigenen Anspruch, mitgespielt, nachvollzogen zu werden.

Dieser Anspruch rührt daher, daß Spiel und Kunst aus ihrer Zeit in unsere Lebenszusammenhänge reichen. „Ein Kunstwerk gehört mit dem, worauf es Bezug hat, so sehr zusammen, daß es dessen Sein wie durch einen neuen

---

128 Ders., Text und Interpretation, in: ders.: Wahrheit und Methode. Ergänzungen, Register (= GW II), Tübingen 1993, 330-360; hier: 341; die folgenden Zitate ebd.
129 W. G. Jeanrond, Text und Interpretation als Kategorien theologischen Denkens, Tübingen 1986, 27.
130 H.-G. Gadamer, Wahrheit und Methode I, 302.
131 Ebd., 10.
132 Ebd., 1.
133 Ebd., 107.
134 Ebd., 112.

Seinsvorgang bereichert."[135] Kunst läßt neu und anders sehen, verstehen, und genau darin besteht ihre „Seinsvalenz".[136] Damit begründet Gadamer Kunst ontologisch, und darin wird sie universal.

Kunst als hermeneutischer Vorgang setzt einen solchen, auf sie selbst gerichteten frei. Als Sprachkunstwerk etwa ergibt sich eine kommunikative Begegnung zwischen Werk und Rezipient im Lesen bzw. Hören. Literatur wird lesend verstanden, sie wird übersetzt. „In ihrer Entzifferung und ihrer Deutung geschieht ein Wunder, die Verwandlung von etwas Fremdem und Totem in schlechthinniges Zugleichsein und Vertrautsein."[137] Um dies zu erreichen, hat Hermeneutik die Rekonstruktion von Welt und Zeit des Werks sowie ihre Integration in Welt und Zeit des Verstehenden zu leisten. Indem Gadamer diese Möglichkeit setzt, indem er an dieser Stelle von einem quasi-temporalen, letztlich mentalen „Zugleichsein" spricht, konfiguriert er den hermeneutischen Identitätspol, dessen Antipol das Andersverstehen ist. Bezeichnenderweise werden diese beiden hermeneutischen Lesehaltungen hier nicht miteinander vermittelt, sie werden nicht gegenseitig gebrochen. Dies deutet darauf hin, daß Gadamer zwar niemals von einem „überzeugungsidentisch(en)"[138] Verstehen ausgeht, den Differenzen im Verstehen selbst aber keine systematische Beachtung schenkt. Die Vermittlung konkreter Differenzmarken mit seinem Konzept eines wirklichen Verstehens bleibt unterbestimmt.

Dieses Konzept sucht eine Überwindung des wahrheitstheoretischen Relativismus wie er sich in der Nachfolge Kants unter den Bedingungen des Historismus aufzwang. Gadamer setzt dazu mit der „Erhebung der Geschichtlichkeit des Verstehens zum hermeneutischen Prinzip"[139] an. Zeitlichkeit und Geschichtlichkeit als Strukturmerkmale von Verstehen werden bereits im unhintergehbaren hermeneutischen Zirkel deutlich: verstehendes Ich und zu verstehender Text stoßen in einen Kreislauf des Verstehens, der mit ihnen ihre Kontexte diachron wie synchron öffnet und sie als Momente des Verstehensprozesses thematisch macht. Ein Ausstieg ist unmöglich. Alles Verstehen schließt somit einen Vorentwurf von Sinn im Modus der Erwartung ein; zugleich führt die Sachhaltigkeit des zu Verstehenden über diesen Horizont hinaus und weist auf einen eigenen, anderen, noch fremden. Ihre Vermittlung kann nur gelingen, wo man sich „der wesenhaften Vorurteilshaftigkeit"[140] und traditionalen Kontextualität allen Verstehens stellt. Verstehen wird von daher zum „Einrücken in ein Überlieferungsgeschehen".[141]

Verstehen ist also konstitutiv ein Spannungsgeschehen, es konfrontiert Autor, Text, Kontext und Rezipient miteinander. Das impliziert ein Zu- und

---

[135] Ebd., 152.
[136] Ebd., 153.
[137] Ebd., 169.
[138] Ders., Zwischen Phänomenologie und Dialektik. Versuch einer Selbstkritik, in: Wahrheit und Methode II, 3-23; hier: 16.
[139] Ders., Wahrheit und Methode I, 270.
[140] Ebd., 274.
[141] Ebd., 295.

Auseinander in der Justierung der Perspektiven. Verstehen spielt sich ab „zwischen Fremdheit und Vertrautheit... In diesem Zwischen ist der wahre Ort der Hermeneutik."[142] Verstehen bleibt aber nach Gadamer nicht einfachhin in dieser Schwebe: entweder gelingt Verstehen, oder es mißlingt. Kriterium ist der Text selbst: mögliche Meinungen orientieren sich an ihm, unmögliche gehen an ihm vorbei. Doch eben das Metakriterium dafür bleibt offen. Auch hier wird das approximative Moment im Verstehen reflex.

Richtiges Verstehen geschieht letztlich in der Gestalt einer „Horizontverschmelzung".[143] Die Metapher selbst deutet den Vorgang identitätslogisch abgestimmt aus, und zwar vergleichbar der dialektischen Einheitskonstruktion Hegels. Mit anderen Worten: es bleibt nicht bei einer simultanen Mehrdeutigkeit und Vielzahl von Interpretationen, von Optionen, sondern es kommt zur Über**ein**kunft. Obwohl also von der „grundsätzlichen Unabschließbarkeit des Sinnhorizontes"[144] auszugehen ist, obgleich die interpretativen Kontexte, die Traditionen nie ganz zu beherrschen sind, die Verstehen mitbestimmen, kann es zu einem Einverständnis kommen, in dem sich für den Augenblick offensichtlich die Subjekt-Objekt-Differenz aufhebt. In der hermeneutischen Grundlegung über das Gespräch, mit dem Sprachlichkeit als Thema erscheint, begegnet dies in der Form eines angezielten Verstehenskonsenses. Das Gespräch fungiert als Verständigung über den Sinn von Sätzen und ihren Anspruch, wobei noch einmal die Horizontverschmelzung als die „Vollzugsform des Gesprächs"[145] begriffen wird:

> „Verständigung im Gespräch ist nicht ein bloßes Sichausspielen und Durchsetzen des eigenen Standpunktes, sondern eine Verwandlung ins Gemeinsame hin, in der man nicht bleibt, was man war."[146]

Die Sprache selbst erscheint an dieser Stelle als der Grund möglicher Einheit im Vielen der Meinungen und Lesarten. Sprache und Denken sind für Gadamer unmittelbar verbunden.[147] Er bezieht sich hier auf das *innere Wort* bei Augustinus[148] und aktualisiert zugleich die Einsicht des platonischen Sokrates, „daß der Logos allen gemeinsam ist"[149] und so Verständigung erlaubt.[150] Die Frage ist für Gadamer nun, „was Sprachlichkeit im letzten Betracht ist: Brücke oder Schranke."[151]

---

[142] Ebd., 300.
[143] Ebd., 311.
[144] Ebd., 379.
[145] Ebd., 392.
[146] Ebd., 384.
[147] Vgl. ders., Klassische und philosophische Hermeneutik, in: Wahrheit und Methode II, 92-117; hier: 111.
[148] Vgl. die Gadamer-Interpretation von J. Grondin, Der Sinn für Hermeneutik, Darmstadt 1994, 1-70.
[149] H.-G. Gadamer, Text und Interpretation, 336.
[150] Vgl. zu den platonischen Wurzeln der Gesprächs-Hermeneutik Gadamers: L.E. Hahn (Hrsg.), The Philosophy of Hans-Georg Gadamer (= The Library of Living Philosophers Vol. XXIV), Chicago 1997.
[151] H.-G. Gadamer, Text und Interpretation, 336.

Sprache ist einerseits ein Unendliches, nämlich nie voll aktualisierbar. Zugleich ist sie nur gegeben in jener „Endlichkeit des sprachlichen Geschehens, in dem sich das Verstehen jeweils konkretisiert."[152] Damit wird eine grundlegende Differenzmarke für alles Verstehen gesetzt. Zugleich wird unter der Hinnahme dieser Uneinholbarkeit von Sprache auf einen Text rekurriert, der seinerseits Identität als solche verheißt. Seine Identität ist die des abgeschlossenen, vorhandenen Textes: „die unverrückbare Identität des Werkes" garantiert die „Sinnidentität eines Textes".[153] Sie läßt sich erheben über die Feststellung des Textes als solchen und über eine universal gesetzte Vernunft, „deren Wort allen gemeinsam ist."[154]

An anderer Stelle spricht Gadamer davon, „daß ein Text nicht ein gegebener Gegenstand ist, sondern eine Phase im Vollzug eines Verständigungsgeschehens."[155] Im Blick auf die oben zitierte Passage geht es in der bezeichneten Sinnidentität also nicht primär um die Textidentität, sondern um das im Verstehen sich ereignende Wiederherstellen und Neuschaffen des Textes, der sich aus seinem Kontext in den fremden Kontext übersetzen läßt und sich so ereignet. Es ist aber dieser Text selbst, der neu vollzogen wird: angewendet etwa als Rechtstext. Seine Identität wird somit aber im letzten faßbar als eine *Sinnidentität im Verstehensakt*: die verstehende Übereinkunft vollzieht jenen Sinn nach, der ihr im Text vorgegeben war. Dies ist nur möglich unter Betracht der raumzeitlichen Differenzen, die nicht zuletzt sprachliche sind.

Dennoch ist diese Identität nach Gadamer möglich. Offen bleibt freilich, ob sie eine solche ist, die gleichsam einen Werkkern betrifft, der über alle Versprachlichungsmöglichkeiten hinausschießt und hier im subjektiven Verstehensakt eingeholt wird; ob es sich also um eine Art proportional-analoger Identität handelt – ob diese Identität also eine subjektiv im Interpreten ereignete bleibt oder eine objektive, die eine Sachidentität herstellende und garantierende ist. Wenn aber Sinn je sprachlicher ist, Sprache wiederum sich immer ausdifferenziert, bleibt nur eine *mentale Sinnidentität* – damit aber wäre der Versuch Gadamers, den relativistischen Subjektivismus über eine sprach-ontologische Hermeneutik zu überwinden, noch einmal subjekttheoretisch zu brechen. Dies gälte selbst, wo diese Identität dialogisch als Übereinkunft qua Gespräch zu fassen wäre: denn das Kriterium der Übereinkunft kann nichts anderes bereitstellen als das individuelle Selbstbewußtsein, das es aktualisiert.

Gadamer steht also radikal in der Spannung von Identitäts- und Differenzdenken gerade in seinem Versuch, die Differentiale des Verstehens zu betonen und dennoch eine Sinnidentität zu gewährleisten. Gadamers Identität läßt sich nur als streng temporalisierte, als vorläufige denken, d.h. aber als einen unendlichen Aufschub in der Vermittlung von differenten Einschlägen und ihren dialogisch-konsensuellen Überwindungen.

---

[152] Ders., Wahrheit und Methode I, 480.
[153] Ders., Zwischen Phänomenologie und Dialektik, 7.
[154] Ders., Selbstdarstellung, in: Wahrheit und Methode II, 479-508; hier: 497.
[155] Ders., Text und Interpretation, 345.

Diese Spannung faßt Gadamer nicht noch einmal als theoretischen Bestand. Und das entspricht seinem Versuch, alles im Verstehen aufgehen zu lassen. Das Phänomen der Fremdheit bleibt nicht als solches stehen. Der universale Logos der Vernunft erlaubt, es anzueignen – und dies geschieht noch, wo eingeräumt wird, daß dieser Vorgang nicht jedes Detail erreicht.

> „Gadamers Hermeneutik strebt nach dem beherrschenden Verstehen des fremden Textes. Der fremde Sinn soll ähnlich aufgehoben werden wie die fremde Sprache oder Kultur in Hegels geschichtlichem Selbst. Das Fremde ist in beiden Fällen das noch nicht Verstandene. Es ist zwar keine begrifflich unbestimmte Marginalie, aber eine Episode im Prozeß des Verstehens von Texten oder der Aneignung des eigenen Selbst."[156]

Gadamer sieht das Fremde zwar als Differenz, er kann es aber nicht stehen lassen. Sein hermeneutisches Programm zielt auf Übereinkunft, die durch die Zeiten und Kulturen möglich wird. Aufschlußreich, daß die katholisch-theologische Tradition hier seine Rehabilitierung von Tradition und Autorität übernehmen konnte, ohne gleiches Gewicht auf Gadamers Akzentuierung des Andersverstehens zu legen. Dies entspricht dem spezifischen Erkenntnisinteresse, hat aber zugleich seinen Grund in der Architektonik von Gadamers Hermeneutik: denn das Andersverstehen wird jeweils identitätslogisch noch einmal ausgehebelt, wo das Andere und Fremde im Verstehen aufgehoben wird. Radikale Differenzwahrnehmung kann für Gadamer nur Un- und Mißverständnis ausmachen. Hier schlägt das konsensuelle Motiv durch.

Gadamer bezeichnet insofern exakt die Grenze zwischen Identitäts- und Differenzdenken. Beides findet sich in seiner Hermeneutik aufgenommen. Dies reicht bis zum theoretisch Unvermittelten im eigenen Ansatz, etwa in seiner Rede von möglicher „Sinnidentität" bei gleichzeitiger Identitätsauflösung von Verstehen als Andersverstehen.[157] Das im letzten fehlende Kriterium für eine wirkliche Horizontverschmelzung und eine korrekte Applikation von Texten macht dies ebenso anschaulich wie das Ausbleiben einer konkreteren Bestimmung jener Faktoren, die das Andersverstehen ausmachen. Und es wird noch einmal deutlich in der Zeitfassung seiner Hermeneutik: Identität im Verstehen als Übereinkunft muß eine temporale sein. Gegenüber der – in Gadamers Lesart – von Schleiermacher imaginierten Gleichzeitigkeit von Interpret und Autor im Text sieht Gadamer diese Gegenwart als traditional vermittelte Vergangenheit. Die Zirkularität von Verstehen impliziert die Uneinholbarkeit des zu Verstehenden und so einen prinzipiellen Abstand im Verstehen. Diese differenztheoretische Unterwanderung allen Verstehens

---

[156] W. Vossenkuhl, Jenseits des Vertrauten und Fremden, in: O. Marquard (Hrsg.), Einheit und Vielheit, XIV. Deutscher Kongreß für Philosophie, Hamburg 1990, 101-113; hier: 104.

[157] „Auf der Grundlage einer prinzipiellen Einmehrdeutigkeit (der Gegenstände) tritt hier umgekehrt – vom jeweiligen Interpreten her gesehen – eine harmonisierende Mehreindeutigkeit in Kraft": H. Krämer, Positionen zeitgenössischer philosophischer Hermeneutik. Ein kritischer Überblick, in: Information Philosophie Hft. 5 / 1996, 24-38; hier: 30. Genau in dieser Spannung besteht – nach Gadamer – das hermeneutische Problem; es macht auf die Notwendigkeit aufmerksam, die Differenzmarken von Verstehen genauer zu untersuchen, um über sie erneut nachzufragen, wie Identität und Verstehen zu fassen sind.

wird jedoch in der Horizontverschmelzung noch einmal aufgehoben: sie ist der zeitlich unmeßbare, nie exakt bestimmbare und doch wirkliche, sich im Selbstbewußtsein des Rezipienten und dann darin als Vermittlungsgeschehen zwischen Objektivem und Subjektivem ereignende Moment von Sinnidentität. Das hermeneutische Zeit-Problem zeichnet sich hier als semantisch konstitutives ab und bringt die Spannung von Identitäts- und Differenzlogik auf den kritischen Punkt: es gibt Sinnidentität, aber sie ist radikal verzeitlichte und schon von daher in sich differente. Gadamers Verstehen schärft den Blick dafür, daß Verstehen in der Anziehungskraft der Pole stattfindet.

2.4 Die hermeneutische Problemstellung: Zwischen Identitäts- und Differenzdenken

Die unterschiedlichen Perspektiven auf philosophische Hermeneutik entlassen als Grundproblem den Verweisungszusammenhang von Identität und Differenz im Verstehensvorgang. Ansätze differenztheoretischer Wahrnehmung finden sich mit der zunehmenden Thematisierung der Geschichtlichkeit, insofern Verstehen immer klarer prozessual begriffen wird. Hegel wendet das geschichtsphilosophisch, Schleiermacher stärker im Blick auf den Text und Gadamer schließlich sprachontologisch. Zugleich steht Hegel für den letzten radikal identitätstheoretischen Entwurf.

Gerade von Hegel her wird deutlich, daß mit der Frage nach Identität und Differenz in der Hermeneutik das zentrale Problem gestellt ist, *wie* Denken seinen Gegenständen begegnet. Die Wahrnehmungsform ist selbst geschichtlich bedingt, sie ist kontingent, konstruiert. D.h.: sie ist Form von Differenz, denn sie läßt sich nicht mehr letztbegründen; sie ist Entscheidung aus perspektivischen Vorentscheidungen heraus, die sich nicht noch einmal vollends reflex beherrschen lassen. Der hermeneutische Zirkel steht von Schleiermacher bis Gadamer auch für diese Einsicht. Sie muß den Blick dafür öffnen, daß es im Verstehen um eine Vielzahl von Zugangsweisen geht. Die Art und Weise – mit Heidegger – richtig in den Zirkel hineinzukommen, wird dann postModern ganz in den Plural gesetzt.

Identität und Differenz sind keine Nebenbegriffe. Sie bezeichnen eine grundsätzliche Ausrichtung des Denkens. Metaphysik und Religion(en) konnten über Jahrhunderte alles auf einen identischen Grund beziehen, auf das Sein oder auf Gott. Heidegger verstand das Sein selbst in der Differenz, und die Plausibilität des Monotheismus' scheint in den westlichen Kulturen immer mehr aufgebraucht. Die Wirklichkeitserfahrung stimmt mit solchem Denken kaum mehr überein und macht von daher diese Glaubensform schwieriger – oft mehr erfahrungsbezogen als theoretisch. Differenzdenken greift hier für die Theologie auf das massivste ein. Hermeneutik als Wahrnehmungsform ist gerade in diesem postModernen Zug hin zum Differenten,

2. Hermeneutik zwischen Identitäts- und Differenzdenken 75

Abweichenden, Konkurrierenden, Irreduziblen zu einer existenziellen Herausforderung für die christliche Theologie geworden.

Die analysierten Autoren sind Schaltstellen auf dem Weg dorthin. Exemplarisch zeichnet sich in ihren hermeneutischen Überlegungen die differenztheoretische Wendung in der Philosophie ab. Da das Problem des Einen und des Vielen eine realitätsgenaue philosophische Grundkonstellation ausspricht, finden sich Wahrnehmungen von Differenz als Thema oder als Denkform immer wieder im Textmaterial der vergangenen Jahrtausende seit den Vorsokratikern. Dennoch ist in den letzten Jahrhunderten dieses Differenzdenken dramatisiert worden. Seine Profilgeschichte geht einher mit der industriellen Moderne und ihren gesellschaftlichen, politischen, kulturellen Folgen.

Für die Frühromantik wurde diese Moderne problematisch, Hegel konnte sie selbst noch einmal auf einen identischen Sinn projizieren. Spätestens mit Heidegger kann dies nicht mehr gelingen. Und die Gegenwart erfährt die Bruchstellen der Moderne übergenau am eigenen Leib. Dennoch hat sich die Pluralisierung als ein Motiv der Moderne durchgesetzt – nur daß sie radikaler betrieben werden soll. Die philosophisch intensivierte Differenzwahrnehmung hörte dies ihrer eigenen Zeit und deren Widersprüchen ab.

Die Tendenz hermeneutischen Denkens hin auf Differenzphilosophie ist nicht linear. Aber sie entspricht einem Paradigmenwechsel in der zugrundeliegenden Denkform. Von der Reflexionsphilosophie zur Kommunikationstheorie verläuft der Weg, vom Selbstbewußtsein zum Gespräch, damit zum Anderen und Fremden. Das diesbezüglich gewachsene Problembewußtsein faßt philosophisch das Differenzdenken. In ihm spiegelt sich die älter gewordene Moderne. Gewachsen ist die Sensibilität für das, was sich nicht verrechnen läßt, was seine eigene Dignität hat – und dies nicht nur im Unterschied zum *Eigenen*. Hegel ist hier das große Gegenbild, in dem in Form seiner Dialektik und seines Geschichtsbewußtseins der Systembruch schon sublim Kraft sammelt. Er bricht bei Heidegger auf. Gadamer faßt ihn genauer, wo er Verstehen will und es zugleich unterbricht, weil je anders verstanden wird. Die unaufgelöste Spannung zwischen seiner identitätslogischen Intuition und seinem kritischen Impuls funktioniert aus postModerner Sicht ganz ähnlich wie bei Hegel.

Das gilt auch für Heidegger. Was das Sein sei, führt ihn an die Grenze der Sprache und macht ihn so interessant für Negative Theologie. Der ontologische Theorierahmen aber erscheint postModern aufgegeben. Mit ihm droht das Paradigma des Funktionierens das Geheimnis des Seins auszuradieren – zum Schaden der Sache. Zu lange aber standen Ontologie und Metaphysik im Verdacht, nur am Einen, am Grund ihr Interesse zu haben. Absolute Letztbegründungen funktionieren anscheinend nicht, was zur Ratifizierung des Plurals sogar begründungstheoretisch führte. Auf Heidegger bezogen, war dafür sein Differenz-Begriff zu formal angelegt. Pluralistische Optionen ließ er nicht zu. Heidegger wartet auf der Schwelle eines sich verändernden Denkens.

Auch das Verstehen im engeren Sinn, wie es Schleiermacher und Gadamer in ihren Hermeneutiken entwerfen, findet sich postModern um ein konsequenteres Differenzdenken erweitert. Deutet Gadamer diese Möglichkeit im Andersverstehen bereits an, so bleibt dies trotzdem an einen letzten Einheitsgedanken zurückgebunden. Der Text und das Einverständnis stehen singularisch dafür. PostModern wird der Text schon nicht mehr als Einheit genommen. Paradoxerweise hat dem gerade der philologische Positivismus in seinem Interesse an der Textsicherung und mit seinen historisch-kritischen Ausgaben zugearbeitet: der Text löst sich in seinen textgenetischen Schwundstufen und Werdeformen gleichsam vor den Augen des Hermeneuten auf. Verstehen als Auslegung wird zum prozessualen Nachstellen der poetisch Form gewordenen Gedanken. Der Text selbst ist Differenz, in einem rückblickenden Augenblick vom Autor publiziert, als Text genommen und dem Leser gegeben: eine fragile Einheit. Aber immerhin in aller Differenz eine Einheit, ein Dokument, das sein Leser zu verstehen sucht. Doch wie er sich philologisch mit dem Text als abgeschlossenem nie sicher sein darf, wie er in seinem Verstehensentwurf den Text nur in seiner Entstehung und also als Prozeß auffassen kann, ist auch das Textadäquate als Maßstab des Verstehens je unterwandert. Es gibt Verstehen nur als diese Spannung, die wiederum die Pole des Identischen und Differenten anschaulich macht.

Mit dieser Problematik hat sich jede Sicherheit verabschiedet, die den Text voraussetzen und von daher verbindliche Verstehensformulare und Methodiken entwerfen konnte. Diese generiert der Text selbst. Im Computerzeitalter gibt es den Text zunehmend als Experiment. Ohne Spuren zu hinterlassen, kann er verändert werden. Und es gibt längst Textexperimente, mit denen die Grenzen des Verständlichen verschwimmen. Sie mutieren in einem Prozeß ständiger Ersetzbarkeit und ermöglichen immer neue Anknüpfungen. Literarische Hermetik und konkrete Poesie liefern bereits klassisch Belege dafür. Gadamers Textbegriff kennt z.B. die Möglichkeit solcher Computertexte noch nicht, die mit der Möglichkeit direkter Lesereingriffe rechnen, Substitutionen erlauben und erwarten, die mit den Fortschreibemöglichkeiten des Lesers neue Kombinationen zulassen und den Text semantisch nur als offenen setzen. Texteinheit wird ästhetisch zum Problem, weil Einheitsformen, Basen nicht wirklichkeitsgerecht erscheinen. Das Unbehagen an solchen irritierenden Texten hat wohl auch mit dem Bedürfnis eines Weltentwurfs im Text zu tun, in dem sich eine Ordnung anbietet, die noch als kunstvoll gestaltetes Chaos einen Sinn entwirft. Weil Sinn fragwürdig wurde, wurde es auch der Text. Mit ihm ist Textverstehen und Hermeneutik überhaupt in diesen Sog der vielen Möglichkeiten, der unendlichen Differenzen gezogen worden. Und doch ist da je eine Vorgabe, ist da Text, so sehr er als Schrift Differenz ist und Differenzen generiert (Derrida). Die Spannung bleibt gerade auch postModern.

Die vorgestellten hermeneutischen Theoretiker haben auf diesen Problempunkt geführt. Das Interesse an der Differenz als Denkform hat sich zunehmend stärker in ihren Ansätzen festgesetzt. PostModern wird es auf die Spitze getrieben. Doch auch postModernes Denken kann an der polaren Konstellation nicht vorbei, so sehr diese selbst noch einmal metaphysikkritisch gegengelesen wird. Wie sich in der Tradition das Konzept identitätslogischen Denkens selten rein darstellte und zunehmend die Vermittlungen des Anderen und der Differenz in sich austrug, so ist auch postModern weniger mit den Exzessen der absoluten Differenz zu rechnen als mit neuen Akzentsetzungen. Auf der Suche nach ihnen fungieren „Identität" und „Differenz" als Lösungsmittel hermeneutischer Theoriebildung.

3. PERSPEKTIVEN EINER DIFFERENZPHILOSOPHISCHEN HERMENEUTIK

Im folgenden wird es darum gehen, das postModerne Differenzdenken mit verschiedenen Autoren vorzustellen. Das erkenntnisleitende Interesse zielt auf die für eine Hermeneutik relevanten Marken ab, mit denen sich Differenzräume im Verstehen auftun. Sie sind genauer zu fassen, um sie wiederum theologisch – in den beiden nachfolgenden Hauptteilen – zu überprüfen. Dabei wird erneut die *Denkform* schraffiert.

Damit ist das Ziel der philosophischen Eröffnung genannt: die *Perspektive* ist entscheidend, nicht das voll funktionsfähige Resultat. Sie entsteht in der Darstellung, in der Interpretation, im Detail, jeweils schon differenzhermeneutisch bestimmt. Avisiert wird kein autorenbezogener Binnendiskurs. Der theoretische Zuschnitt ist das entscheidende Pensum. Die Kritik der Protagonisten ist entsprechend veranlagt. Probleme werden nur in diesem Zuge verzeichnet. Indes ist bereits die thematische Präsentation dezidierte Deutung, eher indirekt abzulesen an der Zusammenführung von Textstellen und ihrer komprimierten Lektüre; plan auf der offen differenztheoretischen Ebene. Sie wird später in ihrer theologischen Herausforderung verortet: historisch[1] wie systematisch.[2] Die Bedeutung der philosophischen *Passage* wird so erst im theologischen Durchgang ganz transparent.

Insgesamt geht es in diesem Theorieteil um einen anderen Blick auf die Wirklichkeit, um einen anderen fundamentaltheoretischen Zuschnitt. Die fünf Kapitel dieses Abschnitts sollen ihn ermöglichen. Die philosophische Rubrizierung unter dem Stichwort PostModerne läßt sich dabei nur mit einer differenzhermeneutischen Lesart rechtfertigen. Daß z.B. Ricoeur hier exponiert wird, muß zunächst sehr überraschen. Sein Name fällt unter den postModernen Schlüsselautoren nie. Inwiefern sein Ansatz für die Frage nach einer grundlegenden Wahrnehmung von Differenzdenken eine Rolle spielt, hat sich zu erweisen. Dabei zeigt das entsprechende Interpretationsstück, daß sich die vorliegende Arbeit strikt nach der Sache richtet, für die ein Titel geliehen wurde. Ob und wie sich die Konstellation bewährt, wird in der Summe zu bilanzieren sein.

Die Frage nach der Auswahl der Autoren unterliegt gleichfalls dem Kriterium theoretischer Bereicherung. Der Ertrag für das Profil einer Differenzhermeneutik legitimiert im nachhinein. Daß andere Modelle hätten eingesetzt werden können, versteht sich von selbst. Die ‚Willkür' ist freilich keine vollständige. Die verschiedenen „Differenzmarken" sollen erhellen, was die Autoren ganz unverwechselbar beitragen.

Aus ökonomischen Gründen erhält Jacques Derrida kein eigenes Kapitel – so sehr er sublim präsent bleibt –, weil er an anderer Stelle bereits ausführ-

---

[1] Vgl. II, 1. – 2.
[2] Vgl. II, 3. – 5.

lich diskutiert wurde.³ Freilich steht Gilles Deleuze mit der gleichen Unnachgiebigkeit für die gemeinsame Idee. Auch Levinas wartet an verschiedenen Stellen im Hintergrund. Um die Arbeit nicht zu weit auszudehnen, begegnen Derrida und Levinas wie zuvor schon Nietzsche im philosophischen Teil diesmal in ihrer theologischen Rezeption.⁴

Ricoeurs – von mir im Sinne Adornos so getaufte – Negative Dialektik von Differenz und Identität steht nicht zufällig am Ende des philosophischen Teils: deutlicher als Levinas kann er eine differenztheoretisch inspirierte Kritik am *totalisierten* Differenzdenken vermitteln, die letztlich der hier vorliegenden Deutung von Differenzhermeneutik den Weg weist.

Dieser Weg führt mit den Autoren zu jenen Marken von Differenz, die eine kritische Partie gegen das identitätslogische Paradigma zu spielen erlauben. Eröffnet wird mit zwei postModernen Klassikern, denen drei Ansätze nachgestellt sind, die modifizieren und verdeutlichen, was postModern unter Differenzdenken zu verstehen ist. Am Ende beansprucht ein *kognitiver Stil* alles Interesse – die *Denkform* steht auf dem Prüfstand. Theologischer und philosophischer Arbeitsteil sind dabei in der Weise verzahnt, wie es die philosophischen Autoren miteinander sind. Das wird im folgenden zu dokumentieren sein. Erst das entstandene Bild kann die methodische Anlage der Arbeit plausibilisieren.

3.1 Hermeneutik der Macht: Michel Foucault

Die folgenden Überlegungen nehmen Michel Foucault zum Anlaß. Von seinem Denken, zumal seinen machtkritischen Recherchen her soll eine differenztheoretische Hermeneutik entfaltet werden. Aber wer ist Foucault? Differenztheoretiker? PostModerner? „Jenseits von Strukturalismus und Hermeneutik"?⁵ Der vorgegebene Rahmen spannt ihn ein. Mit welchem Recht?

3.1.1 Foucault suchen

Klassifikationen dieser Art hat sich Michel Foucault beharrlich und erfolglos widersetzt. Energisch dementierte er vor allem den ihm zugeschriebenen Strukturalismus⁶ – was ihn nicht hindern konnte, daß ihm, bei eingestandener

---

³ In meiner Dissertation: Aporetische Theologie. Skizze eines Stils fundamentaler Theologie, Paderborn u.a. 1997, 113-137.
⁴ Vgl. II, 4.3.
⁵ Mit dem Titel von H. L. Dreyfus und P. Rabinow (Frankfurt a.M. 1987).
⁶ M. Foucault, Die Ordnung der Dinge. Eine Archäologie der Humanwissenschaften, Frankfurt a.M. ¹²1993, 16.

80   Teil I: Hinführung: Aspekte postModerner Hermeneutik

Denknähe in manchen Motiven, Zuordnungen in dieser Richtung selbst unterliefen.[7] Dies ist einer jener kleinen Brüche, dem biographische entsprechen[8] und für die er sich im Großen geschichtlicher Epistemisierungen interessierte. Seine Lektüren verschieben „die Aufmerksamkeit von den großen Einheiten, die man als >Epochen< oder >Jahrhunderte< beschrieb, zu Phänomenen des Bruches".[9] Die Spannung seines Denkens wird exemplarisch: Foucault bewegt sich zwischen den festgefügten „Linien"[10] und verabredeten Fronten.

Das Spektrum der verschiedenen theoretischen Einflüsse wirkt hier nach. „Ich kann nur sagen, daß ich ideologisch >Historizist< und Hegelianer gewesen bin, solange ich Nietzsche nicht gelesen hatte."[11] Nietzsche wiederum ist ihm durch Heidegger vermittelt, zu dem kaum eine größere Distanz als Foucaults zeitweiliger Marxismus vorstellbar scheint. Zwischen den Positionen, aus ihnen heraus entwickelt sich Foucaults ureigener Theoriestil. Er ist in jener stets mitzuzitierenden Selbstbeschreibung als Form zu fassen, wie er sie am Ende seiner Einleitung zur „Archäologie des Wissens" dem eigenen Text voranstellt, eine ironische Regieanweisung, die ein Buch inszeniert, das sich tatsächlich vom großen Erfolg der „Ordnung der Dinge" wegschreibt. Die Einwände seiner Gegner ironisierend, heißt es da: „Nein, nein, ich bin nicht da, wo Ihr mich vermutet, sondern ich stehe hier, von wo aus ich Euch lachend ansehe".[12] Foucault posiert als einer, der seine „Worte verlagert"; er postiert sich im „Labyrinth". Dort ist er zu suchen.

3.1.2 Grundmotive in Foucaults Denken

Und genau diese Suche macht ihn interessant[13]: das Auffinden seines ureigenen Blicks, seiner interpretativen Einseitigkeiten gerade in den großen histo-

---

[7]   Im Zusammenhang mit einer Diskussion der Strukturalisten spricht Foucault einmal von „Wir" – die Infragestellung des Subjekts durch ein konsequentes Denken von Struktur belegt hier auch sachlich eine wesentliche Übereinstimmung im theoretischen Interesse. Vgl. P. Caruso, Gespräch mit Michel Foucault, in: M. Foucault, Von der Subversion des Wissens, hrsg. v. W. Seitter, München 1974, 7– 31; hier: 17.

[8]   Vgl. D. Eribon, Michel Foucault. Eine Biographie, Frankfurt a.M. ²1991.

[9]   M. Foucault, Archäologie des Wissens, Frankfurt a.M. ⁵1992, 10.

[10] Für Gilles Deleuze ist dies eine Grundmetapher, mit der Foucaults Denken zu beschreiben ist: als Denken auf der Linie, auf kaum begehbarem Grund, ungesichert, zwischen den Feldern. „Ich glaube, daß wir jedesmal auf solchen Linien unterwegs sind, wenn wir bis zum Schwindelgefühl denken oder mit ganzer Kraft leben. Diese Linien liegen jenseits von Wissen und Erkenntnis (wie sollten sie >bekannt< sein?), und unsere Beziehungen zu ihnen sind über die Machtverhältnisse hinaus (wie Nietzsche sagt, wer würde das >herrschen wollen< nennen?)." (G. Deleuze, Über die Philosophie, in: ders., Unterhandlungen 1972-1990, Frankfurt a.M. 1993, 197-226; hier: 159.) Genau an dieser Stelle denkt Foucault seine eigene aporetische Machttheorie: im Versuch, ein lebbares Jenseits zu denken, während nach seiner eigenen strengen Einsicht ein Jenseits der Macht undenkbar bleibt. Diese Passage, die das Spätwerk mit den vorangegangenen Arbeiten verbindet, wäre eine solche Linie.

[11] P. Caruso, Gespräch mit Michel Foucault, 22.

[12] M. Foucault, Archäologie des Wissens, 30.– Die folgenden Zitate ebd.

[13] Die Sekundärliteratur ist längst unübersehbar geworden, motiviert von den Irritationen *und* den bedeutenden Anregungen dieses Denkens.– Vgl. als Einführungen in sein Werk: H. Fink-Eitel,

rischen Studien, die man nur auf seinen theoretischen Frequenzen empfängt. Der „neue Archivar"[14] der okzidentalen Kultur und Rationalität verzettelt ihre Geschichten anders, nach neuen Hauptwörtern geordnet. Foucault muß man mit ausgetauschten Okularen lesen lernen. Seine theoretischen Überraschungen sind Provokationen, sie produzieren Mißverständnisse, die jenen Zurichtungen von Material entsprechen, wie er sie sich z.T. gestattet. So setzt sich seine Machtkritik ohne eine analoge Mikroskopie des als Humanismus Abgetrennten durch, ohne den sensiblen Gedanken an die Erleichterungen noch in einem von Disziplinarkomplexen beherrschten gesellschaftlichen Diskurs. Und so kann sich, umgekehrt, die Kritik auch ihn einrichten: „Die Folter, das ist die Vernunft."[15] Weg vom ursprünglichen Sinn wendet sich dieser berüchtigte Foucault-Satz gegen den Autor, der eben die Möglichkeit, dies im Deutschen zu sagen, explizit verneint. Statt dessen kann das Diktum in verschiedenen Varianten hin und her übersetzt werden. Der Vorgang belegt die Schwierigkeiten mit dem Autor. Er macht es einem schwierig. Zwischen berechtigtem Einspruch und dem Präparieren des tragfähigen Gedankens hat sich jede Interpretation Foucaults zu bewegen, die ihn im eigenen Denkvorgang beansprucht.

Von einem Grundmotiv in Foucaults Denken war bereits die Rede – dem Bruch. Dieses Motiv, diese gedankliche Figur zieht sich durch sein ganzes Werk. Sie ist die geheime Zugkraft seiner Überlegungen. Sie steuert die Beschäftigung „mit den Bedingungen der Veränderung oder Unterbrechung des Sinns: mit den Bedingungen, unter denen der Sinn erlischt, damit etwas anderes erscheinen kann."[16] Brüche sucht Foucault in den orogenen Formationen des Denkens auf, in den Umbrüchen vorherrschender Episteme und Diskurse. Der Bruch liegt letztlich darin, daß Verstehen vor diesen Phänomenen rekonstruktiv bleibt, Daten sammelnd und ausbreitend, ohne dem Ganzen, das es nicht gibt, einen Sinn abgewinnen zu können. Auch Foucault denkt nachmetaphysisch – am deutlichsten und rigorosesten im geschichtsphilosophischen Bereich. Denn der bietet nichts als eine „Zufallsgrammatik".[17] Foucault kann der Geschichte keinen Sinn abgewinnen, von daher wird sich konsequent seine Überwindung der Subjektphilosophie ergeben, weil in ihr jeweils die Welt als Sinn für das einzelne Bewußtsein verhandelt wird. Das Subjekt verschwindet in dem Augenblick, in dem Sinn als bloßes Konstrukt erscheint, als eine Erfindung, wie es das Subjekt in einer bestimmten geschichtlichen Konstellation war. Kants erkenntniskritische Wende bestimmt diesen Moment.

Foucault zur Einführung, Hamburg ³1997; H. H. Kögler, Michel Foucault, Stuttgart-Weimar 1994; B. F. Taureck, Michel Foucault, Hamburg 1997 (dort nähere Angaben zum aktuellen Stand der Forschung).

[14] Mit der bekannten Charakterisierung von Gilles Deleuze: ders., Foucault, Frankfurt a.M. 1987, 9.

[15] Darauf macht W. Welsch aufmerksam: ders., Vernunft. Die zeitgenössische Vernunftkritik und das Konzept der transversalen Vernunft, Frankfurt a.M. 1996, 181f.– Die unkorrekte Zitatverwendung geht mit M. Frank auf einen der genauesten Kenner des französischen Post-/Neostrukturalismus zurück. Vgl. M. Frank, Was ist Neostrukturalismus? Frankfurt a.M. 1984.

[16] P. Caruso, Gespräch mit Michel Foucault, 9f.

[17] P. Veyne, Foucault: Die Revolutionierung der Geschichte, Frankfurt a.M. 1992, 30.

Seine Subjektkritik wendet Foucault zur Kritik an einer Moderne, die den Zusammenhang von Wissen und Wollen in der Form sich totalisierender Macht exekutierte. Vernunftkritische Motive[18] münden in eine Kritik an der Aufklärung, die gerade darin über sich aufzuklären hat. Die Nähe zur älteren Kritischen Theorie ist evident, ohne daß Foucault diese eher als in seinen letzten Jahren zur Kenntnis genommen hätte.[19]

Von der bezeichneten Motivlage her rechtfertigt sich in einem ersten Schritt, daß der Name Foucaults an dieser Stelle erscheint. Wie zu zeigen sein wird, teilt Foucault mit den Differenztheoretikern der PostModerne wesentliche Optionen, die bereits angedeutet wurden: eine energische Metaphysikkritik; die Verabschiedung des bewußtseinsphilosophischen Paradigmas, hier besonders subjektkritisch gedeutet; eine umfassende Vernunftkritik, die sich als Kritik an der Moderne auffassen läßt. Diese kritische Anlage seines Werks macht Foucault zu einem Hermeneutiker der Macht. Macht wird mit Foucault zur Dominante aller Diskurse und aller Ordnungen. Sie zu dechiffrieren, ist er angetreten.

Damit stellt sich sogleich die Frage, ob und wie sich der bewußte Anti-Hermeneutiker Foucault in einen hermeneutischen Theoriezusammenhang einfügen lasse. Gerade seine Archäologie formuliert sich doch als ein „Verzicht auf *Verstehen*".[20] Sie nimmt wahr, sie sammelt Material – aber sie sucht, die Dinge als solche anzusehen, von Konstellationen der Macht beleuchtet und gar erst konstituiert, nicht unter den Vorzeichen einer sinngeladenen Bedeutung.

Und doch ist auch dieser archäologische Nachweis von kontingenten Ordnungen weiterentwickelt: die genealogische Rekonstruktion der theoretischen Evolutionen, eine Hermeneutik der Aufdeckung. Sie kann ohne Sinnvermächtnisse funktionieren. Aber indem sie Funktionsweisen freilegt, begründet sie eine ganz eigene Zugangsweise zum historischen Material. Als seismographische Machthermeneutik ist sie Interpretation, die Interpretationen auslegt und deren machthaltige Sedimente freischürft.[21] Zugleich zeigt sie sich nach differenztheoretischen Perspektiven ausgerichtet. Was sie interessiert, sind die Bruchstellen im System der Macht, an denen Macht sich überholt, kritisch wird und sich verändert. Wie in den Verschiebungen der Disziplinarmacht, die das Panoptikum zeitigten. Wie in den restriktiven Diskursen der Sexualität mit ihren Kontrollmechanismen.

An dieser Stelle läßt sich am deutlichsten die theoretische Entwicklung Foucaults zeigen: seine semiologische Wissensanalyse konkretisiert sich zu einer gesellschaftstheoretischen Machthermeneutik, die den Konnex von Macht und

---

[18] Vgl. J. Habermas, Vernunftkritische Entlarvung der Humanwissenschaften: Foucault, in: ders., Der philosophische Diskurs der Moderne. Zwölf Vorlesungen, Frankfurt a.M. ³1991, 279-312.
[19] Vgl. A. Honneth, Foucault und Adorno. Zwei Formen einer Kritik der Moderne, in: P. Kemper (Hrsg.) >PostModerne< oder der Kampf um die Zukunft. Die Kontroverse in Wissenschaft, Kunst und Gesellschaft, Frankfurt a.M. 1991, 127-144.
[20] M. Frank, Was ist Neostrukturalismus?, 147.
[21] Vgl. H. Fink-Eitel, Foucault zur Einführung, 87.

Rationalität untersucht.[22] Dabei werden die rationalen Strategien, die lokalen Rationalitäten untersucht, statt eine globale Vernunftanklage zu entwerfen. Auch dies kennzeichnet den Abschied Foucaults von einem identitätslogisch zentralen Denktyp. Er nimmt sich die einzelnen, differenten Diskurse vor. Ihren Zusammenhang stiftet das Wirken einer Macht, für die es keine andere als eine konkrete und also jeweils höchst unterschiedliche Semantik geben kann. Es existiert kein identisches Ursprungssignifikat (wie im Strukturalismus).

Foucaults Machthermeneutik dringt in diese Diskursschichten ein, versenkt gleichsam Teleskope ins Innere der geordneten Welt. Was sie sehen: den Grund, der alles trägt, dem sich keiner entringt. Macht gibt Foucault als das versprengte (und damit nicht als Hegels) Ganze zu verstehen, unentrinnbar. Die aporetische Dimension dieser Hermeneutik denkt dabei ihren eigenen Bruch, denn noch die kritische Hermeneutik selbst bleibt Teil jener Machtdispositive.[23]

Auch dies ist als Befund eines Denkens zu begreifen, das sich in der Aporie von sich selbst distanziert. Das in der äußersten Differenz zu den eigenen, rational unausweisbaren Optionen weiterzudenken hat. Ob dies als Schwäche des Denkens zum Vorwurf taugt, wird sich zu zeigen haben. Zumindest aber ist eine grundlegende Verwandtschaft nachgewiesen, die Foucault im Kontext postModerner Differenzhermeneutik lesen läßt.

3.1.3 Das Interesse am Anderen

Der grundlegende Bruch, der sich durch die menschliche Gesellschaft zieht, ist die Ausgrenzung des Anderen. Der Andere wird als Bedrohung empfunden, und als solche erscheint er unter den Bedingungen des Selbstbezugs. Danach wird alles Andere vermessen.

Bereits der Ausdruck des Vermessens weist auf den zweiten Zug in der Bemächtigung des Anderen hin: auf die Entwicklung der Rationalität. Ihre Strategien definieren den Anderen und weisen ihm seinen Platz im gesellschaftlichen Ganzen zu. Zunehmend genau wird dieser Ort von den öffentlichen Räumen abgegrenzt. Die hervorragenden Institutionen: Anstalten aller Art – Gefängnis, Schule, Hospital. Und: das Irrenhaus. Das elementare Andere der menschlichen Vernunft ist der Wahnsinn, er ist ihre Infragestellung und Bedrohung. Jeder Therapieplan ist Schutz des Normalen vor dem Anormalen, vor der pathologisch gekennzeichneten Gefahr.

Foucaults Interesse gilt in seiner *Thèse* jenem Augenblick, in dem Wahnsinn und Vernunft einander konfrontiert und so getrennt werden.

> „Man muß in der Geschichte jenen Punkt Null der Geschichte des Wahnsinns wiederzufinden versuchen, an dem der Wahnsinn noch undifferenzierte Erfahrung, noch nicht durch Trennung gespaltene Erfahrung ist."[24]

---

[22] Vgl. A. Honneth, Kritik der Macht. Reflexionsstufen einer kritischen Gesellschaftstheorie, Frankfurt a.M. ²1986, 169.
[23] Vgl. M. Foucault, Dispositive der Macht. Über Sexualität, Wissen und Wahrheit, Berlin 1978.
[24] M. Foucault, Wahnsinn und Gesellschaft. Eine Geschichte des Wahns im Zeitalter der Vernunft, Frankfurt a.M. ¹⁰1993, 7.

Dieser Augenblick läßt sich mit der Gründung des *Hôpital général* 1657 datieren. Hier werden auf königlichen Erlaß die Wahnsinnigen interniert. Es beginnt ihre „große Gefangenschaft".[25] Dabei dient das *Hôpital* vor allem ordnungspolitischen Zwecken. Mit den Wahnsinnigen werden Bettler, Obdachlose und alle vergleichbaren Elemente interniert. Beseitigt wird die Unordnung aus einer Gesellschaft, die sich eine streng durchrationalisierte, absolute Ordnung zu geben im Begriff steht.

Die Voraussetzungen für diesen Schritt waren bereits geschaffen. „Arme, Landstreicher, Sträflinge und >verwirrte Köpfe< spielen die Rolle, die einst der Leprakranke innehatte."[26] Die Angst vor Ansteckung wird vom Medizinischen ins Geistige übertragen. Sie ist so fundamental, daß selbst die Leprösen auf der Ausgliederung der nächsten Randgruppe, der Syphilitiker, bestehen.[27] Der Vorgang wird fest. Die einmal geschaffenen Ausschlußmechanismen haben sich bewährt, geistige Krankheiten werden weit interpretiert. Wahnsinn und gesellschaftlicher Aussatz bewegen sich auf derselben Stufe – in einer ökonomisch funktionsorientierten Welt haben dysfunktionale Glieder nichts zu suchen. Der Wahnsinnige muß mit allen anderen Zwangsarbeit verrichten.[28]

Der Mechanismus des Ausschlusses, der einer Bestrafung gleichkommt und nicht von ungefähr auch Delinquenten im selben Haus unter Verschluß stellt, entspricht dem Ausschluß des Wahnsinns aus dem Bereich der Vernunft, wie ihn Descartes vornimmt. Aus seinen Überlegungen zur Möglichkeit des sich täuschenden Bewußtseins, des Irrtums, wird der Wahnsinn als das Andere der Vernunft herausprojiziert: er ist radikale Unvernunft.[29]

> „Der Wahnsinn befindet sich künftig im Exil. Wenn der *Mensch* immer wahnsinnig sein kann, so kann das *Denken* als Ausübung der Souveränität eines Subjekts, das sich die Verpflichtung auferlegt, das Wahre wahrzunehmen, nicht wahnsinnig sein. Es ist eine Trennungslinie gezogen worden, die die der Renaissance so vertraute Erfahrung mit einer unvernünftigen Vernunft und einer vernünftigen Unvernunft unmöglich machen wird. Zwischen Montaigne und Descartes ist etwas wie das Heraufkommen einer *Ratio* geschehen."[30]

Die Geschichte der Ausgrenzung ist in Bewegung gesetzt. Sie wird letztlich zur Befreiung der Wahnsinnigen von ihren äußeren Ketten führen (1794), nachdem zwischenzeitlich der wahnsinnige Mensch als der animalische *vertiert* und der Dressur überlassen wurde – einem Grenzbereich zwischen Therapie und Strafe.[31] Mit der Therapie begann der ärztliche Zugriff auf den

---

[25] Ebd., 68.
[26] Ebd., 23.
[27] Vgl. ebd.
[28] Vgl. ebd., 91.
[29] Zur Kritik dieser Descartes-Interpretation vgl. J. Derrida, Cogito und Geschichte des Wahnsinns, in: ders., Die Schrift und die Differenz, Frankfurt a.M. ⁵1992, 53-101; hier: 90: „Ob ich wahnsinnig bin oder nicht: *Cogito, sum.* In jedem Sinne dieses Wortes ist der Wahnsinn also nur ein *Fall* des Denkens (*im* Denken)."
[30] M. Foucault, Wahnsinn und Gesellschaft, 70f.
[31] Vgl. ebd., 145.

3. Perspektiven einer differenzphilosophischen Hermeneutik

Wahnsinn. Mitte des achtzehnten Jahrhunderts wurden Häuser nur für Geisteskranke eröffnet. Das *Asyl* operiert mit einer anderen Perspektive auf den Wahnsinnigen. Der bleibt jedoch, befreit von den sichtbaren Ketten, weiterhin im Freiheitsexil.[32] „Im Laufe des achtzehnten Jahrhunderts ist nicht die unmenschliche Strenge verschwunden, mit der man die Irren behandelt, sondern die Evidenz der Internierung".[33] Der Wahnsinn wird hinsichtlich seiner Behandlung zum Problem. Die Maßnahmen *gegen* ihn verändern sich. Erziehung zur Vernunft, moralisch aufgeladen, soll den von sich selbst entfremdeten Kranken reintegrieren.

Foucault wählt als Beispiel einen Fall, den der Reformer Samuel Tuke wiedergibt: ein junger Kranker wird eingeliefert; man befreit ihn von seinen Ketten unter Hinweis auf die Möglichkeit, die gewährte Freiheit jederzeit zurücknehmen zu können. Der Kranke beruhigt sich, man spricht ihm gut zu. Er verspricht, seine Erregungszustände zu bezwingen. Sein Zustand bessert sich, er kann nach einigen Monaten entlassen werden.[34] Das Entscheidende ist hier die moralische Nutzung der Angst. Der Druck der Freiheit wird gegen den Patienten gerichtet und wirkt repressiv:

> „Der Irre als menschliches Wesen, das ursprünglich mit Vernunft begabt ist, ist nicht mehr an seinem Wahnsinn schuld, aber der Irre als Irrer innerhalb jener Krankheit, für die er nichts mehr kann, muß sich verantwortlich für alles das fühlen, was in ihr Moral und die Gesellschaft zerstören kann, und für die Bestrafung, die er leidet, nur sich selbst verantwortlich machen."[35]

Der Geisteskranke erscheint nur unter der Voraussetzung, daß er nicht er selbst sei. Der Stempel seiner Entfremdung ist ihm aufgedrückt. So sehr sich humane Therapien entwickeln werden – der Wahnsinn ist aus dem Diskurs mit der Vernunft eliminiert. „Der Irre ist künftig völlig frei und völlig von der Freiheit ausgeschlossen."[36] Die Geschichte dieser Exilierung schreibt Foucault. Und so sehr er sich von der Seite der Psychiatrie kritisiert sieht – der Hauptvorwurf unterstellt ihm, neben z.T. unwissenschaftlicher Terminologie und selektiver Wahrnehmung der Psychiatrie-Geschichte, einen regelrechten „Psychiatrizid"[37] –, so wichtig bleibt sein Hinweis auf die Strategien einer Diskursanordnung, aus der letztlich Wissenschaft wird. Ihre Verfahren funktionieren über ihre Definitionen als Ausgrenzungen. Sie bedienen sich bestimmter Modelle und Leitbilder, die sie nicht aus ihrer eigenen Perspektive gewinnen, sondern die sie gesellschaftlich determiniert finden. Der Wahnsinn ist danach erst geworden, er ist gemacht, und er ist zu verschiedenen Zeiten höchst unterschiedlich behandelt worden. Die Geschichte seiner Behandlung ist aber kenntlich gemacht als Geschichte der Unterdrückung. Sie geschieht durch einen Kommunikationsabbruch:

---

[32] Vgl. ebd., 397.
[33] Ebd., 435.
[34] Ebd., 505f.
[35] Ebd., 506.
[36] Ebd., 542.
[37] B. F. Taureck, Michel Foucault, 46.– Zu den Einwänden der Prüfungskommission vgl. D. Eribon, Michel Foucault, 181-183.

„Mitten in der heiteren Welt der Geisteskrankheit kommuniziert der moderne Mensch nicht mehr mit dem Irren. Auf der einen Seite gibt es den Vernunftmenschen, der den Arzt zum Wahnsinn deligiert und dadurch nur eine Beziehung vermittels der abstrakten Universalität der Krankheit zuläßt. Auf der anderen Seite gibt es den wahnsinnigen Menschen, der mit dem anderen nur durch die Vermittlung einer ebenso abstrakten Vernunft kommuniziert, die Ordnung, physischer und moralischer Zwang, anonymer Druck der Gruppe, Konformitätsforderung ist. Es gibt keine gemeinsame Sprache, vielmehr es gibt sie nicht mehr. Die Konstituierung des Wahnsinns als Geisteskrankheit am Ende des achtzehnten Jahrhunderts trifft die Feststellung eines abgebrochenen Dialogs... Die Sprache der Psychiatrie, die ein Monolog der Vernunft *über* den Wahnsinn ist, hat sich nur auf einem solchen Schweigen errichten können."[38]

Foucault verlangt keine Aufhebung der Anstalten, keine Antipsychiatrie, er fordert nicht – er beschreibt: eine zum Verstummen gebrachte Welt, die in der *normalen* Welt nicht mehr wirklich vorkommt. Seine „Archäologie dieses Schweigens"[39] ist an sich eine ungeheure Provokation. Sie löst eine Erregung aus, die sich an der evidenten Unabfindbarkeit mit den Zuständen, wie sie sind, entzündet.

„Gegen welche Hauptgefahr *Wahnsinn und Gesellschaft* anschreiben wollte, ist nach all dem mehr als deutlich. Die Gefahr sieht Foucault bereits an der Wurzel der abendländischen Vernunft, in ihrer Entstehung ebenso wie in ihrer Entwicklung, die die anfängliche Abtrennung von ihrem Anderen und von ihrem Ursprung nur fortgeschrieben hat. Daher ist *alles* gefährlich."[40]

Aus dieser Situation läßt sich kein realistischer Ausweg denken. Die Rücknahme geschichtlicher Prozesse ist unmöglich; die bloße Befreiung der Geisteskranken aus ihren Asylen kein Weg; zumindest keiner, den Foucault anspräche. Daß seine Diagnose aporetisch bleibt, gehört unmittelbar zum Denken Foucaults. Er ist Archäologe, Genealoge, er betreibt darin seine Philosophie als Zeitkritik. Das darf ihn nicht hindern, Aporien unpathetisch zu benennen: ausweglose Konstellationen und Situationen. Als eine solche stellt sich seine Analyse der Geschichte des Wahnsinns dar. Und dies wird am deutlichsten mit der Rolle der Macht in seinem Denken, auf deren Reflexion sein Wahrnehmungsansatz bereits im Keim zuwächst.

3.1.4 Die Herrschaft der Episteme: Differentiale des Wissens

Diese Macht-Analytik kommt nicht aus dem leeren Theorieraum. Sie ist Folge der wissenschaftshistorischen Überlegungen, die durch „Wahnsinn und Gesellschaft" angebahnt sind. Es geht Foucault in den Untersuchungen der sechziger Jahre um die Konstitutionsphänomene unseres Wissens. Sie wiederum stoßen ihn auf eine kritische Interpretation von Macht.

---

[38] M. Foucault, Wahnsinn und Gesellschaft, 8.
[39] Ebd.
[40] Vgl. H. Fink-Eitel, Foucault zur Einführung, 32.

3. Perspektiven einer differenzphilosophischen Hermeneutik 87

Nach Paul Veyne ist „die zentrale, und originellste, These Foucaults: *was gemacht wird*, der Gegenstand, erklärt sich durch das, was in jedem Moment der Geschichte das *Machen* war."[41] Dieses Machen wird Foucault in einem historischen Dechiffrierungsprozeß auf die Praktiken der Macht rückführen. Diese Praktiken funktionieren höchst unterschiedlich. Sie stellen selber keine Perspektive einer Totalen dar. Zu trickreich, zu vielfältig gelingen die Spiele der Macht an zu vielen verschiedenen Punkten. Da Macht aber letztlich überall eingreift, den Diskursen unterlegt ist, muß sie detailgenau geborgen werden, um sich nicht blind in ihren Netzen zu verfangen. Daß sie freilich dennoch die Wirkung einer Totalen hat, das führt auf die bereits angedeutete Aporetik der Foucaultschen Machtanalyse. Das einzige, was sich dem zu widersetzen vermag, ist die Klarheit der Einsicht in ihre Strategien.

Bevor Foucault diese Strategien in den Sozialkomplexen der Disziplinarmächte aushebt, die grundlegenden Machttaktiken von „Überwachen und Strafen"[42] – bis in die Sexualität hinein[43] – namhaft macht, untersucht er den Zusammenhang von Wissen und Macht in der natalen Dramatik der neuzeitlichen Vernunft. Wie ist *diese* Vernunft *in dieser Form* geworden?

Foucaults Archäologie des Wissens geht davon aus,

> „daß die historische Analyse des wissenschaftlichen Diskurses letzten Endes Gegenstand nicht einer Theorie des wissenden Subjekts, sondern vielmehr einer Theorie diskursiver Praxis ist."[44]

Diese Grundeinsicht verdankt Foucault einem irritierenden Text von Jorge Luis Borges, der von einer fremdartigen Taxinomie der Tierwelt berichtet „und unsere tausendjährige Handhabung des *Gleichen* und des *Anderen* schwanken läßt und in Unruhe versetzt."[45] Die fiktive Gegenordnung zu der gewohnten, als rational deklarierten und zur Unzeitlichkeit entstellten *Ordnung der Dinge* macht nicht bloß auf die Kontextualität des Denkens aufmerksam, sondern verdichtet sich zur Vermutung, daß diese Ordnung mehr als die Sache des Denkens die grundlegender kultureller Praktiken sei, also transrationale Konstitutionsbedingungen unserer Rationalität verrate. Diese Heuristik lenkt Foucaults „Ethnologie der Kultur, der wir angehören".[46]

Foucaults Archäologie setzt bei der Klassik an. Er befragt sie, durchaus mit aktuellem Interesse und vernunftkritischer Perspektive,

> „nach welchem Ordnungsraum das Wissen sich konstituiert hat, auf welchem historischen Apriori und im Element welcher Positivität Ideen haben erscheinen, Wissenschaften sich bilden, Erfahrungen sich in Philosophien reflektieren, Rationalitäten sich bilden können, um vielleicht sich bald wieder aufzulösen und zu vergehen."[47]

---

[41] P. Veyne, Die Revolutionierung der Geschichte, 37.
[42] M. Foucault, Überwachen und Strafen. Die Geburt des Gefängnisses, Frankfurt a.M. 1994.
[43] Ders., Sexualität und Wahrheit, Bd. 1: Der Wille zum Wissen, Frankfurt a.M. 1983; Bd. 2: Der Gebrauch der Lüste, Frankfurt a.M. 1986; Bd. 3: Die Sorge um sich, Frankfurt a.M. 1986.
[44] Ders., Die Ordnung der Dinge, 15.
[45] Ebd., 17.
[46] P. Caruso, Gespräch mit Michel Foucault, 13.
[47] M. Foucault, Die Ordnung der Dinge, 24.

In der Andeutung des Projekts verbergen sich bereits mehrere Theorieerwartungen. Foucault sieht das Wissen kontingent entstanden, d.h. er verweigert sich einer objektiven Geschichte. Dies wiederum hängt von der fehlenden Dimension des Sinns ab, den er den zufälligen Wendungen des Werdens und Vergehens dominanter Episteme nicht abnehmen mag. Beiden korrespondiert die Ausblendung einer subjektbezogenen Wissenschaftshistorie – die sich hier abzeichnende Kritik wird Foucault später radikalisieren. Und noch eine weitere Denkprämisse gibt der Einstieg preis: Foucault spricht von einem *historischen Apriori*. In der Terminologie Kants wird damit eine vorzeitliche, transzendentale Unterlegung des Denkens in Geschichte versetzt, aber nur in der Spannung des zusammengepreßten Ausdrucks, der zu beiden Seiten zu fliehen droht: ins Geschichtliche und Ungeschichtliche. Eben so scheint jene anonyme Ordnungsdeterminante, später als Macht gefaßt, bei Foucault zu funktionieren. Sie konfiguriert jene Diskurse und Gegendiskurse, die als Leitbilder einer Epoche entstehen und zerfallen, ohne daß sie genauer zu bezeichnen sind. Sie wirken geschichtlich und stellen zugleich eine Voraussetzung vor, die dann als Macht mythische Züge bekommt. Entscheidend an dieser Stelle ist jedoch, daß Foucault in einer bewußt problematischen Formulierung sein Denken in dieser Differenz, in dieser Offenheit, deleuzisch: auf dieser *Linie* hält.

Die Geschichte des Wahnsinns in unserer Gesellschaft wurde von ihrem Anderen her erzählt. Die Fügung der Dinge in eine Welt der Ordnung und Verordnungen, in Klassifikationen, Schemata, Tableaus, ist ihre Fortsetzung mit anderen Mitteln, ist „die Geschichte des *Gleichen*".[48] Foucault entwirft diese Geschichte von drei auseinanderstrebenden und doch von analogen Brückenprinzipien zusammengehaltenen Lebens- und Wissensbereichen her: als Geschichte der Grammatik, der Naturgeschichte und der Ökonomie im Zeitalter der Klassik.

Noch vor dem siebzehnten Jahrhundert waren diese Wissensfelder von einer Hermeneutik der Ähnlichkeit bestimmt:

> „Den Sinn zu suchen, heißt an den Tag zu bringen, was sich ähnelt. Das Gesetz der Zeichen zu suchen, heißt die Dinge zu entdecken, die ähnlich sind. Die Grammatik der Wesen ist ihre Exegese. Die Sprache, die sie sprechen, erzählt nichts anderes als die sie verbindende Syntax. Die Natur der Dinge, ihre Koexistenz, die sie verknüpfende Verkettung, durch die sie kommunizieren, ist nicht von ihrer Ähnlichkeit unterschieden. Diese erscheint nur in dem Netz der Zeichen, das von einem Ende der Welt zum anderen verläuft."[49]

Diese Form der *episteme* kann sich des Ganzen sicher sein, auch wenn es seine Unendlichkeit nicht erreicht. Aber es entdeckt in ihm nichts als sich selbst, das immer Gleiche. Diese Erkenntniswelt bricht zu Beginn des siebzehnten Jahrhunderts zusammen. Im Barock „hört das Denken auf, sich in dem Element der Ähnlichkeit zu bewegen. Die Ähnlichkeit ist nicht mehr die Form des Wissens, sondern eher die Gelegenheit des Irrtums, die Gefahr, der

---
[48] Ebd., 27.
[49] Ebd., 60.

3. Perspektiven einer differenzphilosophischen Hermeneutik 89

man sich aussetzt, wenn man den schlecht beleuchteten Ort der Konfusionen nicht prüft."[50] An ihre Stelle tritt die Repräsentation. Es entsteht „der Plan einer Wissenschaft der Ordnung"[51], der in dem Moment möglich wurde, als sich die Dinge in den Zeichen auf den Rastern der Tableaus von Grammatik, Naturgeschichte und Ökonomie wiederfinden ließen.[52] Exemplarisch wird dies im Wandel der Geldfunktionen. Für die Renaissance-Ökonomen „beruhte die Fähigkeit des Geldes, die Waren zu messen, und seine Austauschbarkeit auf seinem immanenten Wert... Das schöne Metall war in sich Merkmal das Reichtums."[53] Im siebzehnten Jahrhundert verschiebt sich dies signifikant: entscheidend ist nun die Kompatibilität des Geldes, seiner Vertreterrolle, die den Tausch praktiziert. Und diese Logik ist es, nach der sich die Epistemisierungen dieser Zeit vollziehen:

> „Jeder Reichtum ist münzbar und tritt so in Umlauf. Auf die gleiche Weise war jedes natürliche Wesen charakterisierbar und konnte in eine Taxinomie treten, war jedes Einzelwesen benennbar und konnte in eine gegliederte Sprache treten; konnte jede Repräsentation bezeichnet werden und, um erkannt zu werden, in ein System von Identitäten und Unterschieden treten."[54]

> „Folglich ist es der gleiche archäologische Raster, auf dem in der Analyse der Reichtümer die Theorie des Geldes als Repräsentation und in der Naturgeschichte die Theorie des wesentlichen Merkmals als Repräsentation beruhen. Das wesentliche Merkmal bezeichnet die Wesen, indem es sie in ihrer Nachbarschaft ansiedelt; der Geldpreis bezeichnet die Reichtümer".[55]

Doch auch diese *episteme* im Ordnungsfunktor der Repräsentation zerfällt. Im 19. Jahrhundert wird der Konnex der Repräsentation durchbrochen. Grammatikalisch wird die Repräsentationstheorie durch eine genauere Analyse ihrer systemischen Funktionen ersetzt. Erst sie erlauben es, von einer Bedeutung zu sprechen. Das Geld wird im Bezug auf die Arbeit begriffen, die den Markt in Bewegung setzt, weil sie die Güter produziert. Und die Naturgeschichte definiert Lebewesen nicht länger über das differente Merkmal, sondern über „ein bestimmtes diesem Wesen inneres Verhältnis, das man seinen Bau (*organisation*) nennt."[56] Die Tableaus verschwinden nicht völlig, aber sie bezeichnen nunmehr das äußere Wissen von den Dingen; ihre inneren Gesetze fassen sie nicht.

> „Was an der Wende des Jahrhunderts sich geändert, eine irreparable Veränderung durchgemacht hat, ist das Wissen selbst als im voraus bestehende und ungeteilte Seinsweise zwischen dem erkennenden Subjekt und dem Gegenstand der Erkenntnis."[57]

---

[50] Ebd., 83.
[51] Ebd., 107.
[52] Vgl. ebd., 109.
[53] Ebd., 220.
[54] Ebd., 221.
[55] Ebd., 239.– Vgl. ebd., 252-255.
[56] Ebd., 292.
[57] Ebd., 309.

Mit diesem Paradigmenwechsel vollzieht sich die Inthronisierung des Subjekts. Seit Kant wird die Ordnung der Dinge durch die Perspektive des Menschen auf die Dinge konstituiert. Der Mensch ist eine „seltsame, empirisch-transzendentale Dublette, weil er ein solches Wesen ist, in dem man Kenntnis von dem nimmt, was jede Erkenntnis möglich macht."[58] Das moderne Wissen läuft über den Menschen, er ist eine Erfindung des 19. Jahrhunderts – davor existierte „kein erkenntnistheoretisches Bewußtsein vom Menschen als solchem."[59] Der Mensch ist zwar umgriffen von einer Realität, die ihn übersteigt; zugleich werden diese Realitäten nur von ihm her beschreibbar. Er wird zum neuen Mittelpunkt des Wissens, weil er es erst aussagbar macht. Die Folge: das Andere des Menschen wird je auf ihn konzentriert. Sein Denken und damit die Denkformation der Moderne, ihre *episteme*, ist ein „Denken des Gleichen..., das stets seinem Gegenteil abzugewinnen ist".[60] Was dies gesellschaftlich bedeutet, wird in der Geschichte des Wahnsinns deutlich.

Foucaults Subjektkritik gewinnt an dieser Stelle erkenntnistheoretischen Boden. Das Werden und die vielfältigen Wechsel der grundlegenden epistemischen Modelle machen deutlich, daß die moderne, anthropozentrische Wissenschaftsform keine unveränderliche ist:

> „Eines ist auf jeden Fall gewiß: der Mensch ist nicht das älteste und auch nicht das konstanteste Problem, das sich dem menschlichen Wissen gestellt hat...Der Mensch ist eine Erfindung, deren junges Datum die Archäologie unseres Denkens ganz offen zeigt. Vielleicht auch das baldige Ende."[61]

Das Interesse an einem neuerlichen Wechsel der grundlegenden Denkform resultiert aus den Folgen der Anthropozentrik: im letzten begreift Foucault sie als Bemächtigungsdenken. Das Andere wird ausgegrenzt, eingezäunt, interniert. Der anthropozentrische Diskurs ist ein eminent politischer. Dies zeigt sich auch geschichtsphilosophisch: wo der Geschichte menschlich ein Sinn abgepreßt wird, setzt Foucault auf die Wahrnehmung des Gegebenen, des Sich-zeigenden, einer Wirklichkeit, deren Serien ihn interessieren, um „der Realität...ihre irrationale, >rare<, beunruhigende historische Originalität wiederzugeben."[62]

Der Mensch verschwindet – das heißt vor allem: das Wissen wird nicht mehr um ihn als seine Mitte gebaut. Und erst so widerfährt dem Menschen selbst Gerechtigkeit, denn seiner Endlichkeit wird entsprochen. Foucaults Kritik am Subjektparadigma der Moderne „stellt einen an die Subjektphilosophie unmittelbar anknüpfenden Versuch dar, sie zu Ende zu denken, um Möglichkeiten zu ihrer Überwindung freizulegen."[63] Das Entstehen von Psychoanalyse, Ethnologie und Linguistik begreift Foucault als Perspektiven auf

---

[58] Ebd., 384.
[59] Ebd., 373.
[60] Ebd., 409.
[61] Ebd., 462.
[62] P. Veyne, Die Revolutionierung der Geschichte, 77.
[63] H. Fink-Eitel, Foucault zur Einführung, 53.

ein Denken, das die Humanwissenschaften aus dem Zugriff des erkenntniskonstitutiven Subjekts befreit.

In diesem Ausblick auf ein verändertes Denken bündelt sich das Grundmotiv von Foucaults Wissenschaftsgeschichte: der Wechsel epistemischer Großformationen ist abhängig von einer unbeherrschbaren Pluralität von Bedingungen und Einflüssen, er ist selbst Teil des Denkprozesses. Dies Changieren bezeichnet das erste wesentliche Differential des Wissens: es kann sich seiner nie sicher sein. Es ist aufgeschoben, kontingent, radikal verzeitlicht.

Die notwendige Anschlußfrage nach den genauen Konditionen der kognitiven Umschläge verschiebt das theoretische Interesse Foucaults fortan zu einer genealogischen Perspektive. Indem sie nach dem verantwortenden Prinzip sucht, nähert sie sich der Analytik der Macht als dem entscheidenden Differential des Wissens.

3.1.5 Der genealogische Blick: Macht und Wissen

Die Frage nach den Faktoren, die zu einer Verschiebung der bestehenden kognitiven Ordnungsmagneten führen, zwingt Foucault eine dynamischere Perspektive auf. Statt sich an den anerkannten Grundepistemen zu orientieren, wendet er sich den Bewegungen zu, die sich in diesen Bereichen und zwischen ihnen abspielen. Er verläßt die Totalitäten, als welche Ökonomie, Naturgeschichte und Grammatik zentrale Paradigmen instantiierten, und seziert die „Diskontinuität"[64] der Wissensgeschichte. Sie wird zur entscheidenden Denkfigur.

In den Blick kommt eine neue Form des Wissens:

> „Hinter der erschütterten Geschichte der Regierungen, Kriege und Hungersnöte zeichnen sich für das Auge fast unbewegliche Geschichten ab, Geschichten mit leichtem Gefälle: die Geschichte der Seewege, die Geschichte des Getreides oder der Goldminen, die Geschichte der Dürre und der Bewässerung, der Koppelwirtschaft, die Geschichte des von der Menschheit erreichten Gleichgewichts zwischen Hunger und Vermehrung."[65]

Damit verliert die Geschichtsschreibung jedes Zentrum. Das Material ist disparat, zerstoben. Der Historiker wird – ähnlich dem anderen Archivar der Moderne: Walter Benjamin[66] – zum Sammler. Und das, was sich nicht im

---

[64] M. Foucault, Archäologie des Wissens, 17.
[65] Ebd., 9f.
[66] Vgl. W. Benjamin, Das Passagen-Werk, Bd. 1, Frankfurt a.M. 1983, besonders 269-280.– Zwei kurze Notate verdeutlichen die Ähnlichkeit der Perspektiven auf das historische Material, wobei Benjamin, indem er den *Sammler* als Typus charakterisiert, die eigene Methode reflektiert. Über Pachinger, den „große(n) Sammler" berichtet Benjamin, daß „er sich bückt, um etwas aufzuheben: Es lag da etwas, wonach er wochenlang gefahndet hatte: der Fehldruck eines Straßenbahnbillets, das nur für ein paar Stunden im Verkehr gewesen war" (275). Nichts darf verloren gehen, die Dinge tragen ihre Bedeutung in sich, nicht noch einmal semantisch von anderem eingespannt. Entsprechend betreibt der Sammler „die Befreiung der Dinge von

Begriff bannen, im *Prinzip* aufbrauchen läßt, signalisiert ein neues Denken: ein Denken in Differenzen, aus den Abständen heraus. Spätestens an dieser Stelle verweigert sich Foucault endgültig dem Strukturalismus:

> „Eine globale Beschreibung faßt alle Phänomene um ein einziges Zentrum zusammen – Prinzip, Bedeutung, Geist, Weltsicht, Gesamtform; eine allgemeine Geschichte würde im Gegenteil den Raum einer Streuung entfalten."[67]

> „Es handelt sich nicht (und sogar noch weniger) darum, die Kategorien der kulturellen Totalitäten zu benutzen (ob es nun die Weltanschauungen, die Idealtypen oder der besondere Geist von Epochen sind), um der Geschichte auch gegen ihren Willen die Formen struktualer Analyse aufzuzwingen."[68]

Damit schreibt sich Foucault vom Einsatz der Episteme in der „Ordnung der Dinge" weg. An ihre Stelle treten die Diskurse, besser: die diskursiven Praktiken. Diskurse sind „bestimmten Regeln gehorchende Praktiken."[69] Und dies ist der entscheidende methodologische Perspektivenwechsel: indem Wissen über einen Komplex verschiedener Praktiken gesteuert erscheint, wird die Sensibilität dafür geschärft, was einer spezifischen Praktik und damit einem besonderen Wissensmodell zum Durchbruch verhilft. Die Diskursanalyse evoziert eine Machtanalyse, denn der Diskurs

> „erscheint als ein endliches, begrenztes, wünschenswertes, nützliches Gut, das seine Erscheinungsregeln, aber auch seine Aneignungs- und Anwendungsbedingungen hat. Ein Gut, das infolgedessen mit seiner Existenz (und nicht nur in seinen praktischen >Anwendungen<) die Frage nach der Macht stellt. Ein Gut, das von Natur aus der Gegenstand eines Kampfes und eines politischen Kampfes ist."[70]

Diese neue Frage nach der Macht als Diskursfunktor stellt sich aus einer Aporie heraus, in der sich die Steuerungsmechanismen der Diskurse theoretisch verfangen. Der Diskurs läuft nach Regeln ab, die er selbst vorgibt und aktualisiert. Damit erneuert sich aber lediglich das Problem aus der „Ordnung der Dinge", weil ungeklärt bleibt, wie letztlich die Konfigurationen der Diskurse und vor allem ihre Verschiebungen funktionieren. Foucault schließt ein denkendes Subjekt als den Konstitutionsgrund aus, denn die Diskurse sind irreduzibel, sie sind „autonom".[71] Es gibt auch kein Kollektiv-Ich, kein gemeinsames Bewußtsein, das die Umstrukturierungen als gleichsam auf Verabredung bindender Zeitgeist erklären könnte. Die Diskursformationen stellen sich nicht anders dar als ein „anonymes Feld".[72] Die Diskurse sind produktiv, zugleich aber auch nicht vollkommen autark – sonst könnte es keine Veränderung geben.

---

    der Fron, nützlich zu sein" (277). Der mikroskopische Blick Benjamins, dazu sein Interesse an den Dingen selbst, an ihrer „Bergung", ähnelt dem Foucaults zum Verwechseln. Und dieses Interesse ist es auf seiten Foucaults, was seine Subjektkritik stachelt.

[67] M. Foucault, Archäologie des Wissens, 20.
[68] Ebd., 27f.
[69] Ebd., 198.
[70] Ebd., 175.
[71] Ebd., 177.
[72] Ebd.

3. Perspektiven einer differenzphilosophischen Hermeneutik

„Die Diskursanalyse hat einen blinden Flecken, den sie selbst nicht tilgen kann. In der Folge tritt Foucault eine Flucht nach vorn an. Die gesuchte und nicht gefundene Autoproduktion entlädt sich in Strategien, die Wirkungen produzieren und nicht bloß Regeln generieren. Die diskursiven Praktiken wandeln sich in Machtdispositive, in ein unzertrennliches Aggregat aus Können und Wissen. Wahrheit und Sinn unterliegen nicht nur spezifischen Bedingungen, sie geraten in die Fänge eines >Willens<, der Wahrheiten begehrt, erzeugt und sich zunutze macht."[73]

Foucaults Nietzsche-Lektüre kommt an diesem theoretischen Wendepunkt zum Tragen. Den *Willen zur Macht* führt Foucault genealogisch aus. Seine historischen Tiefenanalysen zum Konnex von Wissen und Macht werden bestimmend. Sie werden darüber aufklären, daß jede Wissensform von Macht mitbestimmt ist. Kein Wissen ist rein, es ist unterbrochen. Macht expliziert nicht nur die Diskontinuitäten, die jene in der „Ordnung der Dinge" angezeigten Epochenbrüche des Wissens bezeichnen, sondern ist die Differenzform allen Wissens, weil es nie ganz es selbst ist. Das Wissen als Geschichte ist Teil jener „Zufallsgrammatik"[74], deren Flexionssystem Macht heißt.

Nach wie vor betreibt Foucault Archäologie. Deutlicher als bisher aber wird sie mit einer Genealogie verbunden, die Machtstrategien untersucht. Sie bestimmen das Wissen, sie setzen sich im Wissen fest. Das erlaubt eine Analyse, die bei den *Problematisierungen* des Wissens ansetzt. Sie beginnt an den Bruchstellen des Selbstverständlichen, die sich zu neuen Wissensformationen aufwerfen. Im Rückblick, zugleich im Übergang zu den abschließenden Untersuchungen von „Sexualität und Wahrheit", gibt Foucault sein gesamtes Werk unter den Auspizien der Macht zu lesen:

„Die archäologische Dimension der Analyse bezieht sich auf die Formen der Problematisierung selbst; ihre genealogische Dimension bezieht sich auf die Formierung der Problematisierungen ausgehend von den Praktiken und deren Veränderungen. Problematisierung des Wahnsinns und der Krankheit ausgehend von sozialen und ärztlichen Praktiken, die ein bestimmtes >Normalisierungsprofil< definieren; Problematisierung des Lebens, der Sprache und der Arbeit in Diskurspraktiken, die bestimmten >epistemischen< Regeln gehorchen; Problematisierung des Verbrechens und des kriminellen Verhaltens ausgehend von gewissen Strafpraktiken, die einem >disziplinären< Modell folgen."[75]

Was in der Rückschau stringent erscheint, zeigt sich einerseits von Foucaults grundlegenden politischen Optionen angebahnt, kann andererseits aber erst

---

[73] B. Waldenfels, Michel Foucault. Auskehr des Denkens, in: ders., Deutsch-französische Gedankengänge, Frankfurt a.M. 1995, 198-210; hier: 208.
[74] P. Veyne, Revolutionierung der Geschichte, 29.– Vgl. ebd., 77f.
[75] M. Foucault, Der Gebrauch der Lüste, 19.– An dieser Stelle projiziert Foucault darüber hinaus seine Analyse der Sexualität als Diskurs, der selbst geworden ist, durchzogen von Macht– und Disziplinarpraktiken: „Und jetzt möchte ich zeigen, wie in der Antike die sexuellen Tätigkeiten und Genüsse im Rahmen von Selbstpraktiken problematisiert worden sind, die den Kriterien einer >Ästhetik der Existenz< folgen" (19f.).– Vgl. W. Schmid, Auf der Suche nach einer neuen Lebenskunst. Die Frage nach dem Grund und die Neubegründung der Ethik bei Foucault, Frankfurt a.M. 1991; zur Machtthematik besonders 58-68.

in der spezifischen aporetischen Situation durchbrechen, in die seine historischen Wissensanalysen münden. Dennoch liegt eine erkennbare innere Konsequenz in den machtmikroskopischen Arbeiten, die mit „Überwachen und Strafen" in einer ersten konzentrierten Form vorliegen.[76]

Niemals tritt die Macht so unmaskiert hervor wie in dem Augenblick, da sie straft. Foucaults Analyse beginnt mit dem Referat einer Hinrichtung, die die absolute Macht des Königs als absolute Macht über den Körper dessen präsentiert, der sich gegen diese absolute Macht richtete. Auf hoch erfinderische und brutalste Weise wird der Königsattentäter Damiens 1757 öffentlich hingerichtet. Die ganze Macht des absoluten Herrschers wirkt sich an ihm aus. Die Marter ist reine Macht.

Unmittelbar auf die genaue Darstellung dieser Exekution folgt ein Zeitplan von 1838, in dem bis ins kleinste das Leben jugendlicher Strafgefangener geregelt wird. Ein neue Art des Strafens hat sich in der Zwischenzeit durchgesetzt. Für Foucault freilich keine einfache Humanisierung: „In Wirklichkeit hat sich hinter diesen Veränderungen eine Verschiebung im Ziel der Strafoperation vollzogen."[77] Die Macht bleibt nach wie vor absolut. Am deutlichsten wird sich dies im Panoptikum zeigen.

Die Verschiebung im strafenden Interesse nimmt sich statt des Körpers fortan die Seele des Menschen vor. „Die Seele tritt auf die Bühne der Justiz, und damit wird ein ganzer Komplex >wissenschaftlichen< Wissens in die Gerichtspraxis einbezogen."[78] Der Körper bleibt weiterhin betroffen. Aber ihn trifft eine veränderte „Technologie der Macht".[79] In einer ökonomisch immer differenzierteren Gesellschaft wird der Körper unter ökonomischen Aspekten gesehen: als Arbeitskraft. Auch für die Justiz gilt, daß er zu nutzen ist. Zwangsarbeit wird im Strafvollzug sein Teil. Die Strafe wird ergänzt um den seelischen Aspekt: Umerziehung als Programm. Dabei erscheint die Seele selbst als Instrument der Macht in der Form ihrer Herrschaft über den Körper. Und auf die Seele bezogen entfaltet sich das Wissen. Gerade im Gefängnis wird sich erweisen, daß die absolute Überwachung ein Wissen vom Gefangenen erzeugt. Und das Überwachen gilt auch bis in die Schule hinein: Erziehung qua Überwachung von Disziplin und Leistung. Die Macht erscheint als Disziplinarmacht, der Wissen zuarbeitet und die wiederum neues Wissen erlaubt. Diesen Konnex nimmt Foucault grundsätzlich:

> „Man muß wohl einer Denktradition entsagen, die von der Vorstellung geleitet ist, daß es Wissen nur dort geben kann, wo die Machtverhältnisse suspendiert sind, daß das Wissen sich nur außerhalb der Befehle, Anforderungen, Interessen der Macht entfalten kann. Vielleicht muß man dem Glauben entsagen, daß die Macht wahnsinnig macht und daß man nur unter Verzicht auf die Macht ein Wis-

---

[76] Vgl. gleichsam als Vorstudie „Der Fall Rivière. Materialien zum Verhältnis von Psychiatrie und Strafjustiz, Frankfurt a.M. 1975.– Der Bezug zu „Wahnsinn und Gesellschaft" belegt den Zusammenhang im Denken Foucaults noch bei allen Brüchen.– Vgl. dazu W. Schmid, Auf der Suche nach einer neuen Lebenskunst, 58 f.

[77] M. Foucault, Überwachen und Strafen, 25.

[78] Ebd., 34.

[79] Ebd.

sender werden kann. Eher ist wohl anzunehmen, daß die Macht Wissen hervorbringt (und nicht bloß fördert, anwendet, ausnutzt); daß Macht und Wissen einander unmittelbar einschließen; daß es keine Machtbeziehung gibt, ohne daß sich ein entsprechendes Wissensfeld konstituiert."[80]

Daran schließt sich die wesentliche erkenntnistheoretische Einsicht an, daß auch das erkennende Subjekt Teil dieses Wissensapparates ist; es steht nicht außerhalb einer Geschichte des Wissens, in die Macht nicht einfachhin von außen eingreift, sondern in die sie als ihr Text selbst verwoben ist.

Dieses Wissen gewinnt Macht über den Körper, wo es sich als technisches Wissen der Marter reproduziert; es bedient und erneuert eine „ganze Ökonomie der Macht".[81] Und es ist schließlich ökonomisches Denken, das zur Reform des Strafapparates führt. Die Kritik der Reformer richtet sich nicht an die Inhumanität, sondern an eine falsche Ökonomie, an eine falsche Machtverteilung. Man will „die Wirksamkeit erhöhen und ihre ökonomischen Kosten ebenso senken...wie ihre politischen Kosten".[82] Milde ist nichts als „kalkulierte Ökonomie".[83]

Von diesem ökonomischen Paradigmenwechsel ist die Justiz unmittelbar betroffen – ihre Abläufe werden bis in den Gerichtssaal hinein nach funktionalen Gesichtspunkten neu geregelt. Dabei arbeiten „Individualisierung" und „Kodifizierung" Hand in Hand. Analog zu den naturgeschichtlichen Klassifikationen, bekannt aus der „Ordnung der Dinge", werden Tableaus erstellt, auf denen dem Einzelfall seine gerechte Strafe zugewiesen wird. Der ökonomische Endpunkt wird eine genaue Verrechnung nach Zeiteinheiten sein: Zeit als Maß der Arbeit und des Geldes verschränkt sich mit der von der Freiheit abgezogenen Zeit. Verbrecher und Verbrechen werden objektiviert.[84] Der sich etablierende Rationalismus im Prozeß macht den Zusammenhang von Macht und Erkenntnis deutlich. Er etabliert sich als neue Wissensform: die Kriminologie entsteht.

Die Geschichte der Entstehung der Haft ist als „Wiederherstellung des *homo oeconomicus*"[85] zu erzählen. „Sinnvoll ist die Strafe nur im Hinblick auf eine mögliche Besserung und eine ökonomische Verwendung der gebesserten Verbrecher."[86] Dies zu erreichen, ist ein möglichst genaues Wissen über die Disposition des Delinquenten erforderlich. Überwachen und Strafen konvergieren. Sie gelingen am besten im Gefängnis, das seinen Siegeszug antritt. Es „funktioniert als ein Wissensapparat".[87] Seine Perfektion: das Panoptikum Jeremy Benthams, in dem von einer Zentrale aus, unsichtbar für die Gefangenen, die Kontrolle erfolgt.[88] Jeden Augenblick muß der Gefangene

---

[80] Ebd., 39.
[81] Ebd., 47.
[82] Ebd., 103.
[83] Ebd., 129.
[84] Vgl. ebd.
[85] Ebd., 158.
[86] Ebd.
[87] Ebd., 164.
[88] Vgl. ebd., 251-292.– Das aufschlußreichste Bild aus dem von Foucault aufbereiteten Fundus ist Abbildung 21: *Ein Häftling verrichtet in seiner Zelle sein Gebet vor dem zentralen Über-*

das Gefühl haben, *eingesehen* zu werden. Der Utilitarist Bentham macht seine Philosophie zum konsequenten gesellschaftlichen Programm.

Die Tendenz erreicht das volle gesellschaftliche Spektrum. Die Macht, die sich in den Strategien des Überwachens und Strafens entfaltet, manifestiert sich im Asyl, im Internat, in der Fabrik, in der Kaserne, vielleicht am nachhaltigsten in der Schule.[89] Leistung wird kontrolliert, und in der Kontrolle, die immer weiter funktionalisiert, optimiert, d.h. selbst verwissenschaftlicht wird, hat man die „Monumente des Sieges der reglementierenden Vernunft"[90] vor Augen. Es wird mit Rängen gearbeitet, die gesellschaftliche Position wird hierarchisch vermessen. Avisiert wird zudem „die Herstellung einer vollständig nutzbaren Zeit".[91] Der einzelne Körper wird zum Teil einer „vielgliedrigen Maschine".[92] Eine durchrationalisierte Gesellschaftsordnung wird transparent.

Ihre Macht übt sie zunehmend im Verborgenen aus, wie sich auch das Strafspektakel von der öffentlichen Hinrichtung hinter die Mauern des Gefängnisses zurückgezogen hat. Ihre erfolgreichste Strategie ist die Etablierung des Normalen. Die „Macht der Norm"[93] bestraft alles Nicht-Konforme, das an ihr Maß nimmt, vermessen wird. Verhalten und Denken sind dabei gleichermaßen betroffen. So „unterhalten die nicht-diskursiven Praktiken körperlicher Disziplinierung ständigen Kontakt zu den diskursiven Praktiken der Wissenschaft. Die isolierenden und abrichtenden Disziplinarpraktiken präsentieren insbesondere den Humanwissenschaften ein präzises Wissen über die Individuen."[94]

In diesem Zusammenhang *entsteht* das Subjekt.[95] Es wird im Wissen der Macht konstituiert. Seine Daten werden erfaßt, verarbeitet, um es den Normen anzupassen, um es ihnen *zu unterwerfen*:

> „Das Kerkernetz bildet ein Arsenal dieses Komplexes aus Macht/Wissen, der die Humanwissenschaften geschichtlich ermöglicht hat. Der erkennbare Mensch (Seele, Individualität, Bewußtsein, Gewissen, Verhalten...) ist Effekt/Objekt dieser analytischen Erfassung, dieser Beherrschung/ Beobachtung."[96]

Seine Verfügbarkeit ist eine der wissenden und der disziplinarischen Beherrschung gleichermaßen: zuerst die Individualisierung, dann die Strafzumessung, schließlich der Strafvollzug mit einer Überwachung, die wiederum ein

---

wachungsturm. Das System selbst wird hier gleichsam in seiner absoluten Macht zum Anbetungsgegenstand und nimmt den Platz des Absoluten ein (der sein klassisches Prädikat der Allwissenheit abgetreten hat). Das Individuum kniet, es ist unterworfen – mit Foucault: es ist erst so wirklich das *Subjekt*, wie es die Neuzeit konstituiert.

[89] Vgl. ebd., 181.
[90] J. Habermas, Vernunftkritische Entlarvung der Humanwissenschaften, 288.
[91] M. Foucault, Überwachen und Strafen, 193.
[92] Ebd., 212.
[93] Ebd., 237.
[94] H. Fink-Eitel, Foucault zur Einführung, 77.
[95] Damit ist klar, daß die Rede von einem möglichen *Ende des Menschen* bei Foucault diesen spezifischen epistemischen Entwurf vom Menschen meint.
[96] M. Foucault, Überwachen und Strafen, 394.

Wissen produziert, das die individuelle Anpassung an die Ziele des Strafens immer exakter erlaubt: der Kreislauf der Subjektivierung als – wörtliche – Unterwerfung schließt sich. Und auf den Justizapparat bezogen, wird Macht offen zynisch: denn Delinquenz bewirkt in den meisten Fällen neue Delinquenz.[97]

Foucaults „Archäologie des Wissens" kann aus der genealogischen Perspektive in den *Dispositiven der Macht* eine Art fundamentalhermeneutische gesellschaftliche Konstante dechiffrieren. Ihr Grundbild: die Macht- und Wissensinstitution des Gefängnisses:

> „In seinen kompakten und diffusen Formen, mit seinen Eingliederungs-, Verteilungs-, Überwachungs- und Beobachtungssystemen war das Kerkersystem in der modernen Gesellschaft das große Fundament der Normalisierungsmacht."[98]

Dieser Macht gehorcht auch der Sexus. Und wie die Subjektivität diskursiv erst in der Entwicklung neuzeitlicher Rationalität entstand, so wurde auch die Sexualität als Wissenschaft erst sukzessiv geboren. Die Strategien des Wissens und Beherrschens ordneten sich zu einem Wissen über den eigenen Sex. Kontrollen der christlichen „Pastoralmacht"[99] in Form der Beichte und Normierungen des sexuellen Verhaltens adressierten den *Gebrauch der Lüste* an eine Instanz der wahrheitsinteressierten Einordnung und gesellschaftlichen Erlaubnis. Es kam zu einer gründlichen „Objektivierung des Sexes in vernünftigen Diskursen".[100] Auch hier griffen Typisierungen. Nach der Theologie bemächtigte sich die Medizin des sexuellen Diskurses und formulierte neue Normierungskataloge, die als Ausgrenzungen funktionierten.

Ihre Machttaktiken sind dabei nicht einfachhin repressiv aufzufassen, so sehr dies etwa im Blick auf Homosexualität der Fall war und ist. In einem aber schafft Macht auch erst gesellschaftliche Wirklichkeiten. Damit verschärft sich Foucaults Thematisierung der Machttaktiken:

> „Foucault sagt nicht, die Repressionshypothese sei falsch. Sie ist nur viel zu einfach. Sie übersieht die überaus komplexen, produktiven und daher um einiges gefährlicheren Mechanismen der Macht... Sexualität und Subjektivität sind keine Gegenmächte der Befreiung von der Macht, sondern ihr Bestandteil – ein Teufelskreis."[101]

3.1.6 Aporetische Machtkritik

Foucaults Machtanalyse ist damit auf ihren kritischen Punkt gebracht: Macht ist in seiner Kritik total geworden. Jenseits ihrer Auseinandersetzungen, Diskursschöpfungen und -verschiebungen ist nichts zu denken. Jeder mögliche

---

[97] Ebd., 389.
[98] Ebd., 393.
[99] M. Foucault, Das Subjekt und die Macht, in: H. L. Dreyfus / P. Rabinow, Jenseits von Strukturalismus und Hermeneutik, 241-261; hier: 248.
[100] M. Foucault, Der Wille zum Wissen, 47.
[101] H. Fink-Eitel, Foucault zur Einführung, 85.

Widerstand ist Teil agonaler Machtstrategien. Foucaults Kritik steht am Nullpunkt: sie ist nicht blind, denn sie konnte zeigen, wie unauflösbar Wissen an Macht gebunden ist – und „diese gegenseitige Erzeugung von Macht und Wissen erkannt zu haben, ist eine von Foucaults Hauptleistungen."[102] Macht ist *das* entscheidende Differential des Wissens, das als diskursive Praktik immer mitzudenken hat, was Denken nicht mehr *beherrscht*, aber beherrschen will: Verdopplung des natalen Komplexes. Solche Kritik klärt Wissen über sich selbst auf. Als gesellschaftliche Kraft indes ist sie paralysiert.

Dies hat letztlich einen erkenntnistheoretischen Grund: wenn Macht überall ist, läßt sie sich in bestimmten Praktiken identifizieren, doch da sie eben universal ist, können diese Praktiken nicht mehr separiert und bekämpft werden. Dazu stellt sich die Frage, mit welchem Recht welche Machtpraktiken als negativ anzusehen sind. Jürgen Habermas wirft Foucault in aller Konsequenz seiner Machttheorie einen grundlegenden „Relativismus" sowie eine notwendig „willkürliche Parteilichkeit" vor.[103] Was bedeutet, daß Foucault genau dort landet, wovon er sich erkenntnistheoretisch zu verabschieden gedachte: er „endet in heillosem Subjektivismus".[104]

Diese Aporie hängt eng mit der Aporie zusammen, in der bereits die Frage nach der bedingenden Kraft jener epistemischen Wechsel verharrte, wie sie die „Ordnung der Dinge" vorstellte. Die theoretische Reaktion Foucaults lieferte eine Genealogie der Macht, festgemacht an ihren unterschiedlichen Strategien. So wenig Foucault dabei Macht hypostasieren wollte, so sehr mußte seine Rückbindung der einzelnen taktischen Manöver und Machtspiele eine Anonymität von Macht als Lösung der Begründungsfrage offerieren. Die Frage nach der Steuerung der Machteingriffe konnte nur unter Verweis auf die Macht selbst erfolgen – und das gilt auch dort, wo er dezidiert Macht als Konstellation von „Machtverhältnissen"[105] faßt. Foucault sieht deutlich die „Gefahr,... Macht durch Macht zu erklären."[106] Und er sieht auch, daß Macht institutionell eingebunden ist und darin bestimmte Konstanzen aufweist. Dennoch will er von der Analyse der Machtverhältnisse ausgehen, weil sie sich in den Institutionen verfestigt und abgebildet haben. Solche Machtverhältnisse funktionieren, indem sie

> „das Feld möglichen Handelns der anderen... strukturieren. Charakteristisch für ein Machtverhältnis ist demnach, daß es eine Weise des Einwirkens auf Handlungen ist. Das heißt, daß die Machtverhältnisse tief im gesellschaftlichen Nexus wurzeln, und nicht über der >Gesellschaft< eine zusätzliche Struktur bilden, von deren radikaler Austilgung man träumen könnte. In Gesellschaft leben heißt jedenfalls so leben, daß man gegenseitig auf sein Handeln einwirken kann. Eine Gesellschaft >ohne Machtverhältnisse< kann nur eine Abstraktion sein."[107]

---

[102] H. L. Dreyfus / P. Rabinow, Jenseits von Strukturalismus und Hermeneutik, 235.– Vgl. J. Habermas, Aporien einer Machttheorie, in: ders., Diskurs der Moderne, 313-343; hier: 315.
[103] Beide Zitate ebd., 325.
[104] Ebd., 324.
[105] M. Foucault, Das Subjekt und die Macht, 257.
[106] Ebd., 256.
[107] Ebd., 257.

3. Perspektiven einer differenzphilosophischen Hermeneutik 99

Machtverhältnisse werden so zur Lebensvoraussetzung. Zu ihnen gehören auch die möglichen Widerstände menschlicher Freiheit.[108] Foucault nimmt sie wahr, er registriert sie – aber über eine Beschreibung ihrer konkreten Strategien, über das Aufkommen vorherrschender Wissens- und Gesellschaftsformationen hinaus verweigern sich letzte Gründe einer geschichtlichen Einsicht. Damit aber „bleibt die soziale Entstehung von Machtverhältnissen auf theoretischer Ebene eigentümlich ungeklärt."[109] Denn an die Stelle rationaler Vermittlungen tritt der Wille zur Macht, dechiffriert als Wille zum Wissen. In jedem rationalen Diskurs wird Macht unterlegt. Sie läßt sich nicht noch einmal normativ rückbinden und bändigen. In letzter Konsequenz sieht Foucault „soziale Machtverhältnisse als die durch permanente, technisch hochperfekte Zwangsausübungen erwirkten Aggregatzustände strategischen Handelns".[110]

Doch ist die begründungstheoretische Aporie nur folgerichtig: Foucault vermittelt sie als das Schweigen des Historikers und Archivars, der Material sichert und ordnet, ohne die Sinnfrage noch stellen zu können. Was er findet, sind die Dispositive der Macht. Sie wirken in jeden Raum der Erkenntnis hinein – auch der eigenen. Gerade darum tut Aufklärung not, so wenig sie sich noch einmal als Norm begründen läßt. Ihre Praxis ist Teil jenes Willens zum Wissen als Wille zur Macht, den der Autor mit allen anderen auf seine Weise teilt. Habermas' Vorwurf des Relativismus' und Subjektivismus' anderer Spielart wird hier zurecht erhoben – doch läßt sich rational ethisch mehr sagen? Unter Foucaults Voraussetzungen nicht.[111] Foucault denkt hier offen aporetisch.[112] Was ethisch bleibt, ist der einzelne, aber jeweils in seinen Handlungsmöglichkeiten im sozialen Komplex der Machtverhältnisse begriffen:

> „Soziale Praktiken...lassen begrifflich...weder eine atomistische Idealisierung des Subjekts zu, noch...reduzieren sie den Einzelnen auf nichts als einen Effekt existierender sozialer Strukturen. Vielmehr bildet sich hier, in den konkreten Handlungsweisen, Gesten, Denkformen und Diskursformationen, das eigentliche Scharnier, der Ort des Zusammenpralls von objektiver Macht und subjektiver Selbstbestimmung. Statt also gegen *die* Macht vorgefertigter Subjektkonzepte ins Feld zu führen, geht es vielmehr darum zu zeigen, wie die durch bestimmte Sozialisationsprozesse charakteristisch geformten Subjekte sich zu diesen, ihnen durch praktische Sozialisation eingeimpften Strukturen kritisch und wiederständig verhalten können."[113]

Noch diese Möglichkeit von individuellem Widerstand gegen Macht bleibt selbst Teil der unaufhebbaren Machtspiele. Die Form des Widerstands läßt

---
[108] Vgl. ebd., 259.
[109] A. Honneth, Kritik der Macht, 193.
[110] Ebd., 194.
[111] Eine genaue Kritik der Transzendental– bzw. Universalpragmatik könnte zeigen, daß jedes Projekt einer Letztbegründung scheitert und damit auf dieselben dezisionistischen Gründe stößt, die Foucault mit Nietzsche als Wille zur Macht dekouvriert. Vgl. R. Gebauer, Letzte Begründung. Eine Kritik der Diskursethik von Jürgen Habermas, München 1993.
[112] Was Habermas sieht: vgl. J. Habermas, Aporien einer Machttheorie, 327.
[113] H. H. Kögler, Michel Foucault, 111f.

sich nicht mehr normativ totalisieren oder rational universalisieren. Deswegen bleibt der Spielraum dennoch. Foucault denkt ihm in Gestalt einer „Ästhetik der Existenz"[114] in seinem Spätwerk zu: „*Es gibt* etwas, das der Macht nicht ganz unterworfen ist: das autonome Subjekt, das ihr gegenüber einen Freiheits- und Verhaltensspielraum hat."[115]

Foucault bewegt sich hier auf jener unsicheren *Linie*, die Deleuze meinte. Sein Denken ist ungeborgenes Denken, es trägt das Unausdenkbare aporetisch aus.

3.1.7 Foucaults Hermeneutik: Differenzmarke Macht

Die Schwierigkeit, Michel Foucault als postModernen Hermeneutiker anzusprechen, wurde bereits bedacht. Zweierlei erlaubt auch im Rückblick, ihn im vorgegebenen Zusammenhang und auf diesen hin zu diskutieren: Foucaults Denken ist eminent hermeneutisch, insofern es sich an die archäologische Hebung der tiefsten Schichten unserer Wissensformen macht; und gerade seine vernunftkritische Perspektive indiziert den atmosphärischen Konnex. Darüber hinaus operiert diese Hermeneutik als ein Denken ohne Zentrum: Macht ist nur als verstreute, als Vielzahl von Strategien zu analysieren.

Macht aber ist der entscheidende Schnitt, den unser Denken in sich selbst trägt. Kein Wissen, das sich davon nicht beunruhigt fände. Keine Wissensform ist ganz bei sich, sie ist kontingent geworden, und sie ist dramatisch bestimmt von Machtkämpfen, aus denen sie hervorging. Was sie zu denken sucht, hat sie danach nie rein vom Gegenstand selbst her, sondern es ist gesellschaftlich auf die Weisen vermittelt, die sich in den Spielen und Agonien der Machttaktiken durchgesetzt haben. Dabei ist ihre Dominanz strikt verzeitlicht zu sehen: Wissen ist vorläufig.

So sehr Kritik im einzelnen statthat: nach Foucaults historischen Analysen läßt sich keine Hermeneutik mehr denken, die sich dem Phänomen Macht im eigenen konstitutiven Theoriezusammenhang entziehen könnte. Macht ist die Grammatik jeder möglichen Aussage. Zugleich gilt es, ihre Wirkformen, ihre Mutationen zu beobachten – Macht ist eminent produktiv. Und wenn Wahrheit als Wissen nicht steril von Macht abzusondern ist, so sind geschichtliche Prozesse in dieser Dialektik als mögliches Wahrheitsgeschehen mitzudenken: nämlich als bleibender, kontingenter Aufschub von Wahrheit. Kontextgenauigkeit wird zum Postulat – und der Mut zu einem vorläufigen Denken, das sich den Differenzen stellt, die es erst ermöglichen. Das Abweichen des Denkens von sich selbst in der Gestalt der Macht hat Foucault dabei in einer Weise gefaßt, die selbst tastend, vorläufig geblieben ist: Macht ist nie voll transparent. Keiner kann mehr glauben, die Dinge zu haben, wie sie sind.

---
[114] W. Schmid, Auf der Suche nach einer neuen Lebenskunst, 280.
[115] H. Fink-Eitel, Foucault zur Einführung, 125.

Foucault produziert einen anderen Stil des Denkens, einen sich selbst unterbrechenden, je neu in Frage stellenden, bleibend unsicheren: Differenzdenken wird Form schon in seinem eigenen Schreiben – es weicht von sich ab, gleichsam vor sich zurück. Es sucht je neu mit dem Denken anzufangen, weil zwischen den Dingen und der Ordnung, die das eigene Schreiben entwirft, Differenzen bleiben, die Verständigung über die Dinge erlauben, aber zugleich je neu abverlangen, noch einmal mit dem Denken zu beginnen.[116]

Die Grenzen in solchem Denken verschwimmen nicht, sie werden genauer formuliert: indes nicht länger als definite Identitäten, sondern eher nach der Art des von Foucault problematisch geöffneten, inneren Konnexes von Wahnsinn und Vernunft:

> „Die Beziehung zwischen der Vernunft, dem Wahnsinn... ist eine Ökonomie, eine Struktur der *différance*, deren irreduzible Originalität respektiert werden muß."[117]

3.1.8 Theologische Anschlußreflexion

In mehrfacher Hinsicht ist Foucault für eine theologische Fundamentalhermeneutik interessant. Erstens macht er auf die Unmöglichkeit eines in sich geschlossenen Diskurses aufmerksam, der eine klare Identität des Christlichen garantieren könnte. Jede Identität hat ihre Einbrüche, ihre Abweichungen von sich selbst. Und dies wird, zweitens, grundlegend mit dem Einfluß von Machtstrategien deutlich. Das hat nicht zuletzt erkenntnistheoretisch für die Fundamentaltheologie Konsequenzen:

> „Macht ist demnach in unsere Praktiken eingelassen – und in diesem Sinn methodologisch unhintergehbar. Verstehen kann sich nicht eines Vorverständnisses gewiß sein, welches je schon Herrschaftsstrukturen entronnen ist; dagegen ist die weitaus plausiblere Annahme methodologisch aufzunehmen, daß sich strategische Praktiken und ihre Resultate auch in den >reinen< Sinn unserer natürlichen und wissenschaftlichen Weltauslegung eingeschlichen haben."[118]

Macht wird fundamentaltheologisch zum Problem. Die Unabschaffbarkeit ihrer Einflüsse läßt sich als die konkrete Unerlöstheit unserer Welt begreifen, die auch das Christentum selbst betrifft. Der theologisch-kirchliche Diskurs ist nachweislich immer wieder von Machtstrukturen bestimmt, die eminent wissensproduktiv sind.

Deutlich wird dies mit Foucaults grundlegenden Machtformationen. Sie wirken über die Norm, den Körper und das Wissen. Ihre Basisstrategie ist die Kontrolle, die als Informationserhebung und als Prüfung gesellschaftliches Wissen über den einzelnen vermittelt und diesen gleichzeitig darin normiert. Abweichungen unterliegen Bestrafungen. Genau damit arbeitet Macht an der

---
[116] Vgl. M. Foucault, Archäologie des Wissens, 29f.
[117] J. Derrida, Cogito und Geschichte des Wahnsinns, 99.
[118] H.-H. Kögler, Die Macht des Dialogs. Kritische Hermeneutik nach Gadamer, Foucault und Rorty, Stuttgart 1992, 195.

Herstellung eines identischen Codes im Interesse eines bestimmten sozialen Systems, dessen inhaltliche Züge den Machtpraktiken ihre konkreten Ausprägungen verleihen.

Christentumsgeschichtlich läßt sich dies entlang der wesentlichen Einwände gegen Foucaults Machthermeneutik präzisieren:

1. Wenn Foucault vorgeworfen wird, seine Analytik operiere letztlich anonym und lasse Macht als allgemeines Analgeticum erscheinen, so ist mit Foucault auf seine Herausarbeitung der Machttechniken zu verweisen. Sie machen deutlich, daß Macht omnipräsent wirkt. Sie erscheint geschichtlich unhintergehbar.
Im Christentum läßt sich mit der Vorherrschaft des Wahrheitsinteresses im Glauben ein Versuch festhalten, die Identität des Christlichen über Basissätze zu sichern. Sie wird im Dogma überprüfbar. Dabei ergeben sich – unbeschadet der theologischen Legitimität des Dogmas! – spezifische Gefahren und z.T. auch geschichtliche Fehlentwicklungen. Die Entstehung der Dogmen selbst zeigt überdeutlich, daß hier eminent mit Machtmitteln gearbeitet wurde: von innen wie außen. Koalitionen werden gebildet, Absprachen getroffen. Der Einfluß des Kaisers auf den Reichskonzilien führt immer wieder erst zu dogmatischen Entscheidungen. Gegner werden denunziert und verurteilt, wobei sie die konkrete Macht der Kirche über die Möglichkeiten des Staates trifft, etwa über die physische Verbannung, die der kirchlichen entspricht. Wie sehr damit auch der Körper dem normierenden Wahrheitsdiskurs des Glaubens unterliegt, wird schon hier evident. Die Inquisition setzt dies z.T. fort. Das Dogma produzierte *auch* ein Wissen, das der peinlichen Befragung die theoretische Grundlage gab. Das eschatologische Glaubens*wissen* um den strafenden Gott und die zeitlichen Höllenstrafen zeigt Überwachen, Wissen und Strafen historisch mitunter in einem theologisch engen Zusammenhang.
Im übrigen wird das historische Machtapriori Foucaults aus christlicher Sicht mit Jesus Christus durchbrochen: sein Leben und sein Sterben, schließlich die in der Auferweckung von Gott als Bestätigung dieses neuen Lebens zu verstehende andere Logik der Liebe sind der Anbruch eines radikal anderen Paradigmas, das in der Geschichte als Kritik der Macht und Gewalt enthalten bleibt: jedoch *noch* immer wieder überwältigt.
2. Gegen den Einwand, Foucault gehe von Machtmechanismen aus, die gleichsam evolutionär mit dem Menschen zusammenhingen und sich dann gesellschaftlich verfestigten, wobei dann genau dieser Institutionalisierungsprozeß eigentümlich unkonkret bleibe, ist erneut auf die beschriebene Allgegenwart von Macht zu verweisen. Sie ist anonym und konkret; sie wirkt individuell und gesellschaftlich gleichermaßen. Ihre Verfestigung läßt sich nur über die Praktiken beschreiben, und dies am besten im historischen Augenblick eines Paradigmenwechsels der herrschenden *Episteme* und ihrer Institutionalisierung.
Einen solchen religionsgeschichtlichen Paradigmenwechsel bedeutet die Entstehung des Christentums und dann seine Identitätsbildung, die mit ei-

ner wachsenden praktischen Institutionalisierung und theoretischen Systematisierung einherging. Kritisch stellt sich die Frage, wo eine eliminatorische Hermeneutik des (Häresie-) Verdachts sichtbar wird, die in der Wahrheitssuche möglicherweise vorschnell bzw. vereinseitigt Differenzmilieus ausschließt.

3. Gegen Foucault wird darauf verwiesen, daß er sich einerseits auf ein dezentrales, individuell ausgerichtetes Handlungsmodell zubewegt, andererseits ein Gesellschaftsmodell benutzt, das im Komplex der Macht eine Zentrale hat, die alles bestimmt. Diese theoretische Spannung wird von Foucault in der gesellschaftlichen Grunddynamik eingesetzt, die Macht gegen Macht setzt. Das herrschende Paradigma bleibt durch die Widerstandskraft neuer Wissens- und Deutungsmodelle ablösbar. Aus dem umfassenden Komplex von Machtmechanismen finden auch die individuellen Praktiken nicht heraus. Doch ihnen bleibt der Spielraum des mächtigen Machtwiderstands. Nur so lassen sich die wissenschaftlichen und gesellschaftlichen Revolutionen erklären. Daß sie auch theoretisch machtverfangen sind, ließe sich im übrigen durch die politischen Begleitmaßnahmen bei der Rezeption neuer Theorien und Argumente zeigen: Macht kann sie behindern oder zulassen; Argumente selbst überzeugen nicht allein aus sich heraus, sondern in der Konstellation eines Diskurses, der konkret nie herrschaftsfrei ist.
Dies gilt auch theologisch-kirchlich. Ein Beispiel liefert die lehramtliche Erlaubnis nach dem katholischen Antimodernismus, historisch-kritische Exegese zu betreiben. Sie ist abhängig von einem theologischen Paradigmenwechsel und wird nach jahrzehntelangem Verbot mit entsprechenden Überwachungs- und Bestrafungsmaßnahmen von Theologen in einem bestimmten Augenblick zugelassen: Macht wird hier manifest. Das theologische Interesse hat sich auf ihre vorhergegangenen Opfer zu richten.
Theologisch bleibt überdies die Aufgabe, dieses Wechselspiel von kirchlichem Machtrahmen und individuellen Handlungsmöglichkeiten auch im Modell des theoretischen wie praktischen Einspruchs zu beschreiben. Gerade über solche Formen individueller Machtkritik konnte das Christentum sich immer wieder reformieren. Bartolome de las Casas, Friedrich von Spee sind Namen, die auf eine kirchlich institutionalisierte Machtreflexion dringen lassen. Ansätze bietet das Pontifikat Johannes Paul II. in der Auseinandersetzung mit Galileo Galilei oder der Inquisition sowie seinem historischen Schuldbekenntnis zur Jahrtausendwende.

4. Dies verweist auf eine Leerstelle in Foucaults Ansatz: es gibt keinen Raum legitimer Macht. Kirchlich ist sie indes unabdingbar durch die Bevollmächtigung Jesu Christi anzunehmen. Und dies gilt anders auch für den politischen Raum. Foucault würde dies kaum bestreiten. Die Legitimität individueller Machtwiderstände im Sinne positiver Entfaltungsmöglichkeiten jenseits der Normierungen des Macht-Wissen-Komplexes würde sonst in seinem Spätwerk nicht derart akzentuiert werden können. Jedoch vermag Foucault diese Perspektive aus einem erkenntnistheoretischen und einem methodologischen Grund nicht auszuführen: erstens

geht er von der nachmetaphysischen Skepsis gegenüber religiösen und ethischen Letztbegründungen aus, so daß tatsächlich ein gewisser Relativismus unausweichlich erscheint. Dem wird jedoch durch das Vertreten einer konkreten Option widersprochen, der, bei aller Vorläufigkeit, eben nicht alles *gleich* ist. Foucaults politisches Engagement erhält hier theoretisches Gewicht. Zweitens, und in Konsequenz dieser Einsicht, *beschreibt* Foucault die Strategien der Macht. Seine Analyse bereitet eine Machtkritik vor, die er nur implizit aus den oben genannten Gründen betreiben kann.

Christliche Theologie kann darüber hinausgehen, weil sie innerhalb ihres Überzeugungsrahmens Macht legitim denken kann. Die christliche Dialektik von Vollmacht und Macht befragt dabei letztere immer wieder kritisch. Auch daher erklärt sich das identitätslogische Interesse, die personale Bevollmächtigung institutionell zu prolongieren und in Strukturen zu fassen, die sie verfügbar machen und zugleich die Sicherheit gewähren, daß man zwar im Einzelfall, aber nicht aufs Ganze gesehen aus dieser Bevollmächtigung herausfallen kann. Daß sich dazu besonders die theoretische Verfügbarkeit einer Glaubenstheorie anbietet, liegt auf der Hand: volle Übereinstimmung, also Identität läßt sich leichter über ein Einverständnis herstellen und abfragen als die an sich immer ambivalente Dimension von (religiösen) Handlungen. Die Prädominanz eines theoretischen Glaubensmodells gegenüber seiner Handlungsdimension läßt sich im Konzept christlicher Identitätsbildung auch von daher erklären.

Im vorliegenden Zusammenhang ist jedenfalls christlich einer Machtkritik Vorschub zu leisten, die sich an der Fragwürdigkeit machtstrategischen Denkens orientiert. An der Lebenspraxis Jesu findet es sein kritisches Maß. Die Logik der Gewalt, ohne die Macht nicht denkbar ist, wird hier grundlegend durchbrochen – christlich unhintergehbar durch den Tod am Kreuz.

5. Damit wird das entscheidende machtkritische Potential des Christentums bezeichnet. Diese Widerstandskraft verzeichnet Foucault unter der Chiffre des Individuellen. Seine Subjektkritik läßt sich von daher als Machtkritik begreifen, die im Konzept des alles den eigenen Kategorien einverleibenden und unterordnenden Subjekts dieselbe Logik der Gewalt und Macht am Werk sieht, die sich auch im gesellschaftlichen Diskurs am Anderen auswirkt. Dabei ist das Subjekt zugleich Opfer des Macht- und Wissensdiskurses: es ist von ihm normiert und läßt sich von ihm beherrschen. Foucault denkt den Menschen nachsubjektiv unter individuellen Vorzeichen, d.h. von einer Widerstandskompetenz gegen diese Machtpraktiken geprägt. Auch dies bleibt noch einmal eigentümlich unkonkret – wohl wieder aus den bereits genannten erkenntnistheoretischen und methodischen Gründen. Eine positive, wiederum indirekt normierende Vorgabe kann unter den theoretischen Voraussetzungen Foucaults nur invers erfolgen, über Kritik vermittelt und in ihr transportiert.

Inhaltsgenauer hat das Christentum diese Machtkritik mit jesuanischer Lebenswirklichkeit zu füllen. Daß Macht auch kirchlich immer wieder kritisch zurückzunehmen ist, wäre dabei aus diesem Anlaß je neu zu erlernen – exemplarisch mit Jesus (bzw. den entsprechenden Jesus-Traditionen und -Interpretationen) gegen seine Jünger (und die sich formierende Kirche) (Mk 9, 33-37 par.).

Dies betrifft auch die subjektkritische, individuelle Dimension der Foucaultschen Machthermeneutik. Christlich wäre zum einen das glaubenstheoretische Paradigma des Subjekts auf seine subtilen Ausschließungs- und Unterdrückungsmechanismen des Anderen hin zu befragen. Zum anderen ist die Berechtigung individueller Glaubensexistenz herauszuarbeiten. In einem vereinseitigten Paradigma von Identität wären solche Differenzräume (primär) negativ, nicht aber in ihrer produktiven Herausforderung und Weiterführung – auch im Blick auf immer wieder anstehende Paradigmenwechsel – verstehbar.

6. Macht ist Signifikat von Fremdheit in der Theologie, von Selbstabweichung. Nur um den Preis eines sich festschreibenden Momentes von christlichem Identitätsverlust kann theologische Machtreflexion entfallen. Sie bezweifelt nicht die kirchliche Vollmacht; sie hat jedoch die Praktiken der Macht und ihre diskursiven Strategien auch theologisch-kirchlich zu untersuchen. Daß Macht mißbraucht werden kann, verdeutlicht, wie wenig an eine reine Identität des Christlichen zu denken ist. Macht als hermeneutische Differenzmarke wird zum kritischen Reflexionsanlaß.

Das läßt sich mit Foucaults Hinweis auf die christliche Pastoralmacht ausdrücklich machen. In seiner Sicht hat

„das Christentum der gesamten antiken Welt neue Machtverhältnisse beschert... Das Christentum ist die einzige Religion, die sich als Kirche organisiert hat. Als solche vertritt das Christentum prinzipiell, daß einige Individuen kraft ihrer religiösen Eigenart befähigt seien, anderen zu dienen, und zwar nicht als Prinzen, Richter, Propheten, Wahrsager, Wohltäter oder Erzieher usw., sondern als Pastoren. Dieses Wort bezeichnet jedenfalls eine ganz eigentümliche Form von Macht."[119]

Unabhängig von der historischen Einschätzung der institutionellen Sonderform der *kirchlichen* Institutionalisierung einer Religion sowie der fehlenden Perspektive auf die sich erst spät herausbildende Amtsausprägung des Priesters als *Pastor* macht Foucault hier auf den sensiblen Punkt der christlichen Individualisierung aufmerksam. Wenn sich das Christentum an der Entwicklung der Personalität zurecht wesentliche Anteile zuschreibt, so hat sie zugleich zu bedenken, daß sie dem Subjekt unter dem Vorzeichen der Individualisierung zugleich Beherrschungsmuster eingesetzt hat. Die pastorale Begleitung des Menschen durch sein gesamtes Leben hängt mit einer besonderen Wissensbildung über ihn eng zusammen. Die konkrete Ausformung der Beichte als theologisches Organon konnte unbewußt *auch* in diesem Dienst stehen. Individualisierung und Totalisierung des Subjekts griffen mitunter ineinander: jeder Christ wurde unter denselben Bedingun-

---

[119] M. Foucault, Das Subjekt und die Macht, 248.

gen erfaßt. Es ist dieses Schema, das sich nach dem modernen kirchlichen Relevanzverlust im Staat wiederfindet, unter profanen Bedingungen rationalisiert.

Die Dialektik von Individualisierung und gleichzeitiger Normierung macht auf das Problem des labilen Gleichgewichts in dieser Sache kirchlich aufmerksam. Welche Spielräume stehen christlich zur Verfügung: im Selbst- wie im Fremdverstehen? Ist die folgende Diagnose Foucaults christlich durch den Hinweis auf die in der Kirche verfügbare Glaubenswahrheit einfachhin abzuweisen?

> „Diese Form von Macht wird im unmittelbaren Alltagsleben spürbar, welches das Individuum in Kategorien einteilt, ihm seine Individualität aufprägt, es an seine Identität fesselt, ihm ein Gesetz der Wahrheit auferlegt, das es anerkennen muß und das andere in ihm anerkennen müssen. Es ist eine Machtform, die aus Individuen Subjekte macht. Das Wort *Subjekt* hat einen zweifachen Sinn: vermittels Kontrolle und Abhängigkeit jemandem unterworfen sein und durch Bewußtsein und Selbsterkenntnis seiner eigenen Identität verhaftet sein. Beide Bedeutungen unterstellen eine Form von Macht, die einen unterwirft und zu jemandes Subjekt macht."[120]

Zumindest in der Zeit des intakten katholischen Milieus, wie es sich in der antimodernen Distanzierung der katholischen Kirche herausbildete, läßt sich dieser Machtmechanismus deutlich zeigen. Die fundamentaltheologische Frage ist dabei die, ob dem nicht eine Theologik zuarbeitete, die zu wenig die Differenzen im eigenen Verstehen des Glaubens sah und zu wenig die Traditionen Negativer Theologie gegen ein theologisches Präsenzdenken stark machte.

Die Formen christlichen Machtwissens rücken kritisch ins Blickfeld. Seine zwanghaften Züge stehen dabei christlich zur Disposition. Daß sie pastoral in den Gemeinden kaum mehr greifen, läßt dennoch nach der systematischen Spätwirkung fragen. Wie wird christliche Identität theologisch verstanden und institutionell organisiert?

Die christliche Machtgeschichte ist erst noch zu schreiben; hier kann nur auf ihr theoretisches Recht hingewiesen werden. Im Anschluß an Foucault ist sie aus der Perspektive einer konkreten (prophetischen) Kritik ungerechter Macht und Übermächtigung zu formulieren – ad extra et ad intra. Und aus der Sicht einer identitätslogischen Infragestellung.

3.2 Kritik des Identitätsdenkens: Gilles Deleuze

Gilles Deleuze ist ein extrem angefeindeter Denker. Sein Stil unterliegt einer anderen Disziplin als der philosophisch obligatorischen. Seine Wissenschaft

---
[120] Ebd., 246f.

3. Perspektiven einer differenzphilosophischen Hermeneutik 107

vom Denken nutzt ihre klassischen Traditionen, um sie unerwarteten Lektüren zu unterwerfen.[121] Das Gewaltsame, das sich in dieser Wendung verbirgt, ist dabei auch ein Aspekt dieses Denkens, das einen „Angriff auf *die* Ordnung"[122] unternimmt, um deren Gewaltsamkeit zu entlarven. Der Ansatz, aber auch der bewußte Wechsel der Sprachebenen, darin die ganze unmittelbare Gewalt gegen die Vorherrschaft erdrückender Standards wird besonders mit dem folgenden Zitat deutlich:

> „Die Philosophiegeschichte übt in der Philosophie eine ganz offenkundig repressive Funktion aus... Gerichtshof der Vernunft, rechtmäßiger Gebrauch der verschiedenen Vermögen – eine Unterwerfung... Aber vor allem bestand meine Art, heil da rauszukommen, glaube ich, darin, die Philosophiegeschichte als eine Art Arschfickerei zu betrachten oder, was auf dasselbe hinausläuft, unbefleckte Empfängnis. Ich stellte mir vor, einen Autor von hinten zu nehmen und ihm ein Kind zu machen, das seines, aber trotzdem monströs wäre. Daß es wirklich seins war, ist sehr wichtig, denn der Autor mußte tatsächlich all das sagen, was ich ihn sagen ließ. Aber daß das Kind monströs war, war ebenfalls notwendig, denn man mußte durch alle Arten von Dezentrierungen, Verschiebungen, Brüchen, versteckten Äußerungen hindurchgehen".[123]

Deleuze produziert hier seine Philosophie als eine Gegengewalt: die Tradition wird unterwandert, um mit ihr *gegen sie* zu denken. In der vulgären, zwar ihrerseits standardisierten, aber eben nicht wissenschaftlich, philosophisch standardisierten, gegenweltlichen Sprachform bricht Deleuze mit einer Ordnung des Denkens, die er als Gewalt wahrnimmt. Ihre Gewalt: die Ausmerzung der Differenzen, der Abweichungen. Der Sprachschock signalisiert dies. Er ist Differenz, Bruch. Deleuze sucht nach einem Denken, das diese Differenzen zum Vorschein bringt und ihnen zu ihrem Recht verhilft. Sein Ziel: das Denken aus seiner identitätslogischen Erstarrung befreien, es *verändern*. Darin gründet auch sein gesellschaftspolitisch-emanzipatorischer Impetus.

---

[121] Vgl. G. Deleuze, Brief an einen strengen Kritiker, in: ders., Unterhandlungen 1972-1990, Frankfurt a.M. 1993, 11-24. Vgl. dazu U. J. Schneider, Theater in den Innenräumen des Denkens. Gilles Deleuze als Philosophiehistoriker, in: F. Balke / J. Vogl (Hrsg.), Gilles Deleuze – Fluchtlinien der Philosophie, München 1996, 103-124.– Vgl. G. Deleuze, Spinoza. Praktische Philosophie, Berlin 1988; ders., Spinoza und das Problem des Ausdrucks in der Philosophie, München 1993; ders., Die Falte. Leibniz und der Barock, Frankfurt a.M. ²1996; ders., David Hume, Frankfurt a.M. 1997.

[122] M. Frank, Die Welt als Wunsch und Repräsentation oder: Gegen ein anarcho-strukutralistisches Zeitalter, in: ders., Das Sagbare und das Unsagbare. Studien zur deutsch-französischen Hermeneutik und Texttheorie. Erweiterte Neuausgabe, Frankfurt a.M. ³1993, 561-573; hier: 571.– Frank rückt Deleuzes Denken in die Nähe zu einem faschismusanfälligen Neovitalismus, dessen rechtsintellektuelle Kritik an der Moderne mit linken Obsessionen konvergiere und – wie bei Deleuze – Nietzsche als Gewährsmann anführe (vgl. ebd., 572).

[123] G. Deleuze, Brief an einen strengen Kritiker, 14f.

„>Anders denken<"[124]: dieser Impuls verbindet Gilles Deleuze[125] mit Michel Foucault – bis ins Biographische.[126] Sie haben zusammengearbeitet, miteinander und übereinander geschrieben.[127] Ihr Ausgangspunkt: ein Interesse am Verdrängten, das sie, politisch und philosophisch, als bezeichnendes, grundlegendes Moment des Denkens verstanden. Das gemeinsame Engagement in der *Groupe Information Prisons* drückt dies aus. Ihr Widerstand richtet sich gegen jene Totalitäten, die über die Vernunft gesellschaftlich wirksam werden: als Macht der Beherrschung, als Eindämmung der Unterschiede, als Reduzierung auf Standards, deren Kontingenzen Foucault machtanalytisch der Kritik übergab und die Deleuze in einem radikalen Denken der Differenz auflöste. Eben das bedeutet, *anders* zu denken:

> „Wir fanden keinen Geschmack an Abstraktionen, an der Einheit, am Ganzen, an der Vernunft, am Subjekt. Wir sahen unsere Aufgabe darin, gemischte Zustände zu analysieren, Gefüge, Verkettungen, von Foucault Dispositive genannt. Dazu mußte man Linien folgen und sie entwirren, und nicht auf Punkte zurückgehen... Wir waren nicht auf der Suche nach Ursprüngen..."[128]

Differenzdenken folgt damit einer Logik des Irreduziblen, einer Paralogik. Solches Denken ist eines nach dem „Tode Gottes", und nicht von ungefähr ist Friedrich Nietzsche für Foucault wie Deleuze wesentlicher Bezugspunkt. Der Ausfall eines letzten oder ersten Punktes verlangt ein neues Denken, das keine Privilegien mehr kennt. Dies entspricht dem „Geist der Zeit"[129]:

> „Die Differenz und die Wiederholung sind an die Stelle des Identischen und des Negativen, der Identität und des Widerspruchs getreten....Der Vorrang der Identität, wie immer sie auch gefaßt sein mag, definiert die Welt der Repräsentation. Das moderne Denken aber entspringt dem Scheitern der Repräsentation wie dem Verlust der Identitäten und der Entdeckung all der Kräfte, die unter der Repräsentation des Identischen wirken."[130]

Der Ausfall des Transzendenten kehrt das moderne Denken im Angesicht seiner Traditionen um: Denken hat fortan radikal immanent zu verlaufen.

---

[124] So ist der zweite Teil von Deleuzes Foucault-Monographie überschrieben: Foucault, Frankfurt a.M. 1987, 67-172.– Vgl. auch G. Deleuze / F. Guattari, Was ist Philosophie?, Frankfurt a.M. 1996, 60: „Tatsächlich stellen wir uns keinen großen Philosophen vor, von dem man nicht sagen müßte: Er hat verändert, was Denken heißt, er hat >anders gedacht< (nach dem Wort Foucaults)."

[125] Geboren 1925, gestorben 1995 (Suizid). Neben den edierten Texten werden die Vorlesungen von Deleuze, die er von 1971 bis 1987 an der Universität von Vincennes gehalten hat, sukzessiv im Internet auf einer eigenen Webseite veröffentlicht (www.imaginet.fr/deleuze).

[126] Vgl. G. Deleuze, Begehren und Lust, in: F. Balke / J. Vogl (Hrsg.), Gilles Deleuze – Fluchtlinien der Philosophie, 230-240; vgl. ebd. die einleitenden Bemerkungen zum Text von Francois Ewald im Blick auf die Freundschaft zwischen Foucault und Deleuze.

[127] Vgl. M. Foucault, >Theatrum philosophicum<, G. Deleuze/M. Foucault, Der Faden ist gerissen, Berlin 1977, 21-58.– Ebd., 21, das berühmte Diktum Foucaults: „Eines Tages wird das Jahrhundert vielleicht deleuzianisch sein."

[128] G. Deleuze, Die Dinge aufbrechen, die Worte aufbrechen, in: ders., Unterhandlungen, 121-135; hier: 125f.

[129] Ders., Differenz und Wiederholung, München ²1997, 11.

[130] Ebd.

Wenn aber kein Erstes mehr erreichbar ist, sondern nur jene Immanenzen, in denen sich das Denken ausprägt, sich je unterschiedlich bestimmt, nie identisch rückbeziehbar auf einen Ursprung, dem es sich entrang, das es zeitigte – wenn kein Halt des Denkens mehr denkbar ist, spielt es sich jenseits identischer Festlegung ab. Es macht Ernst mit dem, was ihm widerfährt, statt es im Namen des einen Ursprungs und Grundes zu enteignen. Das Interesse am Singulären nimmt das Immanente für sich, und alles Transzendente schaltet es als Regulativ aus, das sich aus dem Interesse des Immanenten an letzten Sicherheiten und Abschlüssen nährt. Es kann sie nicht geben, denn alle „Transzendenz ist stets ein Immanenzprodukt."[131] Differenzdenken nimmt von hier seinen Ausgang.

3.2.1 Eine Philosophie der Differenz

> „Das Problem der Philosophie besteht darin, eine Konsistenz zu erlangen, ohne das Unendliche zu verlieren, in das das Denken eingebettet ist".[132]

Dieser Satz klingt theologisch und wird doch von einem anderen Ende her gedacht. Deleuze und Guattari argumentieren nachmetaphysisch, sofern jede Form von Metaphysik einen Anfang voraussetzt, einen Ursprung. Theologie findet dafür den Namen Gott:

> „Was ist Gott denn anderes als die universelle Erklärung, die höchste Entfaltung? Die *Entfaltung* [*le dépli*] erscheint hier als grundlegendes Konzept".[133]

Dieses Ursprungsdenken ist für Deleuze umzukehren. Kein Anfang läßt sich denken, der nicht noch einmal zu differenzieren wäre und demnach in seiner Differenz erschiene. Jede mögliche Identität läßt sich nur so fassen, daß man „das Selbe nur von dem aussagt, was differiert."[134] Der Vorgang der Differenzierung ist von daher entscheidend, weil er alles erreicht, was sich wahrnehmen läßt: „Die Differenz steht hinter jedem Ding, hinter der Differenz aber gibt es nichts."[135]

Ein Ursprung läßt sich nicht identifizieren; und wenn, ließe er sich wiederum differenzieren. Diese Denkbewegung deutet auf die Differenz als Ursprungsdynamik hin: Differenz ist Bewegung, nicht anders als in ihrem Vorgang zu identifizieren: d.h. nicht zu identifizieren. Sie ist anfangloser Anfang. Wenn es aber keinen erreichbaren, vorstellbaren Anfang gibt, von dem her sich das Denken konstituieren ließe, gibt es nur die Differenz selbst. Ihre Dynamik ist die einzige Identität, aber eine, die sich gegen ihre univoke Identifizierung sperrt. Denn „alle Identitäten sind nur simuliert".[136]

---

[131] G. Deleuze, Die Immanenz: ein Leben..., in: F. Balke / J. Vogl (Hrsg.), Gilles Deleuze – Fluchtlinien der Philosophie, 29-33; hier: 32.
[132] G. Deleuze / F. Guattari, Was ist Philosophie?, 51.
[133] G. Deleuze, Foucault, 179.
[134] Ders., Differenz und Wiederholung, 85.
[135] Ebd., 84.
[136] Ebd., 11.

Dies hängt letztlich mit dem Charakter von Zeit und Sprechen zusammen: Sprache ist strukturell unendlich. Jeder Satz verweist auf einen vorhergehenden und auf seine zukünftigen möglichen Anknüpfungen. Sprache ist seriell: „Der Sinn eines gegebenen Satzes, der einen Dingzustand bezeichnet, läßt sich immer als das Bezeichnete eines anderen Satzes auffassen."[137] Sinn ist etwas, das hergestellt wird und zugleich bereits jeweils vorgegeben ist. Jeder Sprecher produziert Sinn, aber er hat ihn zugleich mit dem Beginn des Sprechaktes unterstellt: für sich selbst, weil er anknüpft und auszudrücken versucht; für den anderen, weil er anknüpfen, d.h. verstehen soll:

> „Der Sinn ist gleichsam die Sphäre, in die ich bereits eingeführt bin, um die möglichen Bezeichnungen vorzunehmen und selbst noch die entsprechenden Bedingungen zu denken. Der Sinn ist immer vorausgesetzt, sobald *ich* zu reden beginne. Mit anderen Worten: Ich sage nie den Sinn dessen, was ich sage."[138]

Das Subjekt ist danach nie mit sich identisch, denn es hat nie jenen Sinn vollgültig erreicht, den es zu sagen sucht und der es in seiner Identität bestätigte: als etwas, das ganz für sich und von sich ist. Sprache trägt das Außen in das Subjekt ein. Indem es dieses Außen als Phänomen sprachlich bewältigt, es auf den Begriff bringt, bestätigt es sublim jene grundlegende, ihm inskribierte Differenz. Es verdoppelt den Vorgang: es spricht weiter.

Das ist das zeitliche Differenzmoment[139]: Wort um Wort führt der Satz sich fort. Zeit ist der Unterschied, der darin besteht, daß es Anknüpfungen gibt, aber keine feststellbar zu privilegierende Anknüpfung, weil kein Augenblick existiert, der sich über einen anderen Moment erhöbe und die eine Anknüpfung, den einen Augenblickssinn über einen anderen urteilen lassen könnte. Sprache *ist* Differenz. „Die Sprache wird ermöglicht durch das, was sie unterscheidet."[140]

Mit diesem Differenzkonzept erlischt auch die Möglichkeit von nur einem „einzigen Sinn".[141] Zwar lassen sich Zeichen wiederholen, sonst könnte nicht einmal eine minimale Verständigung stattfinden. Und also gibt es etwas wie einen pragmatisch immer neu herzustellenden Sinn. Ob die erzielte Verständigung aber richtig ist, läßt sich nicht erneut sichern, denn Sprache ist als System „immer heterogen und im Ungleichgewicht".[142] Feststellen läßt sich nur, *daß* angeknüpft wurde und daß es in der Form der Anknüpfung Ähnlichkeiten gibt, die sich in Anschlußhandlungen dokumentieren. Das Funktionieren von Kommunikation muß aber zumindest auch danach fragen lassen, wie sehr es selbst ganz dem Gesetz des Identischen und der Repräsentation bereits unterliegt, so daß die Differenzen selbst unterschlagen werden. Das legt der sprachtheoretische Grundsatz der Differenz jedoch nahe:

---

[137] G. Deleuze, Logik des Sinns, 48.
[138] Ebd.
[139] Vgl. G. Deleuze, Differenz und Wiederholung, 123.
[140] G. Deleuze, Logik des Sinns, 231.
[141] Ebd., 102.
[142] G. Deleuze, Über die Philosophie, in: ders., Unterhandlungen, 197-226; hier: 205.

3. Perspektiven einer differenzphilosophischen Hermeneutik

„Die Iterabilität der Zeichen sichert nicht ihre Permanenz und Identität, sondern versieht sie mit einem Index unkontrollierbarer Transformation."[143]

Aufgrund seiner sprachtheoretischen Überlegungen kann Deleuze von da aus sein Denken der Differenz gegenüber dem „dogmatischen Bild des Denkens"[144] stark machen:

„Die systematischen Kennzeichen des gesunden Menschenverstandes sind also: die Bejahung einer einzigen Richtung: die Festlegung dieser Richtung vom Differenzierteren zum weniger Differenzierten, vom Singulären zum Regulären, vom Bemerkenswerten zum Gewöhnlichen; die Ausrichtung des Zeitpfeils entsprechend dieser Festlegung, also von der Vergangenheit zur Zukunft; die führende Rolle der Gegenwart in dieser Ausrichtung; die Funktion der so ermöglichten Vorausschau; der Typus seßhafter Verteilung, in der alle vorausgehenden Kennzeichen sich vereinen."[145]

Deleuze sucht die Phänomene also ganz im Zeichen der Differenz zu sehen, in der Begegnung und wie sie begegnen. Er nimmt sie aus dem Zwang zur Repräsentation heraus, „durch die sie auf das Selbe zurückgeführt werden."[146] Der platonische Mechanismus des Denkens hat die Dinge immer auf ein Wesen, eine Idee bezogen. Sie werden auf ein anderes zurückgeschraubt und erhalten eine Identitätsform, die sie normiert. Noch die Einführung der Negation und des direkten Gegensatzes polt nach zwei Identitätsenden: auch die Anti*nomie* ist Figur im Bann des identischen Gesetzes. Die spezifische Abweichung des Singulären vom je Anderen kann so nicht begriffen werden, weil keine Kategorie dafür bereitsteht. Die Differenz ist selbst nämlich „begriffslos"[147], sie unterläuft jede Feststellung. Und sie stellt jedes Gesetz in Frage, weil sie im einzelnen seine Abweichung wirkt. Das erreicht auch das Denken der Differenz, das „überall das Andere in der Wiederholung des Selben"[148] zu denken hat. Auch der „Andere" ist Begriff, aber einer, der „irreduzibel"[149] ist. Solche Differenz ist ein „nomadischer *nomos*, ohne Besitztum, Umzäunung und Maß".[150] Das Denken der Differenz macht Ernst mit einem „Empirismus, der den Zusammenhang der Dinge von der Mitte her nimmt und jede Gleichförmigkeit von Denken und Sein unterbricht".[151]

Wie das Denken nie bei sich selbst ist, läßt sich auch sein Gegenstand nie erstellen. Der Überschuß der Zeit und des Sinnlichen im unsinnlichen Gedanken löst diesen als Chiffre von Identität auf und macht ihn beweglich. Der menschliche Zwang zum Denken ist der eines immer nur asymptotischen Denkens, einer universalen Differenz, die alles generiert. Diesen Mo-

---

[143] M. Frank, Was ist Neostrukturalismus?, Frankfurt a.M. 1984, 461.
[144] G. Deleuze, Differenz und Wiederholung, 206.
[145] Ders., Logik des Sinns, 103.
[146] G. Deleuze, Differenz und Wiederholung, 12.
[147] Ebd., 30.
[148] Ebd., 43.
[149] Ebd., 58.
[150] Ebd., 60.
[151] F. Balke / J. Vogl, Einleitung: Fluchtlinien der Philosophie, in: dies. (Hrsg.), Gilles Deleuze – Fluchtlinien der Philosophie, 5-25; hier: 13.

dus der Differenz im Denken zu realisieren, läuft auf einen „transzendentalen Empirismus"[152] hinaus, der sich von den Kategorien des Identischen und seinen Spielarten des Analogen, des Gleichartigen, des Gegensatzes löst:

> „Die Bedingungen einer wahrhaften Kritik und einer wahrhaften Schöpfung sind die nämlichen: Zerstörung des Bilds eines Denkens, das sich selbst voraussetzt, Genese des Denkakts im Denken selbst. Es gibt etwas in der Welt, das zum Denken nötigt. Dieses Etwas ist Gegenstand einer fundamentalen Begegnung, und nicht einer Rekognition."[153]

Solches Denken spielt sich im „Zwischen"[154] ab, in den offenen Räumen. Deleuze erschreibt sie sich, indem er sie kritisch von den Formen des Identitätsdenkens abhebt[155]:

Vom **Ursprungsdenken**:
Kein Ursprung ist verfügbar, der nicht die Spuren von Differenz in sich trüge. „Die Differenz ist nicht das Verschiedene. Das Verschiedene ist gegeben. Die Differenz aber ist das, wodurch das Gegebene gegeben ist. Sie ist das, wodurch das Gegebene als Verschiedenes gegeben ist."[156] Sie ist „der einzige Ursprung"[157], der alle Differenzen als Wiederholung der Differenz ausweist, dies verstanden als der unabschaffbare dynamische Modus von Sein.

Vom **Begründungsdenken**:
„Die Vernunft ist Grund geworden, d.h. zureichender Grund, der nichts mehr entkommen läßt."[158] Die Kausalität entwirft ein Bild vom Denken, das eine Kette der Verursachung statt der Serien des Irreduziblen vorsieht und die Dinge aufeinander reduziert, sie angleicht: „Das Verfahren der Begründung macht den Bewerber dem Grund ähnlich, verleiht ihm von Innen die Ähnlichkeit und läßt ihn dadurch, unter dieser Bedingung, an der Qualität, am Gegenstand seines Anspruchs teilhaben."[159] Dieser Vorgang kommt einer Entmündigung gleich, deren Logik durchaus auch gesellschaftlich greift. Die Differenzwahrnehmung der Dinge hingegen produziert ein Nebeneinander, aus dem sich kein Erstes als Begründungsgrund filtern läßt.

Vom **Zentrum**:
Die Sprengung des Identitätskonzepts verhindert, die Dinge nur von einem Punkt aus wahrzunehmen. Weil jedoch die Dinge nie als sie selbst zu fassen

---

[152] G. Deleuze, Differenz und Wiederholung, 186.
[153] Ebd., 182.
[154] G. Deleuze / C. Parnet, Dialoge, Frankfurt a.M. 1980, 48.
[155] Vgl. dazu die Kritik der großen Illusionen: G. Deleuze, Differenz und Wiederholung, 333ff.
[156] Ebd., 281.– Vgl. ähnlich die Konstruktion der différance bei J. Derrida: vgl. „programmatisch" ders., Die différance, in: ders., Randgänge der Philosophie, Wien 1988, 29-52.– Vgl. dazu: G.M. Hoff, Aporetische Theologie. Skizze eines Stils fundamentaler Theologie, Paderborn u.a. 1997, 114-137.
[157] G. Deleuze, Differenz und Wiederholung, 164.
[158] Ebd., 330.
[159] Ebd., 340.

sein werden, weil Vernunft als einzelne und als das den Dingen je andere, als das ihnen äußerliche erscheint, kann nur akephal gedacht werden, dezentriert. Nur so widerfährt den Dingen mehr Gerechtigkeit – freilich nie die volle, d.h. wiederum identische.

Von der **Totalität**:
Gegen Hegel wird so das Ganze nur im Vorgang einer universalen Differenz vorstellbar. Das Singuläre entzieht sich dem Katalog, der Rubrik, den Kategorien, die es verfügbar machten und jedem Einzelnen seinen definierten Platz im Ganzen zuwiesen, das es nicht anders gibt als eben je anders.

Von der **Repräsentation**:
Diese Andersheit zwingt sich dem Denken so auf, daß es ihm als solchem gegenübersteht. Das wiederum meint die Dinge als Trugbilder, als Simulakre, als Wiederholungen von Differenz[160]: „Was die widerspenstigen und unähnlichen Bilder (Trugbilder) betrifft, so werden sie als unbegründet, als falsche Bewerber ausgesondert, zurückgewiesen und verworfen."[161] Die Bilder müssen stimmen: aber als nie voll identische, als wiederholte passen sie nicht zu jenem Denken des Identischen, das „zum inneren Merkmal der Repräsentation selbst geworden"[162] ist. Die Dinge weichen je von sich selbst ab, wo sie gedacht werden – das meint die Rede vom Trugbild. Und das wirkt auf die ihnen zugedachten Begriffe zurück: „Jeder Begriff hat einen unregelmäßigen Umriß"[163]: kein Ding läßt sich also wirklich repräsentieren.

Vom **Subjektdenken**:
„Die Differenz im Denken wiederherstellen heißt: jenen ersten Knoten auflösen, der darin besteht, die Differenz unter der Identität des Begriffs und des denkenden Subjekts zu repräsentieren."[164] Im Subjekt bündeln sich die Energien, die vom Zentrum sprechen und dies qua Repräsentation immer neu entstehen lassen. Das Subjekt unterwirft sich die Dinge, es ordnet sie den eigenen Prämissen, Kategorien, Perspektiven ein und vernichtet sie im Zugriff seines Blicks und seines Denkens. Die Kritik am Subjekt macht von daher ein neues Verständnis vom Individuum notwendig, das gerade aus dem Differenzdenken hervorgeht. Dies ist mit dem Sigel des Singulären zu kennzeichnen, darf dabei jedoch nicht mit der klassischen Individuation erneut den Ausschluß des Anderen (etwa in der Konstruktion des Wahnsinns) betreiben.[165] Eher ist das Individuum selbst im Plural zu denken, als ungleichzeitige Gegenwart von verschiedenen Egos, denn „die Ichs sind larvenhafte Subjekte... Das Ich kennt keine Modifikationen, es ist selbst eine Modifikation, wobei dieser Begriff eben die entlockte Differenz bezeich-

---

[160] Vgl. ebd., 11.
[161] Ebd., 341.
[162] Ebd.
[163] G. Deleuze / F. Guattari, Was ist Philosophie?, 21.
[164] G. Deleuze, Differenz und Wiederholung, 333.
[165] Vgl. ebd., 197.

net."[166] Noch im Ich paust sich die „Struktur des Anderen"[167] durch: divergenter Perspektiven, unterschiedlicher Erfahrungen, differenter Einschätzungen, die nie simultan zu einer letzten, begrifflich operationalisierbaren, einsetzbaren Einheit qua Identität verschmelzen. Auch so behält die Differenz ihr Recht, gewinnt der Plural konstitutives Gewicht.

Damit ergibt sich eine paradigmatisch gegen das hergebrachte Denken profilierte Philosophie der Differenz. Sie denkt ohne Fundament, ohne Rückendeckung; sie wendet sich dem Einzigartigen zu, das nicht länger als Figur des Cogito erscheint, sondern begegnet, widerfährt. Die Dinge für sich nehmen, heißt: sie in ihrem Abstand wahrnehmen. Darin erschüttert das Grundlegende, das nie ein Erstes sein kann: die Differenz. Woher sie sei, läßt sich nicht anders als differentiell denken: hier wendet sich die letzte Fassung des Ursprungsdenkens aporetisch gegen sich: „Die Differenz... bildet den Kern des Systems."[168] Diese Formel wird freilich in einer aporetischen Bewußtheit geliefert, in einer letzten Offenlegung des Denkens, gleichsam als radikaler Ausdruck der Differenz.[169]

> „Deleuze betont die Unmöglichkeit des archimedischen Punktes, von dem aus die Welt zu interpretieren wäre. Sein Angriff zielt auf das geschlossene, jedoch universalistisch konzipierte System, das die formale Beherrschung sämtlicher Geschehnisse einfordert. Zur Gewährleistung der ‚Achtung des Ereignisses' (Lyotard) verschiebt er den Akzent auf die Inkommensurabilitäten pluraler Horizonte, deren Sinneffekte aus nomadischen Begegnungen resultieren und letztlich in keinem Metadiskurs zu einer Einheit gebracht werden können."[170]

Deleuzes Denken instantiiert eine Pluriformität im Denken: „Alles ist Mannigfaltigkeit".[171] Philosophisch führt an ihr kein Weg vorbei, solange kein erstphilosophisches Konzept trägt. Philosophisches Emblem pluralistischen Differenzdenkens ist die beständige Wiederholung der Differenz in den Differenzen, ist die Wiederholung als ein Vorgang permanenter Verschiebung und Abweichung: die Dinge, versetzt in Serie.

3.2.2 Die Wiederholung der Differenz: Deleuze und Nietzsche

Der Gedanke einer nicht mehr auflösbaren Differenz, die sich fortschreibt von anfanglosem Anfang her, impliziert also für Deleuze eine beständige Wiederholung. Denn wo es keinen Ursprung gibt, kein Ende, wird das Sein

---
[166] Ebd., 110.
[167] Ebd., 350.
[168] Ebd., 159.
[169] Vgl. ebd., 193, wo er mit der „Aporie der Differenz" die Notwendigkeit begründet, „eine Lehre des Denkens in einer ganz anderen Richtung zu suchen" als in jener „der Rekognition und der Repräsentation".
[170] T. Lange, Die Ordnung des Begehrens. Nietzscheanische Aspekte im philosophischen Werk von Gilles Deleuze, Bielefeld 1989, 17.
[171] G. Deleuze, Differenz und Wiederholung, 234.

zum Werden. Da dieses Sein Differenz ist, wiederholt es sich als solches: als ein Prinzip, das nicht anders als in der Abweichung auszumachen ist. Als Prinzip wiederholt es sich aber auch insofern, als es den Anschluß des Wiederholten an das Gegebene erlaubt. Das Differente steht im Bezug zu dem, wovon es sich unterscheidet. Jede Verschiebung ist nuanciert, so wie eine Philosophie der Differenz von ihren Traditionen abweicht, indem sie diese gegenliest, umschreibt, abweicht, verändert und so ein anderes Denken evoziert. Deleuzes Differenzdenken funktioniert quasi-ursprünglich, aber es ist relational und verhindert damit ein Denken totaler Divergenz. Es erlaubt Übergänge und Anschlüsse.

Dieses Konzept basiert auf dem engen Konnex von Wiederholung und Differenz. Der Gedanke der Wiederholung in und von Differenzen reformuliert dabei die „ewige Wiederkehr" Nietzsches, wie er sie im „Zarathustra" entwickelt:

> „Sieh diesen Torweg!...der hat zwei Gesichter. Zwei Wege kommen hier zusammen: die ging noch niemand zu Ende. Diese lange Gasse zurück: die währt eine Ewigkeit. Und jene lange Gasse hinaus – das ist eine andere Ewigkeit. Sie widersprechen sich, diese Wege; sie stoßen sich gerade vor den Kopf – und hier, an diesem Torwege, ist es, wo sie zusammenkommen. Der Name des Torwegs steht oben geschrieben: ‚Augenblick'... Von diesem Torwege Augenblick läuft eine lange ewige Gasse *rückwärts*: hinter uns liegt eine Ewigkeit.
> Muß nicht, was laufen *kann* von allen Dingen, schon einmal diese Gasse gelaufen sein? Muß nicht, was geschehen *kann* von allen Dingen, schon einmal geschehn, getan, vorübergelaufen sein?
> ...Und sind nicht solchermaßen fest alle Dinge verknotet, daß dieser Augenblick *alle* kommenden Dinge nach sich zieht? *Also* – – sich selber noch? Denn, was laufen *kann* von allen Dingen: auch in dieser langen Gasse *hinaus* – muß es einmal noch laufen!–"[172]

Ausgangspunkt ist der Augenblick. In ihm kulminiert Zeit. Zeit beinhaltet: vergangen zu sein. Was ist, hat je schon Gewesenes hinter sich, und die Zukunft, die ihm bevorsteht, wird vergangen sein. Zugleich überfällt Vergangenheit jede Gegenwart. Kein Augenblick ist, sondern er ist je vergangen und wird je neu erwartet: „der Augenblick muß in einem gegenwärtig und vergangen, gegenwärtig und zukünftig sein, damit er vergehen kann (und zugunsten anderer Augenblicke auch vergeht)."[173]

Zwei Voraussetzungen greifen hier: Erstens denkt Nietzsche Zeit unendlich. „Eben darum ist die Wiederkehr eine *ewige* Wiederkehr. Die zweite Voraussetzung ist, daß das Kraftquantum in der Welt endlich ist."[174] Das bedeutet: Ein Jenseits von Zeit ist undenkbar, damit aber auch ein Anfang und ein Ende von Zeit, weil ein logisches Vor oder Nach als Bedingung von Zeit

---

[172] F. Nietzsche, Also sprach Zarathustra, in: ders., Werke in drei Bänden, hrsg. v. K. Schlechta, München-Wien 1977, 408f.
[173] G. Deleuze, Nietzsche und die Philosophie, Hamburg 1991, 54.
[174] W. Weischedel, Der Gott der Philosophen. Grundlegung einer Philosophischen Theologie im Zeitalter des Nihilismus. Bd 1: Wesen, Aufstieg und Verfall der Philosophischen Theologie, München 1979, 450.

etwas Zeitloses wäre, das Zeit begründete: eine Zeitexklave. Das wiederum folgert, daß sie in sich selbst verläuft, wobei mit der Preisgabe einer linearen Konstruktion als einer Unterstellung von Beginn und Abschluß die Zeit in sich zusammenschießt: Zeit als solche verläuft. Mehr läßt sich nicht sagen, wobei der reine Zeitfluß Zeit an sich selbst bindet, als Prozeß, als Werden. Die nicht anders als in sich selbst zu sehende Zeit schrumpft zum Kreislauf, sofern es kein Außerhalb geben kann. Und gerade der Kreis faßt den anfangs- und endlosen Strom der Zeit, der unendlich ist. Damit kehrt Zeit in sich selbst jeweils zurück, und die Begrenzung der in der Zeit wirkenden Kräfte impliziert, daß ihre möglichen Kombinationen in der unendlichen Zeit irgendwann einmal erschöpft sein müssen, so daß sie wiederkehren.

Wiederholung wird mit Nietzsche somit einmal als Prinzip sichtbar, nämlich als reine Zeit, zum anderen als materielle Wiederkehr des Gleichen. Genau aus dieser Spannung ergibt sich Deleuzes Ansatz. Wiederholung begreift Deleuze als Form, in der sich die Differenz ereignet. Die bloße Wiederkehr des Immerselben würde hingegen erneut in ein Identitätsdenken zurückfallen:

„Es wäre widersinnig, wollten wir im Ausdruck „ewige Wiederkehr" verstehen: Wiederkehr des Selben. Nicht das Sein kehrt wieder, sondern die Wiederkehr selbst macht das Sein aus, insoweit dieses im Werden und im Vergehenden sich bejaht. Nicht das Eine kehrt wieder, sondern das Wiederkehren selbst ist das Eine, das sich im Verschiedenen oder Vielen bejaht. Anders gesagt, die Identität in der ewigen Wiederkehr bezeichnet nicht die Natur des Wiederkehrenden, sondern im Gegenteil die Tatsache des Wiederkehrens für das Unterschiedene."[175]

Damit bezieht sich Deleuze auf den ersten Aspekt in Nietzsches Konzept der ewigen Wiederkehr: er nimmt sie als Form. Zugleich wendet er sie auf den Vorgang einer Wiederholung, die sich als Differenz zeitigt: „Dasjenige, was sich wiederholt und ‚wiederkehrt', ist einzig die Differenz selbst."[176] Dies gilt, weil es kein Ursprüngliches gibt, das sich entweder konstant in den Dingen erhielte oder sich identisch reduplizierte. Der Verlust des Einen und des Ursächlichen, des fixen Punktes zeigt an, daß eine unüberwindbare Differenz zwischen allem Existierenden liegt; unüberwindbar freilich nicht im Sinne einer Unberührbarkeit. Gerade der Kontakt, die Beziehung macht die Differenz kenntlich. Wenn aber alles voneinander abweicht, ist nicht länger das identische Eine das – metaphysich gesprochen – ontologische Grundprinzip, sondern eben jene Differenz, die als Strukturgesetz allen Differenzen inhäriert. Diese Differenz ist aber nur als formaler Vorgang zu denken. Weil alles Differenz ist, differiert jede Zuschreibung von einer möglichen anderen. Einerseits ist Differenz somit reine Differenz, denn sie ermöglicht erst das Werden, genauer: sie ist es selbst. Andererseits ist sie Wiederholung dieses genetischen Codes und somit Abweichung: die Differenz ist nicht identisch zu machen.

---
[175] G. Deleuze, Nietzsche und die Philosophie, 55.
[176] J. Köhler, Geistiges Nomadentum. Eine kritische Stellungnahme zum Poststrukturalismus von Gilles Deleuze, in: PhJB 91 (1984) 158-175; hier: 160.

3. Perspektiven einer differenzphilosophischen Hermeneutik

> „Deshalb können wir die ewige Wiederkunft nur als Äußerung eines Prinzips begreifen, das den Grund des Verschiedenen und seiner Reproduktion, der Differenz und ihrer Wiederholung darstellt."[177]

Damit erscheint **ZEIT** als die entscheidende **Differenzmarke**. Zeit schließt einen Ursprung jenseits ihrer selbst als undenkbar aus. Im Fluß der Zeit *wird* alles und also vor allem *je anderes*. Keine noch so strenge Gegenwart läßt sich aussondern, mumifizieren: jeder Augenblick gehört der Vergangenheit und macht aus dem Moment viele Momente, verflüchtigt in den Zeitekstasen. Der Vorgang der zeitlichen Differenzierung des Augenblicks bis in das unendlich Kleinste gewinnt nichts als die Perspektive unendlicher Zeitflucht und damit unendlicher Differenz. Damit ist Differenz die Ewigkeit selbst, weil sie sich in diesem Unendlichen wiederholt. Was bleibt: die Differenzen, ihre fortwährende Exhaustation:

> „Die ewige Wiederkunft ist ein transversales Durchschreiten der disjunktiven Glieder verschiedener Serien, die nicht konvergent um ein Zentrum herum verteilt sind... Die Herauslösung der ewigen Wiederkunft aus dem wohlzentrierten Zyklus des Identischen stellt die Hypothese vom geschlossenen System in Frage."[178]

Hier kritisiert Deleuze die Deutung der ewigen Wiederkehr als Kreislauf. Jeder Kreis hat sein Zentrum, das in den Rotationen einen besonderen, einen privilegierten Platz einnimmt. Deleuze setzt dementgegen auf einen Bewegungsvorgang, der keine Mitte kennt. Die Differenz selbst bezeichnet die Motorik des Werdens, sie verhindert aber auch, daß ein Ort im Werden gegenüber einem anderen ausgezeichnet wird. Es fehlt der Maßstab, seine Begründung, weil es den einen Grund nicht mehr gibt. Und so wird auch die Wiederholung anfanglos gedacht. Sie wiederholt nicht ein Ursprüngliches, platonisch eine Idee, sondern sie bezeichnet das Werden. Dessen radikale Vielfalt wird hintertrieben, wenn man eine „zyklische Einheit der Ewigen Wiederkehr"[179] zugrundelegt. Sie fungiert dann als letzte Ordnungs- und Einheitsmacht. Deleuze setzt mit seiner Kritik ganz auf die Differenz. Sie läßt sich nicht noch einmal einer zyklischen Identität in der Wiederholung unterordnen, wie sie bei Nietzsche aufscheint, wenn er im endlichen Abruf der kosmischen Kombinationen dieselben irgendwann und immer wieder neu eingespielt sieht. Die zeitliche Differenz aber vernichtet alle Identität und schafft das Unikat.

> „Das Singuläre ist das Unwiederholbare innerhalb einer Wiederholung, dessen Intervention die Geschlossenheit allgemeiner Ordnungsgefüge übersteigt. Die Singularität existiert referenzlos, ohne ihresgleichen; sie entgleitet dem Ablaufschema gleichsinniger Iterierbarkeit. Letztendlich kann keine Identität das Differenzmoment niederhalten, das jeder Wiederholung inhärent ist."[180]

---

[177] G. Deleuze, Nietzsche und die Philosophie, 55.
[178] T. Lange, Die Ordnung des Begehrens, 101.
[179] G. Deleuze / F. Guattari, Kapitalismus und Schizophrenie. Bd. 2: Tausend Plateaus, Berlin 1992, 15.
[180] T. Lange, Die Ordnung des Begehrens, 102.

Differenz *und* Wiederholung: das meint demnach den Abstand der Dinge voneinander in ihrem möglichen Bezug. Wiederholung ist Differenz, die wiederholten Dinge sind nicht identisch, aber sie sind ebensowenig isoliert. In diesem Gedanken gewinnt die Hermeneutik eine Perspektive, die das Unverrechenbare in jedem Phänomen wahrnimmt, es aber zugleich erst aufnehmen, verstehen kann, weil es sich im Verstehen selbst gleichsam wiederholen läßt. Der Aufschub im Verstehen ist zeitlich begründet und entläßt unvermeidliche Differenzen im Verstehen. Dieser Differenzbegriff gestattet von daher eine Sensibilität für das Singuläre.

Das hat freilich auch auf die differenztheoretische Subjektkritik zurückzuwirken: das Subjekt als hermeneutischer Modus der Weltzentrierung und -unterwerfung ist in ein anderes Bild des Verstehens zu überführen, das mit dem eines individuellen Verstehens kritisch zusammenzuführen sein wird.[181]

3.2.3 Das neue Denken

Dieses andere Bild des Denkens hängt – ähnlich wie bei Foucault – von der wissenschaftsgeschichtlichen Einsicht in die Kontingenz und Wechselhaftigkeit von herrschenden Paradigmen ab. Kein einzelnes Bild fängt die Einsichten einer Epoche ein, aber jeder epochale Denkvorgang ist in seiner Konstruktionsform von Ordnungsfiguren bestimmt, die das Wissen sortieren, katalogisieren, entfalten:

> „Ich gehe davon aus, daß es ein Bild des Denkens gibt, das stark variiert, das in der Geschichte stark variiert hat. Unter Bild des Denkens verstehe ich keine Methode, sondern etwas Tieferes, das immer vorausgesetzt ist, ein Koordinatensystem, ein System von Dynamismen, Orientierungen: eben denken und >sich im Denken orientieren<."[182]

Vor diesem Hintergrund sucht Deleuze einen veränderten Denktyp stark zu machen: die *Differenz*, die im metaphysischen Denken bis in die Moderne hinein von der Identität gebannt wurde. Gerade von Nietzsches Denken der ewigen Wiederkehr her, reformuliert als Wiederholung der Differenz, zeigt sich alles Werden vielschichtig, paradoxal, wobei auch hier der Horizont bloßer Gegensätze als letzte Identitätsbastion überschritten wird. Der Sinn für die Differenzen zerstört die vermeintlichen Identitäten und damit eine Denkform, die Sinn univok nimmt, die auf einen einzigen Sinn setzt. Nachmetaphysisch erscheint er unmöglich, als bloße Chimäre, wo die semiologische Differenz jedes Wissen zerstreut. Danach gibt es lediglich noch eine „unendliche Identität"[183], analog der Sprache, in der sie sich faßt und die ihrerseits im Unendlichen verläuft:

---

[181] Vgl. dazu den Deleuze-Kritiker M. Frank, Vieldeutigkeit und Ungleichzeitigkeit. Hermeneutische Fragen an eine Theorie des literarischen Textes, in: ders., Das Sagbare und das Unsagbare, 196-212; besonders 202ff.; nachdrücklich: 206.– Vgl. G. Deleuze, Unterhandlungen, 42.
[182] G. Deleuze, Über die Philosophie, 215.
[183] Ebd., 18.

3. Perspektiven einer differenzphilosophischen Hermeneutik

„wenn die Namen der Stillstände und Ruhepunkte von den Verben des reinen Werdens mitgerissen werden und in die Sprache der Ereignisse hinübergleiten, verlieren das Ich, die Welt und Gott jede Identität."[184]

Das hat Konsequenzen auch für jeden Versuch, Differenz zu buchstabieren. Deleuze wählt verschiedene Konzepte, die Wirkung der Differenz zu beschreiben, sie in diesen Begriffen dynamisch zu halten und jeder Erstarrung vorzubeugen, wie sie sich unwillkürlich einstellt, wo Terminologien quasi-metaphysisch aufgeladen werden. Auch der Begriff der Differenz in seiner Kontraststellung zum Identischen unterliegt solcher Gefahr. Die Reste einer *ursprünglichen* Sprechform haften ihm an. Von daher begreift Deleuze die Aufgabe der Philosophie gerade darin, immer neu sprechen zu lernen, neue Bilder des Denkens einzuüben: Philosophie als „*creatio continua* von Begriffen".[185]

Dieser schöpferische Vorgang des Denkens resultiert aus der Unabfindbarkeit der Differenz, aus einem beweglichen Denken, das sich dem Ereignis, dem Widerfahrenden, dem Anderen stellt und es nicht begrifflich einzufrieden, sondern ihm im Denken Raum zu geben sucht. Das Bestehen auf dem umgekehrten Vorgang einer Einweisung ins kategorial Erschlossene und in sicheres Terrain kennzeichnet eine Grundoperation von Identitätslogik. Deleuzes Hinwendung zu einem ästhetischen Denken artikuliert die Versuchsform allen Denkens und öffnet die Philosophie für eine andere Denkform. Für das Denken gilt wie für das Malen:

> „Man kann gegen das Klischee nur mit viel List, Wiederholung und Vorsicht ankämpfen: eine stets neue Aufgabe für jedes Bild, für jeden Augenblick eines jeden Bildes."[186]
>
> „... die moderne Malerei wird heimgesucht, belagert von den Photos und Klischees, die sich auf der Leinwand schon festsetzen, noch bevor der Maler seine Arbeit begonnen hat. Denn es wäre ein Irrtum zu glauben, der Maler arbeite auf einer weißen und unberührten Oberfläche. Virtuell ist die Oberfläche insgesamt bereits von allen Arten von Klischees besetzt, mit denen man wird brechen müssen."[187]

Solches Denken wehrt sich gegen das Univoke, gegen das, was selbstverständlich geworden ist und darin das Einzigartige, die Sensation des einzelnen Augenblicks im Denkvorgang verschüttet: es rubriziert, identifiziert, abheftet. Statt dessen praktiziert Deleuze ein Denken der „Deterritorialisierung"[188]. Der entsprechende Stil droht zu einer „Einebnung des Gattungsunterschiedes von Literatur und Philosophie"[189] zu verkommen. Aber die Praxis ist konsequent, und der Vorwurf erscheint umgekehrt als die Spitze des

---

[184] Ebd.
[185] G. Deleuze / F. Guattari, Was ist Philosophie?, 13.
[186] G. Deleuze, Francis Bacon – Logik der Sensation, München 1995, 60.
[187] Ebd., 14.
[188] G. Deleuze / C. Parnet, Dialoge, 45.
[189] So der Vorwurf von Habermas an die Adresse Derridas, der freilich Deleuzes Ansatz konsequent mitbetreffen müßte: J. Habermas, *Exkurs zur Einebnung des Gattungsunterschiedes zwischen Philosophie und Literatur*, in: ders., Der philosophische Diskurs der Moderne. Zwölf Vorlesungen, Frankfurt a.M. ³1991, 219-247.

Identitätsdenkens: Deleuze sucht unterirdisch zu denken, in immer neuen Metaphern als Sonden in Denkräume.

Der Begründung und der Form solchen Denkens und Schreibens ist hier genauer nachzugehen, um die Gefährdung des Stils und die Legitimität der Perspektive kritisch aufzudecken.

In „Mille plateaux", dem zweiten Band von „Kapitalismus und Schizophrenie"[190], projektieren Deleuze und Guattari eine „Universalgeschichte der Kontingenz".[191] Für sie gibt es keine Plattform mehr, die den Überblick über das Gelände böte, die Totale, sondern nurmehr unzählige Plateaus, Aussichtspunkte nebeneinander. Die Vielfalt der Perspektiven entspricht der Mannigfaltigkeit des Begegnenden:

> „Die Mannigfaltigkeiten *sind* die Realität, sie setzen keine Einheit voraus, gehen in keine Totalität ein und gehen erst recht nicht auf ein Subjekt zurück."[192]

So liest sich auch der Text selbst. Die Reihenfolge, in der die Plateaus eingenommen werden, folgt nicht länger linearer Logik, die etwas von einer Konklusion hat und somit das Ende gegenüber dem Prozeß des Denkens und den auf diesem Weg entfalteten Einblicken hervorhebt. Nebeneinander und Gleichrangigkeit verhindern eine Einteilung in Kapitel, in *Haupt*stücke. Jeder Text ist für die Autoren in sich bereits vielfältig, vervielfältigt, gefaltet:

> „Ein Buch hat weder ein Objekt noch ein Subjekt, es besteht aus verschieden geformten Materien, aus den unterschiedlichsten Daten und Geschwindigkeiten. Wenn man das Buch einem Subjekt zuschreibt, läßt man diese Arbeit der Materien und die Äußerlichkeit ihrer Beziehungen außer acht. Man bastelt sich einen lieben Gott zurecht, um geologische Vorgänge zu erklären. Wie bei allen anderen Dingen gibt es auch in einem Buch gliedernde oder segmentierende Linien, Schichten und Territorien; aber auch Fluchtlinien, Bewegungen, die die Territorialisierung und Schichtung auflösen."[193]

Diese Passage faßt den differenzphilosophischen Ansatz im Schreibvorgang. Der fehlende oder nur illusionierte Gott dezentriert jeden Text. Was bleibt, sind im Text enthaltene Materialien und Momente, die sie zusammenfassen. Im Text als Collage gibt es keine zwingende Logik, die ihre Verbindung legitimierte. Abstände und Überlappungen der Textfetzen sind Teile von ordnenden Strategien, die Linien ziehen, die neue Figuren, andere Konstellationen ermöglichen. Das meint die Rede von der Äußerlichkeit, die darauf verzichtet, in den Materialien, in den Dingen, in den Wörtern eine universal verbindliche Semantik anzunehmen, aus der sich die Ordnung ergäbe. Das Material steht vielmehr für sich, und so steht es auch gegen das, was ihm im Text *bei*steht. Der geologische Textvorgang wirft Schichten auf, er zerklüftet. Dennoch gibt es im Zufall und in der Unordnung auch eine Ordnung, die aus

---

[190] G. Deleuze / F. Guattari, Anti-Ödipus. Kapitalismus und Schizophrenie I, Frankfurt a.M. 1974; Tausend Plateaus. Kapitalismus und Schizophrenie II, Berlin 1992.
[191] G. Deleuze / F. Guattari, Tausend Plateaus, II.
[192] Ebd.
[193] Ebd., 12.

3. Perspektiven einer differenzphilosophischen Hermeneutik 121

den Verbindungen resultiert. Differenz ist also keineswegs total, sondern relational. In der Beziehung, in der Konstellation zeigt sich ein Chaosmos – eine nicht erneut zur einen oder anderen Seite identisch auflösbare Verbindung von Chaos und Kosmos.

„Wir wollen doch nichts anderes als ein wenig Ordnung, um uns vor dem Chaos zu schützen."[194] Kausalität, Identität etc. helfen, sich im Denken abzusichern. Dem widersetzen sich Kunst und Philosophie. Sie nehmen das Chaos in sich auf, das im freien Spiel der Differenzen unbewältigbar aufbricht:

> „Die Kunst ist nicht das Chaos, wohl aber eine Komposition des Chaos, die die Vision oder Sensation schenkt, so daß die Kunst einen Chaosmos bildet, wie Joyce sagt, ein komponiertes Chaos – weder vorausgesehen noch vorgefaßt... Die Kunst kämpft mit dem Chaos, aber um es spürbar zu machen".[195]

Ähnlich operiert die Philosophie, wenn sie immer neue Begriffe schafft, um sich den Dingen in ihrer singulären Erscheinung zu stellen, sie als Differenz in sich aufzunehmen. Die Differenz generiert den Abstand der Dinge voneinander. Indem sie diese wiederholt, indem sie sich in ihnen wiederholt, werden Verbindungen möglich, die sich als Ordnungsmuster im Chaos auswirken. Nicht totale Diffusion, sondern Komplexion, Gewebe, Text. Der Auswuchs des Wirklichen, der nicht auf den Begriff zu bringen ist, wird in den Begriff aufgenommen, um ihn so zu realisieren.

> „Ein Begriff ist folglich ein chaoider Zustand par excellence; er verweist auf ein konsistent gemachtes und zum Denken, zum mentalen Chaosmos gewordenes Chaos."[196]

Deleuzes Konzept der Differenz ist damit radikal, aber es erlaubt weiterhin eine Wahrnehmung von Wirklichkeit, insofern diese in Übergängen erscheint. Diese markieren „die Chaoiden, Kunst, Wissenschaft und Philosophie, als Formen des Denkens oder der Schöpfung. Chaoiden werden jene Realitäten genannt, die sich auf Ebenen, die das Chaos schneiden, herstellen."[197] Differentielles Denken produziert einen neuen Rationalitätstyp: Vernunft als eine „transversale Bewegung"[198]:

> „Wo Vielheit essentiell wurde und doch nicht das letzte Wort sein kann, wo es vielmehr auch Verbindungen anzuerkennen gilt, wird Transversalität zum Fokus der Reflexion."[199]

Damit wird der menschlichen Fähigkeit zur Ordnung entsprochen. Avisiert wird indes eine andere Form der Ordnung, die sich den Sinn für die Differenzen bewahrt. Ein solches Denken vollzieht den Bruch mit der Identität,

---

[194] G. Deleuze / F. Guattari, Was ist Philosophie?, 238.
[195] Ebd., 242 f.
[196] Ebd., 247.
[197] Ebd.
[198] G. Deleuze / F. Guattari, Tausend Plateaus, 42.
[199] W. Welsch, Vernunft. Die zeitgenössische Vernunftkritik und das Konzept der transversalen Vernunft, Frankfurt a.M. 1996, 371; vgl. zu Deleuze: 355-371.

ohne auf die Verbindungen zu verzichten, ohne alles zu isolieren und das Chaos zu totalisieren. Nur so läßt sich Kommunikation noch denken. „Deleuze und Guattari setzen das Differente nicht monadisch, monolithisch, insular an. Daher geraten sie gar nicht erst in die Sackgasse >idealer< Nur-Differenz, aus der es anschließend kein Entrinnen mehr gibt. Das war das Problem Lyotards."[200]

Indem Deleuze aber transversal denkt, deterritorialisiert er zugleich jedes Gebiet, jede Verbindung je neu. Er denkt nomadologisch:

„Es fehlt eine Nomadologie, das Gegenteil von Geschichtsschreibung."[201]

Nomadische Orientierung erfolgt anhand von Karten und Diagrammen als einem „Ensemble verschiedener Linien, die gleichzeitig wirksam sind".[202] Denken geschieht unterwegs. Die Gebiete werden je neu erschlossen. Nomadisches Denken ist offen. Und der Nomade bewegt sich immer jenseits der abgesteckten Territorien, außerhalb der Hauptstädte, an den Rändern. Diese Metapher von einem bewegten und beweglichen Leben wird für Deleuze zur Aufforderung an das Denken, das Außen zu denken, die Differenzen wahrzunehmen, ihnen immer neuen und anderen Ausdruck und Sinn zu geben. Irreversibel erscheint „Philosophie als eine Logik der Vielheiten".[203] Dem entspricht eine hermeneutische Subversion, die immer neue Begriffe vorschlägt und durchstreicht.

3.2.4 Ein Bild des neuen Denkens: Rhizomatik

Von der Aufgabe der Philosophie, immer neue Begriffe zu erproben, war bereits die Rede. Sie entspricht einem deterritorialisierten und pluralistischen Denkstil, indem sie die Grenzen des Denkens je neu zieht:

„Aufbrechen, sich davon machen heißt, eine Linie ziehen. Der höchste Gegenstand der Literatur ist nach Lawrence: >Weggehen, weggehen, aufbrechen, [...] den Horizont überschreiten in ein anderes Leben. [...] So findet sich Melville inmitten des Horizonts wieder, er hat wahrhaftig den Horizont überschritten.< Die Fluchtlinie ist eine *Deterritorialisierung*."[204]

Ein erstes Grundbild des Denkens als **Nomadologie** faßt diese Bezüge. Nomadologisches Denken muß sich dabei auf die Begriffsschöpfungen selbst erstrecken. In jedem Begriff stecken plurale Konzepte, in jedem Begriff verbergen sich mehr Begriffe, als der eine hergibt. So ist jeder Begriff „ein fragmentarisches Ganzes. Nur unter dieser Bedingung kann er aus dem mentalen Chaos heraustreten, das ihn weiterhin bedroht und an ihm klebt, um ihn von neuem in sich aufzusaugen."[205] Der Begriff steht für das Ganze,

---

[200] Ebd., 365.
[201] G. Deleuze / F. Guattari, Tausend Plateaus, 39; vgl. zur Nomadologie ebd., 481-585.
[202] G. Deleuze, Gespräch über *Tausend Plateaus*, in: Unterhandlungen, 41-54; hier: 52.
[203] G. Deleuze, Über die Philosophie, 214.
[204] G. Deleuze / C. Parnet, Dialoge, Frankfurt a.M. 1980, 45.
[205] G. Deleuze / F. Guattari, Was ist Philosophie?, 21.

das es für den Gedanken nie ganz gibt; er faßt es in seiner Differenz, in der Abweichung von ihm, das ihn als Welt affiziert. Nur als Differenz ist das Ganze, also im Fragment. Und der Begriff ordnet es: vorläufig, approximativ. Daher die Begriffsphilosophie von Deleuze, daher seine vielfältigen Begriffsbilder.

Als ein besonderes arbeiten Deleuze und Guattari das **Rhizom**[206] heraus. Ein Rhizom ist ein besonderes Wurzelwerk, das nicht aus einer einzelnen Wurzel besteht, sondern aus einem Geflecht von mehreren – für Deleuze/Guattari ein Bild für die ursprunglose Grundform der Differenz und für die unaufhebbare Pluralität von Wirklichkeit:

> „Ein Rhizom ist als unterirdischer Strang grundsätzlich verschieden von großen und kleinen Wurzeln. Zwiebel- und Knollengewächse sind Rhizome... Das Rhizom selber kann die unterschiedlichsten Formen annehmen, von der verästelten Ausbreitung in alle Richtungen an der Oberfläche bis zur Verdichtung in Zwiebeln und Knollen."[207]

Das Rhizom ist von daher das Gegenbild zum Baum, der im Prinzip der familiären oder logischen Reduktion immer das Viele und Verschiedene auf das Eine bezieht. Der Baum steht für ein kephales Denken. Das Rhizom entwickelt sich hingegen in den Verbindungen verschiedenartiger Abzweigungen und Elemente. Übertragen steht das Rhizom also für komplexe Konstellationen, in denen sich „unaufhörlich semiologische Kettenglieder, Machtorganisationen, Ereignisse aus Kunst, Wissenschaften und gesellschaftlichen Kämpfen"[208] miteinander verbinden. Rhizomatisches Denken sucht den Zusammenhang der Diskurse, die in übergeordneten Diskursformationen eine neue Wirklichkeit entwerfen. Dabei hat kein Diskurs den Vorrang vor dem Nebendiskurs. Agonale Momente im rhizomatischen Denken werden von daher nicht über eine Sinnzentrale faßbar, sondern lediglich im Sinne Foucaults machtanalytisch beschreibbar. Da jeder Diskurs eine Dimension der Unbeherrschbarkeit beinhaltet und diese aufgrund einer fehlenden Einheitsnorm nicht unter einen Metadiskurs subsumiert werden kann, zumindest nicht permanent, macht sich der Sinn für das Differente und Plurale als Widerstandspotential bemerkbar. Dies wird für Deleuze/Guattari auch zu einer politischen Option: „gesetzt wird politisch auf ‚Randgruppen' (vgl. Marcuse), auf das gesellschaftlich Marginalisierte und ‚Ausgegrenzte'."[209]

Rhizomatisches Denken ist weiterhin dadurch gekennzeichnet, daß es jederzeit neue Verknüpfungen zuläßt und zugleich anderswo abbrechen kann. Es realisiert sich als ein „asignifikanter Bruch", der nichts zu bedeuten hat als nur das Phänomen selbst: hier gelten keine übergeordneten Kodifikationen. Der offene Entwicklungsspielraum dieses rhizomatischen Denkens macht es situativ und beweglich, und so trägt es eine Wirklichkeit in sich aus,

---

[206] Dies., Rhizome. Introduction, Paris 1976.
[207] G. Deleuze / F. Guattari, Tausend Plateaus, 16.
[208] Ebd., 17.
[209] J. Köhler, Geistiges Nomadentum, 174.

die keine prästabilierte, immer schon vorauszusetzende Ordnung mehr kennt: „Es ist vielleicht eine der wichtigsten Eigenschaften des Rhizoms, immer vielfältige Zugangsmöglichkeiten zu bieten."[210] Hermeneutisch entspricht dem eine Vielfalt von Lesarten, von Deutemustern, von Ansätzen.

Das hat politisch und ethisch Folgen: „Gut und Böse sind nur das Ergebnis einer aktiven und vorläufigen Selektion, die immer wieder vorgenommen werden muß."[211] Hier wird der konstruktivistische Anteil im Denken von Deleuze/Guattari deutlich, der wiederum davon abhängt, daß es keinen verfügbaren Sinn gibt, der nicht erst hergestellt und je neu hervorgebracht werden müßte. Die ethische Grundproblematik eines solchermaßen harten Pluralismus wird offensichtlich: nachmetaphysisch bietet sich nur ein Vitalismus an, den Nietzsche vorgedacht hat und dem Deleuze sich in aller Konsequenz kaum entziehen kann – höchstens mit einem Akzent auf dem Pluralen und seinem natürlichen Lebensrecht, das sich wiederum einer diskursiven Metaregelung letztlich kritisch entzieht. Insofern denkt Deleuze unter den bezeichneten Bedingungen nur stringent, wenn er mit der Kritik jeder möglichen Ursprungslogik auch eine ethische Maxime verbinden kann; ein Zueinander, das sich gegenseitig kritisiert:

> „...einen Anfang oder eine Grundlage suchen – all das sind falsche Vorstellungen von Reise und Bewegung".[212]

> „Laßt keinen General in euch aufkommen!"[213]

Wenn es kein Erstes gibt, so auch keine tragfähige, d.h. universalisierbare Begründung von Ethik. Zugleich ist der Ableitung aus dieser Einsicht Rechnung zu tragen: daß es ein Recht auf das Vielfältige gibt. Noch dieses Recht wäre dann aber ein Ursprüngliches, Allgemeines, von daher legitimatorisch Erstes. Deleuze betreibt eine inverse Ethik als Form, abgeleitet aus der Form differentiellen Denkens, dem das Rhizom im Bild Pate steht. Und dieses Bild fordert durchaus auch andere – auch darin ist Deleuze konsequent pluralistisch: *Ritornell*[214] und *Falte*[215] etwa sind Denkbilder der Differenz und des Unendlichen und der unendlichen Wiederholung der Differenz, die sich anschließen. Auch metaphorisch gilt das Recht der unabschließbaren Serie und der viel*fältigen* Optionen.

Differenzdenken wird an dieser Stelle aporetisch. Diese Aporie ist keine zufällige: sie korreliert mit der Unmöglichkeit, einen Anfang zu denken, und mit der menschlichen Unvorstellbarkeit, ohne einen Anfang logisch – und existenziell – auskommen zu können. Das Unendliche läßt sich nicht denken – aber es läßt sich mit Deleuze als Bewegung der Differenz immer weiter verfolgen: als unendliche Differenzierbarkeit von allem Vorfindlichen. Dif-

---

[210] G. Deleuze / F. Guattari, Tausend Plateaus, 24.
[211] Ebd., 20.
[212] Ebd., 41.
[213] Ebd.
[214] Vgl. ebd., 423-479.
[215] Vgl. G. Deleuze, Die Falte. Leibniz und der Barock.

ferenz wird so zum Äußersten von Sprache, zu einem Denken des Außen (Foucault). Bezeichnend wählt Deleuze dafür ein paradoxales Bild: er sucht

> „ein nicht-denkendes Denken... Dort werden die Begriffe, die Empfindungen, die Funktionen unentscheidbar, wie gleichzeitig Philosophie, Kunst und Wissenschaft unentscheidbar werden, so als teilten sie sich denselben Schatten, der sich über ihre unterschiedliche Natur ausbreitet und sie auf immer begleitet."[216]

3.2.5 Jenseits von Identität

Deleuzes philosophisches Pathos sucht Denken neu zu denken, es zu befreien von der Vorherrschaft jener Denkbilder, die sich gegen die Wirklichkeit in ihrer Vielfalt und Andersartigkeit abschotten und statt dessen alles auf das Eine zurückbeziehen, das es als metaphysische Tradition und religiöse Sehnsucht vor sich herschiebt und an den Anfang zurückprojiziert. Er wird zum radikalen Denker der Differenz, die er in seinem Schreiben festzumachen sucht: „Ideal für ein Buch wäre, alles... auf einer einzigen Seite... auszubreiten".[217] Nur so wäre die Gleichrangigkeit des Vielfältigen als Form greifbar und jedes Relikt eines möglicherweise Ersten oder eines Sinnzentrums eliminiert.

Als letzten Identitätsgaranten muß Deleuze nun auch konsequent das Subjekt kritisieren, das sich denkend das zu Denkende einverleibt. Offen bleibt aber, was an seine Stelle treten könnte. Deleuze scheint hier auf ein Konzept des Individuellen zuzusteuern, das den klassisch-repressiven Subjektbegriff überwindet:

> „... uns interessieren Individuierungsweisen, die nicht mehr die Individuierung einer Sache, einer Person oder eines Subjekts betreffen: zum Beispiel die Individuierung einer Stunde des Tages, einer Region, eines Klimas, eines Flusses oder Windes, eines Ereignisses. Und vielleicht glaubt man zu Unrecht an die Existenz von Dingen, Personen und Subjekten. Der Titel Tausend Plateaus weist auf diese Individuierungen hin, die nicht personal, aber auch nicht dinglich sind."[218]

Individuierung erhält damit den Status einer Anschauungsform. Sie läßt sich nicht mehr auf den Autor eines Textes oder einer Perspektive reduzieren; andererseits gibt es auch keinen phänomenologischen Objektivismus, der einen unverstellten Zugang zu den Dingen erlaubte. Differenzdenken funktioniert offenbar wie eine Veränderung der Sehschärfe und zugleich als Verschiebung des Blickwinkels: dies als ein fortlaufender Vorgang begriffen. Immer wieder ist neu zu justieren, und die Einstellung richtet sich danach, den Differenzen Raum zu geben. Das erinnert an den Vorgang fortlaufender Kritik im Sinne der Kritischen Theorie:

---

[216] G. Deleuze / F. Guattari, Was ist Philosophie?, 260.
[217] G. Deleuze / F. Guattari, Tausend Plateaus, 19.
[218] G. Deleuze, Gespräch über *Tausend Plateaus*, 42.

„Dialektik (muß – G.M.H.), in eins Abdruck des universalen Verblendungszusammenhangs und dessen Kritik, in einer letzten Bewegung sich noch gegen sich selbst kehren. Die Kritik an allem Partikularen, das sich absolut setzt, ist die am Schatten von Absolutheit über ihr selbst, daran, daß auch sie, entgegen ihrem Zug, im Medium des Begriffs verbleiben muß. Sie zerstört den Identitätsanspruch, indem sie ihn prüfend honoriert. Darum reicht sie nur so weit wie dieser. Er prägt ihr als Zauberkreis den Schein absoluten Wissens auf. An ihrer Selbstreflexion ist es, ihn zu tilgen, eben darin Negation der Negation, welche nicht in Position übergeht."[219]

Wenn man also nicht trivialerweise auf ein Denken ohne ein denkendes Ich abzielt, sondern die Frage der Perspektive mit der differenztheoretischen Invektive Deleuzes in den Blick nimmt, so ergeben sich prozedural und inhaltlich erhebliche Parallelen zur kritischen Kritik der Vernunft in der Fassung Adornos. Beide verbindet das Interesse an einer „Mikrologie" als Denkort der Bewahrung von Singulärem, als das auch das Individuum erscheinen muß: gerade auch für Deleuze mit seinen bezeichneten politischen Optionen. Individuelles Denken entspricht nun aber auch dem Bewußtsein für das Unverwechselbare und das Einzigartige.

3.2.6 Theologische Perspektiven

Denken hat sich demnach auf eine andere Paradigmatik als die des gleichmachenden Identitätsdenkens einzuschwören. So kritisch theologisch der Gedanke der „ewigen Wiederkehr" zu kontern bleibt – er ist aus den Prämissen eines nachmetaphysischen Denkens als konsequent zu nehmen, wenn man im nichttheologischen Rahmen die Möglichkeit jenes unerreichbaren letzten Anfangs zugesteht, den Theologie selber positiv Gott nennt und doch selbst immer nur in seiner Andersheit zu fassen, also nicht zu fassen wagen darf. Dann aber ist gerade mit diesem Motiv das Denken der Differenz von besonderer Bedeutung. Für eine theologische Hermeneutik wird höchst bedeutsam, das Prinzip des je Anderen, „die Struktur des Anderen"[220] ganz in ihr eigenes Denken aufzunehmen. Dabei zeichnen sich verschiedene Problemzonen ab:

1. Das Differenzdenken wirkt auf eine theologische Bilderkritik hin, die sich zumal gegen eine Überbetonung des Ähnlichen im analogen Sprechen richtet. Die Wahrnehmung der Differenz aktiviert das Bewußtsein des Abstands, der noch in jeder Offenbarungsaussage bleibt. Differenzhermeneutik folgt dem theologischen Grundgesetz simultaner Kritik, exemplarisch im Sprechversuch über die trinitarische Wirklichkeit Gottes, die als „Geheimnis nur durch gegenläufige Aussagen angenähert werden kann."[221] Je-

---

[219] T. W. Adorno, Negative Dialektik, Frankfurt a.M. ⁶1990, 397f.
[220] G. Deleuze, Differenz und Wiederholung, 350.
[221] H. U. von Balthasar, Theologik II: Wahrheit Gottes, Einsiedeln 1985, 148.

de trinitätstheologische Analogie erschöpft sich an den Grenzen des Bildes und bringt erst mit ihrem Gegenbild in der Differenz das Wesentliche zur „Kenntnis".
2. Begründungsdenken steht theologisch auf dem Prüfstand, insofern erstens jeder Grund dem zu Begründenden etwas Fremdes anträgt und zweitens die Möglichkeit einer Begründung bereits gesetzt erscheint, die vor dem Geheimnis Gottes nicht selbstverständlich sein kann. Jeder mögliche Begründungskandidat verfängt sich darüber hinaus im Spiel der Differenzen. Er wird verschoben, wo er aus abstrakter und formaler Universalisierbarkeit ins Konkrete reicht. Wenn aber jeder mögliche Grund schon differenziert ist, anders aufgefaßt, nie zeitlos, dann fragt sich, welchen Sinn solch letzter Grund annehmen kann. Er wäre in seiner Gegebenheit immer nur entzogen zu denken und also ein fragiler Garant.
3. Damit zeichnet sich eine Eschatologie des Sinnaufschubs ab. Die Verständigung über Sinn bleibt vorbehaltlich, im unendlichen Spiel der Zeichen nie voll zu stellen. Die Bedeutung des religiösen Sinns wird also immer nur geschichtlich zu finden sein – und nie gleich, nie verfügbar, eine bleibende Herausforderung. Christologisch wird mit diesem Denkstil der Orthopraxie und der immer neuen Geist-Herausforderung zum Glauben wie zur Nachfolge eine Schneise geschlagen.
4. Subjekttheoretisch wird das theologische Subjekt auf die Spuren von Herrschaftsdenken hin befragbar, die sich auch im Drang nach Sinnvergewisserung halten. Die Selbstbehauptung des denkenden Ich steht auf dem Prüfstand.
5. Das Differenzdenken ohne Fundament, auch ohne das des einenden Cogito, ist darum nicht irrational, sondern argumentativ aufzeigend. Die Unerkennbarkeit eines rational einzunehmenden Grundes jenseits von Differenz führt zu einem offenen Denken, das sich der Wirklichkeit überläßt. Bei allen Gefahren möglicher Verführbarkeit macht sich ein Denkgestus vernehmbar, der dem Lassen einen anderen Rang zuspricht als dem Machen; theologisch: dem Glauben im Sinne des Vertrauens (und gar des – nicht heteronomen – Gehorchens). Eine entsprechende Ethik läßt sich vom Anderen her denken und als enteignendes Von-sich-absehen qualifizieren.
6. Anfangs- und endloses Denken kann als Ausgangspunkt einer nicht nur peripheren, sondern systembildenden Erinnerung des trinitarischen Glaubens dienen: Gottes Anfangs- und Endlosigkeit im Bezug zu sehen. Auch hier wird identifizierendes Denken aufgesprengt.
7. Damit wird auch der Gedanke einer vermittelten Differenz formulierbar – jenseits ihrer Totalisierung. Es gibt die Spur dessen, an dem sich Vermittlung semantisch aufrichtet: sie ist jedoch nie identisch zu haben, sondern nur im Vorübergang. Das nomadische Denken bietet hierfür im Bild einen biblischen Wirklichkeitsverweis.
8. Das Vermittlungsdenken betrifft gerade das Denken des Anderen. Die Differenz als Ganz-Anderes steht doch im Bezug. Es geht um eine Denkform, die sich selbst jeweils durchstreicht, die sich gleichsam kenotisch

zurücknimmt. Die differentielle Verschiebung von Identität zerstört diese nicht, macht sie jedoch nur als *Paschaexistenz* denkbar: übergängig, transversal.
9. Das Problem für Deleuze ist aus theologischer Sicht, daß er Absolutes geschichtlich nicht anders als negativ denken kann. Tatsächlich vermag dies erst eine Theologie der Offenbarung, deren gespannte Relationalität gleichzeitig Offenbarungskritik betreibt und Anwesenheit in Abwesenheit erkennt.
10. Deleuze weist mit dem Differenzdenken auf jene schöpferischen Möglichkeiten hin, die sich aus der Notwendigkeit immer neuer Anknüpfungen ergeben und nach anderen, neuen Denkformen und -bildern suchen lassen. Das taugt zur Anfrage an eine theologische Identitätslogik, auch an das Lehramt: der restriktive Umgang mit Tradition führt zur Erschöpfung des Sprachpotentials.
11. Differenzdenken wird zur begründeten Aufforderung an die Theologie, die unabgeltbaren Differenzen im eigenen Denken und kirchlichen Leben aufzusuchen und ihnen ihr Recht zu verleihen. Nicht zuletzt in dieser identitätskritischen Richtung liegt Deleuzes theologische Herausforderung.

Differenzdenken wird mit Deleuze zum postModernen Emblem. Es erscheint unhintergehbar, solange keine Anfangsgründe bereitgestellt werden können, die den zwanglosen Zwang des (rational) unbestreitbaren Arguments ausüben. Die rhizomatische Fassung von Differenz erlaubt einen Denkstil, der in allen Abständen auch die Zusammenhänge mitsehen läßt. Ein solchermaßen gespanntes Denken wird zur Grundaufgabe in einer Situation irreversibler theoretischer wie gesellschaftlich-kultureller Pluralität.

3.3 Interpretationistische Hermeneutik

Im Unterschied zu den übrigen Kapiteln dieses Abschnitts wird hier ein Ansatz vorgestellt, der nicht auf *einen* Autor zugeschnitten bleibt. Die Interpretationsphilosophie ist eine jüngere Richtung in der Gegenwartsphilosophie. Ihrer Aktualität und ihrem Status als noch in der Ausformulierung begriffener Theorie wird Rechnung getragen, indem drei ihrer profiliertesten Protagonisten zur Darstellung herangezogen werden.

Mit **Josef Simon** wird zunächst eine zeichentheoretische Basisreflexion betrieben, die Interpretativität als philosophisches Grunddatum sichtbar macht. Ihre Unhintergehbarkeit läßt sich mit dem Entwurf von **Günter Abel** engführen. Erläuternd, bestätigend und kritisch ergänzen Überlegungen von **Hans Lenk** diesen Ansatz, dessen Entwurf neben großer gedanklicher Nähe auch zwei spezifische Unterschiede in der Theorieanlage aufweist: zum einen hinsichtlich der Herleitung der Idee, die bei Abel über Nietzsche, bei

Lenk über den Pragmatismus vermittelt begegnet; zum anderen bezüglich der transzendentalen Auszeichnung von Interpretativität, wie sie Lenk über Abel hinausgehend vorschlägt.

In der Zeichnung der Perspektiven soll die theoretische Spannweite angedeutet werden. Die thematische Einweisung in den vorgegebenen Untersuchungsbereich hat zugleich die differenztheoretische Mitgift zu bestimmen.

3.3.1 Der Ansatz: Radikale Interpretativität

Die Interpretationsphilosophie setzt Interpretation als lebensweltlich verankerten Grundbegriff an. Lebenszusammenhänge werden interpretativ konstituiert und rekonstruiert. Die Bezüge auf das Selbst wie auf die Umwelt sind interpretativ gesteuert und erscheinen – mit **Lenk** anthropologisch fundiert – als „Interpretationskonstrukte".[222]

Abel weist darauf hin, daß die sprachliche Vermittlung dieser Bezüge bereits insofern interpretativ fermentiert ist, als Sprache selbst nur in Interpretationszusammenhängen vorkommt und diese je voraussetzt: in Form begrifflich-kategorial vorstrukturierter bzw. traditional präformierter Interpretationspraxis von Zeichen.

Die Interpretationsgebundenheit von Zeichen evoziert ein prozessuales Interpretationskonzept, wobei „nicht davon auszugehen ist, daß die Referenz und die Extension eines Zeichens vorab, ein für allemal und notwendig feststeht".[223] Interpretation behält so einen vorläufigen, einen prinzipiell hypothetischen Charakter.

Dies auch, weil Verstehen je projektiv ist, sofern Verstehenserwartungen auf das zu Verstehende hin abgespiegelt werden, damit es das Subjekt überhaupt erreichen kann. Andererseits läßt sich das Verstehensfremde nicht unter subjektiven Verstehensprämissen subsumieren. Von daher ergibt sich eine unhintergehbare Vorläufigkeit im Interpretationsprozeß, dessen Abschluß je pragmatisch bestimmt und also kontingent ist.

Diese Kontingenz wird buchstabierbar mit dem Zusammenhang von Verstehen und Zeit, wie ihn **Simon** deutet. Verstehen steht lebenspraktisch unter dem Zeitdruck notwendiger Vollzüge und lediglich defizitär leistbarer Aufklärung der jeweiligen Verstehenskonzepte bzw. -prädispositionen beteiligter Interpreten bestimmter Zeichen. Es besteht eine grundsätzliche Ungleichzeitigkeit im Verstehen: jeder versteht anders und möchte andere Zeichen im Verstehensprozeß rekonstruiert sehen als der andere. Die Unabschließbarkeit dieses virtuellen Vorgangs bewirkt eine temporal explizierbare fundamentale „Distanz im Verstehen".[224] Die Perspektivität von Verstehen bedeutet eine Pluralisierung der Verstehenskonzepte in ein und demselben Rezeptionsakt.

---

[222] H. Lenk, Interpretationskonstrukte. Zur Kritik der interpretatorischen Vernunft. Frankfurt a.M. 1993.
[223] G. Abel, Was ist Interpretationsphilosophie?, in: J. Simon (Hrsg.), Zeichen und Interpretation, Frankfurt a.M. 1994, 16-35, hier: 21.
[224] Mit dem Titel eines von J. Simon herausgegeben Aufsatzbandes (Frankfurt a.M. 1995).

„Die Anerkennung der Distanz der Individuen bewirkt eine kommunikative >Hemmung< des >aneignenden< und >einverleibenden< Verstehens >angesichts< des anderen Verstehens. Es ist der Begriff eines Verstehens erreicht, das fremdes Verstehen als fremdes >ästhetisch< stehenläßt."[225]

3.3.2 Der Hintergrund: Nietzsches Perspektivismus

Einen Ansatzpunkt für eine interpretationistische Philosophie bietet Friedrich Nietzsche. Zumal Günter Abels Überlegungen resultieren aus einer eingehenden Nietzsche-Rezeption.[226] Der andere, dem Pragmatismus entstammende Strang wird von Hans Lenk profiliert. Die Kompatibilität des Interpretationismus mit Nietzsches konsequentem Perspektivismus ist indes grundsätzlich; und so finden sich Nietzsche-Kapitel auch in den interpretationistischen Spielformen von Josef Simon[227] und Hans Lenk.[228]

Nietzsches perspektivische Philosophie, wie sie vor allem im Nachlaß der Achtzigerjahre vorliegt, ist selbst nicht systematisch entfaltet, sondern aus Perspektiven entworfen. Die Form bestätigt den Zusammenhang. Die paralogische Anordnung der Fragmente wirkt wie die zufällige, d.h. nicht notwendige, nicht erneut kausal von einem höchsten oder alleintragenden Prinzip ableitbare Wahrnehmung von Wirklichkeit, die jeweils nur als „perspektivische Welt"[229] zugänglich wird.

Dieser Perspektivismus geht einher mit einem Konstruktivismus, der sich aus dem individuellen Wahrnehmen erschließt: wenn Wirklichkeit nicht unmittelbar und objektiv für alle identisch bereitliegt, wenn es „nur ein perspektivisches Schätzen gibt"[230], dann wird sie vom jeweiligen Standpunkt aus erschlossen. Und eben darin liegt der subjektiv-produktive Anteil: „Wir können nur eine Welt *begreifen*, die wir selber *gemacht* haben."[231]

Seine erkenntnistheoretische Dynamik bezieht dieses Konzept aus einer totalisierten „Macht*metaphysik*"[232]. Macht ist der Grundtrieb von Existenz, Machtstreben ermächtigt zum Überleben und übersetzt sich bis in die kleinsten Abläufe und in die „organischen Funktionen"[233] hinein. Noch das Wis-

---

[225] Ders., Vorwort zu: „Distanz im Verstehen", 9-17, hier: 17.
[226] Vgl. G. Abel, Nietzsche. Die Dynamik der Willen zur Macht und die ewige Wiederkehr, Berlin-New York 1984.
[227] Vgl. J. Simon, Philosophie des Zeichens, Berlin-New York 1989, 131-133; 206-208 et passim.– Ders., Verstehen ohne Interpretation? Zeichen und Verstehen bei Hegel und Nietzsche, in: ders. (Hrsg.), Distanz im Verstehen, 72-104.
[228] Vgl. H. Lenk, Philosophie und Interpretation. Vorlesungen zur Entwicklung konstruktionistischer Interpretationssätze, Frankfurt a.M. 1993, 77-100.– Zu Abels Nietzsche-Lektüren ebd., 213-232.
[229] F. Nietzsche, Aus dem Nachlass der Achtzigerjahre, in: ders., Werke, hrsg. v. K. Schlechta, Bd. III, München-Wien 1977, 415-925; hier: 424.
[230] Ebd., 441.
[231] Ebd., 424.
[232] H. Lenk, Philosophie und Interpretation, 82.
[233] F. Nietzsche, Aus dem Nachlass der Achtzigerjahre, 442.

sen ist als „Bemächtigung der Dinge"[234] nichts als „Wille zur Macht".[235] Ihre Logik ersetzt jede andere, und indem die verschiedenen Willen aufeinander einwirken, zeigt sich eine pluriforme Ontologie, denn diese Willen zur Macht sind das erkenntnistheoretisch Letzte, was sich ermitteln läßt: sie sind der Ursprung von Wissen und Handeln. Außer ihnen ist nichts greifbar: „Es gibt gar keine andere Kausalität als die von Wille zu Wille."[236]

Erneut findet sich so die Denkform Nietzsches ausgewiesen: die Dinge stehen nebeneinander, sie werden durch nichts als die Willen zur Macht, als ihre individuellen Aneignungen ausgezeichnet. Konsequent denkt Nietzsche so gegen jede Form eines letztbegründeten Ursprungsdenkens. Anfanglosigkeit und ewige Wiederkehr bestimmen die Welt zu einer auch materiell gedachten radikalen Immanenz, in der sich ihre Kräfte immer neu aufwerfen und gegeneinander ausspielen.[237] Indem Nietzsche auf einen ersten Ursprungspunkt in seinem Denken verzichtet, kann er die Welt phänomenal nicht auf eine einzige Ursache reduzieren. Sie ließe sich zeitlos oder statisch im Sinne einer Wesensmetaphysik affirmieren. Statt dessen zeigt sich nun eine vollkommen verzeitlichte Welt, die ständigen Veränderungen unterworfen wird:

> „Daß eine Gleichgewichts-Lage nie erreicht ist, beweist, daß sie nicht möglich ist. Aber in einem unbestimmten Raum müßte sie erreicht sein. Ebenfalls in einem kugelförmigen Raum die *Gestalt* des Raumes muß die Ursache der ewigen Bewegung sein und zuletzt aller >Unvollkommenheit<.
> Daß >Kraft und >Ruhe<, >Sich-gleich-bleiben< sich widerstreiten. Das Maß der Kraft (als Größe) als fest, ihr Wesen aber flüssig.
> >Zeitlos< abzuweisen. In einem bestimmten Augenblick der Kraft ist die absolute Bedingtheit einer neuen Verteilung aller ihrer Kräfte gegeben: sie kann nicht stillstehn. >Veränderung< gehört ins Wesen hinein, also auch die Zeitlichkeit".[238]

Ontologie wird temporalisiert, und dieser Prozeß markiert die unterschiedlichen Formen von Veränderung und Wirkkräften, interpretiert als die Willen zur Macht. Nietzsche steuert damit auf eine Differenzlogik zu. Sie wird manifest mit seiner Kritik an jeder Form von Identitätsdenken. Die Willen zur Macht bewirken fortwährende Veränderung. Die Dinge bleiben sich von daher nie gleich. Identität verliert in einer verzeitlichten Ontologie ihren klassisch privilegierten Ort.

Überdies macht Nietzsche Identität als Paradigma einer überkommenen Denkform kenntlich:

> „Bevor >gedacht< wird, muß schon >gedichtet< worden sein; das *Zurechtbilden* zu identischen Fällen, zur *Scheinbarkeit* des gleichen ist ursprünglicher als das *Erkennen* des *gleichen*."[239]

---

[234] Ebd.
[235] Ebd., 449.
[236] Ebd.
[237] Vgl. ebd., 459.– Dazu auch die Ausführungen im Deleuze-Kapitel.
[238] Ebd., 446.
[239] Ebd., 477.

Erneut greift hier sein Konstruktivismus. Der Mensch richtet sich die Welt schemageleitet ein. Und Identität ist gleichsam eine Schemaform hinter den Alltagsschemata von „>Subjekt<, >Objekt<, >Prädikat< – diese Trennungen sind gemacht und werden jetzt wie Schemata übergestülpt über alle anscheinenden Tatsachen."[240] Sprache faßt diese Identitätslogik qua Grammatik. Ihre Ist-Sätze schmelzen die Dinge zu Identitäten und halten sie im Urteil, in dem die Dinge verglichen und angeglichen werden.

> „Die Logik ist geknüpft an die Bedingung: *gesetzt, es gibt identische Fälle*. Tatsächlich, damit logisch gedacht und geschlossen werde, *muß diese* Bedingung erst als erfüllt fingiert werden. Das heißt: der Wille zur *logischen Wahrheit* kann erst sich vollziehen, nachdem eine grundsätzliche *Fälschung* alles Geschehens angenommen ist."[241]

Identität als Denkform wird hier als ein Schema von Interpretativität beschrieben, das die Dinge nicht in ihrem Abstand, in ihrer willensbestimmten Mehrfarbigkeit sieht, sondern das Viele an das Eine bindet. Nietzsches Einsicht in den perspektivischen Charakter aller Wahrnehmung kann jedoch nur eine differenzbewußte Prozeßontologie zulassen. „Es gibt keine Dinge an sich!"[242] heißt dann: es gibt nur die Perspektiven. Was wiederum bedeutet: es gibt nur Interpretation(en).

Dies ist der hermeneutische Grundsatz von Nietzsches Philosophie. Indem er ihn nicht selbstreferentiell wendet und seine eigene Perspektive kritisch als *eine* mögliche bricht, wird Interpretativität als quasi-ontologische Basis gesetzt. Methodologie und Ontologie gehen ineinander über.

Genau an diesem Punkt scheiden sich die interpretationistischen Geister. Es geht um die entscheidende Frage nach der Bedeutung von Realität: ist sie nichts als Interpretation? Lenk wendet sich gegen Nietzsches Fassung von Interpretativität im Sinne einer „Prozeßentität".[243] Zum einen da der pluralistisch-relativen Perspektive performativ selbstwidersprochen wird, zum anderen weil er Interpretieren subjekttheoretisch bzw. anthropologisch rückbinden möchte: als „eine *erkenntnistheoretische* Grundkategorie oder Grunddynamik".[244] Hier wird ein erster Ausblick auf eine transzendentale Variante von Interpretativität gegeben. Ihre Plausibilität rührt nicht zuletzt daher, daß sie einen konziseren Begriff der Außenrealität zuläßt.

Nietzsches Perspektivismus ist *ein* Weg zur Interpretationsphilosophie. Die latent monistischen Formen seines Denkens – auch die einer Hypostasierung von Macht und einer Unterschätzung möglicher anderer, analoger Paradigmen wie z.B. der Liebe (in die man Macht genauso übersetzen kann wie umgekehrt) – lassen Fragen an die Konsequenz seiner Grundintuition stellen. Der enge Konnex von Interpretation und Konstruktion und deren impliziter Pluralismus ebnen freilich einer Differenzlogik philosophisch den

---

[240] Ebd., 456.
[241] Ebd., 476.
[242] Ebd., 486.
[243] H. Lenk, Philosophie und Interpretation, 87.
[244] Ebd., 92.

Weg, wie sie sich aus dem Interpretationismus ableiten läßt. Dabei wird sichtbar, daß perspektivisches Denken gerade auch einem Wechsel vom Paradigma (also der formalen *Perspektive*, dem *Schema*) der Identität zu dem der Differenz begründungstheoretisch zuarbeitet.

3.3.3 Der Kontext: PostModerne Affinitäten

Das Stichwort >Nietzsche< deutet auf eine Traditionslinie hin, die sich im postModernen Diskurs bereits angedeutet hat und mit Michel Foucault und Gilles Deleuze unter differenztheoretischen Vorzeichen genauer ausgezogen wurde. Nietzsche als Wegbereiter des Interpretationismus steht auch hier für einen grundlegenden Zusammenhang. Machtontologie qua Wille zum Wissen verdeutlicht das. Für Foucault wurde so die entscheidende Differenzmarke MACHT in jeder Wirklichkeitswahrnehmung ansprechbar; für Deleuze zeigte sie sich in der Temporalisierung von Erkenntnis mit der Differenzmarke ZEIT.

Der Zusammenhang führt aber noch weiter und charakterisiert eine philosophische Konstellation, verwandtes Denken. Nietzsche gibt *einen* Namen vor:

– Mit ihm denkt auch die Interpretationsphilosophie **nachmetaphysisch** im Sinne eines Verzichts auf eine erste Ursache. Denken verläuft strikt immanent.
– Für den Interpretationismus wird dies auf einen **Pluralismus** möglicher Perspektiven auf Wirklichkeit zulaufen, der wiederum mit postModernen Optionen vereinbar ist.
– Der Interpretationismus erhält dabei einen Grundzug, der einerseits mit der Betonung der Perspektive das Individuum stark macht, es andererseits aber hinter die Undurchdringlichkeit von Interpretativität als einem unverfügbaren Jenseits von subjektivem Zugriff zurücknimmt. Hier begegnet Interpretationsphilosophie den subjektkritischen Tendenzen postModernen Denkens und läßt auf eine kritische Standortbestimmung des Subjekts qua deutender Individualität dringen.
– Überdies macht der **konstruktivistische** Anteil des Perspektivismus Verbindungen zum Pragmatismus etwa Richard Rortys möglich, der sich aus der Unmöglichkeit einer letztinstanzlichen Steuerung von Handlungsvariablen ableitet und sich „von der wachsenden Bereitwilligkeit zum Leben mit Pluralitäten und zum Beenden der Suche nach universeller Geltung"[245] inspirieren läßt.
– Aufs Ganze gesehen wird eine identitätskritische Ablösung der zugrundeliegenden Perspektivik durch eine deutlichere **Differenz**wahrnehmung avisiert.

---
[245] R. Rorty, Kontingenz, Ironie und Solidarität, Frankfurt a.M. ²1993, 121.

134 *Teil I: Hinführung: Aspekte postModerner Hermeneutik*

Der atmosphärische Denkkontext des Interpretationismus ist damit grob skizziert. Die bezeichneten Aspekte sind aus dem bisherigen Befund abgeleitet, sie verbinden das bereits interpretierte Material mit dem noch eingehender zu untersuchenden Ansatz und fungieren von daher zugleich heuristisch: die Darstellung der Interpretationsphilosophie hebt auf eine differenztheoretische Hermeneutik ab, die sich an eine postModerne Denkform vermitteln läßt. Dies wird am Ende des Durchgangs noch einmal – mit eingehenderem Blick auf die theoretischen Valenzen – zu überprüfen sein.

3.3.4 Positionen

Die Interpretationsphilosophie fügt sich unter den genannten Aspekten in einen Modus von Denken, der Vergleiche mit postModernen Theorien zuläßt. Die grundsätzlichen Überlegungen sind im folgenden anhand der konkreten Positionen im Detail zu prüfen.

3.3.4.1 Josef Simon: Zeichenphilosophie

Bereits die Darstellungsform von Simons „Philosophie des Zeichens"[246] unterstreicht die Nähe seines Denkstils zu Nietzsches Aphoristik: statt eines systematischen Entwurfs arbeitet Simon mit Kleinkapiteln, die Schritte in die Zeichenphilosophie machen, verschiedene Zugänge bahnen. Simon bezweifelt mit Nietzsche die Plausibilität von Systemen und ihrer Totalen. Der Unausdenkbarkeit einer philosophischen Zentrale entspricht ein moveables Denken, das sich an die Zeichen hält und die Vielfalt von möglichen Bezeichnungen in der Form realisiert. Was Simon über Nietzsche anmerkt, setzt er selbst um:

„... seine Bücher sind nicht hierarchisch-begrifflich gegliedert. Die Aphorismen sind eher parataktisch gereiht, und an der Stelle einteilender Begriffe stehen nur die Zwischenräume zwischen ihnen, so daß man sagen könnte, es würde das, was *in* ihnen durch ihre innere Komposition zu bedeuten versucht wird, nicht auch noch ‚von außen' zu bezeichnen versucht, wenigstens nicht durch ein hierarchisch gliederndes System von Unter- und Oberbegriffen. Die Form des Aphorismus deutet sozusagen in ihr leeres, nur durch ihn umformtes Inneres. Seine Figur, besser: seine Gebärde ist schon die Bedeutung. Sie weist *nicht* über das einmalig-individuelle Geglücktsein des Zeichens hinaus."[247]

Dieser Textauszug enthält kleinformatig wesentliche Motive von Simons Zeichenphilosophie. Zunächst interpretieren sich Form und Inhalt gegenseitig: in der Abbreviatur formuliert sich das Bewußtsein, daß die Wirklichkeit nur im individuellen *Augenblick* zu haben ist. Kein Gottesstandpunkt

---

[246] Zur Rezeption vgl. T. Borsche / W. Stegmaier (Hrsg.), Zur Philosophie des Zeichens, Berlin-New York 1992.
[247] J. Simon, Philosophie des Zeichens, 305; zu Nietzsches Aphoristik vgl. Nr. 58: „Das Problem systematischer Philosophie", 304-308.

erlaubt den Überblick, und Welt vermittelt sich nur in einer Vielzahl von Möglichkeiten, sie zu beschreiben. Von daher bietet jeder mögliche Begriff nur eine Zugriffsform. Er reduziert Wirklichkeit nach seinen Parametern, und er hierarchisiert sie in ein System von Ableitungen mit den Ordnungsstützen eines Oben und Unten, wie sie die logische Operation der Deduktion festschreibt. Indem Aphorismen oder perspektivische Frakturen den logischen Übergang der Phänomene in den Begriff unterbinden, reißen sie die „Zwischenräume" auf, die als Leerstellen den Text kommentieren. Sie entwerfen etwas wie den *weißen Text* des Denkens, des Ungesagten und nie Einholbaren. Damit suchen sie eine Form von Entsprechung unter gleichzeitiger Aufkündigung der Utopie voller Übereinkunft. Sie könnte es nur geben, wenn sich ein „Außen" ihrer Beurteilbarkeit erreichen ließe. Statt dessen: eine paratraktische Schreibform. Die Gleichberechtigung der Sätze und Zeichen signalisiert eine andere Ontologie als die einer Wesens- und Substanzmetaphysik. Die Dinge weisen nicht auf ein Ding an sich, auf eine Idee. Und so behalten die Zeichen ihre Bedeutung, ohne sie an eine definitive Wahrheit zu verlieren. Eben die Definition wird in der Form eliminiert, wie sie sich aus dem Denken verabschiedet. Anders fände sich Metaphysik prolongiert:

> „Daß ‚an die Stelle' eines Zeichens letzten Endes etwas anderes als ein Zeichen treten könnte, ist der eschatologische Grundzug der Metaphysik."[248]

Simon spielt hier erneut Nietzsche ein: Metaphysik-Kritik hat zeitlich und logisch zwei Enden: der Verzicht auf ein erstes Prinzip verschlägt auch jedes Finale. Dann aber gibt es Bedeutung nur als das *„einmalig-individuelle Geglücktsein"*, ohne Garantien. Ewige Wiederkehr der Zeichen, denn sie bleiben allein. Ihre Individualität im Gebrauch und in der Rezeption macht Verstehen zu einem Ereignis, das sich nicht vorhersehen läßt und das zugleich nie an einen letzten Punkt gelangt, der ein Wahrheits- oder Unbedingtheitskriterium böte. Das faßt die paralogische Form: und erneut wird deutlich, wie nah die interpretationistische Intuition z.B. dem Poststrukturalismus von Deleuze kommt. *Mille plateaux*: es gibt keine Urbilder, keinen Maßstab, sondern nur die „Ersetzung von Zeichen durch andere *Zeichen*".[249] Sie sind für sich zu nehmen, ohne Zuschneidung im Modell der Repräsentation.[250] Dementsprechend fängt Verstehen mit jedem Zeichen je neu an – ohne einen definitiven Anfang im Sinne ultimativer Zugangsberechtigung zur Wirklichkeit. Und hier zeigt sich die zweite Traditionslinie im Interpretationismus, die pragmatischen Verstehens, auch und gerade wissenschaftlich: daß kein verfüg-/denkbares Erstes oder Letztes existiert, folgert:

> „Der Anfang in der Wissenschaft ist nicht beim gewiß Wahren zu machen, sondern mit dem *Anfangen*."[251]

---

[248] Ebd., 6.
[249] Ebd., 22.
[250] Vgl. die Kritik M. Foucaults am Repräsentationsdenken.
[251] J. Simon, Philosophie des Zeichens, 30.

Wenn es dieses „*gewiß Wahre*" nicht als ein Fundament gibt, es vielmehr ausschließlich in der zeichenvermittelten Kontingenz der Perspektiven und in Interpretationen aufgefaßt wird, hat man nichts als Zeichen. Diese Zeichen stehen nicht abrufbereit *für* etwas, sondern sie sind „Zeichen der Zeit": radikal verzeitlicht zu denken, im Augenblick verwendet, in den nächsten hineinragend, bereits vergangen, nur im Zueinander der Zeitekstasen zu haben, von *ihrer* Zeit bestimmt und deren Ausdruck:

> „Zeichen ist das, was für die Erfahrung dieser Wirklichkeit von Belang ist. Es sind die Zeichen der Zeit, insofern die Zeit die über den Standpunkt und die Zeit seiner Dauer hinausführende Dimension ist. Zeichen in diesem Sinne ist das, was man über das hinaus versteht, was vom Standpunkt aus als möglich erscheint und worauf man sich folglich versteht, ohne daß zuvor definiert wäre, ‚was' ein Zeichen *sei* oder sein müsse, *damit* man es verstehe. Zeichen ist also alles, was wir in einem *uneingeschränkten* Sinn verstehen, ohne zu meinen, es sei in *einer* oder gar in ‚*meiner*' Interpretation erschöpfend erfaßt, so daß man schon wisse, ‚was' seine Bewandtnis sei. Das Zeichen ist insofern der ausgezeichnete Gegenstand der Philosophie".[252]

In jedem Zeichen wartet seine Zeit und führt *zugleich – Zeitwort!* – über sie hinaus. Die Bedeutung verändert sich. Und genau zu diesem Zeitpunkt beginnt das Interpretieren des nicht länger Selbstverständlichen. Zeichen bezeichnen eine „*Erfahrung dieser Wirklichkeit*", die mit Hegel schon jeweils nicht mehr *diese* ist, sondern in der Zeit verschoben und entzogen.[253] Weil es aber keinen wahrheitssubstantiellen Kern im Verstehen gibt, ein überzeitliches Isolationsschema von Bedeutung und Sinn, bleiben nur die interpretativ vervielfältigten Zeichen des Wirklichen, die individuell nachzuvollziehen sind:

> „Man muß von *sich* aus verstehen, ‚was' andere bezeichnen, d.h. man kommt zu keinem den Zeichen vorausliegenden, in ihre Materie eingeprägten *allgemeinen* Was."[254]

Damit wird das Konzept „Zeichen" grundlegender angesetzt als seine sprachtheoretische Verengung. Es gilt, „das Wirkliche überhaupt als Zeichenprozeß aufzufassen."[255] Das wiederum wirkt auf den immanenten Systembruch der Zeichenphilosophie hin, denn wenn alles in Zeichen erschlossen wird, lassen sich diese nicht noch einmal wissenschaftlich exakt objektivieren, insofern die Möglichkeit fehlt, sie anders als im Zeichenvollzug selbst zu reflektieren. Das aber bedeutet, daß Zeichenphilosophie nur prozessual zu konzipieren ist. Es ergibt sich ein zeichentheoretisch zu beschreibender hermeneutischer Zirkel. Und auch insofern operiert Zeichenphilosophie streng immanent.

Ein weiterer Grundzug wird sichtbar: die Unabschließbarkeit von Verstehen. In der gedanklichen Ordnung des Raumes stehen die Zeichen nebenein-

---
[252] Ebd., 4.
[253] G. W. F. Hegel, Phänomenologie des Geistes, Frankfurt a.M. ³1991, 84f.
[254] J. Simon, Philosophie des Zeichens, 16.
[255] Ebd., 18.

3. Perspektiven einer differenzphilosophischen Hermeneutik

ander und im Verweis; ihr Abstand ist zeitlich markierbar. Zugleich herrscht eine Offenheit im semantischen Feld: die Zeichen bleiben wie die Phänomene potentiell mehrdeutig und den Perspektiven von Fremdwahrnehmung zugewandt:

> „Im verstandenen *Zeichen* verstehe ich ‚von mir aus', d.h. ich denke *nicht*, daß das Zeichen *eine* (und nur eine) Bedeutung, eine ‚wahre' Bedeutung hätte, die nur ich nicht erreichte. In dieser Negativität verstehe ich es erst als Zeichen *vollkommen.*"

In dieser *Negativität* des Zeichens zeigt sich andere Subjektivität und damit überhaupt erst Subjektivität als *unaufhebbar* andere an. Sie teilt sich nur *darin* mit."[256]

Der Eintrag des Anderen in allem Verstehen ist der einer jeweils kritisch einzubeziehenden Fremdperspektive, einer alternativen Wahrnehmungserfahrung, wobei die Bestimmung als „*Erfahrung*" eine letztbegriffliche Einebnung der Unterschiede bereits im Terminus radiert.[257] Die Unverrechenbarkeit der Zeichen ergibt sich aus den Anknüpfungsvariablen von Erfahrung und verweist erkenntnistheoretisch auf das Fehlen einer semiotischen Konstanten, die zeitlich und/oder ursprungslogisch zu ermitteln wäre. Für das Verstehen bedeutet dies ein offenes Konzept:

> „Alles, was wir verstehen, ist insofern Zeichen, als wir es im Geschehen zusammen mit anderen verstehen oder zu verstehen suchen. Es ist Zeichen, insofern es nicht *definitiv* unter einem Begriff verstanden und insofern gerade *nicht* als Ding (bestimmter Art), eventuell als Person oder als Handlung (bestimmter Art) verstanden *ist und bleibt.*"[258]

> „Die Meinung, die sich am Ziel glaubt, blockiert das Verstehen."[259]

Verstehen bewegt sich so zwischen den Extremen: als individuelles weicht es von jedem anderen Zeichengebrauch ab; aber es bindet sich an das fremde Zeichenkonzept: es ist Verstehen und Nichtverstehen gleichermaßen. In dieser Spanne ereignet sich Interpretation. Jede Interpretation schafft *eine* Lesart, nicht mehrere; aber sie hält sich offen für andere, fremde Lesarten, die möglich bleiben. Interpretieren erfolgt danach nicht kriterienlos, sondern individuell gebunden – und wird als in Zeichen gebrachte Zeichendeutung selbst zu einem „*Zeichen der Zeit*". Simon faßt diesen Vorgang als Differenzmarke:

> „Die Differenz der Deutlichkeit und der jeweiligen Möglichkeit der Verdeutlichung ist die Differenz der Zeit, in der eine Person ihre Bedingtheit, und d.h. ihre Differenz zu anderen Möglichkeiten des Verstehens, also ihre Individualität als Person begreift."[260]

---

[256] Ebd., 25.
[257] Vgl. J. Simon/ W. Stegmaier (Hrsg.), Fremde Vernunft. Zeichen und Interpretation IV, Frankfurt a.M. 1998.
[258] J. Simon, Philosophie des Zeichens, 43.
[259] Ebd., 44.
[260] Ebd., 66.

138 *Teil I: Hinführung: Aspekte postModerner Hermeneutik*

Diese Differenz betrifft die Verständigung zwischen Zeichen und Rezipient, sie verläuft intersubjektiv, aber sie ist auch „innerhalb ‚derselben' Person eine Differenz der Zeit".[261] Identität wird somit zu einem vorläufigen Bewußtseinsprodukt, das reflexiv zwar immer wieder hergestellt werden kann, dann aber erneut unter je anderen Zeitzeichen als hermeneutischer Voraussetzung. Subjektivität bildet solche Identitäten im Verstehen; in einem aber bildet sich Subjektivität so erst heraus: als eine dynamische Einheit im Verstehen, die Zeichen auf sich hin bezieht und entsprechend den eigenen Schematisierungen deutet. So etabliert sich Freiheit als Individualität des Deutens, je gebrochen im Reflex der Vorläufigkeit, eine temporalisierte Ich-Identität[262]:

> „als Identifizierung von Verschiedenem unter *einem* Gesichtspunkt. Das Denken denkt wieder Einheit, wo in der Wahrnehmung etwas an etwas unverständlich wird. Es versucht in diesem Sinne zu heilen. Es *interpretiert* den Bruch im Wahrnehmen, den Einbruch der Zeit in dessen paradiesisches Jetzt. Die Zeit artikuliert dadurch die Wahrnehmungen. Sie läßt etwas an ihnen interpretationsbedürftig, als nach Bedeutung *fragend* erscheinen."[263]

Verstehen impliziert also notwendig Differenzen, die auch das Subjekt affizieren. Immerhin wird es in seinem individuellen Rang hermeneutisch greifbar – als Generator, aber auch als ein Effekt von Interpretation. Seine Identität ist versetzt. Sie verschiebt sich immer wieder zu anderem Verstehen hin, und „Andere (als auch Subjekte) zu verstehen bedeutet zugleich, die Bedingtheit des eigenen Verstehens zu verstehen."[264] Interpretieren erhält im Selbst- wie im Fremdverstehen einen hypothetischen Zug, Versuchscharakter.

In der europäischen Philosophie herrschte auf weite Strecken der Primat des Identischen, „der Vorrang des Interesses..., sich im *Selben* zu verstehen, gegenüber dem Interesse, anderes Verstehen zu verstehen."[265] Das Gegenstück: die statische Form dominiert den changierenden Inhalt, der, in die Form gepreßt, zur *Raison* gebracht, in der identischen Form universalgrammatisch *gebeugt* wird. Die Machtreflexionen Nietzsches und Foucaults greifen zumal unter dem Aspekt des Fremdverstehens.

Demgegenüber erschließt das individuelle Differenz-Bewußtsein einen anderen Typus von Begegnung:

> „Im Wissen der eigenen Individualität (oder ‚Endlichkeit') liegt *Gerechtigkeit* gegenüber dem Anders-Verstehen anderer, auch demgegenüber, daß sie mich anders verstehen, als ich mich selbst verstehe. Das Selbst-Bewußtsein hat in einer Philosophie des Zeichens keine Priorität gegenüber dem Fremd-Bewußtsein. In diesem Bewußtsein liegt Gerechtigkeit auch über die *moralischen* Ideen hinaus. Le langage est justice (Lévinas). Diese Gerechtigkeit erfolgt aus der Stärke im Ertragen des anderen."[266]

---

[261] Ebd., 68.
[262] Vgl. ebd., 313.– Identität ist selbst „Reflexionsbegriff" (177).
[263] Ebd., 89.
[264] Ebd., 105.
[265] Ebd., 107.
[266] Ebd., 108; vgl. ebd., 295.– Simons Kritik an der Diskursethik kreidet dieser an, daß sie die Eliminierung des „Inkommensurablen" (302), letztlich des Anderen betreibe.

3. Perspektiven einer differenzphilosophischen Hermeneutik

Die Identität des sich reflektierenden Individuums entsteht aus der Fremderfahrung und findet an ihr ein Kriterium. Identität als differentielle behauptet sich in der Fähigkeit, die Sprachen des Fremden mitzusprechen und in den eigenen schematischen Apparat zu übersetzen, wobei dieser sich erweitert und verändert: also Identität ver*ändert*. Identität läßt sich dann aber auch als ein hermeneutisch defensives Konzept begreifen, das nur zur Klärung von Verstehensproblemen dient: das *Selbstverständliche* wird unreflektiert aufgenommen. Das Interesse am Selben wird nicht länger zum entscheidenden Movens von Verstehen erklärt, sondern zum kritischen Konzept, das greift, wo Verständnis erst hergestellt werden muß: als Bezugspunkt, als Klärung der semiotischen Basis. Wie verstehe ich, wie verstehst du dieses Zeichen? Auch hier bleibt klar, daß es keine identische Abzeichnung der unterschiedlichen Konzepte und Zeichen geben kann. Letztlich werden intersubjektiv die Bedeutungen vereinbart, d.h. Identitäten gesetzt, die für die individuelle Identität des verstehenden Subjekts gelten und mit denen es handlungsfähig erscheint. Identität ist demnach als Reflexionskonzept zugleich intersubjektiv fermentiert. Es ergibt sich ein Modell von **Identität als Zeichenprozeß**.

Simons Zeichenphilosophie arbeitet die Differenzmarken im Interpretieren anhand dieses Prozesses deutlich heraus. Verstehen ist individuell veranlagt, im Kontrast zu anderen Deutungen als eine Möglichkeit unter anderen ausgewiesen und insofern kontingent. Es trägt die Differenz als Abweichung von der eigenen Deutung bereits in sich aus, wenn es sich als personale Identität reflektiert, die zeitlich je aufgeschoben bleibt. „>Ich< ist das Setzen verschiedener Zeichen als dasselbe Zeichen, es ist die Einheit in diesem Setzen".[267] Subjektidentität ist zeitlich und semantisch mit Differenzen unterlegt, gebrochen durch Grammatik und die wahrnehmungsleitenden Schemata. Wie es kein „reines Denken"[268] gibt, so auch keine reine Identität.

Differenzräume ergeben sich darüber hinaus aus der Unbeherrschbarkeit der Zeichen, die sich keiner Totalen beugen. Zeichen generieren im Prozeß der Zeit immer neue und andere Zeichen der Zeit, Anschlußmöglichkeiten, Interpretationsoptionen. Jedes Zeichen bleibt überdies „immer auch ungedeutetes Zeichen"[269] in seinem semiotischen Mehrwert. Ein Ausdruck dessen: die Verschiebungen in den Sprachen selbst, der Wechsel ihrer Identitäten. Betrieben wird er in der ZEIT von interpretierender FREIHEIT[270] – und sie sind die wesentlichen zeichenphilosophischen Differenzmarken: Zeichen werden als „Zeitgeschehen" „wesentlich individuell verstanden".[271]

Zeichen sind damit weder einem blinden Relativismus überlassen, noch fallen sie aus dem sozialen Raum des Rechts heraus: das Kriterium des Zeichenverstehens ist die – funktionale, handlungsbefähigende – Passung von Zeichen und Rezeption, vermittelt durch die individuellen Deutungsreserven

---
[267] Ebd., 198.
[268] Ebd., 201.
[269] Ebd., 223.
[270] „Freiheit liegt *in* der Interpretation, auch in der Interpretation von ‚Freiheit'. Insofern ist dieser ‚Begriff' für die Zeichenphilosophie zentral." (Ebd.)
[271] Ebd., 197.

und die sozialen Hintergründe im Sinne eines unvermeidlichen Rechtsgefüges auch institutioneller Art als „überindividuell *geltende* Interpretation der Freiheit".[272] Die pragmatische Dimension des Einsatzes von Zeichen macht die Unumgehbarkeit einer sozialen Einbettung von Zeichen manifest. Aber auch sie stellt kein identisches Reservat, eine univoke Sinnexklave dar: auch Rechtszeichen unterliegen differenzenbewußter, veränderungsfähiger, abweichungsoffener Interpretation. Das hindert nicht, sie handlungsorientiert, funktional einzusetzen:

> „Das Seiende als Produkt freier Interpretation gewinnt Geltung und Dauer, indem es andere Freiheit ermöglicht und trägt, aber zugleich bindet und beschränkt. Freiheit, zeichenphilosophisch verstanden, steht daher nicht in der Gefahr der Beliebigkeit von Interpretationen. Die Grenze der Interpretationsfreiheit ist nämlich immer die Verständlichkeit als die Möglichkeit der Vermittlung mit dem, was jeweils schon verstanden, anerkannt und in diesem Sinn fraglos gültig ist."[273]

Hier stellt sich das Problem von Sinngewißheiten, die antihumane Gehalte transportieren. Einen normenbegründeten Ausweg kann die Interpretationsphilosophie deshalb nicht bieten, weil sie sich auf keinen ersten oder letzten Grund verpflichten läßt. Sie steht vor einer ethischen Aporetik. Christlich läßt sich darauf eine inhaltliche Antwort geben. Doch der Zugang zu ihr ist wiederum der einer Glaubensinterpretation und also nur im Innenbezug absolut, wenn man bei der formalen Analyse des Überzeugungszugangs bleibt. Nur eine rational zwingende Letztbegründung schüfe hier Abhilfe. Sie steht interpretationsphilosophisch nicht zur Verfügung.[274]

Simons universalisierte Zeichenphilosophie macht Wirklichkeit zu einem interpretativen Ereignis. Dies wird im folgenden noch genauer – konstruktivistisch – zu fassen sein. Festzuhalten bleibt hier ein differentielles Muster von Verstehen, das Identität individuell und verzeitlicht denkt. Diesem aufgeschobenen Identitätskonzept entspricht auch ein bescheideneres Bild von Wahrheit, das pluralistisch ausgerichtet, weil pragmatisch und funktional angesetzt ist:

> „Die Wahrheit liegt in der je besseren *Version* von Zeichen, nicht in der Transzendenz der Zeichen zu einer ‚Sache selbst'."[275]

3.3.4.2 Günter Abel: Die Unhintergehbarkeit von Interpretativität

Was bei Josef Simon zeichentheoretisch grundgelegt ist, ein interpretationsbestimmtes Bild von Wirklichkeit, wird im Interpretationismus Günter Abels

---

[272] Ebd., 203.– Vgl. T. Borsche, Rechtszeichen, in: J. Simon (Hrsg.), Distanz im Verstehen, 239-259.
[273] T. Borsche, Freiheit als Zeichen. Zur zeichenphilosophischen Frage nach der Bedeutung von Freiheit, in: J. Simon (Hrsg.), Zeichen und Interpretation, Frankfurt a.M. 1994, 99-118; hier: 118.
[274] Vgl. II, 5.2.
[275] J. Simon, Philosophie des Zeichens, 236.

zugespitzt. Abel denkt Realität strikt abhängig von Interpretationsprozessen, mit denen der Mensch seine Welten konstruiert. Ohne Deutungen keine Welt, und der Mensch befindet sich unwillkürlich und gleichsam apriorisch, reflexionsunabhängig je in Deutungszusammenhängen. Von daher geht es der Interpretationsphilosophie

> „um ein angemessenes Verständnis des Sachverhaltes, daß wir uns immer schon in Welt-, Fremd- und Selbstverhältnissen befinden. Diese können als Interpretationsverhältnisse, als schematisierende, konstruktbildende, formierende, projizierende, perspektivisch-auslegende, subsumierende und darin Erfahrung organisierende Aktivitäten konzipiert werden. In diesem Sinne läßt sich Interpretation als ein Grundwort des Philosophierens entfalten."[276]

Wie Simon sieht auch Abel Interpretationen grundlegender als bloßes *Verstehen von Texten*. Damit ist Interpretativität selbst basaler angesetzt als Verstehen: Interpretieren ist Grundakt von Lebenspraxis. Interpretationen greifen nicht erst angesichts eines – wie bei Simon – unverstandenen Zeichens, sondern bereits vorher: in der Objektwahrnehmung. Das Konzept von Lebenspraxis wird unmittelbar mit dem Interpretieren verknüpft. In jedem Weltkontakt wird diese Welt durch einen Interpretationsprozeß konstituiert. Ohne interpretative Zuordnung könnte es keine Lebenspraxis geben, keine Orientierung, keine Rezeption, nicht einmal die bloße Wahrnehmung des Außen, die vorweg über eine Differenzierung von gedachtem Innen des Subjekts und dem Gegenüber des begegnenden Phänomens gesteuert wird.

Abel kategorisiert die verschiedenen Ebenen von Interpretationsprozessen nach der Art, wie sie subjektbezogen Wirklichkeit ordnen. Dabei verbindet er pragmatische und konstruktivistische Gedanken unter dem Leitwort >Interpretieren< mit einem strengen Perspektivismus, der zu einem schwächeren Wirklichkeitskonzept und zu einem nicht mehr letztbegründbaren Wahrheitsbegriff führt:

Ebene 1: Interpretationen$_1$
Hierunter fallen die „konstruktbildenden Komponenten"[277] wie logische Prinzipien. Sie sind die Denkvoraussetzungen, über die man nicht frei verfügt, die aber darum nicht selbst interpretationslos sind, denn mit ihren Schematisierungen wird das Begegnende erfaßt:

> „jede kategorialisierte und individuierte, und das heißt: jede bestimmte Welt, ist ipso facto Interpretationswelt. Dies zeigt sich rekonstruktiv auch daran, daß sowohl die kategorialisierenden Begriffe als auch die Individualitätsprinzipien *anders* hätten ausfallen *können*."[278]

Ebene 2: Interpretationen$_2$
Damit werden die eingeübten Standards der Wahrnehmung bezeichnet: die regulären Muster, die erprobten Typologisierungen, die selbstverständlichen

---
[276] G. Abel, Was ist Interpretationsphilosophie?, 16.
[277] Ders., Interpretationswelten. Gegenwartsphilosophie jenseits von Essentialismus und Relativismus, Frankfurt a.M. 1995, 14.
[278] Ders., Was ist Interpretationsphilosophie?, 18.

Interpretationsschlüssel. Da Interpretation ein Begriff der unmittelbaren Lebenspraxis ist, haben diese Deutungsrituale besondere Bedeutung für die pragmatische Zurüstung von Wirklichkeit.

Ebene 3: Interpretationen$_3$
Über die interne Paradigmatik und ihre kontextbestimmten Usualitäten hinaus wird auf dieser Ebene der Bereich theoretischer Wahrnehmung angesprochen. Unter ihn fallen „die aneignenden Deutungen, z.B. die Vorgänge des Beschreibens, Theoriebildens, Erklärens, Begründens oder Rechtfertigens".[279]

Diese Ausfertigungsprozesse der Wirklichkeit(en) als Interpretationswelten laufen zusammen ab. In der Praxis lassen sie sich nicht trennscharf ausmachen. Zugleich betreffen sie jeweils verschiedene Dimensionen:
– die **Interpretations-Logik**,
    d.h. „unser grundbegriffliches System";[280]
– die **Interpretations-Ästhetik**,
    d.h. den Bereich symbolischer Ausdrucksformen;
– und die **Interpretations-Ethik**,
    d.h. die normativ gehaltvollen Prozesse.

In alle diese unsere Lebenspraxis umspannenden Bereiche fließen Interpretationen nicht nur ein, sondern sie strukturieren sie. Die unterschiedlichen Prägungen der Ebenen und der von ihnen durchdrungenen Praxisbereiche lassen von unterschiedlichen Welten sprechen. Innerhalb eines Interpretation$_1$-Komplexes als Wahrnehmungsrahmen gibt es abweichende und veränderungsfähige Optionen für die Interpretation$_{2+3}$-Praxis. Die erschlossenen Welten stehen dabei miteinander in Kontakt, solange das wahrnehmungskonstitutive Grundsystem gleich bleibt. Die Stimmigkeit von Interpretationen wird von daher auf ihre Vereinbarkeit mit der Interpretation$_1$ hin überprüfbar. In diesem Sinne funktioniert dann auch Verstehen im kommunikativen Austausch nach innen, d.h. innerhalb des individuellen Verstehensraums, der subjektiven Welt, und anderen, kompatiblen Interpretationswelten anderer Individuen mit anschlußfähigen Interpretation$_1$-Prägungen.

> „Wenn sich aber die kategorialisierenden Interpretationen$_1$ verschieben, d.h. wenn unsere Interpretation$_1$-Praxis eine andere wird, dann haben wir es auch mit einer anderen So-und-so-Welt und in diesem Sinne strenggenommen mit einer anderen Welt zu tun. Kurz: Auf der Ebene von Interpretationen$_3$ sind die Interpretationen von dem abhängig, was sie interpretieren; in Interpretation$_2$ finden Zuordnungen von Interpretation und Welten statt; und in Interpretation$_1$ sind die So-und-so-Welten von den Interpretationen abhängig."[281]

Auch Abel denkt explizit nachmetaphysisch: nichts Absolutes, Identisches, Sicheres bietet sich als Folie für die Interpretationen an. Vielmehr durchbre-

---
[279] Ders., Interpretationswelten, 15.
[280] Ebd.
[281] Ebd., 16.

3. Perspektiven einer differenzphilosophischen Hermeneutik

chen der Einfluß von ZEIT, die Anverwandlung von Interpretationsformen durch das INDIVIDUUM und die notwendigen Anwendungsspielräume von Interpretationen in der PRAXIS jeden Ausgriff auf ein identisches Verstehen, das sich an einem Ursprung oder einem letztgewissen, universalen Kriterium messen ließe. Gerade der Aspekt der differenzierenden Praxis macht auf die Kontextoffenheit von Zeichen und Interpretationen aufmerksam, wie sie Michel Foucault unter dem Einfluß von MACHTfaktoren dechiffrierte.

Abel konkretisiert dies. Selbst unter Verwendung einer gemeinsamen Sprache und bei richtigem Sprachgebrauch läßt sich nicht gewährleisten, daß jeder Sprecher „*desselben* syntaktischen Ausdrucks *dieselben* Vorstellungen, *dasselbe* Bild des Bezugsgegenstands und die Wörter, Sätze und Texte mit *denselben* semantischen Merkmalen versehen hat".[282] Die Begründung entfaltet die bezeichneten Differenzmarken: (1) das Individuum ist nie ganz transparent, d.h. seine Konzepte beinhalten unaufklärbare Rücksichten und kontextabhängige Besonderheiten, die sich nicht übersetzen lassen; (2) es gibt kein (metaphysisches) Kriterium, das sicher stellt, daß die Konzepte identisch sind – höchstens eine aufgeschobene Identität im Sinne möglicher Vergleichbarkeit wäre denkbar, und auch dies nicht absolut sicher; (3) sogar für den Verwender eines Zeichens läßt sich nicht gewährleisten, daß der zeitlich unterschiedliche Einsatz eines Zeichens dieselbe Bedeutung behalten hat; (4) es gibt keine referentielle Identität zwischen Zeichen und Bezugsgegenstand.

Ein Beispiel wäre hier die Verwendung von METAPHERN, die sich jeder „begrifflichen Positivierung"[283] verweigern und in die ein hoher Anteil an INDIVIDUELLER Deutung, an ZEITLICHER Bedingtheit und Veränderbarkeit einfließt. Dazu zählt auch ihre grundsätzlich äußeren Faktoren ausgesetzte Verwendbarkeit bzw. Umdeutbarkeit und Manipulierbarkeit (MACHT). Abel postuliert folgerichtig „die Zurücknahme der unifizierenden Elemente zugunsten der Differenz".[284]

Der Interpretationismus markiert also die Differenzräume im Verstehen. So wenig er essentialistisch operiert, so wenig argumentiert er jedoch auch relativistisch. Seine Kritik richtet sich gleichermaßen gegen die Annahme, „daß es inhärierende Eigenschaften der Dinge, eine Natur der Sache, überzeitliche Invarianz, univoken und universellen Gebrauch sprachlicher und gedanklicher Ausdrücke gebe"[285], wie gegen die Vorstellung, „daß letztlich jede Auffassung so gut wie jede andere sei, daß der Wahrheitsbegriff aufzulösen und die Geltung von Sätzen, Theorien und Normen auf die jeweilige Kultur begrenzt sei".[286]

Unter dieser Maßgabe sucht der Interpretationismus nach einem kritischen Wahrheitsbegriff, der die Kontingenz der interpretativen Bedingungs- und Zugangsfaktoren nicht in einer Gleichgültigkeit der interpretativen Verhältnisse münden lassen muß.

---
[282] Ebd., 212.
[283] Ebd., 83.
[284] Ebd., 404.
[285] Ebd., 18.
[286] Ebd.

Zunächst stellt Abel jedes Zeichen und damit die Möglichkeit einer Wahrheitsbeschreibung unter skeptischen Vorbehalt. Gefragt wird danach, ob die Wirklichkeit so sei, wie sie interpretativ erschlossen und in Zeichen aufgefaßt werde. Für einen solchen Wirklichkeitsbezug steht keine andere Absicherung zur Verfügung als das Zeichen selbst: es ist unhintergehbar – und mit ihm die Interpretationsleistung, die es bewirkt und einsetzt. Es gibt keine prästabilierte Ordnung oder einen unmittelbaren Naturzugang, der univok garantierte, daß Realität korrekt wahrgenommen wird (und, zuvor, daß es Realität überhaupt gibt). Umgekehrt führt aber gerade die Skepsis zu einem interpretativen Ansatz, weil sie sich selbstreferentiell auch nur als interpretative Möglichkeit *einer* Stellungnahme zur Welt behaupten läßt. Die Skepsis artikuliert sich ohnehin nicht als totalisierter Zweifel, den sie zwar argumentativ vertreten, aber lebenspraktisch nicht durchhalten könnte, sondern in ihrer schlagkräftigeren Variante als interne Skepsis, die nach der Gültigkeit der eingesetzten Interpretationsmuster fragt. Dabei ergibt sich folgendes Bild: jede Interpretation$_{2+3}$ läßt sich hinsichtlich ihres Realitätsgehalts sinnvoll bezweifeln.

> „Nicht aber können wir die Interpretativität$_1$ als solche noch einmal skeptisch hintergehen. Ein solcher Zweifel würde sich selbst den Boden der Sinnhaftigkeit entziehen. Denn zwar besteht die Antwort auf die Zweifel an bestimmten Interpretationen in anderen Interpretationen. Der Zweifel aber an der Interpretativität als solcher hätte immer wieder nur die Interpretativität selbst zur Antwort."[287]

Abel gelangt so zu einem Interpretationismus, der einen internen Realismusbegriff erlaubt.[288] Dazu gehört eine identisch rekognoszierbare „Außenrealität, ...weil Identifikation und Re-Identifikation zu den Bedingungen der Möglichkeit von Erfahrung, Denken und Handeln gehören."[289] In dieser Konstruktionsform wird die interpretationistische Logik deutlich: die besagte Identität aktualisiert sich über Zeichen und ist von daher anzweifelbar. Aber die in den Zeichen vorgestellte Identität wird hypothetisch übernommen und unter den Bedingungen der geltenden Interpretation1 erfolgreich in einer Interpretation2+3-Praxis gebraucht. Solange sie systemintern funktioniert, wird jeder Zweifel, der prinzipiell möglich bleibt, zurückgestellt. Es ergibt sich eine differentielle Identität, die erkenntnis- bzw. zeichentheoretisch unter dem Vorbehalt der Differenz steht, aber eine aufgeschobene Form von Identität anerkennen kann. Genau sie erklärt das Funktionieren von alltäglicher Kommunikation, die deshalb noch kein Wahrheitsindiz birgt:

> „daß unsere Zuschreibungen im Normalfall funktionieren, ist nicht Beweis für eine realistische Adäquation. Es zeigt vor allem den gut eingespielten Interpretationscharakter dieser Verhältnisse selbst... Einheit ist stets nur Einheit in einer vereinheitlichenden Interpretation."[290]

---

[287] Ebd., 111f.
[288] Vgl. ebd., 462f.
[289] Ebd., 26.
[290] Ebd., 78.

3. Perspektiven einer differenzphilosophischen Hermeneutik 145

Mit diesem internalistischen Realitätsbegriff läßt sich ein entsprechendes Wahrheitskonzept erreichen. Vorausgesetzt wird die Unhintergehbarkeit von Interpretationen. Diese läßt sich mit Josef Simon aus der Unerreichbarkeit eines tragenden, letzten Fundaments in der zeichendefinierten Wirklichkeitswahrnehmung ableiten. Wenn aber Wirklichkeit nicht anders als interpretiert begegnet, dann wird sie innerhalb einer temporär und räumlich begrenzt gültigen Interpretationsevidenz *behandelt*. Und eben in diesem Rahmen läßt sich von Wahrheit sprechen. Das heißt aber auch: im Bewußtsein möglicher anderer Interpretationen und Evidenzen kann den einzelnen (und eine sich zu dieser Interpretation bekennende Gemeinschaft) eine solche Wahrheit *unbedingt* betreffen und verpflichten.

Abel begreift Wahrheit mit Hilary Putnam als „rationale Akzeptierbarkeit".[291] Wechselnde Weltbilder lassen Wahrheiten verschwinden und neue entstehen. Und auch die Wahrheit im Sinne eines korrekten Bezuges auf die Außenrealität bleibt abhängig von solchen Weltbildern: keine Realität ist univok darstellbar, sondern ihrerseits unter verschiedenen Hinsichten beschreibbar. Nur ein externer Realismus, der abhängig von einem absoluten Standpunkt wäre, könnte hier Objektivität gewährleisten. Menschlich ist ein solcher Standpunkt nicht nur uneinnehmbar, sondern erkenntnistheoretisch erst gar nicht wirklich vorstellbar. Er bleibt Chimäre. Das aber bedeutet:

„Unter kritischem Vorzeichen ist Gegebenes stets >Gegebenes *in* einer Interpretation< bzw. >*gegebene* Interpretation<, d.h. es ist die Interpretation, die hier real ist."[292]

Die wahrheitstheoretische Konsequenz: wenn es keinen externen, objektiven Realismus gibt, so auch keinen analogen Wahrheitsbegriff, der auf eine entsprechend verfügbare Realität als absolutes Kriterium zurückgreifen könnte. Die Unausweichlichkeit und Unüberbrückbarkeit von Interpretativität macht auch Wahrheit zu einem „Interpretationsverhältnis".[293] Wahrheit wird gleichsam intern simuliert. Dazu wird hypothetisch unterstellt, als ob wir volle Klarheit über unsere Zeichen und über ihre Verwendungen hätten. Mit dieser Fiktion wird Wahrheit insofern erst beschreibbar, als sie Klarheit über die Interpretationsverhältnisse beansprucht. Denn die Frage nach der Wahrheit ließe sich auch so umschreiben: was bedeutet es, „einen Satz, der etwas sagt, zu verstehen, mithin das Verstehen zu verstehen"?[294] Im praktischen Vollzug der Interpretationen wird solche Wahrheit jeweils beansprucht. Zugleich bleibt jedoch unzweifelhaft, daß sie nur eine vorbehaltliche und systemimmanente Wahrheit sein kann. Innerhalb der Interpretationsprämissen ist sie freilich unverzichtbar, weil ein Zeichenverwender, der von der – zumindest pragmatischen Gültigkeit – seiner Zeichen und der Triftigkeit ihrer Verwendung nicht überzeugt wäre, nicht länger handlungsfähig wäre. Damit fungiert „die interne Wahrheitsannahme in kritischer Perspektive nur noch

---

[291] G. Abel, Was ist Interpretationsphilosophie?, 33.
[292] Ders., Interpretationswelten, 510.
[293] Ebd., 512.
[294] Ebd., 516.

im Sinne eines regulativen Als-ob"[295], ohne darum an Funktionsfähigkeit einzubüßen.

„Wahrheit wird so zu einer Angelegenheit wesentlich des *Passens*, zunächst von Sätzen zu anderen und für gültig gehaltenen Sätzen innerhalb des Interpretationen-Geflechts, das unser Welt- und Selbstverständnis ausmacht, sodann von Sätzen zu den Bedingungen empirischer Erfahrung und schließlich von Sätzen zu den beiden genannten internen Als-Ob-Idealisierungen. Dieses Passen ist nicht Passen-*schlechthin* (- denn >schlechthin< paßt alles zu allem -), sondern *gültiges* Passen innerhalb unseres Interpretations-Horizonts und unserer Interpretations-Praxis."[296]

Verstehen wird faßbar als „Fraglosigkeit auf Zeit".[297] Sie wird hergestellt, wie die Realität selbst in den Interpretationsprozessen konstruiert wird. Jede Welt ist Interpretationswelt, und es gibt – mit Nelson Goodman – so viele Welten wie Interpretationsformate als „Weisen der Welterzeugung".[298] Entsprechend begründet sich die interpretationistische Begründungsvariante einer legitimen Pluralität: sie ist offen für eine Vielzahl von möglichen Spielformen im Rahmen der Interpretationen$_2$ und $_3$ – nicht aber im Kernbereich der Interpretation$_1$. Sie liefert den internen Maßstab.[299] Und innerhalb dieser Rahmenbedingungen löst der Interpretationismus seine theoretische Vorgabe ein, sich *jenseits von Essentialismus und Relativismus* zu bewegen.

Freilich bleiben Fragen, die sich am Pluralismusbegriff orientieren und das Verhältnis von Perspektive und Realität betreffen: welchen Status hat die Realität, welchen die Interpretativität? An diesem Punkt entzündet sich die Auseinandersetzung zwischen Günter Abel und Hans Lenk.

3.3.4.3 Hans Lenk: Interpretation – transzendental?

Die interpretationistischen Ansätze von Hans Lenk und Günter Abel berühren sich vielerorts. Die Herleitung ihrer Überlegungen verläuft zwar traditional unterschiedlich, pragmatistisch bei Lenk, von Nietzsche ausgehend bei Abel. Beide treffen sich aber vor allem in der theoretischen Grundannahme, daß es „keinen interpretationsunabhängigen Zugang zur Welt"[300] gibt. Von hier aus verlaufen die Argumentationsstränge weitgehend parallel[301], weshalb sich die Darstellung von Lenks Interpretationismus auf eine Präzisierung des bereits Diskutierten beschränken kann.

---

[295] Ebd., 518.
[296] Ebd., 519.
[297] Ebd., 118.
[298] Vgl. N. Goodman, Weisen der Welterzeugung, Frankfurt a.M. 1984.
[299] Vgl. G. Abel, Interpretationswelten, 477.
[300] H. Lenk, Philosophie und Interpretation, 232.
[301] Dies dokumentieren gerade auch die Abweichungen in der Einteilung der Interpretationsebenen, die Lenk auf der Basis der Dreiteilung Abels noch stärker ausdifferenziert: vgl. H. Lenk, Interpretationskonstrukte als Interpretationskonstrukte, in: J. Simon (Hrsg.), Zeichen und Interpretation, 36-56; hier: 52; vgl. ders., Interpretationskonstrukte. Zur Kritik der interpretatorischen Vernunft, 109.

3. Perspektiven einer differenzphilosophischen Hermeneutik 147

Abels Realitätsbegriff resultiert aus der Einsicht, daß es keinen direkten Zugang zur Außenwirklichkeit gibt. Daß eine solche angenommen wird, setzt bereits eine erkenntnistheoretische Dichotomie von Wahrnehmung und Wahrnehmungsgegenstand voraus. Abel sieht freilich auch hier schon einen interpretativen Zugriff am Werk, insofern dieses basale Phänomen unter den Ordnungsfunktionen von „Subjekt" und „Objekt" erfaßt wird. Für dieses schematische Paradigma läßt sich nun kein letztbegründbares Kriterium angeben – die allgemeine „grundbegriffliche Relativität"[302] betrifft auch diesen kategorisierenden Grundreflex des Denkens. Wenn aber keine universal gültige Schematisierungsform jedem möglichen Interpreten kriteriell aufgepflichtet werden kann, so zeigt sich eine legitime Pluralität von Interpretationsvariablen. Die kategorialisierende Interpretation$_1$ ist nicht univok zu machen. Damit ergibt sich eine für den Wirklichkeitsbegriff schwerwiegende Konsequenz: mit der „Pluralität der Verwendungsweisen der kategorialisierenden Grundbegriffe"[303] ist unmittelbar eine „Pluralität der Welten"[304] gegeben. Jede Welt erscheint danach nicht bloß als jeweils ausschließlich interpretativ wahrnehmbarer, sondern grundlegender als interpretativ geschaffen. Welt ist radikal interpretationserzeugt.

Gegen diese Reduktion von Realität auf Interpretation richtet sich Lenks Einspruch. Lenk setzt einen stärkeren Akzent auf eine „realistische Grundhypothese".[305] In Abels Überzeugung, daß alles interpretationsgenetisch anzusetzen sei, wittert Lenk entweder eine neue Form von Ontologisierung oder eine „Verwechslung... von Methodologie... und von... Wirklichkeit".[306] Zwar räumt Lenk eine „Theorieimprägniertheit auch der Beobachtungsdaten"[307] ein, einen kulturellen Bestand im Fassen der *brutal facts*, eine sozial-aktive Komponente darin; zwar gesteht auch er einen Perspektivismus der Naturgesetze als ausschnitthafter, wenngleich nicht beliebiger Wirklichkeitsaufnahme ein. Aber die Festschreibung von Realität auf eine exklusiv interpretative Realität droht letztlich Interpretation zur ausschließlichen Realitätsform zu machen. Damit aber wäre Interpretativität in einer Weise ontologisiert, daß es keinen anderen Wirklichkeitskontakt als über das Interpretieren gäbe. Realität ist gerade zeichenphilosophisch ein Projekt des Subjekts – und doch nicht bloße Subjektivität:

> „Das Reale (sic!) Objekt bleibt zwar auch abhängig von der Subjektivität, nämlich von der Subjektivität des Unmittelbaren (sic!) Objektes des Zeichens, aber es geht in dieser Subjektivität nicht zur Gänze auf wie das Unmittelbare Objekt; es ist mehr als diese Subjektivität: Es ist derjenige Aspekt des von aller Subjektivität unabhängigen Gegenstandes, der in dem subjektiven Unmittelbaren Objekt des Zeichens eine Entsprechung hat".[308]

---

[302] G. Abel, Interpretationswelten, 472.
[303] Ebd., 474.
[304] Ebd.
[305] H. Lenk, Philosophie und Interpretation, 220.– Vgl. ders., Interpretation und Realität. Vorlesungen über Realismus in der Philosophie der Interpretationskonstrukte, Frankfurt a.M. 1995
[306] Ebd., 222.
[307] Ebd., 237.
[308] K. Oehler, Über die Grenzen der Interpretation aus der Sicht des semiotischen Pragmatismus, in: J. Simon (Hrsg.), Zeichen und Interpretation, 57-72; hier: 65.

Wenn man wie Abel eine existente Außenwirklichkeit annimmt, muß es ein Anderes als nur die Interpretation geben, auch wenn dieses Andere sich nur interpretativ ausweisen läßt. Solches Denken macht den Anderen ansonsten zu einer Spielform des Eigenen. Der Andersheit des Anderen – von der gerade der Interpretationismus ausgehen muß, weil er sich lediglich als *ein* denkbares Interpretationskonstrukt für andere Möglichkeiten des Wirklichen virtuell offen zu halten hat[309] – wird im Interpretationsrealismus in den vorgesehenen pluralistischen Konsequenzen, nicht aber fundamentaltheoretisch Rechnung getragen.

Diese Differenz des Anderen erhält Lenk demgegenüber aufrecht, wenn für ihn Interpretationen bloß erkenntnistheoretisch-methodologische Verfahren sind, die man zudem selbstreferentiell als Interpretationen aufzufassen hat. In einem radikal-perspektivischen und also realistischen Sinne blieben nur Interpretationen als *Interpretationen von Interpretationen* in unendlicher Folge – als Interpretationsspirale:

„Ein interpretationsfreies Interpretations-Geschehen gibt es in der Tat nicht, nur Interpretationen gestatten uns, solche Abstraktionen vorzunehmen. Interpretationen sind keine realen Fundamentalprozesse, sondern erkenntnis- und handlungsermöglichende sowie –gebundene Verfahren und Konzeptualisierungen... Es gibt nicht das interpretationslogische Geschehen als definitiv wirkliches Geschehen; denn dieses Geschehen selbst wäre natürlich auch nur interpretativ zu verstehen. Mit anderen Worten, man wird notwendig eingeschränkt auf einen *methodologischen* Aspekt, bzw. eventuell auf einen quasi, d.h. im weiteren Sinne, transzendentalen, aber nicht auf einen interpretationsontologischen."[310]

Alles andere wäre ein Rest-Essentialismus – dieses Mal ein interpretativer. Abels realistische Variante – „Wirklichkeit...als interne Funktion(en) der Interpretation$_1$-Prozesse"[311] zu denken – läuft darauf hinaus, Interpretativität als ein ontologisch Erstes zu setzen. Statt dessen kann man mit Lenks *Interpretation* von Interpretativität an einem tragfähigen Konzept einer Wirklichkeit festhalten. Sie ist auch außerhalb von Interpretativität *anzunehmen*, jedoch nur wieder als Interpretationsleistung *beschreibbar*. Interpretativität bleibt unhintergehbar – als widerspruchsfrei, d.h. auch selbstreferentiell einsetzbares Interpretationskonstrukt. Und genau innerhalb der Gültigkeits- und Funktionstoleranzen eines solchen Bereichs kann Realität korrekt diskriminiert werden: auch Lenk ist *interner Realist*.

In dieser Fassung der Weltwahrnehmung wird eine pluralistische Dominante sichtbar. Hier gibt es eine deutliche Nähe zum erkenntnistheoretischen Zweig postModernen Denkens. Zugleich ist aber mit der Pluralität von Weltzugängen noch einmal der Status der Interpretativität befragt: wenn sie kein ontologisch erstes Prinzip ist, läßt sie sich dann ausschalten bzw. übergehen?

---

[309] Vgl. G. Abel, Interpretationswelten, 504: Jede interpretative Bestimmtheit führt „das Moment der möglichen Andersheit, des Auch-*anders*-sein-Könnens mit sich. Alles, was *so* ist, könnte auch *anders* sein."
[310] H. Lenk, Philosophie und Interpretation, 231f.
[311] G. Abel, Interpretationswelten, 501.

3. Perspektiven einer differenzphilosophischen Hermeneutik 149

Dann aber stünde der bezeichnete Pluralismus vor dem Ruin – er wäre in non-perspektivischer Wahrnehmung eliminierbar.

Lenk setzt dafür einen quasi-transzendentalen Raum an. Es gibt nichts widerspruchsfrei beschreibbar perspektivisch Erstes, denn das wäre wiederum nur Perspektive, die andere Perspektiven zulassen müßte. Man stünde vor einer logischen Aporie, für deren typentheoretische Lösung erneut kein anderes als ein bloß pragmatisches, also nicht sicheres Kriterium greifbar wäre. Wenn Interpretativität dennoch unhintergehbar ist, kommt ihr ein regulativer Status zu. Lenk läßt seine Fassung offen: ob methodologisch oder quasi-transzendental. Letztere Variante entwickelt sich parallel zu Kants transzendentalem Idealismus:

„Es geht um die notwendigen und hinreichenden Bedingungen der Möglichkeit jeglicher Erfaßbarkeit von Welt und Gegenständen überhaupt. Zu diesen Bedingungen gehört die grundlegende Interpretationsabhängigkeit, die Interpretationsimprägniertheit, die der Grundsatz der Unhintergehbarkeit der Interpretativität festhält. Die Bedingungen und Möglichkeiten des Sprechens, Darstellens, Deutens, Erkennens, Denkens, Wertens und Handelns sind notwendig interpretativ, interpretationsabhängig."[312]

Quasi-transzendental ist dieser Ansatz, weil auch die Interpretationskonstrukte geschichtlich bzw. phylogenetisch geworden sind und veränderbar bleiben, wenn dies auch auf der fraglichen Interpretation$_1$-Ebene nicht im subjektiven Belieben steht:

„Es gibt eben Alternativen des Erkennens und Einordnens, es begegnen unterschiedliche Fundierungsverhältnisse, die sich u.U. in unterschiedlichen Traditionen und Richtungen in verschiedener Weise ausprägen."[313]

Josef Simon weist darüber hinaus kritisch darauf hin, daß Transzendentalphilosophie letztlich subjektvergessen universale Strukturen beansprucht, die sich zwar z.B. gehirnphysiologisch reformulieren lassen, aber zu wenig berücksichtigen, „daß Bewußtsein immer nur das jeweilige ist bzw. daß *ich* es bin, der zu verstehen sucht, wo andere keine Fragen oder doch *jetzt* keine Fragen mehr haben."[314]

Dieser Einwand läßt sich durch den Hinweis auf die verschiedenen Ebenen der Interpretation und die stärker subjektgeprägten Ebenen$_{2+3}$ einschränken, aber er klärt das Statusproblem insofern, als mit der individuellen Subjekthaftigkeit der Deutung das Bindeglied zwischen allgemeiner Interpretativität und ihrer intersubjektiven Unverrechenbarkeit, aber auch möglichen Anknüpfbarkeit gegeben ist. Interpretation wird zur Kategorie einer erneuerbaren Subjektphilosophie gerade mit differenztheoretischen Implikaten: für jedes Subjekt gelten Interpretationswelten, in denen es sich bewegt und die es zugleich schafft und aktiviert. Quasi-transzendental ist

---

[312] H. Lenk, Interpretationskonstrukte. Zur Krititk der interpretatorischen Vernunft, 26.
[313] H. Lenk, Philosophie und Interpretation, 219.
[314] J. Simon, Zeichenphilosophie und Transzendentalphilosophie, in: ders. (Hrsg.), Zeichen und Interpretation, 73-98; hier: 73.

Interpretativität, weil sich das Subjekt zu keinem Zeitpunkt nicht verhalten kann und also jeweils interpretationsgeleitete Schemata in seiner Weltorientierung handelnd beansprucht. Interpretativität ist dabei nicht einfach die Bedingung der Möglichkeit von Weltverhalten, sondern mit ihm unmittelbar gegeben. Subjektivität ist mit Interpretativität verschmolzen. Zutage tritt ein differentielles Muster von Subjektivität, das diese vom je Anderen her begreifen läßt und diese Begegnung nochmals mit all ihren Merkmalen interpretativ zugeschnitten *interpretiert*, inklusive dem Konzept von Subjektivität selbst. Anfangsloses Denken findet auch subjekttheoretisch und interpretationslogisch hier seinen Ort. Die beiden Konzepte bedingen sich gegenseitig.

3.3.5 Interpretation und Differenz

Heuristisch wurden bereits einleitend Anhaltspunkte für eine Zuordnung von postModernem Denken und Interpretationsphilosophie aufgelistet.[315] Die genannten Aspekte fanden sich im Theoriedurchgang wieder: der konsequent perspektivische Zugang zur Wirklichkeit resultiert aus der erkenntnistheoretischen Unmöglichkeit, einen erstgewissen Punkt zu denken, und so werden auch metaphysische Konstruktbildungen von Realität abgewiesen. Der abzuleitende Pluralismus erlaubt es, Interpretationismus begründungstheoretisch für postModerne Ambitionen heranzuziehen. Mit der Pluralität von Weltzugängen werden Differenzgräben sichtbar, die Interpretativität durchziehen; und auch hier überschneiden sich die Überlegungen.

Es gibt indes einen kritischen Diskussionspunkt, der für den Interpretationismus herausgearbeitet wurde und ein entscheidendes Problem innerhalb postModernen Denkens bezeichnet: das der Subjektivität. Zunächst ist die globale Einschätzung zurückzuweisen, postModernen Theoretikern gehe es einfachhin um die Verabschiedung des Subjekts.[316] Vielmehr zeichnete sich mit den Überlegungen von Foucault und Deleuze die Durchbrechung eines bestimmten Paradigmas von Subjektdenken ab, das unter identitätstheoretischen Vorzeichen stand. PostModern wird jene Variante von Subjektivität ausgeschaltet, die auf eine Beherrschung des Anderen hinausläuft, der ausschließlich unter fremden Bedingungen begegnet. Diese Form von Subjektivität setzt sich nach postModerner Diagnose in der okzidentalen Rationalität destruktiv durch: die Ausschaltung des Anderen konnte so zivilisationshistorisch kolonialistisch werden und analog das Naturverhältnis einseitig ökonomisieren. Diese Fehlentwicklungen sind nach postModernem Urteil in einer Herausbildung von Subjektivität vorgebildet, die im zentralen Modell des Denkens ihren Grund hat: alles auf das eine zu reduzieren, das erkenntnistheoretisch im Subjekt zusammenschießt. Somit geht es dem PostModernismus in den vorliegenden differenztheoretischen Strängen nicht um die

---
[315] Vgl. Punkt 3.3.3.
[316] Vgl. M. Frank, Die Unhintergehbarkeit von Individualität, Frankfurt a.M. 1986, 7.

3. Perspektiven einer differenzphilosophischen Hermeneutik 151

Abschaffung des Subjekts, sondern um eine kritischere Fassung seiner neuzeitlichen Interpretation.

Und genau an diesem Punkt weist der interne Pluralismus der Konzepte einen Zug zu einem erneuerbaren Denken des Individuellen auf. Zumal Michel Foucault hat sich dem in seinem Spätwerk mit seinen Überlegungen zu einer Kunst der Lebensführung genähert. Seine machttheoretischen Reflexionen stellen dies bereits in Aussicht: einerseits verdeutlichen sie, wie sehr jeder Entwurf von Subjektivität zeit- und weltbildbestimmt, also ideologisch instantiiert und gefährdet ist; andererseits schalten sie die Perspektive einer Rettung des Individuellen ein, exemplarisch in seiner Geschichte des Wahnsinns und des Strafvollzugs.

Vergleichbar läßt sich auch Deleuze lesen: seine Multiperspektivität gibt dem individuellen Blick auf die Dinge einen erkenntnistheoretischen Standort jenseits einer subjektphilosophischen Totalperspektive, die alles einebnet.

Dem arbeitet der Interpretationismus zu. Den kritischen Punkt erreicht er, wo auf der Ebene der Interpretation$_1$ ein Unverfügbares eingesetzt wird, das sich individuell auswirkt und adaptiert wird, vom Subjekt jedoch nicht kontrolliert werden kann. Poststrukturalistisch entspricht dem Jacques Derridas *différance* als unableitbares Prinzip eines Spiels von Differenzen, in das sich das Individuum einfindet. Hier herrscht ein Übersubjektives, das sich dennoch nicht als Objekt fassen läßt; ein Irreduzibles wie das Sein Heideggers.

Der pragmatische Charakter des Interpretationismus zieht hier einen Strich: mit Rorty führt die Unbeantwortbarkeit der Frage nicht zu deren Ausschluß, wohl aber zu ihrem interpretativen Überspielen: und indem man auch dies als interpretativen Vorgang erkennt, hat man einen pragmatisch letzten und ersten Punkt zugleich erreicht: den des interpretativen Anfangens und Weitermachens, der unabschließbaren interpretativen Fortsetzungen. Dies aber ist ein reeller Begriff von Differenz: zwischen den Dingen zu denken, sie in ihrem Abstand zu nehmen – in diesem Fall: begründungstheoretisch.

Dies ist zugleich der Ort des Individuums: es ist Interpretation. Als solche ist es Differenz: noch im Selbstbewußtsein, das Identitäten interpretativ auf Abruf setzt, also Identitäten auf Zeit bildet, die sich verändern (Identität ist schon physiologisch ein nur dynamisch zu fassendes Paradigma). Verstehen in Selbst-, Fremd- und Weltbezügen wird interpretationsphilosophisch nur individuell gebrochen begreifbar. Hieran knüpfen sich die entsprechenden ethischen und politischen Verstehensprobleme: die allgemeinen Konzepte sind nur als individuell transportiert und jeweils different voneinander zu fassen. Verstehen wird zum interpretativen Zeitproblem, weil es einen Zeitdruck des Verstehens gibt und terminale Abweichungen in der Zeit unausweichlich sind. Gibt es kein Erstes, so auch keine einklagbare semantische Basis für die individuellen Weltzugänge – und auch keine andere Verständigungsbasis als die individuell erschlossene und intersubjektiv vereinbarte, die notwendig höchst fragil ist:

> „Damit ist es aber zum vorrangigen Problem geworden, über alle jeweils erreichten >Menschenbilder< und kulturellen Weltorientierungen hinweg >sich untereinander< zu verstehen, nicht in einer wie auch immer *begrifflich* gefaßten >Identität< als >Subjekte< des Erkennens und Handelns, sondern in der gerade nicht auf identifizierende Begriffe zu bringenden >*Individualität*< gegenüber dem jeweils >erreichten< allgemeinen *Begriff* des Menschen."[317]

Die Interpretationsphilosophie setzt nun gerade mit ihrer Theorie des Individuums auf einen pragmatischen Wertbegriff von Toleranz und Achtung des Anderen, den sie rechtsinstitutionell unter Verweis auf die Unumgehbarkeit von traditional vermittelten Interpretationswelten als Hintergrund aller individuellen Interpretation absichern kann. Ein letzter Maßstab fällt freilich aus; er ist nur vom Individuum zu entwerfen. Geteilte Interpretation$_3$-Plausibilitäten können allerdings interpretationsintern überindividuell verbindliche Festlegungen gestatten. Die Unverrechenbarkeit von Interpretationen$_1$ setzt hier jedoch eine letzte Grenze. Sie entspricht der Undurchschaubarkeit des Individuums, das sich – anders als im neuzeitlichen Subjektbegriff, das als „>besonderes substantielles Wesen< und zugleich als >einheitliches Subjekt der Erkenntnis<"[318] interpretiert wurde – nicht auf ein Allgemeines und auch nicht auf eine begrifflich beherrschbare Identität des Individuellen universell anwendungs- und übertragungsfähig reduzieren läßt. Der zu zahlende Preis ist der eines nachmetaphysischen Denkens, dem – interpretativ – Letztbegründungen nicht mehr zugänglich sind. Lyotards Agonistik wäre ein postModerner Titel dafür.

Was bleibt, ist ein die Differenzen und Distanzen *im* Interpretieren und *zwischen* Interpretationen (d.h. zwischenmenschlich wie auch bewußtseinsintern) reflektierendes Konzept von Verstehen, ein vorläufiges Denken:

> „Der Orientierungsbegriff legt sich hier nahe. Denn Orientierung >an< jemand oder >an< etwas rechnet immer schon mit dem Doppel von Anwesenheit und Abwesenheit, und das Doppel von Anwesenheit und Abwesenheit ist nur eine andere, temporale Formel für Individualität...Orientierung *ist* inter-individuelle Kommunikation, sie vermittelt Individuen miteinander, ohne sie durcheinander zu vereinnahmen."[319]

3.3.6 Theologische Anschlußstellen

Für eine differenztheoretische Hermeneutik wird zusätzlich zu den bereits erarbeiteten Marken der ZEIT und MACHT, die – wie verschiedentlich aufgezeigt – auch im Rahmen des Interpretationismus reformulierbar sind, das INDIVIDUUM als eine solche Differenzmarke sichtbar. Der Interpretationismus durchbricht mit seiner Betonung der interpretativen Individualität das

---

[317] J. Simon, Vorwort zu: ders. (Hrsg.), Distanz im Verstehen, 10.
[318] Ebd., 11.
[319] W. Stegmaier, Philosophieren als Vermeiden einer Lehre. Inter-individuelle Orientierung bei Sokrates und Platon, Nietzsche und Derrida, in: J. Simon (Hrsg.), Distanz im Verstehen, 213-238; hier: 232.

3. Perspektiven einer differenzphilosophischen Hermeneutik   153

Paradigma von Identität, indem es diese an differentielle Verstehensmuster vermittelt. Dies hat auch für eine theologisch geschärfte Wahrnehmung der Differenzen im Verstehen Bedeutung. Die möglichen Kontaktpunkte werden markiert; sie lassen sich nicht anders als im Blick auf die Grundlegung einer fundamentaltheologischen Differenzhermeneutik bezeichnen:

- Innerhalb der Interpretationsprozesse gibt es so etwas wie Identitäten auf Zeit.
  Theologisch läßt sich hier der Akzent auf der eschatologischen Unterbrechung jeder Glaubensdefinition und des Moments der terminalen Vorläufigkeit in jedem Glaubenssatz rückbinden.
- Interpretationen sind individuell gebunden und weisen interindividuell sowie im Individuum selbst notwendige Verstehensabstände auf.
  Theologisch wäre hier an die unausweichlich individuelle Adaption von Glaubensformeln als Interpretationen zu erinnern, die aus erkenntnistheoretischen Gründen individuell nicht interpretationsfrei zu haben sind.
- Verstehensabstände ergeben sich auch aus der Unbeherrschbarkeit der Interpretationen$_1$, die sich nie ganz durchdringen und insofern Reste von Nichtverstehen gerade im Fundamentalbereich des Verstehens erkennen lassen.
  Dies muß gerade theologisch relevant erscheinen: die Plausibilität der Interpretationsebene$_1$ läßt sich nicht einfach gewinnen noch abändern, womit für eine Glaubenshermeneutik eine Art von Unbeherrschbarkeit der Elementargrammatik auftaucht, die – in einem hier nicht zu führenden Diskurs – auch gnadentheologisch einen Beschreibungsort zuweisen könnte und der Anbindung bzw. Regulierbarkeit von Glaubensprozessen gleichsam erkenntniskonstitutive, quasi-transzendentale Grenzen setzt.
- Verstehen wird weiterhin differenztheoretisch gebrochen in der Unausweichlichkeit kontextgebundener und traditional bestimmter Interpretationswelten, die den individuellen Interpretationszugang auf den Ebenen$_{2+3}$ beeinflussen.
  Unter dieser Rücksicht wird theologisch die Notwendigkeit begründbar, Glauben als Interpretieren an Tradition und Gemeinschaft zurückzubinden, d.h. auch Verbindlichkeiten auf der Ebene der Interpretationen$_{2+3}$ (kirchlich) zu formulieren.
- Dies betrifft auch den überindividuell gemeinsamen Zeichenhorizont, der Identitäten nur auf Zeit und konventionell zuläßt, wobei die individuelle Zuordnung zu Symbolwelten von Plausibilitäten abhängt, die das Individuum nur z.T. für sich übernehmen oder ablehnen kann, die zu einem erheblichen anderen Teil ihr Eigengewicht als Zeichen der Zeit haben.
  Dies wäre theologisch dogmenhermeneutisch von Belang, wenn es um den theologischen Erkenntnisfortschritt geht. Das Dogma vollzieht eine Identitätsbildung in konsequenter Zeitreflexion.
- Ein weiteres Differenzmoment bedeutet die Notwendigkeit zu pragmatischem Verstehen im Sinne vorläufiger Abschlüsse (R. Rorty), die unter ZEIT- und MACHTdruck entstehen (müssen).

Theologisch wären hier die defensiven und situativ kontingenten Momente von Glaubensdefinitionen zu untersuchen.
- Insgesamt ergibt sich ein Bild von Verstehen/Interpretation, das die Differenzen betont und ihnen ihr Eigenrecht zurückgibt. Gefaßt ist es im entsprechenden Realitätskonzept: Wirklichkeit ist nie univok, nie gegenständlich zu haben – sie wird vollzogen.

Auch dies muß nochmals theologisch interessant sein, etwa für eine Theologie der Eucharistie: Realpräsenz entzieht sich je, sie ist nicht zu binden, sondern im Vollzug des Glaubens und Feierns wirklich; und sie ist je ungleichzeitig: Realität ist abhängig von den Interpretationen des Individuums und zugleich mehr als es. Dieses differenzhermeneutische Grundprinzip erscheint theologisch in besonderer Weise virulent.

3.4 Hermeneutik und Metaphorologie: Hans Blumenberg

Hans Blumenberg ist ein Sonderfall der Philosophiegeschichte. Als ihr Spezialist hat er sie neu erfunden, sie anders geschaffen in seinen Unendlichkeitsgeschichten, die das Denken ganz aus den es bestimmenden, orientierenden Bildern erzählen. Die so offensichtliche wie immer wieder übersehene Unausweichlichkeit des metaphorischen Anteils an jedem theoretischen Gedanken entdeckte Blumenberg für die Philosophie in einer Weise, die sie der Disziplin und ihrer gesamten Tradition deswegen unvergeßlich machen mußte, weil ihre Geschichte nun ganz als Entwicklung ihrer Hauptbilder dastand, entworfen in der Ansicht einer „Allgegenwart der symbolischen Form".[320]

Das detektivische Interesse an der Verbindung von theoretischer Kultur und „Lebenswelt", einem der – hier von Husserl geborgten – Strukturwörter Blumenbergs, läßt sich bereits erahnen. Blumenberg suchte nach dem Alltag des Denkens, nach seinen Eingriffen in die gelebt-gedeutete Welt wie nach seinen Entlehnungen. In den Metaphern werden sie handgreiflich: sie stammen aus lebensweltlichen Zusammenhängen, werden in Deutungen von Wirklichkeit integriert und verselbständigen sich immer wieder so, daß sie der theoretischen Wahrnehmung im Bildrahmen verborgene Vorschläge machen, deren Fassung wiederum Wirklichkeiten nicht nur anders sehen läßt, sondern sie zugleich gestaltet. Damit zeigt sich eine Möglichkeit, das Unbehagen an Theorie zu kompensieren. Im Bild findet das Denken noch einmal jenen lebensweltlichen Stand, den es im Begriff fluchtartig verläßt, weil es auf das Ganze und das Allgemeine tendiert. Was geschieht, ist die theoretische Entfernung von den Dingen, die man sucht.[321]

---

[320] H. Blumenberg, Ernst Cassirers gedenkend bei Entgegennahme des Kuno-Fischer-Preises der Universität Heidelberg 1974, in: ders., Wirklichkeiten in denen wir leben. Aufsätze und eine Rede, Stuttgart 1981, 163-172; hier: 165.

[321] Vgl. H. Blumenberg, Das Lachen der Thrakerin. Eine Urgeschichte der Theorie, Frankfurt a.M. 1987, 23.

Nur zum Schaden der Sache läßt sich das Konkrete abschütteln. Blumenberg gewinnt es dem Denken zurück und verpflichtet Philosophie so auf eine Disziplin des Gedächtnisses mit dem

> „Anspruch auf Erinnerung, nicht nur auf die aktive, sondern auch auf die passive, auf die Gleichzeitigkeit des Ungleichzeitigen, auf die Anstrengung, vor der Raum-Zeit-Kontingenz nicht zu kapitulieren."[322]

Die jüdisch-christliche anamnetische Perspektive kann er aus dezidiert areligiöser Sicht teilen, sie sogar vom entgegengesetzten Standpunkt übernehmen und begründen: die Erinnerung übernimmt den Part der Warnung und der Unterbrechung bei zuviel theoretischem Optimismus und existenzieller Zuversicht oder Betäubungsnot, allemal durch die Verdrängung der Endlichkeit erschlichen. Geschichtliche Wahrnehmung dient von daher der Bewahrung des Humanums. Und so ist Blumenberg in seinen Geschichten immer auch der Theoretiker der Endlichkeit. Daß ihm deren Geschichten so ausufern konnten, liegt in der Logik der Dinge: sie greifen weit aus, weil sie überall eingreifen. Und grundlegender noch: als Erinnerungsstücke von Kontingenz sind sie von der Sehnsucht nach dem Nichtkontingenten mitbetrieben.

Dieser metareligiöse Zug wird von Blumenberg ironisch beschrieben; aber er ist da, Subtext, ohne den Autor damit religiös beanspruchen zu können. Im Gegenteil: mit Blumenberg wird der nachmetaphysische Denker publik, der seine eigene theologische Herkunft[323] nicht verleugnet und sie in den Sehnsuchtsgestalten des Denkens, im wirklichkeitsverarbeitenden *Quasi* von zaghaftem Gelingen und geliehenen Sinnberührungen wiedererkennt: in den kritischen Projektionen von Sinn und dem befristeten, nie endgültigen „schwachen Trost"[324] der Kontingenz:

> „Lesbarkeit dorthin zu projizieren, wo es nichts Hinterlassenes, nichts Aufgegebenes gibt, verrät nichts als die Wehmut, es dort nicht finden zu können, und den Versuch, ein Verhältnis des Als-ob dennoch herzustellen."[325]

Der Weg in den Gottesglauben bleibt indes versperrt. Die Spannungen im Denken kennzeichnen von daher eine Hermeneutik der Differenz, die durchaus jener anderen entspricht, die sich im Metaphorischen artikuliert. Hier wie da: Sinnübertragungen und -brüche; nichts, was einfach zu haben wäre. Hans Blumenberg ist der Hermeneut dieser irreduziblen Erfahrung[326], zumal wenn

---

[322] H. Blumenberg, Ernst Cassirers gedenkend, 171.

[323] Nur wenige biographische Informationen über Blumenberg sind erreichbar. Dazu zählt, daß er an der Philosophisch-Theologischen Hochschule SJ St. Georgen in Frankfurt a.M. Theologie und Philosophie studiert hat.– Über den tabellarischen Lebenslauf hinaus finden sich einige weitergehende Angaben bei M. Thoemmes, Die verzögerte Antwort. Neues über den Philosophen Hans Blumenberg, in: FAZ 26.3.97 (Nr. 72) 37.

[324] O. Marquard, >Schwacher Trost<, in: H. R. Jauß (Hrsg.), Text und Applikation (= Poetik und Hermeneutik, Bd. 9), München 1981.

[325] H. Blumenberg, Die Lesbarkeit der Welt, Frankfurt a.M. ³1993, 409.

[326] Zur Rede von Blumenberg als Hermeneutiker vgl. F. J. Wetz, Hans Blumenberg zur Einführung, Hamburg 1993, 182, sowie seine initiative Arbeit in der Forschungsgruppe „Poetik und Hermeneutik".

man – mit Odo Marquard – Hermeneutik als „*Replik auf die menschliche Endlichkeit*"[327] sehr grundlegend ansetzt.

Als solcher begegnet er im gegebenen Theoriehorizont. Seine Affinitäten zum Differenzdenken werden zu belegen sein. Ihre Logik sei aber bereits bezeichnet: sie denkt aus radikaler Kontingenzsensibilität. Ihr entspricht eine Skepsis gegenüber der Rede vom Absoluten und Unendlichen als möglicher Kontingenzbewältigungs- bzw. -ausweichstrategie: „*Unendlichkeit* ist eine Pathosformel von zweifelhafter Dignität".[328]

3.4.1 Kontingenzhermeneutik

Blumenberg schreibt nach Kant: metaphysische Zugänge in Form der Gottesbeweise sind ihm versperrt, aber das Vorstellungsinventar weckt noch Interesse. Wie die Engel, die Blumenberg als „Symptom... für Bedürfnisse"[329] interpretiert: als Boten vermitteln sie zwischen Gott und Mensch, und wie die Boten der antiken Tragödie, die berichten, was keiner sah, sind die Engel Platzhalter des vitalen Hungers nach einer Auskunft über die verborgene Wirklichkeit, für die sie stehen und die Sehnsuchtsgegenstand sein muß. Daher die kulturelle Unausrottbarkeit der Engel: „Sie haben etwas von Unentbehrlichkeit an sich."[330] Ihre visuelle Präsenz bis heute läßt sich als artifizielles Manöver einer ironischen Endlichkeitsaufhebung begreifen: jeder „weiß", daß es keine Engel gibt, zumindest würde keiner mit jener Seriösität öffentlich von ihnen sprechen, mit der sie sehr ernstzunehmende Träume fassen. Sie sind ihre Metaphern: ihre Übertragungsmechanismen machen auf eine Hermeneutik der Differenz aufmerksam, die sich an den Schwierigkeiten ausrichtet, die Dinge zu nehmen, wie sie begegnen. Blumenbergs Auszeichnung der Husserlschen „Lebenswelt" ist von daher kein Zufall: der phänomenologische Blick macht dies statthaft, mit dem Blumenberg an seine Geschichtsschreibung der Endlichkeit geht.

Eben diese konsequente Wahrnehmung des Endlichen, zumal des finalen Lebens bewirkt auch die bereits angedeutete Abneigung gegen das allzeit parate Beweisen im Sinne einer Offenlegung von absoluten Gründen und Sicherheiten. Der antitheologische Affekt, der sich gegen (den) Gott als *causa sui ipsius* wendet, meint durchaus auch analoge philosophische Denkopera-

---

[327] O. Marquard, Frage nach der Frage, auf die die Hermeneutik die Antwort ist, in: ders., Abschied vom Prinzipiellen. Philosophische Studien, Stuttgart 1991, 117-146; hier: 119.
[328] H. Blumenberg, Erinnerung an das verlorene Ich, in: ders., Ein mögliches Selbstverständnis. Aus dem Nachlaß, Stuttgart 1997, 40-45; hier: 40.
[329] H. Blumenberg, Die Weltzeit erfassen. Trilogie von Engeln, erster Teil: Anfang, Mitte und Ende der Geschichte, in: FAZ 24.12.96 (Nr. 300) N 5.- Vgl. ebd. auch die beiden abschließenden Teile seiner „Angelodizee" (N 6): Die Botschaft vor aller spaltenden Theologie. Trilogie von Engeln, zweiter Teil: Undeutlicher Chorgesang (N 6); Geschichtsbahn zwischen zwei Gartenereignissen. Trilogie von Engeln, dritter Teil: Die Theologie der Buddenbrooks oder Der Engel nach dem Ende (N 6).
[330] Ebd.

tionen mit: „Fragen abzuschneiden, das ist die Funktion solcher >Letztbegründungen<."[331]

Blumenbergs zitierte Skepsis gegen die Denkform des Unendlichen sorgt sich um die Welt, wie sie ist, um ihr kontingentes Eigenrecht und dessen drohende Überspielung durch die größeren Ideen gleich welcher Art. An der Welterfahrung wird nun Blumenbergs Fassung von Differenzhermeneutik deutlich. Die Welt soll das Erkennbare sein und ist es doch längst nicht mehr – sie ist gleichsam zwischen den naturwissenschaftlichen und technischen Händen zerronnen, sie ist selbst undenkbar geworden, nicht zuletzt physikalisch. Der letzte Punkt ihrer Faßbarkeit im alles konzentrierenden Ich leidet gleichfalls unter dieser theoretischen wie existenziellen Desintegration von Welt:

> „*Die Welt als Flucht* – es war das Peinliche, daß die Welt, seit sie ins Flüchtige *zerdacht* war, eben unter jenen *Unendlichkeitschimären*, den Fluchtort der Selbstbewahrung nicht mehr bot: zwischen der verlogenen Mythe und dem reduzierten Nebeltrug war das Ich im *Gewühl der Empfindungen* verlorengegangen. Es blieb die Erinnerung."[332]

Die Erinnerung bietet das einzige Asyl von Identität, ganz ähnlich jener Sehnsucht nach den Engeln als Chiffren des möglichen Unendlichen und einer Identität, die kein Ich zurückgewinnt. Der verlorene Gotteshalt wirkt in der Zerschlagung der Ichgewißheit nach. Was bleibt: das Erinnerungs-Ich als „diese Modalität unvermeidlicher Diskontinuitäten, diese Fragmentensammlung".[333]

Nach dem einmal Denkmöglichen und Glaubwürdigen spielt die Erinnerung in gebrochener Form noch einmal die Geschichte ein, Traditionen zu, die in ihrem Durchgang so etwas wie ein distanziertes Selbstverständnis erlauben, eine Welteinrichtung und Wirklichkeitsinterpretation, die in den Residuen abgelegten Sinns siedeln und einen vorläufigen Sinn kreieren. Darauf kommt es Blumenberg an: auf eine realistische Sinnerwartung, die mit Engeln spielen mag, aber sich kein Heil mehr von ihnen verspricht; daß man sich eine Trost-Sehnsucht ästhetisch gestattet, die deren Wahrheitsgehalt nicht mehr aus einem metaphyischem Realismus ableitet, sondern sich – etwa mit Bachs Matthäuspassion – in dessen religiösen Augenblick einfindet:

> „Bachs Passionswerk ist – was immer sonst noch es sein mag – *auch* ein >ästhetischer Reiz<, sich seinen Inhalt nicht gleichgültig sein zu lassen und sich für die Stunden seiner Dauer *seinem* Horizont einzufügen."[334]

Der Thomas Mann-Leser setzt sich hier durch: Blumenbergs theologische Skepsis erlaubt durchaus den parodistischen, ironischen Einsatz ihrer Formen und der darin noch einmal ästhetisch transportierten Gehalte, ganz ent-

---

[331] H. Blumenberg, Wobei es nichts zu lachen gab, in: ders., Ein mögliches Selbstverständnis, 71-74; hier: 74.
[332] H. Blumenberg, Erinnerung an das verlorene Ich, 44.
[333] Ebd.
[334] H. Blumenberg, Matthäuspassion, Frankfurt a.M. ³1991, 9.

sprechend der Fassung des „Erwählten", wie sie wiederum dem ästhetischen Programm des „Doktor Faustus" entspricht, der die Direktheit der Ausdrucksmittel zurücknimmt und sich im Spiel die überkommenen – im *Faustus* musikalischen, im *Erwählten* theologischen – Formen vom Leibe hält, an die man nicht mehr glaubt, die man – nach Adorno – nicht mehr naivungestraft übernehmen kann, derer man aber doch noch bedarf – und wäre es nur aufgrund ihrer ästhetischen Evidenz.

Es gibt in diesem Zusammenhang noch eine weitere Erinnerung: die an den PostModernismus Umberto Ecos mit seiner Option für ein Sprechen der nächsten, der verschobenen Instanz: „Ironie, metasprachliches Spiel, Maskerade hoch zwei."[335] Nicht mehr: *Ich liebe dich!* Sondern: zitierte Liebeseide, ausgesprochene Liebe im Bewußtsein beider Seiten, wie verbraucht und belastet alle Liebesformeln sind, ohne die auszukommen Liebe freilich abstrakt und nicht liebenswert, geschweige denn lebbar erscheinen ließe. Das ist gleichsam der PostModernismus in Blumenbergs atheologischer Gottessehnsucht, die einmal – biographisch wohl als Theologe auch bei ihm – möglich war und es – *für ihn!* – längst nicht mehr ist. Die keine Argumente, wohl aber ein unabschaffbares Bedürfnis für sich hat, das freilich nichts über ihren Wahrheitswert aussagt.

Aber vielleicht beansprucht hier auch die Radikalität seiner Skepsis Raum, die sich nicht sicher sein kann, auch nicht im religiösen Bereich:

> „Blumenberg war ein Skeptiker, der scharfsinnige Zuchtmeister aller Sinnhuber. Aber er war ein skeptischer Skeptiker, skeptisch auch der eigenen Skepsis gegenüber. In einem kleinen Essay von 1981 über den ‚Sinnlosigkeitsverdacht' plädiert er für eine ‚Kontingenzkultur', gegen eine ‚unbestimmte Wut auf die Welt', die er für die Quelle des Totalitarismus hält. Wenn die Welt wert ist, zugrunde zu gehen, weil der totale Sinn verloren ist, dann darf nach total Schuldigen gesucht werden. Der skeptische Skeptiker ist aber, anders als der affirmative Skeptiker, nicht sicher, daß das ‚Ganze das Unwahre' ist (Adorno). Er ist gegen eine ‚Diskriminierung des Trostes'. Blumenbergs seltsam schwebende Philosophie hat keine finalen Rezepturen. Doch sie weiß viele Geschichten."[336]

Diese Skepsis entspringt der erkenntnistheoretischen Einsicht in die Undenkbarkeit von Anfängen. Aber der Mensch kommt nicht daran vorbei, sich den möglichen Anfängen immer neu zu stellen, Metaphern des Anfangs zu erfinden.[337] Sie sind Teil einer aporetischen Wirklichkeitserfahrung und -versprachlichung, die eben darin ausweglos ist, daß wir mit einem endlichen Reflexionsinventar ausgestattet sind, das Unendlichkeitsschimären ausdenken läßt und sich nicht einmal sicher sein kann, daß es mit den Schimären alles auf sich habe. Gefordert ist angesichts dieser Kontingenz „das vernünf-

---

[335] U. Eco, Postmodernismus, Ironie und Vergnügen, in: ders., Nachschrift zum >Namen der Rose<, München ⁸1987, 76-82; hier: 79.
[336] E. Nordhofen, Die Proklamation des Plurals. Zum Tode des Philosophen Hans Blumenberg, in: DIE ZEIT 12.4.96 (Nr. 16) 47.– Die Zitate dort ohne Ausweis.
[337] H. Blumenberg, Höhlenausgänge, Frankfurt a.M. 1996, 11.

3. Perspektiven einer differenzphilosophischen Hermeneutik

tige Arrangement mit der Vorläufigkeit der Vernunft"[338], eine Art „Diätetik der Sinnerwartung".[339]

3.4.2 Theoretische Unausweichlichkeit

„Die Schwäche der Philosophie ist, daß sie nicht aufgeben kann, weil sie hinter sich nichts mehr hat, woran sie ihre Lasten weiterreichen könnte, auch nichts haben will und darf."[340] Philosophie ist also radikales Kontingenzdenken, von der Zerschlagung letzter Fundamente erzwungen, durch die vielfältige Erfahrung von Endlichkeit belebt. Der Frageanteil der Philosophie ist ihr unaufgebbarer Unruheherd. Man darf sich von ihr nicht zu viel versprechen, aber man hat sich im Bezug auf die großen Fragen auch von keiner anderen Instanz mehr, nur weniger zu erwarten.

Hier plädiert Blumenberg für das theoretische Interesse, für die fortlaufenden Orientierungsversuche gegen jeden abgefundenen Irrationalismus und immer auch gegen Wissenschaftsfeindlichkeit als dessen Komplement. Die „Legitimität der Neuzeit"[341] ist die ihrer „theoretischen Neugierde".[342] Zwar nicht unbedingt, nicht folgenneutral. Ableitbar aber, ex negativo, aus ihrem Gegenbild: dem Frageverbot, betrieben u.a. von einer ängstlichen Theologie mit dem „Vorbehaltsanspruch des mittelalterlichen Gottes auf die alleinige Einsicht in die Natur als sein Werk."[343] Dieses Verdikt hat sich in seiner eschatologischen Begründungsvariante bis heute durchgetragen:

> „Nicht das Leben möglich, sondern es glücklich zu machen, sollte seit der Antike der Ertrag der Theorie sein. Daher auch der erste epochale Schub des Mißtrauens in die Theorie, als das Glücklichwerden eine Sache der jenseitigen Hoffnung, des menschlich nicht bewirkbaren Heils geworden war".[344]

Der modern katastrophal erlebte Bruch in der Heilserwartung an (Natur- und Technik-) Wissenschaft, mit Tschernobyl emblematisch, tendiert zur Theoriephobie und wiederholt einen Denkmechanismus, dessen theologische Prämissen längst abgelegt schienen und formal-logisch in den Spielarten des Fundamentalismus wiederkehren.

Dementgegen profiliert Blumenberg den Theoriebedarf des Menschen, der seinen Ausdruck nicht zuletzt in den Grundbildern seines Selbst- und Weltverhaltens findet – Metaphern als Suchscheinwerfer, Theoriesonden. Blu-

---

[338] H. Blumenberg, Anthropologische Annäherung an die Rhetorik, in: ders., Wirklichkeiten in denen wir leben, 104-136; hier: 130.
[339] O. Marquard, Zur Diätetik der Sinnerwartung. Philosophische Bemerkungen, in: ders., Apologie des Zufälligen, Philosophische Studien, Stuttgart 1987, 33-53.
[340] H. Blumenberg, Das Unselbstverständliche, in: Ein mögliches Selbstverständnis, 9-18; hier: 15.
[341] Ders., Die Legitimität der Neuzeit, Frankfurt a.M. 1966 (überarbeitete Neuauflage 1988).
[342] Ders., Der Prozeß der theoretischen Neugierde (= erweiterte und überarbeitete Neuauflage von >Die Legitimität der Neuzeit<, dritter Teil), Frankfurt a.M. ⁴1988.
[343] Ebd., 11.
[344] Ebd., 10.

menbergs Metaphorologie erhält über die Bedeutung einer anamnetischen Vernunft hinaus hier ihren zweiten, diesmal gleichsam wissenschaftstheoretischen Relevanznachweis.

Dabei ist es gerade der damit angesprochene funktionale Aspekt, auf den Blumenberg die theoretische Neugierde nicht festlegen möchte. Sie agiert in Zwischenräumen: sie ist einerseits anthropologisches Datum, „naiv", tierisch; aber zugleich auch kulturdefinit, geschichtlich, „reflektiert" und von daher kritisch noch gegen ihre eigenen Interessen instantiiert.[345] In ihr bleibt ein elementares Bedürfnis ungebrochen, sich der Dinge um ihrer selbst willen anzunehmen. Der Funktionsprimat neuzeitlichen Denkens lähmt somit einen Grundzug der Dynamik, die ihm zum Durchbruch verhalf.

> „In dieser Lage erscheint, wer auch immer *das Interesse des Menschen für dasjenige verteidigt, was ihn sozusagen nichts angeht,* anachronistisch – es sei denn, dies könnte noch einmal ein Akt der Verteidigung der theoretischen Neugierde sein in einer Situation der Zumutungen, nur noch wissen zu sollen, was mächtigem Interesse nicht zuwider ist."[346]

Theoretisches Interesse erscheint ambivalent: vereinnahmungsfähig und kritikbereit – es läßt sich auch in dieser Spannung keine Sicherheit voraussetzen. Der Anwendungsfall bleibt offen. Dem entspricht noch einmal die Gestalt des Wissens heute, mit immer rascheren Verfallszeiten und einem Konzept bloß provisorischer, limitierter Rationalität. Um so dringlicher der Appell an das Gedächtnis und der Vorbehalt gegen wissenschaftliche Hypertrophien oder ihre mit gleichem Nachdruck versehenen Allergieformen, die von der Emphase des eingenommenen Standpunkts zehren:

> „Was heute einer ausgeprägten Empfindlichkeit begegnet, ist die Arroganz der Gleichzeitigen im Raume einer eng gewordenen Welt, das Erstgeburtsrecht der im Fortschritt Arrivierten gegenüber den der Nachhilfe Bedürftigen."[347]

Hier schlägt der Denkansatz von Hans Blumenberg voll durch: es gibt kein Letztes, aber im Vorläufigen das Interesse am Leben. Die Verhältnisse sind denkerisch in jener Spannung zu halten, darin sie erfahren werden. Und genau so fallen Theorie und Lebenswelt zusammen. Das Insistieren auf der Unausweichlichkeit von Theorie ist nur die Rückenansicht jenes humanistischen Axioms, wonach gilt:

> „Man ist nicht wichtig, zugegeben; aber nichts ist wichtiger als man."[348]

Diese Denkfigur ist aporetisch. Man muß denken, was sich nicht anders denken läßt als mit der gleichzeitigen Durchstreichung des Vorgangs, etwa vor dem menschlichen Urthema des Todes:

---

[345] Die Unterscheidung von „kritischer" und „reflektierter" Neugierde geht auf J. Mittelstraß zurück: H. Blumenberg, Der Prozeß der theoretischen Neugierde, 12f.
[346] Ebd., 15.
[347] H. Blumenberg, Ernst Cassirers gedenkend, 169.
[348] Ders., Höhlenausgänge, 11.

„Wir *wissen*, daß wir sterben müssen, aber wir *glauben* es nicht, weil wir es nicht *denken* können."[349]

Für Blumenberg eröffnet sich hier der Raum der absoluten Metapher, die ein Ganzes von Wirklichkeit in sich aufnimmt und der Vorstellung zuspielt, obwohl sich dieses Ganze nie wird beherrschen lassen. Die Metapher hilft, sich dem auszusetzen. Im vorgegebenen Zusammenhang: sich dem Tod zu stellen, der so unausweichlich wie unfaßbar und gleichsam unwirklich ist. Damit realisiert die Metapher ein Denken in Differenzen, ein Denken der verloren gegangenen Identitäten im Sinne theoretisch akzeptabler und lebbarer Abschlüsse. Die Metapher betritt unsicheres Erkenntnisgelände, und mit ihr bewegt sich der Mensch tastend fort:

> „Aus dem bohrenden Zweifel zur Sicherheit zu kommen, kostet den Preis der äußersten Gefährdung. Für Philosophen ist das der obligate Weg: Wie sollte einer vom Letzten und Vorletzten lehren können, wenn er ihm nicht ausgesetzt gewesen war? Man klammerte sich ans Gebälk des zerschellten Schiffs – notorische Nichtschwimmer, wie die Philosophen seit je waren -, ließ sich ans Ufer auswerfen und setzte im nächstgelegenen Gymnasium seine Lehre fort, als sei nichts gewesen. Darauf kam es an: man war Philosoph im Maße der Immunität gegen solche Unterbrechungen."[350]

Blumenberg verschiebt hier die Erwartungen an den Philosophen, an die Vernunft: Kompensation statt Lösung und Rettung aus der Gefahr. Auch auf dem Land können Erdbeben warten. Jede Sicherheit bleibt vorläufig, doch ist es die Aufgabe des Philosophen, damit leben zu helfen. Aus dem Risiko des Scheiterns heraus, das zu seiner Existenz gehört: sein Metier, mit dem Titel des zitierten Denkstücks bezeichnet: „Professionelles Scheitern". Das Scheitern erleben, mitdenken. Nach dem philosophischen Schiffbruch steht jedoch nicht der Suizid: es geht ums Überleben. Unterbrechungssensibilität und –immunität gehören zueinander, wenn Weiterleben möglich sein soll. Eben dies ist eine Figur äußerster Denkgefährdung: auch dies bleibt aporetisch, weil es aus dieser Situation keinen wirklichen Ausweg gibt. Der professionelle Scheiterer mag den anderen höchstens, zumindest helfen, *anständig zu scheitern* (Samuel Beckett).

3.4.3 Distanzierung des „Absolutismus der Wirklichkeit"[351]

„Die Philosophie behandle eine Frage wie eine Krankheit, hatte Wittgenstein geschrieben, und nicht zufällig ungefähr gleichzeitig mit dem Ausspruch Freuds, wer nach dem Sinn des Lebens frage, sei krank. Aufs Ganze dieses Lebens hin betrachtet, ist es eine pathologische Sonderbarkeit, Fragen zu

---

[349] Ebd.
[350] H. Blumenberg, Professionelles Scheitern, in: ders., Die Sorge geht über den Fluß, Frankfurt a.M. 1987, 8f.; hier: 8.
[351] Ders., Arbeit am Mythos, Frankfurt a.M. 1986, 9.

stellen, deren Beantwortung, wäre sie möglich, ebenso lebensstörend sein müßte wie ihre Unbeantwortbarkeit."[352]

Genau in dieser Aporie – als antwortloser Antwort – behauptet sich Blumenberg. An anderer Stelle, wenig später, spricht er, kontextintern, von jenen „Verlegenheiten", als welche Aporien etymologisch übersetzbar sind – ein Beleg in der Sache.

Diese Sache läßt sich mit Blumenberg als „Absolutismus der Wirklichkeit" beschreiben. Die Übermacht der kontingenten Wirklichkeit erdrückt den Menschen hinsichtlich der Sinneseindrücke und überfordert seine Verarbeitungskapazitäten, letztere vor allem hinsichtlich der Sinnfrage. Der Mensch ist gefordert, sich seiner Wirklichkeit zu stellen, die Höhlen des Vertrauten zu verlassen, weil er sich nur draußen ernähren kann.[353] Der Wiederholungszwang des Mythos entspricht der funktionalen Logik der Metapher, die jene archetypische Notwendigkeit im Bild durch die Zeiten rettet. Beide, Mythos und Metapher, übernehmen mit der Kraft der Beschreibung eine Distanzierung jener bedrängenden Wirklichkeit, die sie einsichtig machen. Was am meisten ängstigt, ist das Dunkel, es selbst mehr noch als die mögliche Gefahr, die man in es hineinvermutet, mit den verbliebenen Instinktanteilen wittert: Mythos und Metapher lichten dieses Dunkel für einen Augenblick, sie sind die Widerstandskraft des Menschen, der sich dem Wirklichkeitsabsolutismus insofern entgegensetzt, als er im bildhaft Begriffenen die eigene Fähigkeit spürt, etwas zu besitzen, was sich nicht vollständig absorbieren und unterwerfen läßt. Mythos und Metapher erzählen ihre Geschichten der Freiheit. Blumenberg arbeitet insofern einer Rettung des Subjekts zu, dessen Entmächtigung seine Kontingenzhermeneutik zeitgleich weiterbetreibt.

Der Mythos als Wirklichkeitsentlaster muß freilich seine Einsetzbarkeit einbüßen, wo er an unmittelbarer Plausibilität verliert. Noch seine ironische Wiederholung kann die Distanz nur einlegen, solange zumindest seine Ästhetik überzeugt. Da sie eine bestimmter Weltzeit(en) ist, muß der Mythos verfallen, und dies gilt für ihn in weitaus stärkerem Maße als für die Metapher. Auch sie kann ausgereizt erscheinen, aber ihre Rahmenbedingungen sind weiter gesteckt. Und am Bildbezug des Denkens wird sich nichts mindern lassen, solange der Mensch noch Kontakt zu seiner lebensweltlichen Umgebung pflegt. Er ist ins Konkrete und Kontingente gezwungen. Daß hier Einbrüche nicht auszuschließen sind, macht die Erledigung von Weltzugriffen in virtuellen, irreal-realen Computerwelten zunehmend wahrscheinlicher. Doch auch und gerade diese neue Absolutheitsform bindet an Bilder, die sie selbst erzeugt.

> „Aufklärung und Wissenschaft stehen in der Traditionslinie des Mythos, insofern sie ähnlich wie dieser ein Instrument im Dienste menschlichen Überlebens sind... Mythos und Wissenschaft ersetzen das Chaos, in dem auf nichts Verlaß ist, so daß man mit allem rechnen und auf alles gefaßt sein muß, durch eine zuverlässige, überschaubare, kalkulierbare Ordnung."[354]

---

[352] Ders., Das Unselbstverständliche, 17.
[353] Vgl. ders., Höhlenausgänge, 29.
[354] F. J. Wetz, Blumenberg zur Einführung, 94.

3. Perspektiven einer differenzphilosophischen Hermeneutik 163

Diese Ordnung ist immer wieder neu herzustellen. Der Untergang von Weltbildern macht auf die Unverläßlichkeit noch dieser theoretischen Prothesen aufmerksam. Daß sie abgelegt werden, deutet auf ihren nur unterstützenden Charakter hin. Kein Weltbild kann vollen Realismus beanspruchen; wohl auch darum, weil es mit der Ganzentsprechung gespiegelter Wirklichkeit seine distanzierende Aufgabe nicht erfüllte. Es handelt sich also um Interpretationen, die individuell und intersubjektiv betrieben werden, um mediale Konstrukte, Hypothesen. Jede Metapher ist ein solcher Transmitter. Und sie ist ubiquitär, Struktur in jeder Sprechform, weil keine unrhetorisch zu sein vermag.

> „Rhetorik ist deshalb eine >Kunst<, weil sie ein Inbegriff von Schwierigkeiten mit der Wirklichkeit ist und Wirklichkeit in unserer Tradition primär als >Natur< vorverstanden war. In einer hochgradig artifiziellen Umweltwirklichkeit ist von Rhetorik so wenig wahrzunehmen, weil sie schon allgegenwärtig ist."[355]

Blumenbergs Metaphorologie sucht nach den Rudimenten jener Sprach- und Denkbilder, in denen ganze Weltbilder gerinnen. Sie sind es, die er als „*absolute Metaphern*"[356] deklariert: „*Grundbestände* der philosophischen Sprache..., ‚Übertragungen', die sich nicht ins Eigentliche, in die Logizität zurückholen lassen." Was diese Übertragungen bieten, ist die Fassung jener Ur-Differenz, die den *Absolutismus der Wirklichkeit* für wahr halten muß und ihn zugleich nicht auszuhalten vermag. Die Metapher funktioniert dabei wie Mythos und Religion: Substitution des Anderen durch das Andere. Die darin enthaltene Unberechenbarkeit des Metaphorischen, die Sonder- und Umwege seiner Geschichte motivieren jene „Phänomenologie der Geschichte"[357], die Blumenberg als eine „Theorie der Unbegrifflichkeit"[358] aufsetzt.

3.4.4 Hermeneutische Exerzitien

Die bezeichnete *Theorie der Unbegrifflichkeit* entwickelt Blumenberg, indem er den Verlaufsformationen von Metaphern im Bewußtsein folgt, sie als Urgestein des Denkens evakuiert. „Metaphern sind in diesem Sinne Leitfossilien einer archaischen Schicht des Prozesses der theoretischen Neugierde".[359] Sie stehen für ganze Welten, die sich der selektierenden Erkenntnis bieten, von ihr aber nicht aufgenommen werden können, weil sie am Ausschnitt arbeitet. Jede Metapher nimmt von daher den Überschuß an Wirklichkeit in sich auf, den das rekognoszierbare Resultat verweigert oder gar abstoßen

---

[355] H. Blumenberg, Anthropologische Annäherung an die Rhetorik, 132f.
[356] Ders., Paradigmen zu einer Metaphorologie, in: Archiv für Begriffsgeschichte. Bausteine zu einem historischen Wörterbuch der Philosophie, Bd. 6, Bonn 1960, 7-142; hier: 9.– Das folgende Zitat ebd.
[357] Ders., Einleitung zu: Wirklichkeiten in denen wir leben, 3-6; hier: 6.
[358] Ders., Schiffbruch mit Zuschauer. Paradigma einer Daseinsmetapher, Frankfurt a.M. 41993, 75-93.
[359] H. Blumenberg, Schiffbruch mit Zuschauer, 77.

muß. Differenzen gehen dabei verloren, die auf das unserem Format Unmögliche deuten, das sich dem herrschenden Paradigma der Wirklichkeitszurichtung nicht einzufügen versteht. Hier etwa siedeln die unmöglichen Metaphern wie die von der „lachenden Wiese"[360]: der Logik undenkbar, öffnen sie assoziative Spielräume des Wirklichen und finden ihre eigene Art der Exaktheit. Metaphern konfigurieren „Totalhorizonte..., die für unsere Erfahrung nicht mehr zu durchschreiten und abzugrenzen sind."[361]

Daß sie nicht im lyrischen Sperrgebiet bleiben, indiziert den Bedarf an Unverträglichkeit auch im wissenschaftlichen Bereich. Ihre Querstellung scheint zum Mechanismus der Abstraktion zu gehören, die zum einen auf das konkrete Material verwiesen bleibt, dem sie sich ins Allgemeine entwindet, die zum anderen aber das Unsagbare im eigenen Gesagten festhält und die Grenzen von Theorie umreißt. Die Metapher als Bild-"Störung"[362]: als *lebensweltlicher* Differenzeintrag in Erkenntnis, die das Ergebnis identisch zu sichern sucht, wie als *fundamentaltheoretischer*, insofern Erkenntnis geschichtlich, also veränderbar ist. Metaphern *behalten* deren Geschichten. Ihre theoretische Unabweisbarkeit macht auf die untergründige Empfindlichkeit für das Ungenügen aller Theorie aufmerksam, wie sie Theorie selbst festhält.

Dies ist „die der Geschichte unseres Bewußtseins zugehörige Anstrengung, die Unsagbarkeit selbst sprachlich darzustellen."[363] Ihr Prinzip ist das der Negativen Theologie: das im Denken über sich hinausgeführte Denken, ein aporetischer Kreisvorgang, sprachlich wirksam als „>Sprengmetaphorik<"[364]:

„Nikolaus von Cues hat daraus ein spekulatives Darstellungsmittel seiner *coincidentia oppositorum* gemacht. So erfand er die Sprengmetapher des Kreises, dessen Radius unendlich wird, wobei die Peripherie eine unendlich kleine Krümmung erhält, so daß Bogenlinie und Gerade zusammenfallen. Es wird eine Intentionalität der Anschauung überdehnt, um ihre Vergeblichkeit in ihr selbst auszusprechen, im Vorgriff zugleich die Zurücknahme des Übergriffs zu vollziehen."[365]

Hier sind die Begriffe noch nicht vollständig; die Metapher unterbricht den Prozeß der totalen Abstraktion. Erst die absolute Formalisierung könnte sich lösen. Aber noch sie hat mathematischen Zeichencharakter, der Symbolreste zumindest *in der Form* transportiert; der Verweis bleibt demnach Grundmodus, also die Übertragung, deren Muster die Metapher gibt. Bereits diese Tiefensicht hat streng formalen Sinn. Indem sie auf den Zeichenbildungsprozeß abhebt, macht sie indes deutlich, wie grundlegend „der Raum der Metapher... der Raum der unmöglichen, der fehlgeschlagenen oder der noch nicht

---

[360] Ebd., 87f.
[361] Ebd., 80.
[362] Ebd., 78.
[363] Ebd., 84.
[364] Ders., Beobachtungen an Metaphern, in: Archiv für Begriffsgeschichte 15 (1971) 161-214; hier: 170.
[365] Ders., Schiffbruch mit Zuschauer, 84.

3. Perspektiven einer differenzphilosophischen Hermeneutik 165

konsolidierten Begriffsbildung"[366] ist: in dem Sinne nämlich, daß in jedem Begriff seine ungeklärten Bildreste verschwimmen.

Ihnen folgt Blumenberg auf den Spuren der „lebensweltlichen Einstellung vor aller Theorie".[367] Seine Metaphorologie hat die Aufgabe,

> „an eine genetische Struktur der Begriffsbildung heranzuführen, in der zwar die Forderung der Eindeutigkeit nicht erfüllt wird, die aber die Eindeutigkeit des Resultats als Verarmung an imaginativem Hintergrund und an lebensweltlichen Leitfäden erkennen läßt."[368]

Die Verabschiedung entsprechender Hoffnungen auf einen identisch verfügbaren Sinn hat unmittelbar etwas mit dem zu tun, was sich in den Netzen der Metaphern verfängt – die Grundfragen unserer Existenz, auf die es keine eindeutigen Antworten gibt. Dies gilt zumal für jene *absoluten Metaphern*, die Problemherde im geschichtlichen Prozeß – auch dem der eigenen Transformationen – lokalisieren:

> „Absolute Metaphern ‚beantworten' jene vermeintlich naiven, prinzipiell unbeantwortbaren Fragen, deren Relevanz ganz einfach darin liegt, daß sie nicht eliminierbar sind, weil wir sie nicht *stellen*, sondern als im Daseinsgrund *gestellte* vorfinden."[369]

Hans Blumenbergs Philosophie schreibt ihre Hauptkapitel in der Form hermeneutischer Exerzitien. Dienen diese ignatianisch-ursprünglich einer *Unterscheidung der Geister*, so unternimmt Blumenbergs *diskrete Metaphorologie* eine *Kritik* des Begriffsdenkens mit dem doppelten Ziel, die wirklichkeitsdistanzierende und -bewältigende Funktion der Metapher zu verdeutlichen, die Moment jenes Unverfügbaren selbst ist, an dem sie sich abarbeitet. Denn das Ganze der Realität, das die Metapher *bedeutet*, ist das ganz Unfaßbare, die Aporie einer absoluten Kontingenz, von der Blumenberg als *Absolutismus der Wirklichkeit* spricht.

Drei *absolute Metaphern* werden im folgenden vorgestellt. Vorgehensweise und Perspektive Blumenbergs gewinnen darin Kontur. Seine Erzählhaltung ergibt sich ganz aus dem Befund selbst – sie ist radikal perspektivisch auf der Linie der vorgegebenen Blickrichtung. Wirklichkeit selbst wird von daher mit der Metaphorologie konsequent perspektivisch aufgefaßt: Metaphern erzählen die Geschichten ihrer Perspektiven, an deren Ende die Einsicht in ihre Perspektivik selbst steht. Auch dies stellt Blumenberg in den vorgezeichneten thematischen Zusammenhang von Differenztheorie und Hermeneutik.

3.4.4.1 Höhlenbilder

Eine Ur-Metapher menschlichen Selbst- und Weltverständnisses ist die Höhle. Sie steht für die pränatale Geborgenheit wie für die Notwendigkeit, diesen

---

[366] Ders., Beobachtungen an Metaphern, 171.
[367] Ders., Schiffbruch mit Zuschauer, 81.
[368] Ders., Beobachtungen an Metaphern, 163.
[369] Ders., Paradigmen zu einer Metaphorologie, 19.

Schutzraum des Lebens verlassen zu müssen, damit man weiterleben kann. Schon hier erscheint die Höhle als Interim, und sie ist dies auch mit der Höhlenerfahrung der frühen Menschheitsgeschichte: man muß aus der Höhle heraus, um die Rückkehr in die Höhle bzw. die Versorgung der zurückgebliebenen Höhlenbewohner ökonomisch sichern zu können. Für Blumenberg bildet dieser Grundvorgang ein metaphorisches Konzentrat, das in Abwandlungen immer wieder gleichsam archetypisch begegnet:

> „Die Geschichte des Individuums beginnt mit einer Trennung, und sie wird immer wieder durch Trennungen geprägt, die zugleich Stufen des Realitätsgewinns sind oder sein können. Von der Sicht der Geburt als des ontogenetischen Traumas her will uns auch die Phylogenese als eine durch schmerzhafte Gewaltsamkeiten von Trennung beherrschte Geschichte erscheinen... Die Elementarform des Geburtstraumas, jene ungreifbare Urzeugung, ist sogleich die Hervorbringung des >Todestriebs< als der unvermeidlichen Rückkehrtendenz von einer Abweichung zur Normalität."[370]

Die Höhle bietet den Schutz vor dem Unheimlichen, vor der Kälte der Außenwelt, von der sie doppelt zehrt: deren Bedrohlichkeit verstärkt im Kontrast den Binnenzug und verheißt zugleich ein Anderes, ohne dessen Projektionsflächen der Mensch seelisch und physisch gleichermaßen verhungerte. Dieser Hunger macht die Höhle zum Geburtsraum des Menschen noch in anderer Hinsicht: Humanität wird hier erfunden und mit Kultur bedankt, gesichert, festgeschrieben. Die Jäger, also die Starken versorgen die Höhlenbewohner; drinnen bleiben die Schwachen. Für Blumenberg ist die Mutter, die sich vor die Kinder stellt, der Durchbruch der bloßen Gewaltverhältnisse:

> „Diese Kinder der Höhle, die niemals das Recht des Stärkeren und das der jagenden Ernährer für sich geltend machen konnten, erfanden den Mechanismus der Kompensation. Sie sicherten nicht das Leben, aber lernten ihm alles zu geben, was es lebenswert machen würde. Auf sie gehen die ersten Tropfen eines Überflusses zurück, der sich immer dann seine Bahn brach, wenn es nicht mehr ums blanke Überleben ging. Im Schutz der Höhlen, unter dem Gebot der Mütter, entstand der Widerspruch des freien Schweifens der Zurückbleibenden, entstand die Phantasie."[371]

Der Beleg: die Höhlenmalereien, die ersten Höhlenbilder, deren Fortsetzungsreihen nicht mehr abreißen, noch nachdem längst die Höhlen verlassen sind. Verlassen freilich nur, um andere, größere, geräumigere, bedürfniskomplexere einzurichten. Die antike Polis ist nur eine nuanciert andere als die steinzeitliche Höhle.[372] Die Stadt ist konsequenter Höhepunkt einer Kulturleistung, die in der Höhle dem körperlichen Hunger geistige und seelische Sehnsüchte abgewann.

Blumenberg sieht mit der Phantasie, die aus der Höhle zum Urbanen vordringt, die Mängelbewältigung eines Wesens am Werk, „dem Wesentliches mangelt."[373] Die Bilder der Schwachen und ihre Geschichten, die aus Bil-

---
[370] Ders., Höhlenausgänge, 20f.
[371] Ebd., 30f.
[372] Vgl. ebd., 76-80.
[373] Ders., Anthropologische Annäherung an die Rhetorik, 124.

dern wurden, kompensierten den eigenen Mangel an physischer Wirklichkeitsresistenz durch eine geistige, die ihnen wiederum Einfluß über die Bilder derjenigen sicherte, die sie versorgten: über jene unausweichlichen Bilder der Träume, die wiederum Höhlengeburten besonderer Art sind, sofern nur tief schlafen und also entfaltet träumen kann, wer nicht ständig den Gefahren eines Übernachtens im Freien ausgesetzt ist. Die Macht der Bilder rührt also aus dem Bannkreis des Seelischen. Und ihre Funktion wurde, einmal phylogenetisch dem kulturell vererbbaren Bestand implantiert, grundlegend – die Wirklichkeit zu distanzieren:

> „Der Mangel des Menschen an spezifischen Dispositionen zu reaktivem Verhalten gegenüber der Wirklichkeit, seine Instinktarmut also, ist der Ausgangspunkt für die anthropologische Zentralfrage, wie dieses Wesen trotz seiner biologischen Indisposition zu existieren vermag. Die Antwort läßt sich auf die Formel bringen: indem es sich nicht unmittelbar mit der Wirklichkeit einläßt. Der menschliche Wirklichkeitsbezug ist indirekt, umständlich, verzögert, selektiv und vor allem >metaphorisch<."[374]

Die Höhlenbilder entdecken das Schöne für das menschliche Überleben. Sie erfinden indes noch mehr: sie haben Fernwirkung, insofern sie Dinge aufnehmen, über die ihre von der Wirklichkeit abgeschirmten Bildner nicht anders als indirekt und distanziert verfügen. Das Bild funktioniert nach dem Prinzip der Fernwaffe, und seine Gewalt steht ihr nicht nach. In der Folge wird es diese Anlage perfektionieren; sein Mechanismus: die Abstraktion. Von daher bietet sich die Höhle genetisch als Bildspenderin für das „Gehäuse der Reflexion"[375] an, deren Tradition Platons Höhlengleichnis *vorschrieb*. Zugleich wird hier Blumenbergs Fassung der *Dialektik der Aufklärung* geboten: Die Überwindung der Totalität von Gewalt durch die Schwachen führt zur Entdeckung des „Prinzip(s) der Fernwirkung"[376], in dessen *Logik* erneut die (Waffen-) Gewalt ihre Konsequenzen zieht.

Und noch etwas beginnt in der Höhle seine steile Karriere: wer über die Wucht der Bilder verfügt, rückt in die Nähe des Numinosen, für das Bilder hermüssen und keine reichen. Der Priester kommt aus der Höhle – man darf bei Blumenberg den polemischen und ironischen Aspekt der Zuschreibung mithören, die das elementare „Bündnis von Phantasie und Magie"[377] hervorhebt, dem sich Religion im evolutionären Gleichschritt mit der metaphorischen Kulturwerdung und dem Siegeszug des immer abstrakteren Logos entwand, bis der Logos selbst zum Gottesbild werden konnte (Joh 1).

Platon gibt das Stichwort, den Zusammenhang von Höhle und Theorie zu sehen. Jede Theorie bietet den Schutz einer Deutung, die sich die Wirklichkeit insofern vom Leibe hält, als sie weniger bedrohlich erscheint, wo sie virtuell, in Form von Ideen, beherrscht wird. Sie verliert die Bedrohung des *Unheimlichen* – gleichfalls eine Höhlen-Metapher. Und wie jede andere Höhle

---
[374] Ebd., 115.
[375] Ders., Höhlenausgänge, 416.
[376] Ebd., 30.
[377] Ebd.

laden auch die Theorie-Höhlen dazu ein, sich einzurichten in der „Behaglichkeit im theoretischen Gehege".[378] Hier ist erneut an Platons Auszeichnung der Höhle als Ort der Unwahrheit zu erinnern, um die mögliche Gefahr der Höhlen-Rückkehr in der Metapherngeschichte zu markieren.[379] Sie erscheint menschlich freilich in einem als notwendiger Fluchtpunkt. Postulierte Gilles Deleuze ein *nomadisches* Denken aus der Skepsis gegenüber dem theoretischen Selbstabschluß, einmal wenigstens Platon nahe, so konnte er dies nur vor dem Hintergrund einer auch im Theoretischen siedelnden „Sehnsucht nach Seßhaftigkeit".[380]

Theorie bleibt demnach anfällig für die Rückkehr in die Höhle, deren vitalste Form im Geschlechtsakt[381] immer neu *wiederholt* wird und deren letzte der Tod ist; die also ein anthropologischer Fundort ersten Ranges sein muß – wie die archäologischen Realisationen jenes Endes in Grab und Pyramide.[382] Sie sind Ausdruck einer letzten Station, die der Weltaussetzung des Menschen das Ende bereitet, das er sich ersehnt, ohne es in dieser Form wollen zu können. Bis dahin schirmen jene Überlebensstrategien ab, die zunehmend einer bildentfernten Rationalität entspringen, ohne darum weniger an ihre – *meta-phorische* – Ursprungs*logik* gebunden zu sein. Schon in dieser genetischen Stammbaumskizze des Denkens zeichnen sich seine Verwicklungen ab. Auch sie finden Ausdruck in einem Höhlen-Gleichnis: dem Labyrinth, dem sich das Denken insofern nie ganz zu entziehen vermag, als es sich nicht aus dem aporetischen Sumpf seiner (Selbst-) Begründungsversuche zu ziehen vermag.[383] Neuzeitlicher Vernunftoptimismus konnte darauf hoffen, logische Höhlenausgänge zu entdecken; die zunehmende systematische Absperrung der Vernunft führte freilich dazu, sie um so klarer als Höhle zu begreifen, deren Wände Leben fest umschließen. Am radikalsten widerfährt dies in den technischen Auszeitigungen instrumenteller Rationalität. Nirgends wird deutlicher, wie sehr die Höhle Erleichterungsgefühle und Atemnöte – in räumlicher Metaphorik als Platzangst, in organischer Metaphorik als industriell verursachte Allergie – gleichermaßen auslöst. Daß überdies diese neuzeitliche Vernunft als eine ganz dem Subjekt zugeordnete entfaltet wird, macht auch letzteres als Höhlenbewohner kenntlich, aus dessen Selbstbezug es keinen wirklichkeitssichernden Ausstieg gibt.

Ein höhlenmetaphorischer Sonderweg ist die Weltflucht ins Absurde – Gegenstück zum Realismusprinzip der Institutionen[384] –, die Blumenberg entlarvend mit dem Bunker-Dasein Hitlers am Kriegsende vorstellt[385]: die letzten Befehle des Ungeheuers aus dem Untergrund, dem Vorstellungen von einem menschlichen Abgrund wie diesem topographisch zuzuordnen sind

---

[378] Ebd., 62.
[379] Vgl. F. J. Wetz, Hans Blumenberg zur Einführung, 147f.
[380] Hans Blumenberg, Höhlenausgänge, 66.
[381] Ebd., 68.
[382] Vgl. ebd., 74f.
[383] Vgl. ebd., 419.
[384] Vgl. ebd., 812f.
[385] Vgl. ebd., 802-804.

und erneut im entsprechenden metaphorischen Umfeld korrekt besetzt erscheinen. Hitlers Anweisungen suchen nach Armeen, die es längst nicht mehr gibt, um sie gespenstisch im Raum zu verschieben: auch eine Form der Wirklichkeitsdistanzierung, deren Komik ein eher höllenmäßiges Gelächter auszulösen imstande scheint. Und auch dieser infernalische Untergrund macht auf die Einsturzgefahren der Realität aufmerksam, deren geographische Metapher in der griechischen Klassik in Höhlen Zugänge zum Hades ausmachte.[386] Tragik und Komik in diesem besonderen Fall hängen zusammen, wie menschheitsgeschichtlich Fortschritte an Rückschritte gekoppelt scheinen. Hitlers absurde letzte Wochen sind, nicht zuletzt mit ihrer unweigerlichen Angstbesetztheit und dem hoffnungsstarren Blick auf den möglichen Ausgang, Paradigma einer Wirklichkeitsentsorgung durch den Rückzug aus ihr, durch die Aufkündigung intersubjektiver Welten und damit der geteilten Realitäten. Eine unüberwindliche „Doppelung der Einstellung zur Realität"[387] wird typologisch: das „Alternieren von Vorstoß und Rückzug, Lebenskampf und Traum"[388] als Formen von Wirklichkeitsdistanzierung und Realismus, als Grundhaltungen, die sich nicht einfachhin gegeneinander ausspielen lassen, sondern psychologische Wahlverwandtschaften eingehen. Deutlich werden so „die Differenzen von Wirklichkeit"[389], deren Gehalt je neu zu bestimmen ist.

Blumenbergs Höhlenforschung kulminiert in einer Grundformel, die diesen Differenzeintrag faßt: „Das Leben kann nicht bleiben, wie und wo es ist."[390] Sie erscheint banaler, als es die Folgen ihrer Nichtbeachtung sind: die Gefahr der Höhlen-Rückkehr und darin erstarrter Existenz ist die jeder Tyrannei der Gewohnheit, die mit der Bedrohung des Draußen irgendwann auf die Eliminierung der anderen, der von draußen Heimkehrenden zielen wird. Die ganze Dialektik von Zuflucht und Hölle ist in den Höhlenbildern manifest.[391]

Blumenberg selbst hat diese *deutsche* Hölle erfahren müssen: die scharfe Abgrenzung gegen den Anderen, aus Unverständnis gewonnen, in gewählter Weltreduktion gesteigert, durch die Konzentration auf die Logik der Eigenwelt abgesichert. Daß Blumenberg schließlich in der Höhle einer ihn vor den Nazis versteckenden Familie überleben konnte, plausibilisiert nicht nur die bezeichnete Dialektik, sondern eindrücklich auch, was er über die Höhle als Geburtsort von Humanität sagen konnte.

3.4.4.2 Schiffbrüche

Die Verwendung der Schiffbruch-Metapher setzt kulturellen Fortschritt voraus. Die Natur-Elemente haben gewechselt, der Mensch ist so weit, sich

---
[386] Vgl. ebd., 49.
[387] Ebd., 805.
[388] Ebd.
[389] Ebd., 816.
[390] Ebd., 65.
[391] Vgl. 817f.

technisch dem Meer zu stellen, auf das er sich weit hinauswagt. Statt Höhle nun Hafen, der freilich Momente der ersteren in sich aufnimmt. Insofern geht es erneut um das menschliche Grundspiel des Lebensrisikos, ein Spiel mit den eigenen Möglichkeiten. Der Einsatz bleibt das Leben selbst, wenn auf dem Meer Routen abgekürzt, Fahrten schneller und Handelsverbindungen leichter werden. Solches Risiko eskaliert immer wieder neu, es liegt in der Beschleunigungslogik der sich ankündigenden Neuzeit und reicht von den ersten Schiffbrüchen bis zu jenen technischen Katastrophen, für die einmal der Untergang der Titanic – literarisch von Ernst Jünger bis zu Hans Magnus Enzensberger – ein Menetekel des technischen Fortschritts war, um, verschärft, heute nicht mehr als ein Kinovergnügen zu sein, harmlos im Vergleich zu den erweiterten Möglichkeiten des Menschen zu globalem Schiffbruch. Und auch hier sind die Gelegenheiten noch einmal erweitert: spätestens mit der Zerstörung des amerikanischen Raumschiffs „Columbia" – ein Seefahrername, der u.a. darauf verweist, daß zeitgenössische Schiffbrüche, wenn nicht endgültig, so doch zunehmend, von Menschen verursacht sind.

Die Entwicklungen der Metapher vom Schiffbruch skizziert Blumenberg in der Richtung ihrer veränderten Einsatzmöglichkeiten, die vom Stand der Entwicklung abhängen. Das entsprechende metaphorologische Interesse darf sich nachträglich am erfolgreichsten Film des 20. Jahrhunderts messen, der an dessen Ende noch gesteigert die Erregung am Schiffbruch vom Anfang des Jahrhunderts als zentrale *Daseinsmetapher* im Kino dokumentiert. Im Schiff sammelt sich die nervöse Sorge um das schwierige Verhältnis von Technik und Natur – neuzeitlich als Entdeckungsroman real, nachneuzeitlich als Abenteuer inszenierbar –, nachdem es fortbewegungstechnisch kaum mehr drittklassig erscheint. Die relative Antiquiertheit des Mediums signalisiert um so eindringlicher die archetypische Ausstrahlung des Objekts.

Blumenberg setzt sie selbst in unmittelbaren Zusammenhang mit der urtümlichen Höhlen-Metaphorik, wenn er von den „Geschichten der Heimkehrenden"[392] spricht, die die Langeweile der Höhlenbewohner nicht ausfüllen konnten, „solange sie noch nicht Seefahrer waren und dabei einen neuen Typus von Phantasie der weiten Meeresflächen und fernen Küsten entwickelt hatten".

Der Schiffbruch steht für das Abenteuer des Lebens. Aber er hat auch philosophische Implikationen:

> „Der Schiffbruch, als überstandener betrachtet, ist die Figur einer philosophischen Ausgangserfahrung."[393]

Hier enthalten ist bereits die Vorstellung von einer Grenze, die dem Menschen von Natur aus gesetzt ist, nur um seine Sehnsucht und seinen Einfallsreichtum desto stärker zu reizen. Indem er sich der Herausforderung stellt, *entwickelt* er sich. Und da sich der Mensch – zumal der neuzeitliche Mensch! – eben unter diesem Aspekt mit besonderem Selbstbewußtsein definiert – die

---

[392] H. Blumenberg, Höhlenausgänge, 54.– Das folgende Zitat ebd.
[393] Ders., Schiffbruch mit Zuschauer, 14.

3. Perspektiven einer differenzphilosophischen Hermeneutik

weniger, besser: *anders* entwickelten Menschen sind schon für den Griechen Barbaren! –, betrachtet er seine Existenz „bevorzugt unter der Metaphorik der gewagten Seefahrt."[394] Hier wird der stärker technische Einschlag gegenüber der Höhlen-Metapher greifbar.

Die Metapher vom Schiffbruch isoliert einen Bereich aus dem Gesamtkomplex. Blumenberg erschließt ihn „unter der methodischen Prämisse, daß der Grad der Signifikanz von Veränderungen umso höher ist, je ausgeprägter und strukturierter das konstante Bezugssystem ist."[395]

Mit dem erfolgreichen Bestehen einer stürmischen Seefahrt wird der Sieg der Technik und damit des Menschen über die Natur signifikant. Der Schiffbruch wird zum Gegenbild, der in seiner ersten Variante die bezeichnete philosophische Erfahrung des Scheiterns veranschaulicht. Bei Diogenes Laertius findet Blumenberg eine bezeichnende Fassung der philosophischen Schiffbruchs-Metapher: der Stoiker Zenon erleidet Schiffbruch und kommt so zur Philosophie. Hingegen der Sokratiker Aristipp nach seinem glücklich überlebten Schiffbruch am Strand menschliche Spuren entdeckt, was ihn veranlaßt, die nahegelegene Stadt zu suchen und im dortigen Gymnasium zu unterrichten. Was er lehrt: man solle den Kindern nur mitgeben, was aus einem Schiffbruch gerettet werden könne, nimmt Blumenberg als „die moralisierende Fassung einer ursprünglich die sophistische Praxis erfassenden Anekdote".[396] Deren Skopus besteht in der Lebenstauglichkeit des Philosophen, der sich im Gymnasium pragmatisch verdient, was er beim Schiffbruch verloren hat. Die unterschiedlichen philosophischen Schulen richten sich die Metaphorik ein.

Pädagogisch wird die Metapher auch eingesetzt, wenn der Mathematiker Abraham Gotthilf Kästner 1759 in den Zeichen am Strand geometrische Figuren entziffert, deren Verständnis zum Überleben offensichtlich beiträgt und somit die Nützlichkeit der Mathematik unter Beweis stellt. Der entspricht die ökonomische Deutung, die der alternde Goethe unternimmt, als er davon spricht, wie leichtfertig er als junger Mensch mit seiner Lebenszeit umging:

> „Es ist ein Akt der Ökonomie, den die Welt uns aufzwingt, wenn wir Besitztümer preisgeben: *wie der Schiffbrüchige müßten wir uns an der Planke halten, die uns rettete, und die verlorenen Kisten und Kasten uns aus dem Sinne schlagen.*"[397]

Existenzieller wendet dann Montaigne das Bild: aus dem Untergang rettet sich nur der nackte Mensch, der so zu sich findet.[398] Dieser Interpretations-

---

[394] Ders., Beobachtungen an Metaphern, 171.
[395] Ebd., 173.
[396] Ebd., 174.
[397] Ebd., 175. [Das Zitat im Zitat (kursiv gesetzt): Goethe, Gedenkausgabe der Werke, Briefe und Gespräche, ed. E. Beutler, XXIII 875.]
[398] Das liegt ganz auf der Linie von Montaignes Fassung der metaphorischen Geschichte vom Brunnensturz des Thales, der nicht auf seine Füße achtete, sondern nur zum Himmel schaute und sich so das Lachen der Thrakerin zuzog: Montaigne sieht in diesem philosophischen Urgelächter den Rat, *„mehr auf sich selbst die Aufmerksamkeit zu richten als auf den Himmel"*, was ganz in die im vorliegenden Zusammenhang bedeutsame subjekttheoretische Richtung

strang knüpft den philosophischen weiter; mit ihm wird die „katastrophale Situation... generalisiert"[399], in die der Mensch in seinem praktischen wie theoretischen Weltverhalten nicht nur immer wieder gerät, sondern sich seinem kontingenten Wesen entsprechend befindet.

Ein metaphorischer Standpunktwechsel wird unternommen, wo vom Land her der Schiffbruch beobachtet wird. Man ist selbst in Sicherheit, was auf die Überlegenheit des distanzierten Philosophen in seinem Weltverhalten gemünzt werden kann. Weitergeführt indiziert diese Position des reflektierenden Betrachters „die Differenz seines Selbstbewußtseins in seiner Unanfechtbarkeit zu dem chaotischen Wirbel dessen, was er betrachtet."[400] Was letztlich theologisch Gott ins Spiel bringt – mit erheblichen theodizee-empfindlichen Nebenfolgen:

> „Der wahre Zuschauer kann nur ein Gott sein; und das ausgehende Mittelalter hat denn auch Gott zum Zuschauer des Welttheaters gemacht".[401]

Der darin enthaltene kritische Unterton konnte freilich erst mit dem Erwachen des aufklärerischen Bewußtseins voll zum Durchbruch kommen. Die entsprechende kritische Interpretation der Schiffbruchs-Metapher wendet sich – mit Voltaire – gegen die menschliche Neugier als den Verursachungsgrund der Katastrophe und lenkt den Blick erneut auf die Problematik des menschlichen Naturverhältnisses, so daß die Metapher kulturkritischen Boden gewinnt.

Wie ein geschlossener Kreis muß die Verwendungsgeschichte der Schiffbruchs-Metapher erscheinen, wenn Blumenberg bei Galiani die Zuschauerrolle im Theater auf die Sicherheit münzt, mit der er dem Spektakel ungefährdet zuschauen kann. Hier findet der Schiffbruch mit Zuschauer zu seiner ästhetischen Dominante zurück, die im unmittelbaren Zusammenhang von Metapher und Kunst besteht – die erzählte Abfolge deutet auf eine Logik in der Sache:

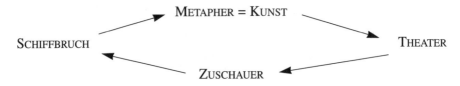

> „Das Bedürfnis, die ästhetische Ebene zu erreichen und auf ihr das menschlich Wesentliche darzustellen, läßt die geforderte Distanz von Sicherheit und Gefahr nur noch als eine künstliche, nicht einmal mehr im metaphorischen Ausgangsmaterial reale Situation zu, denn die Gefahr ist eine gespielte, die Sicherheit die eines Regendaches."[402]

---

weist. (Vgl. H. Blumenberg, Das Lachen der Thrakerin, 71; das Montaigne-Zitat ebd. nach: Essais II 12, ed. Didot 274 AB [ohne weitere Angaben].)
[399] Ders., Beobachtungen an Metaphern, 177.
[400] Ebd., 178.
[401] Ebd.
[402] Ebd., 182.

3. Perspektiven einer differenzphilosophischen Hermeneutik

Damit setzt die Verdrängung der Metapher ein. Ihre ästhetische Verharmlosung entspricht dem erschlaffenden Gespür dafür, daß die Natur durch den Menschen nicht herausgefordert werden dürfe. Das liegt in der Zeit selbst begründet: der Fortschritt eilt technisch von Erfolg zu Erfolg. Daß die Titanic die Metapher revitalisieren läßt, signalisiert einen neuerlichen Paradigmenwechsel, den Blumenberg zumindest von dieser Warte aus nicht mehr schrieb.

Statt dessen verfolgt er anhand der Metapherngeschichte ihren Abschluß am Leitfaden ihrer „Herauslösung aus ihrem elementaren Bezug zur Natur."[403] Sie wird in diesem Zuge erkenntniskritisch ausgefolgt. Bei Jacob Burckhardt findet sich

> „die radikale, fast möchte man sagen: letztmögliche, Transformation der Seefahrtmetapher, ihre kühnste Entnaturalisierung in der Beseitigung des Dualismus von Mensch und Natur: *Wir möchten gerne die Welle kennen, auf welcher wir im Ozean treiben, allein wir sind diese Welle selbst.*"[404]

Die Metapher vom Schiffbruch ist unter konsequentem Einbezug des Zuschauers damit an einem äußersten Punkt angelangt: erkenntnistheoretisch wird eben die Möglichkeit jenes Beobachters auf sicherem Grund ausgeschaltet, ganz im Sinne Kants und der Kritik aller perspektivischen Exterritorialität. Die Metapher konnte dabei in der Vielgestaltigkeit von Anwendungsformen begegnen, weil sie selbst den Rahmen weit steckte; wie in innerem Zwang mußte er ausgespannt werden. Indem dies im geschichtlichen Theorienwandel immer wieder geschah, bewahrheitete sich die hermeneutische Kraft dieser grundlegenden *Daseinsmetapher*. Was sie bietet, ist eine ganze Geschichte des Denkens gleichsam aus dem Untergrund der Vorstellungsarsenale. Die Unmöglichkeit, sie auf eine Variante zu konzentrieren, sie in einer Interpretation stillzustellen, macht auf die Unabschließbarkeit in unserem theoretischen Weltverhalten selbst aufmerksam, auf ein Denken in Abständen, auf die unvermeidlichen Differenzen, die Blumenbergs metaphorische Hermeneutik erkundet. Daß dies elementar mit Erfahrungen von Scheitern zu tun hat, belegt und faßt eben die Metapher vom Schiffbruch.

3.4.4.3 „Lesbarkeit der Welt"

Höhle und *Schiffbruch* begegnen als Bilder von weit her: ihre Aussagekraft erhalten sie aus Strukturen, die anthropogenetische Anfangserfahrungen bezeichnen oder die Beziehung des kultur- und technikfähigen Menschen auf die Natur begreifen helfen. Mit der zentralen Metapher von der *Lesbarkeit der Welt* wird das Geschäft bezeichnet, das die Metaphern selbst betreiben: die Welt zu lesen, ihr einen Sinn zu entnehmen, der ihr im metaphorischen

---
[403] Ebd., 187.
[404] Ebd., 187. [Das Zitat im Zitat (kursiv): J. Burckhardt, Historische Fragmente, ed. E. Dürr, Stuttgart 1942, 194-211.]

Bezeichnungsvorgang eingraviert wurde. Insofern steht diese Metapher für das Ganze der Erfahrbarkeit von Wirklichkeit.

Die Frage hinter dieser Metapher ist die nach dem Sinn, für den nachmetaphysisch Gott nicht mehr bereit steht. Der Mensch hegt Erwartungen an die Wirklichkeit, die ein semantisch und existenziell gehaltvolles Konzept von >Sinn< nahelegen:

> „Der Wunsch, die Welt möge sich in anderer Weise als der der bloßen Wahrnehmung und sogar der exakten Vorhersagbarkeit ihrer Erscheinungen erweisen: im Aggregatzustand der >Lesbarkeit< als ein Ganzes von Natur, Leben und Geschichte sinnspendend sich erschließen, ist gewiß kein naturwüchsiges Bedürfnis, wie es das der Magie ist, über unbeherrschte Gewalten Macht zu gewinnen. Dennoch gehört dieser Wunsch zum Inbegriff des Sinnverlangens an die Realität, gerichtet auf ihre vollkommenste und nicht mehr gewaltsame Verfügbarkeit."[405]

Dieser Sinnhorizont ist gleichermaßen unabschaffbar und umfassend. Der Mensch hat sich als kontingentes Wesen begriffen und sucht nach dem, was diese Anfälligkeit im Naturzusammenhang aufhebt, zumindest lindert. Nur Totales, Absolutes kann dem entsprechen. Blumenberg sieht den unüberbietbaren Vollzug in der Eucharistie, darin Gott menschlich ganz *vereinnahmt* wird. So auch die Weltlektüre – nichts darf, tendenziell, von ihr bleiben, was noch unbegriffen dastünde. Jeder Rest wäre sinnfremd.

An dieser Stelle ist Blumenberg auszudenken; Grundsätzliches deutet sich in der Metapher an. Es ist dieses hartnäckige Sinnbedürfnis, das zumindest den okzidentalen Menschen auf seine Eroberungszüge des Fremden und Anderen setzt, um es sich hermeneutisch einzuverleiben und politisch-ökonomisch verfügbar zu machen: Beginn der Neuzeit, deren *Legitimität* Blumenberg das Hohelied singt.

In der Metapher ist aber auch schon der Bruch enthalten, den das Sinnbedürfnis immer wieder erleidet, verschärft in Zeiten, die das religiöse Paradigma von Weltlektüre verwarfen. Das Lesen nämlich setzt Distanz zum Leben, die latente Dichotomie von Buch und Welt erscheint:

> „Zwischen den Büchern und der Wirklichkeit ist eine alte Feindschaft gesetzt. Das Geschriebene schob sich an die Stelle der Wirklichkeit, in der Funktion, sie als das endgültig Rubrizierte und Gesicherte überflüssig zu machen."[406]

Dies gilt zumal für das Buch und die Natur. Und doch konnte die Metapher vom *Buch der Natur* entstehen. Dies wurde möglich, weil die Bibel als das *eine* Buch hypertrophen Anspruch anmeldete und so konterkariert wurde. Offenbarung depravierte Natur, was theologisch erst anti-gnostisch relativiert werden konnte und Tendenzen auf ein nichtdualistisches Weltbild entfaltete, das wiederum den metaphorischen Konnex von Buch und Natur herzustellen erlaubte.

Zum anderen fasziniert das Buch als Totalitätshersteller, der alles und das Ganze in sich aufnehmen und Verschiedenes zusammenfügen kann. Schon in

---

[405] H. Blumenberg, Die Lesbarkeit der Welt, 10.
[406] Ebd., 17.

3. Perspektiven einer differenzphilosophischen Hermeneutik 175

der Anlage der Metapher spiegelt sich das Urproblem von Einheit und Vielfalt ab: das Buch faßt zusammen, was divergiert, und trägt doch dessen pluriforme Akzente in sich.

Zumindest in den Anfängen der Buchmetaphorik spielt hier die theologische Lesart die entscheidende Rolle. Nach dem Platonismus mit seinem Urbild-Abbild-Mechanismus konnte das Buch zum Ort einer symbolischen Welterschließung werden, die den Phänomenen eine Eigenwirklichkeit zugesteht und darüber hinaus die Vielfalt möglicher Lesarten von Wirklichkeit im Symbol eruiert. Solange jedoch ein ungeschichtlicher Gottesbegriff dominierte, mußte dieser Gott die absolute Stelle einnehmen, für die einmal die platonische Idee Pate gestanden und den Lebensraum der Metapher beschränkt hatte.

Erst der Durchbruch der Subjektivität bringt hier die Wende. Wird Natur nicht immer – auch pantheistisch – auf Gott reduziert, sondern aus der Perspektive des Menschen gesehen, so kann auch die Rede von einem *Buch der Geschichte* aufkommen, daran der Mensch schreibt und das in engem Zusammenhang mit dem *Buch der Natur* steht. Bei Hamann wird dieser Prozeß endgültig vollzogen, so daß mit dem ursprünglichen *Buch der Offenbarung* Welt als ganze und doch perspektivisch gebrochene in der Buch-Metapher versammelt wird.[407]

Mit der Rede vom „Buch der Geschichte" kommt neuzeitlich ein entscheidendes Moment zum Tragen: Geschichte wird menschlich gemacht. Das Paradigma des Gestaltens entspricht dem der Arbeit, wie sie zur Chiffre der Moderne werden soll. Für die Metapher bedeutet dies eine zunehmende Betonung der *Arbeit des Verstehens*[408], die um so intensiver voranzutreiben, je schwieriger das göttliche Buch zu lesen ist. Tatsächlich entsprechen aufkommender Atheismus und das Entstehen der historisch orientierten Textkritik einander: nachdem das Buch der Geschichte aufgeschlagen wurde und sich als dritte Instanz der Lesbarkeit von Welt etablierte, begann es allmählich, das erste Buch der Offenbarung zu verdrängen, und zwar ganz mit den eigenen Mitteln. Fortan war es nur noch der Mensch, der *Geschichte schrieb*.

---

[407] Vgl. ebd., 91.
[408] Vgl. ebd., 100.– Neuzeitlich „kehrt sich die ganze Metaphporik von der Macht der Wahrheit um in die Vorstellung von der Gewalt, die der Mensch der Wahrheit antun muß, um sie sich zu gewinnen. Hier hat die Wahrheit nichts mehr von dem, was man ihre ‚Natürlichkeit' nennen könnte: Methodenbewußtsein und Methodenreflektion der beginnenden Neuzeit entstehen auf dem Boden eines Grundgefühls der gewaltsamen, vorsichtig und zu sichernden Verhältnisses zur Wahrheit. Das Wahrscheinliche schlägt in das Wahr-Scheinende um. Alles Wahre ist Erwerb, nichts mehr Geschenk; die Erkenntnis nimmt Arbeitscharakter an." (H. Blumenberg, Paradigmen zu einer Metaphorologie, 27.)
Erste klare Anzeichen in dieser Richtung sind die scholastische Ausarbeitung des Methodischen und denktypologisch der Nominalismus, der den menschlichen Erkenntnisanteil aufdeckt und somit dem Gedanken eines Wahrheitserwerbs zudenkt. Interessanterweise bindet Blumenberg seine Einsicht in die Arbeitsgestalt von Wahrheit nicht mehr an das mittelalterliche Aufkommen einer neuen städtischen Ökonomie zurück, an die frühen Anfänge einer gesellschaftlichen Differenzierung in Stände mit der Herausbildung der ökonomischen statt religiösen Fundamentalgrammatik des Politischen. Der metaphorische Paradigmenwechsel ist der Sache nach ein epochal umfassender.

Dieser Zugriff auf die Welt, den sich der Mensch als geschichtlicher Agent in eigener Sache erlaubt hatte, führte konsequent dazu, die Welt ganz nach den eigenen Maßstäben zu vermessen. Erst jetzt gewann der HOMO-MENSURA-Satz vollends. Solange dies nicht noch einmal perspektivisch-kritisch gegengelesen wurde, konnte Welt objektiv erscheinen. Universalbibliotheken und Weltchroniken sammelten Welt analog zum metaphorischen Vorgang ein, in dem Welt im Bild reduziert wird. Hier erreicht die Idee der Mathematik ihren pathetischen Augenblick:

> „Die vollkommene *Mathesis*... leitet jeden Weltzustand aus der Begründung für die Existenz der Welt selbst ab. Sie ist, im integrierten Grenzzustand vorgestellt, *die* Weltformel, die alle Bibliotheken über die Welt zur Makulatur macht. Aber sie ist auch die... Überflüssigkeit der Welt selbst für ihre Theorie, insofern diese sich auf den prospektiven Status jenes vorweltlichen *deus calculans* reduzieren ließe, der die unendlichen Möglichkeiten vor sich hat und ihnen die Notwendigkeit *dieser* Welt abliest... Das Ideal der Lesbarkeit der Welt und das ihrer vollendeten Formel schließen sich tendenziell aus."[409]

Gerade die Weltformel als Inbegriff der einfachen und identischen Weltlektüre führt die Metapher an ihre Grenze. Leibniz markiert diese Einbahnstraße in der Geschichte der Buch-Metapher. In seiner Theodizee hat er sie durchschritten. Doch logisch gewinnt auch hier das Geschichtsdenken an Boden und macht diesen Weg baufällig, denn „die Welt wäre nicht die beste der möglichen, wenn sie nicht in der Dimension ihrer Geschichte besser werden könnte."[410] Geschichte, Perspektive und Differenz bestimmen zunehmend stärker das Bild von der Lesbarkeit; der Plural setzt sich durch, der von der einen Weltformel auf die lange Sicht sogar – ob ihrer terroristischen Implikationen – nur noch alpträumen läßt.

Der kritische Augenblick in der Metapherngeschichte nähert sich mit der Aufklärung. Ihr Anspruch, alles durchschauen zu können und das Verständnis der Welt selbst herstellen zu sollen, liest sich als Ausdruck des Sinnverlangens einer Vernunft, die eben alles erfassen will und doch nicht alles erreicht. Lichtenberg steht auf seine Weise für die Einbrüche der Vernunft, die er in der Metapher konzentriert: in seiner prinzipiellen Offenbarungskritik, die das menschlich Unverständliche des Göttlichen fixiert, und in seiner Ablehnung der Physiognomik, die am Äußeren das Innere abzulesen gedachte, ließ er ganz grundsätzlich für die sich totalisierende Vernunft „zwei Bescheide auf Unlesbarkeit ergehen".[411] Kant sollte sie erkenntniskritisch standardisieren. Eine neue Bescheidenheit wurde der Vernunft eingeschrieben, gegen die das romantische Suchen nach den Chiffren der Natur wie ein episodischer Rückfall erscheinen muß. Hier artikuliert sich noch einmal unverstellte Sehnsucht, die freilich der Buch-Metapher neue Impulse geben konnte, denn „alles spricht von sich aus, wenn ihm nur das Gehör nicht verweigert wird." Eichendorffs „Schläft ein Lied in allen Dingen" hat das

---
[409] Ebd., 144.
[410] Ebd., 145.
[411] Ebd., 199.

Programmwort dafür gefunden. Die spätere lyrische Rede vom leeren bzw. weißen Text bildet nur das Gegenstück dazu, das aus sehr ähnlichen Motiven die Paradoxie des Unendlichen formuliert. Lesbarkeit und Unlesbarkeit verschmelzen hier, denn der Text der Wirklichkeit wird als letztlich unentzifferbar dechiffriert, um zugleich das Bedürfnis nach Weltlektüre in immer neuen artifiziellen Anläufen ins Unendliche zu verlängern. Die Unmöglichkeit der Metapher wird bildimmanent gefaßt und die Aporie noch einmal ästhetisch inthronisiert.[412]

Daß selbst eine solche Auswegslosigkeit die Macht dieser Grundmetapher im menschlichen Weltverhältnis nicht zu brechen vermag, beweisen die Neuanknüpfungen in der Traumdeutung und der Genetik mit ihrer Grundmetapher vom *genetischen Code*.[413] Noch einmal erscheint so die Natur als „Bibliothek".[414] Gerade die Buch-Metapher deutet auf den unaufgeklärten und unaufklärbaren Rest in aller Wissenschaft, ohne den sie offensichtlich nicht sein kann: ihre Unabfindbarkeit, ihre Sinnunabgefundenheit:

> „Darin lag die Faszination der Metapher von der Lesbarkeit des genetischen Codes; es war, als sperrte sich die Natur gegen die Endgültigkeit ihrer Verwissenschaftlichung, gegen die >Reinheit< der Theorie als das Kriterium ihrer Autonomie."[415]

Diese Sinn-Sehnsucht ist der Motor der Metaphernbildung. Die Buch-Metapher ist dabei insofern die grundlegende, als es in jeder Metapher darum geht, Welt zu verstehen, damit man in ihr (über)leben kann – im Bewußtsein der eigenen Kontingenz, als Distanzierung des *Absolutismus der Wirklichkeit*:

> „Lesbarkeit dorthin zu projizieren, wo es nichts Hinterlassenes, nichts Aufgegebenes gibt, verrät nichts als die Wehmut, es dort nicht finden zu können, und den Versuch, ein Verhältnis des Als-ob dennoch herzustellen."[416]

Dies enthält nichts anderes als eine Hermeneutik der Differenz: die Unumgänglichkeit und Unhaltbarkeit des Als-ob, die Gleichzeitigkeit des Ungleichzeitigen – eine aporetische Perspektive. Metaphern helfen, sie auszutragen.

> „Was hinter den Bildern steckt, ist... das Wirkliche selbst in seiner allen Realismus erfordernden Gestalt: der des Menschen."[417]

3.4.5 Sinn und Differenz

In Blumenbergs Matthäuspassion findet sich eine Miniatur, in der ihr Autor Charakteristisches über Goethe entdeckt. Ihre Deutung scheint indes ebenso gut geeignet, die Hermeneutik des Verfassers zu kennzeichnen.[418]

---

[412] Vgl. ebd., 310.
[413] Vgl. ebd., 372ff.
[414] Ebd., 401.
[415] Ebd., 408.
[416] Ebd., 409.
[417] Ebd., 113.
[418] H. Blumenberg, Eine Apostrophe, die Goethe nicht verstehen konnte, in: Matthäuspassion, 67f.

Zelter, der damals Bachs Matthäuspassion einstudierte, beschreibt in einem Brief an den Weimarer eine Sterbeszene, in die er einen Abschlußsatz fügt (*lachte laut und verschied*), der für Blumenberg das *Jesus schriee abermal laut und verschied* der Passion zitiert. Markiert wird so eine Konstellation; Goethe überliest ihre Todesthematik in seiner Antwort geflissentlich – was Blumenberg veranlaßt, ihm seine „schlechthinnige Unfähigkeit, den Tod sein zu lassen, was er ist"[419], nachzuweisen. „Da hat er den blinden Fleck seiner Lebensansicht."

Und Blumenberg? Er zwingt hier seinen eigenen hinein: er *will* finden. Hier gerinnt seine Verarbeitung des vom Religiösen ins Ästhetische gebrachten >horror vacui<, ganz nach dem eigenen Ende der Matthäuspassion[420], zu Sinn. Wer hält hier dem Tod nicht stand: dem Zufall, also dem Nichts, darin manifest, daß Zelter einen vielleicht bloß unterbewußt transportierten Satz, einen *naheliegenden*, zu einer „Koinzidenz"[421] im Sinne Blumenbergs zu machen erlaubte und sie der Deutung überließ? Blumenberg reagiert wie Goethe: er weicht dem tödlichen, nichtigen Zufall mittels Geschichten aus, als die er seine Interpretationen gibt. Ihr Sinn ist der aller Musik: „sie läßt das Unerträgliche ertragen".[422] Die beschworene „Eskalation Gottes"[423] bringt er *in Form*.

Blumenbergs Forschungen kartographieren Bruchstellen: im Metaphernbezirk, im Gesamtgebiet der Kontingenz von Welt und Mensch. Daß diese ihn so umtreibt, macht ein ehemals Religiöses:

> „Die Eskalation Gottes zu betreiben scheint – aufs Ganze der Geschichte von Mythos und Religion betrachtet – so etwas wie die >Leidenschaft< des Menschen zu sein. Seinen Gott hochzuhalten ist ihm die Betreibung seiner eigenen Sache, der des Menschen, als bereite er sich die Stelle der >Umbesetzung< für seine Selbstdefinition auf weiteste Sicht vor. Bis es eine andere Nachfolgelösung gibt."[424]

Blumenbergs theoretische Geschichtsschreibung sucht dem Nichts standzuhalten, das im Menschen selbst droht, dem selbstetablierten Thronfolger Gottes. Dieses Nichts rächt sich an der eigenen Methode insofern, als Blumenberg noch dem geringsten Anlaß semantischen Sinn abtrotzt und die Dinge wendet, bis sie etwas zeigen: gelegentlich auch nur die interpretatorische Erwartung ihres Hermeneuten. Das Verfahren wird damit fragwürdig: hier legt einer Sinn ein, den er aufs Ganze negiert. Das Verfahren hat selbst etwas Metaphorisches: Sinntransfers, semantische Übertragungen sind auch in dieser Hinsicht Blumenbergs Sache. Daß jeder Sinn ein sehr vorläufiger und befristeter bleibt, macht die Figur der Differenz zentral: aus den Abständen heraus, die er selbst in seinen Rekonstruktionen von Metaphern und

---

[419] Ebd., 68.– Das folgende Zitat ebd. im unmittelbaren Anschluß.
[420] Vgl. ebd., 306f.
[421] Ebd., 31.
[422] Ebd., 50.
[423] Ebd., 81ff.
[424] Ebd., 306f.

3. Perspektiven einer differenzphilosophischen Hermeneutik 179

ihrem Bedeutungswandel einlegt, kann Blumenberg Sinnsegmente abstecken. Die Sensibilität für jenen existenziellen Hauptbruch des Todes, der Kontingenz im letzten ist, läßt die zeichentheoretische Differenzhermeneutik der Metaphorologie auf ihrem Grund immer als existenzielle begreifen: ausgehend von einer elementaren Verlusterfahrung von Sinn lassen sich Blumenbergs Metapherngeschichten als Wiederherstellungsbemühungen von Sinn lesen, als pragmatische Bewältigungsversuche, gerichtet gegen das Nichts und das Scheitern, dem alle theoretischen Weltorientierungen des Menschen in Wissenschaft und Kunst zuarbeiten: sie dienen dem einen Experiment, am Leben zu bleiben.

Mit Blumenberg läßt sich also Theorie als Ausdrucksform einer Lebenssorge begreifen, die sich verschärfen muß, wo in metaphysischem Glaubensverlust nach dem Leben kein neues mehr wartet. Diese Differenzerfahrung von Hoffnung und Enttäuschung trägt in die Welt einen Zweifel an ihr selbst, der sich daran entzündet, daß sie virtuell Unendliches hervorzubringen versteht, das auf nichts/Nichts trifft. Aus der Trauer um den Verlust des einen Grundes entsteht jedoch das Bewußtsein, daß Trauer sinnlos sei. Blumenberg sucht sie abzublenden und eine Bereitschaft zur Kontingenz zu wecken. Die Konsequenz: ein Pluralismus der Strategien von Lebensbewältigung in Theorie und Praxis, die vielfältigen Gesten des Lebens statt des einen Fingerzeiges auf das Absolute.

Diese Pluriformität kann sich an eine Rationalität rückbinden, die differenzbewußt ist: als eine, die immer alles wissen muß und immer zu wenig weiß; die aufs Ganze geht, das es (für sie) nicht gibt. Und genau dies drückt sich in der Metapher aus, die den Zwischenraum der Wirklichkeit bezeichnet, ihre unmögliche Unmittelbarkeit, und die auch wissenschaftliche Rationalität durchzieht, sie unterbricht, aufreißt.

Diese Differenz-Hermeneutik ist keine postModerne, wie sie bei den meisten Historiographen der PostModerne rubriziert wäre.[425] Blumenberg ist – nach einem Wort von Wolfgang Welsch – ein *anonymer PostModerner*.[426] Wobei es sich nicht um Schulzugehörigkeit oder Karteiablage handeln kann. Das Interesse der hier unternommenen Darstellung richtet sich auf den *Denkmodus*: Differenzwahrnehmung organisiert die Texte Blumenbergs.

Dies wird bereits deutlich an der Aufgabenzuweisung von Metaphorologie, „einem hermeneutischen Konzept seine Eindeutigkeit zu sichern".[427] Diese Formulierung steht freilich im Widerspruch zu der Einschätzung Blumenbergs, daß der metaphorische Bodensatz von Theorien immer vielschichtig sei, was sich nicht zuletzt darin manifestiert, daß metaphorische Zuschreibungen nie statisch, sondern immer Prozeß sind: von Umbesetzungen, Abgrenzungen etc. betroffen. Grundlegend gilt:

---

[425] Vgl. P. V. Zima, Moderne/Postmoderne. Gesellschaft, Philosophie, Literatur, Tübingen-Basel 1997.
[426] Vgl. W. Welsch, Unsere postmoderne Moderne, Weinheim ²1988, 80.
[427] H. Blumenberg, Beobachtungen an Metaphern, 191.

> „Der ästhetische Gebrauch der Sprache ist dem Prozeß, der auf Eindeutigkeit tendiert, entgegengerichtet".[428]

Eindeutigkeit meint von daher einen Deutungshorizont, ein orientierendes Imaginationssystem. Das menschliche Bewußtsein muß immer wieder bemüht sein, ein solches wiederherzustellen. Das leistet es durch die Integration von Metaphern in den eigenen Deutungszusammenhang, wobei Metaphern immer auch Einbrüche anderen, noch unverrechneten und nie ganz aufgehenden Sinns bedeuten. Dies ergibt einen hermeneutischen Prozeß, in dem Identitätsbedürfnis und Differenzeinschlag in bleibendem Spannungsverhältnis produktiv werden:

> „*Anomalität als Bruch der ursprünglich stimmenden Erscheinungseinheit wird in eine höhere Normalität einbezogen.* Das zunächst destruktive Element *wird* überhaupt erst unter dem Druck des Reparaturzwangs der gefährdeten Konsistenz zur Metapher. Es wird der Intentionalität durch einen Kunstgriff des Unverstehens integriert. Die Erklärung des exotischen Fremdkörpers zur >bloßen Metapher< ist ein Akt der Selbstbehauptung: die Störung wird als Hilfe qualifiziert."[429]

Der Störfaktor Metapher macht damit auf einen vielschichtigen Rezeptionsprozeß aufmerksam, der plurale Deutungsmöglichkeiten zur Wiederherstellung der selbstbewußten Identität läßt. Dieses Selbstbewußtsein ist seinerseits schon je ein zwischen Identität und Differenz entwickeltes. Blumenberg sieht den Anfang allen Verstehens im zwischenmenschlichen Kontakt, in einer ersten Begegnung als einer „Urgleichzeitigkeit"[430] gegenseitiger Wahrnehmung und simultaner – wörtlicher – *Kontaktierung*. Dieser Augenblick interpersonaler Identitätserfahrung hebt sich in der Erinnerung reflexiv auf: Differenz von Zeit und Perspektive verschieben Identität: „Da haben *zwei* Egos *eine* Erinnerung, die für den absolut identischen Zeitpol doch je ein eigenes und differentes >Erlebnis< enthalten kann, ja muß."[431]

Auch auf dieser Ebene ergibt sich die Unausweichlichkeit differenten Verstehens. Metaphern bahnen dem einen Weg, auf dem sich zugleich Übereinkünfte einstellen. Dennoch geben sie eine „letzte... Lizenz für Vieldeutigkeit"[432], die sich aus ihrem individuellen Einsatz- und Rezeptionsort herleitet. Das Gegenbild liefert Descartes mit seinem Ideal einer begriffsdefiniten Philosophie und einer totalen Eschatologie des Denkens, in dem kein Raum für jenes Unbegriffene bleibt, dem Metaphern Namen leihen.[433] Wirklichkeit gewinnt hier eine Klarheit, an die Blumenberg mit seinem Insistieren auf dem „Prinzip des unzureichenden Grundes"[434] nicht zu glauben vermag. Was klar ist, erscheint ihm immer auch als fremd und unvertraut in seiner Kontingenz:

---

[428] Ebd.
[429] Ders., Schiffbruch mit Zuschauer, 78.
[430] Ders., Einige Schrecknisse reiner Theorie, in: Ein mögliches Selbstverständnis, 213-219; hier: 214.
[431] Ebd., 218.
[432] Ders., Schiffbruch mit Zuschauer, 83.
[433] Vgl. ders., Paradigmen zu einer Metaphorologie, 7f.
[434] Ders., Anthropologische Annäherung an die Rhetorik, 124.

3. Perspektiven einer differenzphilosophischen Hermeneutik 181

„Der metaphorische Umweg, von dem thematischen Gegenstand weg auf einen anderen zu blicken, der vorgreifend als aufschlußreich vermutet wird, nimmt das Gegebene als das Fremde, das Andere als das vertrauter und handlicher Verfügbare. Ist der Grenzwert des Urteils die Identität, so ist der Grenzwert der Metapher das Symbol; hier ist das Andere das ganz Andere, das nichts hergibt als die pure Ersetzbarkeit des Unverfügbaren durch das Verfügbare. Das *animal symbolicum* beherrscht die ihm genuin tödliche Wirklichkeit, indem es sie vertreten läßt; es sieht weg von dem, was ihm unheimlich ist, auf das, was ihm vertraut ist."[435]

Sofern symbolisches Weltverhalten den Menschen charakterisiert, kann Identität nur ein Grenzwert sein, der auch das Selbstbewußtsein differentiell unterwandert. Auch das setzt Blumenberg noch einmal hermeneutisch an: „Das Bedürfnis zu verstehen wäre selbst gar nicht zu verstehen – noch bevor man wüßte, ob, es auszuüben, möglich sei –, wenn es diese Eigenqualität, der Andere für den Anderen zu sein, nicht gäbe".[436] Indem das Ich sich als das Andere des Anderen erfährt, kann es nur in dieser Struktur des Anderen, das sich in seinem Weltverhalten theoretisch wie praktisch immerfort zeigt, sich selbst wahrhaben.

Gibt es also keine Identität, sondern nur ihren Aufschub, so auch nicht nur das eine Ich, von dem aus sich Welt organisieren ließe, sondern in diesem Ich seine vielen Spielarten und Interpretationsanlagen. In dieser Perspektive des differenten Selbstbewußtseins, das diese Varianten nicht schizoid abspaltet, sondern auf eine Einheit rückzubeziehen versteht, die es gerade aus den Divergenzen von Weltsichten und Lebenszeiten provisorisch baut – in diesem Wirklichkeitsplural meldet sich eine akephale Logik. Blumenberg schreibt ihre Geschichten: ein „Renegat der Einzigkeit."[437]

Solche Geschichten müssen Unbehagen wecken: wo kein Letztes mehr in Sicht kommt, fragt sich, woher sich noch das Interesse am Leben begründen lasse.[438] Blumenberg setzt dieses Interesse ebenso wie seine „elementare(n) Obligation, Menschliches nicht verloren zu geben."[439] Es widersteht damit jedem Vorwurf der nur noch artifiziell inspirierten *Mikrotomie*:

„Die Welt zerfällt dabei in immer kleinere Partikel. Die immer weniger über das verraten, um was es in der Philosophie doch eigentlich geht: das Leben. Aber die Eitelkeit des Philosophen ist befriedigt."[440]

Daß Blumenberg an den Ermöglichungsbedingungen von Leben arbeitet, ist deutlich geworden. Das Leben sieht er genau dort in Gefahr, wo der Plural der Welten und Weltzugänge abgeschafft werden soll, wo einer „Verdrän-

---

[435] Ebd., 116.
[436] Ders., Einige Schrecknisse reiner Theorie, 214.
[437] E. Nordhofen, Die Proklamation des Plurals, 47.
[438] Vgl. dazu den Bericht von P. Behrenberg über den Blumenberg-Kongreß „Absolutismus der Wirklichkeit" der Werner-Reimers-Stiftung / Bad Homburg vom 6.-9.10.1997, in: Information Philosophie 25 (1997) Hft. 5, 116-118; besonders 118.
[439] Ders., Ernst Cassirers gedenkend, 170.
[440] K. Adam, Mit dem Atomdezimator philosophieren. Der beflissene Allzermalmer: Blumenbergs Welt zerfällt in kleinste Teilchen, in: FAZ 14.10.97.

gung *der* Geschichte durch *eine* Geschichte"[441] Vorschub geleistet wird. In dieser Kritik berühren sich Blumenbergs Denkmotive eng mit den Differenztheoretikern, die hier für die Grundlegung einer postModernen Hermeneutik zitiert wurden. Blumenberg muß hier als Außenseiter gelten, denn

> „niemand schien zu bemerken, wie sehr Derridas Dekonstruktivismus und Blumenbergs Metaphorologie verwandt sind. Beide stehen im Dienste dessen, was nicht gesagt werden kann, beide organisieren ihre Wendung zur Literatur als Demonstration gegen die Ansprüche des falschen Klartexts."[442]

Derrida ist unter den diskutierten Autoren nur sublim verhandelt; seine Intentionen finden sich zumal bei Deleuze unter anderen Vorzeichen wieder. Und so darf auch Blumenberg in dieser Reihe stehen – als Sonderfall, gewiß. Seine Überlegungen zur Metaphorologie verdeutlichen jedoch in mancher Hinsicht, was unter den Stichworten „Metapher" und „Kontingenz" ein eigenes Kapitel von Differenzhermeneutik schrieb. Der machtbestimmte Wechsel von erkenntniskonstitutiven Perspektiven, wie sie Foucault dechiffrierte, läßt sich mit Blumenberg in der Interpretationsgeschichte von Metaphern sehr genau wiederfinden. Paradigmenwechsel geben sich in der Verwendung von Metaphern zu erkennen; der herrschende Zeitgeist, der jeweils Momente von MACHT im Ablösen eines anderen Rasters aktiviert, macht dabei auch auf die Differenzmarke ZEIT aufmerksam, wie sie Deleuze entfaltete. Verstehen bleibt von Zeitabständen unterwandert, denn im Zeitfluß kann nichts es selbst bleiben. Augenblicksidentität läßt sich nur individuell buchstabieren, wobei auch das Individuum Identität lediglich als interpretativen *Grenzwert* kennen kann. Dieser Gedanke macht wiederum die basale Einsicht des Interpretationismus zu einem Anhaltspunkt der Vermittlung Blumenbergs mit einer Hermeneutik der Differenz. Im Individuum wird die Aneignung und Deutung der Metapher vollzogen, dessen Hermeneutik, wie gezeigt, selbst vom Anderen durchzogen und also differentiell gebaut ist. Individuelle Lebenswelten sind nicht isolierte, sondern gerade in das inter- und übersubjektive Moment des Metaphernprozesses inskribiert. Dennoch deutet das Individuum die Metapher jeweils eigen, nach seinen Vorgaben, in seinem Horizont. Da der Mensch „zu sich selbst kein unmittelbares, kein rein >innerliches< Verhältnis"[443] hat, versteht er sich selbst nur metaphorisch: „wir sind uns selbst Erscheinung, sekundäre Synthesis einer primären Mannigfaltigkeit, nicht umgekehrt. Der Substantialismus der Identität ist zerstört; Identität muß realisiert werden."[444]

Der interpretationistische Konstruktivismus wird hier auf den Selbstbezug übertragen, der eben symbolisch gesteuert wird. Daß diese Selbstwahrnehmung auf einen Pluralismus der Selbstverhältnisse zuhält, unterstreicht die Bedeutung Blumenbergs für eine konsequente Differenzhermeneutik. Nach ihm kann der Mensch nicht anders, als sich in Bildern entwerfen und in me-

---
[441] H. Blumenberg, Ernst Cassirers gedenkend, 171.
[442] E. Nordhofen, Die Proklamation des Plurals, 47.
[443] H. Blumenberg, Anthropologische Annäherungen an die Rhetorik, 134.
[444] Ebd.

taphorisch gelenkten Formen distanzierender Wirklichkeitsbeherrschung begreifen. Der anthropologische Bruch der Kontingenz findet sich wieder in jenem hermeneutischen Bruch, der die Dinge nie als sie selbst vorfinden läßt. Das aber bedeutet, sie in vielfältigen Bildern zu sehen, denen ein irreduzibles Recht zukommt. Noch daß sie in der Geschichte ihrer Deutung verändert, aufgegeben, unter anderen Bedingungen anders fortgeführt werden, macht deutlich, daß mit Blumenbergs „Versuch einer Stärkung des neuzeitlichen Subjekts"[445] die „Austreibung des Singulars"[446] betrieben wird. Darin gründet Blumenbergs PostModernität.

3.4.6 Theologischer Übertrag

Hans Blumenberg steht als postModerner Differenzphilosoph auf modernen Füßen: er hat sich eine Sehnsucht bewahrt, deren Unendlichkeitsdrang ihm selbst suspekt ist. Aus theologischer Sicht arbeitete er an einem Auschluß des Absoluten aus dem *Absolutismus der Wirklichkeit*. Dahinter verbarg sich die erlittene Angst vor solchem Verlangen, das im Unendlichen totalisierende Kraft sammelt. Die Sorge um die Ausradierung des Endlichen läßt sich als theologisches Kainsmal betrachten: auf der Stirn derer, die mit zu viel Sicherheit den Glauben in Sätze und Systeme packten. Die Leere wurde ermordet, die offenen semantischen Stellen getilgt, das Sensorium für die mögliche Andersartigkeit noch der grundlegendsten dogmatischen Sätze.

Auf sie macht Blumenberg aufmerksam, indem er ihre metaphorischen Prozesse andernorts hebt. Metaphern auf jedem Theoriegrund erschüttern die Zuversicht, man hätte die Dinge theoretisch, wie sie sind. Metaphern führen ihr Eigenleben und verschieben jeden möglichen Sinn ins Unkontrollierbare. Darin kehrt Sinn zurück: als Verarbeitung von Leere, die für Blumenberg im Tod wartet. Was bei ihm nur erfahrungstheoretisch ausgewiesen ist, daß das Absolute fehlt, wird ihm hinter seinem Rücken zur einzigen absoluten Gewißheit. Hier macht sich ein eigentümlicher Abschottungsprozeß bemerkbar: Blumenberg öffnet sich nicht mehr für die grundlegende Brüchigkeit der eigenen Erfahrung. Daß sie ins Leere halten *kann*, läßt sich vor-theologisch nicht dementieren. Ihr Ausschluß hat etwas Gewaltsames, Verordnetes.

Dabei erinnert gerade Blumenberg an den theologischen Unterschied zwischen der Erfahrung des Absoluten und absoluter Erfahrung. Letztere ist mit und gegen Blumenberg nie identisch mit sich zu denken. Der offene Prozeß theoretischer Neugierde aus praktischem Impuls wäre hier hermeneutisch anzukurbeln: von unablegbarer, nie zu bewältigender Kontingenz getrieben.

Theologisch wird in der metapherntheoretischen Kontingenztheorie ein Mehrfaches deutlich:

---

[445] D. Adams / P. Behrenberg, Bibliographie Hans Blumenberg zum 70. Geburtstag, in: ZfphF 44 (1990) 647-661; hier: 649.
[446] E. Nordhofen, Die Proklamation des Plurals, 47.

184 *Teil I: Hinführung: Aspekte postModerner Hermeneutik*

- die Kontingenzbewältigung qua Metapher;
- deren Abnutzbarkeit;
- ihre Konvertibilität;
- ihre Pluralität.

Von daher darf man Metaphern theologisch manches zutrauen, aber nicht alles. Jedes Sprechen wird zum allerdings notwendigen Versuch, Kontingentes und Absolutes auf Probe zu vermitteln.

Noch einmal theologisch summiert:

- Es gibt eine hermeneutische Verpflichtung auf den Mut zur Metapher als einem Experiment vorläufiger Theologie.
- Die unkontrollierbare Veränderung im Metaphernverstehen aktiviert Differenzen. Jede vermeintliche identische Rückbindung bewegt sich in einem wiederum unkontrollierbaren Feld von Metaphernverschiebungen und -auflösungen.
- Theologische Metaphern sind Ausdruck theologischer Kontingenz sowie ihrer Bewältigung. In dieser Doppelung wird ein differenzhermeneutisches Strukturgesetz eruierbar.
- Metaphern vermitteln Fremdes (Differenz) an Eigenes (Identität): im Vorgang der Evangelisierung läßt sich dies erneut als fundamentale Logik kennzeichnen, die ihre Basis im Bezug von Selbst und Anderem hat und auf die Unverzichtbarkeit differenter Metaphorisierungen, fremder Übersetzungen und ihrer immer fortlaufenden Abweichungen hinweist.
- Der Blick wird frei für die „Wahrnehmung von Traditionsbeständen, die seitens einer ‚offiziellen' Theologie ein Schattendasein fristen".[447] Metaphorisches Denken provoziert abseitiges, entlegenes Denken und die Rettung des Abweichenden als möglichen Ort von *Offenbarungen*.

3.5 Verstehen in der Differenz: Paul Ricoeur

Zwei Grundwörter der bisherigen Diskussion kehren bei Ricoeur in den Titeln seiner grundlegenden hermeneutischen Studien wieder: METAPHER[448] und ZEIT.[449] Schon von daher fügt sich Ricoeurs Ansatz in den eröffneten Zusammenhang. Dieser ist konstitutiv: Ricoeurs Denken kreist um die Frage nach dem Verhältnis von Identität und Differenz in allen Phasen. Die Chiffre ‚Identität' besetzt er dabei immer wieder im Fragehorizont des Subjekts. Hei-

---

[447] P. Behrenberg, Endliche Unsterblichkeit. Studien zur Theologiekritik Hans Blumenbergs, Würzburg 1994, 183.
[448] P. Ricoeur, Die lebendige Metapher, München 1986.
[449] Ders., Zeit und Erzählung. Bd I: Zeit und historische Erzählung (München 1988); Bd. II: Zeit und literarische Erzählung (München 1989); Bd. III: Die erzählte Zeit (München 1991).

3. Perspektiven einer differenzphilosophischen Hermeneutik

deggers Daseinsanalytik bot Ricoeur in dieser Hinsicht Anhaltspunkte: seiner philosophischen Herkunft nach Phänomenologe, wurde er mit und gegen Heidegger zum Fundamentalhermeneutiker.

3.5.1 Ricoeur als Existenzhermeneutiker

Wie wird und formuliert sich die Identität des Subjekts, von dem Ricoeur in seinem Spätwerk als dem ‚Selbst' sprechen wird? Die Geschichte des 20. Jahrhunderts mit seinen totalitären Bedrohungen des Individuellen ließ für Ricoeur die philosophische Bedeutung der Frage nicht mehr ruhen. So untersuchte er in seinem phänomenologischen Hauptwerk das Problem der Schuld als der Unterbrechung menschlicher Identität.[450] Zwei Aspekte tauchen hier auf, die für das Projekt einer differentiellen Hermeneutik wichtig sind: zunächst die Logik der Differenz selbst, die in den verschiedenen Thematisierungen des schuldhaft realisierten Bösen greift – etwa im archaischen Symbol des *Makels*. Im Schuldgefühl tritt der Bruch zu Tage, den diese Sphäre für den Menschen bedeutet, am deutlichsten im „Gefühl der Angst, welche die Furcht vor einer ethischen Gefahr darstellt."[451] In der Abfolge der symbolischen Stufen vom *Makel* über die *Sünde* zur *Schuld* wird diese Differenzerfahrung verinnerlicht und bezeugt einen Abstand, den der Mensch zu sich selbst wie zu Gott bzw. den geltenden Normen einlegt. In den entsprechenden Symbolisierungsformen dieser Erfahrung zeichnet sich der zweite differenzhermeneutische Aspekt ab: Der Mensch ist sich nicht unmittelbar gegeben; er *vermittelt* sich an seine Umwelt und an sich selbst. Es gibt keine ungebrochene Form von Identität. Diese zentrale hermeneutische Einsicht in „the mediated nature of subjectivity"[452] macht deutlich, daß Ricoeur unter differenztheoretischen Gesichtspunkten zu untersuchen ist. Zumal er sich mit dem bezeichneten Ansatz einen entscheidenden Schritt vom identitätsmetaphysischen Denken wegbewegt, wie es dem postModernen Verdikt verfällt: „Nothing could be further from Hegelianism and traditional metaphysics in general than this."[453]

Diese Einschätzung, nachmetaphysisch zu argumentieren, läßt sich auch durch Ricoeurs Haltung zur Theologie stützen. Zwar ist Ricoeur praktizierender protestantischer Christ – als Philosoph hingegen konzipiert er „eine Philosophie ohne Absolutes".[454] Auch so rückt er in die Nähe zu postModernem Differenzdenken, die sich in der Betonung der Mehrdeutigkeit der

---

[450] Ders., Die Fehlbarkeit des Menschen. Phänomenologie der Schuld I, Freiburg-München 1971; Symbolik des Bösen. Phänomenologie der Schuld II, Freiburg-München 1971.
[451] U. I. Meyer, Das Symbol gibt zu denken. Eine Untersuchung zur Symbolinterpretation bei Paul Ricoeur, Aachen 1990, 95.
[452] G. B. Madison, Ricoeur an the Hermeneutics of the Subject, in: L. E. Hahn (Hrsg.), The Philosophy of Paul Ricoeur (= The Library of Living Philosophers Vol. XXII), Chicago– La Salle 1995, 75-92; hier: 81.
[453] Ebd.
[454] J. Mattern, Paul Ricoeur zur Einführung, Hamburg 1996, 16.

menschlichen Symbolisierungen und in einer damit gleichsam sprachontologisch begründeten Pluralität als grundlegendem Wahrnehmungsmuster zeigt.

Diese Ambiguität betrifft menschlich die Hauptfrage nach dem Sinn von jenem Ganzen, das auch für Ricoeur nicht anders als im symbolischen Ausschnitt zu haben ist. „Für Ricoeur liegt der Sinn der Geschichte in ihrem Aspekt als Drama des menschlichens Strebens, dem Leben einen Sinn zu verleihen. Diese universelle menschliche Suche nach dem Sinn vollzieht sich im Bewußtsein der zersetzenden Kraft der Zeit, aber sie wird gerade durch dieses Bewußtsein auch ermöglicht und empfängt von dort ihr spezifisch menschliches Pathos."[455] Die Zeit wird als jene Differenzmarke sichtbar, wie sie besonders mit den Arbeiten von Gilles Deleuze erschien. Und mit Hans Blumenberg kann sie unter metaphorischem Gesichtspunkt ausgeführt werden – Ricoeur wird dies auf seine Weise explizieren.

Die Logik seiner Überlegungen kann auf diesem Hintergrund als Leitfaden der folgenden Darstellung angegeben werden. Als Existenzhermeneutiker[456] geht Ricoeur von den Zeugnissen menschlicher Deutung aus, die jeweils eine Selbstinterpretation implizieren. Diese Selbstauslegung bleibt im Symbol stets dunkel und kontingent, muß aber eben hier aufgesucht werden, „weil ich den Existenzakt nirgendwo sonst zu fassen bekomme als in den verstreuten Zeichen dieser Welt."[457] Ricoeur arbeitet sich von daher über eine Metapherntheorie zu einer grundlegenden Analyse der poetischen Zeiterfahrung weiter, die dazu verhilft, das Selbst zu thematisieren. Metapher und Zeit unterbrechen die Identität dieses Selbst, das demnach nur different zu begreifen ist. Die Kontingenz in jeder Symbolverwendung macht es dabei unausweichlich, auch im narrativen Bereich den Einbruch der Zeit zu untersuchen. Die Legitimität dieses Ansatzes wird sich dann mit Ricoeurs Zentralthese erweisen, wonach erst in der erzählten Zeit die Überwindung der Aporien der Zeit gefaßt werden kann – die freilich eben in ihren Differenzen nur um so schärfer konturiert erscheinen.

Dieser aporetische Einschlag unterstreicht Ricoeurs Nähe zu den postModernen Differenztheoretikern. Sofern Ricoeur indes in seinen geschichtsphilosophischen Überlegungen zu einer Dialektik von Identität und Differenz findet, ergibt sich auch eine mögliche Konfrontation mit den PostModernen. Das Emblem einer „Synthese des Heterogenen"[458] bringt dieses Problem auf den Punkt. Ricoeurs Geschichtsdiskurs in der Form einer existenziellen Kulturhermeneutik des Selbst wird also kritisch nach Differenzresistenz und sublimem Einheitspostulat zu befragen sein:

---

[455] H. White, Die Metaphysik der Narrativität: Zeit und Symbol in Ricoeurs Geschichtsphilosophie, in: ders., Die Bedeutung der Form. Erzählstrukturen in der Geschichtsschreibung, Frankfurt a.M. 1990, 175-193; hier: 190.

[456] Vgl. P. Ricoeur, Existenz und Hermeneutik, in: ders., Der Konflikt der Interpretationen I: Hermeneutik und Strukturalismus, München 1973, 11-36; zum Zusammenhang mit Heideggers Daseinsanalytik vgl. besonders 19f.

[457] Ders., Hermeneutik der Symbole und philosophische Reflexion II, in: ders., Der Konflikt der Interpretationen II: Hermeneutik und Psychoanalyse, München 1974, 196-216; hier: 212.

[458] Paul Ricoeur, Die lebendige Metapher, VII.– Dieses Wort zieht sich wie ein roter Faden durch Ricoeurs Werk.

> „ist er ein *zer*brochener Diskurs, auf der Suche nach einem verlorenen Ganzen, oder ein *ge*brochener Diskurs, der gerade in seiner Brechung Licht bündelt und verteilt? Sind die Umwege der Deutung nur längere Wege, vielleicht gar verborgene Rundwege (Hegel <in the long run>) oder sind es Abwege, *dé-tours*?"[459]

Diese Frage, von Bernhard Waldenfels ganz konsequent zu einem Zeitpunkt gestellt, als die Trilogie „Zeit und Erzählung" zu erscheinen begann, kann ihre Antwort erst mit dem subjekttheoretischen Hauptwerk Ricoeurs finden. Der Frageort entsprach dem Publikationsstand – die Fragelogik ist eine gleichermaßen werkgenetische wie fundamentaltheoretische, der die Gliederung dieser Interpretation auch von daher zu folgen hat.

3.5.2 Vermitteltes Sprechen

> „Die Dunkelheit eines Symbols zeugt von seinem Widerstand gegenüber jeglichem Versuch, das Symbol auf seine Diskursstrategie zu reduzieren."[460]

Von der Notwendigkeit eines vermittelten Sprechens war bereits andeutungsweise die Rede. Mit dem im weitesten Sinne symbolischen Weltverständnis ist zugleich eine Zugangsform zur Wirklichkeit bezeichnet, die einen eigenen Weg geht, in einen poetischen Bereich führt, der sich nicht noch einmal von anderen Diskursen beherrschen läßt. Begriffliche Klarheit läßt sich hier nur um den Preis einer Verkürzung des semantischen und interpretativen Spektrums anwenden. Es käme der Gewalt gleich, mit der theoretisches Interesse nach seinen Paradigmen richtet. Sie gerät ins Schwanken, wo Unvorhergesehenes, Unerhörtes Anderes und Fremdes ins Spiel bringt. Und genau das leistet die Metapher, solange sie noch nicht etabliert, eingefriedet und ins allgemeine Bewußtsein nivelliert wurde, sondern ihr Innovatorisches provokant hält. Den Tempuswechsel erzwingt das Präsens, in dem sich die *lebendige Metapher* behauptet:

> „Eine wörtliche Ungeheuerlichkeit, ein neuer prädikativer Geltungsbereich und eine Wortverdrehung – das sind die Kennzeichen einer lebendigen Metapher."[461]

Diese Eigenschaften distanzieren jeden Versuch, eine Metapher in der Deutung aufzubrauchen. Keine allgemeine Hermeneutik kommt ihr bei. Sie führt direkt in den „Konflikt der Interpretationen"[462], d.h. in die Unabweisbarkeit verschiedener Perspektiven auf denselben Gegenstand. Das Zuordnungsraster des Identischen geht in einem mit der Möglichkeit von Univozität verloren – und so stößt Ricoeurs Metapherntheorie zu einer Hermeneutik der Differenz durch.

---

[459] B. Waldenfels, Paul Ricoeur: Umwege der Deutung, in: ders., Phänomenologie in Frankreich, Frankfurt a.M. 1987, 266-335; hier: 325.
[460] P. Ricoeur, Poetik und Symbolik, in: H. P. Duerr (Hrsg.), Die Mitte der Welt. Aufsätze zu Mircea Eliade, Frankfurt a.M. 1984, 11-34; hier: 22f.
[461] Ebd., 21.
[462] Mit dem Untertitel der beiden angeführten Aufsatzbände zur Hermeneutik.

Das theoretische Motiv für Ricoeurs Auseinandersetzung mit der Metapherntheorie gründet in der zentralen Bedeutung des Symbols für das menschliche Selbst- und Weltverständnis. Die Metapher als Teil symbolischer Wirklichkeitserschließung hat von daher neben ihrem sprachlich innovatorischen Moment auch eine eminent „heuristische Funktion".[463] Existenzinterpretation wird in ihrem Mehrwert verständlich, die Verlaufsformen eingeschlagener Richtungen in noch unbegangenes semantisches Gelände lassen sich nachpausen. Dies wird möglich aufgrund der mimetischen Kraft der Metapher:

> „Mimesis meint den referentiellen Bezug aller Poiesis auf die Welt, die Teilhabe an der Aufgabe, das Seiende auszudrücken, Mimesis bezeichnet für Ricoeur die ontologische Qualität der Kunst und damit auch der Metapher, Menschen und Dinge als handelnd darzustellen."[464]

Indes: auch dies ist ein Vorgang, der die Abstände einhält. Mimesis ist gleichermaßen Konstruktion wie Rekonstruktion und spielt von daher im Raum der Differenz. Metapherntheoretisch erweitert bedeutet das zugleich: einfach nachstellen lassen sich die metaphorischen Züge nicht – sie bleiben originär bis zur Abnutzung des Gesehenen im Weltbild, das ihre Blickpunkte versammelt, ohne sie in der ganzen Fülle des einmalig Gesehenen bewahren zu können. Dem entspricht differenztheoretisch der Verweisungszusammenhang von Zeichen und Bezeichnetem: hier herrscht eine unabschaffbare „Nichtidentität mit den Sachen".[465] Trotzdem sollen sie im Wort angesprochen werden. Die vereinbarte semantische Deckung eines Sprachzeichens gilt hier auf Widerruf, und den proklamiert die lebendige Metapher mit der Kraft ihrer Perspektivensprengung:

> „Die semantische Identität wird in der Rede durch das Wort gewährleistet. Diese Identität wird durch die Metapher angegriffen."[466]

Von daher ergibt sich auch die Notwendigkeit, mit der Mehrdeutigkeit der Metapher den symbolischen Überschwang der Erfindung zu bezeichnen und darin das Unabgeltbare abweichender Deutungen auszuhalten. Hier gewinnt die Dichotomie im Interpretationsfeld erkenntnistheoretischen Boden: Ricoeurs Hermeneutiken des *Vertrauens* und des *Verdachts*, letztere repräsentiert durch „die großen Meister des Zweifels"[467] Marx, Nietzsche und Freud.[468]

---

[463] P. Ricoeur, Die lebendige Metapher, II.
[464] R. Rellinger / J. Villwock, Die Metapher als Ereignis. Zu Paul Ricoeurs *La métaphore vive*, in: Germanisch-Romanische Monatsschrift, 57, N.F. 26 (1976) 451-466; hier: 453f.
[465] P. Ricoeur, Die lebendige Metapher, III.
[466] Ebd., 8.
[467] Ders., Hermeneutik der Symbole und philosophische Reflexion II, 213.– B. Waldenfels spricht im Blick auf diese beiden Ansätze von einer „*restaurative(n)*" und einer „*destruktive(n) Hermeneutik*" (Umwege der Deutung, 301), die Ricoeur in seinem späteren Werk in einem eher „dialektischen Verhältnis zwischen der Hermeneutik der Tradition und der Ideologiekritik fortsetzt" (J. Mattern, Ricoeur zur Einführung, 60.)
[468] Vgl. P. Ricoeur, Die Interpretation. Ein Versuch über Freud, Frankfurt a.M. 1969.

Der Bogen, den diese differenzbewußte Hermeneutik spannt, reicht vom Eigenen bis zum Anderen und Fremden, das sich in der unerwarteten und unvorhersehbaren Blickwendung der Metapher zeitigt. In seinen früheren Arbeiten sieht Ricoeur diese Relation zwar bereits dialektisch, doch liegt der Akzent im Sinne der vorgegebenen Fragerichtung von Bernhard Waldenfels noch stark auf dem Eigenen, denn im Verstehen dokumentiert sich

> „das Bemühen um ein erweitertes Selbstverständnis auf dem Umweg über das Verstehen des andern."[469]

Dies ist festzuhalten. Ohne Nachbesserungen wäre hier der Punkt erreicht, an dem die Hermeneutik Hans-Georg Gadamers verharrte: die Sensibilität für Abstände im Verstehen und für die unausweichlichen Differenzen in der dialogischen Aneignung wird durch einen identitätsgelenkten Magnetismus korrigiert.

Ricoeurs grundlegende „Theorie der Spannung"[470] von Differenz und Identität macht sich metapherntheoretisch darin fest, daß jede metaphorische Seinsaussage sowohl ein Gleichheitszeichen setzt als dies auch wieder durchstreicht. Nur darin wird die „metaphorische Wahrheit"[471] erreicht, die sich im Erzählgestus des „Es war und es war nicht"[472] manifestiert. Der Überschuß der Sprachwirklichkeit gegenüber jedem begrifflichen, empirisch meßbaren Parameter erscheint in einer „Spannungswahrheit"[473] mit paradoxen, also der vorherrschenden Doxa entgegenstehenden Konturen. Sie ergeben sich aus der metaphorischen Vorstellungskraft, die Wirklichkeit unter den Vorzeichen eines „Sehen-als"[474] wahrnimmt und deutet. Damit entspricht die metaphorische Imagination dem unausweichlichen Moment des Interpretierens, wie ihn der Interpretationismus für menschliches Erkennen grundlagentheoretisch beschrieb.

Ricoeur entwirft auf dieser Basis ein Metaphernverständnis, das sich der aristotelisch inspirierten Tradition der Metaphernsubstitution widersetzt. Mit dem klassischen Konzept der Metapher als Übertragung eines Nomens wird die Metapher ornamental angesetzt und verliert ihren spezifischen Erkenntniswert. Erst durch die Spannung, die sie zu ihrem avisierten Bildempfänger einlegt, kann unverrechenbar anders und Anderes gesehen werden.

Die Erweiterung des Bezugsrahmens durchbricht an dieser Stelle den Mechanismus der Identifikation, der zuschnappt, wo das eine durch das andere einfachhin ersetzt werden kann. Die Metapher erreicht bei Ricoeur offenes Land. Und dies wird analog gewonnen, wo er von der Wort- zur Satzsemantik vordringt.[475] Sprachtheoretisch läßt sich dies durch die „Kontextgebundenheit der Bedeutung"[476] begründen, die nicht zuletzt dadurch deutlich

---

[469] Ders., Existenz und Hermeneutik, 27.
[470] P. Ricoeur, Die lebendige Metapher, 8.
[471] Ebd., 238.
[472] Ebd., 220.
[473] Ebd., 304.
[474] Ebd., 203.
[475] Vgl. ebd., 77.
[476] Ebd., 135.

wird, daß es Metaphern „nicht im Wörterbuch, sondern nur in der Rede"[477] gibt. Als Wort ist die Metapher identifizierbar; im Kontext des Satzes sprengt sie genau diese Identität wieder auf und entläßt mehrere Bezugsmöglichkeiten, in denen sie Bedeutungsoptionen entwickeln läßt:

> „es gibt eine Identität des Wortes. Gewiß handelt es sich um eine plurale Identität, eine offene Textur, wie wir sagten; diese Identität genügt jedoch, um es in verschiedenen Kontexten wieder als dasselbe zu identifizieren. Das Spiel des Benennens... ist nur dadurch möglich, daß die semantische >Mannigfaltigkeit<, in der das Wort besteht, eine begrenzte, geregelte, hierarchisch geordnete Heterogenität bleibt. Polysemie und Homonymie sind zweierlei. Doch diese plurale *Identität* ist nichtsdestoweniger eine *plurale*. Darum kommt im Wechselspiel von Wort und Satz die Initiative des Sinnes, wenn man so sagen darf, wieder dem Satz zu. Der Übergang vom potentiellen zum Aktualsinn eines Wortes setzt die Vermittlung eines neuen Satzes voraus, ebenso wie der potentielle Sinn aus der Sedimentierung und Institutionalisierung der früheren Kontextwerte hervorging."[478]

Indem Ricoeur die Metapher satzsemantisch bestimmt, kann er das Verhältnis von Identität und Differenz dynamischer fassen. Die Metapher läßt sich nicht mehr einfachhin als Austausch von Worten im Übertragungsvorgang begreifen – sie legt einen spezifischen Abstand in den Vorstellungswelten ein. Der Kontext erschließt diese Welten vielbezüglich. Der Verweis öffnet sich dabei über den Satz auf das Ganze des Textes und darüber hinaus auch intertextuell. Zugleich zieht der Satz einen Kreis um die möglichen Deutungen. Er wird zum Rahmen, der die Beliebigkeit von Interpretationen zu kritisieren erlaubt und zur Bestimmung der Metapher beiträgt. Von daher herrscht keine totale Differenz vor. Und nur so läßt sich auch die „hierarchische" Struktur deuten. Ricoeur denkt wie Deleuze (und Derrida) die Differenz nicht *absolut*: der Bezugspunkt einer möglichen Anknüpfung ist vorgegeben; jede Verwendung eines Wortes ist an seine bereits eingenommenen Sinnpositionen gebunden. Auf dieser Basis kann sie verändern, erneuern, erfinden. Die Hierarchie ist geschichtlich und fragil.

Diese Einschätzung trennt Ricoeur von einer radikalen Fassung der Differenzphilosophie (z.B. bei Lyotard), der jeder Einheitspunkt unter identitätslogischem Verdacht entschwindet. Ricoeur hingegen sucht nach einer dialektischen Vermittlung von Identität und Differenz, wobei freilich der Grad der Aufhebung im Frühwerk eher nach Identitätswerten zu bemessen ist. Für Ricoeurs Privilegierung des Satzes muß eine Beziehung von Differenz und Einheit im beschriebenen Sinn grundlegend sein. Und genau dieses Prinzip setzt sich im Theorieganzen bei Ricoeur durch. Es macht seine Bedeutung als Differenzhermeneutiker für den vorgegebenen Theorierahmen aus: er denkt in einer Weise „dialektisch", die – im Ausblick auf das Spätwerk – keine einfache Reduktion auf einen der Pole mehr zuläßt, sondern eine Art **Negative Dialektik** mit anderen Mitteln instantiiert. Sie arbeitet in einem nicht mehr

---
[477] Ebd., 163.
[478] Ebd., 79f.

3. Perspektiven einer differenzphilosophischen Hermeneutik

synthetisierbaren Vorstellungsprozeß von Identität und Differenz, den eben Ricoeurs Metaphernkonzept vorführt. Das „ikonische Moment"[479] faßt er in der metaphorischen Imagination als

> „das vorbegriffliche Erfassen des Identischen in und trotz der Differenzen... Die Metapher erscheint dann als der Schematismus, in dem die metaphorische Attribution erfolgt. Dieser Schematismus macht die Imagination zum Entstehungsort des bildlichen Sinnes im Spiel von Identität und Differenz. Und die Metapher ist der Ort in der Rede, der diesen Schematismus sichtbar macht, weil Identität und Differenz hier nicht verschmolzen sind, sondern im Widerstreit miteinander stehen."[480]

Ricoeur löst hier die Spannungen nicht auf. Seine identitätskritische Perspektive bricht durch, für die Adorno in der Figur der Negativen Dialektik einen eigenen Denkmodus entwarf. Es gibt keinen Ausweg aus einer Sinnvermittlung jenseits identischer Festlegung einerseits und differenter Abweichung andererseits, weil sich Sinn entfesselt und entzieht, während alles im Verstehen danach verlangt, richtig, ganz, sicher zu *begreifen*. Diese Hoffnung muß zeitlich je aufgeschoben erscheinen, ohne darum sagen zu können, sie trüge – hier ereignet sich etwas wie ein eschatologischer Prozeß, der rein philosophisch ins Unendliche fortgedacht wird, theologisch jedoch einen konkreten Hoffnungshorizont erreicht. Die Aporie des Sinns und Verstehens liegt also in der geschichtlich unabschaffbaren Differenz, die sich im Geschehen von Sinn als nicht mehr synthetisierbarer Widerstreit von Differenz und Identität einträgt, während jedes Sinn-Zeichen auf ein Verstandenwerden, auf Kommunikation, auf Einverständnis zuhält. Dieses strukturelle Begehren nach Einheit in Denken und Existenz bleibt aber semantisch – mit Ricoeur und Blumenberg: metapherntheoretisch – gebrochen.

Dieser aporetische Zugang zeigt sich bei Ricoeur auch in der narrativen Fortsetzung seines Entwurfes einer Hermeneutik in Spannungen, die er unter dem Vorzeichen einer Aporetik der Zeit entwirft. Der eingeschlagene Weg zu einer nicht mehr identitätslogisch einzuebnenden Differenzhermeneutik wird mit diesem nächsten Denkschritt zu verfolgen sein. Ricoeurs pluralismusfreundliches Konzept macht hier die entsprechende Vorgabe:

> „Ich neige dazu, die Welt des Diskurses als eine Dynamik von Attraktionen und Repulsionen aufzufassen, die unaufhörlich Sektoren mit dezentrierten organisatorischen Ausgangspunkten zueinander in Wechselbeziehung und Überschneidung bringen, ohne daß dieses Wechselspiel je in einem absoluten Wissen zur Ruhe käme, das seine Spannungen in sich auflöste."[481]

3.5.3 Erzählzeiten, Zeiterzählungen

Ricoeurs Philosophie schreibt eine Anthropologie der Zeit, die sich an die Dokumente der menschlichen Zeiterfahrung hält. Sein erkenntnistheoreti-

---
[479] Ebd., 191.
[480] Ebd.
[481] Ebd., 283.

scher Ausgangspunkt besagt, daß es kein Selbst- und Weltverständnis geben kann, „das nicht durch Zeichen, Symbole und Texte *vermittelt* wird".[482] Unter dieser Voraussetzung diskutiert er die Theorie der Metapher; und insofern die Erzählung wie die Metapher ein „Phänomen der semantischen Innovation"[483] ist, wird auch sie zu einer Auslegung der Selbst- und Weltverhältnisse des Menschen herangezogen.

Das philosophische Interesse an der Zeit im Rahmen einer anthropologischen Fragestellung resultiert aus dem Problem der Kontingenz. Der Mensch steht ungeschützt vor dem Einbruch der Welt-Zufälle und letztlich der Begrenztheit in allen seinen Wirklichkeitsbezügen, für die der Tod letzter Name ist. Parallel zu den Überlegungen von Hans Blumenberg sieht Ricoeur in den verschiedenen Formen poetischer Weltgestaltung ihre Bewältigung am Werk. Theoretisch läßt sich das tödliche Problem der Zeit nicht meistern. Und es ist gerade die gleichermaßen existenzielle wie theoretische **Aporetik der Zeit**, die zur Beschäftigung mit ihren Erzählformen einlädt. Ricoeurs Schritt von einer Satzsemantik zu einer Werkhermeneutik liegt hier begründet. Nach Ricoeurs These wird sich herausstellen, daß anders als im philosophischen Diskurs die Zeit erst in der Erzählung in ihrer komplexen Widersprüchlichkeit und in ihrer Unbeherrschbarkeit erscheint. Damit wird zugleich ein Denkstil etabliert, der von der logozentrischen Beherrschbarkeit der Phänomene im Bannstrahl des Begriffs oder eines totalisierenden Konzepts absieht. Dem entspricht auf der sprachästhetischen Ebene Ricoeurs Motiv, „die Nicht-Reduzierbarkeit der *Verwendungen* von Sprache zu erhalten."[484]

Ausgangspunkt der zeitaporetischen Ausarbeitung ist die Erfahrung des Augustinus, daß sich ihm die Zeit in dem Augenblick entzieht, da er sich ihr stellt. Strenge Gegenwart läßt sich nicht anders denken als im Vorübergang der Zeiten, die zudem in der Erinnerung und im Zukunftsbezug zusammenstürzen, um sogleich wieder auseinanderzufallen. Es gibt also etwas wie einen in unendlichem Grenzwert bemessbaren und demnach nicht real bestimmbaren Augenblick der strengen Gegenwart der Zeit in der Seele, die alle drei Zeitekstasen in sich aufnimmt. Doch darin zeigt sich eine „Dialektik der Erwartung, der Erinnerung und der Aufmerksamkeit"[485], die Zeit aus der Seeleneinheit reißt und sie atomisiert:

> „Die Theorie der dreifachen Gegenwart, die hier als dreifache Anspannung formuliert wird, läßt die *distentio* der zersprungenen *intentio* hervortreten."[486]

In der zerspannten Zeiterfahrung findet Augustinus den tiefsten Ausdruck einer existenziellen Dispersion des Selbst, zerrieben zwischen den Zeiten wie den eigenen Trieben. Das große Gegenbild zur unerlösten Zerissenheit des Menschen wird die Ewigkeit, in der sich die Zeit aufhebt. Sie besiegelt die

---
[482] P. Ricoeur, Erzählung, Metapher und Interpretationstheorie, in: ZThK 84 (1987) 232-253; hier: 248.
[483] Ders., Zeit und Erzählung I, 7.
[484] P. Ricoeur, Erzählung, Metapher und Interpretationstheorie, 232.
[485] Ders., Zeit und Erzählung I, 37.
[486] Ebd.

3. Perspektiven einer differenzphilosophischen Hermeneutik 193

Unmöglichkeit des Menschen, sich in der Zeit selbst zu erlösen. Das Heil der Zeit, die *unheil*, also nicht ganz, die zersprungen ist, ist ihr Anderes, ist die Ewigkeit Gottes. Die Zeitaporetik erscheint in ihrer existenziellen Not und einer theoretischen Unfaßbarkeit.

Das Gegenstück zur dissonanten Zeitauffassung des Augustinus bietet die poetische Konsonanz, mit der Aristoteles in seiner Poetik das Zeitproblem behandelt. Zerfiel bei Augustinus die Zeit in der Reflexion, so wird ihre Einheit bei Aristoteles in der inneren Zusammengehörigkeit der Erzählung wiedergewonnen. Das entscheidende Instrument dafür ist der *Mythos*, die Fabelkomposition oder *Intrige*. Mit ihr werden zufällige Vorfälle zu einem Ereignis zusammengefaßt und im Rahmen einer Geschichte zu einem chronologischen bzw. gedanklichen Ablauf komponiert, der einen Sinn verspricht, den er selbst entwirft. Damit arbeitet die Erzählung an der Bewältigung von Kontingenz. Statt beim bloßen Zufall zu bleiben, ihn zu wiederholen, „transformiert die narrative Operation die irrationale Kontingenz in eine geregelte, bedeutsame, intelligible Kontingenz."[487] Die Erzählung ist damit nicht eine Kopie des Gegebenen, sondern deren kreative Anverwandlung – sie ist *Mimesis*.

Ricoeur unterscheidet drei Aspekte und Zeitbezüge der Mimesis. Als Mimesis I bezieht sie sich auf die Vergangenheit im Sinne eines Vorlaufs zur Dichtung, dessen Material sie verarbeitet und in die eigene Werkgegenwart der Mimesis II einsetzt. Da jede Erzählung auf eine Rezeption zielt, greift sie in die (virtuelle) Zukunft des Lesers ein; die Spuren dieses Bezugs im Werk nennt Ricoeur Mimesis III. Man kann diese Aufteilung im Begriff der *Vermittlung* fassen, die das mimetische Vermögen zum Aufgreifen einer Handlung und ihrer Umgestaltung mit Blick auf den Rezipienten beinhaltet: ein Vorfall wird im Rahmen einer Geschichte als Ereignis vermittelt, indem sie weitererzählt wird. Damit wird die Logik der Erzählung strikt zeitlich gedacht.

Was die mimetische Darstellung leistet, ist die Durchdringung der beliebigen Abfolgen von Geschehnissen, die sie filtert. Hier ergibt sich eine unmittelbare Verbindung von Geschichtsschreibung und Fiktion. Beide präparieren ihr Material, insofern es keinen nicht-interpretativen Zugriff auf die Geschichte gibt. Historie und Erzählung setzen einen Anfang und ein Ende, sie arbeiten mit Mitteln der Simulation. „Die Kunst der Erzählung besteht auf der zeitlichen Ebene... darin, aus einer Sukzession eine Konfiguration zu gewinnen."[488] Dasselbe gilt für die geschichtliche Erzählung; auch sie wählt aus, stilisiert, komponiert. Nur so werden unterschiedliche zeitliche, topographische oder sonst bedeutungstragende Elemente verständlich und lesbar: in einer gesuchten Ordnung und in einer vorgegebenen Interpretationsrichtung. Die historische wie die fiktive „Fabel ist folglich die zugrunde liegende narrative Einheit, die diese heterogenen Bestandteile zu einer einsichtigen Gesamtheit bildet."[489] Daß dies auch für die historische Erzählung gilt, liegt

---

[487] Ders., Zufall und Vernunft in der Geschichte, Tübingen 1986, 14.
[488] Ebd., 19.
[489] Ders., Erzählung, Metapher und Interpretationstheorie, 236.

an der symbolischen Verstrickung jeder Praxis. Handlungen sind erzählbar, weil sie rituell, kulturell gerahmt und unausweichlich sprachlich, also symbolisch vermittelt sind. Jede Handlung ist von daher ein „Quasi-Text"[490]– und jede Fiktion ein „Als-ob"[491] von Praxis.

Jede Erzählung bewältigt auf ihre eigene Weise das Problem der Zeit, indem sie es in ihrer Erzählung formal und/oder inhaltlich thematisiert. Auf der untersten Stufe der Erzähllogik geschieht dies durch den Einsatz der Verben sowie durch die Fabelkomposition, mit der die Sukzession der Zeit in einen inneren logischen Zusammenhang gestellt wird. Erst so kommt Vernunft in die Geschichte. Und „diese Nachvollziehbarkeit der Geschichte bildet die dichterische Lösung des Paradoxes von *distentio* und *intentio*."[492] Die historische Erzählung leistet dies, indem sie die Unabgeschlossenheit der Vergangenheit herausarbeitet, die sich zeigt, wo sie erst als solche in der Interpretation der Gegenwart erfaßt wird und zugleich in diese Gegenwart ragt, indem sie ihr eine Folie bietet, einen Hintergrund, eine Projektionsfläche. Analog existiert keine abgeschlossene, keine wirkliche „Geschichte der Gegenwart im streng narrativen Sinn des Wortes. Es könnte sich nur um eine Antizipierung dessen handeln, was künftige Historiker über uns schreiben könnten."[493] Diese Überlegungen machen auf die unweigerliche Pluralität von Geschichten aufmerksam, die von der Vieldeutigkeit und der rationalen Fliehkraft jedes Ereignisses zehrt. Jedes Geschehen ist ein Sonderfall, seine typologische Kraft ist nie vollständig. Was bleibt, ist die Fiktion der Zusammenhänge, die vorläufige Analyse von Strukturmerkmalen, die sich zwischen den Erzählzeiten und Perspektiven ergeben. Für Ricoeur wird vor dem Problem der wirklichkeitsgerechten Darstellung die Komplexität der Fabel zum Strukturgesetz einer adäquaten Mimesis. Zumindest im Blick auf die historische Erzählung droht hier freilich – mit Hayden White – ein kriteriologisch ungesicherter Formalismus.[494] Der Wahrheitsbezug im Sinne einer Wirklichkeitsentsprechung schwankt. Indes zieht Ricoeur hier nur die erkenntnistheoretischen Konsequenzen eines Ansatzes, der jede Möglichkeit zu einer absoluten, d.h. univoken Beherrschbarkeit der Wirklichkeit in Abrede stellt. Über ein letztes Kriterium verfügen wir nicht; Wahrheit ist selbst selektiv und nie frei von einem kompositorischen Zug, der sich aus dem Vermittlungscharakter aller Erkenntnis und jedes Weltbezugs ergibt. Die historische und literarische Erzählung markieren den notwendigen Umweg der Wahrheitssuche des Menschen:

> „Eine hermeneutische Philosophie ist eine Philosophie, die alle Erfordernisse dieses langen Umwegs annimmt und die dem Traum einer totalen Vermittlung widersteht, an deren Ende sich die Reflexion wiederum mit der intellektuellen Anschauung gleichstellt in der Transparenz für sich selbst als einem absoluten Subjekt."[495]

---

[490] Ders., Zeit und Erzählung I, 96.
[491] Ebd., 104.
[492] Ebd., 108.
[493] Ebd., 220f.
[494] Vgl. H. White, Die Bedeutung der Form, 185.
[495] P. Ricoeur, Erzählung, Metapher und Interpretationstheorie, 251.

3. Perspektiven einer differenzphilosophischen Hermeneutik 195

Ricoeurs Hegelkritik unterstreicht den Stil eines differentiellen Denkens, der vor der Wahrheitsfrage die eigene theoretische Unabgeschlossenheit gesteht. Daher die Nähe zum Erzählen als einem Modus des Verweises, der die Dinge nie unmittelbar zu besitzen behauptet. Dennoch referiert die Erzählung, die historische wie die fiktionale, auf die Realität. Beide Erzählformen leben vom „Anspruch, ein wirkliches außersprachliches Ziel zu erreichen", vom „Anspruch, die Wahrheit zu sagen".[496] Diese Wahrheit ist mehr als die empirische Vorfindlichkeit, die logische Einweisung der Phänomene – sie ist eine Wahrheit, wie sie in der Erzählung der Zeit diese erst vorstellbar macht. Indem die Erzählung Sinn schafft, in der Metapher zu neuen Sinnbildern durchstößt, indem Erzählung und Metapher in ihrer Konstruktion einen unverwechselbaren Sinn manifestieren, zwingt sich ein erweitertes Wahrheitsverständnis auf.

Die Bedeutung dieses Wahrheitskonzepts veranschaulicht Ricoeur am Beispiel literarischer Zeiterzählungen der Moderne. In ihnen wird der „Widerstand der narrativen Zeitlichkeit gegen die bloße Chronologie"[497] deutlich, so daß die Zeit selbst in ihrer dissonanten Konsonanz, der die Erzählung in der Fabel einen Rahmen gibt, zum Thema werden kann. Sie wird es bereits in dem Sondermerkmal der Fiktion, ganz in der Zeit zu stehen und doch eine gewisse „Zeitlosigkeit"[498] zu behaupten, in der sich ihre Figuren halten. Ihre Gegenwart hat alle Züge einer bestimmbaren Zeit, die sie hinter sich lassen, indem sie nur in dieser verharren. Indem fiktive Figuren in einer festgelegten Zeit leben, wird diese zur immergleichen und also in dieser Hinsicht wirklichkeitslosen Gegenwart, wenn man sie liest. Der angesprochene Bereich der Mimesis III ist es dann auch, der literarische und historische Erzählung voneinander trennt. Im Anwendungsfall zeigen sich die möglichen Folgen, die Sedimentierungen von geschichtlicher Vergangenheit in der Gegenwart aktueller politischer Handlungen von anderem Wirklichkeitsgrad als ihre Fiktionen: als Erblast etwa, als konkrete Schuld, als eingegangene oder zu übernehmende Verpflichtung, die in der historischen Erzählung die Wirklichkeit beansprucht.

In dieser Richtung liegt die „Überkreuzung von Geschichte und Fiktion".[499] Der Wahrheitsanspruch der Geschichtsschreibung bezieht sich auf tatsächliche Ereignisse; doch auch für sie gilt „der poetische Charakter der Geschichte".[500] Sie macht Anleihen bei der fiktionalen Erzählung, wie diese von ihr Momente des Wirklichkeitsbezugs und der spezifischen Aufarbeitung des Materials entlehnt. Ricoeurs großes Anliegen ist es, in dieser Verschränkung der Erzählhaltungen und -techniken die spezifische Leistung der Erzählung hinsichtlich der Zeitaporetik zu kristallisieren:

„Meine These ist nun, daß die besondere Weise, in der die Geschichte auf die Aporien der Phänomenologie antwortet, in der Ausarbeitung einer *dritten Zeit* –

---
[496] Beide Zitate ebd., 243.
[497] Ders., Zeit und Erzählung II, 83.
[498] Ebd., 112.
[499] Ders., Zeit und Erzählung III, 294.
[500] Ebd., 159.

der eigentlich historischen Zeit – besteht, die zwischen der erlebten und der kosmischen Zeit vermittelt."[501]

Die Fiktion kann dabei als ganz eigene „Zeitschöpfung"[502] beschrieben werden. Die Zeiten des Erzählens, des Erzählten und die Lebenszeit verschmelzen im Werk und in der Lektüre dergestalt, daß das Leben im Werk Bedeutung erhält. Damit wird auch der Wahrheitsort der literarischen Erzählung sichtbar: die fiktive Erfahrung und die Erfahrung des Lesers stoßen aufeinander. Die Werkwelt enthält eine *„immanente Transzendenz"*.[503] Die fingierte Erfahrung einer Figur wird zur Möglichkeit für den Leser, sie mit der eigenen Lebenswelt zu vermitteln. Die Möglichkeit, die Perspektiven der Figuren einzusetzen und ihre Reflexionen aufzudecken, gestattet es, die divergierenden Zeiterfahrungen im Werk zu fassen: in Zeitsprüngen, in Bewußtseinsströmen, in der Raffung oder Dehnung der Zeit, wie sie in der Beziehung von Erzählzeit und erzählter Zeit geboten wird. Exemplarisch wird dies im „Zauberberg" Thomas Manns: Kapitellängen und meßbar verronnene Zeit stehen in abweichenden Relationen zueinander, die das Unmeßbare der Zeit zur Schreib- und Leseerfahrung machen. Traumsequenzen zerdehnen die Zeit und temporalisieren die Zeitlosigkeit des *nunc stans*, wie es Hans Castorp im Schneegestöber erlebt. Erst in dieser widersprüchlichen Komplexion des Erzählens wird das Phänomen Zeit anschaulich, ohne daß es eine andere Möglichkeit gäbe, Zeit zu begreifen, als eben in dem Unikat der erzählten Zeit. Und eben in dieser spezifischen Leistung ist „dem Vermögen des Kunstwerks Rechnung zu tragen, das menschliche Handeln zu entdecken und umzuwandeln."[504] Dieser Wahrheitsanspruch korreliert mit dem der historischen Erzählung – auch sie klärt auf, auch sie referiert auf das Leben.

Wie nahe sich die „narrative(n) Modi"[505] von Fiktion und Historie stehen, macht die technische Seite der historischen Erzählung deutlich. Sie operiert mit verschiedenen Zeitmaßen, die Erzählanlässe bieten und gleichsam temporale Tropen bemühen, die jenen anderen Figuren in der narrativ strukturierenden Funktion verwandt sind, wie sie Hayden White in der „Tiefenstruktur der historischen Einbildungskraft"[506] ausmacht.

Als solche Muster im Ordnungshefter der „kalendarischen Zeit"[507] fungieren Mythos, Ritus und Zyklik. Sie sind physikalisch berechenbar und lassen ihr Leitbild doch nicht empirisch verifizieren. Damit bilden sie Brückenköpfe. Solche Zeitvorstellung „kosmologisiert die erlebte Zeit und humanisiert die kosmische Zeit."[508] Zugleich hat sie einen eminent poetischen Zug, der sich im zweiten großen Zeitschematismus der „Generatio-

---

[501] Ebd.
[502] Ders., Zeit und Erzählung II, 136.
[503] Ebd., 171.
[504] Ebd., 269.
[505] Ders. Zeit und Erzählung III, 162.
[506] Ebd., 246.– White nennt Metapher, Metonymie, Synekdoche und Ironie.
[507] Ebd., 166.
[508] Ebd., 173.

nenfolge"[509] als – nicht zuletzt biblisch traditonsstarkem – Erzählmoment beweist. Die biologische Einbettung der Zeit macht erzählen.

Anders steht es mit anonymeren Varianten der historischen Zeitmaße, wie sie im „Archiv", im „Dokument" und als „Spur" begegnen.[510] Gerade in der Spur wird die Invention des Historikers deutlich, der aus einem nackten Zeichen – *nomina nuda tenemus*[511] – die Spur erst herauslesen muß, um sie als solche zu präsentieren. Er erzählt sie als Geschichte, und daß er sich an dieser Spur festhält, orientiert seine Erzählung wie die Fabel die Fiktion. Dabei zeigt sich ein eigentümliches Zeitverhältnis: die Spur ist da, und zugleich weist sie auf das, was eben nicht mehr ganz da ist, sondern nur im verbliebenen Zeichen, im Relikt. Es ist diese Struktur des Immanent-Transzendenten, die sich für die narrative Zeitbildung als Gesetz erweist; und ihre Dialektik entspricht prozedural dem Denkmodus Paul Ricoeurs. Er macht sich im unscheinbar Konkreten fest, aus dem er sich logisch entwickelt.

Aus der Darstellung der Vergangenheit in der historischen Erzählung ergaben sich Parallelen zur Fiktion, die von beiden Seiten gezogen werden. Es ist dieser fiktionale Charakter, der jeder historischen Erzählung bei allem Wirklichkeitsbezug zugleich eine Distanz zu ihr attestiert. Weder totale Identität noch absolute Differenz, sondern Analogizität bestimmt den Bezug nach Ricoeur. Die Lektüre der Geschichte wird zu einen „Drama dissonanter Konsonanz"[512], das in der Geschichte wie im Text paradox gleichzeitig „ein Zuviel und ein Zuwenig an Sinn"[513] überläßt. In diesem Spannungsgefüge vermitteln sich die Gegebenheiten der Geschichte, interpretativ zubereitet in der historischen Erzählung oder fingiert in der literarischen, mit den Erwartungen des Lesers. In dieser Begegnung erschöpfen sich die Sinnpotentiale des Textes nie – sie bleiben immer neu deutungsfähig und transferoffen. Die Dialektik von Identität und Differenz in der Beziehung von Text und Rezipient wiederholt die ursprünglichere, analoge von – historischem oder literarischem – Schriftsteller und geschichtlicher Wirklichkeit, die er als Text auffaßt und deren erster Leser er ist. Und eben diese Dialektik ist kulturanthropologisch die von Eigenem und Fremden.

Im Text setzt sie sich durch, insofern ohne die eigene Perspektive das Andere nicht vorkäme. Es ist die „Phantasie, die die Alterität vor einem Zurücksinken ins Unsagbare bewahrt. Immer findet irgendeine – sympathetische oder imaginative – Übertragung vom Selben auf den Anderen statt, die dafür sorgt, daß mir der fremde Andere vertraut wird."[514] Diese grundlegende Relation wird im folgenden Kapitel zur endgültigen Bestimmung der Hermeneutik Ricoeurs überleiten. Wenn es dort um das Selbstverhältnis geht, findet es sich werkgenetisch wie logisch an die narrative Theorie Ricoeurs rückgebunden und von ihr forciert.

---

[509] Vgl. ebd., 173-185.
[510] Vgl. ebd., 185-200.
[511] Mit dem Schlußsatz des (postModernen) semiotischen (Spuren-)Romans von Umberto Eco: Der Name der Rose, München-Wien 1982.
[512] P. Ricoeur, Zeit und Erzählung III, 274.
[513] Ebd.
[514] Ebd., 300.

Der Einbruch des Anderen ereignet sich im Rahmen der Erzählung noch auf eine weitere Weise. Die Fiktion setzt die Geschichte, die sie als vergangene Wirklichkeit in sich aufnimmt, in den Potentialis. Daß sie faktisch immer in die Gegenwart reicht, also, wie bereits erörtert, unabgeschlossen bleibt, nimmt die Fiktion zum Anlaß, unter ihren eigenen Gesetzen Geschichte neu zu gestalten, sie zu fingieren. Daß Geschichte „quasi-fiktiv"[515] erscheint, zeigte sich in ihrer illustrativen Kraft, Vergangenes anschaulich zu machen, und in den der Fiktion analogen Techniken, zumal der Konfiguration, der in der Fiktion die Fabelkomposition entspricht. Das Verhältnis läßt sich indes auch umkehren:

> „Die Fiktionserzählung ist insoweit quasi-historisch, als die irrealen Ereignisse, von denen sie berichtet, Vergangenheit sind für die narrative Stimme, die sich an den Leser wendet; deshalb gleichen sie vergangenen Ereignissen und gleicht die Fiktion der Geschichte."[516]

Das ist das Andere im Modus des Selben: Geschichten setzen die Geschichte in den Irrealis und arbeiten die Kontingenz der Geschichte heraus. Diese Wahrheit wird fiktiv und historisch gleichermaßen zum erkenntnistheoretischen Anspruch. Das Faktische und das Mögliche kritisieren sich gegenseitig.

Auch hier also eine Logik von Differenz-Identität. War für Hegel der absolute Geist Prinzip einer identischen Rekonstruktion der Geschichte, kann nun nur noch die Spannung Erzähllogik sein. In dieser Hinsicht ist Hegel die negative Folie, auf der Ricoeur allenthalben schreibt:

> „Für uns fällt ein für allemal auseinander, was sich für Hegel deckt."[517]

Hier bricht Differenzdenken unwiderruflich durch. Der Modus seiner Vermittlung an das Selbe indes steht noch aus. Er wird, konsequent nach dem Bisherigen, als Spannung zu entwerfen sein: als der

> „Weg einer offenen, unabgeschlossenen und *unvollkommenen Vermittlung*, verstanden als ein Netz sich überkreuzender Perspektiven zwischen der Erwartung der Zukunft, der Rezeption der Vergangenheit und dem Erlebnis der Gegenwart, ohne *Aufhebung* in einer Totalität, in der die Vernunft der Geschichte mit ihrer Wirklichkeit zusammenfiele."[518]

Im Bereich des Erzählens findet Ricoeur für diesen Denkstil ein Konzept, das ein Ganzes im Bruch zu erkennen verspricht, das Identität aus Differenzen generiert, ohne diese je hinter sich zu lassen. Bei Augustinus konvenierten existenzielle und temporale Aporetik. Das augustinische Erbe in der Zeitreflexion plausibilisiert den Ansatz Ricoeurs, mit der erzählten Zeit als der genauen Fassung der Zeitaporetik und der darin sich abzeichnenden Überwindung ihrer theoretischen Hemmkraft auch das Moment einer personalen

---
[515] Ebd., 308.
[516] Ebd.
[517] Ebd., 329.
[518] Ebd., 334.

Identität zu verbinden, die er als „*narrative Identität*"[519] begreift. Jede personale Identität ist eine erzählte. Ansonsten bliebe man bei einer „substantialistische(n) Illusion"[520] stehen oder müßte von einem in allen Veränderungen selbstidentischen, letztlich statischen Subjekt ausgehen. Narrative Identität erlaubt, den Primat des Selben (*idem*) zu durchbrechen und das Subjekt als Selbst (*ipse*) zu begreifen. Letzteres ist narrativ und temporal explizierbar, ersteres ausschließlich formal und substantial.

Wie sehr Identität narrative Züge trägt, macht geschichtlich Israel deutlich, das seine Identität aus den eigenen Erzählungen gewinnt. Solche Identität ist eine in Spannungen – „keine stabile und bruchlose", sondern „in ständiger Bildung und Auflösung begriffen... Die narrative Identität ist mithin mindestens ebensosehr der Name eines Problems wie der einer Lösung."[521]

Dieser Frage wendet sich das folgende Kapitel zu. Was an dieser Stelle festzuhalten ist, gilt dem Denkprinzip, wie es Ricoeur in seiner narrativen Zeitaporetik entfaltet hat: zutage tritt ein interpretativ gesteuertes Verhältnis zur Wirklichkeit, das eine Vielfalt von Darstellungsmöglichkeiten erlaubt und die Ambiguität der Texturen des Realen einräumt. „Es gibt keine Fabel der Fabeln"[522] – die verweigerte begriffliche Totalität in der Zeitwahrnehmung findet sich als Strukturgesetz des Denkens abgespiegelt. Und die darin fortgeschriebene Aporetik der Zeit macht auf die Abstände im Verstehen, auf die bleibenden Differenzen aufmerksam. Was Ricoeur als Maxime formuliert, löst sein Ansatz ein, um zum Anspruch an eine Hermeneutik *nach* Ricoeur zu werden:

> „Die Replik der Narrativität auf die Aporien der Zeit besteht weniger darin, die Aporien aufzulösen, als darin, sie arbeiten zu lassen und produktiv zu machen. Eben dadurch trägt das Denken der Geschichte zur Refiguration der Zeit bei... Eine Theorie, welche auch immer es sein mag, erreicht ihren höchsten Ausdruck, wenn die Erforschung des Gebiets, für das ihre Gültigkeit erwiesen ist, sich abrundet durch die Anerkennung der Grenzen, die ihr Gültigkeitsgebiet abstecken."[523]

3.5.4 Differenzhermeneutischer Schaltpunkt: Selbst und Anderes

Die bezeichnete aporetische Perspektive in der Zeitdiskussion führte Ricoeur zu einem Konzept *narrativer Identität*. Differenz und Identität werden hier streng aufeinander bezogen gedacht. Nur so läßt sich nachvollziehen, daß Einheit weiterhin ein Leitbild der Überlegungen Ricoeurs bleiben kann. Der tiefere Grund: die „ethischen und politischen Implikationen"[524] einer unnachgiebigen Aufkündigung jedes Einheitsgedankens. So sehr Ricoeur die

---
[519] Ebd., 392.
[520] Ebd., 396.
[521] Ebd., 399.
[522] Ebd., 414.
[523] Ebd., 417.
[524] Ebd., 436.

Begründungsprobleme von Ethik und Moral sieht, ebenso dringend bleibt für ihn ein ethischer Rahmen, der sich im Wunsch ausdrückt, *„gut zu leben, mit Anderen und für sie, innerhalb gerechter Institutionen"*.[525] Hier wird die Dialektik von Eigenem und Fremdem, von Identität und Differenz dramatisch. Die Frage nach der Wucht dieser Einheitsvision und nach der Richtung ihrer Fliehkräfte begleitet seinen Entwurf des *Selbst als eines Anderen*.

Hegel ist der entscheidende Konterpart für Ricoeur. Und doch ist auch Ricoeur Dialektiker. Die wesentliche Absicht seiner Philosophie des Selbst bestätigt dies: Ricoeur geht es um eine reflexive, also gebrochene Fassung des Selbst, um eine vermittelte Deutung, die sich von jenen Traditionen der Subjektphilosophie trennt, die einen unmittelbaren Zugang zum Subjekt in Aussicht stellen. Schon in diesem Motiv verbirgt sich der zentrale Paradigmenwechsel vom *Idem* zum *Ipse*:

> „Es wird unsere durchgängige These sein, daß die im Sinne des *ipse* verstandene Identität keinerlei Behauptung eines angeblich unwandelbaren Kerns der Persönlichkeit impliziert."[526]

Die Idem-Identität ist die der Cogito-Philosophien. Das Ich wird im Zweifel am Denken und am Ich etabliert, wobei dieses Ich geschichtslos begegnet: wer da zweifelt, bleibt letztlich namenlos. Dem entspricht die zeitliche Ansetzung dieser Identität – sie existiert nur streng augenblicklich und in den Denkaktivitäten des Bewußtseins. Das Denken ist subjektphilosophisch ein Erstes, das sich nicht selbst zu tragen vermag. Die Absicherung des Cogito als Gewähr der Identität erfolgt über das Unverfügbare seiner Herkunft. Es verweist – bei Descartes – auf Gott. Die Idee Gottes und des Ich sind angeboren. Damit ergibt sich das Dilemma, daß sich das Ich im Cogito nicht mehr halten kann, wenn es nach seiner Begründung sucht. Zur Selbstbegründung zu schwach, wird es von einem Anderen in Anspruch genommen, der es zwar letztbegründet erscheinen läßt, aber zugleich seine Identität durchbricht.

Mit Kants Begriff des transzendentalen Subjekts der Denkungsart ist dann der Weg zur Selbstbegründung des Cogito endgültig verstellt.[527] Das Subjekt ist in sich selbst verschlossen; es konstituiert erkenntnistheoretisch das, was es zu erkennen sucht. Damit wird auch jede Auskunft über den Status des Subjekts kritisch gebrochen. Das Subjekt bleibt nur als solches in seinem Erkenntnismodus enthalten und demnach so formal, daß es seinen Namen kaum mehr verdient. Nietzsches Perspektivismus zieht dann die volle Konsequenz. Wenn alles Interpretation ist, dann auch die Wahrnehmung des denkenden Ich, dem keine Existenzsicherheit zugeschrieben werden kann.

---

[525] P. Ricoeur, Das Selbst als ein Anderer, München 1996, 289.– Zur Begründungsproblematik vgl. ebd., 207-246 („Das Selbst und die ethische Ausrichtung"); 247-289 („Das Selbst und die moralische Norm").
[526] Ebd., 11.
[527] Das wird in Kapitel II, 5.2. vor dem Hintergrund der erstphilosophischen Letztbegründung von Hansjürgen Verweyen zu diskutieren sein.

3. Perspektiven einer differenzphilosophischen Hermeneutik

Die Absicherung eines identischen Ich wird also subjektphilosophisch aussichtslos, wo es um letzte Sicherheiten geht. Die physische Konstanz des Vorkommmens in der Welt gewährleistet eine nur labile Idem-Identität, deren Pendant die Zuschreibbarkeit psychischer Merkmale darstellt. Das Idem wird gleichsam meßbar und insofern veräußerlicht. Damit einher geht die Ausblendung des inneren Selbstverhältnisses: die „Verdunkelung der Frage des Selbst".[528] Die Rückwendung des reflektierenden Selbst auf sich und den eigenen Leib durchkreuzt indes jede Idem-Identität bereits im Ansatz. Bereits „anfangs gibt es nicht das reine Bewußtsein."[529] Es ist in der Zeit, und jede Selbstzuschreibung macht fraglich, ob es noch dasselbe Ich sei, das sich da geäußert hat, in diesem Körper, der einmal ein anderer war, als er nun ist. Das Andere bricht im Medium der Zeit und in der Angewiesenheit des Cogito auf Anderes in jeden Bewußtseinsakt ein und setzt sich in allen Selbstverhältnissen fest. Das gilt bereits für den Sprechakt, der innerpsychisch oder dialogisch den Selbstbezug jeder Äußerung mit der Andersheit des Gesprächspartners, des realen oder virtuellen, verschränkt.

Ricoeur nimmt das Ich des Sprechakts als Typ und Muster. Es ist übertragbar und hat allgemeine Züge, die das Verständnis der Äußerung erst gestatten. Und es bleibt ein unvertretbarer Einzelfall. Als solcher steht der Sprecher jedoch immer für eine Vielzahl von Erfahrungen, die seine Identität mitbestimmen: als Vorgeschichte, die jede Äußerung begleitet, vielleicht sogar ermöglicht hat, und als Auswahl aus konkurrierenden Optionen anderer Artikulation und Selbstvermittlung. Letztlich ist dies die Aporie des Sprecher-Ichs:

> „das Nichtzusammenfallen des >Ich< als Grenze der Welt mit dem Eigennamen, der eine wirkliche Person bezeichnet."[530]

Die Unmöglichkeit einer radikalen Selbstsetzung des im Eigenleib an sich selbst vermittelten und sich vermittelnden Ich fordert nach einer Philosophie des Ich, die mit der Absage an die Letztbegründungsstrategien der Cogito-/Subjektphilosophien eine „praktische Philosophie"[531] bemüht. Ricoeur sieht auf dem Weg der pragmatischen Selbstverhältnisse und der Selbstvermittlung plurale Angänge zum Selbst, die mit der grundlegenden „Vieldeutigkeit der Andersheit"[532] zusammenhängen.

Sprachtheoretisch bieten die Performative dafür einen Anhaltspunkt. Im Versprechen setzt sich das Ich der Überprüfung seiner Zusage aus und gewinnt eine Identität, die sich im Selbstzeugnis bewährt. Das handelnde Ich realisiert die Vorgabe des sprechenden Ich und stiftet einen Zusammenhang, auf den es sich festlegen läßt. Diese Identität hat „Entwurfscharakter"[533], und das macht sie der narrativen Identität im Erzählkontext vergleichbar.

---

[528] Ebd., 48.
[529] Ebd., 52.
[530] Ebd., 68.
[531] Ebd., 30.
[532] Ebd., 32.
[533] Ebd., 104.

Die narrative Identität steht vor dem Hauptproblem einer Identität in der Zeit, die alles auseinanderreißt. Das Versprechen überbrückt diese Abstände, weil sich das Ich in der Vergangenheit als etwas erkennt, das sich auf die Zukunft dieser Vergangenheit in der Einlösung einer Handlung verpflichtet hat. Die Handlungskonstante imaginiert ein Ich, das im Zeitabstand als Handlungsgarant zu erkennen ist. Das Ich realisiert sich selbst. Und diese Identität ist eine, die über das Phänomen des bloß substantial gedachten Eigenleibs hinaus das Selbst markiert. Sieht man freilich in dieser Selbstbezeugung vornehmlich die äußere Konstanz des Charakters, der sich in seinem habituellen Verhalten profiliert, so wird die Frage nach dem Selbst erneut in einer „Überlagerung des *ipse* durch das *idem*"[534] veräußerlicht. Das Wer wird durch das Was der Handlung verdeckt.

Die darin enthaltene Spannung verweist auf die „Dialektik von Selbstheit und Selbigkeit"[535] im Handeln und zumal im Versprechen. Es gibt äußere Merkmale von Identität, die jedoch in der Zeit gebrochen sind. Identität gibt es nur in der Differenz, und insofern ist das Modell des Selbst für Ricoeur das gegenüber dem Idem angemessenere. Statt an raumzeitlichen oder charakterlichen Konstanten orientiert sich die Ipseität an den Formen seiner Selbstbezeugung im Handeln, also in der Geschichte. Damit ist der Punkt erreicht, an dem die Theorie der Narrativität stehen blieb: das Selbst ist eine Größe, die sich geschichtlich und in Geschichten des Selbst entdeckt. Die literarischen Figuren konzentrieren solche narrative Identität. Ein Lebenszusammenhang wird sichtbar, der stets fragil erscheint, von Ereignissen durchzogen, die das Selbst herausfordern, verändern. „Es ist die Identität der Geschichte, die die Identität der Figur bewirkt."[536] In Praktiken, im Lebensentwurf, in der ethischen Beanspruchung wird ein Selbst transparent, das in der Vermittlung von Außenwirklichkeit und Selbstwahrnehmung eine Identität für sich selbst konzipiert und lebt, die eine Einheit von der Qualität der narrativen Fabelkomposition bzw. der Konfiguration vorstellt. Ein äußeres Merkmal für diesen narrativen Komplex des Selbst sind die rollenpsychologischen Aspekte des Selbst, in denen Differenz und Identität zum Problem der *Autobiographie* werden.

Dieses Moment des Anderen im Eigenen fordert das Selbst am nachhaltigsten im ethischen Bereich. Das Versprechen signalisierte bereits, inwieweit das Selbst sich gerade in der Herausforderung durch den Anderen und für ihn im gegebenen Wort herausbildet. In der übernommenen Verantwortung beansprucht der Andere das Selbst, ohne den es nicht es selbst wäre. Die Symbolik der Schuld als Verfehlung des Selbst macht dies anschaulich: „Auf der ethischen Ebene wird die Selbstauslegung zur Selbstschätzung."[537]

Die Möglichkeit der Selbstfindung im Einstehen für den Anderen ist abhängig von der Selbstverpflichtung, der sich das Selbst stellt, die es aner-

---

[534] Ebd., 152.
[535] Ebd., 173.
[536] Ebd., 182.
[537] Ebd., 219.

3. Perspektiven einer differenzphilosophischen Hermeneutik

kennt und übernimmt. Ricoeurs Kritik an den egologischen Strategien der Selbstbegründung findet hier ihr metaethisches Gegenstück, insofern keine Letztbegründung von Ethik rational trägt. Ricoeur konstituiert nach erstphilosophischen Sicherheiten zwischen den Aporien eines totalisierenden Universalismus und eines radikalen, unverbindlichen Kontextualismus die *phronesis* des bewußten Selbst – „eines Selbst, das imstande ist, seine Präferenzen zu hierarchisieren und in voller Kenntnis der Lage zu handeln."[538]

Dieses Selbst findet sich in seinen Handlungsspielräumen von einer grundlegenden Passivität betroffen. Der unausweichliche Handlungszwang ist deren urtümlicher Ausdruck. Ihm entspricht die Lage, sich der Notwendigkeit von Entscheidungen ausgesetzt zu sehen, für die es keine letzten Sicherheiten und Kriterien gibt. Das Selbst ist zur Bewährung verurteilt.

Auf dieser Basis konfiguriert Ricoeur seinen „*Dreifuß der Passivität, mithin der Andersheit*".[539] Der Eigenleib bildet sein erstes Glied. In ihm vermitteln sich „Intimität des Ich und Exteriorität der Welt."[540] Die Selbstgewißheit, die er präreflexiv aufdrängt, unterbricht er zugleich, indem er das Selbstbewußtsein mit Erfahrungen konfrontiert, die es nicht beherrschen kann. Die Physiologie des Selbst bestimmt Zugehörigkeit und Distanzierung im Selbstverhältnis. Und bereits so Ausdruck des Anderen im Eigenen, ist der Eigenleib seine vollständige Adresse, sofern er ein Körper unter vielen ist.

Damit wird unabweisbar, daß „das Andere nicht nur das Gegenstück des Selben bildet, sondern zu seiner innersten Sinnkonstitution dazugehört."[541] Welt ist nur im Bezug auf das Andere und den Anderen sinnfähig. Dieser Sinn ist kommunikabel aufgrund der Leibstruktur des Selbst, das je sein eigenes Anderes ist, weil es für den Anderen etwas bedeutet. Ricoeur leitet daraus die Aufgabe ab,

> „eine überkreuzte Auffassung der Andersheit zu denken, die wechselseitig dem Primat der Selbstschätzung und dem des vom Anderen ausgehenden Aufrufs zur Gerechtigkeit gerecht wird."[542]

Ricoeur besteht hier auf einer Dialektik von Eigenem und Anderem, die er bei Levinas im Sinne einer „radikalen Exteriorität"[543] ausgeblendet sieht und die – abschließend – noch einmal nach der eigenen Fassung dieser Dialektik fragen lassen muß.

Zunächst ist aber im ethischen Zusammenhang mit dem Gewissen der dritte Passivitätseintrag zu benennen. Und auch hier denkt Ricoeur das „*Aufgefordertsein als Struktur der Selbstheit*"[544] dialektisch. Das Gewissen ist Ort der Selbstvergewisserung des Eigenen und stellt das Selbst zugleich unter ei-

---
[538] Ebd., 352.
[539] Ebd., 384.
[540] Ebd., 388.
[541] Ebd., 395.
[542] Ebd., 398.
[543] Ebd., 403.
[544] Ebd., 425.

nen Handlungsvorbehalt, der ihm Fremdes zuträgt. Dieses Fremde kann seine Negativform als Illusion oder als psychische Deformation haben oder einen ethischen Anspruch qualifizieren. Gleichwie: das Selbst begreift sich als unabgeschlossen, als verwiesen. Der Aufforderungscharakter des Gewissens wird dabei für Ricoeur zur behutsamen Möglichkeit, „die Andersheit der Aufforderung und des Anderen einander anzunähern... Diese letzte Zweideutigkeit, was den Status des Anderen im Phänomen des Gewissens anbetrifft, ist vielleicht das, was letzten Endes zu wahren ist."[545]

Ricoeur markiert hier den letzten Fluchtpunkt der Frage nach dem Verhältnis von Selbst und Anderem. Er nähert sich so tastend dem Ausgangspunkt seiner Narratologie, an dem Augustinus in der Zeitaporie die Unerlöstheit des Menschen interpretierte und die Ewigkeit als eine eschatologische Lösung empfahl, die in ihrem Hoffnungscharakter eine ähnliche Offenheit einschloß, wie sie Ricoeur an dieser Stelle als Philosoph „auf halbem Wege zwischen einer anthropologischen und einer theologischen Lesart"[546] zu wahren hat.

Daß Ricoeur diese Frage offen hält, entspricht als Ausgang seiner Überlegungen dem Unabschließbaren im Versuch, das *Selbst als ein Anderes* kognitiv zu bewältigen. Ricoeur las es als ein dialektisches Verhältnis – und dessen Charakter zwischen Identität und Differenz ist nun hermeneutisch ein letztes Mal zu befragen. Daß Ricoeur aber bei der „Aporie des Anderen"[547] stehen bleibt, nach eigener Auskunft aporetisch also wie im Abschluß seiner narrativen Trilogie[548] – dies gibt Differenzdenken heuristisch bereits einen ersten – letzten? – Namen.

3.5.5 Theologische Bedeutung: Zur Dialektik von Identität und Differenz

Für Bernhard Waldenfels setzt sich bei Ricoeur im letzten doch jenes Einheitsdenken durch, das er selbst am Ende des dritten Bandes von „Zeit und Erzählung" einforderte, als er von einer *narrativen Einheit* sprach. Sie wurde in ethischem Zusammenhang postuliert, kehrte aber wieder im Bedürfnis des Menschen nach Geschichten, die einen Zusammenhang bieten, also Sinn verheißen. Dies beschrieb Ricoeur zumal unter dem Vorzeichen jener *narrativen Identität*, in der sich das Selbst wiederfindet. Die darin entfaltete Dialektik von Identität und Differenz steht in offensichtlicher Spannung zu einer Idee von Einheit, die auch das Abweichende einbindet – sei es im Rahmen einer Erzählung oder unter dem Leitbild personaler Identität. Das Andere droht jenes Gewicht zu verlieren, das ihm Levinas nachdrücklich verlieh:

„Die Fremdheit behält nur das vorletzte Wort."[549]

---

[545] Ebd., 423f.
[546] Ebd., 424.
[547] Ebd., 426.
[548] Vgl. P. Ricoeur, Zeit und Erzählung III, 437.
[549] B. Waldenfels, Paul Ricoeur: Das Selbst im Schatten des Anderen und Fremden, in: ders., Deutsch-Französische Gedankengänge, Frankfurt a.M. 1995, 284-301; hier: 293.

3. Perspektiven einer differenzphilosophischen Hermeneutik 205

Besonders in den Arbeiten Ricoeurs, die bis an seine Narratologie heranführen, finden sich Anzeichen, die diese Kritik bestätigen. So spricht er einmal von einer unabschaffbaren hermeneutischen Integration des Anderen in das Eigene:

> „Es gibt keine echte Interpretation, die nicht auf irgendeine Form der *Aneignung* hinausläuft, wenn wir darunter verstehen, daß man sich etwas zu *eigen* macht, was zunächst anders, *fremd* war."[550]

Daß diese Passage einer Auseinandersetzung mit Hans-Georg Gadamer entnommen ist, unterstützt indirekt dessen Zurechnung zu einer im Grunde dem Identitätsdenken verpflichteten Hermeneutik. Die Frage ist, ob die schon bei Gadamer vorfindliche Spannung zwischen Identität und Differenz auch bei Ricoeur letztlich einseitig aufgelöst wird.

Schon in diesem Abschnitt zeigt sich allerdings, daß Ricoeur den Einbezug des Anderen nicht bruchlos annimmt. Bezugspunkt ist nämlich nicht eine andere Person, etwa ein Autor, der – nach Ricoeur mit der (früh-)romantischen Hermeneutik des Einfühlens (Schleiermacher) – absorbiert würde, sondern der (Gadamersche) „Horizont einer Welt".[551] Hier arbeitet eine Identitätslogik mit Ausblick auf etwas nicht voll Repräsentierbares – die *Textwelt*. Für Franz Prammer ist dieser Begriff einer der wesentlichen Beiträge Ricoeurs zur Hermeneutik. Jeder Text entwirft eine „semantische Autonomie"[552], die einen eigenen Weltzugang beinhaltet. Darin liegt der Sinnüberschuß jedes Textes gegenüber jeder möglichen Lesart begründet, und seine Welthaftigkeit übersteigt als verselbständigtes Gebilde noch die Intentionen seines Autors. Es ist also der texttheoretische Ansatz der Hermeneutik Ricoeurs, aus dem sich der Differenzgedanke entfaltet.

Werkgenetisch führt diese Überlegung zur Narratologie. Ihr großes Thema ist die Zeit, und zwar in ihrer Bedeutung als hermeneutische Differenzmarke. Unter ihrem Vorzeichen erreicht das Problem des Fremdverstehens eine subjektphilosophisch verschobene Ontologie des Selbst als eines Anderen. Dieses Andere begegnet in seiner Reinform als jene Wirklichkeit, der sich die Erzählung stellt und die sie mimetisch aufnimmt. Diese Wirklichkeit läßt sich indes nicht aufbrauchen – es ist der Grundansatz der zeitlich verankerten Differenzlogik unter narrativem Gesichtspunkt, daß jedes Werk zwar Mimesis, diese aber Produktion und nicht bloße Nachahmung ist – und das gilt auch für die Rezeption. Sie ist nichts anderes als das „Vermögen, unser Selbstverständnis durch neue Welten formen zu lassen."[553] Dieses Neue signalisiert das Andere, das Fremde einer unverbrauchten Weltwahrnehmung, deren elementarer Ausdruck für Ricoeur die *lebendige Metapher* ist. Sie aktualisiert die Dialektik von Gegebenem und überraschend, unverrechenbar

---

[550] P. Ricoeur, Die Metapher und das Hauptproblem der Hermeneutik, in: A. Haverkamp (Hrsg.), Theorie der Metapher (= WdF Bd. 389), Darmstadt 1983, 356-375; hier: 371.
[551] Ebd.
[552] F. Prammer, Die philosophische Hermeneutik Paul Ricoeurs in ihrer Bedeutung für eine theologische Sprachtheorie (=IST Bd. 22), Innsbruck-Wien 1988, 181.
[553] P. Ricoeur, Die Metapher und das Hauptproblem der Hermeneutik, 375.

Geschaffenem, die Dialektik von Eigenem und Fremdem, die subjektphilosophisch und fundamentalhermeneutisch die Dialektik von Selbst und Anderem ist.

Gerade in seinen metaphern- und texttheoretischen Arbeiten stößt Ricoeur zu einem Denken des Anderen durch, das es nicht mehr einfachhin in das Eigene integriert. Das Selbst wird schließlich erst im Anspruch des Anderen und von ihm her zentriert.[554] Gleichzeitig wendet er sich gegen den „Gedanken der absoluten Andersheit"[555] bei Levinas. Für Ricoeur sieht Levinas „die Identität des Selben im Bund mit jener Ontologie der Totalität..., die meine eigene Untersuchung niemals in Anspruch genommen hat und der sie nicht einmal begegnet ist."[556] Dieser letzte Nachsatz ließe sich zwar durch die von Ricoeur selbst kritisierten, dem Totalitätsdenken verpflichteten Cogito-Philosophien konterkarieren, und er ruft insofern zurecht die Verwunderung von Bernhard Waldenfels hervor.[557] Andererseits macht Ricoeur hier darauf aufmerksam, daß seine eigene Konzeption das Selbst immer vermittelt denkt und damit konstitutiv auf ein Anderes bezogen, das sich wie das Selbst nicht länger ursprungsphilosophisch reduzieren läßt.

Genau das aber ist der Grundzug einer Negativen Dialektik im Denken Ricoeurs. Die Vermittlung im Bezug des Selbst auf das Andere ist so eng, daß das Selbst sich je als ein Anderes begegnet, in dessen Modus, ohne darum aufzuhören, es selbst zu sein. Die Spannung kann keine Auflösung in einer letzten Synthese finden, in einer anderen als radikal gespannten Einheit. Und dieser Einheitsgedanke ist es, der narrativ der *Synthese des Heterogenen* Pate stand. Diese Dialektik findet keinen letzten Punkt, wie sie – begründungstheoretisch – keinen ersten beanspruchte. Unter diesem vervielfältigten Anspruch des Selbst und des Anderen ergeben sich die unaufkündbaren „Rechte auf die Differenz"[558], die Ricoeurs Hermeneutik bestimmen.

Bezogen auf die Levinas-Lektüre heißt dies: kann man – wie es Bernhard Waldenfels vorschlägt –, die „*Urpassivität*" bei Levinas gegen Ricoeur in der Weise ins Spiel bringen, daß sie „der Unterscheidung in Tun und Leiden vorausliegt"[559], ohne noch einmal, wie der Passivitätsgedanke bei Ricoeur es vorsieht, den darin erreichten Stand einer umgekehrten Totalität der Beanspruchung und des Primats des Anderen dialektisch zu brechen? Ricoeur unterwirft weder das Selbst noch das Andere der Gewalt des Anderen. Und es fragt sich im Blick auf Levinas, ob nicht seine Perspektive des Anderen ganz gegen seine Intentionen, aber konsequent in der Logik seiner Denkrichtung, zu einer distanzierten Philosophie führt. Wird nicht die Logik der Gewalt mit anderen Mitteln fortgeschrieben, wenn das Selbst in uranfänglicher, unausdenkbarer und uneinholbarer Weise in sich selbst vom Anderen beansprucht wird? Ist nicht dessen äußerste Passivität die Keimzelle der Gewalt, wo sie

---

[554] Vgl. ders., Das Selbst als ein Anderer, 404.
[555] Ebd., 405.
[556] Ebd., 403.
[557] Vgl. B. Waldenfels, Paul Ricoeur: Das Selbst im Schatten des Anderen und Fremden, 300.
[558] P. Ricoeur, Zeit und Erzählung III, 349.
[559] B. Waldenfels, Paul Ricoeur: Das Selbst im Schatten des Anderen und Fremden, 299.

3. Perspektiven einer differenzphilosophischen Hermeneutik

nicht relational gedacht wird? Müßte nicht gleichzeitig mit dem Anderen sein Anderes als ein fragiles Selbst je mitgedacht werden, um der Rede vom Anderen einen Sinn zu geben? Und sind hier nicht die letzten Erschütterungen einer Ursprungsphilosophie seismographisch zu verzeichnen?

Die hier skizzierten Gegenfragen lassen offen, was in einer eigenen Levinas-Untersuchung zu diskutieren wäre. Die Fragetendenz macht indes auf Ricoeur bezogen deutlich, daß seine negative Dialektik von Selbst und Anderem eine Hermeneutik der Differenz profiliert, die sie ganz in Spannungen hält. Gegen Foucault entdeckt er in dessen Archäologie der Diskurse eine Überbetonung der Diskontinuität und also der Differenz[560]; und gegen Lyotard, pointierter als Deleuze, denkt er Identität und Differenz in einer dialektischen Vermittlung, die ohne Aufhebung bleibt, so wie die Erzählung die Aporetik der Zeit faßt, sie aber nicht überwinden kann.

(Noch in Klammern: Es ist dieses Spannungsprinzip im Denken Ricoeurs, das einen Schwenk auf die Theologie erlaubt: den vorsichtigen Blick auf eine relational-trinitarische Grundlegung aller Theologik.[561])

Dieses Denken in Spannungen weist auf ein anderes Paradigma von Denken. Differenzhermeneutik erarbeitet es. Ricoeur faßt sie in der Überwindung einer unbezüglichen, absoluten Differenzlogik. In dieser Hinsicht nimmt Ricoeur die Kritik der PostModernen an ursprungsphilosophischen Denkformen ernster, als sie es selbst gelegentlich tun. Selbst und Anderes lassen sich nicht mehr in den Kategorien der Präsenzmetaphysik fassen.[562]

Zu einer solchen Denkhaltung paßt im übrigen auch die Begründung des christlichen Glaubens bei Ricoeur: angesichts der Diskontinuitäten der Geschichte, ihrer Kontingenz setzt Ricoeur auf eine Theologie des Geheimnisses und eine Haltung der Hoffnung:

„Die Hoffnung sagt mir: Es gibt einen Sinn, suche einen Sinn."[563]

Die „Gangart der Offenbarung"[564] ergibt für Ricoeur hier ein vorsichtiges Indiz von Sinn. Doch dieser Sinn ist „*verborgener Sinn*".[565] Noch seine Glaubensentschiedenheit ist bei Ricoeur gebrochen. Identität als Sinn ist für ihn nur so, geschichtlich, kontingent – different zu haben.

Auch hier läßt er Lesarten zu. Pluralität begreift er in seiner Dialektik vom Grund her, indem er sein Denken nicht abschirmt oder abschließt. Kathleen Blamey attestiert ihm dies als einen Grundzug seines Denkens – als eine Philosophie mit

„a multiplicity of viewpoints", „a variety of rhetorical modes".[566]

---

[560] Vgl. ebd., 354.
[561] Vgl. II, 6.2.2.
[562] Vgl. J. Mattern, Ricoeur zur Einführung, 207.
[563] P. Ricoeur, Das Christentum und der Sinn der Geschichte, in: ders., Geschichte und Wahrheit, München 1974, 89-109; hier: 107f.
[564] Ebd., 105.
[565] Ebd., 106.
[566] K. Blamey, From the Ego to the Self, in: L. E. Hahn (Hrsg.), The Philosophy of Paul Ricoeur, 571-603; hier: 600.

Dieses Fazit kann im Rückblick noch einmal zusammenfassend begründen, warum Paul Ricoeur im vorliegenden Zusammenhang diskutiert wurde. Und daß er der angeführten Einschätzung nicht widersprach, sondern – anders als bei allen anderen Beiträgen in der „Library of Living Philosophers" – auf eine Replik verzichtete, mag dies unterstützen.[567]

---

[567] Vgl. P. Ricoeur, A Word to Kathleen Blamey, ebd., 604.

4. Verstehen als Differenzgeschehen

Emmanuel Levinas begreift als zentrales Motiv abendländischen Denkens die Neigung, „alles Andere im Selben zu umfassen."[1] PostModerne Theoretiker schließen sich dieser Einschätzung an. Ihr kritischer Impuls rückt sie nahe an Levinas´ Xenologie heran: die Fesseln des Identischen zu lösen. In strikter Gegenwendung suchen sie nach den Bruchstellen im theoretischen und praktischen Weltverhalten.

Daß der identitätslogische Primat inzwischen philosophisch (und theologisch) überwunden sei, läßt sich kaum erwarten. Zum einen ist die Differenzphilosophie in ihrer postModern gekennzeichneten Variante ein unmittelbares Gegenwartsphänomen, dessen kritische Rezeption im Gange ist.[2] Zum anderen scheint gerade wegen der Zeitnähe das polemische Niveau vorerst noch diskursbestimmend zu bleiben. Das kritische Potential wird mit Schlagworten abgedeckt, an die zu gewöhnen ihre weite Verbreitung beiträgt. In welcher Form postModerne Theoretiker z.B. *vernunftfeindlich* denken oder dem *Tod des Subjekts* zuarbeiten, um nur einige Etiketten zu bemühen, geht nicht selten verloren.[3] Und daß davon bei den vorgestellten Vertretern – anonymen wie ausdrücklichen – keineswegs die Rede sein kann, davon sollte das gezeichnete Profil postModerner Differenzhermeneutik überzeugen.

Diese Deutung und das mit ihr verbundene Plädoyer für ein erkenntniskritisch motiviertes Differenzdenken wird auf Widerstand stoßen. Daß dem Artikel „Identität" im *Historischen Wörterbuch der Philosophie* ebenso wie in der aktuellen dritten Auflage des *Lexikons für Theologie und Kirche* ein unverhältnismäßig breiterer Raum gegeben wird als seinem Gegenstück „Dif-

---

[1] E. Levinas, Die Philosophie und die Idee des Unendlichen, in: ders., Die Spur des Anderen. Untersuchungen zur Phänomenologie und Sozialphilosophie, Freiburg-München ²1987, 185-208; hier: 187f.

[2] Vgl. exemplarisch das Sonderheft des Merkur Nr. 594/595 (Jg. 52 – 1998) mit dem Titel: „Postmoderne. Eine Bilanz".– Kritisch dazu: P. M. Lützeler, Ein deutsches Mißverständnis. Die „Postmoderne" ist keine modische Formel, sondern beschreibt präzise unsere Gegenwart – Eine Replik, in: Die ZEIT Nr. 41 (1.10.1998) 68.

[3] Noch einmal sei an das von Wolfgang Welsch (in: Vernunft, 181f.) berichtete Übersetzungsgezerre bei Manfred Frank erinnert, der Foucaults „Die Folter, das ist die Vernunft" ins Klischee fügte, das er nicht zuletzt auf die „>postmoderne <Toderklärung" von Subjekt, Person und Individuum ausdehnte: vgl. ders., Die Unhintergehbarkeit von Individualität.– Nicht zuletzt Foucaults Hinweis auf das Verschwinden des Menschen am Ende der „Ordnung der Dinge" (462) ist kontextgenau zu bestimmen: es geht um das Bild des Menschen in einer bestimmten, kontingenten Wissensformation – nicht um *Antihumanismus* (vgl. L. Ferry/A. Renaut, Antihumanistisches Denken. Gegen die französischen Meisterdenker, München-Wien 1987). Letzterer begegnet pejorativ als ein weiteres Totschlagargument aus dem Arsenal derer, die im postModernen Denken die *Gegenaufklärung* wittern. Hier ist festzuhalten: es gibt in manchen Denkmotiven eine postModerne Nähe zu einer irrationalistischen Vernunft- und Modernekritik, die darum die argumentative Basis und Diagnoseaspekte nicht von vornherein erledigen kann.

ferenz", mag als Stimmungsbericht taugen.[4] Die sachliche Überzeugungskraft von Differenzdenken steht um so stärker auf dem Prüfstand. Deshalb ist zunächst noch einmal daran zu erinnern, warum die diskutierten Ansätze unter dem Titel „postModern" verhandelt wurden.

Michel Foucaults Archäologie, später seine Genealogie des Denkens erkundete die Geschichte der Wissensformen. Ihre Leitbilder konnte er aus geschichtlichen Konstellationen entwickeln. Im Labor seiner machtkritischen Behandlung des mit bloßem Auge erkennbaren Einflusses der verschiedenen Machtfaktoren entstand das Negativ ihrer Strukturen, ihr genaues Bild. Was es zeigte: Werden, Beharrlichkeit und die Möglichkeit des Wandels von befristeten, aber in dieser Zeit unhinterfragt geltenden Denkmustern. Sie bildeten die großen Organisationszentralen des Wissens ihrer Zeit. Mit Foucault wurde deutlich, daß Wissen in dem Maße vorläufig ist, wie es die Stabilität seiner Machtfunktoren zuläßt. Die Fundamentalhermeneutik einer Epoche, ihre *episteme*, erscheint demnach in ihrem Geltungsgrund durchfurcht von Differenzzügen.

Macht ist eine solche Marke von Differenz, die in jeder Interpretation eine etablierte Größe sichtbar macht, ein spezifisches Interesse, das sich im Wettstreit der Plausibilitäten durchgesetzt hat. Macht ist dabei insofern unhintergehbar, als es keinen Raum der Erkenntnis ohne Momente ihrer Einflußnahme gibt. Wissen und Macht sind nicht zu entkoppeln, sondern in ihrem Verhältnis lediglich zu beschreiben. Am deutlichsten wurde dies mit Foucault in der Wissensproduktion machtrelevanter Verhältnisse im Bereich der Institutionen: im Gefängnis, in der Klinik, im Irrenhaus. Ihr Mechanismus erreichte seinen menschlich sensibelsten Bereich in der Durchdringung der Privatsphäre, im Übergriff des Wissenskomplexes auf die Sexualität. Foucaults Analysen versprechen keinen Ausweg aus dem Macht-Wissen-Komplex. Sie sensibilisieren für die Kontaktpunkte der Sphären. Und sie verpflichten auf die Ausarbeitung der diskursbestimmenden Machtspiele, auf das Nennen ihrer Berechnungslogik.

Das Bild des Denkens nach Foucault kann an dieser ersten Unterbrechung seiner Selbstverständlichkeit kaum vorbei. Die Kontingenz der kognitiven Einzelfälle ist als die Konsequenz ihrer ganzen Veranstaltung zu begreifen. Kein Wissen, kein Deutungsmuster ist schlechthin es selbst. Mißtrauen gehört zum hermeneutischen Geschäft, auch selbstreferentiell. Die investigative Kraft des Interpreten der aufgespürten Codes richtet sich darauf, zu wissen, wo das Wissen auch anders hätte ausfallen können. Wo Interpretationen von anderen abgelöst wurden, die deren Material in einer anderen Zeit konstituierten.

---

[4] Zum Stichwort „Identität" bietet das HWP mehrere Einträge: vgl. Bd. 4, 143-157. Der Artikel „Differenz" beansprucht nur zwei Spalten, unterboten noch vom LThK³, Bd. 3, 227f. mit einer halben Spalte Umfang und ohne Auseinandersetzung mit der Differenzphilosophie, die den Herausgebern sowie dem Autor (P. Baumanns) entweder theologisch nicht von Belang erscheint oder nicht rezipiert wurde. Beides wäre als Indiz in der – identitätsdominierten – Sache zu nehmen. Letzte Bestätigung: der Identitätsbeitrag umfaßt erneut ein Vielfaches: Bd. 5, Sp. 397-402, mit einem eigenen Vermerk zur „Identitätsphilosophie" (ebd.).

Die Kontingenz der Deutungen, die Wissen bestimmen, die Kritik einer historischen Paradigmatik führt bereits auf die Differenzmarken, die im folgenden noch einmal gebündelt werden. Foucault gibt so die Richtung an: die ZEIT selbst macht den entscheidenden Unterschied, setzt die Differenz im Verstehen so tief an, daß sich keine Interpretation als sie selbst im von ihr gesetzten Text noch einmal identifizieren läßt. Mit dem Identitätsbrecher INTERPRETATION wird das Problem des Interpreten aufgerufen. Für Foucault ist auch der Mensch Teil einer epistemischen Schöpfung, einer historischen Konstellation, die ihn unter Strukturen und Fragestellungen erfaßte, die nicht zeitlos sind und von daher auch ein anderes Bild des Menschen künftig erlauben. Zugleich ist es nicht das INDIVIDUUM, das sich zum autarken Interpreten der Machtdispositive aufzuwerfen vermag – sie haben ihn schon vorher gestellt. Seine Rolle wird gerade in der theoretischen Durchführung fragwürdig, die Foucault inszeniert. Dabei geht es ihm nicht um die Abschaffung dessen, was im als Humanum Gesicherten gesellschaftliche Residuen von Menschlichkeit schuf, sondern um die Kenntlichmachung der Machtpraktiken noch in ihrer Durchsetzung und um die Bezeichnung der Fragilität des Individuellen im Apparat. Wie die Kunst eines individuellen Lebens sich zwischen den Fängen der Macht Schlupflöcher graben kann, bleibt theoretisches Desiderat. Die unverzichtbare Rolle des Individuums wird bei Foucault indes nicht beseitigt, sondern als bedroht reklamiert.

Was bleibt, ist die von Foucault eingesetzte Optik. Sie macht die Pluriformität und die Undurchdringlichkeit von Wissensformationen durchsichtig, ihre zeitliche Kontingenz, ihre fundamentaltheoretische Unabgeschlossenheit.

An diesem Punkt interessiert der differenztheoretische Ansatz von **Gilles Deleuze**. Sein nomadologisches Denken erlaubte es, ZEIT als Differenzmarke einzuführen. Es gibt keine separierbare Gegenwart, sondern nur die Wiederholung des Grundprinzips der Differenz, als das Deleuze ZEIT denkt. Die Dinge in der Zeit sind durch sie von sich selbst getrennt. Und so ergibt sich eine Philosophie des Singulären, die zugleich einen Ausweis für die Rechte des Vielfältigen, des je Anderen ausstellt.

Deleuzes Subjektkritik greift dabei wie die Foucaults auf ein individuiertes Denken aus, das sich aus herrschenden Schematisierungen befreit. Deleuze sucht nach einem Denkmodus, der die Irritationen der Wirklichkeit nicht absorbiert, sondern trägt, in sich austrägt. Seine Rede von den *tausend Plateaus* gibt dem ein Bild. Die vielen Perspektiven sind für ihn nach der Zerschlagung tragender Einheitskonzepte und letztbegründbarer Überzeugungen das letzte, was zu erreichen ist. Dem hat sich auch das Subjekt zu stellen. In seiner klassischen Form ist es der hermeneutische Identitätsfunktor. In ihm schießen die Erkenntnisse zu einem Bild der Realität zusammen, das im Cogito Descartes´ seinen transzendentalen Fluchtpunkt hat. Unterdrückt wird so das Unterschiedliche, das Andere. Dessen Unterwerfung hatte bereits Foucault angeklagt. Mit Deleuze tritt das Verhältnis von Eigenem und Anderem unter radikal differenztheoretischem Gesichtspunkt neu in den Vordergrund.

Das vielfältige Nebeneinander instantiiert den Plural erkenntnistheoretisch und politisch gleichermaßen. Hier bestätigt sich, warum Foucault und Deleuze zu den postModernen Klassikern gerechnet werden.[5] Beide bemühen eine neue Perspektivik, die den Brüchen der Wirklichkeit gerecht wird. In der ZEIT gibt es nichts, was Sicherheit verspricht, sondern nur kontingente Einsichten und Interpretationen.

Daß dem Menschen nur Deutungen der Wirklichkeit bleiben, also keine identisch reproduzierbaren, absoluten Erkenntnisse, faßt die **Interpretationsphilosophie** grundlegend auf. Wirklichkeit ist nur perspektivisch zu haben. Es gibt eine unausweichliche Pluralität von Deutungen. Jede bindet sich an eine auch dem Individuum nicht mehr voll zugängliche, in ihrer Verfaßtheit letztlich opake Interpretationsebene zurück, die den Kontakt zur Wirklichkeit bestimmt. Dieser Zugang ist immer ein gedeuteter – und so lassen sich zwar die Weltsichten im Realitätsbezug ansprechen und zwischenmenschlich verknüpfen – ein letzter Rest an Eigendeutung und hermeneutischer Unschärfe bleibt. Und dies ist der Ort des INDIVIDUUMS: es kann sich nur interpretativ verhalten und tut dies, auch wo es sich darüber nicht im klaren ist. Damit wird das Individuum zugleich zum Raum hermeneutischer Differenz, denn jeder deutet – in der Zeit – eigen und anders. Die selbstbezogene Undurchdringlichkeit bedingt die Undurchschaubarkeit für den anderen. Daß auch hier die verschiedensten Motive im Interpretieren eine Rolle spielen, bindet diese Differenzmarke an Foucaults Machtdiskurs zurück. Danach gibt es nur bedingte und vorläufige, interpretativ gebrochene Identitäten. Identität ist nicht sie selbst, sondern verschoben, weil sie zeitlich stattfindet, weil sie in personaler Vermittlung nicht ein statisches Individuum betrifft, weil sie sprachlich vermittelt ist und Rezeptionsabstände einschließt. Nichts wird also identisch verstanden, sondern differentiell interpretiert. So wird die individuelle Identität zum Ausgangspunkt von Differenzhermeneutik.

Ein Muster hat sie im Textverstehen. Mit **Hans Blumenberg** läßt sich die METAPHER als Fokus der Differenzmarken heranziehen. Jede Metapher bietet eine eigene Weltsicht, die eine Unzahl an Deutungsmöglichkeiten läßt, an Assoziationen, an traditionalen Verweisen. Individuelle Deutung, zeitliche Bedingtheit und verschiedenartige Einsetzbarkeit machen deutlich, daß Metaphernverstehen different strukturiert ist. Blumenberg sieht im Einsatz von Metaphern den Versuch, eine Wirklichkeit zu begreifen, die sich nicht ganz durchdringen läßt. Aporetische Wirklichkeitserfahrung und Kontingenzbewältigung spielen ineinander. Die Bilder des Denkens tragen die Brüche des Wirklichen in sich. Diese Bruchstellen fügt Blumenberg zu Landkarten des Denkens zusammen. Sie verzeichnen, daß die Phänomene immer die Struktur des Anderen haben, einer anderen Sicht und Sprache. Noch im Selbstbewußtsein ist das Andere Muster der Differenz: es gibt nicht nur das eine Ich, sondern seine vielen Möglichkeiten und seine Veränderungen. Nur im Blick auf den Anderen erfährt sich das Ich selbst: herausgefordert, verändert durch

---

5   Vgl. P. V. Zima, Moderne/Postmoderne, Tübingen-Basel 1997, 124-176.

den Anderen. Und auch dafür ist die Metapher Ausdruck: sie bewahrt das Nicht-Identische, das Unverfügbare als privilegierte Sprechform. Sie ist nicht ersetzbar. Da aber jedes Denken als Sprechform Bilder beansprucht, wird der Eintrag des Anderen in jeder Deutung lesbar. Die Dinge sind nicht einfach sie selbst, das heißt: sie werden benannt und bestimmt, um zugleich unbestimmt zu bleiben. Sie stammen aus interpretativen Räumen, und sie werden nur interpretativ aufgenommen. Was sie meinen, hat sich verschoben. Verstanden wird nur aus Verstehensabständen heraus.

Diese Einsicht führt **Paul Ricoeur** metapherntheoretisch aus. Auch für ihn unterbrechen ZEIT und METAPHER als Differenzmarken alles Verstehen. Identität ist personal wie semantisch nur als differente zu denken. Indem er sich gegen Hegels Identitätslogik wendet, die den Durchgang des Differenten unter dem Zeichen des alles in sich selbst identifizierenden absoluten Geistes betreibt, setzt er weder Identität noch Differenz total. Sein Konzept einer *narrativen Identität* faßt dieses Programm. Im Erzählen wird ZEIT als Differenz genommen, der in der Erzählung ein Rahmen gegeben wird, in dem sie in ihrer ganzen Dynamik und aporetischen Unbegreiflichkeit zerrissen erscheint, gleichsam unmittelbar in der Vermittlung nachvollziehbar. Was erscheint, ist eine zerfaserte Fassung zeitlicher Einheit. Sie ist dem Denkprinzip nach mit jener Identität vergleichbar, die Ricoeur als Selbst denkt. Im Selbst ist das Andere jeweils gegeben, und zwar so, daß sich ihre Relation nicht mehr in eine vorgängige Aktivität oder Passivität spalten läßt. Ricoeur denkt Identität sprachlich und personal als Spannungseinheit, die sich nicht mehr aufhebt, sondern in der Differenz der Momente begegnet. Identität ist danach strikt temporalisiert zu denken. Die Momente des Andersseins sind also in der Zeit schon genauso apriorisch gegeben wie die Möglichkeit des Eigenen, sich im Anderen als es selbst zu erleben und zu verstehen. Verstehen heißt also immer: (sich) anders (different) verstehen.

Hermeneutik erreicht mit dieser subjektphilosophischen Wendung jenen problematischen Kernbereich, der auch grundlagentheoretisch die Diskussion um das Verhältnis von Moderne und PostModerne zueinander bestimmt. Die Theoretiker der Differenz steuern mit ihrem Projekt differenten Verstehens auf die Frage nach dem Subjekt bzw. dem Individuum als dem Austragsort der Spannungen und Abweichungen im Verstehen zu.[6]

Dieter Henrich erzählt die Geschichte der modernen Philosophie ausgehend vom Begriff der Selbsterhaltung. Mensch und Staat haben ihr vitalstes Interesse am Weiterbestehen, das in einer kontingenten Welt stets bedroht ist. Ließ sich mit dem christlichen Schöpfungsgedanken und seiner eschatologischen Wendung eine Ordnung voraussetzen, die noch im Zerfall der gesellschaftlichen Systeme und dem individuellen Scheitern einen stabilen Rahmen bot, so änderte sich diese Situation mit dem Zerfall „des teleologischen

---

[6] Zur notwendigen Unterscheidung der subjektphilosophischen Konzepte vgl. M. Frank, Die Unhintergehbarkeit von Individualität, 25: „*>Subjekt< (und >ich<) meinen ein Allgemeines, >Person< ein Besonderes, >Individuum< ein Einzelnes.*"

Weltbildes."⁷ Sicherheitsgarantien mußten anderweitig gegeben werden. In Frage kam von nun an vor allem das Subjekt, das sich selbst qua Bewußtsein und die Gemeinschaft im Gesellschaftsvertrag der Subjekte organisiert. Strukturell blieb dem sich selbst überlassenen Subjekt die Gottesfolie zugemutet. Gott als die *causa sui* gab den Inbegriff der Selbsterhaltung, deren Leistung nun vom Subjekt zu übernehmen war. „Am Anfang der Moderne wurden also Staatsphilosophie und Anthropologie ebenso wie Ontologie und Ethik aus dem einen Begriff der Selbsterhaltung begründet."⁸

Mit der entschiedenen Wendung zum Subjekt war nicht nur der Paradigmenwechsel von der Transzendenzhaftung des Denkens zu ihrer Immanenzkonzentration vollzogen, sondern auch der Abschied von seinem physischen Ursprung. Selbsterhaltung ist eminent körperlich. Demgegenüber trennte sich das auf sich selbst geworfene Subjekt in dem Moment von dieser Verwurzelung, als es in der Selbstreflexion den entscheidenden Sicherheitsanker werfen zu können glaubte. Dieser Schritt lag in der Logik der Sache. Wer von Selbsterhaltung spricht, denkt das Selbst mit und hat es genauer zu fassen. Für Henrich waren die Stoiker die ersten, die sich daran machten, das Selbst als unhintergehbare Vertrautheit mit sich zu bestimmen:

> „Die Stoiker waren der Meinung, daß sich nur unter dieser Voraussetzung von Selbsterhaltung sinnvoll reden läßt. Die erste Hälfte des Wortes, eben das >Selbst<, hat ohne die Interpretation aus der Vertrautheit mit sich keinen einsehbaren Sinn. Aus dieser Vertrautheit aber entsteht allererst der Trieb nach Selbsterhaltung."⁹

Damit läßt sich die Moderne in ihrem zentralen Movens subjekttheoretisch rekonstruieren. Und genau an diesem Punkt entzündet sich die Kritik an der Moderne, wie sie vielleicht am deutlichsten mit Nietzsche anhob und dann im 20. Jahrhundert voll durchbrach. Heideggers Interpretation der cartesianischen Moderne etwa buchstabierte Selbst*bewußtsein* als Selbst*macht*. Die Bemächtigung des Seins durch das selbstbewußte Cogito war in dieser Lesart nichts als *Seinsvergessenheit*, die die gesamte neuzeitliche Philosophie belastete. Und schließlich stießen sich auch die postModernen Theoretiker an den destruktiven Aspekten eines selbstherrlichen Subjekts. Das totalitäre 20. Jahrhundert erzählt vielleicht seine schrecklichsten Geschichten.

An diesem Problempunkt entzündet sich die hermeneutische Kernfrage nach dem Verhältnis von Identitätslogik und Differenzdenken. Identitätstheoretisch ist vom Subjekt als der Zentrale des Wirklichen auszugehen, für die Kant erkenntnistheoretische Gründe bereit stellte. Differenztheoretisch wird das Recht des Anderen in einer Weise behauptet, die mit Deleuze und Derrida sprachtheoretisch und temporal funktioniert, mit Foucault ein Moment des Anderen machtkritisch in jeder Wirklichkeits- und auch Selbst-

---

7 D. Henrich, Die Grundstruktur der modernen Philosophie, in: ders., Selbstverhältnisse. Gedanken und Auslegungen zu den Grundlagen der klassischen deutschen Philosophie, Stuttgart 1993, 83-108; hier: 91.
8 Ebd., 88f.
9 Ebd., 92.

wahrnehmung entdeckt und interpretationsphilosophisch in den pluralen Deutungsversuchen dem interpretierenden Ich jeden Vorrang vor anderen Interpretationen nimmt.

Henrich sucht nun Heideggers Verortung von Subjektivität in der Identitäts- und Präsenzmetaphysik zu konterkarieren. Für ihn vollzieht sich im Subjekt als Selbstbewußtsein „sein ursprüngliches Gewahren seiner".[10] Selbstbewußtsein ist danach eine Aktivität, die aber nicht in voller Transparenz über sich selbst verfügt. Levinas´ Gedanke einer Urpassivität findet hier ebenso einen Bezugspunkt wie die Interpretationsstufe$_1$ im Interpretationismus Günter Abels und Hans Lenks. Hier begegnet Selbstbewußtsein auf seiner Ermöglichungsbasis als eine labile Konstruktion:

> „Sie ist ihrer selbst nicht mächtig und schon gar nicht Ursprung ihrer selbst und doch in sich von einer Art, die es ausschließt, daß sie von *anderem* erhalten wird."[11]

Genau in diesem Spannungsverhältnis besteht für Henrich die Leistung der modernen Philosophie, und sie denkt offener für das Andere, als es die Heideggersche Interpretation zugesteht. Das Ich erkennt sich einerseits über etwas wie eine „kriterienlose Selbstidentifikation"[12], die andererseits aber offen bleibt für das Unverfügbare in sich. Zwischen Autonomie und Heteronomie, zwischen Identität und Differenz bleibt das Problem stehen.

Doch erst in der postModernen Differenzhermeneutik setzt sich – hier gegen Henrichs Report – das Denken des Anderen voll durch. Dabei nimmt es die Tendenzen auf, in denen sich das Unbehagen an der Moderne gegen seine subjektphilosophischen und identitätslogischen Zwänge wandte. In der Problemkonstanz und der Aufnahme der modernitätskritischen Moderne wird das Phänomen PostModerne verständlich. Nimmt man es als einen Denkmodus, als eine fundamentale Hermeneutik, so hat sie in der modernen Durchbrechung des egologischen Paradigmas in der Subjektphilosophie einen eigenen Stand.

Zwei Varianten lassen sich nach der Ausklammerung des strengen egologischen Modells in dieser Denkrichtung anführen. Sie unterscheiden sich in ihrem differenztheoretischen Akzent. Henrich sieht, wie dargestellt, das Selbst als eine Aktivität, die von Anderem durchzogen ist, insofern sie sich nicht radikal selbst herzustellen und zu durchschauen vermag, zugleich aber nicht fremdbestimmt ist. **Emmanuel Levinas** hingegen geht von einer Urpassivität aus, die in der Erfahrung des Anderen das odysseische Denken des Subjekts durchbricht, das von sich aus aufbricht, um bei sich anzukommen. „Das Ich ist die Identifikation schlechthin, der Ursprung des Phänomens selbst der Identität... Weil ich von Anfang an der Selbe bin, me ipse, eine Selbstheit, kann ich

---

[10] Ebd., 99.
[11] Ders., Über Selbstbewußtsein und Selbsterhaltung. Probleme und Nachträge zum Vortrag über >Die Grundstruktur der modernen Philosophie<, in: ders., Selbstverhältnisse, 109-130; hier: 125.
[12] Ders., ‚Identität' – Begriffe, Probleme, Grenzen, in: O. Marquard/K. Stierle (Hrsg.), Identität (= Poetik und Hermeneutik VIII), München 1979, 133-186; hier: 178.

ein jedes Objekt, einen jeden Charakterzug und jegliches Seiendes identifizieren."[13] Das Ich ist dementgegen in seinem Begehren immer schon auf Anderes und vor allem den Anderen ausgerichtet, der ihn herausfordert. Vor aller Denkbarkeit und jenseits einer ontologischen Qualifizierbarkeit ist die Passivität das, was das Subjekt umschließt. Wie dies präsenzmetaphysisch nicht mehr auf den vollen Begriff gebracht werden kann, vollzieht sich die Anwesenheit des Anderen als etwas, was nicht kognitiv zu handhaben, zu beherrschen ist. Es ist eine Spur der Passivität des Subjekts und der Konfrontation mit dem Anderen, der ihn im Antlitz betrifft, herausfordert, überwältigt. Von daher ersetzt Ethik die Ontologie, und mit ihrer Unzulänglichkeit wird auch die des bewußtseinsphilosophischen Modells manifest:

> „Das Bewußtsein wird durch das Antlitz in Frage gestellt. Diese Infragestellung läuft nicht auf das Bewußtsein dieser Infragestellung hinaus. Das absolut Andere spiegelt sich nicht im Bewußtsein. Es widersteht dem Bewußtsein so sehr, daß nicht einmal sein Widerstand sich in Bewußtseinsinhalt verwandelt. Die Heimsuchung besteht darin, sogar die Ichbezogenheit des Ich umzustürzen, das Antlitz entwaffnet die Intentionalität, die es anzielt."[14]

Bei Levinas wird deutlich, wie aus der subjekttheoretischen Fragestellung, die Moderne und PostModerne miteinander kritisch in Beziehung setzt und ihren Diskurs konzentriert, eine Hermeneutik des Selbst wird, die Identitäts- und Differenzdenken gegeneinander ausspielt. Sieht Henrich das Selbst mehr unter identitätslogischen Auspizien, wenn das Ich sich selbst identifiziert, so kontert Levinas dieses Konzept radikal differenzhermeneutisch. Wie aber Henrich ein Moment des Anderen in seinen Ansatz einbezieht, so sucht Levinas Subjektivität nicht auszublenden, sondern unter dem Vorrang des Anderen neu zu verstehen.

Beide Interpretationen bleiben freilich problematisch: für Henrich läßt sich die Struktur der Alterität im Selbstbewußtsein nicht mehr befriedigend klären; und bei Levinas wird die Passivität des Selbst als das ursprunglos-ursprüngliche Einfallstor des Anderen nicht mehr offen für eine gleichursprüngliche Aktivität des Selbst, die sich als Selbst erst in der Begegnung mit dem Anderen erfährt, also eine unaufhebbare Spannungseinheit von Aktivität und Passivität in der Selbsterfahrung als Fremderfahrung – und in der Fremderfahrung als Selbsterfahrung – ausmacht. Die unvordenkliche Passivität ist eine unpersönliche und gibt dem entstehenden Subjekt zwar eine Welt, einen Lebensraum, doch im Augenblick, da vom Subjekt zu sprechen ist, zeigt es bereits die Doppelstruktur von Aktiv und Passiv. Die Übernahme des Passiv ist seine elementare Leistung, die zeitlich einen Vorrang beanspruchen kann, der nicht mehr erinnerungsfähig das Subjekt betrifft, indes gleichsam den Rahmen vorweg verlassen hat, in dem vom Subjekt zu handeln sein kann. Hier entsteht eine zweistufige Subjekttheorie. Sie macht die Abhängigkeit des Ich vom Anderen zu einer Voraussetzung, die der Differenz des Ich von sich selbst apriorisch einen Namen gibt. In der engeren Fassung des Subjekts

---
[13] E. Levinas, Die Spur des Anderen, in: ders., dass., 209-235; hier: 209.
[14] Ebd., 223.

ist es vom geschichtlichen Moment seines Werdens an zu sehen, das die bezeichnete Doppelstruktur erkennen läßt. Sie verbindet Identitätswerdung mit Differenzerfahrung. Das Selbst ist – mit Ricoeur – in sich immer auf Anderes verwiesen, um darin es selbst zu sein. Ohne diesen ambivalenten Bezug würde auch das Andere verschwinden. Denn das Andere bleibt, in seiner ganzen semantischen Unrepräsentierbarkeit und Unaufbrauchbarkeit, ein als Anderes Qualifiziertes, das vom ihm Anderen her, einem Eigenen, erst namenlos benannt wird. Die Urpassivität würde einen Vorsprung des Anderen bedeuten, dem sich das Subjekt nicht nur nicht entwinden könnte, sondern das es radikal auf dieses Andere vereidigte, demgegenüber es selbst nur ein zweites bliebe. Letztlich ist es die sich hierin abspiegelnde jüdisch-christliche Tradition des Transimmanenzdenkens, die das Verhältnis von Identität und Differenz als Spannungsverhältnis begreifen läßt.

Genau dies leistet die Negative Dialektik des Selbst bei Ricoeur. Daß keine letzte Aufhebung der Relation gedacht werden kann, setzt freilich einen *Akzent* auf den unaufhebbaren *Unterschied*, der in der Beziehung bleibt: von Selbst und Anderem, von Identität und Differenz. Damit aber wird die darin vermittelt gedachte *Differenz* zum Emblem Negativer Dialektik, die sich von jeder Form einer Totalisierung entfernt hält.

Die differenzhermeneutische Denkbewegung rundet sich. In einer zeitanalytischen und zugleich grundlagentheoretischen Perspektive wurde postModernes Denken differenzphilosophisch begriffen. Die pluralistische Option ließ sich über eine konsequente Differenzwahrnehmung begründen. Dies bestätigten nicht zuletzt die diskutierten Entwürfe, von denen aus die Verbindung zwischen Hermeneutik und Differenztheorie eng geknüpft werden konnte. Dabei zeigte sich, daß für die Auseinandersetzung um die Moderne und ihre postModerne Revision Identität und Differenz ähnliche Schlüsselbegriffe sind wie in der Geschichte der Hermeneutik. Die dort nachweisbare Tendenz zu einer konsequenteren Differenzbeachtung korreliert der entsprechenden Dynamik von der Moderne fort zu ihrer kritischen Transkription.

Als Zentralproblem und differenztheoretischer Überhang stellte sich die Frage nach dem Ort des Verstehenssubjekts. In ihm ließ sich die Relation von Identität und Differenz im Verstehen fokussieren: als Selbstverständnis im problematischen Bezug auf den Anderen bzw. das Andere. Daß die hermeneutische Frage nach dem Individuum im subjekttheoretischen Diskurs immer wieder als ein wesentliches Unterscheidungsmerkmal zwischen modernen und postModernen Positionen reklamiert wird, unterstützt erneut die Zusammenführung der Konzepte ‚Identität'/‚Differenz', ‚Moderne'/‚Post-Moderne' und Hermeneutik in dieser Untersuchung.

Die mit Paul Ricoeur erreichte Interpretation avisiert vor allem den theoretischen Modus: eine in Negativer Dialektik erprobte Fassung von Differenzhermeneutik des Selbst. Selbstverstehen ist immer vom Verstehen eines Anderen durchzogen. Das Selbst versteht sich aus dem Bezug heraus und wird zugleich zur Lesart eines Anderen. Die offene Bewegung im Verstehensprozeß basiert darauf, daß im Selbst unhintergehbar Momente von Anderem enthalten sind: etwa in der Fremdheit des eigenen Leibes oder des Gewissens. Das Selbst läßt sich von daher nicht identisch auffassen, und es versteht den Anderen wie sich selbst jeweils anders. Damit ist keine totale Differenz gemeint, ein absolutes Nichtverstehen, aber doch ein differentieller Mehrwert. Die Abstände im Verstehen lassen sich nicht tilgen. Verstehen geschieht auf Probe.

Dieser Einbruch des Anderen ist es, der postModernes Denken kennzeichnet. Von daher werden die unverbrüchlichen Rechte des Anderen und von Differenzen eingeklagt. Mit Ricoeur werden sie jenseits aller Beliebigkeit begreifbar. Der Schock des Anderen ist durchaus als die Reaktion aus der neuzeitlichen „Allergie"[15] gegen den Anderen erklärbar. Statt sich aber zu immunisieren, wird das Andere nun nicht länger pathologisch behandelt, unterdrückt, sondern wahrgenommen.

Dieses Andere wird dabei schon grundlagentheoretisch Thema. Philosophisch haben sich die Großsysteme verabschieden müssen, weil sie ihre Versprechen nicht halten konnten. Letztbegründungen basieren auf Interpretationen, letztlich auf Entscheidungen.[16] An ihrer Stelle „empfiehlt sich als Leitfaden der *Satz vom unzureichenden Grunde*"[17] für eine neue Denk- und Lebensmaxime. Denken wird so vorläufig begriffen und zugleich jeder Versuch, sich, die Wirklichkeit und den Anderen zu verstehen. Erste Philosophien und identische Reklamationen von Sinn sind vor diesem Hintergrund als Momente „okzidentaler Ordnungsbesessenheit"[18] zu befragen:

> „Herausführen könnte ein Denken und Handeln, das mit dem Potential *begrenzter Ordnungen* ernst macht, ohne einfach Ordnung und Unordnung gegeneinander auszuspielen."[19]

Dieses Plädoyer für ein offenes Verstehen im Sinne einer Orientierung in der kontingenten und widersprüchlichen Wirklichkeit nimmt Motive auf, die differenztheoretisch Hans Blumenberg bereits in Anspruch genommen hat. Über ihn hinaus entwickelt **Bernhard Waldenfels** einen Ansatz „responsive(r) Differenz"[20:]

> „Der Anspruch des Anderen ist >überdeterminiert<, und dies nicht im Sinne einer Mehrmeinung, die über das aktuell Gegebene hinauszielt, sondern im Sinne eines Überanspruchs, der im jeweiligen Anspruch selbst laut wird. Auf diese Weise begegnen wir nicht nur dem Fremden im Eigenen und dem Eigenen im Fremden, sondern darüber hinaus begegnet uns Fremdes im Fremden."[21]

In einem solchem Verstehenskonzept lassen sich die Differenzen nicht auslöschen, vielmehr motivieren sie den Prozeß eines aufgeschobenen Verste-

---

[15] Mit einer schlagenden Formulierung von E. Levinas, Die Spur des Anderen, 211.
[16] Zur Begründung dieser These sei nochmals auf den erkenntnistheoretischen Hauptteil meiner Dissertation verwiesen: Aporetische Theologie, 53-158.
[17] B. Waldenfels, Ordnung im Zwielicht, Frankfurt a.M. 1987, 112.
[18] Ders., Ordnung im Potentialis. Zur Krisis der europäischen Moderne, in: ders., Der Stachel des Fremden, Frankfurt a.M. ²1991, 15-27; hier: 24.
[19] Ebd., 25.
[20] Ders., Antwortregister, Frankfurt a.M. 1994, 335.
[21] Ebd., 437.

hens. „Hiatus" der Übersetzung von Eigenem und Fremdem, „*Irreziprozität der >Beziehung<*", „Diastase" als Prozeß differentieller Bedeutungsentstehung und ein „Überschuß" an Bedeutung sind die „Topoi einer solchen responsiven Logik".[22] Sie läßt sich in einer Hermeneutik der Differenz formulieren. Jeder Versuch, sich und Anderes zu verstehen, bleibt prozessual, und das Individuum als Ort des Verstehens findet darin sich selbst und das Interpretandum als jeweils „veränderte Identität".[23] Paul Ricoeurs Idee einer *narrativen Identität* entspricht dem.

Am Ende dieses summarischen Durchgangs steht ein Konzept von Hermeneutik vor Augen, das die Differenzen im Verstehen mobilisiert und Verstehen selbst als Differenzgeschehen vorstellt. Es kann nicht als hermeneutisches Generalmodell der Wirklichkeit und ihren Texturen aufgerastert werden. Vielmehr hat es seine theoretische Stärke in der Sensibilisierung für die Differenzräume im Verstehen, gespeist aus der kritischen Kraft der Bestreitung einer rational absicherbaren Identitätslogik. Diese kritische Theorieanlage macht ihre besondere Wirksamkeit an der Beachtung der Differenzmarken fest.

Hans-Herbert Kögler postuliert in verwandtem Interesse eine *Kritische Hermeneutik*, deren Momente mit den hier entwickelten differenztheoretischen Marken kompatibel sind. Danach gilt: der begründungstheoretische wie

> „der sprachlich vermittelnde Ungrund der hermeneutischen Aktivität muß jeder wahrheits- oder versöhnungstheoretischen Komponente verlustig gehen, wenn die Inkommensurabilität symbolischer Ordnungen im interpretativen Gespräch, die Unüberholbarkeit sozialer Herrschaftsstrukturen in hermeneutischen Sinnverhältnissen und die Unaufhebbarkeit individueller Erlebnisse in den allgemein geteilten Sinnhorizont gemeinsamen Sichverstehens als unausweichliche Momente der hermeneutischen Grundsituation erkannt worden sind... Verstehen wird nun – ohne die >Hoffnung< einer gemeinsamen Weltsicht, ohne die Annahme eines von Macht letztlich freigesetzten Sinns und ohne die versicherte Übereinkunft individueller Erfahrungen – eine je neu einsetzende, kontingent vom Bestehenden ausgehende und kritisch gegen dieses gewendete *Praxis der Sinnkritik*."[24]

Verstehen als Differenzgeschehen *interpretiert* Sinn; jenseits der Totalen einer Letztbegründung; aber auch jenseits der unvermittelten Totalen von Identität und Differenz, der Annahme vollen Verstehens und radikalen Nichtverstehens.

Wie Differenzhermeneutik sich – zumal als Identitätskritik – im Rahmen einer traditionssicheren Glaubensgemeinschaft einsetzen und auffassen läßt, wird zu überprüfen sein. Auch hier kann es nur darum gehen, das vermittelte Konzept von Identität und Differenz mit dem Akzent auf dem Differenten

---

[22] Ebd., 334f.
[23] M. Frank, Die Unhintergehbarkeit von Individualität, 124.
[24] H.-H. Kögler, Die Macht des Dialogs. Kritische Hermeneutik nach Gadamer, Foucault und Rorty, Stuttgart 1992, 299.

in das rechte Licht zu rücken, ihm Schneisen zu schlagen. Dies wird nur zu erreichen sein, wenn sich die Relevanz der Differenzmarken im Sinne einer von Kögler so titulierten kritischen Hermeneutik erweist. Daß die Theologie dem vorgestellten Differenzdenken zu begegnen hat, ergibt sich aus ihrer theoretischen Verantwortung in der Zeit und für ihre Zeit – und aus der erkenntnistheoretischen Herausforderung, wonach ein erstes oder letztes Prinzip nicht unabweisbar zu haben sei. [25]

Der Glaube beansprucht ein solches Prinzip. Wie es zu denken und zu verantworten sei, wird gerade vor dem differenzhermeneutischen Hintergrund zu diskutieren sein. Ob Letztbegründungsversuche hier taugen, steht demnach ebenso auf dem Prüfstand wie die Frage danach, ob sich der Anspruch des Christentums auf eine christliche Identität nicht jenem Paradigmenwechsel hin zu einer fundamentaltheoretisch gestärkten Wahrnehmung von Differenz zu stellen habe, für den eine postModerne Differenzhermeneutik steht.

---

[25] Dies im Sinne eines *strengen* Begriffs von Letztbegründung, der rational Unhintergehbares verspricht und mit dem zwanglosen Zwang des nicht zu bestreitenden Arguments unausweichlich zur Einsicht „zwingt" – etwa im Sinne des performativen Selbstwiderspruchs in der transzendentalpragmatischen Letztbegründung Karl-Otto Apels.

TEIL II:
DIE THEOLOGISCHE HERAUSFORDERUNG DER POSTMODERNE: ZUR KRITIK THEOLOGISCHER IDENTITÄTSLOGIK

0.1 THEMATISCHE EINLEITUNG

Die unterschiedlichen Formen des Lesens bestimmen unweigerlich die Wahrnehmung des Inhalts mit. Tempo, also Lese*zeit*, und gewählte Perspektive bringen den Text selbst in Bewegung. Jeder Text ist offen für seine Lesarten, die wiederum keinen anderen Regelmechanismus kennen als die vom Text herausgeforderte und befragte Logik. Die Vielfalt der möglichen Entdeckungen bezieht sich freilich immer auf die Schrift; sie bleibt ihr *Kanon*. Doch der Maßstab ist weniger eindeutig, als sich in literarischen Streitfällen wünschen ließe. Zwar läßt sich der Text, sofern er nicht korrupt überliefert wurde, gleichsam physisch identifizieren. Doch als Textkörper wird er mit jedem Leser semantisch vervielfältigt.

In dieser sehr schlichten texttheoretischen Fassung ist das hermeneutische Grundproblem von Differenz und Identität ausgedrückt. Für postModernes Denken wurde gezeigt, daß ein besonderer Akzent auf alle Formen der Abweichung vom vorfindlichen Textapparat gesetzt wird. Die Unverrechenbarkeit der Lektüren wird betont, das Recht auf differente Deutungen proklamiert und also eine Pluralität der Anschauungsformen, die das Ganze der Wirklichkeit in optischer Brechung verändert zurückwerfen.

Der perspektivischen Unterbrechung entsprechen die verschiedenen Einträge von Differenz, die sie bestimmen. Die Aufmerksamkeit richtet sich auf die INDIVIDUELLEN Rezeptionsleistungen wie auf die Mehrdeutigkeit von Sprachen, von METAPHERN, von Kontexten, die schon im Text selbst eine unabschaffbare Veranlagung zur Ambiguität bezeugen. Was demnach die Identität eines Textes ausmacht, unterliegt bleibender Unsicherheit, wenn es seine Materialisierung schon nicht ist. Die Intention des Autors ist kein Erstes, das für ihn selbst voll transparent wäre – der interpretationistische Hinweis auf die Interpretationsstufe$_1$ weist nach, wie wenig der einzelne sich hier über sich selbst im klaren ist. Zumal er zu jeder ZEIT *auch* ein anderer ist und nur so er selbst sein kann.

Analog kann die differenztheoretische Reflexionsstufe der MACHT nur Einflüsse ausfindig machen, die Text und Rezeption steuern, ohne daß diese selbst aus einer grundlegenden Anonymität herauswüchse. Sie zu identifizieren über die Art, wie sie Wissen konstituiert, kann im übrigen noch nicht bedeuten, daß sich über sie alles erklären ließe.

Genau das will postModernes Differenzdenken auch nicht. Seine abgeleitete Hermeneutik setzt auf einen Plural von Faktoren, auf ein Bedingungsgeflecht, das eine mitunter verwirrende Vielfalt der Interpretationen zuläßt.

Für die Theologie verbirgt sich hier ein grundlegendes Problem. Christlich steht *eine* Person am Anfang und im Zentrum einer Botschaft, die nach eigener Deutung einen existentiell unausweichlichen Anspruch erhebt. Eine radikal pluralistische Hermeneutik birgt hier unwägbare Risiken. Wo jeder anders glaubt und anders seinen Glauben lebt, steht der Bezug auf Jesus Christus in Frage und mit ihm die Identität des Christlichen. Hinter der theoretischen Fragestellung wartet die historische Erfahrung der Kirche, zumal der Alten Kirche, der im ersten Kapitel nachgegangen wird. Wie entwickelte sich christliche Identität im Sinne einer fundamentalen Hermeneutik der Wirklichkeit, der theologischen wie der kirchlich-organisatorischen?

Es wird deutlich, daß sich die vorgelegte hermeneutische Frage nach dem Zusammenhang von Identität und Differenz theologisch auf zwei Ebenen bewegt, die jedoch grundlegend miteinander verbunden sind. Zum einen geht es kognitiv um ein Konzept von Wahrnehmung, um einen Denkansatz und die Form, in der Theologie sich begründet, auslegt und vermittelt. Hier wird Hermeneutik im strengen Sinn betrieben: *was* ist Christentum, *wie* wird es interpretiert? Zum anderen wird mit dem Begriff „Identität" eben diese Gestalt des Christentums einbezogen (= Identität[1]). Das Christentum ist immer auch eine soziologische Größe. Seine kirchliche Wirklichkeit kennzeichnet die Schnittstelle von Erkenntnis und Handeln. Eine identitätslogisch ausgerichtete Hermeneutik macht sich in der Form fest, mit der das Christentum sich als Kirche in der Zeit hält. In dem, was man gemeinhin christliche Identität nennt, bleiben die erkenntnistheoretischen Anteile konstitutiv, mit denen sie ihre grundlegenden Inhalte reflektiert und theoretisch aufarbeitet. Die Notwendigkeit des Christentums, sich mit einer die Zeit zwar nicht überspielenden, sie aber doch letztlich aufhebenden, transzendierenden Botschaft in der Zeit zu verwirklichen, gleichsam immer auf Abruf, versetzt sie in eine ungeheure Spannung. Als ein Moment ihrer theoretischen und praktischen Aufarbeitung liegt es nahe, klare Bezugspunkte und Erkennungsmerkmale herauszufiltern, die in der Zeit helfen, sich als Christ zu verhalten. Die den Glauben herausfordernden theoretischen sowie die praktischen Probleme der entstehenden Kirche – bedrängt durch Verfolgungen, erschüttert durch die Abfälle in den eigenen Reihen und stets in der Defensive aufgrund einer akuten Minderheitensituation – machten es notwendig, eine eigene Identität herauszubilden. Wie dies geschah, belegt den Zusammenhang, der vom hermeneutischen Ausgangspunkt her theologische Theorie und kirchliche Praxis verbindet.

Wenn dem im folgenden nachgegangen wird, zeigt sich ein fundamentaltheologisches Interesse an einem *formalen* Begriff von Theologie. Die Untersuchung der grundlegenden Aussagebedingungen von Theologie und ihrer rationalen Standards schließt eine Fundamentalthermeneutik mit ein. Sie macht deutlich, daß die eingeschlagene Denkrichtung und das gewählte Paradigma den Gegenstand mitbestimmen. Dieser Gegenstand ist hier das Christentum in seiner kirchlichen Fassung theologisch ausgewiesener Identität.

Im vorliegenden Fall wird dabei zu erörtern sein, inwiefern die formallogischen Konzepte Differenz und Identität (= Identität[2]) theologische Fluchtpunkte darstellen, die jene Identität des Christlichen (= Identität[1]) durchdringen und orientieren. Fundamentaltheologie wird dann als formaltheologische Logik betrieben.

Eine solche Logik stößt immer wieder auf Phänomene einer theologischen Unterbrechung von christlicher Identität, die als Differenzmomente zu begreifen sind. Bereits die christliche Grunderfahrung des Erlösungsgeschehens macht auf jene bleibende Differenz im Christentum aufmerksam, die sich zeittheoretisch reformulieren läßt. Der Christ ist als Getaufter dennoch vielfältig in eine kollektive und individuelle Geschichte von Schuld und Sünde verwickelt. Das kirchliche Bußinstitut ist Ausdruck jener Differenz, die Identität christlich immer aufschiebt. Das betrifft auch die Kirche selbst, so wenig sie nach katholischem Verständnis als ganze und total jemals in die Sünde fallen kann. Dennoch kann sich die Kirche, so sehr sie in dieser Gewißheit lebt, ihre konkrete Zweideutigkeit nicht abschaffen. Daß sie nie ist, wie sein sollte, macht auf eine Weise Differenz in ihrer Identität sichtbar, die so trivial erscheinen muß, wie sie zugleich hermeneutisch grundlegend ist. Daß sie als ganze die Wahrheit in ihrem Handeln nie voll erreicht, unterstellt auch ihre theologischen Definitionen einem Vorbehalt, der letztlich eschatologisch ist. Wenn dies gilt, setzt sich dies in allen Vollzügen der Kirche fest – ohne darum etwa den katholischen Infallibilitätsanspruch in klar umrissenen Grenzen damit auszuhöhlen. Vielmehr ist dies selbst erkenntnistheologisch-dogmatischer Grundbestand, exemplarisch faßbar mit der Analogizität unseres Denkens und Glaubens.

Nun zeigt das Beispiel des Bußinstituts selbst, wie sehr Fremdeinträge theologisch-kirchliche Identität beeinträchtigen. Die Geschichte der Beichte ist *auch* eine des Zusammenspiels von Macht und Wissen. Am deutlichsten wird dies in einer parallelen psychosozialen Geschichte der Sexualität, mit allen Verformungen und Pathologien, die einen ungewollten Nebeneffekt des Beichtens in nicht allzu ferner Vergangenheit darstellten. Das Wissen war dabei ein totales, weil es den allwissenden Gott zum Richter über die Formen der persönlichen Sexualität machte, die unter dem Anspruch stand, nach vom mitwissenden Beichtvater vermittelten Regeln *bewältigt* zu werden. Schon hier treibt die Gewalt in allem Wissen nach oben. Diesen Problemzusammenhang schrieb die christliche Geschichte der Beichte in wesentlichen Kapiteln mit, ohne daß sie dies nach eigenen theologischen Voraussetzungen bejahen könnte.

Eben dies bezeichnet mit der Undurchdringlichkeit der eigenen Zeitverhaftung jene entscheidende Differenzmarke christlicher Identität, die mit Deleuze als Differenzmarke ZEIT begriffen wurde. Wenn sie im Komplex „Sünde" und „Beichte" eine theologische Verfremdung charakterisiert, ist davon auch der dogmatische Theorieboden befallen. Jede theologische Wahrheit gehört ihrer Zeit mit ihren Abwegen an, ohne daß das als irreversibel und unfehlbar Vorgelegte als solches dem Irrtum verfiele. Jedoch interpretiert das katholische Bewußtsein einer möglichen und notwendigen wirklich geschichtlichen Dogmenentwicklung diesen Zusammenhang so, daß kein Dogma die volle Wahrheit in der Weise auszusprechen vermag, daß sie nicht einer Verdeutlichung noch bedürfte. Diese unterliegt der Zeit, und also trägt jedes Dogma bereits die Kritik seiner möglichen Andersheit in sich, eine unabschaffbare Alterität als Nachbeben jener Dialektik, die mit der Differenz-Identität als christliche Zeitspannung existentiell ekklesiologisch gilt. Ihre Deklinationstabellen lassen sich, wie bereits angedeutet, im Raster der Macht, aber auch in dem individueller Aneignung des dogmatisch Vorgelegten und vor allem im Schema der Zeit ausführen. Das Dogma selbst ist ein mögliches Muster in diesem grammatischen Paradigma. Die Geschichte seiner Entwicklung macht material auf die Einträge von Differenz in jenem hoch sensiblen Bereich der Formulierung von christlicher Identität aufmerksam. Darüber hinaus ist aber das Dogma als Theorieform Ausdruck einer bestimmten Logik, die zusehends das Heterodoxe, das Differente zu eliminieren verstand. Die ursprüngliche Notwendigkeit zur institutionellen und theoretisch kohärenten Systembildung mußte sich im Sinne der Systemlogik in einer Weise verselbständigen, für die theologisch überzeugend eine Reformulierung im Sinne einer geisttheologischen Hermeneutik zur Verfügung steht, die jedoch Unsicherheiten im Einzelfall zuläßt, ob nicht die Voraussetzungen des Systems Konsequenzen nach sich ziehen, die jede Denkdisziplin überdehnen. Kein Dogma, das sich in seiner strafrechtlichen Implikation nicht latent in einer Interpretationsspannung zur Praxis Jesu wiederfände. Die kirchlich gesehene und gelebte Berechtigung solcher Kritik unterscheidet das Christentum von jeder Ideologie, auch wenn ideologische Tendenzen kirchengeschichtlich immer wieder eine Rolle spielten.

Sünde und Dogma stehen in ambivalentem Bezug: einerseits ist das Dogma aus katholischer Sicht in seinem Wahrheitsgehalt durch die Umstände seiner Formulierung nicht desavouiert, andererseits gehören seine Bedingungen zu seiner unmittelbaren Geschichte. Diese Geschichte ist gerade hinsichtlich ihrer zahlreichen Trennungen „oft nicht ohne Schuld der Menschen auf beiden Seiten" (UR 3). Gerade deshalb muß jedes Dogma von jenen Differenzen her gegengelesen werden, die es auslöste. Mehr Sensibilität für Differenzen hätte die Grunddifferenz eines Schismas oft vermeiden helfen.[1] Damit wird nicht geleugnet, daß es Fälle gibt, in denen der Glaube eine Klarheit verlangt, die den anderen glaubenstheoretisch als (christlich) Andersglaubenden und ekklesiologisch eine Gemeinschaft von der katholischen zu unterscheiden hat. Hermeneutisch wird hier das Spannungsverhältnis von Iden-

---

[1] Vgl. P. Stockmeier, Das Schisma – Spaltung und Einheit in der Kirchengeschichte, in: ders. (Hrsg.), Konflikt in der Kirche. Droht eine Kirchenspaltung?, Düsseldorf 1977, 79-104.– In den vorgegebenen Zusammenhang fügen sich die abschließenden Bemerkungen Stockmeiers nach seiner schismentheologischen Historiogenese: „So fällt auf..., daß die Berufung auf Geschichte und Tradition nicht statisch, sondern als lebendige Auseinandersetzung mit dem Ursprung verstanden werden muß (Identität der Kirche); ...daß Einheit oft mit Uniformität verwechselt wird, dies auch und gerade von der Kirche Roms (Pluralität)." (ebd., 104). Man wird Stockmeiers Beitrag als ein Plädoyer für ein ausgebildeteres Differenzbewußtsein lesen dürfen.

tität und Differenz keine klare Grundregel erlauben, die unhistorisch, kontextfrei immer gilt. Jedoch läßt sich die Geschichte des Christentums *auch* als eine latenter Privilegierung des Identitätsprinzips mit der entsprechenden theologischen Logik erzählen. Sie findet ihren Niederschlag in der ekklesiologischen Reflexion des Wesens der Kirche und ihrer Geschichtlichkeit:

> „In dem vieldiskutierten Verhältnis von Dogma und Geschichte hat diese Problematik eine scharfe Zuspitzung erfahren, deren Lösung innerhalb der katholischen Theologie gern zu Lasten der Geschichte geht."[2]

Differenztheoretische Kritik wird hier wirksam. Der Anteil der Großkirche an Schisma und Häresie liegt nicht selten in einer Verkümmerung theologischer Offenheit, in einer Vernachlässigung der Verständigungsbereitschaft und objektiven Mißverständnissen, nicht zuletzt sprachlicher Art, begründet. Im schlimmsten Fall aber spielen hier auch Machtinteressen und Neid eine wesentliche Rolle, unterstützt durch ein die Differenzen *und* Gemeinsamkeiten unterschätzendes Niveau von Schwarz-Weiß-Denken.[3]

Die Dogmenentwicklung macht als theologisches Prinzip kirchlicher Kirchenkritik darauf aufmerksam, daß Differenzeinträge christliche Identität immer beunruhigen und aufbrechen.[4] Nur so läßt sich die Forderung aufrechterhalten, daß „der katholische Glaube tiefer und richtiger ausgedrückt werden (muß – G.M.H.) auf eine Weise und in einer Sprache, die auch von den getrennten Brüdern wirklich verstanden werden kann" (UR 11). „Wahrheitsliebe" ist als theologisch-hermeneutische Tugend gleichrangig mit „Liebe" und „Demut" (UR 11) – womit das Vaticanum II von einem einseitig logozentrischen Konzept abrückt, um einer Hermeneutik Raum zu verschaffen, die das Eigene dem Anderen nicht länger apriori vorordnet („Demut"). In

---

[2] Ders., Kirche unter den Herausforderungen der Geschichte, in: HFT 3, 122-152; hier: 125.– Stockmeier kritisiert indes auch eine einseitige geschichtliche Fortschritts– und Entwicklungstheologie, wobei er sie als Gegentendenz zur bezeichneten kirchlichen Identitätslogik begreift: „Vor allem im Bereich der Dogmengeschichte meinte man, durch das Entwicklungsschema der ungeschichtlichen Tendenz begegnen zu können, die Geschichte des Glaubens auf Identität zu reduzieren" (ebd.).

[3] Vgl. A. Grillmeier, Häresie und Wahrheit. Eine häresiologische Studie als Beitrag zu einem ökumenischen Problem heute, in: ders., Mit ihm und in ihm. Christologische Forschungen und Perspektiven, Freiburg u.a. 1975, 219-244; besonders 234ff.– Vgl. auch die Kriteriologie kirchlicher Fehlhaltungen, die einer legitimen Kirchenkritik unterliegen, bei V. Conzemius, Die Kritik der Kirche, in: HFT 3, 30-48; hier: 46: „Angst vor dem Neuen, Selbstzufriedenheit, Gesetzesgeist, Bequemlichkeit, Routine, Prestige– und Machtdenken". Dementgegen fordert Conzemius eine Orientierung an den „von der Verkündigung des Reiches Gottes her gegebenen Maßstäbe(n)": u.a. „Offenheit für alle Menschen, insbesondere für die Armen und Unterdrückten, Wachstum in Liebe und Einheit" (ebd.).

[4] Wie sehr konkrete kirchliche Interessen dies oft verschleiert, dokumentiert K. Ganzer am Beispiel der Instrumentalisierung von Geschichte auf den verschiedenen Konzilien. Seine Forderung nach einem konsequenteren Einbezug kirchengeschichtlicher Forschung gerade auch in ihren problematischen Aspekten in die systematische theologische Hermeneutik liegt auf der Linie des hier zu entwickelnden Ansatzes: ders., Vom Umgang mit der Geschichte in Theologie und Kirche. Anmerkungen und Beispiele, in: E. Schockenhoff / P. Walter (Hrsg.), Dogma und Glaube. Bausteine für eine theologische Erkenntnislehre (FS W. Kasper), Mainz 1993, 28-49.

diesem Sinne ließe sich jedes Dogma auch als Teil einer theologisch-kirchlichen Schuldgeschichte auffassen, die im Mißlingen von Kommunikation und im Zerbrechen von Einheit das Lebensmaß Jesu als *norma normans* unterbietet. Und der kirchliche Besitz von Wahrheit wird fragwürdig, wenn sie die nicht erreicht, um deren Heil willen sie zu verkündigen ist.

Im Dogma kommen Konturen von Differenz zum Vorschein: sie betreffen die Sprachgestalt und den zeitlichen Vorbehalt, der in der kritischen Erinnerung an das Christusgeschehen besteht wie in der jeweiligen kontextuellen Perspektivenbeschränkung, in der Möglichkeit einer präziseren Interpretation und ganz grundsätzlich in der Erwartung seiner eschatologischen Wahrheitseinlösung. Der Raum der Differenz schließt auch eine handlungsbezogene Hermeneutik des Geheimnisses ein, die oft theoretisch eher zugestanden denn angewendet wird.

Es gibt zwar eine theologische Dialektik von Identität und Differenz, die kirchlich reflektiert wird. Schon der Gottesbegriff spielt dem trinitarisch-relational eine Begründungsoption zu. Aber das Lehramt der Kirche tendierte doch mitunter zu einer eher einseitigen Auflösung in Richtung auf eine Identitätslogik, wie vor allem vor modernem Hintergrund zu zeigen sein wird. Dies läßt sich als Teil einer Geschichte des identifizierenden Denkens lesen, wie sie von postModernen Theoretikern kritisiert wurde. In diesem Zuge wird deutlich zu erheben sein, wie sehr Kirche sich in Machtkämpfe verstrickt hat, in denen sich ihre Orthodoxie erst herausbildete – entscheidend etwa mit dem Durchsetzen des nizänischen Bekenntnisses gegen die arianische Häresie, die unter anderen politischen Bedingungen orthodox hätte werden können.[5] Kirchlich ist die *Macht der Identität* eine so produktive[6] wie problematische Größe, insofern man sie mit einem kenotischen Gottesbegriff und einem diakonisch-koinonischen Entwurf von Kirche zu vermitteln hat. Und eine Theologie des gekreuzigten Gottes wird das Ausgegrenzte, das als different Ausgeschiedene, das „Marginale" als „hermeneutische Kategorie"[7] wiederzuentdecken haben.

Die vom philosophischen Hauptteil übernommene differenztheoretische Perspektive bereitet in dieser Hinsicht den Boden für eine Kritik theologisch überzogenen Identitätsdenkens. Dabei wird eine Begründungsvariante für einen theologisch-kirchlichen Pluralismus geliefert, um sich gleichzeitig einer Gegenkritik zu stellen, die auf der Notwendigkeit eines christlichen Profils im Sinne eigener Identität zurecht besteht. Solche Identität hat ihre Logik und kostet ihren Preis. Eine Geschichte, vielleicht die entscheidende, zumindest aber die wegweisende, erzählt die Alte Kirche. Indem sie auf Identitätskrisen reagierte, schuf sie eine Hermeneutik der Identität, von der heutige

---

[5] Vgl. K. Schatz, Allgemeine Konzilien – Brennpunkte der Kirchengeschichte, Paderborn u.a. 1997, 43.– Die symbiotische Machtgeschichte der Orthodoxie bildet den hermeneutischen Unterstrom dieser Darstellung und wohl der Kirchengeschichte selbst.

[6] Durchaus im Sinne Foucaults ist dies auch wissensproduktiv aufzufassen, sofern man den kirchlichen Besitz von Glaubenswahrheiten und ihre Vermittlung als Wissenskomplex zu betrachten hat.

[7] K. Wengst, PAX ROMANA. Anspruch und Wirklichkeit, München 1986, 170.

theologische Hermeneutik noch zehrt. Etwa in der Weise, daß dort, wo paulinisch nur der Glaube rettet, wenigstens dieser Glaube klar sein muß, damit er retten kann. Dieser – vereinfachten, etwas mechanischen – Logik entspricht das Verhältnis von affirmativer und negativer Theologie in der Geschichte: es gibt zwischen beiden theologie- und dogmenhistorisch keinen „gerechten". Und auch dies schreibt ein Kapitel in der theologisch aufgeschlagenen Historie des Identitätsdenkens.

Der historische und soziologische Druck, der im Auftrag der Kirche besteht, bis ans Ende der Zeiten und überall das Evangelium zu verkündigen, impliziert ein vielschichtiges Spannungsverhältnis von Identität und Differenz der Botschaft in ihren Inkulturationen. Dabei zeigt sich, daß Identität nicht einfach zu haben ist. Sie geschieht, und zwar durch Modifikationen, Veränderungen hinweg, die ihre Konstante im Bezug auf die eine Person des Jesus Christus hat, der indes im Zeugnis der Evangelien und der sich zunehmend klärenden historischen Umstände nichts weniger als *eindeutig* begegnet. Der Rahmen personaler Identität ist von daher zu eng gesteckt, um eine Identitätsgewähr zu erhalten. Auch der institutionelle Kontinuitätsbezug trägt allein kaum, weil sich die Kirche zu sehr ihrer eigenen Kritik anvertraut und sich in den Zeiten, mit ihnen und gegen sie, reformiert, als *ecclesia semper reformanda*.[8] Das darin enthaltene Bekenntnis zur eigenen Identität als einer immer auch schuldbesetzten macht auf Israel als Glaubensidentität aufmerksam. JHWH ist ihr Identitätsfunktor, der hermeneutisches Geschichtsbewältigungsprinzip sein konnte, weil er als verborgen und anwesend zugleich gedacht wurde. Die menschliche Geschichte von Abkehr und Zuwendung zu JHWH hatte ihre Entsprechung in Gott selbst, so daß eine auf beiden Seiten formulierbare Unterbrechung religiöser Identität sichtbar wird. Die in heutiger Sicht elementarste Infragestellung dieser Identität ist die Macht der Gewalt, die sich latent in den ersttestamentlichen Glaubensdokumenten hält, unbenommen der Tatsache, daß sie immer wieder auch der – prophetischen – Kritik verfällt. Die entsprechende hermeneutisch kritische Perspektive bezieht das Christentum aus der Liebeslogik Jesu. Von daher läßt sie sich als die eigentliche Theo-Logik hermeneutisch heranziehen – offen und zweifelhaft freilich in jedem Anwendungsfall.

Die kirchliche Hermeneutik hat dem Rechnung getragen, wo sie sich ganz auf den Geist Jesu verpflichtete, den sie im unverlierbaren Zuspruch des Heiligen Geistes zum permanenten, sakramental verbürgten Anwendungsfall und zu ihrem Prinzip und Fundament machte bzw. den sie genau in dieser Interpretation als den Motor ihrer eigenen Deutungsgeschichte bereits erfuhr. Auch darin wird eine Identität entworfen, die in der geschichtlichen Unfeststellbarkeit von Geistwirken zum hermeneutischen Auslegungsproblem wird. Das Risiko einer Geschichtshermeneutik des Faktischen tut sich auf. Jede geisttheologische Geschichtskonzeption steht in der Versuchung, sie unvermittelt als Siegergeschichte zu nehmen, die kirchlich sanktioniert wird, weil man die Führung durch den Heiligen Geist entdeckt. Indes verhindert der in-

---

[8] Vgl. V. Conzemius, Die Kritik der Kirche; besonders 44.– Vgl. UR 6.

karnatorische Gottesbegriff, daß man aus der Ambiguität der kontingenten Geschichte herausfindet. Noch die vielleicht deutlichste Kriteriologie inhaltlicher, nicht institutioneller Art, die ignatianischen Exerzitien als Fundamentalhermeneutik, erscheinen als hermeneutischer Zirkel, in den man erst hineinmuß.[9] Differenzeinträge bleiben: Unsicherheit und Zweifel.

Dies ist der Problemhorizont. Differenzmomente werden als konstitutiv für einen kritischen Begriff christlicher Identität angenommen; die Untersuchung hat sie zu eruieren. Die theologische Legitimität und die soziologische Notwendigkeit einer Ausbildung und Verteidigung von christlicher Identität wird dabei auch für die Gegenwart gesehen und bejaht. Aber die historisch bedingte Überbeanspruchung identitätslogischer Hermeneutik wird kritisiert, um ein Plädoyer für eine neue Sicht auf die Differenzmomente in Theologie und Kirche und für eine differenztheoretisch begründbare Justierung christlicher Identität zu eröffnen. Sie übernimmt eine konkrete Funktion in der Aufarbeitung vergangener und in der Vermeidung möglicher künftiger Konfliktgeschichten: „Es hat – gerade auch in unserem Jahrhundert – schon zu viele Tragödien unglückselig beendeter Konflikte gegeben."[10]

Methodisch setzt dieses Plädoyer den postModernen Kontext des Differenzdenkens voraus. Die darin enthaltene Dialektik von Differenz und Identität, zumal bei Ricoeur, und die Ausformulierung der Differenzmarken gibt den Hintergrund für die theologische Identitätskritik an. Inwiefern diese Marken sich auch für eine theologische Anwendung eignen, wird sich zu erweisen haben. Dabei bleibt jedoch die gesamte Perspektive entscheidend: es geht um eine Denkform. Sie wird theologiegeschichtlich überprüft und mit theologischen PostModerne-Rezeptionen situiert. Ein Bezugspunkt wird das theologische Pluralismus-Problem sein. Es scheint in der katholischen Kirche von Zeit zu Zeit notwendig zu sein, die Frage nach der Legitimität eines theologischen Pluralismus neu aufzuwerfen und sein Recht in der „Spannung zwischen der Einheit des Bekenntnisses und der theologischen Vielfalt"[11] zu begründen.

Mit dem Blick auf die Alte Kirche wird eine kritische Grundlegung unternommen, die darauf abzielt, die Entwicklung theologisch-kirchlicher Identitätslogik in den Anfängen freizulegen. Die Alte Kirche gibt zum einen die historischen Bedingungen für die weitere Entwicklung, sie stellt zum anderen das glaubenstheoretisch traditionale Fundament theologischer Reflexion dar. Von daher eignet sie sich zur paradigmatischen Diskussion des *theologischen Problems der Identität* (Teil II, 1).

Der *katholische Streit um die Moderne* (Teil II, 2) führt dann auf die PostModerne-Thematik zu, um in ihrer theologischen Rezeption die Möglichkei-

---

[9] Vgl. H. Waldenfels, ›Spiritualität‹. Zur ›Wahrnehmung des Geistes‹ und zur ›Unterscheidung der Geister‹, in: M. Böhnke / H. Heinz (Hrsg.), Im Gespräch mit dem dreieinen Gott. Elemente einer trinitarischen Theologie (FS W. Breuning), Düsseldorf 1985, 376-398.
[10] K. Lehmann, Dissensus. Überlegungen zu einem neueren dogmenhermeneutischen Grundbegriff, in: E. Schockenhoff / P. Walter (Hrsg.), Dogma und Glaube, 69-87; hier: 76.
[11] Ders., Die Einheit des Bekenntnisses und der theologische Pluralismus, in: H. Bürkle / G. Becker (Hrsg.), Communicatio fidei (FS E. Biser), Regensburg 1983, 163-173.

ten differenztheoretischer Wahrnehmung für eine theologische Hermeneutik zu erkunden. Die Pluralismus-Frage bietet dafür einen Leitfaden (Teil II, 3). Sie wird in den postModernen Kontext theologisch verlängert (Teil II, 4). Vor diesem Hintergrund ist dann die erkenntnistheoretische Frage nach den fundamentaltheologischen Konsequenzen von Differenzdenken zu untersuchen (Teil II, 5). Sie leitet schließlich zu einem Ausblick auf die *prekäre christliche Glaubensidentität* über (Teil II, 6).

Eine mögliche Konsequenz theologischer Differenzhermeneutik könnte die lehramtliche Behutsamkeit sein, wenn es darum geht, die christliche Identität zu wahren. Dies gilt im Sinne einer Kritik an einer vereinseitigten Identitätslogik nicht zuletzt vor dem Hintergrund, daß die Kirche vielleicht

„in einem Zuviel an Sorge mitunter zuviel verlautbart, zuviel normiert, daß so manche Normen wohl eher dazu beigetragen haben, das Jahrhundert dem Unglauben zu überlassen, als es davor zu retten, daß sie mit anderen Worten mitunter zu wenig Vertrauen in die sieghafte Kraft der Wahrheit setzt, die im Glauben lebt; daß sie sich hinter äußeren Sicherheiten verschanzt, anstatt der Wahrheit zu vertrauen, die in der Freiheit lebt und solche Behütungen gar nicht nötig hat".[12]

---

[12] J. Ratzinger, Das neue Volk Gottes. Entwürfe zur Ekklesiologie, Düsseldorf 1969, 265.

0.2 Hermeneutisch-methodische Einordnung

Der zweite Hauptteil der Untersuchung ist in zwei Partien eingeteilt: in eine historisch und eine systematisch orientierte. Erstere unternimmt eine christentumsgeschichtliche Identitätskritik. Das muß mit dieser generalisierten Vorgabe problematisch erscheinen und erfordert von daher eine präzise Bezeichnung dessen, was überhaupt im Rahmen einer solchen Arbeit geleistet werden kann und soll.

Um es von Anfang an zu sagen – und das ist die entscheidende hermeneutische Voraussetzung zum Verständnis des Folgenden: **das Christentum hat selbstverständlich wesentliche Differenzierungsleistungen erbracht**, die – wenn auch nur knapp – in den folgenden Studien genannt werden. Ihre wesentlichsten sind sicherlich:

– die dialektisch vollzogene Beziehung von Gott und Welt;
– das bedingt wiederum ein prekäres Verhältnis von Kirche und Staat auch nachkonstantinisch; noch in der engsten Zusammenarbeit mit staatlichen Instanzen bleibt die Kirche zu Distanzverhalten befähigt;
– die trinitarische Bestimmung des Gottesbegriffs und damit der Schöpfungswirklichkeit schlechthin;
– erneut in diesem Zuge die Ausarbeitung des Personbegriffs und damit eines Konzepts unverwechselbarer Dignität des Einzelnen;
– die Fassung des unvertretbaren Gewissens und menschlicher Freiheitsverantwortung.

Mit diesen nur exemplarisch ausgewiesenen Konzepten werden Differenzmomente in der Fassung christlicher Identität bezeichnet, die ihr konstitutiv zugehören.

Nur auf dieser Basis ist auch die Ausbildung christlicher Differenzmilieus zu verstehen, die gleichfalls unabdingbar zum geschichtlichen Bild des Christentums und der Kirche gehören und ihre Identität immer neu interpretieren.

Schließlich ist es die Theologie und Spiritualität des Heiligen Geistes selbst, die theologisch ein zentrales Moment der Beunruhigung und Differenz im Christentum festlegt. Die katholische Betonung der hermeneutischen Überlieferungsgestalt markiert die unverzichtbare Bedeutung der Interpretation. Sie spielt ihre Rolle in der Tradition: in der Dogmenhermeutik, in der Liturgie, in der Unterscheidung der Geister als Aktualisierung der Offenbarungswahrheit.

Es sind die lebenspraktischen Nachfolgemodelle, die das Evangelium als fortdauernde Kritik des Christentums aktualisieren. Es bleibt die eigentliche differenzhermeneutische Größe.

Nur auf dieser Grundlage wird im Folgenden die Aufmerksamkeit auf die Ausbildung und Überbetonung des theologisch-kirchlichen Identitätsparadigmas gelenkt. Es geht genau vor diesem Hintergrund der differenztheologischen Möglichkeiten und auch des faktisch Vollzogenen darum, die Gründe für eine Überdehnung des identitätslogischen Paradigmas aufzuzeigen.

Dabei ist es eine wesentliche Konstante der Christentumsgeschichte, dass dieses Paradigma immer von Differenzmilieus in der Kirche selbst, an ihren Randbereichen, aber auch im christlichen Kontrast etwa zur katholischen Kirche konterkariert wurde. **Eine veritable Geschichte der Identität des Christlichen ist daher ein bleibendes Desiderat**. Nur in diesem Interesse ist die methodische Einseitigkeit des identitätskritischen Zugangs zu lesen.

1. Das theologische Problem der Identität: Die paradigmatischen Weichenstellungen der Alten Kirche

Das folgende Kapitel bietet kein neues historisches Material. Vielmehr geht es darum, einen bestimmten Blick zu erproben. Die hermeneutische Leitperspektive von Identität und Differenz schafft *einen* eigenen Zugang, der wiederum in fundamentaltheologischen Diensten steht.

Wenn die Alte Kirche im folgenden als Paradigma diskutiert wird, das in den Anfängen ein Modell für ein höheres Maß an Differenzbewußtsein gerade in der Herausforderung an die Entwicklung der eigenen kirchlich-theologischen Identität liefert, so darf doch kein Idealbild erwartet werden. Die Spannungen, die sich zeigen, und die Art ihrer Bewältigung sind entscheidend, weil sich mit der Alten Kirche Strategien zur Identitätsbildung abzeichnen, die ihre Folgen für die weitere Entwicklung der Kirche haben. Damit widersetzt sich der Ansatz jeder anachronistischen Sehnsucht nach einer Rückkehr zum Ursprung, der erstens distinkt vor Augen stünde und zweitens für gegenwärtige Probleme alle Lösungen bereit hielte. Was Peter Stockmeier in diesem Sinne für die apostolische Zeit festhält, gilt zumal für den Zeitraum, der hier in Frage steht, die Alte Kirche der ersten Jahrhunderte:

„Schon aus diesen Rückgriffen auf eine gleich wie verstandene Norm-Periode der Kirchengeschichte, mit der sich oftmals Vorstellungen von einem goldenen oder klassischen Zeitalter verbinden, erhellt ein ungeschichtliches Denken, insofern eine Epoche unter bestimmten Voraussetzungen verabsolutiert wird. Gewiß eignet der apostolischen Zeit als Grundlegung des Christuszeugnisses normative Qualität, ein Umstand, welcher der Urgemeinde den Charakter eines Leitbildes verlieh. Eine nüchterne Sicht der Kirchengeschichte vermag aber die Augen nicht zu schließen vor der Tatsache von Sünde und Schuld in der Kirche".[1]

1.1 Die Kirche des Anfangs: Christliche Identitätsprobleme

Krisen gehören konstitutiv zum Christentum. Jede dieser Krisen bezeichnet einen Bruch und den notwendigen Wandel einer bestimmten Tradition, ob es nun die galiläische Krise in der Verkündigung Jesu war oder, am einschneidendsten, der Tod Jesu, dann der Übergang von der apostolischen zur nachapostolischen Zeit oder die konstantinische Wende mit ihren Herausforderungen.[2] Der Bestand an Sicherheiten, gespeichert in den Traditionsreser-

---

[1] P. Stockmeier, Kirche unter den Herausforderungen der Geschichte, 128.
[2] Vgl. B. Fresacher, Gedächtnis im Wandel. Zur Verarbeitung von Traditionsbrüchen in der Kirche (STS 2), Innsbruck-Wien 1996, 18.

voirs der Kirche, wird angesichts der Erfordernisse einer anderen Zeit und Kultur fragwürdig. Insofern eine Tradition „*die Funktion der Identitätsdefinition erfüllt*"[3], ist Identität nur im Traditionswandel vorstellbar. Zugleich ergibt sich die Möglichkeit, Traditionen so abzuschirmen und aufzuwerten, daß sich in ihnen ein fast ungeschichtlicher Traditionskern erhält. Diese Strategie ist die einer Identitätslogik, die hermeneutisch eingesetzt wird und institutionell greift. Unter dieser Voraussetzung werden auch trotzdem vorkommende Traditionsbrüche identitätslogisch reformulierbar.

Um diese Tendenz theologisch nachvollziehen, aber auch kritisieren zu können, ist ein Blick auf den Umgang der Alten Kirche mit ihren Identitätsproblemen notwendig. Wann und warum setzte sich welche Identitätsform durch? Die Bruchstellen im vermeintlich identischen Text erlauben es, eine ergänzende Hermeneutik der Differenz kritisch vorzutragen. Sie findet ihren Anhalt an den Krisenmomenten, die die Erzählhaltung einer altkirchlichen Identitätsgeschichte bestimmen.

1.1.1 Personales Identitätsprinzip: Jesus, Apostel

Für den Jesus-Kreis muß der Tod Jesu und zumal „die Hinrichtung am Kreuz als äußerste Krise"[4] verstanden werden. Dies betrifft zunächst Jesus selbst: das Kreuz steht für radikale Gottverlassenheit, für den Fluch Gottes. Wie kann Jesus in diesem Augenblick an die Einlösung dessen glauben, was seine Botschaft vom nahgekommenen Gottesreich eigentlich verhieß? Ebenso die Jünger: mit diesem Tod in dieser Form war die Sache selbst verloren gegangen. Die sich überraschend nach der Hinrichtung wieder konstituierende Gemeinschaft von Jesus-Anhängern ist durch diese lebensbedrohliche Krise hindurchgegangen. Der Schock dieses Anfangs, in dessen Licht erst die vorangegangenen Hoffnungen wie geläutert und geklärt erscheinen, macht für die ersten nachösterlichen Gruppen klar, daß der lebt, den sie tot wähnten. Es ist die Erfahrung personal verbürgter Kontinuität, die sie in ihren Glauben zurückführt und sie darin zusammenhält. Und es ist eben dieses personale Prinzip, das sich in der Erfahrung des Geistes artikuliert: der von Gott auferweckte Jesus lebt in seinem Geist in der Gemeinde fort, er ist in ihr anwesend und erfahrbar.

Dieses personale Prinzip ist das ursprüngliche und das zentrale christliche Identitätsprinzip. Von ihm her legitimiert sich der Glaube an die Geistpräsenz der Kirche. Freilich wurde die entsprechende Ursprungsidentität durch eine Reihe von Krisen hindurch erneut fraglich. Aufkommende Interpretationsprobleme, die nicht zuletzt mit einer Vielzahl von christlichen Gruppen schon in den Anfängen zusammenhingen, verlangten nach neuen Antworten auf drängende Probleme und nach einer Ausbildung kontextuell übersetzbarer Identität:

---
[3] Ebd., 446.
[4] H. Kessler, Christologie, in: HD I, 241-442; hier: 282.

„Die Geschichte des Frühchristentums besteht... aus einer Vielfalt von Erscheinungen und Strömungen, die sich nicht immer klar einander zuordnen lassen. Ihnen ist jedoch zweierlei gemeinsam: Einerseits sind bestimmte Aspekte des Lebens und der Verkündigung Jesu Voraussetzung für ihr christliches Selbstverständnis, andererseits deuten sie das Jesusereignis immer auch von ihrer jeweiligen kulturellen, intellektuellen, religiösen, geographischen und sozialen Verortung her."[5]

Hier zeichnet sich bereits der künftige Problemzusammenhang ab: einerseits sichert das personale Prinzip von Überlieferung eine gewisse Identität, die sich gleichsam grundlagentheoretisch bewährt, andererseits macht eben diese Grundgewißheit in konkreten Problemzonen darauf aufmerksam, daß sie ein Interpretationsphänomen darstellt. Die entsprechende Hermeneutik ist erst noch herauszubilden, und nur eine hermeneutisch regulierbare Identität kann die Gewähr bieten, daß man das personale Prinzip gemeinsam richtig verstanden hat.

Zur Bewältigung von diesbezüglichen Konflikten konnte vorerst noch das Prinzip personaler Identität weiterverwendet werden, diesmal in Übertragung auf die Auferstehungszeugen und den Kreis der Apostel. Doch werden Interpretationen schon hier schnell notwendig. Der von Jesus in einer Zeichenhandlung eingesetzte Zwölferkreis steht für die eschatologische Sammlung Israels – der Kreis selbst wird nach dem Tod des Judas Ischariot zwar noch einmal ergänzt, später aber nicht mehr fortgeführt. Und schon im Gremium selbst werden Modifikationen sichtbar, die gewiß auf Anpassungsnotwendigkeiten deuten: so werden Nicht-Juden in das Apostelkollegium aufgenommen, das mit dem Zwölferkreis verbunden ist.[6] Und darüber hinaus kann auch der Zugang zum Apostolat eine weiterführende Deutung erhalten, wie sie im Anspruch des Paulus sichtbar wird, der es von seiner unmittelbaren Berufung durch den auferstandenen Herrn abhängig macht. Noch also ist eine im „Amt" des Apostels evidente personale Garantie für die Identität des Christlichen und die Korrektheit der Überlieferung und des Glaubens gegeben. Aber Brüche werden bereits sichtbar.

Der Übergang zur nachapostolischen Zeit markiert die zunehmende Schwierigkeit, die eigene Identität über das personale Prinzip zu steuern:

„Die Jahre, in denen die Augenzeugen starben und eine Generation heranwuchs, die nicht nur am Jesuszeugnis keinen Anteil hatte, sondern auch die unmittelbaren Zeugen dieses Ereignisses nicht mehr persönlich kannte, war notwendig eine kritische Zeit. Zum ersten Mal machte sich der historische Graben, der den Glauben von den diesen Glauben begründenden Ereignissen trennte, bedrückend bemerkbar. Die Unruhe, die entstehen mußte, war unvermeidbar und hat nicht die Enttäuschung über das Ausbleiben der Parusie zur Voraussetzung."[7]

---

5 F. Vouga, Geschichte des frühen Christentums, Tübingen-Basel 1994, 29f.
6 Vgl. M. Kehl, Die Kirche. Eine katholische Ekklesiologie, Würzburg ³1994, 454f.
7 E. Dassmann, Kirchengeschichte I. Ausbreitung, Leben und Lehre der Kirche in den ersten drei Jahrhunderten (Kohlhammer Studienbücher 10), Stuttgart u.a. 1991, 132.– Zum Problem der Parusieverzögerung vgl. K. Berger, Theologiegeschichte des Urchristentums. Theologie des Neuen Testaments, Tübingen-Basel 1994, 42f.– Berger sieht in der Parusieverzögerung

Das Christentum stand vor der Aufgabe, sich in einer Weise zu organisieren, die der großen Vielfalt der Anfänge Rechnung trug und zugleich das gemeinsame Erbe zu bewahren wußte. Die Identität der Botschaft wurde dabei schon mit der Ankunft von Wandermissionaren problematisch, über deren Evangelium z.T. erhebliche Unsicherheiten bestanden. Die ersten Richtungskämpfe verunsicherten die Gemeinden. Möglichkeiten, dem entgegenzusteuern, waren die entstehende apostolische Briefliteratur und das neue Genre der Evangelien.

> „Die schriftliche Gestaltung der Jesus-Tradition und der apostolischen Überlieferungen setzt eine Veränderung des Selbstverständnisses der frühen Christentümer voraus. Der Prozeß der Verschriftlichung hat zunächst eine an sich besondere Bedeutung für die Interpretation ihrer Entwicklung. Produktionsorientiert impliziert er den empfundenen Bedarf, das christliche Evangelium als Überzeugungssystem klar zu denken und zu formalisieren. Die erste Funktion der Schrift ist nämlich nicht die Kommunikation, sondern vielmehr die Möglichkeit, den eigenen Gedanken Form und Konsistenz zu verleihen. Das Christentum der nach-apostolischen Zeit, das heißt der Zeit nach dem Tod der Apostel, zeichnet sich durch die Bemühungen seiner verschiedenen Entwicklungslinien aus, ihren Glauben als logische und verständliche Interpretation des Jesusereignisses und der menschlichen Existenz darzustellen. Adressatenorientiert impliziert die Verschriftlichung den Anspruch auf eine gewisse Autorität, die durch die Materialität der Schrift eine allgemeine Gültigkeit gewinnt und auf Dauer aufbewahrt werden kann und soll."[8]

Wir stehen damit an der Schwelle einer zunehmend systematischer sich entfaltenden theologischen und einer immer besser durchorganisierten kirchlich-institutionellen Identität. Die Verschriftlichung funktioniert dabei als Regelkreislauf einer sich selbst verstärkenden Autorität, wobei der Text eine Identität bildet, die in ihm greifbar und reproduzierbar wird. Zugleich aber wird auch eine Interpretationsspirale freigesetzt, die differente Deutungen unvermeidbar macht.

1.1.2 Abgrenzungsbemühungen

Die Pfingsterzählung der Apostelgeschichte hält die umstürzende Erfahrung fest, die mit den Auferstehungserfahrungen verbunden sein mußte. Die es-

---

keinen entscheidenden Grund für die Entwicklung eines „Frühkatholizismus". „In Wirklichkeit ist Naherwartung ein zu allen Zeiten der Kirchengeschichte bekanntes Syndrom" und vor allem „ein politisches, emotionales und moralisches Phänomen" (42). Die Gemeinden mußten sich in der Geschichte behaupten, und das Verhalten Jesu bot ihnen eine Orientierung, die gewiß nicht weltverneinend war, so daß sie diesbezüglich vor einer Art theologischer Revolution gestanden hätten. Ähnlich urteilt Dassmann (a.a.O., 132): „Die Schwierigkeiten bei der Gestaltwerdung der nachapostolischen Kirche resultieren aus der Tatsache, daß die Kirche eine Geschichte hat, nicht aus der Enttäuschung über diese Tatsache."– Darüber hinaus stellt die Naherwartung ein in den verschiedenen christlichen Gruppen unterschiedlich diskutiertes Phänomen mit unterschiedlichen Dringlichkeitserfahrungen und Problemlösungen dar (im JohEv etwa mit Ansätzen einer präsentischen Eschatologie beantwortet). Von daher wird die Parusieverzögerung hier nicht als eine zentrale Identitätskrise diskutiert.

[8] F. Vouga, Geschichte des frühen Christentums, 198.

chatologische Bestätigung Jesu bedeutete einen inneren Zwang, seine Mission fortzusetzen. Zugleich rief sie nach einer Deutung, die in den ersten christologischen Interpretationsformeln Ausdruck fand. Dabei zeigen sich nicht nur unterschiedliche Ansatzpunkte, sondern auch auseinanderstrebende Richtungen.[9] Hier werden bereits Weichen gestellt.

Nach einer in den Anfängen nachweisbaren Breite in den Aussageformen drängte die zunehmend notwendige theoretische Klärung der christologischen Grundfragen dazu, die Konsequenzen der Ansätze zu ziehen. Dabei mußte die messianische Variante Probleme hinsichtlich der Gott-Menschlichkeit Jesu aufwerfen. Die Präexistenzchristologie als ursprünglich konludierendes Modell versprach mehr Eindeutigkeit. Von daher lag es nahe, „daß die messianische Christologie, die von Jesu Einsetzung zum messianischen Sohn Gottes handelt, im Laufe der christologischen Streitigkeiten der nachfolgenden Jahrhunderte an den Rand gedrängt bzw. in die Häresie abgedrängt wurde."[10] Damit wurde gleichzeitig jedoch theologisch Spielraum vergeben. Denn gegenüber einer christologischen Betonung der Perspektive von oben „hat die messianische Christologie den Vorteil, daß sie...Kreuz und Auferweckung als eschatologisches Heilsereignis konsequent in den Mittelpunkt zu stellen vermag und daß sie unter Einbeziehung der Menschensohnerwartung dem Bekenntnis eine eminent pragmatische Ausrichtung auf das christliche Leben verleiht".[11]

Die Notwendigkeit zu interpretieren, bedingt in den Anfängen eine Konstellation von erstaunlicher spekulativer Vielfalt, für die es zu einem späteren Zeitpunkt dann keine logischen Ausgleichmöglichkeiten gibt. Der Wert einer verbindlichen Einheit wird der perspektivischen Reichhaltigkeit übergeordnet, zugleich aber das theologische Spektrum verkürzt. Der Primat des Identischen setzt sich hier in lösungsorientierter Weise durch. Dabei ist es aufschlußreich, daß die dogmatischen Problembeseitigungsformeln selbst aporetische Spannungselemente behielten[12], jedoch die Zustimmung zu einer Formel als identitätsstiftendem Faktor den Beteiligten genügte – zumindest jenen, in deren Macht es stand, sie durchzusetzen. Und solange neue Interpretationen keine neue Formel notwendig machten.

Diese Entwicklung ist mit der Deutungsnotwendigkeit des christlichen Initialereignisses im Keim enthalten. Die Erfahrung selbst scheint von einer unmittelbaren Überzeugungskraft gewesen zu sein, die jedoch nicht interpretativ eindeutig war. Einfache Beschreibungskategorien reichten nicht, keine Geschichte konnte das Geschehen ganz fassen. In den Anfängen sind von daher verschiedene Fassungen des Ereignisses legitim und scheinen auch überzeugend gewesen zu sein. Erst als dem der Drang nach Vereinheitli-

---

[9] Vgl. H. Merklein, Die Auferweckung Jesu und die Anfänge der Christologie (Messias bzw. Sohn Gottes und Menschensohn), in: ders., Studien zu Jesus und Paulus, Tübingen 1987, 221-246.
[10] Ebd., 245.
[11] Ebd., 246.
[12] Vgl. G. M. Hoff, Aporetische Theologie. Skizze eines Stils fundamentaler Theologie, Paderborn u.a. 1997, 218-236.

chung begegnete, der mit der Überlebensfrage der christlichen Gemeinden gekoppelt war, konnte dieses Phänomen zum Problem werden, dessen letzter Austrag die Frage nach den theoretischen Implikationen jedes Modells beantwortet. Das gemessen an der sich durchsetzenden und alsbald orthodoxen Interpretationslinie adäquatere christologische Paradigma verdrängte abweichende Muster. Der Differenzverlust läßt sich gerade aus der Spannung ersehen, die sich in der begrenzten Berechtigung der verschiedenen Sichtweisen andeutete. Sie ließe sich als Hinweis dafür theologisch einsetzen, „daß Jesus als Person und Ereignis größer ist als jede christologische Aussage."[13]

Dieser Ansatzpunkt könnte zwischen den hermeneutischen Mustern von Identität und Differenz insofern vermitteln, als Interpretationsmodelle gerade in ihren Grenzen und Stärken den Geheimnischarakter aller Gottrede in sich austragen.

Indirekt interpretiert der christologische Hinweis von HELMUT MERKLEIN auch die Bedeutung des personalen Identitätsprinzips: so lange der Bezug auf die Person unmittelbar gegeben ist, verbürgt sie eine Identität, die zu entschwinden droht, sobald sie selbst oder die authentische Erinnerung an sie fehlt. Die emphatische Präsenzerfahrung der Anwesenheit des auferstandenen Gekreuzigten in seinem Geist konnte von daher so lange das Interesse an einer theoretischen Sicherheit über ihn zurückdrängen, wie eben diese Erfahrung in zeitlicher Nähe zum Ereignis selbst noch *motivierte* und trug. Vielleicht läßt sich hier auch die eschatologisch gespannte Erwartung als Phänomen des Anfangs einfügen; die Enttäuschung über die Verzögerung konnte ein Faktor sein, der mit der Enteschatologisierung der Botschaft auch zu einer sicheren Vermessung und Absteckung des Glaubensterrains führte. Und in diesem Sinn ist es vielleicht kein Zufall, daß von den genannten christologischen Perspektiven die eschatologisch dynamischere – die (messianische) Menschensohnchristologie – ausgeschieden wurde.

Die bezeichnete Entwicklung deutet auf das Interesse an einer Identität des Christlichen hin, die sich gerade aus der Dynamik des Anfangs und dem zugrundeliegenden personalen Prinzip ergibt. Die entsprechende Geschichte ist eine von Jahrhunderten und doch mit dem Ursprung eng verknüpft.

Dieser Ursprung enthält freilich noch in einer weiteren Hinsicht die Tendenz auf eine unterscheidbare Identität hin. So wenig sich im theologischen Bereich Theorie und Praxis einfach voneinander trennen lassen, so sehr hat doch der folgende Aspekt gegenüber dem ersten, mehr theoretischen Problemkreis der Christologie einen institutionell-organisatorischen Akzent.

Durch die Verkündigung der Osterbotschaft konfrontierten die ersten Christen ihre jüdische Umwelt mit einem Anspruch, der sie gegen sie aufbringen mußte. Die ersten Verfolgungen belegen den Widerstand von Sadduzäern, Tempelpriesterschaft und Hohepriestern gegen die neue Sekte. Um 44 wurde der Apostel Jakobus hingerichtet, in einer ersten Verfolgungswelle zuvor bereits Stephanus. Daß Israel sich weiterhin verweigerte, mußte auf eine Tren-

---

[13] H. Merklein, Die Auferweckung Jesu und die Anfänge der Christologie, 246.

nung der sich in diesem Prozeß konstituierenden Kirche von der Synagoge dringen. Dieser wurde indes von beiden Seiten betrieben.

Ein wesentlicher Identitätsschritt war getan. Mit der folgerichtigen Zuwendung zu den Heiden mußte er weitere nach sich ziehen. Gruppenidentität und theologische Identität spielen hier eng ineinander. Trotz mancherlei Berührung und der z.B. in der Didache nachweisbaren Aufnahme jüdischer Bräuche herrschte eine zunehmende Distanz, wie sie sich in den johanneischen Schriften, bei Ignatius von Antiochien und am schärfsten bei Meliton von Sardes wiederfindet. Das offenbarungstheologische Verheißungsverhältnis mußte ebenso neu bedacht werden[14] wie die vom Judentum und von Jesus aufgeworfene Frage nach der Funktion des Gesetzes – alles am zentralen Geschehen der Kreuzigung und Auferstehung Jesu ausgerichtet. Mit Paulus wird ein erstes theologisches System in Umrissen erkennbar – ein Modell theologischer Identität des Christlichen, das es einerseits vom Judentum unterscheidet, andererseits nach innen hin Kohärenz verspricht und also Überzeugungs- und Bindungskraft hat.

Ein weiteres Abgrenzungsfeld tat sich mit dem missionarischen Eintritt in die pagane Welt auf. Es ist bezeichnend, daß das erste zumindest in der grundlegenden Idee und Anlage zusammenhängende theologische Konzept des Christentums an der Nahtstelle der beiden Kontrastgrößen entsteht: dem Judentum und dem religiösen Kosmos der Antike. Paulus schreibt an dieser Stelle. Er nutzt alle Möglichkeiten, die ihm das römische Weltreich zu dieser Zeit für sein Missionsprojekt bietet: optimale Verbindungen und verhältnismäßig sichere Verkehrswege, das allgemeinverständliche Griechisch als Weltsprache, dazu eine verwaltungspolitische Einheit des Reichs. Indem sich das Christentum in den Anziehungsbereich Roms vorwagt, muß es aus der Sicht der Umworbenen, sofern sie keine Juden sind, als ein exotischer Artikel mehr auf dem Markt der religiösen Angebote erscheinen. Die Areopag-Episode der Apostelgeschichte nimmt diese Atmosphäre idealtypisch auf und bietet das Modell einer Missionspredigt, die auf dem schmalen Grad zwischen kultureller Anpassung und religiöser Eigenprofilierung balanciert. Spuren finden sich allenthalben: Charakteristika aus dem kaiserlichen Herrscherkult werden auf Jesus übertragen (Tit 2,13; 3,4) oder zumindest für eine entsprechende Lesart offen gehalten. Zugleich aber werden überzogene Ansprüche zurückgewiesen – exemplarisch in der Johannesapokalypse mit ihrer Frontstellung gegen Domitian. Als man staatliche Loyalitätsnachweise von den Christen einfordert, wird die Abgrenzung trennscharf. Das sich herausbildende theoretische Christus-Paradigma markiert den Frontverlauf und stellt den Passierschein aus, etwa so, wie das Zeichen des Fisches zum Erkennungsmerkmal wurde. Im Symbol wird Identität vermittelt.

Neben der äußeren Bedrohung, die letztlich die Einheit nach innen stärkte und eine starke Gruppenidentität im Bekenntnis beförderte, stellten die Mysterienreligionen eine zusätzliche Herausforderung dar. Sie funktionierten synkretistisch und lassen sich theologisch als Ausdruck eines Erlösungsbe-

---

[14] Lukas faßt es im Schema von Verheißung und Erfüllung.

dürfnisses interpretieren.¹⁵ Hier bestand eine thematische Parallele und zugleich die Gefahr, das Spezifische der christlichen Erlösungsbotschaft zu verlieren. Die zahlreichen Ähnlichkeiten zwischen den Riten der Mysterien und christlicher Liturgie zeugen auch von einer Berührung.¹⁶ Daß die Mysterienkulte indes nicht substantiell in die christliche Theologie und Liturgie eingingen, belegt die Widerstandskraft des Christentums und das Bewußtsein einer reflektierten Identität.

Sie wurde ernsthaft auf die Probe gestellt und in einem vorangetrieben durch als häretisch qualifizierte Richtungen innerhalb der Gemeinden selbst. So wurde der Montanismus in seiner ethischen Unnachgiebigkeit ausgeschieden und zugleich ein wesentliches Instrument der kirchlich-theologischen Identitätsbildung erstmals erprobt: es wurden Synoden abgehalten.

Entscheidender war indes die Auseinandersetzung mit der Gnosis. In vielem dem Christentum zum Verwechseln ähnlich, wurde sie zum Motor der christlichen Lehrentwicklung und einer konturscharfen Identität in Theorie und kirchlicher Organisation:

„Der Abwehrkampf gegen die Gnosis verstärkte und beschleunigte eine Reihe von Entwicklungen, die als kirchliche Antwort auf das Ausbleiben der Parusie verstanden werden können:

a) Die Entfaltung und Stärkung des kirchlichen Amtes;
b) die Herausbildung des Traditionsprinzips im Rahmen der apostolischen Nachfolge;
c) die Sammlung der neutestamentlichen Schriften und die Abgrenzung des Kanons;
d) die Präzisierung des Glaubensinhaltes in Glaubensbekenntnissen und Symbola;
e) die Festlegung ethischer Normen und in innerlichem Zusammenhang damit die Klärung der Möglichkeiten von Buße und Sündenvergebung."¹⁷

Um das Christentum lebensfähig zu halten, mußten Tendenzen abgewehrt werden, die von der Mehrheit bzw. den entscheidenden Repräsentanten und Funktionsträgern als mit der überkommenen Lehre unvereinbar angesehen wurden. Die Schärfe der Auseinandersetzungen und die Polemik auch und gerade auf seiten der Orthodoxie macht deutlich, daß die rechte Lehre gegenüber dem entsprechenden Verhalten ihrer Protagonisten ein Eigengewicht erhalten hatte. Die Zustimmung zu einer als verbindlich ausgewiesenen Interpretation des Christentums steuerte das Verhalten den Exkommunizierten gegenüber. Das kirchliche Ausschlußverfahren wurde zum äußeren Sanktionsinstrument von Identität. Ihre Logik konnte nun auch immer konsequenter auf theoretischem Gebiet greifen. Die angesprochenen Aspekte machen umfangreiche Identitätsprogramme sichtbar, die nicht im Sinne kalkulierter

---
[15] Vgl. P. Parusel, Art. Mysterien, in: Lexikon der Religionen, 439-441.
[16] Vgl. T. Klauser, Kleine Abendländische Liturgiegeschichte. Bericht und Besinnung, Bonn 1965, 12: „Aus der Welt des Hellenismus – zum Teil wohl aus seinen Mysterienreligionen – stammen zweifellos die entscheidenden Anregungen für die Ausgestaltung des christlichen Aufnahmeritus der Taufe durch Exorzismen und Salbungen."
[17] E. Dassmann, Kirchengeschichte I, 145.

Entscheidung ausgearbeitet wurden, sondern sich aus dem geschichtlichen Problemdruck entwickelten. Sie leisteten dies aber strikt identitätslogisch. Differenzen wurden ausgeräumt – oft ohne den Anteil an Wahrheit in den entsprechenden Differenzmilieus noch zu berücksichtigen, wie am Beispiel des Montanismus nachvollziehbar.[18] Es zeichnet sich die Tendenz ab, die eigene Identität auch um den hohen Preis verlorener Christentümer großkirchlich zu sichern.

1.1.3 Eine theologische Topographie: Frühe Christengemeinden in Rom

Ein konkretes Bild der Umstände, aus denen heraus sich eine festgefügte Identität des Christlichen entwickeln konnte, vermittelt die Situation der römischen Christen in den ersten beiden Jahrhunderten.[19] Zwar wird damit nur ein Ausschnitt des viel weiteren Spektrums von verschiedenen Kirchen und Christentümern dieser Zeit geboten. Doch die besondere Rolle Roms beginnt sich zum Ende dieser Periode bereits deutlicher abzuzeichnen, so daß sich im Modell Grundsätzliches erwarten läßt. Deshalb ist natürlich nicht von einer Gesetzmäßigkeit zu sprechen. Vorhandene Tendenzen und Strukturen machen gerade deutlich, daß sich auch eine ganz andere Art der Identität zumindest im organisatorischen Bereich hätte herausbilden können. Der Sieg der römischen Kirche in der nach ihr benannten Großkirche ist von daher auch als einer ihres allmählich entwickelten Konzepts zu werten. Seine Anfänge hingegen bleiben eine kritische Erinnerung.

> „Wir finden im Rom des 2. Jh. eine atemberaubende theologische Vielfalt belegt: Neben den grosskirchlichen Vertretern sahen wir in je eigenen Kreisen Marcioniten mit je wieder selbständig (Apelles!) entwickelten Schulzweigen, Valentinianer, Karpokratianer, dynamistische Monarchianer (= Theodotianer), modalistische Monarchianer unter Praxeas, Montanisten (sogar in zwei unterschiedlich ausgeprägten Gruppen), Quartodezimaner, Cerdo mit seiner Gnosis..."[20]

Zwei Faktoren ermöglichten dieses Erscheinungsbild. Erstens waren viele dieser theologischen Gruppierungen von auswärts nach Rom gekommen und z.T. mit nationalen Eigenständigkeiten verbunden. Genau diese ließen mit einer eigenen Gruppenidentität auch einen spezifischen theologischen Stil bevorzugen und an ihm festhalten. Der theologische Facettenreichtum wurde, zweitens, durch die vielfältigen Treffpunkte von christlichen Gruppen befördert und dann am Leben erhalten.

---

[18] Vgl. ebd., 128-130: „Der Montanismus wurde, von den Bischöfen verurteilt und aus der Kirche ausgeschlossen, zur Sekte wider Willen." (129)
[19] Die folgende Darstellung bezieht sich wesentlich auf eine Untersuchung von Peter Lampe: Die stadtrömischen Christen in den ersten beiden Jahrhunderten. Untersuchungen zur Sozialgeschichte, Tübingen ²1989.– Die Ergebnisse dieser Studie werden in den systematischen Kontext der Arbeit eingefügt. Ihr besonderer Wert liegt in der detaillierten Entfaltung von differenten Milieus der römischen Christengemeinden.
[20] Ebd., 320f.

1. Das theologische Problem der Identität 241

Schon im Römerbrief des Paulus lassen sich verschiedene christliche Knotenpunkte ausmachen. Die Grüße aus dem 16. Kapitel belegen eine Vielzahl von Hausgemeinden und Treffpunkten, zudem eine bunte Mischung von Nationalitäten und sozialer Klassenzugehörigkeit. Besonders bedeutsam erscheint dabei das „Phänomen räumlicher Fraktionierung".[21] Die römischen Christen werden, anders als bei Paulus üblich, nirgendwo als *eine* Größe mit *Ekklesia* angesprochen. Vielmehr adressiert er „an alle in Rom,... die berufenen Heiligen" (1,7) und spricht die einzelnen Hausgemeinden an (16,5). Es gab demnach mehrere christliche Zentren. Den dazugehörigen Treffpunkten entsprechen möglicherweise die zahlreichen Titelkirchen Roms. Sie scheinen in großer Zahl bereits vorkonstantinisch und von Privatleuten als Versammlungsort zur Verfügung gestellt worden zu sein.[22] Die entsprechende Fraktionierung ist dann Ausdruck finanziell schwächerer Gruppierungen, insofern kaum große Treffpunkte zur Verfügung standen. Wie bei Paulus angedeutet, scheinen sich diese christlichen Gruppen in Privathäusern versammelt zu haben – nach der Apg empfing Paulus selbst in seiner Wohnung Interessierte (Apg 28,16ff.). Sie waren regelrechte Hausgemeinden mit einem privaten Gastgeber. Zwar bestanden wohl Kontakte zwischen den einzelnen Kreisen, aber schon aus organisatorischen Gründen werden die Treffen immer von denselben Leuten besucht worden sein, die damit eine eigene Gruppenidentität bildeten. So war etwa Justin der Märtyrer Mittelpunkt eines von ihm inspirierten Schülerkreises. Seine theologischen Vorstellungen werden sich im übrigen deutlich von denen der meisten anderen Christengemeinden abgehoben haben – zu unterschiedlich war das Bildungsniveau, das man im Zusammenhang mit dem niedrigen sozialen Stand vieler Christen sehen muß.

Letzteres mag ein entscheidendes Moment für die Herausbildung der späteren Orthodoxie gewesen sein: „Hinter der >Orthodoxie< standen die Massen des ungebildeten christlichen Volkes".[23] Die Theologie mußte rezipierbar sein, und die Rechtgläubigkeit der Großkirche konnte sich kaum gegen die Mehrheit der Gläubigen auf Dauer durchsetzen.

Im Zusammenhang mit der räumlichen Zerstreuung der christlichen Gemeindezentren herrschte über einen längeren Zeitraum ein wirklicher Pluralismus christlicher Richtungen in Rom. Das scheint zunächst kein Problem dargestellt zu haben. „Vor dem Ende des 2. Jh., speziell vor dem Episkopat Viktors (ca. 189-199 n. Chr.), sprach in Rom kaum eine Christengruppe einer anderen das Bruder/Schwester-Sein ab."[24]

Die Ausnahmen bestätigen den Trend. Bei den Valentianern nahm Irenäus von Lyon Einfluß auf Viktor, gegen sie einzuschreiten. Von römischen Gruppen scheinen sie – mit Ausnahme des späten Justin-Kreises – geduldet worden zu sein. Ähnlich verhielt es sich auch bei den Montanisten. Eine Inter-

---

[21] Ebd., 302.
[22] Vgl. die genauen Belege ebd., 302-305.
[23] Ebd., 323.
[24] Ebd., 324.

vention des Praxeas führt zur Ausgrenzung, wobei seine Position eine aus Kleinasien nach Rom übertragene Ablehnung der Montanisten bedeutet.

Bei Markions Exkommunikation liegen die Dinge anders: er tritt offensiv auf und provoziert Gegenmaßnahmen, die er wohl hätte vermeiden können, hätte er sich lediglich auf seinem Gemeindegebiet bewegt. Dafür spricht der Bruch mit Cerdo, der vor seinem Ausschluß, ohne Aufsehen zu erregen, lehrte und die Trennung selbst vollzog. Das entstehende Bild macht eine grundsätzliche Haltung der Toleranz in theologischen Fragen deutlich, ebenso das Fehlen einer letzten Instanz.

Im Mittelpunkt der Trennungsgeschichten erscheint bezeichnenderweise immer wieder Viktor. Mit ihm scheint ein besonderer Episkopalanspruch verbunden gewesen zu sein:

> „Die Fraktionierung in Rom begünstigte eine kollegiale Presbyterialverfassung und behinderte länger – bis zur zweiten Hälfte des 2. Jh. – die Ausbildung eines monarchischen Episkopats in der Stadt. Viktor war der erste, der ... energisch als monarchischer Episkopus auftrat und ... die verschiedenen Gruppen in der Stadt unter seine Aufsicht zu befördern suchte, beziehungsweise dort, wo das nicht gelang, exkommunikative Trennungsstriche zog."[25]

Die Gründe lassen sich nicht genau aufklären, liegen jedoch wahrscheinlich in einer veränderten Situation der Gemeinden und der Christenheit im ganzen. Außenkontakte scheinen eine immer größere Rolle gespielt zu haben. Der Druck ungelöster theologischer Fragen in der Auseinandersetzung mit den auch in Rom vorhandenen Sekten führte zu einer Diskussion über den alle Christen verbindenden Glauben und insofern auch über das Glaubensverbindliche. Die römischen Außenkontakte können sich auf den Episkopen als den Schatzmeister der Gemeinden konzentriert haben, wobei allmählich einer aus dieser Reihe die anderen dominierte. Überdies kann das zunehmende Bedürfnis eines christlichen Zusammenhalts unter dem Druck von außen wie innen zu einem engeren Zusammenschluß der Gruppen und einer dann naheliegenden Konzentration auf einen zentralen Vertreter bzw. Vorsteher geführt haben. Bei Ignatius von Antiochien findet sich jedenfalls wie bei Paulus kein Hinweis auf einen monarchischen Episkopat. Und noch bei Hermas ist diesbezüglich von einem Plural die Rede.

Exemplarisch zeigt sich in Rom die Entwicklung aus einer lebendigen, theologisch mitunter gar chaotischen Vielfalt zu einer klarer umrissenen Identität der römischen Kirche. Ihre Identitätsprogramme sind vornehmlich das Amt des Bischofs als Bindungsgröße nach innen und die Exkommunikation von theologischen Differenzmilieus, die ein neues Außen definieren, das qua Abgrenzung das Eigenprofil schärft. Die Toleranz des Anfangs ist, ohne sie idealtypisch zu nehmen, sondern als schlichter Befund aufgefaßt, unter veränderten Anforderungen zurückgedrängt worden. Theologisch-kirchliche Identitätslogik setzt sich durch.

---

[25] Ebd., 334.

1.2 Theologische Identitätsprogramme

Die Sicherung des unverzichtbaren und unterscheidenden Propriums geschah nicht auf dem Reißbrett, sondern unter konkreten Herausforderungen und Nöten. Sie funktionierte zunächst defensiv, entfaltete jedoch zugleich weiterhin schöpferisch neue Verstehensansätze. Eine offensichtliche theologische Vielfalt herrscht weiterhin, sie wird jedoch zunehmend nach den Normen der Großkirche meßbar. Dies verlangt Organisationsformen, die eine sichere Antwort auf die Frage nach dem Ort der wahren Kirche verfügbar machen.

Inhaltlich beschäftigt die Sorge um die korrekte Wiedergabe und Auslegung der jesuanischen Botschaft. Die Ursprungszeugen verbürgen hier am ehesten die Wahrheit des Anfangs und in ihrer Folge die Zeugen der Zeugen. Sukzession wird Prinzip von Tradition, und damit auch das in der Kompetenz der Apostel begründete Amt. Im Zusammenspiel dieser Faktoren erhalten die als glaubwürdig und wahrheitsgetreu ausgezeichneten Verschriftlichungen eine feste Form. Dieser Prozeß läßt sich im Sinne eines hermeneutischen Zirkels vorstellen, bei dem sich die verschiedenen Elemente gegenseitig verstärken und inhaltlich wie formell zu einem immer höheren Präzisionsgrad fortschreiten, der in der Konsequenz der Voraussetzungen liegt. Das gewählte Identitätsparadigma hat sich gleichsam von außen aufgezwungen und lag in der Logik der Glaubensüberzeugungen bzw. -erfahrungen. Gerade weil sich das Christentum an die Öffentlichkeit wagte, war es ihrer Kritik ausgesetzt und mußte zu konzisen Konzepten finden, die nach innen wie außen überzeugten.

1.2.1 Theoretische Durchdringung

Identitätsbildung ereignet sich theoretisch durch die Institutionalisierung theologischer Reflexion. Die Apologeten übernahmen dafür eine Vorreiterrolle. Sie arbeiteten auf eine nach außen hin repräsentable Identität des Christlichen gerade unter den intellektuellen Herausforderungen der Zeit hin. Eine wirkliche Absicherung einer gemeinsamen Glaubensidentität kristallisieren und bezeugen die verschiedenen Formen eines gemeinsamen und dann letztlich auch verbindlichen Glaubens. Die für diese Entwicklung maßgebende *regula fidei* erlaubt zugleich die Schaffung eines christlichen Schriftkanons, der zum unterscheidenden Orientierungspunkt des Christlichen wird, zu seiner entscheidenden Versicherungsinstanz.

So sehr sich christlich äußere Organisation und theoretische Grundlegung ineinanderfügen, werden zunächst die genannten theologischen Identitätsprogramme bezeichnet.

1.2.1.1 Apologetik

Einen ersten bedeutsamen Schritt in diese Richtung gingen die frühchristlichen Apologeten.[26] Sie sind Teil des christlichen Identitätsprogramms, das

---
[26] Vgl. H. R. Drobner, Lehrbuch der Patrologie, Freiburg u.a. 1994, 53-70.

einerseits das Überleben des christlichen Glaubens sicherte, andererseits eine immense Verlustgeschichte schrieb, weil ohne den Schutz der Großkirche viele Christentümer untergingen. Oft standen weder die Zeit noch die theologischen Konzepte zur Verfügung, um zu behutsameren Lösungen zu gelangen. Es wäre unhistorisch, den Protagonisten aus heutiger Perspektive generell einen immer wieder feststellbaren Mangel an dialogischer Kompetenz vorzuwerfen. Dennoch ist hier *auch* theologisch-kirchliche Schuld zu veranschlagen.

Die Apologeten wählten den Weg der intellektuellen, z.T. polemischen Auseinandersetzung. Indem sie sich dem Staat und den paganen Intellektuellen stellten, gaben sie das Christentum als eigenständige religiöse Größe zu erkennen. Zugleich entwickelten sie in der Abwehr antichristlicher Angriffe ein Themenspektrum mit einem Inventar an Antworten, das zur theologischen Theoriebildung taugte oder zumindest anregte. Inspirationstheologie (Theophilus), Kanonreflexion (Tatian), trinitarische Einschläge (Athenagoras) sowie eine eigene – mit der Christologie verbundene – Logostheorie (Justin) befruchteten die Theologie. Es fällt auf, daß die Apologetik nicht zu einer umfassenden Systematik durchdringt; so hat etwa bei Theophilus von Antiochien die Christologie keine wirkliche Funktion.[27]

Zu ihren besonderen theologischen Leistungen zählt die rationale Anlage der Apologetik: „Die frühkirchliche Apologetik entwirft als erste das Programm einer mit philosophischer Begrifflichkeit arbeitenden *theologischen Wissenschaft*."[28] Das darin enthaltene Selbstbewußtsein in der Aufnahme vorgegebener Konzepte ordnet das Christentum noch über die platonische Philosophie. Es ist dieses „Bewußtsein der Überlegenheit der christlichen Lehre als der wahren Philosophie"[29], das die Eigenständigkeit des Christentums dokumentiert. So befindet Justin, daß Platons Lehren an die christlichen „nicht in allem heranreichen; desgleichen die der anderen: der Stoiker, der Dichter und Geschichtsschreiber."[30]

> „Vom 1 Kor bis hin zum 1 Klem lassen sich die Bemühungen verfolgen, Einheit zu wahren und Spalter auszuschließen. Erst wenn sich die christliche Kirche als eine und selbständige Kirche organisiert hat und sich so versteht, kann sie auch nach außen hin wirken."[31]

Das ist mit der Apologetik der Fall. Freilich trieb die Apologetik diesen Selbstfindungsprozeß zusätzlich an. Sie verstärkte dabei die Gewißheit – eschatologisch begründeter – religiöser Einzigartigkeit. Dieses Selbstverständnis wurde zu einem wesentlichen Identitätsmerkmal des Christlichen.

---

[27] Vgl. L. W. Barnard, Art. Apologetik. Alte Kirche, in: TRE, Bd. I, 371-411.
[28] C. Andresen, Art. Apologetik II. Frühkirchliche Apologetik, in: RGG³, Bd. I, 480-485; hier: 484.
[29] C. Scholten, Art. Frühkirchliche Apologeten, in: LThK³, Bd. I, 832-834; hier: 833.
[30] Justin, Apol. II, 13,2.
[31] W. Geerlings, Apologetische und Fundamentaltheologische Momente und Modelle in der Geschichte. Apologetik und Fundamentaltheologie in der Väterzeit, in: HFT, Bd. 4, 317-333; hier: 318.

Die spezifische Bedeutung der Apologetik für Genese und Absicherung christlicher Identität wird noch an einem anderen Beispiel deutlich:

> „Nach dem Konzil von Nicäa (325) erlebte die christliche Apologetik einen Niedergang, kurzfristig unterbrochen durch die heidnische Reaktion unter Julian Apostata (361-363), die einige hastige Polemiken hervorrief."[32]

In dem Augenblick, als sich das Christentum unter dem Schutz des Staates als feste Kirchengröße etabliert hatte, bedurfte es der Apologetik nicht länger. Ihre binnentheologische Aufgabe übernahm nun die theologisch definierte Glaubensformel, mit der die Kirche über das Bekenntnis den rechten Glauben sicherte und die kirchlichen Zugangs- und Verbleibsregeln festlegte. Christliche Identität wurde nun schriftlich festgelegt und lag abrufbereit fest; sie wurde mit jedem Sprechen des Bekenntnisses bestätigt und zugleich neu hergestellt. Die rationale Gestalt, in der die Apologeten die Theologie auf den Weg brachten, führte zu einer immer strenger durchkomponierten Begründung christlicher Identität. Und der rationale Standard der Theologie eröffnete dem umfassenden Anspruch des Christentums eine Möglichkeit, universal wirksam zu werden: über die identische Vernunft, die in jedem Menschen dieselbe sein soll, im Sinne der „*Logos spermatikos*"-Theorie des Justin qua Christus. Hier findet die christliche Identitätslogik ihre adäquate Denkform: sie erkennt sich in allem als sie selbst wieder; indes in überlegener Form:

> „Denn es ist ein Unterschied zwischen dem Samen, der Nachbildung einer Sache, wie sie entsprechend der Aufnahmefähigkeit verliehen wird, und der Sache selbst, um derentwillen Teilnahme und Nachbildung zustande kommen."[33]

1.2.1.2 Regula fidei und Glaubensbekenntnisse

Einen wesentlichen Faktor bei der „Durchsetzung einer Normgemeinde (Normkirche)"[34] stellen die von sehr freien und vielfältigen Ursprüngen ausgehenden Glaubensformeln dar. Sie werden erst sukzessiv fester gefügt und in der Formulierung verbindlicher. Äußerte sich neutestamentlich im Bekennen vornehmlich die soteriologische Qualität des Glaubens, kam es allmählich zu einer Verrechtlichung, die in der Homologie impliziert ist und deren untergründiger Strom nach der Konstantinischen Wende wirksam werden kann.

Die Anfänge der Bekenntnisbildung im NT[35] sind vor allem in christologischen Akklamationen und zusammenfassenden Formeln erreichbar – wobei sie eher als Elemente noch im Fluß befindlicher Bekenntnisfixierung denn bereits als starre Formeln aufzufassen sind.[36] Die Auferweckungsfor-

---

[32] L. W. Barnard, Art. Apologetik. Alte Kirche, 400.
[33] Justin, Apol. II, 13,6.
[34] P. Stockmeier, Kirche unter den Herausforderungen der Geschichte, 141.
[35] Vgl. K. Wengst, Art. Glaubensbekenntnisse IV: Neues Testament, in: TRE, 392-399.
[36] Vgl. J. N. D. Kelly, Altchristliche Glaubensbekenntnisse. Geschichte und Theologie, Göttingen 1972, 20.

mel (Röm 10,9; 1 Kor 6,14; 15,15; 1 Thess 1,10) dürfte die älteste festere Kurzfassung des Glaubens darstellen. In 1 Joh 4,15 findet sich die erste Formel, die antihäretisch eingesetzt wird. Grundsätzlich fassen die prägnanten Glaubenssätze gerade im christologischen Bezug etwas, das immer neuer Vergewisserung bedarf. Die verschiedenen Versionen erscheinen wie der Versuch, festzuhalten, was rational gedeutet wird, sich aber letztlich dennoch entzieht. Zugleich kann es so kommunikabel gemacht werden. Keine dieser Formeln ist vollständig. Jede hat einen theologischen Problemüberhang, der mit der allmählichen Notwendigkeit, sich als Religionsgemeinschaft von anderen abzugrenzen und sich positiv zu konstituieren, auf eine genauere Entfaltung drängte. Dabei bot die knappe Sprachform am ehesten die Möglichkeit, katechetische Merksätze an die Hand zu geben, die gleichzeitig das kirchliche Entree erlaubten und Zugehörigkeit signalisierten. Doch war dieser Prozeß bis zum Konzil von Nikaia offen und sehr vielgestaltig:

> „Man kann nicht oft genug wiederholen, daß im eigentlichen Sinne der Worte ein Glaubensbekenntnis, eine Beteuerung des Glaubens oder eine Glaubensformel im Neuen Testament nicht entdeckt werden können; die einzige mögliche Ausnahme bilden solche kurzen Losungen wie *Kyrios Jesous*. Mit Händen zu greifen dagegen ist auf jeder Seite ein gemeinsamer Lehrbestand, scharf umrissen und jedermann als Besitz nicht eines Einzelnen, sondern der Kirche als eines Ganzen betrachtet."[37]

Dieses Bewußtsein einer gemeinsamen Glaubenswahrheit vereint die Alte Kirche im Besitz der *regula fidei*. Erstmals findet sich der Ausdruck bei Irenäus von Lyon.[38] Gemeint ist nicht eine allgemeinverbindliche Formel, kein gesamtkirchliches Glaubensbekenntnis in einer definierten Sprachgestalt, sondern die allen gemeinsame Glaubenswahrheit. Konsequent wechselt demnach auch der Sprachgebrauch zwischen *regula fidei* und *regula veritatis*. Der Glaube der Kirche setzt sich selbst durch, er aktualisiert sich dabei in verschiedenen Sprachformen. In ihm wirkt der Heilige Geist als das personale Grundprinzip des Glaubens. Der christologische Bezug der Formeln, die Ausdruck der Glaubensregel sind, entspricht inhaltlich dem personalen Identitätsmodell, das in der Gestalt der Formeln bereits auf dem Weg ist, seine institutionelle Objektivierung zu erhalten. Noch aber bleibt die Glaubensregel in einem eigentümlichen Schwebezustand: sie ist in den verschiedenen Darlegungen offensichtlich gemeinsam; aber es gibt keinen Modus, der die Verbindung zwischen den Kirchen regelt. Es existiert eine Tradition als klarer Bezugspunkt – doch sie ist selbst nicht definiert. Diese Offenheit hält für die spätere Festlegung eines reichsverbindlichen Glaubensbekenntnisses Elemente einer Anknüpfung bereit. Der Druck theologisch ungelöster Fragen und divergenter Glaubensinterpretationen im Verein mit dem politischen Willen zu einer religiösen Vereinheitlichung beendet diese lange funktionsfähige Balance.

Doch gab es bereits vor der Konstantinischen Wende Tendenzen in dieser Richtung:

---
[37] Ebd., 30.
[38] Vgl. A. M. Ritter, Art. Glaubensbekenntnisse V: Alte Kirche, in: TRE, 399-412; hier: 402f.

"Gegen Ende des 2., mindestens aber in den ersten Jahrzehnten des 3. Jahrhunderts wird die Neigung zu festen Formen spürbar, und die Gebete der Kirche wurden mehr und mehr schriftlich niedergelegt. Das handgreiflichste Zeugnis dafür ist die *Traditio Apostolica* des Hippolyt. In dieser Bewegung, die selbst auf Ursachen zurückgeht, welche tief im instinktmäßigen Leben von Institutionen und Gemeinschaften verborgen liegen, vermögen wir in großen Lettern die allmähliche Kodifizierung der Bekenntnisse wahrzunehmen".[39]

Den entsprechenden kirchlichen Entwicklungsraum bot die christliche Initiation. Der Eintritt in die Glaubensgemeinschaft war mit einer Versicherung des eigenen Glaubens verbunden. Dennoch ist die Taufe nicht „als eine Quelle deklaratorischer Glaubensbekenntnisse anzusehen."[40] Aber die Tauf*fragen* lassen sich als ein Weg dorthin verstehen. Die darin enthaltenen katechetischen Traditionen boten den späteren Symbola Material.

Bei Justin finden sich erste Spuren festgelegter Tauffragen, die neben dreigliedrigen streng christologische Bekenntnisformen zuließen. Bei Irenäus gibt es mehrere Möglichkeiten, ähnlich bei Tertullian. Trotz seiner Betonung der Glaubensregel und ihrer Lehre hat er nicht nur einen approbierten Text, der sie verbindlich enthält. Erst bei Hippolyt zeigt sich ein „Dokument, das anscheinend ein fixiertes Glaubensbekenntnis in unversehrter Echtheit festhält".[41] Dabei handelt es sich jedoch nicht um ein in Rom amtlich einheitliches Bekenntnis. Nach wie vor herrscht auch hier eine gewisse Offenheit, die sich aus dem von Peter Lampe skizzierten pluralen Erscheinungsbild der römischen Christenheit ableitet.

Wie in Rom erscheint ebenfalls gesamtkirchlich die vorfindliche Vielfalt situativ bedingt. Theologische Stile erlauben es, ein-, zwei- oder dreigliedrige Tauffragen zu verwenden, ohne daß darum der gemeinsame Glaubenssinn in Frage stünde. Irenäus ist sich jederzeit sicher, daß die „Substanz der Tradition allerorten identisch sei".[42] Dieser inhaltlich teiloffene, noch nicht allgemeinverbindlich formalisierte Kanon bietet noch jene Sicherheit, für die es kein institutionelles Pendant gibt. Erst als dies geschaffen wird, nämlich durch Synoden und Konzilien, kann auch die Glaubensgrundlage kodifiziert werden. Im 2./3. Jh. existieren solche autoritativ sanktionierten Texte noch nicht. Wohl aber sind in den einzelnen Kirchen Stammformeln nachweisbar. Vor allem die christologischen Summen werden gleichlautend. Ihre liturgische Verwendung bei Exorzismen, in den Anaphora der Eucharistie und in der Taufkatechese arbeiten dem zu. Die gottesdienstliche Vergewisserung der regula fidei, zu der auch die Katechese letztlich zählt, wird zu einem Motor der späteren Definitionsbemühungen. „Bevor es einen Kanon der Heiligen Schrift gab, war die Glaubensregel der erste *Kanon* der Kirche, der den Kanon für den >Kanon< bildete."[43]

---

[39] J. N. D. Kelly, Altchristliche Glaubensbekenntnisse, 102.
[40] Ebd., 68.
[41] Ebd., 93.
[42] Ebd., 80.
[43] H. J. Pottmeyer, Normen, Kriterien und Strukturen der Überlieferung, in: HFT, Bd. 4, 124-152; hier: 130.

Er wurde nötig zur Abwehr von Häresien.⁴⁴ Die wiederum sind als abweichende Interpretationen an einer Basisinterpretation zumal des Christusgeschehens zu messen. Interessant ist freilich gerade bei Irenäus mit seinem antihäretischen Affekt, daß seine Glaubensformeln im Grunde keine antihäretischen Wendungen aufnehmen. Das Festhalten der positiven Glaubenswahrheit ist dem vorgeordnet. Diese Wahrheit verlangt freilich noch theoretische Durchdringung. Die Traditionsformel von 1 Kor 15, 3-5 hält Leiden, Sterben und Auferweckung Christi fest, enthält aber bereits ein erstes Moment von Theoriebildung durch die Aufnahme des Christus-Titels, durch die soteriologische Qualifizierung und den atl. Schriftbezug. Im Zusammenhang mit der Zeugenliste ist er Niederschlag einer erkenntnistheoretischen Grundproblematik. Das Bekenntnis weist über sich hinaus in den noch weit offenen Raum christologischer Durchdringung des Glaubens. Hier ist der Schritt über die reinen liturgischen Akklamationen hinausgegangen worden:

> „die kerygmatischen Bekenntnisformeln waren von den ersten Anfängen an schriftbezogen und darin reflektiv, was sie von akklamativen Christusprädikationen und den in sich abgeschlossenen Christushymnen unterscheidet. Sie weckten ihrerseits Reflexion und darin riefen sie die Schriftauslegung zur Begründung des Glaubens heraus. Mit ihnen beginnt die urchristliche Theologiegeschichte."⁴⁵

Die damit eröffnete Entwicklung hält an bis zur Herausbildung regulärer Glaubensbekenntnisse mit verpflichtendem Charakter und dogmatischer Prägekraft für die spätere Theologie. Die vornizänische „multidogmatische Verschiedenheit"⁴⁶ ging verloren. Gewohnheitsrecht und mündliche Traditionen werden mit dem Eintritt in den staatlichen Dunstkreis zur Vereinheitlichung gezwungen. Die Tendenz zum überall identischen Bekenntnis und seiner Identifizierung im unveränderlichen Text beendet weitgehend die Rechte auf differente Deutungen und Glaubensinterpretationen. Theologiegeschichtlich wird sich dies nach der Klärung der christologischen Frage durch das Konzil von Chalkedon lähmend auswirken:

> „In dieser Zeit ist die >Orthodoxie< zunehmend ärmer, ist der >Ausschlag des Pendels ihrer Dialektik immer geringer< geworden, bis es schließlich durch das Bleigewicht des Traditionalismus, der Väterflorilegien, zeitweilig ganz zum Stillstand kam (W. Elert). Es gilt in gewissem Sinne aber auch schon für den späten Athanasius, der etwa seit 350 zunehmend auf der >Genugsamkeit< (Suffizienz) des Bekenntnisses der >heiligen Väter< von Nizäa insistierte. Daran wurde ihm der >eine Glaube< der Christen, die heilige Übereinstimmung des Denkens als Kriterium wahrer Lehre, konkret: an dem *einen* Lehrbekenntnis".⁴⁷

---

[44] Vgl. R. Kampling / W. Beinert, Art. Häresie I / II, in: LThK³, Bd. 4, 1189f.; 1190f..
[45] C. Andresen, Die Anfänge christlicher Lehrentwicklung, in: HDTG, Bd. 1: Die Lehrentwicklung im Rahmen der Katholizität, Göttingen 1982, 1-98; hier: 25.
[46] R. Staats, Das Glaubensbekenntnis von Nizäa-Konstantinopel. Historische und theologische Grundlagen, Darmstadt 1996, 145.
[47] A. M. Ritter, Art. Glaubensbekenntnisse V: Alte Kirche, 411.– Nach Ritter gilt dies hier zunächst für die Theologie des Ostens, „aber auch das Abendland machte...diese Wendung zu

Die Frage nach dem Grund dieser Entwicklung ist z.T. bereits beantwortet worden. Die Herausforderungen der Zeit, die theologischen Leerstellen und die Eigendynamik der sich in diesem Zuge entwickelnden institutionellen Verfestigung der Kirche betreiben diesen Prozeß. Äußere und innere, organisatorische und doktrinale Systemgenese entsprechen einander, so wie Identität ein handlungsbezogenes und formallogisches Konzept darstellt. Die Funktionen der Bekenntnisformen konzentrieren diese Identität. Jedes Bekenntnis fungiert als „Selbstdefinition" und hat eine stabilisierende „Gemeinschaftsfunktion", eine inhaltliche wie institutionelle „Abgrenzungsfunktion", integrativ aber auch eine auf Zeitanpassung gerichtete „kerygmatische Funktion", liturgisch eine horizontal rezeptive und vertikal „doxologische Funktion", schließlich vermittlungsorientiert eine „katechetische Funktion".[48]

Die Übernahme dieser Funktionen erklärt die Relevanz der Bekenntnisse. Dennoch ist vor allem an den vielleicht auslösenden Moment dieser Entwicklung zu erinnern. Der Übergang von der Zeit der Erstzeugen zu den Nachfolgern der Nachfolger bedeutete für die Kirche(n) offensichtlich auch eine Einbuße an Geisterfahrung: ihre Kraft ließ nach. Sonst hätte man keine Sicherungsmaßnahmen ergreifen müssen. Als mögliches Modell hätte sich das radikale Vertrauen auf die Geistpräsenz und -leitung angeboten. Das Interesse an einer Verschriftlichung des apostolischen Kerygmas richtet sich demgegenüber auf Sicherheit. Man will Eindeutigkeit und keine unterschiedlichen Auslegungen des Glaubens, was latent gegen Differenzen und gegen ein Denken in Spannungen gerichtet ist.

In diesem Prozeß klärte sich die fundamentaltheologisch entscheidende Frage: das Christentum ist eine inkarnatorische Religion. Die Kritik der antignostischen Christologie hatte ekklesiologische Folgen. Sie lassen sich ablesen am Verhältnis von Gnade und Freiheit; der Christ arbeitet, ganz im Sinne der jesuanischen Reich-Gottes-Botschaft, an dessen Verwirklichung mit. Kirchlich werden Modelle neu entworfen und auch wieder verworfen. Kompetenz und Notwendigkeit zur Klärung der Botschaft entwickeln sich parallel zur weltlichen Etablierung des Christentums. Die Vermittlungsinstanz wird nun verändert: vom personalen zum institutionellen Paradigma, durch Sukzession ergänzt, so daß das personale Prinzip nicht vollkommen verschwindet. Später kann es dann in der primatialen Identitätsfassung von Katholizität eine Symbiose von personalem und institutionellem Identitätsgaranten eingehen.

Es liegt in der Eigendynamik der Prinzipien, daß die Institution klare Konturen und feste Identitäten herausbildet und privilegiert. Sie entwickelt Regeln zur Interpretation ihrer institutionell abgesicherten Interpretation. Verbunden mit ihrem inhaltlichen Absolutheitsanspruch[49] steht sie anders für ihn

---

einer gewissen Erstarrung und Versteinerung mit, indem in diesem Symbol gar das Festhalten an dem (inhaltlich aufs genaueste umschriebenen) christlichen Glauben zum Kriterium erklärt wird, von dem die ewige Seligkeit abhänge!" (411)

[48] Zur Katalogisierung vgl. H. Schwarz, Art. Glaubensbekenntnisse. IX: Dogmatisch, in: TRE, 437-441.

[49] Der Begriff ist hier anachronistisch; im letzten nicht der damit verbundene Anspruch, spätestens seit 380.

als die einzelne Person des Zeugen: das Individuum ist schwächer, angreifbarer. Es entsteht eine kirchliche Autoritätshermeneutik, deren glaubenstheoretische Implikationen als erster Augustinus konsequent ausführt: der Zugang zum Glauben gelingt nur durch den Einstieg in einen hermeneutischen Zirkel, und man gelangt in ihn, indem man sich der Autorität unterstellt:

> „Denn zur wahren Religion kann man unmöglich einen richtigen Zugang finden, wenn man nicht folgendermaßen vorgeht: Man muß zunächst das glauben, was man später erst erfaßt und einsieht, wenn man sich sittlich gut verhalten hat und würdig geworden ist, kurz, man muß sich der strengen Herrschaft einer Autorität unterwerfen."[50]

Diese Glaubenstheorie zieht den letzten fundamentaltheologischen und identitätslogischen Schluß aus einem Prozeß, der sich in der Geschichte der Bekenntnisbildung fokussiert. Es ist höchst aufschlußreich, daß die ethische Dimension dieses Ansatzes allmählich hinter die doktrinale Zustimmung zurücktritt. Identitätslogik und Logozentrik arbeiten hier Hand in Hand. Alles Handeln bleibt schließlich zweideutig. Das Nachbeten eines Bekenntnisses ist es zumindest nach außen hin nicht. Das Uneindeutige wird verdrängt. Wie natürlich die ethische Qualität des Glaubens theoretisch niemals aufgekündigt wurde, so treten doch Orthodoxie und Orthopraxie in vergleichbarer Weise auseinander wie positive und negative Theologie im kirchlichen Bekenntnis. Im Blick auf die vornizänische Kirche läßt sich dies prägnant fassen:

> „Zuvor aber war man, nach einer schönen Formulierung von R.P.C. Hanson, von der Unangemessenheit menschlicher Sprache, auch der Sprache des Bekenntnisses, als Ausdruck göttlicher Wirklichkeit durchaus überzeugt ‚und darum trotz allen Insistierens auf der Glaubenswahrheit nicht eigentlich doktrinär'".[51]

In gewisser Hinsicht war die dargestellte Entwicklung unter den gegebenen Umständen zumindest logisch und, aufs Ganze gesehen, wohl kaum vermeidbar. Von daher sollte es hier auch um eine nüchterne Wahrnehmung gehen und keine Verfallsgeschichte angelegt werden. Keine romantische Sehnsucht nach den paradiesischen Anfängen mit einer Vielzahl von christlichen Differenzmilieus bestimmt die Perspektive. Die Gewinne sind zu unübersehbar: das Christentum überlebte unter schwierigen Bedingungen, und es wurde nicht zur Sekte, sondern war imstande, den wachsenden vorkonstantinischen Zuwachs aufzufangen und den dramatischen Mitgliederanstieg nach der Konstantinischen Wende zu verarbeiten. Darüber hinaus erreichte die Theologie eine hohe rationale Kohärenz. Innenbindung und Sicherheit waren gewährleistet. Aber es gab eben auch einen Verlust an abweichenden kirchlichen Modellen und theologischen Stilen, ja an ganzen Christentümern.

---

[50] Augustinus, De utilitate credendi 25 (zitiert nach: ders., dass., übers. u. eingel. v. A. Hoffmann [= FC 9], Freiburg u.a. 1992).
[51] A. M. Ritter, Art. Glaubensbekenntnisse V: Alte Kirche, 412.– Das Zitat im Zitat: R. P. C. Hanson, Dogma and Formula in the Fathers, in: StPatr 13, 2 (1975) 169-184; hier: 184.

1. Das theologische Problem der Identität   251

Die Kirchengeschichte wird sich fortan zunehmend auch als eine ihrer Spaltungen ereignen. Und gerade heute wird deutlicher das – begrenzte – Recht des in Häresien und Schismen Abgedrängten sichtbar. Eine zu radikale Differenzbereitschaft hätte die Kirche womöglich aufgelöst, wobei als Gegenmodell Israel und das Judentum hier mehr Vielfalt zuließen. Eine starke Identitätslogik bewirkt jedoch systemische und doktrinäre Erstarrungen. Kritikpotentiale werden übermäßig eingeschränkt, und die dialogische Offenheit nach innen wie außen verliert an Kraft. Das sind *auch* Nebenwirkungen des kirchlichen Gegengifts „Identität".

1.2.1.3 Kanon

Der Abschluß des neutestamentlichen Kanons hat im Prozeß christlicher Identitätsbildung eine zentrale Bedeutung. Hier wird eine Autoritätsform immer abrufbar, die zum Maßstab des Christlichen schlechthin taugt. Da aber eine entsprechende Autorität wiederum nicht institutionell bereit stand, die einen bestimmten Komplex von Schriften mit einer solchen Autorität hätte versehen können; da darüber hinaus keine spezifischen Offenbarungen greifbar sind, wird deutlich, daß hier in der Identitätsbildung von Kirche ein viele Faktoren einschließender Selbstregelungs- und Selbstverstärkungsprozeß am Werk war.

Diese Vorstellung entspricht den neueren Ansätzen der Kanonforschung. Der Kanon ist ein Interpretationsphänomen, und zwar produktiv wie rezeptiv. Kanonischer Prozeß und Kanonisierung greifen ineinander. Der kanonische Prozeß bezeichnet das Phänomen der Schriftwerdung, des Wachstums und der theologischen Interpretation *im* Text. Die Kanonisierung funktioniert als Abgrenzung des Textes und verarbeitet Interpretation im Kommentar, also gleichsam *neben* dem Text her.[52] Interpret ist letztlich die Gemeinschaft, die ihr religiöses Verständnis in den Texten artikuliert und wiederfindet und ihre Hermeneutik absichert, indem sie diesen Prozeß von Produktion und Rezeption festlegt. Der Kanon ist die Fundamentalhermeneutik der Glaubensgemeinschaft.[53] Der Glaube an die Wahrheit des eigenen Glaubens dokumentiert sich in einer Form, die zur Kommunikation über diesen Glauben bessere Möglichkeiten bietet als eine Vielzahl abweichender Texte innerhalb desselben religiösen Verbunds.

Dabei ist jeder Kanon auch Ausdruck erkenntnistheoretischer Probleme. Wenn Athanasius in seinem 39. Osterfestbrief seine Kanonliste erläutert, wird davon etwas spürbar. Die von ihm als kanonisch bezeugten Schriften entsprechen nämlich dem, „was die *ursprünglichen Augenzeugen und Diener des Wortes den Vätern überliefert haben*". Genau darüber sind „wir", d.h. die Kirche, „zu einer sicheren Überzeugung gelangt."[54] Verbunden mit dem kri-

---

[52] Vgl. C. Dohmen / M. Oeming, Biblischer Kanon warum und wozu? Eine Kanontheologie (QD 137), Freiburg u.a. 1992, 25; vgl. 54. Zur Definition der Begriffe im Anschluß an B.S. Childs vgl. ebd., 19.
[53] Vgl. ebd., 47.
[54] Zitiert nach T. Söding, Mehr als ein Buch. Die Bibel begreifen, Freiburg u.a. ²1996, 24.

teriologischen Ausweis über die Apostolizität als inhaltlich qualifizierendem und formal im Traditionsprinzip enthaltenem Kriterium erwähnt Athanasius die „Sicherheit", die nun darüber allgemeinkirchlich besteht. Sie bezeugt, daß diesbezüglich einiges unsicher gewesen sein muß – der Blick auf die Vielzahl damals kursierender Texte belegt dies. Und dieser Kanon ist geworden – man ist zu ihm erst „gelangt". Die erkenntnistheologische Frage richtet sich an die Gewähr der Überlieferung.

> „Um hier Klarheit zu erreichen, maß man die umstrittenen Schriften an dem κανὼν τῆς ἀληθείας, der regula veritatis, d.h. an dem *Glauben der Kirche*, der sich aus der Heiligen Schrift – der Septuaginta -, aus den Worten des Herrn *und* den bereits akzeptierten Evangelien und Apostelbriefen ergab. Für die Aufnahme unter die kanonischen Schriften war ferner von Bedeutung, ob die noch >umstrittene<... Schrift wenigstens in bestimmten Regionen im Gottesdienst verlesen und zum Gegenstand der Predigt gemacht wurde, ob sie sich als an die *ganze* Kirche gerichtet verstehen ließ und ob ihr Inhalt zur Erbauung der Gemeinde beitrug."[55]

Daß in diesem Klärungsvorgang die Bischöfe einen besonderen Einfluß bekamen, ergibt sich aus der liturgischen Stellung der Bücher und der entsprechenden Funktion der Episkopen. In einem Selbstverstärkungsmechanismus lösen also Amt, Kanon und regula fidei dieses Problem, noch bevor Synoden seinen Abschluß definieren. Sie sind die Eckgrößen jener christlichen Identität, die in positiver Formulierung und negativer Abgrenzung im Übergang des 2. und 3. Jh. ihren entscheidenden Fortschritt erlebte und mit der religionspolitischen Revolution des 4. Jh. einem vorläufigen Abschluß entgegenging – die Bibel wird

> „im römischen Reich nach der konstantinischen Wende ein rechtsverbindliches Dokument...: das Grundgesetz des entstehenden Staatskirchentums."[56]

Am Anfang des Kanonisierungsprozesses wird im allgemeinen die Auseinandersetzung mit Markion als auslösender Problemdruck angesehen. Damit kommen aber nur die äußeren Motive in den Blick. Politische Konstellationen und antihäretische Motive, dazu das Fortschreiten der institutionellen Organsiation der Großkirche gehören wie im Gesamtprospekt der Identitätsfindung zu den Hauptfaktoren. Darüber hinaus sind jedoch auch die inneren Momente von autoritativer Traditionsbildung als einem grundlegenden Interpretationsvorgang zu beachten. So läßt sich für die Glaubensgemeinschaft Israel annehmen,

> „daß *im* kanonischen Prozeß eine theologische Schule den genialen Gedanken einbrachte, ihre Fortschreibung gerade durch Konzentration, Sammlung und Gewichtung zu vollziehen. Genau dadurch wird eine allmähliche Abschließung in Gang gebracht: Das im kanonischen Prozeß wirksame Motiv des Konservierens,

---

[55] M. Limbeck, Die Heilige Schrift, in: HFT, Bd. 4, 68-99; hier: 89.– Zur Kriteriologie vgl. C. Dohmen / M. Oeming, Biblischer Kanon warum und wozu?, 96.
[56] M. Limbeck, Die Heilige Schrift, 23.

das sich in der Fortschreibung realisiert („Du sollst nichts weglassen!"), schlägt jetzt um in eine konservativ-abgrenzende Tendenz („Du sollst nichts hinzufügen!")."[57]

Schon vor der Kanonisierung ist ein kanonischer Prozeß greifbar – etwa in den Versuchen eines autoritativen Selbstausweises über Namen, Textbezüge und die implizite Maßnahme an der Hintergrundautorität einer vorgegebenen Tradition. Die darin enthaltenen intertextuellen Dimensionen gerade der ntl. Schriften, sei es im Blick auf die Septuaginta, auf Jesus-Überlieferungen oder auch auf Paulus, machen sichtbar, daß hier kanonische Aspekte bereits eine Rolle spielen. Sie sind es, die wiederum zur Kanonsierung der einzelnen Schriften beitragen konnten. Letztlich beinhaltet der Anspruch der Schriften auf eine korrekte Interpretation z.B. des Evangeliums bei Paulus eine innere Tendenz zur Festlegung, die den Rezeptionsprozeß mitbestimmte und die spätere Kanonisierung beförderte, durch die der längst vorher begonnene Prozeß von Kanonwerdung abgeschlossen wurde.

Faktisch wurde im neutestamentlichen Kanon eine Vielzahl von Schriften ausgeschieden und eine begrenzte Zahl als heilig sanktioniert. Dabei überrascht immer wieder, daß z.T. konkurrierende Perspektiven (Paulusbriefe – Jakobusbrief) nebeneinander zugelassen werden. Die Pluralität der Evangelien bleibt auch um den Preis abweichender Darstellungen erhalten. Insgesamt ist der Kanon Ausdruck der lebendigen Vielgestaltigkeit der Alten Kirche – und in dieser Hinsicht eine sehr moveable Identitätsgröße. Der – selbst hermeneutische – Prozeß der Kanonentstehung belehrt über Einträge von Differenz, die von Identität nur in Spannungen sprechen läßt. Eine solche differenztheoretisch aufgebrochene *kanonische Identität des Christlichen* ist von fundamental theologischem Rang:

> „Die Einsicht in die Fülle der Stimmen, die der Kanon vereint, in ihre bis zum Gegensatz reichenden theologischen Spannungen nötigt, den Begriff der biblischen Wahrheit neu zu fassen. Wahrheit kann nicht logische Widerspruchsfreiheit, Einheit kann nicht systematische Stimmigkeit des vielstimmigen kanonischen Zeugnisses meinen. Der Kanon muß in seiner historischen Bedingtheit und vielschichtigen Gewachsenheit ernstgenommen werden. Hier müssen neue Kategorien (weiter-)entwickelt werden; die Wahrheit muß stärker als situativ und dynamisch, als dialektisch und dialogisch, als persönlich und als in Eigenverantwortung zu ergreifende begriffen werden. Die kanonimmanente Pluralität muß als Ausdruck von Lebendigkeit und als heilsame Nötigung zur Dauerreflexion zu verstehen gelehrt werden. Wort Gottes ereignet sich nicht in einem kohärenten System, sondern in kontingenten Begegnungen."[58]

1.2.2 Organisation des kirchlichen Lebens

Nach der Darstellung wesentlicher theoretischer Identitätsprogramme beanspruchen nun die Organisationsformen des kirchlichen Lebens das Interesse.

---
[57] C. Dohmen / M. Oeming, Biblischer Kanon warum und wozu?, 93.
[58] Ebd., 108.

In der Liturgie wird Identität vielleicht am deutlichsten sichtbar: Kirche und Glaube sind hier konkret, und die Liturgie ist theologischer Auslöser wie Reflektor gleichermaßen. Unmittelbar mit der Festlegung der Liturgie als einer Form von Gemeindeordnung ist die Gestalt der kirchlichen Ämter verbunden, zumal sie liturgisch ihren Ort haben: in der Weihe, in den verschiedenen Funktionen, zumindest in der weiteren gottesdienstlichen Entwicklung. Und erst die Regelung der Ämterfrage erlaubt die Abhaltung von Synoden bzw. Konzilien, mit denen die theoretischen und praktischen Probleme der Christenheit wirksam angegangen werden können. Von daher schließt sich der Kreis an diesem für die christliche Identität bedeutsamen Punkt.

1.2.2.1 Liturgie

Schon relativ früh läßt sich eine gewisse liturgische Einheitlichkeit in der Christenheit feststellen. Das betrifft die Einrichtung verschiedener Gottesdienstformen und -anlässe ebenso wie einzelne Momente ihrer Gestaltung. Dieser Befund entspricht dem im theologischen Bereich. Die *regula fidei* verkörperte ein gemeinsames Glaubensbewußtsein, das nicht exakt kodifiziert vorlag und dennoch in seinen Grundzügen den *sensus fidelium* bestimmte.

In der Liturgie wird dieses Phänomen greifbar und zugleich deutlicher nachvollziehbar. Das Christentum ist wie das Judentum in besonderer Weise eine anamnetische Religion. Die relative liturgische Einheit schon der frühen Gemeinden liegt in der organisatorischen und identitätsspendenden Kraft der Erinnerung begründet. Jesu Praxis – die seiner Mahlfeiern, seiner für „sakramentale" Anknüpfungen offenen Zeichenhandlungen – bot Anhaltspunkte für eine gottesdienstliche Aufnahme und Vergegenwärtigung. Mit den jüdischen Liturgien gab es eine auf Jesus selbst verweisende und in der Gegenwart noch lebendige Folie für die frühen christlichen Gottesdienste. Darüber hinaus waren sie durch apostolische Tradition verbürgt.

Diese Traditionen waren freilich jeweils ortsangepaßt und von daher auch variabel. Die langanhaltende Vielfalt der Liturgiesprachen bezeugt dies. Aber auch in theologischen Grundlagenfragen belegen unterschiedliche liturgische Überlieferungen eine selbstbewußte Pluralität bis in die Zeit hinein, in der sich das Christentum als römische Staatsreligion straffer vereinheitlichte. So kam es zwischen dem Katharger Cyprian und dem römischen Bischof Stephan zum Ketzertaufstreit. Die abweichenden Konzepte, die mit der Taufe verbunden waren, führten zu scharfen Auseinandersetzungen und dem zeitweiligen Abbruch der Communio. Der theologische Erklärungsbedarf in offenen Fragen wird hier ebenso deutlich wie das selbständige Beharren auf der eigenen Tradition, die mit der Taufe einen wesentlichen Baustein des kirchlichen Christseins betrifft. Nicht zufällig kam es an diesem besonders sensiblen Schmelzpunkt von Theologie und liturgisch gelebter Identität zur Konfrontation.

Gerade bei der Taufe begegnen in der alten Christenheit vielfältige Riten – jedoch im Westen bei einem schon bald recht festen Kernbestand. Zur Zeit Tertullians ist "ein vollständiges Taufritual zur Ausbildung gekommen, das mehrere Komponenten umfaßt: es ist die Rede von einem Tauchbad in fließendem Wasser (mit Übergießen oder Untertauchen), von einer Handauflegung, von Salbung und Bekreuzigung."[59]

In Rom liegen die Dinge bei einer hohen Ähnlichkeit an einem wesentlichen Punkt anders, der im Konflikt Folgen hat:

"Für Cyprian stellt die Taufhandlung Vergebung der Sünden, Mitteilung des Geistes und Bekenntnis zu der einen Kirche (*Ep.* 69,2) in einem dar. Die Kirche Roms dagegen scheint diese Einheit nicht so sehr betont zu haben; das reinigende Bad und die geistspendende Handauflegung konnten auseinandergenommen werden (Cyprian, *Ep.* 73...)".[60]

An der liturgischen Tradition machen sich Theologie und kirchliche Identität fest. Die unterschiedlichen liturgischen Akzente bestätigen einen theologischen Pluralismus, der ekklesiologisches Selbstbewußtsein der verschiedenen Lokalkirchen einschließt.

Ähnliches wird am Osterfeststreit sichtbar. Es ist Viktor von Rom, der gegen nach Rom gekommene Quartodecimaner den eigenen Brauch durchzusetzen versucht, und zwar für die ganze Kirche. Bis auf die Provinz Asia übernehmen alle Synoden den dominikalen Brauch, woraufhin Viktor die kleinasiatische Kirche exkommuniziert.

"Es ist dies der erste bekannte Fall einer gesamtkirchlichen Initiative eines Bischofs von Rom und möglicherweise auch der Beginn des Synoden-Instituts."[61]

Der Bruch war nicht endgültig – aber hier wird erneut im liturgischen Bereich ein ekklesiologisch brisanter Streit entzündet. Die Gemeinsamkeiten und die Unterschiede in der Liturgie machen ein spannungsvolles Konzept von christlich-kirchlicher Identität sichtbar. Und es ist bezeichnend, daß gerade Viktor diesen Konflikt so energisch betreibt – er hat sich auf die gleiche Weise in Rom selbst durchgesetzt und scheint also mit besonderen Autoritätsansprüchen an einem Einheitsmodell der Kirche gearbeitet zu haben.[62]

Es ist um diese Zeit, daß sich Vereinheitlichungstendenzen theologisch, liturgisch und in der Kirchenverwaltung durchzusetzen beginnen. Für die Liturgie belegt diese Entwicklungstendenz die *traditio apostolica* Hippolyts.

"Wahrscheinlich war Hippolyts Schrift das erste Buch, das nicht nur das jeweils zu paraphrasierende Gebetsthema bot, sondern Muster fertiger liturgischer Formeln. Wenn diese Annahme zutrifft, dann war mit Hippolyts Buch eine entscheidende Wendung in der Geschichte der Liturgie erreicht: die Zeit des Übergewichts charismatischer, vom Heiligen Geist inspirierter Liturgien ging zu

---

[59] H. A. J. Wegmann, Geschichte der Liturgie im Westen und Osten, Regensburg 1979, 38.– Vgl. ders., Liturgie in der Geschichte des Christentums, Regensburg 1994, 79-84.
[60] K. S. Frank, Lehrbuch der Alten Kirche, Paderborn u.a. 1996, 120.
[61] K. Schatz, Der päpstliche Primat. Seine Geschichte von den Ursprüngen bis zur Gegenwart, Würzburg 1990, 25.
[62] Vgl. das Kapitel 1.1.3.– Ebd. (Anm. 36) das Zitat aus P. Lampe, Die stadtrömischen Christen, 324.

> Ende... Es begann jetzt die Ära der mehr oder weniger fertigen Formen und Formulare, damit aber auch die Ära der festgeprägten Liturgieordnungen und der wachsenden Uniformierung. Die lokale Vielfalt wich allmählich der Einheitlichkeit innerhalb größerer Räume."[63]

Einheit wurde nun in einem anderen Modus gedacht und hergestellt – entschlossener noch seit der Konstantinischen Wende und ab 380. Die strukturellen Übereinstimmungen in der gemeinsamen Feier des Sonntags statt des Sabbats und innerhalb der Eucharistiefeier, wie sie in den Zeugnissen von Justin, Tertullian, Cyprian und eben Hippolyt schon sehr weit fortgeschritten waren, werden fortan zum Angelpunkt christlicher Identität an ihrem für jedes Gemeindemitglied spürbarsten Ort. Daß damit noch lange nicht die Durchsetzung z.B. des römischen Formulars in der westlichen Kirche erreicht ist, darf nicht darüber hinwegtäuschen, daß das entsprechende Bestreben einer theologisch-kirchlichen Identitätslogik jetzt den entscheidenden Schub erhält. Und es ist aufschlußreich, daß der Trend mit Hippolyt und Viktor in den vorgegebenen Fällen von Rom ausgeht.

1.2.2.2 Amt

Die Kirche ist nach dem Zeugnis des NT auf Einheit hin angelegt. Zumal die johanneischen Schriften fordern sie theologisch aus der Beziehung des Vaters zum Sohn und als Ausdruck der Liebe, die nur so glaubwürdig wird (Joh 17,21). Diese Einheit drückt sich grundlegend im verbindenden Glaubensbekenntnis bzw. der allgemeinen *regula fidei* aus und hat ihren Sitz im Leben in der Liturgie. Nur in Gemeinschaft ist Glaube möglich.

> „Ihre greifbare Gestalt erhält diese Koinonia zunächst in der eucharistiefeiernden *Ortskirche*, die sich mit ihrem Bischof um den Altar versammelt. Der Bischof als Vorsteher der Eucharistiefeier gilt seit dem 2. Jhd. als ein wesentliches, unverzichtbares Element der ortskirchlich-eucharistischen Communio und ihrer Einheit."[64]

Für das in der Liturgie lebendige Glaubensbewußtsein und die Wahrnehmung christlicher Identität übernimmt der Bischof von daher eine besondere Aufgabe. Das Amt erscheint als Identitätsgarant.

Der Weg dorthin verläuft zwar überraschend schnell, denn bereits Mitte des 2. Jh. ist das dreistufige Amt grundsätzlich vorhanden. Aber es läßt sich nicht linear aus dem NT ableiten, „da es im Neuen Testament keine auf *einen* Begriff zu bringende Amtsordnung und Amtstheologie gibt."[65] Unterschiedliche Gemeindemodelle bedingen im NT auch verschiedene Konzepte von Leitung und Funktionen innerhalb der Gemeinde. Die missionarischen Kontexte zwingen zu Variationen, Neuschaffungen und der Verabschiedung überkommener Konzepte.

---

[63] T. Klauser, Kleine Abendländische Liturgiegeschichte, Bonn 1965, 17.– Vgl. J. F. White, A Brief History of Christian Worship, Nashville 1993, 42f.
[64] M. Kehl, Die Kirche, 323.
[65] G. Greshake, Priestersein. Zur Theologie und Spiritualität des priesterlichen Amtes, Freiburg u.a. ³1983, 53.

1. Das theologische Problem der Identität 257

„Die synoptischen Evangelien spiegeln in ihrem Bereich einen Ablösungsprozeß großen Stils. Die ältere Zwölferkonzeption wird ersetzt durch ein weit offeneres und in vielen Punkten für unsere Vorstellungen humaneres Modell von Jüngerschaft."[66]

Die ältere Entwicklungsstufe läßt sich als Repräsentationsmodell kennzeichnen. „Ungebrochene Repräsentanz zeigt sich in der Konzeption der stellvertretenden Affiziertheit („Wer euch etwas tut, tut es mir, wer es mir tut, der tut es Gott, der mich gesandt hat")".[67] Der von Jesus Beauftragte steht für ihn selbst – hier wird das Paradigma der Identität für die ersten Ansätze zu einer Herausbildung gemeindlicher Dienste eingesetzt. Seine spätere synoptische Ablösung zeigt die Abfolge und z. T. das Nebeneinander disharmonischer Gemeindevorstellungen. Dabei kommt es zu offener Machtkritik, etwa im Mk-Evangelium:

„Die Mitglieder des Zwölferkreises inklusive Petrus werden äußerst kritisch dargestellt, insbesondere was ihr Rangstreben untereinander und die mangelnde Treue des Petrus betrifft. Ihr Repräsentationsverständnis scheitert daher an menschlichen Unzulänglichkeiten."[68]

Es ist genau dieses kritisierte Identitätsmodell, das in einer späteren Phase zur Begründung des Amtes – besonders des Bischofsamtes als dem Konvergenzpunkt amtlicher Vollmachten – neu aktiviert wird. Ansätze finden sich bereits in 1 Klem 42,1ff. / 44,1, wo das apostolische Amt durch ungebrochene Sukzession von Jesus auf die Apostel und von ihnen auf ihre Nachfolger übergeht. Die Handauflegung konzentriert als Zeichen das personale Identitätsprinzip im Augenblick seines Übergangs in die institutionelle Form.[69]

Noch deutlicher wird es in der Begründung des Monepiskopats – wenngleich sich die Entstehungsgründe historisch nicht mehr vollständig klären lassen.[70]

„Seit Mitte des 2. Jahrhunderts hatte sich der Monepiskopat allerorts in den christlichen Gemeinden durchgesetzt, und in der Folgezeit konturiert sich die Gestalt des Bischofs im Vollzug der Gemeindeleitung immer mehr. Als Vorsteher der eucharistischen Feier und Träger der kirchlichen Bußgewalt rückte er an die Spitze der jeweiligen Ortsgemeinde, ausgestattet mit einer Machtfülle, die ihn nach Auskunft der Didaskalie (2. Hälfte des 3. Jahrhunderts) geradezu zum Stellvertreter Gottes macht. Das Selbstverständnis und das persönliche Auftreten einzelner Bischöfe verstärkten diese herrschaftlichen Züge, wobei durch die Übernahme römischer Rechtsbegriffe eine Art magistratischer Stellung gezeichnet wird."[71]

---

[66] K. Berger, Theologiegeschichte des Urchristentums, 587.
[67] Ebd., 585.
[68] Ebd., 634.
[69] Zur Diskussion um die Bedeutung der Handauflegung als konstitutives Moment der Amtsübergabe vgl. G. Greshake, Priestersein, 55-59.
[70] Vgl. E. Dassmann, Entstehung und theologische Begründung der kirchlichen Ämter in der frühen Kirche. Ein zusammenfassendes Schlußwort, in: ders., Ämter und Dienste in den frühchristlichen Gemeinden, Bonn 1994, 225-233; besonders 229f.– G. Schöllgen, Monepiskopat und monarchischer Episkopat, in: ZNW (1986) 146-151.
[71] P. Stockmeier, Kirche unter den Herausforderungen der Geschichte, 135.

Für Ernst Dassmann ist der Monepiskopat „nicht das Ergebnis pastoraler Notwendigkeiten (Kampf gegen die Häresien; Reinerhaltung der Lehre) oder soziologischer Beeinflussung (Ämter- und Leitungsstrukturen in der profanen oder religiösen Umwelt), sondern die Konsequenz theologischer Einsichten."[72] Bei Ignatius von Antiochien wird deutlich, daß der Bischof in typologischer Interpretation letztlich für Gottvater steht und ihn personal repräsentiert. Die noch unausgebildete Trinitätstheologie läßt dies theologisch zu; nachnizänisch wäre eine solche theologische Begründung nicht mehr möglich gewesen. Von daher schließt Dassmann auf den theologischen Ursprung des Monepiskopats.[73] Indes machen verschiedene, auch von Dassmann herangezogene Ignatius-Stellen deutlich, daß die Einheit der Gemeinde jeweils im Zusammenhang mit dem Einzelbischof thematisiert wird:

> „Tut nichts ohne den Bischof, bewahrt euer Fleisch als Tempel Gottes, habt die Einheit lieb und meidet Spaltungen; werdet Nachahmer Jesu Christi, so wie er Nachahmer seines Vaters ist!"[74]

Einheit wird zum Gebot, weil es nur einen Gott gibt; und ihn vertritt der Bischof. Einheit aber wird fraglich, wo sie durch unterschiedliche Gruppen und Theologien bedroht ist. Es erscheint naheliegender, Einheitstheologie und -funktion zusammenzufassen. Theologisch lag eine Begründungsstrategie bereit, die es erlaubte, den auch funktional sinnvollen Monepiskopat einzurichten. Der multikausale Zusammenhang hat überdies für sich, daß der Monepiskopat von Anfang an mit konkreten Funktionen verbunden war und nicht eine bloße Ehrenstellung erhielt, die in typologischer Vermittlung auch hätte möglich sein können. Von daher können antihäretische Motive, bereitliegende politische Funktionsentsprechungen und praktische Erfolgsaussichten in konkreten Entscheidungskonflikten, dazu eine bessere Kommunikationsbasis für wachsende zwischengemeindliche Kontakte im Zuge einer ohnehin einsetzenden kirchlichen Institutionalisierung auf die Einrichtung eines Monepiskopats (mit zunehmend monarchischen Zügen) eingewirkt haben. Eine entsprechende Ämterstruktur lag bereits in den kommunalen Verwaltungen vor – der Übergang des Christentums vom Land zur Stadt legte es nahe, hier organisatorisch zu profitieren.[75] Zudem bot sich eine überaus plausible theologische Begründung an, die ebenso reflexiv nachträglich wirksam werden wie auch bereits im Konstitutionsprozeß ein leitendes Motiv darstellen konnte.

Was am Beispiel des Monepiskopats gezeigt wurde, gilt für die Ämter grundsätzlich. Die zügige Ausbildung des dreistufigen Amtes ist im Zusammenhang der fortschreitenden Institutionalisierung der Kirche zu sehen:

---

[72] E. Dassmann, Zur Entstehung des Monepiskopats, in: ders., Ämter und Dienste in den frühchristlichen Gemeinden, 49-73; hier: 70.
[73] Zu unterscheiden von einer monarchischen Amtsausübung.
[74] Philad. 7,2; vgl. Magn. 6,1.
[75] Vgl. C. Markschies, Zwischen den Welten wandern. Strukturen des Christentums, Frankfurt a.M. 1997, 212.

1. Das theologische Problem der Identität 259

„Die Entwicklung zu rechtlich geschützten Ämtern war konsequent und notwendig. Der Tod der Apostel und derer, die die Apostel noch gekannt hatten, Parusieverzögerung, missionarische Expansion und drohende Häresien verlangten nach einer handlungsfähigen und zugleich kontrollierbaren Gemeindeleitung."[76]

In jedem Fall läßt sich das kirchliche Amt und vorweg der Bischof als zentraler christlicher Identitätsfunktor begreifen. Personales und institutionelles Paradigma überschneiden sich in seinem Amt. Seine Befugnisse umgreifen das gesamte christliche Leben, theologisch und organisatorisch, schließlich in der Liturgie am sichtbarsten in zentraler Funktion. Dieses Modell hat ntl. Anknüpfungspunkte, ist aber situationsbezogen geschaffen worden und konnte sich nur halten, weil es sich – gerade in den Zeiten der Verfolgungen und der Glaubenskämpfe – bewährte. Daß das identitätslogische Repräsentationsmodell auch ntl. kritisiert wurde, macht es nicht einfachhin fraglos und selbstverständlich. Es bleibt in der Spannung von Identität und Nicht-Identität, die das Evangelium geschichtlich bleibend für die Kirche einschließt, indem es sie an Jesus selbst mißt.[77]

„Dem Geist Jesu aber entspricht das kirchliche Amt, solange es nicht auf Macht und Wissen gründet, sondern als Dienst, als *diakonia* begriffen und gelebt wird. Das ist in der Tat die einzige, aber auch die unaufgebbare und nie revidierbare Forderung, die vom Neuen Testament an jedes kirchliche Amt gestellt wird, soll es so bleiben, wie Jesus es gewollt hat."[78]

1.2.2.3 Synoden und Konzilien

Der Weg der Kirche von einzelnen Gemeinden und auch regelrechten Christentümern hin zu einer Großkirche verläuft nicht linear und erreicht einen ersten Abschluß mit der Konstantinischen Wende und der folgenden Installierung des Christentums als Staatsreligion. Die bereits deutlich erkennbare Tendenz zur kirchlichen Vereinheitlichung in Lehre und Organisation wird noch einmal vom staatlichen Interesse forciert.

Das Konzil von Nikaia markiert zwischen den genannten Eckdaten den Einschnitt am deutlichsten. Das Konzil ist ein Höhepunkt in der Identitätsfindung der Großkirche, so wenig das Konzil selbst bereits ein klares Bewußtsein davon hatte. Dies entspricht auch der fehlenden theologischen Klarheit über den Status des Konzils selbst.[79]

Dabei hatte das Nizänum als Kirchenversammlung durchaus seine lokalkirchlichen Vorläufer mit einem hohen Selbstbewußtsein hinsichtlich der Regelungskraft solcher Synoden. Wenn sich im 4. Jh. eine nach Metropolitansitzen geordnete Großkirche vorfindet, so hat das Synodalinstitut daran

---

[76] E. Dassmann, Entstehung und theologische Begründung der kirchlichen Ämter in der frühen Kirche, 228.
[77] Vgl. das große Schuldbekenntnis Johannes Paul II. zu Beginn der Fastenzeit des Jahres 2000.
[78] E. Dassmann, Sind die kirchlichen Ämter so, wie Jesus sie gewollt hat?, in: ders., Ämter und Dienste in den frühchristlichen Gemeinden, 22-33; hier: 27. (Unterstreichung im Original griechisch.)
[79] Vgl. H. J. Sieben, Die Konzilsidee der Alten Kirche, Paderborn u.a. 1979, 198-207.

entscheidenden Anteil. Es selbst hängt mit der Missionspraxis der frühesten Christenheit zusammen. Bereits die paulinischen Missionsreisen zeigen, daß über bedeutende Städte christliche Kristallisationspunkte geschaffen werden sollten, die in die Provinzen ausstrahlen konnten. So wurden nicht selten Provinzhauptstädte zum Ausgangspunkt von Gemeindegründungen, die Kontakt zur Mutterkirche hielten. Das mußte theologische wie organisatorische Fragen betreffen, und für innergemeindliche Konflikte bot sich gleichfalls die Mutter- und Hauptstadtgemeinde als Anlaufpunkt an. Bei Problemen von übergemeindlichem Interesse konnten Regelungen nötig werden, die mehrere Gemeinden betrafen, zumal sie in einer Provinz schon rein verwaltungstechnisch und wirtschaftlich Kontakt hatten. Beratungen auf dieser Ebene boten sich an. „In diesem Zusammenschluß fiel dem Bischof der Mutterkirche naturgemäß eine gewisse Führungsrolle zu, die sich seit dem 4. Jh. in dem Titel eines Metropoliten ausdrückt."[80]

Die abgehaltenen Synoden dokumentieren das schon in den Anfängen spürbare Bewußtsein, daß die Einheit der Christen ein Konstitutivum des eigenen Glaubens sei. Die Synoden sind Ausdruck dessen, zugleich aber ein wesentlicher Faktor für die Bildung einer christlichen Ökumene mit einheitlichem Glauben. Sie werden abgehalten, als einerseits die Institutionalisierungstendenz des Christentums deutlicher wird, andererseits die Außenherausforderungen diesen Prozeß zusätzlich motivieren. Im Sinne einer Entwicklungslogik verstärken sich beide Momente gegenseitig.

Bereits das Judentum kannte synodale Einrichtungen, wenngleich nicht die Institution im späteren kirchlichen Sinn. Aber „im weiteren Sinn kann man im Judentum der Zeit Jesu und des Neuen Testaments synodale Elemente feststellen: religiöse Fragen wurden gemeinschaftlich durch Gremien entschieden, die sich als Vertretung des ganzen Gottesvolkes verstanden."[81] Und christlich bot das sogenannte Apostelkonzil (Gal 2,1-10; Apg 15,1-33) Anknüpfungsmöglichkeiten. Auch diese Zusammenkunft stellt jedoch noch keine eigentliche Synode dar. Nur zwei, wenn auch die dominierenden Kirchen waren mit Jerusalem und Antiochien vertreten. Es gab keine formelle Einberufung, keine Leitung und also, zu dieser Zeit kaum verwunderlich, noch kein ausgebildetes Bewußtsein von einem regulären kirchlichen Institut. Immerhin kam den Entscheidungen von Jerusalem in einem zentralen Problem und in einer ernsthaften Krise eine ökumenisch tragende Bedeutung zu. An der Lösung hatten die wichtigsten Protagonisten mitgewirkt, und den Kompromiß trugen sie offensichtlich einstimmig. Von daher läßt sich das Apostelkonzil „als präsynodaler Vorgang"[82] interpretieren, wobei nachher für hundert Jahre von weiteren Synoden nichts mehr berichtet wird.

---

[80] K. Baus, Von der Urgemeinde zur frühchristlichen Großkirche (HKG I), Freiburg u.a. 1985, 397.
[81] G. Stemberger, Stammt das synodale Element der Kirche aus der Synagoge?, in: W. Brandmüller (Hrsg.), Synodale Strukturen der Kirche. Entwicklung und Probleme, Donauwörth 1977, 7-26; hier: 20.
[82] J. A. Fischer, Die ersten Synoden, in: W. Brandmüller (Hrsg.), Synodale Strukturen der Kirche, 27-60; hier: 27.– Zum Apostelkonzil vgl. ebd., 27-33.

Die kirchliche *Communio* wurde in der Zwischenzeit durch persönliche Kontakte unterhalten: durch Boten und Briefe, besonders durch die „Friedensbriefe" als Beglaubigungsschreiben und kirchlicher Ausweis von Rechtgläubigkeit und kirchlicher Zuverlässigkeit, schließlich verstärkt durch die Bischöfe, zumal nach der Schaffung des Monepiskopats. Im Bischof wird Einheit fokussiert: Bischofslisten werden erstellt und ausgetauscht, Konsekrationsgemeinschaften schaffen eine erste Form bischöflicher Kollegialität. Das so konturierte Bischofsamt ist eine der Grundvoraussetzungen dafür, daß in übergeordneten Problemfällen verläßliche und für die einzelnen Gemeinden auch verbindliche Entscheidungsträger zur Verfügung stehen, ohne die eine gemeinsame Regelung für die Gemeinden bzw. die sich herausbildenden Kirchenprovinzen kaum möglich gewesen wäre.

Dabei hatten die Synoden allerdings auch einen gleichsam bischofskritischen Zug. Denn gerade unter dieser ihrer Ermöglichungsbedingung war die Synode

> „äußerst wichtig als Gegengewicht gegen eine zu autokratische Gewalt des einzelnen Bischofs. Ein solches Korrektiv war notwendig, nachdem sich die Autorität des Einzelbischofs (der >monarchische Episkopat<) im 2. Jahrhundert durchgesetzt hatte; denn eine höhere Instanz, an die man sich beschwerdeführend wenden konnte, gab es noch nicht. Auch Presbyter, Diakone, ja Laien konnten an die Synode appellieren, wenn sie Klagen gegen ihren Bischof hatten. Bischöfe konnten in der Synode zur Verantwortung gezogen, ja im äußersten Fall sogar abgesetzt werden."[83]

Die ersten Synoden wurden am Ende des 2. Jh. abgehalten, wobei sich nicht mehr klären läßt, ob sie im Zuge der montanistischen Auseinandersetzungen oder aufgrund des Osterfeststreits zustande kamen. In beiden Fällen kommt es zu Abbrüchen der Kirchengemeinschaft; und beide stellen nur bedingt Lösungen dar. Der Montanismus wird zu einem eigenen Christentum, wobei großkirchlich ein ethischer Rigorismus vermieden wird, der das weitere missionarische Wachstum nahezu ausgeschlossen hätte. Ein wichtiger kritischer Impuls ging für die Kirche verloren – und damit u.a. auch ein so bedeutender theologischer Kopf wie Tertullian. Identitätsgewinn und kirchlicher Verlust einer bestimmten theologisch-spirituellen Intuition gehen von Anfang an Hand in Hand. Und auch hinsichtlich des Osterfeststreits kommt es zu einer Entscheidung, die sich zwar auf lange Sicht durchsetzt und in breiten Teilen bereits akzeptiert wurde, inhaltlich aber keine Klärung brachte. Die Exkommunikation der kleinasiatischen Quartodezimaner wurde mit einer Rigorosität durch den römischen Bischof Viktor betrieben, die Proteste auslöste. Die Entscheidung wurde dann auch entweder von Viktor selbst oder seinem Nachfolger korrigiert. In diesem Zusammenhang machte die Kritik Irenäus' von Lyon deutlich, daß gerade das Interesse an kirchlicher Einheit ein Bewußtsein für Differenzen einschließen sollte, solange christliche Identität nicht zu zerbrechen droht. Im vorliegenden Problemfall, der eine unterschiedliche Fastenpraxis einschloß und damit den besonderen Widerstand

---
[83] K. Schatz, Allgemeine Konzilien, 23.

Viktors provoziert hatte, gilt gleichsam prinzipientheoretisch, daß „die Verschiedenheit im Fasten die Einheit im Glauben erweist."[84]

Im Synodeninstitut repräsentiert sich die Identität der Großkirche und wird nach den Erfordernissen der Zeit immer wieder neu formuliert. Die regionalen Synoden erlauben dann in der Zeit des christlichen Kaisertums, ökumenische Synoden zu veranstalten, die in ihrem Anspruch, die apostolische Überlieferung zu bewahren, zugleich ein selbstgesetztes Kriterium der kirchlichen Communio bereitstellen. Im Konzil wird zumindest der Intention nach Identität des Christlichen im universalen Horizont hergestellt. Diese Identität funktioniert verbindlich durch die avisierte Kontinuität mit den Anfängen und durch die virtuelle Verbindung aller Christen im Konzil, das zugleich für die Reichseinheit Verantwortung mitübernimmt und durch den Staat unterstützt wird.

Diese Konstellation beschreibt den Höhepunkt kirchlicher Identitätslogik für die Alte Kirche. Nikaia wird zum Ernstfall einer theologischen Hermeneutik, die die Einheit theoretisch wie praktisch will und mit einer Macht kooperiert, die erhebliche Differenzen zum Evangelium aufweist.

1.3 Paradigmatik

„Jeder redet von der Einheit, aber jeder versteht diese Einheit anders. In Wirklichkeit gibt es eine richtige und christliche Auffassung von der Einheit, und diese schließt die legitime Verschiedenheit ein, und es gibt eine ungenaue Auffassung von der Einheit, und diese behindert die legitime Verschiedenheit oder schließt sie aus. Man muß zunächst darüber Klarheit schaffen, worin die wahrhaft katholische Auffassung von der Einheit besteht. Sie besagt ganz gewiß nicht möglichst große Vereinheitlichung und auch nicht Konzentration von allem im Zentrum. Zu ihrem Wesen gehört eine Verschiedenheit, die viel tiefer reicht als gewisse oberflächliche, uns geläufige Unterschiede; sie greift in die Bereiche der Spiritualität, der Liturgie, der Theologie, des Kirchenrechts und der Seelsorge hinein. Allein die Tatsache, daß sich im Schoß der einzigen katholischen Kirche Ortskirchen mit ihrer reichen Mannigfaltigkeit vorfinden, müßte genügen, uns daran zu erinnern. Ich glaube, der Knotenpunkt der Kontroverse liegt hier."[85]

Die genannte Kontroverse ist eine, die sich gleichsam als Strukturgesetz der Kirchengeschichte begreifen läßt. Das zitierte Plädoyer für eine kirchliche Kultur der Verschiedenheit und der Differenzen in einem Bewußtsein kirchlicher Einheit stammt aus einem Interview von Josef Leo Kardinal Suenens. Es dokumentiert die grundlegende Relevanz jenes Problems, das sich

---

[84] Eusebius, Kirchengeschichte V 24,13.
[85] Kardinal Suenens, Interview mit *Informations Catholiques Internationales* (15.5.69), in: J. de Broucker, Das Dossier Suenens. Diagnose einer Krise, Graz u.a. 1970, 20-63; hier: 24.

im Paradigma der Alten Kirche auftat. Die Frage nach der Identität wird von Suenens unter den Vorzeichen von Einheit und Verschiedenheit bezeichnenderweise in einer nachkonziliaren Krisensituation angesprochen. Die Enzyklika *Humanae vitae* hatte die Aufbruchstimmung im Katholizismus schockartig paralysiert. Es ist charakteristisch, daß in einer Phase kirchlicher Identitätsfindung dieses Problem in den Mittelpunkt des Interesses rückt. Der gesuchte Anschluß an die Moderne ohne die Preisgabe der christlichen Identität führte zu Unsicherheiten, die nach dem Eröffnen neuer kirchlich-theologischer Spielräume, nach der Betonung eines legitimen ortskirchlichen Pluralismus seitens des Heiligen Stuhls eine neue Kanalisierung im Sinne der römischen Zentrale angebracht erscheinen ließ.

Es ist genau diese Konstellation, die im Rückblick das altkirchliche Paradigma der Identität aufschlußreich macht. Die Bedeutung der damals gewonnenen institutionellen Identität liegt in der gewählten Perspektive und der zugrundeliegenden Logik, die – vielleicht mit der großen Ausnahme des Konziliarismus – katholisch kirchenbestimmend wurde und es bis zum 2. Vatikanischen Konzil blieb. Einige der hermeneutischen Strukturen und Prozesse sind im Sinne einer fundamentaltheologischen Paradigmatik hier noch einmal zu bündeln, ehe das Problem der Moderne und dann der theologischen Wahrnehmung der PostModerne auf den gegenwärtigen Problemstand führt.

1.3.1 Kritische Hermeneutik des Anfangs

Nach Robert A. Markus befand sich das Christentum des 4. Jh. in einer tiefen Identitätskrise. Der dramatische Wandel nach der Konstantinischen Wende verursachte Unsicherheiten hinsichtlich der Grundfrage, was es bedeute, ein Christ zu sein.

> „Mass-christianisation of Roman society from the highest level down was depriving Christians of a clearly felt und easily discernible identity in their society."[86]

Ein Lösungsversuch bestand im Aufkommen einer asketischen Unterscheidungskultur, die jedoch zugleich ein Unbehagen gegenüber einer elitären Kirchlichkeit auslöste. Unsicherheit wurde zusehends zum Emblem dieser Epoche: die Eroberung Roms ist nur die Gipfelerfahrung. Für die Kirche waren die vergangenen Jahrzehnte eine Phase fortwährender und rasanter Veränderungen gewesen: nach den Verfolgungen die unerwartete Toleranz, schließlich die konstantinische Privilegierung, die wieder ein anderes Gesicht bekam, als sich der Kaiser in den innerkirchlichen Auseinandersetzungen proarianisch gerierte; die pagane Restauration des Julian Apostata, das Ende des Arianismus, endlich die Erhebung des Christentums zur Staatsreligion. Angesichts dieser Unzuverlässigkeit der Außenwelt mußte das Bedürf-

---

[86] R. A. Markus, The End of Ancient Christianity, Cambridge 1990, 31.– Vgl. das gesamte Kapitel: „The crisis of identity, 19-83.

nis nach einer klaren christlichen Identität um so stärker wirken. Doch auch hier gab es Brüche: im theoretischen System, wie es die christologischen Streitigkeiten zeigten, aber auch in den verschiedenen schismatischen Kämpfen. Und die Erinnerung an die Zeit der Glaubensabfälle mußte zumindest in der Weise nachwirken, daß der neue Massenzustrom irritierte.

In dieser Krisensituation kristallisierte sich im Westen Rom als Identitätsgarant, der zugleich maßgeblich daran mitwirkte, im christologischen Kernbereich dogmatische Sicherheit zu erhalten. Die verbindliche Lehre wurde zum zentralen Anliegen. Dieses Bedürfnis entspricht dem theoretischen Vorgang, den Hans Blumenberg als *Distanzierung der Wirklichkeit* beschrieben hat. In Identitätskrisen wird der Rückzug auf sicheres Wissen zum Überlebenspostulat. Und genau in dieser Situation konnte sich der eingeschlagene Weg hin zu einem distinkten Identitätsprofil nur konsequent weitergehen lassen. So wurde christologisch die metaphorische Vielfalt zugunsten der dogmatischen Formel sukzessiv zurückgedrängt, weil sie in der Gefahr stand, einerseits neue Probleme aufzuwerfen, andererseits aus dem abgesteckten Terrain der Orthodoxie zu fallen. Die notwendige perspektivische Seitenlastigkeit von Metaphern, ihre unausgewogene christologische Auswuchtung war zu brisant. Statt kontingenzbewußter Sensibilität für Abweichungen und Stile erfolgte die Absicherung des Systems von dem Augenblick an, da sich das Nizänum als Basisformel zu bewähren begann. Folgerichtig wurde noch in Chalkedon nur unter dem Druck der kaiserlichen Macht nach einer neuen Formel gesucht.

Die Entwicklung dieser definiten Identität eines großkirchlichen Christentums vollzog sich streng kontextgebunden, also extern mitbestimmt, bewies aber zugleich eine hohe theologische Konsequenz und innere Logik. Die Theologie wurde zu einer Möglichkeit, im Ausweis des Eigenen jeweils die Macht des Faktischen zu legitimieren, wobei sie gleichermaßen machtanfällig erschien *und* sich *auch* immer wieder der staatlichen Macht zu widersetzen verstand, wenn ihre Glaubensidentität bedroht war. Dazu konnte sie sich auf ihre Überlieferung verlassen – diese bildete ein zunächst offenes Kriterium, das mit den konziliaren Definitionen immer sicherer einsetzbar wurde. Die Entscheidungen breit rezipierter Synoden wurden nicht mehr kassiert. Eine klare Verwaltung der Kirche, die Unterstützung durch den Staat und die Fixierung des *depositum fidei* schufen ein Identitätsgerüst, das alle Möglichkeiten bot, in der Folgezeit noch feingliedriger ausgebaut zu werden.

Im Zusammenschnitt erscheinen folgende Faktoren christlicher Identitätsbildung in der Alten Kirche von besonderem Gewicht:

- zentrale Krisenerfahrungen: Parusieverzögerung, Verlust der Augenzeugen, staatliche Repression, Abfall in Verfolgungszeiten, Häresien, Massenzustrom nach Konstantinischer Wende, Unzuverlässigkeit dieser Welt (wechselhafte Geschichte, Fall Roms, Völkerwanderung);
- Verlassen des exklusiv judenchristlichen Binnenraums und Gewinn eines heidenchristlichen Profils bis zum kulturellen Verschmelzen;

1. Das theologische Problem der Identität 265

- gemeindliche Abgrenzung in den Anfängen von der Synagoge und vom Staat;
- Herausfilterung christlicher Charakteristika in vielfältigen Inkulturationsprozessen: theologisch, liturgisch, organisatorisch;
- innerchristliche Ausgrenzung von Häresien;
- Reflexion von apostolischer Authentizität mittels Verschriftlichung von Tradition;
- Kanon als dessen erste Endstufe;
- Regula fidei als verbindliches und in Problemzonen zugleich noch unscharfes traditionales Vergewisserungskriterium sowie als kanonische Norm (selbstverstärkender Regelkreislauf);
- Überwindung der ursprünglich zahlreichen Experimente in der theologischen Aussage eines einzigartigen Geschehens;
- Zuwachs an reicheren Mitgliedern als Intellektualisierungsschub in einer ursprünglich armen Gemeinde: gesteigertes theologisches Anforderungsprofil von den Apologeten bis Mitte des 4. Jh.;
- Produktion ausgereifterer, konsequenzenbewußterer inhaltlicher Modelle (vor allem in der Christologie: Präexistenzgrammatik) aufgrund des theologischen Klärungsdrucks der Heilsbedeutsamkeit Jesu Christi;
- Herausbildung stabiler Aussageformen in Liturgie und Katechese;
- Ämterbildung;
- Entstehen des Monepiskopats;
- systemlogische Tendenz zur institutionellen Durchformung der Kirche (Hierarchisierung, Kompetenzenklärung, Schaffen von größeren Kirchen z.B. in Provinzen; spätere Metropolitankirchen);
- Synoden als Krisenmanagement;
- politischer Bedarf an vereinheitlichter Staatsreligion;
- Sicherheit in der Lehre als Antidot in Identitätskrise(n): Überbrückung des trennenden historischen Abstands von der Ursprungserfahrung;
- analog: Ansätze einer konziliaren Theologie des Heiligen Geistes; Festschreibung der Geistpräsenz im Konzil; letzte Ablösungsform des charismatischen Prinzips;
- darin dokumentiert: zunehmender Übergang vom personalen zum institutionellen Identitätsprinzip, mit neuen Mustern ihrer Kombination (Bischof, Sukzession, später: Papst);
- Ansätze kirchlicher Machtpolitik (Viktor);
- logozentrische Wende in der Übernahme hellenistischer Theoriebausteine zur Klärung theologischer Schwierigkeiten;
- Ausschalten von Differenzmilieus (z.B. Montanisten).

Diese Tendenzen konnten nebeneinander existieren und gemeinsam auf die Produktion des christlichen Identitätsparadigmas einwirken. Daß es weiterhin ein hohes Maß an lokalkirchlichem Eigenprofil gab, belegen nicht zuletzt die verschiedenen Liturgien, aber auch immer wieder theologische Neuansätze. Dennoch hatte die Alte Kirche sich von einer sehr breiten Vielfalt ihres Denkens und Lebens hin zu einem sehr klar umrissenen Profil entwickelt.

Vielleicht konnte das Christentum nur so überleben und missionarisch wirksam werden. Es geht hier nicht um eine Bewertung (etwa im Sinne Harnacks gar), sondern um die Nachzeichnung eines Prozesses, der sich nicht linear, aber doch geschichtsmächtig durch die Kirchengeschichte zieht und katholisch sowohl in der Theologie wie in der Kirchenform ein identitätslogisches Leitbild vorschreibt. Und dies gilt gerade vor dem Hintergrund, daß sich das katholische Christentum immer auch reformfähig und differenzbewußt verhalten konnte. Ein monolithisches Bild läßt sich nicht zeichnen; wohl aber ist eine Grundtendenz anzeigbar, und die hat identitäslogische Züge.

1.3.2 Pluralitätsverluste, Toleranzabbau

Genau mit dieser Vorgabe gehen erhebliche Verluste einher. Altkirchliche Ansätze von Pluralität werden sukzessiv zurückgedrängt. Dennoch bewahrt z.B. das Phänomen, daß sich vier Evangelien kirchlich durchsetzen konnten, etwas von der Vielfarbigkeit und Lebendigkeit des Anfangs. Und dies gilt durchaus auch als kritischer Blick auf die Möglichkeiten, theologische Spannungen auszutragen, ohne sie identitätslogisch in ein einheitliches Konzept zu zwingen. Am Ausgang der Epoche beendet die Formel von Chalkedon die christologische Grundfrage nach Gottheit und Menschheit Jesu Christi, indem sie eine sehr genau ausbalancierte Theologie in Spannungen hält. Chalkedon hält in der Formel die Sprengung der Formel selbst fest und fixiert das Ungenügen jeder theologischen Lösung vor dem Unfaßbaren.

Diese Einsicht gewann in der Theologiegeschichte niemals einen vergleichbaren Stellenwert wie die positive Theologie. Auch das ist ein deutliches Belegstück für die These, daß nicht Differenzdenken, sondern Identitätslogik dominierte. Dennoch hat sich in der Theologie auch der Alten Kirche immer wieder ein solches Spannungsdenken Raum verschafft. Diese unaufhebbaren Spannungen werden von ihrem Gegenstand selbst her aufgezwungen – sie sind fundamentaltheologisch konstitutiv und von keinem Interesse an sauberen und sicheren Lösungen zu tilgen.

Daß die Pluralität der Evangelien bereits für die Alte Kirche ein Problem darstellte[87], geht aus Tatians Evangelienharmonie hervor. Mit den Evangelien wird das Modell einer Einheit in Vielfalt tragfähig; seine theologische Chiffre – etwa bei Irenäus – ist der Heilige Geist, der die Einheit im Glauben sicherstellt. Origines wiederum arbeitet hermeneutisch an einer Bereinigung der problematischen Widersprüche zwischen den Evangelien – auch dies Anzeichen des Interesses am profunden System, weil nur ein solches nach innen wie außen überzeugungsfähig erscheinen konnte. Das Problem der Pluralität übertrug sich folgerichtig auf die Frage nach der richtigen Auslegung.

> „Man hatte nach mancherlei Mühen eine gewisse Übereinkunft erzielt über
> die Schriften, die für Glauben und Leben richtungsweisend sein sollten und

---

[87] Vgl. H. Merkel, Die Pluralität der Evangelien als theologisches und exegetisches Problem in der Alten Kirche, Bern u.a. 1978.

stand nun vor dem Problem, daß diese Norm keineswegs eindeutige Weisung gab."[88]

Dennoch setzten sich die vier Evangelien durch. Die innere Einheit im Christusbekenntnis erlaubte verschiedene Perspektiven. Mit ihnen aber gewann eben auch das Einheitsprinzip, das sich in der Fundamentalhermeneutik der *regula fidei* als tragfähig erwies. Noch im Raum altkirchlicher Pluralität verschafft sich das Identitätsprinzip Geltung.

Am deutlichsten wird diese Verdrängungslogik am Beispiel christlicher Toleranz. Die christlichen Apologeten appellierten an die Kaiser im Wissen um die römische Toleranz in religiösen Fragen. Daß sie gegenüber den Christen verletzt wurde, ließ sie argumentativ für die Religionsfreiheit eintreten.

> „Ein erzwungenes Opfer ist kein echtes Opfer. Wenn es nicht freiwillig und aus vollem Herzen gebracht wird, ist es eine Lästerung wie auch in dem Fall, da es durch Gewalt, durch Gefängnis, durch Folter erzwungen wird. Wenn es Götter gäbe, zu denen man auf diese Weise betete, verdienten sie allein darum, keine Götter zu sein, weil sie so angebetet werden wollen; denen man mit Tränen und Stöhnen opfert, während das Blut von allen Gliedern rinnt, die verdienten, daß die Menschen sie entheiligen. Wir dagegen verlangen nicht, daß man widerwillig zu unserem Gott betet, obwohl er der Gott aller Menschen ist, ob sie damit einverstanden sind oder nicht. Wenn man sich weigert, zu ihm zu beten, zürnen wir deshalb nicht. Wir verlassen uns auf seine Majestät, die zu rächen vermag, ob man sie selbst verachtet oder ihre Diener beleidigt."[89]

Wie für Laktanz ist es ist für Tertullian „ein Menschenrecht und ein Naturrecht, daß jeder anbeten kann, was er will".[90] Die defensive Situation der Kirche läßt sie um eine Freiheit ringen, die ihr der Staat schuldet und die die Kirche selbst doch später revidiert.

> „Die Kirche der ersten Jahrhunderte ist vom Staat getrennt und seiner Feindseligkeit ausgesetzt; so ist sie noch nicht der Versuchung ausgesetzt, gegen Schisma und Häresie weltliche Gewalt zu gebrauchen."[91]

Die Lage ändert sich mit dem Wechsel der kaiserlichen Religionspolitik. Die Unterdrückung von Häresien, aber auch paganer Kulte wird nicht nur geduldet, sondern eingefordert, so von Firmicus Maternus in seiner Schrift „*De errore profanarum religiorum*", in der er zu gewaltsamem Vorgehen gegen Götzenkulte auffordert.[92] Entsprechend wurde christlicherseits kein Einwand gegen das Verbot der altrömischen Religion erhoben. Das christliche Profitieren von staatlicher Privilegierung und das immer engere Zusammenspiel mit der Macht ließ die eigene Tradition der Toleranz vergessen. Augustinus etwa unterstützt die systematische Unterdrückung der Donatisten. Die Re-

---

[88] Ebd., VII.
[89] Laktanz, De institutionibus divinis, V, 21.
[90] Tertullian, Ad Scapulam, c. 2.
[91] J. Lecler, Geschichte der Religionsfreiheit im Zeitalter der Reformation, Bd. I, Stuttgart 1965, 101.
[92] Vgl. ebd., 103.– Bezugspunkt ist Dtn 13,6: „*Du sollst das Böse aus deiner Mitte wegschaffen.*"

zeption seines *compelle intrare* machte es zum Merkwort christlicher Intoleranz.

> „Es bleibt zu sagen – und das sollte für die Zukunft schwerwiegend sein -, daß man es schließlich ganz natürlich fand, sich zur Unterdrückung von Schisma und Häresie an die weltliche Macht zu wenden. Wenn sie zur Begünstigung von Irrtum oder anderem Glauben neigt, weist man sie im Namen der Gewaltenteilung zurück. Wird sie von einem wahren christlichen Fürsten ausgeübt, ruft man sie als Helferin der Kirche an. So zeichnet sich seit dem Ausgang der christlichen Antike das ab, was man im Mittelalter die Zuflucht zum >Weltlichen Arm< nannte."[93]

Die Art des christlichen Umgangs mit Differenzmilieus wird an dieser Stelle besonders schmerzlich sichtbar. Zugleich erscheint eine Machtblindheit, die sich christlich nicht mehr legitimieren läßt. Sie ist *ein* Teil der christlichen Identität, wie sie sich in der Alten Kirche formierte. Und sie ist Teil ihrer eigenen Differenzgeschichte, die im Abweichen vom Evangelium besteht.

1.3.3 Religiöse Sprachbarrieren

Noch eine weitere Folge des christlichen Identitätsparadigmas ist zu beschreiben. Eugen Biser faßt sie in seiner *Logaporetik* als „religiöse Sprachbarrieren"[94], die mit der Wendung zur dogmatischen Definition entstehen und in den unterschiedlichen Formen religiöser Sprachpathologien durchbrechen.

Biser sieht in der apologetischen Frontstellung und im Außendruck ein wesentliches Movens der theologischen Identitätskomposition.

> „Fortan gehörten die Ausbildung ideologisch – das Wort noch im unspezifischen Sinn genommen – bedingter Sondersprachen zum Erscheinungsbild des pluralistisch aufgefächerten Bewußtseins und der sich zusehends differenzierenden Theologie".[95]

Als problematisch erweist sich dabei das Verhältnis von theologischer Innovation und dem konservativen Bedürfnis einer systematisch beherrschbaren Sicherheit. Dieses Interesse wird nach dem Tod der Erstzeugen in der Verschriftlichung der Tradition kanalisiert, ein Vorgang, der einerseits christliche Identität stabilisiert, der andererseits „verfestigende und verengende Tendenzen"[96] einschloß. Sie bilden Sprachbarrieren im Übersetzungsvorgang des Evangeliums, weil mit ihnen inhaltlich Abgrenzungen verbunden sind, die sich in Polemiken entladen. Diesbezüglich ergibt sich schon in spä-

---

[93] Ebd., 128.
[94] E. Biser, Religiöse Sprachbarrieren. Aufbau einer Logaporetik, München 1980.
[95] Ebd., 152.
[96] Ebd., 167.– Es ist aufschlußreich, daß sich Biser genau in diesem Zusammenhang – als einer der ersten Theologen – auf Derridas Schriftphilosophie bezieht. Vgl. ebd., 165, Anm. 105 Bisers Hinweis auf den Grundgedanken der *différance*, der für die Differenzhermeneutik wesentlich ist.

1. Das theologische Problem der Identität

ten ntl. Texten (2 Petr, Jud) eine unübersehbare Spannung zum Evangelium Jesu.

Die Textlogik im Interesse der Absicherung und des Identitätsgewinns bedient sich „konsolidierender, reglementierender und zumal abgrenzender Strategien"[97], die besonders im Dunstkreis der politischen Macht auf den Plan treten. Hier hat Nikaia paradigmatische Bedeutung. Der Kaiser greift aus machtpolitischen Erwägungen in den theologischen Diskurs ein, und damit „kommt die ganze Tragik zum Vorschein, die den in Nikaia gesetzten Anfang der formalisierten Dogmenentwicklung belastet".[98] Der Ausbruch der christologischen Kämpfe im Gefolge Nikaias läßt sich als die Folge eines Machtdirigismus im Übergreifen auf fremdes Terrain gegenlesen.

Nikaia setzt ein eigenes Kapitel christlicher Sprachgeschichte frei, dessen Kennzeichen neben aggressiver Polemik eine „Schwächung der kommunikativen Kraft" und eine grundsätzliche „Instrumentalisierung der religiösen Rede" sind. Sie setzen sich in einer progressiven „Sekten- und Konfessionsbildung" fest.[99]

Die sprachgeschichtliche Konsequenz der machtpolitischen Verstrickung von Theologie und Kirche wird negativ sichtbar:

> „Mit der Überlagerung durch politische Interessen erwachsen der religiösen Verständigung zusätzliche Barrieren. Anstatt der ungehinderten Interaktion zu dienen, gerät sie zusehends unter die Direktive eines Apparats, der von vornherein über das in seinem Machtbereich Geltende entschieden hat, weil er sich durch die Dynamik des freien – und befreienden – Disputs fast mehr noch als durch gesellschaftliche Veränderungen in Frage gestellt sieht."[100]

Die Barrierenproblematik macht die Differenzverluste im Dienste des Systemwillens und der Identitätssicherung deutlich. Vor allem die kommunikativen Einbußen, die sich in der Unfähigkeit dokumentieren, die Auseinandersetzungen sachlich zu führen, machen deutlich, daß die Anfänge der christlichen Dogmenentwicklung *auch* eine Kontrastgeschichte zur jesuanischen Lebens- und Sprachpraxis darstellen.[101]

Im kirchlichen Bereich führt die zunehmende Sprachregelung zu Repressionen, deren Anfang bereits Konstantin auf dem Konzil von Nikaia setzte, als er die Bischöfe der Minorität zur Unterschrift zwang. Eine repressive Denkform droht im übrigen das von Vinzenz von Lerin so genannte *Dogma* zu werden, wo es nach der Regel dessen, *quod ubique, quod semper, quod ab omnibus creditum est*[102], einseitig konservativ wirkt und andere Interpretationen nicht mehr zuläßt. Das altkirchliche Paradigma der Identität wird von Vinzenz auf den Punkt gebracht, insofern es individuelle hermeneutische Spielräume nicht mehr einbezieht und den theologischen Erkenntnisprozeß

---

[97] Ebd., 170.
[98] Ebd., 186.
[99] Alle Zitate ebd., 187.
[100] Ebd., 187f.
[101] Vgl. E. Biser, Theologische Sprachtheorie und Hermeneutik, München 1970, 485-568.
[102] Commonitorium, c. 2,3.

als identifizierbar vorstellt. Nach ihm läßt sich klar feststellen, was synchron wie diachron immer orthodox geglaubt wurde und wird – ohne Rücksicht auf verschiedene Stile, Schulen und Akzente. Damit ist die Theologie in der Gefahr, sich in der „Uniformität eines stagnierenden, verödeten Sprachfelds"[103] wiederzufinden und nicht mehr daraus befreien zu können. Ein Merkmal dieser Lage ist Aspekt der bezeichneten Geschichte christlichen Toleranzverlustes. Sie operiert mit den Mitteln der „*Verbalpolemik und Sprachaggression*".[104] Und sie wird bereits im Ansatz deutlich mit der nizänischen Rezeptionsformel des Eusebius, der die Losung „Ein Gott, ein Logos, ein Kaiser!" ausgibt:

> „wer in diesem demagogischen Stil von Glaubenseinheit redet, hat weniger die vom Epheserbrief befürwortete >communicatio spiritus< als vielmehr die mit ihr motivierte Disziplinierung des Kirchenvolks im Sinn... Kein Wunder, wenn sich in die Glaubensaussagen fortan nicht selten ein Unterton von Ironie, Polemik und Aggression einmischte, der das, was in der Sprache der Liebe gesagt werden sollte, von innen her widerrief."[105]

Mit Eugen Biser wird deutlich, wie erfolgreich sich einerseits der Prozeß kirchlich-theologischer Identitätsbildung vollzieht, vor allem hinsichtlich der disziplinären Komponente, wie verlustreich sich dieser Vorgang jedoch hinsichtlich der kommunikativen Kompetenz gestaltet und wie problematisch gemessen an den Erfordernissen der jesuanischen Liebesbotschaft. Biser sieht durchaus die Notwendigkeit einer theologischen Interpretationsleistung durch die Kirche, welche ein bestimmtes Maß an einheitlicher Bindungskraft verspricht. Doch die Tendenzen eines überzogenen Identitätswillens und -denkens zeigen sich zumal sprachlich verheerend. Mit dem Ausschluß von differenten Interpretationsansätzen beraubt sich die zu sichernde Identität ihrer eigenen Kraft und möglicher Plausibilitätsformen. Es kann hier nur um eine hermeneutische Dialektik von Identitätsbewußtsein und Differenzbereitschaft zum bereits Abgesicherten gehen:

> „Verstehen aber ist beides: bewahrender Rückgriff auf Vorgegebenes zum Ziel seiner Weiterentwicklung und Übereignung, gleicherweise aber auch wagender Vorgriff auf noch Unbekanntes, weil nur so der Raum für die umfassendere Aneignung des Bekannten gewonnen wird."[106]

Das ist nur möglich, wo Differenzen zugelassen und nicht vorschnell vom Primat des Identischen und nur so zu Glaubenden absorbiert werden. Die Geschichte einer christlichen Überprivilegierung des Identitätsmodells hat ihre Logik aus der Entwicklungsgeschichte der Alten Kirche in eine Zeit hinübergerettet, die von der Vielgestaltigkeit der christlichen Anfänge neue Impulse erhielt. Damit wäre auch ein neuer Dialog mit der Gegenwart mög-

---

[103] E. Biser, Religiöse Sprachbarrieren, 196.
[104] Ebd., 198.– Zum Sprachmaterial vgl. ebd., 198-208; vgl. auch das nachfolgende Kapitel „*Regression und Verödung*", ebd., 208-223.
[105] Ebd., 197f.
[106] Ebd., 222.

lich, in der postModernes Denken eine verstärkte Sensibilität für das Differente und Plurale etabliert.

1.3.4 Differenzhermeneutische Perspektive

> „Das Denken wurde institutionell und rechtlich ausgerichtet, was auf die Absicherung der Identität des Christentums abzielte und durch das Entstehen von Abweichungen (Häresien) beschleunigt wurde."[107]

Dieses historische Fazit erlaubt es, das Anliegen einer Hermeneutik der Differenz im Blick auf die Alte Kirche, aber auch die weitere Entwicklung einer fundamentaltheologischen Hermeneutik zu kennzeichnen. Differenzhermeneutik macht auf die Kontingenz von Paradigmen aufmerksam, die sich altkirchlich in den konkreten „dogmatischen" Entscheidungen zeigen, z.B. in der etablierten hellenistischen Denkform, aber auch in dem nur mühevoll überwundenen Schema der Logos-Sarx-Christologie, das lange Zeit dominierte. Hierin bestand eine sublime Übereinkunft zwischen Arius und seinen Gegnern, die auch der Orthodoxie ein unbemerktes „heterodoxes" Element zuspielte.

> „... es berührt heute eigentümlich, daß in Nicaea zwar mit allem Nachdruck die Fehldeutung des Logos *als Geschöpf* auf einer eigenen Seinsstufe *unter* dem Vater, *nicht* aber die (in den Schriften des Arius expressis verbis freilich weniger in Erscheinung getretene) Fehldeutung bekämpft wurde, die den *Logos* in Christus die *Stelle der menschlichen Seele* einnehmen ließ."[108]

Dieses Paradigma wurde in Nikaia etabliert, und zwar im Sinne einer *Wissensmacht*. In einem exemplarischen Augenblick – mit Viktor von Rom und dann in seiner Folge – wird der Einfluß von Machtmechanismen auf den theologischkirchlichen Diskurs deutlich. Im Anschluß an Foucault wird beschreibbar, was ihm theoretisch abverlangt wurde: „die Verstetigung von praktisch erkämpften Machtpositionen in Form ihrer sozialen Institutionalisierung."[109]

Die Übersetzung der wesentlichen Momente aus Foucaults Machtanalyse läßt sich hier anschließen:

— Die gesellschaftliche Unhintergehbarkeit von Macht betrifft das Christentum als inkarnatorische Religion; zwischen legitimer Vollmacht und dem ungerechten Einsatz ihrer Mittel ist im Geist des Evangeliums und Jesu zu unterscheiden;
— die Verfestigung von Macht in Institutionen läßt sich mit der Herausbildung von Ämtern und zumal dem Bischofsamt beschreiben;
— daß Macht nie ganz zentral funktioniert, zeigt sich in der Alten Kirche durch die Gegenkraft der anderen Ortskirchen und Patriarchate;

---

[107] N. Brox, Kirchengeschichte des Altertums, 93.
[108] H.-J. Schulz, Bekenntnis statt Dogma, 294.
[109] A. Honneth, Kritik der Macht. Reflexionsstufen einer kritischen Gesellschaftstheorie, Frankfurt a.M. ²1986, 193.

- die wissensproduktive Kraft der Macht wird durch die dogmatische Glaubenssicherung erfaßbar, die eminent von Machtprozessen durchzogen ist;
- die Vielfalt von Machtstrategien läßt sich im Zuge christlicher Identitätsbildung mit der kirchlichen Organisation illustrieren: liturgische, amtstheologische und synodale Ordnungen sind von Auseinandersetzungen und Entscheidungen begleitet, die niemals im machtfreien Raum spielen; daß Macht dabei weder intentional noch faktisch im Vordergrund stehen mußte, ändert nichts an der Vorfindbarkeit solcher Einflüsse; sie sind selbst unter der Voraussetzung einer geisttheologischen Hermeneutik kritisierbar, insofern kirchlich nicht behauptet wird, die eschatologische Vollgestalt ihrer Wirklichkeit sei erreicht;
- Macht operiert normierend: die Bedeutung der normativen Vereinheitlichung für die christliche Identitätsbildung zeigt sich in jeder der genannten Strategien.

Man wird sich theologisch klar machen müssen, daß jeder Diskurs und jeder gesellschaftliche, intersubjektive Vorgang von Macht betroffen ist. Im Modus des Durchsetzens wird Machtkritik auch zu einer Form spezifischer Subjektkritik: als Kritik der Gewalt, theoretisch wie praktisch.

Wahrheit ist nie abstrakt. Konkret greift sie in Rezeptionsprozesse ein: sie hat sich durchgesetzt oder will dies noch tun. Die sanfte Gewalt des Überzeugens kennt zwei Formen: das Argument (Theorie) und die performative Praxis (z.B. Liebe). Die individuelle Akzeptanz von Wahrheitsansprüchen hängt von beidem ab. Im Sinne der Botschaft Jesu verbietet sich eine strategische Handlungstheorie durchsetzungsorientierter Macht im Wahrheitsbesitz.

Macht markiert von daher eine bleibende Differenz in der christlichen Identitätswahrung qua Wahrheit. Weil Wahrheit sich besonders eignete, die christliche Identität als Theorie zu fixieren, konnte sich dieses Identitätsmodell logozentrisch entwickeln. Umgekehrt wirkt das griechische Wahrheitsdenken auf diesen Prozeß ein. Das lebendigere, personale, theoretisch wie praktisch ausgerichtete Modell der Wahrheit als jesuanische *Autobasileia* wird hier beschnitten.

Nimmt man es zum Maßstab, werden Machtmittel wie *Überwachen und Strafen* zumindest fragwürdig, wenn es darum geht, diese Wahrheit zu vermitteln. Einladen, Mahl halten, versöhnen, vergeben, lieben – diese Imperative einer jesuanischen Handlungstheorie stehen in den Evangelien im Vordergrund.

Indes sind die Konsequenzen einer nach-spontanen bzw. nach-charismatischen Institutionalisierung der Jesus-Nachfolger zu bedenken. Kritisch läßt sich aber im Blick auf die paradigmatische Bedeutung der Alten Kirche und auf eine gegenwartsbezogene Hermeneutik bezogen festhalten:

1. der Ausfall kritisch institutionalisierter Machtreflexion ist einzuräumen;
2. die Geschichte der identitätslogischen Institutionalisierung schreibt eine Nebengeschichte des Verlusts an Selbstdistanzierung und -infragestellun-

gen, die mit der Sicherheit des überantworteten Wahrheitsbesitzes zusammenhängt;
3. es gibt eine stark ausgebildete Bereitschaft zur Übernahme gesellschaftlicher Machtparameter im Augenblick des christentumsgeschichtlichen Erfolges (exemplarisch mit der Übernahme von Richteraufgaben durch den Bischof, die das Amt auch in dieser Hinsicht machttheoretisch beschreibbar machen);
4. ein gleichsam kircheninternes Asyl der Liebe fehlt im theologischen Diskurs allzu oft: die theologische Klärung muß nicht den kirchlichen (und soteriologischen) Tod des Anderen bedeuten.

Die Machtgeschichte der theologischen Entscheidungsfindungen macht sich auch in der Weise bemerkbar, wie fortan Glaubensdefinitionen von der Orthodoxie durchgesetzt wurden. Solche Machtpolitik muß christlich die Identität in Frage stellen. Differenzdenken sucht darauf aufmerksam zu machen: im festen Kernbestand des Glaubens gibt es Momente, die den Glauben unterminieren – wozu christlich eine einseitige Machtanwendung der theologischen Sieger zählt. Darüber hinaus ergibt sich das Problem, daß hier ein theologisches Wissen produziert wurde, das anwendbar wird und zur Identifizierung des Christlichen taugt, während sich in der Offenbarung wie im Heiligen Geist als dem personalen Medium einer an die Kirche vermittelten Glaubenswahrheit immer ein Moment des Unfaßbaren und des bleibend Transzendenten hält.

Schon von daher legitimiert sich theologisch ein Blick auf die untergründige Pluralität der getroffenen Entscheidungen und der von ihr hervorgebrachten Identität des Christlichen. Differenzhermeneutik sucht nach den Einebnungen im identitätslogischen Interesse und notiert ihre Verlustgeschichten. Und dies geschieht gerade im Dienst einer Einheit, die mit Kardinal Suenens ihre immanente, konstitutive Vielfalt hat und sie zugleich immer wieder zu verdrängen geneigt ist. In der Alten Kirche geschah dies mitunter wahrheitstheoretisch aus der Sorge um einen Identitätsverlust.

Die Notwendigkeit zur Regelung der Gemeinschaft tendiert gerade in Identitätskrisen zu einer Rückdrängung differenter Milieus. Die Einbindung in die Gemeinschaft beschneidet den individuellen hermeneutischen Raum des Glaubens. Dementsprechend erkennt Eugen Biser in solchen Phasen ein besonderes Nachlassen theologisch und sprachlich kreativer Kräfte. Identitätslogisch entspricht dem das genaue Gespür für die Bedrohung durch sprachproduktive Momente. Das theologische Urteil überdeckt in der Definition die metaphorischen Anteile – also die identische Festlegung *das in der Metapher vertretene Unvertretbare des Anderen*, auf das Hans Blumenberg und Paul Ricoeur hinwiesen.

Und doch bleibt im metaphorischen Restanteil jedes Begriffs auch für die identische Formel ein Moment des nicht vollständig Beherrschbaren. Die Unausweichlichkeit von Interpretationen des als identisch Proponierten findet hier Anhaltspunkte. Sie lassen sich mit dem Blick auf die Zeitverhaftung jeder Identitätskonstruktion ausmachen. Freilich gewährt das dogmatische

Prinzip der Geisttheologie ein identisches Zeitprinzip und somit eine Identität, die sich in den Zeiten durchhält. Doch wird der Heilige Geist damit zu einer Identitätssubstanz, die verfügbar wird – was der ursprünglichen Geisterfahrung eine fremde Note verleiht. Die Unterscheidung der Geister *im Heiligen Geist* deutet dementgegen auf das situative Moment hin, das sogar den Widerspruch zum kirchlichen Mainstream einschließen kann. Prophetische Kritik wäre eine solche differenztheologische Größe im Zusammenhang einer Theologie des Heiligen Geistes, die Identität nicht statisch begreift, sondern die in ihr gewisse Tradition als „diskontinuierliche Identität"[110] zu verstehen erlaubt.

Jede Identität ist zeitlich und also auch interpretativ vermittelt. Verstehen läßt sich, mit Paul Ricoeur, nur in dieser Differenz, die bereits dem Identischen selbst eingeschrieben ist. Ricoeur begreift Identität nicht im Paradigma des Selbigen, wie es sich offensichtlich auch mit den altkirchlichen Identitätsprogrammen durchsetzte, sondern im Modus der Selbstheit. Letztere schließt das Andere im Eigenen grundlegend und unabschaffbar ein. Damit ist christlich Identität nur im Verweis auf die Anwesenheit des Anderen im Eigenen zu begreifen: theologisch vor allem hinsichtlich der Unrückführbarkeit des *ganz Anderen* auf die eigenen Kategorien, der nur als anwesend und abwesend zugleich begegnet; theologisch aber auch in der Einsicht, daß die Frontstellung gegen den Anderen Aspekte seines Denkens und Glaubens aufnimmt, die das Eigene verdeutlichen oder auch verdunkeln. Daß in jeder Definition theologisch dunkle Stellen bleiben, ist Grundeinsicht der Analogizität theologischen Sprechens und Ausdruck der inkarnatorischen Vermittlungsgestalt von Theologie. Genau sie bedingt aber eine plurale Identität von Worten und Rezeptionsformen, für die – im Sinne der für das Ich unverfügbaren Interpretationsstufe$_1$ – keine wirkliche Regelung mehr möglich erscheint. In diesem Bereich herrscht eine Konstellation von Evidenz, für die theologisch der Gnadengedanke bereitsteht. Keine theologische Sprachregelung kann die gnadenhafte Glaubenseinsicht oktroyieren. Und sie kann nicht die reale Rezeption des zum Glauben Entschlossenen, des Glaubenswilligen und Glaubensgehorsamen aufdecken – auch nicht für ihn selbst. Von daher zeigen sich unabschaffbare Interpretationszonen, die individuell veranlagt sind und in der Zustimmung zur Glaubensidentität vielfältige Identitätsinterpretationen trotzdem nicht ausschließen können. Diese Unbeherrschbarkeit ist der grundlegendste Eintrag von Andersheit im Eigenen. Das Gewissen ist der vorzügliche Ort, seine Stimme zu vernehmen.

Die Unausweichlichkeit von Interpretationen wird im Blick auf die Alte Kirche noch deutlich, als die Identitätsprogramme bereits laufen. So hat die Formel von Nikaia für Athanasius die Gestalt einer moveablen Identität. Seine Modifikationen sind Interpretationen und Ausdruck der Unabschließbarkeit des Verstehens. Jede theologische Formel bleibt hinter ihrem Wollen

---

[110] S. Wiedenhofer, Traditionsbrüche – Traditionsabbruch? Zur Identität des Glaubens, in: M. v. Brück / J. Werbick (Hrsg.), Traditionsabbruch – Ende des Christentums?, Würzburg 1994, 55-76; hier: 59.

1. Das theologische Problem der Identität 275

zurück – vor allem, wo sie Einheit zerstört. Sie behält theoretische Problemfenster und markiert immer Momente von Differenz in der Identität.

Von daher läßt sich im Sinne Paul Ricoeurs eine Negative Dialektik von Identität und Differenz als ein hermeneutisches Paradigma vorschlagen, das jenes einer einseitigen Identitätskonzeption (in der Selbigkeitsgrammatik) ablöst. Ein solches Konzept entwickelt mehr Sensibilität für die Brüche im eigenen System und erlaubt es, eine Kultur des Pluralen und Differenten an die unaufgebbare Einheit von Glaube und Glaubensgemeinschaft zu vermitteln. Ein solches Paradigma des Denkens funktioniert zunächst *formal* und hat sich hermeneutisch in Konfliktfällen zu bewähren. Aber eine andere Form theologisch-kirchlicher Wahrnehmung kann in einer Zeit gesteigerter Rechte von Pluralität mehr Bindungskräfte entwickeln, als es das leistungsfähige, aber letztlich zu einseitige altkirchliche Paradigma der Identität heute noch vermag.

Texthermeneutisch gewendet, bedeutet dies nach Ricoeur:

> „Wer einen Text versteht, der beherrscht ihn nicht; er öffnet sich ihm; er läßt sich mit in die Welt des Textes nehmen und erfährt in den Momenten ‚Ideologiekritik' und ‚schöpferische Sinninterpretation' seine Besonderheit, resp. Einzigartigkeit."[111]

Die entsprechende Perspektive ist im folgenden mit der kirchlichen Pluralitätsproblematik im Horizont von Moderne und PostModerne zu verbinden. Das vorgeschlagene hermeneutische Modell einer differenztheoretischen Denkform muß seine Valenz dann im zeitkritischen Zusammenhang auch fundamentaltheologisch erweisen. Differenzhermeneutik soll somit einen doppelten Beitrag leisten: Theologie an ihre eigene Zeit vermitteln und in der gewählten Denkform eine theoretische Plausibilität für den Glauben heute vor dem Hintergrund fundamentaltheologisch zentraler Vermittlungs- und Begründungsfragen entwickeln. Ein erster Schritt in diese Richtung wurde getan, indem im vorliegenden Kapitel im Paradigma der Alten Kirche das Entstehen und Durchsetzen christlicher Identitätslogik nachgezeichnet und für eine differenzhermeneutische Kritik erschlossen wurde. Sie ist die Voraussetzung jeder folgenden Begründung eines fundamentaltheologischen Paradigmenwechsels.

---

[111] M. Böhnke, Konkrete Reflexion. Philosophische und theologische Hermeneutik. Ein Interpretationsversuch über Paul Ricoeur, Frankfurt a.M. u.a. 1983, 180.

2. Zwischenstück: Kirchliche Identitätsprobleme im Streit um die Moderne

„Spannungen der Kirche mit der sog. Moderne, die seit Jahrhunderten latent schwelen, brechen auf; eine verdrängte Aufklärung, die man überwunden zu haben meinte, ohne durch sie ungesenkten Hauptes hindurchgegangen zu sein, klagt sich immer wieder ein usw. Es gibt eben nicht nur Chancen, sondern auch Tragödien der Ungleichzeitigkeit des Katholizismus, Tragödien, die durchlebt und -durchlitten werden müssen. Doch wie? Mit einem betont defensiven abschließenden Sicherheitsdenken? Oder mit jener wagenden Treue, die im Konzil den >Anfang eines Anfangs< sieht?"[1]

Ein Vierteljahrhundert nach dem 2. Vatikanischen Konzil, das der Bewältigung jener Problematik galt, dem sich dieses Kapitel zu stellen hat, beschreibt Johann Baptist Metz eine Situation weiterhin unverarbeiteter Herausforderungen der Moderne für die katholische Kirche. So sehr die Aufklärung zum theologischen Gegenstand wurde, so viel fehlt ihr kirchlich nach wie vor an Überzeugungskraft. Und die beschworene Ungleichzeitigkeit nimmt zu: postModernes Denken und Empfinden begründet neue Mentalitäten und Plausibilitäten, für die kirchlich vornehmlich hinsichtlich des modernitätskritischen Gehalts der PostModerne Deutungsmuster zur Verfügung stehen. Indem die katholische Kirche diese aktiviert, begibt sie sich jedoch in eine die Lage nur komplizierende Spannung zu den Phänomen jenes kirchlichen Aufbruchs, die im Konzil z.B. in der Communio-Ekklesiologie wirksam waren. Noch deutlicher und zugleich schwieriger zu fixieren ist der Geist dieser Umgestaltung. Das *Aggiornamento* kam aus dem Mund eines Papstes, der eine Öffnung zuließ, die mit seinen eigenen theologischen Konzepten konfligierte. Daß die Moderne auf dem Konzil ihren Einzug in die Kirche hielt, läßt sich so wenig bestreiten wie die Existenz bleibender Widersprüche gegen den neuen Geist. Sie machten sich in den Dokumenten selbst fest und ließen Deutungen zu, die auf Rückzug drängten.

Das ist die Lage der Kirche heute: in die Moderne und ihre postModerne Dekonstruktion geworfen, findet sie sich einem Zeitgeist ausgesetzt, der ihre Existenz auszuhöhlen droht. Dieser Eindruck ist kein anderer als der, mit dem die katholische Kirche ihre Allergien gegen die Aufklärung und später gegen die Französische Revolution in ihren politisch-gesellschaftlichen Folgen belegen konnte. Das hermeneutische Interesse richtet sich in diesem Kapitel auf den Einsatz des Identitätsparadigmas in der Verarbeitung der Moderne. Damit wird die Perspektive des vorangegangenen Abschnitts vom Grundsätzlichen der kirchlichen Anfänge in die Gegenwart hinein verlängert. Für die spezifische Situation der katholischen Kirche heute beginnt diese Ge-

---

[1] J. B. Metz, Das Konzil – „Der Anfang eines Anfangs"?, in: K. Richter (Hrsg.), Das Konzil war erst der Anfang. Die Bedeutung des II. Vatikanums für Theologie und Kirche, Mainz 1991, 11-24; hier: 12.

genwart mit der Aufklärung und der Französischen Revolution in ihren politisch-gesellschaftlichen Folgen. Die Spuren ihrer Abwehr lassen sich mit Metz noch jetzt kirchlich nachweisen – und im Phänomen des katholischen Antimodernismus zu einer fundamentaltheologischen Kritik eines einseitig beanspruchten Identitätsparadigmas heranziehen.

Der Antimodernismus hat sich als *eine* katholische Grundhaltung herausgebildet, die mit einem starken Identitätsdenken unmittelbar zusammenhängt und seine altkirchlich gewonnenen Programme nutzt und ausbaut. Fundamentaltheologisch ist dabei entscheidend, daß die offizielle Theorie mit der Praxis jeweils Schritt hielt. Von daher lassen sich reaktionäre Auswüchse nicht einfach als Irrwege kennzeichnen, die keine Rückschlüsse auf den Stand des theologischen Wissens und Denkens erlauben.

Deshalb wird hier auch nicht von verschiedenen, historisch voneinander abgehobenen Antimodernismen gesprochen. Der Antimodernismus lebt kirchlich bis heute, und er ist strukturell derselbe wie der seiner ersten geschichtswirksamen Eingriffe noch vor dem Syllabus von 1864. Daß er in seiner aktuellen Variante zunehmend gebrochener erscheint, spricht für die Rezeption des Vaticanums II gerade in seiner eigenen disparaten Haltung zur Moderne.[2]

Die konziliare Interpretation wird freilich explizit im Blick auf die Auseinandersetzung um den radikalisierten Pluralismus der PostModerne und die kirchlichen Positionen im nächsten Kapitel untersucht werden. Die Modernismusproblematik steuert auf diesen Punkt zu und läßt sich somit als Vorbereitung für die engere Thematik dieser Untersuchung auffassen, in der

---

[2] Vgl. J. Ratzinger, Zur Lage des Glaubens. Ein Gespräch mit Vittorio Messori, München 1985.– Aufschlußreich ist seine Lesart des Vaticanums II, mit der eine Öffnung zur Welt vollzogen wurde, die Ratzinger einerseits nicht zurücknehmen will (32), andererseits im Sinne eines neuen „Nonkonformismus" reinterpretiert (35). Faktisch läuft das auf ein neues Interesse an einer distinkten Sicherheit hinaus (89), die sich jenen Ambiguitäten der Moderne, die auch in den Bereich des Glaubens und der individuellen Entscheidungen hineinragen, nur „auf der Grundlage einer klaren Identität" (34) stellt. Das ist natürlich als allgemeiner Hinweis richtig – indes zeichnet sich hier die Tendenz ab, den wirklichen Dialog nicht an das christliche Proprium heranzutragen; und nur so fände ein Dialog mit der eigenen Gegenwart statt, der sich im Anderen in einer Weise entdeckt, die sich auch von ihm betreffen und insofern verändern läßt.– Noch in anderer Hinsicht ist dieses persönliche Glaubensdokument von einer gebrochenen Modernität durchzogen: einerseits übernimmt Ratzinger den Fortschrittsgedanken in geschichtstheologischer Wendung (36), andererseits benutzt er diesen Gedanken begründungstheoretisch, um ihn mit der Bevorzugung einer ontologischen Hermeneutik zu verbinden (82). Daß dabei ein unhistorisches Konzept von Wahrheit beansprucht wird, belastet auch die Rede von der Geheimnishaftigkeit dieser Wahrheit (81), die weniger im Sinne Negativer Theologie gebraucht wird, sondern hier vielmehr zum Einsatz gegen den Rationalismus als herrschenden Zeitgeist taugen muß (28). Ratzinger zehrt in vielem von jener Moderne, die er nur unter christlichen Voraussetzungen will und also nicht in einem wirklich inkarnatorischen Dialog. Er diktiert die Bedingungen: „Nicht die Christen sind es, die sich der Welt entgegenstellen, sondern die Welt stellt sich ihnen entgegen, wenn sie die Wahrheit über Gott, über Christus und über den Menschen verkündigen" (34). Das kirchliche Gegenprogramm lautet: mehr Identität gegen „zentrifugale Kräfte" (28) und jenen Effekt des Konzils, mit dem „man auf eine Uneinigkeit zugesteuert" ist (27): „Man hatte sich einen Schritt nach vorn erwartet, und man fand sich einem fortschreitenden Prozeß des Verfalls gegenüber" (27).

die theologische Herausforderung postModerner Differenzhermeneutik auf dem Programm steht.

Die theologischen und soziologischen *Deutungen* des katholischen Streits um die Moderne sollen das Phänomen genauer fassen. Den Denkstrukturen kommt hier besonderes Gewicht zu, insofern sie die institutionelle Dimension des antimodernen Identitätsparadigmas tragen. Die *hermeneutische Generallinie* expliziert dann die Mechanismen jener Distanzierung der Moderne, die identitätslogisch verankert ist und spezifische Problemüberhänge für die Gegenwart bedingt. Dieser Zusammenhang wird zumal mit den im philosophischen Teil erarbeiteten Differenzmarken gegengelesen. Von hier aus läßt sich das spätere Plädoyer (Teil II, 6) für eine differenztheoretische Perspektive fundamentaltheologischer Hermeneutik mitbegründen.

2.1 Deutungen

Der Weg des langsamen Wandlungsprozesses im Verhältnis des katholischen Christentums zur Moderne ist im Folgenden zu beschreiben. Er wird in verschiedenen Deutungsansätzen vorgelegt. Dabei wird im Zusammenhang des Antimodernismus der Weg der katholischen Kirche und der Theologie zur Moderne in einer Art katholischer Dialektik der Moderne entfaltet. In einer Auswahl und Zusammenführung relevanter Interpretationen wird der geschichtliche Vorgang noch einmal gezeichnet, indem zugleich Strukturen des katholischen Antimodernismus freigelegt werden. Als Ausgangspunkt wird eine Deutung zwischen den Zeiten gewählt – als ein Dokument des sich vollziehenden Paradigmenwechsels.

2.1.1 Position zwischen den Zeiten: Bernhard Weltes Deutung der Neuscholastik

Für Bernhard Welte war das 19. Jh. „ein einziger großer Aufbruch".[3] In der Zeit von der Französischen Revolution bis zum Ende des 1. Weltkriegs vollzog sich danach der entscheidende Bruch mit den überkommenen Denk- und Lebensformen, für die das politische System des Feudalismus der adäquate Ausdruck war. Das Neue greift Raum im Versuch, eben etwas Neues zu schaffen: der Fortschritt als Parole dieser Zeit artikuliert den Abstand von der

---

[3] B. Welte, Zum Strukturwandel der katholischen Theologie im 19. Jahrhundert, in: ders., Auf der Spur des Ewigen. Philosophische Abhandlungen über verschiedene Gegenstände der Religion und der Theologie, Freiburg u.a. 1965, 380-409; hier: 380.– Hier wird ein Textmodell diskutiert, ohne damit Weltes Werk repräsentativ erfassen zu wollen: es geht um eine exemplarische Deutung im zeitgeschichtlichen Übergang. Daß Welte für den Aufbruch der katholischen Theologie schon vorkonziliar von unschätzbarer Bedeutung ist, soll durch die nachfolgende Textdiskussion nicht in Abrede gestellt werden.

statischen Gesellschaftsformation der Vorzeit und beinhaltet das Selbstbewußtsein des Machens. Hegels Philosophie ist der großangelegte Versuch, die Geschichte aus ihrer inneren Entwicklungslogik zu begreifen. Im Begriff der Geschichte ist sie zugleich menschlicher Entwurf der Geschichte, weil ihre Logik nachvollziehbar wurde und der menschliche Geist ein Moment ihres Progresses ist. Das Denken des 19. Jh.'s ist dynamisiert und zündet eine fortlaufende Beschleunigung der Zeit.

Zu dieser Beschleunigung gehört auch der rasch erfolgende Schnitt, der durch diese Epoche geht. Welte sieht mit dem Wendepunkt von Hegels Tod 1831 einen Übergang von den genialischen Konzepten und Ideen, wie sie in der Romantik und im Idealismus entwickelt wurden, hin zu einem anderen Paradigma von Wirklichkeitswahrnehmung und -gestaltung.

> „Am Positiven und also nicht mehr primär am Gedanken, an der Spekulation, an der Idee orientiert sich das Wirklichkeitsbewußtsein im beherrschenden Ganzen der Zeit. Und zwar am positiven Datum, insofern es planmäßig und methodisch erfaßbar und beherrschbar ist. Darum ist ein immer strenger entwickeltes methodisches Bewußtsein für die neue Phase des Geistes kennzeichnend. Die methodische Arbeit an Natur und Geschichte bringt bald eine ungeheure Fülle von positiver Realität ebenso wie von technischen Möglichkeiten an den Tag."[4]

Eine mehrfache Fremdheit gegenüber diesem Zeitgeist läßt sich für die katholische Theologie hier festmachen. Das geschichtliche Denken beunruhigte die Theologie, sobald sie über ein organisches Modell im Sinne der Tübinger Schule zu einer kritischen Infragestellung der biblischen Schriften und ihres als überzeitlich gedachten Wahrheitsgehalts hinausführte. Die frühe intellektuelle Zeitgenossenschaft der Tübinger konnte genau deshalb kirchliche Freiräume nutzen, weil eben der Idealismus wie die Romantik letztlich geschichtslos dachten: Hegel im abstrakten Konstrukt, die Romantiker in der genauso ungeschichtlichen Rückwendung zu einem idealisierten Paradigma mittelalterlicher Einheit und Stabilität in der Wirklichkeitserfahrung. Ähnlich der Grundansatz bei Möhler: die Idee der Einheit der Geschichte ist bei ihm in der Idee des Christentums gegeben. Aus dieser Idee ergibt sich die Möglichkeit der Entwicklung, die differenter Ausdruck des einen tragenden Grundes ist. In der kirchlichen Tradition ist diese Entwicklung lebendig aufzufassen: sie ist im Werden begriffen, und zwar als organisches Wachstum, vom Heiligen Geist als seinem inneren Prinzip bestimmt.

> „Theologisches Denken der Einheit des umfassenden, weit und konkret gesehenen Mannigfaltigen des Christentums: Das ist der Stil des theologischen Denkens unserer Zeit im ganzen. Solches Denken hat dabei als fast ideales Organ die *dialektische* Form des Denkens zur Verfügung, welche ja die große Philosophie der Epoche zu einer fast sich überschlagenden Vollendung entwickelt hat. Es ist die Form des Denkens, welche die Einheit von in sich und gegen sich gespannten Prinzipien denkt, die Einheit eines Einen und eines Anderen und damit die eigentliche Denkform des Konkreten und Lebendigen, des Bezogenen und sich Beziehenden, des Wachsenden und sich Entfaltenden."[5]

---
[4] Ebd., 396.
[5] Ebd., 394.

Über Welte hinaus ist die hierin enthaltene Identitätslogik im Kontext der theologischen Moderne-Rezeption herauszuarbeiten. In wesentlich komplexerer Form als dem katholischen Prinzip starrer Traditionalität, wie es die Kirche dieser Zeit in ihrem Paradigma der Identität zur Abwehr der Moderne bevorzugte, bleibt auch dieser Ansatz der Identitätslogik verhaftet. Hier zeigt sich die grundlegende Denkform im geschichtlichen Moment: sowohl institutionell als auch hinsichtlich der Organisation des Denkens. Denn letztlich bezieht diese theologische Dialektik das Andere jeweils auf das identische Ursprungsmoment zurück, das sich als Geist durch die Geschichte fortträgt und alle Vielfalt als Aspekt der formgebenden, inspirierenden Idee ausgibt. Folgerichtig ist die Tradition „Begriff der lebendigen Totalität des christlichen Daseins".[6] Dem Anderen kommt kein Eigenrecht zu. Das hat hinsichtlich der faktischen Differenzmomente in Gestalt von Schismen und Häresien durchaus den positiven Aspekt, daß ihnen eine Würdigung als anonymer Teil des Ganzen gebührt, das gut hegelianisch das Wahre ist. Und dies ist

> „die Idee Möhlers, die eine Kirche bilde die unbewußte Einheit aller Häresien vor der Trennung und die bewußte nach der Trennung, wie umgekehrt alle Häresien nur die Separiertheit, die Absonderung der wirklichen Lebensmomente des einen zentralen Lebens seien."[7]

Dem Differenten geht aber letztlich Legitimität verloren. Identität ist immer schon da. Diese hochentwickelte theologische Logik liegt damit auf der Linie des kämpferischen Identitätsinteresses, das die katholische Kirche gegen die Moderne mobilisiert. Sie kann es sich erlauben, diese abgeschwächte Form geschichtlichen Denkens zuzulassen, weil es einerseits seine zukunftsweisenden Schritte in der Richtung einer wirklichen historisch gesättigten theologischen Vernunft noch nicht zu gehen verstand und andererseits einen ergänzenden Gesamtentwurf christlicher Identität geschichtstheologisch anbot.

Mit diesem Modell ist zweierlei erreicht: einerseits ein vages Konzept von Geschichtlichkeit im katholischen Prinzip der Tradition, das sich mittels der abstrakten Idee hermeneutisch in beliebiger Richtung dehnen läßt; andererseits ein eben in der Geschichte enthaltenes Moment des Ewigen. Noch bevor die historische Kritik das Material der Tradition aufsprengt, stehen hier Rückzugsmöglichkeiten bereit: Identität wird im Generalentwurf begriffen, nicht im konkreten historischen Detail, das Unsicherheiten birgt. Und genau das macht die spekulative Faszination, aber auch die nur bestätigte Fremdheit der katholischen Theologie zu ihrer Zeit aus. Verschärft gilt das seit jenem Umschwung, den Welte in der Abkehr von der Idee sieht und der in der materialistischen Reformulierung Hegels durch Marx einen theoretischen Paradigmenwechsel bezeichnet.

An dieser Stelle ist wieder Weltes Interpretation der theologischen Zeitgenossenschaft in der Moderne des 19. Jh.'s zu referieren. Der neue Positivis-

---

[6] Ebd., 393.
[7] Ebd., 390.

mus markiert einen Mentalitätszug, der erhebliche Widerstände katholisch provozieren mußte. Sein Methodenbewußtsein setzte sich gerade in der geschichtlichen Sphäre fest, indem die historisch-kritische Methode und der religionsgeschichtliche Vergleich an Bedeutung gewannen. Zugleich ändert sich die grundlegende Wahrnehmungsform: das sicher Feststellbare und endlich auch das menschlich Beherrsch- und Machbare werden in der industrialisierten Gesellschaft zum Leitbild.

> „Die isolierte, wirkende und erfahrbare Dinghaftigkeit gewinnt als Modell des Denkens solche Macht, daß alles, was von daher nicht zu begreifen ist, in den Schein des Nichtigen und Illusionären tritt und überdies als den aufsteigenden Elan des Zeitalters gefährdend in das Licht kommt, der böse aber demnächst zu überwindende Feind des allmächtigen Fortschritts zu sein."[8]

Diese Denkanlage vergrößert den Abstand der katholischen Theologie zum Denken ihrer Zeit. Es fehlten die Mittel, sich in den neuen Strukturen verständlich zu machen. Die polaren Denkansätze drücken sich konsequent politisch aus: Antiliberalismus und Antiklerikalismus sind Phänomene einer kommunikativen Sperre.

> „Daraus ergab sich nun geschichtlich notwendig eine Theologie des Trotzdem, der polemisch angeschärften und nicht ohne Nervösität bewahrten Orthodoxie."[9]

Hier ist noch einmal Weltes Deutung auf den Punkt zu bringen: Welte sieht den entscheidenden Unterschied in den Theologien vor und nach der bezeichneten Wende in ihrer spekulativen Kraft. Er übersieht dabei, daß in beiden das Identitätsprinzip letztlich eine Distanz zur Moderne bedingt. Nur daß in der intellektuellen Aufnahme von Idealismus und Romantik in einer spezifischen Form letztlich auch modernitätskritischer Modernerezeption befristete Anknüpfungsmöglichkeiten für die Theologie gegeben waren, die diese in der Tübinger Schule auch nutzte. Noch dies ist als ein Moment in der Dialektik der Moderne zu begreifen. Doch ist diese Distanz in der inneren Denkform letztlich die Konstante zwischen dem Verhalten der Kirche gegenüber der Moderne und der theologischen Geschichtshermeneutik der Tübinger. Deren Modernedistanz ist eine untergründige – sie funktioniert über die fundamentale Identitätshermeneutik; die der Institution ist eine polemisch direkte.

Im letztgenannten Interesse liegt die Entwicklung der neuscholastischen Theologie zur dominanten Schule. Ihre Tendenz ist rückwärtsgewandt.

> „Es muß vor allem gesehen werden, daß der Rückzug auf die scholastische Tradition im Sinne derer, die ihn vollzogen und wohl auch im Sinne der Zeitsituation überhaupt den Charakter hat, eine Art defensiver Festung des Geistes zu beziehen, in eine sichernde Retraite zu gehen, um ein Zeitalter ohne Verlust des Auftrags und der Sendung überstehen zu können, welches im ganzen unverstehend und feindlich war diesem Auftrag und dieser Sendung gegenüber."[10]

---

[8] Ebd., 397.
[9] Ebd.
[10] Ebd., 399.

Erneut ist Weltes Darstellung aufschlußreich. Implizit übernimmt er etwas von der Interpretation der Moderne dieser kirchlichen Epoche: die Welt steht der Kirche entgegen; *sie* begreift ihre Mission nicht. Daß die Kirche sich nicht wirklich auf ihre Zeit eingelassen hat, bleibt unterbelichtet. Die Kritik am neuscholastischen Rückzug aus der Zeit mit seinem geschichts- und keimfreien, statischen Begriffsdenken wird zu einer fast äußerlichen Frage geeigneter Mittel theologischer Inkulturation, statt das Fehlen von Dialogbereitschaft und eines in Gegenseitigkeit sich entfaltenden hermeneutischen Prozesses katholisch zu konstatieren.

Diese Tendenz macht sich auch in der Kritik Weltes an der neuscholastischen Dissoziationstheologie fest. Das Einheitsdenken der ersten Phase in der Theologie des 19. Jh.'s war verloren; es fehlte an der systematischen Kraft. Welte sieht dies im Zusammenhang mit dem neuen Lebensgefühl. Daß indes die hermeneutische Überzeugungsfähigkeit für eine neue theologische Synthese fehlte, lag nicht zuletzt daran, daß die Theologie keine moderne Geschichtshermeneutik entwickeln konnte: ihr fehlten jene Mittel, die das Lehramt unter Modernismus- und Liberalismusverdacht indiziert hatte.

> „Mehr und mehr sehen wir nun die Theologie geneigt, zu einem nur noch äußerlich geordneten Aggregat von einzelnen Sätzen zu werden und damit die durchdachte Einheit fast unmerklich zu verlieren, welche früher so leidenschaftlich gesucht worden war. In der Lehre des Glaubens, der Sakramente, der Kirche, werden nun überall die äußeren und objektiven Momente scharf und prägnant betont und dissoziierend abgesetzt gegen das Subjektive, Persönliche, Innerliche. Das Moment der zentralen Autorität in der Kirche tritt theologisch betont hervor als Gegensatz zu dem Geiste des Einzelnen, und so auf der ganzen Linie."[11]

Dogma, kirchliches Recht und päpstliche Autorität konstituieren eine Identität, die zum System taugt, jedoch keine theologisch überzeugungsfähige Synthese für diese Zeit anbietet. Metaphysik ersetzt theologisch das geschichtliche Denken. Das darin enthaltene Problem einer historischen Wahrnehmung des Christentums als eines Phänomens in Geschichte, die Frage nach dem subjektiven Prinzip in der Erkenntnistheorie, die Herausforderung des Relativismus – dieser ganze Komplex wird im Modernismustreit eingefroren.

> „Nach dem Modernismusstreit sehen wir die geistige Originalität im Theologischen zunächst völlig erlahmen. Aber auf der anderen Seite beruhigt sich und lockert sich doch auch mit dem fortschreitenden neuen Jahrhundert die Atmosphäre."[12]

Mit Welte ist das anstehende hermeneutische Hauptproblem ein geschichtliches Denken[13], das sich die katholische Kirche des 19. Jh.'s bis zum Ende des 1.Weltkriegs vom Leib zu halten suchte. Daß Welte noch 1954 dieselbe Identitätslogik sublim beansprucht, zeigt seine Deutung an verschiedenen

---

[11] Ebd., 401.
[12] Ebd., 407.
[13] Vgl. ebd., 408.

Stellen. Sie ist Dokument des Übergangs in der Theologie, die sich der Moderne öffnet und zugleich eine Reserviertheit ihr gegenüber behält. Genau dies ist die Situation der Theologie in der Zeit zwischen den Weltkriegen. Ihre Hoffnung ist jene, die Welte für sich selbst bilanziert:

> „das Moderne wächst ins katholische Bewußtsein hinein und das Katholische ins moderne Bewußtsein."[14]

2.1.2 Thomas Ruster: „Die verlorene Nützlichkeit der Religion"[15]

Aus Weltes Fazit spricht die Erwartung einer Verschmelzung von Kultur und Religion, die exakt gegenläufig zur latenten Ausdifferenzierung dieser Bereiche in der Moderne steht.[16] Zu wenig selbstverständlich erscheinen religiöse Deutungsmuster, zu vielfältig begegnen diese selbst, um sie konfessionell zu privilegieren. Genau das aber impliziert der erste Teilsatz: moderne Denkstrukturen werden mit dem vielbeschworenen *Wesen des Katholischen* kompatibel. Dabei findet eine wechselseitige Anpassung statt, die Welte philosophisch in der „Wende zum Objekt"[17] sich anbahnen sieht. Es gibt katholische Bemühungen zu einer nicht länger ausschließlich negativen Verhältnisbestimmung zur Moderne. Doch diese bereitet dem selbst den Boden. Und das geschieht, indem sie einen Schritt weg von den eigenen Wurzeln unternimmt. Nichts anderes meint das neue Denken des Objektiven, für das nach Welte besonders die Phänomenologie arbeitet. Der dem Katholischen zeitweise nahestehende Max Scheler, aber auch Husserl und Heidegger in ihren unterschiedlichen phänomenologischen Interpretationsansätzen geben hier eine Richtung vor, in die sich letztlich Weltes Werk selbst bewegt.

Die *Wende zum Objekt* markiert bezeichnenderweise einen modernitätskritischen Zug der Moderne – die Ablösung des neuzeitlichen Subjekt-Paradigmas. Nach der Katastrophe des 1. Weltkriegs haben sich seine Deutungsmuster zum erstenmal breitenwirksam erschöpft. Daß sich der katholische Aufbruch zur Moderne unter dem Vorzeichen ihrer Kritik vollzieht, übersieht Welte. Aber er trifft die Stimmung der Zeit. Katholisch verheißt sie neue Möglichkeiten, sich gesellschaftlich ins Spiel zu bringen.

Thomas Ruster faßt dies im groß angelegten Versuch zusammen, „die >Nützlichkeit< der katholischen Religion auch und gerade in den veränderten Zeitumständen zu erweisen."[18] Eine doppelte Voraussetzung zeichnet sich dafür ab: zum einen die intellektuelle Distanz zur Moderne, der das Verharren im katholischen Milieu entsprach; zum anderen die weitgehende

---

[14] Ebd.
[15] Mit dem Titel der Habilitationsschrift von Thomas Ruster (Ders., dass., Katholizismus und Moderne in der Weimarer Republik, Paderborn u.a. ²1997).
[16] Zum bleibenden religiösen Index der Moderne vgl. u. 2.1.5.– Dennoch ist die Tendenz im 19. Jh. erkennbar, Kirche und liberalen Staat zu trennen, was sektorielle Zusammenarbeit nicht ausschließt.
[17] B. Welte, Zum Strukturwandel der katholischen Theologie im 19. Jahrhundert, 407.
[18] T. Ruster, Die verlorene Nützlichkeit der Religion, 13.

Übernahme eines moderaten Antimodernismus der Denkformen. In der katholischen Theologie zwischen den Weltkriegen bereitet sich die offenere Haltung des nächsten Konzils zur Moderne vor. Doch gibt es keine offensive moderne Bewegung innerhalb der Theologie, wie sie noch zu Anfang des Jahrhunderts spürbar war. Der Durchbruch bahnt sich theologisch wenig spektakulär an. Dies korrespondiert mit dem nachlassenden theologischen Rigorismus seitens des Lehramts. Am anschaulichsten vollzieht sich dieser Prozeß vielleicht mit der katholischen Jugendbewegung, die sich auf der Burg Rothenfels eng mit der liturgischen Bewegung verband und in Romano Guardini einen charakteristischen Theologen für die katholische Öffnung zur Moderne als Mittelpunkt hatte. Einerseits ist diese sich herausbildende kirchliche Kraft ein sehr moderner Vorgang im Sinne einer sich von unten her mobilisierenden Öffentlichkeit mit einer sehr selbstbewußten Form eigener Kirchlichkeit. Andererseits werden in ihr erneut gegenmoderne Züge verarbeitet wie die Wandervogel-Romantik und der theologische Grundansatz, den Guardini selbst in der bezeichneten „Wende zum Objektiven" vertrat.

In dieser Spannung hält sich die als Grundsituation erlebte katholische „Ungleichzeitigkeit zur Moderne".[19] Nach dem Zusammenbruch der alten Ordnung 1918 kann zumal die deutsche Theologie, die Ruster untersucht, hierin erhebliche Handlungsmöglichkeiten entdecken. Der alte protestantische Obrigkeitsstaat und mit ihm das liberale Bürgertum als dominante gesellschaftliche Kraft waren desavouiert. Aufschlußreich ist hier die selbstreflexive Blindheit, mit der der deutsche Katholizismus einen gegenmodernen Vertrag mit der Moderne zu schließen sucht: er wird auf der Basis eines modernen Konkursverfahrens möglich, während die Katholiken selbst gerade an ihm ihren Anteil hatten. Genau an der Kriegszustimmung machte sich die selektive Modernität des deutschen Katholizismus fest:

> „Die Integration der Katholiken in die nationale Gesellschaft dieser Jahre zeigt sich nicht zuletzt an den Irrtümern, die sie mit dieser teilten... Aus der katholischen Überlieferung rührten jedoch die Hemmungen, die verhinderten, daß die Anteilnahme an solchen Irrtümern jedes Maß verlor."[20]

Nun sucht der Katholizismus in die Moderne öffentlichkeitswirksam vorzudringen, indem er die eigenen Werte gegen ihren Verfall ins Spiel bringt. Er ergibt sich aus jenem Zusammenbruch, an dem sie selbst Anteil hat. Erneut wird die Gebrochenheit und Spannung in der katholischen Modernität vom Grund her deutlich.

Diese Ausgangslage ist die Mitgift des katholischen Identitätsparadigmas, wie es sich im Katholizismus als Bewältigungsmodell der Moderne herausgebildet hatte. Dieser Katholizismus als gesellschaftlicher, intellektueller und mentalitätsbildender Komplex erscheint am Anfang wie am Ende dieser Zeit als

> „historisch erfolgreiche Form, den Differenzierungsprozessen der Modernität ein Bollwerk entgegenzusetzen, in dem ein universaler Deutungsanspruch

---
[19] Ebd., 14.
[20] H. Hürten, Deutsche Katholiken 1918 bis 1945, Paderborn u.a. 1992, 159.

2. Kirchliche Identitätsprobleme im Streit um die Moderne 285

gegen konkurrierende Deutungsangebote aufrecht erhalten werden konnte".[21]

Auf dieser Grundlage operierten Kirche und Theologie in der Weimarer Republik. Die umfassende gesellschaftliche Krise versprach dabei eine neue Aktualität jener stabilen katholischen Identität, die sich so wohltuend von den beschleunigten Veränderungen der Gegenwart abhoben. Im Rückblick (1950) und zugleich im Zusammenhang mit bereits in dieser Phase formulierten Gedanken ist Guardinis Rede vom „Ende der Neuzeit"[22] Ausdruck dieser Stimmung. Die Neuzeit ist für Guardini christlich eine zweifelhafte Größe, einmal aufgrund einer falsch verstandenen Autonomie, dann aber auch wegen der Haltung zum Christentum, das die Moderne religionskritisch ablehnt, um zugleich seine Werte und Errungenschaften zu beanspruchen.

> „Das machte den Christen in seinem Verhältnis zur Neuzeit unsicher. Überall fand er in ihr Ideen und Werte, deren christliche Herkunft deutlich war, die aber für allgemeines Eigentum erklärt wurden. Überall stieß er auf Christlich-Eigenes, das aber gegen ihn gekehrt wurde. Wie hätte er da vertrauen sollen?"[23]

Guardini setzt dem das mittelalterliche Weltbild entgegen. Einheit erscheint als das Urbild des Denkens, dem die individuelle Vervielfältigung der Wirklichkeitswahrnehmung in der Neuzeit die Negativfolie liefert. Diese Einheit ist letztlich religiös begründet. Guardini macht das exemplarisch am Begriff der Autorität fest, den die moderne Kritik als Ausdruck von Heteronomie verwirft.

> „Im mittelalterlichen Menschen drängt ein gewaltiges Verlangen nach Wahrheit... Die Grundlagen der Wahrheit selbst sind ihm autoritativ gegeben; der göttlichen in der Schrift und Kirchenlehre, der natürlichen in den Werken der Antike."[24]

Darin wird der Gegensatz zur Moderne sichtbar:

> „Solange das Daseinsgefühl des mittelalterlichen Menschen einheitlich bleibt, empfindet er die Autorität nicht als Fessel, sondern als Beziehung zum Absoluten und als Standort im Irdischen. Sie gibt ihm die Möglichkeit, ein Ganzes von einer Größe des Stils, einer Intensität der Form und der Vielfalt lebendiger Ordnungen aufzurichten, mit dem verglichen unser Dasein ihm wahrscheinlich als höchst primitiv erscheinen würde."[25]

Guardini widersetzt sich nun freilich einer romantizistischen Rückkehrsehnsucht ins Mittelalter. Aber sein Lösungsangebot für die moderne Problemstellung greift auf das mittelalterlich selbstverständliche Prinzip der Autorität zurück. Einerseits kann das Paradigma subjektiver Freiheit nicht mehr unterlaufen werden, andererseits ist es autoritativ zu orientieren. Das wird nicht

---

[21] Ebd., 26.
[22] R. Guardini, Das Ende der Neuzeit. Ein Versuch zur Orientierung, Würzburg 1950.
[23] Ebd., 114.
[24] Ebd., 32.
[25] Ebd., 34.

zuletzt glaubenstheoretisch bei ihm deutlich. Gott erscheint als der Absolute, dem man unbedingten Gehorsam als Glaubensform schuldet.

> „So wird der Glaube fähig, in der Gefahr zu bestehen. Im Verhältnis zu Gott wird das Element des Gehorsams stark hervortreten. Reiner Gehorsam, wissend, daß es um jenes Letzte geht, das nur durch ihn verwirklicht werden kann."[26]

Die Distanz zu einer modernen Fassung von Subjektivität wird deutlich. Das unterstreicht zumal das Ambiente der Glaubenssituation: die „Gefahr" geht letztlich von der Neuzeit selbst aus. Das Gegenmodell beschwört mit dem mittelalterlichen Einheits- und Autoritätsdenken ein Konzept, das sich dem modernen Pluralismus und seinen ausdifferenzierten Lebensbereichen diametral entgegensetzt. Dennoch ist gerade Guardini einer der großen Vermittler des Katholischen in die moderne Welt hinein. Sein Berliner Lehrstuhl dient programmatisch der Übersetzung der *katholischen Weltanschauung* in einer der Hauptstädte der Moderne. Dabei ist aufschlußreich, wie dezidiert Guardini diese Weltanschauung kirchlich faßt. In der Kirche wird der Standpunkt der Offenbarung und also der vollkommenen Wahrheit vertreten – er bestimmt jede Auseinandersetzung mit der Welt. Darin äußert sich noch einmal seine subjektphilosophische Skepsis.[27] Zugleich wird ein überlegener Standpunkt eingenommen, der das Verhältnis zur Moderne bestimmt und von einem Dialog nur sehr eingeschränkt sprechen läßt.[28]

Diese Position Guardinis ist nun charakteristisch für die katholische Theologie dieser Zeit. Man befürwortet eine Öffnung zur Moderne bei gleichzeitiger Hoffnung, sie möge sich in einer Weise von ihren eigenen Wurzeln entfernen, daß sich das katholische Denken in seiner Relevanz erweisen kann. Bis in die Zwanziger Jahre hinein wird dies optimistisch bekundet. Insbesondere Peter Wust steht dafür. Auch er privilegiert das Mittelalter gegenüber der Moderne, das Objekt gegenüber dem Subjekt und das Paradigma zeitenthobener Ewigkeit.[29] Das bevorzugte Identitätsmodell hat damit nach wie vor kaum Züge einer modernen Wirklichkeitsauffassung. Gerade vom Gegensatz erhofft man sich den Funktionsnachweis für die gegenwärtigen Probleme. „*Erste Nutzanwendungen des Katholischen*"[30] weisen auf die organisatorische Kraft der Kirche hin und versprechen von ihr Werte, derer die Moderne bedarf und die sie sich nicht selbst zu geben vermag. Doch bald wird deutlich, daß die moderne Gesellschaft nach anderen Lösungen als der katholisch empfohlenen sucht. Es zeichnen sich neue Rückzugstendenzen ab. Für Ruster stehen

> „seit etwa 1927 die Zeichen im Katholizismus auf Introversion, Selbstbesinnung und Festigung des inneren Zusammenhalts".[31]

---

[26] Ebd., 116.
[27] Vgl. H.-B. Gerl, Romano Guardini (1885-1968). Leben und Werk, Mainz 1985, 288: „Guardini ist in seiner Weltanschauung ausdrücklich Antikantianer, noch weiter formuliert: Anticartesianer."
[28] Vgl. T. Ruster, Die verlorene Nützlichkeit der Religion, 116-121.
[29] Vgl. ebd., 164ff.
[30] Ebd., 86.
[31] Ebd., 97.

2. Kirchliche Identitätsprobleme im Streit um die Moderne 287

Das katholische Milieu steht noch. Die darin gewährte Stabilität entlastet von den Folgen einer Welt, die zunehmend unübersichtlicher wird. Ein analoges Sicherheitsprofil gewinnt die Theologie mit ihren spezifischen Problembewältigungsstrategien.

> „Die Theologie stand hinsichtlich ihres Wissenschaftscharakters... unter Begründungszwang. Ihre feste Bindung an das Lehramt der Kirche, ihre ihr im Antimodernismus zur Pflicht gemachte Ablehnung säkularer Wissenschaftsmethoden waren ihrem Anspruch auf Allgemeingeltung im Wege, den sie gerade jetzt erheben mußte."[32]

Ein erster Lösungsansatz zeichnet sich im „Offenbarungspositivismus"[33] ab. Der Rückzug auf die Sicherheit der ergangenen Offenbarung hatte den Vorteil, daß das kirchliche Selbstbewußtsein nach innen wie außen gedeckt wurde. Erkenntnistheoretisch stand damit ein unhinterfragtes Mittel zur Verfügung, mit der Endgültigkeit des Offenbarungsanspruchs die faktische Minoritätsstellung zu verarbeiten. Dieses theologische Argument mußte jedoch im Gegenzug die „Flucht aus der Zeit"[34] beschleunigen.

Eng mit diesem ersten Lösungsprinzip hängt die ekklesiozentrische Verengung in der Theologie dieser Zeit zusammen.[35] Die Offenbarungsautorität wird in der Kirche verbürgt und verwaltet.

> „Die in der Kirche repräsentierte Autorität sollte ihren Grund entweder in der Vollmacht des von Christus gestifteten Amtes oder in der objektiven Wahrheit ihrer Lehre haben; beide Gesichtspunkte wurden auch miteinander verknüpft. In jedem Fall wurden >Autorität< und >Objektivität< als Wechselbegriffe gehandelt: weil die Wahrheit der Kirche von oben gegeben, unwandelbar, übernatürlich und deshalb aller Kritik unerreichbar ist, ist sie objektiv und taugt zur Begründung wahrer Autorität. Damit war für die Kirche und ihre Theologie ein unangreifbarer Standpunkt inmitten der modernen Relativierung aller Wahrheitsansprüche, wie sie von der kritischen Philosophie oder von der Einsicht in das geschichtliche Gewordensein von Überzeugungen und Lehren her drohte, erreicht."[36]

Damit wird ein starres katholisches Identitätskonzept revitalisiert, das für einen Augenblick einer neuen Öffnung zur modernen Welt hin zu weichen scheinen wollte, bevor sich verdeutlichte, daß eben diese Öffnung doch nur wieder mit antimoderner Schlagseite erfolgt war. Die Fremdheit blieb. Dennoch drangen moderne Einflüsse in Kirche und Theologie vor. Am nachhaltigsten durch erste Auflösungserscheinungen im Milieu; am ironischsten in der Vielzahl von theologischen Interpretationen, die jeweils das Ganze des Katholischen zu repräsentieren suchten.

> „Je mehr verschiedene Entwürfe sich als katholisch identifizieren ließen, um so weniger war das Wesen des Katholizismus eindeutig identifizierbar... Jeder von

---

[32] Ebd., 114.
[33] Ebd.
[34] Mit dem Titel eines Buches von Hugo Ball (München 1927).– Vgl. T. Ruster, Die verlorene Nützlichkeit der Religion, 52.
[35] Vgl. ebd., 357-368.
[36] Ebd., 358.

ihnen aktualisierte ein Bruchstück des vergangenen katholischen Kosmos und versuchte es für die Gegenwart zu totalisieren: Guardini das Katholischsein als geistige Form, Adam die Übernatürlichkeit der Offenbarung mit ihren Konsequenzen für die Autorität, Michel die Ethik des Liebesgebotes, Rademacher den rheinischen Kulturkatholizismus im System von Natur und Gnade, Casel die liturgische Heilsaneignung, Przywara die Vermittlung zwischen Endlichkeit und Unendlichkeit, Eschweiler das organische Gemeinschaftsmodell, Krebs die Vollmacht des Amtes an sich, Heinen die katholische Familie, Haecker das christlich-abendländische Kulturerbe, Schmitt die Kirche als politisches Handlungsprinzip."[37]

Die verschiedenen Deutungen verdanken sich den modernen Möglichkeiten zur Herstellung von Öffentlichkeit. Der sich erweiternde Handlungsraum für soziale Bewegungen in der Weimarer Republik verstärkte das Engagement kirchlicher Gruppierungen und schuf ein sehr vielgestaltiges Bild von Katholizität. Das indirekte Abbild ist das theologische Spektrum gerade in der Moderne-Verarbeitung. In einem Punkt zeigt es sich allerdings überraschend einheitlich: in der Skepsis gegenüber dieser Moderne:

> „Zur Moderne und ihren leitenden Ideen hat die römisch-katholische Theologie der Epoche insgesamt kein Verhältnis finden können."[38]

2.1.3 Rainer Bucher: Konstitutionsprinzipien der Kirche in der Moderne

Die Reaktion der katholischen Kirche und der vom Lehramt festgeschienten Theologie auf die Herausforderungen der Moderne besteht in der Konzentration der eigenen Kräfte und der defensiven Behandlung ihrer provokanten Themen. Installiert wurde so ein theologisch gestütztes und institutionell organisiertes „Dispositiv der Dauer":

> „Dem spezifischen Irritationspotential einer relativierenden Moderne wurde durch Stillstellung begegnet."[39]

Im Dienste katholischer Identität wurde die Entlastung von einem Zuviel an Subjektivität und kontingenter Zeiterfahrung betrieben. Das erste funktionierte durch die hierarchische Kirchenleitung einerseits und einen sozial-integrativen Katholizismus, der über die Pfarrei und die Verbände sowohl individuell als auch kirchlich einen identitätssichernden Milieurahmen bot. Das zweite wurde durch die Ausblendung einer geschichtlichen Hermeneutik intellektuell und durch alles umgreifende Zeitriten breitenwirksam erreicht. Damit erfolgte eine instinktsichere identitätslogische Nivellierung wesentlicher Differenzmarken.

Dennoch gab es eine behutsame Modernisierung im Innenbereich. Die lebensweltliche Begegnung mit einem hochgradigen Außenweltpluralismus

---
[37] Ebd., 390.
[38] Ebd., 391.
[39] R. Bucher, Kirchenbildung in der Moderne. Konstitutionsprinzipien der deutschen katholischen Kirche im 20. Jahrhundert, Stuttgart u.a. 1998, 14.

2. Kirchliche Identitätsprobleme im Streit um die Moderne 289

forderte Reaktionen im Innenbereich. Allein die theologische Apologetik erhielt so bereits eine pluriforme Anlage.[40] Die katholischen Verbände und die Volksfrömmigkeit ließen verschiedene katholische Stile zu. Die Verbände als katholischer Fuß auf der Türschwelle der Moderne fungierten dabei exemplarisch im Sinne einer dialektischen Modernität: einerseits arbeiteten sie in der modernen Gesellschaft und gestalteten sie mit, wenngleich durchaus auch kritisch; andererseits waren sie ein wirksames „Projekt der konservativen Zentralisierung"[41], indem sie das katholische System stabilisierten. Nach innen hin schufen sie moderne Freiräume eines selbstbewußten kirchlichen Mandats von Laien; freilich blieb dies zunächst noch im kirchlichen Vorraum – aber es überwand einen exklusiven Klerikalismus zumindest im Ansatz.

Dieser blieb freilich im „Dispositiv der Dauer" die katholische Außenseite. Katholische Identität war in der jeweiligen Überbietung von Pfarrer, Bischof und Papst unzweifelhaft. In den Außenbeziehungen stellte die Kirche eine *societas perfecta* dar, wobei dieses Modell erneut aus dem geschichtlichen Kontingenzbereich herausfällt. In der gleichen Logik werden die Innenbeziehungen abgeschirmt: katholische Biographien werden in einer starren sakramentalen Achse geprägt und in ethischer Hinsicht durch ein überzeitliches Naturrecht normiert. Und im theologischen Diskurs wird einerseits die Abkoppelung von moderner wissenschaftlicher Methodik durchgesetzt, andererseits dieser Vorgang durch die neuscholastische Variante des „Dispositivs der Dauer" überhöht.

Diese „Logik der Stillstellung"[42] hat schwerwiegende Nachteile und im Blick auf die NS-Zeit zugleich eminente Verarbeitungsvorteile. Zunächst einmal mußte die zunehmend spürbare Zeitentfremdung von Kirche und Theologie gerade für die katholischen Intellektuellen nach Möglichkeiten suchen lassen, eine neue Zeitgenossenschaft zu begründen. Das geschah sowohl theologisch aus missionarischen Motiven wie auch persönlich aus der Notwendigkeit, die eigene Konfessionalität gegenüber dem kritischen Einspruch der Zeit oder einer desinteressierten bis ignoranten Haltung zu rechtfertigen. Dabei war zugleich das antimodernistische Denkverbot der Theologie weiterhin in Kraft; und es traf durchaus mit einer erheblichen Reserviertheit der Theologie gegenüber der Moderne zusammen.

Eine der schockierendsten Herausforderungen und Belastungen der Theologiegeschichte stellt vor diesem Hintergrund die Faszination dar, die der Nationalsozialismus zumindest zeitweise auf einige bedeutende Theologen ausübte. Nach Rainer Bucher versprachen sich Theologen wie Joseph Lortz, Michael Schmaus und Karl Adam für die katholische Kirche vor allem eine neue gesellschaftliche Handlungsfähigkeit vom Anschluß an nationalsozialistische Denkmuster.

Der Nationalsozialismus war selbst in seiner Außendarstellung von einer religiösen Atmosphäre umgeben, die wiederum auf die bleibende Ansprech-

---

[40] Vgl. ebd., 30 sowie das zum Abschluß des vorigen Kapitels Angemerkte.
[41] Ebd., 47.
[42] Ebd., 44.

barkeit der Menschen für diesen Bereich hindeutete. Vor allem aber bediente er die gleiche ambivalente Haltung zur Moderne, die auch den Katholizismus kennzeichnete. Er war strikt antipluralistisch eingestellt und bekämpfte den kulturell-normativen Relativismus, der – über einen formal-regulativen pluralistischen Gehalt hinaus – insofern mit der Moderne zusammenhängt, als daß individuelle Überzeugungen die Basis gemeinschaftlicher Traditionsschemata zumindest in ihrer immer möglichen Überprüfbarkeit stellen.

Zugleich aber übernimmt der NS moderne Techniken zur Organisation von Herrschaft. Hitler ist selbst nicht einfachhin Antimoderner, sondern ein ambivalenter Moderner. Das wird nicht zuletzt darin deutlich, daß nur in einer modernen Säkulargesellschaft einem politischen Totalitarismus Möglichkeiten gegeben werden, das ehemals Religiöse durch andere ideologische Größen zu ersetzen. Macht wird vom Religiösen abgekoppelt; seine Machtbegründung entfällt genauso wie seine eschatologische Kritikfähigkeit. Macht wird ganz menschlich und herstellbar. Seine Legitimation wird prozedural gefaßt und also inhaltlich offen.

> „Dieser Prozeß der Säkularisierung von Politik aber eröffnet auch die Möglichkeit einer projektierten Gestaltung des Politischen... Das Wissen um die Gestaltungsmöglichkeiten von Gesellschaft, also der modern gewonnene Handlungsspielraum des Politischen, kann nun aber gerade dazu eingesetzt werden, die (normative) moderne Idee einer vernünftigen Selbstgesetzgebung zu liquidieren."[43]

Damit ergibt sich eine unleugbare Nähe in der ablehnenden Haltung zur Moderne – bei genauso deutlichen Unterschieden. Der augenfälligste machte nun aber gerade die besondere Attraktivität für die genannten Theologen aus. Ganz im Gegensatz zum offiziell antimodernistischen, in Wirklichkeit eher „modernitäts*dialektischen*" Katholizismus war der NS eine Bewegung: seine Dynamik war deutlich leistungsfähiger im Blick auf die Massen und die gesellschaftssteuernden Kräfte als das katholische „Dispositiv der Dauer". Hitlers „Theologie" bot eine antipluralistische Verbindung von Politik und Religion mit z.T. modernen Zügen an. Gerade die gemeinschaftsbildende Ausstrahlung dieses Konzepts wurde für die genannten Theologen zur Versuchung, katholische Anschlußmöglichkeiten herauszustellen. Dazu betonten sie die Kritik an Subjektivismus und Liberalismus, überhaupt gegen das Prinzip der Freiheit. Sie suchten nach einer Integration von Denken und Leben, die eine Theologie des Völkischen leisten sollte. Über die Volksgemeinschaft sollte die Kirche wieder gesellschaftliches Handlungszentrum werden und das Ghetto verlassen, in das sie sich begeben hatte.

Der NS versprach dafür einen gesellschaftlichen Aufbruch, der religiöse Züge hatte und sich katholisch im Katholiken Hitler identifizieren lassen konnte. Religion hatte eine gemeinschaftsbildende Kraft nach innen wie außen und war damit in der Weise nützlich, wie sie zuvor nicht gebraucht worden war. Darüber hinaus ließ sich der interne theologische Pluralismus im Sinne einer völkischen Theologie vereinheitlichen.

---

[43] Ebd., 89.

> „Vor allem aber schien es jetzt möglich, die als fatal erkannte Statik des ‚Dispositivs der Dauer', seinen kognitiven Rationalismus und seine existenzielle ‚Lebensferne' zu überwinden. Denn Hitlers Projekt erlaubte es, spezifische kognitive und gesellschaftliche Elemente der Moderne aufzugreifen, ohne gesellschaftlichen Pluralismus akzeptieren zu müssen. So schienen mit Hitler zentrale Anliegen einer anti-pluralen Modernisierung des Katholizismus verwirklicht werden zu können."[44]

Der offensichtliche Bruch des NS-Regimes mit der katholischen Kirche mußte diese Hoffnungen nach den ersten Jahren der Herrschaftssicherung enttäuschen. Der Rassismus als Verbindungsstück zwischen dem Regime und den „Theologen des Völkischen"[45] trug zwar die Hoffnungen eine Zeit lang – letztlich aber nahmen weder die politischen noch die kirchlichen Führer das theologische Angebot einer Verbindung von Katholizismus und NS an. Jenes „Dispositiv der Dauer", von dessen Überwindung die nationalsozialistische Versuchung für die Theologen ausging, wurde zum Überlebensmodell der katholischen Kirche im NS. Die alte Bindungskraft ließ die Gemeinden überleben, auch als der NS auf die kirchlichen Verbände übergriff. Dieses Überleben wurde freilich teuer erkauft: die Kirche bestand auf regionalen Kompetenzen im religiösen Bereich und trennte zugleich scharf zwischen Religion und Politik. Sie machte damit für den NS keinen Entscheidungskampf gegen die Kirche notwendig, auch wenn hier ein Raum blieb, zu dem ihm der letzte Zugriff versperrt war. Andererseits griff die Kirche nicht bzw. nur selten kritisch in den politischen Bereich ein.

> „Das politische Modell regionalisierter Zuständigkeiten von Staat und Kirche findet nicht nur historisch seinen Ort zu Beginn einer sich emanzipierenden bürgerlichen Gesellschaft, sondern theologisch seine Entsprechung in einer latent dualistischen Theologiekonzeption, welche die Kirche als Trägerin eines übernatürlichen Wissens definiert, das den Bereich des Natürlichen in wesentlichen Punkten gar nicht mehr erreicht. Aller innerkirchlich erhobener universaler Interpretationsanspruch der Wirklichkeit verpufft vor der Unfähigkeit einer solchen Theologie, zu irgendwelchen relevanten Fragen menschlicher Existenz gesellschaftlich wirkungsvoll überhaupt noch Stellung nehmen zu können und der Kirche operationable Konzepte christlichen politischen Handelns in einer nichtchristlichen Gesellschaft bereitzustellen."[46]

Leistungen und Grenzen des sich aus der Moderne herausschälenden „Dispositivs der Dauer" werden im theologisch-kirchlichen Ernstfall erkennbar. Der Abstand zur Moderne wurde auch in ihrer totalitären Variante als einem spezifisch modernen Phänomen beibehalten. Nach dem 2. Weltkrieg konnte von der Kirche von daher noch einmal wenigstens zeitweise eine gesellschaftliche Orientierung ausgehen, weil sie aufs Ganze gesehen nicht mit dem NS paktiert hatte. Freilich hatte sie ihren Widerstand auch nicht wirklich politisch fassen können, weil sie sich in ihrer Grundlogik gesellschaftlich distanziert

---
[44] Ebd., 150.
[45] Vgl. ebd., 166-180.
[46] Ebd., 210f.

hatte. Das Problem blieb und wurde lediglich vertagt: die Haltung zur Moderne war weiterhin nicht wirklich geklärt und blieb ablehnend, ohne damit die Aspekte vorgedrungener Modernität im eigenen Bereich reflektiert zu haben. Diese unverarbeitete Moderne kostete die katholische Kirche erhebliche Relevanz und bedingt ihre gesellschaftlichen Rezeptionsphänomene in den modern entwickelten Gesellschaften bis heute. Das bezeichnete Problem führt unmittelbar an die Gegenwart heran und steuert auf das zentrale Problem einer identitätslogischen Hermeneutik angesichts der postModernen Herausforderung eines radikalisierten theoretischen wie gesellschaftlich-politischen und kulturellen Pluralismus zu. Welche Gefahren von der ungeklärten Modernitätsproblematik indes für die Kirche ausgehen, macht ihre eigene diesbezügliche Dialektik deutlich, aus der heraus einerseits die genannten Theologen sich dem NS andienten und andererseits die Kirche selbst keine überzeugende Antwort auf jene Herausforderung fand, die der unmenschliche Staat an sie stellte. Auf beiden Seiten verstrickte sie sich in Schuld.

2.1.4 Urs Altermatt: Antimodernismus und Säkularisierung

Dieser Problemstand verweist über seine theologische Deutung hinaus auf ein religionssoziologisches Phänomen. Die Perspektiven lassen sich nicht trennen. Intellektuelles und gesellschaftliches Ghetto bedingen sich gegenseitig. Von daher begreift Urs Altermatt „die Mentalitäts- und Sozialgeschichte des Katholizismus als Reflex der allgemeinen Gesellschaftsgeschichte".[47] Er erläutert dies am Beispiel der Schweiz als einem Paradigma moderner Gesellschaftsformation mit einerseits stark progressiven Zügen vom Beginn der industriellen Moderne an und andererseits deutlich verzögerter Entwicklung in den eher ländlichen Bereichen.[48]

Altermatts Interpretationsansatz sieht den Schlüssel für die bislang gezeichnete Entwicklung der katholischen Kirche von einem bestimmenden gesellschaftlichen Faktor zu einer eher randständigen Gruppierung im Säkularisierungsvorgang, der die Moderne begleitet.[49] Auf die davon ausgehende Bedrohung reagiert die Kirche mit dem Rückzug ins Milieu, das eine pluralismusresistente und differenzimmune Identität sichern soll. Diese defensive Haltung wird der Kirche doppelt aufgezwungen: durch die staatlichen Übergriffe auf die kirchliche Organisation und den Verlust an relevanten Deutungsmustern. Das erste Problem konnte die Kirche lösen, indem sie sich institutionell modernisierte. Das zweite hat sich bis in die Gegenwart hinein zunehmend dramatisiert, weil inzwischen auch die kirchlichen Binnenmilieus von einer christlichen Plausibilitätskrise erreicht wurden. Die Bestandsaufnahme der Gegenwart wird im Säkularisierungscode lesbar:

---

[47] U. Altermatt, Katholizismus und Moderne. Zur Sozial- und Mentalitätsgeschichte der Schweizer Katholiken im 19. Und 20. Jahrhundert, Zürich 1989, 387.
[48] Vgl. ebd., 16.
[49] Vgl. ebd., 17; 119.

2. Kirchliche Identitätsprobleme im Streit um die Moderne   293

> „Für die Kirchen mit ihren immateriellen Botschaften bleibt wenig Aufmerksamkeit übrig. Die Kirchen geraten unter die Räder des sozialen Wohlfahrtsstaates und der konsumistischen Überflußgesellschaft."[50]

Seit der beginnenden Moderne hat die Kirche in den westlichen Industriegesellschaften aufs Ganze gesehen keine Gewinne, sondern lediglich Verluste an Kirchenmitgliedern verbuchen können. Die große Ausnahme bildet die Zeit nach 1945, vor allem in Deutschland, weil hier eine gesellschaftliche Neuorientierung unumgänglich war, für die gerade die katholische Kirche einerseits relativ unbelastete Anknüpfungsmöglichkeiten bot, andererseits ein letztes Mal noch auf jenes Milieu in sehr geschlossener Form zurückgreifen konnte, das sich als Reaktion auf die Moderne installiert hatte.[51]

Diese Moderne wirkte immer ambivalent: technischen Fortschritten standen politisch-gesellschaftlich reaktionäre Elemente gegenüber, durch deren Einsatz z.T. die ersteren erst erreicht wurden. Es gab Ungleichzeitigkeiten in der Entwicklung. Die betrafen zumal die Katholiken. In Deutschland wie in der Schweiz existierte eine breite „ökonomische Inferiorität"[52] der Katholiken, der eine bildungsmäßige Unterlegenheit entsprach. Sie waren unterrepräsentiert in den Führungspositionen und unproportional stärker in der Landwirtschaft vertreten. Im Volkseinkommen lagen sie deutlich zurück. Als eine der Folgen der Modernisierung läßt sich von daher die Distanz der Unterprivilegierten zu diesem Prozeß beschreiben. Die theoretisch und kirchenpolitisch begründete Skepsis der Kirche gegen die Moderne konnte auf eine ähnliche Haltung in weiten Teilen des Kirchenvolks setzen.

Mit der sich so formierenden Identität waren jedoch zunehmend Auflösungserscheinungen verbunden. Identitätsbrüche im Milieu zeichneten sich durch den rapiden Verlust der Arbeiterschaft an die Sozialdemokratie ab. Und intellektuelle, mentalitätsbestimmte Plausibilitätsbrüche sanktionierte der theologische Antimodernismus, der die Kirche von ihrer Zeit trennte. Kompensatorisch entstand eine rückwärtsgewandte Sehnsucht, die kulturell produktiv wurde: in der Kirchenmusik mit der Wendung zur Frühklassik, in der Malerei mit den Nazarenern, literarisch durch die Romantik und ihren Mittelalter-Topos, der theologisch mit der Neuscholastik verwandt ist.

Der reduzierten Zeitgenossenschaft entspricht zunehmend die Außenwahrnehmung des Katholiken. Er gilt als unterentwickelt und wird vom nationalliberalen Bürgertum aufgrund des übernationalen Charakters des Katholizismus beargwöhnt. Die katholischen Rituale erscheinen darüber hinaus in

---

[50] Ebd., 368.
[51] Vgl. T. M. Gauly, Katholiken. Machtanspruch und Machtverlust, Bonn 1991, 41-69. Wie zweifelhaft und vorübergehend freilich der katholische Zustrom der Nachkriegszeit war, macht bereits die bei Gauly (68) zitierte Rede von Ivo Zeiger SJ deutlich, der von einem „Missionsland Deutschland" sprach, indem er auf die enormen geistigen wie materiellen Verluste des NS-Zeit sprach. Die christliche Substanz mußte fragwürdig erscheinen angesichts der Bereitschaft vieler Katholiken, sich dem System anzudienen. Daß diese Diagnose ohne Echo blieb, gehorcht der Logik eines sich reanimierenden Identitätskörpers, der sich gegen jede neue Beunruhigung sperrt. Der Patient braucht Ruhe, die er sich selbst verordnet.
[52] H. Hürten, Deutsche Katholiken 1918 bis 1945, 15.

einer Weise anachronistisch, daß der Katholik wörtlich in einer anderen Zeit zu leben scheint, die sich jedenfalls mit dem aufgeklärten Bewußtsein der Moderne nicht mehr vereinbaren läßt. Genau dies begünstigt die wachsende Distanzierung. Der katholische Antimodernismus hat den Charakter eines „Konservativismus als Protesthaltung"[53]: gegen die Dominanz der Stadt steht die Identität der Landbevölkerung, die mit katholischer Religiosität definiert wird.

> „Der konservative Antimodernismus war zunächst einmal antimodernistische Reaktion auf den Modernisierungsprozeß, indem er Bestehendes gegen den sozialen Wandel verteidigte..."[54]

> „Da der soziale Wandel irreversibel voranschritt, war der konservative Katholizismus aber auch Anpassung an die moderne Welt."[55]

Damit ergibt sich das Gesamtbild eines dialektischen Antimodernismus, in dem sich Distanz und Integration verbinden. Exemplarisch vollziehen dies die katholischen Vereine, die religiös gebunden bleiben, aber in der modernen Arbeitswelt stehen. Im modernen Staat wird mit seinen Mitteln gegen seine Bedrohungen gekämpft.[56]

Dies wird deutlich im Kulturkampf. Der moderne Staat greift auf eine Gesellschaft in der Gesellschaft über, die Widerstandspotentiale gegen ihn kultiviert. Sie spielen zumal sozialpolitisch eine wichtige Rolle. „Sozialgeschichtlich gesehen handelte es sich beim Kulturkampf... um eine epochale Auseinandersetzung zwischen Tradition und Moderne".[57] Die Kirche konnte in diesem Konflikt das eigene Milieu stabilisieren, vollzog aber zugleich eine vorsichtige Annäherung an die Moderne mit ihren eigenen Strategien. Indem sie die Kirchenfreiheit nicht als Privileg, sondern als egalitäres Grundrecht im modernen liberalen Staat einforderte, beanspruchte sie dessen Logik.[58] Die antimoderne Dialektik zeigt sich: gesellschaftlich hatte der Kulturkampf desintegrative Folgen, weil der mentalitätsmäßige Abstand zum modernen Staat wuchs. Gleichzeitig vollzog sich eine strukturelle Modernisierung gleichsam wider Willen. Auf dieser Basis wächst die katholische „Sondergesellschaft" mit ihrer Blütezeit von 1920 bis 1950.[59] Identität in einer säkularisierten Gesellschaft und die Emanzipation aus ihren Übergriffen und aus der latenten Unterprivilegierung ihrer Mitglieder sind die entscheidenden Antriebskräfte zu ihrer Herausbildung. Solange die negativen Folgen der Moderne anhalten, hält sich das katholische Milieu. Doch mit der wachsenden Urbanisierung und dem Sieg eines säkularisierten Weltbildes gerät

---

[53] U. Altermatt, Katholizismus und Moderne, 57.
[54] Ebd., 60.
[55] Ebd., 62.
[56] Vgl. H. Hürten, Deutscher Katholizismus im 19. Jahrhundert. Positionsbestimmung und Selbstbehauptung, in: ders., Katholiken, Kirche und Staat als Problem der Historie. Ausgewählte Aufsätze 1963-1992, hrsg. v. H. Gruber, Paderborn u.a. 1994, 33-50; hier: 39ff.
[57] U. Altermatt, Katholizismus und Moderne, 219.
[58] Vgl. H. Hürten, Deutscher Katholizismus im 19. Jahrhundert, 40.
[59] Vgl. U. Altermatt, Katholizismus und Moderne, 102ff.

dieses Identitätsparadigma ins Wanken: das Milieu als Identitätsfunktor löst sich auf.

Genau dieser Prozeß führt nach Altermatt in eine neue kirchliche Modernismuskrise. Aufklärung und Industrialisierung hatten sozialhistorisch die ersten Krisenphasen ausgelöst – diese neue ergibt sich aus der radikalisierten Moderne, deren Individualisierungs- und Pluralismusschübe kirchlich auch durch das Vaticanum II nicht aufgefangen werden konnten. Die hermeneutisch unverarbeitete Moderne schlägt nun nach der Auflösung verstärkt auf die Kirche zurück. Ihr Paradigma der Identität gestattet zwar noch restaurative Rückzüge, doch folgen ihnen inzwischen selbst die eigenen Mitglieder nur noch vereinzelt.

Modern ausdifferenzierte Gesellschaften gestatten lediglich „partielle"[60] Identitätsformen. Die katholische Kirchenleitung erzeugt hier eine Gegenfront. Es wird vermehrt nach einer absoluten Identität gesucht, die zumal hermeneutisch kritische Fragenpotentiale stillzustellen sucht. Das gewählte Verhaltensmuster ist das jenes Antimodernismus, mit dem sich die Kirche seit der frühen Moderne deren Herausforderungen letztlich entzog, indem sie diese fast ausschließlich sozialtechnisch rezipierte. Dem entgegen wird (post)modern ein Paradigma differentieller Identität vorstellbar, das pluralismusfreundlicher fungiert. Zunächst indes bleibt es hermeneutisches Desiderat, abgelesen als Negativfolie von jenem unverarbeiteten Problemstand, der sich in der kirchlichen Auseinandersetzung um die Moderne herauskristallisierte.

2.1.5 Karl Gabriel: Moderne Spannungsverhältnisse im Katholizismus

Was bei Altermatt als dialektischer Antimodernismus unter den Vorzeichen der Säkularisierung beschrieben wurde, schreibt die Moderne-Analyse von Karl Gabriel fort. Für ihn ist der Antimodernismus ein grundlegend modernes Phänomen, und zugleich erscheint das Modell der Säkularisierung zu eng, um seine Konflikte mit der Moderne adäquat zu fassen. Die Säkularisierungsthese impliziert nämlich eine wachsende Ablösung von religiösen Deutungsschemata, worauf die Kirche abwehrend reagierte. Unbestreitbar ist zwar die Freisetzung der Welt aus der Bevormundung christlicher Doktrin, vor allem im Bereich der wissenschaftlichen Vernunft, die schließlich als technische Rationalität die Erfolge der Moderne ermöglichte. Indes inhärieren der Moderne selbst bereits religiöse Deutungsmuster.

Gabriel nimmt die bezeichnete Dialektik also auch auf der Seite der modernen Kultur an und findet so zu einem komplexeren Deutungsmodell. Bei ihm bestimmt die „These einer verschärften Unbestimmtheit anstelle vom Verfall der Religion"[61] ihre Beziehung zur modernen Wirklichkeit. Sie ge-

---

[60] Ebd., 354.
[61] K. Gabriel, Einleitung zu: ders. (Hrsg.), Religiöse Individualisierung oder Säkularisierung. Biographie und Gruppe als Bezugspunkte moderner Religiosität, Gütersloh 1996, 9-13; hier: 11.

winnt an Plausibilität angesichts der „religionsproduktiven Tendenzen"[62] noch in der fortgeschrittenen Moderne, zumal zu ihr, sogar mit der *Pluralisierung* und *Relativierung* ihrer Deutungssysteme, unaufgebbar eine Sinnvergewisserung durch „symbolische Gemeinschaften"[63] und also ein zumindest strukturell religiös offenes Moment gehört. Diese archäologische Tiefenschicht religiöser Weltwahrnehmung in der Moderne läßt sich aus der Dynamik der Legitimations- und Sinnfragen eruieren, die sich mit gesellschaftlichen und persönlichen Krisen auftun. Es begegnen in diesem Bereich Deutungsfiguren, die gleichsam mythisch eingesetzt und entsprechend auch in der Werbung und auf dem Markt gehandelt werden: Leben, Arbeit, Glück fungieren als „Bewährungsmythos".[64]

Die Säkularisierung schafft nun genau jene Dynamik nicht ab, sondern verschärft sie, weil sie einerseits religiöse Interpretationen unterminiert, andererseits einen religiösen Ersatz braucht. Nicht zufällig sind gerade die Ersatzreligionen totalitaristischen Zuschnitts die modernen Extreme eines Gesellschaftsmodells, die nach jener Interpretation der Gesamtwirklichkeit suchen, welche sich die Moderne selbst nicht zu geben vermag. Damit wird es möglich,

„die paradoxale Konstellation zu dechiffrieren, in der das Verdampfen religiöser Inhalte und Deutungen vor der wissenschaftlichen und methodischen Rationalität im Prozeß der Säkularisierung in sich auf der strukturellen Ebene eine konsequente Fortsetzung der aus dem Strukturmodell von Religiosität ableitbaren Bewährungsdynamik darstellt".[65]

Zugleich ergibt sich eine andere Perspektive auf die Moderne-Problematik der katholischen Kirche. Sie erscheint als ein „Amalgam aus Traditionalität und Modernität".[66] Trotz der grundsätzlich abwehrenden Haltung gegenüber der Moderne gibt es vielfältige Verknüpfungen mit ihrer Kultur. Auf seiten der Moderne selbst durch die Übernahme" gesellschaftlicher Kulturmuster des Christentums"[67]; auf seiten der Kirche durch einen allmählichen Individualisierungsschub. Daß er eingesetzt hatte, macht erst die heftige Reaktion der Kirche notwendig und verständlich. „Persönliche Religiositätsstile als individuelle Transformationen kirchlich-christlicher wie gesellschaftlicher Religion"[68] gewinnen im Fortgang der Moderne an Kontur. Als sie sich dann nach dem 2. Weltkrieg verstärkt durchsetzen, schließlich seit den 60-er Jahren das Verhältnis zur Kirche bestimmen, wo eine solche Beziehung über-

---

[62] Vgl. H.-J. Höhn, Gegen-Mythen. Religionsproduktive Tendenzen der Gegenwart (QD 154), Freiburg u.a. 1994.
[63] K. Gabriel, Gesellschaft im Umbruch – Wandel des Religiösen, in: H.-J. Höhn (Hrsg.), Krise der Immanenz. Religion an den Grenzen der Moderne, Frankfurt a.M. 1996, 31-49; hier: 33.
[64] U. Oevermann, Strukturmodell von Religiosität, in: K. Gabriel (Hrsg.), Religiöse Individualisierung oder Säkularisierung, 29-40; hier: 36.
[65] Ebd., 40.
[66] K. Gabriel, Christentum zwischen Tradition und Postmoderne (QD 141), Freiburg u.a. 1992, 16.
[67] Ebd., 45.
[68] Ebd.

haupt noch aufrecht erhalten wird, wird mit jener „halbierte(n) Moderne" gebrochen, die kirchlich dominierte. Fortan ist jene „Innovationskrise"[69] des katholischen Christentums unübersehbar, die seit dem Beginn der Moderne schwelt.

In ihr erscheint als Kernproblem die Individualisierung, gegen die sich die Kirche wandte, als sie Relativismus und Pluralismus bekämpfte. Sie pflegte ein klares Identitätsbild, das die Gemeinschaft band; der einzelne konnte aus ihr kaum ausscheren.

> „Die umfassende Privatisierung des Lebens außerhalb institutionell eng definierter Handlungsbereiche ist eine für die Sinnhaftigkeit des Einzeldaseins besonders bedeutsame Folge des hohen Grades der funktionalen Differenzierung der Sozialstruktur in den modernen Gesellschaften. Ihr Kernstück ist die Privatisierung der Religion."[70]

Umgekehrt wird deutlich, warum gerade bei den Verlierern der Moderne die Eingliederung in das Kollektiv Anreize bot. Moderne Komplexität wurde verarbeitet in der Durchschaubarkeit eines Systems, das in der Theorie Lösungen bot und in der Praxis durch die Person von Papst, Bischof und Priester Identität vermittelte. In den kirchlichen Ritualen umfassender Lebensbegleitung ließ sie sich vergewissern. Doch als die Versprechungen der Moderne ihre Nachteile auch für dieses Milieu überwogen, mußte das unverarbeitete Problem neue Verluste für das System nach sich ziehen, während umgekehrt kaum Zuwächse verzeichnet werden konnten. Für missionarische Erfolge oder eine Neuevangelisierung fehlten, mentalitätshistorisch gesehen, die Voraussetzungen und Anknüpfungspunkte. Diese Verluste vollzogen sich gerade im Zeichen eines gestärkten Subjekts und individualisierter Lebensvollzüge.

Das antimoderne Paradigma schlägt hier eindeutig negativ zu Buche. Ihm fehlt der Vermittlungsraum von kirchlicher Hierarchie und Recht des Einzelnen gerade im Innenbereich der Kirche selbst. Stattdessen scheinen sich bis heute Muster jenes Antimodernismus zu wiederholen, der exakt die Hierarchisierung neu betreibt und damit an einer Organisationsform arbeitet, die vor- bzw. gegenmoderne Momente aktiviert. Daß sie theologisch gefaßt und abgesichert werden, entspricht dem hermeneutischen Spannungsverhältnis, das katholisch nach wie vor Gräben zum modernen Denken aufschüttet.

Als Grundstrukturen des antimodernen Katholizismus sieht Gabriel die folgenden Aspekte[71]:

(1) zentrale Kontrolle; „in Fragen der Letztbegründung ein kirchliches Deutungsmonopol"[72];

---

[69] H.-J. Höhn, Gegen-Mythen, 139.
[70] T. Luckmann, Privatisierung und Individualisierung. Zur Sozialform der Religion in spätindustriellen Gesellschaften, in: K. Gabriel (Hrsg.), Religiöse Individualisierung oder Säkularisierung, 17-28; hier: 25.
[71] K. Gabriel, Christentum zwischen Tradition und Postmoderne, 80f.
[72] Vgl. ebd., 81.

(2) moderne Organisation;
(3) deren sakrale Abfederung;
(4) katholische Milieuformierung mit einer eigenen Weltsicht, einem umfassenden institutionellen Rahmen und einer ritualisierten Lebenswelt.

Die Neuscholastik deckte als theologische Denkform diese gesellschaftliche Ausdifferenzierung eines religiösen Segments aus dem gesellschaftlichen Ganzen, das es ehemals bestimmt hatte und das es im Gegenzug nun zu einem pluralistischen Phänomen machte, indem es genau die Erinnerung aus jener Zeit bewahrte, in der Kirche und Theologie jenes Ganze waren. In diesem ambivalenten modernen Vorgang war die Neuscholastik das regressive Muster, das sich von der Gegenwart abspaltete. Die bestimmende Denkfigur war jene Abgrenzung, die das Milieu praktizierte; die Oppositionspaare konfrontierten Kirche und moderne Welt, Theologie und Welt, Katholizismus und Protestantismus, Katholiken und Liberale bzw. Sozialisten. Rein wissenssoziologisch siegte hier das rückwärtsgewandte kuriale Moment über anpassungsfreundlichere Theologen, indem ein theologischer Stil mit aller zur Verfügung stehenden Macht durchgesetzt wurde.

„Das sicherste geistige Fundament für die Dissoziation bot ihnen der Rückgriff auf das scholastische Erbe. Als vorrangig erwies sich dabei nicht die Pflege einer historischen Tradition als solcher, sondern der Wunsch nach scharf umrissener Identität."[73]

Der Konnex von Organisations- und Denkform ist hier grundsätzlich zu nehmen. Er deutet auf die Anlage dieser Untersuchung selbst, die in einem differenztheoretisch offeneren Bild das Paradigma der Identität zu interpretieren sucht. Hier zeigt es sich auf dem Höhepunkt seiner *Macht*.

Wie sehr machttheoretische Momente eine Rolle spielen, läßt sich an den spezifischen Modernisierungsaspekten des Katholizismus jener Zeit erweisen. Hierarchisierung und Professionalisierung sind deren vorzüglichste Erscheinungsformen. Dazu kommt die „Trennung des einzelnen vom Besitz an den Betriebs- und Herrschaftsmitteln".[74] Erneut wird die Rückdrängung des Individuellen als gegenmoderner Affekt in der katholischen Moderne sichtbar. Insgesamt zeigt die Kirche Züge jener „rational-bürokratische(n) Herrschaft"[75], die sich im Sinne Max Webers in der Moderne funktionssicher durchsetzen.

Karl Gabriel kann nun gerade am Einsatz von Machttechniken unter Bezug auf Michel Foucaults Analysen ihre herrschaftsbezogenen und darin wissensproduktiven Anteile verdeutlichen. Das Priesterseminar des 19. Jahrhunderts ist das Modell einer vollständigen Disziplinierung von Körper und Geist zum Zwecke optimaler Einsetzbarkeit des künftigen Priesters bei absolutem Gehorsam gegenüber der Kirche. Der Alltag wird streng geordnet

---

[73] Ebd., 84.
[74] Ebd., 88.
[75] Ebd.

und überwacht. Abweichungen stehen unter Androhung des Ausschlusses. Die Lektüre ist bereits von Rom selbst zensiert. Nur konforme Theologen können ausbilden. Die Priesterschaft wird zunehmend uniform.

> „Über die Klosterdisziplin finden die in den totalen Institutionen des 19. Jahrhunderts perfektionierten körperbezogenen Kontroll- und Disziplinierungstechniken Eingang in die Seminardisziplin. Einflüsse einer totalen, erzieherischen Sozialkontrolle schlagen sich bis in die Architektur der Priesterseminare nieder."[76]

Der erlebte Leitungsstil wird zum praktizierten: vom Beichtstuhl bis zur Führung der Gemeinde oder des Bistums. Der Bischof ist vorzüglichstes Instrument des Systems. Er steht im kirchlichen Machtzentrum, verweist dabei aber nur auf die absolute Spitze. Die bischöflichen Verwaltungen vermitteln diese Zwischenstellung durch eine weitergereichte Kontrolle, die sie durch die Ad-Limina-Besuche selbst betrifft und die sie in Form von Rechenschaftsberichten durch die Pfarrer manifestieren. Macht und Wissen verschränken sich im Bischofsamt.

> „Der im 19. Jahrhundert einsetzende und die Kirche bis in die Gegenwart prägende Disziplinierungsprozeß läßt sich als defensive Reaktion auf ihre neuzeitliche Lage im Gegenüber zu Staat und Gesellschaft interpretieren. Mit einem disziplinierten, blind aufeinander abgestimmten und an Gehorsam gewöhnten Sozialkörper stellte sich die Kirche des 19. Jahrhunderts der vielleicht größten Herausforderung ihrer Geschichte. In diesem Kampf griff sie auch auf jene modernen Machttechniken zurück, die in der Perspektive Foucaults die notwendige Schattenseite der aufgeklärten, bürgerlichen Freiheiten darstellen."[77]

Die Dialektik von Moderne und Antimodernismus in der katholischen Kirche läßt sich von daher gerade im Paradigma der Macht deuten. Die Mittel zu einer Reflexion dieses Verhältnisses standen ihr nicht zur Verfügung, weil sie alles auszuschalten suchte, was ihre Identität erschüttern konnte. Indem alle Differenzmomente systematisch zugedeckt wurden, mußte dies gerade auch das Individuum betreffen, das von den modernen Freiheiten autonomer Vernunft und gesellschaftlicher Emanzipation angesprochen wurde. Eine Strategie seiner Disziplinierung dokumentiert kirchlich das Seminar. Es ist indes nur die letzte Konsequenz einer Logik, die sich im ganzen System festmachte. Gerade in Gestalt theologischer Individualität wurden individuelle Räume beschnitten: Syllabus, Dogma, Zensur, Verurteilung, Exkommunikation erscheinen als Mittel einer Disziplinierung, die gerade um der Wahrheit und ihres sicheren Wissens willen unternommen wurde. Mit dem wachsenden Selbstbewußtsein des einzelnen Katholiken mußten diese identitätslogischen Instrumente wie das Paradigma selbst an Verfügungskraft verlieren. Legt man als Paradigma der Moderne nicht die Säkularisierung, sondern ei-

---

[76] K. Gabriel, Machtausübung in der heutigen Kirche im Spiegel sozialwissenschaftlicher Machttheorien: Max Weber, Michel Foucault, Hannah Arendt, in: Concilium 24 (1988) 190-195; hier: 192.
[77] Ebd., 193.

ne „komplexe Individualisierung"[78] zugrunde, so wird verständlich, warum dieses Muster des Christlichen in eine Tradierungskrise geriet.

Eben diese Individualisierung als bewußte Subjektwerdung setzt kirchlich wie theologisch das Problem der Moderne bis in die Gegenwart fort. Es nimmt kaum wunder, daß in der antimodernistischen Kampfphase theologische Aufbrüche hin zu einer subjekttheoretisch veranlagten Theologie behindert und z.T. auch unterbunden wurden.[79] Der Versuch, das mit einer theologischen Subjekttheorie verbundene Problem des Modernismus und Historismus zu lösen, also den eigentlichen aporetischen Theoriekern, wurde so z.B. bei Maurice Blondel zurückgedrängt.[80] Um so stärker weist dieser Zusammenhang auf einen Verbund von erkenntnistheoretischen und zeitreflexiven Motiven hin, die einen Überhang auf ein fundamentaltheologisches Begründungsdenken zu erkennen geben, das sich aus der defensiven Erstarrung dieser Identitätslogik löst und zugleich subjekttheoretisch überzeugt. Daß dies wiederum zwischen moderner und postModerner Herausforderung zu geschehen hat, zeigte bereits das Kapitel über Paul Ricoeur. Im vorliegenden Fall ist jedenfalls festzuhalten, daß die kirchliche Identitätslogik ihre Aporien lediglich verdrängte, statt sie auszutragen – und daß in einem erneut grundlegenden Zusammenhang Zeit- und Prinizipienreflexion im Sinne des hier vorgetragenen Theorierahmens zusammengehören.

2.2 Hermeneutische Generallinie

Für die katholische Kirche stellte sich die Moderne als eine Zeit eminenter Bedrohungen dar, denen sie sich vielfach ausgesetzt sah. Der Kirchenstaat zerfiel in dieser Epoche und damit der territoriale Rückhalt, den man für die unaufgebbare Basis kirchlichen Wirkens hielt. Der Geist der Moderne schien alles aufzulösen, was einmal als sicher galt: der Mensch rückte in den Mittelpunkt des Weltbildes, aus dem er Gott verdängte. Damit erhielt er eine Würde und ein Selbstbewußtsein, das ihn zur kritischen Beurteilungsinstanz machte und die Autorität der Kirche erschütterte. Man bediente sich eines Vernunfttyps, der innerweltlich argumentierte und damit den Glauben funktional an den Rand des neuen Weltbildes versetzte. Die Wirklichkeit wird in

---

[78] K. Gabriel, Christentum zwischen Tradition und Postmoderne, 143.
[79] Vgl. ebd., 145: „Die religiöse Individualisierung mit ihrer Dimension religiöser Subjektivierung...ist nicht nur ein Produkt kultureller Entwicklung, sondern auch ein Korrelat entfalteter, radikalisierter Differenzierung der Gesellschaft in funktionsspezifische Teilsysteme."– Analog ist auch Kants kopernikanische Wende nur im Kontext der sich entfaltenden kulturell-ökonomischen Modernisierung zu begreifen.
[80] Vgl. G. Larcher, Maurice Blondels Traditionsverständnis als ein Antwortversuch auf geschichtstheoretische Grundprobleme im Modernismusstreit, in: G. Schwaiger (Hrsg.), Aufbruch ins 20. Jahrhundert. Zum Streit um Reformkatholizismus und Modernismus, Göttingen 1976, 23-42.

ihrer geschichtlichen Gewordenheit und Bedingtheit erkannt und damit jede Ordnung einer Kontingenzhermeneutik ausgeliefert. Zunehmend fehlt es an einer geschichtstheologischen Plausibilität, vom Wirken Gottes in einer Geschichte zu sprechen, die den humanistischen Gehalten einer aufgeklärten Vernunft Hohn spricht. Religionskritik und modernes Bewußtsein, vor allem in seinen materialistischen und positivistischen Varianten, scheinen zusammenzufallen. Schließlich ist es der moderne liberale Staat, der seine Kulturkämpfe gegen die katholische Kirche austrägt.

Die Kirche schlägt sich aus einem ganzen Komplex von politischen und religiösen Motiven auf die Seite der Restauration. Von hier aus ergeben sich

„die hinterlassen Widersprüche des 19. Jahrhunderts und die wichtigsten Probleme der christlichen Theologie im 20. Jahrhundert...: Die ‚Vision der Freiheit' und das ‚autoritäre Prinzip'."[81]

Die Sicherung des Christentums schien für die katholische Kirche nur über eine eng gefaßte Interpretation jener Identitätsformen möglich zu sein, mit denen sie sich seit der Alten Kirche definiert und ihr Bestehen in den Umbrüchen der Geschichte und den eigenen Krisen gewährleistet hatte. Das geschah vor allem über eine straffe Kirchenleitung und eine unnachgiebige Direktion der Theologie durch das Lehramt. Stabilität nach innen und Abgrenzung nach außen funktionierten damit sowohl organisatorisch als auch theologisch. Das „Dispositiv der Dauer" (R. Bucher) gab dem die Form.

Dennoch nahm die Kirche, bei aller Trennschärfe, deutlich moderne Züge in sich auf. Dies gilt schon deshalb, weil es auch in der Theologie selbst Aufbrüche gab, die sich auf lange Sicht durchsetzen konnten – Namen wie die Tübinger Schule, Rosmini, Newman stehen exemplarisch dafür ein. Freilich wirkten sie untergründig in die Kirche hinein; das dominante kirchliche Muster blieb identitätslogisch und modernitätsfeindlich festgelegt.

Über diese innerkirchlichen Differenzbewegungen hinaus wurde die bezeichnete Dialektik von antimodernem Affekt und inverser Modernisierung bereits angesprochen. Exemplarisch belegt dies das katholische Vereinswesen. Die liberalen Vereine des Vormärz wie der Antizölibatsverein (1830) oder der von aufklärerischen Priestern auf der Grundlage eines kirchlich unregulierten Meinungsaustauschs gegründete Schaffhauser Verein (1838) suchten nach Anschlußmöglichkeiten der Kirche an die Moderne. Von offiziellen Kirchenstellen beargwöhnt, trugen sie ein Instrument moderner Meinungsbildung und Öffentlichkeitsarbeit in die Kirche, dessen sich die Kirche selbst im folgenden bediente.[82] Es entstanden die Piusvereine als konservative bis reaktionäre Gegenmuster, die einen eminenten Anteil an der unglaublichen Popularisierung Pius IX. hatten und mit ihrem offensiven Ultramontanismus für die spätere Infallibilitätsdefinition stimmungsmäßig den Boden bereiteten. Eben die Mobilisierung der Öffentlichkeit wurde zu einem ultra-

---

[81] J. Moltmann, Was ist heute Theologie? Zwei Beiträge zu ihrer Vergewisserung (QD 114), Freiburg u.a. 1988, 11.
[82] Vgl. D. Burkard, 1848 als Geburtsstunde des deutschen Katholizismus? Unzeitgemäße Bemerkungen zur Erforschung des „Katholischen Vereinswesens", in: Saeculum 49 (1998).

montan genutzten Kampfmittel mit der Gründung von Zeitungen, vor allem in Frankreich und in Italien. Im Kampf gegen den liberalen Nationalstaat hatten im übrigen diese Instrumente durchaus den Zug zur Freiheit, nämlich der Kirche vom Staat – Emanzipation als ein Emblem der Moderne wurde hier a terno beansprucht. Ähnlich hatte bereits die erste katholische Vereinsgründung in Irland (1823) die Massen mobilisiert und Geld gesammelt, um das Wahlrecht für Katholiken zu erstreiten. Ein Schritt in die Moderne mit einer demokratischen Rechteerstreitung für Katholiken![83] Es gab also durchaus strukturelle Einbrüche von Pluralität in den kirchlichen Bereich, der trotz seiner monolithischen Außengestalt die Anlagen zu einer inneren Modernisierung qua Pluralisierung schon in den Anfängen enthielt. Die ersten Tendenzen in dieser Richtung wurden indes noch ruhiggestellt. Gerade die kirchliche Presse stemmte sich im Sinne der Amtskirche gegen eine offenere Haltung zur Moderne, die letztlich eher eine Sache der katholischen Intellektuellen blieb. Folgerichtig „hat dieser Reformkatholizismus den Integralismus und seine Wendung gegen den Zeitgeist eher gestärkt."[84] Auch dies ist ein dialektisches Probestück von Modernität und Antimodernismus innerhalb der katholischen Kirche.

Die entsprechende identitätslogische Hermeneutik drückt sich in der Neuscholastik als herrschender theologischer Denkform aus. Ihre ungeschichtliche Ausrichtung erlaubte es, den historischen Diskurs der Moderne aus der Theologie herauszuhalten. Die Grundlagen des Glaubens wurden mit göttlichen Gründungsdokumenten aus dem kontingenten Wandel der Zeit entfernt und in einer Begrifflichkeit dekliniert, die mit ihrer metaphysischen Terminologie ein überzeitliches Denken bemühte. Zugleich wurde so die übernatürliche Herkunft der Kirche gegen ihre geschichtliche Bedingtheit einseitig ausgespielt. Identität war weitgehend ohne Differenzen zu denken.

Dasselbe hermeneutische Paradigma übernahmen noch die Theologen nach der zweiten antimodernistischen Großkampfphase zu Beginn des Jahrhunderts. Ihre Öffnungsversuche blieben halbherzig und endeten erneut im katholischen Milieu. Die implizit transportierten antimodernistischen Verwandtschaften bei einer nahezu konformen Skepsis gegenüber den intellektuellen Bedingungen der Moderne konnten nur deshalb in der Zeit zwischen den Weltkriegen begrenzt modern wirken, weil die Stimmung dieser Epoche selbst antimoderne Züge annahm. Sichtbar wird dies im Blick auf die zumal ästhetische „Explosion der Moderne"[85] in Deutschland während der Weimarer Republik, die erneut verdeutlicht, daß zur Moderne jeweils ihre eigenen Widersprüche und Extreme zählen. Exakt diese Ambivalenz spiegelte sich in der Kunst dieser Zeit, in ihrer eigenen Zerrissenheit.

> „Demgegenüber gehörten die meisten Äußerungen aus den beiden großen christlichen Konfessionen der >Warnliteratur< an. Sie beklagten den Verfall der Wer-

---

[83] Vgl. H. Hürten, Deutscher Katholizismus im 19. Jahrhundert, 36.
[84] T. Nipperdey, Religion im Umbruch, 36.
[85] K. Nowak, Geschichte des Christentums in Deutschland, 205.

2. Kirchliche Identitätsprobleme im Streit um die Moderne 303

te, den Subjektivismus, Individualismus und Liberalismus, die Atomisierung und Entseelung des einzelnen in der Masse."[86]

Genau diese Marken drücken die Postulate der Identitätshermeneutik aus. Gegen den Zerfall werden Ewigkeitsproportionen ins Spiel gebracht. Offenbarungsgewißheit und ekklesialer Absolutheitsanspruch nach innen wie außen sicherten dies theologisch. Die Theologie selbst wurde von den wissenschaftlichen Nachbardiskursen so lange abgesperrt, wie diese nicht unmittelbar kirchlich zu integrieren waren.

> „Die katholische Kirche war in Glaubensfragen in vielem noch restriktiver als gegenüber Problemen anderer Kulturbereiche. Sie war überzeugt, daß die christliche Botschaft einer anderen kulturellen Sphäre entstammte, ohne oder nur mit minimaler Verbindung zur voraufgehenden."[87]

Die zwischenzeitliche Öffnung zur Moderne unter Benedikt XV. war vordergründig und auf die technische Seite des modernen Fortschritts gerichtet.[88] Theologisch blieben die Grenzen geschlossen.

Das „zeigt die stark lehramtsbetonte Atmosphäre, in der in der ersten Jahrhunderthälfte Theologie getrieben wurde. Wichtige Arbeitsfelder waren daher gefährliches Terrain, besonders die historisch-kritische Exegese, die protestantischerseits eine Blütezeit erlebte; die Philosophie, die aus der Sicht eines historisch undifferenzierten Neuthomismus kontrolliert wurde; die Dogmatik, die unter der Aufsicht einer geschichtsfremden Theologie stand."[89]

Die hermeneutische Distanzierung des Geschichtsdenkens im identitätsstabilisierenden Interesse war der innere Stützpunkt des von Rainer Bucher untersuchten „Dispositivs der Dauer". Seine zentralen Stichworte belegen die Frontstellung zu dem als modern Verworfenen: die Kirche erscheint als *societas perfecta*, das Naturrecht ergänzt das Paradigma einer zeitenthobenen Theologie des Ewigen und Übernatürlichen. Die eruierte Dialektik der Moderne erreichte die Theologie nun genau im Versuch, dieses Dispositiv zu durchbrechen bei gleichzeitiger Beibehaltung des antimodernen Gehalts. Die geteilten Feindbilder waren Individualismus, Pluralismus (Demokratie) und Relativismus, letzterer im logischen Zusammenhang mit kritischer Subjektphilosophie und geschichtlichem Denken katholischerseits angeprangert. Das Scheitern dieses Versuchs im Nationalsozialismus korrespondiert mit der Überlebensstrategie im verstärkten Identitätsmodell. Seine Konzentration während des Dritten Reichs und nach der Befreiung stabilisierte das katholische Milieu, das mit dem nächsten Modernisierungsschub und einer radika-

---

[86] Ebd., 234.
[87] E. Fouilloux, Entwicklungen theologischen Denkens, Frömmigkeit, Apostolat: Der Katholizismus, in: Die Geschichte des Christentums. Religion, Politik, Kultur, Bd. 12: Erster und Zweiter Weltkrieg, Demokratien und totalitäre Systeme (1914-1958), hrsg. v. J.-M. Mayeur, dt. Ausg. bearb. u. hrsg. v. K. Meier, Freiburg u.a. 1992, 134-216; 238-302; hier: 175.
[88] Vgl. ebd., 134f.
[89] A. Raffelt, Die Erneuerung der katholischen Theologie, in: Geschichte des Christentums, Bd. 12, 216-237; hier: 216.

lisierten Individualisierung unter verbesserten ökonomischen Bedingungen und mit weniger Modernisierungsverlierern gerade auf katholischer Seite abbröckelte. Im überkommenen Modell einer institutionellen und theologischen Identität war der Anschluß an die Gegenwart auch in den eigenen Reihen verloren gegangen.

Aber noch damit genügt die Kirche z.T. spezifisch modernen Anforderungen an Religion, ein Umstand, der das starre Identitätskonzept bis in die Gegenwart attraktiv erscheinen läßt:

> „Die moderne Welt verlangt von der Religion häufig sogar mehr Unwandelbarkeit als frühere Kulturen: religiöse Stabilität soll offenbar die Instabilitäten des modernen Lebens ausgleichen. Darum sind auch die internen Probleme der Theologie oft nicht die zeitgenössischen Probleme der Gesellschaft, in der sie lebt. Die Kirchen existieren in einer signifikanten Ungleichzeitigkeit zur modernen Lebenswelt. Die Theologie im 20. Jahrhundert ist darum noch auf weite Strecken mit den Anpassungsproblemen der Kirchen und der Christen an die Entwicklungen im 19. Jahrhundert beschäftigt und ist der neuen Probleme des 20. Jahrhunderts noch nicht voll ansichtig geworden."[90]

Als ein zentrales dieser Probleme wird in dieser Untersuchung die Ablösung des Identitätsparadigmas durch ein differenzbewußteres Denken unter postModernen Vorzeichen angesehen. Die pluralistische Radikalisierung der Moderne durch die postModernen Lebenswelten und Kulturformen zwingt die katholische Kirche in einem rascheren Durchlauf, als die Gesellschaft selbst dies leisten mußte, Zeitgenossenschaft wiederherzustellen, um das Evangelium zu vermitteln. Noch aber steht sie in vielem in der eigenen Tradition stark identitätslogisch bestimmter Hermeneutik.

Deren antimoderne Distanzierungsmuster haben dezidert das Gepräge einer Ausblendung von Differenzmomenten, die zu einem offeneren Verständnis von christlicher Identität führen könnten. Dies gilt institutionell-organisatorisch ebenso wie theo-logisch. Eine zeitlose Theologie mit unmittelbaren Interpretationsdiktaten, ein entsprechend als Identitätsfokus ausgebildetes Papsttum, schließlich ein innerkirchlich konsequenter Machteinsatz im Interesse einer unerschütterlichen Identitätswahrung – diese Aspekte kirchlicher Identitätslogik werden in dem Maße theologisch abgesichert, wie sie Anschlußprobleme für die meisten Menschen in der Moderne bedeuten. Solange nicht konsequent das geschichtliche Gewordensein auch in den kirchlichen Innenbereich vordringt, so wie sich historisch-kritisches Bewußtsein seit einem halben Jahrhundert in der katholischen Theologie durchgesetzt hat, scheint – trotz des 2. Vatikanischen Konzils – in der Fortführung der unbewältigten Moderne-Krise der katholischen Kirche die „Legitimität der Neuzeit" (H. Blumenberg) nach wie vor latent in Frage zu stehen.

Blumenbergs großangelegter Begründungsversuch in dieser Sache setzte genau bei dem ängstlichen Frageverbot der Theologie an, die von der *theoretischen Neugierde* der Moderne eine Auflösung der eigenen Identitätsform fürchtete. Nach Blumenberg fand der erste Eintrag von Mißtrauen in den

---
[90] J. Moltmann, Was ist heute Theologie?, 17.

2. Kirchliche Identitätsprobleme im Streit um die Moderne 305

theoretischen Prozeß statt, als man begriff, daß das antike Vertrauen in die Kraft der Wissenschaft fragwürdig war, und die Theologie die Hoffnung auf das Glück ins Jenseits verschob. Umgekehrt erklärt dies das theologische Mißtrauen in die gewandelte Wissenschaft, die erneut die Herstellbarkeit des Glücks theoretisch verheißt und das Jenseits projektiv enteignet. Die statische Theologie des Antimodernismus entspricht der Angst vor dem Abgrund, der durch die Theorie überbrückt wird. In diesem besonderen Fall ist es eine Ewigkeitstheologie, die über die gähnende Kontingenz hinweghilft. In dieser Stimmung gibt es zu wenig Kontingenzbereitschaft und kein Risiko – und also mehr Lebensangst, als christlicher Glaube haben dürfte. Daher rührt z.T. der Verlust der Hörfähigkeit für die modernen Zeitgenossen, die das Kontingente erfahren. Die Theologie begann sich meisterhaft darauf zu verstehen, die kontingenten Differenzen wegzurationalisieren, wie die kirchlichen Riten jederzeit Bewältigungsraster vorgaben. Darin kommt eine ungeschichtlich argumentierende Theologie, die alles begrifflich klar hat, aber auch alles nur in ihren eigenen Begriffen zu erfassen erlaubt, jenen ursprungsphilosphischen Ansätzen nahe, die Blumenberg als Kontingenzverdrängungen beschreibt: „Fragen abzuschneiden, das ist die Funktion solcher >Letztbegründungen<."[91]

Blumenberg liefert ein Bild für die Kirche dieser Zeit bis zum 2. Vatikanischen Konzil: die *Höhle*. Die neuscholastische Theologie bietet deren Sicherheiten, so wie erkenntnistheoretisch jeder Begriff etwas von der Sicherheit zurückgewinnt, die vor dem Unbegriffenen in Frage steht. Blumenbergs eigene Theorie der Unbegrifflichkeit steht als radikale Kontingenzhermeneutik zu jenem hochausgebildeten Begriffsdenken in unmittelbarem Gegensatz, wie es die neuscholastische Terminologie praktizierte. Die Mentalitätsunterschiede werden deutlich: der Begriff verspricht eine sichere Identität, eine theoretische Verfügbarkeit, während die Metapher als Ausdruck des unbegrifflichen Denkens Differenz ausdrückt – die unbeherrschbare, kontingente Wirklichkeit im Sinne Blumenbergs. Daß er mit der Negativen Theologie und Nikolaus von Kues zum Beleg theologische Traditionen anführt[92], schärft nur das Bild jenes Abstands ein, den die neuscholastische Theologie und der gesamte Antimodernismus mit seinem Identitätssicherungskomplex zu den eigenen theoretischen Möglichkeiten einlegt. Der mit der Metapher bezeichnete Wirklichkeitszugang mußte für die Theologie des kirchlichen Lehramts in dieser Zeit eine Verunsicherung bedeuten – daß Theologie und Kirche durchaus auch eine andere Gestalt finden könnten, widersprach den installierten Prinzipien. Mit allem historisch Kontingenten an der Kirche und allem aporetisch Unbegriffenen in ihrer Theologie drohte die Sicherheit des Wahrheitsbesitzes verloren zu gehen – statt daß die Möglichkeit gesehen

---

[91] H. Blumenberg, Wobei es nichts zu lachen gab, in: ders., Ein mögliches Selbstverständnis. Aus dem Nachlaß, Stuttgart 1997, 71-74; hier: 74.– Vgl. zum Ganzen das Blumenberg-Kapitel, das diese Interpretation vorbereitet (I, 3.4.)– Zur theologischen Auseinandersetzung vgl. II, 5.2. Daß diese polemische Zuspitzung exemplarisch H. Verweyen nicht trifft, läßt sich an der Fragedynamik und der konstitutiven Interpretationsoffenheit seines Ansatzes ablesen.
[92] Vgl. dazu Kapitel I, 3.4.4.

wurde, in einem lebendigen Dialog mit der eigenen Zeit gerade unter der Voraussetzung offener Entwicklungsmöglichkeiten das Evangelium neu zu übersetzen. Das Gegenüber von Identität und Differenz als theologischen Polen spiegelt sich sehr genau in den zeitgenössischen theologischen System- und Synthetisierungsversuchen:

> „Die Komplexität und Vieldeutigkeit moderner Erfahrung ließ sich mit dem Anspruch des katholischen Glaubens, alles Seiende innerhalb einer metaphysischen Ordnung zu erfassen, nicht mehr ohne weiteres vereinbaren. Deshalb war die katholische Weltanschauung, wenn sie den Anspruch auf einen umfassenden Begriff alles Wirklichen aufrechterhalten wollte, auf Interpretation angewiesen. Der Glaube sollte vermittels der Interpretation der Wirklichkeit den Sinn des Ganzen wiederherstellen. Die Sinnstiftung, die der Glaube zu leisten hatte, basierte auf der Angabe einer höheren und verborgenen Einheit inmitten der Vieldeutigkeit der Erfahrung."[93]

Das Differente wird verdrängt bzw. im System aufgesogen, das für alles eine Erklärung bietet. Sie bleibt indes eschatologisch aufgeschoben. Um sie für die Gegenwart „nützlich" zu machen, kann die Theologie auf ihre kirchliche Verbürgung setzen. Diese wiederum gewährleistet die immer identische Wahrheit des offenbarten Glaubens. Die hermeneutische Logik wird manifest: Identität versus Differenz.

Als Grund für diese Entwicklung sieht Wolfgang Beinert nicht zuletzt eine einseitig „christomonistisch(e)" Ekklesiologie.[94] Das Identitätsparadigma setzt sich im repräsentationslogischen Amtsverständnis durch. Daß Differenzdenken hier zugleich eine identitätslogische Unterbrechung in aller Identität anmelden muß, ergibt sich schon aus Heideggers und Derridas Kritik an der Präsenzmetaphysik, die diesem Denken zugrunde liegt. Anwesenheit erscheint hier ohne die Spur von Abwesenheit. „Der Grund: Im christomonistischen Modell kommt der Heilige Geist zu kurz."[95] Er würde ein dialektischeres Verhältnis denken lassen, das auf die Fassung theologisch-kirchlicher Identität zurückwirken würde. Im repräsentationslogischen Identitätsparadigma liegt es indes nur in der Konsequenz der Voraussetzungen, wenn sich die Stellvertretung kirchlich festmacht:

> „Der Stellvertreter *ist* Christus auf Erden. Hierarchie und Kirche sind damit praktisch gleichgesetzt. Dann aber folgen alle anderen Charakteristika des Kirchenbilds mit logischer Stringenz: An die Stelle fruchtbarer Polarität von Universal- und Ortskirche, von monarchischen und kollegialen Amtsstrukturen, von Amt und Charisma, von Einheit und Katholizität treten der *Universalismus*, weil die Universalkirche wichtiger als die Ortskirche ist, der *Zentralismus*, weil monarchische Einheit wichtiger ist als kollegiale Pluralität, der *Klerikalismus*, weil das Amt strukturelle Sicherheit gewährleistet, Charismen Unordnung verheißen, und die Forderung strikter *Unterwerfung der Nichtamtsträger* unter das Amt, weil nur dadurch die Gottesordnung durchsetzbar erscheint."[96]

---

[93] T. Ruster, Die verlorene Nützlichkeit der Religion, 370.
[94] W. Beinert, Dialog und Gehorsam in der Kirche, in: Stimmen der Zeit 123 (1998) 313-328; hier: 325; ders., Dialog und Gehorsam als geistliches Geschehen; ebd., 386-398.
[95] Ebd., 326.
[96] Ebd.

Die wesentlichen Strukturmuster kirchlicher Identitätslogik treten in dieser Diagnose zum Vorschein. Sie fassen auch die kirchliche modern-antimoderne Dialektik unter einem weiteren Gesichtspunkt. Zur Durchsetzung des Identitätsprogramms wird ein Gehorsam eingefordert, der total funktioniert. Genau dies erinnert fatal an einen spezifischen Zug der Moderne: den Totalitarismus. Mit der französischen Revolution zeigt er zum ersten mal seine Fratze, im 20. Jh. wird er über lange Zeit zur sichtbaren Möglichkeit einer antimodernen Moderne in Gestalt von Faschismus, Nationalsozialismus und den verschiedenen Formationen des Kommunismus. Das Interesse an totalitaristischen Lösungen für die Aporien der Moderne gehört zur Moderne selbst. Seine Faszination spiegelt sich bis in die intellektuellen Entwürfe unter progressiven Vorzeichen – in Ansätzen noch bei einem Hans Jonas in seinem „Prinzip Verantwortung".[97] Jonas sieht die einzige Möglichkeit, den gordischen Knoten der Verwirrung und der Probleme zu lösen, in einem einheitlichen Zugriff politischer oder intellektueller Verwaltung.

> „Im modernen Bewußtsein selbst muß eine Disposition für solchen Umschlag enthalten sein. Dahinter steckt die Frage, ob und inwieweit individualistisch-funktionale Rationalität und Totalitarismus prinzipiell entgegengesetzt oder in der Wirklichkeit menschlicher Lebenswelt einander komplementär zugeordnet sind."[98]

Vor dem Hintergrund der antimodernistischen Reglementierungen der Theologie wird eine kirchliche Gehorsamsforderung erkennbar, die vollständige Unterwerfung verlangt. Gehorsam ersetzt innerkirchlichen Dialog, die kirchliche Identität duldet keine Abweichung und Differenz. Die katholische Kirche operiert zwar nicht totalitär, weil sie sich theologisch selbst relativiert, zumal eschatologisch; weil sie das Gewissen des einzelnen fordert und achtet. Dennoch hat sie Züge einer totalisierenden Praxis im Abwehrversuch der Moderne angenommen, die gerade die Zugehörigkeit zu ihr ironisch belegt. Ein überproblematisches Indiz in dieser Richtung sind nach Wolfgang Beinert auch die jüngsten Lehrverlautbarungen. Seit dem CIC von 1983 wird im Zusammenspiel der canones 752 und 1371 Gehorsam auch in nichtdefinierten Glaubensfragen verlangt und strafrechtlich verankert. Identität wird in bislang nicht gekanntem Ausmaß juridifiziert. Wie hier keine theologische Kritik mehr zulässig erscheint, so fehlt auch eine Machtkontrolle innerhalb der Kirche in Mißbrauchsfällen, die kirchengeschichtlich vom Heiligen Stuhl überliefert sind und immer wieder vorkommen können. Es gibt keine institutionalisierte Machtkritik – stattdessen eine vollständige – theologisch gewiß begründete – Machtkonzentration auf den Papst. Genau dies liegt auf der

---

[97] Vgl. Hans Jonas, Das Prinzip Verantwortung. Versuch einer Ethik für die technologische Zivilisation, Frankfurt a.M. 1984.– Zum Tyrannis-Modell vgl. ebd., 269.– Kritisch dazu: C. Müller, Verantwortungsethik, in: A. Pieper (Hrsg.), Geschichte der neueren Ethik, Bd. 2: Gegenwart, Tübingen-Basel 1992, 103-131.
[98] E.-W. Böckenförde, Kirche und modernes Bewußtsein, in: P. Koslowski / R. Spaemann / R. Löw (Hrsg.), Moderne oder Postmoderne? Zur Signatur des gegenwärtigen Zeitalters, Weinheim 1986, 103ff.; hier: 108.

Entwicklungslinie des theologischen Antimodernismus'. Auf seine geistesgeschichtlichen Implikationen gerade in der Moderne ist deshalb hinzuweisen, weil sich offensichtlich die bezeichnete (anti)moderne Ambivalenz kirchlich noch nach dem letzten Konzil fortgesetzt hat.

Das Thema dieses Kapitels leitet von daher zur gegenwärtigen Fragestellung über. Das Problem von Identität und Differenz ist unter den Vorzeichen eines radikalisierten Pluralismus zu diskutieren. Der katholische Antimodernismus ist als historisches Projekt dabei noch nicht einfachhin als abgeschlossen zu betrachten. Seine selektive Überzeugungskraft erweist sich immer wieder innerkirchlich. Indes steht sein Programm gerade angesichts der massiven Auflösungserscheinungen innerhalb der Katholischen Kirche in der fortgeschrittenen Moderne bzw. in postModernen Lebenswelten in Frage. Leitlinie seiner Kritik ist jener Durchbruch zur Moderne, wie ihn das 2. Vatikanische Konzil versuchte und in Ansätzen auch schaffte. Aber gerade vor dem Hintergrund einer dialektisch begriffenen Moderne gilt:

> „Das *Zweite Vatikanische Konzil* stellt nicht den Endpunkt der mit dem Wort >Modernismus< umschriebenen Identitätskrise der Kirche dar."[99]

---

[99] O. Weiß, Der Modernismus in Deutschland, 596.

3. Der gegenwärtige Problemhorizont: Die Unabweisbarkeit des Pluralismus

3.1 Katholische Kirche und Pluralismus

Die Schwierigkeiten der katholischen Kirche mit dem Pluralismus sind unübersehbar. Antipathien bestehen freilich wechselseitig. Begreift man den Pluralismus als internes Konstitutionsphänomen der Moderne, so belegen deren Abwehrversuche und Ausweichmanöver katholischerseits seinen Irritationsgrad und problematischen Gehalt. Die Kirche steht modern unter dem Verdacht, den Terror des Univoken zu betreiben und mit dem Institut des Papsttums der legitimen Vielfalt von Meinungen und Lebensformen entgegenzuwirken. Selbst die Neuinterpretation der gegenwärtigen Welt im 2. Vatikanischen Konzil konnte erstarrte Positionen nur aufweichen – der wirkliche Durchbruch zu einer nicht unkritischen, aber entideologisierten Verhältnisbestimmung steht im Sinne einer öffentlichkeitswirksamen Rezeption noch bevor. Zu stark bestimmen sprachliche und gedankliche Konfrontationsmuster noch das Bewußtsein.

Daß diese christlich durchaus ihr Teilrecht haben, läßt sich aus der Welthaltung des Christen ableiten, der einerseits diese Wirklichkeit zu gestalten hat und ganz in ihr lebt, andererseits die kritische Distanz zu ihr gerade im Blick auf die Opfer der Modernisierung und gesellschaftlicher Ausdifferenzierung nicht aufgeben darf. Kardinal Ratzinger verlangt hier auf der Linie der neueren Politischen Theologie „die Wiedererlangung der Fähigkeit zum Nonkonformismus"[1]:

> „Der Christ muß sich heute mehr denn je darüber im klaren sein, einer Minorität anzugehören und in Kontrast zu sein mit dem, was dem >Geist der Welt<, wie das Neue Testament ihn bezeichnet, als gut, selbstverständlich und logisch erscheint."

Gefragt ist hier eine Unterscheidung der Geister, die ihrerseits Ausdruck von Pluralitätserfahrung ist. Bereits diese urchristliche Hermeneutik (vgl. 1 Kor 12,10; 2,12-16) bietet Ansatzpunkte für ein entspannteres Verhältnis zu einem Pluralismus, der nicht als solcher abgelehnt wird, christlicher Kritik aber offen steht.

Auch aus modernitätsgenetischen Gründen ist das Christentum zu einer positiven Rezeption des modernen Pluralismus aufgefordert. Nach Franz-Xaver Kaufmann hat es einen eminenten Anteil an seiner Entwicklung. Die christliche Unterscheidung von weltlicher und geistlicher Sphäre, theologisch von Augustinus vorbereitet, war die Voraussetzung für die moderne

---

[1] J. Ratzinger, Zur Lage des Glaubens. Ein Gespräch mit Vittorio Messori, München u.a. 1985, 117.– Das folgende Zitat ebd.

Ausgliederung der politischen, ökonomischen und kulturellen Handlungsfelder, die jeweils ein Eigenrecht erhielten.

„Dieser Dualismus, dieses prekäre Gleichgewicht zwischen geistlicher und weltlicher Gewalt als Ergebnis des Investiturstreits war eine historische Innovation, die sich in keiner anderen Kultur findet und deren Bedeutung für die Stabilisierungsfähigkeit der strukturellen Differenzierungsprozesse im Zuge der Entstehung der modernen Gesellschaft heute als gesichert gelten kann."[2]

Die Christologie mit ihrem chalkedonensischen Gleichgewicht von Transzendenz und Immanenz gab dem das strukturbildende logische Fundament. Aber auch die trinitätstheologische Ankoppelung des Monotheismus entwarf einen Denktyp, der Wirklichkeit nur in Spannungen begreift und die Vermittlung von Gott und Welt nicht anders als prozedural auffaßt. Ein solches Spannungsverhältnis findet sich auch in der Zuordnung von Schöpfung und Erlösung als Bindeglied von Individuum und Gemeinschaft. Dieses Spannungsverhältnis kennzeichnet die moderne Gesellschaft grundlegend. Dies gilt hinsichtlich ihrer normativen Grundlagen zumal in der universalistischen Reichweite ihrer Ansprüche, die trotzdem dem Individuum Raum lassen. Dieses dem römischen Rechtsverständnis entwachsene Profil verdankt die Moderne christlicher Rezeption. Das gezeichnete Bild zeigt die Modernität des Christentums wirkungsgeschichtlich und auch in der eigenen Verfaßtheit.

„Die Verweltlichung der Welt, von deren Radikalisierung wir derzeit betroffen sind, liegt in der Konsequenz der maßgeblich vom Christentum geprägten abendländischen Entwicklung."[3]

Um so erstaunlicher wirkt zunächst das neuzeitliche Unbehagen der katholischen Kirche. Hans Waldenfels weist in diesem Zusammenhang auf die christentumsgeschichtlich negativen Folgen der sich entfaltenden Moderne hin. Phänomene von Differenz und Pluralität sind für das Christentum mit spezifischen Verlusten verbunden. Für den Beginn der neuen Epoche zwischen der Mitte des 15. Jh.'s und dem Anfang des 16. Jh.'s stehen exemplarisch die Erfindung des Buchdrucks, die Amerika-Expedition des Kolumbus, die Reformation, die kopernikanische Heliozentrik sowie die muslimische Eroberung Konstantinopels. Diese Ereignisse haben für die katholische Kirche schwerwiegende Folgen und markieren die grundlegenden modernen Konfliktpotentiale:

„– Die Mündigkeit der lesefähig werdenden Bürger gegenüber der kirchlichen Autorität,
– die fremden Völker und Kulturen gegenüber der einen Kultur Europas,
– die Spaltung der Christenheit und die Konsequenzen für die Einheit der Kirche,
– das neue Weltbild und die naturwissenschaftlichen Methoden gegenüber der biblischen Autorität und dem Anspruch der kirchlichen Lehrautorität,

---

[2] F.-X. Kaufmann / J.B. Metz, Zukunftsfähigkeit. Suchbewegungen im Christentum, Freiburg u.a. 1987, 65.
[3] Ebd., 68.

– die bleibende Bedrohung des christlichen Absolutheits- und Wahrheitsanspruchs durch den Islam, später auch durch die Religionen Asiens und der übrigen Welt."[4]

Im Kern entlassen diese gesellschaftlich-kulturellen Innovationen einen bislang ungekannten Pluralismus der Weltsichten: „Modernität pluralisiert."[5] Der bleibende Anspruch der Kirche auf eine Dominanz im weltanschaulichen Bereich verhinderte die durchaus mögliche positive Rezeption des modernen pluralistischen Denkens. Die drohenden und schließlich erlittenen Verlusterfahrungen überdeckten auch die produktiven Anteile des Christentums an der Entwicklung der Moderne. Gerade was die Herausbildung der neuzeitlichen Individualität betrifft, hatte freilich das reformatorische Christentum hier besondere Bedeutung. Luthers Rezeption der paulinischen Rechtfertigungsbotschaft führte zu einer theologischen Universalisierung und Individualisierung des Gnadenkonzepts, die sich im Ansatz bereits bei Paulus findet, nun aber radikalisiert wird.[6]

Die katholische Identität stand in Frage, weil sie nicht mit einem sich vervielfältigenden Konzept von Wahrheit verbindbar schien. Die Sicherheit des eigenen endgültigen Wahrheitsbesitzes konfrontierte die katholische Kirche aus missionarischen Gründen mit dem Prospekt der unterschiedlichen Perspektiven. Eine einseitige Christologie mit dem Grundbild des thronenden und herrschenden Christus übertrug sich auf die kirchliche Praxis.[7] Damit hängt auch die zweite christologische Nebenfolge zusammen: der Ausschließlichkeitsanspruch einer Christologie von oben vernachlässigte den geschichtsimmanenten Akzent. Das lag durchaus auf der Linie jener Einschätzung, die geschichtliches Denken theologisch zu eliminieren suchte. Diese theologische Intuition setzte schließlich die Theonomie der Autonomie entgegen – und konnte sich vom religionskritischen Reflex der anthropologischen Wende darin später gar noch bestätigt fühlen.

„Pluralismus hat es mit der Wahrnehmung von Identität im Plural zu tun."[8] Den Schock der Fragmentierung von Verbindlichkeit im theoretischen Bereich und der Verluste an Mitgliedern und gesellschaftlicher Relevanz hat die Kirche bis zum 2. Vatikanischen Konzil nicht abarbeiten können. Die Sprengung des katholischen Milieus konnte sich in der Folge auch deshalb so rasch vollziehen, weil für die Öffnung zur pluralistischen Gesellschaft keine eingeübten religiösen und kirchlichen Deutungsmuster bereit standen. Man hatte

---

[4] H. Waldenfels, Phänomen Christentum. Eine Weltreligion in der Welt der Religionen, Freiburg u.a. 1994, 34.

[5] P. L. Berger, Der Zwang zur Häresie. Religion in der pluralistischen Gesellschaft, Frankfurt a.M. 1980, 28.

[6] Vgl. O. H. Pesch / A. Peters, Einführung in die Lehre von Gnade und Rechtfertigung, Darmstadt 1981, 6f.– Gnade wird auch als Gnadengabe verstanden, die der einzelne im persönlichen Glaubensakt annimmt.

[7] Vgl. den Hinweis von H. Verweyen im Blick auf die Primatstheologie: Gottes letztes Wort, 569.

[8] T. Rendtorff, Über die Wahrheit der Vielfalt. Theologische Perspektiven nachneuzeitlichen Christentums, in: J. Mehlhausen (Hrsg.), Pluralismus und Identität, Gütersloh 1995, 21-34; hier: 22.

antimodernistisch verlernt, die Spannungen von Einheit und Vielfalt gerade innerkirchlich auszuhalten. Mit der Plausibilität und den Versprechungen des Pluralismus schwand auch kirchenintern unter den Mitgliedern die Überzeugungskraft eines Bekenntnisses, das latent den Widerspruch zu einem wirklichen Pluralismus behielt. Dieser wurde nicht in seiner kritischen und prophetischen Dimension wahrgenommen, sondern als restaurativer Affekt erfahren.

Dennoch setzte sich in der Moderne, dramatisiert seit den 1960-er Jahren, eine Pluralisierung im Christentum durch, die erneut mit Verlusterfahrungen verbunden ist. Mitgliederbindungen gibt es christlich nur noch in individuell gesuchten Abstufungen. Das „Auswahlchristentum"[9] bringt persönlichen Stil und institutionelle Form in Spannung. Die unterschiedlichen Mitgliedschaften lassen von verschiedenen Gemeinden in der Gemeinde sprechen, von Rand und Kern, von verschiedenen religiösen Bestimmtheiten, ablesbar an der persönlichen Lebensgestaltung durch das Evangelium. Radikalisiert werden diese Vervielfältigungen von kirchlicher Wirklichkeit durch die verschiedenen spirituellen Gruppierungen, die eng mit den verschiedenen Mentalitäten im katholischen Christentum zusammenhängen: Fundamentalismus, Synkretismus und christlicher „Modernismus" etablieren einen Pluralismus, der sich auch durch zentrale Rückbindungsbemühungen seitens Papst und Lehramt nicht mehr durchdringend steuern zu lassen scheinen. Auf jeder der drei Ebenen werden Einheitsbemühungen nur unter den eigenen hermeneutischen und gruppensoziologischen Bedingungen rezipiert. Pluralisierung im innerkirchlichen Bereich geht mit einer De-Institutionalisierung einher, die einen mehrfachen Verlust einschließt: den an legitimativer Kraft, an religiöser Monopolstellung, an individueller Bindung und kirchlicher Kontrolle.[10]

Doktrinär bekannter, faktisch gelebter und zugleich immer wieder krisenhaft erlebter Pluralismus läßt das Phänomen kirchlich so ambivalent wahrnehmen, wie es in religiöser Hinsicht die Moderne selbst ist. Die Moderne wirkt religionskritisch und -destruktiv, zumal in der Beschränkung des religiösen Geltungsbereichs: Religion ist zuständig für Transzendenzvermittlung und verarmt im Wirklichkeitsbezug. Gleichzeitig schreien die modernen Aporien nach einer Bewältigung, für die sie keine Mittel bereithält und die eminent religionsproduktiv wirken.[11]

Die Erfahrung dieser Spannung ist selbst ein wahrnehmungskonstitutiver Pluralismusverstärker. Die Komplexität der Wirklichkeit läßt sie zunehmend nur hypothetisch, vorbehaltlich und also im Plural der Parameter und interpretatorischen Ansätze beschreiben. Das kann für Kirche und Theologie nicht folgenlos bleiben. Der Versuch, die Weltkultur *sub ratione Dei* kognitiv zu vermitteln und symbolisch zu deuten, ist *die* entscheidende Herausforde-

---

[9] Vgl. P. M. Zulehner, Heirat – Geburt – Tod, Wien u.a. 1976.
[10] Vgl. K. Gabriel, Christentum zwischen Tradition und Postmoderne (QD 141), Freiburg u.a. 1992, 147ff.
[11] Vgl. H.-J. Höhn, Gegen-Mythen. Religionsproduktive Tendenzen der Gegenwart (QD 154), Freiburg u.a. 1994.

rung an die Überlebensfähigkeit des Christentums[12] – sie kann aber nur unter pluralistischen Bedingungen gelingen, d.h. in einer Vielzahl rezipientenbezogener Deutungsformen. Hier stellt sich als besonderes Problem das der Vervielfältigung von Zeit. Verschiedene Zeiterfahrungen und -erwartungen lassen kaum mehr von Gleichzeitigkeit in der Vermittlungssituation sprechen: Zeit wird genutzt, (an)ästhetisiert, man läßt sie vergehen oder steigt aus ihr aus: die Zeit-Kompetenz des Christentums wird fragwürdig in der zerissenen Zeitwahrnehmung der Adressaten, und erneut ist eine grundlegende Form von Pluralismuserfahrung kirchlich mit einem Fragezeichen versehen.

Es wird am deutlichsten gesetzt, wenn man diese Zeit als Zeit nach dem Christentum, als „postchristliche Moderne"[13] zu beschreiben hat. Das Christentum ist eine Religion unter vielen, auch in den angestammten christlichen Kulturländern. Die Pluralisierung des religiösen Feldes bewirkt eine grundlegende „Dispersion des Religiösen"[14] mit reduzierten christlich-kirchlichen Möglichkeiten der eigenen Traditionsvermittlung.[15]

Mit dieser Situation verbinden sich Gefahren für die Deutungskompetenz und Evangelisierungsfähigkeit der Kirche. Die Übernahme einer kritischen Kritik an der Moderne kann zur Absage an den modernen Pluralismus verleiten, ohne die Herausforderung zur Ausbildung „einer genuin theologischen Hermeneutik der Moderne"[16] anzunehmen. Dabei besteht die spezifische Modernisierungsfalle in der Notwendigkeit zur Übersetzung von Traditionen und dem darin drohenden Verlust derselben. Relevanzzuwachs und Trennung vom Ursprung sind theologisch einer Unterscheidung der Geister zu unterziehen. Dieser kritische Vorgang bezieht sich auf jede einseitige Auflösung der Spannung und eine Unterbietung der pluralistischen Anfrage an die Traditionen in der Tradition. Soziologisch erscheint als besondere Gefahr die Rückführung der Kirche hin zum „Pol Sekte"[17], dem als Mentalität ein fundamentalistischer Ausstieg aus der pluralistischen (Post)Moderne korrespondiert. Dieser Fundamentalismus stellt gegenwärtig eine eminente Bedrohung christlicher Zeitgenossenschaft dar.

Dem entgegen wäre die Diaspora als kirchlicher Ort theologisch neu zu entdecken.[18] Die Zerstreuung im Pluralismus der Werte, Religionen und Weltbilder kann zur Gelegenheit werden, die großkirchliche Vergangenheit einer historischen Kritik zu unterziehen und das oftmals der Evangelisierung im Wege stehende machttheoretische Implikat zu überprüfen, das sich noch im Anspruch auf alle sublim verbirgt, wo dieser nicht an die substantielle

---
[12] Vgl. ebd., 143.
[13] Vgl. H. Waldenfels, Phänomen Christentum, 61.
[14] M. Ebertz, Kirche im Gegenwind. Zum Umbruch der religiösen Landschaft, Freiburg u.a. ²1998, 148.
[15] Vgl. E. Feifel / W. Kasper (Hrsg.), Tradierungskrise des Glaubens, München 1987.– M. v. Brück / J. Werbick (Hrsg.), Traditionsabbruch – Ende des Christentums?, Würzburg 1994.
[16] H.-J. Höhn, Gegen-Mythen, 143.
[17] Vgl. G. Schmied, Kirche oder Sekte? Entwicklungen und Perspektiven des Katholizismus in der westlichen Welt, München-Zürich 1988, 14.
[18] Vgl. G. Riße, Sammlung – Sendung – Sammlung... Fundamentaltheologie und Theologie der Diaspora, in: ders. u.a. (Hrsg.), Wege der Theologie, 65-72.

Durchdringung im Geist des Evangeliums zurückgebunden, sondern vornehmlich zahlenmäßig reflektiert wird.

> „Der Anfang der Weltkirche war die Zerstreuung – Diaspora – der Christen Jerusalems (vgl. Apg 8,1.4; 11,19), die ‚kleine Herde' (Lk 12,32). Vielleicht sind es auch heute wieder kleine Gemeinden, Gemeinschaften, Gruppen, die das Evangelium in pluralistischer Gesellschaft zum Sauerteig werden und damit die Kirche überleben lassen."[19]

Diaspora ist ein religiöses Pluralismus-Phänomen. Identität im Pluralismus wird in dieser Situation stärker qualitativ gefaßt werden und in genauer Auseinandersetzung mit der Umwelt. Eine neue Kontextkompetenz kann sich hier entwickeln und nach veränderten und veränderbaren Vermittlungschiffren des Evangeliums forschen. Gerade angesichts der Entwicklung zu einer „kulturell polyzentrischen Kirche"[20] – als dem dritten christentumsgeschichtlichen Stadium nach Judenchristentum und hellenistisch-heidenchristlich inspiriertem europäischem Christentum – ergeben sich hier neue Desiderate. Zugleich wird das wesentlichste innerkirchliche Pluralisierungsmoment so in den Vordergrund gerückt. Mit ihm wird die vielleicht positivste katholische Erfahrung und Rezeption von Pluralismus greifbar.

3.2 Theologische Vorgabe: Pluralismus-Reflexionen des Vaticanum II

Die theologische Reflexion des modernen Pluralismus blieb bis zum Vaticanum II unter modernitätsfeindlichen Verbotszeichen. Der Zweite Weltkrieg hatte die Frist für die katholische Kirche noch einmal verlängert, die es erlaubte, im engen Rahmen identitätslogisch beschränkter Kirchlichkeit zu verharren. Der politischen, gesellschaftlichen und wirtschaftlichen Neuordnung folgten allmähliche Aufbrüche. Die Stabilisierung nach dem Schock des Krieges produzierte das Unbehagen an Erstarrungs- und Einschließungstendenzen in den modernen Gesellschaften: Antikommunismus und McCarthyismus wurden in den USA als der treibenden Modernisierungskraft der westlichen Welt überwunden. Die Medienlandschaft veränderte sich durch den Siegeszug des Fernsehens, womit sich zugleich eine neue Transparenz der Gesellschaft ergab und die kulturelle Pluralisierung über eine neue Form von Öffentlichkeit forciert wurde. Nicht zuletzt die ökonomischen Erfolge des im Westen durchgesetzten Paradigmas der Moderne veränderten das Denken breiter Massen. Modernitätsskepsis konnte nur bei Modernitätsverlierern auf Zustimmung rechnen. Der Emphase des Fortschritts entsprach die gewach-

---

[19] H. Waldenfels, Das Christentum im Pluralismus heutiger Zeit, in: ders., Begegnung der Religionen. Theologische Versuche I, Bonn 1990, 336-351; hier: 350f.

[20] J. B. Metz, Im Aufbruch zu einer kulturell polyzentrischen Weltkirche, in: F.-X. Kaufmann / J. B. Metz, Zukunftsfähigkeit, 93-123.

sene Mobilität der Verkehrsmittel als Lebensgefühl, das mentalitätsbildend wirkte. Die regressiv begründete und ausgerichtete Form der katholischen Kirchenbildung begann mit ihrem Milieu aufzubrechen.

Die gleichsam technische Rezeption von Modernität durch die Kirche setzte allmählich auch innerkirchlich einen Prozeß der Öffnung in Gang, der sich nur um den Preis des eigenen Anachronismus und auf Kosten der eigenen Kommunikabilität und Missionsfähigkeit aufhalten ließ. Pastorale Anpassungsnotwendigkeit und dogmatische Denkform produzierten indes Widersprüche, für die noch keine theologische Lösung bereit stand. Noch vor dem Ausbruch jener eminenten Krise des Christentums, die als Modernisierungsfolge in der Gegenwart voll greift, aber bereits unter dem Eindruck ihrer ersten Anzeichen, formierte sich das Vaticanum II mit dem Ziel, die vom Vaticanum I nicht zum Ende gebrachte Ortsbestimmung der katholischen Kirche in der modernen Welt abzuschließen.

3.2.1 Das Problem des Konzils

„Das II. Vatikanum ist die Reaktion der Kirche auf eine Tradierungs- und Plausibilitätskrise, die aus dem teils halbherzig unternommenen Versuch, teils aus der Weigerung entstand, Glaube und Kirche in die industrielle Kultur zu inkulturieren bzw. sich widerständig auf das ethisch-politische und ökonomisch-technische Projekt der Moderne einzulassen."[21]

Freilich stand der Plan Johannes XXIII. von einem kirchlichen *Aggiornamento* nur sehr vage für einen kirchlichen Durchbruch in der Haltung zur modernen pluralistischen Welt. Bei der Eröffnung einer der ersten vorbereitenden Kommissionen zeugt seine Arbeitsvorgabe von einer sehr gebrochenen Haltung zur Moderne. Danach hat die Kirche

„getreu den heiligen Grundsätzen, auf die sie sich stützt, und der unwandelbaren Lehre, die der göttliche Gründer ihr anvertraut hat..., mit herzhaftem Schwunge ihr Leben und ihren Zusammenhalt wieder zu stärken, auch im Hinblick auf alle Gegebenheiten und Anforderungen des Tages."[22]

Einerseits wird hier eine Öffnung für die Fragen der Welt signalisiert, andererseits die neuscholastische Hermeneutik vorausgesetzt. Diese Spannung ist eine kirchlich konstitutive. Das spezifische Verhältnis von Tradition und Anpassung bedarf immer neu der

„Stabilisierung einer spannungsreichen Mischung gegenläufiger Prinzipien der sozialen Öffnung und Schließung, von ‚Exklusion' und ‚Inklusion'."[23]

---

[21] H.-J. Höhn, Inkulturation und Krise. Zur konziliaren Hermeneutik, in: P. Hünermann (Hrsg.), Das II. Vatikanum. Christlicher Glaube im Horizont globaler Modernisierung, Paderborn u.a. 1998, 127-134; hier: 129.
[22] Zitiert nach: O. H. Pesch, Das Zweite Vatikanische Konzil. Vorgeschichte – Verlauf – Ergebnisse – Nachgeschichte, Würzburg ⁴1996, 64.
[23] M. N. Ebertz, Deinstitutionalisierungsprozesse im Katholizismus: Die Erosion der ‚Gnadenanstalt', in: P. Hünermann (Hrsg.), Das II. Vatikanum, 375-399; hier: 382.

Das altkirchlich sukzessiv herausgeschälte Identitätsmodell setzte die Akzente bereits institutionslogisch durch die kirchliche Verschriftlichung des Evangeliums[24] und die Verrechtlichung der Tradition sowie ihre machttechnische Absicherung stärker auf der Seite der Identität als der Differenz, eher zugunsten der Einheit als der Vielfalt. Dennoch blieb dieser Vorgang erhalten. Und das zeigt sich noch anhand der inneren Modernsierung der Kirche im Zuge ihres dezidierten Antimodernismus. Jedoch wurde hier die geschlossene Kirchenbildung durchgesetzt, für die jenes Modell der Kirche als „societas perfecta" steht, das auch während des Zweiten Vatikanischen Konzils noch eine Rolle spielte. Die Notwendigkeit kirchlicher Öffnung wurde ganz auf den Bereich vormoderner Gesellschaften verschoben. Der Missionsauftrag der Kirche bedingt jenen impliziten Zwang zur Erhaltung von Offenheitsreserven, wie er unter dem Druck der Kommunizierbarkeit des Evangeliums entsteht. Es ist aufschlußreich zu sehen, daß die Anpassungsfähigkeit der Kirche sich zu Beginn der Moderne und während des Höhepunkts ihres Antimodernismus weg von den modernen Stammländern bewegt: die beiden Missionsfrühlinge zu Beginn der Neuzeit und im 19. Jh. sind *objektiver Ausdruck* einer konsequenten Logik.

Für das Zweite Vatikanische Konzil stellte sich die Aufgabe, aus der bedrohlichen Idylle des Milieus herauszufinden und ein neues Gleichgewicht zwischen Inklusion und Exklusion herzustellen. Das Interesse Johannes XXIII. an einer Öffnung zur modernen Welt kontrastierte mit den theologischen Parametern, in denen er ausgebildet worden war und dachte. Die leisen Anzeichen eines auch katholisch, zumal im Bereich der biblischen Exegese, aber auch der Dogmatik durchbrechenden *geschichtlichen* Denkens sollten schließlich zur Ablösung des neuscholastischen Paradigmas und damit zu einem pastoral wie dogmatisch veränderten Kirchenmodell führen, das deutlich die Balance von Identität und Differenz neu bestimmte.

Insofern Pluralität *das* Signum von Modernität ist, damit zugleich kirchlich-theologisch „die Schlüsselqualifikation der Zukunft... Pluralitätskompetenz'"[25] heißt, werden die Konstitution und die Dokumente des Vaticanum II unter dieser hermeneutischen Leitkategorie interpretiert.

3.2.2 Das Konzilwerden des Konzils: Die Konstitution des Vaticanum II

Die Vorbereitung des Konzils zeigt die Kirche im Übergang zu einer neuen Epoche ihrer Geschichte. Statt einer beschränkten Auswahl von Bischöfen, die vor dem 1. Vaticanum zu Themen und Optionen befragt worden waren, wurden nun alle Bischöfe, Ordensoberen und theologischen Fakultäten zu Stellungnahmen eingeladen. Damit zeigt sich die Kirche auf dem Weg zur

---

[24] Zur identitätssichernden Bedeutung der Verschriftlichung von Traditionen vgl. J. Assmann, Das kulturelle Gedächtnis. Schrift, Erinnerung und politische Identität in frühen Hochkulturen, München 1992.
[25] H.-J. Höhn, Inkulturation und Krise, 132.

Weltkirche. Diesem neuen Geist steht strukturell der Geist entgegen, in dem die vorgefaßten Schemata konzipiert wurden: hier dominiert die neuscholertische Schule. Vor dem Konzil selbst durfte sie auf die stärkste Gefolgschaft zählen. Sie setzte auf die Fortsetzung jener Linie, die nach dem Vaticanum I im Antimodernismus gezogen worden war.[26] Auch personalpolitisch zeigte sich, daß die Kirche bereit war, sich zu bewegen, jedoch in einem vertrauten Rahmen, der keinen umstürzenden Paradigmenwechsel zuließ. So waren die Vorbereitungskommissionen weltkirchlich zusammengesetzt, jedoch kurial bestimmt.

Als ein hermeneutisches Indiz für die inhaltlichen Erwartungen der Kurie, aber auch des Papstes, läßt sich sein Motuproprio „Veterum sapientia" vom 22.2.1962 lesen. Latein wurde hier als theologische Unterrichtssprache festgelegt:

> „weil das Latein eine tote Sprache sei, sei es eine ‚unveränderliche' Sprache, daher die ‚vollkommene' Sprache für die Theologie, was mehr als signifikant war für das Verhältnis von Glaube, Theologie und Geschichte."[27]

Daß das Konzil gerade im Sinne eines geschichtlichen Denkens einen Durchbruch bedeutete und zugleich eine offene inner- wie außerkirchliche Haltung einnahm, läßt sich aus einem gewachsenen Selbstbewußtsein der Bischöfe einerseits und der betont pastoralen Ausrichtung des Konzils andererseits verstehen, wenn auch nicht zwangsläufig ableiten. Bereits im Rücklauf der erfragten Voten war die Stärkung des Bischofsamts ein wesentlicher thematischer Tenor gewesen.[28] Das Verfahren selbst war zudem ein Akt der Dezentralisierung. Als dann bei der Eröffnung des Konzils ein Verfahren zur Besetzung der Kommissionen vorgeschlagen wurde, das auf eine personelle Bestätigung der bereits vorbereitenden Kommissionen hinausgelaufen wäre, und zugleich über die vorbereiteten Schemata das Konzil wie im voraus – kurial – gemacht erschien, regte sich Widerstand bei den Bischöfen. Die Wahlen wurden verschoben, schließlich setzte sich eine internationale Liste durch, die zum einen den weltkirchlichen Charakter des Konzils endgültig

---

[26] Zur Geschichte des Vaticanum II vgl. die zitierte Geschichte von O. H. Pesch; H. Jedin, Das Zweite Vatikanische Konzil, in: HKG VII, Freiburg u.a. 1985, 97-151; G. Alberigo (Hrsg.), Geschichte der Konzilien. Vom Nicaenum bis zum Vaticanum II, Düsseldorf 1993; ders. (Hrsg.), Storia del Concilio Vaticano II, Bd. I ff., Bologna 1996 ff. (dt. Ausgabe besorgt von K. Wittstadt, Mainz 1996ff.).– K. Schatz, Allgemeine Konzilien – Brennpunkte der Kirchengeschichte, Paderborn u.a. 1997, 263-332.

[27] K. Schatz, Allgemeine Konzilien, 285.

[28] Vgl. V. Conzemius, Die Modernisierungsproblematik in den Voten europäischer Episkopate, in: F.-X. Kaufmann / A. Zingerle (Hrsg.), Vatikanum II und Modernisierung. Historische, theologische und soziologische Perspektiven, Paderborn u.a. 1996, 107-129; hier: 123.– Eine breite Wahrnehmung der Modernisierungsproblematik findet sich in den Voten nicht. Wohl lassen einzelne Stimmen Tendenzen erkennen, die sich auf dem Konzil dann durchsetzen konnten. Daß es mit Montini und Döpfner führende Einzelpersönlichkeiten waren, läßt sich als zusätzlicher Faktor für das Durchsetzen des neuen kirchlichen Paradigmas anführen. Vgl. dazu Conzemius, ebd., 124.– Zum theologischen Erwartungshorizont vgl. exemplarisch H. Küng, Konzil und Wiedervereinigung. Erneuerung als Ruf in die Einheit, Freiburg u.a. 1960; ders., Kirche im Konzil, Freiburg u.a. 1963.

bis in die thematische Arbeit festschrieb, die zum anderen aber auch die progressiven Kräfte beförderte. So war es eine wesentliche Leistung des Konzils, das im Zuge des Antimodernismus „faktische Monopol der Kurie und der römischen Theologie"[29] durchbrochen, „die Gefahr einer Oligarchie überwunden und die volle kirchliche Freiheit wiederhergestellt zu haben."[30]

Zugleich konnte die genannte pastorale Grunddimension stärker die Bedeutung des einzelnen Bischofs und damit der Lokalkirchen aufs Tapet bringen. Das Thema „Muttersprache in der Liturgie" wurde zum Symbol. Zugleich stärkte man so den immanenten Pluralismus der Kirche an einem seiner öffentlichkeitswirksamsten Orte.

Dieser Pluralismus wurde bereits formal rezipiert. Der inhaltlichen Befreiung der Kirche zu einer offeneren Welthaltung und einem entspannteren Verhältnis zum modernen Pluralismus der Weltanschauungen ging der eigene prozedurale Pluralismus der Debatten voraus. Eben diese fruchtbare dialogische Erfahrung im Abtausch und Ausgleich der Positionen wird zu der inhaltlichen Entscheidung erheblich beigetragen haben. Der Stil des Konzils war dabei gegenüber dem Vorgängerkonzil entscheidend anders: dem Diktat der Mehrheit unterlag nun nicht mehr die qualifizierte Minorität; vielmehr wurde immer wieder nach Brücken in der Konzeption der Dokumente und nach Kompromissen in ihrer Formulierung gesucht.

Als ein wesentliches Moment von Modernität ist in der pluralistischen Meinungswelt die Öffentlichkeit zu betrachten.[31] Die Herstellung einer kirchlichen Öffentlichkeit und der Umgang mit ihren gesellschaftlich etablierten Formen markiert die veränderte Position, die sich die Kirche im gesellschaftlichen Ganzen zudenkt. Die Geheimhaltungspflicht wurde (von der 2. Session an) für die Generalkongregationen aufgehoben. Es wurde eine Pressestelle eingerichtet, die die Weltöffentlichkeit mit Informationen versorgte. Zugleich wurde das Konzil so zum ersten Konzil der gesamten Kirche, weil an den Beschlüssen Anteil genommen werden konnte und eine Möglichkeit zum kritischen Diskurs bestand, der auf die teilnehmenden Bischöfe und Periti zurückstrahlte, wenn sie sich zwischen den Herbstsessionen zu Hause befanden.

Zu dieser neu gewonnenen Transparenz und der Bereitschaft zur Diskussion, also auch zu einem wirklichen Dissens in der Sache, der durchfochten wurde, bis eine weitgehende Übereinstimmung gefunden wurde – zu dieser gegenüber dem Vaticanum I veränderten kirchlichen Diskursform gehört auch die Fähigkeit und Bereitschaft zur Selbstkritik (vgl. DH 12).

Im Sinne der eingeführten hermeneutischen Differenzmarken läßt sich damit, von der Perspektive des Konzilsbeginns aus, **heuristisch** angeben, inwiefern das Konzil eine neue Kultur der Differenz entwickelt, die die eigene Identität nicht länger statisch und ungebrochen erscheinen läßt:

---

[29] G. Alberigo, Die Situation des Christentums nach dem Vaticanum II, in: H. J. Pottmeyer / G. Alberigo / J.-P. Jossua (Hrsg.), Die Rezeption des Zweiten Vatikanischen Konzils, Düsseldorf 1986, 15-44; hier: 24.

[30] Ebd.

[31] Vgl. J. Habermas, Strukturwandel der Öffentlichkeit. Untersuchungen zu einer Kategorie der bürgerlichen Gesellschaft, Frankfurt a.M. (Neuauflage 1990) ²1991, 69-85.

- ZEIT: Das Konzil sucht nach Wegen, sich der eigenen Zeit in neuer Weise verständlich zu machen. Die Gegenwart der modernen pluralistischen Welt erscheint nicht länger als Feind, sondern fordert die Kirche selbst heraus, ihre Botschaft und Erscheinungsgestalt neu, anders zu reflektieren. Die Dimension der Geschichtlichkeit markiert einen Paradigmenwechsel in der Wahrnehmungsgestalt des Katholischen.
- METAPHER: Dieser letzte Punkt betrifft zumal die sprachliche Übertragungsform (*Metaphorisierung*) des Evangeliums. Die Überlegungen zur Muttersprachlichkeit einerseits, die Verkündigung unter den Bedingungen der neuen Zeit andererseits zerschlagen – auch beim Papst selbst – die Utopie einer theologischen Ewigkeitshermeneutik und irreversiblen Sprachgestalt theologischer Wahrheit.
- MACHT: Die Macht im Umgang der Majorität mit der Minorität wird an das Prinzip konsensueller Übereinkunft zurückgebunden (*consensus unanimis*). Die Macht der Kurie wird gebrochen und die des römischen Zentrums neu mit der teilkirchlichen Peripherie vermittelt, wie die Zusammensetzung der Konzilskommissionen belegt. Der Papst selbst läßt das Konzil gewähren – mit der Ausnahme seines Eingriffs in die Besetzung der Kommissionen, in die er Minoritätsvertreter einweist.
- INDIVIDUUM: Mit der Einübung einer pluralitätsoffenen Haltung werden zumindest implizit individuelle, von der Totalität der Kirche nicht absorbierbare, legitime Stile des Christlichen denkbar. Dies betrifft zumal die verschiedenen Modelle von Nachfolge, die aus dem identitätsgewissen Milieu heraus sich der Welt stellen und sich in ihr behaupten.
- INTERPRETATION: Im Verbund der Differenzmarken findet das interpretative Grundmoment des Christlichen Beachtung. Gerade im Blick auf die weltkirchlichen Transfers des Christlichen gewinnt diese Interpretativität der Aufnahme und Weitergabe des Evangeliums an Bedeutung.

Diese veränderte Perspektivik läßt sich im Ansatz aus der Konstitution des Konzils ableiten. Ihre inhaltlichen Folgen sind anhand der fundamentaltheologischen Hermeneutik des Konzils und in den verschiedenen Dokumenten zu untersuchen. Schon ihre thematische Vielfalt und die unterschiedlichen Sprechformen selbst bestätigen, erneut in formaler Vorgabe inhaltlicher Prägung, den internen Pluralismus des Konzils, der zu einer gewandelten, dynamischeren Beziehung von Identität und Differenz in der Kirche führt.

3.2.3 Die Hermeneutik des Konzils

Dieses dynamischere Denken läßt sich aus der rückblickenden Einschätzung, ja Gewißheit der (meisten) Konzilsväter erkennen, die vom Konzil als einem Ereignis des Heiligen Geistes sprechen. Ihre Geisterfahrung ist hermeneutisch grundlegend in der Weise, daß im Geist die *Zeichen der Zeit* in einer *Unterscheidung der Geister* gedeutet werden. Der Geist ist Prinzip der Bewegung, nicht des Stillstands. Er führt die Kirche *in* neue Herausforderungen. Er ist nicht *festzustellen*, sondern man hat sich *ihm zu stellen*: sich von ihm motivieren und leiten zu lassen. Die geisttheologische Selbstreflexion vieler Konzilsväter ist danach als inneres Prinzip und objektiver Ausdruck für eine Konzilshermeneutik heranzuziehen, die gerade auf das Durchbrechen des starren identitätslogischen Prinzips und einer ungeschichtlichen, undynamischen ekklesiozentrischen Hermeneutik drang.

Damit begab sich das Konzil auf modernes Terrain. Die offenere Wahrnehmung der modernen Welt sollte die Sprachbarrieren beseitigen. Es galt, in einem echten Dialog zwischen Kirche und Welt jene kommunikative Lähmung zu überwinden, „die zu einem echten Gegensatz zwischen Kirche und moderner Welt nach der französischen Revolution geführt hat."[32] Der Weg des Konzils in die Moderne erfolgte bereits indirekt – im Dialog als Denk*form*. Er schließt Kritik und Anerkennung zusammen.

> „Gerade diese Wechselseitigkeit eines Verständigungs- und Deutungsprozesses im Rhythmus von Anknüpfung und Widerspruch ist es, die förmlich dazu nötigt, mit Paul VI. und seiner Enzyklika „Ecclesiam suam" die Kategorie des Dialogs zusammen mit der communio zum Notenschlüssel für eine jede konziliare Hermeneutik zu machen."[33]

Dieser dialogische Ansatz des Konzils birgt indes für die Rezeption hermeneutische Schwierigkeiten. Z.T. wurden entgegengesetzte Positionen in den Texten als Kompromiß so verarbeitet, daß ihre Perspektiven erhalten bleiben und so letztlich unverbunden nebeneinander stehen.[34] Das prominenteste Beispiel stellt die Beziehung von Papst und Bischofskollegium dar. Die zugestandenen Kompetenzen korrigieren, ja kritisieren sich letztlich hier gegenseitig. Diese Methode der „Juxtaposition"[35] realisiert den internen Pluralismus des Konzils als praktizierte – dialektische – Hermeneutik:

> „War es nicht so, daß das Konzil nur deshalb zu einer Ekklesiologie der communio durchstoßen konnte, weil es sich selbst als communio erfahren durfte?"[36]

Das dialektische Verfahren berücksichtigte die vorhandenen Differenzen und gab ihnen einen Raum, der sich in vorangegangenen Konzilsbeschlüssen so kaum wiederfindet. Dem entspricht eine gesteigerte Sensibilität für Differen-

---

[32] F. König, Der Weg der Kirche. Ein Gespräch mit G. Licheri, Düsseldorf, 1986, 55.– Dialog ist ein Schlüsselwort des Konzils – es hat ihn nach innen wie außen revitalisiert.– Vgl. K. Lehmann, Vom Dialog als Form der Kommunikation und Wahrheitsfindung in der Kirche, hrsg. v. Sekretariat der Deutschen Bischofskonferenz, Bonn 1994.– Genau daran entzündet sich die restaurative Kritik am offenen Meinungspluralismus in der Kirche im allgemeinen und auf dem Konzil im besonderen: vgl. N. Lobkowicz, Was brachte uns das Konzil? Würzburg-München 1986, 51.

[33] G. Fuchs, Unterscheidung der Geister. Notizen zur konziliaren Hermeneutik, in: F.-X. Kaufmann / A. Zingerle (Hrsg.), Vatikanum II und Modernisierung, 401-410; hier: 403.

[34] Vgl. M. Seckler, Über den Kompromiß in Sachen der Lehre, in: ders., Im Spannungsfeld von Wissenschaft und Kirche. Theologie als schöpferische Auslegung der Wirklichkeit, Freiburg u.a. 1980, 99-103; (212-215).– Vgl. O. H. Pesch, Das Zweite Vatikanische Konzil, 150-154.

[35] H. J. Pottmeyer, Vor einer neuen Phase der Rezeption des Vaticanum II. Zwanzig Jahre Hermeneutik des Konzils, in: ders. / G. Alberigo / J.-P. Jossua (Hrsg.), Die Rezeption des Zweiten Vatikanischen Konzils, 47-65; hier: 58.

[36] Ebd., 57.

3. Der gegenwärtige Problemhorizont   321

zen im Verzicht auf die schneidende Härte des *exklusiv* Eindeutigen – ohne darum das Evangelium aus den Augen zu verlieren. Nur so wurde es möglich, auf die defensiven Verurteilungen der früheren Konzilien zu verzichten:

> „Im Konzil ist das Wort Häretiker oder Schismatiker nicht gefallen, auch nicht das Wort ‚Anathema sit'."[37]

Daß die Ambivalenz der Texte in ihrer differentiellen, gespannten Gestalt hermeneutische Probleme aufwirft, gehört von daher zur wesentlichen Vollzugsform von Kirche selbst. Geprägt durch das identitätslogische Interesse an Univozität wird es für die Kirche zu einem wesentlichen Auftrag der Konzilsrezeption, diese Kultur des Unterschieds interpretativ, aber auch lebenspraktisch neu einzuüben. Dies kann auch vom Konzil her nicht im Sinne *billiger* Hinnahme gelten – die Spuren von Dissens im Konsens sind freizulegen um der Sache willen. Aber das Zulassen von Differenzen erlaubt gerade eine Hermeneutik pluralistischer Offenheit von Lesarten nach der zentralistischen Einfriedung der theologischen Diskurse. Die Möglichkeit zur Rahmenfindung im Konsens läßt ein bis zum Zerreißen gespanntes Verhältnis von *Einheit in Vielfalt* zu – als Formel *das* hermeneutische Vademecum des Konzils (LG 13). Diese Hermeneutik zehrt vom trinitarischen Gottesbild, in dem die Relationen der göttlichen Personen in der Kenose und im Kreuzestod als ihrer menschlichen Realisationsform in äußerster Dramatik gedehnt erscheinen.[38] Die Kirche des Vaticanum II hat Erhebliches von dieser Selbstrücknahme und -freigabe.

Der Exodus der Kirche aus der selbstbezogenen Verteidigungsstellung manifestiert sich im Verzicht auf die defensive Denkfigur der Lehrverurteilung und des Ausschlusses. Die Geste der Einladung an die Welt zum Dialog wirkt auf die innere Konzeption des Kirchenbildes zurück.

Die pastorale Orientierung überwand die Logozentrik des Dogmas und band es an die Praxis zurück:

> „Die Pastoralkonstitution ist der Schlüssel zum Konzil, sein dogmatisches Hauptereignis."[39]

Damit wird ein Glaubensbegriff favorisiert, der Orthodoxie und Orthopraxie verschmilzt. Die Geschichte als Ort der Bewährung des Glaubens und als Quelle seiner reflexiven Vergegenwärtigung muß auf eine Gestalt der Kirche abheben, die selbst dynamischen Charakter hat. Glaube in Geschichte und Welt ist selbst geschichtlich, und die Kirche als Gemeinschaft der Glaubenden wird aus dem statischen Seinsdenken in der abendländischen Tradition

---

[37] H. Fries, Das Zweite Vatikanische Konzil, in: R. Scheermann (Hrsg.), Wider den Fundamentalismus. Kein Zurück hinter das II. Vatikanische Konzil, Mattersburg-Bad Sauerbrunn 1991, 10-26; hier: 14.
[38] Vgl. H. U. von Balthasar, Theologie der drei Tage, Einsiedeln-Freiburg 1990; vgl. ders. Theologik, Bd. II: Wahrheit Gottes, Einsiedeln 1985; besonders das Kapitel „Hölle und Trinität" (314-329) sowie den „Schluß" (330-332).
[39] Vgl. E. Klinger, Armut. Eine Herausforderung Gottes. Der Glaube des Konzils und die Befreiung des Menschen, Zürich 1990, 97.

logozentrischer und identitätslogischer Hermeneutik befreit, um sie selbst als werdende (LG 3), sich immer erneuernde (LG 9), als *pilgernde Kirche* (LG 14) zu begreifen.

Dieser geschichtliche Ansatz durchzieht die Dokumente. Er macht sich fest in der Sprache des Konzils:

> „Die Analyse des im II. Vatikanum verwendeten Wortschatzes läßt den häufigen Gebrauch eines sozusagen geschichtlichen Vokabulars erkennen, d.h. den Gebrauch von Wörtern, die eine ständige und durchlaufende Aufmerksamkeit für die geschichtliche Dimension der Wirklichkeit bekunden... Tatsächlich finden sich in den Erklärungen des I. Vatikanums nur knapp mehr als ein Drittel (14) jener Wortbeispiele, die das Hauptgerüst der historischen Sprechweise des II. Vatikanums bilden."[40]

In den Texten wird durchgehend der Zeitkontext gezeichnet. Theologie wird unter der Voraussetzung betrieben, daß die „Zeichen der Zeit" gedeutet werden und auf die Theologie selbst zurückwirken können. Geschichte wird vom Konzil als *locus theologicus* wiederentdeckt, ohne einem neuen Integralismus zuzuarbeiten.[41] Die geschichtliche Wende in der konziliaren Theologie eröffnet die Perspektiven auf die Wandelbarkeit auch der eigenen Tradition und erkennt sie in ihrer Vielgestaltigkeit an.[42] Die Spannung von Einheit und Vielfalt wird damit im inneren Bezirk der Theologie ausgemacht.

Indem sich das Konzil dieser hermeneutischen Grundfrage in den Dokumenten immer wieder stellt, erreicht es den Problemstand der Moderne. Deren fragmentarischer Gestalt horcht es die Sehnsucht nach einer Einheit ab, die auf Erlösung verweist. Diese gebrochene Modernität findet sich hermeneutisch gespiegelt „in der Bescheidenheit des Konzils".[43] Statt eines totalisierenden Zugriffs arbeitet das Konzil gleichsam mit einer phänomenologischen *Epoché*. Noch einmal wird die Denkform zum Ausdruck gewandelter Zeitgenossenschaft und hermeneutischer Position.

Dennoch bleibt die entscheidende Frage nach dem kirchlichen Austrag von Einheit und Pluralität:

> „Wie ist Einheit zu denken und zu leben, wenn sie nicht monologisch-diktathaft, nicht als imperativisch-durchgreifende Identität alle Differenzen einebnen soll?"[44]

Dieses Spannungsverhältnis ist den Konzilstexten selbst zu entnehmen. Nicht länger gilt: *Identität statt Differenz*, sondern vielmehr *Identität in und*

---

[40] G. Alberigo, Christentum und Geschichte im II. Vatikanum, in: E. Klinger / K. Wittstadt (Hrsg.), Glaube im Prozeß. Christsein nach dem II. Vatikanum (= FS K. Rahner), Freiburg u.a. 1984, 143-158; hier: 143.
[41] Vgl. G. Ruggieri, Glaube und Geschichte, in: H. J. Pottmeyer / G. Alberigo / J.-P. Jossua (Hrsg.), Die Rezeption des Zweiten Vatikanischen Konzils, 124-152.
[42] Vgl. zur Grundlegung Y. Congar, Die Tradition und die Traditionen, Bd. 1, Mainz 1965.
[43] A. Halder, Die Signaturen der Moderne und das Konzil, in: J. Piegsa (Hrsg.), Zweites Vatikanisches Konzil. Das bleibende Anliegen, St. Ottilien 1991, 45-76; hier: 54.
[44] Ebd., 65.

als Differenz. Die Pluralismus-Reflexionen des Konzils liefern einen Leitfaden dieses hermeneutischen Paradigmenwechsels.

3.2.4 Die Pluralismus-Rezeption der Dokumente

Wenn Reflexivität ein Index von Modernität ist, so erfüllt das Vaticanum II diese Bedingung seines Durchbruchs zur modernen Welt bereits formal, wenngleich uneingestanden, denn „dieses Konzil war ein Konzil der Kirche über die Kirche."[45] Die zentralen Texte mit ihren Pluralitäts-Indices und -Chiffren bestätigen darüber hinaus die Durchführung einer pluralitätsbewußten Theologie. In ihnen dokumentiert sich der Geist einer hermeneutischen Offenheit für die moderne Welt. Er gibt das hermeneutische Prinzip jeder Konzils-Rezeption vor.[46]

3.2.4.1 Pluralismus – ad intra

> „Bis 1967 wird in den päpstlichen Dokumenten der Ausdruck Pluralismus im Zusammenhang mit der katholischen Kirche nicht verwendet. Er dient zur Bezeichnung der Vielfalt der christlichen Konfessionen. Das Zweite Vatikanum verwendet ihn für die zivile Gesellschaft, welche Bürger verschiedener Religionen umfaßt und ihnen eine friedliche Koexistenz ermöglicht".[47]

Die sprachliche Realisierung des Phänomens deutet darauf hin, wie schwer sich die Kirche damit tat, erstens das Leben der Kirche in der pluralistischen Welt ganz anzunehmen und, zweitens, den Pluralismus auch innerhalb der Kirche selbst voll einzugestehen. Das Bewußtsein dieses Pluralismus hatte indes das Vaticanum II theologisch vorangebracht. Entsprechend gibt es eine Reihe anderer Begriffe zur Bezeichnung des Phänomens[48]:

- Religiöser Pluralismus: *diversitas, varietas, multiplicitas, particularitas, peculiaritas, proprius, singularis.*
- Geschichtlicher Pluralismus: *mutatio, evolutio, transformatio, novitas, incrementum, progressus, accommodatio, adaptio, renovatio, redintegratio, restitutio, reformatio.*

Die Aufstellung verdeutlicht, wie sehr die geschichtliche Hermeneutik des Konzils den Blick für die innere Vielförmigkeit kultureller, gesellschaftlicher

---

[45] K. Rahner, Das Zweite Vatikanische Konzil. Allgemeine Einleitung, in: ders. / H. Vorgrimler (Hrsg.), Kleines Konzilskompendium. Sämtliche Texte des Zweiten Vatikanums mit Einführungen und ausführlichem Sachregister, Freiburg u.a. [19]1986, 13-33; hier: 24.
[46] Vgl. H. Vorgrimler, Vom ‚Geist des Konzils', in: K. Richter (Hrsg.), Das Konzil war erst der Anfang. Die Bedeutung des II. Vatikanums für Theologie und Kirche, Mainz 1991, 25-52.
[47] P. Delhaye, Einheit des Glaubens und theologischer Pluralismus im Licht der Dokumente des römischen Lehramts im letzten Jahrzehnt (1962-1972), in: Internationale Theologenkommission, Die Einheit des Glaubens und der theologische Pluralismus, Einsiedeln 1973, 139-165; hier: 141.
[48] Die Liste folgt P. Delhaye, Einheit des Glaubens, 142.– Dort werden die weiteren Ableitungen des Wortstamms zusätzlich aufgeführt.

und religiöser Verhältnisse schärft. Pluralität wird dabei zunehmend als Ausdruck wirklicher Katholizität begriffen. Der dogmatische Rückgriff auf Konzepte der Alten Kirche erlaubte es, zugleich das ursprüngliche Spektrum christlicher Modelle von Spiritualität und Nachfolge, liturgischer Stile und theologischer Programme in den Ortskirchen wiederzuentdecken. Das Selbstbewußtsein dieser Kirchen gab dem Erwachen der Kirchen auf dem Konzil einen historischen Anhaltspunkt und erlaubte es, Tradition prozessualer und vielstimmiger als besonders in den vergangenen hundert Jahren zu begreifen.

Als terminologische Schaltzentrale fungiert in dieser Hinsicht die Beschreibung der Kirche als **communio**. Auffallend zunächst, daß dieses Wahrbild nur eines unter vielen ist, mit dem die Kirche sich selbst darzustellen versucht. Keines der Bilder scheint voll auszureichen, jedes fügt dem Panorama einen weiteren Horizont hinzu: „das innerste Wesen der Kirche (erschließt sich – G.M.H.) in verschiedenen Bildern" (LG 6). In der communio findet sich nun die Möglichkeit, die Vielfalt der Kirche, die deutlich wird in den verschiedenen Charismen, rückzubinden an die Gemeinschaft, wie sie in der Eucharistie realisiert wird. Die Communio erscheint im Sinne der Alten Kirche

> „als lebendiger Organismus einer Kirche der Einheit und Vielfalt, des regen gegenseitigen Austausches in Einheit und der einzelnen institutionellen Verantwortlichkeiten der Ortskirchen."[49]

Zugleich wird deutlich, daß die Kirche als communio nicht über sich selbst verfügt. Sie verweist auf die trinitarische communio als ihren eigentlichen Grund (UR 2; LG 4). Die Relationalität des Gottesbildes entläßt einen Beziehungsreichtum der Kirche, in der sich Vielfalt und Einheit im Glauben in Liebe und Wahrheit (LG 9) jeweils gegenseitig kritisieren. Denn die charismatische Dimension der Kirche macht die Rückbindung an den Dienst notwendig: was dient dem Heil der Menschen?[50] Die trinitätstheologische und die heilsgeschichtliche Perspektive durchdringen einander und wirken auf ein Kirchenbild hin, das sich vom statischen Modell der *societas perfecta* löst und zugleich deren latenten Triumphalismus hinter sich läßt. In einem überwindet die Kirche ihre theologisch-ekklesiologische Geistvergessenheit:

> „Kirche prägt in sich eben nicht die Einheit eines neuplatonisch gedachten, alle Differenzierungen übersteigenden göttlichen >Einen und Guten< aus, sondern die Einheit der >*Gemeinschaft* Gottes<, eben des Beziehungsgefüges der in sich dreifaltig differenzierten Liebe Gottes."[51]

In diesem Konzept eröffnet sich der Raum für eine legitime Pluralität der Berufungen, Charismen und kirchlichen Aufgaben, die sich eben aus der Katholizität selbst ergibt:

---

[49] K. Kienzler, >Communio< zwischen Gott und den Menschen – zum Kirchenbild des 2. Vatikanischen Konzils, in: J. Piegsa (Hrsg.), Zweites Vatikanisches Konzil, 117-140; hier: 124.
[50] Das ist die Grundperspektive von LG 1.
[51] Vgl. M. Kehl, Die Kirche. Eine katholische Ekklesiologie, Würzburg ³1994, 66.

3. Der gegenwärtige Problemhorizont

„So kommt es, daß das Gottesvolk nicht nur aus den verschiedenen Völkern sich sammelt, sondern auch in sich selbst aus verschiedenen Ordnungen gebildet wird. Unter seinen Gliedern herrscht eine Verschiedenheit, sei es in den Ämtern..., sei es in Stand und Lebensordnung... Darum gibt es auch in der kirchlichen Gemeinschaft zu Recht Teilkirchen, die sich eigener Überlieferungen erfreuen, unbeschadet des Primats des Stuhles Petri, welcher der gesamten Liebesgemeinschaft vorsteht, die rechtmäßigen Verschiedenheiten schützt und zugleich darüber wacht, daß die Besonderheiten der Einheit nicht nur nicht schaden, sondern ihr vielmehr dienen." (LG 13)

Das institutionell-personale Paradigma der Identität wird hier als Rahmen gesetzt: Verschiedenheit bleibt rückgebunden an jene Einheit, die durch den Papst gewährleistet wird. Zugleich werden für die Legitimität der Verschiedenheit auch inhaltlich Kriterien angegeben: die Besonderheiten finden im Verbund der Liebesgemeinschaft statt, und sie sollen ihr als Ausdruck der Einheit dienen. Es geht also im Sinne der paulinischen Charismenlehre um den Aufbau der Gemeinde und nicht um einen eigennützigen Egoismus der Begabungen. Diese Gemeinschaft findet ihren höchsten Ausdruck in der Eucharistie. Kirche konstituiert sich in ihr. Damit läßt sich der Verweis auf den Petrusdienst als den institutionellen Rahmen angeben, der das Bleiben in der sakramentalen Kirche als Voraussetzung legitimer Verschiedenheit impliziert. Darüber hinaus aber gibt es ein weites Feld theologisch-kirchlicher Differenzräume. Entsprechend wird der päpstliche Schutz der innerkirchlichen Pluralität eigens betont – nicht ihre (vorschnelle) Eingrenzung. Diese Ordnung transportiert die hermeneutische Regel einer weitgehenden innerkirchlichen Freiheit, die endet, wo sie keinen Dienstcharakter und keine Dienstfunktion mehr hat und *in diesem Zuge* den Rahmen der hierarchisch und sakramental strukturierten katholischen Kirche verläßt. An den weitreichenden Spielraum der Freiheit ist indes immer zu erinnern, wo das Bedürfnis nach sicherer Identität das Risiko differenter Interpretationen beschneidet. Es ist in diesem Zusammenhang bezeichnend, daß, anders als in LG 8, nicht von Wahrheit und Liebe gesprochen wird, sondern Liebe und Dienst kriteriellen Rang beanspruchen. Auch hier wird man nicht auseinanderreißen dürfen, was zusammengehört – diese Stelle scheint Johannes XXIII. zu bestätigen: *im Zweifel Freiheit, immer die Liebe.*

Der Gedanke der kirchlichen communio bringt weitere Chiffren von Pluralität auf den Weg: den **Teilkirchen** kommt ein eigenes kirchliches Selbstbewußtsein zu, denn „in ihnen und aus ihnen besteht die eine und einzige katholische Kirche" (LG 23). Ihnen werden Befugnisse zugestanden, die eine eigenständige Regelung ortskirchlicher Angelegenheiten erlaubt, womit der römische Zentralismus überwunden wird. Wichtigster Ausdruck dieses Prozesses ist die Einführung der Muttersprache in der Liturgie. Damit wird zugleich die theologische **Inkulturation** vorangetrieben (AG 10). Die pfingstliche Kirche spricht in allen Sprachen und versteht in der Liebe alle Sprachen (AG 4). Die besondere Betonung der Liebe ersetzt eine eher juristisch geprägte konziliare Amtssprache durch eine sensible Wahrnehmung der nichtchristlich geprägten Umwelt. Statt auf Verurteilung und Ausgrenzung wird der Akzent auf Respekt und Toleranz gegenüber dem Anderen gesetzt. Auch in diesem unscheinbaren, aber konsequenten Umgang mit der Sprache dokumentiert sich ein Paradigmenwechsel von der Identitätslogik zu einer differenzbewußteren Hermeneutik.

Im Zusammenhang mit der Aufwertung der Teilkirchen ist auch die Betonung der **Kollegialität** im Bischofsamt zu sehen (LG 19). So wenig hier an eine streng juristische Auswertung des Bildes gedacht wurde, deuten doch die konservativen Widerstände gegen das Modell an, daß man darin eine neue Verhältnisbestimmung von Papst und Bischöfen erkannte.[52] Sie entspricht dem Spannungsverhältnis von Teilkirchen und Universalkirche – das Konzil vollzieht hier eine „kopernikanische Wende innerhalb der Ekklesiologie".[53]

Am deutlichsten wird die darin enthaltene Problematik von Einheit und Vielfalt in der Frage des unfehlbaren Lehramts. Zunächst bedeutete die Einberufung des Konzils bereits einen Schritt zur kollegialen und kommunialen Rückbindung der päpstlichen Leitungs- und Lehrvollmacht an die Kirche. Die vorkonziliare Haltung war denn auch die gewesen, daß ein Konzil im Grunde genommen nicht mehr notwendig sei – in den entscheidenden Fragen war die Kirche durch den Papst mit einer theologischen Instanz von absoluter Sicherheitsgewähr in allen Glaubensfragen ausgestattet.[54] Das Konzil als Veranstaltung bedeutet in dieser Hinsicht, daß der Papst sich bleibend auf das Glaubenszeugnis seiner Kirche rückbezieht. Deshalb „kann" den infalliblen päpstlichen Definitionen „die Beistimmung der Kirche niemals fehlen" (LG 25). Dies wird nicht juristisch begründet, sondern gilt „vermöge der Wirksamkeit des Heiligen Geistes" (LG 25). Das „kann" läßt sich von daher in zwei Richtungen lesen: als Verpflichtung zur Glaubensrezeption seitens der Kirche, aber auch als zur inneren Logik des Vorgangs und der Sache gehörend, daß eine solche Definition im unabweisbaren Bezug zum Glauben der Kirche steht. Das „kann" bindet den Glauben der Kirche und die infalliblen Lehrentscheidungen von beiden Seiten ineinander, ohne daß sie formalisiert noch einmal getrennt werden könnten. Eben deshalb fehlt hier die juristische Bestimmung des Rezeptionsaktes und steht der Verweis auf den Heiligen Geist, der diesen Glauben wirkt. Genauso wie der Papst „ex sese" und „nicht aufgrund der Zustimmung der Kirche" unfehlbar lehrt, bleibt dem doch kriteriell der Bezug auf den Glauben der Kirche eingeschrieben: denn seine Unfehlbarkeit „reicht so weit wie die Hinterlage der göttlichen Offenbarung" (LG 25), die den Glauben der Kirche ausmacht und die zugleich aus der glaubenden Aufnahme des Gottesvolks erst als solche in der Tradition

---

[52] Vgl. G. Philips, Die Geschichte der dogmatischen Konstitution über die Kirche „Lumen Gentium", in: LThK[2], Bd. 12: Das Zweite Vatikanische Konzil. Konstitutionen, Dekrete und Erklärungen. Kommentare. Teil 1, 155; besonders 143f.

[53] J. A. Komonchak, Ortskirchen und Gesamtkirche, in: H. J. Pottmeyer / G. Alberigo / J.-P. Jossua (Hrsg.), Die Rezeption des Zweiten Vatikanischen Konzils, 107-123; hier: 109.

[54] Vgl. L. Vischer, Die Rezeption der Debatte über die Kollegialität, in: H. J. Pottmeyer / G. Alberigo / J.-P. Jossua (Hrsg.), Die Rezeption des Zweiten Vatikanischen Konzils, 293-312; hier: 294.

festgehalten wurde. Überdies weist das „aufgrund" weniger auf einen Rechtsgrund hin, sondern darauf, daß es letztlich immer der Heilige Geist ist, nicht der Papst als Person, dessen Beistand zu diesen Definitionen finden läßt.

> „Ist auch ein rechtlicher consensus der Kirche zur Konstituierung einer lehrrechtlichen Gültigkeit der päpstlichen Definitionen nicht erforderlich, so entspringt eben doch das Tun des Papstes dem Offenbarungsglauben der unfehlbaren Kirche, an den sich der Papst – auch ohne rechtliche Absicherung – durch die nicht-institutionalisierbare Kraft des Hl. Geistes faktisch in solchen Fällen immer halten wird, und darum kann seinen Kathedralentscheidungen der assensus der glaubenden Kirche auch nicht fehlen."[55]

Jenseits juristischer Formalisierung, die auf eine gleichsam rechtswirksame Feststellung des Hl. Geistes herausliefe, also die gnadentheologische Grundstruktur des Glaubensempfangs in Frage stellte, wird hier die innere Logik des Zusammenhangs von Papst und Kirche in der Führung des Heiligen Geistes kommunial begriffen, indem kein Weg einseitig aus dem Glaubenskonnex herausführt: der Papst steht einerseits nicht für sich allein, sondern im Glauben der Kirche. Er bleibt innerer Bezugsgrund qua Schrift und Tradition im Heiligen Geist, ohne darum formaljuristisch als Geltungsgrund herangezogen zu werden, weil so die Spannung aufgelöst würde. Damit wird andererseits verdeutlicht, daß der Glaube der Kirche niemals ohne oder gegen den Papst, sondern nur mit ihm und in der Sicherheit seiner Amtsvollmacht steht. *Im Geist* ist gewährleistet, daß die Kirche immer im Glauben bleibt:

> „Die Auszeichnung der Kirche, unzerstörbare Glaubensgemeinschaft in Jesus Christus zu sein, findet im Papst eine handlungsfähige, höchste personale Verleiblichung, wird in seinen Lehrentscheidungen gleichsam anschaulich...Der Papst kann ‚allein' den Glauben der Kirche aussprechen – wobei er sich der Zustimmung der Kirche in verschiedener Weise versichern kann und muß".[56]

Dieser Grundlogik entspricht es, daß Papst und Bischöfe als ein Kollegium verstanden werden, dessen Autorität gerade in der Gemeinschaft verstanden wird. Das Kollegium kann niemals ohne den Papst operieren (LG 22). Dennoch existiert eine wirkliche „kollegiale Einheit" (LG 23), wobei der Papst

---

[55] K. Rahner, Kommentar zu LG 25, in: LTHK² Bd. 12, 239.
[56] K. Lehmann, Die Kirche II: Papst und Unfehlbarkeit, in: J. Feiner / L. Vischer (Hrsg.), Neues Glaubensbuch. Der gemeinsame christliche Glaube, Freiburg u.a. 1973, 631-643; hier: 637.– Zur communialen Rückbindung des Primats und zur neueren Diskussion vgl. A. C. Rouco, Der päpstliche Primat und das Zweite Vatikanum, in: IKZ Communio 27 (1998) 310-329. Nach Rouco steht mit dem Vaticanum II fest, „daß als Grundlage des Petrusdienstes das dem absolutistischen Grundsatz entgegengesetzte Prinzip gilt: >veritas, non auctoritas facit legem<, in diesem Fall die Wahrheit des Verharrens des Petrusnachfolgers in der *Communio plena.*" (322).– Nur auf der Basis dieser communialen Interpretation kann Johannes Paul II. in seiner Enzyklika *Ut unum sint* (1995) zu seiner Einladung finden, über die konkrete Ausgestaltung des Petrusdienstes unter veränderten Bedingungen im Dienst der Einheit nachzudenken (Nr. 94). Diesen Reflektionsprozeß leitet die differenz- und pluralismusoffene hermeneutische Maxime, daß „die Ausdrucksform der Wahrheit vielgestaltig sein kann" (Nr. 11).

das „sichtbare Prinzip und Fundament für die Einheit der Vielheit von Bischöfen und Gläubigen" (LG 23) darstellt.

> „*Visibile* (gesellschaftsrechtliches, geschichtlich erscheinendes) prinicipium und fundamentum wird er genannt, weil der Geist das eigentliche und letzte Prinzip der Einheit der pluralen Kirche ist."[57]

Damit wird der Papst nicht absolutistisch verstanden, sondern eben als Ausdruck und Symbol der Einheit, der – nach LG 13 – gerade in seinen Vollmachten Dienst- und Schutzfunktion für die legitime kirchliche Vielfalt hat.

Man wird hier festhalten müssen, daß sich die komplexe Beziehung von Einheit und Vielfalt kirchlich nicht auflösen läßt. Schon damit wird das identitätslogische Interesse am distinkten Entweder-Oder durchbrochen. Jeder kirchenrechtliche Entscheid in der Sache wird sich deshalb fragen lassen müssen, ob er der bezeichneten Relationalität im Glauben und im kirchlichen Grundgefüge hinreichend Rechnung trägt – gerade weil sich dies nicht mehr juristisch adäquat rückbinden und ausdrücken läßt. Das Konzil bedient sich hier einer differenzoffenen Hermeneutik, die ganz vom Vertrauen auf die Führung durch den Heiligen Geist und auf die in ihm sich ereignende Liebe als dem Innenraum des Glaubens lebt. Konsequent existiert „Einheit immer in de(m) Diversität schaffenden Heiligen Geist".[58] Genau dies aber überschreitet den formalisierbaren Rechtsraum – und zwar ganz im Sinne der jesuanischen Gesetzeskritik (Mk 2,23-28).

Die praktischen Umsetzungsprobleme sind damit nur konkret zu lösen. Das Austarieren der Spannungen wird zur impliziten hermeneutischen Maxime des Konzils[59]:

> „Das paradox-spannungsvolle Verhältnis von teilkirchlicher und universalkirchlicher Struktur sowie von amtlicher Verantwortung und Mitverantwortung aller ist theoretisch wohl niemals zu lösen. Es ist praktisch zu lösen: durch Regeln der Zusammenarbeit und auch der Konfliktbewältigung, die von gegenseitigem menschlichem Respekt genauso getragen sein müssen wie von gläubiger Einsicht in das, was Kirche begründet. Und dies, nämlich die Gemeinschaft mit Gott in Jesus Christus durch die Teilhabe an Wort und Sakrament, begründet gewiß Verantwortung, Kompetenz, Pflicht und insoweit auch Gehorsam – aber niemals Herrschaft und Unterwerfung."[60]

Damit wird eine machtkritische Note des kommunialen Kirchenmodells sichtbar. Kollegialität, die Eigenrechte der Partikularkirchen, der auch in eucharistischer Perspektive kommuniale Grundzug der Kirche – all dies wider-

---

[57] K. Rahner, Kommentar zu LG 23, in: LTHK² Bd. 12, 229.– Vgl. das Fazit von J. Ratzinger, Das Konzil auf dem Weg. Rückblick auf die zweite Sitzungsperiode, Köln 1964, 36: „Katholizität bedeutet dann nicht mehr bloß den Blick zum Zentrum".

[58] O. Cullmann, Einheit in der Vielfalt im Lichte der „Hierarchie der Wahrheiten", in: E. Klinger / K. Wittstadt (Hrsg.) Glaube im Prozeß, 356-364; hier: 357.

[59] Vgl. P. Neuner, Die Kirche als Volk Gottes, in: R. Scheermann (Hrsg.), Wider den Fundamentalismus, 40-50, hier: 50: „Es sollen nicht alle Unterschiede aufgelöst und alle Spannungen abgebaut werden. Vielmehr gilt es, die Spannungen auszuhalten."

[60] O. H. Pesch, Das Zweite Vatikanische Konzil, 191.

setzt sich einem Machtspiel der Interessen. In dieser Logik konnte erst dieses Konzil zu einer Machtkritik *ad intra* finden: DH 12 bezieht sich eindeutig auf den Mißbrauch von Macht, durch den Menschen zum Glauben gezwungen wurden. Statt Zwang setzt das Konzil auf jene Freiheit, die für das pluralistische Gesellschaftsmodell der Moderne steht.

Diese Machtkritik wird praktisch, wo auch innerkirchlich ein weitgehendes Recht auf Eigenständigkeit betont wird, explizit im Blick auf die Ostkirchen (OE 6; 9), wobei es geradezu als „Ziel der katholischen Kirche" bezeichnet wird, „daß die Überlieferungen jeder einzelnen Teilkirche oder eines jeden Ritus unverletzt erhalten bleiben; zugleich soll sich der Lebensstil dieser Kirchen den verschiedenen zeitlichen und örtlichen Notwendigkeiten anpassen" (OE 2). Darüber hinaus wird als hermeneutische Regel der Verzicht auf eine trennende Schärfe in Konfliktfällen proklamiert,

> „damit wir nicht durch die Härte des Urteils den Erlösten zum Hindernis werden" (OE 26).[61]

Die in Frage stehenden Rechte betreffen einen legitimen innerkirchlichen Pluralismus in den Bereichen des Rechts, der Riten, der Liturgie und der geistig-kulturellen Überlieferung (OE 3). Dieser legitime Pluralismus wird noch anerkannt, wo er letztlich zu Kirchentrennungen führte, wobei gerade die Mißachtung der bezeichneten Regel, der „Mangel an Verständnis und Liebe füreinander zu der Trennung Anlaß" (UR 14) gab. Die Begründung für diese berechtigte Pluriformität des Christlichen liefert die wiedergewonnene geschichtliche Perspektive, die noch einmal den modernitätskonstitutiven Zusammenhang von geschichtlichem und pluralistischem Denken bestätigt:

> „Das von den Aposteln überkommene Erbe aber ist in verschiedenen Formen und auf verschiedene Weise übernommen, und daher schon von Anfang an in der Kirche hier und dort verschieden ausgelegt worden, wobei auch die Verschiedenheit der Mentalität und der Lebensverhältnisse eine Rolle spielten" (UR 14).

Genau aus einer solchen historischen Hermeneutik erwächst, neben dem Eingeständnis auch eigenen Versagens (UR 3), das Postulat, daß „der katholische Glaube tiefer und richtiger ausgedrückt werden muß auf eine Weise und in einer Sprache, die auch von den getrennten Brüdern wirklich verstanden werden kann" (UR 11). Auch hier gilt die sprachkritische Einsicht im Sinne des *hermeneutischen Liebesgebots*:

> „Die Art und Weise der Formulierung des katholischen Glaubens darf keinerlei Hindernis bilden für den Dialog mit den Brüdern" (UR 11).

Das schließt einerseits eine Klarheit der Position ein und verhindert jeden „falschen Irenismus" (UR 11), löst andererseits aber auch die Suche nach kontextbedingten Mißverständnissen aus.[62] Die damit eingesetzte historisch-

---

[61] Das Konzil zitiert hier Basilius d. Gr., Ep. Can. Ad Amphilochium: PG 32, 669 B.
[62] Letztlich führte dieser hermeneutische Ansatz über verschiedene Etappen zum Versuch einer Aufhebung der Lehrverurteilungen in der Rechtfertigungsfrage: vgl. die lutherisch-katholische Erklärung zur Rechtfertigungslehre, in: HK 51 (1997) 191-200.– Vgl. dazu K. Lehmann / W.

kritische Hermeneutik entspricht der theologischen Freigabe dieser Methodik durch die Offenbarungskonstitution (DV 12). Sie ist begründet in der inkarnatorischen Geschichtlichkeit des Offenbarungsgeschehens selbst. Diese Geschichtlichkeit betrifft voll und ganz auch die Aussagegestalt ihrer Überlieferung. Das Konzil entwickelt hier das Bewußtsein der semiotischen Differenz von Wort und Wirklichkeit, insofern letztere „durch die Worte bezeichnet" (DV 2) wird. Auf dieser Grundlage kann es auch einen wirklichen „Fortschritt" (DV 8) im Verständnis des Evangeliums geben.

> „Wo Offenbarungswahrheiten nicht im Sinne starrer und damit zugleich steriler Lehrsätze ohne >Zukunftshorizont< verstanden werden, bleiben sie >offen<."[63]

Der somit sichtbare interpretatorische Charakter der Tradition (DV 12) läßt einen hermeneutischen Pluralismus der Lesarten zu, der freilich kirchlich rückgebunden bleibt – wobei die Kirche selbst diesen Pluralismus realisiert, indem sie erkenntnistheoretisch Tradition, Schrift und Lehramt in einem hermeneutischen Prozeß verbindet (DV 10), wenngleich die Zwei-Quellen-Theorie überwunden wurde und der Schrift der grundlegende Rang zukommt (DV 9). Deutlich wird, daß Verstehen nur in einem Zueinander der verschiedenen Auslegungsmodi des einen geschichtlichen Urgeschehens kirchlich möglich ist. Das spielt einer differenzbewußten, pluralismusfreundlichen Hermeneutik eine fundamentaltheologische Begründung zu.

Sie zehrt von der Einsicht in die lebenspraktische Grunddimension des christlichen Glaubens, von der unlösbaren Einheit von Worten und Taten Jesu und macht das christliche Leben zum hermeneutischen Ernstfall des Glaubens. Das Apostolat ist Auslegung der Schrift – und wie es orthopraktisch eine „Verschiedenheit des Dienstes, aber eine Einheit der Sendung" (AA 2; 16) gibt, so auch orthodox, theoretisch eine Vielzahl von Zugängen und Stilen und Übersetzungen. Dem entspricht nochmals, daß das Konzil eine Aufwertung auch von Individualität vornimmt, indem es der Freiheit und dem Gewissen des einzelnen neuen, unverzichtbaren Raum gibt (DH 3).

3.2.4.2 Pluralismus – ad extra

Damit orientiert sich das Konzil an den Erfordernissen der Evangelisierung unter den Bedingungen der gegenwärtigen Welt. Die Kirche thematisiert sich selbst, wendet sich darin aber bewußt nach außen. Und dies geschieht eben in einer Haltung der Offenheit, des Dialogs, der jenen Monolog ablöst, in dem sich die Kirche der modernen Welt gegenüber abkapselte. Die Bereitschaft, die eigene Botschaft im Licht der Erfahrungen einer nichtchristlichen Welt zu reflektieren, sogar von ihr zu lernen, führt zu einer Wiedergewinnung der religionstheologischen und gesellschaftspolitischen Toleranz,

---

Pannenberg (Hrsg.), Lehrverurteilungen – kirchentrennend?, I: Rechtfertigung, Sakramente und Amt im Zeitalter der Reformation und heute, Freiburg-Göttingen 1986.

[63] H. Waldenfels, Offenbarung. Das Zweite Vatikanische Konzil auf dem Hintergrund der neueren Theologie, München 1969, 305.

wie sie die Frühzeit des Christentums bestimmte. Sie ist in der Zwischenzeit, aufs Ganze gesehen, nicht verloren gegangen, wurde indes empfindlich eingeschränkt, wo die Wahrheit und damit das Heil in Frage gestellt schienen.

„Einen Zusammenhang von Theologie als >Definition< von Wahrheit mit Inquisition und Menschenmord hat es bis in die Neuzeit gegeben."[64]

So ist es als eine praktizierte geisttheologische Hermeneutik anzusehen, daß mit der Absage an einen kirchlichen Triumphalismus und eine latente Ekklesiozentrik, wie sie im Antimodernismus paradigmatisch werden konnte, Gott selbst und seinen unerforschlichen Heilswegen wieder mehr zugetraut wird. Diese Hermeneutik erlaubt eine Spurensuche nicht nur nach den Zeichen der Zeit, sondern auch nach der verborgenen Anwesenheit Gottes in der Welt (NA 2). Sie wird angenommen noch in den Fragmenten der Beschäftigung mit ihm, noch in der Religionskritik, im Atheismus, an dem sich die Kirche selbst nicht unschuldig weiß (GS 43).

Zu den theologischen Hauptwörtern des Konzils zählen *Freiheit* und *Gewissen*. In diesem Geist kann sich das Konzil dazu durchringen, den kulturellen Pluralisierungsprozessen nicht nur Negatives zu entnehmen, sondern „auf die verschiedenen Sprachen unserer Zeit zu hören", um so die „Wahrheit tiefer" zu erfassen (GS 44). Das bezieht sich auf den Kontakt der Theologie mit den Profanwissenschaften (GS 62), auf die Freiheit der Forschung (GE 10) wie auf die kulturelle Anpassung des Evangeliums an die gesellschaftlichen Bedingungen seiner Verkündigung (GS 44; 58).

Hier dokumentiert sich erneut die geschichtliche und damit anthropologische Wende in der theologischen Hermeneutik des Konzils (GS 1). Die Anerkennung „eines dynamischen und evolutiven Verständnisses" (GS 6) der Realität bestätigt den geisttheologischen Impuls, der, statt auf die sakramentale Präsenz des Transzendenten in der Verfügungsmacht der Kirche abzuheben, eher den geschichtlichen Weg der Kirche betont. Die Vielfalt der Kirchenbilder erlaubt hier eine spannungsreiche Selbstwahrnehmung, die es wiederum gestattet, dem Prozeßcharakter der Welt und den vielfältigen Modellen von Wirklichkeitsbewältigung zu begegnen. Daß letztlich im Verweis auf den Einheitsgrund schöpfungstheologisch[65] und eschatologisch eine letzte Identität alles Wirklichen vorausgesetzt wird und christlich präsupponiert werden muß, nimmt der kirchlich akzeptierten „gesellschaftlichen Verflochtenheit" (GS 30) des Evangeliums nichts von ihrer Tragweite. Denn diese Identität ist nur differentiell, also geschichtlich, vorbehaltlich, von menschlichen Schuldgeschichten und der Kontingenz alles Wirklichen unterbrochen zu erfahren und zu denken.

---

[64] F.W. Marquardt, Von Elend und Heimsuchung der Theologie, München 1988, 149.

[65] Gerade die schöpfungstheologische Begründung schließt die grundlegende Anerkennung der pluralen Verfaßtheit von Wirklichkeit ein: vgl. im vorgegebenen Kontext G. Langemeyer, In keinem anderen Namen ist Heil. Einige christologische Überlegungen zur Theologie der Religionen, in: W. Weß (Hrsg.), Zeugnis und Dialog. Die katholische Kirche in der neuzeitlichen Welt und das II. Vatikanische Konzil (= FS K. Wittstadt), Würzburg 1996, 432-445; hier: 442.

Auf dieser Basis kann das Konzil zu einer Bestätigung der legitimen „Autonomie der irdischen Wirklichkeiten" (GS 36) finden. Letztere werden plural begriffen. Das schließt die Berechtigung verschiedener Perspektiven auch in der philosophischen und religiösen Weltdeutung ein. Die geschichtliche Einsicht in das Werden der Kirche macht den Blick frei für den Weg der Menschheit auf ihren verschiedenen Wegen zu Gott. Theologischer Grund ist der universelle Heilswille Gottes (NA 1), der sich in den Religionen in einer „gewisse(n) Wahrnehmung jener verborgenen Macht" (NA 2) spiegelt, die letztlich Gott ist. In der Chiffre der Verborgenheit wird hier die Tradition Negativer Theologie eingespielt, die an die Unauslotbarkeit des göttlichen Geheimnisses erinnert. Diese letzte Unbegreifbarkeit gilt auch ekklesiologisch, wie das einleitende Kapitel von „Lumen Gentium" verdeutlicht – es ergibt sich eine sublime hermeneutische Verbindung. Im vorliegenden Problemzusammenhang zeigt sich die Berechtigung der verschiedenen Heilswege, ohne darum auf die inhaltliche offenbarungstheologische Absolutheit des Christusereignisses verzichten zu müssen. Daß hier freilich unter den hermeneutischen Vorzeichen eines radikalisierten Pluralismus Spannungen bleiben, belegen die gegenwärtigen Ansätze einer Pluralistischen Religionstheologie.[66] Immerhin hat das Vaticanum II an dieser Stelle einen Schritt zur Würdigung einer religiösen Vielfalt unternommen, der eine wirkliche Verwurzelung des katholischen Christentums in der pluralistischen Gesellschaft erst ermöglicht.

In dieser Richtung liegt auch die Anerkennung der Religionsfreiheit. Sie bedeutet nach Joseph Ratzinger einen regelrechten Traditionsbruch.[67] Bereits dieser Umstand ist hermeneutisch von erheblicher Bedeutung: unabhängig von der Frage nach dem dogmatischen Rang vorangegangener päpstlicher Äußerungen und der darin implizit mitgetragenen Überzeugung von der Unhintergehbarkeit entsprechender Positionen werden die Kritikfähigkeit und der hermeneutische Paradigmenwechsel hier eindrucksvoll bestätigt.[68] Diese Hermeneutik erlaubt einen ernsthaften dogmatischen Fortschritt in der Verabschiedung nicht länger überzeugungsfähiger Traditionen. Daß in jeder dieser Traditionen Absichten enthalten sind, die es erlauben, sie als solche nicht vollständig zu verwerfen, macht die Kontinuität im geschichtlichen Vorgang der Evangelisierung bewußt. Freilich hat das Konzil diese hermeneutische Selbstreflexion nicht mehr selbst geleistet, obschon es eine solche implizit fordert. Es steuert damit auf eine Hermeneutik der Differenzen im eigenen Verstehen der Botschaft zu. Gerade im Blick auf die Religionsfreiheit zeigen sich die Unterschiede in der Deutung des Evangeliums abhängig von den Er-

---

[66] Zur Diskussion vgl. R. Schwager (Hrsg.), Christus allein? Der Streit um die pluralistische Religionstheologie (= QD 160), Freiburg u.a. 1996.– Zur Kritik vgl. G. M. Hoff, Der >vernünftige< Gott. Kritik der Pluralistischen Religionstheologie, in: rhs 41 (1998) 99-111.

[67] Vgl. J. Ratzinger, Die letzte Sitzungsperiode des Konzils, Köln 1966, 24. Hier explizit gegen die Selbstdeutung des Konzils in DH 1, bezogen auf die *Pflicht der Gesellschaften gegenüber der Kirche.*

[68] Vgl. die Erklärung des Konzils von Florenz, wonach es außerhalb der Kirche kein Heil gibt (DH 1351).

3. Der gegenwärtige Problemhorizont 333

fordernissen der Zeit. Hier klagt sich überdies die Notwendigkeit einer Kritik der Macht ein, wie sie die Kirche immer wieder und eingestandenermaßen gegen den Geist des Evangeliums eingesetzt hat (DH 12).[69] Die Erklärung über die Religionsfreiheit praktiziert eine solche Kritik, und die Geschichte der Kirche macht deutlich,

> „weshalb dieser Erklärung geradezu einzigartige Bedeutung unter den Konzilstexten zukommt. Nach einem Irrweg von mehr als 1500 Jahren mit verheerenden Folgen für die Menschen hat die Kirche in dieser zentralen Frage zur Botschaft des Evangeliums zurückgefunden."[70]

Die Anerkennung einer Gewissensfreiheit im Bereich des Glaubens, und zwar kirchlich nach innen wie außen, weist die Kirche erst in den Raum einer pluralistischen Umwelt ein. Es ist kein Zufall, daß sich der antimodernistische Widerstand auf dem Konzil gerade in dieser Frage formierte. Die gewonnene Dialogfähigkeit der Kirche beweist sich nun über eine bloße Toleranz hinaus, wenn mit der Betonung einer veritablen Pflicht je eigener Wahrheitsfindung (DH 3) zugleich zum gegenseitigen Austausch der Wahrheiten aufgefordert wird, um sich „bei der Erforschung der Wahrheit gegenseitig zu Hilfe zu kommen" (DH 3). Es gibt eine Lernmöglichkeit und -bereitschaft christlicherseits bei gleichzeitiger Gewißheit des eigenen Heilsweges. In dieser Spannung wird eine Hermeneutik des *deus semper maior* sichtbar, die alle Rede vom Wahrheitsbesitz der Kirche kritisiert: der Kirche ist etwas sicher zugesagt, das sie doch nie *ganz* hat: nicht theoretisch bewältigt, noch praktisch umgesetzt.

Ein Probestück dieser Hermeneutik der Differenz bietet die Interpretation der Absolutheit des Christentums im Bezug auf die Einzigartigkeit der katholischen Kirche:

> „Diese einzige wahre Religion, so glauben wir, ist verwirklicht in der katholischen, apostolischen Kirche, die von Jesus dem Herrn den Auftrag erhalten hat, sie unter allen Menschen zu verbreiten." (DH 1)

Drei differenzhermeneutische Modifikationen sind hier festgehalten:

1. Die Parenthese „*so glauben wir*": pragmatisch gibt sie der Aussage einen weniger apodiktischen Klang. Zugleich enthält sie semantisch die Implikation, daß es neben dem eigenen Glauben auch andere Überzeugungen in dieser Sache gibt. Indem ihnen Raum gegeben wird, konzediert man zugleich die Möglichkeit, daß andere Auffassungen vorkommen. Das geschieht zum einen gleichsam unter phänomenologischer Rücksicht aufgrund der Unabweisbarkeit konfligierender Interpretationen. Zum anderen aber handelt es sich aufgrund der Textsorte um eine Erklärung, die in

---

[69] Im Anschluß an die hermeneutische Machttheorie Nietzsches weist J. Figl auf dieses Desiderat kritischer Theologie hin: ders., Dialektik der Gewalt. Nietzsches hermeneutische Religionsphilosophie, Düsseldorf 1984; vgl. seine Folgerungen 388ff.
[70] R. Heinzmann, Religionsfreiheit, in: N. Kutschki (Hrsg.), Erinnerung an einen Aufbruch. Das II. Vatikanische Konzil, Würzburg 1995, 80-90; hier: 89.

diesem Abschnitt das eigene Verständnis darlegt: es wird in diese Selbstdeutung der Meinungspluralismus integriert. Darin dokumentiert sich ein hohes Maß an kommunikativer Offenheit und auch an Bereitschaft, sich von diesen anderen Deutungen betreffen und in Frage stellen zu lassen. Hier wird in einem neuen theologischen Stil geschrieben.
2. Die einzig wahre Religion ist *„verwirklicht"* in der katholischen Kirche. Wurde schon in der Parenthese auf eine identifizierende Ausschließlichkeit der Überzeugung verzichtet, schreibt der Text in dieser Logik unterbrochener Wahrnehmung weiter: Die einzig wahre Religion ist nicht einfachhin die katholische Kirche, sondern in ihr verwirklicht. Damit wird „nicht mehr ein absolutes, exklusives Identitätsurteil ausgesprochen, etwa in dem Sinne: Die Kirche Christi ‚ist' die katholische Kirche."[71] Das schließt die Anerkennung kirchlicher Elemente auch außerhalb der katholischen Kirche ein, womit eine ekklesiale Vielfalt zugestanden wird, die nicht nur negativ unter dem Aspekt der Getrenntheit zu sehen ist. Denn wirkliche kirchliche Strukturen bewahren originäre Christlichkeit. Zugleich scheinen sie andere Akzente zu setzen, als sie in der katholischen Kirche begegnen – zumindest in dieser Ausdrücklichkeit. Indem man einräumt, daß „einige, ja sogar viele und bedeutende Elemente oder Güter, aus denen insgesamt die Kirche erbaut wird und ihr Leben gewinnt, auch außerhalb der sichtbaren Grenzen der katholischen Kirche existieren können" (UR 3), gesteht man legitime, weil heilsrelevante – wenn auch noch nicht voll identische – andere Interpretationen des Christlichen zu. Das gilt auch unter dem Vorbehalt, daß man „nur durch die katholische Kirche Christi... Zutritt zu der ganzen Fülle der Heilsmittel haben" (UR 4) kann. Die Rede von den sichtbaren Grenzen der Kirche macht zudem deutlich, daß es eine Katholizität gibt, die sich nicht einfach auf die katholische Kirche in dieser konkreten Form beschränken läßt. Der Anspruchscharakter der Katholizität und die verlorene Einheit, aber auch der bleibende Missionsauftrag stellen die katholische Kirche unter einen Vorbehalt: sie ist, obwohl Christus im Geist in ihr sicher begegnet und präsent bleibt, noch nicht ganz die, die sie sein soll.[72]
3. Das „verwirklicht" bezieht sich auf die katholische Kirche – aber mit Rücksicht auf ihren Verkündigungsauftrag. Er ist ihr Sinn. Was sie tut, hat sich an ihm zu bemessen. Das macht auf die Differenz in der kirchlichen Identität aufmerksam, wo Kirche hinter ihrem Auftrag zurückbleibt.

---

[71] A. Grillmeier, Kommentar zu LG 8, in: LTHK 2 Bd. 12, 175.
[72] Vgl. H. Verweyen, Grundriß, 544: „Nimmt man all dies zusammen, dann wird man den Schluß des Abschnitts wohl nur so interpretieren können, daß die der Kirche Christi eigenen Gaben auf jene katholische Einheit hindrängen, die wir im Glauben bekennen, die selbst die römisch-katholische Kirche aber nicht voll und ganz darzustellen vermag. Und man wird hinzusetzen dürfen, daß es sich der Sinnrichtung des Endtextes zufolge nicht nur um solche Elemente der Heiligung und der Wahrheit handelt, die *auch* außerhalb der römischen Kirche anzutreffen sind, sondern auch um solche, die – eben als ‚dona', nicht als verfügbare ‚res' – innerhalb dieser Kirche nicht immer oder noch nicht (wieder) gefunden werden."

4. *Fazit*: Das „subsistit" markiert die Differenzen, die die Identität der Kirche unterbrechen:
   a) Kirche ist geschichtlich verfaßt.[73]
   b) Ihre Geschichte kennt Irrwege, die sich in den kirchlichen Abspaltungen dokumentieren.
   c) Die kirchliche Katholizität hat bei aller sakramentalen Identität gleichzeitig einen Zug zum Nichtfestlegbaren, die konkreten Strukturen Transzendierenden.
   d) Die „Fülle der Heilsmittel" schließt nicht aus, daß der Kirche andere kirchliche Charismen als Ausprägungen des Christlichen fehlen, und zwar im Sinne besonderer Akzentuierungen, mit denen die in der Trennung bewahrten kirchlichen Elemente interpretiert werden. Dies bezieht sich nicht auf kirchenkonstitutive Anteile, sondern auf kirchliche Stile, wie sie spirituellen Ausprägungen und besonderen Traditionen des Christlichen in der Orthodoxie und den Kirchen der Reformation entsprechen.
   e) In dieser Hermeneutik wird die volle kirchliche Identität nicht aufgegeben, aber die Momente ihrer geschichtlichen Gebrochenheit werden trotzdem gesehen. Identität wird differentiell und geschichtsoffen, dynamisch konzipiert.

3.2.5 Eine implizite Hermeneutik der Differenz

Die veränderte Perspektive der Kirche auf sich selbst wie auf die moderne, pluralistische Welt arbeitet mit den Mitteln einer differenzbewußten Hermeneutik. Die Konzilstexte realisieren an entscheidenden Stellen eine gespannte Fassung der katholischen Identität, die daraus resultiert, daß geschichtlich gedacht wird. Zugleich gibt es eine innere Spannung der Rezeption, die aus den hermeneutischen Ambiguitäten der Texte entsteht. Das dynamische Denken gestattet solchen Austrag von Differenzen ohne eine einfache Auflösung. Dem entspricht die Betonung einer individuellen Glaubenskompetenz durch die Anerkennung des allgemeinen Priestertums aller Gläubigen (LG 9; 10) und die Feststellung eines übernatürlichen Glaubenssinns (LG 12), den das ganze Gottesvolk im Heiligen Geist hat und an dem insofern auch jedem einzelnen getauften und gefirmten Christen ein Anteil zukommt. Der *sensus fidei* impliziert auch einen *sensus fidelium*, also den Raum eines individuellen und vielfältigen Glaubensverstehens und -zeugnisses mit der „Möglichkeit einer kritischen und schöpferischen Gestaltung eines persönlichen Glaubens."[74]

Hier wird mit einer im Ansatz veränderten Logik gedacht, die eher an eine trinitarische Theologie der Relationalität als an eine christologische Theologie

---
[73] Vgl. ebd., 174.
[74] P. Neuner, Der Glaube als subjektives Prinzip der theologischen Erkenntnis, in: HFTh 4, 51-67; hier: 66.

der Stellvertretung denken läßt, an die sich identitätslogisch kirchliche und amtliche Repräsentationsformen anschließen.[75] Noch einmal kann hier die Geisterfahrung des Konzils als hermeneutischer Schlüssel dienen. Ihre kommuniale Ausprägung verdeutlicht im übrigen auch die nachkonziliare Machtgeschichte im Kampf um die neue *Epistéme* (M. Foucault) mit den verschiedenen Mechanismen und Phasen einer Unterdrückung der konservativen und der progressiven Rezeptionsansätze.[76] Im Sinne des Konzils wäre daran zu erinnern, daß gerade mit dem Spannungsreichtum der Texte ein hermeneutisches Desiderat der Differenzbereitschaft verbunden ist, denn „eine rigide und univoke Interpretation (ist – G.M.H.) der ganzen Konzilstradition fremd".[77]

Die offenbarungstheologische Begründung macht mit der Vielfalt von Gottesgeschichten auch die Spannungen in diesen Traditionen aus. Dieser Gott übersteigt jeden Versuch, ihn zu fassen. Das Konzil reflektiert diese fundamentaltheologische Voraussetzung, wenn sie von der Schrift als einem „Spiegel" spricht, „in dem die Kirche Gott, von dem sie alles empfängt, auf ihrer irdischen Pilgerschaft anschaut, bis sie hingeführt wird, ihn von Angesicht zu Angesicht zu sehen, so wie er ist" (DV 7). Der Spiegel markiert einen Abstand zum Urbild, er medialisiert und ist bloße Perspektive, der Blick, nicht das Original. Der Abstand, den er einlegt, ist räumlich und zeitlich zugleich. Der Blick in den Spiegel und das Bild, das er zurückwirft, sind in der Zeit auseinander, um eine temporale Nuance verschoben. Die Metapher faßt hier genau, was geschichtstheologisch und eschatologisch ausgedacht wird: die Kirche ist unterwegs zur Unmittelbarkeit der letzten Begegnung. Noch sie unterliegt letzter Differenz: in der vollen Schau Gottes ist der Unterschied des *Augenblicks* bewahrt. Die Identität der *visio beatifica* gibt die Hermeneutik aller Identität des Glaubens vor. Sie kann nicht anders sein als jene, die das trinitarische Gottesbild vorgibt und die wiederum jene sein muß, in der sich approximativ die Kirche hält: als *reine Spannung des Identischen*. Im offenbarungstheologischen Kontext bedeutet das:

> „Der Gott der Schrift ist also nicht anders denn differentiell zu denken, wobei die Differenzen keine Trennungen konstituieren, insofern unterschiedliche Phänomene mit dem einen Gott zusammengebracht werden können!"[78]

Dieser hermeneutische Ansatz impliziert nach Otmar Fuchs über die Wahrnehmung legitimer interpretativer Stile und Differenzen eine „Communio der zugestandenen Distanz".[79] Sie verhindert die konsensuelle Einfriedung von Differenzen, die letztlich machtanfällig im Regulierungsvorgang bliebe. Sie gesteht Freiheit zu.

Identitätslogik und Differenzabbau machten sich in der Alten Kirche nach einem erheblichen Machtzuwachs gerade mit Toleranzverweigerungen und

---

[75] Es geht hier um Akzente, nicht um theologische Exklusivität.
[76] Vgl. O. Fuchs, Zwischen Wahrhaftigkeit und Macht. Pluralismus in der Kirche? Frankfurt a.M. 1990, 16-61.
[77] G. Alberigo, Die Situation des Christentums nach dem Vaticanum II, 44.
[78] O. Fuchs, Zwischen Wahrhaftigkeit und Macht, 63.
[79] Ebd., 191.

Freiheitsverlusten spürbar. Es liegt in der Logik der Sache, daß mit den verschiedenen Emblemen wiedergewonnener Toleranz auf dem Vaticanum II ein höheres Maß an Differenzkompetenz Einzug hält. Das Stichwort *Toleranz* liefert das Register von Differenz und Pluralität. Für Karl Rahner erlaubt diese hermeneutische Gespanntheit des Konzils den

> „eigentliche(n) dogmengeschichtliche(n) >Fortschritt< in der Zukunft... in Richtung auf eine lebendigere, ursprünglichere Erfassung und Aussage der letzten Grunddogmen selbst, welche eine allgemeingültige Aussage begleitet sein kann von ziemlich >pluralistisch< nebeneinanderstehenden Theologien, die sich zwar nicht widersprechen, aber auch nicht positiv in eine höhere Synthese aufgehoben werden können. Kurz und gut: es ist denkbar, daß der >Wandel< in der Lehre der Kirche in Dogma und Moral auf eine nicht unerhebliche >Freigabe< und ein >Offenlassen< hintendiert. Das aber bedeutet nicht ein >Machenkönnen, was man will<, sondern eine größere Bürde der Verantwortung des Einzelnen."[80]

Rahner postuliert hier eine Identität des Christlichen im Werden, eine vom Konzil freigegebene legitime Pluralität der „zumutbaren Abweichung"[81], die dazu anhält, „der Idee des Vertrauens selbst mehr Vertrauen schenken" zu lernen. Die identitätslogische Kritik am Konzil mit der undialektischen Vorgabe der Einheit hat solche Identität je schon fest. Der Plural betrifft nur die Form. Wesensmetaphysik und Identitätsdenken finden hier wieder klassisch zueinander.[82] Dementgegen geht das Konzil den ersten entscheidenden Schritt in die Richtung, kirchliche Identität in sich differentiell zu fassen, aus fundamentaltheologischen Gründen. Die differenztheoretische Heuristik aus der Perspektive des Konzilsbeginns findet sich bestätigt. Die Neubewertung des Pluralismus in seiner kirchlichen Innen- wie seiner gesellschaftlichen Außengestalt führte:

- zu einer veränderten Einschätzung der Kirche in ihrer eigenen ZEIT und Zeitlichkeit;
- zu einer gesteigerten Sensibilität für die Vorläufigkeit ihrer Sprechformen, ihrer METAPHORISIERUNGEN des Evangeliums;
- zu einer kritischen Offenheit für die eigenen Verstrickungen in Sünde und Schuld, zumal im Gebrauch ihrer MACHT;
- zu einer Aufwertung INDIVIDUELLER Deutungsmuster, am deutlichsten mit der Betonung der Freiheit, des Gewissens, des auch persönlichen Glaubenssinns und des allgemeinen Priestertums aller Gläubigen;

---

[80] K. Rahner, Kirche im Wandel, in: ders., Schriften zur Theologie VI, Zürich ²1968, 455-478; hier: 475.

[81] P. Ricoeur, Das Paradox der Autorität, in: K. Michalski (Hrsg.), Aufklärung heute. Castelgandolfo-Gespräche 1996, Stuttgart 1997, 36-53; hier: 52.– Das folgende Zitat ebd.

[82] Vgl. exemplarisch L. Scheffczyk, Aspekte der Kirche in der Krise. Um die Entscheidung für das authentische Konzil, Siegburg 1993, 149: „*die Einheit geht der Vielfalt voraus, ist ihr Maß und Ziel.*"– Der Satz hat sein Recht, wo er schöpfungstheologisch und eschatologisch ausgedacht wird. Doch er unterschlägt die innere Gespanntheit der Einheit der Kirche auf ihrem Weg durch die Zeit. Das Verhältnis von Einheit und Vielfalt ist in sich dialektisch zu begreifen – andernfalls wäre Kirche wieder statisch begriffen, Vorgabe des Immersicheren, Immerselben, in das die pluralen Deutungen und Übersetzungen des Christentums einmündeten, ohne daß die Einheit in diesem Prozeß erst entstünde.

- zu einer Anerkennung INTERPRETATIVER Vielfalt im kirchlichen Innenbereich wie im Bezug auf die Welt und insbesondere die Welt der Religionen, aber auch in ökumenischer Hinsicht.

In vielem markiert das Zweite Vatikanische Konzil einen Beginn. Konzilsrezeptionen brauchen ihre Zeit. Sie sind geprägt von Auseinandersetzungen und Machtkämpfen. Der paradigmatische Durchbruch des Konzils hat für die theologische Hermeneutik einen Weg frei gemacht, der allmählich zu realisieren sein wird. Die Wahrnehmung des Differenten, Irritierenden, Fremden in der eigenen Tradition und Identität verunsichert nach wie vor. Die Bereitschaft zu einer Hermeneutik ausgetragener Spannungen hat sich in diesem Prozeß als Erfahrung erst herauszubilden. Auch in dieser pragmatischen Hinsicht liefert das Konzil entscheidende Vorgaben. Und das gewachsene Bewußtsein der geschichtlichen Dimension in der kirchlichen Identität läßt diese Einsicht auch auf die eigene Umsetzung anwenden:

> „Wie es eines langen Prozesses bedurfte, bis die volle Menschlichkeit der alt- und neutestamentlichen Schriften kirchlich anerkannt war, so bedarf es eines ebensolchen Prozesses, um die volle Menschlichkeit und Geschichtlichkeit kirchlichen Lehrens zu fassen."[83]

Ergänzt man diesen Satz im Horizont des Chalkedonense[84], wird die Bedeutung einer theologischen Hermeneutik der Differenz für die Fassung christlich-kirchlicher Identität deutlich: als Eintrag und Austrag von Spannungen. Im Sinne des Konzils.

3.3 Kirchliche Reaktion: Fundamentalismus

Der Fundamentalismus katholischer Provenienz läßt sich unter den Vorzeichen dieser Untersuchung als Identitätsfunktor begreifen. Die pluralistische Beunruhigung der Moderne hat in verschiedenen religiösen bzw. ideologischen Kontexten und gesellschaftlichen Formationen fundamentalistische Gegenbewegungen ausgelöst, die nicht zuletzt politisch *reaktionär* wirken. Die gesuchte Identität entbehrt jener Offenheit für Kritik und Veränderung, die mit der ausdifferenzierten Moderne in allen Lebensbereichen eingefordert wird. Das geschlossene Visier der vermeintlichen Bewahrer eines reinen Ursprungs, einer durch die Zeiten identisch zu konservierenden Idee erscheinen freilich als die eigentlichen Veränderer: sie usurpieren mit einer statischen Hermeneutik eine geschichtlich gewordene Vorstellung und berauben sie so ihrer Dynamik und Vitalität. Das museale Präparat stammt aus einer anderen Zeit als je-

---
[83] P. Hünermann, Schutz des Glaubens? Kritische Rückfragen eines Dogmatikers, in: HK 52 (1998) 455-460; hier: 460.
[84] Vgl. M. Kehl, Die Kirche, 133f.

ner, in die es zu vermitteln wäre. Die Angst vor einer Entfremdung durch die Zeit zwingt den Fundamentalisten dazu, sein *Allerheiligstes* abzuschirmen, es in der Monstranz des Ewigen zu sichern, statt es zu kommunizieren. Seine Sprache hat entsprechend wenig von Gespräch und Dialog. Die Formel und die Repetition der *Urkunde* ersetzen tendenziell das Argument. Identität wird somit auch rhetorisch zur Grundform: in der Wiederholung des Immerselben.

3.3.1 Psychologische Deutung

Wie eng der Fundamentalismus mit der Identitätsthematik zusammenhängt, wird bereits psychologisch deutlich. Er läßt sich „als anthropologisch bedingte Störung"[85] begreifen. Auffallend ist dabei die Nähe zum Suchtverhalten. In beiden Fällen wird Wirklichkeit nicht positiv begriffen und selbsttätig gestaltet, sondern unter einem Leitkonzept distanziert, das Problembewältigung erlaubt und eine gegenüber der Außenwelt resistente Identität herstellt. Diese Identität ist abhängig von der Wirkung des stabilisierenden Mittels, sei es eine Droge oder eine Idee. Ob Gruppe oder Individuum: von der Wirkung des Mittels hängt die Identität ab. Sie ist damit letztlich fremdbestimmt und intern labil bei extern präsentierter Stabilität. Weil die Realität sich nicht mit den Möglichkeiten des identitätssuchenden Interpreten steuern läßt, entzieht er sich ihren Ansprüchen und produziert eine Neben- bzw. Eigenwelt unter der Voraussetzung einer externen „Weltverschlossenheit".[86] Im Zuge einer offenen Persönlichkeitsentwicklung, die als lebenslange Identitätsbildung zu begreifen ist[87], wird es dem Individuum möglich, die Herausforderungen des Nicht-Ich mit seinem Selbst zu vermitteln und sich vom kindlich „diffusen Haß auf Andersartiges zu befreien".[88] Die Unvermeidlichkeit individueller wie gruppenspezifischer Identitätskrisen stellt immer wieder vor die Frage, wie das Neue in seiner Bedrohung verarbeitet werden kann oder ob ihm ausgewichen wird. Solche Ausweichversuche manifestieren sich in den kompensatorischen Strategien der bezeichneten „Weltverschlossenheit" und lassen sich im Phänomen „Fundamentalismus" wiederfinden.

3.3.2 Zu Begriff und Geschichte des Fundamentalismus

Fundamentalistisches Verhalten wird somit als eine Grundform von Krisenbewältigung zu verstehen sein. Seine modernen Varianten haben historische

---

[85] K. Lutze / T. Klein, Identität und Weltoffenheit. Versuch eines anthropologisch-bildungstheoretischen Zugangs zum Phänomen Fundamentalismus, Eitorf 1996, 61.
[86] Ebd., 52.– Lutze / Klein greifen hier auf Überlegungen von U. Frost zurück: vgl. dies., Sucht als Weltverschlossenheit. Beiträge zu einem pädagogisch-anthropologischen Suchtbegriff, in: Pädagogische Rundschau 44 (1990) 57-67.
[87] Vgl. E. H. Erikson, Das Problem der Ich-Identität, in: Ders., Identität und Lebenszyklus. Drei Aufsätze, Frankfurt a.M. 1973, 123-212, 140f.
[88] Ebd., 212.

Vorläufer – auch kirchlich. Im historischen Vokabular des kirchlichen Fundamentalismus finden sich „Begriffe wie religiöse Eiferer, Kurialisten, Papalisten, Zelanti, Ultramontane, Intregalisten und Intransigente".[89] Am Beispiel des *Ultramontanismus* kann Karl Josef Rivinius zeigen, daß eine lehramtlich nicht nur als orthodox betrachtete, sondern eminent geförderte Denkrichtung durchaus fundamentalistische Züge annehmen kann. Die bereits analysierte Gegenwartsverweigerung der katholischen Kirche im 19. Jh. manifestiert sich in einem Wahrheitsbegriff, der christlichen Glauben zum verfügbaren Besitz erklärt. Der Papst *ist* die Tradition und in ihm die volle Wahrheit. Sie wird abrufbereit einsetzbar in jedem Augenblick. Solche Wahrheitsherrschaft führt eine polemische Abgrenzung von all denen innen wie außen mit sich, die ein anderes Konzept vertreten. „>Rückzug und Flucht< statt >Bewältigung< der dringenden Zeitprobleme"[90] bestimmten auf weite Strecken die kirchliche Mentalität. Die angesprochene Parallele von Suchtverhalten und fundamentalistischer Einstellung bestätigt sich.

Die wesentlichen hermeneutischen Voraussetzungen und soziologischen Strukturen des katholischen Antimodernismus in seiner theoretischen wie organisatorischen Geschlossenheit finden sich im modernen Fundamentalismus[91] wieder. Das katholische Milieu ist die adäquate Sozialform für fundamentalistisch „geschlossene Denkgebäude"[92]. Sie fungieren defensiv als Abwehr von Bedrohungen, wie sie gerade die Moderne für traditionelle Denkformen bedeutet, und offensiv als polemischer Angriff gegen deren Vertreter. Der neuere Fundamentalismus, für den der Name von der entsprechenden Bewegung selbst freigegeben wurde, ist durch diesen gegenmodernen Protest gekennzeichnet. Er formierte sich im amerikanischen Protestantismus zu Anfang des 20. Jh. und operierte „gegen modernitätsbestimmte Transformationen der Religion, in der man sich einst heimisch wußte."[93]

Zeitgleich mit dem Höhepunkt des katholischen Antimodernismus wächst im amerikanischen Protestantismus das Interesse an einer neuen Selbstvergewisserung.[94] Seit Ende der Siebziger Jahre des 19. Jh. finden regelmäßige Bibelkonferenzen der Niagara Bible Conference, der Northfield Conference und anderer ähnlich ausgerichteter Gesellschaften statt, die mit der Rückbesinnung auf die biblischen Fundamente gesellschaftlich wirksam werden

---

[89] K. J. Rivinius, Fundamentalismus in der Kirchengeschichte. Aufgezeigt an exemplarischen Fällen, in: H. Kochanek (Hrsg.), Die verdrängte Freiheit. Fundamentalismus in den Kirchen, Freiburg u.a. 1991, 96-114; hier: 97.

[90] Ebd., 103.

[91] Vgl. zu seiner Geschichte J. Barr, Fundamentalismus, München 1981.

[92] U. Birnstein, Glaube als Gesetz. Die Versuchung des christlichen Fundamentalismus, in: ders. (Hrsg.), „Gottes einzige Antwort..." Christlicher Fundamentalismus als Herausforderung an Kirche und Gesellschaft, Wuppertal 1990, 9-18; hier: 15.

[93] G. Küenzlen, Religiöser Fundamentalismus – Aufstand gegen die Moderne?, in: H.-J. Höhn (hrsg.), Krise der Immanenz. Religion an den Grenzen der Moderne, Frankfurt a.M. 1996, 50-71; hier: 56.

[94] Vgl. K. Hoheisel, Religiöser Fundamentalismus: Herkunft und Begriff, in: H. Kochanek (Hrsg.), Die verdrängte Freiheit, 12-29; zum protestantischen Ursprung des modernen Fundamentalismus vgl. besonders 21-26.

3. Der gegenwärtige Problemhorizont 341

wollten und dies vornehmlich bildungspolitisch mit dem Widerstand gegen die Evolutionstheorie Darwins versuchten. Von 1910 bis 1915 werden zwölf Bände einer Schriftenreihe mit dem Titel „The Fundamentals. A testimonium to the truth" publiziert. Die Inerranz der Heiligen Schrift und ihre Verbalinspiration stellen die wesentlichen Fundamente dar. Damit wird eine statische, geschichtslose Hermeneutik des Ewigen praktiziert, die Identität qua Wort sichert. Diese *Antihermeneutik*[95] wird durch die Ausblendung moderner wissenschaftlicher Erkenntnisse und Methoden immunisiert.

Unter dem Konzept eines spezifisch *religiösen* Fundamentalismus lassen sich von daher

> „solche Protestbewegungen fassen, die vorzüglich den modernen wissenschaftlichen Wahrheits- und Bewußtseinsmächten die Glaubensinhalte der eigenen religiösen Tradition als vorbestimmte Offenbarungswahrheit entgegenhalten. Die ‚Heiligkeit', d.h. kognitive und normative Unantastbarkeit dieser ‚anderen Wahrheit' soll als Letztwort behauptet und seinem superioren Geltungsanspruch denk- und vor allem auch handlungspraktisch rein zum Durchbruch verholfen werden."[96]

Thomas Meyer faßt diese Antimodernität als eigentlichen Fokus des Fundamentalismus. „Fundamentalismus war zuerst eine Reaktion auf den beginnenden Prozeß der Modernisierung von Religion."[97] Die modernen Traditionsverluste bedingen eine Auflösung von Milieus und Plausibilitäten, auf die systemstabilisierend mit der radikalen Ablehnung des neuen Bedingungsgefüges reagiert wird. Meyer belegt dies anhand der weiteren bedeutsamen fundamentalistischen Phänomene, wie sie auch im allgemeinen Bewußtsein vorkommen.

Nach der protestantischen Namensstiftung wurde in einer zweiten Phase „Fundamentalismus" zum Kampfbegriff der kritischen Rationalisten „gegen alle, die an der Auffassung festhielten, es könne für einen in Frage kommenden Bereich des Denkens jeweils nur eine wahre Theorie geben, die sich zureichend begründen läßt, so daß ihre Wahrheit als bewiesen und unbezweifelbar gewiß gelten kann."[98]

In einer dritten Phase wird das Konzept für den iranischen Gottesstaat Chomeinis eingesetzt. Antimodernismus einerseits, gerade nach den gesellschaftlich einseitigen Modernisierungsbemühungen des Schahs, und Koranabsolutismus andererseits kennzeichnen diesen Fundamentalismus.

---

[95] Vgl. J. Werbick, Die fundamentalistische Option angesichts der „hermeneutischen Krise" des Christentums, in: G. Riße u.a. (Hrsg.), Wege der Theologie: an der Schwelle zum dritten Jahrtausend (FS H. Waldenfels), Paderborn 1996, 139-152; hier: 140.

[96] M. Ebertz, Treue zur einzigen Wahrheit. Religionsinterner Fundamentalismus im Katholizismus, in: H. Kochanek (Hrsg.), Die verdrängte Freiheit, 30-52; hier: 30f.– Vgl. M. Ebertz, Erosion der Gnadenanstalt? Zum Wandel der Sozialgestalt von Kirche, Frankfurt a.M. 1998, 235-259.

[97] T. Meyer, Fundamentalismus. Die andere Dialektik der Aufklärung, in: ders. (Hrsg.), Fundamentalismus in der modernen Welt. Die Internationale der Unvernunft, Frankfurt a.M. 1989, 13-22; hier: 13.

[98] T. Meyer, Fundamentalismus. Aufstand gegen die Moderne, Reinbek b. Hamburg 1989, 17.

Schließlich begegnet eine politische Spielart von Fundamentalismus im Zusammenhang mit grün-alternativen Bewegungen. In Gestalt einer Zivilisationskritik, die auf den katholischen und protestantischen Antimodernismus der vorigen Jahrhundertwende verweist, wird Moderne-Skepsis kultiviert. „Natur" wird zu einem emotional aufgeladenen Konzept, auf das jederzeit als unbefragbares Basisargument zurückgegriffen werden kann.

3.3.3 Strukturen

Der Fundamentalismus ist freilich nicht auf diese Erscheinungsformen beschränkt. Er ist synchron wie diachron offen. Jede Religion bzw. Ideologie kann fundamentalistisch reformuliert werden. Damit wird auch deutlich, daß sich zwar spezifisch gegenmoderne Anlässe für das verstärkte Aufkommen fundamentalistischer Bewegungen in der entwickelten Moderne anbieten, daß zugleich aber auch modernitätsunabhängige Motive eine Rolle spielen können. Christentumsgeschichtlich ließe sich das mit apokalyptischen, prophetischen und kirchenreformatorischen Bewegungen zeigen. Dasselbe gilt für Erneuerungsversuche in anderen Religionen, aktuell für den Hinduismus und den Islam.

Dennoch liefert die Moderne den entscheidenden Hintergrund für die politisch und religiös agilsten Formen von Fundamentalismus heute. Die Konfliktbasis unterscheidet sich dabei nach den ökonomischen Verteilungskämpfen zwischen nördlicher und südlicher Hemisphäre. Für den südlichen Teil der Welt muß die moderne Kultur als Verlockung und zugleich als vorenthaltenes Versprechen erscheinen. Sie steht für die Welt der ehemaligen Kolonisatoren, deren Politik mit ökonomischen Mitteln fortgesetzt wird. Sie bedroht zugleich die traditionelle Lebenswelt, z.B. durch zunehmende Urbanisierung. Religiöse Fundamentalismen mit ihren charakteristischen Heilsversprechen erlauben es, modernen Auflösungserscheinungen von sicherheitsstiftenden Traditionen entgegenzuwirken und die ökonomisch gefährdete Gegenwart zu kompensieren. Daß der Islam in dieser Hinsicht besonders rezeptionsbereit erscheint, hängt einmal mit seiner Erfahrung kultureller Unterlegenheit gegenüber der westlichen Kultur gerade in seinen arabischen Stammländern zusammen. Darüber hinaus gibt es einen theologischen Grundzug in seinem Schriftbezug, der dem Fundamentalismus zuarbeitet.

> „Indem der Koran zum einen als unmittelbares Wort Gottes und zum anderen als umfassende und endgültige Mitteilung der Normen von Sittlichkeit und Recht gilt, bezieht er sich auf eine von Vergangenheit her tradierte Gewißheitsgrundlage, durch die die Unsicherheiten menschlicher Erwägungen auf Dauer ausgeschlossen sein sollten: In einer Welt geschichtlichen Wandels, der sozialen Bedingtheiten und der rationalen Kontroversen steht die wahre Religion unanfechtbar".[99]

---

[99] H. Zirker, Geschichtliche Offenbarung und Endgültigkeitsansprüche. Voraussetzungen des Fundamentalismus in Christentum und Islam, in: J. Werbick (Hrsg.), Offenbarungsanspruch und fundamentalistische Versuchung (QD 129), Freiburg u.a. 1991, 161-186; hier: 173.

Genau auf die Zerstörung von Sicherheiten durch die Moderne reagieren die religiösen Fundamentalismen der westlich geprägten Gesellschaften. Nach Thomas Meyer produziert die Moderne eine „›generalisierte Ungewißheit‹ und ›generelle Offenheit‹".[100] Sie resultiert aus dem Paradigma des wirtschaftenden Individuums, das seine ökonomische Selbstverantwortung mit der intellektuellen verschränkt und in den eigenen Möglichkeiten des Machens einen Konstruktivismus etabliert, für dessen technischen Erfolg die Erkenntnisphilosophie seit Kant ein grundlagentheoretisches Pendant bereit stellt. Die Plausibilität dieses Paradigmas verunsichert nun gerade die Verlierer dieses Modells. Inwieweit die katholische Kirche politisch nach der französischen Revolution dazu gehörte und im deutsch-schweizerischen Raum ihre Mitglieder in gesellschaftlich-wirtschaftlicher Hinsicht, wurde bereits dargestellt.[101]

In einer Situation entschwundener absoluter Grundlagen von Religion und Moral, die nicht länger unbezweifelbar erscheinen, sondern dem mündigen Urteil des Bürgers unterliegen; in einer nicht länger göttlich sanktionierten Ewigkeitsform von Herrschaft, abgelöst durch die Veränderungsfähigkeit demokratischer Entscheidungsfindungen im politischen Raum, wachsen die Unsicherheiten bei denen, die von den neuen Möglichkeiten überfordert oder benachteiligt werden. In einer solchen Konstellation findet man nur noch zu einer „äußerst prekären Identität".[102] Die Ambivalenzen und Aporien der Moderne, die am Ende des 20. Jh. nachdrücklich bewußt werden, machen die „Dialektik in der Moderne"[103] schmerzlich deutlich. Der Protest gegen die Moderne sucht, ihren Rahmen zu sprengen und sich von ihren Grundlagen zu lösen. Der Faschismus tut dies auch in normativer Hinsicht.

Die Moderne selbst trägt damit den Keim ihrer totalitären Überziehung in sich und somit jene Verhaltensform, die als Fundamentalismus in einer *Dialektik der Moderne* ihr selbst entgegentritt. Im Projekt der Aufklärung betreibt die Moderne qua Herrschaft politisch, ökonomisch und rational „die rastlose Selbstzerstörung der Aufklärung".[104]

Hier ergeben sich im übrigen Anhaltspunkte für die kritischeren Varianten des Antimodernismus, der sich gegen die zu weit getriebenen Ansprüche des inthronisierten bürgerlichen Subjekts wehrt.[105] Die Reserve der katholischen Theologie gegenüber Kant als Leitmotiv[106] kann das subjekttheoretische Verdikt von Horkheimer und Adorno zitieren, wonach

---

[100] T. Meyer, Fundamentalismus. Aufstand gegen die Moderne, 25.
[101] Vgl. Kapitel II, 2.1.4.
[102] Ebd., 32.
[103] Ebd., 44.
[104] Nach der grundlegenden Moderne- und Vernunftkritik von M. Horkheimer / T. W. Adorno, Dialektik der Aufklärung. Philosophische Fragmente, Frankfurt a.M. 1989, 1.
[105] Daß diese Kritik indes durchaus auch modern vorgetragen werden kann, belegen philosophisch Jürgen Habermas und theologisch Johann Baptist Metz. Die theoretischen Ambiguitäten der Moderne werden indes so nur noch gesteigert deutlich.
[106] Als durchgängigen Zug der katholischen Theologie Ende des 19. und bis zur Mitte des 20. Jh. weist dies Otto Weiß nach: Der Modernismus in Deutschland. Ein Beitrag zur Theologiegeschichte, Regensburg 1995.

> „die Unterwerfung alles Natürlichen unter das selbstherrliche Subjekt zuletzt gerade in der Herrschaft des blind Objektiven, Natürlichen gipfelt."[107]

Die theologisch geforderte Prävalenz des Objektiven in dieser Epoche katholischer Theologie macht mithin deutlich, daß dieser Zusammenhang nicht wirklich durchschaut wurde. Die Gefahr wurde nicht gesehen, sondern als Lösung betrachtet. Entsprechend gab es eine Blindheit gegenüber dem Nationalsozialismus, z.T. sogar Sympathien und in jedem Fall eine erhebliche fundamentalistische Gefährdung in der antimodernen Theologie selbst. Die Nähe der Kritikmotive belegt, was sich im historischen Diskurs bereits an Verhaltensmustern mit fundamentalistischem Einschlag zeigte.[108]

Der Fundamentalismus westlicher Provenienz richtet sich jedenfalls gegen die pluralistischen Interpretationsspielräume der Moderne. Er fördert Einheitsmodelle des Denkens und organisiert sich entsprechend. Nicht zuletzt Sekten arbeiten so. Mit Vorliebe wird die „Rückkehr des Absoluten in die Politik"[109] betrieben. Heilsutopien jenseits von Zweifel und Kritik speisen sie mit ideologischer Energie.

Da sich jedoch keine absolute Strategie mehr durchsetzen kann, werden partikulare Identitäten mit Absolutheitsansprüchen versehen. Nach innen werden Differenzen nicht geduldet, nach außen werden sie zum politischen Anlaß gemacht. Differenzen werden gegeneinander ausgespielt, z.T. polemisch im Gegenüber von Rassen, Nationalitäten, Überzeugungen. Damit wird indes die differentielle Kultur der Moderne nur bestätigt. „Die Kultur der Moderne ist im Kern eine Kultur des Ursprungs mit Differenzen."[110] Die selektive und beschränkte Identität wird zum pluralistischen Enzym. Und somit besteht der fundamentalistische „Identitäts-Wahn"[111] darin, diese Differenzen nicht aushalten zu können. Das Gegenüber von Identitäts- und Differenzlogik wird in der Fundamentalismus-Definition von Thomas Meyer deutlich:

> „Fundamentalismus ist der selbstverschuldete Ausgang aus den Zumutungen des Selberdenkens, der Eigenverantwortung, der Begründungspflicht, der Unsicherheit und der Offenheit aller Geltungsansprüche, Herrschaftslegitimationen und Lebensformen, denen Denken und Leben durch Aufklärung und Moderne unumkehrbar ausgesetzt sind, in die Sicherheit und Geschlossenheit selbsterkorener absoluter Fundamente. Vor ihnen soll dann wieder alles Fragen haltmachen, damit sie absoluten Halt geben können. Vor ihnen soll wieder alles andere relativ werden, damit sie der Relativierung entzogen bleiben. Wer sich nicht auf ihren Boden stellt, soll keine Rücksicht mehr verdienen für seine Argumente, Zweifel, Interessen und Rechte."[112]

---

[107] M. Horkheimer / Th. W. Adorno, Dialektik der Aufklärung, 6.
[108] Vgl. dazu nochmals die Analyse und Diagnose von K. J. Rivinius, Fundamentalismus in der Kirchengeschichte, 102-105.
[109] T. Meyer, Fundamentalismus. Aufstand gegen die Moderne, 168.
[110] T. Meyer, Identitäts-Wahn. Die Politisierung des kulturellen Unterschieds, Berlin 1997, 18.
[111] Mit dem zitierten Buchtitel von T. Meyer.
[112] T. Meyer, Fundamentalismus. Aufstand gegen die Moderne, 157.

Die Differenz wird fundamentalistisch bekämpft, weil sie ein Zweites gegenüber dem Absoluten behauptet, also Unsicherheit und Häresie hervorbringt. Die Aggressivität des Fundamentalismus läßt sich dabei aus seiner nur geborgten Sicherheit ableiten. Die Wendung gegen die Moderne setzt das genaue Gespür für ihre Gefährdungen und Versuchungen voraus. Das Bestehen auf Deutungsmustern für die ganze Welt mit analogen Einheitspostulaten muß in einer pluralistischen Umwelt Unsicherheiten verdrängen lassen, die aber zumindest latent verspürt wurden. Der Ausstieg aus dem wissenschaftlichen Diskurs belegt diesen unterschwelligen Strom an unbeantworteten Fragen. Das dualistische Erklärungsmodell, das Absolutes dem Nichtabsoluten entgegensetzt, wird zum Konfrontationsmodell. Diese Konfrontation läßt sich im Schema fassen:

Denkform	Paradigma	Logik	Kommunikationsform	Strategie
offen	Differenz	pluralistisch	Dialog	überzeugen
geschlossen	Identität	dualistisch	Monolog	durchsetzen

Bei dieser Darstellung ist zu berücksichtigen, daß der Fundamentalismus nicht bereits ein bestimmtes Weltbild vorgibt, sondern „*Einstellungen* und *Haltungen* von Menschen dazu"[113] bezeichnet. Die idealtypische Konstruktion gibt Leitbilder an. Die kontextuelle Bestimmung der verschiedenen Fundamentalismen hätte sie im einzelnen zu illustrieren. Die paradigmatische Differenz der Mentalitäten ist indes deutlich. Daß dem Fundamentalismus die PostModerne entgegengestellt wird, läßt fundamentalistische Positionen auch in anderen Epochen und Denkzusammenhängen erwarten. Über Meyer hinausgehend wurde die *PostModerne* als Denkform eingesetzt, weil die Moderne Einheitsoptionen transportiert und letztlich terroristische Züge enthält, die in der postModernen Kritik der Moderne dekuvriert wurden. Dies läßt sich nochmals anhand des entwicklungspolitischen Nord-Süd-Gefälles verdeutlichen, insofern es für bestimmte Formen des Fundamentalismus eine auslösende oder zumindest verstärkende Rolle spielt. Angesichts der ungleichmäßigen Verteilung von Lebensgütern und Anteilen am weltweiten Brutto-Sozial-Produkt bilanziert Christian J. Jäggi:

> „...die Tatsache, dass die Errungenschaften der Moderne in Wirtschaft, Wissenschaft und Gesellschaft mit wenigen Ausnahmen nur der Bevölkerung auf der Nordhalbkugel zugute kommen – also weniger als einem Viertel der Erdbevölkerung –, ist selbst Ausdruck einer planetaren Abhängigkeit und damit einer systemimmanenten strukturellen Gewalt. Zwischen Aufklärung und Fundamentalismus besteht also kein qualitativer Unterschied hinsichtlich Gewalt und gewaltsamer Methoden, sondern bestenfalls ein gradueller."[114]

---
[113] C. J. Jäggi, Fundamentalismus heute – eine vielschichtige Erscheinung, in: ders. / D. J. Krieger, Fundamentalismus. Ein Phänomen der Gegenwart, Zürich-Wiesbaden 1991, 9-71; hier: 40.
[114] Ebd., 24.

In dieser Hinsicht taugt der Fundamentalismus jedenfalls zu einer konzisen Kritik der Moderne. Erst seine postModerne Infragestellung verschärft auch die Kritik an jeder fundamentalistisch überzogenen Identitätslogik. Dabei wird zugleich der gegenwärtige Fundamentalismus als ein Phänomen der Moderne selbst kenntlich: „Verortet in der Kultur der Moderne ist er nicht bloßer Antimodernismus, sondern *moderner* Antimodernismus."[115]

3.3.4 Fundamentalismus und Sinnproblem

Der Totalanspruch modernen Denkens wird noch einmal in der Fundamentalismus-Interpretation Meyers deutlich. Er setzt das Konzept neuzeitlicher Rationalität absolut und wird zum inversen Fundamentalisten, wobei seine Deutung jede Religion unter Fundamentalismus-Verdacht stellt. Nach dem Maß *dieser Vernunft* ist alles zu richten.

Dieser Zusammenhang belegt die Nähe von fundamentalistischem Denken zu einem unterderhand fundamentalistisch eingesetzten modernen Vernunftbegriff, der alles beherrscht. In seinem Licht muß jede andere Gewißheit als die eigene mit inneren Sicherheitsansprüchen fundamentalistisch erscheinen. Die intrinsischen Annahmen absoluter Glaubenswahrheit in den verschiedenen Religionen fallen unter sein Verdikt. Sie arbeiten nach Thomas Meyer im Verbund einer „Internationale der Unvernunft".[116] Hier wird die Gültigkeit eines säkularisierten Rationalitätstyps vorausgesetzt, der sich aus letzten Fragen herauszieht, indem er sich in seiner Vorläufigkeit implizit absolut setzt. Die Sensibilität für die Aporien der Moderne bleiben unterbelichtet. Folgerichtig begegnet dieser Ansatz nur mit dem fundamentalistischen Einspruch der erstaunlichen Haltbarkeit und verblüffenden Zuwachsrate von religiösem Bewußtsein in der Moderne. Die Säkularisierungsthese selbst steht aber von daher vor ihrem Ende.[117]

Das moderne Prinzip der Kritik ist in dieser Folge zu radikalisieren. Weil das Paradigma der Moderne letzte Sinnfragen nicht beantwortet, ihre Formulierung nicht abzuschaffen vermag und darüber hinaus weitere Frageanlässe liefert, arbeitet sie jenem Fundamentalismus zu, der sich auch religiös artikuliert und prinzipientheoretisch jene sublimen Allmachtsansprüche fortsetzt, die das moderne Konzept von aufgeklärter Rationalität erhebt.

Letzte Sinnfragen scheinen sich allerdings nicht ausblenden zu lassen. Ihre rein rationale Lösungsresistenz korrespondiert mit ihrer – zumindest auf längere Sicht – modernen Kompensationsimmunität. Das Verdrängte überlebte in den Religionen und kehrt vielfältig wieder. Der damit verbundene Pluralismus von Sinnantworten ist Signum der postModern radikalisierten

---

[115] G. Küenzlen, Religiöser Fundamentalismus – Aufstand gegen die Moderne?, 61.
[116] Vgl. T. Meyer (Hrsg.), Fundamentalismus in der modernen Welt. Die Internationale der Unvernunft, Frankfurt a.M. 1989.
[117] Vgl. D. J. Krieger, Fundamentalismus – Prämodern oder postmodern? Fundamentale Überlegungen zur religiösen Erneuerung, in: C. J. Jäggi / ders., Fundamentalismus. Ein Phänomen der Gegenwart, Zürich-Wiesbaden 1991, 185-239, besonders 192-195.

modernen Wirklichkeitsauffassung. Damit kommt die begründungstheoretische Seite des Fundamentalismus zum Vorschein: sein Entscheidungscharakter. Für Hansjürgen Verweyen sind Pluralismus und Fundamentalismus in dieser Hinsicht wahlverwandt:

> „Auf dem Boden der gleichen Basisannahme, daß Überzeugungen mit Unbedingtheitscharakter rational nicht zu legitimieren sind, ist der Fundamentalismus der Zwillingsbruder des Pluralismus, sein natürliches Pendant."[118]

Der Fundamentalismus sieht keine *Notwendigkeit*, seine Überzeugung rational auszuweisen. Er hat sie offenbarungspositivistisch sicher. Der Pluralist negiert die *Möglichkeit* zu einer rationalen Letztbegründung – er muß sich zu seinen Überzeugungen genauso entscheiden wie der Fundamentalist. Verweyen selbst optiert vor diesem Hintergrund für eine erstphilosophische Begründung in der Sinnfrage, die transzendental funktioniert. Genau an diese Adresse richtet sich der Vorwurf von Jürgen Habermas, der im Interesse an einer solchen letzten, also irreduziblen und unhintergehbaren Begründung ein fundamentalistisches Manöver vermutet:

> „Die Rede von Letztbegründung signalisiert einen auf die transzendentale Bedingungsanalyse geschrumpften Restfundamentalismus".[119]

Die unterschiedlichen Perspektiven auf das fundamentalistische Problem im Begründen hängt bei Habermas und Verweyen von der abweichenden Einschätzung der Aussichten einer Letztbegründung ab. Davon unabhängig wird deutlich, daß der Ausfall eines letzten rationalen Fundaments dem Fundamentalismus als einem unkritischen Dezisionismus Handlungsräume eröffnet. Auch in dieser rationalitätstheoretischen Hinsicht erscheint der Fundamentalismus als Kind der Moderne, dessen Überlebenschancen in postModernen Zusammenhängen nur noch verbessert werden. Daß deshalb letzte Begründungen möglich sein müssen und/oder der postModerne Pluralismus aufzugeben ist, ergibt sich nicht zwingend. Vielmehr wäre an einem Konzept von Pluralismus zu arbeiten, das die Offenheit der begründungstheoretischen Aporetik ernst nimmt, sich also nach außen hin dialogisch tolerant erweist und zugleich innere Überzeugungsgewißheiten vertreten kann. Daß sich im Konfrontationsfall die Aporien fortsetzen, etwa in der Gegenhaltung zum Fundamentalismus, erscheint nur konsequent angesichts der theoretischen Ausgangslage und auch folgerichtig als Ablehnung von Intoleranz gerade auf der Basis von Toleranz als Grundeinstellung. Theologisch wäre die Paradoxalität der Situation als Index kontingenter Wirklichkeit zu begreifen.

---

[118] H. Verweyen, Pluralismus als Fundamentalismusverstärker?, in: R. Schwager (Hrsg.), Christus allein? Der Streit um die pluralistische Religionstheologie (QD 160), Freiburg u.a. 1996, 132-139; hier: 134.– Vgl. auch U. Kühn / M. Markert / M. Petzoldt (Hrsg.), Christlicher Wahrheitsanspruch zwischen Fundamentalismus und Pluralität. Texte der Theologischen Tage 1996, Leipzig 1998.

[119] J. Habermas, Erläuterungen zur Diskursethik, in: ders., dass., Frankfurt a.M. ²1992, 119-226; hier: 192.– Der Vorwurf richtet sich an K.O. Apel, der nun gerade im Begründungsprogramm Verweyens eine eigene Rolle spielt: vgl. ders., Gottes letztes Wort. Grundriss der Fundamentaltheologie, Düsseldorf ²1991, 182-195.

Vielleicht läßt sich von hierher noch einmal ein Plädoyer für das Konzept postModernen Denkens erneuern: das *Post* mutet als geeigneter Ausdruck einer intellektuellen wie lebensweltlichen Erfahrung an, in der Wirklichkeit zu sehr auseinanderfällt, um mehr als einen nur orientierenden Namen zu tragen. Das *Nach* ist Hilfsbegriff, Provisorium. Es vertritt den ausgeführten Plural und die Einsicht in das Recht des Differenten gegenüber einem Zuviel an Identität, für das mehr als wiederum nur provisorische Begründungsfiguren nicht zur Verfügung stehen. Verallgemeinerungsfähigkeit bleibt Überzeugungen zwar erhalten – aber sie müssen *eingesehen*, christlich: geglaubt und immer wieder kritisch gebrochen werden.

3.3.5 Katholische Fundamentalismen

Diese Haltung kritischer Offenheit und Differenzwahrnehmung ist indes gerade für den Fundamentalisten gleich welcher Herkunft unannehmbar. Religionen fassen die Sprengkraft des Wirklichen in der Paradoxalität des Transzendenten als eines Immanenten. Die Erfahrung von Göttlichem in der Welt ist genauer Ausdruck der differenten Unbeherrschbarkeit der ganzen Realität und Eindruck der lokal absoluten Gewißheit, daß hinter, in oder über allem ein personales, impersonales, anonymes oder ansprechbares Transzendentes ist. Diese Erfahrung kann nur in Spannungen ausgedrückt werden. Und gerade deshalb behalten die Religionen einen antifundamentalistischen Grundzug.

> „Fundamentalisten... sind nicht fähig, diese Paradoxien in ihrem religiösen Weltbild zu erkennen oder zumindest zuzugeben. Fundamentalisten versuchen vielmehr, auftretende Widersprüche zu >erklären< – und sei es nur mit dem >mangelnden Glauben< oder der >ungenügender (!) Erleuchtung< des Fragestellers – und abzustreiten."[120]

Diese Reaktionsform ist aus den besonderen Herausforderungen der Moderne für die Religionen auch im Bereich der katholischen Kirche nachzuweisen. Ihre Krise resultiert aus dem nicht mehr eindeutig zu klärenden Verhältnis von apostolischer Identität und katholischer Relevanz heute. Katholische Offenheit wird von der nachlassenden christlichen Vermittlungskraft auf die Grundfrage zurückgeworfen, worin ihre Aufgabe heute und also ihre Identität noch bestehe. Das hermeneutische Problem formuliert sich zwischen den Polen moderner Akkomodation bzw. Assimilation einerseits und Abgrenzung andererseits als immer neuer Balanceversuch. Eine solche Identität ist in Bewegung. Mit ihrem Zuwachs an Zeitnähe ergibt sich eine Einbuße an Sicherheit. Was katholisch ist, wird sehr unterschiedlich beantwortet. In dieser Vielfalt liegt es nahe, zumindest Basisevidenzen unverrückbar einzurichten.

Genau diese Strategie verfolgen die fundamentalistischen Gruppen in der katholischen Kirche. Anders als im fundamentalistischen Islamismus mit seinen sehr dynamischen gesellschaftlichen Ambitionen orientiert sich der ka-

---

[120] C. J. Jäggi, Fundamentalismus heute – eine vielschichtige Erscheinung, 51f.

tholische Fundamentalismus an einem eher statischen Interpretationsmodell. Dabei werden erprobte Muster des katholischen Antimodernismus bedient. Ihre Logik verharrt im *Dispositiv der Dauer* (R. Bucher).

> „Die katholischen Erscheinungsformen des *Fundamentalismus* im vorigen Jahrhundert und bis in die Zeit des Zweiten Vatikanischen Konzils werden denn auch bezeichnet als *Traditionalismus und Integralismus.*"[121]

Die katholische Form von Sicherheitsherstellung in einer gesellschaftlich wie innerkirchlich unsicheren, weil unüberschaubaren Situation besteht im Rückgriff auf den Heiligen Geist als kirchlich gewissen Identitätsgaranten. Als ekklesiologisches Prinzip gewährleistet er durch die Zeiten und auch die kirchlichen Aberrationen hindurch, daß die Kirche als ganze immer den Geist und Willen Jesu Christi bewahrt hat. Damit sind die kirchlichen Heilsmittel gültig einsetzbar und verbürgen Erlösung. In diesem Modell muß der Hinweis auf die geschichtliche Bedingtheit von kirchlichen Deutungs- und Umsetzungsmodellen des – interpretierten – Willens Gottes in eine brisante Nähe zur Auflösung des Ewigsicheren führen. Die Geistzusage Jesu an seine Kirche wird deshalb zum hermeneutischen Wettlauf von Hase und Igel: jede Einsicht in das interpretative Moment kirchlicher Entscheidungen und Verbindlichkeiten wird von der Gewißheit erwartet, daß der Geist die Kirche darin geleitet habe und schon da war.

Der mechanische und nicht mehr kritisch gefilterte, nicht mehr differenzierungsbereite Einsatz dieser Logik geriert sich fundamentalistisch. Tradition wird zum Selbstläufer. Ihr Identifikationsort ist katholisch der Papst – er gibt die dogmatisch-institutionelle Sicherheit. Das altkirchliche Modell personaler Identität wird in ihm mit dem erweiterten institutionellen Modell im Unfehlbarkeitsdogma zu einem einzigartigen Höhepunkt identitätslogischer Kirchenbildung verbunden.

Als zweites Prinzip bietet sich in Überschneidung mit dem protestantischen Fundamentalismus die Heilige Schrift als Identitätsgarant an. Dabei kommt es zunächst zum katholischen Problem der Beziehung von Schrift und Tradition, die so geregelt wird, daß die Inerranz der Bibel auf dem Vaticanum I verbalinspiratorisch festgeschrieben und zugleich ihre dogmatische Deutung im Papst infallibel wird. Die zeitliche Parallelität der entsprechenden bibeltheologischen Entwicklung macht auf die antimoderne Genese der zeitgenössischen christlichen Fundamentalismen aufmerksam.

Katholisch lassen sich nach Wolfgang Beinert verschiedene Fundamentalismus-Typen unterscheiden: eher *rational* erscheint das *Opus Dei*, eher *charismatisch* eine Gruppe wie das *Engelwerk*.

> „Die Vertreter des ersten Typus suchen ihre Thesen von bestimmten religiösen und moralischen Prinzipien her argumentativ zu begründen; die des zweiten Typus vertreten ihre Meinung vor allem aufgrund von religiösen Erlebnissen, wundersamen Ereignissen, persönlichen Inspirationen."[122]

---

[121] W. Beinert, Christentum und Fundamentalismus, Nettetal 1992, 30f.
[122] Vgl. W. Beinert, Der >katholische< Fundamentalismus und die Freiheitsbotschaft der Kirche, in: ders. (Hrsg.), >Katholischer< Fundamentalismus. Häretische Gruppen in der Kirche?, Re-

Doch gilt auch beim argumentativen Typus, daß nicht alles diskutierbar erscheint. Der traditionalistische Grundzug erleichtert absolute Setzungen im Rückgriff auf die kirchliche Überlieferung. Von daher erklärt sich auch der Integralismus als Interpretationsansatz für das Verhältnis von Kirche und Welt: letztlich geht alles in der Kirche auf. Demnach kann es nur eine Entscheidungssituation zwischen Gut und Böse, Kirche und Welt geben. Der Dualismus ist innerer Bestandteil des ekklesiologisch-christologischen Monismus und Ausdruck einer bis zum Fanatismus steigerbaren Entschiedenheit. Sie verträgt psychohygienisch keinen Zweifel und vermittelt eine starke Außensicherheit. Zugleich wird der Innenbezug erwählungstheologisch legitimiert und ausgezeichnet. Dialog kann somit auf Mitgliedergewinnung reduziert werden – ein Austausch mit beiderseitiger Veränderungsbereitschaft kann auf dieser Basis nicht stattfinden. Aus diesem Gefüge läßt sich mit Wolfgang Beinert ein Ensemble bezeichnender fundamentalistischer Haltungen filtern[123]:

- Intransigenz (Kriegsmetaphorik und gesellschaftlich-kirchliches Konfrontationsdenken);
- Isolierung (Auserwähltheit, Arkandisziplin);
- Autoritarismus (Führer- und Personenkult);
- Dualismus;
- Reduktionismus (Heilsmonismus; Traditionalismus, starker Absolutheitsanspruch);
- Diskursunfähigkeit.

Soziologisch ergibt sich eine auffallende Nähe zu Sekten mit einem hohen inhaltlichen Anforderungsprofil an die Mitglieder, starkem Abgrenzungsbedürfnis und extrem ausgebildetem missionarischem Bewußtsein. Der Mangel an Offenheit in Bezug auf die Gruppenorganisation korrespondiert einem geschlossenen Denkmodell. Als kirchlicher Integralismus aktiviert es in bedenklicher Form Macht nach innen wie außen. Die Nähe zur politischen Rechten und der Einsatz oft beträchtlicher Geldmittel steht in diesem Zusammenhang. Macht wird aber auch wirksam, wo sie zur Interessendurchsetzung gegen Opponenten und Kritiker oder auch nur sprachlich als Kontrastmittel gegenüber der modernen Welt eingesetzt wird. Der fundamentalistisch grundsätzliche „Wille zur Reinheit"[124] hat einen aggressiven, eliminatorischen Zug. Hans Urs von Balthasar sieht hier eine Verletzung des jesuanischen Liebesgebots, und zwar in systematischer, weil strukturlogischer Form:

---

gensburg 1991, 52-89, hier: 53.– Zum fundamentalistischen Charakter der beiden Gruppen vgl. ebd. die folgenden Beiträge: H. Graf v. Soden-Frauenhofen, Das Engelwerk (127-147); P. Hertel, Opus Dei (148-165).

[123] Vgl. W. Beinert, Der >katholische< Fundamentalismus und die Freiheitsbotschaft der Kirche, 67ff.

[124] B.-H. Lévy, Gefährliche Reinheit, Wien 1995, 89.– Zum katholischen Fundamentalismus unter dem Motto der antihäretischen Reinheit vgl. ebd., 84-86.

"Man übt im Namen des Herrn eine Härte aus, die er selber nie geübt hätte".[125]

Ein solches Denken ist christlich in mehrfacher Hinsicht bedenklich. Schöpfungstheologisch wird das menschliche Gestaltungsrecht von Natur unterschätzt und eine bedenkliche Abwertung der Welt betrieben. Christologisch findet eine Verengung statt, die im Stellvertretungsmodell des hierarchischen Amtes die trinitarische Rückbindung an ein kommunikatives Gottesbild nicht hinreichend findet. Tradition wird überzeitlich starr statt inkarnatorisch und geistoffen konzipiert. Zugleich kommt ein Christusbild ekklesiologisch zum Tragen, das zu wenig die Geschichtlichkeit und damit die Menschheit Jesu Christi berücksichtigt. Es ist „wenigstens latent monophysistisch"[126] – was sich auch in einer triumphalistischen Mentalität ausdrückt, die von der aporetischen Gebrochenheit des Kreuzes absieht. Die Gegenwartsvermittlung der Kirche steht aber immer vor anderen Herausforderungen, die nach neuen Wegen suchen lassen muß. Pneumatologisch ist die Geistherausforderung offen zu denken, Tradition im Geist lebendig zu begreifen. Ein starres sakramentalistisches Verfügungsdenken von dogmatisch-kirchlicher Heilsgewißheit blendet von dieser Offenheit Entscheidendes aus.

Grundsätzlich widerspricht die einseitige fundamentalistische Identitätslogik dem Herausforderungscharakter der Nachfolge Jesu. Erst im Unterwegssein ereignet sich ein Glaube, der die Sprengkraft der Liebe gegenüber personalen (Ichverschlossenheit und -angst als Grundstruktur der Sünde) wie institutionellen (religiöser Legalismus) Verengungen zeigt. Die in Krisenzeiten besonders verständliche Symbiose aus Ängstlichkeit und Sicherheitsbedürfnis grenzt nach dem ntl. Zeugnis an eine „*Glaubensunfähigkeit*"[127], weil Sicherheit über Vertrauen und seinen riskanten Einsatz in der konkreten Glaubensbewährung geht.

Das überzogene Interesse an Sicherheit ist kirchlich *die* zentrale „*apostolische Versuchung*".[128]

3.4 Fazit

Mit dem Zweiten Vatikanischen Konzil wurde ein Durchbruch zu modernem Denken erreicht, der traditionalistische und integralistische Verengungen

---

[125] H. U. v. Balthasar, Integralismus heute, in: W. Beinert (Hrsg.), >Katholischer< Fundamentalismus, 166-175; hier: 168.– Von Balthasar kritisiert den integralistischen Fundamentalismus im übrigen vor dem Hintergrund des Antimodernismus mit seiner Kreuzzugsmentalität.– Zur Sprachkritik des Fundamentalismus vgl. die Dokumentation einschlägiger Äußerungen von W. Beinert, in: ders. (Hrsg.), >Katholischer< Fundamentalismus, 90-115.
[126] W. Beinert, Der >katholische< Fundamentalismus und die Freiheitsbotschaft der Kirche, 74.
[127] W. Beinert, Christentum und Fundamentalismus, 50.– Beinert führt diesen Gedanken mit Mt 14, 22-32 durch: Petrus versinkt im Wasser, weil er tragenden Grund braucht – seine Angst ist größer als das Vertrauen auf Jesus.
[128] W. Beinert, Was gilt in der Kirche?, in: ders. (Hrsg.), >Katholischer< Fundamentalismus, 15-51; hier: 30.

überwand. Ihre Fortsetzungen stehen seitdem unter dem Verdacht, an jener häretischen Abweichung zu arbeiten, die sie selbst so leicht den Vertretern eines offeneren theologisch-kirchlichen Denkens unterstellen. Der kirchliche Widerstand gegen die Moderne ist nicht mehr selbstverständlich. Gefordert ist eine kritische Vermittlungsarbeit, die auf die Widerständigkeit des Kreuzes so wenig verzichten kann wie auf eine genaue Untersuchung der vielbeschworenen *Zeichen der Zeit* (GS 4). Ihre Mehrdeutigkeit gibt indes immer neu katholischen Fundamentalismen Nährstoff. Und nicht selten kommt ihnen Rom stark entgegen, um die Kircheneinheit zu wahren – wie im Fall des Traditionalismus a la Lefebvre. Hinter liturgischen Streitfragen verbirgt sich hier eine Ekklesiologie, die der Kirchenauffassung des Vaticanums II widerspricht, etwa im Blick auf die *participatio actuosa* des ganzen Gottesvolks in der Liturgie.[129] Die weitreichenden Angebote an die Priesterbruderschaft St. Petrus, die nach dem Schisma Lefebvres romtreu blieb, zeigen ein Maß an fundamentalistischer Integrationsbereitschaft der katholischen Kirche, das zu inneren Widersprüchen hinsichtlich der offiziellen theologischen Doktrin führt. Dieser Fundamentalismus begreift die Tradition statisch und ungeschichtlich und negiert die Möglichkeit, sie fortsetzen zu können. Letztlich ist dieser Ansatz traditionsfeindlich.

Gerade die Traditionsbezogenheit der katholischen Kirche erweist sich als hermeneutisch lernfähig und grundlegend antifundamentalistisch. Kein wörtlicher Schriftbezug reicht zum Ausweis katholischer Rechtgläubigkeit. Die Schrift und ihre Kanonisierung werden erkenntnistheologisch formal bereits als Interpretationsvorgang erfaßt. Dennoch gibt es auch Tendenzen zu einer Art „offizielle(m) Fundamentalismus".[130] Dazu zählen vor allem Bemühungen um eine restringierte Katholizität im Namen der Einheit.

> „Gerade heute erleben wir – im protestantischen wie im katholischen Christentum – eine scharfe Auseinandersetzung zwischen jenen, die mit Hilfe moderner Theologie und Wissenschaft eine neue Gestalt des Christentums, eine Neu-Interpretation entwerfen, und jenen anderen, die, angeblich um des Volkes willen die Losung „Kein anderes Evangelium" propagieren und damit einen Prozeß der Aufklärung und Emanzipation verhindern oder zumindest verzögern."[131]

Der Fundamentalismus gründet in der Unbefragbarkeit einer Losung oder Tradition. Das aber ist Absage an den kritischen Geist der Unterscheidung und der modernen Vernunft. Daß auch sie kritisch nicht selbstverständlich genommen werden kann, macht die Kritikoffenheit zum antifundamentalistischen Vademecum. Dem sucht sich religiöser Fundamentalismus zu entziehen, und der Einsatz einer kritikresistenten Hermeneutik im katholischen Binnenbereich stimmt hier bedenklich.

---

[129] Zu Details vgl. L. Bertsch, Die Gründung der Priesterbruderschaft Sankt Petrus – Ausweg oder neue Sackgasse?, in: W. Beinert (Hrsg.), >Katholischer< Fundamentalismus, 116-126.
[130] K. Walf, Fundamentalistische Strömungen in der katholischen Kirche, in: T. Meyer (Hrsg.), Fundamentalismus in der modernen Welt, 248-262; hier: 256f.
[131] J. B. Bauer, Art. Fundamentalismus, in: ders. (Hrsg.), Die heißen Eisen in der Kirche, Graz u.a. 1997, 80-90, 89f.

Katholisch droht in dieser Perspektive jedes Dogma „fundamentalistisch" reformulierbar zu werden. Dahinter verbirgt sich das Begründungsproblem, wie es Hansjürgen Verweyen auf der Nahtstelle von Pluralismus und Fundamentalismus als Katalysator verstand. Ohne rationale Letztbegründbarkeit tragender Einsichten hat jede Glaubensentscheidung einen quasi-fundamentalistischen Zug. Der Charakter des Glaubens als Freiheit und Gnade sowie die – zumindest postModern so gesehene – theoretische Aussichtslosigkeit in der Letztbegründungsfrage macht diese Situation aporetisch. Denn Fundamentalismus und Pluralismus könnten dann mit dem gleichen Recht die Legitimität des Beliebigen oder eines Bestimmten einklagen. Und hinsichtlich der religiösen Vitalität eines offenen religiösen Begründungsdenkens läßt sich darüber hinaus zurecht fragen, „ob eine auf Hypothetisierung aller Wahrheitsansprüche gestellte Kultur auf Dauer wird bestehen können."[132]

Dementgegen läßt gerade die Folie des Fundamentalismus das Prinzip der Kritik als Maßstab von Entscheidung begreifen. Daß Entscheidung immer angefochten bleibt und neu zu justieren ist, machen die apostolischen Nachfolgeerzählungen des NT unmißverständlich deutlich – zumal an Petrus. Glaubenssicherheit und Momente bzw. Strukturen des Unglaubens zeigen Glauben lebendig und kritikoffen. Die legitime fundamentalistische Herausforderung besteht für das Christentum darin, die Kritik des Glaubens immer neu zu unternehmen und jeden Offenbarungs- oder Entscheidungspositivismus zu überwinden. Das Dogma selbst ist auf diesem Weg, recht verstanden, nämlich dogmenhistorisch und -kritisch, kritisches hermeneutisches Prinzip und Maß auf diesem Weg. Denn das christliche Fundament ist „gerade keine Lehre, keine Satzwahrheit, kein Dogma, keine These, sondern eine Person, der gekreuzigte Jesus Christus."[133] Die Selbstverpflichtung des Dogmas auf diese Person erinnert daran. Das Dogma ist nie das Ganze, es bleibt eschatologisch vorläufig und enthält seine eigene Infragestellung – sprachtheologisch in der *maior dissimilitudo* dogmatisch gefaßt. Genau das enthebt das Dogma fundamentalistischer Verengung und ideologischer Entstellung.

Im Kontext des modernen Fundamentalismus wird somit zugleich deutlich, daß sich christlicher, katholischer Fundamentalismus einerseits theologisch nicht halten läßt, daß er sich andererseits höchst wirksam in der Zeit hält. Sein Fokus: ein dezidierter Antipluralismus. Damit steht er auf grundlegend anderem hermeneutischen Fundament als das Zweite Vatikanische Konzil, das für die Bewertung dieses Phänomens die entscheidenden Maßstäbe setzte. Seiner Kritik verfällt noch jener sublime Fundamentalismus, der sich im kirchlichen Innenraum zu installieren verstand.

Es gehört zur Tragik des verpaßten Augenblicks, daß sich in dem Moment, als man sich katholisch öffnet, die Auflösungsprozesse in der kirchlichen Bindungsfähigkeit beschleunigen. Zeitgleich wird der kritische Diskurs über die Moderne vorangetrieben. Erste Konzepte postModernen Denkens entste-

---

[132] G. Küenzlen, Religiöser Fundamentalismus – Aufstand gegen die Moderne?, 68.
[133] M. Honecker, Evangelischer Glaube im Spannungsfeld von Pluralismus und Fundamentalismus, in: G. Rißer u.a. (Hrsg.), Wege der Theologie, 153-164; hier: 164.

hen. Die gesellschaftlichen Pluralisierungsprozesse werden radikaler: schneller, umfassender, gründlicher. Für die Kirche bedeutet dieser Vorgang: man glaubte sich auf der Höhe einer Gegenwart, die sich ihr nun entzog. Schlimmer: die nichts vom kirchlichen Dialogangebot wissen wollte.

Für die theologische Hermeneutik impliziert dies neue Unsicherheiten: der eingeschlagene Weg führt nicht zu missionarischem Terraingewinn, sondern der sicher geglaubte eigene Glaubensboden wird zusehends erodiert. Das betrifft die faktischen Mitgliederverluste, aber auch die theoretischen Probleme, die sich mit einer geschichtlichen Auffassung von Christentum und Kirche verbinden. Exakt diese Verunsicherung führt zu den fundamentalistischen oder reaktionär ausgerichteten Antworten eines Zurück hinter das Konzil.

Zugleich wird deutlich, daß das Konzil tatsächlich erst der „Anfang eines Anfangs" (K. Rahner) war. Der kritische Vermittlungsprozeß ist mit den Mitteln einer differenzoffenen, geschichtlichen Hermeneutik erst in Gang gesetzt worden. Das Konzil ist diesen Weg selbst nicht konsequent gegangen – ablesbar an seinen hermeneutischen Zwiespältigkeiten, an seiner *juxtapositionellen* Hermeneutik (H. J. Pottmeyer). Die noch darin implizierte Differenzbereitschaft formuliert indes eine theologische Grenzmarke, hinter die man nicht zurück kann. Die theologischen und kirchlichen Folgerungen sind indes erst noch zu ziehen. Es geht um die Wahrung einer Identität, die nur differentiell, zeitlich, gefährdet begriffen werden kann. Wohin diese Identität sich entwickeln wird, steht noch kaum in Aussicht. Von ihrer kritischen Formulierung hängen die Evangelisierungsmöglichkeiten der Kirche ab. Verpaßt sie die *Auseinandersetzung* mit kritischer Zeitgenossenschaft erneut, wie dies unter den Bedingungen postModernen Denkens und einer entsprechenden Mentalität und Lebensform noch zu befürchten steht, so büßt sie ihre diakonische Identität ein.

4. Ansätze einer theologischen Hermeneutik der Differenz: Theologische Rezeptionen der PostModerne

Mit diesem Kapitel wird die zentrale Fragestellung der Arbeit in den theologischen Innenbereich getragen: wie läßt sich christliche Identität angesichts der differenztheoretischen Anfragen postModerner Hermeneutik denken?

Der bisherige Gedankengang bestimmte PostModerne über einen radikalisierten Pluralismus, der theoretisch aus differenzphilosophischen Überlegungen hervorgeht und gegenwärtig in den westlichen Gesellschaften weitestgehend als bestimmende Mentalität begegnet. Der theoretische Rückbezug auf die verschiedenen Philosophien der Differenz erfolgt hier bereits aus der fundamentaltheologischen Perspektive, die ein Interesse am begründungstheoretisch harten Kern haben muß. Denn von dessen Argumenten geht die Frage letztlich aus, wie sich heute eine christliche Identität ausweisen läßt.

Die Entwicklung der hermeneutischen Philosophie wurde auf diesem Weg so begriffen, daß sich – mit dem klassischen metaphysischen Gegensatzpaar von Identität und Differenz als interpretativem Instrumentarium – eine zunehmende Wahrnehmung der Brüche und des Uneinholbaren, des Unendlichen im Verstehen abzeichnete. Von Hegel zu Gadamer hatte sich der Akzent deutlich verschoben: von einer Betonung des Pols Identität zu dem der Differenz. Die Konstruktion einer solchen Entwicklung darf dabei nicht den Blick dafür verstellen, daß erstens solche Tendenzen nicht einbahnig und widerspruchslos verlaufen, daß zweitens die Spannungen in den entsprechenden hermeneutischen Ansätzen selbst bereits enthalten sind und jeweils unterschiedlich ausgetragen werden. Das wird zu einem Indiz für eine dialektisch vermittelte Fassung des Bezugs, wie ihn Paul Ricoeur auf das Problem von Selbst und Anderem, also von personal verbürgter hermeneutischer Identität und seiner Konfrontation mit dem Differenten überträgt. Zugleich bietet Ricoeur eine Fassung von Dialektik, die – von außen mit Adornos Begriff einer Negativen Dialektik reformuliert – keine Auflösung des Spannungsgefüges mehr bietet und damit vor dem postModernen Hintergrund zweierlei leistet: sie sprengt den metaphysischen Theorierahmen eines Entweder-Oder und läßt zugleich eine unvermittelte Radikalisierung des Differenzgedankens hinter sich. Das geschieht exemplarisch mit dem Konzept einer narrativen Identität, in der Verstehen im Außen- wie im Selbstbezug nach wie vor möglich ist: also eine Identität, die differentiell gebrochen erscheint und von daher prekär bleibt.

Die Unsicherheit in allem Verstehen wird von den verschiedenen Differenzmarken angezeigt, denen die Aufmerksamkeit der – unter dem Orientierungsnamen des PostModernen – vorgestellten Differenzhermeneutiker gilt.

Differenzwahrnehmung wird zum Vorbehalt jeder identitätslogischen Hermeneutik. Ihre konsequente Wahrnehmung bleibt theologisches Desiderat.

Wie diese Identitätslogik sich konkret auswirkt, wurde theologisch am Modell der Alten Kirche untersucht: institutionslogisch-praktisch und theologisch-theoretisch. Damit wurde zugleich ein einseitig logozentrisch verankerter Begriff von Hermeneutik überwunden. Der Zusammenhang von Theorie und Praxis wird so gefaßt, daß sich hier kein Erstes mehr denken läßt. Das bedeutet im vorliegenden Zusammenhang: Identitätsdenken läßt keinen Bereich aus.

Die Folgen einer überzogenen identitätsorientierten Hermeneutik mit ihrem Interesse an der Ausschaltung von Abweichungen und an der Feststellbarkeit einer fixierbaren Identität als Wahrheit in soziologischer wie dogmatischer Hinsicht wurden deutlich mit der Konfrontation von Moderne und katholischer Kirche. Erst sehr verspätet stellte sich die Kirche dem modernen Pluralismus, wobei die Weichenstellungen des 2. Vatikanischen Konzils regressive Bedürfnisse und Entwicklungen in der Folge nicht ausschließen konnten.

Sieht man mit dem Durchbruch postModernen Bewußtseins eine Radikalisierung des Pluralismus in theoretischer wie gesellschaftlich breitenwirksamer Richtung, so verschärft sich die Problematik kirchlich. Die theologische Verarbeitung postModernen Denkens muß von daher besonders interessieren. Wo lassen sich Berührungspunkte feststellen? Wo stehen die Grundentscheidungen gegeneinander? Was bedeutet die gewachsene Sensibilität für eine Kultur der Differenzen theologisch? Wie läßt sich christliche Identität denken, ohne in eine starre Identitätslogik zurückzufallen und ohne zugleich die eigene Verkündigung einem frei entfesselten Spiel der Differenzen anheimzustellen. Diesem Problemkreis stellt sich das folgende Kapitel. Vornehmlich die postModerne Denkform beansprucht dabei theologische Aufmerksamkeit.

4.1 Hinführung: Zwischen theologischer PostModerne-Skepsis und der Kritik theologischen Identitätsdenkens

Das Unbehagen gegenüber der PostModerne ist theologisch weit verbreitet. Subjekttheoretische und politisch-theologische Ansätze suchen sich von ihr abzusetzen. Der theoretischen Skepsis, die sich vornehmlich an einem verbilligten Pluralismus und Relativismus des Gleichgültigen entzündet, entspricht die christentumsgeschichtlich einmalige Erfahrung eines umfassenden Relevanzverlustes. Er läßt sich nach Mitgliederzahlen berechnen und hat längst die gesellschaftlichen Konsensbedingungen erreicht, für die selbst unter religionsfunktionalistischer Rücksicht immer weniger Anknüpfungsmöglichkeiten bestehen. Verantwortlich gemacht wird postModernes Denken, dessen theoretische Einsicht in die Fragwürdigkeit bzw. Unhaltbarkeit letzter Begründungen inzwischen mentalitätsbestimmend wurde und Verbindlichkeiten nur noch vorbehaltlich zuläßt. Die Wiederbelebung ursprungsphilosophischer Letztbegründungsmodelle in der katholischen Philosophie und Fundamentaltheologie läßt sich als eine theoretische Verarbeitungsform dieser Situation beschreiben.

4.1.1 Die theoretisch-praktische Herausforderung der PostModerne

Angesichts radikal veränderter Rahmenbedingungen für die christliche Verkündigung des Evangeliums stellt sich als zentrale Frage an das gegenwärtige Christentum die nach seiner Inkulturationskompetenz.[1] Sie hängt von der Fähigkeit ab, die postModernen Transformationen und Radikalisierungen der Moderne zu verarbeiten[2]:

1. Die **ökonomische Globalisierung** mit der Freisetzung wirtschaftlichen Handelns ohne Rückbindung an ethische Imperative produziert zunehmend Modernisierungsverlierer – hier ist die sozialethische Kompetenz des Christentums gefordert.
   Mit der destruktiven Tendenz zur Zerstörung von Lebensgrundlagen kommt theologisch zugleich die Frage nach Anfang und Ende der Schöpfung ins Spiel. Die Erfahrung der Kontingenz von Leben wird auch zu einem Differenzeintrag im postModernen Diskurs, auf den die Theologie zu reagieren hat, indem sie ihr Kontingenzbewußtsein unter veränderten Bedingungen ins Spiel bringt. Dazu gehört allerdings die Bereitschaft, dies auch innertheologisch wahrzunehmen.
   Die Frage nach der Gerechtigkeit thematisiert darüber hinaus auch das Problem der Macht als einen diskurskonstitutiven Faktor. Gerechtigkeit wird gerade unter postModernen Bedingungen zum Reflexionsanlaß und zur Vermittlungsmöglichkeit einer Theologik, in deren Mittelpunkt eine Hermeneutik der Nächsten- und Feindesliebe und also eine Logik der Dezentrierung des Ego steht. Dies ist kirchlich im Innen- wie Außenbezug aufzudecken – gerade auch in konkreter Kritik mißbrauchter, d.h. nicht dieser Logik verpflichteter Macht.
2. Der radikalisierte **Pluralismus** befragt das Christentum auf seine eigene Mehrsprachigkeit und seine kommunikative Kompetenz hin. Eine Vielfalt von Strategien im Sprechen von der Wirklichkeit als letztlich Gottes Wirklichkeit kann zu einer Hermeneutik führen, die Gott als den Unbegreiflichen versteht: als anwesend-abwesend. Dabei ist die metaphorische

---

[1] Vgl. K. Hoheisel, Das Wiedererwachen von Religion in der Postmoderne und ihre Distanz zum Christentum. Religionswissenschaftliche Überlegungen, in: H. Kochanek (Hrsg.), Religion und Glaube in der Postmoderne, Nettetal 1996, 11-37.
[2] Zur Katalogisierung dieser Trends vgl. K. Gabriel, Christentum im Umbruch zur „Post"-Moderne, in: H. Kochanek (Hrsg.), Religion und Glaube in der Postmoderne, 39-59.

Vielfalt und Unhintergehbarkeit des christlichen Sprechens ebenso herauszustellen wie seine Vorläufigkeit und Abnutzbarkeit.
3. Die mit dem Pluralismus einhergehende **Individualisierung** läßt nach einem Verständnis des Glaubens fragen, das den Stilen des Christlichen Raum läßt, ohne einerseits die Rückbindung an die kirchliche Tradition und Einheit aufzugeben und andererseits vorschnell Einheit als uniformen Zwang theoretisch wie praktisch auszuüben.
Die Folgelasten einer zunehmenden Vereinzelung, zumal die strukturelle Überforderung eines allein auf sich gestellten Lebens lassen theologisch die Souveränität des Einzelnen befragen und sie in der Entlastung durch Traditionen auch erkenntnistheoretisch rückbinden, insofern der Einzelne nicht zur einzigen und zentralen Instanz taugt. Recht und Grenze dieser Kategorie wird gerade vor postModernem Hintergrund neu zu reflektieren sein.
4. Mit der **reflexiven Modernisierung**[3] ist theologisch die Kompetenz zur Infragestellung der eigenen Traditionen und zur Kritik der eigenen Geschichte gefordert: die Fähigkeit zum Schritt aus dem gewordenen System heraus: pastoral, dogmatisch.
Im Blick auf die angeführten Differenzmarken sind diese im theologisch-kirchlichen Binnendiskurs herauszuarbeiten, um so dialogische Kompetenz im postModernen Diskurs zu gewinnen. Dabei machen die angesprochenen Trends deutlich, daß die Infragestellung das Christentum intern betrifft, die postModernen Problemüberhänge aber zugleich eine christliche Antwort erfordern und ermöglichen.

Dem ist fundamentaltheologisch zunächst eine hermeneutische Bresche zu schlagen: hinter diesen Problemen geht es immer auch um die Frage nach der Gestalt kirchlich-theologischer Identität in den postModernen Differenzierungs-Prozessen. Ein Ansatzpunkt kann der postModerne Umgang mit der Zeit sein: es gibt keine Zeit mehr für die gewonnene Zeit. Sie wird verbraucht durch Freizeit- und Arbeitsstreß und durch Strategien der Zeitlosigkeit. Die Frage nach dem Sinn von Zeit kann sich an der hinterlassenen Sehnsucht nach einer anderen Zeit orientieren. Dabei ist dieses ganz andere Verständnis von Zeit noch einmal kritisch in den eigenen theologischen Diskurs einzubauen: als Ort des Fremden und Unverrechenbaren.

Unterderhand ließen sich die postModernen Problemzonen im Blick auf den prophetischen Protest des Christentums mit den hermeneutischen Differenzmarken verbinden. Diese verlieren ihre leere Allgemeinheit, wo sie zeitdiagnostisch und fundamentalhermeneutisch zugleich interpretiert werden: sie bieten Frageanlässe. Im Verbund dieser Aspekte entscheidet sich die (religiöse) Deutung der Gegenwart.

Für das Christentum bedeutet das, sich unter den Bedingungen von Pluralisierung zu vermitteln, indem es sich infrage stellen läßt und daraus eine ori-

---

[3] Vgl. U. Beck, Risikogesellschaft. Auf dem Weg in eine andere Moderne, Frankfurt a.M. 1986, 259ff.

ginäre kritische Perspektive entwickelt: z.B. indem es aus dem biblischen Erbe die Vielfalt schöpfungstheologischer Chiffren zur Plausibilisierung des grundlegenden religiösen Gehalts ins Spiel bringt; indem es machtkritisch nach innen wie außen das Evangelium als Befreiungsbotschaft verkündet und in den Mittelpunkt stellt; indem es den Ort des Individuellen innerhalb der Kirche selbst neu bestimmt, um so nach außen dringen zu können; indem es eine neue Sensibilität für die Brüche der Zeiterfahrung einübt.

Das postModerne Denken zielt auf eine Kultur geschärfter Differenzwahrnehmung, die theologisch aus der Realisierung im Innenbereich neue Dialogkraft für die Evangelisierung ziehen kann. Die entsprechende fundamentaltheologische Hermeneutik der Differenz impliziert pastoraltheologische Impulse. Sie können daran anknüpfen, daß die postModerne Gegenwart selbst Aporien produziert, die den Religionen theoretisch wie praktisch Handlungsräume eröffnen. Von daher ist die theologische Verarbeitung der PostModerne zwar unter einer doppelten kritischen Perspektive zu betreiben, die beide Gesprächspartner betrifft. Zugleich ist aber an der einfachen Ablehnung postModernen Denkens zu rütteln: aufgrund der praktischen Anknüpfungsmöglichkeiten und der theoretischen Potenz kritischer Infragestellung, wie sie von der postModernen Kultur der Differenz theologisch ausgeht.

> „Als Fazit ergibt sich, daß der Umbruch zur entfaltet-modernen Gesellschaft mit postmodernen Zügen ein religionsproduktives Potential enthält, das einen Bruch zum bisher dominanten Pfad religionsdestruierender Modernisierung anzeigt. Auch die religionsproduktiven Impulse der Postmoderne überschreiten den in der Moderne eng gewordenen Rahmen des institutionell verfaßten Christentums. Sie tun dies aber in zwei entgegengesetzten Richtungen des Verhältnisses zur Welt: der ‚Weltanpassung' einerseits und der ‚Weltdistanzierung' andererseits. Beide reichen bis weit in das institutionell verfaßte Christentum hinein, eröffnen ihm neue Chancen, verschärfen aber auch den Pluralismus und das interne Konfliktpotential innerhalb der christlichen Tradition."[4]

Zu solcher Pluralismusfähigkeit fordert eine theologische Hermeneutik der Differenz nachhaltig auf. Von daher gewinnen die vorhergehenden fundamentalhermeneutischen und historisch-kritischen, insbesondere aber die nachfolgenden Ausführungen zur theologischen Aufnahme postModernen Denkens ihre Relevanz.

4.1.2 Die Fragwürdigkeit des PostModernen für die Theologie

Mit Wolfgang Welsch vertritt einer der profiliertesten Theoretiker der PostModerne die Meinung, das postModerne Denken sei „im Grunde religiös signiert".[5]

---

[4] K. Gabriel, Christentum im Umbruch zur „Post"-Moderne, 56.
[5] W. Welsch, Religiöse Implikationen und religionsphilosophische Konsequenzen ›postmodernen‹ Denkens, in: A. Halder / K. Kienzler / J. Möller (Hrsg.), Religionsphilosophie heute. Chancen und Bedeutung in Philosophie und Theologie, Düsseldorf 1988, 117-129; hier: 128.

Das ergibt sich u.a. aus dem vitalen Interesse an der Wahrung des Individuellen und Partikularen, das sich nur schützen läßt, wenn es keine andere Totalität gibt als die des Unendlichen, die letztlich eine Nicht-Totalität ist, weil sie sich nicht mehr fassen und also instrumentalisieren läßt. Das Unendliche gewährt dem Einzelnen sein Eigenrecht, weil es sich nicht auf ein Erstes oder Allgemeines reduzieren läßt. Jedes existiert in der Differenz zu anderem, aber nicht als dessen Exemplar, Anwendungsfall oder Abgeleitetes, sondern als es selbst im Unterschied. Dieser Unterschied ist selbst die Bewegung des Unendlichen. PostModernes Denken bewahrt demnach ein waches Gespür für das Unendliche in sich, für das Nicht-Repräsentierbare.

> „Das Absolute ist in ihm nicht schlechthin ausgeschlossen – nur >gibt< es das Absolute nicht. Es kann es nicht >geben<, weil das Absolute darin vergegenständlicht und zu einem Endlichen herabgesetzt wäre. Das Absolute, das Unendliche ist strikt als Nicht-Darstellbares, als Unfaßliches zu wahren – und gerade als solches wirksam."[6]

Die Verwandtschaft mit den Traditionen Negativer Theologie fällt hier unmittelbar auf. Jede theologische Seinsaussage steht unter dem doppelten Vorbehalt eschatologischer Erwartung und jeweils nur analoger Aussagefähigkeit. Aber dennoch darf sich das Christentum in Jesus Christus zugleich gewiß sein, in ihm dem wahren Gott zu begegnen. Die entsprechende dogmatische Aussage des Konzils von Chalkedon macht nun wiederum deutlich, daß indes auch dies nur in einer begrifflich unauflösbaren Spannung gedacht werden kann: Gottheit und Menschheit werden ungetrennt und unvermischt erkannt. Im Christentum gibt es von daher eine Bewegung, die sich der letzten Identifikation enthält und gleichzeitig davon ausgeht, in einer alle theoretischen Konzepte übersteigenden Weise die Identität Gottes im Menschen Jesus von Nazaret erfahren und glauben zu können. Der Mechanismus dieser offenbarungstheologischen Logik verbindet die Theologie mit der postModernen Skepsis gegenüber Totalisierung, Absolutsetzungen und Identitätsaussagen. Theologisch stellt sich hier jedoch auch die Gegenfrage: ob das postModerne Denken der Differenz sich nicht selbst absolut setze. Eine erste Antwort bietet Welsch, wenn er im Anschluß an Lyotard davon spricht, daß das Absolute nicht ausgeschlossen werde, jedoch nicht in seiner Vorhandenheit gedacht werden könne. Die darin formulierte Ästhetik des Aufschubs läßt sich durchaus mit der nicht mehr synthetisierbaren Beziehung von Anwesenheit und Abwesenheit Gottes in unserer Geschichte vermitteln. Im Glauben kann der Christ Gottes Präsenz in den Sakramenten, im Evangelium und in der Kirche verbürgt durch den Heiligen Geist glauben – doch entzieht sich diese Präsenz jeder anderen Feststellung als jener, die im und als Glaubenslicht erfolgt. Die Fragilität des Glaubens macht klar, daß die Identität dieses Geglaubten mit einer ihm entsprechenden Realität nur im Aufschub zu haben ist: in der Abfolge der Gedanken, in der kritischen Zurücknahme des Glaubens und der erneuten Selbstübergabe – d.h. zeitlich, interpretativ,

---

[6] Ebd., 126.

sprachlich, individuell vermittelt. Genau diesen Vermittlungsgedanken behauptet das Christentum energisch aus inkarnationstheologischen Gründen. PostModernes Denken neigt an dieser Stelle zu einer schwächeren Fassung von Vermittlung, die mit Deleuze im Bild der rhizomatischen Anknüpfung – oder mit Derrida (und Levinas) als Spur – gedacht werden kann. In ihr ist etwas, das verbindet, weil es zwischen den Ereignissen und Zeichen bleibt; aber es erscheint nie voll anwesend, wie es nie ganz abwesend ist.

An diesem theoretischen Konstruktionspunkt kann bereits ansatzweise deutlich werden, welche Herausforderung das postModerne Denken für die Fassung theologischer Positivität hat. Denn die Verschiebung des Absoluten geschieht auch vor dem Hintergrund, daß die PostModerne explizit nach dem Tode Gottes denkt: jenseits von Kategorien des Ersten oder Letzten. Wie sich dies zum Gedanken des Unendlichen in ihr selbst verhält, wäre indes erst noch zu prüfen. Denn theologisch ist die Rede vom Anfang und Ende mit der göttlichen Identifikation im Grunde selbst ein Denken, das über diese Pole hinausreicht ins Unvordenkliche. Denn Gott wird nicht von der menschlichen Vernunft begrenzt.

Als Orientierung kann in dieser sich abzeichnenden fundamentaltheologischen Fragestellung die Interpretation von PostModernität dienen, wie sie Welsch vorgibt: sie ist nicht Epoche mit dem Anspruch eines modernen Überholungsgestus; sie ist kein einheitlicher Überbegriff, sondern eine Denkform der Differenz.[7] Als solche fordert sie die Theologie heraus:

> „Die christliche Theologie ist nicht als Protagonist des Absoluten Gesprächspartner der Postmoderne, sondern als Protagonist einer bestimmten, ganz und gar nicht absolutistischen Verhältnisbestimmung von Absolutem und Relativem."[8]

An dieser Stelle zeigt sich die ganze Brisanz für die Theologie, die auch produktive Züge annehmen kann. Es geht um das Begreifen eigener Traditionen in anderem Licht. Und es darf gerade angesichts der katholischen Erfahrungen mit der Moderne im Sinne einer historischen Heuristik vorgeschlagen werden, das Ungewohnte, das Fremde zu denken – freilich kritisch.

Das gilt u.a. für die postModernen Konzepte einer A/Theologie, wie sie Welsch mit dem Namen von Mark Taylor verbindet.[9] Theologie wird hier zur Grenzwissenschaft zwischen Theologie und Atheismus, zwischen Glaube und Unglaube. Daß dies theologisch nicht einfachhin übernommen werden kann, ist christlich klar und scheint doch überprüft werden zu müssen, wenn ein christlicher Theologe sich in diesem Spannungsfeld ansiedelt. Es gibt immerhin auch hier Ansatzpunkte für ein Gespräch, das erneut verdeutlicht, wie

---
[7] Vgl. zur differenztheoretischen Interpretation der PostModerne: K. Hedwig, Die philosophischen Voraussetzungen der Postmoderne, in: IkZ Communio 19 (1990) 307-318; besonders: 309.
[8] R. Bucher, Die Theologie in postmodernen Zeiten. Zu Wolfgang Welschs bemerkenswertem Buch „Unsere postmoderne Moderne", in: ThGl 79 (1998) 178-191; 191.
[9] Vgl. u. das Taylor-Kapitel (II 4.2.1.).

sehr in der Konfrontation von PostModerne und Theologie die Art des Denkens auf dem Spiel steht. Als klassischer passionstheologischer Topos hat die Erfahrung vom Tode Gottes durchaus religiöse Züge, nicht nur im Sinne einer Sehnsucht und des anonymen Christentums. Es hat seinen Ort in der Mystik und in der Theologie des Karsamstags. Hier durchdringen sich theologische Spekulation – zugleich als Prozeß einer Metaphorisierung verstanden – und Negative Theologie. Und dieser theologische Ernstfall des Unausdenklichen läßt sich als ein hermeneutischer Ansatzpunkt für eine theologische Rezeption der PostModerne angeben. Das Denken des Anderen hat nicht zufällig in beiden Traditionen seinen angestammten Ort.[10]

Zwei weitere Problembereiche seien zumindest noch angesprochen: die Verabschiedung von einer letzten Perspektive des einzunehmenden Absoluten läßt Absolutheit nur noch im Innenbezug (W. Welsch) und also relational verstehen. Aus der Innenperspektive wäre dies als qualitative Absolutheit zu denken, bei Zulassung anderer Deutungen im Außenbezug (Religionsfreiheit). Dennoch bleibt die Unterscheidung von Innen- und Außenbezug mit gleichsam zwei Logiken problematisch. Hier wäre zu fragen, ob nicht – sofern die Möglichkeit der Existenz des Ganz Anderen in der ihm nur zu überlassenden Weise postModern nicht ausgeschlossen wird, wobei diese durchaus dann auch geschichtlich-menschlich aussehen könnte –, ob also nicht mit dem offenbarungstheologischen Sonderfall doch im Sinne zweier Rationalitätsformen, die sich berühren, aber nicht eins sind, im Innenbereich von sich selbst erschließender Wahrheit gesprochen werden kann, die im Außenbezug mit den Mitteln der geschichtlichen Vernunft nur mehrdeutig angesprochen und letztlich also offen gehalten werden kann und muß.

> „Die Grundfrage hinsichtlich der Brauchbarkeit dieses postmodernen Denkens für künftige theologische Reflexionen wird sein: Kann die Verabschiedung des Einen, kann der Übergang zu radikaler Vielheit, in der das Eine nur Eines neben Anderen ist, theologisch fruchtbar gemacht werden?"[11]

Auch hier läßt sich nur indizienhaft eine Antwort geben, die es erlauben sollte, den Dialog zu suchen. Das Christentum hat im letzten trinitarisch zu denken: im Einen das Viele und Andere, ohne es einfach zu einer Seite hin aufheben zu können. Ein Denken radikaler Relationalität kann helfen, die letzte Dichotomie von Differenz und Identität aufzuheben und sie in eine Vermittlungsspannung zu stellen, die sich nicht mehr identisch synthetisieren läßt, sondern sie als reine Bewegung faßt. Und das hat durchaus seine Konsequenzen: für eine theologische Hermeneutik, die nicht mehr identitätslogisch operiert, wie für eine politische, gesellschaftliche, ökonomische und sozialethische.

Welsch selber führt in einiger Nähe zu diesem trinitarischen Denken sein Konzept einer transversalen Vernunft ein. Diese postModerne Transversalität

---
[10] Vgl. J. Valentin, Atheismus in der Spur Gottes. Theologie nach Jacques Derrida, Mainz 1997, 87-110.
[11] W. Welsch, Religiöse Implikationen und religionsphilosophische Konsequenzen >post-modernen< Denkens, 128.

läßt Raum für eine religiöse Spurensuche – nicht zuletzt im Sinne einer trinitarisch-relationalen Hermeneutik der Liebe als dem Strukturgesetz des Evangeliums und der Sehnsucht der Menschheit. Auch postModern gibt es eine Heuristik der Hoffnung, die sich jedoch gegen letzte Begründungen, gegen eine theoretische Geschlossenheit sträubt: sie bleibt bei der Vielfalt der Zugänge, Evidenzen. Und: bei der Offenheit für die Wege, die Gott findet. Fundamentaltheologisch ist dem freilich nachzugehen – auf der Suche nach Kriterien des Verstehens und Glaubens. Inwieweit diese sich christlich im postModernen Zusammenhang denken lassen, steht mit den theologischen Rezeptionen postModernen Denkens zur Diskussion.

Diese werden, wie bereits angedeutet, von erheblicher Skepsis begleitet. Die Stoßrichtung der Kritik zielt auf das wahrheitstheoretische Problem des Pluralismus. Wenn Wahrheit sich postModern nicht mehr von einem einzigen möglichen Standpunkt aus für alle gültig machen läßt, ob durch sprachtheoretische oder subjektphilosophische Begründungsstrategien abgesichert, so steht diese Aussage in direktem Widerspruch zum absoluten Wahrheitsanspruch des Christentums. Diese Wahrheit ist eine geschichtlich inkarnierte. Sie wird als solche im Glauben festgestellt und fundamentaltheologisch vor dem Forum der Vernunft verantwortet. Die entscheidende Frage lautet von daher: läßt sich über diesen augenscheinlichen Gegensatz hinaus dennoch etwas von der Denkform der postModernen Differenzhermeneutik im Christentum aufnehmen?

Die Antwort auf diese Frage ist aufzuschieben. Sie wird vorbereitet durch den Blick auf verschiedene theologische Rezeptionen der PostModerne, die zunächst an ihrer kritischen oder auch bloß affirmativen Verarbeitung interessiert sind. Anschließend sind diese Positionen mit ihren Problemüberhängen der dezidierten theologischen PostModerne-Kritik auszusetzen. Erst auf dieser Grundlage wird zu klären sein, wie das Verhältnis im Interesse einer fundamentaltheologischen Hermeneutik zu bestimmen ist und welcher theologische Ertrag möglicherweise von einer Differenzhermeneutik ausgeht. Zumindest eine Leistung wurde bereits ausgearbeitet: postModernes Differenzdenken läßt sich theologisch als Kritik an einem überzogenen Einsatz von Identitätslogik heranziehen. Diese Kritik findet z.B. in der Verdrängung des Anderen und in den daraus resultierenden kommunikativen Einbußen sowie einer von der Liebeslogik Jesu immer auch in Frage zu stellenden kirchlichen Praxis innerchristlich Anhaltspunkte.

4.2 Grundlegende Positionen theologischer PostModerne-Rezeption

Die Auswahl der nachfolgenden Theologen und Theologin orientiert sich an ihrer Bedeutung für die theologische Verarbeitung postModernen Denkens:

Mark Taylor hat als einer der ersten „Übersetzer" einen eigenständigen Ansatz theologischer PostModernität entwickelt und dabei wichtige Vorgaben für jeden folgenden Anschlußversuch gemacht.[12]

David Tracy gilt als einer der wichtigsten Vertreter der anglo-amerikanischen Theologie. Seine Hermeneutik formuliert die vielleicht anspruchsvollste Theologie im postModernen Kontext. Zugleich ist dieser profilierte Entwurf der einzige katholische.

Sallie McFague, nach dem Urteil von Graham Ward „one leading American theologian"[13], verbindet feministische Theologie und postModernen Diskurs miteinander, indem sie ihn metapherntheoretisch situiert.

Kevin Hart initiiert einen Dialog mit postModernem Denken unter den Vorzeichen Negativer Theologie, zumal in Anknüpfung an Jacques Derrida, dessen Differenzphilosophie sich damit als ein wesentlicher Gesprächspartner für die Theologie etabliert. Zugleich wird so eine enge Verbindung mit der differenztheoretischen Hermeneutik geknüpft, wie sie im philosophischen Hauptteil dieser Arbeit skizziert wurde.

Mit **Graham Ward** wird ein aktueller Versuch dargestellt, postModernes Denken in seiner kritischen Funktionsfähigkeit theologisch zu bestimmen. Dieses Kapitel dient zugleich als eine zusammenfassende Überleitung zu den nachfolgenden Ansätzen.

Mit drei neueren deutschsprachigen Arbeiten soll die Diskussion auf den gegenwärtigen Stand zugeführt werden (4.3.). Dabei wird noch einmal besonders das Gespräch mit einzelnen Theoretikern gesucht, um einerseits – im Blick auf Foucault – den Bezug zum philosophischen Hauptteil zu verdeutlichen, andererseits das dort gezeichnete Bild um weitere Ansätze zu ergänzen.[14]

Aufs Ganze gesehen soll ein – repräsentativ ausgewähltes und insofern zugleich höchst unvollständiges – Spektrum theologischen Denkens vor postModernem Hintergrund vorgestellt werden. Das Kapitel hat damit einführenden Charakter, orientiert sich aber zugleich an der systematischen Frage nach der Relevanz einer differenzhermeneutischen Perspektive für die Theologie. Nach den historischen Partien unter dem Vorzeichen einer identitätslogischen Kritik des (katholischen) Christentums wird somit das fundamentaltheologische Interesse an der glaubenshermeneutischen Relevanz des Differenzdenkens angemeldet.

4.2.1 A/Theologie: Mark Taylor

Mark Taylor, Jahrgang 1945, gehört zu den bekanntesten Vertretern eines theologischen PostModernismus. Die Ausgangslage seiner Überlegungen beschreibt er mit klassischen postModernen Mitteln:

---

[12] Vgl. A. McGrath, Der Weg der christlichen Theologie. Eine Einführung, München 1997, 131.
[13] G. Ward, Theology and contemporary critical theory, Basingstoke-London-New York 1996, 18.
[14] Um Dopplungen zu vermeiden, wurden Derrida und Levinas mit dem Blick auf ihre spätere Darstellung in Teil I, 3 ausgespart.

„The fundamental religious, philosophical, and existential issue facing our time is the perennial problem of the relation between oneness and manyness. How can we mediate unity and plurality within and without?"[15]

Die Tendenz seines Ansatzes zielt auf eine Verbindung von perspektivischem und interpretativem Relativismus mit einer relationalen „Ontologie", die Wirklichkeit als komplexes Netz von Verbindungen und Beziehungen sieht, ohne festen, ersten Punkt, ohne Zentrum. Seine Hermeneutik etabliert ein Denken in Spannungen, das philosophisch und theologisch gleichermaßen als Denk*form* Bedeutung haben soll:

„Being *within* becoming; unity *within* plurality; identity *within* difference; truth *within* truths; constancy *within* change; peace *within* flux."[16]

4.2.1.1 Die postModerne Ausgangssituation: Denken nach dem „Tod Gottes"

Dieses dynamische Modell wird nach Taylor erst möglich auf der Grundlage einer Philosophie und Theologie nach dem Tode Gottes. Taylor verbindet damit keine Existenzaussage, sondern er weist die Möglichkeit solcher Seinsaussagen auch für die Theologie ab. Offensichtlich wählt er erkenntnistheoretisch einen Weg, der auf einen offenbarungstheologisch privilegierten Wirklichkeitszugang verzichtet. Mit den Möglichkeiten unserer endlichen Vernunft aber läßt sich Gott nicht denken. Alle entsprechenden Versuche stehen unter dem Verdacht, ein Absolutes zu projizieren, das dem Endlichen nachgestellt wurde.[17]

Genau diese Strategie einer Auszeichnung Gottes mit den menschlich nicht erreichbaren Attributen des Ewigen und Unveränderlichen verfolgte die christliche Theologie im Gefolge der griechischen Metaphysik:

„The Western theological tradition, in all its evident diversity, rests upon a polar or, more precisely, a dyadic foundation. Though consistently monotheistic, Christian theology is repeatedly inscribed in binary terms. The history of religious thought in the West can be read as a pendular movement between seemingly exclusive and evident opposites."[18]

Damit wird zugleich eine hierarchische Denkform beansprucht, die sich vom Gott-Mensch-Verhältnis auf das menschliche Denken selbst überträgt, weil der Mensch, das Bild Gottes, innerweltlich als Platzhalter Gottes das Zentrum besetzt. Die Ordnung der Wirklichkeit geschieht nach dem Maß des Menschen. Sie wird in Gegenüberstellungen mit Auf- und Abwertungen organisiert. Das System erscheint als Prokrustesbett des Anderen. Die Beurteilungskriterien lassen sich dabei im metaphysischen Denken aus einem göttlich stabilen Kosmos herleiten. Die Sicherheiten können doppelt bescheinigt werden: über die zuverlässige analogiefähige Vernunft und vor allem über die Offenbarungsdokumente.

---

[15] M. C. Taylor, Deconstructing Theology, New York-Chicago 1982, 58.
[16] Ebd., 59.
[17] Vgl. ders., Erring. A Postmodern A/theology, Chicago-London 1984, 155.
[18] Ebd., 8.

Diese Gewißheiten gingen mit dem epochalen Plausibilitätsverlust einer transzendenten Wirklichkeit verloren. In dieser Hinsicht steht die Theologie bis heute in einer Situation nach dem Tod Gottes.

> „With the death of God, a dark shadow falls over the light that for centuries illuminated the landscape of the West. Released from any fixed center, everything is left to wander through seemingly infinite space, erring, backward, sideward, forward – in all directions."[19]

Ein archimedischer Punkt läßt sich nicht länger denken, weil er sich semiologisch jeweils – mit Jacques Derrida – „disseminiert", sich zerstreut in der unendlichen Spaltungsfähigkeit der Zeichen, die immer weiterführen in das Dickicht der Interpretationen. In jedem Zeichen gibt es den Verweis auf ein nächstes, welches das erste mitbestimmt und zugleich von ihm beeinflußt, signifiziert ist. In der Zeit läßt sich nur erkennen, daß kein Zeichen jenseits der Zeit existiert: daß man über keinen einfachen Zeichenursprung verfügt. Jedes Zeichen ist also schon von anderem her und über sich hinaus:

> „As the interplay of presence and absence and of identity and difference, the Word itself can appear only by disappearing."[20]

Hier deutet sich bereits die christologische Dekonstruktion an, die Taylor im Sinn hat. Er wird sie mit einer Hermeneutik des Todes Gottes und einer Logos-Christologie betreiben, die den bezeichneten Gedankengang ernst nimmt: das Transzendente ist im Wort inkarniert, und als solches läßt es sich nicht anders als in Zeichen identifizieren, nie voll anwesend, immer schon anders, different.

Darin liegt die zweite Bedeutung der Denkfigur vom Tod Gottes für die Theologie: über die Situationsbestimmung hinaus hat sie die Denkform in sich selbst aufzunehmen, um unter postModernen Bedingungen noch von Gott sprechen zu können. Daß solche Theologie immer schon von der Abwesenheit Gottes betroffen ist, faßt das Konzept der A/Theologie. Während die metaphysische Theologie des Westens Gott in Seinsaussagen beschrieb, entzieht sich ihr postModernes Gegenstück jeder Festlegung des Transzendenten auf seine terminologisch verfügbare Präsenz im Gedanken. Sie erkennt jeden Versuch, das Unendliche zu umfassen, seinerseits schon umfaßt von der unendlichen Bewegung der sich zerstreuenden Zeichen. Dennoch wird Gott damit nicht als irreal behauptet, sondern jedes Modell über eine gleichsam idolkritische semiologische Analyse auf die Abwesenheit des Unfaßbaren hin transparent gemacht.

Gott wandert als Gedanke ins Exil des Unendlichen aus, das nun nicht länger zu metaphysischen Konsequenzen herangezogen wird, sondern die Negativität der Theologie indiziert. Solche Negative Theologie ist freilich über ihre grundlegend affirmativen Traditionen seit Pseudo-Dionysios Areopagita hinauszutreiben.

---

[19] Ebd., 20.
[20] Ders., Text as Victim, in: T. J. Altizer u.a., Deconstruction and Theology, New York 1982, 58-78; hier: 72.

4. Ansätze einer theologischen Hermeneutik der Differenz

„In Christian theology, God, who is beyond Being, is not discontinuous with it. The apophatic God, like the Platonic Good, is surreal, hyperreal, hyperessential, or ‚supereminent Being.' When carried to completion (and completion *is* possible for the *theologian*), the negative becomes positive. This form of negation, according to Derrida, is a ‚negativity without negativity'."[21]

Den konsequenten Eintrag des Negativen betreibt die A/theologie. Sie behält die Spannung von theologischer Affirmation bei gleichzeitiger Negation. Taylor führt dies nun nicht mehr offenbarungstheologisch aus. Gott erscheint bei ihm nicht anders denn als etwas Entzogenes, für das Worte nicht reichen und der sich in Worten noch da verliert, wo er sein Wort in Jesus Christus gesprochen hat. Taylor bleibt hier bei einer radikal immanenten Perspektive stehen, so daß Gott zum Hintergrundpostulat wird, das auch nicht mehr erfahrungstheologisch eingeholt wird. Die Theologie, die hier entsteht, ist A/theologie als unerbittliche Wahrung der radikalen Andersheit Gottes, wie sie menschlich erscheint.

4.2.1.2 Subjektkritik

Mit dieser Theologiekritik verbindet sich eine Subjektkritik, die als Maßlosigkeit des Menschen bezeichnet, daß er sich zum Maßstab der Gotteserkenntnis macht. Modern führte die These vom Tod Gottes zur Inthronisation des Menschen, zur anthropozentrischen Wende. Nach Taylor ist es unter postModernen Voraussetzungen angebracht, den semiologischen Tod Gottes auch dem Menschen zuzumuten. Anthropozentrisch wird alles auf den Menschen hin gedacht. Die Gewißheit Luthers und Descartes' am Anfang des modernen Subjektverständnisses ist immer eine Wahrheit für uns. Anthropozentrik wird so zur Egozentrik eines Selbst, das seine Identität als Selbstbesitz begreift. Aus dem sich identisch setzenden Ich wird das Andere und Fremde eliminiert: in der Abschaffung der Differenz, durch die Bemächtigung des Anderen, sogar des Ganz-Anderen, was zur „self-deification"[22] führt. Das Subjekt unterwirft sich die Welt, die zu seinem Spiegel wird: sie ist technisch bewältigt, also hergestellt, und sie wird nach den Kriterien des Nützlichen und Konsumierbaren verrechnet. Das Subjekt erfährt sich in dieser Macht selbst.

Indes bleibt jede Selbst-Befriedigung unterbrochen. Dem Subjekt kann nichts voll genügen, und ließe sich solche totale Erfüllung vorstellen, wäre sie vom tödlichen Stillstand nicht mehr zu unterscheiden. In dieser Wirklichkeit der unendlich aufgeschobenen Selbsterfahrung wie in ihrer todesähnlichen Utopie bricht das Nichts in den Selbstbehauptungsdiskurs des Ego ein. Analog läßt sich auch das Andere nie ganz beherrschen. Seine letzte Widerständigkeit kostet die Anstrengung zum Aufbau eines Systems, das jede Möglichkeit des Anderen ins Eigene zu integrieren hat – und es doch

---

[21] Ders., nO nOt nO, in: H. Coward / T. Foshay (Hrsg.), Derrida and Negative Theology, New York 1992, 167-198; hier: 188f.
[22] M. C. Taylor, Erring, 25.

nie ganz aufbraucht, sondern im Gegenteil das Selbst immer wieder ans Andere „verschwendet", und sei es um der Herrschaft willen. In der Autonomie des Ego als Selbstherrschaft über das Andere (und auch als Selbstbeherrschung) kehrt das Verdrängte doch je zurück. Das Andere macht seine Rechte geltend, weil es dem Ich unabweisbar eingeschrieben ist. Der nach/theologische Versuch, den Menschen als Bild Gottes an die Stelle Gottes zu setzen und ihn zum „self-centered center" zu erklären, scheitert an der Differenz in der Identität: sei sie erfahrungstheoretisch beschrieben oder zeichentheoretisch zur „Erkenntnis" gebracht. Das Selbst ist different in den Ekstasen der Zeit, in seiner Erinnerung und seiner Erwartung. Es ist als Hier und Jetzt nie voll präsent und sich selbst gegeben. Das Selbst erkennt und erfährt sich nur in der Kontinuität seines Bewußtseins und seiner Vollzüge, die als Wiederholung des Selbst bewußt werden.

> „The same is not a simple identity; it is, rather, a ‚structure of iterability' that includes *both* identity and difference. The self that becomes what it is becomes the same. In becoming the same, however, the self does not merely become itself but simultaneously becomes other. The repetition involved in self-becoming embodies iterability, which joins identity and difference."[23]

Hier ergibt sich eine Parallele zum gleichsam atheistisch ausgeführten Gottesgedanken bei Taylor: von beiden, Gott und Selbst, bleibt nur die Spur, die zwischen totaler Anwesenheit und Abwesenheit nach einer neuen Form suchen läßt, ihr Vorkommen zu denken:

> „present not as total present, but as *trace*."[24]

Es gibt also eine Gegenwart, die jedoch *gleichzeitig* durchzustreichen, aus dem identifizierenden Beschreibungssog herauszuhalten ist. Solches Denken steht zwischen den Polen von Identität und Differenz und zielt auf eine andere Logik. Theologisch steht dafür das Verbindungsstück zwischen dem *A* und *Theologie* in Taylors A/theology. Das *A* der Verneinung mag dabei noch einen anderen Sinn annehmen, den Taylor in Bezug auf Derrida und Levinas einmal ausführt:

> „While the question of the religious, which might be neither theological nor ontotheological, is silent in the *a* of différance, it tolls in the *a* of alterity."[25]

4.2.1.3 Logos-Kritik

Nach dem „Tod Gottes" und der Dekonstruktion des Subjekts sieht Taylor auch die Notwendigkeit, die Zentralstellung des Logos zu erschüttern. Der Logos als Sinn und Wort schafft biblisch die Geschichte – christologisch ist der Logos Schöpfungsmittler. Er ist allgegenwärtig. Diese theologische Perspektive wird bei Augustinus als Ausgangs- und bei Hegel als Endpunkt zu

---

[23] Ebd., 48.
[24] Ebd., 50.
[25] Ders. Alterity, Chicago-London 1987, XXXIII.

einer Geschichtsteleologie ausgearbeitet. Der göttliche Logos gibt dem kontingenten Geschichtshandeln einen letzten Sinn. Und als Anfang ist er zugleich ihr Ende: Jesus Christus wartet im Gericht als die Vollendung der Welt. Sie erhält so einen Sinnzusammenhang, aus dem nichts herausfällt. Die Zufälle der endlichen Geschichte werden in einer unendlichen Totalität verankert. Für Taylor artikuliert sich darin eine Suche nach Sicherheit und Identität, die Differenzen mit Identitätsgeschichten kaschiert. Das gilt u.a. für die Strukturen von Herrschaft, die sich geschichtlich konkret erweisen, die christliche Identität erschüttern und letztlich auch im geschichtstheologischen Diskurs der Verdrängung des Differenten wirksam sind, denn „history... always involves repression."[26] Mit dem Tod Gottes erscheint die Konstruktion eines solchen sinntotalitären Rahmens jedoch hinfällig.

> „When it is impossible to locate a definite beginning and a decisive end, the narrative line is lost and the story seems pointless."[27]

Eine andere Strategie, diese Endlosigkeit auszuschalten, stellt das Buch dar.

> „Inasmuch as the book forms an ordered totality, it is, like history, logocentric."[28]

Erneut sieht Taylor in Hegel den Protagonisten des Buches als eines geschlossenen Systems. War seine *Phänomenologie des Geistes* Ausdruck des Verschwindens des Selbst, erreichte seine *Geschichte der Philosophie* das Ende der Geschichte, so die *Enzyklopädie* den Abschluß des Buches im Sinne eines Systems der Wissenschaften, in dem sich das ganze Wissen hält. Der davon ausgehende Systemzwang findet sich auch in der Theologie wieder. Seine Grundgestalt ist erneut der Logos, inkarniert in die Geschichte, die er schafft, am Leben erhält und zum Ende bringt.

> „For the Christian, the center of the book is the incarnate logos. This logos points back to creation (beginning) and forward to the kingdom (end)... the same logos is present and active in the moments of creation, incarnation, and redemption. This omnipresent logos is the foundation that structures the systematic theologian's book."[29]

Letztlich bricht aber auch im Buch Offenheit durch. Im Buch bedingen sich Anwesenheit und Abwesenheit des Autors gegenseitig. Nur so kann das Buch Sinn entlassen, der den Leser anspricht, d.h. von ihm verwandelt und erst geschaffen wird. Theologisch gesprochen erscheint das Buch der Geschichte und der Natur als Zeichen des göttlichen Autors, der sich in ihm manifestiert, aber zugleich verborgen bleibt, der zurückgedrängt wird mit jedem Lese- und Entwicklungsschritt, mit jeder Interpretation, die sich auf der Basis seines Textes von ihm entfernt. Die theologische Ökonomie hat nun mit dem Buch der Bücher eine Referenzzentrale geschaffen. Insofern sie jedoch

---

[26] Ders., Erring, 68.
[27] Ebd., 73.
[28] Ebd., 77.
[29] Ebd., 79.

selbst zeichenvermittelt ist, bleibt auch ihre Sicherheit, ihr Rückhalt aufgeschoben, semiologisch erschüttert. Ihr Ausweis als letzte offenbarungstheologische Instanz bedürfte wiederum eines Kriteriums, das es für Taylor in der Geschichte nicht anders als im weiteren Verweis der nächsten Zeichenkette geben kann. Das Buch als ein ganzes bleibt offen, seine Identität gespalten, auf anderes angewiesen:

> „Paradoxically, the condition of the book´s possibility is also the condition of its impossibility. Holes and blanks open the space in which the book is inscribed. But this white space, or silence, also shreds the leaves of the book... In attempting to secure closure by controlling disruptive otherness, the book opens itself to difference."[30]

Mit dieser Einsicht hält Taylor auf eine neue Logik zu, die er als *Erring* beschreibt. Er setzt an bei der Einsicht in die grundlegende Nichtidentität der Dinge mit sich, bei ihrem konstitutiven Mangel, der freilich erst sichtbar wird im Bedürfnis nach voller Identität, geborgener Existenz und Geschichte. Geschichtstheologisch gewendet, bedeutet dies einen hermeneutischen Vorrang des Nichts, der U-topie, wie sie sinnbildlich das Paradies vorstellt. Doch läßt sie sich nicht anders denn als Projektion verstehen. Nach Taylor ist mit der Endlosigkeit selbst ernst zu machen. Mit Deleuze setzt er auf ein nomadisches Denken und Leben, auf ein denkendes *Umherirren* zwischen den Zeiten:

> „Never able to identify beginning, middle, or end, the wanderer is not sure where he comes from, where he is, or where he is going. The impossibility of locating an unambiguous center leaves the wanderer rootless and homeless... The life of erring is a nomadic existence that is deeply unsettling."[31]

Daß Taylor hier mit Deleuze zugleich Nietzsches Gedanken der ewigen Wiederkehr beansprucht, macht deutlich, wie weit er sich von einer christlichen Eschatologie entfernt hat. Er sieht sie zum einen mit den Mitteln der geschichtlichen Vernunft nicht reformulierbar, sucht andererseits aber zumindest indirekt ihren wesentlichen Impuls in seine theologische Absage an ontotheologische Traditionen zu integrieren: den der Unendlichkeit und Unbegrenztheit Gottes. Daß er damit freilich selbst noch einmal in Gefahr steht, einen dem Endlichen abgelauschten, polar veranlagten, letztlich metaphysischen Gedanken zu beanspruchen, wird nicht mehr reflektiert. Die Lösung, die Taylor hier anbietet, ist die eines sich ganz zwischen dem Identischen und Differenten ausspannenden Denkens, für das er Hegel als Paten beansprucht.

> „Contrary to common opinion, Hegel is not a philosopher of identity, for whom difference is either penultimate or epiphenomenal. Quite the opposite, Hegel constantly attempts to overturn the philosophy of identity, which was so popular during his day and which has returned to haunt twentieth-century thought and life. In order to effect this reversal, Hegel insists on the irreducibility of difference. Instead of identity dissipating difference, difference constitutes identity."[32]

---

[30] Ebd., 92.
[31] Ebd., 156.
[32] Ebd., 98.

4. Ansätze einer theologischen Hermeneutik der Differenz

Genau an dieser Stelle übersieht Taylor freilich den kritischen Punkt, daß Identität sich aus Differenzen bildet, die insofern in der Synthese der dialektischen Verbindung nicht mehr sie selbst bleiben oder in die reine Spannung der Denkbewegung hineinwachsen. Das System absorbiert die Differenzen.

In dieser Richtung interpretiert auch Taylors Gewährsmann Derrida die Hegelsche „Differenzphilosophie" als letztlich identitätslogisch begründet:

> „Die Selbstpräsenz des absoluten Wissens und das Bewußtsein des Beisichseins im Logos, im absoluten Begriff, werden nur für die Zeit eines Umwegs, die Zeit eines Zeichens von sich selbst abgelenkt... Es bedeutet Selbstpräsenz, es verweist die Präsenz auf sich selbst, es organisiert den Kreislauf seines Vorrats... In den Grenzen dieses Kontinuums kommt es zu Brüchen, Diskontinuitäten verursachen regelmäßig Risse in der Theorie des Zeichens und führen zu ihrer Reorganisation."[33]

Daß Taylor dies übersieht und darauf besteht, daß „Hegel refuses to reduce difference to identity"[34], liegt in der eigenen Logik begründet. Er hält sie für spannungsreicher, als sie es ist. Und indem er immer wieder Hegel als Leitfaden wählt, übernimmt er die Struktur dieser Hermeneutik: sie bleibt auch bei Taylor identitätslogisch verhaftet, weil sie nicht die Spannung zwischen Identität und Differenz austrägt. Bei Hegel wird diese Spannung unter identitäts-, bei Taylor unter differenztheoretischen Vorzeichen aufgehoben. Doch in beidem herrscht der Vorrang des einen Pols – und so verfallen beide dem identitätslogischen System. Das zeigt, wie bereits angedeutet, in besonderem Maße die Christologie Taylors.

4.2.1.4 Christologie und „Tod Gottes"

Der christologische Ausgangspunkt Taylors ist die bereits angesprochene Logos-Theologie. Gott hat die Welt durch das Wort geschaffen und sich in Jesus Christus als seinem Wort in die Welt inkarniert. Offen bleibt hier die offenbarungstheologische Geltung dieses Ansatzes. Taylor scheint die Logos-Tradition lediglich zu nutzen, um die unausweichlichen Dekonstruktionen des Gedankens zu inszenieren. Damit wird der eigene Ansatz gleichsam metaphorisch begriffen, während nicht mehr metaphernkritisch nach dem behaupteten Wahrheitsgehalt der biblischen Dokumente gefragt wird. Das ist vor dem Hintergrund des beanspruchten Relativismus nur konsequent, wirft aber Fragen nach dem Sinn der übernommenen Rede von einem noch so entfernten Gott auf. Dieser theoretischen Leerstelle entspricht theologisch der Verzicht auf biblische Anknüpfungen und Vermittlungen im gesamten Werk. Auch in dieser Hinsicht hat Taylor die christliche Theologie hinter sich gelassen.

---

[33] J. Derrida, Der Schacht und die Pyramide. Einführung in die Hegelsche Semiologie, in: ders., Randgänge der Philosophie, Wien 1988, 85-118; hier: 85f.– Derrida bilanziert Hegels Identitätslogik: „Diese ganze Logik, diese Syntax, diese Sätze, diese Begriffe, diese Namen, diese Sprache Hegels... sind in das System dieses Unvermögens, dieser strukturellen Unfähigkeit, ohne Aufhebung zu denken, miteinbezogen." (118)

[34] M. C. Taylor, Erring, 99.

Er meint dies aber machen zu müssen – ohne daß er das dezidert ausweist –, weil sich Gott oder Jesus Christus nicht anders als in der Unendlichkeit der Zeichen in der Geschichte bekundet. Damit sieht Taylor aber den strukturellen Zusammenhang zwischen Tod Gottes und Christologie als grundlegend an: die Inkarnation ist als Selbsteinschreibung Gottes in den Text der Geschichte zu lesen. Gott ist der Zeichengrund, der sich in der Kette der Zeichen verliert – wobei offen bleibt, in welcher Hinsicht er Grund ist. Die Zeichen sind freigesetzt, verweisen aber auch im Fortgang der Zeichen auf ihn. Zugleich verschwindet das Grundzeichen, es stirbt in der endlosen Kette der Zeichen, weil es nicht mehr aufzufinden ist, immer weiter und anders fortgesetzt wurde. Das Wort erscheint so als der umherirrende Sohn, zwischen Gegenwart und Abwesenheit des Vaters in ihm. Hier wird freilich die theologische Aussagedimension gesprengt: christlich bleibt der Vater unweigerlich im Sohn als er selbst. Und genau diese Hermeneutik setzt auf keine klaren Identifikationen, sondern auf die Untrennbarkeit von Identität und Differenz von Vater und Sohn, von Gottheit und Menschheit. Für Taylor ist das nicht mehr denkbar, weil es bedeuten müßte, im Endlichen das Unendliche auch auf die Weise aufzufinden, daß das Unendliche geschichtlich an ein Ende käme. Das aber gibt Geschichte für Taylor nicht her. Er versucht dem Unendlichen Raum zu geben, indem er es durch nichts begrenzt. Begründungstheoretisch muß dafür die Anfangslosigkeit und Endlosigkeit der Zeichen herhalten. Sie aber werden radikal immanent begriffen, nur von letztlich endlicher Perspektive auf ein Unendliches hin. Daß dieses Unendliche in der Inkarnation selbst einerseits sich geschichtlich identifiziert, sich andererseits aber jeder ontologischen Identifikation entzieht, sie übersteigt, findet bei Taylor keinen Anhalt mehr.

Dabei könnte gerade seine Betonung der Kenose dies ausdrücken.[35] In einer radikalen Christologie der Inkarnation sieht Taylor nämlich die absolute Selbstenteignung Gottes und des Ich. Diese Selbstenteignung setzt sich fort in der Dissemination der Zeichen und ist zu übersetzen in den subjekttheoretischen Paradigmenwechsel weg vom alles beherrschenden Cogito hin zu einem dem Anderen geöffneten und von ihm betroffenen Selbst. Freilich denkt Taylor auch hier zu radikal differenztheoretisch, wenn er das Selbst als reinen Effekt der Differenz faßt.[36] Wo er vom Selbst als einer Spur spricht, ist die Spannung von Identität und Differenz noch gewahrt, die labile Anwesenheit des sich selbst bewußten Ich, das sich zugleich schon in den Zeiten und Zeichen seiner Wahrnehmung verliert. Wo er gerade diesem sich selbst erfahrenden Ich die individuellen Eigenschaften abspricht, es also ganz in den Differenzen auflöst, anstatt das Individuelle in der Spannung zu seinen bewußtseins- und zeichentheoretischen Erschütterungen zu sehen, im Verlieren *und* Sich-Gewinnen, dort fällt er in identitätslogische Denkmuster zurück, die er unter dem Primat der Differenz aktiviert:

---

[35] Vgl. ebd., 120.
[36] Vgl. ebd., 135.

„When the subject is understood in terms of the trace, it appears to be unavoidably excentric. Fabricated from transecting acentric structures, the deindividualized subject is never centered in itself... the noncentered relational network in which the self is entwined decenters the subject and thereby establishes the radical excentricity of subjectivity. The trace can never be centralized."[37]

Letzteres aber macht Taylor, indem er die Spur ganz außerhalb des Subjekts ansetzt. Es gibt keine noch so labile Identität mehr, denn das Subjekt ist radikal exzentrisch, aus sich selbst heraus – statt in jener Spannung der Relationen, für die christologisch die entscheidenden Parameter bereitstehen.

Der subjekttheoretische Zusammenhang wird nun noch einmal hergestellt, indem Taylor darauf verweist, daß „the death of God is embodied in the death of the self."[38] Taylor versucht hier einen theologischen Paradigmenwechsel durchzuführen, der von der inkarnatorischen Logik der Kenose Gottes herrührt: er zielt auf ein Denken nach der Egozentrik, nach der Selbstangst, nach den verschiedenen herrschaftsbesetzten Formen des Begehrens des Selbst. Stattdessen konzipiert er die Wahrnehmung des Anderen als „delight",[39] als Wahrung des Anderen im Vergnügen an ihm, in der entzückten Freude über ihn statt in seinem Konsum und Verzehr.

4.2.1.5 Kritische theologische Bilanz

In diesem Perspektivenwechsel findet seine Subjektkritik jesuanischen Boden. Doch spielt Jesus selbst in seiner A/Theologie keine Rolle. Überhaupt hat sich Taylor vom geschichtlichen Denken christlicher Inkarnationstheologie weit entfernt: die geschichtliche Gestalt Jesu, die geschichtlichen Dokumente seiner Bezeugung, der geschichtliche Ort seiner anamnetischen Bewahrung, die zwischen Präsenz und Absenz die Waage hält – all dies blendet Taylor aus. Andererseits denkt er durchaus radikal geschichtlich, jedoch nur im Blick auf die zeichentheoretische Grundlogik. Mit semiologischen Mitteln kann er keinen Anfang und kein Ende in der Geschichte denken. Er trägt seiner Hermeneutik somit die Struktur des Unendlichen ein. Zugleich begrenzt er es logisch, wo er ihm nicht die Möglichkeit läßt, als anderes noch einmal ganz anders zu sein. Das Unendliche wird immanent gedacht und beschränkt im Versuch, es zu entgrenzen, es aus den ontologischen Identifizierungen mit Gott und seinen metaphysischen Eigenschaften wie dem Ewigen etc. zu befreien, weil sie letztlich hierarchisch und machttheoretisch, zugleich vom Präsenzdenken befallen sind. Eine Einseitigkeit tauscht er mit einer anderen – unterderhand und gegen die eigenen ausdrücklichen Ansprüche auf ein offen vermitteltes, nomadisches und umherirrendes Denken zwischen Identität und Differenz. Taylor aber siedelt letztlich differenztheoretisch. Die Möglichkeit des Absoluten in der Geschichte kann er nicht mehr denken. Gott wird bei ihm wie Jesus Christus als Logos zur Chiffre von Differenz, die den Ausblick

---

[37] Ebd., 139.
[38] Ebd., 140.
[39] Ebd., 147.

auf Alterität öffnet, sie aber letztlich in einem namenlosen Unendlichen verlaufen läßt. Gott ist bedeutungslos in diesem Konzept.

Dem entspricht auch die inhaltliche Unbestimmtheit seines theologischen Fazits:

„In the eternal play of the divine milieu, die Mitte ist überall."[40]

Gilt dies christologisch? Oder geisttheologisch? Oder gar pantheistisch? Daß Gott sich in die Endlichkeit unendlich und unfeststellbar inkarniert, muß die Spannung begründen, die Identität und Differenz offen in einem Zueinander begreift, das sich jenseits neuer Dualismen abspielt: als reine Beziehung. Daß Taylor dafür keinen Blick entwickelt, hat durchaus seinen systematischen theologischen Grund. Immer wieder spricht er vom Monotheismus als der wesentlichen Prägekraft des westlichen religiösen Denkens. Daß das christliche Gottesbild einen trinitarischen Monotheismus vertritt, entgeht Taylor. Damit kann er sich aber auch nicht dem Anforderungsprofil einer relationalen Onto-Logik stellen, das dem eigenen Konzept erhebliche Stoßkraft verleihen könnte. Aber auch dieser Ausfall hat seinen erkenntnistheologischen Grund: nur offenbarungstheologisch läßt sich mit vollem Recht vom trinitarischen Gottesbild sprechen. Für Taylor gibt es aber keine andere Offenbarung als die der einmal in Gang befindlichen Zeichen, für die kein Erstes noch Letztes greifbar scheinen. Taylors Unendlichkeit ist daher auch als eine schlechte Unendlichkeit zu kennzeichnen – ohne Raum für Gericht und Erlösung, für die verlorenen Opfer der Geschichte und jener Macht- und Herrschaftsprozesse, die Taylor immer wieder im Kern der identitätslogisch situierten Vernunft ausmacht. Taylor steht damit in einer kritischen Tradition, die ihn mit Foucault und Deleuze, mit Adorno, Levinas und Derrida verbindet, die ihn an selbstkritischem Potential indes übertrifft. Als christlicher Theologe hat sich Taylor in vielem vom Christentum verabschiedet. Die bleibenden erkenntnis-, macht- und subjektkritischen Inspirationen, vor allem sein Akzent auf einer Theologie der Spannungen zwischen Identität und Differenz und die nachhaltige Betonung der Wahrung des Unendlichen und Unverrechenbaren in der Nennung Gottes sind darum nicht zu vergessen. Sie setzen einen kritischen Maßstab, dem Taylor selbst nicht konsequent entspricht.

4.2.2 Ambiguität und Pluralität: David Tracy

David Tracy wurde 1939 in Yonkers/New York geboren und ist seit 1969 Professor an der Divinity School an der University of Chicago. Inzwischen zählt er, über die USA hinaus, zu den auch international besonders intensiv rezipierten Theologen.[41] Mit seinem Interesse an der kulturellen Vermitt-

---

[40] Ebd., 169.
[41] Vgl. W. G. Jeanrond / J. Rike (Hrsg.), Radical Pluralism & Truth: David Tracy and the Hermeneutics of Religion, New York 1991.– Dort auch eine Bibliographie seiner Schriften: 286-293.

lungsfähigkeit des christlichen Glaubens knüpft Tracy an die korrelative Theologie im Gefolge Paul Tillichs an und wendet sich, konsequent in der Fragerichtung, dem hermeneutischen Problem innerhalb der Theologie zu. Seine Überlegungen haben durchaus methodologischen Charakter, sind aber vor allem an der inhaltlichen Fassung einer theologischen Hermeneutik des Glaubens orientiert.[42] Theologische Gegenwartsreflexion und die fundamentaltheologische Ausarbeitung einer Theorie des Verstehens von Traditionen in ihrer bleibenden Bedeutung werden in diesem Interesse miteinander verbunden. Zugleich führt Tracy die synchrone Bestimmung seines Ansatzes zu einer Theologie vor postModernem Hintergrund.

4.2.2.1 Der postModerne Kontext

Eine zentrale Arbeit Tracys, „Plurality and Ambiguity"[43], macht schon im Titel den engen Bezug deutlich, in dem Tracy zu postModernen Grundüberlegungen steht. Die Wahl des deutschen Untertitels greift dies auf, wenn er „eine postmoderne Hermeneutik" ankündigt.[44] Tatsächlich begegnen die wesentlichen postModernen Theoretiker immer wieder bei Tracy: Lacan, Foucault, Derrida, Deleuze etc. Ohne eine genauere Begriffsbestimmung zu leisten, geht Tracy wie selbstverständlich davon aus, daß wir in einer „postmodernen Situation"[45] leben, die grundlegend von der Einsicht in die Mehrdeutigkeit und Pluralität unseres Selbst- und Wirklichkeitsverständnisses geprägt ist.

Philosophisch begründet Tracy diese Einschätzung mit dem Poststrukturalismus. Mit ihm ist uns unabweisbar „*das Problem der Sprache*" als das einer „radikalen Pluralität" aufgegeben.[46] Nach dem linguistic turn läßt sich der theoretische Zugang zur Wirklichkeit nur als schon je sprachlich vermittelt denken. Das setzt die vorsprachliche Welterfahrung nicht außer Kraft. Vielmehr gehen Theorie und Praxis hier ineinander über und beanspruchen einander. Der Primat des praktischen Welterschließens beim heranwachsenden Kind führt schon zu theoretischen Konzeptualisierungen, die sprachlich rückgebunden sind. Sprache ist aber nun deshalb grundlegend plural, weil sie auf der Basis von Unterscheidungen funktioniert, die Sinn im Abstand von Zeichen hervorbringen. Die Grunddifferenz ist dabei die, daß sich Zeichen und Bezeichnetes nicht identisch aufeinander beziehen, sondern erstens die Wirklichkeit über das Zeichen hinausweist, indem es mehr enthält, als etwa sein Begriff anzeigt, und zweitens das Zeichen in Kontexte und Nebenbedeutungen sowie die Möglichkeit seiner semantischen Verschiebung hineinragt, womit es auf seine Weise mehr ist als die bezeichnete Wirklichkeit.

---

[42] Vgl. D. Tracy, On Naming the Present. God, Hermeneutics and Church, New York-London 1994.
[43] Ders., Plurality and Ambiguity. Hermeneutics, Religion, Hope, San Francisco 1987.
[44] Ders., Theologie als Gespräch. Eine postmoderne Hermeneutik. Mit einer Einführung von W. G. Jeanrond, Mainz 1993.
[45] Ebd., 11.
[46] So die Überschrift des dritten Kapitels von „Theologie als Gespräch" (73-97).

Zwischen Signifikant und Signifikat gibt es kein Kriterium, das die Identität beider sicher anzeigen könnte. Denn auch dieses Kriterium wäre in das Spiel der Differenzen einbezogen, weil es sprachlich vermittelt ist.

An diesem Punkt trennt sich Tracy von Derrida. Für Tracy bezieht sich der Poststrukturalismus zu stark auf die Sprache als System und in diesem Zuge auf die kleinsten bedeutungsunterscheidenden Einheiten, d.h. er gelangt maximal zur Wortebene. Entsprechend konstatiert Tracy:

> „Derridas Beitrag und typische Strategie scheinen weniger auf Texte als vielmehr auf einzelne Wörter innerhalb von Texten wie z.B. *supplément* zu zielen. Aber Texte sind keine Wörterbücher. In Texten haben Wörter keine eigene Bedeutung".[47]

Demgegenüber insistiert Tracy auf der pragmatischen Bedeutung der Sprache, insofern sie auf Kommunikation zielt. Damit orientiert er sich am Text. Freilich übersieht Tracy hier, daß sich auch Derrida über seine differenztheoretische Zeichenauffassung auf die Schrift bezieht und damit den als zu eng interpretierten Rahmen übersteigt:

> Tracy „mißversteht seine (= Derridas – G.M.H.) Konzentration auf Begriffe, die auf einen nicht ursprünglichen Ursprung oder die Abwesenheit einer Anwesenheit hindeuten, als zielloses Kreisen um *„individual words"* und verkennt dabei, daß Derrida sich in seinen Lektüren zwar meist am Rande eines Texts aufhält, jedoch die *Funktion* dieses „Randes" für das logische Gefüge des Ganzen gerade erweisen will, also stets doch das ganze im Auge haben muß."[48]

Gegen Tracy ist darüber hinaus zu beachten, daß auch der Text als Kommunikationsmedium nicht aus dem Funktionssystem der Sprache hinausfällt, die eben differenziert. Es gibt hier keinen Ausstieg. Tracys Interesse richtet sich nun deswegen auf den Text, weil er in der radikalen Pluralität von Bedeutungen und möglichen Anknüpfungen an Zeichen zugleich konkrete Erfahrungen von Verstehen entdeckt. Die radikale Pluralität ist demnach keine totale Differenz. Sie ist es indes auch bei Derrida nicht – was Tracy übersieht.[49] Denn die différance läßt sich beschreiben, und zwar in ihrer Spur in den Zeichen und als eine solche Spur, die sich freilich nicht identifizieren läßt. Sie ist nicht der bleibende Unterschied, sondern das Ereignis einer Unterschiedlichkeit, deren Auswirkung in der Sprache erfahren wird. Es gibt also so etwas wie ein Verstehen in der Serie dieser Unterschiede, die in der Spur der différance geschehen und aneinander anknüpfen. Doch läßt sich hier nichts mehr identisch beherrschen. Verstehen geschieht differentiell und ist von Differenzen, also auch von pluralen Möglichkeiten der Deutung durchzogen.

So weit kann auch Tracy Derrida zustimmen. Mit ihm sieht er das Verstehen als nicht mehr beherrschbaren Prozeß an. Von daher spricht er von einer analogen Vorstellungskraft in der Erfassung von Texten, die ein lediglich ap-

---

[47] Ebd., 91.– Dies entspricht dem Vorwurf Ricoeurs.
[48] J. Valentin, Atheismus in der Spur Gottes, 229.
[49] Dasselbe gilt für Deleuze, so daß postModern ein vermitteltes Differenzkonzept entsteht.

proximatives Verstehen erlaubt. Und dieser Gedanke führt ihn auch in die Nähe zu jener postModernen Subjektkritik, die das Subjekt nicht mehr als souveränen Beherrscher der Sprache und der vernünftigen Weltordnung auffaßt, sondern es vielmehr selbst der Sprache ausgesetzt begreift: das mit sich identische und sich voll bewußte Selbst ist eine Schimäre. Die Einsicht in die geschichtliche und sprachliche Verfangenheit des Ich übernimmt auch Tracy:

> „Wir sind heute alle de-zentrierte Egos, ob wir uns dessen bewußt sind oder nicht."[50]

Das Konzept des Cogito wird in den Mahlstrom der Geschichte und der Sprache und ihrer Ambiguitäten hereingezogen. Für Tracy ergibt sich daraus konsequent, daß es keinen ersten Punkt der Erkenntnis gibt, aus dem sich alles andere ableiten ließe. Stattdessen wird deutlich, daß Erkenntnis es immer mit Anderem zu tun hat, das in seiner Andersheit nicht unter den Rubrizierungen der Vernunft oder des denkenden Ich zu bändigen ist – es sei denn um den Preis einer Gewalt, die es nicht läßt, sondern sortiert, katalogisiert, bezwingt. Tracy nimmt diesen Sachverhalt erkenntnistheoretisch wie theologisch grundsätzlich und faßt ihn unter dem christlichen Begriff der Sünde, die schon im Urstand etwas mit der Erkenntnis zu tun hat (Gen 3), womit der Zusammenhang auch von daher prinzipiell in der Logik des begehrenden Ich erscheint:

> „Dieses Verlangen nach Beherrschung aller Wirklichkeit durch ein alles verzehrendes Ich ist kein bloßer Irrtum, sondern etwas Durchdringenderes und Verhängnisvolleres. Es wird, vom Standpunkt des Selbst aus gesehen, radikale Entfremdung bzw. systematische Verzerrung genannt. Es wird, wenn wir es vom Standpunkt der letzten Wirklichkeit aus betrachten, Sünde genannt: eine widernatürliche Verneinung der eigenen Endlichkeit und eine wissentliche Ablehnung jeder Abhängigkeit von der *letzten Wirklichkeit*."[51]

Tracy stellt aus geschichtlichen wie sprachtheoretischen Gründen die Autonomie des Subjekts in Frage. In einem sieht er den Versuch, vom Subjekt aus zu denken, als erkenntnistheoretische Illusion eines reinen Denkens sowie als Herrschaftsanspruch, der sich noch da strukturell einschreibt, wo inhaltlich Anderes intendiert wird. Die mit Derrida geteilte Einsicht in einen Sinn, der nie voll präsent, nie an sich, sondern lediglich über Interpretationen und also perspektivisch vermittelt, potentiell vervielfältigt und mehrdeutig zu haben ist, führt Tracy zu seiner postModernen Subjektkritik. Sie verabschiedet sich von

> „der Vorstellung des Selbst als eines sich selbst präsenten Benutzers von Sprache im Sinne eines Instruments, des Selbst als eines wirklichkeitsbegründenden Ego. Denn dieses Ego ist niemals in seiner ganzen Fülle sich selbst präsent – nicht einmal in Descartes' Augenblicken der Gewißheit oder Husserls transzendentaler Reduktion. Das moderne cartesianische Ego ist mit seinem eigenen Sprachgebrauch kollidiert, um zu erwachen und nicht mehr zu wissen, wer oder

---
[50] D. Tracy, Theologie als Gespräch, 77.
[51] Ebd., 110.

was es ist... Alles ist Differenz, und alle Differenz ist immer schon Aufschub, Verzögerung von aller Bedeutung. Die Differenz ist zur *différance* geworden."[52]

Was bleibt, ist die Einsicht in die Unhintergehbarkeit von Interpretationen. Nur in ihnen läßt sich Wirklichkeit vorbehaltlich beschreiben: in radikaler Pluralität und Ambiguität.[53]

4.2.2.2 Das Konzept des „Klassikers"

Wenn sich kein anderer Zugang zur Wirklichkeit als über ihre Interpretationen denken läßt, erhalten Interpretationstraditionen ein besonderes Gewicht. Nun steht Tracy vor der Schwierigkeit, solche Traditionen kriteriell in ihrer Bedeutung ausweisen zu müssen. Es gibt dafür innerhalb seiner Voraussetzungen keinen letztbegründbaren Maßstab, weil jeder mögliche Ausweis in dieser Richtung selbst als geschichtlich, kontingent, und also als mehrdeutig, arbiträr zu kritisieren wäre.

Traditionen sind danach im Horizont des Pluralismus brüchig und fragwürdig geworden. Gleichzeitig läßt sich als Faktum festhalten, daß bestimmten Traditionen trotzdem oder gerade deswegen eine herausragende Bedeutung zugesprochen wird. Nach Tracy sind dies Texte, Ereignisse, Symbolisierungen oder Personen, mit denen eine Erfahrung von Wahrheit verbunden wird. Sie stellen (bzw. beantworten) letzte Fragen: nach dem Sinn von Leben, nach dem Tod, nach dem Ganzen, nach dem letzten Grund, auch nach Gott. Über die Zeiten hinweg haben sich solche Traditionen ihre Bedeutung bewahrt: Fragestellung und -durchführung haben ihre Relevanz behalten. Solche Klassiker, wie Tracy sie nennt, sind nicht überzeitlich. Sie werden jeweils in einen neuen Auslegungshorizont übertragen. Ihr Einfluß wechselt. Eine andere Zeit, andere Rezeptionsverhältnisse und Machteinwirkungen bei der Durchsetzung von Traditionen, andere Sprachen und Metaphorisierungsstrategien, schließlich jeweils andere Individuen machen die Veränderung des Klassikers im Rezeptionsvorgang unausweichlich.

Hier ist eine erste kritische Reflexion einzuschalten: bei aller Betonung von Brüchen und Differenzen im Geschehen setzt Tracy diese Einsicht nicht immer kritisch genug im eigenen Diskurs ein. Im vorliegenden Zusammenhang unterschätzt er den Einfluß von Machtstrategien innerhalb dominanter und als klassisch approbierter Traditionen. Mit dem Einspruch von Werner G. Jeanrond[54] fordert Tracy zwar zur Traditionskritik auf, gleichzeitig erscheint das Konzept des Klassikers in einer Weise statisch, daß die kritischen Passagen und Anteile innerhalb eines Klassikers selbst aus dem Blick geraten. Dies gilt machtkritisch etwa für deutliche Anzeichen einer sich im Theoretischen manifestierenden Unterdrückungslogik. Die Lektüre klassischer

---

[52] Ebd., 87f.
[53] Mit dem Titel des vierten Kapitels von „Theologie als Gespräch": „Radikale Ambiguität" (98-120).
[54] W. G. Jeanrond, Text und Interpretation als Kategorien theologischen Denkens, Tübingen 1986, 148f.

4. Ansätze einer theologischen Hermeneutik der Differenz 379

griechischer Dialoge etwa darf nicht den Konnex kultureller Entwicklung und konkreter Ausbeutung (z.B. der Sklaven) ausblenden. Oder, mit Jeanrond, die bedenkliche Einschätzung der Rolle der Frau im *Corpus Paulinum*. Daß sich Klassiker darüber hinaus nur im Rahmen machtbesetzter Trends etablieren, vernachlässigt Tracy trotz seiner Foucault-Lektüre. Die Wahrnehmung von Differenzmarken, die er unter den genannten Titeln von Kontingenz und Ambiguität thematisiert, entbehrt hier kritischer Konsequenz.

Die Komplexität der Interpretationssituation macht nun noch einmal deutlich, wie sehr sich Tracy von einer subjektzentrierten Hermeneutik entfernt hat. Der Verarbeitungsvorgang wird unkontrollierbar, ohne darum die Bedeutung des lesenden Individuums zu verkürzen. Das bestätigt das Wahrheitskonzept Tracys: vom Klassiker geht – mit Gadamer – ein Wahrheitsanspruch aus, dem man sich stellen muß, will man verstehen. Dieser Anspruch leitet sich aus der Zeitlosigkeit der Fragen, ihrer Übertragbarkeit in die Gegenwart des Rezipienten und aus seiner provokativen Kraft ab, die die Existenz herausfordert. Der erschlossene Horizont übersteigt den des Subjekts, so wie es sich selbst in seinen Grenzen transzendiert. Es ergibt sich ein Vorrang der Sache vor dem Subjekt. Das Ego wird dezentriert – und zugleich existenziell einbezogen, weil es nur so der Sache und damit dem Klassiker gerecht wird. Diese Auseinandersetzung faßt Tracy als hermeneutisches Gespräch: es ist der Ort von „authentic conversation".[55]

Über Tracy hinaus und zugleich in Aufnahme seiner vorhergehenden Überlegungen ist diese Auszeichnung nochmals subjekttheoretisch gegenzulesen: das Subjekt wird im Absehen von sich selbst zu einer authentischen, also ihm entsprechenden Existenzform geführt, die zugleich auch der begegnenden Wirklichkeit des Anderen genügt. Dabei wird das Subjekt nicht aufgegeben, sondern in der Struktur der Selbstübergabe – der „self-transcendence"[56] – erfährt es sich authentisch. Diese Strukturlogik ist existenziell und erkenntnistheoretisch gleichermaßen bedeutsam. Dies muß zumal im fundamentaltheologischen Zusammenhang gelten, der theoriekonstitutiv in sich aufzunehmen hat, was den innersten Kern des christlichen Gottesverständnisses ausmacht. Tracy sieht ihn in der Selbstmitteilung Gottes in Jesus Christus gegeben. Dies ist der entscheidende christliche Klassiker. Damit erscheint eine Theo-Logik der Selbsttranszendenz, die den Anderen in sich selbst aufnimmt, fundamentaltheologisch unerläßlich. Denn das Selbst verausgabt sich an den Anderen und entdeckt sich darin. Der christliche Gott ist Liebe, die sich mitteilt, die sich kenotisch freigibt. Dies ist geschichtlich in der Inkarnation und zugleich innertrinitarisch als Grundwahrheit offenbart. Trinitätstheologisch gilt diese Theo-Logik in der Weise, daß weder Selbst noch Anderes nur vom einen Pol her verstanden werden könnten. Die Bewegung der Selbstübergabe und des Selbstempfangs ist nur als diese Bewegung, d.h. ohne ein identifizierendes Moment denkbar, in dem die Ruhe des

---

[55] D. Tracy, The Analogical Imagination. Christian Theology and the Culture of Pluralism, New York 1981, 102.
[56] Ebd., 112.

Außerhalb, der Beziehungslosigkeit herrschen könnte. Dieser Gedanke ist christlich radikal ernst zu nehmen und also auch fundamentalhermeneutisch einzusetzen. Er muß jeden erkenntnistheologischen Konstruktionspunkt im Kern treffen, der das Subjekt zum Ausgangspunkt seiner Überlegungen macht und damit einem strukturellen Solipsismus des Cogito anheimfällt, selbst wenn dieser in der Konsequenz nicht gewollt ist und nachträglich auf die Instanz des Anderen hin zu überwinden gesucht wird.

Tracys hermeneutischer Ansatz übernimmt in der vorgeschlagenen Lesart also konsequent seine erkenntnis- und subjekttheoretischen Prämissen, die wiederum in enger Verbindung zu den entsprechenden Überlegungen von Foucault, Deleuze, Derrida etc. stehen. Mit seinem hermeneutischen Konzept des Klassikers zeichnet sich aber auch die bereits angedeutete Parallele zur Interpretationsphilosophie immer deutlicher ab. Der Klassiker ist nämlich unhintergehbar ein pluralistisches Rezeptionsphänomen. Und das gilt auch für den religiösen, näherhin den christlichen Klassiker. Er lenkt die Aufmerksamkeit auf das Ganze der Wirklichkeit. Insofern die Frage danach unabweisbar erscheint, wird ein doppelter Prozeß in Gang gesetzt: „participation in reality and distancing from reality".[57] Dies entspricht der analogen Aufnahmefähigkeit des Endlichen für das Unendliche. Die Wahrheitserfahrung des religiösen Klassikers spielt sich jenseits von Adäquation, Korrespondenz, Verifikation oder Falsifikation ab. Dies wären wiederum subjekttheoretisch angewandte Konzepte überprüfbarer und letztlich beherrschbarer Wahrheit. Die hermeneutische Erschließungskraft der vom religiösen Klassiker eröffneten Grenzerfahrungen stellt eine Wahrheit vor, die transzendent ist. Dennoch wird sie erfahrbar. Wie der Klassiker selbst nur in der Spannung von Identität und Differenz interpretiert werden kann, so auch die vermittelte religiöse Wahrheit: als eine „identity-in-difference".[58] Sie ist ein Geschehen, das sich begrifflich nicht exakt fassen und wiedergeben läßt. Als solches ist sie mehrdeutig, interpretativ offen, aber zugleich für den Menschen wahrnehmbar. Wie der Mensch selbst eine spannungsreiche Identität ist, deren Selbstbewußtsein zerfließt, aber gegeben ist, so versteht auch das Selbst Anderes: es identifiziert es als etwas, um zugleich zu wissen, daß diese Identifikation vorläufig, mehrdeutig, inadäquat bleibt.

Schon von daher ergibt sich die Unausweichlichkeit vielfältiger Interpretationen religiöser Wahrheitserfahrung durch theologische Klassiker. Diese Deutungen sind nicht nur sprachlich vermittelt, sondern bestehen gleichfalls in Ritualen, Liturgien und religiösen Handlungen. Tracy überwindet hier jede theologische Logozentrik durch einen komplexeren methodischen Zugang, der die religiöse Wahrheit und ihre Interpretationen dynamisch faßt. Daß der logozentrische Rahmen zu sprengen ist, wird christlich mit dem Wahrheitsanspruch des entscheidenden religiösen Klassikers deutlich: er wird eingelöst, wo sich der Christ in die Nachfolge Jesu rufen läßt. In dieser

---

[57] Ebd., 173.
[58] Ebd., 105.

Transformation des Selbst eröffnet sich ein „authentic life".[59] Damit kommt den Traditionszeugen eine hermeneutische Erschließungsfunktion zu.

Freilich bleibt jedes Wahrheitszeugnis kritisierbar und seinerseits auslegungsbedürftig. Der angesprochene Interpretationspluralismus läßt sich somit in den verschiedenen Modellen orthopraktischer Nachfolge wie auch in den zahlreichen theoretischen Deutungen nachvollziehen. Schon in den Evangelien selbst finden sich die verschiedenen Interpretationen Jesu mit besonderen Akzenten und im Gebrauch z.T. sogar einander entgegenstehender Paradigmen, z.B. mit den Ansätzen von messianischer Christologie und von Präexistenzchristologie. Mit der sich abzeichnenden Einsicht in die hermeneutischen Differenzen stellt sich von daher verschärft die Frage nach hermeneutischer Passung: nach der Möglichkeit zu verstehen und einer entsprechenden Kriteriologie.

4.2.2.3 Analoges Verstehen und Glaubensrisiko

Erstes Kriterium des Textverstehens ist nach Tracy der Bezug auf den Text. Hier wendet er sich gegen das „radically deconstructionist free-play model of Jaques Derrida".[60] Tracy befürchtet die Ablösung vom Text in der Beliebigkeit von Anknüpfungen und Transformationen, wie sie mit einem strengen Differenzansatz zu begründen wären.[61] Diese Einschätzung hängt nun wiederum davon ab, daß er Derridas Hermeneutik am Einzelwort festmacht, das sich in unzähligen Varianten ersetzen läßt. Dementsprechend wäre hier erneut zugunsten von Derrida an den Hinweis zu erinnern, daß er den Text im Spiel der Differenzen im Blick behält:

> „Die ‚frühe Spur' der Differenz verliert sich unwiederbringlich in Unsichtbarkeit, und dennoch wird ihr Verlust selbst verborgen, bewahrt, gewahrt, verzögert. In einem Text."[62]

Die Spur selbst ist nicht beherrschbare Präsenz, sondern in der Ambivalenz von sich entziehender Gewärtigung auch ein Moment von „restance non présente".[63] Damit aber steht jede Dekonstruktion eines Wortes, die auch den Text als ganzen betrifft, im Bezug des Textes. Deswegen spricht Derrida vom Schreiben als einem „Pfropfen".[64]

Auch wenn Tracy Derrida hier zu radikal differenzlogisch interpretiert – dies mit dezidierten Derrida-Kritikern wie Jürgen Habermas[65] und Manfred Frank[66] –, so wird doch gerade von Derridas Position einer nicht vollständig bezugslosen Hermeneutik der Differenz der wahrheitstheoretische Ansatz

---
[59] Ebd., 281.
[60] Ebd., 121.
[61] Vgl. D. Tracy, Theologie als Gespräch, 89.
[62] J. Derrida, Die différance, in: ders, Randgänge der Philosophie, Wien 1988, 29-52; hier: 50.
[63] Ders., Limited Inc. a b c, Baltimore 1977, 24.
[64] Ders., La dissémination, Paris 1972, 42.
[65] Vgl. J. Habermas, Der philosophische Diskurs der Moderne, 191-218.
[66] Vgl. M. Frank, Was ist Neostrukturalismus?, 536-538; 541-572.

von Tracy selber deutlicher. Denn Tracy übernimmt letztlich dieselbe Logik. Er will dem Text Gerechtigkeit widerfahren lassen. Nur darin wird der Wahrheitsappell des Textes vernehmbar. Dieser Anruf läßt sich jedoch nicht identisch aufnehmen, weil er erstens in einer konkreten geschichtlichen Situation formuliert ist und gleichsam zwischen den Zeiten von Text und Leser ergeht. Darüber hinaus fordert er, zweitens, die Existenz des Lesers heraus. Der klassische Text mit seiner Thematisierung von Grenz- und Grundfragen kann nur in der Offenheit zur Selbstveränderung verstanden werden. Schon darin ist eine Unverrechenbarkeit der Rezeptionen verankert. Sie knüpfen an und pfropfen sich gleichsam auf den Text auf. Im Anschluß an Wayne Booth führt Tracy dieses Konzept anknüpfender Textgerechtigkeit fort:

> „This demand for justice is aligned by Booth to two other criteria: first, a defense of the kind of vitality that practices new and fresh readings (hence he defends *some* productive ‚violations' of the text); and second, a demand, above all, for articulated critical understandings."[67]

Weil es keinen Wahrheitsgaranten gibt, der nicht selber in der Zeit interpretiert, angewandt werden müßte, kann diese Kriteriologie nur allgemein bleiben. Ihren konkreten Ort hat sie im kritischen Dialog, der die Perspektiven von Text und Rezipient vergleichen läßt. Dazu stehen alle Methoden kritischen Verstehens zur Verfügung – immer im Bewußtsein, daß sie als Methoden keinen Wahrheitsanspruch vermitteln können. Die Wahrheit ist im Text verborgen und wird in der Interpretation als solche erst erfaßt und somit realisiert. Sie besitzt zugleich objektiven wie subjektiven Charakter, gleichsam *ungetrennt und unvermischt*:

> „‚Wahrheit' ist hier also verstanden als das sich selbst aufdrängende und selbst begrenzende sprachlich vermittelnde Offenbarwerden von Wirklichkeit und empfängt von hier aus ihren Autoritätsanspruch, menschliche Existenz aufzuhellen. ‚Wahrheit' ist also nicht im engen Wortsinn Produkt von Interpretation, andererseits aber ohne Interpretationsbemühung nicht zu haben."[68]

Damit wird die negative, weil nicht mehr synthetisierbare Dialektik Derridas von Anwesenheit und Abwesenheit, von Identität und Differenz zum hermeneutischen „Konstruktionspunkt" in Tracys erkenntnistheoretischem Konzept. Dies bestätigt sich in seinen Überlegungen zur *analogen Imagination*. Analogie ist eine „similarity-in-difference".[69] Sie wird produziert durch eine individuelle geistige Kreativität, die sich aus der Gleichzeitigkeit einer Zugehörigkeit und einer Distanz zum entsprechenden Klassiker entwickelt.[70] Philosophisch läßt sich diese Zugehörigkeit zunächst mit der Betroffenheit durch die thematisierten Grundfragen beschreiben, theologisch mit der Schöpfung des Menschen nach dem Bilde Gottes. Die anthropo-theologische Grundanalogie ist die Selbstoffenbarung Gottes in Jesus Christus. In ihm

---

[67] D. Tracy, The Analogical Imagination, 121f.
[68] W. G. Jeanrond, Text und Interpretation, 142.
[69] D. Tracy, The Analogical Imagination, 408.
[70] Ebd., 410.

identifiziert Gott sich ganz als er selbst, zugleich ist aber er in seiner Menschlichkeit verborgen. Für Tracy ist jede analoge Theologie an dieser Stelle mit einer Negativen Dialektik zu verbinden.[71] Nur in dieser Spannung ist eine theologische Affirmation zu haben, die sich auf Offenbarungserfahrungen und ihre Wahrheit berufen darf, sie zugleich aber auch unter den philosophischen Vorbehalt zu stellen hat, der erkenntniskritisch darauf besteht, daß sich Absolutes geschichtlich zwar erhoffen, nicht aber interpretations- und zweifelsfrei denken läßt:

„There is no one central interpretation around which all interpretations focus."[72]

Diese Erkenntnisstruktur ist theologisch unhintergehbar. Theologisch ergibt sich eine Verschränkung von philosophischer und theologischer Vernunft: es existieren zwei Erkenntnisweisen, die beide auf der Basis von Analogiebildungen stattfinden, sich in ihrer Reichweite aber unterscheiden. Damit wird die Möglichkeit freigegeben, etwas *als Absolutes* zu interpretieren, ohne es *absolut* zu interpretieren. In Fortführung Tracys impliziert die geschichtliche, weil inkarnationstheologische Anlage der Theologie die Verpflichtung, eine solche Hermeneutik mit gleichsam doppeltem Boden zu betreiben.

Dieser Ansatz läuft letztlich auf eine Entscheidungstheorie hinaus. Sie wird in einer allgemeinen Hermeneutik vorbereitet und hat Konsequenzen für den theologischen Grundbegriff des Verstehens: den Glauben. Der Wahrheitsanspruch des Klassikers fordert den Menschen in einer Logik der Selbstüberschreitung heraus. Mit den Grenzfragen, die er stellt, wird deutlich, daß der Mensch über sich hinaus ist. Hier trifft sich Tracy mit Karl Rahner. Der Klassiker verlangt nun, wenn er verstanden werden soll, eine existenzielle Selbstübergabe des Menschen. Sie artikuliert sich in der Offenheit für Wahrheitserfahrungen, die nicht einfachhin auszuschließen sind, und wird motiviert von dem Bedrängenden, von der „experience of the uncanny"[73]. Die staunende Vernunft steht vor dem Geheimnis der Wirklichkeit – und sie verläßt in dieser Haltung die Logik des Beherrschens, die sich diese Realität zum Aspekt ihres Denkvermögens macht. Hier wird unverrechenbar Anderes erfahren, das in der Frage nach Anfang und Ende, nach dem Sinn und dem Ganzen, mit Hansjürgen Verweyen: nach der Einheit[74], wider-

---

[71] Vgl. ebd., 421.
[72] Ebd., 346.
[73] Ebd., 358.
[74] Es gibt an diesem Punkt eine Berührung zwischen Tracy und Verweyen, wobei der erstere den theoretischen Anspruchsrahmen des folgenden Gedankens unterbestimmt läßt: „The moment of recognition also occurs as a profound confirmation that our deepest yearnings for wholeness in ourselves, in history, in nature, in the whole are grounded in the structure of reality itself." (The Analogical Imagination, 329). Gott ist „the final reality with wich we all must ultimately deal" (ebd.). Sie widersteht allein der Absurdität von Existenz. Die Parallelen zu Verweyen sind bis hierhin sehr deutlich (vgl. H. Verweyen, Gottes letztes Wort. Grundriß der Fundamentaltheologie, Düsseldorf ²1991, 182-280). Jedoch führt Tracy diesen Ansatz nicht transzendentaltheologisch aus, was unter seinen erkenntnistheoretischen Voraussetzungen nicht verwundern kann. Die von Verweyen attestierte „partiell(e)" Anerkennung der transzendentalpragmatischen Letztbegründung (Grundriß, 80) erhält bei Tracy ihre Bedeutung als ein

fährt. Dieses Andere wird erfahren und läßt sich doch nur vorbehaltlich, differenzbewußt „identifizieren". Die analoge Vernunft ist der Modus unserer Fähigkeit, anderes zu verstehen, ohne es einfachhin in unsere Parameter zu integrieren und darin stillzustellen.[75] In dieser Negativen Dialektik von Identität und Differenz kann jedes Kriterium des Sinnverstehens nach Tracy nur geschichtlich, sprachlich, zeitlich, individuell, also interpretativ vermittelt erscheinen – auch als möglicher Begriff eines letzten Sinns und Kriteriums.

Dennoch gibt es in jedem Leben Sinnerfahrungen. Sie bleiben jedoch in jedem individuellen Leben eine „singular truth".[76] Sie kann inhaltlich gemeinsame Züge haben, die sich in einem kirchlichen Bekenntnis verbindlich zusammenfassen. Aber der Zugang, das Kriterium bleibt evidenzgesteuert. Die Evidenz ist der erkenntnistheoretische Ort der Kategorie des *Unheimlichen*, Ort des Anderen – interpretationsphilosophisch der Interpretationsstufe$_1$; mit Ricoeur des Gewissens; theologisch der Gnade. Von dieser Evidenz hängt die hermeneutische Grundentscheidung ab. Christlich bindet sie sich für Tracy an die Überzeugungskraft des Christusgeschehens. Deren Gehalt der Selbstübergabe und Dezentrierung des Ego nimmt Tracy strukturbildend in jedem Akt des Verstehens wahr, in dem sich der einzelne einem anderen stellt. Verstehen ist als Glauben ein letztes Risiko des Vertrauens. Verstehen ist „self-exposure to the other"[77] und bedeutet „to risk exposing oneself to another mode of rationality: a mode proper to the thing itself as it discloses itself to consciousness."[78]

Was Tracy hier entscheidungstheoretisch vorschlägt, läuft auf einen kritischen Fideismus hinaus. Die Entscheidung ist jeweils zu überprüfen und am Gehalt der erfahrenen Wahrheit zu messen. Hierbei läßt sich – ohne daß Tracy dies noch einmal feststellt – aus fundamentaltheologischer Sicht eine strukturlogische Vereinbarkeit von hermeneutischer Selbstübergabe mit dem trinitarischen und christologischen Gottesbild feststellen. Deshalb kann Tracy davon sprechen, daß die Praxis der Liebe zum Anderen ihre eigene Art der Verifikation in sich selbst trage.[79]

Dieser Gedanke ist über Tracy hinauszuführen: Liebe wird zum Kriterium vernünftiger Glaubensvergewisserung. Sie ist vernünftig bis zur Unvernunft der noch am Kreuz durchgehaltenen Liebe. Und sie ist vernünftig nicht mehr in jenem letzten Schritt zu erwarten, den Gott geht: im Leben Jesu, in seinem Tod überwindet Liebe den Tod – und in der nach menschlichem Ermessen nicht zu erwartenden Auferweckung Jesu wird offenbar, daß diese Liebe nicht vom Tod, den sie schon bezwungen hat, festgehalten wird. Der Glaube

---

indikatorisches Evidenzargument nur vor dem genannten Hintergrund. Letztbegründungen sind aus kontingenzhermeneutischen Bedingungen bei Tracy rational nicht erreichbar – ihr Gehalt kann jedoch als ein möglicher kritierieller Ausweis unter mehreren dienen, wobei dieser eben geschichtlich, kulturell und individuell verschieden aufgefaßt werden kann.

[75] Vgl. D. Tracy, The Analogical Imagination, 363.
[76] Ebd., 382.
[77] Ebd., 446.
[78] Ebd., 195.
[79] Vgl. ebd., 331.

daran – als Hoffnung – ist vernünftig, weil der Mensch sich – mit Rahner – je schon auf seine Erfüllung hin hoffend überschreitet; weil diese Transzendenzbewegung in seinem Denken und Handeln als Spur des Mehr und des Unendlichen verborgen ist. Doch kann die Logik Gottes anders ausfallen, als unsere Vernunft es sich auch nur im Entferntesten auszudenken vermag. Sie ist als christlich „begründete" Hoffnung nicht mehr in ihrer tatsächlichen Erfüllung entwerfbar, sondern glaubend in ihrer Eigenevidenz anzunehmen.

Eine letztbegründete Interpretation des Zusammenhangs von Rationalität und Begründung wird demnach skeptisch bescheidener gefaßt und letztlich auf eine ästhetische Theologie zurückgeführt. Tracy denkt dem zu, ohne dies selbst schon ausgeführt zu haben. Seine Rezeption postModerner Denkfiguren im theologischen Kontext erlaubt es jedoch, in dieser Richtung weiterzudenken. Der entscheidende ästhetisch-theologische und darin erkenntniskritische Fortschritt liegt dabei in der folgenden Richtung:

> „Andersheit hat Eingang gefunden, und sie ist nicht mehr außerhalb von uns bei den ‚Anderen'. Die radikalste Andersheit ist die in unserem Innern... Die Wiederkunft des Gleichen kann nun als das verstanden werden, was sie immer gewesen ist: ein Rückfall in eine Politik der Ausschließung und Unterdrückung. Was an Gleichheit noch bleibt, ist in dem Netz der Andersheit und Unbestimmtheit gefangen. Was an Ähnlichkeit möglich ist, muß nun als Ähnlichkeit-in-Verschiedenheit auftreten...
>
> Die Sprach- und Geschichtsinterpretation des zwanzigsten Jahrhunderts hat sich als ein nervenaufreibender Weg erwiesen: von der unendlichen Zahl der Sprachspiele bei Wittgenstein über die Andersartigkeit des Spiels der Signifikanten in jedem Signifikat bis hin zu der Entdeckung, daß unser Diskurs nicht verstreut ist, sondern auch in sich die ganze mehrdeutige Geschichte der Wirkungen der Macht trägt... Unsere Theorien und Gespräche können... zu dem werden, was sie in Wirklichkeit immer waren: begrenzte, fragile und notwendige Übungen zur Erlangung eines relativ angemessenen Wissens von Sprache und Geschichte."[80]

4.2.2.4 Zur Kritik und Bedeutung Tracys

Tracy läßt sich in mehrfacher Hinsicht als wesentliche Vermittlungsinstanz für Theologie und postModernes Denken beschreiben. Als einer der ersten Theologen hat er sich auf die Herausforderung postModerner Differenzhermeneutik eingelassen, die sich in seiner eigenen Hermeneutik mit den entsprechenden Stichwörtern wie Kontingenz, Ambiguität, Geschichtlichkeit, aber auch im Blick auf die Sprache, die Unhintergehbarkeit von Interpretation und den hermeneutischen Rang des Individuellen und Pluralen wiederfinden. Tracys Hermeneutik entwickelt dabei eine besondere Sensibilität für die Brüche unserer Existenz wie unseres Denkens. Sein Wahrheitskonzept gibt dem Ausdruck, denn die Tradition, in der sich in Gestalt exemplarischer

---
[80] Ders., Theologie als Gespräch, 118; 120.

Klassiker Wahrheitserfahrungen erschließen, bleibt jeweils den bezeichneten Differenzmomenten ausgesetzt.

Dabei entsteht ein perspektivischer Pluralismus, eine berechtigte und unabschaffbare Gleichzeitigkeit der Interpretationen:

- profan: Außenwahrnehmung des religiösen Klassikers;
- profan: von außen in die Innensicht des religiösen Klassikers (ohne Glauben sich den Glaubensinhalten und ihrer Logik öffnen);
- religiös: theologische Übernahme der Außensicht (in der Methode und der kritischen Infragestellung);
- religiös: Projektion der religiösen Innensicht auf die profane Außensicht bzw. -welt (inhaltliche Absolutheit in der Relevanz für die Wahrnehmung der Gesamtwirklichkeit).

Tracy baut jeder dieser Perspektiven das Bewußtsein ihrer Mehrdeutigkeit ein. Theologisch sind die Perspektiven miteinander zu verschränken, weil sich nur so ein unkritischer hermeneutischer Solipsismus vermeiden läßt, der der kontingenten Geschichtlichkeit unserer Erkenntnissituation nicht Rechnung trüge. Zugleich wird die Forderung an die profane Hermeneutik formulierbar, sich die gleiche hermeneutische Offenheit für das „uncanny" methodisch zu bewahren. Insgesamt zeichnet sich das Bild eines dynamischen erkenntnistheologischen Modells ab.

Dieser Dynamik entspricht nach der Auffassung von Werner G. Jeanrond indes Tracys Texttheorie nicht.[81] Text und Tradition erscheinen statisch. So bleibt die textgenetische Wahrnehmung der Werdestufen, wie sie den Text bestimmen und sich in ihm manifestieren, hinsichtlich ihrer Bedeutung für den Rezeptionsvorgang undeutlich. Damit hängt die fehlende Wahrnehmung zusammen, die auf Überholtes im Klassiker selbst hindeutet. Hier ist Tracy wie Gadamer nicht traditionskritisch genug. Die unterbestimmte ideologiekritische Komponente seiner Klassikerhermeneutik drückt sich in der ethischen Enthaltsamkeit der Klassikerlektüre aus: das dort sich vermittelnde Wahrheitsgeschehen wird nicht von Anfang an kritisch in jenem Ineinander der Perspektiven befragt, wie es dann nachträglich postuliert wird. Hier macht sich negativ bemerkbar, daß Tracy einen Sinn vom Text erwartet, der hier gleichsam als Wahrheitsanspruch wartet. Es gibt einen zeitlichen Vorsprung des Textes, der logisch zum Wahrheitsvorsprung wird. Damit wird zurecht betont, daß die Wahrheit des Textes mehr als das Subjekt und – zumal offenbarungstheologisch – transzendent ist. Die Interpretationsleistung des Rezipienten wäre jedoch – unter den interpretationstheoretischen Voraussetzungen Tracys – unmittelbarer in das Wahrheitsgeschehen zu integrieren. Hier ist eine rezeptionsästhetische Unklarheit festzuhalten, die im Blick auf Tracys pluralistisches Wahrheitskonzept auszugleichen wäre. Die Ansätze seiner interpretationistischen Hermeneutik ließen sich hier im Sinne von Günter Abel und Hans Lenk ausziehen. Gerade mit letzterem ergibt sich ein

---

[81] Vgl. W. G. Jeanrond, Text und Interpretation, 134-137.

Interpretationsrealismus, der sowohl der individuellen Interpretationsleistung wie dem gleichsam objektiv im Text begegnenden Anspruch Raum läßt.

Mit dem Hinweis auf die Bedeutung subjektiven Verstehens wird eine weitere wesentliche Herausforderung durch Tracy ansprechbar. Sie besteht darin, daß sich theologische Subjektlogik fragen lassen muß, ob sie nicht mit dem kriteriellen Ansatz beim denkenden Ich einen strukturellen Ausschluß des Anderen betreibt. Dieser Einspruch meint den theoretischen Bauplan, und er gälte somit noch dort, wo nicht das Reflexionsmodell des Selbstbewußtseins verwendet wird; wo der Gedanke in der Konsequenz auf die Anerkennung des Anderen abzielt, diese jedoch einseitig vom Ich her gedacht wird; wo das Sinnkriterium nur vom Ego gesteuert in den Blick kommt. Die Unverrechenbarkeit, die Andersartigkeit des erhofften und „erdachten" Anderen droht so unterschätzt zu werden. Daß diese nicht totale Differenz sein kann, wird bei Tracy mit dem Analogiemodell gefaßt. Es muß Anknüpfungspunkte geben. Doch sind diese angesichts der Absolutheit des theologisch Anderen nicht eher auf der Seite einer Erfüllung dieser Hoffnung zu denken, die sich nicht von dieser Hoffnung selbst her konstruieren läßt, sondern noch einmal die auch nur minimalste inhaltliche Fassung dieser Hoffnungsrichtung sprengt? Es geht hier um den Konstruktionspunkt theologischer Erkenntnistheorie, d.h. um die Frage, ob er der inhaltlich erschlossenen Grundlogik der als Gottesoffenbarung interpretierten Wahrheitserfahrung formal wie inhaltlich entspricht. Und es geht um das Problem der religiösen Hörfähigkeit: um eine letzte Offenheit für das Begegnende. Die Tendenz selbstbewußter Freiheit auf Unbedingtes weiß sich in dieser Offenheit möglicher Interpretationen, die letztlich immer auch das Selbstbewußtsein betreffen und *differenzieren*. So sehr unmittelbares Selbstbewußtsein präreflexiv vor jeder Unterscheidung von Identität und Differenz liegt[82], kann es doch nur *reflexiv sich selbst Thema werden*: und in diesem Moment wird es different, zeitlich verschoben, interpretativ immer neu und anders. Genau das aber, auf dieser Ebene, macht die Offenheit der selbstbewußten Freiheit für das Begegnende insofern unausweichlich, als jede Tendenz auf Unendliches nur interpretativ von Belang sein kann. Das aber heißt wiederum: je anders, weil von den Differenzmarken des Verstehens immer schon ereilt. Nur präreflexiv gäbe es eine „Existenz" des Selbst vor aller Differenz; doch die

---

[82] Vgl. M. Frank, Was ist Neostrukturalismus?, 366: „Selbstbewußtsein ist kein Phänomen, auf das sinnvoll die Kategorien Identität oder Differenz angewandt werden könnten. Diese Kategorien greifen allererst im Feld ekstatischen Sich-Verhaltens von Selbstbewußtsein zu *etwas*: es sei der Gegenstand des eigenen, in die Zukunft gerichteten Entwurfs oder ein Sachverhalt der Welt oder es selbst als Resultat einer reflexiven Selbstthematisierung, die Differenz und zeitlichen Abstand immer schon voraussetzt." Genau in der angesprochenen Hoffnungsgerichtetheit und ihrer Thematisierung kommt also jene Differenz ins Spiel, die Deleuze und Derrida zeitlich extrapolieren. Wo das präreflexive Selbstbewußtsein thematisch wird, ist es different. Und nur deshalb kann und muß es *auf eine letzte Identität hoffen*. Nur wo es seinen Solipsismus der Urvertrautheit durchbricht, also reflexiv, d.h. different wird, öffnet es sich dem Anderen. Theologisch gesprochen ist das die Grundherausforderung des Selbstbewußtseins, seine Selbstvertrautheit zu durchbrechen: in allen seinen Erwartungen und seinem *Begehren* und seinen *Bedürfnissen* (Levinas).

im selbstbewußten Ich enthaltene Tendenz auf Unendliches setzt schon jene Differenz, also jenen Bruch, den die Selbstreflexion vollzieht. Schon aus diesem Grund hat jede Hoffnung auf Unendliches dessen Differenz vom Eigenen bereits in der Wahrheitsmöglichkeit ihrer Hoffnungsausrichtung zu realisieren. Andersheit ist mit Selbstheit auch hier gleichkonstitutiv.

Tracy denkt einem fundamentaltheologischen Paradigma zu, das von der Analogie ausgehend dieses Andere in seiner Spur (Levinas) und als *différance* (Derrida) denken läßt: in einer immer aufgeschobenen Anwesenheit, die jedoch nicht als absolute Differenz zu fassen ist, eben weil sie uns begegnet. Tracy geht hier von der Einsicht aus, daß vor dem Geheimnis Gottes die Initiative ganz bei Gott zu suchen ist, der uns in seiner Offenbarung begegnet, jedoch auf eine Weise, die unsere Kategorien ethisch und erkenntnistheoretisch sprengt. Das gilt auch für die Vergegenwärtigung dieser Offenbarung, für die sakramentale Memoria: die Realpräsenz läßt sich nicht *feststellen*. Der Vorrang der Positivität im offenbarungstheologischen Grund ist für den Christen unbestreitbar. Aber in einer theologisch neutralen, philosophischen Reflexion herrscht der Vorrang der Negativen Dialektik in der Erkenntnis des Geheimnisses. Es ist diese Denkform rationaler Gespanntheit, die laut Tracy das postModerne Denken religiös ansprechbar macht, weil es sich stärker an den Brüchen der Vernunft orientiert.[83] Christlich wäre dies in einer Hermeneutik der Liebe zum Anderen noch einmal im Blick auf die Verlorenen und Armen auszuführen. Damit wird eine weitere wesentliche Inspiration Tracys markiert: seine hermeneutische Theologie ist unmittelbar praktisch und handlungstheoretisch veranlagt. Dem entspricht seine Logozentrik-Kritik: christologisches Präsenzdenken wird von der „negativity of the cross"[84] aufgebracht.

In der Vermittlung dieser unterschiedlichen Perspektiven wird noch einmal eine Grundleistung Tracys sichtbar: seine entschiedene Begründung und Verteidigung eines theologischen Pluralismus, der bis in den erkenntnistheologischen Grund reicht. Es gibt ein unabschaffbares Recht auf die mit den hermeneutischen Differenzmarken erhebbaren Unterschiede zumal in der christologischen Interpretation. Die Unhintergehbarkeit des Interpretierens wird gleichfalls als theologisches Konstitutivum eingeführt und ausgewiesen. In diesem Zusammenhang ist aber kritisch darauf hinzuweisen, daß Tracy zumindest latent die Konflikte im Verstehen unterschätzt. Sein perspektivischer Pluralismus wird als Zu- und Ineinander beschrieben, ohne daß hinreichend betont würde, daß in den verschiedenen Interpretationen auch Unvereinbares und einander Widersprechendes vorkommt. Gerade die christliche Tradition macht dies häresiengeschichtlich deutlich. Hier wäre es unabdingbar, vom *katholischen* Theologen Tracy hermeneutische Hinweise für den Umgang mit dem bis zum offenen Widerspruch Differenten zu bekommen. Innerhalb der christlichen Tradition behalten die Perspektiven ihr Recht – aber der hermeneutische Ernstfall beginnt bei der

---
[83] Vgl. D. Tracy, The Analogical Imagination, 363.
[84] Ebd., 311

Grenzziehung christlicher Identität und mit der Frage nach ihrer Differenzverträglichkeit.

Das läßt sich – erneut über Tracy hinaus – nicht anders als skizzenhaft umreißen: der unverzichtbare Grundbezug auf das Leben, den Tod und die Auferweckung Jesu Christi als Selbstoffenbarung der Liebe Gottes wird zum Maßstab des kirchlichen Umgangs mit Differenzen, die unausweichlich immer schon interpretationsbesetzt im Innenbereich eine Rolle spielen. Das Vertrauen auf das kirchliche Lehramt als Selbstübereignung an jenes Geistgeschehen von Überlieferung, der sich jeder Zugang zu Jesus verpflichtet, kann kritisch an der Traditionsgestalt und ihrer Entschiedenheit Maß nehmen, die die Lebenswirklichkeit ihres personalen Grundbezugs transparent zu machen hat: die die Spuren von Angst (um sich selbst) und von instrumenteller Gewalt hinter sich gelassen hat und selbst bereit ist, sich vom geistgewirkten Zeugnis Jesu kritisieren zu lassen. Daß auch dies immer nur interpretativ abläuft, jede Differenzkritik wiederum nur different geschehen kann, macht deutlich, daß dieser Prozeß keine abstrakte Regelhermeneutik zuläßt.

Konkrete theologische Differenzhermeneutik müßte auch diese Gebrochenheit noch einmal theoretisch auffassen, solange sie sich auf eine christliche Basisidentität bezieht. Sie verlangt Entscheidungen, die im Sinne von Differenzwahrnehmung zu Abgrenzungen einer Interpretationsgemeinschaft führen *muß*. Der Konflikt zwischen postModernem und christlichem Denken entsteht im konkreten Austrag der Differenzen: wo absolut gesetzte, kritikresistente Identität Differenzen schon vorweg exkommuniziert und sich des Anderen hermeneutisch bemächtigt.

Daß dies jedoch nicht zu einem Kommunikationsabbruch führen muß, daß im Gegenteil wichtige Inspirationen postModern für eine theologische Hermeneutik ausgehen, machen die Arbeiten David Tracys sinnfällig. Dies betrifft zumal jenes Konzept einer dem Analogiegedanken abgelesenen Negativen Dialektik der *identity-in-difference*, das bereits im philosophischen Hauptteil mit Paul Ricoeur als eine vermittelnde Denkform zwischen den radikalisierten und sich verabsolutierenden Logiken der Identität wie der Differenz hermeneutisch ins Spiel gebracht wurde. Als Problemüberhang ergibt sich freilich vor diesem Hintergrund, ob Tracys Auszeichnung der Analogie den Differenzgedanken hinreichend trägt. Die Skepsis Gilles Deleuzes gegenüber der Analogie als einer einseitig identitätslogischen rhetorischen Verbindungsfigur unter dem Primat des Gleichartigen läßt im folgenden weiterfragen.[85] Es geht auch hier um den hermeneutischen Konstruktionspunkt.

4.2.3 Metaphorische/feministische Theologie: Sallie McFague

Sallie McFague, Theologieprofessorin an der Vanderbilt University in Nashville, ist eine feministische Theologin, deren Arbeit in ihren Fragestellungen

---

[85] Vgl. Kapitel I, 3.2.1.

den Grenzbereich zu postModernem Denken berührt und das feministische Interesse an einer postModernen theologischen Hermeneutik exemplarisch verdeutlicht.

4.2.3.1 Der postModerne Kontext

In einem Sammelband zum Zusammenhang von feministischer und postModerner Theologie beklagt die Herausgeberin Andrea Günter das Defizit einer systematischen theologischen Durchdringung, die sich dem Thema stellt. Als erstes Desiderat sieht Günter dabei „die Arbeit an der symbolischen Ordnung".[86] Ihr müßte nach einer Phase vornehmlich soziologisch ausgerichteter feministischer Theoriebildung besonderes Augenmerk gelten – besonders im Blick auf die Strategien der Metaphorisierungen des Göttlichen, Heiligen etc.:

> „Das Verhältnis von Sprache und ‚Geschlecht', ‚Frau' und ‚Mann', ‚Weiblichkeit' und ‚Männlichkeit' zu klären und deren Verknüpfungen mit der Rede von Gott zu verbinden, wird zentraler Punkt der feministisch-theologischen Arbeit an der symbolischen Ordnung."[87]

Sallie McFague stellt sich genau diesem Problem. Ihre Studie „Metaphorical Theology. Models of God in Religious Language"[88] bezieht sich freilich nicht ausdrücklich auf die einschlägigen postModernen Theoretiker. Das Wort „PostModerne" kommt nicht vor. Dennoch erschließt sie in verschiedener Hinsicht als eine der ersten feministischen Theologinnen postModernes Terrain für die Theologie.

Zunächst einmal gehört feministische Kritik zur Dekonstruktion jenes Logozentrismus', der im abendländischen Denken jeweils männlich bestimmt war und – etwa von JACQUES DERRIDA – als *Phallozentrismus* verstanden wird. Das Männliche ist der kulturelle Grundsignifikant – und diese Vorherrschaft betrifft auch den christlichen Denkraum. Insofern nun Differenzdenken Raum zu schaffen sucht für das vom zentralen Code verdrängte Andere, das immer wieder auch das Weibliche war, wird die konkrete Grunddifferenz des Geschlechts besonders herausgearbeitet und gewürdigt. Der Unterschied geschlechtsabhängiger Perspektiven läßt sich nicht mehr ohne weiteres von einer Zentralsprache aufbrauchen, die terminologisch davon zu abstrahieren vorgibt und hinter dem Rücken überwiegend männliche Vorstellungs- und Sprachmuster einführt.

Darüber hinaus bezieht sich McFague immer wieder ausdrücklich auf David Tracys theologische Hermeneutik. Mit Tracy übernimmt sie als Kontextbeschreibung ihres eigenen Entwurfes eine Situation, in der historischer Relativismus und Pluralismus unhintergehbar erscheinen. Damit nähert sie sich

---

[86] A. Günter, Geschlechterdifferenz, Postmoderne und Theologie. Ein Problemaufriß, in: dies. (Hrsg.), Feministische Theologie und postmodernes Denken. Zur theologischen Relevanz der Geschlechterdifferenz, Stuttgart u.a. 1996, 11-26; hier: 12.
[87] Ebd.
[88] London 1982.

einer Zeitdiagnose, für die immer wieder die Chiffre des PostModernen als Deutungsmuster herangezogen wird. Die Beschreibung ihres hermeneutischen Ausgangspunktes unterstützt diese Zuordnung noch. Im Blick auf ihr Buch bemerkt McFague:

> „It comes out of a post-Enlightment, Protestant, feminist perspective, a perspective which I would characterize as skeptical, relativistic, prophetic and iconoclastic. It is more aware of the discontinuities between God and the world than of the continuities."[89]

Die Stichworte erlauben es, den postModernen Hintergrund für McFagues Überlegungen zu bündeln: sie denkt perspektivisch und interpretationsbewußt. Ihr Ikonoklasmus verweist auf die Traditionen Negativer Theologie, die dem Differenzdenken aus verschiedenen Gründen nahestehen[90], besonders aber hinsichtlich der Wahrung der theologischen Sprachdifferenz, was McFague wiederum metapherntheoretisch ausführt.

Gerade dieses Interesse, das philosophisch an Überlegungen von HANS BLUMENBERG erinnert, macht eine Hermeneutik der Differenz sichtbar, die im folgenden noch genauer darzustellen sein wird. Ein wesentlicher Akzent liegt dabei auf einer kritischen Reflexion des Analogiedenkens bei Tracy, das für McFague letztlich auf identitätslogischen Grundlagen aufbaut.

Indem McFague mit der Freilegung verschiedener Metaphorisierungsstrategien im religiösen Sprechen zugleich deren Kontingenz betont, begründet sie – diesmal wieder im Einklang mit Tracy – einen entschiedenen theologischen Pluralismus.

Daß dieser einerseits gegen jede Verbalisierung des Heiligen skeptisch bleibt, andererseits das unverzichtbare Recht seines Ausdrucks gerade in Bezug auf eine weibliche Perspektive betont, läßt ein Denken in Spannungen erkennen, das in dieser Form dem Differenzgedanken Raum gibt.

So kann es nicht verwundern, daß die Differenzmarken immer wieder zu einer Unterbrechung des theologischen Diskurses auch bei McFague führen. Über die genannten Aspekte hinaus betrifft dies besonders die Problematik der Macht. Sie ist der ungenannte eigentliche Diskurs in dieser feministisch ausgerichteten metaphorischen Theologie, denn es geht in ihr immer wieder um die sprachlichen Strategien der Unterdrückung des Weiblichen:

> „Frauen finden sich durch die immer weiter im Christentum fortschreitende Auslöschung weiblicher Symbole für das Göttliche um eben diese betrogen und erklären sich damit die sich zugleich immer weiter verschärfende Frauenfeindlichkeit des Christentums."[91]

Damit wird ein weiterer Berührungspunkt von feministischer Theologie und postModernem Denken angedeutet: die fragwürdige Fassung eines Subjektkonzepts, das dem einen Teil der Menschheit in vielen Handlungsfeldern nachhaltig Subjektwerdung verwehrte. Im Sinne PAUL RICOEURS entsteht in

---

[89] Ebd., X.
[90] Vgl. J. Derrida, Wie nicht sprechen. Verneinungen, Wien 1989.
[91] A. Günter, Geschlechterdifferenz, Postmoderne und Theologie, 14.

diesem Problemhorizont eine eindringliche Hermeneutik des Verdachts, in der sich nahezu alle Elemente des bisherigen philosophisch-theologischen Diskurses der hermeneutischen Differenz versammeln.

4.2.3.2 Die Metapher als Ausdruck eines offenen Denkens

Für McFague ist der Ausgangspunkt ihrer Überlegungen ein dreifaches Problem der religiösen Sprache:

1. Das erkenntnistheoretische Problem: die bleibende Unangemessenheit jeder Versprachlichung religiöser Wirklichkeit, sowohl auf der subjektiven Erfahrungsseite als auch bezogen auf die transzendente Realität.
2. Das gegenwärtige Problem der religiösen Sprache: es gibt keinen allgemeinen religiösen Weltkontext mehr, in dem eine religiöse Semantik ohne weiteres verstanden würde. „Apart from a relgous context, religious language will inevitably go awry either in the direction of idolatry or irrelevancy or both."[92] Der Idolatrie-Verdacht droht dort, wo man Traditionen wörtlich interpretiert bzw. sie nicht zu entmythologisieren bereit ist und außer acht läßt, was Tracy *paradigmatische Wahrheit* nannte.
3. Das theologische Problem der Sprache: Die Kirche entscheidet über die theologische Ortho- und Heterodoxie religiöser Sprache.

Im Bezugsrahmen dieser drei Probleme steht zeitgenössische Theologie. Sie steht vor dem Anspruch, ihre Sprechversuche, ihre Metaphern und Modelle kritisch mit der Einsicht in ihre bleibende Unangemessenheit und Vorläufigkeit zu unterbrechen; sie kontextkritisch und zugleich -relevant zu formulieren; sie schließlich mit den eigenen Traditionsvorgaben zu verbinden:

> „Language which is not our language, models which have become idols, images which exclude our experience are three common failings of religious language, but they are especially evident to groups of people who feel excluded by the classical tradition of a religious faith."[93]

Damit ist ein Hauptgrund für die wachsende Bedeutungslosigkeit christlicher Sprache heute angesprochen: Männerwelt und -sprache, in einem ein patriarchalisches Denken besetzen die meisten Sprachschichten im Christentum. Die entsprechend geprägten Bilder haben sich zu Modellen verfestigt und werden, isoliert von ihrer kontingenten Entstehung, als unverzichtbar angenommen. Damit stehen sie unter Idolatrieverdacht: sie erscheinen mit der Wirklichkeit, die sie angemessen-unangemessen vermitteln sollen, so verwoben, daß sie selbst religiös hypostasiert werden.

Für die protestantische Theologin scheint dies vor allem im katholischen Dogma zu geschehen: hier herrscht nach ihrer Überzeugung mit der Bevorzugung des Analogiedenkens der Primat der Ähnlichkeit, während die Metapher, die sie dem protestantischen Denken zuordnet, diese Logik durch-

---

[92] S. McFague, Metaphorical Theology, 2.
[93] Ebd., 10.

bricht.[94] Die Metapher hält die Gleichzeitigkeit von zugesprochener Ähnlichkeit und dem Bewußtsein der unauslöschbaren Differenz zwischen Signifikant und Signifikat aus. Die Metapher sagt gleichsam: *Es ist so und es ist nicht so.*[95] Sie ist damit weder Ausdruck voller Identität noch absoluter Differenz. Mit dieser formalen Spannung wird sie zum geeigneten Ausdruck für das in Sprache zu bringende Unfaßbare. Metaphorisches Denken hat die Struktur „of seeing ‚this' in terms of ‚that', of finding the thread of similarity amid dissimilars".[96] Die Analogie hingegen nimmt etwas als Teil eines anderen wahr und löst die metaphorische Spannung so auf.

Nach McFague bildet die Metapher die Grundlage jeder Erkenntnis. Jedes Modell, jedes Konzept, jede Theorie basiert auf Bildern, mit denen Wirklichkeit erschlossen wird. In aufsteigender Abstraktionsform wird so die Metapher zum Modell, in dem ein Aspekt hervorgehoben wird, um Charakteristisches in seiner allgemeinen Gültigkeit aufzuzeigen. Konzept und Theorien organisieren solche Modelle schließlich zu einem Ganzen, das den neuen Verständnisrahmen für eine bestimmte Wirklichkeit vorgibt. Dieses System hat seine Eigenlogik: was konsistent Wirklichkeit interpretiert, wird nicht ohne weiteres aufgegeben. Die Dynamik eines Systems produziert eigene Regeln, die Konsequenzen ziehen lassen. Alles wird nach dem Theoriemaßstab berechnet. Die Tendenz geht auf Univozität. Und die Gefahr besteht in der Verabsolutierung von Modellen und Theorien. Sie entfalten dabei eine besondere Beharrungsmacht, die Konflikte herausfordert. Macht wird dabei zu einem hermeneutischen Faktor, insofern in jeder Metapher etwas hervorgehoben und unterschlagen, in der Theorie dann endgültig als nicht systemimmanent ausgeschieden wird. Die ursprüngliche Kontingenz im metaphorischen Wirklichkeitszugang gerät aus dem Blick. Metaphorisches Denken macht auf diese Geschichte der Unterdrückung und Ausgrenzung des Anderen aufmerksam, indem sie auf die Unabgeschlossenheit und Ungesichertheit des Verstehens abhebt:

> „In conclusion, we recall that human thought and language grow and change by seeing one thing in terms of another: they are intrinsically metaphorical... a metaphor is an assertion or judgement of similarity and difference between two thoughts in permanent tension with one another, which redescribes reality in an open-ended way".[97]

4.2.3.3 Metaphorische Theologie und Hermeneutik der Differenz

McFague überträgt nun ihre metapherntheoretischen Überlegungen in den theologischen Zusammenhang. Hier sieht sie das Gleichnis als wesentliche

---

[94] Ebd., 12f.– McFague sucht hier Tendenzen aufzuzeigen, die selbst unter Berücksichtigung der folgenden Einschränkung für eine theologische Bestandsaufnahme kaum ausreichen; die Einschätzung muß nicht eigens diskutiert werden, weil sie keine systematische Funktion im Theorieganzen hat: „ The Protestant tradition is, I would suggest, ‚metaphorical'; the Catholic, ‚symbolical' (or ‚analogical' for contemporary Catholicism). I do not mean to suggest a hard and fast distinction here, but only a characteristic sensibility." (13)
[95] Vgl. P. Ricoeur, Die lebendige Metapher, München 1986, 220.
[96] S. McFague, Metaphorical Theology, 16.
[97] Ebd., 42.

metaphorische Ausdrucksform an. Über Gott wird hier eher indirekt gesprochen. Zugleich begegnet eine überraschende, verfremdende Perspektive, die sehr weltbezogen bleibt. Damit wird die bezeichnete Hermeneutik der Spannung praktiziert: man nimmt das Vertraute zum Anlaß, Gott zu erfahren bzw. über ihn nachzudenken, wobei die eingefügte Perspektive Gottes die gewohnte Realität herausfordert und transformiert.

Genau diese Struktur findet sich bei Jesus Christus wieder: die ihm zugeschriebenen Worte sind oft paradox, seine Antworten unerwartet (exemplarisch nennt McFague Lk 17,33; Lk 6,27). Und seine Taten bestätigen diesen Befund: seine Heilungen und Wunder durchbrechen die konventionellen Erwartungen. Der Realität wird ein anderer Wirklichkeitssinn eingestiftet. Von daher kann Jesus als das Gleichnis Gottes in Person verstanden werden. Was er hervorruft, läßt sich durchaus mit der Wirkung von Metaphern und Gleichnissen umschreiben, wie sie McFague mit Paul Ricoeur festhält:

> „parables work on a pattern of orientation, disorientation, and recognition."[98]

Die Gleichnisse lassen sich nun im Sinne allgemeiner wissenschaftstheoretischer Wahrnehmung als hermeneutische Modelle bezeichnen. Sie funktionieren auf der Grundlage einer tragenden Metapher, die wiederum zum Deutungsmodell z.B. des Reiches Gottes werden kann. Modelle in der (Natur-)Wissenschaft entdecken bestimmte Grundmuster der Wirklichkeit, sie strukturieren sie und sind darin gleichzeitig angemessen, wo sie etwas erschließen, und unangemessen, weil sie nicht das Ganze erfassen und durch andere, geeignetere Modelle ersetzbar bleiben. Demgegenüber haben Modelle in der Theologie eine hohe Beharrungskraft. Das Bild vom Vater bei Jesus wird so zum Modell der Gotteslehre, das wiederum alle theoretischen Konsequenzen daraus zieht und auch christologisch abstrahiert. Dies gilt z.B. im Blick auf die Präexistenzchristologie: die Vater-Sohn-Beziehung wird in metaphysischer Begrifflichkeit zu Ende gedacht. Mit McFague muß man nun nicht die darin artikulierte Glaubenswahrheit in Abrede stellen, sondern das Modell als solches im Blick halten: hier soll eine Wirklichkeit versprachlicht werden, die das zur Verfügung stehende Wirklichkeits- und Sprachkonzept übersteigt. Der Abstand der Metapher zur Erfahrung und dann zur dahinter liegenden Wirklichkeit droht jedoch vergessen zu werden, wo man das Wahrheitsverständnis an ein exklusives Sprachmodell anhängt. Daß dies mit Rücksicht auf die Gestalt Jesu Probleme aufwirft, machen die Gleichnisse Jesu selber bereits deutlich: sie sind reichhaltiger als jede Theorie (Paul Ricoeur).[99] Auf andere Weise beschreibt Helmut Merklein diese hermeneutische Voraussetzung jeder möglichen dogmatischen Festlegung auf eine bestimmte Christologie, indem er zum Verhältnis von Präexistenz- und Menschensohnchristologie anmerkt:

> „Die Spannung zwischen den beiden christologischen Entwürfen wird synthetisch kaum auszugleichen sein. Sie ist daher als ein positives theoretisches An-

---
[98] Ebd., 46.
[99] Vgl. ebd., 99f.

liegen aufzugreifen, d. h. als Indiz dafür, daß Jesus als Person und Ereignis größer ist als jede christologische Aussage. Gerade dies könnte ein fruchtbarer Ansatz für eine heutige Christologie sein."[100]

Von daher läßt sich metapherntheoretisch für ein offenes Denken in Modellen plädieren. Modelle sind nicht Abbilder des Wirklichen, sondern Netzwerke. Sie stiften semantische Beziehungen und erstellen so ein immer weitreichenderes Bild des Wirklichen. Dabei vereinfachen sie das Ganze, das ohne solche Komplexitätsreduzierung nicht erscheinen, sondern nur überwältigen könnte. Mit Hans Blumenberg heißt das: Metaphern verhelfen, indem sie die religiöse Wirklichkeit ausdrücken, zugleich zu einer Distanzierung ihrer Übermacht. Sie verschwindet darum nicht. Überwältigung behält für die religiöse Erfahrung eine elementare Bedeutung. Von ihr hat immer neu eine Erschütterung der theologischen Verblüffungsfestigkeit (J. B. Metz) auszugehen. Das geschieht u.a., wo man sich auf die metaphorischen Sprechbedingungen noch in jedem Dogma besinnt; es bleibt „doctrine in models".[101]

Je enger sich nun eine Metapher an die Wirklichkeit und an das Sprachfeld des zu Erfassenden anlehnt, desto höher ist die Bereitschaft zur Identifizierung. Die Wurzelmetapher des Jüdisch-Christlichen ist die Gott-Mensch/Welt-Beziehung. Wird sie so ausgedrückt, daß Gott als Hirte und der Mensch als Schaf begegnet, liegt es nahe, diese unmittelbare Erfahrung der Alltagswirklichkeit genauso unmittelbar in die Gott-Mensch-Relation zu übertragen. Das grundlegende Gottesbild wird hierarchisch bzw. patriarchalisch und höchst einseitig begriffen. Es droht die Gefahr, daß aus der Lebendigkeit der lebensweltlichen Metapher identitätslogische Konsequenzen gezogen werden, deren Folgen offensichtlich sind: das bezeichnete Modell, im Verbund mit anderen, ähnlichen, ist imstande, die Abhängigkeit des Menschen von Gott zu beschreiben. Aber es stößt an seine Grenzen, wo zu umschreiben ist, daß Gott sich ganz in seine Schöpfung hineingegeben hat, sich in ihre Hände gibt. So endet jedes theologische Modell an einem bestimmten Punkt in der Unmöglichkeit, die ganze Spannung der Theodramatik zu umfassen. Das letzte Unausdenkbare, bildlich nur noch bis zum Zerreißen jedes Gottesbildes zu treibende, ist schließlich der Einbruch des Todes in die ureigene Wirklichkeit Gottes im Kreuzestod des Sohnes. Hier bleibt nur noch die logische Spekulation, die in Bildern stammelt und taumelt und sie verwirft und doch nicht aus ihnen herausfinden kann, weil jedes Gedankenbild sogar in äußerster Abstraktion diese Fähigkeit einem noch so verborgenen Urbild verdankt. Ohne daß McFague bis dahin vorstößt, ist dies der letzte Grund für ihren Anspruch, als Metapherntheoretikerin *ikonoklastisch* zu denken.

Als hermeneutische Grundregel ergibt sich die Forderung, die Spannungen festzuhalten, die in jeder Metapher bewahrt sind. Theologisch verweist dies

---
[100] H. Merklein, Die Auferweckung Jesu und die Anfänge der Christologie (Messias bzw. Sohn Gottes und Menschensohn), in: ders., Studien zu Jesus und Paulus, Tübingen 1987, 221-246; hier: 246.
[101] S. McFague, Metaphorical Theology, 114.

auf den Inhalt des christlichen Grundmodells: die Trans-Immanenz Gottes und die Gott-Mensch/Welt-Beziehung. Dies ist zugleich die Legitimation dafür, daß sich in der theologischen Sprache Metaphern, Modelle und Theorien bzw. Konzepte ergänzen – und ihr Zueinander wird zum Austrag der Spannungen auf verschiedenen Sprach- und Reflexionsebenen. Die Spannung selbst wird dabei zum Kriterium des „angemessenen" Verstehens, denn der Glaubensinhalt ist selbst gespannte Beziehung.

> „Theological models are dominant metaphors with systematic, comprehensive potential for understanding the many facets of this relationship. Metaphors could not do this alone, for this relationship is a network or structure with too many intricate implications. In order to interpret this relationship, conceptual clarity and precision is necessary: the structure implied in the relationship must be sorted out and its implications for personal, historical, social, and political life made manifest. Concepts could do this alone, for the relationship is too complex, rich, and multivalent for univocal concepts to define; it needs the simplification of complementary metaphors with their expansive detail to intimate this relationship."[102]

In der Theologiegeschichte ist nach McFague nun allerdings allmählich die Dominanz der Konzeptsprache feststellbar. Ihre terminologische Klarheit droht Theologie auf Identität zu vereidigen, die sie begriffssprachlich zwar deduzieren kann, jedoch nie wirklich hat. Der Gewinn der Konzeptsprache ist der leichter herstellbare Konsens – der Verlust besteht proportional dazu in der Einbuße an expressivem Reichtum, d.h. an Differenz. Identitätslogik verhilft nun dazu, die erste systemtheoretische Forderung zu erfüllen: die verschiedenen Modelle innerhalb eines Systems anschlußfähig zu machen. Sie wirft indes Probleme bei der zweiten wesentlichen Forderung auf: gegenläufige Erfahrungen zu verarbeiten, die unabweisbar sind. Die Shoah theologisch in den überkommenen Konzepten wie Schuld, Erlösung, Freiheit zu verarbeiten, mag systemintern konsequente und stimmige Lösungen hervorbringen – ihre Überzeugungsfähigkeit steht damit indes noch aus.

Den Kriterien entsprechend lassen sich die spezifischen Gefahren festhalten: bei einem hohen Maß an Anschlußfähigkeit kann ein Modell verabsolutiert werden, das so zum zentralen Organisationszentrum des Systems wird: z.B. eine Christologie mit dem Grundbild des herrschenden Christus, das deshalb alles erklären kann, weil es zur politischen, ökonomischen und kulturellen Grunderfahrung einer Zeit am besten paßt und zudem die bestehenden theologischen Probleme lösen kann, notfalls durch Ausschlußmechanismen, die bei anders gearteten Ansätzen greifen.

Damit ist zugleich eine wesentliche identitätslogische Strategie zur Anomalienverarbeitung genannt. Wo dies inhaltlich auf längere Sicht nicht überzeugungsfähig gelingt, droht Irrelevanz. Solange es kein emanzipatorisches Bewußtsein der Frauen gab und dies gesellschaftlich nicht transportiert werden konnte, ließen sich die weiblichen Anteile am christlichen Gottesbild verdrängen. Unter gewandelten Bedingungen steht damit aber die Überzeu-

---
[102] Ebd., 125.

gungsfähigkeit des Christentums auf dem Spiel. Seine systemimmanente Kraft konnte lange Zeit im Sinne des ersten Kriteriums im mariologischen Modell hier eine untergründige Strömung und entsprechende Bedürfnisse der Gläubigen spirituell kompensieren und theologisch kanalisieren. Das scheint heute nicht mehr möglich zu sein.

4.2.3.4 Testfall: Feministische Theologie

> „The feminist critique of God as father centers on the *dominance* of this one model to the exclusion of others, and on the *failure* of this model to the exclusion of others, and on the *failure* of this model to deal with the anomaly presented by those whose experience is not included by this model. It is, therefore, an excellent test case for a metaphorical theology, since its task is to envision ways of talking about the divine-human relationship which, in continuity with the parables and Jesus as parable, are nonidolatrous but relevant."[103]

Feministische Sprachkritik entdeckt in der Herrschaft des männlichen Gottesbildes ein patriarchalisches Denken, das zugleich hierarchisch aufgebaut ist. Und als hierarchisches Denken ist es zugleich metaphysisches: Transzendenz wird gegenüber Immanenz interpretiert. Der entsprechende binäre Code setzt sich überall durch: Geist steht gegenüber Körper, Wahrheit gegenüber ihrer Erscheinung, Mann gegenüber der Frau, und das heißt jedesmal: *vor* und *über*. Hier wird die Machtgeschichte einer Unterdrückung kenntlich gemacht. Mary Daly zieht daraus die radikale Konsequenz für die Rede von Gott als Vater: „If God is male, then the male is God."[104]

Der expliziten, sprachlichen Macht (gegen Frauen) entspricht – ganz im Sinne Michel Foucaults – die systemtheoretische:

> „major models that become world views have subliminal, pervasive power to protect them against criticism."[105]

Diese Einsicht ist differenztheologisch einzusetzen: McFague interpretiert die Rolle der Jungfrau Maria im katholischen System als Surrogat und Projektionsfläche, die im konkreten identitätslogischen (weil nicht metaphernkritischen) Diskurs der Wahrheitsmacht zu begreifen ist. Katholisch läßt sich dies als Fremdperspektive abwehren – aber dies geschieht wahrheitsintern. Die Kritik verhilft zur Überwindung von Idolatrie und Irrelevanz, wo sie auffordert, nach dem im System Verdrängten zu suchen. Die pastorale Idolisierung eines bestimmten Frauenbildes kann metaphernkritisch hier zum Frageanlaß werden.

Letztlich ist es die Abba-Sprache Jesu, die der Kritik den entscheidenden Maßstab gibt. Jesus hebt theozentrisch jede Hierarchisierung im Jüngerkreis wie auch bei den Pharisäern und Schriftgelehrten im Bezug auf das Gottes-

---

[103] Ebd., 145.
[104] Zitiert nach: ebd., 147.
[105] Ebd., 150.

verhältnis auf (Mt 23, 8-11): die Liebe Gottes macht alle gleich. Von daher ist auch nicht das Vaterbild jesuanische Zentralmetapher, sondern das Gottesreich mit seiner ganz anderen Logik der Liebe. Dies übersetzt die Spannungslogik seiner Gleichnisse, die keine unmittelbare Übertragung auf Gott bzw. Gottes Reich zuläßt und Raum eröffnet für ein anderes Leben zwischen den Menschen und ein anderes Verhältnis zu Gott. Im Mittelpunkt steht die unverdiente und unverdienbare Liebe. Für McFague ist sie Botschaft einer Befreiung von jeder Unterdrückung.

Daß diese auch und gerade theologisch Frauen betraf, macht sie an der Ausblendung weiblicher Metaphern und Modelle in der Bibel und der christlichen Überlieferung deutlich. Immer wieder wird die Gotteserfahrung Israels weiblich konnotiert. Und in der Schaltstelle Gen 1,27 wird davon gesprochen, daß Gott den Menschen nach seinem Abbild *als Mann und Frau* schuf. Hier wird keine sexuelle Identifizierung vorgenommen, sondern Gott umspannt die Geschlechterdifferenz. Das bestätigt sich auf andere Weise: wenn Gott als Vater beschrieben wird, so haften dem im orientalischen Vorstellungsraum Züge an, die im europäischen mütterlich begriffen werden.[106] Hier findet sich der Ausdruck einer anderen Erfahrung des Göttlichen, die die vorherrschende männliche bereichern könnte und sollte.

Die Rückdrängung dieser Anteile im Christentum in Sekten, Häresien oder die Mystik, also in klassische Differenzmilieus, konnte u.a. deshalb geschehen, weil das Bewußtsein für die Begrenztheit der eigenen metaphorischen Konzepte fehlte. Ihre Bedeutungsgehalte wurden konsequent aus dem gewählten Modell abgeleitet. Alles resultiert aus dem System und führt in es zurück. So funktioniert Identitätslogik. Seine Allianz mit einem metaphysisch begründeten hierarchischen Denken steht postModern genauso zur Prüfung aus wie bei Sallie McFague in metapherntheoretischer Begründung und feministischer Perspektive. Indem sie andere Modelle als einander ergänzende Vorstellungs- und Deutungsformen des Transzendenten vorschlägt, z.B. das Modell Gottes als Freund[107], kann sie einen theologischen Pluralismus begründen und veranschaulichen, der Gott in Spannungen denken läßt und als jene Spannung, die er als Beziehung selbst ist: unfaßbar konkret, *paradox:* gegen allen Anschein. Damit führt sie alle Theologie auf ihre unabschaffbare (aber nicht wieder zu vereinseitigende) Negativität *in aller Positivität* (der Selbstoffenbarung Gottes) zurück:

„The last word as well the first word in theology is surrounded by silence."[108]

---

[106] Vgl. ebd., 171.
[107] Vgl. ebd., 177-192.
[108] Ebd., 194.– McFague sagt nicht, daß das Schweigen erstes und letztes Wort *sei*, sondern daß es jedes theologische Wort *umgebe*: es ist sein Kontext – in dem Sinne etwa, wie das erste Schöpfungswort zu „verstehen" ist und jenes letzte, das im Gericht noch wartet. Dennoch deutet sich hier schon das christologische Problem bei McFague an: daß Jesus *Gottes letztes Wort* (Verweyen) ist, holt sie nicht mehr adäquat ein.

4.2.3.5 Das hermeneutische Hauptproblem: Die Christologie

Als *die* Konkretion Gottes faßt auch McFague Jesus Christus – als Gleichnis Gottes. An ihrer Christologie hat sich aber auch die kritische Rückfrage nach ihrer metapherntheoretischen Differenzhermeneutik zu orientieren.

Daß McFagues Ansatz mit einer apophatischen Reflexion endet, resultiert aus offenbarungstheologischen und letztlich christologischen Gründen. Die Skepsis gegenüber jeder Versprachlichung des Transzendenten nimmt Maß an der bleibenden Inadäquatheit jedes Ausdrucks vor dem Unbegreiflichen. Dabei gehen die Reflexionsebenen ineinander über: McFague unterscheidet nicht hinreichend zwischen Aussage und Wirklichkeit. Damit wird undeutlich, ob sich nach ihrer Überzeugung Gott in der menschlichen Geschichte selbst offenbart:

> „I have not found it possible as a contemporary Christian to support an incarnational christology or a canonical Scripture; nevertheless, I have found it possible to support a ‚parabolic‘ christology and Scripture as the Christian ‚classic‘."[109]

Andererseits kann Jesus als das Gleichnis Gottes verstanden werden, womit gesagt wird, daß Gott hier etwas von sich mitteilt – wenn auch sich nicht ganz. Das wiederum hat seinen Grund in der Unmöglichkeit, menschlich Gott ganz aufzufassen. Man kann dies nur im metaphorischen Aufschub der Theologie:

> „In such a theology *no* finite thought, product, or creature can be identified with God and this includes Jesus of Nazareth, who as parable of God both ‚is and is not‘ God."[110]

Diese Formulierung erinnert an das Chalkedonense. Auch hier wird die menschliche Wirklichkeit, d.h. die geschichtlich erkennbare, unmittelbar mit dem göttlichen Ursprung verbunden, der sich der Erfahrung entzieht. Nur in dieser Spannung ist Jesus als der Christus zu erkennen. Und wie sich hier Negativität der Aussageform und Positivität des offenbarungstheologischen Gehalts verbinden, so sucht auch McFague nach einer Vermittlung dieser beiden theologischen Erkenntniswege:

> „metaphorical theology is not just a modern version of the *via negativa* or an exercise in iconoclasm. It not only says ‚is not‘ but ‚is‘, not only no but yes."[111]

Unabhängig davon, daß Negative Theologie nur in der (hierarchologischen und letztlich affirmativen) Fassung des Pseudo-Dionysius Areopagita gedacht zu werden scheint, wird das Gottsein im Sinne des „ist" nicht weiter verdeutlicht. McFague bleibt hier zu vage. Wenn man davon spricht, daß Jesus das Gleichnis Gottes sei, muß reflektiert werden, woher die Metapher stammt, d.h. wer sie gesetzt hat. Es geht um den Realitätsgehalt und also um die Verläßlichkeit dessen, was in Taten und Worten Jesu auch nach McFague

---
[109] Ebd., X.
[110] Ebd., 19.
[111] Ebd.

authentisch über Gott vernommen werden kann. Immerhin gibt sie auch hier noch einmal die hermeneutische Logik der (metaphorischen) Spannung von Identität und Differenz als Kriterium angemessener Gottrede vor.

An anderer Stelle scheint McFague genau dieses Spannungsniveau christologisch zu unterschreiten:

> „A metaphorical statement is, as we recall, always a judgement of similarity (and difference) between two thoughts: Jesus ‚is' and is not' God. Metaphorical statements are never identity statements; hence, idolatry, ‚Jesusolatry', is avoided, and while we look through the story of Jesus to gain an understanding of what it means to live under God's rule, we cannot make the illegitimate move of identifying Jesus with God."[112]

Daß Jesus überhaupt als Metapher Gottes begriffen werden kann, wird erkenntnistheologisch über eine Christologie von unten begründet, die letztlich ihr Komplementärstück ausblendet. „Jesus as a parable of God means starting from ‚below'".[113] Hier wird auf den Punkt gebracht, was sich bislang nur angedeutet hat: daß man letztlich nur geschichtlich und also kontingent Jesus als Gottes Sohn etc. erkennen kann, wird bei McFague auch auf die Realitätsebene übertragen: ein Kategorienfehler, der dazu führt, daß man Jesus also nicht mit Gott identifizieren darf. Genauer hätte es gerade aus der Perspektive einer metapherntheoretisch untermauerten Differenzhermeneutik heißen müssen: die christologische Erkenntnis bleibt von Differenzen durchzogen, die sich in verschiedenen Stilen und Perspektiven und einer letzten Undurchdringlichkeit des Geheimnisses manifestieren. Aber im Glauben läßt sich von der göttlichen, transzendenten Wirklichkeit in der Weise sprechen, daß man die Unangemessenheit des christologischen Sprechens gerade als Hinweis auf das je größere Geheimnis Gottes nimmt, ohne es deshalb, weil es sich nie ganz in Sprache bannen läßt, zugleich seines Wirklichkeitsgehalts zu berauben. Nichts anderes macht McFague, wenn sie keine Identifikation Jesu mit Gott zugesteht. Als sprachliche Identifikation wäre ihr zuzustimmen; daß jenseits der Sprache dennoch eine solche Identität vorstellbar bleibt, und zwar als alle unsere Vorstellungen sprengend, dieser Anspruch wäre gerade mit dem Grundansatz McFagues zu erheben: daß Jesus das Gleichnis Gottes sei.[114] McFague weicht hier dem impliziten offenbarungstheologischen Problem aus, indem sie es metapherntheoretisch reduziert. Sie sucht damit die Aporien einer ontotheologischen Christologie zu überwinden. Freilich klagt genau diese Perspektive ihr unaufgebbares Recht in der Frage nach der Bedeutung Jesu und der Wirklichkeit Gottes in ihm und seinem Leben ein, die im christlichen Bekenntnis im Inkarnationsgedanken ausgewiesen wird.

Letztlich hält McFague ihren eigenen differenzhermeneutischen Gedanken nicht durch. Die Unverrechenbarkeit der Perspektiven von oben und unten,

---
[112] Ebd., 51.
[113] Ebd., 49.
[114] Vgl. E. Schweizer, Jesus, das Gleichnis Gottes. Was wissen wir wirklich vom Leben Jesu? Göttingen 1995, 39f.

4. Ansätze einer theologischen Hermeneutik der Differenz

aber auch die biblische Legitimation beider Ansätze wird übersehen. Sie nimmt letztlich die Hl. Schrift aus dem offenbarungstheologischen Rahmen heraus und übersieht, daß hier die Spannung des Gedankens ihren Ort hätte, solange man überhaupt noch bereit ist, von Gott zu sprechen:

> „Wie es einen untrennbaren Zusammenhang zwischen dem lebendigen Wort Gottes und der Heiligen Schrift gibt, so auch einen unaufhebbaren Unterschied."[115]

McFague führt auf das zentrale hermeneutische Problem im Gespräch von PostModerne und Theologie: auf die Christologie. Es gibt verständlicherweise keine klaren Aussagen seitens der postModernen Philosophen zur Christologie. Aber ihre Kritik an einem ontologischen Denken und an jedem Absolutheitsanspruch legt eine reservierte bis ablehnende Haltung gegenüber der klassischen Christologie nahe. Als Modell einer postModernen Christologie läßt sich am ehesten die Pluralistische Religionstheologie heranziehen[116] – und tatsächlich zeigen sich bei McFague Überlegungen in dieser Richtung:

> „If Jesus is understood as *a* parable of God, one which Christians claim as a true one, then other religions can make the claim that they also contain metaphorical expressions of divine reality. In spite of the difficulties in adjudicating alternative and conflicting claims, to deny such possibilities is to limit Got to a ‚tribal' status and ultimately to make an idol of Christianity...
> A parabolic christology relativizes Jesus´ particularity while universalizing the God of whom Jesus is a metaphor...
> Christians judge his way to be a good, perhaps the best, way, but it is not exclusive."[117]

Die Grundfrage ist hier zu wiederholen: Hat Gott Jesus zu seinem Gleichnis gemacht oder Jesus sich selbst, oder waren es die Menschen, die an ihn glaubten? Sagt, was Jesus über Gott sagte, Gott auch wirklich aus – wenn auch metaphorisch, geschichtlich, aber zugleich darin auch *nicht nur* kontingent, weil dieses einzigartige Leben und Sterben nicht austauschbar ist?

Es geht an dieser Stelle nicht um den Erweis, sondern um den Nachweis der *Möglichkeit*, von Jesus als dem Sohn Gottes vor dem Hintergrund der metapherntheoretischen bzw. differenzhermeneutischen Kritik zu sprechen. Dabei kann gerade eine Hermeneutik der Differenz als adäquate Reflexionsform eines Geschehens herangezogen werden, das sich klarer Identifizierung entzieht: erstens, weil es ein Leben ist, das hier gleichsam auf den Begriff gebracht werden soll, der es nie ganz erreicht und faßt; zweitens, weil die

---

[115] T. Söding, Mehr als ein Buch. Die Bibel begreifen, Freiburg u.a. ²1995, 373.
[116] Vgl. J. Hick, Religion. Die menschlichen Antworten auf die Frage nach Leben und Tod, München 1996.– R. Schwager (Hrsg.), Christus allein? Der Streit um die pluralistische Religionstheologie (QD 160), Freiburg u.a. 1996.– G. M. Hoff, Der >vernünftige Gott<. Kritik der Pluralistischen Religionstheologie, in: rhs 41 (1998) 29-41.– Vgl. zur postModernen Einordnung: ebd., 104f.
[117] S. McFague, Metaphorical Theology, 51; 52; 54.

Immanenz der Transzendenz nicht anders als in Spannungen ausgesagt werden kann, die weder absolute Differenz noch totale Identität, sondern nur im Übergang sein kann, als welcher vermittelte Differenz erscheint.

Metaphorisches Denken verweigert jede (christologische) Identitätslogik. Demgegenüber ist auf eine gebrochene Gestalt noch dieser Kritik zu dringen. Theologisch gesehen gilt: Jesus ist auf eine nur differentiell erfaßbare, weil geschichtliche Weise „identisch" mit Gott. Christologie ist der eine entscheidende Ausnahmefall: Gott setzt seine Metapher, die er *ist*, in der er sich identifiziert, aber wiederum so, wie Gott selbst für den trinitarischen Glauben ist: relational, er selbst als der andere seiner selbst, in Beziehung begriffen, nur so mit sich identisch, nie statisch, also immer identisch-different. Indem Gott seine Metapher als sich selbst setzt, ist er sie zugleich nicht, weil er sich kenotisch in die Welt und in die Menschheit entäußert.[118] Diese Logik ist durchzuhalten – und sie entspricht niemals metaphysischer Identitätslogik, sondern einem Differenzdenken, das Differenz als Vermittlung und Beziehung begreifen läßt. Jede Verabsolutierung der Differenz wäre nur eine neue, gleichsam negative Erscheinung von Identitätslogik.

McFague stellt sich der Möglichkeit einer solchen *Inkarnation* als vermittelter Differenz des Göttlichen und Menschlichen nicht. Und deshalb unterbietet sie das christologische Dogma, wie es klassisch seit Chalkedon vorliegt. Die Konsequenz wäre, daß McFague ganz auf die Möglichkeit verzichten müßte, von Gott zu sprechen, wenn sie hier die eigene, unausgesprochene hermeneutische Prämisse ernst nimmt, die offensichtlich lautet: kein Gott in Geschichte. Daß *sie* es ist, die Gott beschränkt, und zwar auf eine letztlich weltimmanent harmonisierte Vernunft, nimmt sie nicht mehr wahr. Darin aber liegt die entscheidende Schwäche ihres Ansatzes: christologisch ist er nicht konsequent.

Daß die Denkform selbst aber von Bedeutung ist, wird gegen McFague gerade christologisch deutlich: die Hermeneutik einer vermittelten Differenz macht es erst möglich, die Transimmanenz Gottes zu denken, ohne das metapherntheoretisch erreichte hermeneutische Niveau zu verlassen. Am entscheidenden Punkt läßt sich christlich kein inhaltlicher Konsens mit einer postModernen Christologiekritik finden; wohl aber in der Denkform, die wiederum kritisch auf das postModerne Differenzdenken verweist und es danach befragt, ob es differenzbewußt genug denke.[119] Immer unter der Voraussetzung, die McFague übernimmt, daß es überhaupt sinnvoll sei, von Gott zu sprechen. Differenzdenken könnte gerade über die Christologie und die damit zusammenhängende Rede vom dreieinen Gott ein relationales Denken

---

[118] Zur Bedeutung des Kenotischen zumal für den – postModern unter religionspluralistischem Vorzeichen anzusprechenden – Dialog der Religionen vgl. H. Waldenfels, Gottes Wort in der Fremde. Theologische Versuche II, Bonn 1997, 204-220. Vgl. ders., Absolutes Nichts. Zur Grundlegung des Dialogs zwischen Buddhismus und Christentum, Freiburg u.a. 1976, 200-207.

[119] So ist Hicks Pluralistischer Religionstheologie im Blick auf die anderen Religionen ein mangelndes Differenzbewußtsein vorzuhalten, insofern sie im Konstrukt einer allgemeinen, „vernünftigen" Religion theoretisch vereinnahmt werden.

aufnehmen. In dieser Richtung liegt der besondere hermeneutische Anstoß McFagues: er besteht nicht zuletzt in der *Form* des Denkens.

4.2.4 Negative Theologie und Dekonstruktion: Kevin Hart

Mit Kevin Hart meldet sich ein Literaturwissenschaftler theologisch zu Wort.[120] Hart doziert als Professor an der Monash University, Clayton/Victoria (Australien) und unternimmt mit seinem Buch „The Trespass of the Sign"[121] einen Brückenschlag zwischen postModerner Philosophie der Dekonstruktion einerseits und theologischen Fragestellungen andererseits. Dekonstruktives Denken versteht er vor allem im Anschluß an Jacques Derrida.[122] Er entdeckt darin eine mögliche Antwort auf die Forderung nach einer nicht-metaphysischen Theologie, um die es ihm maßgeblich geht. Aus seiner Sicht nimmt sie Gestalt an mit den Traditionen Negativer Theologie, wie er sie wiederum im Dialog mit Derrida, aber auch mit Kant und Heidegger präpariert. Indem er sie als *Denkform* interpretiert, kommt er zu einer Einschätzung, die zugleich als Leitmotiv der nachfolgenden Darstellung dienen kann:

> „Perhaps Derrida´s most important legacy for theology is not his reading of negative theology, fascinating though it is, but the thought that theology must be maintained or recast in a ‚negative form'."[123]

4.2.4.1 Dekonstruktion und Interpretation

Als Einsatzpunkt für seine Überlegungen wählt Hart den biblischen Mythos vom Sündenfall (in der Fassung Dantes). Mit Adams Vertreibung aus dem Paradies ist die Unmittelbarkeit zu Gott verloren gegangen. Im 26. Gesang des *Paradiso* begegnet Adam dem Dichter und spricht ihm von der nun wiederhergestellten Erkenntnisfähigkeit, die es ihm erlaubt, die Gedanken und inneren Regungen Dantes besser zu verstehen als dieser selbst. Der Grund ist die neue Nähe zu Gott:

> „Denn ich seh ihn im wahren Spiegel brennen,
> Der allen Dingen völlig gleich sich setzt,
> Die aber niemals gleich ihm werden können."[124]

Diese Nähe war verspielt durch das Begehren Adams. In seiner Konsequenz liegt die Schaffung einer Sprache, „die ich brauchte, die ich machte". Adam

---

[120] Daß es Hart gleichwohl um Theologie zu tun ist, in der er kenntnisreich und souverän zu Hause ist, macht die Buchwidmung seines Hauptwerks deutlich: *ad maiorem Dei gloriam.*
[121] Mit dem Untertitel „Deconstruction, Theology and Philosophy" 1989 erschienen (Cambridge).
[122] Eine ausführlichere Darstellung von Derridas Ansatz wird im Zusammenhang der Derrida-Lektüre Joachim Valentins geboten. S.u. II, 4.3.1.
[123] K. Hart, Jacques Derrida: Introduction, in: G. Ward (Hrsg.), The Postmodern God. A Theological Reader, Oxford 1997, :159-165; hier: 165.
[124] Dante Alighieri, Die Göttliche Komödie, München ⁴1987, 427.

will die Grenze überschreiten, die in aller Unmittelbarkeit zu Gott bleibt. Mit dieser Selbstbehauptung gegenüber Gott, d.h. im Wunsch, wie Gott zu sein, verliert Adam die Unmittelbarkeit. Fortan braucht er die Sprache, sich selbst zu vermitteln. Erst im Paradies, im Zustand der Wiederherstellung und der Erlösung, schaut er Gott wieder von Angesicht zu Angesicht, wobei auch hier noch der Unterschied bleibt, daß nicht der Mensch von sich aus Gott gleich werden kann, sondern dieser sich ihm zeigt.

Hart entnimmt dieser Erzählung ein zeichentheoretisches Grundmodell: unmittelbares Verstehen ist menschlich unmöglich. Es bleibt immer die Differenz von Zeichen und Bezeichnetem – eschatologisch aufgeschoben. Die volle Zeichenidentität findet sich erst in Jesus Christus wieder. Doch die Möglichkeit, diese Identität zu begreifen, sie adäquat auszusagen, unterliegt wiederum dem menschlichen Bezeichnungsvermögen. Also existiert auch diese Identität nur in der Differenz.

> „On earth, however, the consequences of the Fall are still felt: man is no longer the master of signs but is frequently mastered by them...Without the presence of God, in Paradise or on earth, there can be no hope of understanding oneself, others, or texts... No longer in harmony with God, this world becomes a chiaroscuro of presence and absence".[125]

Bezogen auf den adamitischen Mythos könnte dies noch einmal als Erinnerung an die Selbstherrlichkeit des Menschen dienen. Der Mensch kann sich dem entscheidenden Zeichen Gottes nur anvertrauen, er kann es nicht selbst noch einmal beherrschen. Indem es sich in der Vermittlung der Zeichen nie identisch auffassen, begreifen läßt, es zugleich aber die Erlösung verheißt, bleibt dem Menschen nur das Absehen vom eigenen Wunsch, dieses Zeichen in den eigenen Deutungsrahmen einzuspannen. Der Mensch muß diesem Zeichen vertrauen und so von seinen Erwartungen lassen. Die Unmöglichkeit, das Zeichen identisch zu reproduzieren, seine Fremdheit auf die eigenen Begriffe zu bringen, korrespondiert mit der Forderung, die von diesem Zeichen an den Menschen ausgeht: das eigene Begehren, sein zu wollen wie Gott, abzulegen. Anders gesprochen: die Angst um sich selbst preiszugeben. Das geschieht in der Selbstübergabe, die sich zeichentheoretisch darin ausdrückt, daß der Mensch mit der Differenz Ernst macht, die seit Adam jeden Bezeichnungsvorgang ausmacht: indem er den Unterschied zum Ganz-Anderen *wahrnimmt*.

Dieser Gedankengang führt über Harts Interpretation hinaus, nimmt ihren Anstoß aber grundsätzlich: die verlorene Unmittelbarkeit zu Gott hängt mit den Bedürfnissen menschlicher Selbstpräsenz zusammen. Deren Unmöglichkeit deutet zugleich auf eine Gebrochenheit hin, die sich gleichermaßen existenziell wie zeichentheoretisch ausdrückt. Christlich wird dem Paradigma des auf sich selbst konzentrierten Ich die Erlösung des Ego von seinen falschen Fixierungen zugemutet.

Die semiotische Variante dieser Überlegungen übernimmt Hart von Derrida. Nach ihm gibt es nur Zeichen, die an andere Zeichen anknüpfen und in diesem Prozeß schon von ihnen abweichen: kein interpretierendes Zeichen kann den

---
[125] K. Hart, The Trespass of the Sign, 3f.

Sinn seiner Vorgabe identisch erreichen, weil sich Zeit und Raum dazwischenschieben. Aus diesem Ereignis der Differenz resultiert zugleich der Sinn, den ein Zeichen annimmt. Nur im Unterschied zu anderen bedeutungstragenden Einheiten produziert es seinen Eigensinn. Da dieser nur wieder über Zeichen denkbar und kommunizierbar ist, verabschiedet Derrida jede Hoffnung auf identisches Verstehen, auf eine Unmittelbarkeit zwischen Gesprächsteilnehmern bzw. zwischen Text und Rezipient. Für Hart hat dies theologisch eminente Folgen, die wiederum metaphorisch auf das adamitische Modell verweisen:

> „In natural theology God is approached through the natural signs of His absent presence, and signs are equally crucial in revelated theology."[126]

Unmittelbarkeit zu Gott wird zum Interpretationsphänomen. Wort Gottes wird als solches identifiziert, d.h. in seiner Deutung als Vermittlung, als Zeichenaufschub, als Ineinander von Abwesenheit und Anwesenheit Gottes *gedeutet*. Nur von einem übergeordneten, absoluten Standpunkt aus ließe sich die Identität von Zeichen und Bezeichnetem garantieren. Da eine solche hermeneutische Zentralposition menschlich nur zeichenvermittelt gedacht werden kann, müßte auch sie dekonstruiert werden. In biblischer Metaphorik: im Spiel der Differenzen wird der semantische Turm von Babel eingerissen.[127] Die Zuspitzung der Träume, den Himmel erreichen zu können, zieht die Zerstreuung nach sich, die zugleich als der eigentliche semiotische Baugrund sichtbar wird. Indem er freigelegt wird, kann das Fundament erst besichtigt werden – ein beweglicher Grund freilich. Derridas Gedanke der Dekonstruktion macht deutlich, daß der Herrschaftsanspruch Babels zertrümmert wird, jener Versuch, *sich einen Namen zu machen*, die Identität eines Namens herzustellen, der jenseits aller Differenzen bleibt. Der hierarchische Bauplan dieses Denkens wird zerrissen. An seine Stelle treten verschiedene Entwürfe. Es ereignet sich eine *dissemination*, die viele Sprachen schafft. Theologisch gewendet, ist Gott der Dekonstrukteur dieses Projekts. Was bleibt, ist die Differenz der nie restlos übersetzbaren Sprachen. Jeder Traum von einer Identität im Verstehen hat sich von dieser Erzählung dekonstruieren zu lassen: es existiert kein Zentrum, keine Totalität, keine Homogenität, solange Zeichen gebraucht werden.

Von diesem Ausgangspunkt entwickelt Hart mit Derrida seine theologische Identitätskritik. Dabei setzt er die Dekonstruktion als kritische Methode ein, der sich unter Voraussetzung der zeichentheoretischen Grundeinsicht auch die Theologie zu stellen hat. Dekonstruktion muß dabei nicht atheistisch fungieren, obwohl sie ein Denken ohne Anfang und Ende profiliert. Vielmehr taugt sie als Verfahren immanenter Kritik an Totalitätsmodellen, in denen *Gott* zum einsetzbaren Konzept mutiert. Dies geschieht, wo Gott zum Erklärungsgrund wird, zum Deus ex machina unserer Aporien. Gott wird hier aufgebraucht.[128]

---

[126] Ebd., 7.
[127] Vgl. ebd., 109-117.
[128] Dies läßt sich auch im Sinne einer Kritik am Religionsfunktionalismus und an „religionskonsumtiven Tendenzen" gegenlesen: vgl. die luzide Kritik von R. Buchholz, Religion als Ware.

„Derrida´s quarry is the notion of totalisation, and he closes on God only to the extent that God has been taken to function as a means of totalisation. So if we understand ‚theism' to have an unavoidable reference to a determinate centre, and deconstruction to determinate that no centre, in any structure, can be determinate, we may say in this sense, and only in this sense, that deconstruction is atheistic."[129]

Die entscheidende Anschlußfrage lautet nun, ob Theologie tatsächlich theologisch in diesem Sinne betrieben werden muß: onto-theologisch, identitätslogisch. Mit Derrida erschließt sich für Hart ein Spielraum theologischer Kritik, die sich gegen die Funktionalisierung, Ontologisierung und Identifizierung Gottes richtet:

„All concepts, and hence all meaning, are a function of *différance*; and this obviously holds true for the concept of God."[130]

In jedem Konzept von Gott bleibt die Spur der semiotischen Differenz grundlegend enthalten. Diese Differenz ist aber als Vorgang, als grundloser Grund zu denken, weil sich die zeichengenerierende *différance* nur in diesem Prozeß *ereignet*, also nicht als transzendentales Prinzip gleichsam metaphysisch-jenseitig wartet.[131] Sie ist nur konkret, d.h. geschichtlich und radikal zeitlich. Damit aber entzieht sie sich selbst als Grund und bleibt *grundlos*. Für die Theologie ergibt sich mit diesem semiotischen Ansatz die Herausforderung eines Paradigmenwechsels, dem sie sich zu stellen hat, weil sie ihre eigene Identität und ihren ureigensten „Grund" in Zeichen kommuniziert. Für Hart gerät Theologie dergestalt „under critical pressure"[132]:

„we pass from a discourse upon the ‚ground' to one upon the ‚groundless'."

4.2.4.2 Dekonstruktion und Theologie

Immer wieder insistiert Hart darauf, daß sich Theologie und Dekonstruktion nicht ausschließen müssen. Gegenüber exklusiv atheistischen Interpretationen, die als wesentliche Bezugspunkte Derridas die großen Hermeneutiken des Verdachts von Marx, Nietzsche und Freud ins Spiel bringen, verweist Hart auf die jüdischen Momente in der Ausarbeitung der Dekonstruktion. Für sie stehen verschiedene Textzeugen: Isaac Luria mit der Betonung der endlosen Interpretation der Kabbala[133]; Emmanuel Levinas mit seinem Denken der Spur und der Totalitätskritik im Zeichen des Anderen[134]; schließlich

---

Über religionskonsumtive Tendenzen der späten Moderne, in: G. Riße u.a. (Hrsg.), Wege der Theologie: an der Schwelle zum dritten Jahrtausend (FS Hans Waldenfels), Paderborn 1996, 125-138.

[129] Ebd., 29f.
[130] Ebd., 37.
[131] J. Derrida, Die différance, in: ders., Randgänge der Philosophie, Wien 1988, 29-52.
[132] K. Hart, The Trespass of the Sign, 39.– Das folgende Zitat ebd.
[133] Den jüdischen Anteil, gerade im Blick auf die jüdische Mystik, arbeitet J. Valentin heraus: ders., Atheismus in der Spur Gottes, 65-148.
[134] Vgl. J. Derrida, Gewalt und Metaphysik. Essay über das Denken Emmanuel Levinas, in: ders., Die Schrift und die Differenz, Frankfurt a.M., 1976, 121-235.

4. Ansätze einer theologischen Hermeneutik der Differenz 407

Edmond Jabès in seiner Wendung vom geschlossenen Buch zum offenen Text.[135] Immer wieder betritt die Dekonstruktion mit diesen Autoren *auch* religiöses Gelände. Und es sind nicht nur die alten Chiffren, die sie abreißt und neu besetzt, sondern sie wählt die Denkform. Im Endlichen spürt sie das Nichtidentische und das Andere auf, das sich nicht ausdenken läßt.

„Das Andere ist im Selben"[136]: das läßt sich subjekttheoretisch nehmen, gilt aber grundsätzlich vom zeichentheoretischen Differenzansatz her für das Denken schlechthin. Jedes Zeichen weist Sinn auf und zugleich ab. Damit unterliegt jede Bedeutung einer Gespanntheit von Positivität und Negativität, die sich nicht mehr in eine höhere Einheit fügen läßt, sondern sich als Vorgang weiterschreibt. Deshalb auch ist für Derrida die Schrift genauer Ausdruck der *différance*: in ihrer Anwesenheit bebt die Abwesenheit als Abweichung im Verstehen. Kein Ursprung läßt sich als solcher auffassen, sondern nur als in den Zeichen gebrochen, vervielfältigt.

Damit berührt das dekonstruktive Denken der Differenz die Theologie in ihrer negativen Gestalt. Es besteht eine Wahlverwandtschaft:

> „For if deconstruction puts into question all systematic knowledge of the highest being and affirms the play of the groundless in the positing of any ground, then it is in point of fact close to the reflections of many mystical theologians. There may be no thematic link between deconstruction and mystical theology, but there may well be a structural link, in that mystical theology might be a mode of deconstruction: and such is the general argument of this study."[137]

Hart verbindet in diesem Hinweis Mystik und Negative Theologie miteinander. Beide theologischen Denkformen wahren ein Bewußtsein für die Unendlichkeit Gottes, die wiederum in der Onto-Theologie strukturell bedroht scheint. Jeder Versuch, Gott als ein höchstes, erstes oder letztes Sein zu denken, funktionalisiert ihn im aporetischen Engagement, eine Antwort auf die letzte Frage nach dem Anfang und dem Ende des Kosmos bzw. menschlicher Existenz zu finden. Gott erstarrt zum metaphysischen Frageabschluß, während Mystik die Unaussprechbarkeit der Erfahrung Gottes im Aussprechen dieser Unsagbarkeit öffnet. Damit sprengt sie jedes Konzept, jedes Bild von Gott und wird auf der Basis einer positiven Erfahrung, einer Erschließung und Offenbarung Gottes negativ. Solche Theologie, die nicht mehr an ihre übersteigerte Positivität weitergereicht wird, entspricht der tiefen Leere auf dem Boden der vermittelten Gottunmittelbarkeit, als Nacht erlebt, als Verdunkelung Gottes, als sein Entzug.

Für Hart wird damit deutlich, daß nicht die Metaphysik als Frageraum des Unendlichen abgeschafft werden kann, wohl aber ihre ontologische Veranlagung:

> „Such remarks suggest the possibility of re-thinking the divine in a discourse which, while it cannot abolish metaphysics, is no longer *governed* by metaphysics."[138]

---
[135] Vgl. ders., Edmond Jabès und die Frage nach dem Buch, in: ebd., 102-120.
[136] J. Derrida, Ellipse, in: ebd., 443-450; hier: 446.
[137] K. Hart, The Trespass of the Sign, 45; vgl. ebd., 64.
[138] Ebd., 47.

Onto-theologische Metaphysik startet ihren Diskurs von einer Zentrale aus, die alles codiert. Alles wird von ihr her lesbar. Ihre theologische Grundannahme ist die des Geistes als etwas Intelligibles, das volle Präsenz in der Wahrnehmung von Zeichen herstellt. Dementgegen arbeitet dekonstruktives Denken das Eigenleben jedes Textes heraus: die Irreduzibilität der Differenz noch in der zeichenvermittelten Behauptung von Unmittelbarkeit, Selbstpräsenz und Identität.

> „The concepts of ‚truth', ‚total presence' and ‚parousia' are called into question, not the concept of ‚God' as such."[139]

Die Festschreibung des Unendlichen wird dekonstruiert. Theologisch wird die Rede vom Grund an jene Grundlosigkeit erinnert, die im Abgrund mystischer Erfahrung die andere Wahrheit der Rede von Gott verschließt. Nach Meister Eckhart müssen wir, um Gott zu finden, ihn lassen[140], Gottes ledig werden.[141]

4.2.4.3 Negative Theologie als Dekonstruktion

Damit ist der Übergang zur Negativen Theologie geschaffen. Hart hebt sie von metaphysischer Theologie ab. Unter letzterer versteht er „any discourse in which the God of metaphysics, the *causa sui*, is completely identified with the God of faith."[142] Metaphysische Theologie ist eine Form positiver Theologie, mit der Gott ausgesprochen wird. Sie zeigt ihr metaphysisches Gesicht, wo die gleichzeitige Unaussprechlichkeit Gottes nicht mehr thematisch wird. Freilich ist Theologie damit strukturell überfordert: die Gleichzeitigkeit von Möglichkeit und Unmöglichkeit läßt sich lediglich in eine ungleichzeitige, jeweils für die eine der beiden Seiten zu spät kommende Gestalt bringen. Deshalb gehören affirmative und negative Theologie zusammen:

> „the negative theologian is not so much concerned with the existential problem of God´s absence as with the double bind that God imposes upon man: Represent me, but on no account represent me."[143]

Damit wird – gegen die Kritik Joachim Valentins an Hart – Negative Theologie nicht zum bloßen Gegen- und Ergänzungsstück positiver Theologie. Beide stehen für Hart nicht einfach in „Opposition".[144] Von daher fällt Hart auch nicht „im Ergebnis hinter Derridas z.T. allerdings erst nach 1989 erschienene eigene Arbeiten zur ‚negativen Theologie' zurück."[145] Die ursprüngliche Skepsis Derridas gegenüber Negativer Theologie faßte diese

---
[139] Ebd., 62.
[140] Vgl. Traktate (DW 5), hrsg. u. übers. v. J. Quint, Stuttgart 1963, 225.
[141] Vgl. Predigten (= DW 2), hrsg. u. übers. v. J. Quint, Stuttgart 1971, 493.
[142] K. Hart, The Trespass of the Sign, 97.
[143] Ebd., 185.
[144] J. Valentin, Atheismus in der Spur Gottes, 232.
[145] J. Hoff, Spiritualität und Sprachverlust. Zur philosophischen Grundlegung katholischer Theologie im Anschluß an Michel Foucault und Jacques Derrida, Diss. Tübingen 1998, 6.

noch in eben jener Anbindung an letzte Positivität. Negativität erscheint darin als Epiphänomen.

> „Der sich bei J. Derrida abzeichnende neue Begriff Negativer Theologie läßt sich folgendermaßen charakterisieren: Deutlicher als andere Texte verweisen diejenigen der Negativen Theologie auf den nichtsprachlichen Ursprung der Sprache. Sie ermöglichen eine Begegnung mit dem *Anderen* des Autors und dessen Intentionalität. Dies gelingt in der Negativen Theologie, indem hier in einer gleichzeitig apophatischen und kataphatischen Rede der Gegensatz zwischen Negation und Affirmation aufgehoben wird."[146]

Genau auf dieses Konzept arbeitet auch Kevin Hart hin. Natürlich bleibt ein gewisses Gegenüber bestehen, doch das ist als vermittelte Spannung zu fassen. Nur für metaphysische Theologie ist Negative Theologie lediglich Supplement: „those theologies are metaphysical which claim that this supplement is merely added to a positive theology, that positive theology is prior to negative theology."[147] Stattdessen sieht Hart Negative Theologie im Herzen aller Theologie. Daß diese auch positive Züge besitzen muß, resultiert aus der Gotteserfahrung, ohne die Theologie sinnlos wäre. Doch insofern diese Erfahrung als Offenbarung jeweils über Zeichen vermittelt wird, kommt Negative Theologie ihrem Spannungspol immer zuvor. Und das gerade aufgrund der Derridaschen *différance*. Negative Theologie funktioniert in dieser Hinsicht als Kritik an jeder theologischen Aussage und macht darauf aufmerksam, daß jedes notwendige Gottesbild hinter Gott zurückbleibt; daß kein Weg an jener Ur-Differenz vorbei in einen vermeintlichen Grund führt, der sicheres Zeichen von Gott für uns ist. Diese Sicherheit bezieht sich nun nicht auf die Zuverlässigkeit Gottes, sondern auf das menschliche Rezeptionsvermögen bzw. die fehlende Möglichkeit, das Wirken der *différance* auszuschalten, es zu hintergehen. Auf Gott bezogen, besagt diese Grundlogik:

> „There may be a God, and this God may be pure selfpresence; but He cannot be intuited or revealed in the present."[148]

Nichtmetaphysische Theologie operiert von daher im Innern positiver Theologie. Dennoch sind beide nicht voneinander zu trennen: ohne den sprachlichen Ausblick auf Gott gibt es keine Theologie, sondern nur das Schweigen ins Nichts. Daß angesichts Gottes unser Sprechen freilich immer in das Nichts seiner eigenen Nichtigkeit getaucht bleibt, macht den unverzichtbaren

---

[146] J. Valentin, Atheismus in der Spur Gottes, 213.
[147] K. Hart, The Trespass of the Sign, 104.– Valentin übersetzt auf S. 232, Anm. 52 eben diese Passage, läßt jedoch die entscheidende Stelle aus, mit der sich Hart von der als metaphysisch bezeichneten (und also seiner entgegengesetzten) Position distanziert, wonach negative Theologie als Supplement lediglich positiver Theologie hinzugefügt sei. Hart selbst sieht die Beziehung verwickelter. Die abweichende Interpretation des Stellenwerts Negativer Theologie bei Hart mag mit der Auslegung dieser Stelle zusammenhängen. In jedem Fall verdient diese Passage deshalb besondere Beachtung, weil das Konzept Negativer Theologie bei Hart erst so von einem möglichem Metaphysik-Vorwurf barer Gegensätzlichkeit befreit und die kritische Substanz seiner Überlegungen freigelegt wird. Sie spielen den später publizierten Deutungen Negativer Theologie durch Derrida durchaus in die Hände.
[148] K. Hart, Jacques Derrida: Introduction, 165.

Anteil Negativer Theologie im theologischen Ganzen aus. Daß diese Negativität von der Struktur der *différance* abhängt, verleiht ihr ein (semio)logisches Prius. In diesem Sinne erscheint die Negative Theologie als Dekonstruktion der affirmativen:

> „In doing so, negative theology reveals a non-metaphysical theology at work within positive theology. But it is, I shall argue, incapable of isolating non-metaphysical from positive theology."[149]

4.2.4.4 „Grundlose" Theologie?

Für Hart ist Negative Theologie eine unverzichtbare Denkform der Theologie. Für die onto-theologische Tradition erscheint Gott als transzendentaler Grund. Mit dem Denken der *différance* kommt jedoch eine andere Möglichkeit ins Spiel, diesen Grund zu denken. Und diese Vorstellung verweist auf eine unausräumbare Negativität der „Identifizierung" dieses Grundes. Wie der absolute Gott der Metaphysik hat auch die *différance* den Stellenwert einer unhintergehbaren Bedingung. Sie erscheint aber nur mit den Zeichen, die sie generiert, nie ohne sie. Sie ist gleichsam jenseits der Phänomene zu denken, weil diese von ihr abhängen, und zugleich ist sie nichts Abstraktes, ganz diesseitig. Der onto-theologische Gott ist verborgen in einem Jenseits, das so als transzendentaler Bereich für die *différance* nicht existiert. Das Unendliche ist nicht anders als im kontingenten Zeichen, das es erst hervorbringt.

> „We can say that *différance* originates at the level of the phenomenal text because prior to writing there is no *différance*: it is not a transcendental principle which could theoretically be articulated in a world without phenomena... Strictly speaking, *différance* is constituted by a doubled origin, at once phenomenal and transcendental. The transcendental is implied by the phenomenal, and the phenomenal turns out to be conditioned by the transcendental."[150]

Damit wird die *différance* als Grund zugleich grund-los begriffen. Sie läßt sich nicht herausschälen und (metaphysisch) als ein eigenes Sein identifizieren. Dieser Gedanke fordert die klassische theologische Terminologie heraus: auch christlich ist Gott als Grund nie wirklich, nie anders als menschlich gedacht worden. Im schlimmsten Fall wird er zur Projektionsfläche jener Abstraktionen, mit denen das Unendliche dem Endlichen einfach entgegengestellt wird, als läge darin eine Begründung bereit. Doch ist auch dieser letzte Grund nicht mehr vorstellbar: Absolutes erscheint eher als Abbruch der Frage nach dem Ursprung und Grund des Kontingenten. Der onto-theologisch absolute Gott kann so das aporetisch Unbewältigte wegrationalisieren. Jede seiner Erfahrungen reißt indes zurück in die Abgründigkeit Gottes: für den Christen am deutlichsten im Leben, Sterben und in der Auferstehung Jesu. Dieser wahnsinnige *Exzess* der Liebe ist „das Geheimnis der verborgenen Weisheit Gottes" (1 Kor 2,7).

---

[149] K. Hart, The Trespass of the Sign, 104.
[150] Ebd., 187.

4. Ansätze einer theologischen Hermeneutik der Differenz 411

In dieser Hinsicht sichert Negative als grundlose Theologie den Raum des Unverfügbaren:

> „negative theology seeks to guarantee that human speech about God is in fact about *God* and not a *concept* of God."[151]

Ansatzpunkte für eine grund-lose Theologie des Grundes findet Hart bei Kant und Heidegger. Kant betreibt für Hart Negative Theologie in dem Sinne, daß Gott nicht gewußt werden kann. Als notwendige regulative Idee unserer praktischen Vernunft ist er zwar zu denken, aber keine Aussagen erreichen ihn. Hier ergibt sich eine Parallele zu Derrida, der eine verschobene Form der Metaphysik in nachmetaphysischer Gestalt zuläßt, indem er den Gedanken des Unendlichen radikal ernst nimmt. Sie funktioniert mit der *différance* in einer neuen Weise transzendental, läßt aber keine onto-theologische, identitätslogische Festschreibung zu:

> „Good metaphysics is to be found in the method of transcendental deduction which supplies a firm ground to speculation; what is beyond dogmatic metaphysics turns out to be critical metaphysics... *différance* enables metaphysics yet disables the totalisation of a text by metaphysics."[152]

Damit verschärft sich noch einmal die Sprechsituation auch der Negativen Theologie. Die *différance* haftet zwar an der Metaphysik, überwindet sie aber auf eine Weise, die nicht einfach ein Redeverbot über Gott verhängt, weil er unsagbar transzendent ist – das wäre noch letzte Bestätigung von Metaphysik:

> „Dieses Unbenennbare ist kein unaussprechliches Wesen, dem kein Name nahekommen könnte: Gott zum Beispiel. Dieses Unbenennbare ist jenes Spiel, das nominale Effekte bewirkt, verhältnismäßig einheitliche oder atomare Strukturen, die man Namen, Ketten von Namenssubstitutionen nennt... Den Namen des Namens in Frage stellen. Es wird keinen einzigartigen Namen geben, und sei es der Name des Seins."[153]

Diesen Namen wählt Heidegger, wobei auch er das Sein letztlich aus jeder Identifizierung herausnimmt. Das Sein ist Grund, aber für jede Vorstellung von ihm grundlos. Damit entzieht es sich den Sinnerwartungen menschlicher Berechnung. Heidegger stemmt sich damit der seinsvergessenen Metaphysik entgegen: für sie muß alles im Rahmen der menschlichen Rationalität begründbar sein. Die Vernunft macht die Vorgaben, nach denen die Phänomene eingerichtet werden.

> „Nur das in einem begründeten Vorstellen zum Stehen Gebrachte kann als Seiendes gelten. Begründend aber ist ein Vorstellen dann, wenn jeweils der Grund als begründender dem vorstellenden Subjekt zugestellt wird."[154]

Solches Denken vermißt noch das höchste Sein. Gott wird unter Seinsrubriken begriffen, die letztlich vom Seienden orientiert sind. Gott erscheint wie

---
[151] Ebd., 192.
[152] Ebd., 230.
[153] J. Derrida, Die différance, 51.
[154] M. Heidegger, Der Satz vom Grund (GA 10), hrsg. v. P. Jaeger, Frankfurt a.M. 1997, 42.

das Sein, mit dem er metaphysisch identifiziert wird, als Grund des Seienden und darin letztlich selbst als Seiendes, nämlich gemäß seiner Vorstellungsform. Für Heidegger impliziert der zentrale Satz vom Grund, wonach *nichts ohne Grund ist*, anderes:

> „Der Satz vom Grund sagt: *Zum Sein gehört dergleichen wie Grund. Das Sein ist grundartig, grundhaft*. Der Satz: >Sein ist grundhaft< spricht ganz anders als die Aussage: Das Seiende hat einen Grund. >Sein ist grundhaft< meint also keineswegs: >Sein hat einen Grund<, sondern sagt: *Sein west in sich als gründendes... Der Satz vom Grund ist ein Sagen vom Sein*. Er ist dies, aber verborgenerweise. Verborgen bleibt nicht nur, wovon er sagt, verborgen bleibt auch, *daß* er vom Sein sagt."[155]

Das Sein als Grund verläßt den Bereich des vorstellenden Denkens, es wird gleichsam undenkbar gedacht. Für Kevin Hart bleibt Heidegger freilich über seine Art des Seinsdenkens an eine letzte Sehnsucht nach einem ursprünglichen Namen gebunden und insofern metaphysisch. Der Name wird nicht mehr wie bei Derrida in das Spiel der Differenzen eingefügt, sondern rahmt es. Die Grundlosigkeit der *différance* radikalisiert die auch bei Heidegger seinsgeschichtlich ansprechbare Negativität. Denn sie nimmt jeden Gedanken als Zeichen differentiell wahr. Wenn Heideggers Seinsbegriff in einer verfremdenden theologischen Denkform Gott anders als Seiendes und also jenseits jeder vorstellenden Kategorisierung nähert, dann ist mit Derrida noch jener letzte Schritt zu gehen, der es verhindert, daß man bei dieser aporetischen Versprachlichung stehen bleibt. Derridas Spur der *différance* signifiziert jenseits der Dichotomie von Anwesenheit und Abwesenheit. Für Hart ergibt sich hier eine aufregende Parallele zur Selbstoffenbarung Gottes von Ex 3,14. Dieser Schriftstelle entnimmt Hart die Lizenz für ein nachmetaphysisches Sprechen von Gott, das an metaphysischen Konzepten haftet und sie zugleich dekonstruiert:

> „The words which the author of Exodus attributes to Yahweh express a position which, in its very act, makes use of metaphysical concepts which he denies are applicable to Him. And it is through a systematic negation of these concepts, such as occurs in negative theology, that this metaphysics is deconstructed."[156]

In dieser Denkrichtung sieht Hart die Aufgabe einer Negativen Theologie, die sich mit Derrida nie ganz von ihrer metaphysischen Veranlagung und Herkunft befreien kann. Heideggers Negative Theologie ist eingeschränkt, weil sie über einen letzten Namen verfügt, auch wenn dieser – das *Seyn* – durchgestrichen wird. Derrida verwandelt jeden Namen in einen anderen. Seine generelle Negative Theologie dekonstruiert ausnahmslos alles:

> „what results is a general negative theology, one which places the value of the proper name in question, and thus provides us with an account of the only possible way in which a theology can resist the illusions of metaphysics."[157]

---

[155] Ebd., 73.
[156] K. Hart, The Trespass of the Sign, 263.
[157] Ebd., 269.

4.2.4.5 Theologischer Schattenriß

Harts Gespräch mit Kant, Heidegger und vor allem Derrida entwickelte sich aus dem Interesse an einer nachmetaphysischen Theologie heraus und endete mit einer Begründung Negativer Theologie, die vor allem zeichentheoretisch geleistet wurde. Der eigentliche Entwurf einer solchen Theologie steht aus und ist auch bislang noch nicht eingelöst worden. Das gilt für Kevin Hart wie für die anderen Vertreter einer Theologie, die im Rahmen dieser Arbeit unter dem postModernen Vorzeichen theologischer Differenzhermeneutik diskutiert wurden. Die Rezeption der Differenzphilosophie, der postModerne Diskurs ist theologisch vielleicht noch zu jung, um mehr erwarten zu dürfen. Dennoch zeichnen sich Konturen einer solchen Theologie ab. Kevin Hart mustert unter dem Kennwort Negativer Theologie ihren Schattenriß.

Daß sie weder in einen grundlegenderen affirmativen Diskurs zurückgeführt wird noch als dessen bloße Ergänzung, ebenso wenig aber auch in einer unvermittelten Opposition verharrt, wurde im Blick auf Jacques Derrida deutlich. Solche Theologie eignet sich vornehmlich zur Dekonstruktion identitäts- und onto-logischer Theologien. Sie muß, ohne daß Hart dies ausführt, auch jede positive Theologie betreffen. Aber sie darf auch nicht ausgeblendet werden. Es zeichnet sich eine Logik ab, die gleichzeitig die Offenbarung Gottes aufnehmen und übersetzen kann, jedes Bild jedoch ikonoklastisch behandelt. Die Grundlosigkeit des Grundes wird im Sinne einer Schöpfung vorstellbar, die mehr ist als Kausalität, sondern grundlose Liebe. Sie zehrt von einer ganz anderen „Logik". Hans Urs von Balthasar spricht in dieser Richtung von Gott als grundlosem Grund, vom

> „Geheimnis der grundlosen Hingabe, auf die alles, was begriffen werden soll, als auf die letzte, sich selbst begründende Ursache zurückgeführt werden muß."[158]

Balthasar fällt indes hier in das onto-theologische Sprachspiel zurück. Das Zitat wird zum Indiz in der Sache: wie eng metaphysisches und nicht-metaphysisches Sprechen theologisch miteinander verknüpft sind; und wie schwer es fällt, eine Theologie des Grundlosen nicht nur *additiv*, sondern prinzipientheoretisch zu betreiben.

Für Hart ist Gott im Anschluß an die Quasi-Transzendentalität der Derridaschen *différance* grundloser Grund, je verschobene Wirklichkeit. Inkarnation ließe sich von daher in der gleichen Spannung und mit ähnlicher Ökonomie wie die *différance* vorstellen: auf eine nicht zu identifizierende, aber wirklichkeitsbestimmende Weise anwesend-abwesend, jenseitig in einem nicht mehr metaphysisch besetzten Raum, sondern jenseitig in der ganzen Konkretion des Wirklichen, das es signifiziert. Vielleicht liegen in dieser Richtung unausgeschöpfte Möglichkeiten für die Christologie als dem Grund aller Theologie.

Jede Vorstellung bricht sich an diesem Grund. Wenn das auch begründungstheoretisch gilt, so beinhaltet das eine Offenheit des Denkens für das,

---

[158] H. U. v. Balthasar, Theologik. Bd. 1: Wahrheit der Welt, Einsiedeln 1985, 311.

was kein Gedanke erreichen kann. Nicht nur *theologie*kritisch funktioniert diese Intuition, sondern auch als Infragestellung jener vorstellenden, berechnenden Vernunft, die sich in den eigenen Maßstäben abschließt und das Andere aus dem rationalen Diskurs exkommuniziert.

Damit läßt sich der Impuls von Harts Gesprächsführung, die in Ansätzen über ihn hinausgetrieben wurde, in dreifacher Hinsicht festhalten:

1. Hart hält die metaphysische Fragerichtung mit Derridas Differenzdenken offen;
2. er transformiert sie in einen ontologiekritischen Theoriezusammenhang, indem er sie semiologisch verankert;
3. er begründet eine theologische Negativität als mögliche nachmetaphysische Denkform der Theologie.

Die Beunruhigung in dieser Theologie, die erst begonnen hat, eine zu werden, sucht nach einer anderen theologischen Denkform. Heidegger gibt ihr *eine* Richtung:

„Ein Gott, der über das Sein sich erheben möchte oder gar erhoben wird und zur Quelle (Ursache) des Seins (nicht nur des Seienden) gemacht wird, >ist< kein Gott und kann kein Gott sein."[159]

„Demgemäß ist das gott-lose Denken, das den Gott der Philosophie, den Gott als Causa sui preisgeben muß, dem göttlichen Gott vielleicht näher... Es ist freier für ihn, als es die Onto-Theo-Logik wahrhaben möchte."[160]

4.2.5 Kritische Theologie aus postModernem Geist: Graham Ward

Graham Ward arbeitet als Theologieprofessor am Peterhouse-College in Cambridge und hat sich in verschiedenen Arbeiten mit postModernen Ansätzen auseinandergesetzt.[161] Sein Interesse richtet sich vor allem auf die kritische Bedeutung postModernen Denkens für das theologische Denken und Sprechen. Damit eignen sich Wards Überlegungen zu einer Bündelung wesentlicher bereits ausgearbeiteter Motive des theologischen PostModerne-Gesprächs.

---

[159] M. Heidegger, Die Geschichte des Seyns (GA 69), hrsg. v. P. Trawny, Frankfurt a.M. 1997.

[160] Ders., Identität und Differenz, Pfullingen ⁹1990, 65.– Vgl. dazu H. Waldenfels, Kontextuelle Fundamentaltheologie, 139.– Vgl. M. Heidegger, Hölderlins Hymnen „Germanien" und „Der Rhein" (WS 1934/35) (GA 39), hrsg. v. S. Ziegler, Frankfurt a. M. 1980, 95: „Wer im Ernst sagt >Gott ist tot< und ein Leben daran setzt wie Nietzsche, der ist kein A-theist. Das meinen nur jene, die mit ihrem Gott verfahren wie mit einem Taschenmesser."– Daß mit diesem Zitat die Arbeit nicht in Richtung auf eine falsch verstandene Tod-Gottes-Theologie laufen soll, ergibt sich aus dem Gesamtzusammenhang.

[161] G. Ward, Barth, Derrida and the Language of Theology, Cambridge 1995; ders., The Postmodern God. A Theological Reader, Oxford 1997; darin: Introduction, or, A Guide to Theological Thinking in Cyberspace, XV-XLVII.

4.2.5.1 PostModernes Denken als Kritische Theorie

In seiner Einführung in den Zusammenhang von „Theology and Contemporary Critical Theory"[162] wird deutlich, daß Ward mit den gegenwärtig relevanten Fortschreibungen Kritischer Theorie postModerne Theoriemuster meint: u.a. erhalten jene Namen ein eigenes Kapitel, die auch in dieser Untersuchung als postModerne Differenztheoretiker gelesen wurden: Jacques Derrida, Paul Ricoeur, Michel Foucault, Emmanuel Levinas und Jean-Francois Lyotard.[163] Mit ihnen werden verschiedene Beunruhigungen in den Text des okzidentalen Denkens getragen: die Ausarbeitung der Differenzen im Verstehen, des Zufälligen, der von Machtstrategien geleiteten und erhaltenen Wirklichkeitszugänge, des in sprachlichen Verschiebungen nicht eindeutig identifizierbaren Sinns, des metaphorisch Mehrdeutigen, des vom Subjekt nicht sicher beherrschbaren Anderen, der schon je der Andere im Selbst ist, mit ihm gleichzeitig und gleichermaßen konstitutiv für das denkende Ich. Für Ward markieren diese Aufsprengungen einer unzweifelhaften Identität im Fremd- und Selbstverstehen den Hintergrund zeitgenössischen Denkens und Empfindens.

Davon ist auch die Theologie betroffen. Ihr Text ist selbst aus verschiedenen Texten zusammengesetzt, mit theoretischen Überlappungen zu anderen Disziplinen, in den *eigenen* Diskursen, mit unterschiedlichen Stützpunkten des Denkens. In diesem Sinne ist Theologie eine kontextuelle und transversale Wissenschaft. Der Text erscheint hier als Leitmetapher der Wirklichkeit. Das hat gerade für die Theologie als Textwissenschaft Folgen: der Text ist kein stabiles Etwas, sondern offen und unendlich, eine Spur und Spuren legend, ein Bezug, der über sich hinausweist und keine identische Selbstreferenz garantiert, weil er sich nicht identisch wiederholen läßt.[164] Auch nach Ward macht dies die eigentliche Herausforderung des postModernen Denkens für die Theologie aus: die Kritik jeder begründungstheoretischen Identifizierung des Unendlichen, das gleichzeitig im Endlichen seine Spuren hinterläßt und es erschüttert, aufbringt, sich nicht mit schlechter Endlichkeit abfinden läßt, weil diese ihrerseits nicht selbstgenügsam ist. Ward sieht nun genau darin die neuen Formulierungsbedingungen und -chancen zeitreflexer Gottrede. Sie funktioniert als doppelte theologische Kritik: nach innen an nicht mehr kritisch begleiteten Identifikationen und vorschnellen Affirmationen des Transzendenten; nach außen an der Genügsamkeit, die Dinge zu nehmen, wie sie *endlich* scheinen, statt in den Spuren ihrer Differenz von sich jene unendliche Bewegung zu entdecken, die selbst mit dem Text als Metapher der Wirklichkeit deren Vexierbild ist.

Auf diese Überlegungen halten Wards Reflexionen zu. Er konzentriert sie zum Ende hin unter dem Stichwort einer *Wiederverzauberung der Welt*.[165]

---

[162] London 1996.
[163] Außerdem diskutiert Ward noch eigens Luce Irigaray, Gayatri Chakravorty Spivak, Hayden White (der auch in dieser Arbeit in der Auseinandersetzung mit Paul Ricoeur eine Rolle spielt), Julia Kristeva, Stanley Fish und Hélène Cixous.
[164] Vgl. ebd., 1.
[165] Vgl. ebd., 132-135.

Damit wird der Bezug zur Kritischen Theorie noch einmal verdeutlicht, wie er auch in dieser Arbeit z.B. in der Aufnahme von Adornos Denkfigur einer Negativen Dialektik verschiedentlich hergestellt wurde.

Ward orientiert sich mit seinem Begriff Kritischer Theorie an der (älteren) Frankfurter Schule.[166] Die „Dialektik der Aufklärung" liest er als deren wesentliches Dokument. „Critical theory has its roots in *Kulturkritik,* in the development of analyses of culture and theories of culture which began to take place in the nineteenth century."[167] Diese Kulturkritik wird vernunftkritisch ausgearbeitet, und hier wird postModerner Theoriegrund erreicht; daß Ward unter diesen Vorzeichen vorgestellt wird, erhält so weiteren Anhalt.

Ward faßt nun die Stoßkraft Kritischer Theorie in Abhebung von hermeneutischer Tradition, die nach seiner Einschätzung – wie auch in der historischen Einleitung dieser Arbeit – die Momente von Differenz unterschätzt.

> „To sharpen the edges of that conflict, we could say that, generally, the presupposition of the hermeneutical tradition is a holism which guarantees that meaning can be discovered. On the other hand, the presupposition of the critical tradition is that meaning is always historically embedded, is always caught up with the exercise of indvdual and institutional ‚will-to-power'. The presupposition of hermeneutics is that universal meaning exists independent of, but assesable through, all local expressions of meaning. The presupposition of the critical tradition is that meaning is constructed – by the way we perceive, conceive and think (Kant) and by our language (Derrida). Contrary to being discovered, meaning is created and invested with value within certain cultural matrices – the critical tradition seeks to unmask the processes of such investment and their implications."[168]

Auch wenn Ward hier – die Tendenzen schematisch zuspitzend – die kritischen Implikationen des Textverstehens bei Schleiermacher und Gadamer unterschätzt – er gibt damit eine Denkrichtung an, die für zeitgenössische Kritische Theorie bestimmend ist und die Theologie herausfordert: die Einsicht in die Kontingenz und Ambiguität im Verstehen, in die Unmöglichkeit einer einfachen Sinnentnahme, die sich aus den Differenzen schaffenden Prozessen der Versprachlichung, der kontextuellen Bindung, des individuellen Verstehens und Sinnkonstruierens ergibt. Kritische Theorie heute ist für Ward Sprach-, Text- und Interpretationsphilosophie in geschichts- und machtkritischer Perspektive. In dieser Hinsicht verbinden sich die unterschiedlichsten Ansätze über eine Schule und eine Argumentationsschiene hinaus. Entsprechend lassen sich für Ward auch die verschiedenen Varianten des Strukturalismus zum Komplex Kritischer Theorie fügen: „scientistic structuralism" (Levi-Strauss, Barthes), „speculative structuralism" (Derrida), „post-structuralism" (Foucault).[169] Die Bewegung innerhalb des Strukturalismus von der Entdeckung tragender Strukturen in ihrer eigenen zeitlichen

---

[166] Vgl. ebd., 4f.
[167] Ebd., 4.
[168] Ebd., 6.
[169] Vgl. ebd., 8f.

und kontextuellen Paradigmatik bis zu ihrer dezentralisierten Deutung im Poststrukturalismus macht zunehmend die Ungeborgenheit jeder Erkenntnisform deutlich:

> „The main concerns of contemporary critical theory are related to questions not only of discourse, but time, ontology, phenomenology, freedom (from the domination of bad faith, for the oppressed and marginalized), thresholds and therefore finitude."[170]

4.2.5.2 Motive kritischer theologischer Theorie

Wenn man laut Ward überhaupt Theologie und nicht bloße Anthropologie betreiben will, ist der entscheidende Bezugspunkt immer das, was christlich (Selbst-)Offenbarung Gottes genannt wird. Er wendet sich damit ausdrücklich gegen Mark Taylors A/theologie und jede Form einer Tod-Gottes-Theologie.[171] Dabei hält Ward als Grundsatz fest, „that revelation and its interpretation are not so easily (if ever) distinguishable."[172] Offenbarung ist ein Vorgang, der sich in menschliche Sprachmächtigkeit übersetzt. Es geht also sprachkritisch um die Möglichkeit, den sich offenbarenden Gott auszudrücken, ihn zu *repräsentieren*. Das Unvermittelte, das Absolute begegnet vermittelt, kontingent. Wesentliche Diskurse solcher Vermittlung des Göttlichen sind Geschichte, Ethik und Ästhetik: Geschichte, weil der christliche Gott als sich inkarnierender erfahren wird; Ethik, weil sich Gottes Wille in dieser Geschichte vermittelt; und Ästhetik, weil dieser Gott wirklich wahrgenommen werden muß, wenn die Rede von seiner Offenbarung einen Sinn behalten soll. In jedem dieser Diskurse wird Offenbarung interpretiert.

Diese Interpretationen stehen vor dem Zentralproblem, daß Gott nicht einfach in der Welt wie anderes vorkommt. Gottes andere Erscheinung in der Welt läßt nach dem Bezugsfeld theologischer Aussagen fragen: worauf beziehen sie sich und was bedeuten sie? In der Tradition wird jedes Sprechen von Gott analog aufgefaßt:

> „Analogy describes a relationship between two objects. In the case of theology the two objects are God and his creation. If we said that nothing in our language can speak of God in a way that gives us any knowledge of God, then all theologians could only, at best, be agnostic... Analogy, it was thought, offered a way between disparity or equivocity, on the one hand, and parity or univocity, on the other."[173]

Nach Karl Barth kann nun diese Analogie nur extrinsisch begriffen werden, ganz von Gott und seiner Begnadung her, so daß analoges Sprechen nicht unseres, sondern Gottes ist. Andernfalls droht der Projektionsverdacht. Gott als Analogiegrund gibt die Gewähr, daß das analoge Wort tatsächlich etwas von ihm preisgibt.

---

[170] Ebd., 10f.
[171] Vgl. ebd., 134.
[172] Ebd., 13.
[173] Ebd., 16f.

Freilich wäre dies selbst noch einmal differenztheoretisch gegenzulesen. Denn auch dieser erkenntnistheoretische Zugang bleibt Interpretation, der auf der Basis des christlichen Gottesbildes Gott so interpretiert, daß es nicht anders möglich sein kann, von Gott authentisch zu sprechen. Nur so kann ein tatsächliches Offenbarungswort konzipiert werden, das gleichsam als Ausstieg aus dem unendlichen Interpretationsvorgang funktioniert. Der hier erfolgte Sprung des Glaubens läßt sich aber wiederum nicht anders als interpretationstheoretisch fassen. Auch in dieser erkenntnistheologischen Grundlagenreflexion bleibt Theologie an eine Sprach- und Interpretations- und damit an eine Offenbarungskritik gebunden.

Ward führt sie mit Ricoeur und Derrida weiter aus. Zum einen ist unsere Rede von Gott wie unsere Sprache überhaupt an metaphorische Festschreibungen gebunden, die auch die abstrakteste Begriffssprache nicht ganz abschütteln kann. Metaphern aber sind selbst Ausdruck eines Offenbarungsgeschehens, weil mit ihnen ein neuer Blick auf die Wirklichkeit diese selbst anders erschließt. Dennoch entzieht sich die Metapher jeder Identifizierung mit dem Offenbarten selbst. Ihre Wahrheit ist ausschnitthaft, befristet, vorläufig. Das gilt nun auch für die theologische Offenbarungssprache: Entbergung und Verbergung, Anwesenheit und Abwesenheit bedingen sich gegenseitig. Der Interpretations- als Glaubensvorgang von Offenbarung ist damit unabschließbar – im Warten auf das Ende der Zeiten als dem Ende der Interpretationen.

Genau diesen eschatologischen Prozeß kann Derrida mit seiner unendlichen und ursprungslosen *différance* vorstellen, ihn jedoch nicht mehr mit einem inhaltlich gefüllten (personalen) Zielpunkt füllen. Derrida wahrt das Unendliche, indem er herausstellt, daß alle Zeichen im Unterschied zu anderen Zeichen ihren Sinn erhalten und daß dieser Zeichenprozeß sich im Unterschied der sich anschließenden zu den gesetzten Zeichen perenniert. Diese Fortschreibung kommt immer nach Zeichen, also zu spät, verschoben (metaphorisiert). Jede Zeichendeutung stammt schon aus anderer Zeit, aus anderer Perspektive, aus anderen Kontexten als das Zeichen, auf das sie sich (deutend) bezieht. Auch das ist Prozeß einer Analogie, die jedoch unter dem Vorrang des Differenten geschieht: die Anknüpfung bietet den analogen Haftpunkt, der sich im Zug der Zeit löst. Theologisch wird damit jeder Versuch, Gott zu identifizieren, und sei es mit den Mitteln metaphysischer Ableitung noch so abstrakt, aussichtslos. Dennoch muß der Glaube eine solche durchgestrichene Identifikation vornehmen. Er tut es christlich mit der Existenzaussage Gottes als eines zugleich Transzendenten und Immanenten. Dabei hält er den Raum des Unendlichen insofern offen, als er sich zugleich der Unbegreiflichkeit und Andersheit Gottes bewußt bleibt.

Für Ward ist dieses Bewußtsein von Differenz und Alterität kennzeichnend für eine zeitgenössische Form kritischer (theologischer) Theorie. Theologisch wächst mit diesem Bewußtsein die Sensibilität für die Ausgrenzungen, die sich mit jedem Versuch einer Versprachlichung und Identifizierung ereignen. Irigaray macht dies im Blick auf die sexuellen Verdrängungsmuster des Weiblichen deutlich, Spivak mit der Beachtung des Subalternen, namentlich von Frauen in der 3. Welt. Und genau hier verzahnen sich geschichtskritischer, ästhetischer und ethischer Diskurs. Die Macht der Identifizierung des Göttlichen hat die Macht der Unterdrückung des Nicht-Göttlichen und des Abweichenden logisch angezogen. Die Geschichte des Christentums hat dies immer wieder gezeigt. Die Beachtung der Unvollständigkeit und Unabschließbarkeit des geschichts- und sprachtheologischen Diskurses bringt die Rechte des Singulären, Partikularen und Pluralen zur Geltung.

„Christian theology *is* a cultural product – is must examine itself as such and examine, as a consequence, its own force field of legitimation."[174]

Die Spur des Anderen in der Sprache der Analogie und der Metapher wird ethisch in den Verlust- und Verdrängungsgeschichten der Macht als kritische Erinnerung aufgesucht. Indem das postModerne, kritische Bewußtsein dafür neue Spielräume schafft, werden auch Erfahrungschiffren für Transzendentes erschlossen. An den Bruchstellen der Geschichte und der Wirklichkeit öffnen sich die Ausblicke auf Anderes: auf eine Hoffnung wider alle Hoffnung, auf die Befreiung des Anderen aus den herrschenden Mustern der Wirklichkeitsbewältigung, aus den Fängen des alles denkenden Ichs oder des alles einordnenden Systems bzw. der Struktur. Nach Ward ist das Unverrechenbare auch als Erfahrung von Gnade und von Offenbarung gegenzulesen.[175] Es widerfährt in der Wahrnehmung der Welt als einem rational nicht Auszudenkenden, als einem Geheimnis von Anfang und Ende; in der Fremderfahrung des Selbst als einem Anderen (Ricoeur)[176]. Diese Grenzen der Welt, die auch theologisch die unserer Sprache bleiben, werden für Ward zum religiösen Anlaß:

„a dignity is restored to the emotional and experiential... There is a new respect for what cannot be explained. For that which remains mysterious and ambiguous."[177]

4.2.5.3 Die „Wiederverzauberung der Welt" im Zeichen des Anderen

Für Ward durchzieht diese Logik der Alterität die Rede von Gott von allem Anfang an. Das jüdisch-christliche Gottesbild zeichnet einen Gott der Liebe. Liebe aber entzieht sich jeder Begründung und Identifizierung. Entsprechend ist auch das Reden von Gott zu begreifen. Wenn die Logik dieses Gottes die einer Selbstmitteilung ist, eines Selbstgeschenks, einer Kenose des Selbst, die wiederum auch die Strukturlogik des menschlichen Selbst als eines je schon von Anderem Betroffenen bildet, – dann ist der (sprachliche) Bezug

---

[174] Ebd., 73.
[175] Vgl. Ebd., 100.
[176] Vgl. ebd., 99f.– Ward spricht in Bezug auf Ricoeurs Ansatz von einem „new model of selfhood. The self is now part of a much larger economy of desire. It is not simply self-defining, it is also defined. For both, Kristeva and Levinas this is an economy of love which ruptures the economies of self-love. There is an ethics of servanthood, of kenosis" (99f.)
[177] Ebd., 99

auf Gott immer schon von dieser Bewegung *zwischen* Selbst und Anderem geprägt:

> „language emerges within this economy of love and the self-in-process. It is a form of analogy which refuses any symmetrical relation between God and being or any synthesis. It disrupts classical understandings, then, of analogy... We move towards not an *analogia entis*, but an *analogia fidei* (where faith is trust trusting through ambivalence) founded upon a divine economy of love, an *allegoria amoris*."[178]

Diese andere Analogie der Liebe in der Glaubenslogik orientiert sich an Kierkegaard und seiner Interpretation der Liebe als einem Verwandeltwerden in eine Ähnlichkeit mit dem Geliebten.[179] Christlich meint dies: Nachfolge Christi. Jesus Christus ist die Krisis unserer analogen Rede von Gott, insofern er als die Offenbarung Gottes in vermittelter Unmittelbarkeit geglaubt wird. Er ist in dieser Spannung „*logos ensarkos* and *logos asarkos*".[180] Für die Theologie geht es nun nach Ward darum, für eine solche Logik der Differenz-in-Identität Ausdrucksformen bereitzustellen. Ohne dies näher auszuführen, verweist Ward an dieser Stelle darauf, daß die Wahrnehmung von „God as differend... would have Trinitarian implications".[181] Zugleich kennzeichnet er jeden Versuch der Darstellung des Undarstellbaren als von einer Aporetik der Spannung zwischen affirmativer und negativer Gottrede durchzogen: jedes Offenbarungswort bleibt interpretativ vermittelt, also sprachlich aufgeschoben, differente Erfahrung:

> „The form for the mediation of the immediate may seem more or less specifically religious (the Bible rather than a novel or a sonata), and the form may govern our interpretation of the experience..., but the experience as it emerges in and through the expression is of the unpresentable, is of an aporia. The invisible stretches along all the edges of the visible."[182]

Theologie wird hier mit den Mitteln einer Vernunft beschrieben, die sich dem Absoluten als dem Ganz-Anderen stellt. Im Glauben kann diese Vernunft die Erfahrung des Transzendenten mit den Mitteln der Offenbarungslogik beschreiben, sie direkter anzielen, um sie doch immer wieder auch zurückzunehmen. Vernünftiger Glaube lebt in dieser Gleichzeitigkeit von theologischer Affirmation und ihrer Infragestellung angesichts des bleibenden Geheimnisses, daß Gott menschlich ist – noch und gerade in seiner Selbstmitteilung in Jesus Christus.

Genau für eine solchermaßen gespannte Denkform stellt nach Ward post-Modernes Denken Möglichkeiten bereit. Dies korrespondiert einem aus dem Differenzdenken erwachsenden Gespür für das Unendliche im Endlichen:

---

[178] Ebd., 100f.
[179] Vgl. ebd., 101.
[180] Ebd., 129.
[181] Ebd., 130.
[182] Ebd.

„Postmodernity... brings ‚re-enchantment' of the world after the protacted and earnest, though in the end inconclusive, modern struggle to dis-enchant it."[183]

Diese Sensibilität nimmt Maß an den Bruchstellen des Projekts der Moderne und erkennt mit ihnen die Momente von Differenz und Unterbrechung, wie sie unserem Denken und Verstehen eingebaut sind. Die Differenzmarken ZEIT, METAPHER, INDIVIDUUM/INTERPRETATION und MACHT tauchen immer wieder und dann noch einmal gebündelt im Abschlußkapitel bei Ward auf.[184] Sie sind die hermeneutischen Einfallstore des Anderen, des Nichtidentischen und des Unabgeltbaren. Mit Ward hat eine postModerne Hermeneutik als kritische Theorie vor allem die eine Bedeutung: sie zielt auf eine veränderte Denkform, die dem Differenten theologisches Eigengewicht verleiht und jede Fassung christlicher Identität nur als Identität-in-Differenz begreifen läßt: ohne das Differente aufzuheben, es zu synthetisieren, um es vielmehr in Negativer Dialektik zu bewahren. Auch diese Denkform ist noch einmal Hinweis auf die Gebrochenheit unseres Denkens und Existierens und aus christlicher Sicht letztlich eschatologisch anzusetzen.

4.3 Gegenwärtige theologische Weiterentwicklungen im deutschsprachigen Raum: Im Gespräch mit einzelnen Differenzphilosophen

Das folgende Kapitel dient der Ergänzung des postModernen theologischen Panoramas. Die Auswahl der AutorInnen richtet sich *erstens* nach den philosophischen Gesprächspartnern, die z.T. an den philosophischen Hauptteil anknüpfen lassen, diesen z.T. aber auch fortführen (Derrida, Levinas). *Zweitens* soll ein Eindruck vermittelt werden, in welchen Bahnen hierzulande die angloamerikanisch ausgelöste *theologische* PostModerne-Rezeption verläuft. Dazu werden aktuelle Arbeiten vorgestellt (ab 1997 erschienen). *Drittens* erlauben diese Ansätze eine thematische Fokussierung auf fundamentalhermeneutische, subjekt- und begründungstheoretische Fragen, die für den Problemzusammenhang dieser Untersuchung von vitalem Interesse sind. *Viertens* kann sich darüber ein Gespräch anregen lassen, das die fundamentaltheologisch augenblicklich am weitesten auseinanderscherenden philosophisch-theologischen Ansätze – Cogito-Philosophien einerseits, Alteritätskonzepte im Anschluß an Levinas andererseits – zueinander in Bezug setzt. Als Hinweis in der Sache mag dienen, daß Joachim Valentins *Theologie nach Derrida* bei Hansjürgen Verweyen entstehen und von ihm mit einem anerkennenden Geleitwort versehen werden konnte. Über die bleibenden Problemüberhänge beider Grundperspektiven ist ein solches Gespräch ins

---
[183] Ebd., 132.
[184] Vgl. ebd., 132-135.

Auge zu fassen. Pauschal- und Vorurteile abzubauen – auch dazu soll diese Arbeit, und dieses Kapitel als Vorbereitung im besonderen, einen Beitrag leisten.

4.3.1 Im Anschluß an Derrida: Joachim Valentin

Jacques Derrida als postModernen Denker zu bezeichnen, hat etwas Fremdes. Selbst hat er sich so nicht bezeichnet. Wie bei den anderen mit postModerner Emblematik vorgestellten Philosophen auch, läßt sich Derrida nicht auf *einen* Titel festlegen. Erst das eingeführte Hauptmotiv einer postModernen Hermeneutik der Differenz erlaubt es, Derrida hier – in der Interpretation Joachim Valentins – einzuführen.

Die bereits seit einigen Jahren, vor allem im angloamerikanischen Raum laufende theologische Derrida-Rezeption bietet einen zusätzlichen Anhalt in der Sache. Im folgenden sollen wesentliche Gedanken Derridas skizziert werden, die dann in der Lesart Valentins auf ihre theologische Bedeutung hin untersucht werden.

4.3.1.1 Derridas Grundgedanke: Die différance

Bei Derrida von Grund zu sprechen, ist nur möglich im Bewußtsein seiner Kritik an jedem ursprungsphilosophischen Begründungsdenken. Genau diese Denkbewegung faßt der Unbegriff „différance", der durch andere Konzepte – wie z.B. die „Spur" – immer wieder von Derrida ersetzt wird. Dies deutet bereits darauf hin, daß es sich nicht um einen Begriff im üblichen Sinn handelt. Er ist nicht identisch verfügbar, sondern Ausdruck einer alles Denken durchziehenden und gar erst bewegenden Abweichung.

Dies markiert der Terminus *différance*. Er ist selbst Ausdruck einer Differenz, die nur in der Schrift auftaucht und das Unscheinbare, Unhörbare, Unerhörte der Differenz im Vokalwechsel ausdrückt. Es ist die Differenz, die erst die Bedeutung von Zeichen ermöglicht, nämlich im Unterschied zwischen zwei Phonemen. Der Unterschied selbst wird im Sprechen verschwiegen. Er ist auf eine nicht-gegenwärtige Weise wirksam.

> „Die Differenz, welche die Phoneme aufstellt und sie, in jedem Sinne des Wortes, vernehmbar macht, bleibt an sich unhörbar."[185]

In diesem Sinne verschiebt Derrida *différence* zu *différance*. Der unhörbare Unterschied, der zwischen den Zeichen ihren Sinn erst konstituiert, wird in den unvernehmbaren Unterschied der Vokale gebracht. Man hat zwei Zeichen, und jedes Zeichen steht für sich in seiner Materialität da. Die Differenz zwischen den beiden Zeichen ist gleichfalls da, allerdings von einer durchaus anderen „Seinsart" als die Zeichen. Sie verschwindet zwischen den Zeichen. Und dies signalisiert das „a": es ist gegenwärtig und kann im Franzö-

---

[185] J. Derrida, Die différance, in: ders., Randgänge der Philosophie, Wien 1988, 29-52; hier: 31.

4. Ansätze einer theologischen Hermeneutik der Differenz

sischen doch nicht als präsenter Unterschied zum „e" vernommen werden. Damit ergibt sich eine eigentümliche Denkbewegung: Sinn kann nur aus einem Differenzierungsprozeß entstehen, der jedoch nicht mehr selbst ontologisch festgeschrieben werden kann. Es gibt diesen Vorgang, aber er hält sich aus jenem identifizierenden Seinsdenken heraus, das die Zeichen genau umschreiben und festlegen kann. Nur sein Resultat ist auszumachen. Er ist nicht mehr als eine Spur, die jedoch ex negativo erscheint – es kann nicht sein, daß es sie nicht gibt, weil es sonst keinen Zeichensinn gäbe, aber sie läßt sich nicht anders als indirekt und in diesem Negativschluß denken.

Derridas Ansatz steht von daher in einer deutlichen Nähe zur Negativen Theologie. Doch gleichzeitig erscheint sie ihm nicht negativ genug. Negation steht im Dienste einer letzten Affirmation. Hier wird letztlich im ontologischen Bezugsrahmen gedacht: hierarchisch und pyramidal, von unten nach oben. Weil der Mensch Gott nicht erkennen kann, werden von Gott alle positiven Aussagen abgezogen, und das wiederum taugt zum Hinweis auf das höchste Sein, das über dem menschlichen Sein herrscht:

> „Es war bereits zu vermerken, *daß* die *différance nicht ist,* nicht existiert, kein gegenwärtig Seiendes (*on*) ist, was dies auch immer sei; und wir müssen ebenfalls alles vermerken, *was* sie *nicht ist,* das heißt *alles;* und daß sie folglich weder Existenz noch Wesen hat. Sie gehört in keine Kategorie des Seienden, sei es anwesend oder abwesend. Und doch ist, was derart mit *différance* bezeichnet wird, nicht theologisch, nicht einmal im negativsten Sinne der negativen Theologie, welche bekanntlich stets eifrig darum bemüht war, über die endlichen Kategorien von Wesen und Existenz, das heißt von Gegenwart, hinaus, eine Supraessentialität herauszustellen und daran zu erinnern, daß Gott das Prädikat der Existenz nur verweigert wird, um ihm einen Modus höheren, unbegreiflichen, unaussprechlichen Seins zuzuerkennen. Hier geht es nicht um eine solche Bewegung... Denn was hier gerade in Frage steht, ist die Forderung nach einem rechten Anfang, einem absoluten Ausgangspunkt".[186]

Dieser archimedische Punkt kann deshalb nicht „existieren", weil er nicht anders denn zeichenhaft zu denken und zu erreichen ist. Damit aber ist er selbst jeweils dem Spiel der Differenzen unterworfen. Dieser Gedanke der Differenz ließe sich im übrigen auch ursprungsphilosophisch daran festmachen, daß auf jeden möglichen ersten Punkt die passende Frage nach dem logischen und zeitlichen Vorher wartet, für die es nur eine negative Antwort geben kann, deren negativste die des Absoluten ist: Absolutes als letztlich dem Negativen abgelauscht, Verneinung des Endlichen und Ausstieg aus der Kontingenz, gegen die sich ihre „Eigenschaften" richten. Daß unser Denken aber nach Begründungen fragt und sie sich selbst nicht geben kann, macht es grundlegend und unabweisbar aporetisch. Es gibt keinen rational erreichbaren Ausstieg aus der Aporie der différance, der mehr wäre als bloße Vorstellung, Konstruktion, Projektion – oder Hoffnung: Hoffnung auf Unvorstellbares, Ganz-Anderes, christlich: einen Ganz-Anderen. Diese Gestalt der Hoffnung hat jedoch die endlosen Schleifen des onto-theologischen Denkens

---
[186] Ebd., 32.

hinter sich gelassen, weil sie, ausgehend von der Aporetik der menschlichen Vernunft, nicht mehr an ihr selbst Maß nimmt.

Eine solche Hoffnung hat strukturelle Ähnlichkeiten mit der différance, wie sie Derrida semantisch entwickelt. Zum einen übernimmt sie die temporale Bedeutung von „différer" und bezeichnet einen Aufschub; zum anderen meint sie die Differenz des Andersseins, des Nicht-Identischen. Das Kunstwort *différance* verbindet darüber hinaus in der Endung „ance" Aktiv und Passiv miteinander. Die Differenz wird hier also nicht einfachhin als ein erstes im Aktiv gedacht, sondern zugleich als ein je selbst von Differenz betroffenes im Passiv. Es steht selbst unter Vorbehalt, es erscheint nie anders als in dieser Spannung. Auf das Zeichen bezogen, dem es seinen Sinn einschreibt, bedeutet das: „Das Zeichen stellt das Gegenwärtige in seiner Abwesenheit dar."[187] Und auf sich selbst bezogen als Vorgang, der nicht mehr als ein erster Ursprung zu denken und zu identifizieren ist, läßt dies begründungstheoretisch folgern:

> „Was sich *différance* schreibt, wäre also jene Spielbewegung, welche diese Differenzen, diese Effekte der Differenz, durch das ‚produziert', was nicht einfach Tätigkeit ist. Die *différance*, die diese Differenzen hervorbringt, geht ihnen nicht etwa in einer einfachen und an sich unmodifizierten, in-differenten Gegenwart voraus. Die *différance* ist der nicht-volle, nicht-einfache Ursprung der Differenzen. Folglich kommt ihr der Name ‚Ursprung' nicht mehr zu."[188]

Hier wird der Raum des metaphysischen Ursprungsdenkens verlassen. Zugleich aber wird der Gedanke des Ursprungs nicht abgeschafft. Die *différance* ist der nicht mehr identifizierbare, ontologisch zu fassende Ursprung jedes Zeichensinns. Es geht Derrida offensichtlich um ein Denken, das sich jenseits des hierarchischen und präsenzfixierten, identitätslogischen Seinsdenkens ansiedelt. Darin wird er zu einer erheblichen Herausforderung für die Theologie.

4.3.1.2 Die jüdischen Wurzeln Derridas: Denken des Anderen

Die Bedeutung dieses Differenzdenkens sucht Joachim Valentin in verschiedenen Anläufen theologisch vorzustellen.[189] Dabei wählt er als einen Leitfaden den engen Zusammenhang zwischen Derridas *différance* und dem Denkmotiv des Anderen. Hinweise gibt das Gespräch zwischen Derrida und Emmanuel Levinas, womit zugleich die jüdischen Anteile im Denken Derridas deutlich werden. Sie in ihrer theologischen Relevanz herausgearbeitet zu haben, ist ein besonderes Verdienst dieser Vermittlung.

Das Denken des Anderen setzt an, wo die Erfahrung seiner Verdrängung unabweisbar wird. In dieser Hinsicht ist die – postModerne – Metaphysikkritik geschichtlich zu bestimmen. Ihr ist als Zeitzeichen die Shoa eingeschrieben. Die systematische Ausrottung des Anderen wird zum Gebot, ein

---
[187] Ebd., 35.
[188] Ebd., 37.
[189] J. Valentin, Atheismus in der Spur Gottes. Theologie nach Jacques Derrida, Mainz 1997.

Denken auf seine Schuldanteile hin zu untersuchen, in dessen Traditionsraum das Unausdenkbare geplant, durchgeführt und nicht verhindert wurde.[190] Daß zum PostModernen jüdische Denker wesentliche Beiträge lieferten, gehört unmittelbar hierher.

Nach Derrida denkt die Metaphysik identitätslogisch: die Wahrheit ist das, was verfügbar ist. Sie ist eine Anwesenheit, die sich in der Gegenwart des Sprechers ausdrückt. Derrida bezieht sich hier auf die Metaphysik-Kritik Martin Heideggers: „Seiendes ist in seinem Sein als >Anwesenheit< gefaßt, d.h. es ist mit Rücksicht auf einen bestimmten Zeitmodus, die >*Gegenwart*< verstanden."[191] In dieser Anwesenheit ereignet sich eine Vergleichzeitigung, für die das Gespräch – wie bei Gadamer – als Grundbild fungiert: mit den Sprechern ist auch der Zeichensinn in diesem Augenblick verfügbar. Der lästige Unterschied der Zeichen in der Zeit fällt weg, also auch seine Sinnbehinderungen und -entstellungen. Von diesem einen Augenblick her läßt sich alles identifizieren, weil alles im Modus des Anwesenden, also Verfügbaren konzipiert wird.

Nach Heidegger wird nun das Sein selbst jeweils nur in seiner Erscheinung als Seiendes bestimmt. Es wird also selbst als je anwesend erfahren. Mit der konkreten Auffassung des Seins läßt sich nun von seiner inhaltlichen Bestimmung her alles weitere auf es hin orientieren bzw. von ihm her wiederum bestimmen: als Erscheinung der Idee im Urbild-Abbild-Mechanismus; als Derivat des höchsten Seins etwa oder als Schöpfung Gottes. Zwei Aspekte versammeln sich hier: Metaphysik totalisiert, weil sie alles auf die Anwesenheit des Seins reduzieren kann und muß; und sie hierarchisiert, denn aus dem Sein ergibt sich das Seiende. Die Nähe zum Ursprung ordnet die Wirklichkeit: ontologisch, biologisch, sozial. Solche Ordnung läßt auf einen herrschenden Sinn schließen. Der vorzügliche Zugang zum Sein als einer darum intelligiblen Größe ist der Logos, die Vernunft. Erneut mit Heidegger erschließt die Vernunft die Wahrheit der Wirklichkeit, wobei Wahrheit als Unverborgenheit gedacht wird, als Entbergungsvorgang, der zu heben hat, was anwesend schon immer vorliegt. Das Fremde und Andere kann von daher nur defizient als noch Unerkanntes ins System integriert werden.

> „Logischer Kern dieser radikalen Kritik am einseitig vernunft- und hierarchieorientierten Denken Europas ist der Vorwurf, es sei der verborgene Ursprung jedweder Art von Gewaltausübung, Unterdrückung und Ausgrenzung von Individuen oder Kulturen (gewesen). Entscheidend an diesem Vorwurf ist die These, das abendländische Denken habe sich seit Parmenides' Identifizierung von Denken und Sein nicht mehr wesentlich verändert."[192]

Dieses Urteil ist nun wiederum totalitäts- und vernunftkritisch gegen sich selbst zu wenden. Denn erstens wird hier sehr einseitig Gewalt auf eine

---

[190] Aus theologischer Perspektive vgl. dazu P. Petzel, Was uns an Gott fehlt, wenn uns die Juden fehlen. Eine erkenntnistheologische Studie, Mainz 1994.
[191] M. Heidegger, Sein und Zeit, Tübingen [16]1986, 25.
[192] J. Valentin, Dekonstruktion. Theologie. Eine Anstiftung, in: W. Lesch / G. Schwind (Hrsg.), Das Ende der alten Gewißheiten. Theologische Auseinandersetzung mit der Postmoderne, Mainz 1993, 13-26; hier: 16 f.

Denkform gebracht, also um die leiblichen, die phylogenetischen Anteile betrogen. Und zweitens wird genau in diesem Interpretationsvorgang ein komplexer Prozeß totalisiert, vereinheitlicht unter Maßgabe einer hermeneutischen Leitlinie. In dieser Gegenkritik wird indes von der vorgeschlagenen Denkrichtung Gebrauch gemacht und ihre Valenz noch gegen die eigene Übertreibung bzw. kritische Nachlässigkeit ins Spiel gebracht. Im Blick auf die Korrektur bedeutet das: die Exorzismen des Anderen finden immer wieder Grund und Legitimation in metaphysischen Denkstrukturen – wobei hier ein bestimmter Metaphysiktyp gemeint ist.

Als Gegenbild zu dessen Präsenzdenken führt Derrida die Schrift ein. Sie ist Prinzip der Differenz, des Abstandes von Autor und Sinn, der sich durch die Zeiten in verschiedenen Lesarten des Textes vervielfältigt. Verstanden wird nur aufgrund von Differenz und different, je anders. Das gibt dem Gedanken der Dekonstruktion von Texten in einer schöpferischen Fortschreibung theoretischen Grund. Doch ist noch diese Begründung „grundlos": die *différance* ist Spur und als solche gleichsam eine initiierende Beginnlosigkeit. Ihre Textwahrheit läßt sich nicht beherrschen.

Dieses Denken der Schrift und der Differenz zeigt jüdische Verwandtschaften, die sich im Werk von Derrida immer wieder benennen lassen: wichtige Verbindungslinien führen zu Emmanuel Levinas[193], zu Paul Celan[194] und zu rabbinischen Interpretationstechniken.[195] Valentin faßt diese Überlegungen im „Prinzip Alterität"[196] zusammen.

Dieses Denken des Anderen gehört unmittelbar zur jüdischen „Identität". Am deutlichsten wird dies mit der Identifizierung des Mannes als Jude durch die Beschneidung. Nach Derrida wird hier der Phallus als Grundsigifikant im patriarchalisch bestimmten semantischen System angetastet. Seine Identität wird versehrt. Der Phallus steht für den Trieb der Beherrschung, der Aneignung – und die Kastrationsangst für die Sorge um sich selbst und um die Fähigkeit der eigenen Potenz. In der Beschneidung wird das Ego *freigelegt*. Und zugleich wird die Möglichkeit beschnitten, die Wahrheit unversehrt, nicht-differentiell, nicht von anderem betroffen, also identisch als sie selbst zu haben. Der Phallus als Wahrheitssignifikant verweist letztlich auf eine Wahrheit, die sich auch psychoanalytisch nicht mehr anders denn unterbewußt entzogen „präsentiert". Die Beschneidung wird von daher zum Inbegriff einer differentiellen Identität.

> „Derjenige wäre also der ‚jüdischste', der erste und letzte aller Juden, dem am wenigsten oder am wenigsten endgültig eine Identität zugeschrieben werden könnte. Fremdheit und Andersheit werden zum Maßstab einer Einordnung, und dies stellt ein unauflösliches Paradoxon dar."[197]

---

[193] Vgl. J. Valentin, Atheismus in der Spur Gottes, 87-110.
[194] Vgl. ebd., 111-118.– Zur theologischen Bedeutung Celans im Schnittfeld dieser Überlegungen vgl. auch L. Koelle, Paul Celans pneumatisches Judentum. Gott-Rede und menschliche Existenz nach der Shoah, Mainz ²1998.
[195] Vgl. J. Valentin, Atheismus in der Spur Gottes, 119-148.
[196] Ebd., 87.
[197] Ebd., 81.

4. Ansätze einer theologischen Hermeneutik der Differenz

In dieser Wahrung der Andersheit im Eigenen vollzieht sich das jüdische Gottesgeheimnis, das Gott in seiner Nähe immer zugleich als den Anderen anerkennt. An dieser Stelle nimmt Derrida Überlegungen von Levinas kritisch auf. Levinas konstruiert sein Denken radikal vom Anderen her, der begegnet, aber unvordenklich ist. Er widerfährt als Anspruch im Antlitz des Anderen, das den Menschen schon je durchdringt: in einer nicht mehr hintergehbaren Passivität, in seiner nicht mehr (bewußtseinsmäßig) beherrschbaren Abkünftigkeit.

Gegenüber dieser Bevorzugung des Anderen bringt Valentin die Ontologiekritik Derridas ins Spiel, die dazu beiträgt, dessen eigenes Differenzdenken aus der Gefahr einer Totalisierung herauszunehmen:

> „Levinas' entscheidender Gedanke wäre also die radikale Differenz, die nicht identifizierbare Andersheit des Anderen, der weder bloße Negation des Selbst sein kann, noch als Seiendes vom Sein beherrscht wird. Wird jedoch der Andere, wie von Levinas als unendlich Anderer des Selben, das heißt ohne Verflochtenheit mit dem Sein oder Bezug zum Selben gedacht, so steht diese Relation immer in Gefahr, sich (unausgesprochen) erneut in die metaphysische Kette der Dualismen einzuschreiben."[198]

Valentins Derrida-Lektüre stellt diesen damit in den bereits zuvor mit Ricoeur ausgeführten Zusammenhang. Differenz wird nicht verabsolutiert, sondern als Denkbewegung aus dieser Art der Identitätslogik qua binärem Code und Totalisierungszwang herausgeschrieben. Differenz vermittelt den Gedanken des Unendlichen und nimmt ihn insofern ernst, als sie ihn ins Unendliche führt. D. h. er wird nicht noch einmal abhängig gemacht von einem möglicherweise Ersten. Zugleich steht er dem Endlichen nicht einfachhin gegenüber, sondern berührt es in der Form jener *différance*, die als sein „Bestimmungsort" Sprache und Bedeutung erst ermöglicht. Die Bewegung der *différance* wird zur Schaltstelle für ein nichttotalisiertes Denken des Anderen.

> „Sein Begriff des Unendlichen als Spur macht qua Ontologiekritik ein Denken des Unendlichen als Präsenz ebenso unmöglich wie als Absenz".[199]

Im Unterschied zur vorgeschlagenen Ricoeur-Interpretation macht Derrida nun seine Vorbehalte gegenüber jeder Form dialektischen Denkens geltend. Derrida fürchtet die Synthese Hegels, also die letzte Reduktion des einen auf das andere, das Verschwinden der Differenz.[200] Doch wäre diese gerade in Adornos Begriff einer Negativen Dialektik gewahrt: als eine Vermittlung, in der sich die Spannung nicht mehr polar, also identitätslogisch auflösen läßt, sondern eben die Spannung selbst (aporetisch) bewahrt.

Derrida berührt nun mit seinem Denken der Differenz als Spur des Unendlichen immer wieder die Traditionen Negativer Theologie.[201] Von daher

---
[198] Ebd., 91.
[199] Ebd., 93.
[200] Vgl. ebd., 108f.
[201] Vgl. J. Derrida, Wie nicht sprechen. Verneinungen, Wien 1989.– Vgl. J. Valentin, Atheismus in der Spur Gottes, 177-217.

ergeben sich auch Möglichkeiten einer theologischen Gesprächsanknüpfung, wie sie Valentin inszeniert.

4.3.1.3 Die theologische Virulenz Derridas

Differenzdenken taugt zur Kritik an der Vereinnahmung des Nicht-Identifizierbaren – bei Derrida der Schrift, theologisch Gottes. Der unabschließbaren Lektüre der Schrift entspricht die Anerkennung des Unendlichen. Derrida nähert sich nun zwar dem Denken eines Anderen, wie er zumal von Levinas her zum ethischen Einfall Gottes wird. Doch wie Gott nicht als Gott identifizierbar wird, so verweigert auch Derrida hier eine theologisch verwertbare Auskunft. Letztlich denkt er atheistisch.[202] Immerhin hält sein Denken der Differenz den Raum des Unendlichen offen, der zumindest strukturell dem Denken des Ganz Anderen parallel läuft. Insofern faßt Valentins Buchtitel das Problem in seiner Spannung sachgenau: als ‚Atheismus in der Spur Gottes'.

Die Strukturähnlichkeit zwischen dem Differenzdenken Derridas und Negativer Theologie zeigt sich in der Funktion, das Unendliche aus der Verfügbarkeit des Denkens herauszunehmen. Weil es aber innerweltlich erscheint, weil es als *différance* Grund der Sprache ist, muß es auch in Sprache ausgedrückt werden können. Valentin weist darauf hin, daß Derrida deshalb „vorwiegend in verneinenden Prädikaten"[203] von der *différance* spricht. Darüber hinaus werden Äußerungen, die, bis zum Zerreißen gespannt, zwischen Position und Negation verharren, zur Möglichkeit, das Unbegreifliche vorzustellen.

> „Der abendländische Dualismus, der von klar distinguierten, für sich existierenden gegensätzlichen Positionen ausgeht, wird unterbrochen, nicht durch Flucht in begriffslose Ununterscheidbarkeit, sondern durch ein Umkreisen der nur gewaltsam aufzutrennenden Verwobenheit der Phänomene, ihrer Unbeschreibbarkeit in der Sprache der Metaphysik, einem Denken also, das dabei gleichzeitig in seinen Konturen, aber auch in seiner verborgen aporetischen Struktur sichtbar wird."[204]

Für eine christlich unverzichtbare Theologie der Offenbarung hält Derrida damit keine anderen als kritische Mittel bereit. Die aber wirken in der Denkform auf die Legitimation des christlichen Glaubens zurück. Sie wird sich an der Wahrung jener Spannung zu messen haben, wie sie u.a. auch bei Sallie McFague als Kriterium ins Spiel kam. Auch mit Derridas Differenzdenken ließe sich dies christologisch untermauern. So kann mit ihm das chalkedonensische Dogma neu in den Blick kommen.[205] Die Negationen der Aussa-

---

[202] Vgl. ebd., 213.
[203] Ebd., 177.
[204] Ebd., 201 f.– Zur aporetischen Interpretation Derridas vgl. das Derrida-Kapitel in meiner Dissertation: Aporetische Theologie, 114-137.
[205] Vgl. G. M. Hoff, Chalkedon im Paradigma Negativer Theologie. Zur aporetischen Wahrnmmung der chalkedonensischen Christologie, in: ThPh 70 (1995) 355-372.

gen über die göttlichen Naturen in Jesus Christus werden erstens negativ gefaßt: *unvermischt und unverändert, ungeteilt und ungetrennt*; zweitens wird ihr Gegensatz zwar in unmittelbaren Widerspruch gesetzt, jedoch sprachlich nuanciert verschoben, indem auf den Einsatz der Antonyme verzichtet wird; und damit wird drittens eine grundlegende Differenz, ein Aufschub dem Verstehen der jeweiligen Natur eingebaut. Dem entspricht auf ähnliche Weise der erkenntnisutopische Versuch Adornos, „über den Begriff durch den Begriff hinauszugelangen".[206]

Von einer solchen Hermeneutik der ausgetragenen Differenz her lassen sich die wesentlichen Inspirationen zusammenfassen, die von Derrida theologisch ausgehen:

1. seine Totalitätskritik und sein Denken des Anderen;
2. seine pluralistische Hermeneutik der Differenz, die eine Vielzahl von Lesarten legitimiert;
3. seine Negative Theologie als Ausdruck einer identitätskritischen Wahrung des Unendlichen;
4. seine aporetische Kritik des Begründungsdenkens.

Zu letzterem bilanziert Valentin:

„Das ‚Geheimnis' der Negativen Theologie müßte deshalb nicht im Sinne der *Offenbarung* eines an irgendeinem Ort verborgenen, der Vernunft nicht zugänglichen theologischen Gesamtsinnes verstanden werden, sondern als prozessuales sprachimmanentes Geschehen, das dennoch als subtiler Hinweis auf die mit Vernunftgründen nicht qualifizierbare Existenz Gottes gelesen werden kann. Im Gefolge Derridas wird neu deutlich, daß einer nachmetaphysischen Theologie ebenso wie bereits der nicht-atheistischen Mystik in der Tradition einer konsequenten Beachtung des Bilderverbotes grundsätzlich die Möglichkeit genommen ist, ihren ‚Denk- und Seinsgrund' theoretisch zu erweisen. Stattdessen muß sie fortwährend auf die konkrete Praxis selbstenteignender Liebe hinweisen und diese ermöglichen."[207]

Damit wird der logozentrische Rahmen theologischer Theoriebildung konsequent verlassen. Zugleich wird in begründungstheoretischer Hinsicht das hermeneutische Problem von Identität und Differenz auf den Punkt gebracht: Läßt sich christlich unter diesen Voraussetzungen überhaupt noch von Gott sprechen?

4.3.1.4 Das bleibende Problem: (Wie) Gott denken?

Für Derrida erscheint es als unmöglich, ein Erstes zu konzipieren. Sein Ansatz ist von der unendlichen Differenz geprägt, die als ein nicht mehr identifizierbarer Prozeß zu denken ist – und genau so dem Endlichen ein Unendliches einschreibt. Daß dies wiederum nur als solches zu beschreiben ist,

---

[206] T. W. Adorno, Negative Dialektik, Frankfurt a.M. ⁶1990, 27.
[207] J. Valentin, Atheismus in der Spur Gottes, 250.

erlaubt theologisch nicht mehr, eine begründungstheoretische Kette anzuschließen. Dieses Unendliche entzieht sich ontotheologischen Kategorisierungen. Es ist anders zu denken, aus den Gegensatzpaaren herauszunehmen, die es noch an das Seinsdenken binden. Es greift in das Diesseits unseres Denkens und unserer Existenz ein, denn als Differenz generiert es Sinn. Aber es ist nur jenseits dieses Seins zu denken – und also nicht zu denken, nicht auszudenken, sondern in einer sich fortschreibenden Spirale der Differenz vorzustellen. Hier ist ein sehr entfernter Bezug zum Analogiedenken gegeben: die semantischen Dekonstruktionen und Substitutionen der Differenz, die Derrida immer wieder vornimmt, legen eine Denkbewegung frei, die in sich jene *différance* spiegelt, zu ihrem Bild wird. Doch kann dieses Bild nie identisch ausfallen, nie genau zurückwerfen, was sich als Impuls der eigenen Bezeichnungsversuche in ihnen hält und auswirkt. Diese differente Analogie steht gleichsam unter einem eschatologischen Vorbehalt, für den Derrida gleichwohl nie annehmen darf, es könnte sich zielgerichtet etwas anderes an einem „Ende" denken lassen als die unendliche *différance* selbst.

Damit ergeben sich erhebliche Unterschiede zu einer personalen Gottesvorstellung, die das Ende der Zeit in Christus angebrochen und sich letztlich auch auszeitigen sieht. Das Ende ist christlich immer christologisch kodiert, während Derrida nur das Unendliche als Anti-Code akzeptieren kann. Immerhin zeigt sich eine grundlegende Offenheit für das Sich-ereignen der *différance*; sie läßt an eine Übertragungsmöglichkeit jener Anteile des christlichen Gottesbildes denken, die mit Negativer Theologie und Mystik die *incomprehensibilitas Dei* und seine Unendlichkeit betonen.

Daß Derrida den Eintritt des Absoluten nur formal in den Unendlichkeitsschleifen der *différance* erlaubt, markiert den denkbar schärfsten Gegensatz zum christlichen Inkarnationsglauben. Andererseits können die Versuche, dieses in letzter Durchdringung rational nicht mehr Transparente als solches zu kennzeichnen, also die Spuren des Andersseins Gottes auch in seiner Offenbarung festzuhalten, von der Differenz-Hermeneutik Derridas profitieren. Dies gilt nicht zuletzt vor dem Hintergrund, daß Derrida die Differenz nie absolut begreift. Das wäre ein letzter inverser Anschluß an identitätslogische Vorgaben. Vielmehr ist die Differenz immer auch im Kontakt der Zeichen erschlossen. Sie vermittelt zwischen ihnen, indem sie zugleich trennt. Bei absoluter Differenz ließe sich nichts mehr anschließen – und die verschiedenen Formen der Dekonstruktion, der Ersetzung noch des grundlosen Grundwortes *différance* wären sinnlos. Genau in diese Richtung zielt der kritische Hinweis von Manfred Frank:

> „Würde man Derridas Anti-Hermeneutik in ihrer vollen Radikalität ernst nehmen, so müßte man schließen, daß der disseminale Charakter der Zeichen – ihre totale Nicht-Gegenwärtigkeit – ihnen nicht nur das dauerbare, sondern selbst das punktuelle Bedeuten unmöglich machte."[208]

Diese Verabsolutierung der Differenz nimmt Derrida indes nicht vor. Und deshalb ist sein Ansatz auch nur anti-hermeneutisch in dem Sinn, daß kein

---

[208] M. Frank, Was ist Neostrukturalismus?, Frankfurt a.M. 1984, 549.

prästabilierter Zeichensinn vorausgesetzt werden kann, der dann im Text auf seine Offenlegung wartet. Jedes Zeichen hat seine Materialität, mit der sich Sinn und weitere Sinnmöglichkeiten verbinden. Das Zeichen ist gesetzt worden und steht zwischen den Zeiten seiner Produktion und Rezeption. In diesem Zeitraum läßt sich an das Zeichen anschließen und also ein Sinngeschehen ansiedeln, das weder absolut vom Subjekt, sei es der „Autor" oder der Verarbeitende, noch „naturalistisch" vom Objekt, dem Zeichen, abhängt. Der Gedanke der *différance* in seiner verzeitlichten Fassung macht deutlich, daß dies Sinngeschehen komplex und vielfältig „verursacht" ist. Deshalb läßt sich gegen Frank auch annehmen, daß es eine „restance non-présente d´une marque différentielle"[209] gibt, der nicht mehr ein fester Sinn zugeordnet ist, welcher wiederum die Einheit des Zeichens garantiert. Der ihm einmal zugeschriebene Sinn differenziert sich in Zeit und Raum immer weiter aus, ohne ihn identisch rekonstruieren zu können. Das bedeutet nun keine Beliebigkeit in der Zeichenverwertung und in der Interpretation, sondern eine Kontaktaufnahme mit dem Zeichen und jenen Möglichkeiten einer Sinnzuschreibung als „Sinnentnahme" *und* Sinnkonstitution, die sich am Zeichen orientiert. Dem Zeichen ist kein fester Sinn zugeordnet; und deshalb ist dieser Sinn jeweils von anderen Zeichen mitbetroffen und differentiell. Erst unter Maßgabe der Möglichkeit, aus der Zeit herauszufallen und an einen ersten isolierten Punkt zu gelangen, von dem aus ein Zeichen sich setzen ließe, könnte man mit Frank eine petitio principii darin entdecken, daß man einerseits dem Zeichen Sinn zuschreibt, andererseits den Sinn „als von der >Wirkung der Marke< determiniert"[210] begreift. Frank denkt Sinn hier offensichtlich konstant, weil ohne solche Sinnkonstanz kein Verstehen möglich wäre:

> „Dies Zusammenbestehen von Identität und Differenz im Zeitigungsgeschehen nennt man seine *Kontinuität*. Kontinuität impliziert Veränderung (andernfalls hätten wir eine stehende Gegenwart: ein *nunc stans*, eine Permanenz); aber sie impliziert Veränderung im Rahmen einer Einheit."[211]

Frank bringt damit das Problem des Ursprungs in der Zeichenbedeutung auf den Punkt: um eine Sinneinheit des Zeichens zu haben, an die man anknüpfen kann, muß dem Zeichen ein Sinn zugewiesen sein. Dieser Sinn ist aber für Derrida jeweils zeichenvermittelt. Woher kommt also der Zeichensinn? Frank setzt hier ganz auf das Individuum: es weist Sinn zu, greift Sinn auf, interpretiert ihn weiter. Das Individuum ist auch bei Frank eine Differenzmarke – jedoch (mit Derrida) nicht Ausdruck totaler Differenz. Die Wege zwischen Frank und Derrida trennen sich, wo Frank nach der konkreten geschichtlichen Instanz sucht, von der aus der Sinn gedacht werden kann. Für Derrida unterliegt nun aber auch schon das Individuum in jeder seiner Vermittlungen einer Bewegung der *différance*, die sich zwar nicht ontologisch feststellen und terminieren läßt, aber die Spur der Wirklichkeit ist. Sie er-

---

[209] J. Derrida, Marges – de la philosophie, Paris 1972, 378.
[210] M. Frank, Was ist Neostrukturalismus?, 552.
[211] Ebd., 537.

schließt sich nur im Unterscheidungsspiel der Differenzen. Das läßt sich semiologisch feststellen, gilt aber auch ganz grundlegend handlungstheoretisch – und ist konsequent mit der kontingenten Freiheit des Individuums gedanklich verbindbar. Unter diesem Blickwinkel kann es aber keinen ersten Punkt der Sinngenese geben: er ist selbst wie die ganze Wirklichkeit Produkt und Manifestation der geschichtlich unhintergehbaren, quasi-transzendentalen *différance* oder auch *dissémination*.

> „*Dissémination* bezeichnet einen Vorgang der Verstreuung, der noch seinen Ausgangspunkt tangiert, gerade diesen auflöst – >auflöst< aber nicht im Sinn der Annihilation, sondern der Zerteilung und des Übergehens in andere Sinnbahnen... Bestimmtheit gibt es nur innerhalb einer letztlich disseminalen Struktur."[212]

Nach Derrida gibt es Sinn in der Anknüpfung, aber nicht mit einer Gewähr für die richtige Sinn-„Pfropfung".[213] Die Konstanz bleibt selbst unsicher, und es gibt kein übergeordnetes Kriterium des richtigen Verstehens, das es erlaubte, hier „richtig" und „falsch" festzulegen. Jeder mögliche letzte oder erste Punkt wäre differentiell verdankt, abkünftig. Verstehen geschieht also vorbehaltlich. Derrida spricht von einer nichtgegenwärtigen Bleibe des Zeichens, die gleichsam als Identitätsreserve ein nichtidentisches Verstehen erlaubt. Mit jener „minimale(n) Identität"[214] ist nun aber deshalb nicht „die letzte Spitze seiner Argumentation abgebrochen oder nur um den Preis des Selbstwiderspruchs aufrechtzuerhalten"[215], weil Derrida eben niemals von einer absoluten Differenz Gebrauch macht und sie zur Durchführung seines Ansatzes auch nicht braucht. Derrida argumentiert in einer Form jenseits der sich ausschließenden Totalen von Identität und Differenz.

Frank interpretiert die *différance* nur als Trennung, statt im Sinne Derridas gleichzeitig als Verbindung. Sie steht jenseits einer totalisierten Differenz, wie sie Frank hinsichtlich der Schlußfolgerungen dieses Grundgedankens Derrida unterstellt.[216] Im Kontakt der Zeichen entsteht Sinn, wobei

> „der Sinn als letzte Schicht des Textes immer geteilt oder vielfältig ist und sich nicht zusammenfügen läßt. Das Bemühen, an einen fundamentalen oder ursprünglichen Sinn heranzukommen, ist von vornherein zu einer Art Vervielfältigung und Teilung verurteilt, die das Innehalten bei einem Sinn unmöglich macht. Wenn ich unmöglich sage, soll das nicht eine Grenze, ein Scheitern bedeuten, sondern daß ein Text Sinn haben kann, weil die Differenz oder die Teilung oder die Zerstreuung den Ursprung bilden."[217]

Mit Joachim Valentin

---

[212] W. Welsch, Vernunft, 291f.
[213] Vgl. J. Derrida, La dissémination, Paris 1972, 42.
[214] M. Frank, Was ist Neostrukturalismus?, 552.
[215] Ebd., 538
[216] Vgl. ebd.– Frank sieht es als „Konklusion" des Ansatzes, daß Derrida „die différance absolut setzend" begreifen muß.
[217] J. Derrida, Interview mit Florian Rötzer, in: F. Rötzer (Hrsg.), Französische Philosophen im Gespräch, München 1986, 67-87; hier: 71; zitiert nach: W. Welsch, Vernunft. Die zeitgenössische Vernunftkritik und das Konzept der transversalen Vernunft, Frankfurt a.M. 1996, 260.

4. Ansätze einer theologischen Hermeneutik der Differenz 433

> „bleibt festzuhalten, daß Derrida niemals die *Möglichkeit von Kommunikation überhaupt,* sondern nur die *Möglichkeit* anzweifelt, in einer *unmittelbaren, ungebrochenen* Verständigung den intendierten Sinn einer Aussage *vollkommen* zu erfassen."[218]

Diese Logik betrifft im übrigen auch die Fassung des Subjektbegriffs bei Derrida. Das Subjekt ist unendlich aufgeschoben, aber im Rahmen seines zeichentheoretischen Modells doch nicht absolut in der Zeit und den verschiedenen zeichengelenkten Fortsetzungen seines Selbst zersplittert. Es setzt sich in den Zeichen fort, die es aufnimmt, bewahrt, abstößt, weiterentwickelt. Seine unmittelbare Erfahrung wie seine reflexive Vergewisserung lassen von einer analogen Form der „nichtgegenwärtigen Bleibe" sprechen, die für Frank mit Derridas Mitteln deshalb zeichentheoretisch undenkbar erscheint, weil er selbst den differentiellen Kontakt der Zeichen aus diesem Konzept herausnimmt bzw. trennungslogisch überzeichnet.[219] Im Gegenzug wäre diese fragile und differentielle Identität als Spur zu denken, als Aufschub des Ich, das darin seiner selbst gewahr wird und sich erlebt, immer neu entsteht. Noch einmal ist darum, wie exemplarisch bereits im Blick auf Foucault geschehen, ein grundlegender Zweifel an der vermeintlichen „>postmodernen< Toterklärung"[220] des Subjekts anzumelden. Hier wird vielmehr einer anderen, differenzlogischen Fassung zugedacht, die dem Eintrag des Anderen im Selbst den Vorrang gegenüber seinen egologischen und bewußtseinsphilosophisch-identitäts-logischen Deklinationen zuspricht.

Diese *Logik* hat Folgen für die Fassung fundamentaltheologischer Hermeneutik. Sinn ist nur different zu haben, Verstehen geschieht im Aufschub und nie identisch. Umgekehrt ist aber Verstehen auch nicht vollständig different, beziehungslos. Derrida arbeitet damit eine relationale Hermeneutik aus, die jedoch innerhalb der Beziehungen im Verstehen das Differente – subjekttheoretisch gesprochen: das Individuelle[221] – stark aufwertet. Dieser Gedanke läßt sich nun christlich aufgreifen.

Das gilt zunächst für den erkenntnistheoretischen Stellenwert der différance. Man kann dieses nicht-identifizierbare, nicht-ursprüngliche Ursprungsgeschehen mit Derrida als „ultratranszendental"[222] kennzeichnen. Freilich taugt diese Umschreibung nur als Hinweis, der die Ökonomie der différance veranschaulicht, und muß nach Derrida zugleich wieder durchgestrichen werden. Sie fordert eine Logik, für die binäre Codes des gegenseitigen Aus-

---

[218] J. Valentin, Atheismus in der Spur Gottes, 62.
[219] Vgl. M. Frank, Die Unhintergehbarkeit von Individualität. Reflexionen über Subjekt, Person und Individuum aus Anlaß ihrer >postmodernen< Toterklärung, Frankfurt a.M. 1986, 126f.
[220] Mit dem Untertitel des oben zitierten Bandes.
[221] Hier mit dem individualitätstheoretischen Interpretationsvorschlag der différance von Manfred Frank, Was ist Neostrukturalismus?, 555-558. Diese Übereinstimmung gilt hinsichtlich der Konsequenz, da Individuelles zu einem hermeneutischen Faktor ersten Ranges wird; sie betrifft nicht das *Ersetzen* der différance durch das Individuelle (ebd., 555), da mit Derrida die Bewegung der différance auch das Individuum in seinem Sprachgebrauch, Denkvermögen und der Art seiner Selbsterfahrung vorgängig betrifft: Denken geschieht jeweils (*wie*, nicht unbedingt *als* Sprache) *im Unterschied*, der aber eben nicht beziehungslos ist.
[222] J. Derrida, Grammatologie, Frankfurt a.M. ⁴1992, 107.

schlusses im Nichtwiderspruchssatz nicht reichen: „*kein Begriff der Metaphysik kann sie beschreiben.*"[223]

Eine vergleichbare Angespanntheit des Denkens findet sich im trinitarischen Gottesbild wieder. Die innergöttlichen Beziehungen werden spekulativ in einem chalkedonensischen „ungetrennt" und „unvermischt" der Ekstasen in der göttlichen Liebe vorgestellt: in einer äußersten Hingabe an den Anderen, die zugleich als konkretes Bei-sich-sein erscheint. Auch hier läßt sich von der Ursprungslosigkeit der Liebe und der Liebesrelationen in Gott sprechen.

> *„In der Trinitätsspekulation erscheint Gott selbst zwangsläufig in der Differenz, in einem ‚Abgrund von Anderssein in Gott selbst aufgerissen'. Eine absolute Identität jeder der göttlichen Persönlichkeiten wie der Gottheit insgesamt im Sinne eines Monismus wird in der Gleichursprünglichkeit dieser Dreiheit erschüttert."*[224]

Wenn diese trinitarische Dimension die Grundwirklichkeit in aller Wirklichkeit ist, kann man sie in geschichtlicher Hinsicht als die Zeitigung der *différance* in der Kenose Gottes begreifen. In Jesus Christus, in dem Gott sich ganz in die Geschichte entäußert, wird aber *theologisch* – bei gewahrter Unmöglichkeit, diese Bewegung der *différance* jemals stillgestellt zu sehen – zumindest die Hoffnung auf die äußerste Radikalität eines Andersseins „begründbar". Derrida kann das nicht mehr denken. Er verortet die Differenz radikal zeitlich und *immanent*. Mit seinen Mitteln wird die Unendlichkeit jedoch in einer Weise gewahrt, die zugleich die Sensibilität für Unendliches wach hält. Christlich findet dies seinen einmaligen geschichtlichen Ausdruck in Jesus Christus: in der Unbegrenztheit seiner Liebe, die Gottes Liebe ist. Wenn sich dies rational deuten, aber nicht ausdenken läßt, so wahrt gerade das Derridasche Insistieren auf der Unabschließbarkeit des Verstehens formal dieses Unendliche: rational wie theologisch als Aporie unseres Verstehenwollens und -müssens; religiös: als Ausdruck unserer Kontingenz und ausstehenden Erlösung hinein in die Unendlichkeit jener Liebe, der die Unendlichkeit des Denkens different, anders entspricht. Dieses Unendliche zu wahren, es nicht anders als gleichsam durchgestrichen einzusetzen, es aus dem ontologischen Gefängnis unserer Sinnfestlegungen zu befreien – darauf wirkt Derrida theologisch hin. Valentin überführt diese Einsicht in eine Christologie gleichzeitiger (sakramentaler) Abwesenheit und Anwesenheit:

> „Die Behauptung, Jesus Christus sei gleichzeitig in einer jeweils anderen Weise an- und abwesend, restituiert seine fundamentale Undarstellbarkeit als Gott und als anderer Mensch und wird damit dem Bilderverbot wie der Sinnspitze negativ theologischen Denkens gerecht. (...)
> Ein Anhalt an einer Betrachtung Jesu als des Ganz Anderen, als eines Menschen, der sich jeder abschließenden Abbildung entzieht (und vielleicht gerade in solchen Widerständigkeiten seine Göttlichkeit erweist), fordert gleichzeitig zur Be-

---
[223] Ebd., 114.
[224] J. Valentin, Atheismus in der Spur Gottes, 258.– Das Zitat im Zitat: H. Verweyen, Christologische Brennpunkte, Essen ²1985, 103.

trachtung der Techniken auf, die direkt *nach* seinem Verschwinden und bis heute seine Person als *anwesend, ohne Widersprüche verstehbar* und *lebendig* zu rekonstruieren in der Lage waren. Unsere Vermutungen gehen dahin, daß im Dienste einer Metaphysik der Präsenz und der Herrschaft im Rahmen dieses Prozesses seine Göttlichkeit einseitig gerade in Insignien der Macht und der Lebendigkeit, nicht aber in Handlungsmustern der Selbstenteignung, der Durchkreuzung eingefahrener Strukturen des Verstehens, der Hingabe und des Todes gesucht und die bewußte Wahrnehmung seiner Abwesenheit vermieden wurde."[225]

Fundamentaltheologisch vermittelt Derrida vor allem zwei Kritiken: die erste begründungstheoretisch, die zweite offenbarungstheologisch. Beide halten auf ein interpretationsphilosophisches Konzept der Vernunft zu, die immer nur different verstehen kann. Daß aber verstanden, angeknüpft werden kann, macht eine Entscheidung notwendig, die sich nach Derrida kriteriell nicht mehr letztbegründen läßt, aber doch daran gleichsam ästhetisch zu messen ist, ob sie der Struktur der Differenz *gerecht* wird. Die verstehende Vernunft hat sich offen zu halten für das nicht Absorbierbare, nicht mehr Kategorisierbare, für das Andere. Daß dieses Andere aber ganz auf seine Weise, als Ganz-Anderes und Ganz-Anderer widerfahren kann – auf diese letzte Offenheit für die Gestalt des Unendlichen kann die Theologie im kritischen Gegenzug auch Derrida hinweisen. Die entsprechende Form des Glaubens wird sich daran auszurichten haben, daß sie sich dem Anderen vertrauend und liebend überläßt. Denken und Handeln werden hier untrennbar. Auch dazu verhilft die Logozentrik-Kritik Derridas.

Daß er im übrigen auch in *atheistischer* Denkform eine Offenheit für das religiös signifizierte Denken des Anderen behält, mag sehr indirekt der enge Zusammenhang belegen, in den Derrida sich mit Levinas stellt – hier erneut über Joachim Valentin vermittelt:

> „angesichts eines Denkens wie dem von Levinas habe ich niemals einen Einwand. Ich bin bereit, alles zu unterschreiben, was er sagt. Das heißt nicht, daß ich dieselben Sachen in derselben Weise denke; doch die Unterschiede sind da sehr schwierig zu bestimmen: was bedeutet in diesem Fall der Unterschied im Idiom, in der Sprache, in der Schrift?"[226]

4.3.2 Im Anschluß an Levinas: Susanne Sandherr

In den vergangenen Jahren hat Emmanuel Levinas mit einem ganz eigenen Denken und Schreiben das Bild der Philosophie nachhaltig verändert.[227] Seine Rezeption wurde vor allem von der (katholischen) Theologie vorangetrie-

---

[225] Ebd., 263; 265f.
[226] J. Derrida, in: J. Derrida et Pierre-Jean Labarriére, Altérités, Paris 1986, 74; zitiert nach der Übersetzung von J. Valentin in: Atheismus in der Spur Gottes, 87, Anm. 67.
[227] Vgl. den aktuellen Forschungsbericht von W. N. Krewani, Lévinas lesen, in: Information Philosophie 26 (1998), Heft 5, 50-58.

ben.[228] Exemplarisch wird im folgenden eine neuere Levinas-Interpretation vorgestellt, die sich aus verschiedenen Gründen an dieser Stelle anbietet: hier wird eine Deutung der subjekttheoretischen Überlegungen von Levinas gegeben, die sein differenzphilosophisches Profil klar kenntlich macht, zugleich die von postModernen Theologinnen eingeforderte feministische Perspektive berücksichtigt und auf den begründungstheoretischen Zusammenhang von Differenzdenken und Fundamentaltheologie überzuleiten erlaubt, der mit dem nächsten Kapitel zu diskutieren sein wird.

4.3.2.1 Gesprächsvoraussetzungen: Subjektdenken nach Auschwitz

Nach Auschwitz – vor diesem Zeitzeichen situiert Susanne Sandherr ihr Gespräch mit Emmanuel Levinas.[229] Sie führt es aus der Perspektive einer praktischen Theologie mit der (religions)pädagogischen Maxime, „daß Auschwitz nicht noch einmal sei".[230] Die Religionspädagogik steht damit vor der Herausforderung, das Subjekt zu stärken, um es gegen seine äußere wie innere Verführbarkeit zur Gewalt gegen den Anderen zu wappnen. Ich-Stärke wäre hier ein Schlagwort, das jedoch vor den Überlegungen von Emmanuel Levinas zunehmend fragwürdig erscheint. Mit Levinas ergibt sich nämlich „das paradox erscheinende Erfordernis einer Ichstärke, die die Schwäche des Anderen mit der Schwäche der Liebe zu beantworten vermag."[231]

Levinas' Denken ist aus der Erfahrung der Shoa entwickelt, aus ihr hervorgebrochen. Er nimmt das Subjekt in den Innenraum seiner Philosophie hinein, jedoch nur, um es vom Anderen her zu begreifen. Im Anspruch des Anderen entsteht das Subjekt, jeweils schon bestimmt von Anderem, das ihm *vorliegt*. Der Diskurs des selbstmächtigen Ich, emblematisch im Cogito Descartes' und doch schon hier in seiner Fragwürdigkeit konstituiert – dieser Diskurs wird von Levinas unter veränderten Voraussetzungen geführt:

> „Lévinas, so der Leitgedanke der Untersuchung, konzipiert Subjektwerdung in der Spannung und in der Bewegung der Pole von Mündigkeit und Gebürtigkeit. Er formuliert keine abstrakte Kritik an neuzeitlichem Autonomiepathos, an Bemächtigungswillen und Identitätszwang, sondern sucht und inszeniert Situationen der Bildung und Transformation des Ich – so die Entstehung der Ich-Hypostase im Aufstand gegen anonymen Seinszwang, das Selbstwerden im sinnlich-elementaren Genuß, das Verlernen herrschaftlicher Selbstgenügsamkeit des Selben in der erotischen Beziehung, das Erlernen einer ethisch radikalisierten Subjektvität in der bedrängenden und bedrängten Nähe des Anderen."[232]

---

[228] Vgl. zum gegenwärtigen Rezeptionsstand J. Wohlmuth (Hrsg.), E. Levinas. Eine Herausforderung für die christliche Theologie, Paderborn u.a. 1998.– Ders., Emmanuel Levinas und die christliche Theologie, in: ders., Im Geheimnis einander nahe. Theologische Aufsätze zum Verhältnis von Judentum und Christentum, Paderborn u.a. 1996, 39-62.

[229] Vgl. S. Sandherr, Die heimliche Geburt des Subjekts. Das Subjekt und sein Werden im Denken Emmanuel Levinas', Stuttgart u.a. 1998, 221ff. et passim.

[230] T. W. Adorno, Erziehung nach Auschwitz, in: ders., Erziehung zur Mündigkeit, Frankfurt a.M. 1971, 88-104; hier: 88.

[231] S. Sandherr, Die heimliche Geburt des Subjekts, 214.

[232] Ebd.

Susanne Sandherr geht dem nach, um die Theologie mit der Vernachlässigung eines Schwerpunkts modernen Denkens zu konfrontieren: dem Subjektdenken. Klaus Müller hat darauf in jüngster Zeit immer wieder hingewiesen.[233] Wie schwer sich die Theologie mit diesem Thema tat, deutete bereits das Kapitel zur Moderne-Problematik dieser Arbeit an. Sandherrs Levinas-Interpretation führt nun das theologische Gespräch in dieser Richtung erneut auf jene Frage zu, die sich am Ende der philosophischen Skizze einer postModernen Differenzhermeneutik aufdrängte. Mit Paul Ricoeur wurde dabei eine Position vorgestellt, die sich kritisch von Levinas abhebt. Im folgenden wird die differenzphilosophische Perspektive von Levinas in seiner Logik der Alterität unter subjekttheoretischer Maßgabe gegengelesen. Damit ergeben sich Spannungen, die theologisch nachwirken: einmal hinsichtlich der erkenntnistheoretischen Bedeutung des Subjekts, dann – und in unmittelbarem Zusammenhang damit – hinsichtlich der begründungstheoretischen Grundfrage nach einem Glaubenszugang. Diese Problematik zeichnete sich sowohl philosophisch mit dem Differenzdenken wie auch theologisch mit den ersten Versuchen einer theologischen PostModerne-Rezeption ab. Mit dem Deutungsansatz von Sandherr und ihrer behutsamen, erste Keile treibenden Übersetzung in die Theologie wird auch die vorliegende Arbeit auf ihren problematischen Abschluß vorbereitet: auf eine theologische Auswertung des Differenzdenkens, die ihre besondere Bedeutung in der eigentlichen fundamentaltheologischen Frage nach einer Glaubensbegründung hat.

4.3.2.2 Zwischenfrage: Levinas – postModern?

War schon die postModerne Zuordnung der bereits diskutierten Philosophen problematisch, so gilt dies erst recht für Levinas.[234] Dabei ist jedoch noch einmal an die spezifische Fassung des PostModernen in dieser Untersuchung zu erinnern: sie wird auf ihren harten Kern einer Differenzhermeneutik zurückgeführt. Daß damit ein willkürliches und fast gewaltsames Moment auftritt, läßt sich nicht bestreiten, jedoch mit dem Hinweis auf den nach wie vor offenen Gebrauch dieses Konzepts zwischen philosophischer Theoriebildung, atmosphärischem Konglomerat und epochaler Konstruktion rechtfertigen. Der Interpretationsfluß ist hier noch offen.

Nur in diesem Sinne kann auch eine Theologie im Anschluß an Levinas in diesen Theorierahmen eingefügt werden. Die Zuordnung orientiert sich an der intensiven Auseinandersetzung einschlägig postModern ausgewiesener Autoren mit Levinas. Lyotard und Derrida (letzterer selbst ein fragwürdiger PostModerner) zählen dazu ganz besonders, versteckter auch Foucault. In jedem Fall läßt sich hier eine gemeinsame Richtung, ein verbindendes kritisches Interesse feststellen, das Joachim Valentin für Derrida und Levinas im

---

[233] K. Müller, Wenn ich „ich" sage. Studien zur fundamentaltheologischen Relevanz selbstbewußter Subjektivität, Frankfurt a. M. u.a. 1994.
[234] Vgl. T. Freyer, Emmanuel Levinas und die Moderne, in: ders. / R. Schenk (Hrsg.), Emmanuel Levinas – Fragen an die Moderne, Wien 1996, 13-23.

gemeinsamen „Prinzip Alterität" ausgearbeitet hat[235] und das auf eine je eigene Weise den Zusammenhang mit Deleuze, Blumenberg und der Interpretationsphilosophie stiftet[236]:

> „Gerade insofern Levinas Skepsis anmeldet gegen alle logischen Systeme, die letztlich doch auf die Totalität ‚desselben' hinauslaufen, könnte man ihn als den vielleicht radikalsten postmodernen Denker der Subjektivität ansehen."[237]

Erwin Dirscherl benennt als weitere wesentliche Motive, die Levinas mit solchem – hier postModern tituliertem – Differenzdenken verbinden, seine Totalitäts- und Subjektkritik im Zeichen des Anderen:

> „Im Zentrum steht das Subjekt in seiner Verantwortung gegenüber dem Anderen. Damit steuert Levinas' Denken jenem postmodernen Elan entgegen, der über einem Diskurs- oder Sprachgeschehen, einer Semiotik etc. das Subjekt eher zu vergessen droht."[238]

Daß postModernes Differenzdenken auf diesen Punkt zuhalten *muß*, wurde mit den diskutierten Ansätzen bestritten.[239] Die immanenten theoretischen Versuchungen lassen sich zwar z.B. mit der *Macht* der Sprache über das Subjekt benennen, die Autoren zeigten aber jeweils die Tendenz, *individuelle* Deutungsräume zu erschließen. Gerade aus der Wahrnehmung von Differenzen im Verstehen ließ sich jener grundlegende Pluralismus-Gedanke ableiten, der für postModernes Bewußtsein steht. Diese Differenzen betreffen auch das Subjekt konstitutiv: seine Identität ist eine je verschobene und aufgeschobene, unterbrochen von Alteritätserfahrungen. Ein anderes Subjekt wird sichtbar: zerbrechlich, widerständig gegen systemische Totalisierungen, die es selbst zu überwältigen drohen. Gerade mit dem Individuum wird solches Denken ethisch qualifizierbar. Die vorliegende Deutung postModerner Differenzphilosophie begegnet damit wichtigen Inspirationen Levinas'. Mit Sandherrs Lektüre soll dieser Zusammenhang im folgenden verdeutlicht werden.

---

[235] Vgl. J. Valentin, Atheismus in der Spur Gottes, 87-110.

[236] In diesem Sinne läßt sich auch die Levinas-Interpretation von Bernhard Taureck anführen, der Levinas für „auch poststrukturalistisch" lesbar hält, denn „die poststrukturalistische Verabschiedung einer Präsenzgarantie durch Signifikanten ergänzt er durch die ursprüngliche Sprachdimension des Äußerns (dire) als Hinwendung zum anderen Menschen." (Levinas zur Einführung, Hamburg 1991, 75.)

[237] J. Wohlmuth, Theologie – postmodern?, in: R. Hoeps / T. Ruster (Hrsg.), Mit dem Rücken zur Transzendentaltheologie. Theologische Passagen (FS Hans Jorissen), Würzburg 1991, 144-160; hier: 157.

[238] E. Dirscherl, Identität jenseits der Totalität oder: Die Passivität des inkarnierten Bewußtseins und die Rekurrenz des Sich bei Emmanuel Levinas, in: T. Freyer / R. Schenk (Hrsg.), Emmanuel Levinas – Fragen an die Moderne, 137-152; hier: 138, Anm. 6.

[239] Vgl. die zusammenfassenden Erwägungen in Teil I, 4. Die postModern entwickelte Differenzhermeneutik steuert mit der Ausarbeitung von Differenzmarken im Verstehen auf ein individuelles Verstehen zu, das jedoch nicht noch einmal von einem alles regulierenden Selbst her gedacht wird. Insofern zeichnet sich ein verändertes Subjektmodell ab, das zum einen aus der problematischen Anlage der diskutierten Ansätze hervorgeht, ohne daß hier bereits ausgeprägte Subjekttheorien vorlägen (am ehesten noch in Foucaults Spätwerk), das zum anderen mit der Deutung der Moderne unmittelbar zusammenschießt (etwa in der Interpretation von D. Henrich).

4.3.2.3 Das Subjekt bei Levinas: Zwischen „Gebürtigkeit" und „Mündigkeit"

Der „Ausgangspunkt" von Levinas ist immer der Andere – ein Anfang, der sich entzieht. Er läßt sich nicht ausdenken: der Andere bleibt immer anders, unterschieden von den Konzepten, mit denen sich ihm ein Subjekt stellt. Daß ihm der Andere begegnet, ist eine unvordenkliche Tatsache: der Mensch ist nicht von sich selbst her. Seine Passivität entspricht seiner „Gebürtigkeit" – und sie verweist für Levinas auf eine Zeit vor aller Zeit, auf ein nicht mehr Qualifizierbares, sondern gleichsam nur als Herkunft von allem Vorstellbares, das zugleich unsere Vorstellungskraft sprengt. Der Mensch steht immer im Horizont dieser Alterität; deshalb läßt sich der Andere nicht ontologisch reduzieren. Diese Bewegung einer Identifizierung des Anderen, auch wenn sie ihn noch so unabhängig vom denkenden Ich zu setzen versucht, ihn absolut denkt, bleibt an die Kategorien des Cogito gebunden. Die unvordenkliche Vergangenheit läßt sich nicht mehr bewußtseinsmäßig repräsentieren oder kausal ableiten. Sie würde zur Figur oder gar zur Funktion des Subjekts.

Der erkenntnistheoretische Weg verläuft genau entgegengesetzt: der Andere ist je schon da, aber als er selbst: *unvorstellbar* anders. Er widerfährt. Genau so macht er sich vernehmbar: als Anderer im Anderen. Er *passiert* das Subjekt, er hinterläßt seine Spur. Sie ist im Subjekt das Begehren nach einem Anderen, nach dem, was nicht mehr ein Bedürfnis, ein bloß zu behebender Mangel im Selbst ist, sondern es unverrechenbar übersteigt: ein Mehr und Anders. Entsprechend dieser Logik der Alteritätserfahrung ist auch die Rede vom grundlosen Grund des Anderen für die menschliche Erkenntnisfähigkeit zu beschreiben:

> „Wir sind außerhalb der Ordnung, wo man von der Idee zum Sein übergeht. Die Idee Gottes, das ist Gott in mir, aber bereits Gott, sofern er das auf Ideen abzielende Bewußtsein bricht und sich von jedem Inhalt unterscheidet... Und dennoch Idee Gottes – oder Gott in uns –, als ob das Sich-nicht-umfassen-lassen auch eine außergewöhnliche Beziehung zu mir wäre...: Setzung des Unendlichen in das Denken, die aber ganz anders strukturiert ist als das Begreifen des cogitatum durch eine cogitatio. Setzung als unvergleichliche Passivität; unvergleichlich, weil sie nicht übernommen werden kann."[240]

Wenn der Andere immer schon im Spiel ist, ergibt sich für das Bild des Menschen jene Ausrichtung zwischen „Gebürtigkeit" und „Mündigkeit", die Susanne Sandherr als Zentralperspektive ihrer Deutung wählt:

> „In einer oszillierenden, unabschließbaren dialektischen Bewegung zwischen dem Pol der *Mündigkeit* und dem Pol der *Gebürtigkeit* baut sich das Spannungsfeld des Subjektdenkens bei Lévinas auf."[241]

Das Ich ist unabweisbar dem Anderen ausgesetzt. Dieser Verweis auf Anderes ist durchaus materialistisch zu sehen: der Eigenleib und vor allem der des

---

[240] E. Levinas, Gott und die Philosophie, in: B. Casper (Hrsg.), Gott nennen. Phänomenologische Zugänge, Freiburg-München 1981, 81-123; hier: 96.
[241] S. Sandherr, Die heimliche Geburt des Subjekts, 22.

konkreten anderen Menschen konfrontieren das Ich mit einem Anderen, das sich nicht einfach konsumieren und einverleiben läßt. Andersheit ist auch Fremdheit, weil Irreduzibles. Vor allem aber fordert der Andere zu seiner Anerkennung heraus. „Die Beziehung zum Anderen stellt mich in Frage, sie leert mich von mir selbst."[242] Das betrifft die Bedeutung des Anderen, die ganz seine ist und nicht von der Deutung des Ich abhängt. Und das meint die Art der Herausforderung, die sich mit dem Anderen aufzwingt: er tritt in das Gesichtsfeld des Ich und reißt es aus seiner Selbstgenügsamkeit heraus. Seine ureigene Bedeutung ist die des anderen Antlitzes, einer Würde, die den ethischen Imperativ bildet, daß man nicht töten darf. Die Passivität des Ich zeugt also zugleich eine einzigartige Verantwortung. Vom Anderen her und auf den Anderen hin – in dieser Bewegung entsteht das Subjekt, und es wird zugleich zum Geburtsort des Transzendenten:

> „Wo sich ein Ich dem bedürftigen Anderen ganz und gar unterstellt, kommt das Unendliche, die göttliche Disproportion, zur Welt."[243]

Das Subjekt ist mit Levinas dem Anderen *unterworfen*. Eine totalisierte Anthropozentrik droht, sich vor dem Anderen in doppelter Hinsicht zu verschließen: zum einen, wenn das Ich, vernunftkritisch bemerkt, alles von sich her identifiziert; zum anderen, wenn es atheistisch den Ganz-Anderen aus seinem Diskurs herausnimmt, weil er in seinem rein immanent ausgerichteten Kategorienapparat nicht *vorkommen* kann. Eine anthropozentrisch begründete Religionskritik übersieht laut Levinas, daß die göttliche Überforderung des Menschen seine Autonomie erst begründet, den Menschen in seinen Möglichkeiten erschließt: das Subjekt „kann erst Ich werden, weil in der Verpflichtung gegenüber dem Anderen niemand an meine Stelle treten kann."[244] Darin ereignet sich eine Dialektik von Gott und Mensch, die immer zur je größeren Alterität hinlenkt. Das betrifft grundlegend die Möglichkeit, diese Spur der Transzendenz zum Anderen hin – ethisch wie religiös – zu begreifen:

> „Die Spur ist unendlich in beide Richtungen; so wie sie kein Ende macht, hat sie keinen Beginn. In ihrer Unendlichkeit kann ich sie nicht ablaufen, weil *sie* nie abläuft. Die Spur ist permanent im Antlitz des Anderen."[245]

Dieses Denken jenseits von Anfang und Ende denkt Zeit als den Einbruch des Anderen in die Selbstverständlichkeit des Subjekts.[246] Es unterbricht das

---

[242] E. Levinas, Die Spur des Anderen, in: ders., dass., Freiburg-München ²1987, 209-235; hier: 219.

[243] S. Sandherr, Die heimliche Geburt des Subjekts, 16.

[244] E. Lévinas, Das Ich kann nicht vertreten werden. Die Ethik der Verantwortung für den Anderen, in: FAZ 15.4.95 (Nr. 89 [Tiefdruckbeilage]).

[245] A. M. Hoff, Die Physiologie des Antlitzes. Zur Ethik von Emmanuel Levinas, in: PhJ 105 (1998) 148-161; hier: 150.

[246] Zur Philosophie der Zeit bei Levinas vgl. R. Esterbauer, Die Zeit und ihr Ende. Zum Zeitverständnis bei Levinas und Baudrillard, in: T. Freyer / R. Schenk (Hrsg.), Emmanuel Levinas – Fragen an die Moderne, 73-94; zu den subjektphilosophischen Konsequenzen vgl. besonders 84-87; zum Denken der Beginn- und Endlosigkeit 90-94.– Zur theologischen Rezeption von

Cogito nachhaltig. Der Andere stammt aus einer anderen Zeit als das Ich, er sperrt sich seiner Zeit: er bleibt diachron, different. Auch bei Levinas begegnet damit die Differenzmarke ZEIT an zentraler Stelle. Es ist letztlich die Zeit des Anderen und als Anderes, die das abendländische Konzept des Cogito erschüttert. Vor dem Anderen wird ein neues Denken notwendig, das Identität radikal an Differenz bindet.

Sandherr führt das mit Levinas' Kennwort der „Religion für Erwachsene"[247] aus:

> „der allein gelassene, die Tröstungen seiner Kinderreligion entbehrende, gottverlassene Mensch erkennt, daß er göttliche Verantwortung trägt. Gerade in der ethischen Reife des Menschen zeige sich Gott als Gott."[248]

Der Gott des jüdischen Monotheismus hat etwas Gott-loses: er ist für Levinas nicht numinos, nichts Sakrales, das sich in unsere Vorstellungen einpaßte. Er bleibt ganz anders. Nur in der Differenz von Gott und Mensch bleibt der eine Gott und wird der andere zum verantwortungsvollen Menschen. Diese Verantwortung gilt auch gegenüber dem eigenen Gottesbild. Keine Projektion, sondern Ernstnehmen der Schwierigkeiten mit Gott, die bereits Ausdruck einer Alteritätserfahrung sind – das macht eine „Religion für Erwachsene" aus. Eine Religion, die sich immer wieder vom Ich her aufbaut, die das Andere zur Projektionsfläche und letztlich zum Derivat des Selbst macht, zahlt bereits mit diesem erkenntnistheoretischen Ansatz einen hohen ethischen Preis. Der Andere wird verfügbar. Dem entgegen denkt jüdisches Denken den Anderen als Unverfügbaren, und die Theo-logik orientiert auch die Anthropologie. Für Sandherr wird mit Levinas' Erwachsenenreligion eine Antwort „auf die durchschlagende Wirkungslosigkeit der christlichen Religion der Liebe"[249] gegeben, die mit der Shoa grundlegend in Frage gestellt ist.

Erwachsensein heißt, nach Auschwitz leben: nach den vernunftgewissen Erlösungsstrategien technischer oder gesellschaftlicher Art; nach den gewohnten Bildern religiöser Sehnsucht. Menschwerdung kann sich nur ereignen, wo das Subjekt sich dem Anderen öffnet und seine Verantwortung in einer Weise übernimmt, die zugleich weiß, daß sich das Ich diesem Anspruch nie entziehen kann, weil er schon immer gilt. Der Andere ist dem Ich immer vorgegeben. Sein Anspruch darauf, vom Ich unversehrt gelassen, geschützt zu werden, steht nicht zur Disposition des Subjekts: er ist gleichsam seine erste Tatsache. Deshalb auch ist nicht die Ontologie, sondern die Ethik *erste*

Levinas' „Eschatologie" vgl. auch J. Wohlmuth, Zur Philosophie des Todes bei Emmanuel Levinas, in: ders., Im Geheimnis einander nahe, 183-192. Wohlmuth sieht gerade in der konsequenten Wahrnehmung der radikalen Andersheit des Ganz-Anderen, entsprechend zum anfanglosen Anfang als „creatio ex nihilo", einen Anhaltspunkt, die äußerste Möglichkeit jenseits des Fassungsvermögens des Subjekts fragend einzubeziehen. Andernfalls wäre der Ganz-Andere erneut apriori beschnitten. „Der Hiatus des Todes kann nur durch Wiederauferstehung überbrückt werden, aber diese liegt nicht in der Macht des Subjektes." (192)

[247] Vgl. ebd., 49ff.
[248] S. Sandherr, Die heimliche Geburt des Subjekts, 55.
[249] Ebd., 60.

Philosophie. Das Subjekt erfährt sich nur in diesem Anspruch. Sein Leben ist in jeder Handlung die unaufhörliche Antwort auf den Anruf des anderen Menschen. Das ist eine andere „Ordnung" als die der identitätslogischen Ontologie und Metaphysik des Selben. In der wahrgenommenen Verantwortung für den Anderen realisiert der Mensch seine Geburt vor der physischen Geburt – er wird Mensch.

> „Die an-archische Entstehung des Subjekts in der Nähe des anderen Menschen verpflichtet das Subjekt dazu, sich dem anderen Menschen zu nähern. Das Anwachsen der Schuld im Maße ihrer Tilgung betont nicht nur das Nicht-Definitive der Identität des Ich, die hier entsteht, sondern bedeutet auch das Vorübergehen des Unendlichen. In der heimlichen Geburt des Subjekts als dessen Verpflichtetwerden zur Nähe vor jeder bewußten Option wird ein ‚Diesseits' und ein ‚Jenseits' berührt, im grund- und grenzenlosen Ausgesetztsein an den anderen Menschen wird das Unendliche vernehmlich. Diese Geburt, Passage *par excellence*, läßt das Unendliche passieren."[250]

Das cartesianische Cogito wird gebrochen und das Ich aus seiner strukturellen Selbstgenügsamkeit befreit – zu sich selbst. Denn „wer die Idee des Unendlichen besitzt, hat den Anderen bereits empfangen."[251] Seine herrschaftlichen Anteile werden von der Einsicht in eine *unergründliche* Passivität dekonstruiert. Sandherr dechiffriert dies vor allem mit der Zerschlagung des „virile(n) Ich"[252] und seiner *Verweiblichung* bei Levinas.[253] Seit seinem Hauptwerk *Autrement qu'être ou au-delà de l'essence*[254] setzt sich bei Levinas ein Denken des Ich „in Figuren des Weiblichen"[255] durch. Das virile Cogito ist eines der Selbstmächtigkeit, der Überwindung von Andersheit, die sich ihm entgegensetzt. „Das männliche Ich verdankt sich nur sich selbst und keinem Anderen, es muß seine Gebürtigkeit verleugnen."[256] Das Weibliche steht stattdessen für „eine neue menschliche Möglichkeit, die das Ich nicht kannte... Das Weibliche lehrt eine menschliche Möglichkeit, die kein Vermögen ist, nämlich den gastlichen Empfang des anderen Menschen."[257] Levinas denkt hier in patriarchalisch besetzten Bildern des Weiblichen, die er freilich nutzt, um genau diesen Denkmechanismus aufzubrechen. Es geht nicht um eine neue Festschreibung des Weiblichen auf Passivität. Vielmehr wird Passivität zur Grundbedingung des Subjektseins jenseits der Ge-

---

[250] Ebd., 91.
[251] E. Lévinas, Totalität und Unendlichkeit. Versuch über die Exteriorität, Freiburg-München 1987, 131.
[252] S. Sandherr, Die heimliche Geburt des Subjekts, 123 ff.
[253] Vgl. dies., Die Verweiblichung des Subjekts. Eine Lévinas'sche Provokation. Zu Emmanuel Lévinas' *Jenseits des Seins oder anders als Sein geschieht*, in: A. Günter (Hrsg.), Feministische Theologie und postmodernes Denken. Zur theologischen Relevanz der Geschlechterdifferenz, Stuttgart u.a. 1996, 123-130; dies., „Nach oben fallen". Die Alteritätskonzeption von Emmanuel Levinas als Impuls für den feministisch-theologischen Diskurs, in: J. Wohlmuth (Hrsg.), Levinas – eine Herausforderung für die christliche Theologie, 143-161.
[254] Dt.: Jenseits des Seins oder anders als Sein geschieht, Freiburg-München 1992.
[255] S. Sandherr, Die heimliche Geburt des Subjekts, 123.
[256] Ebd., 133.
[257] Ebd., 130.

schlechterdifferenz. Das in weiblichen Chiffren vorgestellte Subjekt ist eines, das sich dieser Bedingungen bewußt ist und die Konsequenzen übernimmt. Das Subjekt wird dort „fruchtbar", wo es sich wegbewegt vom Ich zum Anderen, zum Neuen, Unerwarteten, nicht zu Erwartenden.[258]

> „In der mütterlichen Stellvertretung geschieht in einem *Entwerden*, einer *Entbildung*, die verborgene Geburt des mütterlichen Ich selbst. Der Andere begegnet nicht einem fertigen Subjekt oder stößt ihm zu, das Subjekt entspringt vielmehr erst aus der Beziehung der Hingabe. Die mütterliche Stellvertretung des Menschen ist Ort der ‚heimlichen Geburt des Subjekts'."[259]

Die Mütterlichkeit ist Bild der Ur-Passivität. Die Transformation des Männlichen zum Weiblichen wird zum kulturkritischen Muster einer analogen Verschiebung vom Ich zum Anderen, von der Privilegierung der Identität zur Wahrnehmung der Differenz in jedem sich selbst und Anderes identifizierenden Subjekt. Dieses Andere ist die Differenz im Selbst, durch die es allein zu sich findet: eine zerbrechliche, sich selbst jeweils andere Identität, die in den Passivitätserfahrungen der eigenen Sinnlichkeit und Leiblichkeit, im Erleiden ihren genauen Ausdruck findet, wiederum als Spur des Anderen gelegt. In der Erfahrung dieser Andersheit des Eigenen ist der Mensch an den Anderen verloren: aus der Gnadenlosigkeit einer Welt, die den Anderen eroberte, mißhandelte, wird der Schrei nach dem mütterlichen Erbarmen mit dem Anderen, das letztlich das Erbarmen des Menschen mit sich selbst ist, weil er sich selbst verliert, wenn er den Anderen verloren gibt.

4.3.2.4 Kritische Bilanz

Die subjekttheoretische Levinas-Interpretation von Susanne Sandherr gipfelt in der Beschreibung der „mütterlichen Stellvertretung" als einer „dyadische(n) Urszene".[260] Die Mündigkeit und die Gebürtigkeit des Subjekts lassen sich mit der Verantwortung für den Anderen auf der einen Seite und der Abkünftigkeit dieses verantwortlichen Ich auf der anderen Seite als Spannung festhalten. Sandherrs Beschreibung führt auf den entscheidenden subjektphilosophischen Problempunkt bei Levinas: wie verhalten sich die Primordialität des Anderen und die Rede vom mündigen Subjekt zueinander? Levinas beantwortet dies mit dem Vorrang des Anderen, der dem Ich jeweils vorausgeht und es durch seinen Anspruch erst entstehen läßt.

Dennoch bleiben hier Fragen. Das Subjekt findet sich in seiner ethischen Verwiesenheit auf den Anderen, aber auch diese Beziehung kann erst entstehen, wo dem konkreten anderen Menschen wiederum ein Anderer antwortet: ein noch so fragiles Bewußtsein, das sich von seinem Anspruch treffen läßt. Daß vor dem individuellen Subjekt immer Anderes war – theologisch interpretiert: *creatio ex nihilo* –, ist unabweisbar. Die Rede vom einzelnen, nicht wieder universalisierten Ich fordert aber, es vom physischen Augenblick sei-

---
[258] Vgl. ebd., 149.
[259] Ebd., 162.
[260] Ebd., 174.

nes Entstehens an zu sehen, und dort ist es ein Ich (noch vor dem Bewußtsein) im Anderen und als Anderes. Was Ricoeur an Levinas kritisiert, nimmt Maß an dem Umstand, den Sandherr herausgearbeitet hat und um den die verschiedenen Konfrontationen von Ich und Anderem kreisen: an der Bipolarität von Gebürtigkeit und Mündigkeit. Ricoeur sucht nach einer Verbindung von Alterität und Selbst, die er im Denkmodus analog zur negativen Dialektik Adornos entwirft: das Selbst ist je ein Anderes, in sich selbst, je auf Anderes verwiesen, das sich so wenig auf das Selbst oder ein Cogito reduzieren läßt, wie das Selbst ausschließlich vom Anderen her zu begreifen ist.

> „Die Vereinbarkeit der Richtungen, die Ricoeur anstrebt, setzt eine Gleichgewichtigkeit der Richtungen voraus. Lévinas schließt Gleichgewichtigkeit jedoch aus: Der andere begegnet nicht einem Ich, von dem der andere schon zuvor erkenntnismäßig als alter ego konstituiert wurde. Um eine Synthese zwischen Phänomenologie/Erkennen des anderen) und Lévinas (Vom-anderen-angerufen-werden) zu erzielen, muß Ricoeur sich schon zuvor über die Destruktion hinwegsetzen, die Lévinas mit der Möglichkeit betreibt, daß ich den anderen erkenne, bevor er mich aufruft."[261]

Levinas verweigert sich einer erkennenden Aneignung des Anderen durch das Ich. Der Andere ist mir schon immer gegeben, ohne daß ich ihn noch einmal zum Gegenstand außer mir machen könnte. Er ist mir freilich immer anders gegeben: in der unendlichen Verantwortung für ihn. Meine Mündigkeit ist erst dadurch entstanden. Und doch gibt es sie.

Tatsächlich steuert die von Bernhard Taureck gekonterte Levinas-Kritik Ricoeurs auf eine zweistufige Subjekttheorie zu, die sich den Aporien einer cartesianischen Cogito-Philosophie auf der einen und der erkenntnistheoretischen Aporetik einer radikalen Alteritäts-Logik auf der anderen Seite stellt. Gegen jede Rückführung des Anderen auf ein Cogito, das die Maßstäbe der Wahrnehmung des Anderen in sich selbst trägt (in den Schlußformen der begründenden Vernunft, die doch immer seine bleibt), verweist Ricoeur auf die Unabgeltbarkeit in der Erfahrung des Anderen, die immer schon das Ich besiedelt. Dabei geht es Ricoeur niemals darum, den Anderen als *alter ego* zu begreifen, sondern ihn in seiner Andersheit zu nehmen, die doch immer auch mit der (Selbst-) Wahrnehmung eines Subjekts verbunden ist. Und dies gilt, wie Klaus Müller hervorhebt, nicht zuletzt angesichts der ethischen Herausforderbarkeit des Ich:

> „Wie... kann denn ein Subjekt von einem Gegenüber in Anspruch genommen sein, wenn damit nicht ein (wie auch immer zu denkendes) Wissen einhergeht, daß es – das Subjekt – es ist, das von diesem Anspruch getroffen ist?"[262]

Gegen Levinas' radikalisierte Alterität ist nun genau das in Anschlag zu bringen, was Levinas auszublenden sucht: ein erkenntnistheoretisches Motiv. Und von hier aus läßt sich auch die Antwort von Levinas auf den zitierten

---

[261] B. Taureck, Lévinas zur Einführung, 95.
[262] K. Müller, Subjekt-Profile. Philosophische Einsprüche in eine theologisch überfällige Debatte, in: ThG 40 (1997) 172-180; hier: 176.

Vorwurf genauer in den Blick nehmen. Das ansprechbare Subjekt, das Müller als Voraussetzung sieht, entsteht für Levinas erst in diesem Anspruch. Noch einmal: der Andere läßt sich nicht außerhalb des Ich erkennen und also kognitiv konstituieren. Dieser Andere ist der Andere vor dem Subjekt in einer Weise, die sich gleichfalls nicht mehr erkenntnismäßig objektivieren läßt. Der Weg zu dieser Einsicht muß indes auch erst gegangen werden – und er wird zumindest in den Texten von Levinas zurückgelegt. Dieser Weg ist die „Rekurrenz": ein „Vor-den-eigenen-Anfang-Zurückgehen des Subjekts".[263] Mit diesem Gedanken wird das Subjekt erkenntnistheoretisch überproblematisch: es erkennt sich in der Rekurrenz als bestimmt von einer Andersheit, der gegenüber es gleichsam vorgeburtlich passiv bleibt. Indem Levinas das schreibt, wird diese Erkenntnis von zumindest einem Subjekt, dem Philosophen, eingeführt. Was erkannt wird, nimmt das Subjekt zwar zurück, aber aus dem Erkenntnisvorgang läßt es sich nicht eliminieren.

Woher kommt die Erkenntnis dieser Passivität, des Vorrangs des Anderen? Sie bleibt im Verfahren formal bzw. technisch an ein Subjekt gebunden, das im Erkenntnisgehalt auf eine unvordenkliche Andersheit stößt, die es nur in diesem Erkenntnisprozeß wiederum als ein abkünftiges, als an einen unhintergehbaren Vorrang des Anderen gebunden erschließen kann. Im Sinne der Primordialität des Anderen führt der erkenntnistheoretische Zugang zu einer Nachordnung des Subjekts, die im Erkenntnisvorgang selbst nicht mehr wirklich durchgeführt werden kann. Nach Ricoeur ist

> „die ethische Bewegung par excellence des Anderen auf das Selbst zu mit der erwähnten gnoseologischen Bewegung des Selbst auf den Anderen zu verbinden... Nun erreicht aber das Thema der Exteriorität das Ziel seines Weges, das heißt das Hervorrufen einer verantwortlichen Antwort auf den Anruf des Anderen, nur dann, wenn es eine Fähigkeit der Empfänglichkeit, der Unterscheidung und der Anerkennung voraussetzt, die meines Erachtens einer anderen Philosophie des Selben angehört als derjenigen, der die Philosophie des Anderen widerspricht."[264]

Dieses Argument verkennt nun nicht einfach den Gedanken der Urpassivität bei Levinas[265], sondern läßt sich darauf wenden, daß mit einem dem Anderen gegenüber gleichursprünglichen Selbst (vom Augenblick der Existenz eines Selbst an) schon deshalb zu rechnen ist, weil das Selbst mit dem Anspruch des Anderen diesen in seiner Existenz voraussetzt und also auf diese Weise erkannt hat. Für Ricoeur gibt es in diesem Erkenntnis- als Anerkennungsprozeß kein Erstes, sondern nur die Begegnung. In diese Richtung bewegt sich auch Derridas Kritik an einer ontologischen Umkehrung des Dualismus von Selbst und Anderem.[266] Damit wird auch ein ethischer Einwand fällig.

---

263 Mit der Erläuterung des Übersetzers von „Jenseits des Seins", Thomas Wiemer: a.a.O., 227, Anm. a.– Josef Wohlmuth, der auf diese Stelle verweist, sieht darin ein „Verfahren, auf den Anfang vor allem Anfang zurückzukommen" (Ders., Emmanuel Levinas und die christliche Theologe, 51).
264 P. Ricoeur, Das Selbst als ein Anderer, München 1996, 407.
265 Vgl. die Ricoeur-Kritik von S. Sandherr, Die heimliche Geburt des Subjekts, 163f.
266 Vgl. J. Derrida, Gewalt und Metaphysik. Essay über das Denken Emmanuel Levinas, in: ders., Die Schrift und die Differenz, Frankfurt a. M. 5. 1992, 121-235.

Die radikale Vorordnung des Anderen geschieht unter dem Vorzeichen seiner Transzendenz. Der konkrete Andere erhält von diesem Ganz-Anderen her in dessen Anspruch seinen Wert:

> „Der Andere, der mir leibhaftig gegenübersteht, ist kein ethischer Selbstwert, weil Levinas ihn unter das Andere stellt... Der Andere, so hoch Levinas ihn auch schätzt, besitzt nur dann ethische Vollwertigkeit, wenn ihm die volle Transzendenz zugesagt ist. Wird der Mensch in der Perspektive eines ethisch transzendenten Anspruchs gesehen, darf er nicht als ein Modus transzendenter Defizienz auftreten. Es gibt kein Mehr an Transzendenz. Zwischen ganz oder gar nicht gibt es keine ‚dritte Philosophie' einer dritten Möglichkeit. Die Levinassche Philosophie begeht hier einen transzendenten Fehlschluß."[267]

Die erkenntnistheoretische Vorordnung des Anderen hat damit auch ihren ethischen Preis. Der ist auch in anderer Hinsicht zu entrichten: letztlich droht der Anspruch des Anderen zu einer nicht mehr voll vom Subjekt übernehmbaren, weil nicht mehr rational ganz einsichtigen Zumutung zu werden. Hier greift einerseits Derridas Gewalt-Vorwurf, andererseits der Hinweis auf einen naturalistischen Fehlschluß, der die Dezision bzw. Evidenz als letzten für das Subjekt erreichbaren Zugangspunkt läßt.[268]

Auch damit wird noch einmal deutlich: die Beziehung von Subjektdenken und Alterität spielt auf zwei Ebenen. Auf einer ersten, gleichsam transzendentalen Stufe wird das Ich von Levinas als Passivität jenseits der phänomenalen Unterscheidung von Aktivität und Passivität gedacht. Den unvermeidlichen Weg zu dieser Einsicht kann er jedoch nur auf der phänomenalen zweiten Stufe zurücklegen. Auf ihr erscheint „das Ich als des Anderen zugleich *capax* und *incapax*".[269] Theologisch ließe sich diese Zuordnung im Sinne der theologischen Schöpfung (Perspektive 1) zur Freiheit (Perspektive 2) reformulieren. Dem entspräche die Grundunterscheidung von Gebürtigkeit (Perspektive 1) und Mündigkeit (Perspektive 2, dort aber noch einmal von Perspektive 1 durchdrungen), die nach Sandherr für Levinas so zentral ist. Die Spuren der voranfänglichen Passivität sind in der Bildung des Ich durch Anderes konkretisiert. Auf der zweiten Stufe, der einzigen, die menschlich wirklich beschreibbar ist, stellt sich eine negative Dialektik von Selbst und Anderem im Sinne Ricoeurs dar – ohne ein Erstes. Denn ohne Ich gibt es keine Aufnahme von Anderem, ohne den ethischen Anruf des Anderen kein Ich:

> „der Andere ist nur als ego absolut anders, das heißt in gewisser Weise dasselbe wie Ich."[270]
>
> „Würde der Andere nicht als transzendentales alter *ego* anerkannt, ginge er vollständig in der Welt unter und wäre, wie ich selbst, nicht Ursprung der Welt. Ihm in diesem Sinne ein ego abzustreiten, ist in der Ordnung der Ethik die Geste

---

[267] A. M. Hoff, Die Physiologie des Antlitzes, 159.
[268] Vgl. W. Lesch, Religiöse Ethik, in: A. Pieper (Hrsg.), Geschichte der neueren Ethik. Bd. 2: Gegenwart, Tübingen-Basel 1992, 1-28, 16f.; zu Levinas' Ethik vgl. 9-23.
[269] S. Sandherr, Die heimliche Geburt des Subjekts, 164.
[270] J. Derrida, Metaphysik und Gewalt, 193.

selbst jeder Gewalt. Würde der Andere nicht als ego anerkannt, bräche seine Andersheit zusammen."[271]

Anders als Sandherr nahelegt, denkt Ricoeur nicht an ein volles Verstehen des Anderen oder an seine Bemächtigung durch das Ich, sondern wie Levinas deutet er die Begegnung mit dem Anderen als ein wirkliches Ernstnehmen des Anderen: ob im Gewissen, im Eigenleib oder in der Fremdwahrnehmung.[272]

Mit der bezeichneten Dialektik von Selbst und Anderem wird die antihermeneutische Hermeneutik von Selbst und Anderem, von Identität und Differenz greifbar: Sinn ist ganz als vom Anderen her zu denken (Perspektive 1); zugleich wird er notwendigerweise vom Ich auf ein Anderes hin gedacht (Perspektive 2), wobei dieses Andere den Charakter seiner Unverrechenbarkeit behalten muß. Damit aber wird die menschliche Erkenntnis auf dieser Stufe 2 überfordert: sie kann dem Charakter des Anderen nicht mehr wirklich genügen, weil dieses Andere immer in den Konzepten des Subjekts gedacht (und erhofft) wurde. So wie Levinas die Erkenntnis des Anderen nicht anders als mit subjekttheoretischen Mitteln in einer ersten Begründung plausibilisieren kann, so kann umgekehrt die Subjektphilosophie mit ihren Mitteln die Andersheit des Anderen nicht radikal wahren. Die beiden Perspektiven sind von daher nicht stockwerkartig gebaut, sondern aufeinander bezogen. Theologisch gesprochen ermöglicht die erste Perspektive die zweite und durchdringt sie; sie ordnet jedes Selbst immer auf ein Anderes hin, das sich nur in seiner Andersheit als sein möglicher „Sinn" zeigt. Das heißt aber auch: hier wird nicht „begriffen", sondern Andersheit anerkannt. Jeder Versuch, Anderes zu verstehen, also auch schon jede Verbalisierung, das bloße Wort „Anderes", wird durchkreuzt von der eigenen Einsicht in das je Andere – als ein Anderes im Selbst und *vor* allem.

Diese Struktur läßt sich auch vorhermeneutisch mit Derridas Semiologie kennzeichnen: jedes Zeichen verschiebt sich in ein anderes, das seinen Sinn verändert. Jedes Zeichen wird aufgebraucht, von einem für das andere. Alterität erscheint im Kontakt der Zeichen.

Die Vermittlung der beiden Stufen oder Perspektiven hat ihren erkenntnistheoretischen Ort am blinden Fleck von Levinas' Ansatz: woher stammt das Wissen vom Anderen? Wer spricht hier? Es gibt keinen Ausstieg aus der Semiologie der Differenz in der Wahrnehmung des Anderen. Ob als Sprache oder als nonverbales Handlungszeichen: das Andere wird wahrgenommen, und zwar von einem Selbst, das genau darin konstituiert wird, daß es als je schon vom Anderen geschaffen erscheint. Das Andere liegt damit immer vor meiner Erkenntnis und Sinngebung. Meine Erkenntnis ist aber niemals abzuschaffen, weil ich die Erfahrung realisiere, vom Anderen herausgefordert zu sein. Er ist mit mir gleichzeitig *und* different in der Zeit.

---

[271] Ebd., 190.
[272] Vgl. die Gegenüberstellung von Levinas und Ricoeur bei Sandherr (164: „Ricoeur verkennt vielmehr den *praktisch* subjektkritischen und subjektbildenden Charakter der Begegnung von Ich und Anderem. *In* der Begegnung mit dem Anderen *geschieht*...Verwandlung."), die diesen Eindruck erweckt, mit dem Ricoeur-Zitat S. 407.

Levinas könnte darauf antworten, daß das Andere unabhängig von jeder Erkenntnis schon als grundloser Grund herrscht. Das Entstehen des Subjekts ist nun aber auch bei Levinas unmittelbar an den Anspruch und damit an eine mehr oder weniger bewußte Wahrnehmung der Verantwortung für den Anderen gebunden. Wenn das Subjekt in diesem Prozeß erst geboren wird, so ist von ihm gleichzeitig als mündigem und passivem Ich zu sprechen – von dem Moment an, da es existiert. Erst auf dieser Basis kann es sich in der Rekurrenz vergewissern, daß es den schöpfungsphilosophischen Abgrund des Anderen gibt. Ohne diese Vergewisserung aber – und sei es bloß in der vorbewußten Erfahrung im Begehren – kann das Selbst seine Verantwortung überhaupt nicht wahrnehmen.

Der Zugang zu dieser Wahrnehmung bleibt nun problematisch, weil er nicht anders als *vorkommend* zu begreifen ist. Alles andere widerspräche der radikalen Andersheit des Ganz-Anderen. Zwischen Verstehen-wollen und Verstehen-müssen auf der einen Seite und der Unmöglichkeit des Verstehens auf der anderen Seite bleibt das Ich mit seiner Verwiesenheit auf Anderes und der Wahrnehmung der Spur des Unendlichen im Endlichen ausgespannt. Dies markiert die unabschaffbare Erfahrung von Differenz im Zentrum der Ich-Identität. Das Subjektdenken ist von dieser Einsicht bis ins Mark getroffen:

> „Dieses herrschafts- und bewußtseinskritische Subjektdenken zeigt das Scheitern der Einheit des Bewußtseins in der leiblich-sinnlichen Berührung des anderen Menschen, die zur Berührung des endlichen Ich durch das Unendliche wird."[273]

Für die Theologie ergibt sich nach Sandherr damit die Aufgabe, das Konzept der Ich-Identität zwischen seiner Preisgabe und seiner egologischen Festschreibung neu zu bestimmen. Gerade angesichts der Schwierigkeiten mit dem Subjekt ist die Frage nach ihm neu in die Theologie zu tragen. Sandherr plädiert dabei für eine radikale Subjekttheorie aus dem Geist der Alterität, die nicht zuletzt erkenntnistheologische Konsequenzen hat[274]:

> „In der Anerkennung des Anderen scheitert das Vermögen des Subjekts, das Begegnende zu objektivieren und zu identifizieren. Hier versagt das vermeintlich gemeinsame Maß."[275]

So sehr dem theologisch zuzustimmen ist, gerade mit Ricoeur, so sehr ist auch auf die erkenntnistheoretische Schwierigkeit beim Zustandekommen dieser Einsicht hinzuweisen, insofern sie sich nicht mehr adäquat im eigenen Theorierahmen fassen läßt. Dabei ist durchaus klar, daß die gebotene Levinas-Kritik einen anderen, theoriefremden erkenntnistheoretischen Ansatzpunkt ins Gespräch bringt. Seine subjekttheoretische Stoßrichtung zielt keinesfalls auf die Rehabilitierung des Cogito, sondern hat vielmehr die Schwächen und kritischen Unausweichlichkeiten der beiden auseinanderscherenden subjekttheoretischen Grundperspektiven im Blick.

---

[273] S. Sandherr, Die heimliche Geburt des Subjekts, 218.
[274] Vgl. Kapitel II, 5 dieser Arbeit, dessen Problemstellung Sandherrs Levinas-Interpretation auf den Punkt bringt.
[275] Ebd., 223.

Gott ist im Anderen und als Anderer dem Subjekt eingeschrieben – die sich damit abzeichnende antihermeneutische Hermeneutik beschreibt den Ort, von dem aus hier gefragt wurde: vom Subjekt her, in ihm über es hinaus, eingedenk der Unmöglichkeit, es erkenntnistheoretisch zu übergehen, zugleich im Bewußtsein des strukturellen Ungenügens seiner Perspektive auf das Andere. Darin artikuliert sich die letzte Differenz: eine Synthese der Perspektiven gibt es nicht. Mit ihrer Spannung wird die Frage nach dem Grund des Sprechens vom Anderen anzugehen sein. Sie steht in der Nähe jenes Sprechens vom grundlosen Grund, das sich nur um den Preis von Irrationalität und fundamentalistischer Dezision der Kritik und also dem *begründenden* Argument entziehen kann.

Für Levinas' Philosophie des Anderen ist das Subjekt im Erkenntnisprozeß konstitutiv. Es erkennt darin seine radikale Verwiesenheit auf Anderes. Zugleich nimmt es wahr, daß es schon in diesem Erkenntnisvorgang je von Anderem bestimmt war. Levinas läßt mit seinem vom Anderen unterwanderten Subjekt das erkenntnistheoretische Paradigma des Cogito hinter sich. Damit ergibt sich aber eine grundlegende aporetische Erkenntnissituation für das Denken des Anderen:

1. das erkennende Subjekt ist ihm nicht auszutreiben;
2. seine Erkenntnis ist vor dem Anderen konstitutiv unangemessen, weil es das Andere unausweichlich vom Eigenen her begreift.

Der Prozeß dieser beiden Perspektiven ist unabschließbar und als solcher festzuhalten. Man kann die Wittgensteinsche Leiter, auf der man zur Einsicht kam, nicht einfach wegwerfen oder vergessen.

4.3.3 Im Anschluß an Foucault und Derrida: Johannes Hoff

Mit der Dissertation von Johannes Hoff wird ein sehr eigenständiges fundamentaltheologisches Programm vorgestellt, das in Auseinandersetzung u.a. mit Michel de Certeau, Jacques Lacan, Emmanuel Levinas sowie vor allem Michel Foucault und Jacques Derrida eine „kulttheoretische Grundlegung des Christentums"[276] erarbeitet. Die genannten Autoren stellen den Zusammenhang mit den skizzierten Ansätzen einer differenztheologischen PostModerne-Rezeption her. Vielfältige Facetten eines theologisch-philosophischen Differenzdenkens bietet auch Johannes Hoff: vornehmlich in den subjektkritischen Ausführungen seines Entwurfs. Damit wird die erkenntnistheologische und hermeneutische – von Hoff anti-hermeneutisch kritisierte – Stoßrichtung dieser Arbeit weitergeführt: einmal im Blick auf die konkreten

---

[276] J. Hoff, Spiritualität und Sprachverlust. Zur philosophischen Grundlegung katholischer Theologie im Anschluß an Michel Foucault und Jacques Derrida, Diss. Tübingen 1998, 9.– Ich danke Herrn Dr. Hoff (die Namensverwandtschaft ist Zufall) ganz herzlich dafür, daß er mir sein Manuskript schon vor der Veröffentlichung zugänglich gemacht hat.

Differenzeinträge im (theologischen) Verstehen, dann hinsichtlich der begründungs- und subjekttheoretischen Problemstellung, die sich vor postModernem Hintergrund dramatisiert aufdrängt und nach der Zugangs- und Denkmöglichkeit eines letzten Wirklichkeitsgrundes fragt.

4.3.3.1 Verlustgeschichten: Zur Kritik der Begründung und cartesianischer Sicherheit

Hoffs Arbeit setzt mit der begründungstheoretischen Fragestellung ein. Freilich geht es ihm (noch) nicht um die fundamentaltheologische Zugangsproblematik, sondern um eine Kennzeichnung von Foucault und Derrida im Diskurs der Moderne. Habermas wirft in seiner emphatischen Verteidigung des *Projekts der Moderne* den Franzosen einen – zumindest latenten – Irrationalismus vor, weil Entscheidungen ohne eine sichere argumentative und letztlich auch ethische Basis erfolgen. Im Gegenzug bemängelt vor allem Derrida an Habermas (und Apel) eine Unterschätzung der Differenzen im Verstehen.

Während nun Foucault und Derrida eine schwache, *aisthetisch* konnotierte Ethik bemühen, die sich vor allem an der Kritik der Macht und einem Interesse an der Bewahrung (individuell) differenter Freiheitsräume orientiert, jedoch keine Letztbegründung bietet, sucht Habermas über eine Rekonstruktion kommunikativer Praxis eine formal erhebbare und material gehaltvolle Ethik aufzuweisen, die man nur um den Preis eines performativen Selbstwiderspruchs bestreiten kann. Die Kritik an diesem Begründungsversuch ist inzwischen vielfach vorgetragen worden.[277] Hoff greift u.a. den Hinweis auf die Zirkularität des Begründungsverfahrens auf. Darüber hinaus läßt sich ein impliziter naturalistischer Fehlschluß in der Ableitung des Sollens vom Sein auf der Ebene der faktisch normativ besetzten Sprachspiele sowie ein dezisionistisches Moment in der Privilegierung der kommunikativen Funktion der Sprache feststellen.

Der starke Anspruch dieser Basistheorie, gleichsam zwingend auf eine universalistische Ethik verpflichten zu können, kontrastiert auf das Schärfste mit Derridas ethischen Überlegungen. Aus semiologischen Gründen läßt sich keine Regelidentität finden, die für alle gälte. Und sie stünde aus Derridas Sicht immer in der Gefahr, mit der Totalisierung eines Gerechtigkeitskonzepts in eine Vergewaltigung der Rechte des Anderen und Einzelnen umzuschlagen:

> „Die Gerechtigkeit, das ist immer auch das, was sich der *Selbst*gerechtigkeit derer widersetzt, die sich zur Rolle des Hüters der Ordnung berufen glauben – sie bewahrt ein unvertilgbares Moment von *Alterität*."[278]

Mit dieser Kritik wird ein erster Leitfaden der (theologischen) Interpretation Hoffs erkennbar: die Absetzung des Paradigmas einer Zentrale, wie sie sich

---

[277] Vgl. R. Gebauer, Letzte Begründung. Eine Kritik der Diskursethik von Jürgen Habermas, München 1993; vgl. G. M. Hoff, Aporetische Theologie, 96-107.
[278] J. Hoff, Spiritualität und Sprachverlust, 27.

mit dem Cogito und dem bewußten Selbst in der europäischen Tradition anbietet. Daß dieses Denken immer auch präsenzmetaphysisch bestimmt ist, wurde bereits mehrfach mit Jacques Derrida bezeichnet. Zugleich wird nun eine weitere Entgegnung auf das angesprochene Letztbegründungsprogramm möglich. In einer originären Rekonstruktion weist Hoff dem Einwand des performativen Selbstwiderspruchs nach, daß hier von einem Zeitmodell strikter Gegenwart Gebrauch gemacht wird, das jeden Sprecher auf eine sicher beschreibbare personale Identität festlegt. Dementgegen stellt sich Ich-Identität immer als zeitlich verschoben dar: noch das unmittelbare Selbstbewußtsein als ein gleichsam instinktives Wissen um sich, wie es sich etwa im Gebrauch von reflexiven Personalindikatoren artikuliert, vergewissert sich in einer Reflexion und in Zeichen seiner selbst. Damit ist jede Gegenwart aufgebrochen – der Sprecher ist gleichsam bereits woanders und – zeitlich – ein anderer. In jedem Sprechakt eines Ich muß dieses Ich potentiell abwesend gedacht werden können, weil nur so das Zeichen verständlich wird; weil es übertragbar bleibt. Jedes Zeichen ist an seine Ersetz- und Ergänzbarkeit gebunden. Ansonsten gäbe es nur dies eine Zeichen in diesem einen Augenblick seiner Verwendung. Auf dieser Basis könnte man nicht kommunizieren. Die Abwesenheit des sich aussprechenden Ichs ist die Bedingung dafür, daß es verstanden werden kann. Das aber bedeutet:

> „Der propositionale Gehalt des Satzes ‚ich bin' steht in Spannung zu dem, was sich in ihm *ereignet*, wenn man ihn vollzieht. Unter dem Gesichtspunkt seiner Bedeutung ist er nicht nur mit einem ‚performativen Widerspruch' verträglich. Die Möglichkeit eines solchen ‚Widerspruchs' ist eine *Bedingung der Möglichkeit seiner Verständlichkeit*. Der Satz ‚ich bin' kann ‚hier und jetzt' nur dann erfolgreich performiert werden, wenn ich möglicherweise ‚hier und jetzt' *nicht* existiere".[279]

Damit leistet die Begründungskritik von Hoff zweierlei: sie macht auf die Aussichtslosigkeit des sprachpragmatischen Letztbegründungsprogramms aufmerksam, das als aussichtsreichster verbliebener philosophischer Kandidat für einen solchen Versuch stand; und sie geht einen ersten Schritt auf eine Denkform zu, die mit dem Gedanken der Abwesenheit bzw. des *Enteignisses*[280] bereits subjektphilosophischen Boden erreicht hat. Die cartesianische Selbstgewißheit wird nämlich von der semiologischen Kritik an seiner präsenzmetaphysischen Identitätszuschreibung nachhaltig irritiert:

> „Sie mag sich mir unzweifelhaft aufdrängen: Nichts garantiert, daß die Sprache, die auf dieses Ereignis *nachträglich* reflektiert, dessen Gedächtnis unverfälscht bewahrt."[281]

Derrida schließt damit Selbstbewußtsein nicht aus. Aber er faßt es als Geschehen zwischen Ereignis und Enteignis. Er nimmt ihm die Gleichmäßigkeit einer gleichsam überzeitlichen Kontinuität, die nicht mehr wirklich von

---
[279] J. Hoff, Spiritualität und Sprachverlust, 43.
[280] Vgl. ebd., 45.
[281] Ebd., 56.

den Verschiebungen der Zeit-Zeichen betroffen wäre. Es ist die Gegenwart eines Sich-entziehenden, und zwar aufgrund des Differenzeintrages der Zeit in jedem Konzept einer personalen Identität und in jedem Zeichen.[282]

Es wird also keine *feststellbare* Identität des Selbstbewußtseins konfiguriert. In der Zeit ist es Differenz. Von daher läßt es sich schon mit Derrida aus semiologischen Gründen nicht in einer Einheit von Sein und Bewußtsein bzw. Denken *identifizieren*. Insofern aber der Levinas'sche Andere jenseits von Sein und Bewußtsein in seinen Spuren, d.h. im konkreten Anderen begegnet, wird dieser Ganz-Andere doch wenigstens in dieser Form einmal erschlossen, gedacht als unausdenkbar, als Vorübergang, als *différance*. Aus diesem unabschaffbaren, weil *schließenden* erkenntnistheoretischen Einschlag heraus wird die von Ricoeur vorgeschlagene (negative) Dialektik von Selbst und Anderem als nicht mehr identifizierbarer Begegnung verständlich. Darin hält sich eine nicht metaphysikfreie Metaphyskkritik an den (unausweichlichen) metaphysischen Einträgen in einer radikalen Logik der Alterität, die ihr nicht zufällig, sondern unvermeidbar anhaften.[283] Diese Kritik wird im übrigen gerade aus einem gemeinsamen Pathos heraus betrieben, für das das Profil einer (nicht-totalisierten) Hermeneutik der Differenz steht.

Das Denken des Anderen muß auf das minimale präreflexive Selbstbewußtsein demnach nicht verzichten, solange es nicht autark gesetzt und zum Angelpunkt des Denkens aufgewertet wird. Das Ricoeursche *Selbst als ein Anderes* läßt den Raum für Alteritätsbeziehungen, die weder auf das Selbst zurückgeführt werden noch das Selbstbewußtsein aus seinen Verschiebungen, aus seiner grundlegenden (semiologischen) Differentialität herausnehmen. Es bietet gerade in dieser Fassung die Entsprechung zum semiologischen Ineinander von Ereignis und Enteignis. Erst so, jenseits der Totalen

---

[282] Zur „Begründung" vgl. den bereits mehrfach angesprochen Gedanken der *différance* bei Derrida.

[283] Aus diesem Grund meine ich auch, die Tieflage von Levinas' Philosophie des Anderen nicht zu übersehen: ihren Denkversuch *jenseits von Sein und Bewußtsein*. Ich sehe aber gerade mit den Mitteln eines logos-kritischen und doch logos-infizierten Denkens die Notwendigkeit, die Unabschaffbarkeit des erkenntnistheoretischen – und damit immer subjektbesetzten – Problems für Levinas zu betonen. Wie kommt Levinas zu seiner Einsicht, daß es Anderes und seinen Anspruch *gibt*? Ein radikal anderes Sprechen und Denken vom Anderen, also eines ganz vom Anderen her, ist uns aporetisch verstellt; es sei denn, wir hätten eine Unmittelbarkeit von Denken und Sprechen, die vor dem kritischen Einspruch der Derridaschen *différance* standhielte. Daß aber das Denken in seinem Scheitern noch einmal *zu denken ist*, zeigt immer wieder der Diskurs, d.h. das Denken von Levinas selbst an. Auch daraus gibt es keinen Ausweg.– Diese Kritik hat mit dem Logozentrismus-Vorwurf zu rechnen, wie sie Levinas begründungstheoretisch angeht und, zumindest vorbehaltlich, „Vernunft" als Maßstab nimmt. Logozentrisch würde sie allerdings nur operieren, wenn sie auf eine letzte Begründung im Denken des Anderen hoffen bzw. setzen würde: auf einen Abschluß im (übergeordneten) Rahmen der Vernunft. Sie macht statt dessen mit den Mitteln der Vernunft auf ihre Unabschließbarkeit aufmerksam. Zugleich meint sie aufzeigen zu können, daß Reste eines Begründungsdenkens formal – und nicht auch material mit der Figur des Ganz-Anderen, auch wenn er anders „gedacht" werden soll? – von Levinas in Anspruch genommen werden. Darüber hinaus markiert sie die Aporetik eines Denkens, das sich vernünftiger *Begründung* gerade mit dem Hinweis auf deren *Aporetik* enthielte, indem sie seinen drohenden Fundamentalismus mit allen Nebenfolgen vor Augen stellt.

von Cogito-Selbstbewußtsein und Anderem bleibt die Frage nach dem Grund der Autonomie des Selbst wirklich offen:

> „Die Frage nach dem Grund meiner Autonomie fügt sich keiner philosophischen Kriteriologie. Denn schon der Versuch, sie in einer bestimmten Weise zu *stellen*, entspräche einer endlichen (und damit reduktionistischen) Weise, sie zu beantworten (statt zu verantworten). Die Philosophie hat dafür Sorge zu tragen, daß diese Frage *offen gehalten* wird. Aber sie darf der Verantwortung des Subjekts nicht zuvorkommen, indem sie es bestimmt".[284]

Das gilt auch für den Ansatz bei einer Primordialität des Anderen, von dem her das Ich *definiert* wird. In der bezeichneten offenen Begegnung von Selbst und Anderem wird diese letzte Bestimmung verweigert. Es findet keine Ontologisierung des Subjekts statt. Vielmehr wird es in diesem unabschließbaren, unbegrenzbaren Prozeß erfahren. Selbstbewußtsein ist kein Fixum, keine „Substanz". Die Frage nach dem „Grund" des Subjekts wird in der Schwebe von Selbst und Anderem gehalten:

> „Nur in der Unmöglichkeit einer sicheren Entscheidung über diese Frage bleibt die Freiheit philosophischen Fragens gewahrt."[285]

Erst so läßt sich jene Begegnung mit dem Anderen denken, die den Anderen nicht mehr intentional vom Ich aus einfordert, in Beschlag nimmt, sondern sich wirklich von ihm treffen läßt – weil es das Selbst erreichen, ihm *widerfahren*, es herausfordern kann. Der unergründbare Abgrund des Anderen im Selbst und des Selbst als ein Anderes wird aufgerissen. Wenn der Subjektphilosophie mit dem Denken des Anderen ein anderer Schwerpunkt gegeben werden sollte, so wird mit dem kritischen Einspruch versucht, eine – nie auszutarierende, semiologisch je verschobene, differente – Balance herzustellen.[286]

4.3.3.2 Die Frage nach der Konstruktion des Wissens: Zur Kritik einer anthropozentrischen Hermeneutik

Hoff führt nun den subjektkritischen Strang in einer Kritik der Wissensformen weiter. Michel Foucault hält hierfür, wie bereits im philosophischen Hauptteil dieser Untersuchung erarbeitet, wesentliche Mittel bereit. Dabei ist festzuhalten, daß es ihm nicht um die Abschaffung des Subjekts zu tun ist. Gerade in seinem Spätwerk werden die Motive seiner Bewahrung besonders herausgestellt. Dennoch weist Hoff zurecht darauf hin, daß mit der archäologischen Rekonstruktion eine Geschichte des Wissens präpariert wird, in der dem Subjekt nahezu kein Raum bleibt. Und in anderer Weise droht es dann

---

[284] J. Hoff, Spiritualität und Sprachverlust, 62.
[285] Ebd.
[286] Der Weg, den dieser kritische Einspruch zurücklegte, ist gleichsam einer zwischen Metaphysik und ihrer Dekonstruktion; er sucht darin ernstzunehmen, was Heidegger wie Levinas immer wußten: daß sich die Metaphysik nicht abschütteln, nicht wirklich *verwinden* läßt. Diese Einsicht wird hier eingesetzt.

auch, in den genealogischen Erzählungen zum Spielball anonymer Machtprozesse zu werden.

Die im vorliegenden Zusammenhang fesselnden Fragen richten sich zum einen an die hermeneutische Position Foucaults, die laut Hoff zunehmend in eine Anti-Hermeneutik umschlägt, und zum anderen an die Konstruktion des Subjekts, das sich im Sinne einer zeitspezifischen, paradigmatisch kontingenten Wissensform herausbildete. Daß jedes Bild vom Menschen mit bestimmten Ausschlußmechanismen arbeitet, also Macht gegen Andere einsetzt, wurde bereits mit Foucaults Geschichte des Wahnsinns deutlich. Über die ausgegrenzten Anderen verständigen sich die Übriggebliebenen ihrer Normalität und Identität. Das Wissen selbst wird zu einem Einteilungsinstrument, das rational und gesellschaftlich gleichermaßen funktioniert. Nach Hoff analysiert Foucault mit einem hermeneutischen Zugriff, der den verlorenen Sinn wiederzufinden erlaubt: im Blick auf den aussortierten unvernünftigen Anderen. Foucault steht hier zwischen Hermeneutik und Strukturalismus:

> „Aus Sicht des Struktualismus muß dieser Anspruch als problematisch erscheinen. Denn in dem Maße, wie unser Denken und Handeln statt auf einen tieferen, verborgenen oder vergessenen Sinn auf anonyme, unbewußte Strukturen zurückgeführt werden kann, verliert der hermeneutische Glaube an die Freiheit des Daseinsentwurfs sein rationales Fundament."[287]

Hermeneutik wird damit als Denken im Ausgang von der Existenz, vom Subjekt charakterisiert und von Foucault selbst zunehmend in Frage gestellt. Dies vor allem mit der Einsicht, daß die hermeneutische Perspektive, die auf ein vom Menschen abgezogenes Verstehen des Anderen zielt, selbst Resultat eines nicht-absoluten Diskurses ist: der *Erfindung des Menschen*. Fortan schreibt Foucault jenseits der Sinnfrage, ohne die Option einer Wiederherstellung von verlorener Bedeutung – er enthält sich, um das Material zu sichern. Zu diesem Material gehört eben auch der Mensch als Wissensgegenstand, wie er sukzessiv seit dem Ende des 18. Jh.'s erscheint. Er wird zum Konstitutionsfaktor des Wissens und zugleich zu seinem eigenen Gegenstand. Damit spalten sich die Wissensformen des Subjekts: in einen apriorischen bzw. transzendentalen und einen empirischen bzw. positivistischen Zugang. Beide Perspektiven können nicht hinreichend erklären, was der Mensch sei. Als Grund des Erkennens verfängt er sich selbst in den kontingenten Bedingungen jener Welt, die er zu erkennen sucht und in der er lebt. Der positivistische Zugriff kann sich hingegen nie davon frei machen, daß der Mensch doch mehr ist als nur das Resultat seiner Umstände. Er wird zur „transzendental-empirischen Dublette".[288] Und sie ist aus der Not geboren, nämlich in dem Moment,

> „in dem die Repräsentation die Kraft verloren hatte, für sich allein und in einer einzigen Bewegung das Spiel ihrer Synthesen und Analysen zu bestimmen."[289]

---
[287] J. Hoff, Spiritualität und Sprachverlust, 67.
[288] M. Foucault, Die Ordnung der Dinge. Eine Archäologie der Humanwissenschaften, Frankfurt a.M. [12]1993, 384.
[289] Ebd., 410.

4. Ansätze einer theologischen Hermeneutik der Differenz 455

Diese Aufgabe übernahm nun der Mensch als Subjekt. Er begründete das Wissen und war zugleich in ihm gegenständlich vorhanden. Das Subjekt genügt damit der Grundforderung aller neuzeitlichen Erkenntnis: es enthüllt Gleiches, nämlich das, dessen Teil es zugleich ist, sein Subjekt und sein Objekt. Dieser Mechanismus des Gleichen ist derselbe wie beim Ausschluß des Wahnsinns oder in der Ökonomie des Warentauschs und der monetären Repräsentation. Im Subjekt kulminiert die Geschichte des Identitätsdenkens.

Für Hoff ist es nun entscheidend, daß *dieser* Mensch im Sinne Foucaults „ein Ereignis innerhalb der Ordnung des Wissens"[290] ist – ein sehr junges dazu. Die Unauflösbarkeit seines Wesens ist auch vor diesem Hintergrund zu verstehen:

> „Die Antinomie *humanwissenschaftlicher Vernunft* resultiert nicht aus einer bestimmten Theorie über den Menschen, sondern aus der Eigenart der Fragestellung, die derartige Theorien provoziert."[291]

Für Hoff steht nun genau diese Fragerichtung zur Disposition. Sie kann auf nichts anderes als eine aporetische Situation hinauslaufen. Stattdessen wäre für Hoff die Fragerichtung zu ändern: weg von einem Subjektdenken, das alles vom Menschen aus erkenntnismäßig organisiert. Das gilt zumal vor theologischem Horizont. Die anthropozentrische Wende der Theologie übernimmt die Aporien einer Hermeneutik des Subjekts, die meint, von ihm als Richtpunkt des Fragens nicht lassen zu können, obwohl von ihm keine Antworten auf die Aporien zu erwarten seien, die er selbst verschuldete. Theologisch bedeutet die anthropozentrische Problematik nun, daß Gott an die Hermeneutik des Menschen zurückgebunden wird. Gott erscheint in den menschlichen Kategorien. Das Anderssein Gottes droht so zu verschwinden. Das hermeneutische Problem verbindet Humanwissenschaften und Theologie. Sie werden zu Antworten auf eine Frage, die im Horizont des Subjekts formuliert wird und unter denselben Voraussetzungen zu beantworten ist.

Auf dieser Linie entwickelt sich der abendländische Religionsbegriff. Er wird zum rational ausweisbaren Konzept unter Maßgabe der Sinnfrage des Subjekts. Diese Annahme ist theologisch höchst fragwürdig:

> „Sie unterstellt, daß der Mensch über die Gabe verfügt, in kalkulierbarer Weise Rechenschaft zu geben von einem Mysterium, das sich jedem Kalkül entringt."[292]

Der zu entrichtende Preis ist hoch: erstens wird das Transzendente gefährlich auf anthropologische Richtmaße bezogen, und zweitens wird der theologischen Vernunft ein Vorrang gegenüber seiner Handlungsdimension eingeräumt. Das Kultische wird vom rationalen Anspruch auf die Verantwortung des Glaubens zurückgedrängt. In der begründenden Vernunft entsteht gleichsam eine zweite Unmittelbarkeit des denkenden Ichs zu Gott. Daß dieser herbeigedachte Gott im Wissensparadigma des neuzeitlichen Subjekts dem

---
[290] Ebd., 414
[291] J. Hoff, Spiritualität und Sprachverlust, 84.
[292] Ebd., 99.

Projektionsverdacht neue Nahrung liefert, wird zur theologischen Herausforderung einer kritischen Reflexion dieses kontingenten Musters vom Menschen, wie es Foucaults Archäologie kristallisierte.

Die Überfälligkeit eines Paradigmenwechsels wird für Hoff in der modernen Krise der Religion deutlich. Er liest sie auch als eine Reaktion auf deren vereinseitigte Rationalisierungseffekte, erneut nicht zuletzt im kultisch-sakralen Raum. Nur eine Theologie und eine Liturgie, die mit dem Unverrechenbaren des Transzendenten ernstmachen, genügen ihrem eigenen „Gegenstand" und entwinden sich zugleich der hermeneutisch-anthropozentrischen Konstellation, die Sinn an den Menschen bindet und von ihm aus suchen läßt. Hoff entwickelt von daher eine theologische Grundlegung, die – eine nicht länger anthropo-logozentrische – Sinnaskese betreibt:

> „In Übereinstimmung mit der Derridaschen Forderung nach einer ,*epoché* der Epoche des Sinns' werden die Grundstrukturen des christlichen Glaubens nicht ausgehend von einer Christologie oder Offenbarungstheologie, sondern im Anschluß an eine *Kulttheorie* entfaltet werden: Die für die ,Epoche' der klassischen Moderne charakteristische Hinordnung des theologischen Diskurses auf eine christozentrische Hermeneutik des Sinns hat hinter der Frage nach den ,Produktivkräften' zurückzutreten, die im Rahmen des christlichen Überlieferungssystems Sinn *generieren*."[293]

Dieser Perspektivenwechsel vollzieht eine Hinwendung von einem abstrakten Religionsbegriff zu seinen konkreten Gestalten. Derridas semiologischer Ansatz der *différance* kann zeigen, daß sich ohnehin nicht von „der" Religion univok sprechen läßt. Es gibt hier keine substantialisierte Identität, sondern nur das Eigentümliche. Von daher zwingt sich die Frage nach dem einzigartigen Phänomen auf. Zugleich entschwindet auch so die allgemeine Sinnfrage, die ihre Suche in einem allgemeinen, aber je schon vom Subjekt aufgerissenen Sinnhorizont betreibt.

Die bisherigen Überlegungen lassen sich in ihrer kritischen Ausrichtung bündeln:

1. kritisiert wird das anthropozentrische Paradigma;
2. es wird als eine kontingente Wissensform gekennzeichnet;
3. das neuzeitliche Subjekt produziert, als empirisch-transzendental konstituiert, jene Aporien bei seiner Thematisierung, die durch diese Anlage bereits in es hineingelegt sind;
4. dieses Paradigma bedingt zugleich eine grundlegende theologische Problematik, insofern das Denken vom Subjekt her Gott zwar nominell, aber zumindest nicht mehr strukturlogisch adäquat als den Anderen auffassen kann;
5. die Kritik adressiert sich von daher an eine Hermeneutik des Sinns, der immer vom Subjekt – und zwar von diesem bestimmten, zentralisierten – aus gedacht wird;

---

[293] Ebd., 113.– Das Zitat im Zitat: J. Derrida, Die Schrift und die Differenz, Frankfurt a.M. 1976, 406.

6. sie wendet sich gegen die dem korrespondierende logozentrische Denkform
7. und bezieht Stellung für ein *Denken des Außen* (M. Foucault), für das (den) verdrängte(n) Andere(n), für die von der Theorie marginalisierte Praxis, theologisch gesprochen: für die Eigenwertigkeit des Kultes als sinnstiftender Grundgestalt von Glauben.

4.3.3.3 Eine kultsemiologische Grundlegung der Theologie

Foucaults Subjektkritik schloß die – gleichermaßen hermeneutische wie antihermeneutische[294] – Wendung zu den diskursiven Praktiken ein. Nicht das Subjekt beherrscht die Diskurse, sondern grundlegend verstreute Praktiken bauen es auf, verschiedene Handlungsmuster, die sich nicht mehr alle auf einen Ordnungsfaktor bringen lassen. Hoff folgt dieser Einsicht in seinem Bemühen, den kultischen Praktiken des Christentums dessen „Sinn" zu entnehmen.

In Aufnahme einer Unterscheidung von Kant weist Jacques Derrida den Kult und die Moral als die Quellen „des" Religiösen aus. Der philosophische Diskurs über das Religiöse pendelt traditionell zwischen diesen beiden Polen. Die Betonung des Kultischen entspricht einem Zug ins Transrationale, den die Privilegierung des Ethischen aufzuheben sucht. Sie orientiert sich am Gesetz, das eingesehen werden kann und im Denken eine neue Unmittelbarkeit zu Gott herstellt. Insofern beide zeichenvermittelt begegnen, schaffen sie eine Wiederholbarkeit, der sie zugleich unterliegen. Der Kult findet immer neu statt: er kann formal identisch reproduziert werden und ereignet sich doch nur in der Differenz der Zeit. Das Gesetz wird in seiner Anwendung gleichfalls jeweils wiederholt, fordert aber situative Anpassungen. Die Vergegenwärtigung von beiden ist einer Alterität ausgeliefert, die sie in sich selbst tragen: in ihren Zeichen wie in ihrem Gegenstand, der sich nicht *repräsentieren* läßt. Beide geben einen „Sinn" wieder, der nicht anders als in der Spur seiner Zeichen zu lesen ist. Er ist nie ganz gegenwärtig, sondern immer schon von seinem „Ursprung" entfernt und für jede Gegenwart wieder vergangen. Dieser Riß öffnet die Lücke zum Anderen:

> „Der Gebrauch von Schreibwerkzeugen oder Opfergeräten ist... darauf hingeordnet, von einem *Mehrwert* des Lebens Zeugnis zu geben: Die Narben, Gravuren oder Markierungen, die sie hinterlassen, erinnern daran, daß das Leben über die Präsenz des gegenwärtigen Lebens hinaus ‚bedeutet'. Der Ereigniswert des Schnitts, der eine Gedächtnismarke setzt, liegt gerade in dem, was ihn zum Zeichen einer Nicht-Gegenwart werden läßt: Indem er den Augenblick der Gegenwart *verfremdet*, überschreitet er die nackte Faktizität des Gegebenen, um seine Präsenz *schon jetzt* als Spur einer zukünftigen Vergangenheit erscheinen zu lassen – einer Gegenwart, *an die man sich zukünftig wiedererinnern wird*. Diese ‚zukünftige Vergangenheit' kann aber niemals aktuell gegenwärtig sein. Ihr ‚Mehrwert' liegt gerade in dem, was sie als nicht-gegenwärtig erscheinen läßt.

---

[294] Vgl. meine Foucault-Interpretation in I, 3.1.2.

Und so eröffnet der Schnitt, der die Integrität der Gegenwart verletzt, den Spielraum, innerhalb dessen sich die religiös-metaphysische Frage nach der *Transzendenz* des Lebens entfalten kann."[295]

Die religiösen Techniken sind also nicht nur Hilfsmittel, sondern Bedeutungsträger. Sie erinnern an ein *Mehr als Leben* im Leben. Sie sind seine Ökonomie: worauf sie verweisen, rufen sie zugleich hervor. Dieser Zeicheneinsatz ist für das Subjekt so unbeherrschbar wie sein Gegenstand. Die Zeichen und ihre „Grammatik" funktionieren unabhängig vom Subjekt, das sie aktiviert. Dabei bleiben die Zeichen grundsätzlich verstehbar, weil für den Subjektgebrauch offen. Seine Anknüpfungen sind jedoch nie des Sinns sicher, der sich in ihnen wiederholt. Das Zeichen ist immer mehr als sein Kalkül. Religiös gewendet: der Kult beherbergt das Andere *anders*, als es der Vernunft einleuchten mag. Und noch einmal zeichentheoretisch gesprochen: die Wiederholbarkeit eines Zeichens impliziert die Unmöglichkeit seiner vollen Wiederholung. Verstehen ist konstitutiv an das Nicht-Verstehen gebunden.

Semiologisch zeichnet sich eine eigene Logik des Opfers ab. Die Anknüpfung eines Zeichens an ein anderes opfert den Sinn des vorherigen. Es weicht von ihm ab, schreibt es fort und löst es darin auf. In der Lektüre bleibt kein Zeichen verschont. Diese zeichentheoretische Grundlogik korrespondiert mit dem Opferthema der Religionen. Sie ist der Religionsgeschichte in der elementaren Problematik des Menschenopfers (z.B. der abrahamitischen Religionen) eingeschrieben. Damit wird nicht nur der Konnex von Religion und Gewalt ansprechbar, sondern auch der Gedanke der Stellvertretung, der für das Christentum an das Opfer Jesu Christi gebunden ist. Aus ihm entsteht Heil, und es wird *kommunizierbar* in der eucharistischen Wiederholung dieses Opfers. Hoff betritt damit den theologischen Kernbereich.

Hoff qualifiziert Stellvertretung dreifach: als christliche Entsühnung[296]; als Levinas'sche Verantwortung für den Anderen, die im Sinne der ersteren in Gefahr steht, die unvertretbare Herausforderung des einzelnen zu untergraben; schließlich semiologisch als Supplement (Derrida). Mit Levinas und Derrida läßt sich Stellvertretung nun auf ein Ethos und eine Logik der Alterität vereidigen. Der Andere fordert auf eine unvordenkliche Weise heraus. Er läßt sich nicht rationalisieren und in den menschlichen Bedürfnisapparat einspannen. Er entzieht sich in der Gegenwart seines Anspruchs auf Stellvertretung. Dieser Entzug des Anderen ist für Derrida semiologisches Struktur-

---

[295] J. Hoff, Spiritualität und Sprachverlust, 127.
[296] H. Verweyen kritisiert zurecht diesen Gedanken und plädiert für seine „Abschaffung" im theologischen Diskurs (vgl. ders., Grundriß, 478). Damit ließe sich dann auch Levinas´ Kritik kontern. Zugleich würde dem Gedanken von Hoff der Gedanke des Opfers als *Martyrium* zusätzlicher Bewegungsraum verschafft, weil dieses Opfer im Sinne Verweyens ganz von sich absieht und sich radikal auf den Anderen bezieht. Schon hier zeigt sich die grundlegende Bedeutung eines Denkens des Anderen auch im theologischen Diskurs von Verweyen, das freilich aus meiner Sicht nicht konsequent in die Konstruktionsform seines Ansatzes eingearbeitet wird. Dennoch zeichnet sich hier eine Gesprächslinie zwischen zwei Ansätzen ab, die sich gegenseitig weiter auseinander wähnen, als es nötig ist. Vgl. dazu Kapitel II, 5.

4. Ansätze einer theologischen Hermeneutik der Differenz 459

gesetz. Jedes Zeichen unterbricht den Bezug auf jenes Zeichen, von dem es sich unterscheidet, das es braucht, dem es darin Gewalt antut, um zu seinem eigenen Sinn zu finden. Doch auch dieser ist „Pascha", Vorübergang. Der Gedanke einer vor-ethischen Aufopferung von Sinn differenziert jede mögliche Identität in der Wiederholung eines kultischen Opfers und jedes Gedächtnisses, wie es gerade für das Christentum grundlegend ist (J. B. Metz).

> „Wenn die Eucharistie den Charakter eines vor-ethischen Opfers hat, so gehört sie zu jenen Momenten, die der Berufung des Subjekts zur unbedingten Verantwortung vor dem Anderen ermöglichend zuvorkommen, um es eben dadurch – im Levinas'schen Sinne – zum Zeugen des Unendlichen werden zu lassen."[297]

Der Mensch ist semiologisch in diese Struktur hineingesetzt. Sie schafft erst „Sinn". Und es ist diese Grundlogik, die sich im christlichen Zentralereignis manifestiert: hier noch einmal als Inhalt gefaßt, als letzter Sinn, der das realisiert, was Sinn zeugt. Doch ist auch das noch einmal im semiologischen Prozeß aus jeder Re-präsentation herauszunehmen. Es gibt auch diesen Sinn nur als Pascha. In der Aufnahme (Kommunion) des Opfers wird er bewahrt und fortgeschrieben: als Spur des Anderen im Leben. Die Eucharistie bewahrt diese Logik des Anderen, der sie sich semiologisch verdankt und die sie in ein Ethos und in einen Glauben *des Anderen* (im Sinne des Genitivus subjectivus wie objectivus) gleichsam *transsubstantiiert*. Fundamentaltheologische Hermeneutik, die doch immer eine Antihermeneutik bleibt, basiert auf dem „Wechselspiel von Materialisierung und Tilgung"[298], für das die Emmausgeschichte (Lk 24) eine so eindringliche Referenz bietet.

Zurückgeblendet auf die ethische Fragwürdigkeit des Opfers, wird das Thema Gewalt zum theologischen Frageort. Das Kreuz als der Ort seiner Durchbrechung[299] kann doch nie davon ablenken, daß ihre Strukturen unserer Geschichte und zumal unserer Religionsgeschichte inkarniert sind. Sie ist immer wieder vor allem die Gewalt gegen den Anderen im Namen einer Identität, die Differenzen nicht ausstehen kann. Jedes System trägt dieses Andere in sich. Indem es seine Eigenlogik hervortreibt, schafft es sein Anderes und opfert es bei nächster Gelegenheit. Das Foucault'sche Denken des Außen wird zur solidarischen Denkform mit denen, die draußen vor den Toren unserer Städte geopfert werden (Hebr 13,12).

Die semiologisch begründete und ethisch herausfordernde Logik der Alterität macht deutlich, daß sich diese Andersheit nie abschaffen und theologisch als Grundgesetz im Allerheiligsten auffinden läßt. Dem Anderen bleibt so seine unheimliche Gestalt, und dem ist gerade theo-logisch Rechnung zu tragen, denn „die Begegnung mit dem Anderen kommt jeder Reflexion zu-

---

[297] J. Hoff, Spiritualität und Sprachverlust, 149.
[298] Ebd., 150.
[299] Verstanden als die Bereitschaft Jesu, durch alle Gewalt hindurch auf den zu setzen, der in einer anderen Logik der Liebe ihrer Macht ein Ende bereitet. Die Hoffnung auf eine solche Wende bleibt nach dem Zeugnis des Markus- und des Matthäusevangeliums auch für Jesus am Ölberg und in der Verlassenheit des Kreuzes an eine Erfahrung des Vaters als des ganz Anderen gebunden.

vor."[300] Dies gilt in vorhermeneutischer, kult-semiologischer Perspektive genauso unhintergehbar wie vom theologischen *sujet* her.[301]

4.3.3.4 „Denken des Außen" (Michel Foucault)

Von Foucault und Derrida angestoßen, verweist eine an den Kultpraktiken und ihrer semiologischen Opferstruktur orientiertes Denken auf eine Alterität, der gegenüber rationale Letztbegründungsversuche und subjekttheoretische Logiken nachgeordnet erscheinen. Ihre Versuche, das Andere zu erschließen, es zu denken, haben ein Eigengewicht, bemühen aber eine fremde Denkform, eine für das Andere unverträgliche Sprache.[302]

Foucaults Diskurs des „Außen" trägt dem Rechnung, wo es die Brüche im theoretischen Bereich aufsucht. Sinn wird nicht von einer Zentrale aus gesandt und identisch empfangen. Er entsteht aus den Zufällen in der Anordnung des Materials, aus der Koinzidenz von Ereignissen, aus den machtbesetzten Diskursen des Wissens. Am „Anfang" steht somit das Unbedeutende. Und wichtiger als die traditionsstiftende Initialisierung eines Diskurses sind seine Tradierungen und deren Formen. Sie leben selbst von den Praktiken der Macht. Das Subjekt wird in ihnen als eigener Diskurs hervorgebracht. Es wird zum Gegenstand des Wissens, der in sich selbst wie gesellschaftlich den Entdeckungsdrang anthropologisch *forciert*. Foucault beschreibt diesen Vorgang u.a. mit der Formatierung der Sexualität zu einer eigenen Wissenschaft. Sex wird als Wissen produziert und produziert immer neues Wissen. Wahrheit wird freigelegt in Techniken des *Gestehens*.[303] Das Geständnis nimmt dabei den Charakter eines Opfers an. Es wird dem Menschen in der Beichte oder in der Psychoanalyse abgerungen. Das Geständnis wird zum hermeneutischen Ort, zum Wahrheitsraum. Die Sinnsuche des Analytikers forscht nach der *nackten Wahrheit*.

Diese Logik von Enthüllen und Verbergen stößt freilich semiologisch auf immer neue Schichten und Häutungen. Es ereignet sich ein kulturell grundlegender Geheimnisverlust, der parallel zu einer gesellschaftlichen Transzendenzkrise verläuft. Sie geht mit dem Funktionsverlust des Religiösen im fortgeschrittenen Wissen einher.

> „Der Sex tritt nicht an die Stelle der alles bestimmenden Wirklichkeit Gottes. Er ist lediglich ein chimärenhafter Ersatz für die Tatsache, daß diese Stelle unbesetzt bleibt."[304]

---

[300] J. Hoff, Spiritualität und Sprachverlust, 159.

[301] Dennoch bleiben dieser Gedanke und diese Erfahrung immer noch einmal – im Sinne der bereits vorgetragenen Kritik – mit einem Subjekt vermittelt: auch hier gilt die gespannte Doppelperspektivik von Selbst und Anderem; theologisch: von Anthropologie und Theologie. Für das Ich gibt es ein Anderes in ihm und vor ihm, dessen ethischen (und religiösen) Anspruch es erfährt und nie logisch ganz synthetisieren kann. Doch dieser Anspruch, der sich in ihm wie im Anderen manifestiert, geht nicht am Ich vorbei – er durchkreuzt es jedoch in seiner Selbstmächtigkeit (als Subjekt oder Cogito).

[302] Diesem Hinweis hat sich auch die Perspektive des kritischen Einspruchs zu stellen versucht.

[303] Vgl. J. Hoff, Spiritualität und Sprachverlust, 185.

[304] Ebd., 190.

4. Ansätze einer theologischen Hermeneutik der Differenz 461

Untergründig hält sich Transzendenz indes. Sie vollzieht sich in den Zeichen, die auf ein Unendliches zulaufen. Ob diese Transzendenz gefüllt oder leer ist, kann im Diskurs des hermeneutischen Wissenwollens nicht mehr entschieden werden. Sie bleibt „grundlos". Mit dieser veränderten Ausgangslage wird die Frage nach der Transzendenz auch von Foucault und Derrida weder abgewiesen noch negativ vorentschieden:

> „Diesseits der Entgegensetzung zwischen Atheismus und Theismus bieten ihre Diskursanalysen vielmehr Ansatzpunkt, in theologischer Perspektive nach dem Möglichkeitsraum zu fragen, innerhalb dessen metaphysische Fragen als sinnvoll erscheinen könnten."[305]

Der Ort einer leeren Transzendenz wäre der Tod. Nach Foucault wird er durch die moderne Bio-Macht verdrängt, deren Machtdispositive sich auf das Leben konzentrieren. Das biologische Wissen vom Tod wird mit der Wahrheit des Körpers erfaßt. Der Tod tritt immanent auf. Er signalisiert nicht mehr als das Ende von Funktionen. Transzendenz entfällt, ohne bewußt ausgeschlossen zu werden. Nicht die Frage nach dem Tod verschwindet, wohl aber die Möglichkeit, eine Antwort zu formulieren, in der Transzendenz noch eine wirkliche Antwort verhieße.

Diese Entwicklung läßt sich nicht durch theologisch-kirchliche Gegenmaßnahmen zurücknehmen. Aus den Diskursen der Macht ist nach Foucault kein willentlicher, kein noch so radikaler Ausstieg möglich. Jede Opposition bleibt Teil der Machtverhältnisse und übernimmt unweigerlich ihre Bedingungen. Ein Beispiel liefert der anthropotheologische Versuch, den verlorenen Anschluß an die Moderne mit ihren Mitteln wiederherzustellen. Seine Hoffnung: spezifisch modern eingebüßtes Plausibilitätsterrain mit modernen Strategien – von der theologischen Denkform bis zur Liturgie – zurückzugewinnen. Daß die Ergebnisse am Ausgang des 20. Jahrhunderts enttäuschen, sagt noch nichts über den theologischen „Wahrheitswert" dieses großangelegten Versuchs. Und gewiß soll hier keinem Revisionismus das Wort geredet werden. Aber die „machthermeneutische" Fragwürdigkeit des Verfahrens wird deutlich.

Auswege aus dieser Situation lassen sich nicht planen. Foucaults Widerstand entzündet sich nicht theoretisch, sondern glimmt in den nicht fixierbaren Residuen der Alltagspraktiken. Sie haben etwas von ihren dem anthropozentrischen Wissensparadigma gegenüber zwar nicht resistenten, aber von ihm noch nicht aufgebrauchten Lebensformen behalten. Daß diese als Aberglaube, als Irrationalismus unter Verdacht stehen, darf theologisch nicht von vornherein abschrecken, sondern muß nach den verschütteten Mustern des *Begehrens nach dem Anderen* Ausschau halten lassen: auch in den kirchlichen Untergeschossen.

> „Wenn die Theologie nach Spielräumen sucht, die der Hegemonie der modernen Politik des Körpers entgleiten, hätte sie diese also vor allem *unterhalb* des Niveaus diskursiver „Antworten" zu suchen: auf der Ebene von Ritualen und non-

---
[305] Ebd., 201.

verbalen Praktiken, die Möglichkeitsräume von Transzendenz offenhalten, gerade weil sie sich nicht als klar definierte ‚Antworten' fixieren lassen."[306]

Eine solche Theologie würde zu einem eigenen *Denken des Außen* finden. Sie hätte dazu allen Grund. Der modernen Theologie wird so nicht nur ein radikaler Paradigmenwechsel zugemutet. Auch das Urteil über ihre Leistungsfähigkeit fällt nicht schmeichelhaft aus. Für Hoff reproduziert die Anthropotheologie nämlich jene Aporien, die zu beseitigen sie angetreten war. Sie benutzt eine Denkform, mit der die Plausibilisierungsmöglichkeiten des Religiösen implizit so beschnitten sind, daß demgegenüber die diskursiven Gewinne marginal ausfallen. Darüber hinaus bemißt subjekthermeneutische Rationalität das begegnende Andere unter den Voraussetzungen der eigenen, als vernünftig deklarierten (oder gar „bewiesenen") Kriteriologie.

> „Das ‚Denken des Außen', das nach den Spuren des Ungedachten fragt, ist mit dem Denken einer Metaphysik oder Theologie des Absoluten nicht zur Deckung zu bringen. Denn deren Problemstellung bleibt an rational nicht ausweisbare, prädiskursive Vorentscheidungen gebunden, die das Denken des Ungedachten kanalisieren, indem sie sein Woraufhin mit der Fülle des Lebens oder dem Inbegriff des Guten zusammenfallen lassen."[307]

Hoff plädiert für eine Umkehrung der Perspektiven. Statt vom Endlichen aus den Vorgriff auf ein Unendliches zu unternehmen und dessen Wirklichkeit seinen Konstruktionsbedingungen zu entnehmen, wäre mit den mystischen Überwältigungserfahrungen Ernst zu machen. Gott erscheint als Ursprung des menschlichen Begehrens und dieses Begehren als Antwort. Dies läßt sich unter veränderten erkenntnistheoretischen Voraussetzungen rational nicht mehr ausdenken. Aber der Ansatz beim Unendlichen findet semiologischen Anhalt. Im Zeichen der *différance* kann ohnehin kein Erstes sprachlich identifiziert werden. In der *différance* manifestiert sich jedoch ein Unendliches: es wird übernommen, „bejaht". Von hier aus legt sich ein Denken des Anderen vom Anderen aus nahe, obwohl, besser: weil dieser Standpunkt nicht wirklich menschlich eingenommen werden kann. Nur so bleibt die Andersheit des Anderen gewahrt, ohne damit zugleich aus dem Gesichtsfeld des Endlichen zu verschwinden. Das transzendentale Unendliche im Zeichen kann bei Derrida nur als solches erscheinen:

> „Zu unterstellen, daß es stattfinden können muß, oder ihm sogar einen anthropologischen Ort zuzuweisen, hieße, im vorhinein zu wissen, von woher der Ruf ergeht."[308]

Mit Derrida bleibt das Unendliche als *ursprungloser Ursprung* und Woraufhin der Transzendenz offen: *anders*. Jeder Versuch, dies theologisch zu bezeichnen, unterliegt dem differenten Spiel der Zeichen. Die Unabgeschlossenheit des Unendlichen ist die semiologische Voraussetzung des Sprechens und Denkens und auch des von ihm nie unabhängigen Verhaltens. Hoff

---
[306] Ebd., 212.
[307] Ebd., 264f.
[308] Ebd., 273.

nimmt dies mit Derrida zum Anlaß, dieser Offenheit doppelt zu entsprechen: erkenntnistheoretisch formal im Verzicht auf eine hermeneutische Position; material in der „erwartungslosen" Erwartung einer möglichen Gestalt der Transzendenz. Für Derrida entspricht das einer Haltung, die auf den „Glücksfall" wartet, auf den man vernünftigerweise nicht setzen kann. Man kalkuliert dennoch mit ihm, im Bewußtsein, man könne ins Leere hoffen. Das Scheitern der eigenen Erwartungen wird hier konstitutiv einbezogen.

Sinn wird damit ganz vom Anderen her erwartet. In einem letzten Schritt kann Hoff dies noch einmal an die institutionelle Tradierung des Glaubens anbinden, insofern das kirchliche Amt seine Vollmacht vom Anderen her bezieht, nicht aus der Person.[309] Damit ist zugleich eine Entmächtigung des Amtes gegeben: es hat Macht nicht von sich her. Zumal die Bedeutung des Amtes als Wahrer und Vermittler des Glaubens verdeutlicht die Verpflichtung, von sich abzusehen und weiterzugeben[310]: sie ist, mit Hansjürgen Verweyens Analyse, Ausdruck komplexer *traditio*.[311]

Diese Machtlosigkeit ist nun noch einmal auf den Glauben zu beziehen: die Einsicht in die Vollmachtstruktur ist nicht herbeizuzwingen. Sie bleibt entscheidungs- und evidenzgebunden im Sinne eines kritisch gefilterten Restdezisionismus.[312]

Machtlosigkeit hat sich im Glauben durchzusetzen, wo der Mensch sich selbst zum Glauben zu ermächtigen sucht. Seine Sinnsuche behält vor diesem Hintergrund etwas Gewaltsames. Und sie hat sich immer wieder dessen zu vergewissern, daß jede mögliche Kriteriologie eines Sinns im Spiel der Zeichen zerrinnt. Das gilt aber auch noch einmal begründungstheoretisch mit dem Blick auf die hermeneutische Sinnvorgabe des Menschen bei seiner Sinnsuche: er droht zu finden, was er begründungslogisch zuvor eingesetzt hat – gerade bei der geschichtlichen Vergewisserung seines Begriffs von einem letzten Sinn.

Neben der semiologischen Verunsicherung widerfährt der anthropotheologischen Sinn- und Gottesfrage damit eine zweite schwerwiegende Standorterschütterung: sie transportiert mit ihrem hermeneutischen Ausgangspunkt eine spezifische Wissensform vom Menschen, ohne sich – nach Hoff – deren kontingenter Gewordenheit als Episteme zu vergewissern:

> „Die transzendental*anthropologische* Frage nach den Bedingungen der Möglichkeit von Offenbarung scheitert an ihren eigenen Prämissen: Die Anthropologie ist keine zuverlässige Instanz zur Entfaltung der Frage nach der *potentia oboedientialis* des Menschen."[313]

---

[309] Vgl. ebd., 284f.
[310] Vgl. dazu Hoffs Ausführungen im Anschluß an Certeau: ebd., 303: „die vorrangigste Aufgabe der kirchlichen Lehrämter liegt darin, die Wahrheit des Glaubens vor ihrer verstehenden Identifikation zu bewahren... Das Unvermeidliche wird immer stattfinden, doch die Identifikation mit der logozentrischen Fiktion vom ‚einen' Evangelium ist der Anfang des Verrats an der Alterität seines Buchstabens."
[311] Vgl. H. Verweyen, Grundriß, 68-73.
[312] Vgl. J. Hoff, Spiritualität und Sprachverlust, 296f.– Ich bevorzuge den Ausdruck „kritischen Fideismus". Vgl. dazu II, 5.
[313] Ebd., 278.

4.3.3.5 Kritische Bilanz: Das Problem einer antihermeneutischen Hermeneutik des Glaubens

Daran ist freilich die Frage zu stellen, ob es im Wechsel dieser Paradigmen nicht gleichsam physiologisch bedingte Konstanten gebe. Dies wäre etwa im Sinne von Karl Rahner zu untersuchen, der die Fraglichkeit des Daseins als Konstitutivum des Menschseins behauptet, solange der Mensch noch *dieser* Mensch ist und die Menschheit sich nicht „zurückverwandelt in einen Termitenstaat unerhört findiger Tiere."[314] Daß damit ein bestimmtes Paradigma vom Menschen vorgegeben wird, läßt sich im Sinne Foucaults nicht bestreiten. Die Frage ist nur, ob es sich um ein vom Wissen statuiertes oder um ein jedem Wissen vorgegebenes, *evolutionär* herausgebildetes Paradigma handelt. Genau das kann Ulrich Lüke unter Auswertung des paläoanthropologischen und religionsethnologischen Befunds rekonstruieren. Danach spricht *zumindest* „nichts dagegen, den Transzendenz- oder Gottesbezug als die hinreichende Bedingung mit dem Selbstbezug als der notwendigen Bedingung für Menschsein zu kombinieren."[315] Das wird nun nicht zu einem materialistischen Gottesbeweis ausgebaut, sondern läßt sich im Sinne der angesprochenen Frage als Hinweis nehmen, daß damit ein Unterscheidungskriterium für den *homo sapiens sapiens* ins Spiel kommt. Das macht zwar von – standpunktbesetzten – Diskriminierungen Gebrauch, kann sie aber vom empirischen Material her anders für das Menschsein beanspruchen als etwa seine Auszeichnung als transzendentales Subjekt der Erkenntnis. Hier wird auf ein quasi-physiologisches Argument rekurriert, das die Fähigkeit des menschlichen Gehirns beschreibt, auf sich selbst und über sich hinaus zu reflektieren. Damit ist aus meiner Sicht eine andere Wahrnehmungsebene betroffen als die der Einweisung des Menschen in seine *transzendental-empirische Dublette.*[316]

Dann wäre aber auch dieser Fragehorizont nicht abschaffbar oder einfach zu einem Sekundären zu erklären. Die Hermeneutik des Sinns kommt auf diese Weise ins Spiel und kann sich auf das Levinas'sche *Begehren* beziehen, das darum den Anderen noch nicht nach den eigenen Maßstäben, sondern als Anderen sucht.

Damit bildet sich eine antihermeneutische Hermeneutik heraus[317], die zweierlei leistet: sie berücksichtigt das bereits diskutierte erkenntnistheoreti-

---

[314] K. Rahner, Grundkurs des Glaubens. Einführung in den Begriff des Christentums, Freiburg u.a. 1984, 58.

[315] U. Lüke, „Als Anfang schuf Gott..." Bio-Theologie. Zeit – Evolution – Hominisation, Paderborn u.a. 1997, 323.

[316] Keine Historik funktioniert unhermeneutisch, apriorisch standpunktlos. Das gilt auch für die Naturwissenschaften. Dennoch ist eine andere Ebene betroffen, wenn man über die Physiologie des Menschen spricht. Wenn nach Lükes Befund allein der Mensch eine artikulierte Transzendenzfähigkeit aufweist, heißt das nicht, daß der Mensch sich nicht davon wegentwickeln kann. Aber solange dieser Menschentyp evolutionär auftritt, gehört dies offensichtlich zu ihm wie seine im engeren Sinne physiologisch herausgebildeten Grundlagen.

[317] Einen Hinweis in dieser Richtung bietet Hoff, Spiritualität und Sprachverlust, 142: „Es ist nicht möglich, sich die Erfahrung der Andersheit des Anderen verstehend *zu eigen* zu ma-

4. Ansätze einer theologischen Hermeneutik der Differenz

sche Problem, daß jede Rede vom Anderen, jeder Versuch, von ihm her zu denken oder seine Spuren in den Alttagspraktiken aufzuspüren, mindestens einmal durch das Subjekt gegangen ist. Darüber hinaus nimmt sie den Anderen im Selbst und das Selbst als ein in sich je anderes wahr. Sie behält in jedem Versuch zu verstehen das Ungenügen des eigenen Ausgangspunktes, um sich für das Entgegenkommen des Ganz-Anderen offen zu halten.

In dieser Hinsicht macht sich bei Hoff negativ bemerkbar, daß ein elaborierter Begriff von „Hermeneutik" fehlt. Immer wieder scheint Hermeneutik für Hoff zu widerstandslos auf ein identitätslogisches Verstehen zu tendieren: gelegentlich scheint sie versöhnungstheoretisch verstanden zu werden[318]; sie zielt darauf, „Verborgenes freizulegen"[319]; oder sie setzt unkritisch Sinn in den Phänomenen voraus.[320] Über dieser sicher *auch* berechtigten Kritik an hermeneutischen Tendenzen drohen deren differenztheoretische Einschläge übersehen zu werden, die seit Hegel und dann besonders im Zusammenhang der postModernen Differenzphilosophen herausgearbeitet wurden. In diesem Sinne betreibt auch Foucault als Antihermeneutiker hermeneutische Geschäfte – es sei denn, man würde die Bergung des archäologischen Materials ohne einen hermeneutischen Blick bei seiner Präsentation für möglich halten.

Schließlich ist auch das von Derrida übernommene Kalkül mit dem Glücksfall Indiz einer rudimentären Hermeneutik der Sehnsucht bei Hoff. Sie drückt sich auf eine sehr indirekte Weise an anderer, theoretisch entscheidender Stelle aus. Zum einen wird Sinnsuche als Unterstellung von Sinn gesehen, daß nämlich der Mensch „seinem Geschick nicht ohnmächtig ausgeliefert"[321] sei. Zum anderen verweist Hoff auf die Aporetik der Existenzhermeneutik, die nach dem „Geheimnis des Menschen" fragt, auf das sie keine Antwort findet und nicht einmal erwartet, sie zu erhalten.

> „Diese Aporie scheint sie aber nicht davon abzuhalten, die *Frage* nach seinem Dasein für unhintergehbar zu halten. Was rechtfertigt diese Unterstellung? Wenn eine Frage als sinnvoll gelten soll, muß sich eine Möglichkeit ausweisen lassen, sie zu beantworten. Ist damit nicht zu rechnen, so setzt sie sich dem Verdacht aus sinnlos zu sein."[322]

Diese Stelle ist deshalb problematisch, weil sie selbst hermeneutisch in dem Sinne argumentiert, daß Fragen „sinnvoll" in der Art sein müssen, daß sie

---

chen: Die Erfahrung seiner Andersheit vollständig zu internalisieren, hieße der schlimmsten Gewalt zu erliegen – der Gewalt, die die Spuren seiner Fremdheit auslöscht. Der Andere darf aber auch nicht vorbehaltlos ‚in Frieden gelassen' werden: Wäre er bloß der, den ich als Fremden achte, so würde sich das Gedächtnis seiner Andersheit zerstreuen." Es muß also doch, antihermeneutisch, verstanden werden. Und es ist genau dieser Prozeß, der die erkenntnistheoretische Problematik vor dem Anderen und in einer noch so radikalen Philosophie des Anderen nicht hintanstellen kann, weil sie bereits immer mit im Spiel ist: nicht nur „logozentrisch", sondern in jeder Erfahrung und Handlungsreaktion auf Anderes.

[318] Vgl. ebd., 30.
[319] Ebd., 66.
[320] Vgl. ebd., 72.
[321] Ebd., 66.
[322] Ebd., 85.

mit Antworten rechnen können. Hoff unterstellt also einen Sinn in dieser formalen Weise. Wichtiger noch: er tilgt die (sinnvolle) Möglichkeit eines Fragens ins Leere. Das aber kontrastiert mit seinem eigenen Plädoyer für das Offenhalten einer möglichen Transzendenz ins Leere. Und genau als einen solchen Vorgang müßte man die Frage nehmen. Auf der Basis einer antihermeneutischen Hermeneutik mit der Betonung der menschlichen Fragwürdigkeit, also einer biologisch mitgegebenen transzendenten Verstrickung, wird gerade die Unabschaffbarkeit und Legitimität des Fragens festzuhalten sein.

Damit wird aber ein Konzept denkbar, und zwar unter Einschluß des Ricoeur'schen Selbst, das nicht anders kann, als im Fragen eine Transzendenzbewegung zu vollziehen, das darum aber den möglichen Sinn noch nicht vorentwerfen *muß*. Im Gegenteil hat die Offenheit der Frage sie als solche festzuhalten, also eine Ausrichtung auf Unendliches auch aus den vorhermeneutischen semiologischen Gründen zu vollziehen, die Hoff so luzide herausgearbeitet hat.

Das aber läßt eine letzte Frage stellen: muß nicht theologisch, und zwar in jener undurchdringlichen Übergängigkeit von (semiologischer) Propädeutik und Theologie, wie sie Hoff selbst betont[323], immer wieder auch reflektiert werden, daß die eucharistische Opfersemantik eine christologische ist, die in ihrer inkarnierten Gestalt die Frage des Subjekts noch einmal neu stellen läßt? Mit anderen Worten: muß christliche Theologie nicht vom Gedanken der Menschwerdung aus die Sinnsehnsucht, das *Begehren* im Menschen als einen legitimen erkenntnistheoretischen Ort übernehmen, der diesem Frageausgriff eine nicht zu übergehende und nicht einfach vom Verweis auf Gott als den Ganz-Anderen zu überspielende Bedeutung zumißt? Läßt sich andernfalls festhalten, daß Gott christlich nicht nur der Andere, sondern der in Christus auch ganz Nahe geworden ist? Daß dies immer in einer Semiologie der Differenz gedacht und geglaubt wird, macht einerseits den differenzhermeneutischen und fundamentalsemiologischen Gedanken stark, den Hoff profiliert und dem sich der Gedankengang dieser Arbeit verpflichtet weiß. Andererseits wird genau damit verdeutlicht, daß sich die Perspektivik auf den Anderen immer zwischen den Polen zu bewegen hat, für die analog die Christologien von oben und unten stehen. Offenbarungstheologie und Semiologie verschränken sich in ihrer Denk- und Erfahrbarkeit ineinander. Das Denken und Glauben des Anderen ist je vermittelt, und es gibt keine Möglichkeit, menschlich wirklich ganz vom Anderen her zu denken. Umgekehrt hat sich die transzendentaltheologische Subjekthermeneutik an die untilgbaren Spuren einer an den Anderen herangetragenen Kategorik und Semantik des Ich erinnern zu lassen, der sie strukturell nie ganz Rechnung tragen kann.[324]

---

[323] Vgl. ebd., 4.
[324] Zum hier möglichen Einwand, daß hier *logozentrisch* eine aporetische Mittelposition zwischen den Theologien des Selbst und des Anderen, der Hermeneutik und Antihermeneutik, der vorhermeneutischen theologischen Fundamentalsemiologie und der „positivistischen" Offenbarungstheologie eingenommen wird, vgl. den „Kritischen Einspruch" (2.) dieses Kapitels.

Eine solche antihermeneutische Hermeneutik stärkt das Projekt, um das es Hoff geht und wonach

> „das Denken zur rückhaltlosen Anerkenntnis seiner Endlichkeit angeleitet werden soll."[325]

4.4 Im Rückspiegel: Theologie und postModernes Denken am Leitfaden ihrer Kritik

Bereits einleitend war von der theologischen PostModerne-Skepsis die Rede.[326] Einige Gesprächsschwierigkeiten wurden benannt; einige ließen sich im Durchgang der diskutieren theologischen Versuche im Rahmen postModerner, genauer: differenzhermeneutischer Theoriefindung ansprechen. Im Sinne einer kritischen Zusammenfassung sollen im folgenden noch einmal einige wesentliche Konfliktpotentiale in diesem kaum begonnenen Dialog hervorgehoben werden. Dabei lassen sich die theologischen Nachfragen vor nun genauer gezeichnetem Hintergrund in ihrer Reichweite besser bestimmen.

4.4.1 Politisch-theologische Kritik

Einen ersten Einsatzpunkt einer theologischen PostModerne-Kritik bietet im deutschsprachigen Raum die neuere Politische Theologie der Metz-Schule an. Eigentümlichkeiten charakterisieren deren Invektiven. Zumal hinsichtlich der politischen Optionen lassen sich erhebliche Übereinstimmungen festhalten, die sich in fünf Konzepten konzentrieren:

1. in der Achtung vor dem ausgegrenzten Anderen und einer „Logik der Alterität"[327];
2. damit verbunden in der Gesellschaftskritik an Herrschaftsmechanismen und Machtdiskursen (Foucault);
3. in einer Wahrung des differenten Einzelnen, der in den Siegergeschichten der ökonomischen, politischen, kulturellen und religiösen (kirchlichen) Dispositive unterzugehen droht;[328]
4. in der Option für einen Pluralismus; J. B. Metz fordert in diesem Sinne eine christliche

---

[325] Ebd., 289.
[326] Vgl. II, 4.1.
[327] J. B. Metz, Solidarische Freiheit. Krise und Auftrag des Europäischen Geistes, in: Concilium 28 (1992) 178-182; hier: 179.
[328] Daß diese Rettung des Individuellen z.B. bei Lyotard anders ausfällt als bei Foucault oder Levinas, stellt Saskia Wendel heraus (Jean-Francois Lyotard, Aisthetisches Ethos, München

„Kultur der Anerkennung der Anderen in ihrem Anderssein, also die schöpferische Anerkennung ethnisch-kultureller Pluralität, wie sie uns in Ansätzen aus der Urgeschichte des Christentums vertraut sein müßte"[329];

5. in einem konsequent verzeitlichten Denken.

Die gemeinsame kritische Perspektive kann Unterschiede nicht vergessen machen. Aber sie zehrt von einem gemeinsamen *Pathos der Befreiung.*[330] Um so überraschender zu sehen, daß davon wenig in der PostModerne-Rezeption der Politischen Theologen zu finden ist. Deren Kritikmuster operieren allzu oft mechanisch: PostModernes Denken steht vorderhand unter Beliebigkeitsverdacht. Die (z.B. sprachtheoretischen und semiologischen) Gründe werden nicht mehr widerlegt, sondern lediglich von ihren Folgen her angegangen. Zudem werden die populären Aneignungen des PostModernen immer wieder für theoretisch bare Münze genommen und als eine Kultur der Gleichgültigkeit unter Quarantäne gestellt. Letztlich läuft das sehr konkret auf eine Gesprächsverweigerung hinaus, die sich in der fehlenden Auseinandersetzung mit dem breiten philosophischen Spektrum dieses so randunscharfen Phänomens objektiviert. Die einschlägigen kritischen Texte kommen mit einem Minimum an postModerner Literatur aus, von dem noch einmal ein größerer Teil aus zweiter Hand vermittelt wird. Dabei entgeht allzu leicht der bedeutende Unterschied zwischen den französischen Philosophen und jenen Transformationen, die sie z.B. in der amerikanischen Literaturwissenschaft erfuhren.[331]

Beispiele für diese Kritikform liefern die polemischen Texte von Kuno Füssel.[332] Er opponiert gegen die Perspektivenlosigkeit und politische Apa-

---

1997, 107): Danach „impliziert Lyotards Freiheitsbegriff die Auflösung des Ich, der Besonderheit des Individuums: Ein Ich, das nur noch reines Für-Sein ist und in der Empfänglichkeit für das Ereignis aufgeht, ist in letzter Konsequenz gar kein Ich mehr, es wird zerstört." Dies wäre im Blick auf Levinas mit der Frage zu konfrontieren, ob nicht gerade vom Anruf des Anderen her das Ich zu sich findet. Mit dem Primat des Anderen wird auch nach Wendel nicht grundsätzlich eine Entleerung des Individuums betrieben (vgl. ebd., 110). Bei Lyotard fehlt freilich – ganz analog zu seinem Gedanken einer verabsolutierten Differenz – ein subjekttheoretischer Ausgleich zwischen Aktivität und Passivität, „weil er Aktivität mit autonomer Subjektivität identifiziert und daher dem Extrem des Autonomiegedankens als Alternative nur das andere Extrem des Gehorsamsgedankens entgegenstellen kann" (ebd.). Lyotard differenziert hier nach Wendel nicht hinreichend zwischen dem Konzept von Ich und Individuum einerseits und dem des Subjekts als dem „absoluten Prinzip der Erkenntnis" (108) andererseits. Der entsprechende Individualitätsverlust gilt von daher für Lyotard, nicht jedoch generell und zwingend für postModernes Differenzdenken – im Gegenteil.

[329] J. B. Metz, Wider die zweite Unmündigkeit. Zum Verhältnis von Aufklärung und Christentum, in: J. Rüsen u.a. (Hrsg.), Die Zukunft der Aufklärung, Frankfurt a.M. 1988, 81-87; hier: 86.

[330] Vgl. dazu besonders die Ausführungen und Sprache von Gilles Deleuze.

[331] Vgl. exemplarisch die Entstellung Derridas im ästhetischen Diskurs der *deconstruction* a la Paul de Man. Vgl. dazu J. Valentin, Atheismus in der Spur Gottes, 219f., Anm. 9.

[332] Vgl. K. Füssel, Kritik der postmodernen Verblendung. Ein politisch-theologischer Essay, in: E. Schillebeeckx (Hrsg.), Mystik und Politik. Theologie im Ringen um Geschichte und Gesellschaft (FS J. B. Metz), Mainz 1988, 118-130; ders., Es gilt, absolut plural zu sein. Kritische Überlegungen zum Diskurs der Postmoderne, in: ders. / D. Sölle / F. Steffensky, Die

thie der PostModerne, die sich aus der wahrheitstheoretischen „Auflösung in lauter gleichgültige Wahrheiten im Plural"[333] ergebe. Der Verlust verbindlicher Maßstäbe korrumpiere jede Kritikmöglichkeit und mache das Denken wehrlos gegenüber Ideologien. PostModernes Denken mutiere selbst zur Ideologie, die sich den Gesetzen des Marktes füge. Es werde zur „Tarnkappe des Kapitalismus".[334] Am deutlichsten demaskiere es sich auf ästhetischer Bühne: gespielt werde, was gefalle. Die provokative Kraft der esoterischen Moderne werde als elitär diffamiert, und Wohlgefallen ersetze Kritik. Woher sollten die Beurteilungsmaßstäbe auch kommen? Die gegebenen Differenzen und vielfältigen Lebensentwürfe werden ästhetisiert und hingenommen:

> „dieser Realismus der Beliebigkeit ist der des Geldes: In Ermangelung ästhetischer Kriterien ist es möglich und nutzbringend, den Wert der Werke am Profit zu messen, den sie erbringen. Dieser Realismus paßt sich allen Tendenzen an, wie das Kapital, das sich allen >Bedürfnissen< anpaßt, unter der alleinigen Voraussetzung, daß Tendenzen und Bedürfnisse über die nötige Kaufkraft verfügen."[335]

Indem Füssel eine Kritik montiert[336], die Lyotard gegen das eklektizistische Mißverständnis von PostModernität einreicht, macht er auf die theoretische Substanz des philosophischen Differenzgedankens im Hintergrund dieses Diskurses aufmerksam. Differenz wird zur Denkform der Kritik, indem sie auf die Wahrung der Unterschiede achtet und ihnen eine Würde zuspricht, die zur Kritik an ihrer Verletzung taugt. Diese Kritik kann freilich nicht anders als in einer Ästhetik der Differenzen „gründen", weil es kein ableitbares Erstes gibt. Sein Infekt: der mögliche Terror erster Politik.

Hier meldet die Politische Theologie ihren legitimen Einspruch an: es gibt bei aller Achtung vor den Differenzen die bleibende Bedrohung eines Denkens, das ohne letzten Halt zu einer Ethik finden soll. Die Aufwertung des Individuellen in der Differenzphilosophie birgt die Gefahr eines Egoismus der Stärkeren.[337] Wenn dies zu einer Kritik an der Utopielosigkeit der PostModerne führt, wäre politisch-theologisch zweierlei zu leisten: eine überzeugende begründungstheoretische Alternative, die J. B. Metz zumindest im Blick auf transzendentale Argumentationen ausschließt.[338] Und eine deut-

---

Sowohl-als-auch-Falle. Eine theologische Kritik des Postmodernismus, Luzern 1993, 35-81.– Füssel verarbeitet von den postModernen Autoren nur Baudrillard und Lyotard.
[333] K. Füssel, Es gilt, absolut plural zu sein, 38.
[334] Ebd., 52.
[335] J.-F. Lyotard, Beantwortung der Frage: Was ist postmodern?, in: W. Welsch (Hrsg.), Wege aus der Moderne. Schlüsseltexte der Postmoderne-Diskussion, Weinheim 1988, 192-203 hier: 197f.
[336] Der vorgenannte Text wird von Füssel zitiert: a.a.O., 60f.
[337] Interessanterweise betont Saskia Wendel in diesem Zusammenhang, daß Lyotards Ethik zur Affirmation der *individualisierten* Risikogesellschaft führt und also damit doch einem zumindest versteckten Individualitätsgedanken Raum gibt (vgl. S. Wendel, Jean-Francois Lyotard, Aisthetisches Ethos, 112).
[338] Vgl. J. B. Metz, Glaube in Geschichte und Gesellschaft. Studien zu einer praktischen Fundamentaltheologie, Mainz ⁴1984, 144f.

lichere Kritik an der destruktiven Gewalt, die jeder Utopie mindestens unterschwellig inhäriert und mit einem starken Wahrheitsanspruch versehen ist. Der wiederum wird von der politischen Theologie in Termini der *Überzeugung* gefaßt. Die entsprechenden entscheidungstheoretischen Probleme werden damit jedoch nur verschoben. Es ist signifikant, daß Füssel dieser erkenntnistheologischen Frage ausweicht (oder sie als den harten Theoriekern nicht wahrnimmt). Wenn Füssel in diesem Zuge den postModernen Sehnsuchtsverlust moniert, so ist daran zu erinnern, was ausgeträumt wurde: der Wunsch nach einer Totalen, nach einer letzten Identität. Daß dies theologisch auf Widerstand stoßen muß, wenn daraus ein veritabler Atheismus wird, ist offenkundig. Freilich lassen sich Spuren des Unendlichen nicht nur als Wirklichkeitseintrag bei Derrida und Deleuze dechiffrieren, sondern auch bei anonymen postModernen Differenzphilosophen wie Hans Blumenberg und Emmanuel Levinas.[339]

Differenzierter als Füssel erkennt Tiemo Rainer Peters in der PostModerne das Austragen der unbewältigten Aporien der Moderne. Zumal ihre Subjektkritik und die Distanzierung der Gewaltpotentiale der Moderne betrachtet er als legitimes Anliegen. Deutlich sieht er dabei die erkenntnistheologische Relevanz der postModernen Metaphysikkritik:

„die klassische, affirmative Metaphysik läßt sich nicht wiederbeleben, weil es – Auschwitz gegeben hat. In den Gaskammern und Vernichtungslagern Hitlers ist uns eine bestimmte Art, ‚Gott' zu sagen und in diesem Gottesgedanken das Denken sichern und bergen zu wollen, unmöglich geworden. Der abendländische Sinn- und Geschichtszusammenhang, in dem Gott, Welt und Mensch eine stimmige metaphysische Einheit darstellten, ist erschüttert."[340]

Vor diesem Hintergrund hält das Differenzdenken zu einer konsequenten Kritik theologischer Identitätslogik an. Dennoch droht auch nach Peters postModern eine Subjektvergessenheit mit dem Preis einer gesamtgesellschaftlichen Entsolidarisierung qua Individualisierung, wie sie Differenzlogik und Pluralisierung bedingen. Der Verzicht auf universale Menschenrechte geht zu Lasten der Armen, der gesellschaftlich Mittellosen: „Verloren wären dann wohl zunächst und vor allem jene, die ohnehin nichts mehr zu verlieren haben."[341]

Nach Ottmar John droht ihnen postModern sogar noch das Gedächtnis ihrer Leiden genommen zu werden.[342] Wo ein Maßstab zur Kritik dieser Lei-

---

[339] Zur Möglichkeit einer postModernen Perspektive auf Levinas vgl. das Urteil von Josef Wohlmuth, der in ihm „den vielleicht radikalsten postmodernen Denker der Subjektivität" entdeckt: ders., Theologie – postmodern?, in: R. Hoeps / T. Ruster (Hrsg.), Mit dem Rücken zur Transzendentaltheologie. Theologische Passagen (FS Hans Jorissen), Würzburg 1991, 144-160; hier: 157.

[340] T. R. Peters, Mystik, Mythos, Metaphysik. Die Spur des vermißten Gottes, Mainz-München 1992, 134.

[341] Ders., Postmoderne Kirche? Statement auf dem Katholikentag in Karlsruhe, in: Orientierung 56 (1992), 153f.; hier: 154.

[342] Vgl. O. John, Theologie nach Auschwitz und postmoderne Mentalität, in: T. R. Peters u.a. (Hrsg.), Erinnern und Erkennen. Denkanstöße aus der Theologie von Johann Baptist Metz,

4. Ansätze einer theologischen Hermeneutik der Differenz

den fehlt, verschwindet auch die Erinnerung an sie, weil sie keine spezifische Bedeutung haben. Sie lassen sich nicht noch einmal kritisch gegen die Sieger ins Spiel bringen, die sich nötigenfalls zynisch auf den Lyotardschen Widerstreit der Diskurse berufen könnten.[343]

Nun ist genau dem zu opponieren. Sowohl bei den philosophischen Ausarbeitungen einer postModernen Differenzhermeneutik wie bei den theologischen Rezeptionsansätzen wurde als harter Theoriekern ein nicht totalisiertes Differenzdenken herausgebildet. Zum einen widerspräche es dem identitätskritischen Motiv dieses Denkens, zum anderen konnten Aspekte einer Differenzvermittlung sogar noch bei Lyotard selbst aufgespürt werden – hier freilich im Sinne eines funktional notwendigen, aber übersehenen Konzeptbruchs. Der Gedanke der Vermittlung steuert nun ästhetisch auf eine andere Denk- und Diskursform zu als die agonale Differenz bei Lyotard. Die Logik der Alterität erhält Züge eines Respekts vor dem Anderen, der sich in eine formale Ethik einspeisen läßt. Ihre Zuspitzung erhält sie im Denken von Emmanuel Levinas.

Wenn es keinen ersten Satz gibt[344], dann auch kein Bemächtigungsrecht eines Diskurses über einen anderen: „Es existiert keine Diskursart, deren Hegemonie über die anderen gerecht wäre."[345] Der formal abgeleitete Gerechtigkeitsbegriff hat Folgen für seine gesellschaftliche Situierung:

> „Gerecht ist sicherlich, daß das >Volk< die Herrschaft über die Sätze übernimmt, wenn es stimmt, daß das >Volk< die Gesamtheit von Sendern, Empfängern und Referenten der Prosa ist, die weder eine Diskursart noch selbst eine Art von Sprache, sondern die Masse von Sätzen aller Regelsysteme und Verkettungen aller Diskursarten (Dichtung inbegriffen) ist... Aber die Einheit der Diskursarten oder ihr Nullpunkt sind unmöglich. Die Prosa kann nur in deren Vielfalt und in der Vielfalt von deren Widerstreit bestehen."[346]

Es gibt also eine gesellschaftliche Appellationsinstanz für eine labile Gerechtigkeit in der Anerkennung der Diskursdifferenzen. Das Volk als ihr gesellschaftlicher Träger und Garant hat die Aufgabe, „Zeugnis"[347] von den Widerstreiten abzugeben, um gerade den Opfern der Geschichte eine Stimme zu verleihen.[348]

Freilich bleiben hier Unsicherheiten. Wie diese beseitigt werden können, hat weder die Politische Theologie noch ein anderer begründungstheoreti-

---

Düsseldorf 1993, 123-134; besonders 131ff. (Der ansonsten sehr behutsame Text von John kommt ohne eingehendere Berücksichtigung der postModernen Philosophie aus.)

[343] Diesen Ernstfall übersieht Lyotard nicht. Vielmehr macht er ihn zum Ausgangspunkt seiner Gedanken, indem er seinerseits Philosophie „nach Auschwitz" betreibt (vgl. J.-F. Lyotard, Der Widerstreit, München ²1989, 17f. [Nr. 2]): mit jenem Konflikt, der sich in der Leugnung der Shoah und in der Unmöglichkeit der Opfer ergibt, ihr Opfersein zu „beweisen". Das ist der Widerstreit – und von ihm ist Zeugnis abzulegen, um den Opfern darin die Gerechtigkeit zu verschaffen, daß sie nicht zum Schweigen gebracht werden. (Vgl. ebd., 27 [Nr. 12].)

[344] Vgl. ebd., 227 (Nr. 184).
[345] Ebd., 262 (Nr. 228).
[346] Ebd., 262f. (Nr. 229).
[347] Ebd., 299 (Nr. 264) – bezeichnenderweise der Schlußabschnitt des „Widerstreits".
[348] Vgl. ebd., 33 (Nr. 21).

scher Ansatz aussichtsreich plausibilisieren können. Nur vor diesem Hintergrund ist die prophetische Kritik des Christentums an der PostModerne zu situieren: wenn ein Erstes oder Letztes nicht anders als in Differenz zu haben ist, also in den Zeichen und in der Zeit (wie den anderen Differenzmarken) verschoben, nie identisch einzuholen, dann wird gerade aus dieser postModernen Theorieanlage ein Ethos der Kritik eruierbar, das sich jeder Totalisierung widersetzt, das jeden Zugriff auf den Anderen als Gewalt und als Ungerechtigkeit begreift.

Jede religiöse Glaubensentscheidung als Basistheorie der prophetischen Kritik muß sich der eigenen Gefährdung und latenten Inkommunikabilität, also einer noch so reduzierten Gewaltsamkeit vergewissern, die auftritt, wo die Kritik am Andersdenkenden laut wird. Es ist die erkenntnis- und begründungstheoretische Grundfrage, die das Verhältnis der christlichen Theologie zum postModernen Differenzdenken fokussiert.

4.4.2 Erkenntniskritische Motive und postModerne Gegenkritik

> „Die heutige Krise der Moderne steht... mit der Entdeckung der kulturellen Pluralität in Zusammenhang. Die Entdeckung der Pluralität der Kulturen ist nie eine ‚harmlose Übung' (Paul Ricoeur), denn wenn man andere Kulturen entdeckt, wird man mit der Existenz der Anderen konfrontiert, was eine Relativierung der eigenen Kultur zur Folge hat. Daher kann man in einem bestimmten Sinn behaupten, daß der Eintritt in die Postmoderne für das Abendland zumindest teilweise mit der Wiederentdeckung der Pluralität und Diversität der Kulturen zusammenfällt."[349]

Diese Entdeckung betrifft jede Kultur. Die Verdrängung des Anderen scheint phylogenetische Muster zu aktivieren, die zur Distanz gegenüber Fremden anhält. Seine Dramatik erhält dieses Phänomen für die Moderne insofern, als das unbedingte Pathos der Freiheit von Denken und Handeln sich gegen jene Anderen zu richten beginnt, die eigentlich gleichermaßen davon profitieren müßten. Moderne Freiheit ist nicht zuletzt ökonomische. Die neuen Möglichkeiten des Handels führen zur Emanzipation einer Klasse, nicht der Menschheit. Der Mensch wird restringiert verstanden: nach und nach auf seine Funktionswerte reduziert. Noch die Biologie erhält Züge einer Ökonomie des Funktionierens. Unter dieser Voraussetzung wird der Andere zur Verfügungsmasse. Für die *Conquistadores* bis hin zu den späten Kolonisatoren steht er zur Ausbeutung frei. Der kapitalistische Aufbau der modernen Gesellschaften funktioniert gegenüber den Nichteuropäern eliminatorisch. Die kulturelle Fremdheitserfahrung wird auf die eigenen Kategorien gebracht und *verarbeitet* – das gilt immer wieder auch für die christlichen Missionen und ihre Akkomodationsversuche. Entsprechend verfährt die Wissenschaft.

---

[349] D. J. Michelini, Die Debatte Moderne / Postmoderne. Perspektiven eines interkulturellen Dialogs, in: B. Fraling / H. Hoping / J. C. Scannone (Hrsg.) Kirche und Theologie im kulturellen Dialog (= FS Peter Hünermann), Freiburg u.a. 1994, 76-88; hier: 78.

4. Ansätze einer theologischen Hermeneutik der Differenz

Das Aufkommen der Ethnologie führt nicht zu einem Stehenlassen des Anderen, sondern zu seiner Aneignung. Das gilt noch für die strukturalistische Einheitshermeneutik.

Das postModerne Denken profiliert verstärkt die Andersheit des Anderen. Das gelingt ihr, weil die hermeneutischen Voraussetzungen verändert wurden. Es geht also nicht um eine „Wiederentdeckung" von Pluralität, sondern darum, sie mit grundlegend anderen Mitteln zu realisieren. Schon darin liegt eine erhebliche Nähe zu einer christlichen Hermeneutik der Anerkennung in der ungeteilten Liebe und der Gewaltlosigkeit.

Die bezeichnete Erfahrung führt postModern zur Ausbildung einer Logik der Alterität, die ihr sogleich den Vorwurf eines Kulturrelativismus einträgt. Wenn nach Lyotard, Deleuze und Derrida die vernünftigen, die sprachlichen, die semiologischen Zugangsmöglichkeiten zu absolut faßbaren Einsichten fehlen, führt dies zum Zentralproblem zwischen postModernem und christlichem Denken: zur „Konfrontation zwischen Wahrem und Falschem".[350]

Die erkenntnistheoretische Fragestellung wird im folgenden anhand eines kritischen Leitfadens verfolgt, den Saskia Wendel in einer komprimierten Zusammenfassung zur Verhältnisbestimmung von Theologie und postModerner Philosophie vorgibt.[351] Dieser Text bietet sich aus mehreren Gründen an: (1.) er ist einem Band entnommen, der eine gegenwartsbezogene Standortbestimmung der Fundamentaltheologie verspricht und dessen Beiträgen insofern eine gewisse Aussagekraft für die Situation des theologischen Denkens heute zukommt; (2.) er konzentriert die wesentlichen theologisch-philosophischen Einwände gegen postModernes Denken und thematisiert in diesem Zusammenhang explizit die Verhältnisbestimmung von Identität und Differenz, die auch dieser Arbeit zugrundeliegt. (3.) Dabei ergeben sich erneut Problemüberhänge, aber auch Hinweise der Autorin, die eine Weiterführung des eingeschlagenen differenzhermeneutischen Weges gestatten.

Zunächst einmal widersetzt sich Wendel dem angesprochenen Relativismus-Vorwurf. Für Lyotard weist sie im ethischen Anspruch den Gedanken eines Absoluten nach, das sich jedoch nicht mehr absolut denken und darstellen läßt. Es begegnet, es widerfährt in seiner „Evidenz"[352] – wie der Andere bei Levinas, wie seine Spur, die Derrida als *différance* denkt: als ein nicht-absolutes Absolutes.

> „Damit ist die Postmoderne nicht relativistisch, im Gegenteil: Für Lyotard besitzt das Absolute Gesetzescharakter, es verpflichtet absolut, das Ereignis und damit es selbst in den Einzelereignissen geschehen zu lassen. Dementsprechend kann sich die ethische Haltung niemals kommunikativ vermitteln, sondern nur als Gabe des Absoluten in einem nichtreziproken Verhältnis gehorsam empfangen werden."[353]

---

[350] Ebd., 82.
[351] S. Wendel, Postmoderne Theologie? Zum Verhältnis von christlicher Theologie und postmoderner Philosophie, in: K. Müller (Hrsg.), Fundamentaltheologie. Fluchtlinien und gegenwärtige Herausforderungen, Regensburg 1998, 193-214.
[352] Dies., Aisthetisches Ethos, 32.
[353] Dies., Postmoderne Theologie? 197f.

Freilich bleibt das Vermittlungsproblem der Evidenz des Absoluten. Nach Lyotard existiert keine Regel, die sich auf jeden Diskurs übergreifend erstrecken und Gültigkeit beanspruchen könnte. Damit zeichnet sich ein verändertes Wahrheitskonzept ab. Genauer: eine andere Rahmenhermeneutik für die Behauptung von Wahrheitsansprüchen. Wahrheit wird im Innenbezug formulierbar, und dies durchaus mit einer Absolutheitserfahrung, die sich jedoch im Außenbezug nicht von ihrer sprach- und zeichentheoretischen Vermittlungsaporie ablösen läßt. Die Evidenz des Absoluten kann sich qualitativ auf den Anderen erstrecken. Mit der Einsicht in die Unmöglichkeit, dies im Übergang von einem Diskurs zu einem anderen mit möglicherweise sehr unterschiedlichen Eigenlogiken verbindlich zu machen, wird jede Glaubenswahrheit als Interpretation zu einem Vorschlag und Appell.

Wolfgang Welsch erläutert dies in seinem Konzept einer *transversalen Vernunft*.[354] Für ihn gibt es keine Möglichkeit, Absolutheit und Relativität im Sinne einer Gerechtigkeitsforderung ins Gleichgewicht zu bringen.

> „Es kann nicht verschiedene Absoluta geben. Dergleichen kann man nicht konsequent meinen, nicht denken. Unter einer einzigen – anderen – Bedingung ist die Doppelforderung, eine bestimmte Option zu verfolgen und doch auch andere Optionen anzuerkennen, erfüllbar: Wenn das Paradigma, das man verfolgt, zwar das einzige ist, das man verfolgt, aber von vornherein nicht als das einzige angesehen ist, dem man Wahrheit zutraut. Anders gesagt: Es darf nicht als ausschließliche, totale und absolute Möglichkeit verstanden sein. Das Wissen um die Partikularität des eigenen Ansatzes muß vielmehr schon in die Konstitutionsurkunde des Paradigmas eingeschrieben sein."[355]

Absolutheit gilt im Innenbezug, ist aber jeweils von der Einsicht in die Differenzen des Verstehens betroffen. Jede Anerkennung eines Anspruches von dieser Seite ist vermittelt, nicht absolut. Die Überzeugung hat einen absoluten Gegenstand, ohne selbst absolut zu sein. Sie darf *sich* von daher hinsichtlich ihrer Wahrheitsfähigkeit nicht mehr zutrauen als anderen Personen oder Diskursen.[356] Dieses Wahrheitsmodell bleibt für Absolutes offen. Es entwirft eine „diskursive(n) Gerechtigkeit"[357], die der eigenen Überzeugung

---

[354] Der Begriff findet sich zuvor schon bei Deleuze/Guattari und blendet ihre Differenzhermeneutik in die im folgenden zu führende Auseinandersetzung ein. Vgl. W. Welsch, Vernunft. Die zeitgenössische Vernunftkritik und das Konzept der transversalen Vernunft, Frankfurt a.M. 1996, 367-371.

[355] Ebd., 730f.

[356] Hier hat das von mir im Anschluß an Ricoeur vertretene subjektkritische und alteritätsoffene, aber subjektbezogene Erkenntnismodell seinen Ort: eine ganz vom Anderen her konzipierte Wahrheit im Sinne eines unbedingten, vor dem Subjekt bereits ergangenen Anspruchs kann diesen nur absolut nehmen, ohne seine Nicht-Absolutheit auf der Ebene erkenntnistheoretischer Gebrochenheit gleichzeitig mitzuvollziehen. Die radikal vernehmende Vernunft blendet aus vernunft- und subjektkritischen Gründen das Zugangsproblem letztlich aus und delegiert es unausgesprochen an eine Evidenz, die sich ganz dem Anderen und seinem Anspruch verdankt, so daß seine „Absolutheit" (wenngleich in anderen als derart metaphysischen Termen zu beschreiben) auch auf der Ebene der subjektiven Überzeugtheit bzw. Betroffenheit keinen Raum für einen anderen Anspruch lassen kann. Die Abfederung des Anspruchs auf der erkenntnistheoretischen Zugangsebene fällt weg.

[357] W. Welsch, Vernunft, 731.

wie der des Anderen gerecht wird, weil sie auf der Basis einer gebrochenen, aber inhaltlich gefüllten Wahrheitserkenntnis bzw. -erfahrung operieren kann.

Dies ist allerdings nur denkbar, wo Differenz nicht totalisiert wird. Erst das bloße Nebeneinander der Diskurse und ihrer spezifischen Geltungsansprüche würde zu einem Relativismus ausufern, der seine Gleichgültigkeit aus einer Beziehungslosigkeit, einer zur *Indifferenz* radikalisierten Differenz bezöge.

Dieses Problem begleitet die PostModerne-Kritik von Saskia Wendel. Der Vorwurf eines übersteigerten Differenzdenkens ist ihr Leitmotiv. Dem wird im folgenden Schritt für Schritt nachgegangen.

1. Wendel sieht im strikten Differenzdenken keine Möglichkeit, von Gott als dem identischen Ursprung zu sprechen. Damit wird die biblische Rede vom Schöpfergott uneinholbar.
2. Die Unfaßbarkeit eines letzten Grundes gilt sprachtheoretisch auch im Bezug auf ultimativ gültige Propositionen, wie sie das christliche Bekenntnis beinhaltet.[358] Es gibt „keine ‚letzte' Gewißheit."[359]
3. Ohne sie verfällt auch jeder universale Anspruch, wie ihn das Christentum christologisch erhebt.

Gegenkritik:
Wenn es keine letztbegründbare universale Wahrheit gibt, die über einen allgemeinen Vernunftbegriff jeden zur Einsicht zwingt, wird Wahrheit tatsächlich zu einer Frage der Interpretation, der sich der einzelne in Freiheit zu stellen hat. Damit wird auch klar, daß Wahrheit nicht aufgegeben werden muß, jedoch anders zu bestimmen ist. Wahrheit läßt sich gerade nach David Tracy nicht absolut denken, wohl aber *als Absolutes* denken – d. h. Absolutes, also Universales, läßt sich im Innenbezug glauben und vertreten.[360]

Sprachtheoretisch rückgebunden: jeder Satz verändert sich in der Zeit. In der Zeit ist er zugleich von den anderen Differenzmarken gezeichnet. Die Aufnahme eines Satzes muß mit semantischen Metaphorisierungen, also Ver-

---

[358] Ähnlich argumentiert M. Lutz-Bachmann, der mit dem postModernen Differenzdenken – besonders bei Foucault – eine Zerstörung der wissenschaftlichen Grundlagen zumal der Theologie befürchtet. Der Verlust einer identisch verfügbaren Wahrheit gehe einher mit der Preisgabe von adäquatem Lesen und Verstehen. Vgl. Ders., Kirche und Theologie vor der Herausforderung des „postmodernen Denkens", in: ders. / B. Schlegelberger (Hrsg.), Krise und Erneuerung der Kirche. Theologische Ortsbestimmungen, Berlin-Hildesheim 1989, 128-151.

[359] S. Wendel, Postmoderne Theologie?, 198.

[360] Diese Unterscheidung hat z.B. Bedeutung für die theologische Auseinandersetzung mit der Pluralistischen Religionstheologie, der gegenüber der christologische Absolutheitsanspruch im Innenbezug nicht preiszugeben ist, um aus dieser Sicht auch für den Anderen zu gelten, der darum in seiner Wahrheit nicht absolutistisch angegangen werden muß. Hier bleibt die Offenheit für die Wege Gottes, die anders als unsere Erkenntniswege verlaufen können. Die differenzhermeneutische Einsicht, daß die Glaubenseinsicht in eine unbedingte Wahrheit aus semiologischen Gründen nicht unbedingt vertreten werden kann, erschließt Denk- und Handlungsräume.

schiebungen rechnen, die sich nicht mehr eindeutig festlegen lassen. Machtprozesse spielen bei der Rezeption einer Satzwahrheit eine entscheidende Rolle. Paradigmen und Plausibilitäten als Rahmenbedingungen seines Wissens verändern sich. Individuelle Interpretationsleistungen sind zwingend. Keine Regel zur Festlegung einer Wahrheit kann sie aus jener Grundinterpretation befreien, die theoretisch in der bloßen Wiederholung des Satzes und praktisch in der Anwendung der Satzwahrheit geschieht.

Bezogen auf die schöpfungstheologische Frage heißt das: der erste Grund läßt sich nicht identifizieren. Er ist – mit Derrida – grundloser Grund. Er zeitigt sich als *différance* und entzieht sich zugleich. Dennoch existiert ein ursprungloser Ursprung, der theologisch zur Herausforderung wird, Gott auf eine andere als ontologisch festlegende Weise zu „denken".

In diesem differenten Modus wird auch Gewißheit erfahren. Differenztheoretisch fehlt die Sicherheit einer letzten Satzwahrheit, die man nur zu replizieren brauchte und dann identisch vor sich hätte, weil der Wortlaut wiederholt wurde. Gewißheit ist einerseits etwas, was dem Menschen zukommt, wozu er sich aber auch immer neu durchzuringen hat. Zwischen Unverfügbarkeit und Engagement, zwischen Gnade und Freiheit ist Gewißheit in eine Spannung versetzt, die sich als Glaube und Zweifel übersetzen läßt. PostModernes Differenzdenken nimmt diese Abweichung des Glaubens von sich wahr, ohne darum die Möglichkeit auszuräumen, daß es jene Überzeugung eines absolut herausfordernden Anspruches geben kann, wie ihn Wendel bei Lyotard festhält. Diese absolute Überzeugung im Innenbezug bleibt indes immer eine gebrochene: einmal, mit Wolfgang Welsch, im Blick auf die anderen Wahrheiten, die sich diskurstheoretisch nicht auf den eigenen Anspruch reduzieren lassen, selbst wenn man mit den Mitteln der diskursiven Eigenlogik eine Universalität behaupten zu können meint, die auf ein Allgemeines wie die menschliche Vernunft rekurriert. Im Gespräch bleibt nämlich die Unausweichlichkeit differenter Ausprägungen dieser Vernunft. Es fehlt die übergeordnete Regel. Jeder Absolutheitsanspruch bleibt Interpretation und diskursimmanent, kann aber gleichsam appellativ und mit Überzeugungsversuchen den eigenen Horizont verlassen. Aber auch innerhalb des eigenen Theorierahmens kann die absolute Überzeugung nur in den benannten semiologischen Differenzen formuliert werden. Auch hier fehlen Anschlußgarantien, die eine letzte Gewißheit objektivieren könnten.

Bezogen auf die Kritik von Wendel: letzte Gewißheit kann auch differenzhermeneutisch angenommen werden. Doch ist sie als solche wiederum nie absolut, sondern spricht ausschließlich dem Glaubens*sujet* qualitative Absolutheit zu. Theologisch gesprochen: Gewißheit bezieht sich auf die Verläßlichkeit Gottes, nicht auf die menschliche. Der Christ hat allen *Grund*, ganz und gar auf die Heilszusage Gottes zu vertrauen. Aber er kann sich im Blick auf seine eigene Existenz nie sicher sein.[361] Letzteres betrifft die Kontingenz

---

[361] Dieser Aspekt ist zentral für die ökumenische Frage nach der Rechtfertigung des Sünders: vgl. die Gemeinsame Erklärung zur Rechtfertigungslehre des Lutherischen Weltbunds und des Päpstlichen Rats zur Förderung der Einheit der Christen 1997 – Endgültiger Vorschlag,

(und Konkupiszenz) unseres Lebens und Denkens und Sprechens. Was bleibt, ist ein Vertrauen, das kein Wissen ist, also Gewißheit und Unsicherheit gleichermaßen kennt: auch dies eine Beziehung von Identität-in-Differenz.

4. Nach Wendel gibt es Denkfiguren des Absoluten im postModernen Diskurs.

„(D)ieses Absolute ist jedoch bekanntlich radikal entzogen, nicht benennbar und bar jeden materialen Gehalts. Es zeigt sich nur in radikaler Pluralität, widersteht jedem Konsens, und genau dies macht ein universales Bekenntnis mit materialem Gehalt unmöglich."[362]

5. Aufgrund der totalen Differenz und Absenz läßt sich auch der Inkarnationsgedanke nicht mehr vermitteln.

6. Grundlegend wirft Wendel dem postModernen Denken eine Überbetonung der Differenz vor:

„Wo es nur absolute Heterogenität gibt, da ist keine Beziehung möglich: Die Differenz degeneriert so zu einem beziehungslosen Isolationismus und bloßen Nebeneinander verschiedener Sprachspiele, zu einem bloßen Gegenüber zwischen einem Ich und dem ihm begegnenden Anderen."[363]

Gegenkritik:
Unter Maßgabe dieser letztgenannten Interpretation wäre Wendel in der Folgenbestimmung zuzustimmen. Und mit Blick auf Lyotard wurden die entsprechenden Probleme auch angesprochen.[364] Jedoch konnten die eingehenderen Analysen von Deleuze, Derrida und – unter Einschluß der bei Wendel annoncierten Subjektproblematik – von Ricoeur ein Differenzmodell herausarbeiten, das durchaus nicht beziehungs- und vermittlungslos bleibt. Kommunikation hat ihren Raum – jedoch im Bewußtsein der untilgbaren, grundlegenden Differenz und Andersheit in allem Verstehen.

Mit den Derrida-Interpretationen von Joachim Valentin und Johannes Hoff konnte darüber hinaus festgestellt werden, daß der Gedanke der *différance* ein konstitutives Ineinander von Abwesenheit und Anwesenheit als Ermöglichungsbedingung jedes Zeichens einschließt. Diese Konstruktion erlaubt dann weitergehend, das Unendliche mit dem Endlichen zusammenzudenken. Was wiederum eine eigene Weise des Inkarnationsdenkens hervorbringt, die sich aus den Identifikationsmechanismen heraushalten muß, ohne sich in einer totalen Abwesenheit des Unendlichen im Endlichen zu verflüchtigen.

Nur in dieser Spannung wird das Absolute „nennbar". Derrida findet immer neue Namen dafür, weil die *différance* nur Spur ist, Dissemination – zer-

---
Nr. 34-36; abgedruckt in: Sekretariat der Deutschen Bischofskonferenz (Hrsg.), K. Lehmann, Einig im Verständnis der Rechtfertigungsbotschaft? Erfahrungen und Lehren im Blick auf die gegenwärtige ökumenische Situation. Eröffnungsreferat bei der Herbstvollversammlung der Deutschen Bischofskonferenz und Dokumente zur Gemeinsamen Erklärung über die Rechtfertigungslehre, Bonn 1998, 35-49.

[362] S. Wendel, Postmoderne Theologie?, 198.
[363] Ebd., 207.
[364] Vgl. I, 1.5.1. und I, 1.5.2.

streut von Anfang an, vor allem Anfang, ein anfangloser Anfang des Bezeichnens. Wie anders als im Aufschub der Zeichen und Namen wäre ein solches Absolutes denkbar? Gerade weil es in die Geschichte (unserer Zeichen) ragt, ist es nur different, vorläufig ansprechbar. Genau das hindert seine Funktionalisierung – und erinnert theologisch an das zweite Gebot. Christologisch: ist nicht die Erfahrung Jesu Christi in der Überlieferung genau auf diese Weise gegeben: gegenwärtig und entzogen? Zehren nicht die Auferstehungstexte von derselben Logik? Und ist sie nicht sakramental verbürgt?

7. Wendel sieht weiterhin subjekttheoretische Probleme. In einem Denken radikaler Alterität wird das Absolute so transzendent, daß es sich kaum mehr mit dem christlichen personalen Gottesverständnis vereinbaren läßt.
8. Gleichzeitig wird die Denkbarkeit des Subjekts zum Problem:
„An die Stelle der kritisierten Hypertrophie des Subjekts tritt... lediglich die Hypertrophie des Anderen, für das ich empfänglich, gehorsam sein soll, dessen Geisel ich bin und dem ich mich bedingungslos zu unterwerfen habe. Schon allein die Wortwahl weist darauf hin, daß mit dem Herrschaftsverhältnis nicht gebrochen wird, sondern daß es unter dem Signet ‚wahre Freiheit' restauriert wird, diesmal nicht als Herrschaft des Subjekts, sondern als Herrschaft des Anderen."[365]
9. Mit dem totalisierten Differenzmodell wird dann aber auch Individualität aufgelöst, denn sie stammt immer ganz vom Anderen her.
10. Darüber hinaus führt ein solcher Subjektbegriff für die Theologie zu einem extrinsezistischen Offenbarungsbegriff.

Gegenkritik:
Der wesentliche argumentative Gegenzug ist bereits geführt worden: bei wichtigen Vertretern postModerner Philosophie wird Differenz nicht verabsolutiert. Über die Kenntnisnahme dieses Interpretationsbefunds hinaus (und mit der legitimen Frage, ob dann Derrida, Deleuze etc. überhaupt als postModern zu charakterisieren seien), geht es um die Sachproblematik. Im Anschluß an das abgezogene Bild gespannter Differenz-Identität ist dann auf Wendels Anfragen zu antworten.

Das Denken „Jenseits des Seins" zwingt nicht zu einem apersonalen Denken. Bei Levinas konstituiert der Andere ja die Personalität des verantwortlichen Subjekts. Es geht vielmehr darum, den Ganz-Anderen nicht noch einmal auf den eigenen Begriff zu bringen. Die Kritik am Präsenzdenken verhindert Personalität nicht, sondern verschiebt ihre Identität. Der Bezug zum Anderen soll antihermeneutisch von seiner anthropozentrischen Zurichtung befreit werden. Das betrifft auch die personale Gottesrede auf der Basis der Christologie. Auch hier ist die entsprechende Logos-Kritik einzusetzen, wie sie bereits in der vorstehenden Gegenrede angedeutet wurde. Trinitäts-

---
[365] S. Wendel, Postmoderne Theologie?, 209.

4. Ansätze einer theologischen Hermeneutik der Differenz 479

theologisch wie christologisch erscheint darüber hinaus die Chiffre des Personalen ihrerseits problematisch.

Der referierte subjekttheoretische Hinweis führt nun auf den wirklich problematischen Kern. Indes wurde im Rahmen der Levinas-Interpretation von Susanne Sandherr und der Ausführungen von Johannes Hoff im Anschluß an Paul Ricoeur für ein dynamischeres Modell von Selbst und Anderem plädiert. Es steht dem nichttotalisierten Differenzdenken im Sinne einer transversalen Vernunft (Welsch) nahe und läßt im Anschluß an postModerne Differenzhermeneutik an eine negative, nicht mehr synthetisierbare Dialektik von Identität und Differenz denken.

Auf dieser Grundlage wäre dann auch das Individuelle nicht eliminiert: es würde vom Anderen nicht aufgebraucht. Hinweise in der Richtung geben die Nuancierungen des Individuellen bei Deleuze, Foucault und in der Interpretationsphilosophie. Von daher wurde zusammen mit der Interpretation das Individuum als Differenzmarke allen Verstehens betont.

Ähnliches läßt sich zum offenbarungstheologischen Einspruch sagen. Tatsächlich führt ein vollständiger Primat des Anderen zu einem Extrinsezismus. Die Einträge des Anderem im Selbst können dies jedoch ausgleichen und eine antihermeneutische Hermeneutik auch offenbarungstheologisch explizieren.

11. Ein weiterer gewichtiger Einwand macht auf die eschatologische Undenkbarkeit aufmerksam. Zeit und Geschichte werden differenzhermeneutisch – nietzscheanisch – in endloser Immanenz gedacht.

Gegenkritik:
Hier ist zunächst an die gott-lose Voraussetzung dieses Denkens zu erinnern. Es denkt nach dem „Tod Gottes", d.h. es läßt Transzendenz keinen konstitutiven Raum für das Denken. Dennoch wird sie nicht ausgeschlossen. Aber ein Jenseits dieser Immanenz läßt sich nicht bezeichnen.

Hier wird ein Bruch im postModernen Diskurs deutlich. Denn gleichzeitig wird das Unendliche im Endlichen ausgetragen. Seine Unausdenkbarkeit und die ihm entsprechende Logik der Alterität haben sich auch in einer verzeitlichten Auffassung dieses Unendlichen durchzusetzen: zumindest als die radikale Offenheit gegenüber einer Zeit jenseits der Zeit. Gegen explizite Theorieansprüche beinhaltet dieser Ansatz aus den eigenen Prämissen eine Sprengkraft für die eigene „eschatologische" Abgeschlossenheit. Gleichzeitig kann das im Endlichen sich ereignende Unendliche für die christliche Eschatologie eine Herausforderung formulieren, die sich an der messianischen Hoffnung einer geschichtlichen Durchsetzung Gottes orientiert.

Die Offenheit für ein auch eschatologisch gerichtetes Denken der Differenz und des Anderen hält Wendel im Blick auf die postModerne Theologie David Tracys und mit einem Ausblick auf Lyotard fest. Ihr Fazit läßt sich als Gesprächsanregung in der angegebenen Richtung lesen. Sie fordert theologisch wie postModern die

480 Teil II: Die theologische Herausforderung der PostModerne

> „Loslösung von der Ichbezogenheit zur Wirklichkeitsbezogenheit und damit zu einer Haltung der Offenheit für die sich offenbarende Wahrheit, für die Gnade, für eine ‚glaubhafte Hoffnung' jenseits letzter Gewißheit, einer letzten Hoffnung auf eine letzte Wirklichkeit. Jene Haltung der Offenheit läßt sich durchaus mit Lyotards Votum für die Haltung der Empfänglichkeit, der ‚infantia', verknüpfen."[366]

12. Mit dem Hinweis auf die „glaubhafte Hoffnung" nähert sich Wendel jenem zentralen Problem, wie sich die christliche Identität ausweisen, „begründen" lasse. Hier registriert Wendel eine erhebliche Schwachstelle in den theologischen PostModerne-Entwürfen:

> „Völlig ausgeblendet bleibt in postmodern-theologischen Modellen schließlich das gesamte Feld der Begründungsproblematik des Glaubens. Sieht innerhalb der postmodernen Philosophie zumindest Lyotard z.B. im Bereich der Ethik noch die Notwendigkeit einer Legitimation des ethischen Urteils, fällt dagegen die Frage nach der Möglichkeit einer Legitimation des Glaubens in postmodernen Zeiten aus."[367]

Gegenkritik:
Zunächst einmal ist zwischen einem Frageausfall und der Behauptung zu unterscheiden, daß sich die entsprechende Frage nicht beantworten lasse bzw. daß sie – im Sinne von Johannes Hoff – *hermeneutisch* falsch gestellt sei. Wendel sucht ihre Kritik mit einem Hinweis auf David Tracy zu belegen, der sein vernünftiges Vertrauen in die Hoffnungsbotschaft des christlichen Glaubens betont, jedoch seine Hermeneutik nicht mehr begründungstheoretisch untermauert:

> „Denn ob ich gute Gründe für meine christliche Hoffnung habe, ist eine andere Geschichte als die, die zu erzählen ich hier bemüht war."[368]

Wendel nimmt diesen Satz als Geständnis in der Sache. Freilich unterschlägt sie, daß Tracy mehrfach seinen letztlich evidenztheoretischen Ansatz argumentativ ausgeführt hat – vor allem in seinem Buch *The Analogical Imagination*, auf das sich Wendel bezieht.[369] Tracys Ansatz ist dabei nicht als bloßer „Fideismus"[370] ohne Angabe von Gründen zu kennzeichnen. Er operiert auf der Basis seiner sprachtheoretischen Überzeugung, daß sich keine letzten Begründungen rational angeben lassen. Erst auf diesem Hintergrund, also nach kritischem Durchgang, läßt sich von seiner Glaubensevidenz sprechen. Nur wo Interpretationen abgeschafft, wo es einen einzigen rational möglichen Grund gäbe, wäre diesem *kritischen Fideismus* sein Recht abzusprechen. Nach Tracys Auffassung bleiben jedoch immer Interpretationen; und jedes mögliche Kriterium einer solchen Interpretation wäre noch einmal interpretativ gewonnen und also evidenzgesteuert.

---
[366] Ebd., 204f.
[367] Ebd., 211.
[368] D. Tracy, Theologie als Gespräch, 161; zitiert nach Wendel, Postmoderne Theologie?, 211.
[369] S. Wendel, Postmoderne Theologie?, 204, Anm. 57.
[370] Ebd., 212.

4. Ansätze einer theologischen Hermeneutik der Differenz   481

Diese Position wird nun von theologisch-philosophischen Versuchen einer rationalen Letztbegründung kritisiert. Wendels Urteil über den Dialog von PostModerne und Theologie – „‚Sie können zueinander nicht kommen...'"[371] – ist auch vor diesem Hintergrund zu lesen. Ihre Infragestellung wird zur Aufforderung, nach der rationalen Gewähr einer Identität des christlichen Glaubens zu fragen.

Er wird sich nach dem Durchgang der Untersuchung daran zu messen haben, ob er jenes – auch subjektphilosophische – Spannungsgefüge von Identität und Differenz theologisch bewahrt, das Wendel gegenüber einer überzogenen Differenzlogik vorschlägt:

> „Als Alternative hierzu wäre das Verhältnis von Identität und Differenz als ein Verhältnis wechselseitiger Verwiesenheit zu denken, ohne daß eines von beiden den Primat hätte, und ohne daß sich Differenz völlig in Identität auflösen oder umgekehrt Differenz ohne ein verbindendes Einheitsmoment auskommen müßte."[372]

Diesem Ansatz folgt die Ausrichtung dieser Untersuchung. Zumal Wendels Hinweisen auf die Christologie und die Trinitätstheologie fühlt sie sich verpflichtet. Ein Unterschied zeichnet sich ab, wo auf postModernem Differenzgrund die als Problemüberhang zu diskutierende Begründungsfrage unter den Vorzeichen eines „kritischen Fideismus" angegangen wird. Freilich gibt es auch hier Indizien für ein höheres Maß an Übereinkunft mit postModernem Denken, als Wendel es einräumt:

> „Ich denke, daß ein Unterschied besteht zwischen einem gleichsam ‚schwachen' Aufweis der Vernunftgemäßheit christlichen Glaubens, das heißt dem (nicht-fideistischen) Nachweis, daß die Position des Glaubens nicht vernunftwidrig ist, und zwischen einer vergleichsweise ‚starken' Position philosophisch-theologischer Letztbegründung."[373]

Wie freilich eine in diesem Sinne schwache Begründung ohne Entscheidung, Evidenz, Interpretation und also einen (kritischen!) fideistischen Restdezisonismus auszukommen vermag, bleibt dahingestellt. In jedem Fall lassen sich der PostModerne-Kritik Wendels Hinweise entnehmen, die den Gang der Untersuchung forcieren.

---

[371] Ebd., 214.
[372] Ebd., 208.– Vgl. in diesem Sinne auch S. Wendel, Ästhetik des Erhabenen – Ästhetische Theologie? Zur Darstellung des Nicht-Darstellbaren bei Jean-Francois Lyotard, in: W. Lesch / G. Schwind (Hrsg.), Das Ende der alten Gewißheiten. Theologische Auseinandersetzung mit der Postmoderne, Mainz 1993, 48-72; hier: 72: „Die Theologie kann durchaus das Konzept einer ‚abgeschwächten' Identität vertreten und für die stärkere Bedeutung der Differenz votieren, z.B. auch im Anschluß an die Philosophie von Emmanuel Levinas, der für die Anerkennung der Differenz plädiert, ohne jedoch das Identische völlig preiszugeben."
[373] S. Wendel, Postmoderne Theologie?, 213, Anm. 94.

5. ZUR ERKENNTNISTHEOLOGISCHEN BEDEUTUNG EINER HERMENEUTIK DER DIFFERENZ

Unter dem Titel einer differenztheologischen postModernen Hermeneutik wurden verschiedene Ansätze verhandelt, die ein ähnlich weites Spektrum belegen wie jenes, das philosophisch als postModern interpretiert wurde. Die Chiffre des PostModernen gibt dabei eine Richtung an, die philosophisch wie theologisch einen Gedanken stark macht: den der Differenz. Die Grade seiner Auffassung weichen bereits philosophisch markant voneinander ab. Theologisch übersetzen sie sich in die Extreme der A/theologie Mark Taylors einerseits und des Versuchs von David Tracy andererseits, postModernes Denken im Rahmen der katholischen Theologie zu entwickeln. Das Interesse an einer christlichen *Glaubensidentität* ist dabei schon konfessionell unterschiedlich bestimmt.

Damit kommt der Gedanke der Vermittlung ins Spiel. An der vermeintlichen Absolutheit des postModernen Differenzdenkens entzündete sich die exemplarische Kritik Saskia Wendels. Der Versuch, Differenz vermittelt zu denken, wurde in der vorliegenden Untersuchung bei den ausgewählten Philosophen belegt. Ob nun freilich solches Denken noch postModern sei, läßt sich in dem offenen Prozeß der postModernen Entwicklung nicht anders als sehr unsicher und vorläufig beantworten. Der PostModerne als Oberbegriff scheint es zu ergehen wie der Romantik, die einer Polemik ihren Namen verdankt.[1] Aus einer kaum festzulegenden geistigen Verbindung unterschiedlicher Philosophen und Künstler mit z.T. theoretischen, z.T. denkatmosphärischen Gemeinsamkeiten wurde über die Vermittlung ihrer Gegner allmählich eine ganze Bewegung. Für sie wurde ein Name herangezogen, der von den „Romantikern" entliehen und polemisch besetzt wurde. Dennoch setzte er sich durch und konnte in der Rückschau zum Epochenkonzept arrivieren. Ähnlich offen und ausladend wurde hier das postModerne Denken verstanden. Der postModerne Blick ist Teil einer Alltagskultur und ihrer subrationalen Mentalitäten. Als Theorie löst er sich aus kontemplativer Unabhängigkeit. Erst das kognitiv und lebenspraktisch verbindende Motiv der Differenz, der sich die Emphase des Plurals verdankt, erlaubt annäherungsweise die Auszeichnung einer Grundkonstellation, deren hermeneutische Valenz historisch und systematisch auf die Theologie projiziert wurde.

Zum einen wurde damit eine Kritik des vereinseitigten theologischen Identitätsparadigmas betrieben. Zum anderen konnten erste Hinweise auf eine theologische Differenzhermeneutik gegeben werden, die mit der Wahrnehmung der Differenzen im theologischen Diskurs zunehmend auf das Problem der Glaubensbegründung, und zwar unter subjektkritischen Vorzeichen, zuhielt. Die Fassung des theologischen Subjekts und die erkenntnistheoretische

---

[1] Vgl. L. Pikulik, Frühromantik. Epoche – Werke – Wirkung, München 1992, 79.– Vielleicht ist es kein Zufall, daß beide ein in manchem verwandtes Konzept verbindet.

Fragestellung fokussieren die postModerne theologische Passage aus fundamentaltheologischer Sicht.

5.1 Das Problem der Glaubensbegründung

Für die in postModernen Zusammenhängen argumentierenden Ansätze wurde diese Fragerichtung auch dort festgehalten, wo sie sich unter radikal subjektkritischen bzw. alteritätsbezogenen Rahmenbedingungen formulierten. Dem ausgearbeiteten Modell einer vermittelten Differenz entspricht die hier eingeschlagene Kritikrichtung, die hermeneutisch und antihermeneutisch gleichermaßen, die erkenntnistheoretisch vom Subjekt her und zugleich gegen das Subjekt vorgeht. Foucaults hermeneutische Kritik, Deleuzes und Derridas Differenzprojekte, schließlich Ricoeurs Subjektphilosophie wiesen dem den Weg.

Differenzdenken in ihrem Gefolge, orientiert an jenen Differenzmarken im Verstehen, die mit Blumenberg metapherntheoretisch-sprachlich, mit der Interpretationsphilosophie als individuelles Interpretationsapriori konkretisiert wurden – solche Differenzhermeneutik löst sich von Einseitigkeiten, die sie erneut unter identitätslogischen Verdacht stellte. Sie übernimmt postModerne Intuitionen und kritisiert deren Übertreibung – etwa bei Lyotard. Theologische Differenzhermeneutik hat ihren eigenen transversalen Logos, den sie nicht anders als in semiologischer *différance* kennt. Dies wirkt auf die Fassung des theologischen Gegenstands zurück, der seinerseits christologisch und trinitätstheologisch Identität relational und also different buchstabieren läßt.

Von daher erlauben die postModernen theologischen Skizzen, Glauben als Differenzgeschehen zu deuten. Ihre erkenntnistheologische Tendenz: die Identität des christlichen Glaubens ist – bereits mit der Zugangsproblematik – nicht anders als in Differenzen wahrnehmbar. In subjektkritischer Hinsicht wird darauf hingewiesen, daß jeder Versuch, Gott als den Anderen zu erschließen, mit hermeneutischen Vorgaben arbeitet, die keineswegs gesichert erscheinen. Transzendenz kann ins Leere schießen. Der rationale Ausweisversuch des Glaubens mag mit den hermeneutischen Sinnvorgaben des Menschen, mit seinem in einem bestimmten anthropologischen Modell herausgebildeten Frageapparat bereits vorab das Ziel verfehlen. Gerechnet wird mit dem, was sich nicht ausrechnen läßt. Dieser subjektkritische Einwand zielt auf ein Glaubensmodell, in dem sich der Mensch dem Ganz-Anderen überläßt. Das Anschlußproblem betrifft die bleibende Fremdheit zwischen Gott und Mensch, die nach dem christlichen, jesuanisch vermittelten Gottesbild von seiner radikalen, inkarnierten Nähe in Spannung versetzt wird. Differenztheoretisch wäre dies noch einmal mit der Aporetik von Sagen-müssen und dies nie Aussagen-können zu übersetzen. Dennoch bleibt das Anforderungsprofil für eine christliche Glaubenstheorie, daß sie Anwesenheit und Abwesenheit gleichermaßen zu wahren hat.

Dies ist nun nicht nur Teil einer theologischen Stilistik, die sich zumal mit Negativ-Metaphern auf diesem schmalen Grad fortzubalancieren hätte. Es betrifft die rationale Gestalt des Glaubens. Wenn er als vernünftig auszuweisen ist, werden die entsprechenden – vernunftkonformen – Erwartungen an Gott herangetragen.[2] Zugleich behauptet jüdisch-christliche Theologie Gott als unausschöpfbares Geheimnis. Schöpfungstheologisch sind mir meine Erwartungen mitgegeben, ist mein Sinnhorizont Teil meiner Kreatürlichkeit von Gott her und auf Gott hin. Doch sind diese Erwartungen nicht nur wie nebensächlich oder zweitrangig durchzustreichen. Gott ist, wo er mir entgegenkommt und ich mich ihm nähere, beides als *ein* Prozeß, in meinen Erwartungen anders als meine Erwartungen. An diesem Punkt stimmen die unterschiedlichen Ansätze von Karl Rahner und Hans Urs von Balthasar als Ernstfälle und Meisterstücke der gegenläufigen perspektivischen Einsätze zusammen.[3]

Es geht dem Nachweis dieser grundlegenden Differenz, die in jedem Versuch über Gott wartet, um die Kritik an einer Theologie, „für die Gott nicht mehr als die verklärende Summenformel einer sich selbst begegnenden Welt ist."[4] Selbst wo das erhobene Gottesbild dem zu widersprechen sucht, haften ihm Züge an, die der Sucher dem Gesuchten beibringt. Die Unvermeidlichkeit projektiver Anteile an der Erkenntnis ist theologisch bedenklich; sie wird indes schöpfungs- und inkarnationstheologisch ausdrücklich übernommen. Diese Sprechsituation ist der volle Ausdruck menschlicher Kontingenz und unterwirft Theologie anhaltender Kritik.

Damit aber ist aus differenzhermeneutischer Sicht eine strikt verzeitlichte Perspektive einzunehmen. Jede noch so formale transzendentale Reflexion auf die Möglichkeitsbedingungen der Theologie wird verzeitlicht in der Bewegung der beiden genannten Blickrichtungen. Damit wird nicht nur die Anthropologisierung einer Glaubensbegründung von sinnhermeneutischer Seite aus in Frage gestellt, sondern auch deren strukturelle Zeitenthobenheit. In jeden Ansatz beim selbstbewußten Subjekt und seiner transzendentalen Gerichtetheit auf das absolute Geheimnis, in das es sich einfindet, gedacht als die es tragende und vollendende Freiheit oder als die Einlösung einer letzten Anerkennung, als letzter Einheitsgrund jener Differenzen, deren Ausdruck auch diese Reflexionsbewegung noch ist: in jeden solchen Ansatz schiebt sich Zeit ein, und zwar mit der kritischen Wahrnehmung einer Andersheit Gottes, die die Sinnimplikate dieser Hoffnungsorientierung aufzusprengen vermag. D.h.: sie hat, weil sie in Zeit spielt und Zeit ihre Sicherheit, ihre letzte Identität unterbricht, den Blick auf die „Zeit als Hintergrundvorausset-

---

[2] Die Problematik ist theologisch offensichtlich: (notwendige!) Entmythologisierung betreibt immer auch eine Profanisierung des Sakralen, seine Zurechtstutzung auf menschliches Maß – aktuell (mit G. Lüdemann) etwa in der Auferstehungsfrage.

[3] Vgl. E. Kunz, Glaubwürdigkeitserkenntnis und Glaube (Analysis fidei), in: HFTh 4, 414-449; besonders 431-440.– Vgl. H. Waldenfels, Einführung in die Theologie der Offenbarung, Darmstadt 1996, 129-134.

[4] M. Zechmeister, Karsamstag. Zu einer Theologie des Gott-vermissens, in: J. Reikerstorfer (Hrsg.), Vom Wagnis der Nichtidentität (FS J. B. Metz), Münster 1998, 50-78; hier: 67.

5. Zur erkenntnistheologischen Bedeutung einer Hermeneutik der Differenz

zung subjekthafter Gottesrede zu radikalisieren".[5] Politische Theologie in der Nachfolge von Johann Baptist Metz wendet dies eschatologisch und bringt damit die Differenzmarke Zeit in ihrer theologischen Unhintergehbarkeit auch für jede transzendentale Theologie zur Geltung, insofern sie selbst in der Zeit denkt:

> „Welcher Prädikationslogik hätte eine Theologie zu folgen, wenn die Wahrheit Gottes in einer radikal verzeitlichten Welt nicht unter den Bedingungen der gegenwärtigen Welt gedacht werden kann? Dieses Nicht wahrt eine Grundspannung, die schon die Seinsaussage in Bezug auf Gott („Analogia entis") durchziehen und auch in allen inhaltlichen Prädikationen ihren Ausdruck finden muß. Infolgedessen enthalten und artikulieren die Gottesprädikationen das noch uneingelöste Versprechen Gottes selber, seiner selbst und nicht bloß einer von ihm in Aussicht gestellten Zukunft. Aufgrund dieser temporalen Grundverfassung kann freilich theologischer Logos nie mehr den Sinn einer ‚Letztbegründung' annehmen, die diese Spannung hintergeht und ihre logos-kritische Sperre aufzuheben sucht. Alle Rede *über* Gott steht dann unter einem letzten Vorbehalt, der in seiner Unaufhebbarkeit das eigentliche *Movens* solcher Rede ist und sie daran erinnert, daß sie in der Rede zu Gott verwurzelt bleibt. Alle Gottesaussagen tragen einen ‚Verheißungsvermerk'."[6]

Damit wird die transzendentale Sinnfrage nicht suspendiert, wohl aber in ihrer Leistungsfähigkeit kritisch zurückgenommen: ihre Sinnerwartung bleibt offen in Bezug auf die mögliche Einlösung wie auf die zu erwartende Andersheit ihrer göttlichen Entsprechung. Und diese Andersheit kann so radikal ausfallen, daß in diesem vermeintlichen Sinn vernünftigerweise kein Sinn menschlich mehr erkannt werden kann. Nur so gewinnt die Rede vom Kreuz eine theologisch konstitutive Bedeutung, insofern Sinn im *Wahnsinn Gottes* (H. U. von Balthasar) umschlägt.

Damit wird der Horizont einer möglichen Glaubensbegründung bestimmt. Auch in dieser Hinsicht rechnet eine an postModernes Denken angeschlossene Hermeneutik nur mit einer Identität (von Sinn) in Differenz. Dies betrifft nicht zuletzt das Glaubenssubjekt. Die Identität des Glaubens läßt sich ähnlich verzeitlicht, erschüttert und aufgeschoben begreifen wie der Glaube des einzelnen in seinen Krisen und in seiner Glaubensentwicklung. Sie hat Teil an der Ungeborgenheit und Uneindeutigkeit des Glaubens in seinen Anfechtungen und Zweifeln. Sie beziehen sich auf Gewißheiten, die nicht mehr anhalten und im Glaubensgedächtnis, in der äußersten Treue als Vertrauen über den Menschen hinaus solche Identität bewahren. Auf dem Grund jeder Glaubensbegründung wartet die Möglichkeit zu solchem Glaubens- und Evidenzverlust, dem sich keine noch so rationale Kriteriologie möglicherweise ergangenen Sinns fügt.

Solche Maßnahme des Glaubens an der Vernunft hat sich darüber hinaus immer auch des Machtwissens zu vergewissern, des *herrschenden* Zeitgeists,

---

[5] J. Reikerstorfer, Politische Theologie als „negative Theologie". Zum zeitlichen Sinn der Gottesrede, in: ders. (Hrsg.), Vom Wagnis der Nichtidentität, 11-49; hier: 12.
[6] Ebd., 36f.

der durch die Geschichte zu immer neuen und unterschiedlichen „letzten" Anläufen angeleitet hat. (Was unmittelbar auch auf jede postModerne Kritik zurückzuspiegeln ist: ihr Pluralismus *ist* Ausdruck gesellschaftlicher, kultureller und vorderdings ökonomischer Verhältnisse, die auf die Theorie einwirken wie jene auf die Wirklichkeit.) Die Reflexion auf die Vernunft als einen bestimmten Vernunfttyp unternimmt Theologiekritik im Anschluß an Foucault; sie findet ihre Fortsetzung in der Betonung des primordialen Vorrangs des Anderen durch Levinas und in der Logozentrismus-Kritik Derridas. Danach ist schon der transzendentale Zugang in der Glaubensbegründung subjektverstellt und einseitig theoriebesetzt.

Wo den religiösen Handlungen verstärktes Interesse zuwächst, gewinnen die Differenzen in den individuellen Interpretationen und Symbolisierungen systematisches Gewicht. Die Mehrdeutigkeit läßt sich als Ausdrucksreichtum aufwerten. Ihr entspricht eine ästhetische Zugangsberechtigung zum Religiösen, die keine Möglichkeit zu einer strengen Letztbegründung im Sinne einer Unhintergehbarkeit und einer „zwingenden" Unausweichlichkeit sieht, weil sprachlich jedes Zeichen und praktisch jede Handlung deutungsinstabil bleiben. Der Glaube ist selbst *différance*: semiologisch fragile Identität. Keine Sicherheit, auch nicht die seines denkmöglichen ultimativen Begriffs, ist ihm zu entnehmen. Der Sinn dieses Sinns begegnet je verschoben. Er kommt nicht zur Ruhe. Die Abstraktion jeder Sinnerfüllung wäre doch konkret je anders zu erwarten: gibt es *den* letzten Sinn? Bleibt nicht die Tendenz der Freiheit auf ihre absolute Erfüllung ein Denken des Absoluten, in dem der christliche Gott bis zur Unkenntlichkeit seiner konkreten Geschichtsbezogenheit entkleidet wird? Verschwindet nicht die Denk- und Vorstellbarkeit einer äußersten Anerkennung und Liebe in den rationalen Aporien ihrer eschatologischen Verwirklichung, wenn der Mörder vor seinem Opfer steht? Theologisch gedacht und semiologisch gewendet: ist Sinn nicht immer schon anders und einzigartig und also auch von keinem allgemeinen, zwar universalisierungsfähigen, aber doch leeren, unspezifischen, unkonkreten Vorentwurf zu erreichen? Taugt der Begriff eines letzten Sinns dann zu einer wirklichen Überprüfung, zu einer Vergewisserung tatsächlich ereigneten Sinns, wenn Sinn geschichtlich doch immer zweifelhaft, fragwürdig bleibt? Das nicht zuletzt aufgrund seiner *Metaphorisierungen*, deren Restanteile auch Begriffssprache belegen. Kann es, wenn man den Anderen wirklich ernst nimmt, *eine abstrakte* Zugangs- und Ausweislogik geben? Wird nicht, noch zu sehr, ein allgemeines Subjekt vorausgesetzt, dessen Fragen vom kulturellen und biographischen Hintergrund her so zu reduzieren sind? Wird nicht erkenntnistheoretisch begründet, was seinen Grund jenseits unserer Faßbarkeit hat, und dies noch in der gleichzeitigen Kritik Negativer Theologie in den Begriff gezwängt? Ist der gewählte Horizont der Untersuchungsrichtung damit nicht schon der falsche, also die heuristische Erwartung einer Theorie, die dann unglaublich luzide und konzis vorankommt?

Diese Fragen bringt Differenzhermeneutik theologisch in den Begründungsdiskurs ein. Sie muß deshalb nicht auf der antihermeneutischen Beseitigung der hermeneutischen Frage nach jenem möglichen Sinn bestehen, in

5. Zur erkenntnistheologischen Bedeutung einer Hermeneutik der Differenz

dessen Horizont sich Offenbarung nur ereignen kann, damit sie vernehmbar ist. Es geht freilich dann um eine Hermeneutik des anderen Verstehens des Anderen. Sie hat ihr Pendant in der Logik des Selbst bei Ricoeur.

Vor diesem Hintergrund wird der Versuch einer erstphilosophischen Kriteriologie letztgültigen Sinns eingeführt. Die Fragen geben die kritische Basis, auf die das begründungstheoretische Projekt zu stellen ist. Es wird zu untersuchen sein, inwiefern diese Anwürfe einen Gesprächspartner treffen, der sich selbst dieser Probleme bewußt ist und Lösungsmöglichkeiten entwickelt. Sie stehen dann noch einmal kritisch zur Diskussion. Dabei ergibt sich analog zur subjekttheoretischen Spannung eine erkenntnistheologische: einerseits wird, zumal mit der postModernen Skepsis gegenüber Letztbegründungen, die Irreduzibilität des Glaubens an einen letzten Sinn vor Augen gestellt; andererseits erscheint der Preis für einen Dezisionismus oder gar Fundamentalismus zu hoch, als daß nicht um der (wissenschaftlichen und allgemein kommunikativen) Redlichkeit willen die Vernünftigkeit des Glaubens, das Ausräumen ihrer vermeintlichen Unvernunft zuvorderst, energisch betrieben werden müßte.

Der bezeichnete Horizont ist indes noch einmal zu präzisieren. Im Durchgang der postModernen theologischen Beiträge zeichnete sich eine – hier schematisch zugespitzte – Opposition im subjekt- und begründungstheologischen Diskurs an, die zwar nur unzulänglich mit Cogito-Philosophie einerseits und Logik der Alterität andererseits zu beschreiben ist, jedoch deren Fluchtlinien bezeichnet. Im Sinne einer Heuristik wird festgehalten: beiden Perspektiven haften konstitutive Mängel an. In beiden Ansätzen wird der Gegenpart noch im Versuch unterbestimmt, ihn *im* Eigenen zu denken – ob als Ich konstituiert durch den Anderen oder als Ich, das sich in der sittlichen Aufforderung zur Anerkennung auf ihn hin zu überschreiten hat. In beiden Ausprägungen werden Ich und Anderer nicht relational in jenes Spannungsgleichgewicht gebracht, wie es sich vom trinitarischen Gottesbild her theologisch aufpflichtet und in der Christo-Logik seine Entsprechung hat. Wenn aber der trinitarische Gott sich als Liebe und darin als die Grundwahrheit aller Wirklichkeit offenbart, müßte dies die gesamte Wirklichkeit so bestimmen, daß auch ihre theologische Wahrnehmung davon durchdrungen wird. Erkenntnistheorie hätte dieser Logik zu entsprechen. Nun läßt sich aus dieser Spannung keine begriffliche synthetisierbare Vermittlung der Perspektiven ableiten.[7] Es zeichnet sich eine Unauflösbarkeit ab, die erneut zum inneren erkenntnistheoretischen Bewahrheitungsmoment jener *incomprehensibilitas*

---

[7] Vgl. T. Freyer, Menschliche Subjektivität im Referenzrahmen „erstphilosophischer Reflexion"? Versuch einer Antwort auf Klaus Müllers Beitrag: Subjekt-Profile. Philosophische Einsprüche in eine theologisch überfällige Debatte, in: ThG 41 (1998) 48-55; hier: 51, Anm. 19: Freyer weist in diesem Zusammenhang darauf hin, „daß beide Modelle nicht gegeneinander ausgespielt, allerdings auch nicht miteinander vermittelt werden können, insofern der Prozeß der Vermittlung ein beide übergreifendes Drittes als Bezugsmoment impliziert." Nicht dieses Dritte wird hier eingeführt, sondern in der perspektivischen Unzulänglichkeit der Modelle eine Aporetik ermittelt, die nur als solche – im eschatologischen Vorbehalt – zu einem „gerechten", übergängigen, unmöglichen „Ausgleich" zu treiben ist.

dei wird, die in Gottes Nähe seine Unbegreiflichkeit wahrt – als *différance*: anwesend-abwesend in einem Zugleich, das keine bloße Paradoxie, selbst noch identitätslogisch gebaut, hinreichend faßt.

Die Perspektive der kritischen Frage arbeitet mit einer transversalen Glaubenslogik: mit der Übergängigkeit der Perspektiven; in einer Anknüpfung ohne letzten Ausgleich; deren „Erstes" nicht anders als in dieser Spannung von Momenten ohne Erstes zu denken ist und also wieder nur als jene *différance* erscheint.

5.2 Zum Programm einer erstphilosophisch begründeten Kriteriologie letztgültigen Sinns: Der Ansatz von Hansjürgen Verweyen

Zwei Aspekte stellten sich im postModernen Diskurs als theologisch besonders aufreizend dar: die Stellung des Subjekts und die Frage nach einer erstphilosophisch unhintergehbaren Kriteriologie letztgültigen Sinns. Beide Problemkreise berühren sich in der Chiffre des Anderen. Insofern damit *ein* Name Gottes genannt wird, steht die Theologie grundlegend vor dem Problem einer Denkerfahrung von Alterität, die subjekttheoretisch die Möglichkeit einer Vernehmbarkeit des Anderen betrifft. Gott muß für den Menschen der Ganz-Andere sein und darf es doch nicht in einer Weise bleiben, die jede Rede von ihm anhaltslos zurückläßt. Das Subjekt scheint gleichermaßen Ort seiner Erkenntnis und deren *Utopie* sein zu müssen.

Diesem gespannten subjektphilosophischen Modus entsprechen postModerne Versuche, dem Anderen gegenüber modernem Denken ein grundsätzlich neues, ein wirklich eigenes Recht zu verschaffen. Unter dem hermeneutischen Vorzeichen der Differenz werden überzogene Identitätsmodelle kritisiert, in denen der Andere nur als Fall des seiner selbst bewußten Subjekts vorkommt. Die unbestreitbaren humanen Errungenschaften des Subjektdenkens seit der neuzeitlichen anthropologischen Wende werden mit den ebenso unübersehbaren destruktiven Tendenzen konfrontiert. Diese doppelte Perspektive verbindet in kritischer Absicht die diskutierten postModernen Theoretiker und jene Theologen, die dezidierte subjektphilosophische Letztbegründungsprogramme vertreten.

Zugleich zeichnen sich hier die deutlichsten theologisch-postModernen Konfliktpotentiale ab. Ihrem Recht ist im folgenden nachzugehen. Dazu wird das am weitesten ausgearbeitete erstphilosophische Theorieprogramm vorgestellt: die Fundamentaltheologie von Hansjürgen Verweyen. Die Gesprächsmöglichkeiten christlicher Theologie und postModerner Differenzphilosophie, die bereits in verschiedenen Entwürfen kritisch vorgestellt und sondiert wurden, sollen mit diesem Ansatz einer Nagelprobe unterzogen werden. Dabei werden parallele, zugleich aber auch kritische Überlegungen von

Thomas Pröpper herangezogen, die zum einen das Profil eines erstphilosophischen Basisprogramms der Theologie schärfen, zum anderen die Frage nach den bleibenden Differenzen im Verstehen zu stellen erlauben.[8]

5.2.1 Die postModerne Abgrenzung

Hansjürgen Verweyens Entwurf einer erstphilosophischen Kriteriologie letztgültigen Sinns läßt sich als Versuch begreifen, die Moderne theologisch zu verarbeiten und sie „in ihrer geltungstheoretischen Herausforderung so ernstzunehmen, daß das Autonomieprinzip als ein Ansatzpunkt für die fundamentaltheologische Vermittlungsarbeit beansprucht wird."[9] Das in der Moderne herausgebildete Subjekt wird zum Ausgangspunkt einer Reflexion auf letztbegründeten Sinn, der wiederum kriteriell zur Identifizierung seiner möglichen Offenbarungsgestalt herangezogen wird. Dabei erscheint dieser Konstruktionspunkt von doppeltem Interesse: Verweyen bleibt durchaus nicht unkritisch gegenüber den Herrschaftsansprüchen des einmal befreiten Subjekts, sieht es aber nichts desto weniger als einzigen möglichen Ort eines philosophischen Geltungsausweises in theologischem Interesse, der aus dem Strudel eines Fundamentalismus einerseits und eines Relativismus andererseits herauszieht. Verweyens Projekt steht für eine modernitätskritische Moderne – in klarer Distanz zu deren postModerner Revision. Das wird in mehrfacher Hinsicht deutlich:

1. Verweyen wählt die hermeneutischen Muster von Identität und Differenz für eine geschichtsphilosophische Epochenrekonstruktion des Denkens.[10] Sie kristallisieren Bewußtseinsverhältnisse. Nach ihnen bemißt sich die Vorherrschaft einer geistigen Atmosphäre und der zugrunde liegenden Denkform. Vom Ausgangspunkt „archaisch(e)r Einheit"[11] führt der Weg zu einem wachsenden „Bewußtwerden von Differenz".[12] Religionsgeschichtlich markiert JHWH die entsprechende Gegentendenz zu einer „östliche(n) Überwindung der Differenz".[13] Differenzdenken ist dann christlich in der Wahrung der Transimmanenz des inkarnierten Gottes am Werk. Der definitive Ausdruck einer solchen Spannungshermeneutik ist das christologische Dogma von Chalkedon.[14] Es wird auf der Schwelle

---

[8] Zu den unterschiedlichen Ansätzen in diesem Theoriekontext vgl. den Überblick von K. Müller, Wieviel Vernunft braucht der Glaube? Erwägungen zur Begründungsproblematik, in: ders. (Hrsg.), Fundamentaltheologie. Fluchtlinien und gegenwärtige Herausforderungen, Regensburg 1998, 77-100.
[9] G. Essen, „Und diese Zeit ist unsere Zeit, immer noch". Neuzeit als Thema katholischer Fundamentaltheologie, in: K. Müller (Hrsg.), Fundamentaltheologie, 23-44; hier: 39.
[10] H. Verweyen, Gottes letztes Wort. Grundriß der Fundamentaltheologie, Düsseldorf ²1991, 204-232.
[11] Ebd., 207.
[12] Ebd., 210.
[13] Ebd., 212.
[14] Vgl. ebd., 215.

zur Herausbildung einer die Differenzen unterdrückenden christlichen Identitätshermeneutik formuliert. Das Interesse an klaren kirchlichen Zuständigkeiten und objektivistischen Festschreibungen des Religiösen tritt in den Vordergrund. Die Sakramente und das Papsttum werden zu zentralen Vermittlungsinstanzen dieses Paradigmas.[15] Der Zusammenbruch des mittelalterlichen Kosmos und jenes neue Denken, das im Rückblick eine neue Zeit ankündigen sollte, verschiebt die Koordinaten von Identität und Differenz erneut. Die Mystik sucht nach einem Ausgleich zwischen Subjekt, Objekt und dem Absoluten; ihre Identitätsfassung trägt die Differenzen im menschlichen Inneren aus und kann sie tendenziell in der unio mystica sich aufheben *lassen*.[16] Schon hier kündigt sich der entscheidende Paradigmenwechsel an: die Anthropozentrik macht den Menschen fortan zum Identitätsfunktor seiner selbst wie zum Konstrukteur der Wirklichkeit.[17] Die destruktiven Konsequenzen erreichen ihn schließlich selbst: in der Wahrnehmung seiner Selbst- und Naturentfremdung. Das Freiheitspathos wird pathologisch, Identitätssuche absurd in einer Wirklichkeit, die zum Ausdruck totaler Sinndifferenz verfällt.[18]

Diese knappe Kulturgeschichte der Denkformen von Identität und Differenz nimmt Verweyen zum Suchanlaß nach einer Möglichkeit, das Identitätsbedürfnis des Menschen in einem Begriff letztgültigen Sinns aus der absurden Grundsituation seiner Entzweiung zu befreien. Diese Differenzlage ist geschichtlich dominant, aber auch anthropologisches Datum: insofern der Mensch auf eine Einheit tendiert, die er sich in jeder seiner Handlungen weiter fortschiebt; die er nicht herzustellen vermag; die ihm also nur geschenkt werden kann. Ein solches Geschenk zu identifizieren, erarbeitet Verweyen einen Sinnbegriff, der letzte Identität in aller Differenz verspricht. Das polare Anziehungspaar spielt damit auf beiden hermeneutischen Ebenen: es faßt die *prinzipientheoretische* Sinn- als Identitätsfrage bereits in der *geschichtlichen* Differenz auf, wobei sich die Konstellation als hermeneutische Privilegierung von Identität bzw. Differenz in einem konkreten historischen Augenblick absetzt. Noch einmal religions- und mentalitätshistorisch veranschaulicht: mit dem östlichen Modell religiöser Differenzverarbeitung, die christlich im Mittelalter institutionslogisch funktioniert, wird Identität gesichert. Neuzeitlich begegnet sie anthropologisch vereinseitigt und terminiert mit der Herausbildung des Differenzbewußtseins endlich in einem absurden Erleiden der Differenz.

Vor diesem Hintergrund wird Verweyen im vorgegebenen Theorierahmen lesbar. Zunächst kritisch: Er bietet mit der Zeichnung des mittelalterlichen Paradigmas eine theologische Identitätskritik an. Danach „scheint die durchgehaltene Differenz gerade in der Zeit, wo das Christentum zu

---
[15] Vgl. ebd., 214-217.
[16] Vgl. ebd., 222.
[17] Vgl. ebd., 225f.
[18] Vgl. ebd., 227-232.

5. Zur erkenntnistheologischen Bedeutung einer Hermeneutik der Differenz 491

seiner kulturell mächtigsten Manifestation gelangte, an den Rand des Bewußtseins gedrängt."[19] Darüber hinaus läßt sich postModernes Denken als Ausdruck eines Differenzbewußtseins verstehen, das die angedeuteten Konsequenzen der Neuzeit zieht. Gegenüber der Moderne werden freilich noch die letzten Identitätsreserven kritisiert, weil in ihnen gerade mit der Anthropozentrik eine Unterdrückung des anderen Menschen und der anderen Natur *herrscht*. Differenzdenken plädiert für einen „Humanismus des anderen Menschen".[20]

So wird mit Verweyen auch einer differenzierten Aufnahme postModerner Differenzhermeneutik der Weg bereitet.[21]

2. Verweyen sucht sich nun aber im Zuge seiner epochalen Erzählung von einer Mentalitätsform abzusetzen, die er ausdrücklich mit dem postModernen Diskurs in Zusammenhang bringt.[22] Die Übertreibung der Differenz droht danach in eine Identitätswahl umzuschlagen, die, kriteriell unausgewiesen, einen neuen Interpretationsterrorismus des letztlich Durchsetzungsfreudigeren und Mächtigeren nicht verhindern kann und ihm marktlogisch längst ausgeliefert ist. Einen dergestalt dezisionistischen Fundamentalismus demaskiert Verweyen vor diesem Hintergrund als Zwilling des Relativismus.[23] PostModernes Denken sieht er im unverbindlichen Spiel mit Traditionen am Werk, deren historischer Geltungsraum zerbrach und fortan zur unverfänglichen Inszenierung Gelegenheit bietet. Dahinter aber entdeckt Verweyen den „sanften Imperialismus unreflektierter Subjektivität".[24] Seine Sinnkriteriologie setzt den bewußten Kontrapunkt.

3. Ein weiterer Dialogansatz ergibt sich mit der Beobachtung, daß Verweyen alles andere als ein reiner Identitätstheoretiker ist, obwohl er sich mit seinem Begriff erstphilosophisch ermittelten Sinns und seiner Hermeneutik letzter Identität in der entsprechenden Traditionslinie bewegt. Identität ist immer differentiell vermittelt, und zwar gerade subjekttheoretisch, sobald die transzendentale Ebene des Cogito verlassen wird und das Subjekt geschichtlich erscheint. Die Frage wird sein, ob es auch noch mit

---

[19] Ebd., 215.
[20] E. Levinas, Humanismus des anderen Menschen. Übersetzt und mit einer Einleitung versehen von L. Wenzler. Anmerkungen von T. de Boer, A. Peperzak u. L. Wenzler. Mit einem Gespräch zwischen E. Levinas und C. v. Wolzogen als Anhang >Intention, Ereignis und der Andere<, Hamburg 1989.
[21] Man könnte die postModerne Lektüre dieser Arbeit in dieser Hinsicht als das ausstehende nachneuzeitliche Kapitel 7.8. des Grundrisses lesen – freilich nicht mit derselben identitätshermeneutischen Ausrichtung.
[22] Vgl. H. Verweyen, Maurice Blondels Kritik des „Dilettantismus" und das „postmoderne" Denken, in: A. Raffelt / P. Reifenberg / G. Fuchs (Hrsg.), Das Tun, der Glaube, die Vernunft. Studien zur Philosophie Maurice Blondels „L`Action" 1893-1993, Würzburg 1995, 16-32.
[23] Vgl. ders., Pluralismus als Fundamentalismusverstärker?, in: R. Schwager (Hrsg.), Christus allein? Der Streit um die pluralistische Religionstheologie (QD 160), Freiburg u.a. 1996, 132-139.
[24] Ders., Theologische Hermeneutik heute, in: K. Müller (Hrsg.), Fundamentaltheologie, 177-191; hier: 182.

der eigenen theoretischen Intuition adäquat zu vermitteln ist, wenn er vor dem Anderen von einem notwendigen „Ikonoklasmus" des Subjekts spricht.[25]

4. Diese differenzenbewußte Theorieanlage belegt die Moderne-Kritik Verweyens, die an einer vereinseitigten rationalistisch-instrumentellen Anthropozentrik Anstoß nimmt.[26] Wenn er sich dabei gegen die „unbedingte Abneigung vor allem Unbedingten"[27] wendet, ist differenzphilosophisch zumindest an den Gedanken des Unendlichen zu erinnern, der mit der Differenz als unhintergehbarem Vorgang semiologisch ins Spiel kommt. Dies wird zugleich als Anfrage an die Konstruktion des erstphilosophischen Ausgangspunkts und an die Denkform in Erinnerung zu halten sein, wenn es um ein Denken des Anderen geht, das beiden Perspektiven Rechnung zu tragen sucht: dem des Subjekts und dem des Anderen, der ihm noch als Ganz-Anderer christlich nie der vollständig Fremde sein kann. Ob der allerdings in den Kategorien des Subjekts nicht wieder doch nur – zumindest strukturlogisch – als sein *alter ego* erscheint, ganz gegen die eigenen theoretischen Absichten, steht gerade mit der Differenzphilosophie des Anderen in Frage. Davon wäre dann grundlegend die ganze Denkform betroffen:

> „Rührt nicht das ausweglose Schicksal, in das das Sein alsbald den Ausdruck das *Andere* des Seins einschließt, von dem Einfluß her, den das *Gesagte* auf das *Sagen* ausübt...? Wäre dann vielleicht der Bankrott der Transzendenz nichts anderes als der Bankrott einer Theologie, die im Logos das *Transzendieren* thematisiert und damit dem Passieren der Transzendenz einen Begriff zuweist, es zur ‚Hinterwelt' erstarren läßt, die das, was sie sagt, in den Krieg und in die Materie einbaut, die unvermeidlichen Modalitäten des vom Sein in seinem Interessiertsein gewirkten Schicksals?"[28]

5.2.2 Erkenntnistheoretische Ortsbestimmung: Hermeneutik und Erste Philosophie

Der Ausgangspunkt von Verweyens Überlegungen wird bereits im Titel gefaßt: das Christentum erhebt den Anspruch, daß in Jesus Christus „Gottes letztes Wort" in *einem* Menschen für *alle* Menschen begegnet. Damit zeichnet sich das erkenntnistheologische Grundproblem ab. Absolutes ist in kontingenter Geschichte zu denken. Der *inhaltliche* Anspruch entläßt *formale* Konsequenzen: fundamentale Theologie muß diese Unbedingtheit rational letztgültig verantworten. Das geschieht auf zwei Ebenen. Zunächst ist die Möglichkeit eines solchen Unbedingtheitsanspruchs zu erweisen, dann die Frage nach seiner geschichtlichen Verwirklichung zu stellen.

---

[25] Vgl. ebd., 191.– Hier in christologischem Kontext, der indes anthropologisch grundlegend firmiert.
[26] Vgl. ders., Grundriß, 225f.
[27] Ebd., 91.
[28] E. Lévinas, Jenseits des Seins oder anders als Sein geschieht, Freiburg-München 1992, 29.

5. Zur erkenntnistheologischen Bedeutung einer Hermeneutik der Differenz 493

„Damit lassen sich bereits die beiden Grundrichtungen angeben, in denen sich Fundamentaltheologie zu bewegen hat. Die Verantwortung der behaupteten Wirklichkeit einer geschichtlich ergangenen und weitervermittelten Offenbarung gehört vor das Forum der *historischen Vernunft*. Die Behauptung, daß solches Geschehen einen Sinn erschließt, auf den menschliche Existenz von ihrem eigenen Wesen her hingeordnet ist, muß vor dem Forum *philosophischer Vernunft* verantwortet werden."[29]

Hermeneutik und Erste Philosophie arbeiten damit Hand in Hand. Die hermeneutische Interpretation eines konkreten Sinnanspruchs ist an eine Kriteriologie gebunden, die sie sich selbst in ihrer interpretativen Unabschließbarkeit und konkreten Traditionsgebundenheit im Zirkel ihrer Ansichten nicht mehr zu geben vermag, sondern von einer Reflexion auf ein rational Unhintergehbares erwarten muß. Die Suche nach einem solchen *Begriff* letztgültigen Sinns steht damit in hermeneutischen Diensten. Sie hat selbst schon einen Maßstab: eine letztbegründete Ermittlung angemessener Kriterien läßt sich nur über das erreichen, „was menschlicher Vernunft grundsätzlich angemessen ist".[30]

Diese Bestimmung ist so evident wie folgenreich. Vernunft wird vorab auf zwei Ebenen bestimmt: zum einen in ihrer geschichtlichen Konkretheit, für die die hermeneutische Vernunft zuständig ist; zum anderen in einer ungeschichtlichen, universalen Fassung, die in transzendentaler Reflexion erreicht wird. Dabei ist zumindest der Erkenntnisweg und mit ihm eine Prämisse festzuhalten: eine selbst unweigerlich geschichtlich bestimmte, interpretative Vernunft abstrahiert von ihrer Situiertheit und findet zu den Bedingungen der Möglichkeit ihrer eigenen Denkbarkeit. Damit ist impliziert, daß dieser Schritt *gültig* zu machen ist. Mit anderen Worten: die Bestimmung der Vernunftangemessenheit hat immer bereits vorab einen hermeneutischen Charakter, wenn die menschliche Vernunft als auf ein Unbedingtes bzw. eine letzte Einheit tendierend *angesetzt* wird. Diese *Interpretation* ist – auch in ihrer Gültigkeit – als solche kenntlich zu machen. Sie bleibt für abweichende Interpretationen zumindest virtuell offen. Denn diese Vernunft ist – *als menschliche* – zumindest in der Weise geschichtlich, daß sie evolutionär herausgebildet wurde und veränderungsfähig bleibt. Daß dies nicht auf Kosten ihrer unbedingten Ausrichtung auf ein Absolutes – bei Verweyen: auf einen Punkt letzter *Einheit* – geschehen *kann*, ist so einleuchtend wie interpretationsbestimmt, weil geschichtlich prospektiv. Hermeneutik und Erste Philosophie spielen also bereits von allem Anfang an ineinander. Nun wäre eine nicht zu bestreitende rationale Interpretation der transzendentalen Vernunftverhältnisse selbst von transzendentaler Gültigkeit. Dies aber kann wiederum nur unter der Annahme geschehen, daß sich Vernunft adäquat über sich selbst aufzuklären vermag. Selbst wenn das nicht bestritten wird, ist das als Interpretationsprämisse zu kennzeichnen. Dies ist insofern folgenreich, als sich im Theorieganzen die Möglichkeit ei-

---

[29] H. Verweyen, Grundriß, 46.
[30] Ebd., 48.

ner angemessen Sinneinholung durchsetzen wird, die letztlich von dieser Grundvoraussetzung zehrt. Das Erste ist auch hier hermeneutisch erschlossen. Dieser interpretationstheoretische Befund ist *als solcher* festzuhalten, und Verweyen tut dies auch selbst:

> „Die Suche nach einem *Begriff* von letztgültigem Sinn setzt voraus, daß es ein alle menschliche Vernunft betreffendes *Sinnproblem* gibt – nicht etwa bloß epochal oder regional dominierende Sinnfragen, die nach einer je spezifischen, aber keiner universal gültigen Antwort verlangen."[31]

Wenn nun im folgenden Einheit als letzter Fluchtpunkt menschlicher Wahrnehmung begriffen und dies auf einen Begriff letzten Sinns im Bedürfnis nach ihm extrapoliert wird, ist diese interpretative Theorieimprägniertheit noch einmal kritisch zu bedenken. Insofern der Mensch „nichts – nicht einmal das pure Chaos – auffassen (kann – G.M.H.), ohne es in irgendeiner Form, und das heißt letztlich Einheit, zu begreifen"[32], bedeutet das zwar, daß diese Denkform menschlich unhintergehbar ist, zugleich hat man aber die Möglichkeit einzubeziehen, daß die menschliche Wahrnehmungsfähigkeit von allem Anfang irrtumsgeleitet, evolutionär *unpassend* herausgebildet wurde und weiteren Veränderungen durch eine immer komplexere Wahrnehmungsanforderung des Wirklichen unterliegen könnte.[33]

> „In jedem Bewußtseinsakt erweist sich die transzendental treibende Kraft des Einen zwar nur synthetisch, d.h. unter Voraussetzung einer zu überwindenden Antithese. Das bedeutet aber nicht, daß jede ursprüngliche Einfachheit, die unser Bewußtsein bewegt, in sich notwendig einen Gegensatz setzte, um eins sein zu können. Im Gegenteil, wenn das schlechthin fundamentale Eine durch diese Notwendigkeit der Entzweiung bedingt wäre, so bliebe es völlig unverständlich, warum das Ich unter dem elementaren Bedürfnis steht, trotz seiner unaufhebbaren antithetischen Struktur auf *unbedingte* Einheit aus zu sein."[34]

Nach Verweyen gibt die unbedingte Gerichtetheit auf letzte Einheit die Richtung an, in der sich die Sinnfrage bewegt. Vernunft sucht eine Einheit, die sie sich selbst nicht geben kann, die sie im Gegenteil mit jedem Reflexionsakt neu aufschiebt. Die Offenheit in der Deutung dieses Grundphänomens ist an diesem entscheidenden Punkt festzuhalten: es bleibt die Möglichkeit einer absurden Situation der Gerichtetheit in ein Nichts. Und zuvor noch: diese Orientierung kann ein evolutiv herausgebildeter Zufall sein. Nochmals radikalisiert: wenn nach Verweyen „dieses merkwürdige >Zusammentreffen< von unbedingter Einheit und Differenz in meinem Ich (seine >Kontingenz<)

---

[31] Ebd., 196.
[32] Ebd., 197.
[33] Die allmähliche Herausbildung des Gedankens der Einheit betont auch Verweyen ebd.– Zurecht hebt er hervor, daß die Idee des Einen nicht durch diese evolutionäre Herausbildung bedingt sein muß; aber ebenso wenig steht fest, daß von dieser Tendenz eine Wahrheitsversprechung im Sinne einer unvermeidlichen, angemessenen Tendenz auf Unbedingtes ausgehen *muß*. Auch wenn dieser Gedanke eine hohe Überzeugungskraft für sich hat, ist m.E. auch hier noch einmal seine interpretative Offenheit einzubeziehen.
[34] Ebd., 199f.

5. Zur erkenntnistheologischen Bedeutung einer Hermeneutik der Differenz 495

weder aus mir selbst noch >der Welt< zu erklären ist"[35], dann ist *auch* mit der grundsätzlichen Möglichkeit zu rechnen, daß die Frage bereits sinn-los gestellt sein könnte; daß sie ins Bedeutungsleere reicht.[36]

Damit wird die Interpretationsbestimmtheit des Anfangs festgehalten, wie sie sich mit der Frageentwicklung und gleichsam vorhermeneutisch bereits aufweisen läßt. Da Verweyen eine letztbegründete Kriteriologie von Sinn herzuleiten versucht, ist das insofern von Belang, als sie *in dieser Hinsicht* keine Unhintergehbarkeit im strengen Sinn beanspruchen kann. Wenn sich nach Verweyen also die Sinnsuche „unmittelbar aus dem Dilemma (ergibt – G.M.H.), das die aufgewiesene Elementarstruktur des Bewußtseins darstellt"[37], so heißt das eben nicht: *zwingend*. Und auch die Wahrnehmung der Wirklichkeit als absurd ließe sich noch mit der Vorstellung eines Menschen radikalisieren, der dieses Dilemma als solches nicht mehr belastend sieht, weil er die davon möglicherweise ausgehende Frage als ins Leere gerichtet *interpretiert*. Daß das beunruhigte, unabgefundene Fragen Menschsein qualifiziert[38], ist auch auf diesem Stand eine Interpretation, die andere zuläßt – auch eine solche, für die diese dichotomische Bewußtseinsstruktur jenseits von Sinnfragen übernommen wird.

Die interpretationsbesetzte hermeneutische Ausgangslage wird im übrigen noch an anderer Stelle deutlich. Verweyen sucht in einer Hermeneutik der Interdependenz von Glaube und Vernunft aufzudecken, daß Vernunft letztlich auf Glauben hin orientiert ist. Dies zeigt sich im Zuge der hermeneutischen Kritik des vernünftigen Glaubens und einer radikalen Vernunftanalyse. Die rekonstruktive Glaubenshermeneutik, die vom Glauben her rückblickend für die allgemeine, vor dem Glauben liegende Vernunft deren Glaubensverwiesenheit nachweist, enthält eine wissenschaftstheoretisch gehaltvolle Voraussetzung: daß nämlich kein glaubensfreier Zugang der Vernunft zum Glauben möglich ist:

„Erst von der Umkehr des Menschen im Glauben her läßt sich der dialektische Prozeß in Gang bringen, der in der Vernunft vor dem Glauben den auf Gottes letztgültige Selbstmitteilung offenen Logos von dem ihm angelegten Maulkorb befreit."[39]

---

[35] Ders., Botschaft eines Toten? Den Glauben rational verantworten, Regensburg 1997, 113.
[36] Auch das betont Verweyen eigens (ebd.) mit der Parenthese: „wenn es denn überhaupt erklärbar (und Vernunft in sich nicht der schlechthinnige Widerspruch) sein soll".
[37] Ders., Grundriß, 201.
[38] Im Sinne Fichtes, den Verweyen zustimmend zitiert, ist das Bedürfnis nach Identität „der höchste Trieb im Menschen": J. G. Fichte, Gesamtausgabe I, 3, 35; zitiert nach H. Verweyen, Grundriß, 234. Ob diese anthropologische Interpretation transzendentalen Charakter hat, wäre letztlich nur dann zwingend nachzuweisen, wenn kein Mensch vorstellbar wäre, auf den dieses Urteil nicht zuträfe. Ob das bei der Entwicklungsoffenheit und Anpassungsfähigkeit des Menschen an eine sich verändernde Umwelt nicht möglich wäre, steht aus. Die Fragen aus der Dichotomie des Bewußtseins heraus könnten in einem neuen Wahrnehmungsparadigma als apriori sinnlos und ohne Beantwortungsdrang bzw. -not ausgeblendet werden. Das wäre möglicherweise ein anderer Typ Mensch – im Sinne Foucaults jenseits seiner transzendental-empirischen Dublette angesiedelt. Hier geht es lediglich darum, diese *Möglichkeit* einzubeziehen und den anthropologisch interpretativen Einschlag der transzendentalen Reflexion zu kennzeichnen.
[39] H. Verweyen, Grundriß, 62.

Damit wird die Interpretations- und *Entscheidungsgebundenheit* vernünftiger Glaubenserkenntnis hervorgehoben. Jede Einsicht ist mit einem Entschluß zu ihr verbunden. Deren tragende Evidenz wird nun selbst noch einmal in ihrer Unverrechenbarkeit zu bedenken sein, sofern man nicht annehmen will, daß abweichende Interpreten intellektuell nachlässig oder bösartig sind. Vor diesem Hintergrund wird der offenbarungstheologische Grund des Glaubens zum Strukturgesetz seiner Rationalität:

> „Das Wort Gottes begründet die Krise eines jeden menschlichen Verstehenshorizonts."[40]

Interpretation und Entscheidung spielen demnach auch in Verweyens Entwurf eine unübergehbare Rolle. Das betrifft auch die Leistungsfähigkeit der Vernunft. Indem das menschliche Bedürfnis nach einer letzten rationalen Absicherung interpretativ ermittelt wird, ergibt sich im Prozeß des Glaubensausweises das Forum der Vernunft als maßgebend. Einerseits will Verweyen dieses Forum nicht einfach vorab setzen, andererseits ist die Entscheidung darüber bereits getroffen, indem begonnen wird, und zwar mit den Mitteln der Prozeßführung: Vernunft ist Instrument der Prozeßführung und Forum gleichermaßen. Daß der Glaube vor der Vernunft auszuweisen ist, wird letztlich gesetzt; und – was inhaltlich bedeutsamer ist – auch die entsprechende Angemessenheit der Vernunft für ein solches Unterfangen. Dieser Ansatz ließe sich aber zumindest vom offenbarungstheologischen Einspruch einer Krise der Vernunft her auch anders *interpretieren*. Die Frage wäre erstphilosophisch darüber hinaus formulierbar, ob sich das schließende Denken in diesem Bereich überhaupt eignet. Einmal eingeführt, zieht es konsequent seine Bahnen. Erste Philosophie ist auf dieser Basis an eine erste Entscheidung gebunden. Nun könnte man einwenden, daß dies rational unhintergehbar sei. Jeder Widerspruch gegen den „vernünftig" argumentierenden Ansatz bediene sich dessen, was er ablehne: zumindest implizit eines Arguments. Dieser Einwand kann aber nur gelten, wenn sich die Vermeidung des performativen Widerspruchs mit wiederum rationalen Mitteln als unhintergehbare Verpflichtung ausweisen läßt. Das ist erneut nur unter Zuhilfenahme von Entscheidungen möglich. Daß man sich nicht selbst widersprechen darf, ist metaethisch dezisionsgebunden.[41] Mit anderen Worten: auch hier ist der Konnex von Vernunft, Überzeugung und Entscheidung unabschaffbar.

Sinn ist in Verweyens Ansatz methodisch immer schon im Spiel. Mit der Sinnlosigkeit wird nicht gleichursprünglich gerechnet – wie bei der *différance* Derridas und im sich daran anschließenden theologischen Entwurf von Johannes Hoff. Das hängt mit dem Konstruktionsmechanismus von Glaube und

---

[40] Ebd., 81.
[41] Vgl. das Fazit von Richard Gebauer, Letzte Begründung. Eine Kritik der Diskursethik von Jürgen Habermas, München 1993, 144: „Das Prinzip des zu vermeidenden performativen Widerspruchs ist ein ungeeignetes Instrument, die Einsprüche konkurrierender Theorie gegen die Diskursethik abweisen zu suchen [sic!], da dieser Grundsatz auf der Grundlage transzendentalpragmatischer Voraussetzungen operiert, die begründungslogisch vollkommen ungesichert sind."– Vgl. zur Problematik ebd., 128-146.

Vernunft zusammen. Verweyens Ansatz ist damit nicht desavouiert. Aber an seine Prämissen hinsichtlich der Denkrichtung ist zu erinnern. Erste Philosophie im strengen Sinn müßte diese Interpretationsgebundenheit noch einmal letztbegründet unhintergehbar überwinden können. So aber wird problematisch, was Verweyen als Zielvorgabe nennt: die „Ermittlung letztgültiger Kriterien von Wahrheitsfindung"[42] unter Voraussetzung von nicht letztgültig erwiesener – und erweisbarer – Vernunft.

Diese Hinweise finden Anhalt an Verweyens eigener Theorieeinordnung, zumal im verdeutlichenden Schritt vom „Grundriß" zur „Botschaft eines Toten?". Mit der Einsicht in die interpretationsbesetzte hermeneutische Gebundenheit der erstphilosophischen Reflexion ist der eigentliche Begründungsgedanke nun zu entwickeln.

5.2.3 Ein unhintergehbares Sinnkriterium

Verweyen geht es um einen unhintergehbaren Begriff von Sinn, mit dem sich der Anspruch auf einen letztgültig ergangenen Sinn kriteriell sicher überprüfen läßt. Nur wo ein solcher Sinn überhaupt denkbar, d.h. rational verantwortbar ist, besteht die Möglichkeit für den Glauben, einen solchen Anspruch begründet zu erheben. Der Sinn*begriff* adressiert sich demnach an seine geschichtliche Überprüfung.

Zunehmend klarer hat Verweyen dabei den sehr eingeschränkten Anspruch herausgestellt, den eine solche Form von „Letztbegründung" erheben kann.[43] Dies zu unterstreichen, und zwar in interpretationstheoretischer Stoßrichtung, die für den Glaubensausweis und seinen fideistischen Restdezisionismus von Bedeutung ist, dienten die vorstehenden Anmerkungen zur Theoriebegrenzung. Sie beziehen sich auf Verweyen selbst, wenn er seinem Ansatz voranstellt,

> „wie wenig eine wirklich transzendentale Letztbegründungsfrage überhaupt erbringen kann. Dadurch, daß ich den *Begriff* eines vollkommenen, nur durch Freiheit darzustellenden Bildes zur prinzipiellen Lösung der Sinnfrage ins Spiel bringe, ist kein Wissen darüber gewonnen, daß es andere Freiheit außer mir gibt... Über die *Wirklichkeit* eines *Seins* (außer der Selbstgewißheit des puren, hinsichtlich der konkreten Bestimmtheit seines Seins fraglich bleibenden Aktes des Ich) oder *Sollens* kann transzendental nicht entschieden werden. Die transzendentale Letztbegründungsfrage dient lediglich dazu, Kriterien dafür zu entwickeln, inwieweit ein von mir für wahr gehaltenes Sein oder ein mich beanspruchendes Sollen *als gültig* betrachtet werden darf."[44]

Ausgangspunkt der Reflexion auf den *Begriff* letztgültigen Sinns ist, wie bereits bezeichnet, die Kategorie des Einen. Sie wird streng subjektphiloso-

---

[42] H. Verweyen, Grundriß, 65.
[43] Mit der dritten Auflage seines Grundrisses (Regensburg 2000) wird der Ausdruck „Letztbegründung" gestrichen – der Sache nach bestimmt er aber weiterhin das Konzept. Daran ändert substantiell auch die differenzhermeneutisch interessante Neufassung des 6. Kapitels im Blick auf den erkenntnistheoretischen Anspruch nichts.
[44] Ders., Botschaft eines Toten?, 115f.

phisch erfaßt. Im Anschluß an Descartes ist für Verweyen der einzige unbezweifelbare Punkt das Cogito des selbstbewußten Subjekts. Kein Täuschergott kann ihm diese existentielle Selbstgewißheit ausreden. Das denkende Ich weist die bezeichnete Struktur seines Bewußtseins auf: das Subjekt nimmt sich und seine Umwelt mit der Option auf eine letzte Einheit wahr. Erst in ihr löst sich die absurde Zerrissenheit auf, die das Subjekt in sich selbst entdeckt und immerfort reproduziert. Im Anschluß an Fichtes Bild-Philosophie wird eine solche Einheit in Differenz denkbar, wenn sich ein Ich einem anderen Ich zu seinem vollkommenen Gegenbild macht: wenn es den Anderen rückhaltlos anerkennt; ihn in seiner Liebe zu ihm an keinem Ort seiner Zerrissenheit außen vor läßt; ihn in sich aufnimmt, ohne ihm seine Autonomie zu rauben, sondern sie erst zu sich selbst zu befreien, weil deutlich wird, daß das Subjekt fortan keine Angst mehr um sich zu haben braucht: um ein letztes Scheitern in der absurden, weil unauflösbaren Isolierung aus einem Ganzen und einer letzten Einheit. Sie kann ihm ausschließlich in der liebenden Anerkennung eines anderen Ich geschenkt werden. Und das gilt deshalb, weil im Versuch, Einheit zu setzen, immer schon Entzweiung geschieht; weil der und das Andere einbricht. Nur wo der Andere diese Differenz auflöst, geschieht Einheit. Und sie muß von einer Art sein, die sich geschichtlich nicht mehr zurücknehmen läßt: die eine bleibende Anerkennung des Ich beinhaltet.

> „Allein Freiheit ist prinzipiell zu einem solchen vollkommenen Bild fähig: wenn sie sich nämlich unbedingt entscheidet, der >Raum< (und die Zeit!) zu sein, in dem andere Vernunftwesen zu Wort kommen und zu sich selbst finden können. Würden sich alle Menschen in Freiheit zu diesem >Einander-zum-Wort-oder-Bild-Werden< entscheiden, dann käme >Einheit in Pluralität< als Horizont von wirklicher Sinnerfüllung trotz der absurd erscheinenden Grundsituation von Freiheit in Sicht."[45]

Mit der Denkmöglichkeit eines letzten Sinns ist die Frage nach dem doppelten Woher erst korrekt zu formulieren: woher stammt überhaupt die Prägung der Vernunft durch das Eine? Und von woher ist jene Freiheit zu denken, die sich zum absoluten Bild des Anderen in kontingenter Geschichte macht? Die formale Unbedingtheit, die im Subjekt aufscheint, fragt nach ihrem Ermöglichungsgrund, der nur entweder als letzte Absurdität oder als letzter Sinn zu denken ist.

> „Die menschliche Vernunft ist durch die Idee eines Unbedingten geprägt. Fragt man nach dem Woher dieser Prägung, so läßt sich diese Frage nur unter Annahme eines wirklich existierenden Unbedingten beantworten."[46]

Dieser Schluß wird freilich bereits unter der Voraussetzung gezogen, daß hier überhaupt sinnvoll erklärt werden kann, d.h. einsichtig unter den gegebenen Bedingungen der menschlichen Vernunft. Wie – nicht: warum – der Rückschluß auf ein erstes Eines der Vernunft angemessen sein soll, wird

---
[45] Ebd., 114.
[46] H. Verweyen, Grundriß, 244.

5. Zur erkenntnistheologischen Bedeutung einer Hermeneutik der Differenz

nicht mehr geklärt. Dabei erscheint dies insofern problematisch, als es nicht mehr wirklich gedacht werden kann. Das erste oder letzte Eine begegnet nicht anders als in einem Frageabbruch nach dem Woher dieses Einen. Die Definition seiner Grundlosigkeit kann die Vernunft nicht wirklich zufrieden stellen. Seine inhaltliche „Füllung" als Absolutes impliziert für die Vernunft lediglich eine Negation des Denkbaren, eine Leere, weil das unstillbare Weiterfragen nach dem Grund, wie es sich gerade aus der Elementarstruktur des Bewußtseins ergibt, hier keine reguläre Antwort findet, sondern nur ein Anders-als-mein-Denken. Die an ihre äußerste Grenze geführte autonome Vernunft steuert auf ihre äußerste Heteronomie zu. Dieses Spannungsverhältnis wird man als konstitutiv zu betrachten haben: philosophisch wie theologisch.

In eschatologischer Perspektive ist darüber hinaus festzuhalten, dass die Kategorie des Einen eine unabschaffbare Differenz voraussetzt: der Mensch ist auf eine Einheit hin angelegt, die auch in der visio beatifica gebrochen bleibt, weil der Mensch nicht etwa Gott wird.

Unbedingtheit begegnet nun nach Verweyen in „der Evidenz des unbedingten Sollens".[47] Und nur in der Selbsthingabe an diesen unbedingt verpflichtenden Anspruch angesichts des Anderen findet das Ich die Entsprechung seiner ins Unbedingte gerichteten Freiheit. In der Erfahrung dieses Sollensanspruchs ereignet sich eine das Subjekt überwältigende Dialektik von Subjekt und seinem absoluten Objekt als dem eigentlichen Subjekt dieses Geschehens. Die menschliche Vernunft entdeckt in sich den Drang auf das Unendliche und Absolute. Diesen Urtrieb gewinnt sie sich nicht selbst ab, sondern er ist ihr Prägemal. Dementsprechend verdankt sie den Begriff des Unbedingten dem ihr eingeprägten Absoluten. Zugleich kann sie sich in strikter Reflexion auf ihre Dynamik deren möglichen Auflösungspunkt approximativ *vorstellen* und ihn rekonstruktiv als ihr gemäß erkennen. Doch in letzter Instanz überwältigt sie sein Gegenstand: als unbedingtes Sollen, das nicht vom Subjekt ausgehen kann, sondern je von einem Anderen her verpflichten muß, in dessen herausforderndem Licht sie die eigene Wahrheit und Bestimmung, nämlich ein Bild des Absoluten zu werden, gewärtigt. „Diesen Begriff als gleichsam ‚von Gnaden' der menschlichen Vernunft aufzufassen, liefe völlig der Evidenz des Sollensanspruchs zuwider."[48]

Menschliche Freiheit ist nicht von sich selbst her absolut und kann Absolutes – auch als Drang nach ihm und als die adäquate Idee dessen – nicht einfach aus sich hervorbringen, sondern sie wird unbedingt nur in der Wahr-

---

[47] Ebd., 250.
[48] Ebd., 254.– Die Vernunft kann lediglich „in eigener Autonomie den *Begriff* einer endgültigen Wahrheit und eines letzten Sinns" *fassen* (ebd., 86) – ihn aber eben nicht *hervorbringen*.– Der Einspruch von Thomas Pröpper, er sehe nicht, „warum die freie Vernunft, das ‚Vermögen des Unbedingten' (Kant), nicht selbst für ihre Letztfragen aufkommen könnte" (Sollensevidenz, Sinnvollzug und Offenbarung. Im Gespräch mit Hansjürgen Verweyen, in: G. Larcher / K. Müller / T. Pröpper (Hrsg.), Hoffnung, die Gründe nennt. Zu Hansjürgen Verweyens Projekt einer erstphilosophischen Glaubensverantwortung, Regensburg 1996, 27-48; hier: 33), verfehlt an dieser Stelle die eigentliche Nuance, die sich bei Verweyen im Zueinander der beiden Zitate (Grundriß 254 und 86) im oben genannten Sinne herausbildet.

nehmung jenes Absoluten als Tendenz auf es in ihm selbst, wie es im unbedingt verpflichtenden ethischen Anspruch geschichtlich konkret wird.

Verweyen weist nun eingehend darauf hin, daß mit dem Begriff eines Unbedingten, wie es der Freiheit in einer unbedingten Verpflichtung aufgehen *kann*, noch nicht dessen Wirklichkeit gegeben ist. In aller Deutlichkeit wird die interpretative Offenheit in der Wahrnehmung eines solchen *möglichen* Anspruchs ausgesprochen:

> „Es ist ja nicht einmal zwingend aufweisbar, daß die Vernunft sich widerspruchsfrei denken solle, sich darum auf die Suche nach einem letztgültigen Sinn zu begeben und dabei alle von ihr immer schon gesetzten Implikationen anzuerkennen oder ihnen auch nur nachzugehen habe. Der Entschluß zu solcher Konsistenz ist ein Akt der Freiheit, den niemand der Vernunft andemonstrieren kann."[49]

Wenn nun zum Begriff eines unbedingten Sollens gehört, daß es der Autonomie der Vernunft eine äußerste Heteronomie zumutet, in der das Subjekt erst seine wahre Bestimmung erfahren kann, und zwar als Wahrheit unbedingter Herausforderung aus sich selbst heraus auf einen und gar den Ganz-Anderen hin, dann ist die Erfahrung dieses unbedingten Anspruchs nicht anders als eine Überwältigung des Ich durch Anderes zu denken: als Offenbarungserfahrung.[50] Daß solche Heteronomie überhaupt noch einmal mit der Autonomie des selbstbewußten Cogito zu vermitteln und sogar als dessen letzte Wahrheit auszumachen ist, läßt sich aus dem interpersonalen Charakter des Selbstbewußtseins ableiten. So sehr es im Cogito und noch vor dessen Reflexionsleistungen in der unmittelbaren, präreflexiven Selbsterfahrung ganz bei sich ist, so ist es doch immer wieder konkret geschichtlich von Anderem bewegt. Das wiederum bedeutet, daß das gegenseitige Zum-Bildwerden „als *Zielbegriff* des Ichs...bereits *reale* Möglichkeitsbedingung dafür (ist – G.M.H.), daß ein Ich überhaupt *uranfänglich* zu sich selbst kommt."[51] Ob solche behauptete Offenbarungserfahrung eines Unbedingten legitime Ansprüche vermitteln kann, steht entscheidend zur Debatte. Für Verweyen ergibt sich aus dem Begriff unbedingten Sinns das zentrale Kriterium: eine letztgültige Offenbarung von Unbedingtem muß diesen Sinn transparent machen, d.h. Freiheit in ihre letzte Anerkennung überführen, indem sie es erlaubt, die Gespaltenheit des Subjekts in einer letzten zwischenmenschlichen Einheit aufzuheben. Als dessen absolute Gestalt kommt nur eine Freiheit in Frage, in der „ein Mensch seine ganze Existenz darangibt, Wort und Bild des Unbedingten zu sein."[52]

Erkenntnistheoretisch ist damit festzuhalten, daß

1. solche Erkenntnis nur sittliche Vernunft beanspruchen kann;

---

[49] H. Verweyen, Grundriß, 256.– Damit stellt sich ein vollständiger Einklang zu den kritischen Anmerkungen gegenüber Apel und dem Status des performativen Selbstwiderspruchs her.
[50] Vgl. ebd., 265.
[51] Ebd., 260.
[52] Ebd., 266.

5. Zur erkenntnistheologischen Bedeutung einer Hermeneutik der Differenz 501

2. die Sollensevidenz interpretativ vermittelt ist;
3. die konkrete Überprüfung des erhobenen Unbedingtheitsanspruchs sich je neu im geschichtlichen Dunkel verliert, weil die historisch-hermeneutische Vernunft kein absolutes Kriterium der Überprüfbarkeit besitzt, sich im letzten zu solcher Überprüfung als unangemessen erweist, allein sittliche Vernunft von Absolutem herausforderbar, nicht ihrerseits aber absolut und also sicher ist;
4. in dieser Hinsicht vor der unbedingten Herausforderung ein unabschaffbares Moment von Entscheidung bleibt, also ein „Rest von Fideismus"[53] in der Dezision (allerdings im Sinne Tracys kritisch gefiltert und verantwortet), den Verweyen so vehement ablehnt und postModernem Denken ankreidet. Wenn nämlich die Evidenz kritisch unhintergehbar wäre, gäbe es keine Evidenz mehr, sondern den Zwang des Arguments. Wie sehr aber Interpretationsspielräume betreten werden, machte die gesamte hermeneutische Anlage erster Philosophie klar; und am dramatischsten wird dies deutlich, wo einen nichts zu der Überzeugung zwingen kann, die Grundsituation nicht für absurd zu halten.

5.2.4 Unbedingter Sinn in Geschichte: Traditio als Offenbarungslogik

„Es gibt nur einen >Ort< in der Unüberschaubarkeit geschichtlicher Kontingenz, an dem erkennbar wird, daß sich ein Unbedingtes wirklich realisiert: ein Zeugnis, in dem der Zeuge sein eigenes Leben als völlig irrelevant betrachtet demgegenüber, was ihn unbedingt in Anspruch nimmt. In einem solchen Akt vermag die Unbedingtheit, die einem sittlich wirklich Verpflichtenden zugrunde liegt (und sittliche Verbindlichkeit ist notwendige Voraussetzung auch für alles, was zu Recht einen *religiösen* Anspruch erhebt), gleichsam >Fleisch zu werden<, zur unabweisbaren Präsenz ihrer Wirkmächtigkeit zu kommen."[54]

Die konkrete Ereignungs- und Wahrnehmungsform von letztgültigem Sinn in Geschichte geschieht demnach als *Traditio* – begriffen als geschichtlicher Vorgang und dessen Logik. Traditio beinhaltet nach Verweyen biblisch vier Aspekte:

---

[53] H. Verweyen, Botschaft eines Toten?, 132.
[54] Ebd., 131f. – Warum dies Zeugnis „unabweisbar" sein soll, bleibt gerade angesichts des Evidenzcharakters unklar. Evidenz überwältigt, aber eben nicht jeden mit einem gleichsam zwingenden Aufgebot an Argumenten oder ihrer Offenbarungsgestalt. Nicht alles leuchtet jedem ein – und dies ist nicht nur Resultat möglicher Selbstverweigerung. Jede Evidenz will als solche wahrgenommen, d.h. interpretiert sein. Und dies gerade von jenem Subjekt, dessen Cogito-Struktur auf ein ihm angemessenes Unbedingtes hin zu reflektieren hat. Selbst wenn das formale Sinnkriterium als eine letzte Entsprechung der formalen Unbedingtheitsstruktur der Vernunft angenommen wird, muß die konkrete Gestalt doch interpretativ überprüft werden – worauf Verweyen selbst immer wieder hinweist. Hier – wie an anderen Stellen auch – nimmt Verweyen etwas von der interpretationslogischen Offenheit seines Entwurfs zurück. Auch daher ergeben sich Rezeptionsschwierigkeiten im Blick auf die konkrete Anspruchsweite seines Letztbegründungsprogramms, die er gerade seit der „Botschaft eines Toten?" zurechtzurücken bemüht ist.

1.) die Auslieferung Jesu (durch Judas, also die Menschen);
2.) die Über-lieferung Jesu (durch den Vater)
3.) die Selbstübergabe Jesu (an die Menschen, an seine Mörder);
4.) schließlich die Weitergabe dieses Gesamtgeschehens (im Hl. Geist).[55]

Für Verweyen ist nun die unbedingte Selbsthingabe des Zeugen an das Unbedingte, das ihn in Anspruch nimmt, Realisierung des Unbedingten in Geschichte. Indem der Zeuge sich hingibt, ist er in einer Weise vom Unbedingten beansprucht, die ihn unverlierbar an seine Seite stellt.[56] Einmal an das Unbedingte verloren, kann er nicht mehr verloren gehen. Er zeigt damit nicht nur den Weg sich vollendender Freiheit an, sondern füllt sogar noch die Stelle aus, die immer offenbleibt, wo menschliche Freiheit sich vom Unbedingten herausgefordert sieht, ihm aber mehr oder weniger, ja bis ins Letzte sich verweigernder Freiheit hinein entzieht. Wo der Zeuge sogar noch diese letzte Dunkelheit auf sich nimmt, sich in seiner Gewißheit des Unbedingten noch diese selbst aus den Händen nehmen läßt, eine Hingabe also praktiziert, die vor nichts Halt macht, das Selbst ganz und gar übergibt, dort ist nicht nur exemplarisch, sondern stellvertretend für alle die letzte Identität als restlose Einheit der formal unbedingten Freiheit mit ihrer unbedingten Erfüllung realisiert. Einmal erschlossen, geht diese Wirklichkeit nicht mehr verloren. Sie ist eine bleibende Identität, die nicht nur als Möglichkeit, sondern als Wirklichkeit in der Vollendung von Freiheit auf jeden einzelnen wartet[57], bis er sich zu ihr entschließt.

Ob ein solches Zeugnis einleuchtet, steht damit aber immer noch offen. Es handelt sich um eine letzte Evidenz, die „frei von Gott geschenkt, nicht durch eine rationale Begründungsleistung des Menschen erbracht ist und... nur im Wagnis der ganzen menschlichen Existenz erfaßt wird."[58] Einerseits ist der unverfügbare Gnadencharakter des Evidenzglaubens zu wahren, andererseits darf sich kein versteckter Fideismus einschleichen, der einer subjektiven Überzeugung und Entscheidung Raum läßt, ohne sie noch einmal rational ganz durchdrungen zu haben.

Nach Verweyen bieten sich zwei Evidenzformen als Überwindung an:

1.) In Bernhard Weltes Modell *personaler Evidenz* steht die Überzeugung durch die gesamte Erscheinung eines Menschen im Mittelpunkt. Das unerzwingbare Vertrauen, das man in eine Person setzt, gründet auf dem, was sie sagt und wie sie lebt. Der Anspruch auf ein solches Vertrauen läßt sich nur von einem Menschen realisieren, der die grundsätzliche Sensibilität und Bereitschaft dafür (nicht verloren) hat, daß ihm ein unbedingter Anspruch in seiner Lebensgeschichte begegnen kann.
2.) Von einer solchen Person mit einem derartigen Anspruch muß nach Hans Urs von Balthasar eine *objektive Evidenz* ausgehen. Zwar muß das Sub-

---

[55] Vgl. ders., Grundriß, 69f.
[56] Vgl. ebd., 277-280.
[57] Vgl. ders, Botschaft, 51.
[58] Ders. Grundriß, 391.

5. Zur erkenntnistheologischen Bedeutung einer Hermeneutik der Differenz

jekt für die Wahrnehmung dieser Evidenz disponiert sein, aber sie kann nicht von ihm konstituiert werden. Die Vollmacht der Offenbarungsgestalt überwältigt und entmächtigt das Subjekt.

Das Subjekt hat den Evidenzgehalt freilich kritisch zu prüfen. Dazu dient die Sinnkriteriologie, die einen Begriff letzten Sinns an das Offenbarungsereignis anlegt, ohne es darum in seiner konkreten Erscheinungsweise zu begrenzen. Damit es aber für alle Menschen einen berechtigten Anspruch auf Sinn erheben kann, muß es den letzten Ausgriff der Vernunft auf eine Einheit hinter aller – rationalen wie existenziellen – Zerrissenheit einlösen (bzw. *erlösen*), die auf eine unbedingte interpersonale Anerkennung im Sinne des Fichteschen Bild-Gedankens zielt.

Die Erkenntnis eines solchen letztgültigen Anspruchs kann sich nach Verweyen zwar historischer Mittel bedienen, um möglichst genaue Auskunft über die Lebenswirklichkeit der Offenbarungsgestalt zu erhalten. Letztlich aber bezieht sich deren Erkenntnis nicht auf „objektive" Daten der Historik:

> „Diese bekommt ja die für die unbedingte Evidenz entscheidende Wirklichkeit der geschichtlichen Gestalt aufgrund ihrer methodischen Beschränkung gerade nicht in den Blick, da sich solche Evidenz nicht außerhalb einer ebenso unbedingten Entscheidung der Existenz vermittelt. Liebe wird als vorbehaltloses Sich-loslassen auf den anderen hin nur in einem Akt erkannt, in dem der andere sich ebenso vorbehaltlos von sich selbst losreißen läßt."[59]

Geschichtlich einmalig ereignete Offenbarung wird nun im Zeugnis dieser an eine Person gebundenen objektiven Evidenz weitervermittelt. Tradition hat den Charakter dieses Zeugnisses in sich aufzunehmen und in der Form ihrer Weitergabe als Selbstübergabe und Lebenshingabe – *Martyrium* – sich ganz auf ihr *Sujet* hin transparent zu machen. In einem solchen Zeugnis kann Tradition so überzeugen, daß sie den unbedingten Anspruch des sie *auslösenden* und tragenden Offenbarungsereignisses in jede Zeit und jeden Raum vermittelt.

Solches Zeugnis annehmen und übernehmen kann freilich nur, wer sich dafür öffnet:

> „Auch andere geistige Phänomene können nur vermittelt werden, wenn der Angesprochene hierfür nicht schlechthin ‚unmusikalisch' ist. So gibt es auch im Bereich des Geschichtswissens Fakten, über deren Wirklichkeit nicht durch Akkumulation von Wahrscheinlichkeiten befunden werden kann, sondern die den Charakter eines Blitzes haben, der, wenn und wohin er fällt, unbedingt trifft. Diesen Charakter der Nichtverrechenbarkeit mit sonstiger empirischer Erfahrung hat jedenfalls seiner Definition nach jenes Ereignis, auf das sich Christen als Grund ihrer Existenz berufen."[60]

Für den Christen läßt sich nun in der bezeugten Lebensgestalt Jesu die Einlösung des erhobenen Anspruchs finden: Leben und Botschaft stimmen voll-

---
[59] Ebd., 401.
[60] Ebd., 402.

kommen überein, seiner Hinordnung auf den Vater entspricht die volle Transparenz seines Lebens für ihn im Sinne seines Gottesbildes, das Gott als absolute Liebe sieht. Indem Jesus diese Liebe menschlich durchsetzt, indem er sie rückhaltlos – im neutestamentlichen Zeugnis: ohne Sünde – bis zum Tod durchlebt, deckt er die Möglichkeit und die Wirklichkeit der Liebe als Wahrheit der göttlichen Schöpfung und der Existenz jedes einzelnen auf. Dem unbedingten Anspruch, den Jesus in seinem Liebesgebot und seiner Lebenspraxis stellt, entspricht die unbedingte Gewißheit, die von der Wahrheit und Wirklichkeit dieses Anspruchs in diesem Menschen ausgeht. Da es hier apriori keine Objektivierung von Erkenntnis geben kann, konvergieren die Überzeugungskraft des Anspruchs und die bezeugte Identität des Menschen mit seinem Anspruch in einer Sicherheit, die sich inhaltlich daran festmachen darf, daß dieser Mensch in seiner ganzen Existenz und in seiner Selbsthingabe bis in den Tod, der den Anspruch nicht auflösen kann, sondern ihn in seiner letzten Geltung über den Tod hinaus bestätigt, von dieser Gewißheit selbst getragen war. Von daher steht auch das ganze Leben Jesu, das Wunder, das Zeichen seines Lebens im Mittelpunkt christlicher *Überzeugung:* dieses Leben trägt den letztgültigen Sinn in sich und bis zum Ende aus. Darin wird die ganze göttliche Liebeslogik menschlich manifest[61] – in und als *Traditio.* Erkenntnistheoretisch verspricht eine solche „Hermeneutik interpersonal beanspruchender Wahrheit die einzig angemessene Methode im Hinblick auf das ‚Ein-für-allemal' der Geschichte Jesu".[62]

5.2.5 Frageanlässe

Angelpunkt des ganzen Ansatzes ist „die unerschütterliche Evidenz des ‚cogito/sum', des in seiner bewußten Wirklichkeit durch *keine* Vernunft zu unterhöhlenden Denkens"[63]. Hierbei ist zu unterscheiden, ob einem Ich existenziell mit dem – präreflexiven – Selbstbewußtsein die Gewißheit seiner Gegebenheit nicht auszureden ist, oder ob dies gleichsam als objektives Faktum unter der Rücksicht eines möglichen Täuschergottes anzusehen ist. Daß die existenzielle Selbstevidenz gegeben ist, wird nicht bestritten. Daß sie indes gerade unter Einbezug eines möglichen *deus malignus* unerschütterlich sei, ist nicht zwingend. Klaus Müller weist darauf hin, daß ein mögliches allwissendes Wesen alle Ich-Sätze verschiedener Personen deshalb nicht verwenden könne, weil sie an ein reales Ich mit einem Selbstbewußtsein gebunden seien, das sich nicht adäquat von einem anderen übernehmen lasse:

---

[61] Daher lehnt Verweyen eine Auferstehungstheologie ab, die im Sinne eines nachträglichen Handelns am toten Jesus erst so seine volle Wahrheit und die seines Anspruchs ans Licht brächte. Vgl. H. Verweyen, Grundriß, 441-480.– Die umfassende Diskussion seiner Auferstehungskritik ist im Rahmen einer Auseinandersetzung mit dem Grundansatz – so sehr sie sich aus ihm entwickelt – nicht zu referieren.
[62] Ebd., 414.
[63] Ebd., 193.

5. Zur erkenntnistheologischen Bedeutung einer Hermeneutik der Differenz

„Als ‚ich'-Sätze sind die ‚ich'-Sätze nicht reproduzierbar. Selbst für ein allwissendes Wesen bin ich als Subjekt unvertretbar."[64]

Müller stellt hier eine Situation, die sich mit Descartes' Täuschergott noch radikalisieren ließe. Ein solcher dämonischer Gott könnte den Gedanken des vermeintlich existierenden Subjekts in ihm hervorbringen, und zwar mit allen Anzeichen einer Selbstgewißheit im Zweifel über dieselbe. Das heißt: der Zweifel hört nicht mit dem Gedanken an die Selbstgewißheit auf, sondern bezieht diese unmittelbare Selbsterfahrung im Zweifel noch als möglichen Gedanken *thematisch* in die Fassung des Täuschergottes ein. Es ist nicht auszuschließen, daß ein solcher absoluter Täuschergott die Möglichkeit hätte, einen solchen Gedanken hervorzurufen, der ein vermeintliches Subjekt dieses Gedankens betrifft, das doch nicht wirklich existiert, wenn es sich zu spüren meint, sondern als solch eine Selbstgewißheit nichts weiter als ein illusionärer Gedanke mit Freiheitsattitüde in diesem Gott selbst wäre. Daß wir nichts weiter als Illusionen in diesem Gott als seine manipulationsfähigen Gedanken wären, schlösse dann auch die Verwendbarkeit der Ich-Sätze ein, die in der Sprache ein Ich vorgeben, dem real außerhalb dieses Gottes nichts entspricht.

Dieses hypothetische Gedankenspiel bejaht einerseits zwar eine existenzielle Selbstgewißheit, impliziert andererseits aber, daß das Ich rational durchaus erschüttert werden kann. Der radikale Zweifel hat sich selbst noch einmal nicht nur formal zu vollziehen und damit auf das Cogito zurückzuwerfen, sondern dies auch thematisch zu radikalisieren.

(In Klammern: Hier meldet sich die Frage an, ob das Ich unmittelbar zu haben ist: ohne seine symbolische, mithin auch reflexive Medialisierung bleibt es leer und bedeutungslos. Die Wahl des bewußtseinsphilosophischen Paradigmas als Theorierahmen bedingt die Fassung des Subjekts sowie die entsprechenden inhaltlichen Ableitungen, erscheint aber im Blick auf eine im weitesten Sinn *körperlose* Ansetzung des Subjekts nicht unproblematisch.)

Aus der Sicht einer skeptischen Radikalkritik läßt sich darüber hinaus nachweisen, daß Descartes keineswegs anfanglos einen archimedischen Punkt erreicht. Offen bleibt zumindest, mit welchem Recht Descartes im Vollzug des Zweifels zu einem zuverlässigen Wissen des Subjekts über sich selbst findet. Hier wird ein natürliches Licht der Vernunft im spontanen Schlußverfahren beansprucht, dessen theoretischer Status nicht mehr reflektiert wird.

„Die logischen Prinzipien, ohne die irgendeine Vollzugs-Gegebenheit keinen sinnvollen Gedanken oder Satz ergeben kann, sind hier noch nicht legitimiert. Natürlich setzt Descartes sie als gültig voraus. Wie hat er sie aber in ihrer Gültigkeit bestätigt, wenn nicht doch simpel dogmatisch?"[65]

Gerade wenn man mit guten Gründen von einem *subjektiv* unhintergehbaren präreflexiven Selbstbewußtsein ausgeht, ist damit erstens für den radikalen

---
[64] K. Müller, Das etwas andere Subjekt. Der blinde Fleck der Postmoderne, in: ZKTh 120 (1998) 137-163; hier: 161.
[65] H. Craemer, Der skeptische Zweifel und seine Widerlegung, Freiburg-München 1974, 169.

Skeptiker nichts über die objektive Existenz des freien Subjekts ausgesagt; zweitens machen sich interpretative Einschläge im Sinne von Entscheidungen im Argument vorab fest. Der archimedische Punkt des Cogito ist *aus der Sicht des Skeptikers* damit nicht unbezweifelbar. Im Blick auf die mögliche Letztbegründung wird sie damit in der Weise abgeschwächt, daß sie, ausgehend vom Cogito, eine erhebliche Evidenz für sich hat, jedoch nicht unbestreitbar ist.

Mit dem Evidenzbegriff ist nun eine weitere Schwierigkeit angesprochen. Evidenz wird von Verweyen mehrfach theoretisch in Anschlag gebracht, ohne daß der Begriff selbst wirklich geklärt würde. Im cartesianischen Argument wird von einer Evidenz Gebrauch gemacht, wenn die Zuverlässigkeit der spontan schließenden Vernunft *formal* vorausgesetzt und darin zugleich *material* als unhintergehbar präsupponiert wird. Das hat solange sein Recht, wie die Einsicht in die unbegründbare Evidenz mitreflektiert und insofern ein Entscheidungs- und Interpretationsfaktor in der Theoriebildung eingeräumt wird.

> „(J)ede Begründung beginnt mit Prämissen und vollzieht sich mit Schlüssen, von deren Wahrheit, bzw. Gültigkeit wir schon überzeugt sein müssen, damit die Begründung uns von der Wahrheit des begründeten Satzes, der letzten Konklusion überzeugt. Begründungen gibt es also nur, wo es Überzeugungen gibt, die nicht selbst wieder durch Begründungen vermittelt sind, die als einer Begründung nicht bedürftig angesehen werden. Begründeter Glaube beruht also auf unbegründetem, begründetes Wissen auf nicht begründetem."[66]

Diese begründungstheoretische Einschränkung postuliert nun keinen Irrationalismus oder Fundamentalismus der Entscheidungen, sondern korrigiert den Anspruch von Letztbegründungen. Sie bleiben weiterhin in einem eingeschränkten Sinn möglich, nämlich im Kontext von unhinterfragbaren Evidenzen, die indes nur in diesem spezifischen Kontext unhinterfragbar sind. Selbstbewußtseinstheoretisch besteht eine hinreichende Evidenz, nicht von einem Betrügergott auszugehen, der noch mein Selbstgefühl als vorgetäuschte Sicherheit in sich hervorgebracht hat. Eine unhintergehbare, zwingende Letztbegründung müßte dies ihren eigenen Maßstäben nach aber definitiv ausschließen können – d.h. rational unbezweifelbar sein. Genauso evident ist die gehaltvolle Voraussetzung einer leistungsfähigen schließenden Vernunft. Solche „Problemlosigkeit" ist das entscheidende Kennzeichen von Evidenz:

> „Nur wenn Evidenz unproblematisch ist, kann sie auch als letzter Berufungsgrund für Überzeugungen dienen, der Begründungen überflüssig macht."[67]

Auch hier ist wieder nicht gemeint, daß man auf Begründungen verzichten dürfe, sondern daß auf der Basis einer solchen Evidenz ihre letzte, zwingende rationale Begründbarkeit nicht nur nicht möglich, sondern auch nicht mehr nötig ist. Dies gilt vor dem Hintergrund der erkenntnistheoretischen

---

[66] F. von Kutschera, Grundfragen der Erkenntnistheorie, Berlin-New York 1982, 36.
[67] Ebd., 38.

5. Zur erkenntnistheologischen Bedeutung einer Hermeneutik der Differenz   507

Einsicht in die Unfeststellbarkeit eines tatsächlich unbezweifelbaren archimedischen Punktes. Eine strenge Letztbegründung im Sinne der Transzendentalpragmatik Karl-Otto Apels behauptet, genau diesen Punkt zu haben. Daß auch die reflexive – bzw. nach Verweyen *retorsive* – Letztbegründung gehaltvolle Voraussetzungen übernimmt und letztlich scheitert, ist mehrfach angesprochen worden und wird auch von Verweyen so gesehen. Auf dieser Basis ist aber auch der Charakter der Letztbegründung von Verweyen genauer zu bestimmen. Dabei stellt sich als problematisch heraus, daß er den genauen Sinn einer Letztbegründung nicht mehr definiert. Ihre kriteriologisch-funktionale Abschwächung macht aber deutlich, daß Verweyen ein eingeschränktes, nämlich evidenzgesteuertes erstphilosophisches Programm schreibt. Es funktioniert auf der Basis der Evidenz des selbstbewußten Cogito.

Der umständliche Nachweis war nun deshalb eigens anzutreten, weil damit der interpretative Charakter der Theorieanlage im Kern deutlich wird. Und das wiederum ist von Interesse angesichts der PostModerne-Kritik Verweyens. Ihrer theologischen Variante wäre aus seiner Sicht ein Fideismus vorzuwerfen, der sich nicht weit von einem dezisionsgebundenen Fundamentalismus bewegt und als im letzten relativistisch dessen pluralistische Schattenseite bildet. Wenn aber mit jedem Letztbegründungsversuch schon Prämissen im Spiel sind, und zwar in Form eines Minimalvertrauens in die Leistungsfähigkeit der schließenden Vernunft wie bei Descartes, wird deutlich, daß die Evidenzgebundenheit von Erkenntnis über ein Grundvertrauen in das Evidente vermittelt ist. Dafür lassen sich Indizien und Argumente, aber nicht wieder letzte, voraussetzungsfreie, also strenge Begründungen anführen:

> „Es wird deutlich, daß wir uns in der Erkenntnisbemühung auf ein Wagnis einlassen, das getragen wird von dem Vertrauen, daß unsere sorgfältig geprüften Überzeugungen uns in der Regel nicht trügen; daß die Welt für uns (jedenfalls partiell) erkennbar ist. Dieses Vertrauen läßt sich rational nicht mehr rechtfertigen, weil alle rationale Begründung sich immer auf Evidenz stützt, und Evidenzen schon Überzeugungen darstellen."[68]

Fideismus-Kritik wäre auf dieser Basis zu präzisieren. Sie hat kenntlich zu machen, daß es einen fideistischen Anteil in jeder Erkenntnis gibt. Er spielt freilich nicht jenseits von Kritik. Jede Evidenz hat sich noch einmal in Frage stellen zu lassen, weil kein rational zwingendes letztes Prinzip sie stützt. Das bezieht sich auf die prinzipielle Möglichkeit einer andersgearteten Evidenz. Zugleich ist aber klar, daß Evidenz die volle Überzeugung und Gewißheit einschließt. Das Bewußtsein einer möglicherweise anderen Evidenz – das noch in der vollen Überzeugung bleibt, weil klar ist, daß Evidenzen unverre-

---

[68] Ebd., 70.– Um der Genauigkeit willen: rationale Begründung meint hier eine letzte, zwingende, evidenzlose Begründung – nicht eine argumentationslose, irrationale. Der Basissatz dieser erstphilosophischen Eingrenzung lautet: „Durch Beweise vermittelte Erkenntnis beruht...auf Evidenz, die nicht mehr begründbar ist" (ebd., 73) im Sinne von unbezweifelbar, zwingend *letzt*begründet.

chenbar, rational nicht zu erzwingen, also auch individuell unterschiedlich einleuchten können – hindert nicht daran, zugleich restlos von der eigenen Evidenz überzeugt zu sein und ihren unbedingten Sinnanspruch mit der geforderten existenziellen Unbedingtheit als Zeugnis dieser Evidenzwahrheit zu übernehmen und sie auch für andere als sinnvoll zu behaupten.

Das ist nun mit Verweyens Anforderung an eine Überzeugtheit von letztgültigem Sinn zu verbinden:

> „Solange es noch >unausgeleuchtete Winkel< in mir gibt, von denen her potentiell jederzeit Fragen und Zweifel hinsichtlich der Letztgültigkeit des im Glauben Angenommenen in mir aufbrechen können, bleibt – zumindest und gerade von *mir* her gesehen – in der Schwebe, ob Jesus Christus nicht doch nur einer jener vorletzten Gurus auf der Suche nach meinem persönlichen Heil ist, die sich mir täglich aufs neue anbieten." [69]

Die individuelle Evidenz kann und muß auch dort unbedingt verpflichtend gelten, wo gleichzeitig das Bewußtsein einer Evidenz und nicht eines unausweichlichen Zwangs zur Einsicht für jeden (aufgrund universell bindender, unausweichlicher und unbezweifelbarer Strukturen) herrscht. Daß freilich eine volle Überzeugtheit immer auch Zweifel konstitutiv für den Glaubenden einschließt, macht gerade die Unverrechenbarkeit und (gnadenhafte) Unerzwingbarkeit einer Evidenz deutlich, die sich doch geschichtlich immer neu interpretativ zu bewähren hat. Evidenzüberzeugung und Glaubenszweifel lassen sich nicht auseinanderdividieren, sondern gehören integrativ zusammen: als Interpretationsphänomene. Das ist gerade (auch mit Verweyen) angesichts der möglichen Absurdität der Wirklichkeit festzuhalten. Die gegenläufige Interpretation bietet „rational unhintergehbare Argumente"[70] nur auf der Basis einer solchen Urevidenz hinsichtlich der Grundverfassung der Realität, die dann konsequent auf einen letztgültigen Begriff von Sinn zurückgeführt wird. Dieser Sinn wiederum bietet eine Erklärung und Deutung des Spannungsverhältnisses von Identität und Differenz an, das nur so wirklich begriffen und aufgelöst werden kann – „wenn es denn überhaupt erklärbar (und Vernunft in sich nicht der schlechthinnige Widerspruch) sein soll."[71] Auch Verweyen rechnet also mit dieser letzten Möglichkeit einer Absurdität. Von ihr her muß der interpretative Evidenz- und Entscheidungscharakter jedes Sinnzugangs festgehalten werden – d.h. die objektive Vorläufigkeit jeder subjektiv zugänglichen letzten Sinnbegründung.[72]

In diesem interpretationslogischen Zusammenhang ist die eigentliche Leistungsfähigkeit der Letztbegründung Verweyens nach seiner eigenen Auskunft zu sehen: der Begriff eines letztgültigen Sinns ist an jede Evidenz an-

---

[69] H. Verweyen, Botschaft, 96.
[70] Ebd.
[71] Ebd., 113.
[72] Die genauen Anforderungen an eine solche Letztbegründung von Sinn werden nicht klar genug bestimmt. So spricht Verweyen gelegentlich angesichts der antinomischen Verfassung der Vernunft vom Grunderfordernis eines „*widerspruchsfreie(n) Begriff(s)* von letztgültigem Sinn" (Grundriß, 195 – Hervorhebung G.M.H.).

5. Zur erkenntnistheologischen Bedeutung einer Hermeneutik der Differenz 509

zulegen, die einen unbedingten Anspruch – offenbarungstheologisch – beinhaltet. Das notwendige Vertrauen, das sich auf eine Evidenz stützt, macht den Fideismus in diesem Augenblick zu einem *kritischen* Fideismus. Nur eine solche Sinn-Evidenz kann der im selbstbewußten Cogito evidenten Vernunft genügen, die ihrer Tendenz auf Unendliches, auf eine letzte Einheit in interpersonaler Anerkennung entspricht. Der nicht mehr andemonstrierbaren Evidenz der Vernunft entspricht auf dieser Ebene die nicht mehr rational herbeizuzwingende Einsicht in eine letztlich sinnvolle Wirklichkeit, die nicht absurd bleibt. Vernunft interpretiert hier auf einer ihr nicht mehr voll verfügbaren Evidenzstufe, die interpretationistisch mit der Interpretationsstufe¹, theologisch mit dem schöpfungs- und erkenntnistheologischen Grundwort *Gnade* erfaßt wird.

Mit der (gnadentheologischen) Unverfügbarkeit einer solchen Evidenz wird ein strukturlogisches Problem sichtbar, das den Zusammenhang von Erkenntnis- und Subjekttheorie betrifft. Im Anschluß an Hans Urs von Balthasar zeichnet Verweyen ein erkenntnistheologisches Spannungsgefüge in der möglichen Aufnahme einer göttlichen Offenbarung, das die beiden Pole Identität und Differenz miteinander verbindet: zum einen in der notwendigen subjektiven Disponiertheit für eine solche Offenbarung, zum anderen in der evidenten Übermacht des Objektiven über das Subjekt.[73] Von Balthasar sucht, den Vorrang objektiver Evidenz der Offenbarungsgestalt zu wahren, muß aber zugleich anerkennen, daß sie nur von einem Subjekt wahrgenommen werden kann, das über den entsprechenden ästhetischen Apparat verfügt.

> „Es geht nicht darum, in der tatsächlich mit der Wahrnehmung einer Offenbarungsgestalt immer schon verbundenen Interpretation den Anteil der fragend-urteilend vorgreifenden Subjektivität bzw. der Heil thematisierenden Sprachgemeinschaft zu leugnen. Zentral ist vielmehr die Frage, wie trotz und in dieser subjektiven Konstitution des Objektiven sich Gottes Wort in der Geschichte als ein unbedingtes vernehmen läßt. Dies kann es nur, wenn der bedingenden Interpretation gnoseologisch (nicht chronologisch) voraus bzw. diese definitiv durchkreuzend ein wirklicher Akt des Staunens stattgefunden hat, in dem alle subjektiv-intersubjektiven Möglichkeitsbedingungen der Erkenntnis in ihrem *bedingenden* Charakter außer Kraft gesetzt werden. Die fundamentaltheologische Frage nach der Faktizität eines geschichtlich ergangenen ‚Ein-für-allemal' läuft von hierher auf die Aufgabe hinaus, in der Geschichte der tradierten Offenbarungsgestalt Jesu Christi den Niederschlag eines Staunens auszumachen, in dem sich die alle Bedingungen umstürzende Evidenz jenes ‚Ein-für-allemal' zur Geltung bringt."[74]

Die entscheidende Frage ist nun, ob dieses alle subjektiven Kategorien und Erwartungen *zumindest möglicherweise* durchkreuzende staunenswerte *Sujet* erkenntnistheoretisch adäquat angesichts eines Subjekts möglich ist, von dem jede Sinn-Reflexion ausgeht. Das Subjekt entwickelt letztlich allein aus

---

[73] Vgl. die luzide Balthasar-Diskussion im Grundriß, 394-398.
[74] Ebd., 397f.

sich selbst jene Kriteriologie letzten Sinns, die es an das geschichtliche Offenbarungsphänomen anzulegen hat.[75] Zur Diskussion steht nun, ob damit nicht Anderes doch immer nur unter den Bedingungen des Subjekts vorkommen kann. Denn im Cogito war zumindest die Überzeugung von der Tragfähigkeit der spontan schließenden Vernunft enthalten, die sich somit auch in der Sinnkriteriologie festmacht. Die formalen Leistungen der Vernunft bleiben indes nicht ohne materiale Durchsetzungskraft. Die einmal eingeführte und kriteriologisch erprobte Vernunft läßt sich nicht mehr einfach ablegen: was ihr *vernünftig* erscheint, und zwar in letzter transzendentaler Reflexion auf die Möglichkeitsbedingungen absoluten Sinns, wird inhaltlich kaum preisgegeben, wenn dieser Sinn ganz anders ausfällt als die Erwartungen es zulassen. Dieses Anderssein im konkreten geschichtlichen Ergehen des Sinns kann dem erkenntnistheoretischen Ansatz entsprechend nur *relativ anders* sein als die Maßstäbe der Vernunft es erwarten lassen. Modal schlägt jede Sinnkriteriologie – die doch faktisch immer geschichtlich ist, auch in der transzendentalen Reflexion nie ganz frei vom aposteriorischen Blick, der auf ein bestimmtes Erkenntnisziel hinauswill – in einen Vorentwurf von Sinn um, der Gott virtuell bindet. Nimmt man die konsequente philosophische Reflexion ernst, die in den transzendentalen Bedingungen der Vernunft eine Tendenz auf letzte Einheit feststellt, dann impliziert das, daß zu jedem Zeitpunkt schon vor Jesus Christus eine solche Reflexion möglich gewesen wäre und sich sein geschichtliches Erscheinen daran zu messen hätte. Spielt man das durch, so wird Geschichte zum Probestück der Vernunft – und zwar *strukturlogisch*, so wenig Verweyen das *material* will. Thomas Pröpper merkt in dieser Richtung kritisch an, daß sich unter dieser Maßgabe „Offenbarung und Vernunft nicht inhaltlich, sondern nur >in Absicht der Form< unterscheiden".[76] Mit anderen Worten: der freien Unverfügbarkeit der *geschichtlichen* Offenbarung wird *formal-erkenntnislogisch* nicht in der Weise Rechnung getragen, wie dies vom konstitutiven Akt des Staunens her *inhaltlich* intendiert ist.

Dieses Bedenken findet nach Pröpper Anhalt an der Interpretation der Auferweckungsdokumente. Der philosophisch autonom gewonnene Sinnbegriff bedingt den Ausschluß eines erkenntniskonstitutiven Anteils der Auferstehungserfahrungen für das Zustandekommen des Glaubens an Jesus als den Christus Gottes.

> „In ihm (dem Begriff letztgültiger Offenbarung – G.M.H.) sind menschliche Hingabe an das Sollen und Offenbarwerden Gottes von vornherein verbunden und so proportioniert, daß der Akt äußerster Selbsthingabe als Kulminationspunkt der Offenbarungsevidenz apriori gesichert ist. Zugleich ist er inhaltlich so konzipiert, daß Probleme wie etwa die Vollmachtsfrage erst gar nicht aufkommen können. *Anders* wiederum, wenn man über solche philosophische Gottesgewißheit nicht verfügt und Offenbarung als freien geschichtlichen Selbsterweis

---

[75] Vgl. ders., Botschaft, 105.
[76] T. Pröpper, Erstphilosophischer Begriff oder Aufweis letztgültigen Sinnes? Anfragen an Hansjürgen Verweyens >Grundriß der Fundamentaltheologie< in: ThQ 174 (1994), 272-287; hier: 283.

5. Zur erkenntnistheologischen Bedeutung einer Hermeneutik der Differenz   511

> Gottes versteht. Dann ist es *seine* Sache, Sache seiner Freiheit, wie er sich zu uns verhält".[77]

Pröpper hebt darauf ab, daß einerseits der Glauben auf seine vernünftige Durchdringung angewiesen bleibt, andererseits die Erfüllung seiner Erwartungen nur in radikaler Angewiesenheit auf eine wirklich freie andere Freiheit thematisieren kann.[78] Insofern dies grundlegend geschichtlich vermittelt ist, herrschen auch hier Interpretationsverhältnisse. Unbedingtes kann – mit Georg Essen – symbolisch in der Geschichte erscheinen und Freiheit unbedingt herausfordern. Insofern gibt es eine Erkenntnis von Absolutem in kontingenter Geschichte. Zugleich ist aber darauf zu achten, daß diese Erkenntnis nicht wiederum absolut sein kann, weil schon das Absolute im Endlichen unter dessen Bedingungen erscheint.

> „Es bedarf...eines vertrauenden Engagements, sich auf die situative Evidenz einer eröffnenden Beziehungswirklichkeit einzulassen. Es hat darum den Charakter des Wagnisses und der Entscheidung."[79]

Jede Interpretation hat dann aber, weil sie sich wesentlich auf ein geschichtliches Ereignis bezieht, dessen Unableitbarkeit in sich aufzunehmen. Gerade mit Blick auf die Auferstehungsthematik deuten sich hier Konstruktionsprobleme bei Verweyen an[80], die subjekttheoretisch mitverursacht sind.

Die entscheidende Frage lautet in diesem Zusammenhang: Wie kann dieses *andere Wort der Zusage eines Ganz-Anderen* subjekttheoretisch adäquat aufgefaßt werden? Es ereignet sich in einem Zugleich von Autonomie und Heteronomie, gleichsam in deren chalkedonensischem Zugleich. Von daher läßt sich die subjektkritische Anfrage Thomas Freyers aufgreifen, der den Konstruktionspunkt des selbstbewußten Cogito unter dieser Rücksicht kritisiert:

> „Mit Levinas wäre christlicherseits zu fragen, ob nicht das Postulat eines letztgültigen Sinnes, insofern es seinen Ansatz im selbstbewußten Subjekt hat, nicht primär seinen Ort in dessen *Bedürfnissen* hat."[81]

---

[77] Ebd., 285 f.
[78] Vgl. ders., Sollensevidenz, Sinnvollzug und Offenbarung. Im Gespräch mit Hansjürgen Verweyen, in: G. Larcher / K. Müller / T. Pröpper (Hrsg.), Hoffnung, die Gründe nennt. Zu Hansjürgen Verweyens Projekt einer erstphilosophischen Glaubensverantwortung, Regensburg 1996, 27-48; hier: 38.
[79] G. Essen, „Letztgültigkeit in geschichtlicher Kontingenz". Zu einem Grundlagenproblem der theologischen Hermeneutik, in: G. Larcher / K. Müller / T. Pröpper (Hrsg.), Hoffnung, die Gründe nennt, 186-204; hier: 203.
[80] Vgl. dazu ders., Historische Vernunft und Auferweckung Jesu. Theologie und Historik im Streit um den Begriff geschichtlicher Wirklichkeit, Mainz 1995.
[81] T. Freyer, Menschliche Subjektivität im Referenzrahmen „erstphilosophischer' Reflexion"? Versuch einer Antwort auf Klaus Müllers Beitrag: Subjekt-Profile. Philosophische Einsprüche in eine theologisch überfällige Debatte, in: ThG 41 (1998) 48-55; hier: 55, Anm. 42.– Vgl. ders. Die Öffnung der Transzendenz. Thesen zum Logos der Theologie anhand der Philosophie von Emmanuel Lévinas, in: ZKTh 114 (1992) 140-152; ders., Das „Ich als Ich, das alles Leid der Welt auf sich nimmt." Theologische Notizen zur gegenwärtigen philosophischen Debatte um menschliche Subjektivität, in: G. Riße / H. Sonnemans / B. Theß (Hrsg.) unter Mit-

Das zentrale Problem, das sich hier abzeichnet, schlägt freilich auch auf die im Anschluß an Levinas vertretene Position Freyers zurück: wie der Andere lediglich vom seiner selbst bewußten Subjekt her ansichtig wird, so droht das Subjekt vom Anderen übermächtigt zu werden. Es ergibt sich eine strukturelle Ungerechtigkeit des Erkenntnisvorgangs, der zugleich untergründig Züge von Gewalt in jeder der beiden möglichen Perspektiven transportiert und von daher zu einer letzten Unauflösbarkeit erkenntnistheoretisch überleitet, deren Aporetik kontingenzhermeneutisch gegenzulesen wäre. Der fehlende gerechte Ausgleich wird zum Anhaltspunkt einer Differenzhermeneutik, die auf eine andere Fassung des Subjekts dringen läßt. Mit Paul Ricoeur sind diese Spannungen im Subjekt selbst bereits zu verankern, das darin vom und für den Anderen aufgesprengt wird. Die Position des einsamen Cogito ist auch erkenntnistheoretisch primordial aufgegeben. Dieses Subjekt trägt seine eigene Unmöglichkeit in sich – und so sehr jeder Denkakt ein Subjekt, ein verstehendes Individuum beansprucht, so sehr ist es aus jedem erkenntnislogischen Solipsismus bereits gelöst, insofern es Anderem gleichursprünglich ausgesetzt ist. In dieser Hinsicht wird aber auch der Gedanke des einsamen Cogito immer geschichtlich gebrochen: als ein Cogito, das sich nie zeitlos seiner selbst vergewissert. „Das empirische, gewordene Ich liegt im Schatten des transzendentalen, das zugleich jenem seine Existenz verdankt."[82] Auch die noch so unmittelbare Selbsterfahrung des präreflexiven Selbstbewußtseins hat den *Augenblick* ihrer Selbstgewärtigung, die auch vorgedanklich eben in diesem Moment zeitlich strukturiert ist und den Konnex von Identität und Differenz bestätigt. Solche Erfahrung ist minimale Bestimmung, aber „meine unbestimmte Existenz kann nur *in der Zeit* bestimmt werden".[83] Zeit ist Differenz, und ein Jenseits von Zeit ist auch nicht für ein Cogito zu erreichen, das das eines zeitlich verfaßten Subjekts bleibt.

Ricoeurs *Selbst als ein Anderes* kann dies subjekttheoretisch in einer Weise fassen, die das Subjekt nicht hinter sich läßt, es aber nicht zum Angelpunkt des Denkens macht, sondern es in seiner Differenz zu sich und zu Anderem schon von diesem affiziert und für es geöffnet begreifen läßt. Diese Position ist nun nicht die synthetische Aufhebung einer dialektischen Vermittlung von Ich und Anderem, sondern Ausdruck ihrer unaufhebbaren Beziehung, die sich immer in einem Subjekt ereignet und zugleich schon immer im Horizont und Anspruch anderer Subjekte.

Damit wird erneut eine differenztheoretische Hermeneutik jenseits der Totalen von Identität und Differenz bezeichnet, wie sie für das postModerne

---

arbeit von A. Thillosen, Wege der Theologie: an der Schwelle zum dritten Jahrtausend (FS H. Waldenfels), Paderborn 1996, 111-124; ders., Menschliche Subjektivität und die Andersheit des anderen. Theologische Anmerkungen zu einer aktuellen philosophischen Debatte, in: ThG 40 (1997) 2-19.

[82] S. Etgeton, Der Text der Inkarnation. Zur theologischen Genese des modernen Subjekts, München 1996, 184.– In diese Richtung weist auch die Kritik am transzendentaltheologischen Subjektbegriff von J. Reikerstorfer, Leiddurchkreuzt – zum Logos christlicher Gottesrede, in: J. B. Metz, J. Reikerstorfer, J. Werbick, Gottesrede, Münster 1996, 21-57; besonders 31-40.

[83] G. Deleuze, Differenz und Wiederholung, München ²1997, 119.

5. Zur erkenntnistheologischen Bedeutung einer Hermeneutik der Differenz 513

Denken konstitutiv ist. Deren interpretationstheoretische Dimension begegnete auch im Ansatz Verweyens – und sie läßt sich gerade unter Verwendung eines Kriteriums unbedingten Sinns auf eine letzte Interpretation der offenen Geschichte projizieren. Daß Interpretation und Entscheidung vor der Evidenz des absoluten Anspruchs an die Freiheit unabschaffbar bleiben[84], läßt den unaufhebbaren quasi-fideistischen Kern des Glaubens erkennen, der indes kritisch zu brechen ist. Hier ergeben sich Berührungspunkte zwischen den postModernen Philosophen und Theologen einerseits und Hansjürgen Verweyen andererseits, die sich mit den bleibenden Problemüberhängen seines subjektphilosophischen Letztbegründungsprogramms herausbilden:

1. Geschichte erhält bei Verweyen – entgegen seiner ausdrücklichen Absicht – im Konstruktionsansatz nicht den *strukturlogischen* Ort zugewiesen, der ihm offenbarungstheologisch zukommen müßte. Geschichte wird am Sinnbegriff gemessen; sie droht *formallogisch* ein Zweites zu werden.
2. Das Sinn-Bedürfnis ist kein Erstes, das ohne Interpretation zu erreichen wäre. Es wird evident gesetzt: es ist eine Interpretation, die in Zeichen spielt und von der *différance* generiert wird. Daher ist mit Tracy die Ambiguität des Phänomens zu betonen. Das Bedürfnis nach Sinn, nach Anerkennung, nach Identität ist *geschichtlich* unterschiedlich deutbar. Das gilt vor allem in der Grundevidenz, die den möglichen (Un-)Sinn der Gesamtwirklichkeit betrifft: herrscht hier absurder Zufall? Oder Gott? Und bleibt nicht jede dieser Deutungen noch einmal in eine undarstellbare Entfernung entzogen? Die nur einmal konkret wird: in Jesus Christus – der zu interpretieren ist.
3. Woher legitimiert sich der logische Schluß, daß Absolutes dieses Bedürfnis instantiiert habe, wenn nicht über eine vorhergehende Vernunftentscheidung zur schließenden Vernunft? Darin macht sich eine Prägung von und durch die nicht mehr ausrationalisierbare Interpretationsstufe[1] (Abel, Lenk) bemerkbar. Kann man „rein vernünftig", gleichsam „anfanglos" denken? Entscheidungen fließen in die Interpretation des Unhintergehbaren ein: in das, was *mir* evident ist. Und das gilt auch noch vor dem Hintergrund dessen, was vermeintlich rein rational zu klären sein müßte. Sonst erklären sich philosophisch-theologische Gegensätze nur mit der Uneinsichtigkeit eines Gesprächspartners. Jedenfalls bleibt der Status der Interpretationsstufe[1] nur in Differenzen wahrnehmbar als:

---

[84] Vgl. den Ansatz von Thomas Pröpper, der von seinem freiheitsphilosophischen Konzept her stärker als Verweyen den Interpretationsgedanken berücksichtigt: Erlösungsglaube und Freiheitsgeschichte. Eine Skizze zur Soteriologie. 2. wesentl. erw. Aufl. München²1988; Freiheit als philosophisches Prinzip der Dogmatik. Systematische Reflexionen im Anschluß an W. Kaspers Konzeption der Dogmatik, in: E. Schockenhoff / P. Walter (Hrsg.), Dogma und Glaube. Bausteine für eine theologische Erkenntnislehre (FS W. Kasper), Mainz 1993, 165-192; Freiheit als philosophisches Prinzip theologischer Hermeneutik, in: Bijdragen 59 (1998) 20-40.

<u>logisch:</u> *eine* stringente Möglichkeit der Deutung;
<u>ethisch:</u> für *mich* überzeugend-verpflichtend;
<u>ästhetisch:</u> eine Wahrnehmungs*form* von Transzendenz (als Ausdruck des unabgeltbar vielfältigen „Reichtums" des Transzendenten).

4. Von daher ergibt sich das Desiderat einer ästhetischen Erkenntnistheorie mit vielen möglichen Zugängen, wie sie liturgisch-sinnlich schon immer geschaffen wurden. Das arbeitet einer nachmetaphysischen Theologie insofern zu, als sie nicht mehr mit Letztbegründungen im strengen Sinne operiert, die unabweisbar sein sollen. Eine dergestalt ästhetisch erschlossene Theologik wäre der Ausdruck eines Denkens, das sich für den ganz anderen Gott öffnet.
5. Die Struktur des Arguments macht sichtbar:
   • daß Differenz für uns unabschaffbar ist;
   • daß mir die Möglichkeit von jeweils anderer Deutung eingeschrieben ist;
   • daß die transzendentale Grammatik meines Denkens von der Struktur latent immanenter Andersheit ist;
   • dies entspricht dem Gedanken Rahners, daß wir je über uns hinaus sind;
   • diesen Ort können wir nicht noch einmal identifizieren, sondern nur interpretieren: als Einfallstor des Ganz-Anderen; als Interpretationsstufe[1].
6. Wenn wir die Interpretationsstufe[1] nie ganz beherrschen können, wird Gnade noch einmal neu buchstabierbar: unverrechenbar, unableitbar, möglicherweise anders als das zu Erwartende, eine Eröffnung für den Ganz-Anderen. Unser Anteil besteht darin, uns offenzuhalten für das Andere. Das gilt religiös wie ethisch als Lebensform. Und das können wir am Leben Jesu ablesen. Gerade mit Verweyen läßt sich vom Warten als einer Haltung sprechen, die noch nicht alles hat, im Denken sicher hat. Wir müssen jeden Gedanken an Gott, jeden Begründungsversuch immer noch einmal aufgeben, uns frei machen von theologischer Besitzstandswahrung. Auch das entspricht der Grundhaltung Jesu und seiner *Traditio*.
7. Dem entspricht Glauben als Vertrauen auf und in eine Person:
   • irreduzibel wie die Irreduzibilität Gottes;
   • unbegreiflich wie die Liebe;
   • nicht irrational: mich überzeugt die Liebe dieses Menschen Jesus;
   • Jesus glaubt und vertraut so.
8. Die Selbstmitteilung Gottes als Liebe geschieht in dem *vertrauenswürdigen* und *liebenswerten* Menschen Jesus. Ist der logische Nachweis seiner Glaubwürdigkeit nicht eine so fremde Kategorie, daß er strukturell Spuren von Sein-wie-Gott-wollen behält, die nicht hinsichtlich des Nachweises der Hörfähigkeit greifen, wohl aber im Augenblick der *Maßnahme* des Menschen, die das Staunen Verweyens apriorisch begrenzt?[85]

---

[85] Vgl. E. Arens, Läßt sich Glaube letztbegründen?, in: G. Larcher / K. Müller / T. Pröpper (Hrsg.), Hoffnung, die Gründe nennt, 112-126; besonders 120ff.

9. Ist nicht die entsprechende letztbegründungstheoretische Aporetik *auch* Realsymbol der Aporie als sündiger Existenz? Diese Frage verhängt kein Denkverbot, sondern fordert dazu auf, im unausweichlichen Denkversuch denselben durchzustreichen. Das Anderssein Gottes wäre im Gedanken selbst durchzutragen: die analoge Präsenz auch als Absenz Gottes in einer negativen Dialektik des „Selbst als ein Anderer" zu denken.
10. Glauben als Vertrauen hat die Struktur der Selbstübergabe – nur dann wird das Ego erlöst. Leben, Tod und Auferstehung Jesu formulieren ein Strukturgesetz. Der Ansatz beim Selbst ist strukturell vom Evangelium – wie von einem relationalen trinitarischen Personbegriff[86] – her fragwürdig.
11. Verweyens Ansatz transportiert von allem Anfang eine anthropologisch-hermeneutische Option: der Mensch ist auf Sinn angelegt. In der Fragerichtung liegt die erste gehaltvolle Voraussetzung. Auch wenn man von der hermeneutischen „Natur" des Menschen ausgeht, ist dies selbst noch einmal als Interpretation zu sehen und also nicht als etwas Letztes/Erstes, sondern auf eine interpretative Offenheit zu bringen.
12. Der Schluß von unbedingter Sinnverwiesenheit / Freiheit auf unbedingten Sinn / Freiheit kann nur unter der Voraussetzung erfolgen, daß wir annehmen, dies Phänomen überhaupt hinreichend erklären zu können. D.h.: eine Erklärungsmöglichkeit wird *unterstellt*.
13. Aber mit der Möglichkeit einer Transzendenz ins Leere ist gleichursprünglich zu rechnen. Die Struktur der Zeichen generierenden *différance* bindet die Möglichkeit von (Zeichen-)Sinn an seine Unmöglichkeit in der Iteration und Ersetzbarkeit der Zeichen: damit ein Zeichen etwas bedeuten kann, muß man mit der Möglichkeit seines Verschwindens rechnen – sonst wäre es nichts als es selbst, ohne Unterschied, ohne Bedeutung, die erst in und als Differenz entsteht. Die Möglichkeit einer Transzendenz ins Leere ist semantisch konstitutiv und von daher eine bleibende Irritation in jedem Versuch, nach Sinn zu fragen.
14. Was bleibt, ist eine (Freiheits-)Interpretation – geleitet von einer Idee, die zu einem Begriff ausgearbeitet wird. Aber sie bleibt auf die mögliche Leere verwiesen. Mich kann die höchstmögliche Erfüllung dieser äußersten Idee und Realisierung der Freiheit überzeugen, letztlich aber nur unverrechenbar und unableitbar mit Evidenz treffen, wobei interpretativ zu *entscheiden* ist, ob diese geschichtliche Verwirklichung der unbedingten Sinnerfüllung von Freiheit wirklich eine solche ist.
15. Auch die kriteriologische Anwendung bleibt von der möglichen Transzendenz ins Leere und der *différance* betroffen: sie besteht und zerrinnt gleichermaßen in Geschichte. Sie ist nur differentiell zu haben: mit den Differenzmarken ZEIT, MACHT, METAPHER, INTERPRETATION/INDIVIDUUM.

---

[86] Vgl. G. Greshake, Der dreieine Gott. Eine trinitarische Theologie, Freiburg u.a. 1997, 172-216.

16. Bezogen auf den geschichtlichen Jesus wird seine Identifizierung mit letztgültigem Sinn immer von den Differenzmarken erodiert – und zwar in jedem Vergewisserungsversuch einer unbedingt überzeugten sittlich-praktischen Vernunft. Es gibt keine Möglichkeit identischer Festlegung. Es ist möglich – christlich: gewiß! -, daß z.B. das von Jesus bezeugte Konzept „Sündlosigkeit" mit der „historischen" Wirklichkeit übereinstimmt und zugleich für uns vernunft- und existenzgemäß ist. Aber: darüber ist keine Sicherheit zu erreichen, die nicht auch legitimerweise Interpretationszweifel einbeziehen könnte. Es bleibt eine unabschaffbare interpretative Offenheit – eine hermeneutische Differenz.

17. Ausdruck solcher Differenzlogik sind theologisch vor allem Theodizee und Eschatologie.[87] Gerade vor der Theodizeefrage hat man das Scheitern jeder rationalen Kriteriologie zu konstatieren. Das ist aber auch noch einmal auf den letzten SINN zu wenden: auch LIEBE ist je anders. Nur konkreter Sinn ist menschlich vorstellbarer Sinn. Anerkennung, Gerechtigkeit: das ist je anders möglich (und notwendig, auch im Sinne von Verweyens Ikonoklasmus des Menschseins) als unsere Erwartung und Hinordnung auf sie. Welchen „Sinn" ergibt das Kreuz? Nur den „Wahnsinn Gottes" (H. U. von Balthasar). Daher sind Flucht und Zerstreuung der Jünger genauso „logisch" wie die Furcht angesichts des sich erschließenden überwältigenden Sinns in der Auferstehungserfahrung. Hier zeigt sich alle Ohnmacht des Menschen vor Gottes Möglichkeiten.

18. Von daher ergeben sich Berührungen mit der Betonung Negativer Theologie in der postModernen Theologie. Absolutheit wird qualitativ und im Innenbezug interpretiert.

19. Im Blick auf die Funktion des Ansatzes läßt sich festhalten: der Mensch „braucht" eine „Letztbegründung", denn er ist auf Sicherheit zumindest als Basissicherheit einer Kriteriologie von Sinn angelegt. (Nochmals stellt sich die Frage, ob das dem jesuanischen Nachfolgeglauben entspricht.) Es existiert aber keine Letztbegründung, die nicht wieder interpretationsbestimmt wäre.[88] Letztbegründung gibt es nicht im strengen Sinn, sondern nur in der Interpretation, die hoffnungsgeleitet und glaubensbestimmt mit dem Ganz-Anderen rechnet und sich in ihm festmacht.

Die letztgültige Kriteriologie unbedingten Sinns behält einen evidenztheoretischen Status, der sie nicht jenseits eines Entscheidungsmoments läßt, als Gestalt kritischer hermeneutischer Vernunft jedoch weder relativistisch noch fundamentalistisch, sondern kriteriell gebunden und damit kritikfähig auf der Basis begründeter, aber nicht rational zwingender (erstphilosophisch gesicherter, „letztbegründeter") Überzeugung steht.

---

[87] Vgl. T. Pröpper, Erstphilosophischer Begriff oder Aufweis letztgültigen Sinnes, 287.
[88] Zum Status quasi-transzendentaler Interpretativität vgl. die Auseinandersetzung zwischen Günter Abel und Hans Lenk (I. 3.3.4.3.).

5. Zur erkenntnistheologischen Bedeutung einer Hermeneutik der Differenz

Vor dem Hintergrund einer interpretationstheoretischen Differenzhermeneutik und ihres Denkens des Unendlichen – wie es bei Deleuze, Derrida und Blumenberg, aber auch bei Foucault begegnet und erkenntnislogisch in der Interpretationsstufe[1] des Interpretationismus' aufgefaßt ist – ergeben sich Schnittstellen zwischen postModerner Differenzphilosophie und jenen Ansätzen, die mit einer subjektphilosophischen Reflexion auf Letztgültiges theologisch operieren. Zumindest die globale Kritik an einem vermeintlichen Relativismus des Beliebigen wird mit einer differenzlogischen Rekonstruktion dieser Ansätze zu päzisieren sein. Die Unabschaffbarkeit der Differenzen im Verstehen ist dabei auch erkenntnis- und glaubenstheoretisch zu übersetzen.

5.3 Aspekte einer differenzlogischen Glaubensreflexion

Das bezeichnete Spannungsverhältnis von subjektiver Vernunft und im Glauben anzunehmender Offenbarung Gottes als unausdenkbares Geheimnis findet sich als Leitfaden in der fundamentaltheologischen Enzyklika „Fides et ratio" von 1998 wieder.[89] Johannes Paul II. spricht der philosophischen Vernunft hier die Kompetenz zu, „die unablässige Selbsttranszendierung des Menschen auf die Wahrheit hin zu erkennen" (Nr. 23) und weist ihr im Anschluß an Anselm von Canterbury die Aufgabe zu, „einen Sinn zu finden" (Nr. 42), d.h. der sich transzendierenden Vernunft eine Orientierung zu geben. Zugleich wird aber die Leistungsfähigkeit der autonomen Vernunft theonom begrenzt.

> „Verblendung durch Überheblichkeit verführte unsere Stammeltern zu der trügerischen Täuschung, sie wären souverän und unabhängig und könnten auf die von Gott stammende Erkenntnis verzichten." (Nr. 22)

Demgegenüber hebt der Papst auf die Sprengkraft der Offenbarung für die menschliche Vernunft ab. Und das betrifft ganz grundsätzlich die Denkmöglichkeiten der Vernunft angesichts des konkreten Offenbarungsgeschehens, so daß sich auch jeder Sinnentwurf der Vernunft als Kriterium für die Berechtigung eines solchen Offenbarungsanspruchs noch einmal fundamental erkenntnistheoretisch dem Geheimnis und also dem Ganz-Anderen zu überlassen hat.

> „Der gekreuzigte Sohn Gottes ist das geschichtliche Ereignis, an dem jeder Versuch des Verstandes scheitert, auf rein menschlichen Argumenten einen ausreichenden Beleg für den Sinn des Daseins aufzubauen." (Nr. 23)

Die Vernunft, die sich doch autonom auf die Offenbarung hin ausrichten kann, hat sich zugleich radikal für sie freizumachen – sie hat sich „geschla-

---

[89] Johannes Paul II, Enzyklika „Fides et ratio" an die Bischöfe der katholischen Kirche über das Verhältnis von Glaube und Vernunft, hrsg. v. Sekretariat der Deutschen Bischofskonferenz, Bonn 1998.

gen" zu geben (Nr. 28). Vernunft wird damit nicht irrational, sondern zu ihrer Wahrheit gebracht. Und diese Wahrheit ist die Liebe Gottes *im* Menschen Jesus (als dem Christus Gottes) *zu* den Menschen. Damit wird das formale wie materiale Strukturgesetz der zu sich befreiten Vernunft formuliert. Sie hat sich aus der strengen Reflexion auf sich selbst zu befreien, weil sie ihr Ungenügen erkennt, wo sie ganz auf sich zurückgeworfen bleibt. Das betrifft dann aber auch diesen Vorgang selbst. Daraus ergibt sich jene Verwiesenheit auf den Anderen, die sich in der Selbstübergabe an ihn verwirklicht. Das ist das Gesetz der sich hingebenden Liebe – sie ist es als Vorgang wie als ihre tiefste Wahrheit: Gott ist sich verschenkende Liebe.

Genau diese Einsicht steht mit der Theodizeefrage zur Disposition. Sie bildet das fundamentaltheologische Eingangstor jeder Glaubensreflexion. Die letzte Antwortlosigkeit angesichts des Leids und der Stellung des Schöpfergottes zu einer leidvollen Wirklichkeit, die er doch so eingerichtet hat, bleibt die äußerste Zumutung für die Vernunft. Sie muß sich in eine *reductio in mysterium* einfinden, die als letzte denkbare Antwort doch nur ihr Aufschub ist – Ausdruck einer letzten Hoffnung auf den ganz anderen Gott, dessen Antwort unsere Vorstellungen und unsere Begriffe jeder möglichen Antwort auf das Unbeantwortbare übersteigt. Das Theodizeeproblem ist die radikalste Kritik an jedem möglichen Sinnentwurf der autonomen Vernunft. Diese letzte Antwortlosigkeit der Vernunft macht die interpretative Offenheit, ihre Differenz schmerzhaft und grundsätzlich deutlich: den eminent starken letzten Sinnbegriff und seine Vernunftbegründung einerseits; den nicht mehr vernünftig auflösbaren Einspruch des geschichtlich-natürlichen Un-Sinns andererseits. Die *reductio in mysterium* ist Ausdruck jener letzten Glaubens-Differenz, die noch einmal auf den vorgefaßten Sinnbegriff zurückschlägt und auch *seine* Geheimnishaftigkeit und Andersartigkeit betont.

Jede Glaubensreflexion hat sich diesem Differenzeintrag zu stellen. Gerade vom Gedanken der Differenz her, der sich über die Theodizeefrage in den Glaubensbegriff zwingt, wird noch einmal die Frage nach der rationalen Bemächtigung des Anderen aufzuwerfen sein. Wenn sie aber sowohl ethisch wie auch erkenntnistheoretisch zu kritisieren ist, hat die Glaubensreflexion die Logik eines Denkens des Anderen Ernst zu nehmen. Die Unruhe einer gedanklichen Bewegung, die sich im Eigenen je von Anderem betroffen und auf es verwiesen weiß, formuliert dann eine doppelte Kritik: an einer sich einfindenden Vernunft, die eine letzte Identität selbstbewußter Sinnerwartung mit Gott befriedigt; aber auch an einer billigen Vernunftaporetik, die den Charakter des Suchens abgelegt und sich anders eingefunden hat. Der Versuch einer rationalen Glaubenslogik kann in der voreschatologischen Unruhe und Ungesichertheit des Denkens die Verwiesenheit auf den Anderen zum Ausgangspunkt nehmen. Dabei macht sie Spuren von Andersheit in der Vernunft ganz grundsätzlich dort aus, wo die Vernunft in jeder ihrer Überzeugungen bereits eine Glaubensposition beansprucht. In ihr steckt die Zumutung einer Andersheit, die sich nicht mehr voll ausrationalisieren läßt, sondern eine letzte Undurchdringlichkeit bewahrt – einen Index von Andersheit. Solche Andersheit läßt nicht einfach den Schluß auf die Existenz eines

5. Zur erkenntnistheologischen Bedeutung einer Hermeneutik der Differenz 519

göttlichen Anderen zu, sondern markiert eine unaufhebbare Offenheit und Verwiesenheit, eine Unendlichkeit im Subjekt, die schon sein Selbst als ein je Anderes besetzt. „Aber wer die Idee des Unendlichen besitzt, hat den Anderen bereits empfangen."[90] Dieser Empfang des Anderen spielt jenseits von Herrschaftsdenken.[91] Der Andere ist grundloser Grund. Und das stellt noch einmal Anforderungen an die Art, sich dem – in der Haltung einer *docta ignorantia* (Nikolaus von Kues) – zu stellen. Formal wie material gilt mit Wittgenstein: „Die Schwierigkeit ist, die Grundlosigkeit unseres Glaubens einzusehen."[92]

Der Reflexionsansatz bei der Unverfügbarkeit des Selbst behält nun logisch wie strukturell Züge des Cogito-Arguments. Indes wird die Alterität unmittelbar im Subjekt schon gesehen, dem die Reinheit seines Selbstbezugs bestritten wird, weil es in dieser isolierten Abstraktheit nicht anders vorkommt als wiederum nur in der verzeitlichten Reflexion eines geschichtlichen Subjekts. (In Klammern gesprochen, mit Blick auf Hansjürgen Verweyens Ansatzpunkt: Transzendental*logik* und Transzendental*genese* lassen sich deshalb nicht voneinander trennen.[93]) Das Subjekt entwickelt sich von Anderem her und auf Anderes hin. Die Unverfügbarkeit des Anderen in ihm selbst übersetzt sich in die Unbeantwortbarkeit von letzten Fragen: die Unausdenkbarkeit des Anderen ist dem von Alterität betroffenen Subjekt zugleich Gesetz unausdenkbarer Wirklichkeit. Mit dem Anderen erschließt sich ein unausweichlicher Bezug auf etwas, das gegeben ist und sich ins Unendliche entzieht. Diese Begleitung des Absoluten manifestiert sich schon sprachlich:

> „Man wird das Absolute als Erhaltungsprinzip semantischer Kontraste offenbar nicht los".[94]

---

[90] E. Levinas, Totalität und Unendlichkeit, 131.
[91] Wie Klaus Müller zurecht darauf hinweist, daß der moderne Subjektbegriff nicht nur herrschaftliche Züge angenommen hat, so moniert Thomas Freyer im Gegenzug, daß hier die Konsequenzen jeder subjektzentrierten Theorieanlage unterschätzt werden. Diese Situation dramatisiert sich aus seiner Sicht, „wenn die ‚Spätmoderne nach Auschwitz' als maßgeblicher Fragehorizont für die philosophische und theologische Ortung menschlicher Subjektivität fungiert. Aus *dieser* Perspektive betrachtet, erscheint die Rede von der Selbstreflexivität des Subjekts und die m. E. berechtigte Forderung nach einer ‚erstphilosophischen' Rückfrage allzu abstrakt und unbekümmert gegenüber den Leiden der Opfer der Geschichte." (T. Freyer, Menschliche Subjektivität im Referenzrahmen „'erstphilosophischer' Reflexion"?, 49.) Das verlangt aus meiner Sicher nach einem Subjektbegriff, der beides zu leisten erlaubt: eine Stärkung des Subjekts wie den Nachweis seiner uranfänglichen Bezogenheit auf Anderes, das für das Subjekt nichts mehr schlechthin Objektivierbares wäre.
[92] L. Wittgenstein, Über Gewißheit, in: WA 8, 113-257, Frankfurt a.M. ⁵1992; hier: 154 (Nr. 166).
[93] Vgl. H. Waldenfels, Kontextuelle Fundamentaltheologie, 140f.: „>*Apriorische* Möglichkeitsbedingungen< besagt in der *logischen* Ordnungsfolge: Das Bedingte kann nicht ohne das Bedingende sein, die Erkenntnis nicht ohne seine Möglichkeitsbedingungen usw. Es bedeutet aber nicht, daß wir transzendentale Fragestellungen unabhängig von faktisch geschehender Erkenntnis, gleichsam geschichtsindifferent angehen können. Gerade weil sich transzendentale Erkenntnis immer nur in der Begegnung mit der Welt und vor allem der Mitwelt ereignet, ist auch die Erkenntnis >*apriorischer* Möglichkeitsbedingungen< *faktisch*, das heißt im Hinblick auf das tatsächliche Geschehen, *aposteriorische* Erkenntnis."
[94] W. Hogrebe, Das Absolute, Bonn 1998, 22.

Derrida hat dem den Namen der *différance* gegeben, Levinas den der Spur. Das Absolute ereignet sich darin auf nicht-absolute Weise. Es wartet nicht als Bereich hinter der geschichtlichen Wirklichkeit, sondern bestimmt und durchzieht sie. Subjekttheoretisch lassen sich dafür Erfahrungsräume angeben: das Gewissen, Evidenzwiderfahrnisse, mystische Überwältigungs- und Enteignungssituationen, und am grundlegendsten vielleicht jede Form von Kommunikation, in der sich die Partner einander (ver-)geben. Die Erfahrung des Anderen reißt das Subjekt aus seiner Selbstgenügsamkeit und macht auf die Grundwirklichkeit der Verwiesenheit des Subjekts auf Anderes deutlich. Diese Selbsttranszendenz findet in der Liebe ihr Finale. Die Hoffnung auf die Erfüllung solcher Liebe gründet in der Bezogenheit des Selbst auf Anderes und findet keine andere Begründung. Dabei ist sie unmittelbar interpretationsbestimmt und nicht wiederum unbezweifelbar Erstgegebenes. Noch in der möglichen Vielzahl von Deutungen dieser menschlichen Disposition läßt sich etwas von der Alterität entdecken, die offen bleibt für andere Interpretationen.

Die Irreduzibilität von Liebe als letztem Fluchtpunkt resultiert aus dem Bezug auf Anderes und aus der Einsicht in sie als Vollform der Anerkennung von Anderem: von mir als einem Anderen, von Anderem mir gegenüber, von seinen Spuren in mir und der ganzen Lebenswelt. Das jesuanische Gottesbild der Liebe und das Geschehen der Traditio im Ausgang von seinem Leben realisiert diesen Bezug überzeugend und darin – mit subjektiver Evidenz des Objektiven – unbedingt verpflichtend. Glauben als Vertrauen und Lieben übernimmt die Struktur des wesentlichen Bezugs auf Alterität. Die Unabweisbarkeit der Liebe läßt sich indes nicht begründen und beweisen. Ihre Selbstevidenz bleibt anfechtbar, mißbrauchbar. Auch daran unterbrechen Differenzfaktoren eine letzte Identität: Zeit, Macht, Sprache, Interpretation. Die dem entsprechende Denkform der Differenz übernimmt jene Theologik, die sich im Trinitätsglauben ausdrückt: Gott ist nur in Beziehung er selbst, nur in seiner Unterschiedenheit eine Identität jenseits der unvermittelten oder synthetisierbaren Totalen von Identität oder Differenz.

Die Überzeugungskraft der Liebe findet außer sich keinen zwingenden Grund. Daß die Vernunft einen solchen sucht, markiert noch einmal einen Differenzeintrag in ihr selbst: sie ist wesentlich auf etwas ausgerichtet, das sie sich nicht herbeidenken, *ausdenken* kann. Noch einmal zeigt sich der Verweischarakter von Glauben, Denken, Lieben: von Leben in Kontingenz und Differenz. Die Zugänge solcher Liebe bleiben interpretations-, evidenz-, entscheidungsbestimmt. Dezision, nicht: Dezisionismus, bleibt ein unabschaffbares Moment des theoretischen wie praktischen Weltverhaltens. Gerade für eine vor dem Anderen ästhetisch zu konzipierende Theologie wird Differenz – als *Figur des Anderen* – zur logischen Grundoperation. Eine theologische Denkform gibt dem Negative Theologie, die zumal in postModernen Theologieentwürfen wesentliche Anteile bestreitet. Die Differenz ist aber auch Form eines eschatologischen Denkens und kann so dem Hoffnungscharakter des Glaubens entsprechen. Indem aber die Differenzen im Glaubensverstehen aufgewiesen werden, kann auch deutlicher erscheinen, daß der Glaube

5. Zur erkenntnistheologischen Bedeutung einer Hermeneutik der Differenz

nicht primär logos-gerichtet ist, sich nicht auf eine letzte Vernunftsicherheit bezieht, sondern auf das praktische Risiko und den Einsatz der Nachfolge. Jede Theologie überschreitet sich in ihrer Grenzreflexion und kritisiert so ihre logozentrischen Züge. Damit steht noch einmal und abschließend die Jesus-Gestalt zentral vor Augen: Jesus begegnet in der Tradition als lebendiger Christus mit seinem unbedingten Anspruch – je different, je einzigartig in der Beziehung im und zum einzelnen. Hier ist interpretierende Freiheit radikal herausgefordert. Gerade von dem nicht mehr *rationalisierbaren* „Wahnsinn" des Kreuzes her muß die letzte Evidenz von der geschichtlichen Gestalt Jesu ausgehen. Sein spezifisches Mehr als alle Erwartungen, sein Durchbrechen aller Horizonte (der Jünger, der politischen Messias-Erwartungen, seines Umfelds, der gesellschaftlich-religiösen Konventionen, im Tod...) ist auch als Grundlogik unserer gegenwärtigen vernünftigen Überprüfungen von möglichem letztem Sinn einzusetzen. Auch wenn sich sein letzter Begriff als notwendig ableiten ließe, heißt das noch nicht, daß in seinem Horizont Sinn letztlich widerfährt. Hermeneutik des Sinns ist so unausweichlich wie seine antihermeneutische Kritik. Prekär wie der Glaube bleibt auch sein *Sinn*. Dies gilt zumal vor dem geschichtlichen Jesus. Sein Leben ist von unausdenkbarer, unableitbarer, unerwartbarer, *unermeßlicher* Evidenz. Das Scheitern des ultimativen Sinnbegriffs ist demnach schon konstitutiv in seine Herausbildung einzubeziehen – in einer Logik der Alterität, die das Sinn reflektierende Subjekt schon in sich selbst erreicht und aus seiner Selbstgenügsamkeit, seinen *Bedürfnissen* reißt, es immer schon transzendiert. Alteritätsdenken nimmt das Unendliche – die *différance* – als Denkform und *-gegenstand*, als sein eigentliches *Sujet*:

> „Das Unendlichkeitsdenken dürstet nicht insgeheim nach den verborgenen Quellen des alten Ursprungsdenkens. Es verwendet vielmehr paradox die begrifflichen Mittel, die die Tradition bereitgestellt hat, um artikulieren zu können, was in der Geschichte des Denkens fast nie oder nur nebenbei intendiert worden ist... Die Pointe des Unendlichkeitsdenkens liegt... im *Umkreisen des Intentionslosen*, in der jedesmal neuen ‚Erfahrung' und ‚Beurteilung' der Spur einer unaufhebbaren und ab-soluten (grauenhaften oder erhabenen) Transzendenz."[95]

Der zugrunde liegende erkenntnistheoretische Reflexionsrahmen bleibt Teil eines vorstellenden Denkens, weil er nach Begründung *fragt*. Er sucht den Weg zwischen einer Sinnhermeneutik ausgehend vom Subjekt und deren Destruktion im Namen des Anderen.

Beide Wege werden, für sich allein gesehen, als *rational* nicht befriedigend angesehen: der eine entwirft Sinn von sich her und stellt Gott vor; der andere läuft auf eine Entscheidung hinaus, auf einen letztlich offenbarungstheologischen Diskurs. Angesichts der Unmöglichkeit, Gott zu denken, ihn vorzustellen, ihn zu begründen, ist er konsequent, denn er nimmt alle Grundlosigkeit des Denkens ernst, während seine Infragestellung nach Begründungen im Sinne einer Kritik jeder Erkenntnis sucht. Diese Forderung ist aber

---

[95] H. de Vries, Theologie im Pianissimo & zwischen Rationalität und Dekonstruktion. Die Aktualität der Denkfiguren Adornos und Levinas', Kampen 1989, 319.

unabweisbar, um nicht einem Irrationalismus von Offenbarungserfahrungen anheimzufallen. Das *Verfahren* der Kritik ersetzt ein letztes, sicheres Kriterium.

Damit wird keine metatheoretische Position eingenommen: auch der Entschluß zum kritischen Verfahren entspringt einer Einsicht und Entscheidung. Dies entspricht aber dem formalen Vorgang, in dem sich die beiden unterschiedlichen Wege einander gegenüberstellen: dem Vergleich, der gegenseitigen Kritik. Er nimmt also Anhalt an der konkreten Praxis ihres Diskurses. Was dabei zumindest deutlich wird, ist eine grundlegende Aporetik, in der sich jeder Begründungsversuch, jeder theologische Sprechversuch befindet.

Hier wird also mit den Mitteln der Metaphysik eine Metaphysikkritik betrieben. Zugleich wird aber auch das Paradigma des nicht-vorstellenden Denkens kritisiert. Indem dann schließlich alles auf eine Theorie der Entscheidung auf der Basis von Evidenz (Interpretationsstufe[1] / Gnade) hinausläuft, wird nun wieder die (nautische) Position des nicht-vorstellenden Denkens der Alterität bevorzugt. Zu ihrer Ergänzung wurden kritische Reflexionsstufen zwischengeschaltet, die sich wiederum aus dem Gedanken und Postulat fortlaufender Kritik ergeben. Somit steht am „Ende" ein Denken, das sich der Negativen Dialektik Adornos nahe weiß und erkenntnistheologisch einen **kritischen Fideismus** beansprucht.

Seine Denkform entspricht einer antihermeneutischen Hermeneutik von Sinnerwartung und deren Dekonstruktion, die dem Gedanken der Differenz Rechnung trägt. Man verfügt semiologisch über kein Erstes und kein Identisches, das Sinnsicherheit garantierte. Es gibt lediglich eine sich auf andere Zeichen aufpropfende Kette von Zeichen, die als Grundstruktur der Wirklichkeitswahrnehmung Identität nur auf Abruf zuläßt. Das Subjekt, das ein Zeichen setzt und aufnimmt, ist sich in dieser Struktur als Verlorenes gegeben: je verändert in den Verschiebungen der Zeit, die schon neurologisch Identität als Gegenwart zu einer Frage von Sekunden machen, in denen z.B. die Selbstgewißheit dessen, was ich eben noch gesagt und gemeint habe, zerrinnt; fortgerissen von den Praktiken der Macht, die ihm seine Selbstverfügungsgewalt beschneiden, vielleicht gar ganz abnehmen; befangen in den kontingenten Metaphorisierungen eines Sinns, der ein letzter sein soll und doch nie absolut wird, in jedem Bild unter dem Verdacht der Vorläufigkeit einerseits, der Projektion andererseits vergeht; als Selbst eine perspektivische Collage von Interpretationen, die sich noch in der äußersten, weil intuitiven Gewißheit des Selbstbewußtseins verunsichernd halten, nie abzuschaffen sind und in den Konflikten von Fremd- und Selbstwahrnehmung *auf Abseits spielen.*[96]

Die Aporetik des Verfahrens und des Sinnzugangs ist festzuhalten. Sie läuft auf eine Praxis hinaus, die schon immer Entscheidungen getroffen und über-

---

[96] Auf der Linie dieses Subjektdenkens bewegt sich auch die postModerne theologische Anthropologie von Erwin Möde: Offenbarung als Alternative zur Dialektik der Postmoderne. Eine fundamentaltheologische Untersuchung, München 1994; Die neue Einsamkeit der Postmoderne, München 1994; Fundamentaltheologie in postmoderner Zeit, München 1994.

nommen hat. Wenn ihr hier begründungstheoretisch und differenzhermeneutisch zugedacht wird, erscheint sie darum nicht erst als ein Zweites, Nachgeordnetes. Vielmehr macht die Aporetik aus spezifisch theoretischer Sicht ihre Unumgänglichkeit deutlich. Sie wird gleichsam mit fremden Mitteln in ihr Recht gesetzt. Dabei ist auch sie in ihrer konkreten Gestalt jeweils einer fortlaufenden Spirale der Kritik zu unterwerfen: vor allem im Blick auf ihre Folgen.

Noch darin wird klar, daß immer wieder etwas beansprucht wird, was sich nicht *ausdenken* und garantieren läßt: ein Anderes. Theologisch wird dies Unverfügbare als Gott erfahren und geglaubt. Differenzhermeneutisch untermauerte Fundamentalaporetik wird zum Aufweis einer Angewiesenheit auf dieses Andere, ohne darum sagen zu können, daß diese *potentia oboedientialis* nicht ins Leere warte. Der möglichen Ankunft eines Anderen aber ist in ihrer radikalen Alterität schon in der Erwartungshaltung zu entsprechen: jeder Sinnentwurf bleibt demgegenüber abkünftig, projektionsanfällig, vom Subjekt auf sein Anderes gespiegelt, das es doch so in seiner Andersheit unterbietet. Gleichzeitig muß das Subjekt Sinn erhoffen: Notwendigkeit und Unmöglichkeit fallen an diesem Punkt zusammen. Der ist nicht als absolute Aussichtslosigkeit vorzustellen, sondern in der semiologischen Grundsituation begründet. Sinn ist je anders und woanders.

Das ergibt noch einmal das Ineinander von Selbst und Anderem, von Identität und Differenz. Die Erkenntnis, daß ein ganz Anderer das Selbst in voranfänglicher Passivität „begründe", kann nur in Zeichen zum Ausdruck kommen, ob als Handlung oder Sprache. Im Zeichen faßt es ein Selbst als Anspruch, um so es selbst zu werden – in der Herausforderung, sich an den Anderen, den konkreten Nächsten wie den ganz Anderen in seinen abwesend-anwesenden Spuren (Gewissen, Leib) zu übergeben. Kenose des Selbst und Kenose des Anderen gehören zueinander, die letztere ermöglicht die erstere. Und doch ist dies Selbst eines, das als solches gegeben sein muß, damit es für Anderes stellvertretend eintreten kann. Im Augenblick seiner ersten Herausforderbarkeit ist es ein Ich für Anderes, das sich ihm verweigern kann und das damit aus der Situation totaler Umfassung durch Anderes herausbricht. Es „gibt" auf dieser Ebene kein Erstes mehr: auch nicht als absolut Anderes. Mit seiner Abwesenheit muß auf dieser Beschreibungsstufe Ernst gemacht werden. In der konkreten Existenz des bewußten Selbst steht dieses, sich selbst ein Anderes und von Anderem immer durchlebt, Anderem gegenüber. Der Mensch ist ein Selbst als ein Anderer (Ricoeur) – und nur so kann er, in allen Differenzmomenten seiner Vermittlungsmöglichkeiten, überhaupt das Ganz-Andere auf dem „Grund" des Anderen „denken": die Rekurrenz Levinas' ist eine des Subjekts, das vor den eigenen Anfang zurückgeht. So bleibt es bei einer immer *auch* subjekttheoretischen, semiologischen Erfahrung von Alterität, die jene an die phänomenologische, also menschliche Wahrnehmung bindet. Nur so läßt sie sich durchstreichen, dekonstruieren, in die Logik der Alterität überführen, die wiederum jede subjektphilosophische „Letztbegründung" kritisiert.

Es gibt kein Entkommen. Auch nicht für den, der Logozentrik wittert. Er lebt mit anderen, auch hier bezeichneten Aporien: die fatalsten Folgen stellt dabei ein Fundamentalismus der Evidenz in Aussicht. Nur Kritik verspricht hier Milderung durch die Transparenz der Entscheidung, die auch sie trifft.

Theologisch erschüttert ihre Sinnkritik auch den letzten Sinn. Daß er christlich „Wahnsinn" der Liebe am Kreuz ist, markiert die äußerste Dramatik einer Hermeneutik der Differenz, die immer antihermeneutische Züge behält.

6. Schlussreflexion: Die prekäre Identität des Christlichen

Die Frage nach der Identität des Christlichen stellt sich vor hermeneutischem Hintergrund und unter Einschluß der grundsätzlicheren Frage, wie sich Identität zu ihrem Gegenkonzept der Differenz verhält. In der Geschichte der Hermeneutik ließ sich ihr Spannungsverhältnis vor allem unter identitätslogischen Vorzeichen aufgelöst finden. Zwar zwang sich über die Moderne und ihre spezifischen Differenzierungsleistungen allmählich der Gedanke der Differenz auch ins theoretische Konzept, doch wurde er erst mit der modernitätskritischen PostModerne radikalisiert und aus dem Gefängnis seiner identischen Rückbindung an ein Erstes oder Letztes befreit. Hermeneutik wird seitdem im Einschlag von Differenzen gesehen, die sich in verschiedenen Marken kristallisieren. Verstehen geschieht von daher nie identisch.

Das notwendige Interesse an der Ausbildung einer institutionellen wie theoretisch abgesicherten Identität, die soziologisch überlebensfähig, vor dem Forum der Vernunft rational rechtfertigungsfähig und im Wettstreit konkurrierender Religionen überzeugungsfähig war, führte zu einem kirchlichen Identitätsparadigma, das sich einerseits eminent leistungsfähig zeigte, andererseits kommunikative Blockaden und Verluste bedingte. Diese Identitätslogik ist vor allem dort als ein Kapitel kirchlicher Schuldgeschichte zu lesen, wo sie zu einem Toleranzabbau führte und eine Bewußtseinsform christlicher Absolutheit herausbildete, die von der qualitativen Absolutheit ihres Glaubensgegenstandes zu einer Absolutheit der Denkform und ihrer mitunter terroristischen Realisierung führte. Andersheit wurde erkenntnislogisch wie praktisch nicht selten eliminiert. An *diesem* Muster moderner Rationalität und Subjektivität hat das Christentum seinen Anteil. Die herrschaftskritischen und humanen Züge wirkten zwar auch immer auf die moderne Kultur ein, doch zunehmend unterirdisch und am dominanten kirchlichen Strom vorbei. Der begann sich vor allem gegen die modernen ökonomischen und kulturellen Differenzierungsprozesse und die sich konstituierende pluralistische Gesellschaft abzuschotten. Ihr autonomes Vernunftsubjekt wurde als Ort der Differenzen im Verstehen zum Feindbild. Die Angst vor der Differenz stabilisierte antimodernistisch eine starre Identität der katholischen Kirche, die sich erneut in Krisensituationen bewährte, aber langfristig die Fremdheit der Kirche in ihrer Zeit beförderte. Ihr Durchbruch zur Moderne gelingt insofern tragisch verspätet, als in dieser Zeit das Unbehagen der Moderne an sich selbst zum mentalitätsbestimmenden Durchbruch kommt.

Theologisch wie kirchlich bleibt das Problem des gesellschaftlichen Pluralismus und seiner hermeneutischen Kultur der Differenz die entscheidende Herausforderung. Theologisch stellen sich ihr nicht zuletzt die verschiedenen Rezeptionsversuche postModerner Differenzhermeneutik. Ihre Stoßkraft beweist sich vor allem kritisch gegenüber einer überzogenen Identitätslogik.

Methodisch führte ein sehr grundsätzlicher Begriff von Hermeneutik zu diesem kritischen Stand. Das gewählte *Ausgangsverständnis* von *Hermeneutik* greift über explizites Textverstehen auf das allgemeine Weltverhalten des Menschen aus und orientiert sich an jenen Prozessen, die es strukturieren und leiten. Identität und Differenz als die polaren Muster hermeneutischer Logik bestimmen auf theoretischem wie praktischem Terrain gleichermaßen. Sie bestätigen sich *in hermeneutischer* Rückfrage. Konsequent bezog die Untersuchung ihrer *christentumsgeschichtlichen* Gewichtsverhältnisse die kirchlich-institutionelle und die theologische Dimension gleichermaßen ein. Zumal christlich lassen sie sich nicht ohne Blickverengung gegeneinander ausspielen. Dieser Theorieanlage und ihrem Grundbegriff entsprechend wurde die Arbeit in historischer und systematischer Perspektive vorangebracht. Dem folgte wiederum die einerseits kritische Fragestellung, die andererseits produktiv auf die systematische Wahrnehmung einzuwirken suchte. Der differenzhermeneutische Paradigmenwechsel wurde damit philosophisch in zeitanalytischer Darstellung aufgewiesen und zugleich in seinem grundsätzlichen Recht behauptet, so daß sich erneut geschichtliche und systematische Perspektive hermeneutisch aneinander vermittelten. Das sich abzeichnende Modell einer *kritischen Hermeneutik* unter differenzlogischen Vorzeichen wurde in diesem Zuge zum theologischen Desiderat.

6.1 Rückblendung: Differenzhermeneutik und Fundamentaltheologie

Für die Erschließung eines differenzhermeneutischen Moments fundamentaltheologischer Hermeneutik spielt das Motiv theologischer Identitätskritik des (katholischen) Christentums eine auslösende Rolle. Die postModerne Kritik an der Moderne, und zwar vor allem an ihrem Logos einer Bemächtigung der Dinge und der Tilgung der Differenz im Namen des Einen: des Subjekts, der Vernunft, einer Idee, eines Gottes, betrifft die Theologie insofern, als das Christentum trotz seiner modernen Aversionen einen erheblichen Anteil an der Herausbildung der Moderne hat. Dies betrifft nicht zuletzt den beargwöhnten Subjektbegriff.

Das modernitäts-, vernunft-, subjekt- und *logos*kritische Motiv formuliert die Frage nach einer veränderten Wahrnehmungsform. PostModern wird sie mit den Mitteln einer geschärften Sensibilität für das Andere, für die Differenzen, für das Unterdrückte – gleichsam in einer *erkenntnistheoretischen Option für die Armen* – betrieben.

Mögliche Konsequenzen wurden in ersten Entwürfen postModerner Theologien skizziert. Freilich stellen sie kaum mehr als behutsame Gesprächsanknüpfungen dar, die vor allem in kritischer Absicht den theologischen Diskurs beunruhigen. Gemeinsam ist ihnen eine Differenzhermeneutik, die mit der Betonung Gottes als des Ganz-Anderen Traditionen jüdischer und Negativer Theologie fruchtbar zu machen erlaubt.

Von hier her zeichnen sich weitere Desiderate einer theologischen Theoriebildung vor postModernem Horizont ab. Sie steuern auf eine theologische Hermeneutik jenseits der totalisierten Differenz oder Identität zu. Die Identität des Christlichen wird so nicht undenkbar, sie wird nicht preisgegeben, jedoch in ihrer prekären Gestalt als Ausdruck einer Denkform begriffen, die, statt auf – rational wie existenziell fragwürdige – Sicherheiten zu setzen, ein Denken und Leben konsequenter *Traditio* sucht.

> „Leben in der Differenz bedeutet Anwesenlassen des unverrechenbaren Ereignisses, der Ankunft des Anderen, die Kraft, ihm Gerechtigkeit widerfahren zu lassen, seiner Fremdheit standzuhalten, ihr zu antworten, ohne sie je begreifen zu können. Solche Gerechtigkeit ist mehr als Einfühlung, Identifikation, als Suche nach Wahrheit und Konsens, ist vielmehr Fähigkeit der Xenologie (um einen Ausdruck von B. Waldenfels zu gebrauchen), das Bewußtsein, daß es einen gemeinsamen Logos zwischen mir und dir, mir (da ich mir selbst fremd bin) und mir oft nicht mehr gibt, daß also jeder je neu auf den Anderen und auf sich selbst antworten muß, denn nie kommt die Weise, wie der Andere mich sieht, gar der Asiate Ethnologie betreibt, mit der Art überein, wie ich den anderen sichte, als Europäer den Asiaten beschreibe. Unsere Ansichten überkreuzen sich, ohne sich je ganz zu treffen."[1]

Diese Einsicht ist in die Architektur theologischer Vernunft einzubauen. PostModerne Theologie(n) dürfen sich dafür auf eine Theologie und Spiritualität der Schwäche (2 Kor 12, 9 f.) berufen; auf den kenotischen Gott; auf die Botschaft vom Kreuz als „Geheimnis der verborgenen Weisheit Gottes" (1 Kor 2, 7).

> „Es ist, als ob die *Kreuzestheologie* in solchem Denken, das von den Besiegten, Schwachen, Ohnmächtigen ausgeht, zum ersten Mal in die *Methode des Denkens* eingewandert wäre, und das nach zweitausend Jahren christlicher Rede vom Kreuz."[2]

6.1.1 Motiv: Theologische Identitätskritik

Christliche Identitätskritik kann härter kaum ausfallen: das Zentrum der Botschaft vom Kreuz nicht eigentlich ins Zentrum gerückt zu haben, nicht von ihm her gedacht – und *gelebt* – zu haben. Für Johann Baptist Metz hängt die Verdrängung dieser Denkform mit einer Identitätslogik zusammen, die mit der logischen auch zur praktischen Abdrängung des Anderen führte:

> „Wenn ich mich nicht täusche, dann ist die Entfaltung der Anerkennungshermeneutik in der Theologie dadurch hartnäckig behindert worden, daß in der christlichen Theologie sehr früh ein Erkenntnisprinzip zur Geltung kam, das aus dem

---

[1] E. Salmann, Der geteilte Logos. Zum offenen Prozeß von neuzeitlichem Denken und Theologie, Rom 1992, 439f.
[2] Ebd., 479.

griechischen Identitätsdenken – seit Parmenides – stammt. Es wurde im mediterranen Gnostizismus auch religiös wirkmächtig. Es drang schließlich über Plotin in die christliche Theologie ein und prägte dann vom Neuplatonismus bis zum deutschen Idealismus nachhaltig die Gestalt christlichen Denkens und christlicher Religionsphilosophie. Ich meine jenes Erkenntnisaxiom, demzufolge jeweils Gleiches nur von Gleichem erkannt werden kann."[3]

Das Seinsdenken steigt in diesem logischen Mechanismus vom Seienden immer wieder zum Sein zurück bzw. zu ihm auf: ein identischer Kreislauf des Ursprungs und Ziels. Letztlich verbirgt sich darin die Logik des Fragenden selbst.

„Denn dieser kann als Fragender nur zu sich selbst, d. h. zu seiner Freiheit kommen, wenn er als der sterbliche vernünftige Mensch zu den Seienden in ihrer Wirklichkeit gelangt."[4]

Das Andere wird im intentionalen Zugriff des Subjekts eingeholt und als Wirkliches identifiziert. Differenzhermeneutisch wird demgegenüber die Unterbrechung bezeichnet, die jede mögliche Identität zu einem zeitlichen Phänomen, zu einem Differenzgeschehen macht. In der Zeit begegnet die Grundstruktur von Alterität, die nichts läßt, wie es einmal war, und selbst in diesem einen Augenblick schon nicht ganz beruhigt bei sich ist, sondern herkünftig im Aufbruch begriffen. Dem entspricht seine Versprachlichung, die jede Identifizierung in abweichenden, nur in Differenz bedeutenden Zeichen faßt und zu verschiedenen Deutungen Anlaß gibt. Der *metaphorische* Transfer ist Grundvorgang des Weltverhaltens. Nach Hans Blumenberg kann Welt nur in der Differenz von sich und im Abstand ausgehalten werden. Die Sprache erlaubt solche Distanz.

Identitätskritik ist indes vor allem machtlogisch zu betreiben. Macht herrscht nach Foucault in allem: nichts ist es selbst, sondern nur in Auseinandersetzung, im Durchsetzungsversuch, der auf das vermeintlich Identische different zurückschlägt. Christliche Identitätslogik macht davon Gebrauch, wo Häresien abgewehrt werden, das depositum fidei abgesichert und zu seiner Durchsetzung Machtinstrumente eingesetzt werden; am subtilsten, wo der Heilige Geist zur Macht des Faktischen gerät. Zumindest stellt sich die Frage, ob Macht nicht anders hätte begriffen werden können: als die Macht einer Ohnmacht, die im Drang nach theologischer Klarheit den Weg des gemeinsamen Betens und Lebens und des Einander-(Er-)Tragens gegangen wäre. Zumal missionsgeschichtlich verlängert sich dieser Gegenblick in gegenwärtige hermeneutische Inkulturationsprozesse des Evangeliums.

Von hierher legt sich eine kritische theologische Hermeneutik nahe,

---

[3] J. B. Metz, Das Konzil – „Der Anfang eines Anfangs"?, in: K. Richter (Hrsg.), Das Konzil war erst der Anfang. Die Bedeutung des II. Vatikanums für Theologie und Kirche, Mainz 1991, 11-24; hier: 17.

[4] B. Casper, Die Identität in der Nichtidentität der Erwählung zur Verantwortung für den Anderen, in: M. Laarmann / T. Trappe (Hrsg.), Erfahrung – Geschichte – Identität. Zum Schnittpunkt von Philosophie und Theologie (FS Richard Schaeffler), Freiburg u. a. 1997, 363-373; hier: 363.

6. Schlussreflexion: Die prekäre Identität des Christlichen 529

„die Revision universaler, letztlich eurozentrischer Paradigmen, die Revision eines undifferenziert-ausschließenden Identitätsparadigmas des Christentums und die Affirmation der armen Anderen im Hinblick auf ihre Identität, Partizipation und weltweite Artikulation".[5]

In dieser Richtung bewegt sich die postModerne Theologik im Zeichen einer differenzbewußten Identitätskritik:

1. sie betreibt die Kritik am herrschaftlichen Paradigma des Subjekts und deckt seine Spuren strukturlogisch im Modell eines Cogito auf, das den Anderen noch nicht empfangen hat;
2. sie sucht Gott selbst im Zeichen des Anderen: anders als in den Maßstäben des Subjekts;
3. sie zeichnet den konkreten Anderen in seiner Unterdrückungssituation aus und geht damit von einer geschichtlich situierten Hermeneutik des Leids als Erkenntnismovens aus;[6]
4. einseitig verdrängte Differenzen werden ausgedrückt und gegebenenfalls als möglicher Ausdrucksreichtum verstanden; das verlangt von einer christlichen Hermeneutik die Bereitschaft, bei offenkundig von kirchlicher *Traditio* abweichenden Interpretationen zumindest die christlich verbindende Aussageabsicht anzuerkennen und sie – wie das eigene Urteil – (selbst-)kritisch an der Lebenspraxis und Botschaft Jesu zu messen, wie sie in der gesamten Tradition durchgängig in einer Logik und einem Primat der Liebe bezeugt wird;
5. im Grundgedanken der Differenz wird eine andere Wahrnehmung des Transzendenten eröffnet. Mit Derrida wird sie als *différance*, mit Levinas als *Spur* vorstellbar. Beide markieren kein identifizierbares Erstes, sondern verbinden Anwesenheit und Abwesenheit ihrer Erscheinung in einer Weise miteinander, die nichts von ontologischer Wirklichkeit hinter der Wirklichkeit hat, sondern Transzendenz diesseitig verankert;
6. diese Differenz ist darin relational begriffen und sprengt auch in dieser Form jede *Totalisierung;*
7. von daher steht jede Letztbegründung unter identitätslogischem Verdacht. Statt dessen wird Glaubensidentität in prekärer Spannung konzipiert;
8. sie findet Anhalt an der paulinischen Einsicht einer fragmentarischen Erkenntnis (1 Kor 13,12). Jede festgefügte, sichere Glaubensidentität wird der Identitätskritik unterworfen. Nach Wolfhart Pannenberg „bleiben die Entwürfe der Theologie Hypothesen und, wie Nikolaus von Kues gesagt hat, Konjekturen auf die endgültige Wahrheit hin... Gerade in dieser Situation vorläufiger Erfassung und Erkenntnis der Wahrheit Gottes aber

---

[5] J. Manemann, Kritik als zentrales Moment des Glaubens. Zur gesellschaftskritischen Dimension der Fundamentaltheologie, in: K. Müller (Hrsg.), Fundamentaltheologie, 217-241; hier: 227.
[6] Vgl. T. Freyer, Alterität und Transzendenz. Theologische Anmerkungen zur Hermeneutik, in: BThZ 13 (1996) 84-110; hier: 109: „Ausgangspunkt aller hermeneutischen Bemühungen ist die Wahrnehmung von Leiden" in einer Öffnung des Verstehens auf den konkreten Anderen, dessen Geschichte immer wieder *passiv* verlaufen ist."

dient die christliche Theologie dem Wahrheitsanspruch der christlichen Offenbarung und ihrer Verkündigung."[7]

9. Konvergenzpunkt einer solchen Identitätskritik sind die Traditionen Negativer Theologie. „Für die Theologie ist die Erkenntnis an der Zeit, daß wir in einer Welt leben müssen ‚etsi Deus non daretur' – und eben dies erkennen wir ‚sub ratione Dei'."[8]

10. PostModerne theologische Identitätskritik sucht von daher mit der Offenheit in der Bewegung des Unendlichen ernst zu machen, sie als inhaltlichen und formalen Ausgangspunkt einzusetzen und in eine Logik des Anderen einzubauen, die ihn nicht länger als *alter ego* begreift. Zugleich kennzeichnet sie die geschichtliche Interpretationssituation als Kritik an jedem Versuch, Wirklichkeit ohne ihren eschatologischen Überhang wahrzunehmen: erkenntnistheoretisch wie existenziell wird ihr Denken kritisch ausstehend.

6.1.2 Logik: Differenzwahrnehmung

Das Konzept der Differenz hat eine beträchtliche Spannweite. Es betrifft empirische Strukturen, die sich mit den hermeneutischen *Differenzmarken* bezeichnen lassen. Und es bestimmt die Struktur(en) des Denkens: als sein Formalprinzip. Das Gegenbild zur ersten Ebene wäre die Betonung personaler und sozialer Identität; das zur zweiten eine forcierte Identitätslogik, wie sie profan- und religionsgeschichtlich immer wieder höchst erfolgreich und durchsetzungsfähig betrieben wurde.

Damit wird eine eigentümliche Schwerkraft des Differenzgedankens sichtbar: er hat die Tendenz, den Differenzen im kulturellen, gesellschaftlichen, politischen, theoretischen Untergrund zu ihrem Recht zu verhelfen. *Identitätskritik* begegnet differenzhermeneutisch als *Machtkritik*. Der machtkritische Diskurs erreicht Differenzhermeneutik selbstreferentiell, insofern sie eine *Gegenmacht* einrichtet. Christlicher Orientierungspunkt ist das historische Unbehagen im Christentum an der Macht, gerade auch an seiner eigenen Macht, die zwischen dem Allmachtsattribut Gottes und seiner kenotischen, kreuzestheologischen Ohnmacht zum Zerreißen gespannt wird. Vollmacht als Macht der Liebe, als Übergabe an eine Macht jenseits ihrer strategischen Durchsetzungsfähigkeit, jenseits von Allmachtsphantasien, nimmt von der Lebenswirklich-

---

[7] W. Pannenberg, Eine philosophisch-historische Hermeneutik des Christentums, in: P. Neuner / H. Wagner (Hrsg.), In Verantwortung für den Glauben. Beiträge zur Fundamentaltheologie und Ökumenik (FS Heinrich Fries), Freiburg u.a. 1992, 35-46; hier: 46.

[8] H.-J. Höhn, Die Vernunft, der Glaube und das Nichts. Zur Rationalität christlicher Existenzhermeneutik, in: ders. (Hrsg.), Theologie, die an der Zeit ist. Entwicklungen, Positionen, Konsequenzen, Paderborn u. a. 1992, 139-173; hier: 156.– Vgl. ders., „Vor und mit Gott leben wir ohne Gott." Negative Theologie als theologische Hermeneutik, in: G. Riße / H. Sonnemans / B. Theß (Hrsg.) unter Mitarbeit von A. Thillosen, Wege der Theologie: an der Schwelle zum dritten Jahrtausend (FS Hans Waldenfels), Paderborn 1996, 97-109.– Vgl. grundsätzlich J. Hochstaffl, Negative Theologie. Ein Versuch zur Vermittlung des patristischen Begriffs, München 1976.

keit Jesu ihren Ausgang. Macht ist damit ein eminent theologischer Term – und ein unaufhebbar kritischer. (Auch dies meint Differenzdenken: sich in der Schwebe halten, auf dem kritischen Punkt.) Christliche Machtnaivität äußert sich in ihrer einseitigen Übernahme ebenso wie in ihrer Ausblendung oder in einem eskapistischen Machtverzicht, der doch immer noch von Macht zehrt. Statt dessen wäre auf die Institutionalisierung von Machtreflexion und Machtkritik kirchlich-lehramtlich und theologisch, vor allem aber pastoral-praktisch zu dringen. Die notwendigen Fragen: wie wird mit Differenzen umgegangen? Welches Recht haben und *bekommen* sie im Kirchenraum? Wo kehrt das Verdrängte wieder? Wer wurde und wird christlich *beseitigt?*

Gerade vor dem Hintergrund der in Jesus ergreifenden, von Paulus immer wieder reflektierten Macht-Dialektik von Schwäche und Stärke bringt eine Differenzen inhaltlich wie denkformal aufnehmende Hermeneutik eine Ohnmachtskompetenz ins Spiel, die eine spezifische Erfahrungsnähe des Christentums zur eigenen Zeit ermöglichen könnte. Dem entspricht ein weiterer logischer Perspektivenwechsel, ein Paradigmenwechsel in der christlichen Pastoralmacht (Foucault): nicht alles *machen* zu wollen. Noch einmal wird in diesem Handlungs- und Denkmuster die eigentümliche Modernität des Christentums kritisch sichtbar.

Unterderhand wird *Identitätskritik* zur *Zeitkritik*. Ihren systematischen Ort hat sie in der Erkenntnis, daß die „Wahrheit Gottes in einer radikal verzeitlichten Welt nicht unter den Bedingungen der gegenwärtigen Welt gedacht werden kann".[9] Christliche Zeiterfahrung aktualisiert damit ein unabschaffbares Differenzbewußtsein. Johann Baptist Metz hat dem eschatologisch das entscheidende Kennwort gegeben: „Kürzeste Definition von Religion: Unterbrechung."[10] Hans-Joachim Höhn konkretisiert dies – in einiger Nähe zu Metz[11] – anhand der Zeitekstasen[12]:

- Anamnese „holt verdrängte Konflikte und unabgegoltene Hoffnungen ans Licht; sie hält gegen herrschende Vorurteile früher gemachte Einsichten hoch und entsichert Selbstverständlichkeiten der Gegenwart (vgl. Apg 3,11-26; 7,1-53)."[13] Sie widersetzt sich einer einlinigen Siegergeschichte und wendet sich ihren Opfern zu, die sie dem Vergessen entreißt und letzter Hoffnung auf den Gott der Zukunft übergibt;

---

[9] J. Reikerstorfer, Politische Theologie als „negative Theologie". Zum zeitlichen Sinn der Gottesrede, in: ders. (Hrsg.), Vom Wagnis der Nichtidentität (FS J. B. Metz), Münster 1998, 11-49; hier: 36.

[10] J. B. Metz, Glaube in Geschichte und Gesellschaft. Studien zu einer praktischen Fundamentaltheologie, Mainz 41984, 150.; vgl. ders., Zeit der Orden? Zur Mystik und Politik der Nachfolge, Freiburg u.a. 1977.

[11] Vgl. J. B. Metz, Anamnetische Vernunft. Anmerkungen eines Theologen zur Krise der Geisteswissenschaften, in: A. Honneth u.a. (Hrsg.), Zwischenbetrachtungen. Im Prozeß der Aufklärung (FS Jürgen Habermas), Frankfurt a.M. 1989, 733-737.

[12] Vgl. H.-J. Höhn, Gegen-Mythen. Religionsproduktive Tendenzen der Gegenwart (QD154), Freiburg u.a. 1994, 75-97.

[13] Ders., Von der Offenheit des Glaubens. Christliche Spiritualität zwischen Postmodernismus und Traditionalismus, in: Denken und Glauben. Zeitschrift der Katholischen Hochschulgemeinde für die Grazer Universitäten 43/44 (1990) 25-29; hier: 27.

- der christliche Kairos ist Ort des Unverrechenbaren, des Einbruchs Gottes in die gewohnten Abläufe; dem einzelnen Ereignis und dem von ihm betroffenen, herausgeforderten Subjekt kommt eine unvertretbare Bedeutung zu; im je eigenen Kairos der Glaubensidentität entstehen vielfältige Nachfolgewege;
- das Eschaton der Zeit begrenzt jeden Identitätsentwurf, der sich in der eigenen Logik und ihren strukturellen Sicherheiten eingerichtet hat; Glauben behält einen Hoffnungsindex, der in der Gegenwart das Unfertige erkennt, das noch nicht Gelungene – die unausweichliche Differenz der Geschichte zu ihrer erhofften Vollendung. Theologie der bewußten Differenz erprobt eine Ästhetik im Zeichen Negativer Theologie, die das Ausstehende und *Überfällige* sich selbst wie ihrer eigenen Zeit zumutet.[14]

In der Zeitkritik nimmt *Identitätskritik* unweigerlich *traditionskritische* Züge an: Christentumsgeschichte hat auf die eigene Schuldgeschichte in der Zeit zu blicken und diese Grunddifferenz ihrer Identität kritisch anzunehmen. Dabei ist zu berücksichtigen, daß Glaube in Traditionen *interpretiert* wird und insofern schon immer in einer konstitutiven Distanz zu seinem Ursprung liegt.[15] Tradition bezieht sich auf ihren verbindlichen Grund, indem sie unweigerlich fremde Modelle zu seiner Übersetzung beansprucht. Damit stellt sich immer auch die ideologiekritische Anfrage an den behaupteten Wahrheitsgehalt der Tradition – und dies insbesondere dort, wo dieser Vorgang bestritten wird: „even the most sacred human insights can become distorted or corrupted."[16]

Hier ist zunächst in Erinnerung zu rufen, daß Traditionen nicht im Labor entstehen, sondern umfassende Lebensprozesse sind. Gerade in Krisensituationen wird deutlich, „daß das Leben und die Wahrheit über das Leben in keiner Tradition einfach zur Deckung kommen."[17] Der Vorgang der Überlieferung bezieht seine Logik aus der inkarnatorischen Gestalt seines Zentralbezugs. Er ist wesentlich ein *geschichtliches Widerfahrnis*.

> „Die Sinnidentität der christlichen Überlieferung ist demnach nicht eine solche, die wir aufgrund der ewigen Denkstrukturen unserer Vernunft herstellen; vielmehr bringt sie sich ereignishaft stets neu dem zur Erfahrung, der sich vertrauensvoll auf sie einläßt, und sie bringt sich zugleich auch als historisch nachweisbare Kontinuität zu geschichtlicher Erscheinung."[18]

---

[14] Vgl. dazu E. Nordhofen, Der Engel der Bestreitung. Über das Verhältnis von Kunst und Negativer Theologie, Würzburg 1993. Dort findet sich der Hinweis auf eine theologische Identitätskritik aus ästhetischem Anlaß, die sich in den gegebenen Theorierahmen fügt: „Insofern die europäische Malerei im wesentlichen religiöse Malerei war, läßt sich eine frappierende Korrelation zwischen dem Verzicht auf Alteritätssicherung, das heißt, einer Zunahme an Realistik, und den Aufbrüchen des Ikonoklasmus feststellen." (Ebd., 101.)

[15] Vgl. P. Ricoeur, Philosophische und theologische Hermeneutik, in: EvTh (Sonderheft 1974) 24-45; besonders 43f.

[16] W. G. Jeanrond, Theological Hermeneutics. Development and Significance, New York 1991, 181.

[17] W. Kasper, Tradierung und Vermittlung als systematisch-theologisches Problem, in: E. Feifel / ders. (Hrsg.), Tradierungskrise des Glaubens, München 1987, 30-52; hier: 37.

[18] H. J. Pottmeyer, Theologische Erkenntnislehre als kritische Hermeneutik, in: J. Kirchberg / J. Müller (Hrsg.), Philosophisch-Theologische Grenzfragen (FS Richard Schaeffler) Essen 1986, 199-217; hier: 216.

6. Schlussreflexion: Die prekäre Identität des Christlichen

Diese ist als personales Geschehen material wie formal zu fassen: als Inhalt, der zugleich – im Heiligen Geist – der Motor der Überlieferung ist und im interpersonalen Tradierungsvorgang die Botschaft in der sakramentalen Erinnerung an den Menschen Jesus und in ihn bezeugender Nachfolge vergegenwärtigt. Ein solches personales Ereignis entzieht sich seiner begrifflichen Festschreibung und bedarf doch eines Verständnisses, das sich auf den ersten und ursächlichen Vermittlungsvorgang bezieht. Der wiederum wird in einem Menschen gesehen, in dem Gott als er selbst begegnet und sich offenbart. Möglichkeit und Unmöglichkeit der angemessenen Weitergabe verbinden sich und entlassen Interpretationsprozesse, die sich an kanonische Zeugnisse rückbinden. Diese haben selbst interpretativen Charakter. Angesichts der Unausweichlichkeit von Interpretation(en) „verliert Tradition den Anschein einer bruchlosen Kontinuität".[19] Tradition stirbt, wo sie auf die Wiederholung von Sätzen festgeschrieben wird, die sich nicht mehr in die verschiedenen Zeiträume und Kulturen weitersagen lassen. Leben verlangt, Leben ist Interpretation und Übersetzung: christlich grundlegend, am herausforderndsten und in aller Ambiguität am *überzeugendsten* in der konkreten, je individuellen Nachfolge, im *Martyrium* als Vollgestalt einer Traditio, die die Traditio Jesu in sich verwirklicht.[20]

Tradition ist demnach Transformation – immer zwischen Identität und Differenz herausgefordert.[21] Das Kriterium einer wahrheitsgemäßen Auslegung des Evangeliums Jesu und seiner Person ist jeweils interpretativ gewonnen und bleibt prekär:

> „Ob seine Übersetzung, die in jedem Fall das Ganze der Glaubenswahrheit betrifft, jeweils gelungen ist, ob die in der neuen Denkform verstandene Wahrheit mit der überlieferten noch identisch ist, das läßt sich zwar bis zu einem gewissen

---

[19] K. Wenzel, Die Gegenwart des Verstehens. Hermeneutik im Schatten theologischer Rezeptionsdefizite, in: K. Müller (Hrsg.), Fundamentaltheologie, 151-175; hier: 174.
[20] Vgl. hierzu noch einmal den innovativen Traditionsdiskurs Hansjürgen Verweyens.
[21] Siegfried Wiedenhofer rekonstruiert den Traditionsbegriff und seine Geschichte von diesen beiden Polen her: vgl. ders., Grundprobleme des theologischen Traditionsbegriffs, in: ZKTh 112 (1990) 18-29. Danach markieren Identität und Differenz strukturlogisch grundlegend jeden religiösen Glauben, insofern zum einen Gott in der Welt erfahren wird, er zum anderen nur in der Differenz zur Welt erscheint (ebd., 19f.). Ursprünglich verbindet Tradition dialektisch „die Identifikation von kirchlicher Tradition, apostolischer Tradition und göttlicher Tradition einerseits und die Differenz von menschlicher Tradition und göttlicher Tradition andererseits. Vom ersten Aspekt her begründet sich der Verläßlichkeitscharakter, Normcharakter und Vorgegebenheitscharakter der kirchlichen Tradition in bezug auf den Glauben des einzelnen, vom zweiten Aspekt her erscheint kirchliche Tradition als reines Zeugnis und als verantwortliche Aufgabe, die auch verfehlt werden kann, die sich auf jeden Fall ständig am göttlichen Ursprung zu messen hat." (Ebd., 21.) Wiedenhofer kann die Relevanz dieses Modells u.a. als grundlegend für die Identitätsbildung der Alten Kirche nachweisen – mit einer identitätslogischen Überbestimmung, die zu einem dialektischen Spannungsverlust zugunsten des ersten Prinzips führt (ebd., 21). Schließlich zeigt diese (auch im Identitätsparadigma spirituell wie theologisch nie ganz auszuschaltende) Grunddialektik und ihre katholische Vereinseitigung auch konfessionsgeschichtliche Konsequenzen: ihr Spannungsgefüge bricht *alternativ* auseinander (ebd., 22). Auch in ökumenischer Hinsicht wird von daher eine theologische Identitätskritik und Differenzhermeneutik zum Desiderat.

> Grad prüfen und insofern auch verifizieren, aber doch niemals eigentlich beweisen oder gar abschließend sicherstellen... Insofern bleibt jede Vergegenwärtigung des Glaubens ein ebenso notwendiges wie wagnisvolles und risikoreiches Unternehmen, das tatsächlich des Vertrauens in den Beistand des Geistes bedarf."[22]

Die Endlichkeit des Interpreten und der kulturellen wie zeitlichen Möglichkeiten jeder (kirchlichen) Interpretationsgemeinschaft, zugleich die Unendlichkeit möglicher Interpretationsmuster in der konkreten Übersetzung des Grundgeschehens hat sich immer neu von ihm selbst kritisieren zu lassen. Die kreativen Anteile jeder Interpretation sind für den Textvergleich offen zu halten und, zumindest virtuell, für die Kritik aller vorangegangenen Traditionen.[23] In diesem Sinne gehören als kritische Lektüre- und Interpretationsprozesse „Traditionsbrüche zu den Grundbedingungen der Identität und Kontinuität religiöser Traditionen".[24] Differenz ist hermeneutisch konstitutiv – und darf sich christlich doch nicht verselbständigen. Sie bleibt vermittelt – in und als *Kritik* im Sinne der Fundamentalhermeneutik einer *Unterscheidung der Geister*, die immer neu zu geschehen hat, kein anderes letztes Kriterium als die geistgewirkte Gegenwart Jesu kennt und eben darin jene äußerste Sicherheit bietet, die der Glaube finden kann: in der existenziellen *Aussetzung* des Ich, ignatianisch: in der Selbstüberlieferung des intimen Gesprächs mit dem Gekreuzigten.[25] Er ist die letzte Kritik aller Interpretation, die christlich darauf setzt, daß diese Kritik die Wahrheit über alle Interpretationen und jeden Interpreten ans Licht bringt.

> „Kritisches Interpretieren ist die Seele der Theologie: Es öffnet sich dem Wort Gottes, das durch die Texte spricht; es öffnet sich für Veränderungen des Interpretationshorizontes durch das Wort Gottes; es bleibt sich aber auch der Vorläufigkeit und der letzten Unangemessenheit bewußt, die dem menschlichen Interpretieren, auch dem ‚angemessenen', immer eigen ist. In diesem Bewußtsein seiner Begrenztheit gründet jedoch auch die Freiheit zu immer neuer, immer neu verantworteter Interpretation von Gottes Handeln und Gegenwart in unserer Geschichte."[26]

Traditionskritik und kritische Bestandsaufnahme ihrer – wörtlich genommenen – *Metaphorisierungen* impliziert eine *Identitätskritik* qua *Sprachkritik*. Die metaphorische Unhintergehbarkeit und Unabgeltbarkeit unserer Sprache wird zum Index einer Kontingenz, die gleichermaßen ausgeglichen, bewältigt wird in den Sprachbildern und doch in ihnen immer wieder durchbricht.

---

[22] G. Essen / T. Pröpper, Aneignungsprobleme der christologischen Überlieferung. Hermeneutische Vorüberlegungen, in: R. Laufen (Hrsg.), Gottes ewiger Sohn, Die Präexistenz Christi, Paderborn u.a. 1997, 163-178; hier: 177.

[23] In der Bedeutung des Genitivus subjectivus wie objectivus.

[24] S. Wiedenhofer, Traditionsbrüche – Traditionsabbruch? Zur Identität des Glaubens, in: M. v. Brück / J. Werbick (Hrsg.), Traditionsabbruch – Ende des Christentums?, Würzburg 1994, 55-76; hier: 55.

[25] Vgl. I. v. Loyola, Geistliche Übungen und erläuternde Texte, übers. u. erkl. v. P. Knauer, Graz u.a. ²1983, 39 (Nr. 53f.).

[26] W. G. Jeanrond, Text und Interpretation als Kategorien theologischen Denkens, Tübingen 1986, 151.

Metaphern sind Bausteine des Unendlichen. Differenzhermeneutisch beunruhigen sie in jedem Text und markieren die theologische Grunddifferenz im notwendigen Sprechen von Gott. Sie geben Anlaß zur genauen Recherche nach dem Unabgegoltenen und Unverstandenen in den theologischen Konzepten.

Die Metapher als genauer Ausdruck der sprachlichen Differenz, der Sprache als Differenz, markiert im semantischen Prozeß die Differenz der Zeichen zu sich selbst. Ihre Bedeutungen sind differentiell, sie sind befristet konstant und kontextdefinit. Das Dogma als Festlegung der Semantik bestimmter Zeichen kann sich diesem Vorgang nicht entziehen. Offenheit bleibt ihm semiologisch eingeschrieben. Formal entspricht dies dem materialen Befund der Theologie: Jesus sprengt als Person jedes ihn repräsentierende Zeichen. Das Differenzbewußtsein des Dogmas genügt dem, wo es seine interpretative Unabschließbarkeit in der Möglichkeit seiner Weiterentwicklung bewahrt. Die Festlegung seiner Wahrheit geschieht im Glaubensakt als Annahme des *depositum fidei* je neu und insofern hermeneutisch auch je anders, ohne radikal different zu werden. Bezeichnenderweise läßt sich das Wort „Gott" semantisch nicht eindeutig festlegen, sondern nur annähern. Das darin enthaltene zeitliche Moment ermutigt zu einer differenzhermeneutischen Wahrnehmung des Dogmas, das sich an der Hoffnungsgestalt des Glaubens festmacht. Dogmatik als formale wie materiale Grammatik des Glaubens hat in sich das christologische und trinitarische Spannungsgefüge auszutragen, das Differenz und Identität nicht gegeneinander ausspielt, sondern bewahrt. Das legitime Interesse der Kirche an einer distinkten Identität ist vor diesem Hintergrund immer *auch* differenzreflex – im Sinne der hermeneutischen Differenzmarken – gegenzulesen. Jeder Text ist von ihnen durchsetzt – auch der, der auf sich selbst als einen Metatext jenseits aller Differenz zu verpflichten suchte. Das Dogma nimmt die Differenz in sich schon deshalb ernst, weil es nichts gegen die Heilige Schrift und die verbindliche Tradition proponieren kann. Es implantiert sich damit ein kritisches Prinzip.

Der unausweichlich interpretative Charakter des Dogmas wird so kenntlich gemacht. Die Unmöglichkeit totaler semantischer Identität läßt nach Differenzmustern im Dogma suchen, nach dem Übersehenen, nach der Wahrheit als Lebensvorgang statt als Satz; auch: nach seinen Opfern und Verlusten. Wenn Identität nicht statisch, nicht ohne seine Differenzeinträge *in der Zeit* begriffen wird, kann das kirchliche Lehramt sich unbefangener den heterogenen Momenten der Dogmengeschichte stellen, die immer wieder als Problemüberhänge begegnen.[27] Deutlicher wird so auch die hermeneutische Notwendigkeit, den Prozeß der Wahrheitsfindung im Dogma selbst verankert zu sehen, d. h. das Dogma aus jenem Identitätsgefängnis einer einmal fixierten Satzwahrheit zu befreien, das seine Formel als letzten Punkt in einer Unmittelbarkeit erreicht sieht, die dem Vorgang nicht gerecht wird. Jedes Dogma muß nicht nur mit der *maior dissimilitudo* fertig werden, sondern

---

[27] Vgl. etwa das Problem der Religionsfreiheit und das eines möglichen Heils außerhalb der Kirche.

auch mit den Spuren verletzter Liebeslogik, die an ihrer Wahrheit haften. Christlich läßt sich die Wahrheit nicht ohne ihre Praxis *denken*.

Eine dogmenhermeneutische Wahrnehmung der Differenz macht mit der Problemgeschichte des Dogmas auf die bleibenden Spannungen in ihm deutlich, auf Überhänge, die offen bleiben für spätere Interpretationen. Dann aber gilt für das Dogma wie für die theologische Hermeneutik insgesamt, daß ihr das Auge des Anderen einzusetzen ist, daß es ihr

> „sowohl von ihrem Gottesverständnis als auch von ihrer ekklesialen Dimension her aufgegeben ist, dem Problem einer irreduziblen Transzendenz Gottes und des Menschen den ihm gebührenden Stellenwert einzuräumen."[28]

Die radikale Transzendenz Gottes wird nirgendwo zum Problem wie angesichts der Leiderfahrung. Sie markiert die Ur-Differenz unserer Erfahrung und unseres Verstehens. Die theologische Antwortlosigkeit gegenüber dem Leiden hält sich noch in der äußersten Antwort einer *reductio in mysterium*.[29] Leid ist nicht in einem identischen, alles beantwortenden, erklärenden und damit *rationalisierenden* Diskursparadigma integrierbar. Es behält seine Widerständigkeit, seine Differenz zu und in jedem Gedanken. Damit drängt sich die Theodizeefrage als Ausgangspunkt einer praktischen Differenzhermeneutik auf der Suche nach der Rettung derjenigen auf, die leiden. Für Metz verbindet sich Identitätskritik an dieser Stelle mit dem „Plädoyer für mehr Theodizee-Empfindlichkeit in der Theologie"[30]:

> „Ist die >Gotteskrise<, die im Hintergrund der heute vielbesprochenen Kirchenkrise steht, nicht auch durch eine kirchliche Praxis mitverursacht, in der Gott mit dem Rücken zur Leidensgeschichte der Menschen verkündet wurde und wird?"[31]

Von daher wird eine eschatologisch beunruhigte Differenzwahrnehmung des Unabgegoltenen zum theoretischen wie praktischen theologischen Postulat. Sein theologischer Wahrheitsbegriff nimmt Maß am Anderen.

Für Metz hat nun ein solcher differenz- und alteritätsoffener Wahrheitsbegriff durchaus eine universale Dimension. Die *Wahrung* des Anderen hat in sich universalistische Züge, weil sie nicht noch einmal identitätslogisch einen bestimmten Anderen von dieser Rechtebeschreibung ausnimmt. Zugleich wird das Gesetz der Bewahrung des Anderen in seiner Andersheit zu

---

[28] T. Freyer, Alterität und Transzendenz, 84.
[29] Vgl. G. M. Hoff, Ist die >reductio in mysterium< irrational? Zu A. Kreiners Quaestio Disputata „Gott im Leid. Zur Stichhaltigkeit der Theodizee-Argumente, in: ZKTh 121 (1999) 159-176.
[30] Vgl. J. B. Metz, Plädoyer für mehr Theodizee-Empfindlichkeit in der Theologie, in: W. Oelmüller (Hrsg.), Worüber man nicht schweigen kann. Neue Diskussionen zur Theodizeefrage, München 1992, 125-137.
[31] Ders., Das Christentum angesichts des Pluralismus von Kultur- und Religionswelten, in: Edith-Stein-Jahrbuch. Bd. 4: Das Christentum, Würzburg 1998, 81-87; hier: 84.– Metz führt in seinen Beispielen von Leid und Unterdrückung (und von *Leidunterdrückung*) bezeichnenderweise Grundmuster identitätslogischer Verdrängung von Differenz und Andersheit an: „Rassismus", „Fremdenfeindlichkeit", schließlich die Opfer abstrakter, alles unter der Leitkategorie des Nutzens und des Geldes verrechnender Marktlogik (ebd., 85).

einem Maßstab, dem auch dieser Andere kritisch konfrontiert wird: vor allem dort, wo er selbst gegen die Ethik des Anderen verstößt. Damit ergibt sich freilich eine logische Spannung. Im universal verpflichtenden Gestus der Vernunft werden Differenzen wieder auf ein Gesetz zurückgeführt, auf *ein* Prinzip. Das wiederum steht unter dem kritischen Vorbehalt einer terroristischen Beanspruchung des Anderen. Erst die Machtkritik Michel Foucaults verdeutlicht, daß es aus dieser Situation keinen wirklichen Ausweg gibt: Macht und Bemächtigung bleiben Grundfaktoren unserer Wissensproduktion und gesellschaftlichen Organisation. Vor diesem Hintergrund wird Kritik zum einzig möglichen Maßstab, der als Formalprinzip bereits qua Haltung Inhalte transportiert. Sein wesentlichster: die offene Wahrnehmung des Begegnenden. Darin wird eine Anerkennungskultur praktiziert, ohne daß sie bewiesen, ohne daß sie zwingend einsichtig gemacht werden könnte. Solche Kritik als Differenzwahrnehmung und -verteidigung macht aber innerhalb des eigenen Universalismus auf die herrschaftskritischen Züge aufmerksam. „Nicht jeder Universalismus ist Ausdruck des Willens zur Macht!"[32]

Theologisch läßt sich dieses Problem vor allem mit dem Missionsauftrag der Kirche verdeutlichen. Sie behält Züge einer Bemächtigung des Fremden. Die Religion, die ihm als Heilsangebot vermittelt werden soll, sperrt sich einer vollständigen Inkulturation. Sie beansprucht zudem eine Wahrheit, die der Wahrheit der kulturell angestammten Religionen eschatologisch „überlegen" ist. Die im Evangelium gebotene Anerkennung des Anderen läßt sich nur bedingt realisieren. Aus dieser Aporie findet der christliche Wahrheitsbegriff missionarisch nicht heraus.

Dies gilt vor allem im Blick auf ein Wahrheitskriterium. Im Inkulturationsversuch steht immer neu die Bestimmung aus, *was* sich als genuin christlich *wie* übersetzen läßt. Das entsprechende Kriterium ist selbst nur interpretativ zu erfassen und in weiteren Interpretationen einzusetzen, deren Anwendungswahrheit sich nie endgültig und voll identifizieren läßt.

> „Fundamentale Theologie ist ‚Hermeneutik' in dem Sinn, daß sie ausgehend von der Gottesoffenbarung in Jesus Christus (= Beanspruchung konkreter Traditionen) im hermeneutischen Brückenschlag zu den ‚Zeichen der Zeit' die theologischen Grundstrukturen und -aussagen gewinnt (= Bewährung im ‚Heute'), wobei das Ursprungsgeschehen letzter hermeneutischer Maßstab bleibt (= Bewährung im Schicksal Jesu von Nazaret)."[33]

Jeder Versuch, diese Kriteriologie enger zu fassen, bleibt als Interpretationsvorgang mehrdeutig und in einer konstitutiven Differenz zu jener Wahrheit, die garantiert werden soll. Dabei ist christlich daran zu erinnern, daß ihr Charakter als Lebenswahrheit einen dynamischen und geschichtlichen Wahrheitsbegriff nahelegt, der als Praxis von Umkehr und Nachfolge erst zu

---

[32] J. B. Metz, Solidarische Freiheit. Krise und Auftrag des europäischen Geistes, in: Concilium (D) 28 (1992) 178-182; hier: 179.
[33] B. J. Hilberath, Theologie zwischen Tradition und Kritik. Die philosophische Hermeneutik Hans-Georg Gadamers als Herausforderung des theologischen Selbstverständnisses, Düsseldorf 1978, 328.

seiner vollen „Wahrheit" gelangt. Der Prozeß der Umwege und der hermeneutischen Erprobungen erhält eine eigene Dignität. Nur im Risiko interkultureller Begegnung kann sich eine Vermittlung von *Proprium christianum* und ihrem Anderen ereignen, d. h. nur in der Übernahme einer Differenz, die wahrheitstheoretisch immer schon eingelegt und – mit Derrida semiologisch – beansprucht wurde. Damit entsteht ein christliches Wahrheitsmodell, das konstitutiv „sowohl den Verlust von Informationen riskiert als auch Bereicherung in dieser Hinsicht erfährt."[34] Die Kirchengeschichte hat zur Verdeutlichung dieser Tatsache stärker noch auf die eminenten Verlustgeschichten der lehramtlichen Siegergeschichte hinzuweisen, die bis heute einem geschichtsoptimistischen Hegelianismus innerhalb des Christentums verpflichtet scheint.

Letztlich ist über das innerchristliche hermeneutische Problem hinaus grundlegender die Frage nach der Denkbarkeit einer letzten Wahrheit vor interpretations- und differenztheoretischem Hintergrund gestellt. Nach Hans Michael Baumgartner entstammt „das philosophische Wahrheitsproblem... dem menschlichen Interesse am Verläßlichen".[35] Hans Waldenfels weist nun darauf hin, daß Wahrheit biblisch personal und praktisch situiert ist.[36] Der Mensch verläßt sich auf Gott, der ihm Halt gibt. In der Erfahrung seines Geschichtshandelns erweist sich die Wahrhaftigkeit dieser personal vermittelten Wahrheit; und sie übersetzt sich in die Wahrhaftigkeit menschlich treuen, immer auf Gott vertrauenden Handelns, das an seiner Treue Maß nimmt. Damit ist der Wegcharakter der Wahrheit umschrieben, der sich auch erkenntnistheoretisch im hermeneutischen Zirkel der Glaubwürdigkeit jener Gotteswahrheit abzeichnet.

Noch einmal wird so das erkenntnistheoretische Spannungsgefüge deutlich: einerseits bedarf es eines sicheren Kriteriums der Wahrheitserkenntnis, andererseits ist dies – zumindest mit differenzhermeneutischen Augen – nicht anders als interpretativ und evidenzgebunden zu erreichen. Eine dergestalt eingeschränkte Erkenntnistheologie darf sich auf den personalen und praktischen Grundcharakter der Wahrheit selbst beziehen. Sie ist nicht irrational, verweist aber über den wissenden Erkenntniszugang auf einen personalen hin, der Vertrauen und Verläßlichkeit praktiziert. Zugleich werden mit dem Wegcharakter erkenntnistheoretisch (im hermeneutischen Zirkel) wie existenziell die kriterielle Unabfindbarkeit und der Aufbruchcharakter jedes Glaubenswissens vorab eingeholt.

Um so schärfer formuliert sich dann aber die Frage, ob sich überhaupt noch von einer „Wahrheit an sich" sprechen lasse, ohne die jede „Wahrheit für mich" sinnlos wäre.[37] Differenzhermeneutisch ist dazu festzuhalten:

---

[34] R. Schreiter, Inkulturation des Glaubens oder Identifikation mit der Kultur?, in: Concilium (D) 30 (1994) 12-18; hier: 18.
[35] H. M. Baumgartner, Art. Wahrheit/Gewißheit, in: NHThG IV, 230-241; hier: 231.
[36] Vgl. H. Waldenfels, Kontextuelle Fundamentaltheologie, 354-357.
[37] Vgl. K.-H. Menke, Die Einzigkeit Jesu Christi im Horizont der Sinnfrage, Einsiedeln 1995, 167-176.

1. die Frage nach dem „an sich" ist nicht unbeantwortbar, wird aber nur von der Evidenz eines von dieser Wahrheit Überzeugten aus beantwortbar, der an die Objektivität dieser Wahrheit glaubt;
2. in einer solchen Evidenzerfahrung ist Unbedingtes verpflichtend für den gegeben, dem es sich in seiner ganzen Tiefe erschlossen hat;
3. es ist nicht rational zwingend für alle einsichtig zu machen;
4. seine Vernünftigkeit erweist sich defensiv in der Abwehr jeden Versuchs, eine solche Evidenz und ihren Gehalt als sinnlos oder der Vernunft widersprechend zu erweisen;
5. die Evidenz der „Wahrheit an sich" ist in den bleibenden hermeneutischen Differenzen auszulegen;
6. das entspricht der personalen, praktischen und weghaften Dimension des biblischen Wahrheitskonzepts im allgemeinen und des jesuanischen (d.h. des als jesuanisch bezeugten) im besonderen;
7. die „Wahrheit an sich" kann sich nur in und als „Wahrheit für mich" offenbaren, weil Jesus der Glaubensgrund bleibt: der in seinem Heiligen Geist fortlebende Christus in seinem fortwährenden Dialog mit mir, den ich in meinem religiösen und sittlichen Gewissen unbedingt verpflichtend erfahren *kann*.

In der subjektiven Interpretation einer als objektiv verstandenen Wahrheit vermitteln sich theologisch Autonomie und Heteronomie aneinander. Subjekttheoretisch wie allgemein hermeneutisch ergibt sich eine Beziehung von Identität in und als Differenz. Dem entspricht der christliche Traditions- und Glaubensbegriff im (Emmaus-)Bild des Weges. Gott ist der Andere im Selbst *und* der Fluchtpunkt des Eigenen noch in seiner äußersten Entfremdung von sich. Dies ist in Jesu Leben, Sterben und Auferweckung verbürgt: verbindlich und verläßlich. Jesus zu glauben, *ihm* und *an ihn* als einzigartige Erfüllung der Liebe noch über den Tod hinaus – das ist so vernünftig wie es die Hoffnung auf letzte Liebe, auf Anerkennung aller, auf Leben überhaupt ist: vernünftig im Sinne von dem angemessen, was dem Menschen entspricht. Projektionsanfälligkeit sagt dabei noch nichts darüber aus, ob etwas dadurch glaubwürdig oder unvernünftig wird, daß es dem Menschen gibt, was er sich wünscht. Zumindest ist es nicht unvernünftig, das zutiefst Ersehnte zu erhoffen, wenn es (An-)Zeichen dafür gibt, die nicht als unvernünftig ausgeschlossen werden können. Rational bleibt solche Hoffnung - offen – gerade als Interpretation von Ereignissen, die solcher Hoffnung Nahrung und Grund geben, ohne ihr den Erwartungs- und Gespanntheitscharakter zu nehmen. Sie plausibilisiert sich *methodisch* in der durchgehaltenen Bereitschaft zur Kritik als Bewußtsein einer differentiellen Identität ihres Hoffnungsglaubens und *inhaltlich* in der Evidenz ihrer Offenbarungsgestalt.

Diese kann nur im Geist der Liebe und auch nur auf diese – ihr formal wie material entsprechende – Weise, in der unverrechenbaren, überwältigenden, das Ich aus sich herausfordernden Logik der Liebe erkannt werden: in einer Gewißheit jenseits jeder Bemächtigung des Anderen. Mit Meister Eckhart:

Glauben als Lieben verlangt, „daz wir gotes ledic werden".[38] Nach Hans Waldenfels ist es

> „gerade das ‚Selbst-Verständliche', das ‚Evidente', das für den abendländischen Menschen bis in die Gegenwart hinein die Grenze seines Fragens markierte. Selbst wenn das ‚Selbstverständliche' heute fragwürdig wird, sofern es sich dem begreifenden Zugriff entzieht und das den eigenmächtigen modernen Menschen stört, bleibt doch das Unverfügbare und Unbedingte. Es kommt nur darauf an, daß wir Menschen uns ihm anvertrauen und in seiner Wirklichkeit das wahre Fundament unseres Lebens finden."[39]

Dieser evidenztheoretische und interpretationsbesetzte, also letztlich differenzhermeneutisch veranlagte Wahrheitsbegriff faßt Wahrheit ohne Relativismus, aber in Relativität: bezüglich. Christlich gesprochen: aus trinitarischem Grund personal und relational. Relativ ist Wahrheit als geschichtliches Ereignis. Sie wird als Absolutes nie absolut verstanden, sondern differentiell. Dieser relative Absolutheitsbegriff nimmt nichts von seiner Unbedingtheit und einer Verpflichtung, die im Innenbezug gilt. Die legitime Überzeugung von der absoluten Selbstoffenbarung Gottes erstreckt sich dabei auch auf das Außen als Angebot im Lebenszeugnis wie in der rationalen Bezeugung, die jeden anderen Wahrheitsanspruch prüft und kritisiert – mit der Offenheit für die Andersheit des Anderen und in eigener Kritikbereitschaft. Ein absolutes, universal verbindliches Kriterium fehlt insofern, als es jeweils interpretiert wäre und seine Gültigkeit auf Evidenz beruhte. Die Evidenz des Sinnkriteriums letzter Liebe beansprucht eine Letztgültigkeit im Rahmen dieser Evidenz – sie ist *von sich her* unbestreitbar *in dieser Evidenz*. Sie weiß aber zugleich um die Denkmöglichkeit anderer Evidenzen, die nicht apriori sinnlos sind und für deren Kritik man nicht wiederum eine allgemeine, alle zwingend, unausweichlich verpflichtende Beurteilungsinstanz evidenz- und interpretationslos voraussetzen oder gewinnen könnte. Daher verbindet sich Absolutheit qua Evidenz des Absoluten im Innenbereich mit Relativitätsbewußtsein im Außenbezug.[40]

Wahrheit umfaßt Differenz. Differenzbewußtsein sensibilisiert für andere Wahrheitsinterpretationen, die darum nicht alle für den Glaubenden gleichgültig werden. Seine Überzeugung überträgt er missionarisch auf den anderen Glauben, ohne ihm darum eine Dignität abzusprechen, die er schon aus erkenntnistheoretischen Gründen immer mitzureflektieren hat, da er sein Absolutes nicht absolut besitzen kann (noch religiös darf). Wahrheit als Standpunkt überzeugter Identität unter Einschluß der Differenzen, die Identität hermeneutisch und glaubenslogisch durchziehen und gar erst konstituieren,

---

[38] Meister Eckhart, Predigten (= DW 2), hrsg. u. übers. v. J. Quint, Stuttgart 1971, 493 (= Predigt 52: Beati pauperes spiritu).

[39] H. Waldenfels, Wahrheit zwischen Beliebigkeit und Verbindlichkeit, in: LebZeug 53 (1998) 228-239; hier: 237.– Vgl. ders., Gott. Auf der Suche nach dem Lebensgrund, Leipzig 1995.– Zu den (gegenüber Verweyen kritischen) erkenntnistheoretischen Konsequenzen vgl. ders., Einführung in die Theologie der Offenbarung. Darmstadt 1996, 181f.

[40] Vgl. W. Welsch, Relativität aushalten. Unbedingtheit gibt es nur im Innenbezug, in: EvKomm Hft. 12 / 1994, 734f.

läßt im interreligiösen Dialog dazu auffordern, die interne wie externe *Unübersetzbarkeit zu begreifen*.[41] Theologisch läßt sich dieser Differenzansatz mit einem alteritätsbestimmten Subjektbegriff und einem ebenso alteritätsoffenen Wahrheitsdenken verbinden. Sein eschatologischer Überhang läßt dann darauf vertrauen, daß sich Gottes Wahrheit – *quo maius cogitari nequit* – am Ende erweisen wird. Differenzhermeneutische Theologie hält sich offen für eine *reductio in mysterium* jenseits der Totalen von Autonomie und Heteronomie, von Identität und Differenz, deren Dialektik sich – im Einklang mit (postModerner) Negativer Theologie und im Anschluß an die dezidiert identitätskritische Negative Dialektik Theodor W. Adornos[42] – nicht anders als negativ, differentiell, gespannt vermittelt.

6.1.3 Programm: Thesen zu einer postModernen theologischen Differenzhermeneutik

Die folgenden Thesen werden aus der differenztheologischen Logik abgeleitet. Sie bezeichnen mögliche Arbeitsfelder und Relevanzbereiche. In diesem Sinne skizzieren sie das thematische Programm einer theologischen Hermeneutik im Anschluß an postModernes Differenzdenken.

1. Zunächst verhilft postModernes Differenzdenken zur Weiterentwicklung einer kritischen theologischen Hermeneutik. Dies gilt vor allem unter Berücksichtigung der genannten Differenzmarken:
   - Macht
   - Zeit
   - Individuum / Interpretation
   - Metapher / Sprache
2. Theologischer Pluralismus erhält eine differenzphilosophisch ausgearbeitete Begründungsperspektive.
3. Für die fundamentaltheologische Problematik der Glaubensbegründung liefert die postModerne Differenzhermeneutik einen kritischen Beitrag. Erkenntnistheologisch wird ein interpretationstheoretisches Projekt verfolgt.
4. In diesem Zusammenhang wird das subjektphilosophische Paradigma des transzendentalen Cogitos kritisiert.

---

[41] Vgl. A. MacIntyre, Whose Justice? Which Rationality, Notre Dame 1988, 374f.

[42] In seinen „Meditationen zur Metaphysik" findet sich das Gegenstück zu denen Descartes' und Husserls – als Denken des Nicht-Identischen": vgl. T. W. Adorno, Negative Dialektik, Frankfurt a.M. [6]1990, 354-400. Adorno wendet Identitätskritik auch noch einmal gegen den vermeintlich möglichen Versuch, das metaphysische Identitätsdenken durch Kritik und Negative Dialektik einfach zu sprengen. Vielleicht wird in dieser Aporetik Differenz am radikalsten gedacht – theologisch am konsequentesten eschatologisch: „Der Totaltät ist zu opponieren, indem sie der Nichtidentität mit sich selbst überführt wird, die sie dem eigenen Begriff nach verleugnet. Dadurch ist die negative Dialektik, als an ihrem Ausgang, gebunden an die obersten Kategorien von Identitätsphilosophie. Insofern bleibt auch sie falsch, identitätslogisch, selber das, wogegen sie gedacht wird." (Ebd., 150.)

5. Stattdessen wird subjektkritisch ein Denken des Anderen profiliert – mit erheblichen ethischen Konsequenzen.
6. Es wird ein anderer Konstruktionspunkt der Glaubensreflexion empfohlen, der sich zumal trinitätstheologisch aus dem drohenden egologischen Solipsismus lösen kann und formal wie inhaltlich dem christlichen Gottesbild angemessen erscheint.
7. Damit ergeben sich im übrigen philosophisch-theologische Gesprächsgrundlagen für den christlich-jüdischen Dialog, weil hier zentrale gemeinsame Motive verarbeitet werden (Levinas, Derrida).
8. Das Denken der Differenz hat eine erhebliche Nähe zur Negativen Theologie: Anwesenheit und Abwesenheit Gottes werden stärker in Spannung gebracht, als das im identitätslogischen Paradigma der Theologie oft geschieht.
9. Zugleich findet eine Aufwertung eschatologischen Denkens statt, das an die Offenheit und Ungesichertheit von Glaubensinterpretationen anschließt.
10. Es wird eine höhere Aufmerksamkeit für Differenzen im Verstehen und für Differenzmilieus eingeübt.
11. Die Unverrechenbarkeit disparater theologischer Deutungsmodelle wird als eigene hermeneutische Leistung wahrnehmbar (Christologie).
12. Die erkenntnistheoretische Erwartungshaltung wird theologisch zurückgeschraubt – man erwartet weniger glatte Lösungen.
13. Eine theologische Identitätskritik wird möglich, die auf die identitätslogischen Systemzwänge in Theologie und Kirche hinweist.
14. Zugleich wird auf eine institutionalisierte Machtkritik hingearbeitet (Foucault).
15. Für die ökumenischen Diskussionen läßt sich fragen, worauf der Akzent gesetzt wird: mit einem für Differenzen offeneren Konzept von christlicher, konfessioneller Identität ergeben sich mehr Verständigungschancen.[43]
16. Als besonders brisantes Paradigma einer postModernen Theologie läßt sich die Pluralistische Religionstheologie interpretieren – hier steht Differenzhermeneutik auf dem Prüfstand. Denn für das (katholische) Christentum sind hier erhebliche Unterschiede wahrzunehmen – was auch zum Differenzdenken gehört. Indes wäre zu zeigen, daß gerade die PRT Differenzen massiv unterschätzt.
17. Differenzdenken bedeutet also nicht, daß im Sinne einer absoluten Differenz eigene Identität aufgelöst werden müßte.
18. Aber die Bedeutung des Differenzdenkens läßt sich im theologischen Innenbereich immer wieder aufzeigen – mit Tracy etwa im Sinne der Kategorie des Geheimnisses.
19. Von hier aus werden einzelne fundamentaltheologische und dogmatische Konzepte zu bedenken sein: z. B. die Konzepte „Offenbarung" und

---

[43] Vgl. U. H. J. Körtner, Versöhnte Verschiedenheit. Die Einheit von Identität und Differenz als Grundproblem christlicher Ökumene, in: BThZ 15 (1998) 77-96.

„Auferstehung". Konkurrierende Aussageformen, verschiedene Realitätsebenen, divergierende Metaphoriken, kurz: differente Propositionsmuster und Vorstellungsmodelle für *ein* Ereignis, das nur in der Differenz denk- und sagbar wird, bekommen ein eigenes Gewicht.

20. Im Kanon der theologischen Disziplinen läßt sich Differenzhermeneutik unter verschiedener Rücksicht als Denkform profilieren:
   • Historisch-kritische Exegese ist „eine einzige Strategie der Differenz"[44]. Im Blick auf die Vielzahl und Divergenz von Traditionen, von Gottesbildern, von Sprechformen läßt sich eben dieser Spannungspluralismus als Ausdruck für das je größere Geheimnis Gottes auch als systematischer Denkanlaß nehmen.
   • Für praktische Theologie läßt sich der Blick verstärkt auf die Krisenphänomene lenken. Glaubensbiographie ist nur in Brüchen, Identität nur in den Differenzen erfaßbar, in denen Glaubenssubjekte sich entwickeln. Religionspädagogisch und pastoraltheologisch wird ein Perspektivenwechsel vorgeschlagen: „Das neue Grundbild ist nicht mehr das mit sich selbst identische, monadische, sondern das in sich selbst plural verfaßte Subjekt, das durch die Überschneidung mit den Gehalten anderer Subjekte und Kommunitäten charakterisiert ist."[45]
   Mit einer pastoralen Hermeneutik der Differenz wird auch eine stärkere Wahrnehmung des Anderen und des Fremden zur Herausforderung der Gemeinden wie des einzelnen – mit systematisch-theologischen Konsequenzen.[46] In einer Krisensituation gewinnt die Kompetenz, Differenzen wahrzunehmen, anzunehmen und produktiv zu verarbeiten, an Bedeutung – zumal wenn diese Krise christlich weniger eine Tradierungs- als vielmehr eine „Innovationskrise"[47] zu sein scheint.
   • Historische Theologie kann sich differenzhermeneutisch verstärkt den verdrängten Differenzen zuwenden. Eine Hermeneutik der kirchlichen Trennungen und Verurteilungen wird dabei mit einer Hermeneutik der Angst vor einer zu entschiedenen Geist-Radikalität und ihrem Enthusiasmus zu verbinden sein. Daß der Heilige Geist nach einem Wort von Hans Urs von Balthasar „der große Unbekannte" im (westlichen) Christentum geblieben ist, mag damit zusammenhängen und den kritischen historischen Rückblick inspirieren.[48]

---

[44] R. Bucher, Die Theologie in postmodernen Zeiten. Zu Wolfgang Welschs bemerkenswertem Buch „Unsere postmoderne Moderne", in: ThGl 79 (1988) 178-191; hier: 188.

[45] Vgl. M. Meyer-Blanck, Von der Identität zur Differenz. Neuere Aspekte in der Seelsorgediskussion, in: ThLZ 123 (1998) 825-842; hier: 838.– Zu weitergehenden Perspektiven dezidierter pastoraltheologischer Differenzhermeneutik vgl. ebd., 842.

[46] Vgl. R. Bucher, Die Theologie, das Fremde. Der theologische Diskurs und sein anderes, in: O. Fuchs (Hrsg.), Die Fremden, Düsseldorf 1988, 302-319.

[47] H.-J. Höhn, Gegen-Mythen, 139-145.

[48] Als eine Ausschlußgeschichte mit (geist)theologischen Folgen ist etwa der Verzicht auf den Paraklet-Titel in der Geschichte der westlichen Glaubensbekenntnisse zu erwähnen, womit spiritualistischen Tendenzen begegnet werden sollte, zugleich ein geschichtswirksamerer Geistbegriff grundsätzlich beschnitten wurde.– Vgl. R. Staats, Das Glaubensbekenntnis von Nizäa-Konstantinopel. Historische und theologische Grundlagen, Darmstadt 1996, 165.

Darüber hinaus werden die christlichen Irrwege als Teil einer kirchlichen Identität beschreibbar, die in der Kritik im Geist Jesu ihre eigentliche Identität findet.
- Für die systematische Theologie lassen sich zwei Einsatzfelder besonders hervorheben:
  (1) Im Sinne der Ausbildung einer Theo-logik: seinen vorzüglichen theologischen Ort hat die theologische PostModerne-Rezeption in einer trinitarischen Theologik.
  (2) Im Sinne seiner schärfsten Herausforderung: seinen erkenntnistheoretischen Prüfstand erreicht theologisches Differenzdenken vor der Theodizeefrage.

6.2 Abblendung: „Ein fragmentarisches Ganzes"[49]

Was bleibt? Von der Wahrheit? Von der christlichen Glaubensidentität? Die prekäre Identität des Christlichen besteht zuerst und zuletzt im Bezug auf einen Menschen, in dem sich für den Glaubenden Gott als er selbst erschließt: als Liebe und diese Liebe als „Geheimnis der Welt".[50]

Klaus Hemmerle führt diesen Grundsatz des Glaubens in einer trinitarischen Ontologie aus, die dieses Geschehen der Liebe als Wirklichkeitsgrund auslegt.[51] Gott ist trinitarisch immer nur als der Andere seiner selbst er selbst; er ist radikal bezüglich, und das erst ermöglicht seine Schöpfung. In Jesus Christus wird Gott als alle Beziehungen, alle Wirklichkeit ermöglichende und tragende Beziehungswirklichkeit selbst offenbar. Wenn Gott die Liebe ist,

> „dann ist die Verlagerung des Schwerpunktes aus dem Selbst ins Andere, dann ist die (nicht mehr aristotelisch verstandene) Bewegung, dann ist die (ebenfalls nicht mehr als Kategorie, gar als seinsschwächstes Akzidens verstandene) relatio in die Mitte gerückt."[52]

Gott ist in sich selbst eine *„Einheit in Mehrursprünglichkeit"*[53], die sich in der gesamten Wirklichkeit wiederfinden läßt: exemplarisch in ihren analogen Brechungen im Spiel[54] und in der Sprache.[55] Solche Relationalität faßt Iden-

---

[49] G. Deleuze / F. Guattari, Was ist Philosophie?, Frankfurt a.M. ²1996, 21.
[50] E. Jüngel, Gott als Geheimnis der Welt. Zur Begründung der Theologie des Gekreuzigten im Streit zwischen Theismus und Atheismus, Tübingen ⁴1982.
[51] Vgl. zu Hemmerles trinitarischem Entwurf A. Frick, Der dreieine Gott und das Handeln in der Welt. Christlicher Glaube und ethische Öffentlichkeit im Denken Klaus Hemmerles, Würzburg 1998, 92-109.
[52] K. Hemmerle, Thesen zu einer trinitarischen Ontologie, Einsiedeln 1976, 38.
[53] Ebd., 41.
[54] Vgl. ebd., 44-46.
[55] Vgl. ebd., 48-51.

tität in der Differenz und Differenz als Identität auf – und gelangt zu einem Bild der Einheit, das sich auf keinen ersten und einzigen, letztlich kommunikationsunfähigen, solipsistischen Ursprung zurückführen läßt. Von daher kann Gisbert Greshake zu Recht die Befreiung des Subjekts in einem relationalen Konzept (in signifikanter Nähe zu Ricoeurs „Selbst als einem Anderen") auf den trinitarischen Personbegriff zurückführen.[56]

Mit KLAUS HEMMERLE lassen sich nun – einerseits hochspekulativ, andererseits immer vom inkarnationstheologischen Ausgang gedeckt – vier Grundzüge trinitarischer Relationalität als Hermeneutik einer Differenz-Identität kennzeichnen[57]:

1. Kenose: die Identität Gottes besteht in der Selbsthingabe, die nichts als reiner Bezug, ungebrochene Liebe ist und wirkt.
2. Geschichtlichkeit: „Wenn Einheit *in* der Relationalität geschieht, wenn Relationalität als Sich-Geben und Sich-Lassen, als eine fundamental verstandene *kenosis* sich ereignet, dann ist Einheit zwar schon immer gegründet, aber nie schon ‚gelaufen'."[58] Identität geschieht demnach, und sie verschiebt sich im personalen Bezug, im Ereignis von Begegnung und einem Verstehen, das nie ganz in sich selbst verharrt, sondern je neu herausgefordert wird aus dem Ich und seinen Selbstverständlichkeiten.
3. Perichorese: Die trinitarische Grundlogik, daß jede der innergöttlichen Personen nur in sich ist, indem sie zum anderen ihrer selbst findet, expliziert die Denkmöglichkeit von Schöpfung als Selbstübergabe Gottes an ein von ihm Differentes, dem er Eigenstand gibt, eine Eigengesetzlichkeit (was für die Theodizeeproblematik von Bedeutung ist), ohne sich aus jedem Bezug zu ihr zu verabschieden. Diese Logik gilt dann aber auch für jeden Versuch, die menschliche Theologik zu formulieren: entsprechend der Grundstruktur und -dynamik der Wirklichkeit genügt ihr allein eine Hermeneutik der nicht mehr abbrechenden Relation von Identität und Differenz.
4. Relationalität: Einheit wird „gerade nicht von Gott als dem Einen und Ersten deduziert. Sonst wäre ja der Prozeß des Deduzierens oder das Prinzip des Deduzierens der wahre ‚Gott', das die Einheit Bestimmende – und nicht Gott selbst. Ebensowenig ist Einheit ein Verschlingen der Unterscheidung, ihre Auflösung in einem einenden Prinzip. Endstation solcher Einheit wäre das Nicht und Null der Geeinten. Untergehen der Pole von Einheit in ihrer Einheit wäre Nivellierung der Einheit selbst. Ebensowenig ist Einheit im Sinne der Botschaft eine bloß nachträgliche Vereinbarung oder Übereinkunft, etwas *an* ihren Polen, das aber nicht sie selber ganz einbegriffe."[59]

---

[56] Vgl. G. Greshake, Der dreieine Gott. Eine trinitarische Theologie, Freiburg u.a. 1997, 172f. – Vgl. ebd., 154f.; 162f. et passim.
[57] Vgl. K. Hemmerle, Das unterscheidend Eine. Bemerkungen zum christlichen Verständnis von Einheit, in: B. Fraling / H. Hoping / J. C. Scannone (Hrsg.), Kirche und Theologie im kulturellen Dialog (FS Peter Hünermann), Freiburg u.a. 1994, 339-354.
[58] Ebd., 351.
[59] Ebd., 350.

Ein solchermaßen different angespanntes Denken der Einheit verträgt sich durchaus mit postModernem Differenzdenken, insofern es nicht verabsolutiert, seinerseits totalisiert gedacht wird. Die *différance* Derridas, die *Spur* Levinas' realisieren diese Spannungseinheit, den Bezug von Anwesenheit und Abwesenheit ganz ähnlich. Mit Walter Kasper wird nun gerade die christliche Trinitätslogik zur Antwort auf die wesentliche postModerne Herausforderung an die Theologie: zu einer Hermeneutik jenseits von Fundamentalismus und Relativismus zu finden: zwischen Identität und Differenz.[60]

> „Im christlichen Gottesbegriff, wo Menschliches absolut (Christus als zweite göttliche Person), aber auch Göttliches relativ (Jesus als Gottes unüberbietbarer Christus) zu denken ist, liegt eine seltsam paradigmatische Zuspitzung exakt jenes Postmoderne-Themas vor... In diesem Gott, dem Universalität ebenso wie Personalität, Allmacht ebenso wie (Mit-) Leidensfähigkeit, Allgegenwärtigkeit ebenso wie Offenbarungsfähigkeit zugeschrieben werden, kommt alles darauf an, gerade nicht totalitär einen Teil zum Ganzen zu erheben. Gerade damit würde jenes Ganze, das Gott auch ist, verfehlt. Die christliche Theologie hat gegen alle permanent drohenden totalitären Gefahren auf der Nichteliminierbarkeit der Vielheit zugunsten der Einheit oder der Einheit zugunsten der Vielheit bestanden."[61]

Nichts anderes meinen Gilles Deleuze und Félix Guattari, wenn sie von einem „fragmentarische(n) Ganzen"[62] sprechen. In erstaunlicher Nähe dazu begegnet Hans Urs von Balthasars Rede vom „Ganze(n) im Fragment".[63] Christliche Identität bleibt fragmentarisch in der Erfahrung dessen, der sich entzieht und im Entzug gibt (Ex 3,14). Auf diese Logik differenter Identität ist die christliche Denk- und Lebensform verpflichtet: auf den Glauben als Hoffen und Lieben:

> „Denn wir sind gerettet, doch in der Hoffnung. Hoffnung aber, die man schon erfüllt sieht, ist keine Hoffnung. Wie kann man auf etwas hoffen, das man sieht? Hoffen wir aber auf das, was wir nicht sehen, dann harren wir aus in Geduld. So nimmt sich auch der Geist unserer Schwachheit an." (Röm 8, 24-26a)

Diese Spannung bleibt und mit ihr die christliche Identität prekär – bis zum Schluß.

---

[60] Vgl. W. Kasper, Die Kirche angesichts der Herausforderung der Postmoderne, in: StdZ 122 (1997) 651-664; hier: 656.

[61] R. Bucher, Die Theologie in Moderne und Postmoderne. Zu unterbliebenen und zu anstehenden Innovationen des theologischen Diskurses, in: H.-J. Höhn, (Hrsg.), Theologie, die an der Zeit ist. Entwicklungen, Positionen, Konsequenzen, Paderborn u. a. 1992, 35-57; hier: 55f.

[62] G. Deleuze / F. Guattari, Was ist Philosophie?, 21.

[63] H. U. von Balthasar, Das Ganze im Fragment. Aspekte der Geschichtstheologie, Einsiedeln 1963.

LITERATURVERZEICHNIS

Abkürzungen folgen dem Abkürzungsverzeichnis des LThK³.
Da die Arbeit einen Zugang auch über die in ihr enthaltenen Einzelstudien erlauben möchte, wird die verwendete Literatur bereits in den einzelnen Kapiteln ausführlich ausgewiesen; dies gilt gleichfalls für häufiger zitierte Werke, noch um den Preis bibliographischer Redundanz. Im Literaturverzeichnis werden Einzelbeiträge aus Aufsatzbänden – anders als in den Anmerkungen – nicht mehr eigens genannt, wenn sie vom Autor desselben Bandes stammen. Geordnet werden die Werke eines Autors nach der Jahreszahl der benutzten Ausgabe.

1. Handbücher / Lexika

DH	H. Denziger / A. Schönmetzer (ed.): Enchiridion symbolorum definitionum et declarationem de rebus fidei et morum, hrsg. v. P. Hünermann unter Mitarbeit v. H. Hoping, Freiburg u.a. ³⁷1991.
GC	Die Geschichte des Christentums. Religion, Politik, Kultur. 14 Bde., hrsg. v. J.-M. Mayeur / C. Pietri / L. Pietri / A. Vauchez / M. Venard. Dt. Ausg. hrsg. v. N. Brox / O. Engels / G. Kretschmar / K. Meier / H. Smolinsky, Freiburg u.a. 1992 ff.

R. Gibellini, Handbuch der Theologie im 20. Jahrhundert, Regensburg 1995.

HD	Handbuch der Dogmatik. 2 Bde., hrsg. v. T. Schneider, Düsseldorf 1992.
HDG	Handbuch der Dogmengeschichte, hrsg. v. M. Schmaus / A. Grillmeier / L. Scheffczyk. Bd. 1 ff. Freiburg u.a. 1956 ff.
HFTh	Handbuch der Fundamentaltheologie. 4 Bde., hrsg. v. W. Kern / H. J. Pottmeyer / M. Seckler, Freiburg u.a. 1985-1988.
HKG	Handbuch der Kirchengeschichte. 7 Bde., hrsg. v. H. Jedin, Freiburg u.a. 1985 (Sonderausgabe).
HTDG	Handbuch der Theologie- und Dogmengeschichte, hrsg. v. C. Andresen. Bd. 1 ff. Göttingen 1982 ff.
LThK²	Lexikon für Theologie und Kirche. 14 Bde., hrsg. v. J. Höfer / K. Rahner, Freiburg u.a. ²1986 (Sonderausgabe).
LThK³	Lexikon für Theologie und Kirche. Dritte, vollständig überarbeitete Auflage, hrsg. v. W. Kasper u.a., Bd. 1 ff. Freiburg u.a. 1993 ff.
LR	Lexikon der Religionen. Phänomene, Geschichte, Ideen, begr. v. F. Kardinal König, hrsg. v. H. Waldenfels, Freiburg u.a. ²1995.

NHThG Neues Handbuch theologischer Grundbegriffe. 4 Bde., hrsg. v. P. Eicher, München ²1991.

RGG Die Religion in Geschichte und Gegenwart. 6 Bde. u. Register, hrsg. v. K. Galling, Tübingen ³1957-1965.

TRE Theologische Realenzyklopädie, hrsg. v. G. Krause / G. Müller. Bd. 1 ff. Berlin – New York 1976 ff.

2. Quellenschriften

(Übersetzungen folgen, sofern nicht anders ausgewiesen, A. M. Ritter, Alte Kirche (Kirchen- u. Theologiegeschichte in Quellen 1), Neukirchen-Vluyn ³1985.)

Athanasius, Orationes contra Arianos.

Augustinus, De utilitate credendi.

Eusebius, Kirchengeschichte.

Ignatius v. Antiochien, Brief an die Gemeinde von Philadelphia.

Ignatius v. Antiochien, Brief an die Gemeinde von Magnesia.

Justin, Apologie I und II.

Laktanz, De institutionibus divinis.

Tertullian, Ad Scapulam.

Vinzenz von Lerin, Commonitorium.

3. Allgemeine Literatur

A
G. Abel, Nietzsche. Die Dynamik der Willen zur Macht und die ewige Wiederkehr, Berlin-New York 1984.
G. Abel, Was ist Interpretationsphilosophie?, in: J. Simon (Hrsg.), Zeichen und Interpretation, Frankfurt a.M. 1994, 16-35.
G. Abel, Interpretationswelten. Gegenwartsphilosophie jenseits von Essentialismus und Relativismus, Frankfurt a.M. 1995.
K. Adam, Mit dem Atomdezimator philosophieren. Der beflissene Allzermalmer: Blumenbergs Welt zerfällt in kleinste Teilchen, in: FAZ 14.10.97.
D. Adams / P. Behrenberg, Bibliographie Hans Blumenberg zum 70. Geburtstag, in: ZfphF 44 (1990) 647-661.

T. W. Adorno, Erziehung zur Mündigkeit, Frankfurt a.M. 1971.
T. W. Adorno, Negative Dialektik, Frankfurt a.M. ^{6}1990.
T. W. Adorno, Minima Moralia. Reflexionen aus dem beschädigten Leben, Frankfurt a.M. ^{20}1991.
T. W. Adorno, Noten zur Literatur, Frankfurt a.M. ^{5}1991.
G. Alberigo, Christentum und Geschichte im II. Vatikanum, in: E. Klinger / K. Wittstadt (Hrsg.), Glaube im Prozeß. Christsein nach dem II. Vatikanum (FS K. Rahner), Freiburg u.a. 1984, 143-158.
G. Alberigo, Die Situation des Christentums nach dem Vaticanum II, in: H. J. Pottmeyer / ders. / J.-P. Jossua (Hrsg.), Die Rezeption des Zweiten Vatikanischen Konzils, Düsseldorf 1986, 15-44.
G. Alberigo (Hrsg.), Geschichte der Konzilien. Vom Nicaenum bis zum Vaticanum II, Düsseldorf 1993.
G. Alberigo (Hrsg.), Storia del Concilio Vaticano II. Bd. I ff., Bologna 1996 ff. (dt. Ausgabe besorgt von K. Wittstadt, Mainz 1996).
U. Altermatt, Katholizismus und Moderne. Zur Sozial- und Mentalitätsgeschichte der Schweizer Katholiken im 19. u. 20. Jahrhundert, Zürich 1989.
T. J. Altizer u.a., Deconstruction and Theology, New York 1982.
C. Andresen, Art. Apologetik II: Frühkirchliche Apologetik, in: RGG[3]. Bd. I, 480-485.
C. Andresen, Die Anfänge christlicher Lehrentwicklung, in: HDTG. Bd. 1: Die Lehrentwicklung im Rahmen der Katholizität, Göttingen 1982, 1-98.
E. Angehrn, Krise der Vernunft? Neuere Beiträge zur Diagnose und Kritik der Moderne, in: PhR 33 (1986) 161-209.
K.-O. Apel, Die Herausforderung der totalen Vernunftkritik und das Programm einer philosophischen Theorie der Rationalitätstypen, in: Concordia 11 (1987) 2-23.
E. Arens, Läßt sich Glaube letztbegründen?, in: G. Larcher / K. Müller / T. Pröpper (Hrsg.), Hoffnung, die Gründe nennt. Zu Hansjürgen Verweyens Projekt einer erstphilosophischen Glaubensverantwortung, Regensburg 1996, 112-126.
J. Assmann, Das kulturelle Gedächtnis. Schrift, Erinnerung und politische Identität in frühen Hochkulturen, München 1992.
R. Aubert, Die katholische Kirche und die Revolution, in: HKG VI/1: Die Kirche in der Gegenwart: Zwischen Revolution und Restauration, 1-99.
R. Aubert, Die erste Phase des katholischen Liberalismus, in: HKGBd. VI/1, 320-347.
R. Aubert, Licht und Schatten der katholischen Vitalität, in: HKG VI/1, 650-695.
R. Aubert, Die modernistische Krise, in: HKG VI/2: Die Kirche in der Gegenwart: Zwischen Anpassung und Widerstand, 435-500.

B
R. Bäumer, Art. Lamennais in LThK[2]. Bd. 6, 763-765.
F. Balke / J. Vogl (Hrsg.), Gilles Deleuze – Fluchtlinien der Philosophie, München 1996.
H. Ball, Flucht aus der Zeit, München 1927.
H. U. v. Balthasar, Das Ganze im Fragment. Aspekte der Geschichtstheologie, Einsiedeln 1963.
H. U. v. Balthasar, Theologik. Bd. 1: Wahrheit der Welt, Einsiedeln 1985.
H. U. v. Balthasar, Theologik. Bd. II: Wahrheit Gottes, Einsiedeln 1985.
H. U. v. Balthasar, Theologie der drei Tage, Einsiedeln-Freiburg 1990.
H. U. v. Balthasar, Integralismus heute, in: W. Beinert (Hrsg.), >Katholischer< Fundamentalismus. Häretische Gruppen in der Kirche?, Regensburg 1991, 166-175.

L. W. Barnard, Art. Apologetik I: Alte Kirche, in: TRE. Bd. I, 371-411.
J. Barr, Fundamentalismus, München 1981.
J. Baudrillard, Agonie des Realen, Berlin 1978.
J. Baudrillard, Der symbolische Tausch und der Tod, München 1982.
J. Baudrillard, Zeit und Kommunikation. Jean Baudrillard im Gespräch mit Eckhard Hammel, in: Information Philosophie Hft. 5/22 (1994) 12-16.
J. Baudrillard, Das perfekte Verbrechen, München 1996.
J. B. Bauer, Art. Fundamentalismus, in: ders. (Hrsg.), Die heißen Eisen in der Kirche, Graz u.a. 1997, 80-90.
Z. Baumann, Ansichten der Postmoderne, Hamburg-Berlin 1995.
H. M. Baumgartner, Art. Wahrheit/Gewißheit, in: NHThG IV, 230-241.
H.-M. Baumgartner, Endliche Vernunft. Zur Verständigung der Philosophie über sich selbst, Bonn 1991.
U. Beck, Risikogesellschaft. Auf dem Weg in eine andere Moderne, Frankfurt a.M. 1986.
P. Behrenberg, Endliche Unsterblichkeit. Studien zur Theologiekritik Hans Blumenbergs, Würzburg 1994.
P. Behrenberg, Bericht über den Blumenberg-Kongreß „Absolutismus der Wirklichkeit" der Werner-Reimers-Stiftung / Bad Homburg vom 6.-9.10.1997, in: Information Philosophie 25 (1997) Hft. 5, 116-118.
W. Beinert, Art. Häresie II: Historisch-theologisch, in: LThK³. Bd. 4, 1190 f.
W. Beinert (Hrsg.), >Katholischer< Fundamentalismus. Häretische Gruppen in der Kirche?, Regensburg 1991.
W. Beinert, Dialog und Gehorsam in der Kirche, in: StdZ 123 (1998) 313-328.
W. Beinert, Dialog und Gehorsam als geistliches Geschehen, in: StdZ 123 (1998) 386-398.
W. Benjamin, Das Passagen-Werk. 2 Bde., Frankfurt a.M. 1983.
K. Berger, Theologiegeschichte des Urchristentums. Theologie des Neuen Testaments, Tübingen-Basel 1994.
P. L. Berger, Der Zwang zur Häresie. Religion in der pluralistischen Gesellschaft, Frankfurt a.M. 1980.
H. Bertens, Die Postmoderne und ihr Verhältnis zum Modernismus. Eine Übersicht, in: D. Kamper / W. van Reijen (Hrsg.), Die unvollendete Vernunft. Moderne versus Postmoderne, Frankfurt a.M. 1987, 46-98.
H. Bertens, The Debate on Postmodernism, in: ders. / D. Fokkema (Hrsg.), International Postmodernism. Theory and Literary Practice, Amsterdam-Philadelphia 1997, 3-14.
L. Bertsch, Die Gründung der Priesterbruderschaft Sankt Petrus – Ausweg oder neue Sackgasse?, in: W. Beinert (Hrsg.), >Katholischer< Fundamentalismus, 116-126.
U. Birnstein (Hrsg.), „Gottes einzige Antwort..." Christlicher Fundamentalismus als Herausforderung an Kirche und Gesellschaft, Wuppertal 1990.
E. Biser, Theologische Sprachtheorie und Hermeneutik, München 1970.
E. Biser, Religiöse Sprachbarrieren. Aufbau einer Logaporetik, München 1980.
K. Blamey, From the Ego to the Self, in: L. E. Hahn (Hrsg.), The Philosophy of Paul Ricoeur (= The Library of Living Philosophers Vol. XXII), Chicago-La Salle 1995, 571-603.
G. Bleickert, Herman Schell (1850-1906), in: H. Fries / G. Schwaiger (Hrsg.), Katholische Theologen Deutschlands im 19. Jahrhundert. Bd. III, München 1975, 300-327.

H. Blumenberg, Paradigmen zu einer Metaphorologie, in: Archiv für Begriffsgeschichte. Bausteine zu einem historischen Wörterbuch der Philosophie. Bd. 6, Bonn 1960, 7-142.
H. Blumenberg, Die Legitimität der Neuzeit, Frankfurt a.M. 1966 (überarbeitete Neuauflage 1988).
H. Blumenberg, Beobachtungen an Metaphern, in: Archiv für Begriffsgeschichte 15 (1971) 161-214.
H. Blumenberg, Wirklichkeiten in denen wir leben. Aufsätze und eine Rede, Stuttgart 1981.
H. Blumenberg, Arbeit am Mythos, Frankfurt a.M. 1986.
H. Blumenberg, Die Sorge geht über den Fluß, Frankfurt a.M. 1987.
H. Blumenberg, Das Lachen der Thrakerin. Eine Urgeschichte der Theorie, Frankfurt a.M. 1987.
H. Blumenberg, Der Prozeß der theoretischen Neugierde (= erweiterte und überarbeitete Neuauflage von >Die Legitimität der Neuzeit<, dritter Teil), Frankfurt a.M. ^{4}1988.
H. Blumenberg, Matthäuspassion, Frankfurt a.M. ^{3}1991.
H. Blumenberg, Schiffbruch mit Zuschauer. Paradigma einer Daseinsmetapher, Frankfurt a.M. ^{4}1993.
H. Blumenberg, Die Lesbarkeit der Welt, Frankfurt a.M. ^{3}1993.
H. Blumenberg, Höhlenausgänge, Frankfurt a.M. 1996.
H. Blumenberg, Die Weltzeit erfassen. Trilogie von Engeln, erster Teil: Anfang, Mitte und Ende der Geschichte, in: FAZ 24.12.96 (Nr. 300), N 5.
H. Blumenberg, Die Botschaft vor aller spaltenden Theologie. Trilogie von Engeln, zweiter Teil: Undeutlicher Chorgesang, in: FAZ 24.12.96 (Nr. 300), N 6.
H. Blumenberg, Geschichtsbahn zwischen zwei Gartenereignissen. Trilogie von Engeln, dritter Teil: Die Theologie der Buddenbrooks oder Der Engel nach dem Ende, in: FAZ 24.12.96 (Nr. 300), N 6.
H. Blumenberg, Ein mögliches Selbstverständnis. Aus dem Nachlaß, Stuttgart 1997.
E.-W. Böckenförde, Kirche und modernes Bewußtsein, in: P. Koslowski / R. Spaemann / R. Löw (Hrsg.), Moderne oder Postmoderne? Zur Signatur des gegenwärtigen Zeitalters, Weinheim 1986, 103 ff.
H. Böhme / G. Böhme, Das Andere der Vernunft. Zur Entwicklung von Rationalitätsstrukturen am Beispiel Kants, Frankfurt a.M. 1985.
M. Böhnke, Konkrete Reflexion. Philosophische und theologische Hermeneutik. Ein Interpretationsversuch über Paul Ricoeur, Frankfurt a.M. u.a. 1983.
M. Böhnke / H. Heinz (Hrsg.), Im Gespräch mit dem dreieinen Gott. Elemente einer trinitarischen Theologie (FS W. Breuning), Düsseldorf 1985.
C. v. Bormann, Art. Hermeneutik I, in: TRE 15, 108-137.
T. Borsche / W. Stegmaier (Hrsg.), Zur Philosophie des Zeichens, Berlin-New York 1992.
T. Borsche, Freiheit als Zeichen. Zur zeichenphilosophischen Frage nach der Bedeutung von Freiheit, in: J. Simon (Hrsg.), Zeichen und Interpretation, Frankfurt a.M. 1994, 99-118.
T. Borsche, Rechtszeichen, in: J. Simon (Hrsg.), Distanz im Verstehen, Frankfurt a.M. 1995, 239-259.
W. Brandmüller (Hrsg.), Synodale Strukturen der Kirche. Entwicklung und Probleme, Donauwörth 1977.
H. Brinkmann, Mittelalterliche Hermeneutik, Tübingen 1980.
J. de Broucker, Das Dossier Suenens. Diagnose einer Krise, Graz u.a. 1970.

N. Brox, Kirchengeschichte des Altertums, Düsseldorf ³1989.
M. v. Brück / J. Werbick (Hrsg.), Traditionsabbruch – Ende des Christentums?, Würzburg 1994.
R. Bucher, Die Theologie in postmodernen Zeiten. Zu Wolfgang Welschs bemerkenswertem Buch „Unsere postmoderne Moderne", in: ThGl 79 (1998) 178-191.
R. Bucher, Die Theologie in Moderne und Postmoderne. Zu unterbliebenen und zu anstehenden Innovationen des theologischen Diskurses, in: H.-J. Höhn (Hrsg.), Theologie, die an der Zeit ist. Entwicklungen, Positionen, Konsequenzen, Paderborn u.a. 1992, 35-57.
R. Bucher, Kirchenbildung in der Moderne. Konstitutionsprinzipien der deutschen katholischen Kirche im 20. Jahrhundert, Stuttgart u.a. 1998.
R. Buchholz, Religion als Ware. Über religionskonsumtive Tendenzen der späten Moderne, in: G. Riße / H. Sonnemans / B. Theß (Hrsg.) unter Mitarbeit von A. Thillosen, Wege der Theologie: an der Schwelle zum dritten Jahrtausend (FS Hans Waldenfels), Paderborn 1996, 125-138.
C. Bürger, Das Verschwinden der Kunst. Die Postmoderne-Debatte in den USA, in: dies. / P. Bürger (Hrsg.), Postmoderne: Alltag, Allegorie und Avantgarde, Frankfurt a.M. ⁴1992, 34-55.
H. Bürkle / G. Becker (Hrsg.), Communicatio fidei (FS E. Biser), Regensburg 1983.
D. Burkard, 1848 als Geburtsstunde des deutschen Katholizismus? Unzeitgemäße Bemerkungen zur Erforschung des „Katholischen Vereinswesens", in: Saeculum 49 (1998).

C
P. Caruso, Gespräch mit Michel Foucault, in: M. Foucault, Von der Subversion des Wissens, hrsg. v. W. Seitter, München 1974, 7- 31.
B. Casper (Hrsg.), Gott nennen. Phänomenologische Zugänge, Freiburg-München 1981.
B. Casper, Die Identität in der Nichtidentität der Erwählung zur Verantwortung für den Anderen, in: M. Laarmann / T. Trappe (Hrsg.), Erfahrung – Geschichte – Identität. Zum Schnittpunkt von Philosophie und Theologie (FS Richard Schaeffler), Freiburg u.a. 1997, 363-373.
K. Christ, Geschichte der römischen Kaiserzeit von Augustus bis zu Konstantin, München 1988.
T. Christensen, Christus oder Jupiter. Der Kampf um die geistigen Grundlagen des Römischen Reichs, Göttingen 1981.
R. Clausjürgens, Sprachspiele und Urteilskraft. Jean-Francois Lyotards Diskurse zur narrativen Pragmatik, in: PhJB 95 (1988) 107-119.
M. Clauss, Konstantin der Große und seine Zeit, München 1996.
Y. Congar, Die Tradition und die Traditionen. Bd. 1, Mainz 1965.
V. Conzemius, Die Kritik der Kirche, in: HFTh 3: Traktat Kirche, 30-48.
V. Conzemius, Die Modernisierungsproblematik in den Voten europäischer Episkopate, in: F.-X. Kaufmann / A. Zingerle (Hrsg.), Vatikanum II und Modernisierung. Historische, theologische und soziologische Perspektiven, Paderborn u.a. 1996, 107-129.
H. Coward / T. Foshay (Hrsg.), Derrida and Negative Theology, New York 1992.
H. Craemer, Der skeptische Zweifel und seine Widerlegung, Freiburg-München 1974.
O. Cullmann, Einheit in der Vielfalt im Lichte der „Hierarchie der Wahrheiten", in: E. Klinger / K. Wittstadt (Hrsg.), Glaube im Prozeß. Christsein nach dem II. Vatikanum (FS K. Rahner), Freiburg u.a. 1984, 356-364.

D

Dante Alighieri, Die Göttliche Komödie, München ⁴1987, 427.
E. Dassmann, Kirchengeschichte I. Ausbreitung, Leben und Lehre der Kirche in den ersten drei Jahrhunderten, Stuttgart u.a. 1991.
E. Dassmann, Ämter und Dienste in den frühchristlichen Gemeinden, Bonn 1994.
E. Dassmann, Kirchengeschichte. Bd. II / 1: Konstantinische Wende und spätantike Reichskirche, Stuttgart u.a. 1996.
G. Deleuze / F. Guattari, Anti-Ödipus. Kapitalismus und Schizophrenie I, Frankfurt a.M. 1974.
G. Deleuze / F. Guattari, Rhizome. Introduction, Paris 1976.
G. Deleuze / M. Foucault, Der Faden ist gerissen, Berlin 1977.
G. Deleuze / C. Parnet, Dialoge, Frankfurt a.M. 1980.
G. Deleuze, Foucault, Frankfurt a.M. 1987.
G. Deleuze, Spinoza. Praktische Philosophie, Berlin 1988.
G. Deleuze, Nietzsche und die Philosophie, Hamburg 1991.
G. Deleuze / F. Guattari, Tausend Plateaus. Kapitalismus und Schizophrenie II, Berlin 1992.
G. Deleuze, Logik des Sinns. Aesthetica, Frankfurt a.M. 1993.
G. Deleuze, Unterhandlungen 1972-1990, Frankfurt a.M. 1993.
G. Deleuze, Spinoza und das Problem des Ausdrucks in der Philosophie, München 1993.
G. Deleuze, Francis Bacon – Logik der Sensation, München 1995.
G. Deleuze, Die Falte. Leibniz und der Barock, Frankfurt a.M. ²1996.
G. Deleuze, Die Immanenz: ein Leben..., in: F. Balke / J. Vogl (Hrsg.), Gilles Deleuze – Fluchtlinien der Philosophie, München 1996, 29-33.
G. Deleuze, Begehren und Lust, in: F. Balke / J. Vogl (Hrsg.), Gilles Deleuze – Fluchtlinien der Philosophie, München 1996, 230-240.
G. Deleuze / F. Guattari, Was ist Philosophie?, Frankfurt a.M. 1996.
G. Deleuze, Differenz und Wiederholung, München ²1997.
G. Deleuze, David Hume, Frankfurt a.M. 1997.
P. Delhaye, Einheit des Glaubens und theologischer Pluralismus im Licht der Dokumente des römischen Lehramts im letzten Jahrzehnt (1962-1972), in: Internationale Theologenkommission. Die Einheit des Glaubens und der theologische Pluralismus, Einsiedeln 1973, 139-165.
J. Derrida, Marges – de la philosophie, Paris 1972.
J. Derrida, La dissémination, Paris 1972.
J. Derrida, Limited Inc. a b c, Baltimore 1977.
J. Derrida / Pierre-Jean Labarriére, Altérités, Paris 1986.
J. Derrida, Randgänge der Philosophie, Wien 1988.
J. Derrida, Wie nicht sprechen. Verneinungen, Wien 1989.
J. Derrida, Die Schrift und die Differenz, Frankfurt a.M. ⁵1992.
J. Derrida, Grammatologie, Frankfurt a.M. ⁴1992.
T. H. Diehl (Hrsg.), 500 Jahre Conquista – und kein Ende?, Marburg 1992.
A. Diemer, Elementarkurs Philosophie: Hermeneutik, Düsseldorf-Wien 1977.
E. Dirscherl, Identität jenseits der Totalität oder: Die Passivität des inkarnierten Bewußtseins und die Rekurrenz des Sich bei Emmanuel Levinas, in: T. Freyer / R. Schenk (Hrsg.), Emmanuel Levinas – Fragen an die Moderne, 137-152.
C. Dohmen / M. Oeming, Biblischer Kanon warum und wozu? Eine Kanontheologie (QD 137), Freiburg u.a. 1992.
H. L. Dreyfus / P. Rabinow, Jenseits von Strukturalismus und Hermeneutik, Frankfurt a.M. 1987.

H. R. Drobner, Lehrbuch der Patrologie, Freiburg u.a. 1994.
H. P. Duerr (Hrsg.), Die Mitte der Welt. Aufsätze zu Mircea Eliade, Frankfurt a.M. 1984.

E

G. Ebeling, Art. Hermeneutik, in: RGG III, 242-262.
M. Ebertz, Treue zur einzigen Wahrheit. Religionsinterner Fundamentalismus im Katholizismus, in: H. Kochanek (Hrsg.), Die verdrängte Freiheit. Fundamentalismus in den Kirchen, Freiburg u.a. 1991, 30-52.
M. Ebertz, Kirche im Gegenwind. Zum Umbruch der religiösen Landschaft, Freiburg u.a. [2]1998.
M. Ebertz, Deinstitutionalisierungsprozesse im Katholizismus: Die Erosion der ‚Gnadenanstalt', in: P. Hünermann (Hrsg.), Das II. Vatikanum. Christlicher Glaube im Horizont globaler Modernisierung, Paderborn u.a. 1998, 375-399.
M. Ebertz, Erosion der Gnadenanstalt? Zum Wandel der Sozialgestalt von Kirche, Frankfurt a.M. 1998.
U. Eco, Der Name der Rose, München-Wien 1982.
U. Eco, Nachschrift zum >Namen der Rose<, München [8]1987.
I. Eibl-Eibesfeldt, Krieg und Frieden. Zur Naturgeschichte der Aggression, in: Funkkolleg: Der Mensch. Anthropologie heute. Studieneinheit 29, Tübingen 1993, 1-48.
P. Eicher, Neuzeitliche Theologien. Die katholische Theologie, in: NHThG 3, 196-235.
G. Eifler / O. Saame (Hrsg.), Postmoderne – Anbruch einer neuen Epoche? Eine interdisziplinäre Erörterung, Wien 1990.
D. Eribon, Michel Foucault. Eine Biographie, Frankfurt a.M. [2]1991.
E. H. Erikson, Identität und Lebenszyklus. Drei Aufsätze, Frankfurt a.M. 1973.
G. Essen, Historische Vernunft und Auferweckung Jesu. Theologie und Historik im Streit um den Begriff geschichtlicher Wirklichkeit, Mainz 1995.
G. Essen / T. Pröpper, Aneignungsprobleme der christologischen Überlieferung. Hermeneutische Vorüberlegungen, in: R. Laufen (Hrsg.), Gottes ewiger Sohn. Die Präexistenz Christi, Paderborn u.a. 1997, 163-178.
G. Essen, „Letztgültigkeit in geschichtlicher Kontingenz". Zu einem Grundlagenproblem der theologischen Hermeneutik, in: G. Larcher / K. Müller / T. Pröpper (Hrsg.), Hoffnung, die Gründe nennt. Zu Hansjürgen Verweyens Projekt einer erstphilosophischen Glaubensverantwortung, Regensburg 1996, 186-204.
G. Essen, „Und diese Zeit ist unsere Zeit, immer noch". Neuzeit als Thema katholischer Fundamentaltheologie, in: K. Müller (Hrsg.), Fundamentaltheologie. Fluchtlinien und gegenwärtige Herausforderungen, Regensburg 1998, 23-44.
R. Esterbauer, Die Zeit und ihr Ende. Zum Zeitverständnis bei Levinas und Baudrillard, in: T. Freyer / R. Schenk (Hrsg.), Emmanuel Levinas – Fragen an die Moderne, 73-94.
S. Etgeton, Der Text der Inkarnation. Zur theologischen Genese des modernen Subjekts, München 1996.

F

U. Fazis, >Theorie< und >Ideologie< der Postmoderne. Studien zur Radikalisierung der Aufklärung aus ideologiekritischer Perspektive, Basel 1994.
E. Feifel / W. Kasper (Hrsg.), Tradierungskrise des Glaubens, München 1987.
J. Feiner / L. Vischer (Hrsg.), Neues Glaubensbuch. Der gemeinsame christliche Glaube, Freiburg u.a. 1973.

L. Ferry / A. Renaut, Antihumanistisches Denken. Gegen die französischen Meisterdenker, München-Wien 1987.
L. Fiedler, Überquert die Grenze, schließt den Graben! Über die Postmoderne, in: W. Welsch (Hrsg.), Wege aus der Moderne. Schlüsseltexte der Postmoderne-Diskussion, Weinheim 1988, 57-74.
J. Figl, Dialektik der Gewalt. Nietzsches hermeneutische Religionsphilosophie, Düsseldorf 1984.
H. Fink-Eitel, Focucault zur Einführung, Hamburg ³1997.
J. A. Fischer, Die ersten Synoden, in: W. Brandmüller (Hrsg.), Synodale Strukturen der Kirche. Entwicklung und Probleme, Donauwörth 1977, 27-60.
M. Foucault, Von der Subversion des Wissens, hrsg. v. W. Seitter, München 1974.
M. Foucault, Der Fall Rivière. Materialien zum Verhältnis von Psychiatrie und Strafjustiz, Frankfurt a.M. 1975.
M. Foucault, Dispositive der Macht. Über Sexualität, Wissen und Wahrheit, Berlin 1978.
M. Foucault, Sexualität und Wahrheit. Bd. 1: Der Wille zum Wissen, Frankfurt a.M. 1983.
M. Foucault, Sexualität und Wahrheit. Bd. 2: Der Gebrauch der Lüste, Frankfurt a.M. 1986.
M. Foucault, Sexualität und Wahrheit. Bd. 3: Die Sorge um sich, Frankfurt a.M. 1986.
M. Foucault, Das Subjekt und die Macht, in: H. L. Dreyfus / P. Rabinow, Jenseits von Strukturalismus und Hermeneutik, Frankfurt a.M. 1987, 241-261.
M. Foucault, Archäologie des Wissens, Frankfurt a.M. ⁵1992.
M. Foucault, Wahnsinn und Gesellschaft. Eine Geschichte des Wahns im Zeitalter der Vernunft, Frankfurt a.M. ¹⁰1993.
M. Foucault, Die Ordnung der Dinge. Eine Archäologie der Humanwissenschaften, Frankfurt a.M. ¹²1993.
M. Foucault, Überwachen und Strafen. Die Geburt des Gefängnisses, Frankfurt a.M. 1994.
E. Fouilloux, Entwicklungen theologischen Denkens, Frömmigkeit, Apostolat: Der Katholizismus, in: GC 12: Erster und Zweiter Weltkrieg, Demokratien und totalitäre Systeme (1914-1958), hrsg. v. J.-M. Mayeur, dt. Ausg. bearb. u. hrsg. v. K. Meier, Freiburg u.a. 1992, 134-216; 238-302.
B. Fraling / H. Hoping / J. C. Scannone (Hrsg.), Kirche und Theologie im kulturellen Dialog (FS Peter Hünermann), Freiburg u.a. 1994.
K. S. Frank, Lehrbuch der Alten Kirche, Paderborn u.a. 1996.
M. Frank, Was ist Neostrukturalismus?, Frankfurt a.M. 1984.
M. Frank, Das individuelle Allgemeine. Textstrukturierung und Textinterpretation nach Schleiermacher, Frankfurt a.M. 1985.
M. Frank, Die Unhintergehbarkeit von Individualität. Reflexionen über Subjekt, Person und Individuum aus Anlaß ihrer >postmodernen< Toterklärung, Frankfurt a.M. 1986.
M. Frank, Die Grenzen der Verständigung. Ein Geistergespräch zwischen Lyotard und Habermas, Frankfurt a.M. 1988.
M. Frank, Das Sagbare und das Unsagbare. Studien zur deutsch-französischen Hermeneutik und Texttheorie. Erweiterte Neuausgabe, Frankfurt a.M. ³1993.
M. Frank, Einleitung zu „Hermeneutik und Kritik", in: F. D. E. Schleiermacher, Hermeneutik und Kritik. Mit einem Anhang sprachphilosophischer Texte Schleiermachers hrsg. u. eingel. v. M. Frank, Frankfurt a.M. ⁶1995, 7-67.
B. Fresacher, Gedächtnis im Wandel. Zur Verarbeitung von Traditionsbrüchen in der Kirche (STS 2), Innsbruck-Wien 1996.

T. Freyer, Die Öffnung der Transzendenz. Thesen zum Logos der Theologie anhand der Philosophie von Emmanuel Lévinas, in: ZKTh 114 (1992) 140-152.

T. Freyer, Das „Ich als Ich, das alles Leid der Welt auf sich nimmt." Theologische Notizen zur gegenwärtigen philosophischen Debatte um menschliche Subjektivität, in: G. Riße / H. Sonnemans / B. Theß (Hrsg.) unter Mitarbeit von A. Thillosen, Wege der Theologie: an der Schwelle zum dritten Jahrtausend (FS H. Waldenfels), Paderborn 1996, 111-124.

T. Freyer, Alterität und Transzendenz. Theologische Anmerkungen zur Hermeneutik, in: BThZ 13 (1996) 84-110.

T. Freyer, Emmanuel Levinas und die Moderne, in: ders. / R. Schenk (Hrsg.), Emmanuel Levinas – Fragen an die Moderne, Wien 1996, 13-23.

T. Freyer, Menschliche Subjektivität und die Andersheit des anderen. Theologische Anmerkungen zu einer aktuellen philosophischen Debatte, in: ThG 40 (1997) 2-19.

T. Freyer, Menschliche Subjektivität im Referenzrahmen „erstphilosophischer' Reflexion"? Versuch einer Antwort auf Klaus Müllers Beitrag: Subjekt-Profile. Philosophische Einsprüche in eine theologisch überfällige Debatte, in: ThG 41 (1998) 48-55.

A. Frick, Der dreieine Gott und das Handeln in der Welt. Christlicher Glaube und ethische Öffentlichkeit im Denken Klaus Hemmerles, Würzburg 1998.

H. Fries / G. Schwaiger (Hrsg.), Katholische Theologen Deutschlands im 19. Jahrhundert. 3 Bde., München 1975.

H. Fries, Das Zweite Vatikanische Konzil, in: R. Scheermann (Hrsg.), Wider den Fundamentalismus. Kein Zurück hinter das II. Vatikanische Konzil, Mattersburg-Bad Sauerbrunn 1991, 10-26.

J. Früchtl, (Post-)Metaphysik und (Post-)Moderne. Zur Sache des >schwachen Denkens<, in: PhR 37 (1990) 242-250.

G. Fuchs, Unterscheidung der Geister. Notizen zur konziliaren Hermeneutik, in: F.-X. Kaufmann / A. Zingerle (Hrsg.), Vatikanum II und Modernisierung. Historische, theologische und soziologische Perspektiven, Paderborn u.a. 1996, 401-410.

O. Fuchs, Zwischen Wahrhaftigkeit und Macht. Pluralismus in der Kirche?, Frankfurt a.M. 1990.

K. Füssel, Kritik der postmodernen Verblendung. Ein politisch-theologischer Essay, in: E. Schillebeeckx (Hrsg.), Mystik und Politik. Theologie im Ringen um Geschichte und Gesellschaft (FS J. B. Metz), Mainz 1988, 118-130.

K. Füssel, Es gilt, absolut plural zu sein. Kritische Überlegungen zum Diskurs der Postmoderne, in: ders. / D. Sölle / F. Steffensky, Die Sowohl-als-auch-Falle. Eine theologische Kritik des Postmodernismus, Luzern 1993, 35-81.

G

K. Gabriel, Machtausübung in der heutigen Kirche im Spiegel sozialwissenschaftlicher Machttheorien: Max Weber, Michel Foucault, Hannah Arendt, in: Concilium 24 (1988) 190-195.

K. Gabriel, Christentum zwischen Tradition und Postmoderne (QD 141), Freiburg u.a. 1992.

K. Gabriel (Hrsg.), Religiöse Individualisierung oder Säkularisierung. Biographie und Gruppe als Bezugspunkte moderner Religiosität, Gütersloh 1996.

K. Gabriel, Christentum im Umbruch zur „Post"-Moderne, in: H. Kochanek (Hrsg.), Religion und Glaube in der Postmoderne, Nettetal 1996, 39-59.

K. Gabriel, Gesellschaft im Umbruch – Wandel des Religiösen, in: H.-J. Höhn (Hrsg.), Krise der Immanenz. Religion an den Grenzen der Moderne, Frankfurt a.M. 1996, 31-49.
H.-G. Gadamer, Wahrheit und Methode. Grundzüge einer philosophischen Hermeneutik (= GW I), Tübingen ⁶1990.
H.-G. Gadamer, Wahrheit und Methode II. Ergänzungen, Register (= GW II), Tübingen 1993.
J. Gadille, Die Zeit des Liberalismus (1830-1860). Politische Freiheiten – Soziale Frage, in: GC 11, 10-39.
J. Gadille, Modernismus und Religionswissenschaften, in: GC 11, 425-445.
K. Ganzer, Vom Umgang mit der Geschichte in Theologie und Kirche. Anmerkungen und Beispiele, in: E. Schockenhoff / P. Walter (Hrsg.), Dogma und Glaube. Bausteine für eine theologische Erkenntnislehre (FS W. Kasper), Mainz 1993, 28-49.
T. M. Gauly, Katholiken. Machtanspruch und Machtverlust, Bonn 1991.
R. Gebauer, Letzte Begründung, Eine Kritik der Diskursethik von Jürgen Habermas, München 1993.
W. Geerlings, Apologetische und Fundamentaltheologische Momente und Modelle in der Geschichte. Apologetik und Fundamentaltheologie in der Väterzeit, in: HFTh 4: Traktat Theologische Erkenntnislehre. Schlußteil: Reflexion auf Fundamentaltheologie, 317-333.
G. Genette, Palimpseste. Die Literatur auf zweiter Stufe, Frankfurt a.M. 1993.
H.-B. Gerl, Romano Guardini (1885-1968). Leben und Werk, Mainz 1985.
A. Giddens, Konsequenzen der Moderne, Frankfurt a.M. 1995.
N. Goodman, Weisen der Welterzeugung, Frankfurt a.M. 1984.
N. Greinacher, Bekehrung durch Eroberung. Kritische Reflexion auf die Kolonisations- und Missionsgeschichte in Lateinamerika, in: T. H. Diehl (Hrsg.), 500 Jahre Conquista – und kein Ende?, Marburg 1992, 11-28.
A. Grillmeier, Mit ihm und in ihm. Christologische Forschungen und Perspektiven, Freiburg u.a. 1975.
J. Grondin, Einführung in die philosophische Hermeneutik, Darmstadt 1991.
J. Grondin, Der Sinn für Hermeneutik, Darmstadt 1994.
G. Greshake, Priestersein. Zur Theologie und Spiritualität des priesterlichen Amtes, Freiburg u.a. ³1983.
G. Greshake, Der dreieine Gott. Eine trinitarische Theologie, Freiburg u.a. 1997.
A. Grillmeier, Kommentar zu LG Kap. 2, in: LTHK ². Bd. 12, 156-175.
R. Guardini, Das Ende der Neuzeit. Ein Versuch zur Orientierung, Würzburg 1950.
A. Günter (Hrsg.), Feministische Theologie und postmodernes Denken. Zur theologischen Relevanz der Geschlechterdifferenz, Stuttgart u.a. 1996.
H. U. Gumbrecht, Die Postmoderne ist (eher) keine Epoche, in: R. Weimann / ders. (Hrsg.), Postmoderne – globale Differenz, Frankfurt a.M. ²1992, 366-369.

H
J. Habermas, Kleine politische Schriften I-IV, Frankfurt a.M. 1981.
J. Habermas, Theorie des kommunikativen Handelns. 2 Bde., Frankfurt a.M. 1988.
J. Habermas, Der philosophische Diskurs der Moderne. Zwölf Vorlesungen, Frankfurt a.M. ³1988.
J. Habermas, Nachmetaphysisches Denken, Frankfurt a.M. 1988.
J. Habermas, Strukturwandel der Öffentlichkeit. Untersuchungen zu einer Kategorie der bürgerlichen Gesellschaft, Frankfurt a.M. (Neuauflage 1990) ²1991.
J. Habermas, Erläuterungen zur Diskursethik, Frankfurt a.M. ²1992.

L. E. Hahn (Hrsg.), The Philosophy of Hans-Georg Gadamer (= The Library of Living Philosophers Vol. XXIV), Chicago 1997.
A. Halder / K. Kienzler / J. Möller (Hrsg.), Religionsphilosophie heute. Chancen und Bedeutung in Philosophie und Theologie, Düsseldorf 1988.
A. Halder, Die Signaturen der Moderne und das Konzil, in: J. Piegsa (Hrsg.), Zweites Vatikanisches Konzil. Das bleibende Anliegen, St. Ottilien 1991, 45-76.
R. P. C. Hanson, Dogma and Formula in the Fathers, in: StPatr 13, 2 (1975) 169-184.
K. Hart, The trespass of the sign. Deconstruction, theology and philosophy, Cambridge 1989.
K. Hart, Jacques Derrida: Introduction, in: G. Ward (Hrsg.), The Postmodern God. A Theological Reader, Oxford 1997, 159-165.
A. Haverkamp (Hrsg.), Theorie der Metapher (= WdF Bd. 389), Darmstadt 1983.
K. Hedwig, Die philosophischen Voraussetzungen der Postmoderne, in: IkZ Communio 19 (1990) 307-318.
G.W.F. Hegel, Werke in 20 Bänden, Frankfurt a.M. ^{3}1991.
G.W.F. Hegel, Theologische Jugendschriften, nach den Handschriften hrsg. v. H. Nohl, Tübingen 1907.
M. Heidegger, Wegmarken, Frankfurt a.M. ^{2}1978.
M. Heidegger, Hölderlins Hymnen „Germanien" und „Der Rhein" (WS 1934/35) (GA 39), hrsg. v. S. Ziegler, Frankfurt a. M. 1980.
M. Heidegger, Sein und Zeit, Tübingen ^{16}1986.
M. Heidegger, Identität und Differenz, Pfullingen ^{9}1990.
M. Heidegger, Die Geschichte des Seyns (GA 69), hrsg. v. P. Trawny, Frankfurt a.M. 1997.
M. Heidegger, Der Satz vom Grund (GA 10), hrsg. v. P. Jaeger, Frankfurt a.M. 1997.
R. Heinzmann, Religionsfreiheit, in: N. Kutschki (Hrsg.), Erinnerung an einen Aufbruch. Das II. Vatikanische Konzil, Würzburg 1995, 80-90.
K. Hemmerle, Thesen zu einer trinitarischen Ontologie, Einsiedeln 1976.
K. Hemmerle, Das unterscheidend Eine. Bemerkungen zum christlichen Verständnis von Einheit, in: B. Fraling / H. Hoping / J. C. Scannone (Hrsg.), Kirche und Theologie im kulturellen Dialog (FS Peter Hünermann), Freiburg u.a. 1994, 339-354.
D. Henrich, ‚Identität' – Begriffe, Probleme, Grenzen, in: O. Marquard / K. Stierle (Hrsg.), Identität (= Poetik und Hermeneutik VIII), München 1979, 133-186.
D. Henrich, Selbstverhältnisse. Gedanken und Auslegungen zu den Grundlagen der klassischen deutschen Philosophie, Stuttgart 1993.
P. Hertel, Opus Dei, in: W. Beinert (Hrsg.), >Katholischer< Fundamentalismus. Häretische Gruppen in der Kirche?, Regensburg 1991, 148-165.
J. Hick, Religion. Die menschlichen Antworten auf die Frage nach Leben und Tod, München 1996.
B. J. Hilberath, Theologie zwischen Tradition und Kritik. Die philosophische Hermeneutik Hans-Georg Gadamers als Herausforderung des theologischen Selbstverständnisses, Düsseldorf 1978.
J. Hochstaffl, Negative Theologie. Ein Versuch zur Vermittlung des patristischen Begriffs, München 1976.
H.-J. Höhn, Von der Offenheit des Glaubens. Christliche Spiritualität zwischen Postmodernismus und Traditionalismus, in: Denken und Glauben. Zeitschrift der Katholischen Hochschulgemeinde für die Grazer Universitäten 43/44 (1990) 25-29.
H.-J. Höhn, Im Zeitalter der Beschleunigung. Konturen einer theologischen Sozialanalyse als Zeitdiagnose, in: JCSW 32 (1991) 245-264.

H.-J. Höhn, (Hrsg.), Theologie, die an der Zeit ist. Entwicklungen, Positionen, Konsequenzen, Paderborn u.a. 1992.
H.-J. Höhn, Gegen-Mythen. Religionsproduktive Tendenzen der Gegenwart (QD 154), Freiburg u.a. 1994.
H.-J. Höhn (Hrsg.), Krise der Immanenz. Religion an den Grenzen der Moderne, Frankfurt a.M. 1996.
H.-J. Höhn, „Vor und mit Gott leben wir ohne Gott." Negative Theologie als theologische Hermeneutik, in: G. Riße / H. Sonnemans / B. Theß (Hrsg.) unter Mitarbeit von A. Thillosen, Wege der Theologie: an der Schwelle zum dritten Jahrtausend (FS Hans Waldenfels), Paderborn 1996, 97-109.
H.-J. Höhn, Inkulturation und Krise. Zur konziliaren Hermeneutik, in: P. Hünermann (Hrsg.), Das II. Vatikanum. Christlicher Glaube im Horizont globaler Modernisierung, Paderborn u.a. 1998, 127-134.
R. Hoeps / T. Ruster (Hrsg.), Mit dem Rücken zur Transzendentaltheologie. Theologische Passagen (FS Hans Jorissen), Würzburg 1991.
J. Hörisch, Die Wut des Verstehens. Zur Kritik der Hermeneutik, Frankfurt a.M. 1988.
A. M. Hoff, Die Physiologie des Antlitzes. Zur Ethik von Emmanuel Levinas, in: PhJ 105 (1998) 148-161.
G. M. Hoff, Chalkedon im Paradigma Negativer Theologie. Zur aporetischen Wahrnehmung der chalkedonensischen Christologie, in: ThPh 70 (1995) 355-372.
G. M. Hoff, Aporetische Theologie. Skizze eines Stils fundamentaler Theologie, Paderborn u.a. 1997.
G. M. Hoff, Wir Barbaren! Zu einer neuen christentumskritischen Eröffnung, in: Theologie der Gegenwart 41 (1998) 31-47.
G. M. Hoff, Der >vernünftige Gott<. Kritik der Pluralistischen Religionstheologie, in: rhs 41 (1998) 29-41.
G. M. Hoff, Ist die >reductio in mysterium< irrational? Zu A. Kreiners Quaestio Disputata „Gott im Leid. Zur Stichhaltigkeit der Theodizee-Argumente", in: ZKTh 121 (1999) 159-176.
J. Hoff, Spiritualität und Sprachverlust. Zur philosophischen Grundlegung katholischer Theologie im Anschluß an Michel Foucault und Jacques Derrida, Diss. Tübingen 1998.
W. Hogrebe, Metaphysik und Mantik, Frankfurt a.M. 1992.
W. Hogrebe, Das Absolute, Bonn 1998.
K. Hoheisel, Das Wiedererwachen von Religion in der Postmoderne und ihre Distanz zum Christentum. Religionswissenschaftliche Überlegungen, in: H. Kochanek (Hrsg.), Religion und Glaube in der Postmoderne, Nettetal 1996, 11-37.
M. Honecker, Evangelischer Glaube im Spannungsfeld von Pluralismus und Fundamentalismus, in: G. Riße / H. Sonnemans / B. Theß (Hrsg.) unter Mitarbeit von A. Thillosen, Wege der Theologie: an der Schwelle zum dritten Jahrtausend (FS H. Waldenfels), Paderborn 1996, 153-164.
L. Honnefelder, Art. Identität I: Philosophisch, LThK³. Bd. 5, 397-399.
A. Honneth, Kritik der Macht. Reflexionsstufen einer kritischen Gesellschaftstheorie, Frankfurt a.M. ²1986.
A. Honneth u.a. (Hrsg.), Zwischenbetrachtungen. Im Prozeß der Aufklärung (FS Jürgen Habermas), Frankfurt a.M. 1989.
A. Honneth, Foucault und Adorno. Zwei Formen einer Kritik der Moderne, in: P. Kemper (Hrsg.), >Postmoderne< oder der Kampf um die Zukunft. Die Kontroverse in Wissenschaft, Kunst und Gesellschaft, Frankfurt a.M. 1991, 127-144.
M. Horkheimer, Zur Kritik der instrumentellen Vernunft, Frankfurt a. M. 1967.

M. Horkheimer / T. W. Adorno, Dialektik der Aufklärung. Philosophische Fragmente, Frankfurt a.M. 1988.
P. Hünermann, Schutz des Glaubens? Kritische Rückfragen eines Dogmatikers, in: HK 52 (1998) 455-460.
P. Hünermann (Hrsg.), Das II. Vatikanum. Christlicher Glaube im Horizont globaler Modernisierung, Paderborn u.a. 1998.
H. Hürten, Deutsche Katholiken 1918 bis 1945, Paderborn u.a. 1992.
H. Hürten, Deutscher Katholizismus im 19. Jahrhundert. Positionsbestimmung und Selbstbehauptung, in: ders., Katholiken, Kirche und Staat als Problem der Historie. Ausgewählte Aufsätze 1963-1992, hrsg. v. H. Gruber, Paderborn u.a. 1994, 33-50.

I

Ignatius v. Loyola, Geistliche Übungen und erläuternde Texte, übers. u. erkl. v. P. Knauer, Graz u.a. ²1983.
Internationale Theologenkommission, Die Einheit des Glaubens und der theologische Pluralismus, Einsiedeln 1973, 139-165.

J

H.-E. Jaeger, Studien zur Frühgeschichte der Hermeneutik, in: Archiv für Begriffsgeschichte 18 (1974) 35-84.
C. J. Jäggi / D. J. Krieger, Fundamentalismus. Ein Phänomen der Gegenwart, Zürich-Wiesbaden 1991.
H. R. Jauß (Hrsg.), Text und Applikation (= Poetik und Hermeneutik. Bd. 9), München 1981.
W. G. Jeanrond, Text und Interpretation als Kategorien theologischen Denkens, Tübingen 1986.
W. G. Jeanrond, Theological Hermeneutics. Development and Significance, New York 1991.
W. G. Jeanrond / J. Rike (Hrsg.), Radical Pluralism & Truth: David Tracy and the Hermeneutics of Religion, New York 1991.
H. Jedin, Das Zweite Vatikanische Konzil, in: HKG VII, Freiburg u.a. 1985, 97-151.
A. Jensen, Art. Hermeneutik V: Feministisch-theologisch, in: LThK³. Bd. 5, 8 f.
Johannes Paul II. Enzyklika „Fides et ratio" an die Bischöfe der katholischen Kirche über das Verhältnis von Glaube und Vernunft, hrsg. v. Sekretariat der Deutschen Bischofskonferenz, Bonn 1998.
O. John, Theologie nach Auschwitz und postmoderne Mentalität, in: T. R. Peters u.a. (Hrsg.), Erinnern und Erkennen. Denkanstöße aus der Theologie von Johann Baptist Metz, Düsseldorf 1993, 123-134.
H. Jonas, Das Prinzip Verantwortung. Versuch einer Ethik für die technologische Zivilisation, Frankfurt a.M. 1984.
E. Jüngel, Gott als Geheimnis der Welt. Zur Begründung der Theologie des Gekreuzigten im Streit zwischen Theismus und Atheismus, Tübingen ⁴1982.

K

D. Kamper / W. van Reijen (Hrsg.), Die unvollendete Vernunft. Moderne versus Postmoderne, Frankfurt a.M. 1987.
R. Kampling, Art. Häresie I: Neues Testament, in: LThK³. Bd. 4, 1189 f.
W. Kasper, Die Kirche angesichts der Herausforderung der Postmoderne, in: StdZ 122 (1997) 651-664.

F.-X. Kaufmann / J. B. Metz, Zukunftsfähigkeit. Suchbewegungen im Christentum, Freiburg u.a. 1987.
F.-X. Kaufmann / A. Zingerle (Hrsg.), Vatikanum II und Modernisierung. Historische, theologische und soziologische Perspektiven, Paderborn u.a. 1996.
M. Kehl, Die Kirche. Eine katholische Ekklesiologie, Würzburg ³1994.
J. N. D. Kelly, Altchristliche Glaubensbekenntnisse. Geschichte und Theologie, Göttingen 1972.
P. Kemper (Hrsg.), >Postmoderne< oder der Kampf um die Zukunft. Die Kontroverse in Wissenschaft, Kunst und Gesellschaft, Frankfurt a.M. 1988.
H. Kessler, Christologie, in: HD 1, 241-442.
K. Kienzler, >Communio< zwischen Gott und den Menschen – zum Kirchenbild des 2. Vatikanischen Konzils, in: J. Piegsa (Hrsg.), Zweites Vatikanisches Konzil. Das bleibende Anliegen, St. Ottilien 1991, 117-140.
J. Kirchberg / J. Müller (Hrsg.), Philosophisch-Theologische Grenzfragen (FS Richard Schaeffler), Essen 1986.
T. Klauser, Kleine Abendländische Liturgiegeschichte. Bericht und Besinnung, Bonn 1965.
E. Klinger / K. Wittstadt (Hrsg.), Glaube im Prozeß. Christsein nach dem II. Vatikanum (FS K. Rahner), Freiburg u.a. 1984.
E. Klinger, Armut. Eine Herausforderung Gottes. Der Glaube des Konzils und die Befreiung des Menschen, Zürich 1990.
H. Kochanek (Hrsg.), Die verdrängte Freiheit. Fundamentalismus in den Kirchen, Freiburg u.a. 1991.
H.-H. Kögler, Die Macht des Dialogs. Kritische Hermeneutik nach Gadamer, Foucault und Rorty, Stuttgart 1992.
H.-H. Kögler, Michel Foucault, Stuttgart-Weimar 1994.
J. Köhler, Geistiges Nomadentum. Eine kritische Stellungnahme zum Poststrukturalismus von Gilles Deleuze, in: PhJ 91 (1984) 158-175.
M. Köhler, „Postmodernismus": Ein begriffsgeschichtlicher Überblick, in: Amerikastudien 12 (1977) 8-18.
L. Koelle, Paul Celans pneumatisches Judentum. Gott-Rede und menschliche Existenz nach der Shoah, Mainz ²1998.
F. König, Der Weg der Kirche. Ein Gespräch mit G. Licheri, Düsseldorf 1986.
P. Kolmer, Philosophiegeschichte als philosophisches Problem. Kritische Überlegungen namentlich zu Kant und Hegel, Freiburg-München 1998.
J. A. Komonchak, Ortskirchen und Gesamtkirche, in: H. J. Pottmeyer / G. Alberigo / J.-P. Jossua (Hrsg.), Die Rezeption des Zweiten Vatikanischen Konzils, Düsseldorf 1986, 107-123.
P. Koslowski / R. Spaemann / R. Löw (Hrsg.), Moderne oder Postmoderne? Zur Signatur des gegenwärtigen Zeitalters, Weinheim 1986.
P. Koslowski, Die Prüfungen der Neuzeit. Über Postmodernität, Philosophie der Geschichte, Metaphysik, Gnosis, hrsg. v. P. Engelmann, Wien 1989.
H. Krämer, Positionen zeitgenössischer philosophischer Hermeneutik. Ein kritischer Überblick, in: Information Philosophie 24 (1996) Hft. 5, 24-38.
W. N. Krewani, Lévinas lesen, in: Information Philosophie 26 (1998) Hft. 5, 50-58.
G. Küenzlen, Religiöser Fundamentalismus – Aufstand gegen die Moderne?, in: H.-J. Höhn (Hrsg.), Krise der Immanenz. Religion an den Grenzen der Moderne, Frankfurt a.M. 1996, 50-71.
U. Kühn / M. Markert / M. Petzoldt (Hrsg.), Christlicher Wahrheitsanspruch zwischen Fundamentalismus und Pluralität. Texte der Theologischen Tage 1996, Leipzig 1998.

H. Küng, Konzil und Wiedervereinigung. Erneuerung als Ruf in die Einheit, Freiburg u.a. 1960.

H. Küng, Kirche im Konzil, Freiburg u.a. 1963.

H. Küng, Menschwerdung Gottes. Eine Einführung in Hegels theologisches Denken als Prolegomena zu einer künftigen Christologie, Freiburg u.a. 1970.

E. Kunz, Glaubwürdigkeitserkenntnis und Glaube (Analysis fidei), in: HFTh 4: Traktat Theologische Erkenntnislehre. Schlußteil: Reflexion auf Fundamentaltheologie, 414-449.

F. v. Kutschera, Grundfragen der Erkenntnistheorie, Berlin-New York 1982.

N. Kutschki (Hrsg.), Erinnerung an einen Aufbruch. Das II. Vatikanische Konzil, Würzburg 1995.

L

M. Laarmann / T. Trappe (Hrsg.), Erfahrung – Geschichte – Identität. Zum Schnittpunkt von Philosophie und Theologie (FS Richard Schaeffler), Freiburg u. a. 1997.

P. Lampe, Die stadtrömischen Christen in den ersten beiden Jahrhunderten. Untersuchungen zur Sozialgeschichte, Tübingen ²1989.

T. Lange, Die Ordnung des Begehrens. Nietzscheanische Aspekte im philosophischen Werk von Gilles Deleuze, Bielefeld 1989.

G. Langemeyer, In keinem anderen Namen ist Heil. Einige christologische Überlegungen zur Theologie der Religionen, in: W. Weß (Hrsg.), Zeugnis und Dialog. Die katholische Kirche in der neuzeitlichen Welt und das II. Vatikanische Konzil (FS K. Wittstadt), Würzburg 1996, 432-445.

G. Larcher, Maurice Blondels Traditionsverständnis als ein Antwortversuch auf geschichtstheoretische Grundprobleme im Modernismusstreit, in: G. Schwaiger (Hrsg.), Aufbruch ins 20. Jahrhundert. Zum Streit um Reformkatholizismus und Modernismus, Göttingen 1976, 23-42.

G. Larcher / K. Müller / T. Pröpper (Hrsg.), Hoffnung, die Gründe nennt. Zu Hansjürgen Verweyens Projekt einer erstphilosophischen Glaubensverantwortung, Regensburg 1996, 27-48.

R. Laufen (Hrsg.), Gottes ewiger Sohn. Die Präexistenz Christi, Paderborn u.a. 1997.

J. Lecler, Geschichte der Religionsfreiheit im Zeitalter der Reformation. Bd. I, Stuttgart 1965.

K. Lehmann, Die Kirche II: Papst und Unfehlbarkeit, in: J. Feiner / L. Vischer (Hrsg.), Neues Glaubensbuch. Der gemeinsame christliche Glaube, Freiburg u.a. 1973, 631-643.

K. Lehmann, Die Einheit des Bekenntnisses und der theologische Pluralismus, in: H. Bürkle / G. Becker (Hrsg.), Communicatio fidei (FS E. Biser), Regensburg 1983, 163-173.

K. Lehmann / W. Pannenberg (Hrsg.), Lehrverurteilungen – kirchentrennend?, I: Rechtfertigung, Sakramente und Amt im Zeitalter der Reformation und heute, Freiburg-Göttingen 1986.

K. Lehmann, Dissensus. Überlegungen zu einem neueren dogmenhermeneutischen Grundbegriff, in: E. Schockenhoff / P. Walter (Hrsg.), Dogma und Glaube. Bausteine für eine theologische Erkenntnislehre (FS W. Kasper), Mainz 1993, 69-87.

K. Lehmann, Vom Dialog als Form der Kommunikation und Wahrheitsfindung in der Kirche, hrsg. v. Sekretariat der Deutschen Bischofskonferenz, Bonn 1994.

J. Le Rider / H. Raulet (Hrsg.), Verabschiedung der (Post-)Moderne? Eine interdisziplinäre Debatte, Tübingen 1987.

J. Le Rider, Nietzsche in Frankreich, München 1997.
H. Lenk, Philosophie und Interpretation. Vorlesungen zur Entwicklung konstruktionistischer Interpretationssätze, Frankfurt a.M. 1993.
H. Lenk, Interpretationskonstrukte. Zur Kritik der interpretatorischen Vernunft. Frankfurt a.M. 1993.
H. Lenk, Interpretationskonstrukte als Interpretationskonstrukte, in: J. Simon (Hrsg.), Zeichen und Interpretation, Frankfurt a.M. 1994, 36-56.
H. Lenk, Interpretation und Realität. Vorlesungen über Realismus in der Philosophie der Interpretationskonstrukte, Frankfurt a.M. 1995.
W. Lesch, Religiöse Ethik, in: A. Pieper (Hrsg.), Geschichte der neueren Ethik. Bd. 2: Gegenwart, Tübingen-Basel 1992, 1-28.
W. Lesch / G. Schwind (Hrsg.), Das Ende der alten Gewißheiten. Theologische Auseinandersetzung mit der Postmoderne, Mainz 1993.
E. Levinas, Gott und die Philosophie, in: B. Casper (Hrsg.), Gott nennen. Phänomenologische Zugänge, Freiburg-München 1981, 81-123.
E. Lévinas, Totalität und Unendlichkeit. Versuch über die Exteriorität, Freiburg-München 1987.
E. Levinas, Die Spur des Anderen. Untersuchungen zur Phänomenologie und Sozialphilosophie, Freiburg-München ²1987.
E. Levinas, Humanismus des anderen Menschen. Übersetzt und mit einer Einleitung versehen von L. Wenzler. Anmerkungen von T. de Boer, A. Peperzak u. L. Wenzler. Mit einem Gespräch zwischen E. Levinas und C. v. Wolzogen als Anhang >Intention, Ereignis und der Andere<, Hamburg 1989.
E. Levinas, Jenseits des Seins oder anders als Sein geschieht, Freiburg-München 1992.
E. Lévinas, Das Ich kann nicht vertreten werden. Die Ethik der Verantwortung für den Anderen, in: FAZ 15.4.95 (Nr. 89, (Tiefdruckbeilage).
B.-H. Lévy, Gefährliche Reinheit, Wien 1995.
M. Limbeck, Die Heilige Schrift, in: HFTh 4: Traktat Theologische Erkenntnislehre. Schlußteil: Reflexion auf Fundamentaltheologie, 68-99.
R. zur Lippe, Sinnenbewußtsein – Postmoderne – Wiederholung des Verdrängten oder Entfaltung des Unterstroms?, in: G. Eifler / O. Saame (Hrsg.), Postmoderne – Anbruch einer neuen Epoche? Eine interdisziplinäre Erörterung, Wien 1990, 101-115.
N. Lobkowicz, Was brachte uns das Konzil? Würzburg-München 1986.
T. M. Loome, Liberal Catholicism, Reform Catholicism, Modernism. A Contribution to a New Orientation in Modernist Research, Mainz 1979.
T. Luckmann, Privatisierung und Individualisierung. Zur Sozialform der Religion in spätindustriellen Gesellschaften, in: K. Gabriel (Hrsg.), Religiöse Individualisierung oder Säkularisierung, 17-28.
M. Lutz-Bachmann, Kirche und Theologie vor der Herausforderung des „postmodernen Denkens", in: ders. / B. Schlegelberger (Hrsg.), Krise und Erneuerung der Kirche. Theologische Ortsbestimmungen, Berlin-Hildesheim 1989, 128-151.
H. Lübbe, Der verkürzte Aufenthalt in der Gegenwart. Wandlungen des Geschichtsverständnisses, in: P. Kemper (Hrsg.), >Postmoderne< oder der Kampf um die Zukunft. Die Kontroverse in Wissenschaft, Kunst und Gesellschaft, Frankfurt a.M. 1988, 145-164.
H. Lübbe, Zeit-Verhältnisse: Zur Kulturphilosophie des Fortschritts, Graz u.a. 1983.
U. Lüke, „Als Anfang schuf Gott..." Bio-Theologie. Zeit – Evolution – Hominisation, Paderborn u.a. 1997.

P. M. Lützeler, Ein deutsches Mißverständnis. Die „Postmoderne" ist keine modische Formel, sondern beschreibt präzise unsere Gegenwart – Eine Replik, in: DIE ZEIT Nr. 41 (1.10.1998) 68.
K. Lutze / T. Klein, Identität und Weltoffenheit. Versuch eines anthropologisch-bildungstheoretischen Zugangs zum Phänomen Fundamentalismus, Eitorf 1996.
J.-F. Lyotard, Das postmoderne Wissen. Ein Bericht, Wien 1986.
J.-F. Lyotard, Postmoderne für Kinder. Briefe aus den Jahren 1982-1985, Wien 1987.
J.-F. Lyotard, Der Enthusiasmus. Kants Kritik der Geschichte, Wien 1988.
J.-F. Lyotard, Der Widerstreit, Wien [2]1989.

M

G. B. Madison, Ricoeur and the Hermeneutics of the Subject, in: L. E. Hahn (Hrsg.), The Philosophy of Paul Ricoeur (= The Library of Living Philosophers Vol. XXII), Chicago-La Salle 1995, 75-92.
A. MacIntyre, Whose Justice? Which Rationality, Notre Dame 1988.
P. de Man, Allegorien des Lesens, Frankfurt a.M. 1988.
J. Manemann, Kritik als zentrales Moment des Glaubens. Zur gesellschaftskritischen Dimension der Fundamentaltheologie, in: K. Müller (Hrsg.), Fundamentaltheologie. Fluchtlinien und gegenwärtige Herausforderungen, Regensburg 1998, 217-241.
C. Markschies, Zwischen den Welten wandern. Strukturen des Christentums, Frankfurt a.M. 1997.
R. A. Markus, The End of Ancient Christianity, Cambridge 1990.
O. Marquard / K. Stierle (Hrsg.), Identität (= Poetik und Hermeneutik Bd. 8), München 1979.
O. Marquard, >Schwacher Trost<, in: H. R. Jauß (Hrsg.), Text und Applikation (= Poetik und Hermeneutik. Bd. 9), München 1981.
O. Marquard, Apologie des Zufälligen, Philosophische Studien, Stuttgart 1987.
O. Marquard (Hrsg.), Einheit und Vielheit, XIV. Deutscher Kongreß für Philosophie, Hamburg 1990.
O. Marquard, Abschied vom Prinzipiellen. Philosophische Studien, Stuttgart 1991.
O. Marquard, Schwierigkeiten mit der Geschichtsphilosophie. Aufsätze, Frankfurt a.M. [3]1992.
F. W. Marquardt, Von Elend und Heimsuchung der Theologie, München 1988.
J. Mattern, Paul Ricoeur zur Einführung, Hamburg 1996.
A. Maurer, Art. Identität II: Theologisch-ethisch, in: LThK[3]. Bd. 5, 399 f.
J.-M. Mayeur / C. Pietri / L. Pietri / A. Vauchez / M. Venard (Hrsg.), Die Geschichte des Christentums. Religion, Politik, Kultur. 14 Bde., dt. Ausg. hrsg. v. N. Brox / O. Engels / G. Kretschmar / K. Meier / H. Smolinsky, Freiburg u.a. 1992 ff.
S. McFague, Metaphorical Theology, London 1982.
K.-H. Menke, Die Einzigkeit Jesu Christi im Horizont der Sinnfrage, Einsiedeln 1995.
Meister Eckhart, Traktate (DW 5), hrsg. u. übers. v. J. Quint, Stuttgart 1963.
Meister Eckhart, Predigten (DW 2), hrsg. u. übers. v. J. Quint, Stuttgart 1971.
H. Merkel, Die Pluralität der Evangelien als theologisches und exegetisches Problem in der Alten Kirche, Bern u.a. 1978.
H. Merklein, Studien zu Jesus und Paulus, Tübingen 1987.
Merkur 52 (1998) Nr. 594/595: „Postmoderne. Eine Bilanz".
J. B. Metz, Zeit der Orden? Zur Mystik und Politik der Nachfolge, Freiburg u.a. 1977.
J. B. Metz, Glaube in Geschichte und Gesellschaft. Studien zu einer praktischen Fundamentaltheologie, Mainz [4]1984.

J. B. Metz, Anamnetische Vernunft. Anmerkungen eines Theologen zur Krise der Geisteswissenschaften, in: A. Honneth u.a. (Hrsg.), Zwischenbetrachtungen. Im Prozeß der Aufklärung (FS Jürgen Habermas), Frankfurt a.M. 1989, 733-737.
J. B. Metz, Das Konzil – „Der Anfang eines Anfangs"?, in: K. Richter (Hrsg.), Das Konzil war erst der Anfang. Die Bedeutung des II. Vatikanums für Theologie und Kirche, Mainz 1991, 11-24.
J. B. Metz, Plädoyer für mehr Theodizee-Empfindlichkeit in der Theologie, in: W. Oelmüller (Hrsg.), Worüber man nicht schweigen kann. Neue Diskussionen zur Theodizeefrage, München 1992, 125-137.
J. B. Metz, Solidarische Freiheit. Krise und Auftrag des europäischen Geistes, in: Concilium (D) 28 (1992), 178-182.
J. B. Metz / J. Reikerstorfer / J. Werbick, Gottesrede, Münster 1996.
J. B. Metz, Das Christentum angesichts des Pluralismus von Kultur- und Religionswelten, in: Edith-Stein-Jahrbuch. Bd. 4: Das Christentum, Würzburg 1998, 81-87.
T. Meyer, Fundamentalismus. Aufstand gegen die Moderne, Frankfurt a.M. 1989.
T. Meyer (Hrsg.), Fundamentalismus in der modernen Welt. Die Internationale der Unvernunft, Frankfurt a.M. 1989.
T. Meyer, Identitäts-Wahn. Die Politisierung des kulturellen Unterschieds, Berlin 1997.
U. I. Meyer, Das Symbol gibt zu denken. Eine Untersuchung zur Symbolinterpretation bei Paul Ricoeur, Aachen 1990.
K. Michalski (Hrsg.), Aufklärung heute. Castelgandolfo-Gespräche 1996, Stuttgart 1997.
D. J. Michelini, Die Debatte Moderne / Postmoderne. Perspektiven eines interkulturellen Dialogs, in: B. Fraling / H. Hoping / J. C. Scannone (Hrsg.), Kirche und Theologie im kulturellen Dialog (FS Peter Hünermann), Freiburg u.a. 1994, 76-88.
J. Mittelstraß, Leonardo-Welt. Über Wissenschaft, Forschung und Verantwortung, Frankfurt a.M. 1992.
E. Möde, Offenbarung als Alternative zur Dialektik der Postmoderne. Eine fundamentaltheologische Untersuchung, München 1994.
E. Möde, Die neue Einsamkeit der Postmoderne, München 1994.
E. Möde, Fundamentaltheologie in postmoderner Zeit, München 1994.
J. Moltmann, Was ist heute Theologie? Zwei Beiträge zu ihrer Vergewisserung (QD 114), Freiburg u.a. 1988.
C. Müller, Verantwortungsethik, in: A. Pieper (Hrsg.), Geschichte der neueren Ethik. Bd. 2: Gegenwart, Tübingen-Basel 1992, 103-131.
K. Müller, Art. Hermeneutik IV: Praktisch-theologisch, in: LThK³. Bd. 5, 7 f.
K. Müller, Wenn ich „ich" sage. Studien zur fundamentaltheologischen Relevanz selbstbewußter Subjektivität, Frankfurt a. M. u.a. 1994.
K. Müller, Subjekt-Profile. Philosophische Einsprüche in eine theologisch überfällige Debatte, in: ThG 40 (1997) 172-180.
K. Müller, Das etwas andere Subjekt. Der blinde Fleck der Postmoderne, in: ZKTh 120 (1998) 137-163.
K. Müller, (Hrsg.), Fundamentaltheologie. Fluchtlinien und gegenwärtige Herausforderungen, Regensburg 1998.
R. Münch, Dialektik der Kommunikationsgesellschaft, Frankfurt a.M. 1991.
R. Münch, Die Struktur der Moderne. Grundmuster und differentielle Gestaltung des institutionellen Aufbaus der modernen Gesellschaften, Frankfurt a.M. 1992.
F. Mußner, Geschichte der Hermeneutik. Von Schleiermacher bis zur Gegenwart (HDG I/3c, 2. Teil), Freiburg u.a. ²1976.

N

P. Neuner, Der Glaube als subjektives Prinzip der theologischen Erkenntnis, in: HFTh 4: Traktat Theologische Erkenntnislehre. Schlußteil: Reflexion auf Fundamentaltheologie, 51-67.

P. Neuner, Die Kirche als Volk Gottes, in: R. Scheermann (Hrsg.), Wider den Fundamentalismus. Kein Zurück hinter das II. Vatikanische Konzil, Mattersburg-Bad Sauerbrunn 1991, 40-50.

P. Neuner / H. Wagner (Hrsg.), In Verantwortung für den Glauben. Beiträge zur Fundamentaltheologie und Ökumenik (FS Heinrich Fries), Freiburg u.a. 1992.

F. Nietzsche, Werke in drei Bänden, hrsg. v. K. Schlechta. 3 Bde., München-Wien 1977.

T. Nipperdey, Religion im Umbruch. Deutschland 1870-1918, München 1988.

E. Nordhofen, Der Engel der Bestreitung. Über das Verhältnis von Kunst und Negativer Theologie, Würzburg 1993.

E. Nordhofen, Die Proklamation des Plurals. Zum Tode des Philosophen Hans Blumenberg, in: DIE ZEIT 12.4.96 (Nr. 16), 47.

K. Nowak, Geschichte des Christentums in Deutschland. Religion, Politik und Gesellschaft vom Ende der Aufklärung bis zur Mitte des 20. Jahrhunderts, München 1995.

O

K. Oehler, Über die Grenzen der Interpretation aus der Sicht des semiotischen Pragmatismus, in: J. Simon (Hrsg.), Zeichen und Interpretation, Frankfurt a.M. 1994, 57-72.

W. Oelmüller, Die unbefriedigte Aufklärung. Beiträge zu einer Theorie der Moderne von Lessing, Kant und Hegel. Mit einer neuen Einleitung, Frankfurt a.M. 1979.

W. Oelmüller (Hrsg.), Worüber man nicht schweigen kann. Neue Diskussionen zur Theodizeefrage, München 1992.

U. Oevermann, Strukturmodell von Religiosität, in: K. Gabriel (Hrsg.), Religiöse Individualisierung oder Säkularisierung, 29-40.

H.-L. Ollig, Der Streit um die Moderne. Positionen der deutschen Gegenwartsphilosophie, in: ThPh 63 (1988) 1-33.

P

W. Pannenberg, Eine philosophisch-historische Hermeneutik des Christentums, in: P. Neuner / H. Wagner (Hrsg.), In Verantwortung für den Glauben. Beiträge zur Fundamentaltheologie und Ökumenik (FS Heinrich Fries), Freiburg u.a. 1992, 35-46.

P. Parusel, Art. Mysterien, in: LR, 439-441.

O. H. Pesch / A. Peters, Einführung in die Lehre von Gnade und Rechtfertigung, Darmstadt 1981.

O. H. Pesch, Das Zweite Vatikanische Konzil. Vorgeschichte – Verlauf – Ergebnisse – Nachgeschichte, Würzburg ⁴1996.

T. R. Peters, Mystik, Mythos, Metaphysik. Die Spur des vermißten Gottes, Mainz-München 1992.

T. R. Peters, Postmoderne Kirche? Statement auf dem Katholikentag in Karlsruhe, in: Orientierung 56 (1992) 153 f.; hier: 154.

T. R. Peters u.a. (Hrsg.), Erinnern und Erkennen. Denkanstöße aus der Theologie von Johann Baptist Metz, Düsseldorf 1993.

P. Petzel, Was uns an Gott fehlt, wenn uns die Juden fehlen. Eine erkenntnistheologische Studie, Mainz 1994.

G. Philips, Die Geschichte der dogmatischen Konstitution über die Kirche „Lumen Gentium", in: LTHK². Bd. 12: Das Zweite Vatikanische Konzil. Konstitutionen, Dekrete und Erklärungen. Kommentare. Teil 1, 139-155.
J. Piegsa (Hrsg.), Zweites Vatikanisches Konzil. Das bleibende Anliegen, St. Ottilien 1991.
L. Pikulik, Frühromantik. Epoche – Werke – Wirkung, München 1992.
O. Pöggeler / F. Hogemann, Martin Heidegger: Zeit und Sein, in: J. Speck (Hrsg.), Grundprobleme der großen Philosophen. Philosophie der Gegenwart V, Göttingen 1982, 48-86.
K. R. Popper, Die offene Gesellschaft und ihre Feinde. 2 Bde., München ⁶1980.
H. J. Pottmeyer, Normen, Kriterien und Strukturen der Überlieferung, in: HFTh 4: Traktat Theologische Erkenntnislehre. Schlußteil: Reflexion auf Fundamentaltheologie, 124-152.
H. J. Pottmeyer, Vor einer neuen Phase der Rezeption des Vaticanum II. Zwanzig Jahre Hermeneutik des Konzils, in: ders. / G. Alberigo / J.-P. Jossua (Hrsg.), Die Rezeption des Zweiten Vatikanischen Konzils, Düsseldorf 1986, 47-65.
H. J. Pottmeyer, Theologische Erkenntnislehre als kritische Hermeneutik, in: J. Kirchberg / J. Müller (Hrsg.), Philosophisch-Theologische Grenzfragen (FS Richard Schaeffler), Essen 1986, 199-217.
F. Prammer, Die philosophische Hermeneutik Paul Ricoeurs in ihrer Bedeutung für eine theologische Sprachtheorie (=IST Bd. 22), Innsbruck-Wien 1988.
T. Pröpper, Eine Skizze zur Soteriologie. 2. wesentl. erw. Aufl. München ²1988.
T. Pröpper, Freiheit als philosophisches Prinzip der Dogmatik. Systematische Reflexionen im Anschluß an W. Kaspers Konzeption der Dogmatik, in: E. Schockenhoff / P. Walter (Hrsg.), Dogma und Glaube. Bausteine für eine theologische Erkenntnislehre (FS W. Kasper), Mainz 1993, 165-192.
T. Pröpper, Erstphilosophischer Begriff oder Aufweis letztgültigen Sinnes? Anfragen an Hansjürgen Verweyens >Grundriß der Fundamentaltheologie< in: ThQ 174 (1994) 272-287.
T. Pröpper, Sollensevidenz, Sinnvollzug und Offenbarung. Im Gespräch mit Hansjürgen Verweyen, in: G. Larcher / K. Müller / T. Pröpper (Hrsg.), Hoffnung, die Gründe nennt. Zu Hansjürgen Verweyens Projekt einer erstphilosophischen Glaubensverantwortung, Regensburg 1996, 27-48.
T. Pröpper, Freiheit als philosophisches Prinzip theologischer Hermeneutik, in: Bijdragen 59 (1998) 20-40.

R

A. Raffelt, Die Erneuerung der katholischen Theologie, in: GC 12, 216-237.
H. Rahner, Kirche und Staat im frühen Christentum. Dokumente aus acht Jahrhunderten und ihre Deutung, München 1961.
K. Rahner, Schriften zur Theologie. Bde. I-XVI, Zürich u.a. 1954 ff.
K. Rahner, Kommentar zu LG Kap. 3, in: LTHK². Bd. 12, 210-246.
K. Rahner, Grundkurs des Glaubens. Einführung in den Begriff des Christentums, Freiburg u.a. 1984.
K. Rahner / H. Vorgrimler (Hrsg.), Kleines Konzilskompendium. Sämtliche Texte des Zweiten Vatikanums mit Einführungen und ausführlichem Sachregister, Freiburg u.a. ¹⁹1986.
H. Raulet, Vorwort zu: J. Le Rider / ders. (Hrsg.), Verabschiedung der (Post-)Moderne? Eine interdisziplinäre Debatte, Tübingen 1987, 7-20.
J. Ratzinger, Das Konzil auf dem Weg. Rückblick auf die zweite Sitzungsperiode, Köln 1964.

J. Ratzinger, Die letzte Sitzungsperiode des Konzils, Köln 1966.
J. Ratzinger, Das neue Volk Gottes. Entwürfe zur Ekklesiologie, Düsseldorf 1969.
J. Ratzinger, Zur Lage des Glaubens. Ein Gespräch mit Vittorio Messori, München 1985.
J. Reikerstorfer, Leiddurchkreuzt – zum Logos christlicher Gottesrede, in: J. B. Metz / ders. / J. Werbick, Gottesrede, Münster 1996, 21-57.
J. Reikerstorfer (Hrsg.), Vom Wagnis der Nichtidentität (FS J. B. Metz), Münster 1998.
R. G. Renner, Die postmoderne Konstellation. Theorie, Text und Kunst im Ausgang der Moderne, Freiburg 1988.
W. van Reijen, Die authentische Kritik der Moderne, München 1994.
R. Rellinger / J. Villwock, Die Metapher als Ereignis. Zu Paul Ricoeurs *La métaphore vive*, in: Germanisch-Romanische Monatschrift, 57, N.F. 26 (1976) 451-466.
T. Rendtorff, Über die Wahrheit der Vielfalt. Theologische Perspektiven nachneuzeitlichen Christentums, in: J. Mehlhausen (Hrsg.), Pluralismus und Identität, Gütersloh 1995, 21-34.
K. Richter (Hrsg.), Das Konzil war erst der Anfang. Die Bedeutung des II. Vatikanums für Theologie und Kirche, Mainz 1991.
P. Ricoeur, Die Interpretation. Ein Versuch über Freud, Frankfurt a.M. 1969.
P. Ricoeur, Die Fehlbarkeit des Menschen. Phänomenologie der Schuld I, Freiburg-München 1971.
P. Ricoeur, Symbolik des Bösen. Phänomenologie der Schuld II, Freiburg-München 1971.
P. Ricoeur, Der Konflikt der Interpretationen I: Hermeneutik und Strukturalismus, München 1973.
P. Ricoeur, Der Konflikt der Interpretationen II: Hermeneutik und Psychoanalyse, München 1974.
P. Ricoeur, Philosophische und theologische Hermeneutik, in: EvTh (Sonderheft 1974) 24-45.
P. Ricoeur, Geschichte und Wahrheit, München 1974.
P. Ricoeur, Die Metapher und das Hauptproblem der Hermeneutik, in: A. Haverkamp (Hrsg.), Theorie der Metapher (= WdF Bd. 389), Darmstadt 1983, 356-375.
P. Ricoeur, Poetik und Symbolik, in: H. P. Duerr (Hrsg.), Die Mitte der Welt. Aufsätze zu Mircea Eliade, Frankfurt a.M. 1984, 11-34.
P. Ricoeur, Zufall und Vernunft in der Geschichte, Tübingen 1986.
P. Ricoeur, Die lebendige Metapher, München 1986.
P. Ricoeur, Erzählung, Metapher und Interpretationstheorie, in: ZThK 84 (1987) 232-253.
P. Ricoeur, Zeit und Erzählung. Bd I: Zeit und historische Erzählung, München 1988.
P. Ricoeur, Zeit und Erzählung. Bd. II: Zeit und literarische Erzählung, München 1989.
P. Ricoeur, Zeit und Erzählung. Bd. III: Die erzählte Zeit, München 1991.
P. Ricoeur, A Word to Kathleen Blamey, in: L. E. Hahn (Hrsg.), The Philosophy of Paul Ricoeur (= The Library of Living Philosophers Vol. XXII), Chicago-La Salle 1995, 604.
P. Ricoeur, Das Selbst als ein Anderer, München 1996.
P. Ricoeur, Das Paradox der Autorität, in: K. Michalski (Hrsg.), Aufklärung heute. Castelgandolfo-Gespräche 1996, Stuttgart 1997, 36-53.
G. Riße, Sammlung – Sendung – Sammlung... Fundamentaltheologie und Theologie der Diaspora, in: ders. / H. Sonnemans / B. Theß (Hrsg.) unter Mitarbeit von A.

Thillosen, Wege der Theologie: an der Schwelle zum dritten Jahrtausend (FS H. Waldenfels), Paderborn 1996, 65-72.
A. M. Ritter, Dogma und Lehre in der Alten Kirche, in: HTDG 1: Die Lehrentwicklung im Rahmen der Katholizität, 99-283.
A. M. Ritter, Art. Glaubensbekenntnisse V: Alte Kirche, in: TRE, 399-412.
K. J. Rivinius, Fundamentalismus in der Kirchengeschichte. Aufgezeigt an exemplarischen Fällen, in: H. Kochanek (Hrsg.), Die verdrängte Freiheit. Fundamentalismus in den Kirchen, Freiburg u.a. 1991, 96-114.
F. Rötzer (Hrsg.), Französische Philosophen im Gespräch, München 1986.
H. Rombach, Philosophische Zeitkritik heute. Der gegenwärtige Umbruch im Licht der Fundamentalgeschichte, in: PhJ 92 (1985) 1-16.
R. Rorty, Kontingenz, Ironie und Solidarität, Frankfurt a.M. ²1993.
A. C. Rouco, Der päpstliche Primat und das Zweite Vatikanum, in: IKZ Communio 27 (1998) 310-329.
G. Ruggieri, Glaube und Geschichte, in: H. J. Pottmeyer / G. Alberigo / J.-P. Jossua (Hrsg.), Die Rezeption des Zweiten Vatikanischen Konzils, Düsseldorf 1986, 124-152.
T. Ruster, Die verlorene Nützlichkeit der Religion. Katholizismus und Moderne in der Weimarer Republik, Paderborn u.a. ²1997.

S

J. Salaverri, Art. Katholizität der Kirche, in: LThK². Bd. 6, 90-92.
E. Salmann, Der geteilte Logos. Zum offenen Prozeß von neuzeitlichem Denken und Theologie, Rom 1992.
S. Sandherr, Die Verweiblichung des Subjekts. Eine Lévinas´sche Provokation. Zu Emmanuel Lévinas' *Jenseits des Seins oder anders als Sein geschieht*, in: A. Günter (Hrsg.), Feministische Theologie und postmodernes Denken. Zur theologischen Relevanz der Geschlechterdifferenz, Stuttgart u.a. 1996, 123-130.
S. Sandherr, Die heimliche Geburt des Subjekts. Das Subjekt und sein Werden im Denken Emmanuel Levinas´, Stuttgart u.a. 1998.
S. Sandherr, „Nach oben fallen". Die Alteritätskonzeption von Emmanuel Levinas als Impuls für den feministisch-theologischen Diskurs, in: J. Wohlmuth (Hrsg.), Levinas – eine Herausforderung für die christliche Theologie. Paderborn u.a. 1998, 143-161.
K. Schatz, Der päpstliche Primat. Seine Geschichte von den Ursprüngen bis zur Gegenwart, Würzburg 1990.
K. Schatz, Allgemeine Konzilien – Brennpunkte der Kirchengeschichte, Paderborn u.a. 1997.
R. Scheermann (Hrsg.), Wider den Fundamentalismus. Kein Zurück hinter das II. Vatikanische Konzil, Mattersburg-Bad Sauerbrunn 1991.
L. Scheffczyk, Aspekte der Kirche in der Krise. Um die Entscheidung für das authentische Konzil, Siegburg 1993.
F. D. E. Schleiermacher, Hermeneutik und Kritik. Mit einem Anhang sprachphilosophischer Texte Schleiermachers hrsg. u. eingel. v. M. Frank, Frankfurt a.M. ⁶1995.
G. Schmied, Kirche oder Sekte? Entwicklungen und Perspektiven des Katholizismus in der westlichen Welt, München-Zürich 1988.
W. Schmid, Auf der Suche nach einer neuen Lebenskunst. Die Frage nach dem Grund und die Neubegründung der Ethik bei Foucault, Frankfurt a.M. 1991.
W. Schmid, Auf der Suche nach einer anderen Moderne. Plädoyer für den Versuch, die Moderne zu modifizieren, in: A. Steffens (Hrsg.), Nach der Postmoderne, Düsseldorf-Bensheim 1992, 55-83.

H. Schnädelbach, Zur Rehabilitierung des *animal rationale.* Vorträge und Abhandlungen 2, Frankfurt a.M. 1992.

M. Schneider, Der Barbar. Endzeitstimmung und Kulturrecycling, München 1997.

U. J. Schneider, Theater in den Innenräumen des Denkens. Gilles Deleuze als Philosophiehistoriker, in: F. Balke / J. Vogl (Hrsg.), Gilles Deleuze – Fluchtlinien der Philosophie, München 1996.

G. Schöllgen, Monepiskopat und monarchischer Episkopat, in: ZNW (1986) 146-151.

E. Schockenhoff / P. Walter (Hrsg.), Dogma und Glaube. Bausteine für eine theologische Erkenntnislehre (FS W. Kasper), Mainz 1993.

C. Scholten, Art. Frühkirchliche Apologeten, in: LThK [3]. Bd. I, 832-834.

R. Schreiter, Inkulturation des Glaubens oder Identifikation mit der Kultur?, in: Concilium (D) 30 (1994), 12-18.

H.-J. Schulz, Bekenntnis statt Dogma. Kriterien der Verbindlichkeit kirchlicher Lehre (QD 163), Freiburg u.a. 1996.

R. Schwager (Hrsg.), Christus allein? Der Streit um die pluralistische Religionstheologie (QD 160), Freiburg u.a. 1996.

G. Schwaiger (Hrsg.), Aufbruch ins 20. Jahrhundert. Zum Streit um Reformkatholizismus und Modernismus, Göttingen 1976.

H. Schwarz, Art. Glaubensbekenntnisse. IX: Dogmatisch, in: TRE, 437-441.

E. Schweizer, Jesus, das Gleichnis Gottes. Was wissen wir wirklich vom Leben Jesu? Göttingen 1995.

M. Seckler, Im Spannungsfeld von Wissenschaft und Kirche. Theologie als schöpferische Auslegung der Wirklichkeit, Freiburg u.a. 1980.

Sekretariat der Deutschen Bischofskonferenz (Hrsg.), K. Lehmann, Einig im Verständnis der Rechtfertigungsbotschaft? Erfahrungen und Lehren im Blick auf die gegenwärtige ökumenische Situation. Eröffnungsreferat bei der Herbstvollversammlung der Deutschen Bischofskonferenz und Dokumente zur Gemeinsamen Erklärung über die Rechtfertigungslehre, Bonn 1998

H. J. Sieben, Die Konzilsidee der Alten Kirche, Paderborn u.a. 1979.

J. Simon, Philosophie des Zeichens, Berlin-New York 1989.

J. Simon (Hrsg.), Zeichen und Interpretation, Frankfurt a.M. 1994.

J. Simon (Hrsg.), Distanz im Verstehen, Frankfurt a.M. 1995.

J. Simon / W. Stegmaier (Hrsg.), Fremde Vernunft. Zeichen und Interpretation IV, Frankfurt a.M. 1998.

P. Sloterdijk, Eurotaoismus. Zur Kritik der politischen Kinetik, Frankfurt a.M. 1989.

P. Sloterdijk (Hrsg.), Vor der Jahrtausendwende. Berichte zur Lage der Zukunft. 2 Bde., Frankfurt a.M. 1990.

H. Graf v. Soden-Frauenhofen, Das Engelwerk, in: W. Beinert (Hrsg.), >Katholischer< Fundamentalismus. Häretische Gruppen in der Kirche?, Regensburg 1991, 127-147.

T. Söding, Art. Hermeneutik II: Biblische Hermeneutik, in: LThK[3]. Bd. 5, 3-6.

T. Söding, Mehr als ein Buch. Die Bibel begreifen, Freiburg u.a. [2]1996.

S. Sontag, Against Interpretation, New York 1966.

J. Speck (Hrsg.), Grundprobleme der großen Philosophen. Philosophie der Gegenwart V, Göttingen 1982.

R. Staats, Das Glaubensbekenntnis von Nizäa-Konstantinopel. Historische und theologische Grundlagen, Darmstadt 1996.

A. Steffens (Hrsg.), Nach der Postmoderne, Düsseldorf-Bensheim 1992.

W. Stegmaier, Philosophieren als Vermeiden einer Lehre. Inter-individuelle Orientierung bei Sokrates und Platon, Nietzsche und Derrida, in: J. Simon (Hrsg.), Distanz im Verstehen. Frankfurt a.M. 1995, 213-238.
G. Stemberger, Stammt das synodale Element der Kirche aus der Synagoge?, in: W. Brandmüller (Hrsg.), Synodale Strukturen der Kirche. Entwicklung und Probleme, Donauwörth 1977, 7-26.
H.-G. Stobbe, Art. Hermeneutik, in: NHThG II, 319-329.
P. Stockmeier (Hrsg.), Konflikt in der Kirche. Droht eine Kirchenspaltung?, Düsseldorf 1977.
P. Stockmeier (Hrsg.), Kirche unter den Herausforderungen der Geschichte, in: HFTh 3: Traktat Kirche, 122-152.
L. Kardinal Suenens, Interview mit *Informations Catholiques Internationales* (15.5.69), in: J. de Broucker, Das Dossier Suenens. Diagnose einer Krise, Graz u.a. 1970, 20-63.

T

B. Taureck, Levinas zur Einführung, Hamburg 1991.
B. Taureck, Michel Foucault, Hamburg 1997.
C. Taylor, Hegel, Frankfurt a.M. 1978.
M. C. Taylor, Deconstructing Theology, New York-Chicago 1982.
M. C. Taylor, Text as Victim, in: T. J. Altizer u.a., Deconstruction and Theology, New York 1982, 58-78.
M. C. Taylor, Erring. A Postmodern A/theology, Chicago-London 1984.
M. C. Taylor, Alterity, Chicago-London 1987.
M. C. Taylor, nO nOt nO, in: H. Coward / T. Foshay (Hrsg.), Derrida and Negative Theology, New York 1992, 167-198.
M. Thoemmes, Die verzögerte Antwort. Neues über den Philosophen Hans Blumenberg, in: FAZ 26.3.97 (Nr. 72), 37.
H. Timm, Wie modern ist die Welt? Ein theologischer Rückblick von außerhalb, in: G. Eifler / O. Saame (Hrsg.), Postmoderne – Anbruch einer neuen Epoche? Eine interdisziplinäre Erörterung, Wien 1990, 199-217.
T. Todorov, Die Eroberung Amerikas. Das Problem des Anderen, Frankfurt a.M. 1985.
D. Tracy, The Analogical Imagination. Christian Theology and the Culture of Pluralism, New York 1981.
D. Tracy, Plurality and Ambiguity. Hermeneutics, Religion, Hope, San Francisco 1987.
D. Tracy, Theologie als Gespräch. Eine postmoderne Hermeneutik. Mit einer Einführung von Werner G. Jeanrond, Mainz 1993.
D. Tracy, On Naming the Present. God, Hermeneutics and Church, New York-London 1994.

V

J. Valentin, Dekonstruktion. Theologie. Eine Anstiftung, in: W. Lesch / G. Schwind (Hrsg.), Das Ende der alten Gewißheiten. Theologische Auseinandersetzung mit der Postmoderne, Mainz 1993, 13-26.
J. Valentin, Atheismus in der Spur Gottes. Theologie nach Jacques Derrida, Mainz 1997.
G. Vattimo / P. A. Rovatti (Hrsg.), Il pensiero debole, Mailand 1983.
H. Verweyen, Christologische Brennpunkte, Essen ²1985.

H. Verweyen, Gottes letztes Wort. Grundriß der Fundamentaltheologie, Düsseldorf ² 1991.

H. Verweyen, Der Weltkatechismus. Therapie oder Symptom einer kranken Kirche?, Düsseldorf 1993.

H. Verweyen, Maurice Blondels Kritik des „Dilettantismus" und das „postmoderne" Denken, in: A. Raffelt / P. Reifenberg / G. Fuchs (Hrsg.), Das Tun, der Glaube, die Vernunft. Studien zur Philosophie Maurice Blondels „L`Action" 1893-1993, Würzburg 1995, 16-32.

H. Verweyen, Pluralismus als Fundamentalismusverstärker?, in: R. Schwager (Hrsg.), Christus allein? Der Streit um die pluralistische Religionstheologie (QD 160), Freiburg u.a. 1996, 132-139.

H. Verweyen, Botschaft eines Toten? Den Glauben rational verantworten, Regensburg 1997.

H. Verweyen, Theologische Hermeneutik heute, in: K. Müller (Hrsg.), Fundamentaltheologie. Fluchtlinien und gegenwärtige Herausforderungen, Regensburg 1998, 177-191.

H.-G. Vester, Modernismus und Postmodernismus. Intellektuelle Spielereien?, in: Soziale Welt 36 (1985) 3-26.

P. Veyne, Foucault: Die Revolutionierung der Geschichte, Frankfurt a.M. 1992.

P. Virilio, Der negative Horizont. Bewegung – Geschwindigkeit – Beschleunigung, München-Wien 1989.

P. Virilio, Rasender Stillstand, München-Wien 1992.

L. Vischer, Die Rezeption der Debatte über die Kollegialität, in: H. J. Pottmeyer / G. Alberigo / J.-P. Jossua (Hrsg.), Die Rezeption des Zweiten Vatikanischen Konzils, Düsseldorf 1986, 293-312.

H. Vorgrimler, Vom ‚Geist des Konzils', in: K. Richter (Hrsg.), Das Konzil war erst der Anfang. Die Bedeutung des II. Vatikanums für Theologie und Kirche, Mainz 1991, 25-52.

W. Vossenkuhl, Jenseits des Vertrauten und Fremden, in: O. Marquard (Hrsg.), Einheit und Vielheit, XIV. Deutscher Kongreß für Philosophie, Hamburg 1990, 101-113.

F. Vouga, Geschichte des frühen Christentums, Tübingen-Basel 1994.

H. de Vries, Theologie im Pianissimo & zwischen Rationalität und Dekonstruktion. Die Aktualität der Denkfiguren Adornos und Levinas', Kampen 1989.

W

B. Waldenfels, Phänomenologie in Frankreich, Frankfurt a.M. 1987.

B. Waldenfels, Ordnung im Zwielicht, Frankfurt a.M. 1987.

B. Waldenfels, Der Stachel des Fremden, Frankfurt a.M. ²1991.

B. Waldenfels, Antwortregister, Frankfurt a.M. 1994.

B. Waldenfels, Deutsch-Französische Gedankengänge, Frankfurt a.M. 1995.

H. Waldenfels, Absolutes Nichts. Zur Grundlegung des Dialogs zwischen Buddhismus und Christentum, Freiburg u.a. 1976, 200-207.

H. Waldenfels, Offenbarung. Das Zweite Vatikanische Konzil auf dem Hintergrund der neueren Theologie, München 1969.

H. Waldenfels, Kontextuelle Fundamentaltheologie, Paderborn u.a. ²1985.

H. Waldenfels, >Spiritualität<. Zur >Wahrnehmung des Geistes< und zur >Unterscheidung der Geister<, in: M Böhnke / H. Heinz (Hrsg.), Im Gespräch mit dem dreieinen Gott. Elemente einer trinitarischen Theologie (FS W. Breuning), Düsseldorf 1985, 376-398.

H. Waldenfels, Begegnung der Religionen. Theologische Versuche I, Bonn 1990.
H. Waldenfels, Phänomen Christentum. Eine Weltreligion in der Welt der Religionen, Freiburg u.a. 1994.
H. Waldenfels (Hrsg.), Lexikon der Religionen. Phänomene, Geschichte, Ideen, begr. v. F. Kardinal König, Freiburg u.a. ²1995.
H. Waldenfels, Gott. Auf der Suche nach dem Lebensgrund, Leipzig 1995.
H. Waldenfels, Einführung in die Theologie der Offenbarung, Darmstadt 1996.
H. Waldenfels, Gottes Wort in der Fremde. Theologische Versuche II, Bonn 1997.
H. Waldenfels, Wahrheit zwischen Beliebigkeit und Verbindlichkeit, in: LebZeug 53 (1998) 228-239.
K. Walf, Fundamentalistische Strömungen in der katholischen Kirche, in: T. Meyer (Hrsg.), Fundamentalismus in der modernen Welt, 248-262.
G. Ward, Barth, Derrida and the Language of Theology, Cambridge 1995.
G. Ward, Theology and Contemporary Theology, London 1996.
G. Ward, The Postmodern God. A Theological Reader, Oxford 1997.
H. A. J. Wegmann, Geschichte der Liturgie im Westen und Osten, Regensburg 1979.
H. A. J. Wegmann, Liturgie in der Geschichte des Christentums, Regensburg 1994.
R. Weimann / H. U. Gumbrecht (Hrsg.), Postmoderne – globale Differenz, Frankfurt a.M. ²1992, 366-369.
E. Weinzierl, Der Antimodernismus Pius´ X., in: dies., Ecclesia semper reformanda. Beiträge zur österreichischen Kirchengeschichte im 19. u. 20. Jahrhundert, Wien-Salzburg 1985, 271-291.
W. Weischedel, Der Gott der Philosophen. Grundlegung einer Philosophischen Theologie im Zeitalter des Nihilismus. 2 Bde., München 1979.
O. Weiß, Der Modernismus in Deutschland. Ein Beitrag zur Theologiegeschichte, Regensburg 1995.
A. Wellmer, Zur Dialektik von Moderne und Postmoderne. Vernunftkritik nach Adorno, Frankfurt a.M. ⁴1990.
W. Welsch, Vielheit ohne Einheit? Zum gegenwärtigen Spektrum der philosophischen Diskussion um die „Postmoderne". Französische, italienische, amerikanische, deutsche Aspekte, in: PhJ 94 (1987) 111-141.
W. Welsch, Religiöse Implikationen und religionsphilosophische Konsequenzen >postmodernen< Denkens, in: A. Halder / K. Kienzler / J. Möller (Hrsg.), Religionsphilosophie heute. Chancen und Bedeutung in Philosophie und Theologie, Düsseldorf 1988, 117-129.
W. Welsch, Unsere postmoderne Moderne, Weinheim ²1988.
W. Welsch (Hrsg.), Wege aus der Moderne. Schlüsseltexte der Postmoderne-Diskussion, Weinheim 1988.
W. Welsch (Hrsg.), Die Aktualität des Ästhetischen, München 1993.
W. Welsch, Haus mit vielen Wohnungen. Der Pluralismus läßt Absolutismus zu, wenn er privat bleibt, in: EvKomm Hft. 27 (1994) 476-479.
W. Welsch, Relativität aushalten. Unbedingtheit gibt es nur im Innenbezug, in: EvKomm Hft. 27 (1994) 734 f.
W. Welsch, Vernunft. Die zeitgenössische Vernunftkritik und das Konzept der transversalen Vernunft, Frankfurt a.M. 1996.
B. Welte, Auf der Spur des Ewigen. Philosophische Abhandlungen über verschiedene Gegenstände der Religion und der Theologie, Freiburg u.a. 1965.
S. Wendel, Ästhetik des Erhabenen – Ästhetische Theologie? Zur Darstellung des Nicht-Darstellbaren bei Jean-Francois Lyotard, in: W. Lesch / G. Schwind (Hrsg.),

Das Ende der alten Gewißheiten. Theologische Auseinandersetzung mit der Postmoderne, Mainz 1993, 48-72.
S. Wendel, Jean-Francois Lyotard, Aisthetisches Ethos, München 1997.
S. Wendel, Postmoderne Theologie? Zum Verhältnis von christlicher Theologie und postmoderner Philosophie, in: K. Müller (Hrsg.), Fundamentaltheologie. Fluchtlinien und gegenwärtige Herausforderungen, Regensburg 1998, 193-214.
M. Wengst, Art. Glaubensbekenntnisse IV: Neues Testament, in: TRE, 392-399.
K. Wengst, PAX ROMANA. Anspruch und Wirklichkeit, München 1986.
K. Wenzel, Die Gegenwart des Verstehens. Hermeneutik im Schatten theologischer Rezeptionsdefizite, in: K. Müller (Hrsg.), Fundamentaltheologie. Fluchtlinien und gegenwärtige Herausforderungen, Regensburg 1998, 151-175.
J. Werbick (Hrsg.), Offenbarungsanspruch und fundamentalistische Versuchung (QD 129), Freiburg u.a. 1991.
J. Werbick, Die fundamentalistische Option angesichts der „hermeneutischen Krise" des Christentums, in: G. Riße / H. Sonnemans / B. Theß (Hrsg.) unter Mitarbeit von A. Thillosen, Wege der Theologie: an der Schwelle zum dritten Jahrtausend (FS H. Waldenfels), Paderborn 1996, 139-152.
P. Weß, Christologie in der Spannung zwischen biblischem Kerygma und konziliarer Lehre. Bemerkungen zu einem wichtigen Buch, in: ZKTh 120 (1998) 75-84.
W. Weß (Hrsg.), Zeugnis und Dialog. Die katholische Kirche in der neuzeitlichen Welt und das II. Vatikanische Konzil (FS K. Wittstadt), Würzburg 1996.
F. J. Wetz, Hans Blumenberg zur Einführung, Hamburg 1993.
H. White, Die Bedeutung der Form. Erzählstrukturen in der Geschichtsschreibung, Frankfurt a.M. 1990.
J. F. White, A Brief History of Christian Worship, Nashville 1993.
S. Wiedenhofer, Grundprobleme des theologischen Traditionsbegriffs, in: ZKTh 112 (1990) 18-29.
S. Wiedenhofer, Traditionsbrüche – Traditionsabbruch? Zur Identität des Glaubens, in: M. v. Brück / J. Werbick (Hrsg.), Traditionsabbruch – Ende des Christentums?, Würzburg 1994, 55-76.
S. Wiedenhofer, Art. Hermeneutik III: Systematisch-theologisch, in: LThK³. Bd. 5, 6 f.
G. Wieland, Art. Hermeneutik I, in: LThK³. Bd. 5, 1-3.
A. G. Wildfeuer, Art. Identitätsphilosophie, in: LThK³. Bd. 5, 402.
L. Wittgenstein, Über Gewißheit, in: WA 8, 113-257, Frankfurt a.M. ⁵1992.
J. Wohlmuth, Theologie – postmodern?, in: R. Hoeps / T. Ruster (Hrsg.), Mit dem Rücken zur Transzendentaltheologie. Theologische Passagen (FS Hans Jorissen), Würzburg 1991, 144-160.
J. Wohlmuth, Im Geheimnis einander nahe. Theologische Aufsätze zum Verhältnis von Judentum und Christentum, Paderborn u.a. 1996.
J. Wohlmuth (Hrsg.), E. Levinas. Eine Herausforderung für die christliche Theologie, Paderborn u.a. 1998.
J. Wohlmuth (Hrsg.), Dekrete der ökumenischen Konzilien. Bd. 1: Konzilien des ersten Jahrtausends, Paderborn u.a. 1998.

Z

M. Zechmeister, Karsamstag. Zu einer Theologie des Gott-vermissens, in: J. Reikerstorfer (Hrsg.), Vom Wagnis der Nichtidentität (FS J. B. Metz), Münster 1998, 50-78.
P. V. Zima, Moderne/Postmoderne. Gesellschaft, Philosophie, Literatur, Tübingen-Basel 1997.

H. Zirker, Geschichtliche Offenbarung und Endgültigkeitsansprüche. Voraussetzungen des Fundamentalismus in Christentum und Islam, in: J. Werbick (Hrsg.), Offenbarungsanspruch und fundamentalistische Versuchung (QD 129), Freiburg u.a. 1991, 161-186.

P. M. Zulehner, Heirat – Geburt – Tod, Wien u.a. 1976.

REGISTER

A

Abel, G. *54*, 128ff., 140-148, 215, 386, 513, *516*
Adam, K. *181*, 288f.
Adams, D. *183*
Adorno, T. W. *23*, 24, 56, 79, *82*, 126, 158, 343, *344* 355, 374, 416, 427, 429, *436*, 444, *521*, 522, 541
Alberigo, G. *317f.*, *320*, *322*, *326*, *336*
Altermatt, U. 292, *293f.*, 295
Altizer, T. J. *366*
Andresen, C. *244*, *248*
Angehrn, E. *23*
Anselm v. Canterbury 517
Apel, K.-O. *23*, *220*, *347*, 450, 507
Arendt, H. *299*
Arens, E. *514*
Aristipp 171
Aristoteles 49, 193
Assmann, J. *316*
Athanasius 248, 251f., 274
Athenagoras 244
Augustinus 48f., 71, 192f., 198, 204, 250, 267, 309, 368

B

Bach, J. S. 157, 178
Bacon, F. *119*
Balke, F. *107ff.*, *111*
Ball, H. *287*
Balthasar, H. U. v. *126*, *321*, 350, *351*, 413, 484f., 502, 509, 516, 543, 546
Barnard, L. W. *244f.*
Barr, J. *340*
Barth, K. *414*, 417
Barthes, R. 416
Basilius d. Gr. *329*
Baudrillard, J. *20*, 28, 36-39, *440*
Bauer, J. B. *352*
Baumann, Z. *39*
Baumanns, P. *210*
Baumgartner, H.-M. *41*, 538
Baus, K. *260*
Beck, U. *26f.*, *358*
Becker, G. *228*
Beckett, S. 161
Behrenberg, P. *181*, *183f.*
Beinert, W. *248*, 306f., 349f., *351f.*
Benedikt XV. 303
Benjamin, W. 91, *92*
Bentham, J. 95f.
Berger, K. *234*, *257*

Berger, P. L. *311*
Bertens, H. *20f.*
Bertsch, L. *352*
Beutler, E. *171*
Birnstein, U. *340*
Biser, E. *228*, 268, *269*, 270, 273
Blamey, K. 207, *208*
Blondel, M. 300, *491*
Blumenberg, H. 11, 154-163, *164*, 165-174, *175f.*, 177-183, *184*, 186, 191f., 212, 218, 264, 273, 304f., 391, 395, 438, 470, 483, 517, 528
Böckenförde, E.-W. *307*
Böhme, G. *23*
Böhme, H. *23*
Böhnke, M. *228*, *275*
Boer, T. de *491*
Booth, W. 382
Borges, J. L. 87
Bormann, C. v. *46f.*, *50*, *52*
Borsche, T. *134*, *140*
Brandmüller, W. *260*
Breuning, W. *228*
Brinkmann, H. *49*
Broucker, J. de *262*
Brox, N. *271*
Brück, M. v. *274*, *313*, *534*
Bucher, R. 288f., *290f.*, 301, 303, 349, *361*, 543, 546
Buchholz, R. *405*
Bürkle, H. *228*
Bürger, C. *21*
Bürger, K. *21*
Burkard, D. *301*
Burckhardt, J. 173

C

Caruso, P. *80f.*, *87*
Casas, B. de las 103
Casel, O. 288
Casper, B. *439*, *528*
Cassirers, E. *154f.*, *160*, *181f.*
Castorp, H. 196
Celan, P. 426
Cerdo 240, 242
Certeau, M. de 449
Chapman, J. W. 20
Childs, B. S. *251*
Cixous, H. *415*
Clausjürgens, R. *29ff.*
Congar, Y. *322*

Conzemius, V. *255*, *227*, *317*
Coward, H. *367*
Craemer, H. *505*
Cullmann, O. *328*
Cyprian 254ff.

D
Daly, M. 397
Dannhauer, J. K. 51f.
Dante 403
Darwin, C. 341
Dassmann, E. *234f.*, *239f.*, *257*, 258, *259*
Deleuze, G. 54, 79, *80f.*, 106-109, *110*, 111f., *113*, 114-126, 128, *131*, 133, 135, 150f., 168, 182, 186, 190, 207, 211f., 214, 361, 370, 374ff., 380, *387*, 389, 438, *468*, 470, 473, *474*, 477ff., 483, *512*, 517, *544*, 546
Derrida, J. *12*, 35, *37*, 42, 44, 68, 76, 78f., *84*, *101*, *112*, *119*, 151, *152*, 182, 190, 214, *268*, 306, 361, *362*, 364, 366ff., 371, 374-377, 380ff., *387, *388, 390, *391,* 403, 409, 411-416, 418, 421-435, 437, 445ff., 449-452, 456ff., 460-463, 465, *468*, 470, 473, 476ff., 483, 486, 496, 517, 520, 529, 538, 542, 546
Descartes, R. 84, 180, 200, 211, 367, *377*, 436, 498, 505, 507, *541*
Diemer, A. *45*
Dilthey, W. *54f.*
Diogenes Laertius 171
Discherl, E. 438
Döpfner, J. *317*
Dohmen, C. *251ff.*
Domitian 238
Dreyfus, H. L. *79*, *97f.*
Drobner, H. R. *243*
Dürr, E. *173*
Duerr, H. P. *187*

E
Ebeling, G. 45, *48f.*
Ebertz, M. *313*, *341*
Ebertz, M. N. *315*
Eco, U. 158, *197*
Eibl-Eibesfeld, I. *47*
Eichendorff, J. 176
Eifler, G. *23*, *26*
Einstein, A. 29
Elert, W. 248
Eliade, M. *187*
Engelmann, P. *24*
Enzensberger, H. M. 170
Eribon, D. *80*, *85*
Erikson, E. H. *339*
Essen, G. *489*, 511, *534*
Esterbauer, R. *440*

Etgeton, S. *512*
Eusebius *262*, 270
Ewald, F. *108*

F
Fazis, U. *22*
Feifel, E. *313*, *532*
Feiner, J. *327*
Ferry, L. *209*
Fichte, J. G. *54*, *495*, 498
Fielder, L. 21
Figl, J. *333*
Fink-Eitel, H. *80*, *82*, *86*, *90*, *96f.*, *100*
Firmicus Maternus 267
Fischer, K. *154*
Fischer, J. A. *260*
Fish, S. *415*
Fokkema, D. *20*
Foshay, T. *367*
Foucault, M. *46*, 54, 79-83, *84*, 85-88, *89*, 90-94, *95f.*, 97-106, 108, *109*, 118, 123, 125, 133, *135*, 138, 143, 150f., 182, 207, *209*, 210ff., 214, *219*, 226, 271, 298f., 336, 364, 374f., 379f., 397, *408*, 415f., 433, 437, 449f., 453-457, 459ff., 464f., 467, *475*, 479, 483, 486, *495*, 517, 528, 531, 537, 542
Fouilloux, E. *303*
Fraling, B. *472f.*, *545*
Frank, K. S. *255*
Frank, M. *12*, 31, *63f.*, *81f.*, *107*, *111*, *118*, *150*, *209*, *213*, *219*, 381, *387*, 430ff. Fresacher, B. *232*
Freud, S. 161, 188, 406
Freyer, T. *437f.*, *440*, *487*, 511f., *519*, *529*, *536*
Frick, A. *544*
Fries, H. *321*, *530*
Frost, U. *339*
Früchtl, J. *20*
Fuchs, G. *320*, *491*
Fuchs, O. *336*, *543*
Füssel, K. 468ff.

G
Gabriel, K. 295, *296*, *297f.*, *299f.*, *312*, *357*, *359*
Gadamer, H.-G. 51, *53f.*, *64*, 68-76, *101*, 189, 205, *219*, 355, 379, 386, 416, 425, *537*
Galiani, 172
Galilei, G. 103
Ganzer, K. *225*
Gauly, T. M. *293*
Gatzemeier, M. *40*
Gebauer, R. *31*, *99*, *450*, *496*
Geerlings, W. *244*
Genette, G. *40*
Gerl, H.-B. *286*

Gethmann, C. F. *40*
Giddens, A. *25ff.*
Gödel, K. 29
Goethe, J. W. v. 171, 177f.
Goodman, N. 146
Greshake, G. *256f.*, *515*, 545
Grillmeier, A. *225*, *334*
Grondin, J. *45*, *48*, *71*
Gruber, H. *294*
Guardini, R. 284ff., *287*
Guattari, F. *108f.*, *113*, *117*, *119*, 120, *121*, 122ff., *125*, *474*, *544*, 546
Günter, A. 390, *391*, *442*
Gumbrecht, H. U. *39*

H

Habermas, J. *23ff.*, *31*, *39*, *68*, *82*, *96*, 98f., *119*, *318*, *343*, 347, 381, 450, *496*, *531*
Haecker, T. 288
Hahn, L. E. *71*, *185*, *207*
Halder, A. *34*, *322*, *359f.*
Hamann, J. G. 175
Hammel, E. *38*
Hanson, R. P. C. 250
Harnack, A. v. 266
Hart, K. 364, 403-414
Haverkamp, A. *205*
Hedwig, K. *12*, *361*
Hegel, G. W. F. 24, 29, 53-61, 65, 67, 71, 73ff., 83, 113, *130*, 136, 187, 198, 200, 213, 279f., 355, 368-371, 427, 465
Hegselmann, R. *40*
Heidegger, M. 23, 44, 53f., 65-68, 74f., 80, 151, 185, *186*, 214f., 283, 306, 403, 411-414, 425, *453*
Heinen, 288
Heinz, H. *228*
Heinzmann, R. *333*
Heisenberg, W. 29
Hemmerle, K. 544f.,
Henrich, D. 213-216, *438*
Hermas 242
Hertel, P. *350*
Hick, J. *34*, *401f.*
Hilberath, B.J. *537*
Hippolyt 247, 255f.
Hitler, A. 168f., 290f., 470
Hochstaffl, J. *530*
Höhn, H.-J. *19*, *296f.*, *312f.*, *315f.*, *340*, *530*, 531, *543*, *546*
Hölderlin, F. *414*
Hoeps, R. 438, *470*
Hörisch, J. *21*
Hoff, A. M. *440*, *446*
Hoff, G. M. *41*, *47*, *59*, *112*, *236*, *332*, *401*, *428*, *450*, *536*

Hoff, J. *408*, 449ff., 453-458, *459ff.*, 462f., *464*, 465ff., 477, 479f., *496*
Hoffmann, A. *250*
Hogemann, F. *67*
Hogrebe, W. 43, *44*, *519*
Hoheisel, K. *340*, *357*
Honecker, M. *353*
Honneth, A. *82f.*, *99*, *271*, *531*
Hoping, H. *472f.*, *545*
Horkheimer, M. *23*, 343, *344*
Hünermann, P. *315*, *338*, *472f.*, *545*
Hürten, H. *284f.*, *293f.*, *302*
Hume, D. *107*
Husserl, E. 154, 156, 283, *377*, *541*

I

Ignatius v. Antiochien 238, 242, 258
Ignatius v. Loyola *534*
Irenäus v. Lyon 241, 246ff., 261, 266
Irigaray, L. *415*, 418

J

Jabès, E. 407
Jaeger, H.-E. 51
Jaeger, P. *411*
Jäggi, C. J. 345, *346*, *348*
Jakobus, d. Apostel 237
Jauß, H. R. 18, *155*
Jeanrond, W. G. *50*, *69*, *374ff.*, *378f.*, *382*, 386, *532*, *534*
Jedin, H. *317*
John, O. 470, *471*
Johannes XXIII. 315f., 325
Johannes Paul II. 103, *259*, *327*, 517
Jonas, H. 307
Jorissen, H. *438*, *470*
Jossua, J.-P. *318*, *320*, *322*, *326*
Joyce, J. 121
Jüngel, E. *544*
Jünger, E. 170
Julian Apostata 245, 263
Justin d. Märtyrer 241, 247, 256

K

Kästner, A. G. 171
Kamper, D. *20*
Kampling, R. *248*
Kant, I. *23*, 29, *60*, 69f., 81, 90, 149, 156, 173, 176, 200, 214, *300*, 343, 403, 411, 413, 416, 457, *499*
Kasper, W. *225*, *313*, *513*, *532*, 546
Kaufmann, F.-X. 309, *310*, *314*, *317*, *320*
Kehl, M. *234*, *256*, *324*, *338*
Kelly, J. N. D. *245ff.*
Kemper, P. *18*
Kessler, H. *233*

Kienzler, K. *34*, *324*, *359f.*
Kierkegaard, S. 420
Kirchberg, J. *532*
Klauser, T. *239*, *256*
Klein, T. *339*
Klinger, E. *321f.*, *328*
Knauer, P. *534*
Kochanek, H. *340f.*, *357*
Kögeler, H.-H. *81*, *99*, *101*, 219f.
Köhler, J. *116*, *123*
Köhler, M. *20*
Koelle, L. *426*
König, F. *320*
Kolmer, P. *60*
Kolumbus, C. 310
Komonchak, J. A. *326*
Koslowski, P. *24*, *39*, *307*
Krämer, H. *73*
Krebs, E. 288
Kreiner, A. *536*
Krevani, W. N. *435*
Krieger, D. J. *345f.*
Kristeva, J. *415*, *419*
Küenzlen, G. *340*, *346*, *353*
Küng, H. *59*, *61*, *317*
Kühn, U. *347*
Kues, N. v. 164, 305, 519, 529
Kunz, E. *484*
Kutschera, F. v. *506f.*
Kutschki, N. *333*

L
Laarmann, M. *528*
Labarriére, P. J. *435*
Lacan, J. 375, 449
Laktanz 267
Lampe, P. *240ff.*, *247*, *255*
Lange, T. *114*, *117*
Langemeyer, G. *331*
Larcher, G. *300*, *499*, *511*, *514*
Laufen, R. *534*
Lawrence, D. H. 122
Lecler, J. *267f.*
Lehmann, K. *228*, *320*, *327*, *329*, *477*
Leibniz, G. W. *107*, *124*, 176
Lenk, H. 128ff., 132, 146-149, 215, 386, 513, *516*
Le Rider, J. *22*, *54*
Lesch, W. *425*, *446*, *481*
Levinas, E. 35, 79, 138, 203f., 206f. 209, 215f., *218*, 361, *364*, 368, 374, *387*, 388, 406, 415, *419*, 421, 424, 426ff., 435-449, 452, *453*, 458f., 464, *467f.*, 470f., 473, 478f., *481*, 486, *491f.*, 511f., *519*, 520, *521*, 523, 529, 542, 546
Levi-Strauss, C. 416

Lévy, B.-H. *350*
Licheri, G. *320*
Lichtenberg, G. C. 176
Limbeck, M. *252*
Lippe, R. zur *26*
Lobkowicz, N. *320*
Löw, R. *307*
Lortz, J. 289
Luckmann, T. *297*
Lübbe, H. *18*
Lüdemann, G. *484*
Lüke, U. 464
Lützeler, P. M. *209*
Luria, I. 406
Luther, M. 50f., 311, 367
Lutz-Bachmann, M. *475*
Lutze, K. *339*
Lyotard, J.-F. 27-33, 114, 122, 152, 190, 207, 360, 415, 437, *467f.*, 469, 471, 473f. 476f., 479f. *481*, 483
Lyra, N. v. 49

M
MacIntyre, A. *541*
Madison, G. B. *185*
Man, P. de *40*, *468*
Manemann, J. *529*
Mann, T. 157, 196
Marcuse, H. 123
Markert, M. *347*
Markion 242, 252
Markschies, C. *258*
Markus, R. A. 263
Marquard, O. *41*, *73*, *155*, 156, *159*, 215
Marquardt, F. W. *331*
Marx, K. 24, *54*, 188, 280, 406
Mattern, J. *185*, *188*, *207*
Mayeur, J.-M. *303*
McFague, S. 364, 389-403, 428
McGrath, A. *364*
Mehlhausen, J. *311*
Meier, K. *303*
Meister Eckhart 408, 540
Meliton v. Sardes 238
Menke, K.-H. 14, *35*, *538*
Merkel, H. *266f.*
Merklein, H. *236*, 237, 394, *395*
Messori, V. 277
Metz, J. B. 276f., *310*, *314*, *343*, 395, 459, 467, *468*, 469, *470* *484*, 485, *512*, 527, *528*, 531, 536, *537*
Meyer, T. 11, *27*, 341, 343-346, *352*
Meyer, U. I. *185*
Meyer-Blanck, M. *543*
Michalski, K. *337*
Michelini, D. J. *472*

Mittelstraß, J. *39, 160*
Möde, E. *522*
Möhler, J. A. *279*
Möller, J. *34, 359f.*
Moltmann, J. *301, 304*
Montaigne, M. de 84, 171, *172*
Müller, C. *307*
Müller, J. *532*
Müller, K. *12*, 437, 444f., *473, 487, 489, 491, 499*, 504f., *511, 514, 519, 529, 533*
Münch, R. *25f.*

N

Neuner, P. *328, 335, 530*
Newman, J. H. 301
Nietzsche, F. 20, *23*, 24, 52, 54, 66, 79f., *93, 99, 107*, 108, 114-118, 124, 128 130-135, 138, 146, *152*, 188, 200, 214, *333*, 370, 406, *414*
Nipperdey, T. *302*
Nohl, H. *60*
Nordhofen, E. *158, 181ff., 532*
Novalis *39*
Nowak, K. *302f.*

O

Oehler, K. *147*
Oelmüller, W. *536*
Oeming, M. *251ff.*
Oevermann, U. *296*
Ollig, H.-L. *19*
Origines 266

P

Pannenberg, W. *330*, 529, *530*
Pannwitz, R. 20
Paraklet *543*
Parmenides 425, 528
Parnet, C. *112, 119, 122*
Parusel, P. *239*
Paul VI. *317*, 320
Paulus 48, 234, *236*, 238, 241f., 253, 311, 531
Peperzak, A. *491*
Pesch, O. H. *311, 315, 317, 320, 328*
Peters, A. *311*
Peters, T. R. 470
Petrus 257, *351*, 353
Petzel, P. *425*
Petzold, M. *347*
Philips, G. *326*
Philo v. Alexandrien 46
Piegsa, J. *322, 324*
Pieper, A. *307, 446*
Pikulik, L. *39, 482*
Pius IX. 301
Platon 45, *152*, 167f., 244

Plotin 528
Pöggeler, O. *67*
Popper, K. R. 54
Pottmeyer, H. J. *247, 318, 320, 322, 326,* 354, *532*
Prammer, F. 205
Pröpper, T. 489, *499*, 510f., *513f., 516, 534*
Przywara, E. 288
Pseudo-Dionysios Areopagita 366, 399
Putnam, H. 145

Q

Quint, J. *408*

R

Rabinow, P. *79, 97f.*
Raffelt, A. *303, 491*
Rahner, K. *322f., 327f.*, 337, 354, 383, 385, 464, 484, 514
Ratzinger, J. 229, 277, 309, *328*, 332
Raulet, H. 22
Reifenberg, P. *491*
Reijen, W. van *20, 40*
Reikerstorfer, J. *484f., 512, 531*
Reimers, W. *181*
Rellinger, P. *188*
Renaut, A. *209*
Rendtorff, T. *311*
Renner, R. G. *40*
Richter, K. *276, 323, 528*
Ricoeur, P. 78f., 184-195, *196*, 197-208, 213, 217ff., 228, 273ff., 300, *337*, 355,*376*, 384, 389, 391, *393*, 394, 415, 418f., 427, 437, 444-448, 452, 466, 472, *474*, 477, 479, 483, 487, 512, 523, *532*
Rike, J. *374*
Riße, G. *313, 341, 353, 406, 511, 530*
Ritter, A. M. *246, 248, 250*
Rivinius, K. J. 340, *344*
Rötzer, F. *432*
Rombach, H. *19f.*
Rorty, R. *101*, 133, 151, 153, *219*
Rosmini, A. 301
Rouco, A. C. *327*
Rovatti, P. A. *20*
Rüsen, J. *468*
Ruggieri, G. *322*
Ruster, T. 283f., *286, 287f., 306, 438, 470*

S

Saame, O. *23, 26*
Salmann, E. *527*
Sandherr, S. 435-439, *440*, 441-444, *445*, 446ff., 479
Scannone, J. C. *472f. 545*

Schatz, K. *226, 255,* 261, *317*
Schaeffler, R. *528, 532*
Scheermann, R. *321, 328*
Scheffczyk, L. *337*
Scheler, M. 283
Schelling, F.W. 55
Schenk, R. *437f., 440*
Schillebeeckx, E. *468*
Schlechta, K. *23, 115, 130*
Schlegel, F. *39*
Schlegelberger, B. *475*
Schleiermacher, F. *21,* 53f., *55,* 61-65, 73ff., 205, 416
Schmaus, M. 289
Schmid, W. *40, 93f., 100*
Schmied, G. *313*
Schnädelbach, H. *39*
Schneider, M. *47*
Schneider, U. J. *107*
Schockenhoff, E. *225, 228, 513*
Schöllgen, G. *257*
Scholten, C. *244*
Schreiter, R. *538*
Schulz, H.-J. *271*
Schwager, R. *332, 347, 401, 491*
Schwaiger, G. *300*
Schwarz, H. *249*
Schweizer, E. *400*
Schwind, G. *425, 481*
Seckler, M. *320*
Seitter, W. *80*
Sieben, H. J. *259*
Simon, J. 128ff., 134f., *136ff.,* 139ff., 145, *146f.,* 149, 152
Sloterdijk, P. *18f., 28*
Sodem-Frauenhofen, H. v. *350*
Söding, T. *251, 401*
Sölle, D. *468*
Sokrates 152
Sonnemans, H. *511, 530*
Sontag, S. 21
Spaemann, R. *307*
Speck, J. *67*
Spee, F. v. 103
Spinoza *107*
Spivak, G. C. *415,* 418
Splett, J. *60*
Staats, R. *248, 543*
Steffens, A. *40*
Steffensky, F. *468*
Stegmaier, W. *134, 137, 152*
Stein, E. *536*
Stemberger, G. *260*
Stephan (Bischof) 254
Stephanus 237
Stierle, K. *215*

Stockmeier, P. *224f.,* 232, *245, 257*
Suenens, J. L. 262f., 273

T
Tatian 244, 266
Taureck, B. F. *81, 85, 438,* 444
Taylor, C. *55*
Taylor, M. 361, 364-374, 417, 482
Tertullian 247, 254, 256, 261, 267
Theophilus v. Antiochien 244
Theß, B. *511, 530*
Thillosen, A. *512, 530*
Thoemmes, M. *155*
Thomas v. Aquin 49
Tillich, P. 375
Timm, H. *23*
Todorov, T. *38, 40*
Tracy, D. 364, 374-392, 475, 479f., 482, 501, 513, 542
Trappe, T. *528*
Trawny, P. *414*
Tuke, S. 85

V
Valentin, J. *42, 362, 376, 403, 406,* 408, *409,* 421f., *424, 425,* 426-429, 432, *433,*434f., *437, 438, 468,* 477
Vattimo, G. *20*
Verweyen, H. *35, 54, 200, 305, 311, 334f.,* 347, 353, 383, *398,* 421, *434, 458,* 463, 488-503, *504,* 506-511, 513-516, 519, *533, 540*
Vester, H.-G. *27*
Veyne, P. *81, 87, 90, 93*
Viktor v. Rom 241f., 255f., 261f., 265, 271
Villwock, J. *188*
Vinzenz v. Lerin 49, 269
Virilio, P. *18*
Vischer, L. *326f.*
Vogl, J. *107ff., 111*
Voltaire, F.-M. 172
Vorgrimler, H. *323*
Vossenkuhl, W. *73*
Vouga, F. *234*
Vries, H. de *521*

W
Waldenfels, B. *93,* 187, *188,* 189, 204, 206, *207,* 218, *219,* 527
Waldenfels, H. 14, *228,* 310, *311, 313f., 330, 341, 402, 406, 414, 484, 512, 519, 530,* 538, 540
Wagner, H. *530*
Walf, K. *352*
Walter, P. *225, 228, 513*
Ward, G. 364, *403,* 414-421

Weber, M. 298, *299*
Wegmann, H. A. J. *255*
Weimann, R. *39*
Weischedel, W. *56, 115*
Weiß, O. *308, 343*
Wellmer, A. *24*
Welsch, W. *20-23*, 27, 32-35, *38, 40*, 43, *81, 121*, 179, *209*, 359-362, *432, 469*, 474, 475, 479, *540, 543*
Welte, B. 278-283, 502
Wendel, S. *467ff.*, 473, 475-482
Wengst, K. *226, 245*
Wenzel, K. *533*
Wenzler, L. *491*
Werbick, J. *274, 313, 341f., 512, 534*
Weß, W. *331*
Wetz, F. J. *155, 162, 168*
White, H. *186*, 194, 196, *415*
White, J. F. *256*

Wiedenhofer, S. *274, 533f.*
Wieland, G. *46, 49*
Wiemer, T. *445*
Wittgenstein, L. 161, 385, 449, 519
Wittstadt, K. *322, 328, 331*
Wohlmuth, J. *436, 438, 441f., 445, 470*
Wolf, F. A. *64*
Wolzogen, C. v. *491*
Wust, P. 286

Z

Zechmeister, M. *484*
Zeiger, I. *293*
Zenon 171
Ziegler, S. *414*
Zima, P. V. *179, 212*
Zingerle, A. *317, 320*
Zirker, H. *342*
Zulehner, P. M. *312*